O ESTADO SUSTENTÁVEL DEMOCRÁTICO DE DIREITO PELA ÓTICA TOPOLÓGICA

O ENODAMENTO DOS SISTEMAS ECONÔMICO, SOCIAL E AMBIENTAL NA FORMAÇÃO DO (COMPLEXO) SISTEMA – *EX NOVO* E *CONTINUUM* – SUSTENTÁVEL

BRUNO ALBERGARIA

O ESTADO SUSTENTÁVEL DEMOCRÁTICO DE DIREITO PELA ÓTICA TOPOLÓGICA

O ENODAMENTO DOS SISTEMAS ECONÔMICO, SOCIAL E AMBIENTAL NA FORMAÇÃO DO (COMPLEXO) SISTEMA – *EX NOVO* E *CONTINUUM* – SUSTENTÁVEL

Belo Horizonte

2018

© 2018 Editora Fórum Ltda.

É proibida a reprodução total ou parcial desta obra, por qualquer meio eletrônico, inclusive por processos xerográficos, sem autorização expressa do Editor.

Conselho Editorial

Adilson Abreu Dallari
Alécia Paolucci Nogueira Bicalho
Alexandre Coutinho Pagliarini
André Ramos Tavares
Carlos Ayres Britto
Carlos Mário da Silva Velloso
Cármen Lúcia Antunes Rocha
Cesar Augusto Guimarães Pereira
Clovis Beznos
Cristiana Fortini
Dinorá Adelaide Musetti Grotti
Diogo de Figueiredo Moreira Neto
Egon Bockmann Moreira
Emerson Gabardo
Fabrício Motta
Fernando Rossi
Flávio Henrique Unes Pereira
Floriano de Azevedo Marques Neto
Gustavo Justino de Oliveira
Inês Virgínia Prado Soares
Jorge Ulisses Jacoby Fernandes
Juarez Freitas
Luciano Ferraz
Lúcio Delfino
Marcia Carla Pereira Ribeiro
Márcio Cammarosano
Marcos Ehrhardt Jr.
Maria Sylvia Zanella Di Pietro
Ney José de Freitas
Oswaldo Othon de Pontes Saraiva Filho
Paulo Modesto
Romeu Felipe Bacellar Filho
Sérgio Guerra
Walber de Moura Agra

Luís Cláudio Rodrigues Ferreira
Presidente e Editor

Coordenação editorial: Leonardo Eustáquio Siqueira Araújo

Av. Afonso Pena, 2770 – 15º andar – Savassi – CEP 30130-012
Belo Horizonte – Minas Gerais – Tel.: (31) 2121.4900 / 2121.4949
www.editoraforum.com.br – editoraforum@editoraforum.com.br

A3279e   Albergaria, Bruno
O Estado Sustentável Democrático de Direito pela ótica topológica: o enodamento dos sistemas econômico, social e ambiental na formação do (complexo) sistema – *ex novo e continuum* - sustentável / Bruno Albergaria.– Belo Horizonte : Fórum, 2018.

448 p.
ISBN: 978-85-450-0245-1

1. Direito Ambiental. 2. Direito Constitucional. 3. Direito Econômico. I. Título.

CDD 341.347
CDU 349.6

Informação bibliográfica deste livro, conforme a NBR 6023:2002 da Associação Brasileira de Normas Técnicas (ABNT):

ALBERGARIA, Bruno. *O Estado Sustentável Democrático de Direito pela ótica topológica: o enodamento dos sistemas econômico, social e ambiental na formação do (complexo) sistema – ex novo e continuum – sustentável*. Belo Horizonte: Fórum, 2018. 448 p. ISBN 978-85-450-0245-1.

Às pessoas sem as quais esta tese não teria sustentabilidade:

Ana Claudia Nascimento Gomes: o elo faltante que chegou;

Joaquim Gomes Teles Albergaria: um espaço completo;

Alexandre Gomes Teles Albergaria: duplicou o espaço até então inexistente;

Analuisa Teles de Oliveira: desatadora dos nós (o que é fundamental);

Eliana Rocha Nascimento: a dimensão do tempo: a ação;

Senhor Doutor Gomes Canotilho: o entrelaçamento acadêmico, o rigor científico e a amizade;

Ana Maria Rodrigues: a dimensão social na sua mais força: a mãe estrangeira;

Bernardo, Virgínia, Victor, Rafaela, Olinto, Maria Luiza, Élcio, Myrian (...).

AGRADECIMENTOS

À Faculdade de Direito da Universidade de Coimbra – FDUC.

Certa vez, quando de retorno a Coimbra para novas pesquisas, encontrei-me com o Senhor Doutor Aroso Linhares no pórtico de entrada da FDUC. Ao me ver, lançou-me as palavras:

- De regresso à vossa Casa?

Ao Senhor Doutor José Joaquim Gomes Canotilho. Mais do que um orientador acadêmico. Exemplo de vida.

À Senhora Ana Maria Rodrigues. Apoio necessário em uma terra (que àquela época era) distante. Os seus *doces* foram a minha sustentabilidade.

Aos amigos, indispensáveis: Élcio Fonseca Reis, Myrian Muzzi, Maria Helena Carreira Alvim Ribeiro, Lutiana Nacur Lorentz, Patrícia de Almeida Henriques, Carlos Brandão Ildefonso Silva, Alex Floriano Neto, Márcia Mieko Morikawa, Dulce Margarida de Jesus Lopes, Paula Margarida Cabral dos Santos Viega, Maria Matilde Costa Lavouras, Luisa Cristina Pinto e Netto, Eurico Bitencourt Neto, Izabel Sampaio, Lauro Augusto Moreira Maia, Milena Barbosa de Melo, Crístian Rodrigues Tenório, Tiago Barbosa de Miranda, Polyana Paiva, Letícia Lacerda de Castro, Stella Fiuza Cançado, Venancio Teles, Paula Teles.

Vi ontem um bicho
Na imundice do pátio
Catando comida entre os detritos.

Quando achava alguma coisa,
Não examinava nem cheirava:
Engolia com voracidade.

O bicho não era um cão.
Não era um gato,
Não era um rato.

O bicho, meu Deus, era um homem.
(Manuel Bandeira, Rio de Janeiro, 27 de dezembro de 1947).

LISTA DE ABREVIATURAS E SIGLAS

A.	autor(a)
a.C.	antes de Cristo
ADCT	Ato das Disposições Constitucionais Transitórias
ADI	Ação Declaratória de Inconstitucionalidade
AMUMA	Acordos Multilaterais sobre o Meio Ambiente
AG	*Archivo Giuridico*
AOC	*Appellation of Controlled Origin*
APROARROZ	Associação dos Produtores de Arroz do Litoral Norte Gaúcho
Apud.	Apurado
AR	Assembleia da República
Art.	artigo (de algum texto legal)
BCEUC	Boletim de Ciências Económicas da Universidade de Coimbra
BFDUC	Boletim da Faculdade de Direito da Universidade de Coimbra
BIRD	Banco Internacional para Reconstrução e Desenvolvimento
BM	Banco Mundial
BM&FBVESPA	Bolsa de Valores, Mercadorias e Futuros de São Paulo
BNDE	Banco Nacional de Desenvolvimento Econômico
BNDES	Banco Nacional de Desenvolvimento Econômico e Social
BNT	Barreiras Não Tarifárias
BVerfG	*Bundesverfassungsgericht* (Tribunal Constitucional da Alemanha)
CC	Código Civil
CDB	Convenção sobre Diversidade Biológica
CDFUE	Carta de Direitos Fundamentais da União Europeia
CE	Comunidade Europeia
CF	Constituição Federal
Cf.	Conforme
CIPD	*Conferência* Internacional sobre *População e Desenvolvimento* das Nações Unidas
CITES	Comércio Internacional das Espécies da Flora e da Fauna Selvagens em Perigo de Extinção
CIVC	*Comité Interprofessionnel du Vin de Champagne*
CNJ	Conselho Nacional de Justiça, Brasil
CNUMAD	Conferência das Nações Unidas sobre Meio Ambiente e Desenvolvimento

CR/88	Constituição da República Federativa do Brasil de 1988
CRFB	Constituição da República Federativa Brasileira
CRP	Constituição da República Portuguesa de 1976
CTE	Comité de Comércio e Meio Ambiente da OMC
d.C.	Depois de Cristo
D.O.	*Denominação de Origem*
DDR	*Deutsche Demokratische Republik*
DDT	Diclorodifeniltricloroetano
DDT	Dicloro-Difenil-Tricloroetano
DF	Distrito Federal
DIU	dispositivo intrauterino
DJ	Diário da Justiça, Brasília
DJAP	Dicionário Jurídico de Administração Pública, Lisboa
DJSI	*Dow Jones Sustainability Index*
DL	Decreto-Lei
DM	marco alemão
DNA	Ácido desoxirribonucleico
DOU	Diário Oficial da União
DR	Diário da República (Portugal)
DSU	*Dispute Settlement Understanding* (ESC – Entendimento sobre Soluções e Controvérsias)
DUDH	Declaração Universal dos Direitos do Homem, 1948
EC	Emenda Constitucional
EC	Emenda Constitucional, Brasil
ECT	Empresa de Correios e Telégrafos (Brasil)
EeD	Estado e Direito, Lisboa
EKC	*Environmental Kuznets Curve*
End. e dat. disp.	endereço e data disponível
ERP	*European Recovery Program*
Esp.	especialmente
ET	*International Emissions Trading*
EU	União Europeia
EUA	Estados Unidos da América
Ex.	exemplo
Ext.	extraído em
FAO	*Food and Agriculture Organization of the United Nations*

FBCF	Formação Bruta de Capital Fixo
FDUFMG	Faculdade de Direito da Universidade Federal de Minas Gerais
FDUL	Faculdade de Direito da Universidade de Lisboa
FMI	Fundo Monetário Internacional
GATT	*General Agreement on Tariffs and Trade*
GEF	*Global Invironmental Facility*
GBM	Grupo do Banco Mundial
GG	*Grundgesetz*
IAEA	*International Atomic Energy Agency*
IBGE	Instituto Brasileiro de Geografia e Estatística
IBRD	*International Bank for Reconstruction and Development*
IG	Indicação Geográfica
IMF	*International Monetary Foud (FMI)*
INPI	Instituto Nacional da Propriedade Industrial
IP	Indicação de Procedência
IPAM	Instituto de Pesquisa Ambiental da Amazônia
IPCC	Painel Intergovernamental de Mudanças Climáticas
IPI	Imposto sobre Produtos Industrializados
ISCSP	Instituto Superior de Ciências Sociais e Políticas, Lisboa
ISE	Índice de Sustentabilidade Empresarial
IUCN	*International Union for Conservation of Nature*
IUNC	*International Union for Nature Conservation*
JC	Jurisprudência Constitucional, Lisboa
JO	Jornal Oficial da União Europeia
JT	Justiça do Trabalho, Brasil
LTr	Revista LTr, São Paulo
MPT	Ministério Público do Trabalho (Brasil)
MS	Mandado de Segurança
MTE	Ministério do Trabalho e Emprego (Brasil)
Ob. cit.	obra citada
OCDE	Organização para a Cooperação e Desenvolvimento Econômico
OIT	Organização Internacional do Trabalho
OMC	Organização Mundial do Comércio
ONG	Organização Não Governamental
ONU	Organização das Nações Unidas
OPEP	Organização dos Países Exportadores de Petróleo

OPA	Órgão Permanente de Apelação
OSC	Órgão de Solução de Controvérsias
OTAN	*Organização do Tratado do Atlântico Norte*
PAC	Programa de Aceleração do Crescimento
PADAMDS	Plano de Aplicação das Decisões do Acordo Mundial sobre o Desenvolvimento Sustentável
Pág.	página ou páginas
PCC	Partido Comunista Chinês
PEA	*População Economicamente Ativa*
PETA	*People for the Ethical Treatment of Animals*
PGR	Procuradoria-Geral da República
PIB	*Produto Interno Bruto*
PIC	*Informed Consent Procedure for Certain Hazardous Chemicals and Pesticides in International Trade*
PNUD	*Programa das Nações Unidas para o Desenvolvimento*
PNUMA	*Programa das Nações Unidas para o Meio Ambiente*
PK	Protocolo de Kyoto
POP	*Poluentes Orgânicos Persistentes*
PR	Presidente da República
PROINE	*Programa de Irrigação do Nordeste*
PRONI	*Programa Nacional de Irrigação*
Rcl.	Reclamação Constitucional, STF
RDA	República Democrática da Alemanha
RDES	Revista de Direito e de Estudos Sociais, Coimbra
RDFD	Revista de Direitos Fundamentais e Democracia, Curitiba
RDM	Revista de Direito Municipal, Belo Horizonte
RFA	*Bundesrepublik Deutschland*
RFA	República Federal da Alemanha
RFDL	Revista da Faculdade de Direito de Lisboa
RFDUFMG	Revista da Faculdade de Direito da Universidade Federal de Minas Gerais, Belo Horizonte
RJ	Repertório de Jurisprudência IOB, São Paulo
RT	Revista dos Tribunais, São Paulo
RTCEMG	Revista do Tribunal de Contas do Estado de Minas Gerais, Belo Horizonte
S.A.	*sociedade anônima*
S.m.j.	salvo melhor juízo

SI	*Scientia Ivridica* – Revista de Direito Comparado Português e Brasileiro, Braga (Universidade do Minho)
SNUC	Sistema Nacional de Unidades de Conservação
ST	*Stvdia Ivridica*, Coimbra Editora, Coimbra
STA	Supremo Tribunal Administrativo (Portugal)
STF	Supremo Tribunal Federal
STJ	Superior Tribunal de Justiça (Brasil)
SUDENE	Superintendência do Desenvolvimento do Nordeste
Tb. *ou* tb.	também
TBL	*Triple Botton Line*
TC	Tribunal Constitucional
TCU	Tribunal de Contas da União
TFUE	Tratado de Funcionamento da União Europeia
TierSchG	*Tierschutzgesetz durch Gesetz*
TJMG	Tribunal de Justiça do Estado de Minas Gerais
TJUE	Tribunal de Justiça da União Europeia
Trad.	tradução de
Trad. livre	tradução livre
TRF	Tribunal Regional Federal (Brasil)
TRIPS	Acordo sobre Aspectos dos Direitos de Propriedade Intelectual relacionados com o Comércio
TRT	Tribunal Regional do Trabalho (Brasil)
TST	Tribunal Superior do Trabalho (Brasil)
TUE	Tratado da União Europeia
UE	União Europeia
UNCCD	*United Nations Convention to Combat Desertification*
UNCTAD	*United Nations Conference on Trade and Development*
UNEP	*United Nations Environment Programme*
UNESP	Universidade Estadual Paulista
UNFPA	*United Nations Population Fund*
URSS	*União das Repúblicas Socialistas Soviéticas*
V.	vide
V. tb.	ver também
V. ver. ut.	ver versão utilizada
VOC	*Vereenigde Oost-Indische Compagnie*
VQPRD	*Vinho de Qualidade Produzido em Região Determinada*
WWF	*World Wildlife Fund*

SUMÁRIO

ADVERTÊNCIAS...21

OBSERVAÇÕES FORMAIS 23

INTRODUÇÃO
A BUSCA DA *GÊNESIS* ESTADO DEMOCRÁTICO *SUSTENTÁVEL* DE
DIREITO 25

CAPÍTULO 1
O ENODAMENTO INICIAL: O «SISTEMA» DO *HOMO ECONOMICUS*
E O SISTEMA SOCIAL: UM PRELÚDIO DO NÓ BORROMEU 43

1.1	A economia e o meio ambiente: inter-relações *nodais*	43
1.1.1	A não conexão entre natureza e economia	44
1.1.1.2	O chocolate suíço, a champanhe francesa: um doce exemplo contraditório	48
1.1.1.3	Café: o ouro negro	51
1.1.1.4	O Japão: *the ring of fire*	53
1.1.1.5	A (indústria) do hidrocarboneto: o ouro preto ou a maldição negra?	55
1.1.2	A inevitável conexão entre economia e ambiente	57
1.1.2.1	Exordiais considerações sobre a ciência econômica	59
1.1.2.1.1	O enodamento malthusiano	63
1.1.2.1.2	O enodamento de Kuznets	67
1.1.2.1.3	A influência de Malthus e Kuznets: *a Declaração de Cocoyok* à *Cairo – 94*	68
1.1.2.1.4	A Conferência do Cairo – 94	69
1.1.2.1.5	O superpovoamento chinês	72
1.1.2.1.6	Para além da China: o mundo superpovoado	73
1.1.2.1.7	No Brasil	75
1.1.2.1.8	Em Portugal	76
1.1.3	Estado Liberal *versus* Estado Social	77
1.1.3.1	A defesa do Estado Liberal: Adam Smith	77
1.1.3.2	A defesa da liberdade econômica de Amartya Sen	81
1.1.3.3	Mercado econômico autopoiético: como uma estrutura unicelular	85
1.1.4	*Colapso* da União Soviética	86
1.1.4.1	Comunismo utópico: um «sonho» antigo	87
1.1.4.2	A opção do (máximo) intervencionismo pelo Estado na Economia	89
1.1.4.3	Os fatores do Colapso da União Soviética: o desfecho de um «sonho»	91
1.1.4.3.1	Problemas ambientais *comunistas*	94
1.1.4.3.1.1	O (ex)Mar de Aral	94
1.1.4.3.1.2	Chernobyl	97
1.1.4.3.1.3	A contribuição da China de Mao Tsé-Tung: um grande salto para trás	101
1.1.5	Críticas ao modelo estrutural liberal da economia	102
1.1.5.1	Na constelação empírica: percurso histórico da interferência do Estado nas relações de produção, distribuição e consumo	104
1.1.6	A Teoria do Desenvolvimento Econômico para os países pobres: *the big push*	111
1.1.7	Investimento: ato necessário para o desenvolvimento	116
1.1.7.1	Banco Nacional de Desenvolvimento Econômico e Social – BNDES: um *case* de sucesso	117

1.1.7.2	Operações de financiamento não reembolsáveis: ações sociais	119
1.1.7.3	Financiamentos não retornáveis: uma questão constitucional	121
1.1.7.4	*European Recovery Program*	122
1.1.7.5	Plano de Unificação Econômica da Alemanha	123
1.1.7.6	A crise financeira de 1929	126
1.2	O enodamento entre o sistema econômico e o social é inevitável	129
1.2.1	O enodamento econômico e ambiental: o princípio do Equador	129
1.2.2	O Pacto Global da Organização das Nações Unidas (ONU)	133
1.2.3	Outra percepção do enodamento econômico e ambiental: o índice de sustentabilidade das bolsas de valores	134
1.2.4	A intervenção (pública) na economia brasileira: um caso constitucional	137
1.2.5	Uma intervenção *necessária* do Estado	139
1.3	Teses iniciais	142

CAPÍTULO 2
A SUSTENTABILIDADE COMO O ELO ESTRUTURANTE DO ESTADO: A CONTRIBUIÇÃO DA PROTEÇÃO AMBIENTAL, DO ESTADO SOCIAL E DO CAPITALISMO PARA A FORMAÇÃO ESTRUTURAL DO ESTADO SUSTENTÁVEL 151

2.1	Uma falsa noção: o sistema ambiental como fonte da sustentabilidade	151
2.1.1	Pelos discursos (*ocultos*) da grafia	153
2.1.2	As plantas, os animais: sujeito passivo, sujeito ativo ou objeto do direito?	155
2.1.3	*Et creavit Deus hominem ad imaginem suam*	158
2.1.4	*Interspecies equity*	170
2.1.5	Aspectos penais: inversão dos polos	171
2.1.6	Debate entre os ambientalistas e os céticos: a contracultura	174
2.1.6.1	A contracultura	178
2.1.6.2	O problema da desflorestação e degradação dos hábitats	182
2.1.6.3	*Baby boom*	183
2.1.6.4	O lixo precoce	184
2.1.6.5	Novas tecnologias: além do bem e do mal	185
2.1.6.6	Breve relato histórico pós-Segunda Guerra Mundial do universo ambiental	186
2.1.6.7	A era do petróleo	187
2.1.6.8	As primeiras leis (modernas) de proteção atmosféricas	188
2.1.6.9	*Man and Nature*: os primeiros passos	188
2.1.6.10	O surgimento dos parques ambientais e das primeiras leis	189
2.1.6.11	A contribuição de *Teddy*	190
2.1.6.12	Novamente, a questão nuclear	190
2.1.6.13	Aldo Leopoldo: um novo paradigma ético	192
2.1.6.14	Rachel Carson: uma primavera (nada) silenciosa	192
2.1.6.14.1	Pesticidas ou remédios?	193
2.1.6.15	No mundo da Lua	197
2.1.6.16	De Cartesius à *Deep Ecology*: *Ecce Homo*	198
2.1.6.17	*Deep Ecology*	200
2.1.6.18	Um retorno ao antropocentrismo grego antigo	201
2.1.6.19	Para além de Malthus: o fim do mundo por ações antrópicas ambientais	204
2.1.6.20	Jared Diamond e o fim do mundo	204
2.1.6.21	Ambientalistas céticos	206
2.1.6.21.1	Ecologia melancia: verde por fora e vermelho por dentro	208
2.1.6.21.2	Pretexto para ganharem dinheiro	208
2.1.6.21.3	Discurso de dominação de um país a outro	211
2.1.6.21.4	Subtracção do ideário ecológico para *a práxis* de reserva de mercado	221
2.1.7	E a grafia?	222

2.1.8	Um ambiente urbano	225
2.2	Um enodamento entre o «meio ambiente» e o sistema social: a cultura	227
2.2.1	Direito Ecológico: uma visão *post Festum*	238
2.3	A (in)eficaz política exclusiva de proteção ambiental sem o enodamento econômico e social: o jacaré brasileiro: *um case de (in)sucesso*	250
2.3.1	Subtração do ideário ecológico para *a práxis* de reserva de mercado	250
2.3.2	Só a defesa do ambiente (não) basta: o exemplo do jacaré brasileiro	251
2.3.3	Jacarés brasileiros: *um caso bem-sucedido*	253
2.3.4	Conclusão	255
2.4	Segundas teses	257

CAPÍTULO III
(FINALMENTE) O FECHAMENTO DO SISTEMA *SUSTENTÁVEL* ATRAVÉS DO ENODAMENTO – EM FORMA E MATEMA BORROMEANO – DOS TRÊS ELOS (OU SUBSISTEMAS EXORDIAIS) .. 277

3.1	Um exordial problema internacional	277
3.2	O fechamento do sistema sustentável a partir do Relatório de Roma – 1968	280
3.3	Declaração de Estocolmo de 1972	284
3.4	Uma resposta da ONU para os problemas ambientais: sistema PNUMA	286
3.5	Um movimento internacional em prol do ambiente	287
3.6	Relatório Brundtland	288
3.7	A Cimeira do Rio 92: o fortalecimento do desenvolvimento sustentável	289
3.8	Cimeira de Viena – 1993	293
3.9	Cimeira Mundial do Cairo – 1994	296
3.10	A Cúpula Mundial realizada em Copenhague (1995)	300
3.11	The Battle of Seattle (1999): o (des)nodamento dos sistemas	302
3.12	A Cúpula do Milênio das Nações Unidas: *The Millennium Development Goals* (MDGs)	303
3.13	Conferência de Joanesburgo (2002) – (Rio+10)	305
3.14	O *Soft Law* – A imprescindibilidade de um Direito Internacional eficaz e imperativo	306
3.14.1	A sustentabilidade como um Direito *ius cogens*	311
3.14.2	A recepção das normas internacionais ambientais em Portugal e no Brasil	313
3.15	O Sistema *Bretton Woods*	314
3.15.1	International Bank for Reconstruction and Development – BIRD	316
3.15.2	O Fundo Monetário Internacional (FMI) – ou *International Monetary Fund – IMF*	318
3.15.3	A Organização Mundial do Comércio (OMC) – *ou The World Trade Organization (WTO)*	322
3.15.3.1	O Comitê de Comércio e Meio Ambiente – CTE – da OMC	326
3.15.3.2	Rodada de Doha	327
3.15.3.3	O artigo XX do GATT: o enodamento entre meio ambiente e direitos humanos	329
3.15.4	Outros enodamentos (entre os sistemas ambiental e social) na OMC	331
3.15.4.1	Encontro de Bali da OMC	332
3.16	Terceiras teses	333

CAPÍTULO 4
O DIREITO SUSTENTÁVEL COMO DIREITO HUMANO FUNDAMENTAL: A PROTEÇÃO AMBIENTAL, O PROGRESSO ECONÔMICO E A *EQUIDADE* SOCIAL COMO ESTRUTURAS DO ESTADO ... 341

4.1	Afirmação que o direito sustentável é um direito humano fundamental	341
4.2	Características dos direitos humanos fundamentais	344

4.2.1	O *jusnaturalismo/universalidade*	345
4.2.1.1	Histórico	347
4.2.1.2	Os primeiros textos jurídicos modernos com pretensões universais	357
4.2.1.3	A CRFB/88 e a CRP como exemplos desses textos jurídicos (modernos) com pretensões universais	358
4.2.1.3.1	CRFB/88	358
4.2.1.3.2	CRP	358
4.3	Fundamentação dogmático-racional do jusnaturalismo	360
4.3.1	Teoria das verdades	365
4.3.1.1	A verdade como correspondência	365
4.3.1.2	Teoria pragmática da verdade	367
4.3.1.3	Teoria da coerência	367
4.3.1.4	Teoria da eliminação	368
4.3.2	Direito: uma verdade cambiante	368
4.3.3	A imutabilidade jurídica: *ubi societas, ibi ius*	369
4.3.4	Direitos humanos: como pressuposto a existência do ser humano e da *societas*	371
4.3.5	Medo do *descontinuum*, pela arte	372
4.3.6	*Intergenerations equity*	373
4.3.6.1	*Intergenerations equity* em termos de jusfilosofia contemporânea	374
4.3.6.2	*Intergenerations equity* em termos internacionais – na dimensão dos direitos humanos	376
4.3.6.3	*Intergenerations equity* em termos constitucionais – na dimensão dos direitos fundamentais	377
4.4	Dignidade da pessoa humana	378
4.5	Quartas teses	381

CONCLUSÃO 389

REFERÊNCIAS 391

ADVERTÊNCIAS

A presente obra foi confeccionada em forma e matéria da própria tese: um sistema composto de *elos* enodados. Por isso, pode-se, em uma perfunctória leitura, ter impressão de ruptura linear de sua narrativa. Assim, desde já, adverte-se que a obra foi alicerçada não de maneira linear, mas circular em seus argumentos, até se *enodar* no (forte) sistema final: a constituição de uma tese como um único sistema, fruto do entrelaçamento de seus (vários) discursos não lineares.

Outra advertência que se faz é a (forte) utilização de discursos (por demais) metajurídicos. Contudo, novamente para o leitor mais atento, verificar-se-á que a presente (e constante) pluridisciplinaridade, multidisciplinaridade e interdisciplinaridade acabam por formar uma nova disciplina (sustentabilidade), configurando, assim, (na verdade) uma tese transdisciplinar.

Utiliza-se aqui a expressão *pluridisciplinaridade* por fazer a análise – e estudo – da sustentabilidade por várias disciplinas (e sistemas) ao mesmo tempo. O *Estado Sustentável* é justificado não só pelo conceito constitucional de Estado, mas também pela ótica da jusfilosofia, em conjunto com a economia, filosofia e até mesmo com o estudo da física, da biologia e da história (novamente com o enfoque plurisdiciplinar: das religiões, do direito, da biologia, da psicologia, da física, da matemática, dos movimentos sociais, etc.). Com efeito, pode-se afirmar que a referida obra é enriquecida pelo cruzamento de várias disciplinas.

De fato, na intercambiante relação entre o Homem (social) e a natureza (econômica e ecológica) não pode o Direito isolar-se: as falas historisistas, por exemplo, são elucidativas na compreensão de como o Homem lida com o seu habitat (e até mesmo, consigo mesmo).

De certo, é um dos ramos do Direito mais *contamidado* por elementos não só intrinsecamente da natureza, como também de outros fatores metajurídicos, como a economia, filosofia e história.

Por isso, pode-se afirmar (também) que é uma tese *interdisciplinar* por utilizar métodos de disciplinas (em uma primeira análise) exógenas ao Direito. A própria contribuição da física e da matemática (topologia) como modelo analítico (e conceitual) do Estado Sustentável garante, por dizer, um grau epistemológico de interdisciplinaridade do presente trabalho.

Finalmente, há que se verificar que não se trata *apenas* de um texto interdisciplinar e pluridisciplinar; na verdade, como o próprio (complexo) sistema borroneano, formado por três elos distintos, contudo interligados, a presente tese tem as características da *transdisciplinaridade*.

Isto é, como o prefixo "trans" indica, diz respeito àquilo que *está ao mesmo tempo entre* as disciplinas, *através* das diferentes disciplinas e *além* de qualquer disciplina. Ou seja, o *thelos* da presente tese não deixa de ser *a compreensão do mundo presente, na forma de Estado Sustentável*, para o qual um dos imperativos é a unidade do conhecimento: que se traduz em um *ex novo e continuum* complexo sistema social, formado justamente pelo enodamento dos sistemas sociais, ambientais e econômicos.

Ademais, de outra forma não poderia ser. Afinal, *a disciplinaridade, a pluridisciplinaridade, a interdisciplinaridade e a transdisciplinaridade são as quatro flechas de um único e mesmo arco: o do conhecimento.*[1]

---

[1] NICOLESCU, Basarab.; Um novo tipo de conhecimento – transdisciplinaridade, 1º Encontro Catalisador do CETRANS – Escola do Futuro – USP. Itatiba, São Paulo – Brasil: abril de 1999.

OBSERVAÇÕES FORMAIS

Algumas observações formais devem ser, exordialmente, traçadas. Em relação à bibliografia e suas fontes, inquestionável é o papel da internet. De fato, a trajetória da construção do conhecimento acadêmico engloba verdadeiras e importantes *revoluções* intelectuais. Assim, o domínio (e transmissão) do conhecimento operou-se, com o surgimento da linguagem oral, de forma a *constituir* o próprio homem, que é *estruturado* na linguagem. Outro gigantesco marco se deu com o surgimento da escrita. A palavra escrita transcende o orador: vai além das gerações (tempo) e das limitações geográficas (espaço). A terceira revolução do conhecimento foi, indubitavelmente, a imprensa de Gutemberg, que democratizou o acesso aos livros, à palavra escrita. Finalmente, como a *quarta onda*, veio a internet. A revolução que a internet está proporcionando na disseminação do conhecimento pode ser equiparada às outras revoluções. Não se exige mais, para se ter acesso aos textos, a presença física em bibliotecas. Muito se preocupa com a *«qualidade»* de tais conteúdos; mas, assim como se deve ter cuidado na leitura dos livros, na internet, com a incalculável disseminação dos textos, também se deve fazer a triagem certa. O que não se pode é simplesmente ignorá-la ou demonizá-la.

Com efeito, para deixar o texto mais limpo, a referência completa do endereço na rede de computadores está na bibliografia final. No corpo do trabalho optou-se pela citação do autor e nome da obra, com a indicação «(end. e dat. disp.)» para que o leitor possa fazer, caso queira, a busca mais detalhada.

Em relação à citação das obras, deu-se a preferência para o título no original. Quando foi utilizada alguma tradução, indicou-se «(v. ver. ut.)» e, também na bibliografia final, indicou-se a menção completa, com o título traduzido, o nome do tradutor e a editora, assim como os demais indicativos da obra.

Adverte-se, ainda, que salvo a primeira referência da obra, as demais foram sinteticamente mencionadas. Assim, as citações primárias apresentam o nome completo do autor (ou o seu organizador, coordenador) e todos os dados possíveis para a identificação da obra; enquanto as posteriores registram apenas o correlativo nome e algumas palavras identificadoras do título do texto.

Como se pode observar, fez-se o uso corrente de siglas constantes da "Lista de Abreviaturas". Quanto ao português, utilizou-se o uso corrente do Novo Acordo Ortográfico da Língua Portuguesa.

INTRODUÇÃO

A BUSCA DA *GÊNESIS* ESTADO DEMOCRÁTICO *SUSTENTÁVEL* DE DIREITO

O *cosmos* histórico-cultural do chamado «mundo ocidental» encontra-se, atualmente, em crise.[1] A era contemporânea pode ser caracterizada, dentro de tantos outros elementos informativos, por uma época em que se vivenciam fortes e intensas transformações decisivas e radicais (*Umbruch*) do contexto social. De fato, desde o século XVI, berço da ciência moderna,[2] mas notadamente após os períodos revolucionários do século XVIII (Revoluções Liberais e Industrial)[3] o mundo encontra-se em constante alomorfia.[i] Observam-se essas permanentes mudanças não só nos acontecimentos históricos, mas sobretudo no próprio conceito do saber humano.[4]

De sorte, o conhecimento atual não jaz mais em um conjunto de sistemas de crenças bem estabelecidos no qual a dita *«ciência»*[ii] – em que a ciência jurídica também está inserida – repousa e se desenvolve dentro de certos limites preestabelecidos,[5] seja na sua vertente clássica (ontológico-metafísica) ou *moderna* (antropológico-racionalista), dos finais do século XVIII.[6] Muito antes pelo contrário. Hoje em dia, é predominante

---

[1] Por todos, ORTEGA Y GASSET, José.; En Torno A Galileo – Esquema de las Crisis, 1933.

[2] SOUSA SANTOS, Boaventura de.; Um discurso Sobre as Ciências, 6ª Ed., SP: Cortez, 2009, p. 13.

[3] HOBSBAWM, Eric J.; The Age of Revolution: Europe 1789-1848, Great Britain: Weidenfeld & Nicoson, 1962.

[4] SOUSA SANTOS, Boaventura de.; A Crítica da Razão Indolente: Contra o Desperdício da Experiência. Porto: Afrontamento, 2000 (2ª Ed.). *Tb.* publicado no Brasil, SP: Editora Cortez, 2000 (7ª Ed.).

[5] ABBAGNANO, Nicola.; *Ob. Cit.*, p. 222.

[6] CASTANHEIRA NEVES, António.; A Crise Actual da Filosofia do Direito no Contexto da Crise Global da Filosofia, tópicos para a possibilidade de uma reflexiva reabilitação, Boletim da Faculdade de Direito, Stvdia Ivridica, nº 72, Universidade de Coimbra, Coimbra: Coimbra Editora, 2003, p. 24.

a incerteza,[iii] a incompletude,[7] a relatividade,[8] a insegurança[9] dos antigos dogmas[10] (inclusive do dogma da ciência estruturada na razão).[11]

Se não bastasse, aduz-se que o conhecimento humano está em um processo exponencial do crescimento,[iv] característico da lei dos retornos acelerados (the *law of accelerating returns*),[12] bem como o aumento do estoque do conhecimento (*stock of human knowledge*),[13] o que torna o saber de hoje superado e ultrapassado em um lapso de tempo cada vez menor. Não só o conhecimento se torna rapidamente obsoleto, mas o acesso aos (novos) bens opera-se, hodiernamente, de forma acelerada[14] e até mesmo mais democrática.

Outrossim, apesar da democratização do consumo, via globalização, isso não induz em um capitalismo (acumulação de riquezas) mais igualitário e justo.[15] A geometria da produção – de alcance planetário tendo em vista que afeta, direta ou indiretamente, a vida de toda a humanidade – não se dá de forma estrutural e real para todos os Estados.[16] De fato, a globalização da economia, fomentada principalmente pela Segunda Revolução Industrial (*tecnologia: internet*), é caracterizada por uma profunda assimetria entre os países (grau de integração, potencial de competitividade e percentagem dos benefícios do crescimento econômico),[17] em que acarreta um «efeito devastador (…) nos países em desenvolvimento e em especial na população pobre desses países».[18] Destarte, como a figura mitológica de *Janus*, a globalização tem duas faces (uma boa e uma ruim).[19]

Nesse novo universo que surge, irradiam-se as *crises* para as relações entre os homens e a natureza, para as relações econômicas e para o mundo social.[20] Aliás, praticamente a todas as áreas do conhecimento humano percebe-se que há, sistematicamente, um movimento gradativo de fortes mudanças, tendo em vista a ambiguidade dos valores de outrora e até mesmo dos atuais. Assim, também por analogia e aderência vislumbram-se as *crises* no Estado[21] e, consequentemente, no Direito.[22] Substancia-se,

---

[7] GOLDSTEIN, Rebecca.; Incompleteness – The proof and paradoxo of Kurt Gödel, 2005, Atlas Book, L.L.C./W.W, Norton & Company, Inc. (v. ver. ut.).

[8] EINSTEIN, Albert.; Fundamental Ideas and Problems of the Theory of Relativity, Nobel Lectures, Physics 1901-1921, Amsterdam: Elsevier Publishing Company, archived from the original on 10 February 2007, retrieved 25 March 2007. (end. e dat. disp.).

[9] HARVEY, D.; The Condition of Postmodernity: An Enquiry into the Origins of Cultural Change (1989) (v. ver. ut.), p. 103.

[10] SOUSA SANTOS, Boaventura de.; Um discurso Sobre as Ciências, …, 2009.

[11] SOUSA SANTOS, Boaventura de.; A Crítica da Razão Indolente: Contra o Desperdício da Experiência, SP: Editora Cortez, 2000.

[12] KURZWEIL, Ray.; The Age of Spiritual Machines – When Computers Exceed Human Intelligence, 1999.

[13] MOKYR, Joel.; The Lever of Riches Technological Creativity and Economic Progress, Oxford: Oxford University Press, 1990.

[14] MOKYR, Joel.; *Ob. Cit.*

[15] STIGLITZ, Joseph E.; Fair Trade For All – How Trade Can Promote Development, Oxford: Oxford University Press, 2002.

[16] CASTELLS, Manuel.; The Rise of the Network Society, Blackwell Publishers Ltd., 1998 (v. ver. ut.), p. 161.

[17] CASTELLS, Manuel.; The Rise of the Network Society, …, p. 163.

[18] STIGLITZ, Joseph E.; *Ob. Cit.*, p. 23.

[19] DAS, Dilip K.; Two Faces of Globalization: Munificent and Malevolent, UK: Edward Elgar Pub, 2009.

[20] CASTELLS, Manuel.; End of Millennium, Blackwell Publishers Ltd., 1998 (v. ver. ut.), p. 458.

[21] FERNANDES, António Teixeira.; A Crise do Estado nas Sociedades Contemporâneas, Texto da Conferência Proferida em 12 de Novembro de 1993, Porto: Ed. do Conselho Directivo, 1993. *V. Tb*. CASTELLS, Manuel.; The Power of Identity, Blackwell Publishers Ltd., 1998 (v. ver. ut.)

[22] CASTANHEIRA NEVES, António.; O Direito Hoje e com que Sentido? O problema actual da autonomia do direito, Lisboa: Instituto Piaget, 2002.

contudo, que a atual *Krisis* não diz respeito à existência do Estado (ou do Direito) onto-logicamente, mas dos atuais paradigmas que os informam e os capacitam como objetos formadores e informadores da sociedade.

Muitos afirmam que a única certeza, mesmo que isso seja um paradoxo, é justamente a incerteza, a relatividade, posto que a ciência atual (e aqui o direito inserido) é transitória, provável, crivada de explosões de novidades e criatividades.[23] A jusfilosofia[24] é cambiante entre um direito reflexo, isto é, apenas uma imagem da sociedade (e por isso inoperante enquanto sistema informador de uma ética, moral ou qualquer outra relação que não seja o binário código do *Recht/Unrecht*)[25] ou um direito reflexivo, mas também heterorregulador, no qual (pode) participar como elemento informador para a sociedade. Ou seja, qual a máxima potência do Estado e do Direito (em linguagem Aristotélica, a *enteléquia* do binômio Estado/Direito)? Há de se ressaltar que tanto o Estado Providência quanto o Estado Liberal enfrentam crises intrínsecas.[26]

De sorte, já se posiciona que o Direito não é apenas forma, ou seja, restritivo ao pensamento (simplista) cognitivo-analítico e lógico-dedutivo, mas prático-normativo e, consequentemente, normativo-teleológico.[27] É, acima da Teoria Pura do Direito[28] ou do *Recht/Unrecht*, uma possibilidade de libertação, emancipação e contribuição para o progresso do homem como indivíduo (pessoa natural), bem como de toda a sociedade (Estado).

Por isso, o que se pretende aqui não é uma teoria acabada, definitiva. Mas sim mais um capítulo para a compreensão e contribuição no movimento científico (em especial, jurídico-político; jurídico-econômico e jurídico-ambiental) que se encontra em pleno curso de desenvolvimento e, principalmente, *para o* desenvolvimento.

Destarte, defende-se – apenas como *metáfora* recursiva para uma melhor compreensão – um modelo estrutural matemático topológico do nó borromeano para se visualizar o Estado Democrático Sustentável de Direito. Assim, o enodamento dos três sistemas (ambiental, social, econômico), ou na visão matemática topológica, caracteriza-se pelo entrelaçamento de três rodelas (ou sistemas), de modo que uma não ultrapassa ou *perfura* nenhuma das outras. De fato, coloca-se o segundo anel em cima do primeiro e enodoam-se estes com o terceiro. Como nenhum anel ultrapassa o outro, se é feito um corte em qualquer um dos três anéis, o nó se desata e os anéis ficam soltos,[29] isto é, se desprendem.

---

[23] ILYA, Prigogine.; Ciência, Razão e Paixão, org. Edgar de Assis Carvalho e Maria da Conceição de Almeida, 2ª Ed., SP: Editora Livraria da Física, 2009, p. 8.

[24] KAUFMANN, A.; HASSEMER, W. (org.); Einführung In Rechtsphilosophie Und Rechtstheorie Der Gegenwart (v. ver. ut.); KAUFMANN, Arthur.; Rechtsphilosophie, Verlag C. H. Beck oHG, München, 1997. (v. ver. ut.); LARENZ, Karl.; Methodenlehre Der Rechtswissenschaft, Berlin: Heidelberg, 1991 (v. ver. ut.)

[25] Por todos, TEUBNER, Gunther.; Recht Als Autopoietisches System, 1989 (v. ver. ut.).

[26] CASTELLS, Manuel.; The Power of Identity,….,.V.tb. JUDT, Jony.; Ill fares the Land, 201, (v.ver. ut.).

[27] CASTANHEIRA NEVES, António.; Metodologia Jurídica – Problemas fundamentais, Bol. da Fac. de Direito, Stvdia Ivridica, nº 1, Universidade de Coimbra, Coimbra: Coimbra Editora, 1993, p. 29.

[28] KELSEN, Hans.; Reine Rechtslehre, 1. Aufl., Leipzig und Wien, 1934 (v. ver. ut.).

[29] PONT, Federico Manuel.; Sistemas de pocos cuerpos en un entorno del umbral del continuo: estados ligados, resonancias, estados Borromeanos y de Efimov, Presentado ante la Facultad de Matemática, Astronomía y Física como parte de los requerimientos para la obtención del grado de Doctor en Física de la Universidad Nacional de Córdoba, Marzo de 2010, c FaMAF-UNC 2010, (end. e dat. disp.).

Neste aspecto, a sustentabilidade, incipiente da convergência *enodal* entre a problemática ambiental,[30] a busca de paradigmas sociais e o desenvolvimento econômico, está indelevelmente inserida no universo do homem moderno. Efetivamente, no Estado Sustentável, a economia, o social e o ecológico se mantêm juntos de modo tal que, se se corta indiferentemente um dos círculos (ou sistemas), os dois outros se desatam. Com esse desatamento, não há que se falar em Estado Sustentável e, portanto, no *continuum* e manutenção do (complexo) sistema da sustentabilidade.

É o encaixe perfeito dos três círculos (ou sistemas) em que, mais uma vez tenta-se clarificar, opera-se quando um sistema (ou círculo) passa por cima de um segundo círculo e por debaixo de um terceiro, mas que esse terceiro tem a particularidade de passar, ele próprio, por baixo do segundo, o que constitui o encaixe próprio ao nó borromeano.[31]

Não se questiona que os três sistemas estão indeléveis na vida atual da sociedade. De fato, nunca se viu, discutiu e *vendeu*[v] tanta ecologia (proteção), economia (desenvolvimento) e socialidade (distribuição) como atualmente.[32] Paralela e simetricamente a essa verdadeira invasão no mundo sensível da "nova ordem do desenvolvimento sustentável",[33] no contexto habitual contemporâneo,[34] opera-se, por assim dizer, uma verdadeira (re)construção de novas palavras, conceitos e até mesmo novos paradigmas jusfilosóficos,[vi] com o fito de agasalhar os reclames da dita pós-modernidade[vii] – ou hipermodernidade,[35] como reflexos diretos na (nova) estrutura da sociedade, na qual se conforma em sua estrutura política através de um texto jurídico máximo – a Constituição[36] – estruturante do próprio Estado.[viii]

Com efeito, poder-se-ia afirmar que o léxico da (pós)modernidade é ilação, inferência, dessa (ir)realidade, por assim dizer, *midiática*, na qual escolheu – ou foi escolhido – o tema ecológico e, posteriormente, o desenvolvimento sustentável, que, conforme já dito, é fruto do «enodamento tridimensional borromeano»[ix] em que cada elo – ou

---

[30] *Tb.* evocam esse novo sentimento – midiático e emblemático – característico na era moderna: LOMBORG, Bjørn.; The Skeptical Environmentalist, The Press Syndicate of the University of Cambridge, 1998; OST, François.; La Nature Hors La Loi, L'Ecologie A L'Epreuve Du Droit, Editor: La Decouverte, 2003; DEWAR, Elaine.; Cloak of Green – The link Between Key Environmental Groups, Government and Big Business, 1995 (v. ver. ut.); CARRASCO, Lorenzo.; Máfia Verde: o ambientalismo a serviço do Governo Mundial, ed. EIR, 2001. Mesmo os ecologistas profundos também advertem sobre o excessivo – e, às vezes, indevido – uso dos "problemas ambientais", tais como LOVELOCK, James.; The Revenge of Gaia: Why the Earth is Fighting Back – and How we Can Still Save Humanity (v. ver. ut.).

[31] DARMON, MARC.; Essais sur la Topologie Lacanienne, 2004 (v. ver. ut.), p. 228.

[32] *V.* SOLLER MATTOS, Francisco José Soller de.; Ecologia e arte ... .

[33] As referências são inúmeras. Para constar, MORAES, Antonio Carlos de.; BARONE, Radamés.; O Desenvolvimento Sustentável e as Novas Articulações Econômica, Ambiental e Social, Pesquisa & Debate, SP, volume 12, n. 2(20), p.119-140, 2001; BATISTA, Ieda Hortêncio.; ALBUQUERQUE, Carlossandro Carvalho de.; Desenvolvimento Sustentável: novos rumos para a humanidade, Revista Eletrônica Aboré Publicação da Escola Superior de Artes e Turismo – Ed. 03/2007, (end. e dat. disp.).; OLIVEIRA, Leandro Dias de.; A Geopolítica do Desenvolvimento Sustentável em Questão: reflexões sobre a conferência do Rio de Janeiro (Eco-92), 1º Simpósio de Pós-Graduação em Geografia do Estado de SP – SIMPGEO/SP, Rio Claro, 2008, (end. e dat. disp.).

[34] Sobre a relação entre mídia e o meio ambiente, v.: KHALILI, Amyra El.; Mídias ambientais: por que financiá-las?, Fórum de Direito Urbano e Ambiental – FDUA, Belo Horizonte, n. 26, mar./abr. 2006, p. 3183 a 3184; SANTOS PEIXOTO, Cássio.; Direito e Meio Ambiente: entendimento contemporâneo, In: Caderno Direito & Justiça, Belo Horizonte: Jornal do Estado de Minas, 8/9/2008.; *V. Tb.*, GOMES CANOTILHO, J. J.; (Coord.), Introdução ao Direito do Ambiente, Lisboa: Universidade Aberta, 1998, p. 19; Agronegócio e meio ambiente, BH: Editorial do Jornal Estado de Minas, Ed. de 9.9.2008.

[35] Gilles Lipovetscky defende o termo Hipermodernidade para caracterizar o atual momento vivido pela sociedade no qual configura-se como uma sociedade baseada em uma cultura dos excessos, intensos e urgentes. Cf. CHARLES, Sebastien.; LIPOVETSKY, Gilles.; Hypermodern Times, Polity Press, 2006.

[36] GOMES CANOTILHO, J. J.; Direito Constitucional e Teoria da Constituição, 7ª Ed., pág. 87.

sistema – é composto pela inclusão social, o crescimento econômico e a preservação ambiental,[37] na dimensão temporal[x] do passado, presente e futuro,[38] em várias de suas *aparições*, na ordem do dia a dia das pessoas.

Dessa forma, bem como outras novas áreas do saber, tais como na informática, p. ex., o surgimento de uma nova linguagem, com gramática e léxico próprios, é uma consequência direta[xi] da atualidade hiperativa,[39] globalizada[xii] e, por que não dizer, *estressada*.[xiii]

De fato, à primeira vista, não sem razão, já foi dito que "parecem (as novas nomenclaturas albergadas pelo Direito Sustentável, com a devida *contaminação* do Direito Ambiental) siglas de códigos secretos".[40] Com efeito, o neologismo[41] característico do conhecimento emergente é inevitável.[42] Consequentemente, é imperioso lidar com conceitos genuinamente renovados para que se possa, de forma eficaz, verificar, aplicar e praticar os princípios do desenvolvimento sustentável, para além de uma (também) verdadeira política de proteção ambiental[xiv] – do qual, ressalta-se, não se furta.

Ipso facto, verificar-se-á que o Estado,[43] na sua acepção constitucional,[44] é não somente uma figura jurídica de Direito Público internacional,[45] em que se sedimenta no modelo de Estado *Westfaliano*,[46] caracterizado pelos seus elementos, quais sejam, o poder, o povo e o território. Efetivamente, o Estado que se busca e se defende é substancialmente um Estado constituído (e constituidor)[xv] de uma Constituição, na qual – necessariamente – se solidifica, presenciado inclusive pela sua história (no sentido de passagem do tempo e dos correlativos movimentos das ações),[47] através das garantias

---

[37] GOMES CANOTILHO, J. J.; O princípio da sustentabilidade como princípio estruturante do Direito Constitucional, Rev. Estudos Politécnicos, Polytechnical Studies Rev., 2010, vol. VIII, n. 13, 007-018.

[38] *V.*, dentre tantos outros modelos constitucionais, o artigo 225 da CRFB/88; Artigo 66º letra "d" da Constituição Portuguesa e o *Artikel 20a* da G.G.

[39] SANTOS, Boaventura de Sousa [org.]; Globalização fatalidade ou utopia? Porto, Edições Afrontamento, 2ª Ed., 2001, p. 19.

[40] CANOTILHO ao se referir as siglas ADR (Alternative Dispute Resolution), LULU (Locally Unwanted Land Use), NIMBY (Not In My BackYard). GOMES CANOTILHO. J. J.; *In.*, Constituição e "Tempo Ambiental", Revista Cedoua, 2 Ano II, 1999, p. 9-14.

[41] COLAÇO ANTUNES, Luís Filipe.; Direito Público do Ambiente. Diagnose e prognose da tutela processual da paisagem, Coimbra: Almedina, 2008, p. 198.

[42] NUNE, Cássia Regina Rodrigues.; NUNES, Amauri Porto.; Bioética, Revista Brasileira de Enfermagem, Brasília (DF) 2004 set./out.; 57(5):615-616. Neste aspecto, com o surgimento de novas tecnologias introduzidas e sedimentadas no mercado pós década de 70, operacionalizou-se um verdadeiro «mundo novo das palavras» em vários segmentos e setores do conhecimento.

[43] Utiliza-se aqui a expressão «Estado» como Sujeito Originário de Direito Público Internacional, entidade soberana, surgida (ou criada) na Europa Ocidental na baixa Idade Média e consolidada ao longo dos séculos XV, XVI e XVII. Ver melhor em VELASCO, Manuel Diez de.; VELASCO, Manuel Diez de.; Instituciones de Derecho Internacional Público, Madrid: Tecnos, 13ª edición, 2002, p. 219; BROWNLIE, Ian.; Principles of Public International Law, Oxford University Press, 1990 (v. ver. ut.), págs. 71 e segs.; PEREIRA, André Gonçalves.; & QUADROS, Fausto de.; Manual de Direito Internacional Público, Lisboa: Almedina, 3ª Ed., 2005, p. 299 e segs.; BAPTISTA, Eduardo Correia.; Direito Internacional Público, Vol. II – Sujeitos e Responsabilidades, Coimbra: Almedina, 2004; REZEK, Francisco.; Direito Internacional, SP: Saraiva, 12ª Ed., 2010; SILVA, Roberto Luiz.; Belo Horizonte: inédita, 1999, p. 89; ACCIOLY, Hildebrando.; Manual de Direito Internacional Público, SP: Saraiva, 11ª Ed., 1993; MAZZUOLI, Valério de Oliveira.; Curso de Direito Internacional Público, SP: Revista dos Tribunais, 5ª Ed.; PELLET, Alain.; DAILIER, Patrick & DINH, Nguyen Quoc.; Droit International Public, France: Librairie Générale de Droit et de Jurisprudence, E.J.A., 2002 (v. ver. ut.), p. 415 e segs.; MACHADO, Jónatas.; Direito Internacional – do Paradigma clássico ao pós-11 de Setembro, 2ª Ed., Coimbra: Coimbra Editora, 2004, págs. 159 e segs.; GOUVEIA, Jorge Barcelar.; Manual de Direito Internacional Público, 2ª Ed., Coimbra: Almedina, 2004, págs. 429 e segs.

dos Direitos Humanos/Fundamentais, com um *status* de Estado de Direito Democrático (ou na versão brasileira: Estado Democrático de Direito).[xvi]

Contudo, é certo que hoje em dia se evoca, ainda, uma institucionalização da proteção ambiental, como um direito fundamental, sem obviamente negar na estrutura estatal[48] [há de se admitir, porém, que, em insurgência a uma nova *dimensão* ética, *social e jurídica*, o alcance das normas culturais e urbanísticas, de genuíno relevo ambiental, extrapolam o universo (reducionista) privado. De fato, o interesse público, que lhe dá essência de índole pública, é inerente às normas (jurídicas) de restrições ambientais. Assim, denotam, *a um só tempo, interesse público e interesse privado, atrelados simbioticamente, incorporam uma natureza propter rem no que se refere* à *sua relação com o imóvel e aos seus efeitos sobre os não-contratantes, uma verdadeira estipulação em favor de terceiros (individual e coletivamente falando), sem que os proprietários-sucessores e o próprio empreendedor imobiliário original percam o poder e a legitimidade de fazer respeitá-las*][49] o desenvolvimento econômico aliado a uma (preocup)ação social.

É esse, com efeito, o Estado Democrático Sustentável de Direito, verificável não só nos dispositivos positivados na Constituição, mas também nos textos normativos infraconstitucionais, na doutrina e jurisprudência. Ademais, até mesmo (e, talvez, *principalmente*) no ordenamento internacional encontram-se referências ao (sistema/princípio)[50] desenvolvimento sustentável.

Em um conceito jurídico-material do termo Constituição, percebe-se que não é «apenas» uma «norma fundamental da estruturação do Estado, contendo a formação dos Poderes Públicos, forma de governo e aquisição do poder de governar, distribuição de competências (...)»,[51] mas [e sobretudo] uma Carta (jurídica) vinculadora do Estado aos Direitos Fundamentais, na qual defende-se nesse rol de direitos a proteção ambiental

---

[44] Manifestamente defende-se um Estado Constitucional, isto é, um Estado de Direito e Democrático, *Cf. Apud.* GOMES CANOTILHO, J. J.; Direito Constitucional e Teoria da Constituição, 7ª Ed., 87-102. Com efeito, a sua definição jurídica (interna) pode ser expressa como «a comunidade constituída por um povo que, a fim de realizar os seus ideais de segurança, justiça e bem-estar, se assenhoreia de um território e nele institui, por autoridade própria, o poder de dirigir os destinos nacionais e de impor as normas necessárias à vida colectiva», FREITAS DO AMARAL; O Estado, In: Estudos de Direito Público e matérias afins, volume I, Almedina, Coimbra, 2004, págs. 16-17, definição esta acompanhada de perto por MIRANDA, Jorge.; Manual de Direito Constitucional, Tomo I, 6ª Ed., Coimbra: Coimbra editora, p. 44; KRIELE, Martin.; Einführung in die Staatslehre Die geschichtlichen Legitimitätsgrundlagen des demokratischen Verfassungsstaates (v. ver. ut.); HORTA, Raul Machado.; Direito Constitucional, 5ª Ed., Belo Horizonte: Del Rey, 2010; BASTOS, Celso Ribeiro.; Curso de Direito Constitucional, 20ª Ed., SP: Saraiva, 1999; SILVA, José Afonso da.; Curso de Direito Constitucional Positivo, 21ª Ed., SP: Malheiros, 2002; MENDES, Gilmar Ferreira.; e outros, Curso de Direito Constitucional, 4ª Ed., SP: Saraiva, 2008; ZIPPELIUS, Reinhold.; Beck'sche Verlagsbuchhandlung, München, 1994 (v. ver. ut.).

[45] CANOTILHO, evocando Karl Doehring (In:Allgemeine Staatslebre, Müller Verlag, Heidelberg, 1991, p. 18), já adverte a diferença entre o conceito de Estado pela doutrina do Direito Internacional e pela doutrina do Direito Constitucional. Cf. Apud. GOMES CANOTILHO, J. J.; Direito Constitucional e Teoria da Constituição, ..., p. 90.

[46] Em referência à formação dos Estados (modernos) emergentes do Tratado de Paz de Westfália de 1648. Cf. Apud. WIEGANDT, Jan.; Internationale Rechtsordnung oder Machtordnung? Eine Anmerkung zum Verhältnis von Macht und Recht im Völkerrecht, ZaöRV 71 (2011), 31-76, (end. e dat. disp.).. *V. Tb.* ALBERGARIA, Bruno.; Histórias do Direito, ..., p. 147.

[47] LUHMANN, Niklas.; Introducción a la Teoría de Sistemas (v. ver. ut.). , págs. 205 e segs.

[48] GOMES CANOTILHO, J. J.; Direito Constitucional Ambiental Português e da União Europeia, In: GOMES CANOTILHO, J. J.; MORATO LEITE, José Rubens.; (org.) Direito Constitucional Brasileiro, SP: Saraiva, 2007.

[49] REsp nº 302.906/SP, Rel. Min. Herman Benjamin, 2ª Turma, julgado em 26.8.2010, DJe 1.12.2010.

[50] RIBEIRO TURA, Marco Antônio Ribeiro.; O lugar dos princípios em uma concepção do direito como sistema, Separata da Rev. de Infor. Legislativa, Senado Federal, ano 41, nº 163, Julho/Setembro, 2004.

[51] SILVA, José Afonso da.; Curso de Dir. Const. Posit., 21ª Ed., SP: Malheiros, 2002, p. 38.

e, consequentemente, a sustentabilidade, posto já ser consolidado o desenvolvimento econômico e a (eterna) busca da equidade social.

Porém, alerta-se que, em uma visão primária, mas reduzida, evoca-se em nível elevado [máximo] principiológico[52] um dito «Direito Ambiental»,[53] transbordante para (todo) o Direito – como um sistema circular e expansivo –, excludente (ou conflitante) com outras áreas ou ramos, tais como o econômico ou social. Assim, o entendimento que há *um permanente estado de tensão entre o imperativo de desenvolvimento nacional, de um lado, e a necessidade de preservação da integridade do meio ambiente de outro (...), no qual deve-se prevalecer o entendimento que a atividade econômica está subordinada* àquele *que privilegia a "defesa do meio ambiente"*,[54] não deve prosperar.

Em verdade, o princípio instituidor no novíssimo Estado que exsurge – como um duplo salto, no qual o primeiro salto é o Estado Ambiental e o segundo salto o Estado Sustentável – é o desenvolvimento sustentável – inserto no Estado Democrático Sustentável de Direito – que rememora um matema borroneano, no qual o enodamento entre o sistema econômico, o ecológico e os preceitos sociais se dá de forma harmônica e equilibrada.

Realmente, ter-se-á como meta e escopo chegar ao verdadeiro Estado Democrático Ambientalmente Sustentável e de Direito,[55] dimensão paradigmática fundante do século XXI, pela construção de uma (nova) estrutura *unitária*, a qual se compõe dos três fundantes elementos – ambiental, econômico e social – independentes entre si, mas interligados em um enodamento perfeito e (in)estável[xvii] tridimensional [com o fator tempo, pode-se visualizar inclusive um sistema quadridimensional, frisa-se], de modo que um não ultrapassa – e nem desata – nenhum dos outros,[56] em nítida superação ao bidimensional modelo *triple bottom line*.[57]

De fato, enquanto no diagrama gráfico do *triple bottom line* considera-se a sustentabilidade somente o conjunto formado pela interseção dos três conjuntos, em gráfico dimensional, concebe-se agora a sustentabilidade não só como a referida interseção, mas todo o conjunto nodal borromeano. Portanto, o *Estado Sustentável* deve ser estruturado – e mantido (futuras gerações) – como se fosse o entrelaçamento dos seus elos fundamentais, dito aqui como um direito fundamental, objetos de proteção: o ambiental, a economia e o social.

Todavia, justamente pela identificação das interconexões em escala mundial, não só o Estado está em crise, mas todas as organizações de cunho – ou pretensão –

---

[52] SOUZA ARAGÃO, Maria Alexandra de.; O Princípio do Nível Elevado de Protecção e a Renovação Ecológica do Direito do Ambiente e dos Resíduos, Coleção Teses, Coimbra: Almedina, 2006.

[53] Entende-se superada a questão da autonomia do Direito Ambiental, nos precisos termos de AMADO GOMES, Carla.; Ambiente (Direito do). In: Textos Dispersos de Direito do Ambiente, Lisboa: AAFDL. 2005, p. 73 (esse texto também pode ser encontrado no II Suplemento do Dicionário Jurídico da Administração Pública, 1998, págs. 9-29). *V. Tb*.: GOMES CANOTILHO, J. J.; (Coordenador), Introdução ao Direito do Ambiente, Lisboa: Universidade Aberta, 1998, págs. 33 e segs.; ALBERGARIA, Bruno.; Direito Ambiental e a Responsabilidade Civil das Empresas, Belo Horizonte: Fórum, 2005, p. 75 e segs., dentre tantos outros.

[54] Min. Celso de Mello na ADI 3.540-MC/DF do STF, D.J. 03.02.2006, nº 2219-3, publ. em 1.9.2005.

[55] GOMES CANOTILHO, J.J.; O princípio da sustentabilidade como Princípio estruturante do Direito Constitucional, Revista de Estudos Politécnicos...

[56] TELES OLIVEIRA, Analuisa.; Por que o nó borromeo de três rodelas? Escrever sobre o Nó sob determinação do próprio nó. In: Cadernos de Escrita Jacques Lacan: Matemas, Esquemas, Grafo, A lógica e a topológica, Aleph – escola de psicanálise, Vol. 5, Belo Horizonte, 2010, págs. 182/191.

[57] Expressão cunhada por John Elkington em 1994. *Cf. Apud*. BOECHAT, Cláudio.; e LAURIANO, Lucas Amaral.; Abordagens para a Sustentabilidade nas Organizações, Volume 1, Caderno de Ideias; CI1201, Nova Lima, MG: Fundação Dom Cabral, 2012, (end. e dat. disp.).

internacional também estão em crise. Assim, as instituições internacionais, notadamente originárias do pós-guerra mundial, também enfrentam a mesma crise ideológica e até mesmo existencial. De fato, se não houver uma *visão* com o foco do (Direito do) desenvolvimento sustentável como um *ius cogens*, fatalmente a insustentabilidade dessas organizações internacionais prevalecerá.

Outrossim, exordialmente, poder-se-ia alegar que o princípio da sustentabilidade é (seria) fonte[58] e, portanto, originário do universo da proteção ambiental.[59] Todavia, o que se verifica, *in vero*, não é um princípio originário, como fonte primária direta do Direito Ambiental, até se formar e solidificar como um princípio autônomo e próprio. Mas pode-se afirmar que o desenvolvimento sustentável é um sistema (complexo) formado, isto é, constituído, pelo enodamento dos três sistemas básicos de origem – um *tri* acoplamento estrutural –, no qual veio o Direito Ambiental – como o último elo *a chegar* – constituir o entrelaçamento necessário para se formar um nó borromeo[xviii] completo em estrutura, forma e sistema. De modo que, se retirar um desses sistemas (elos), os outros dois se desatam.[60] O sistema é desfeito, o *continuum* e *ad futurum* (desse próprio Estado hipermoderno) não persistem.

Em aproximação, a teoria de Luhmann (embora seja necessário fazer ajustes para aplicá-la na presente tese) entende-se aqui por estrutura no fato de que elas (as estruturas) constituem um processo de repetição, no sentido de que uma estrutura simula situações que entende como repetição, isto é, a própria *autopoiésis*.[61] De fato, atualmente na sociedade (entendida como a «cultura ocidental»), quando se trata de elementos que evocam a sustentabilidade, já se constroem estruturas próprias dentro do próprio sistema jurídico sustentável.

A sustentabilidade já tem forma. Ou seja, vislumbra-se com capacidade de produção de uma linha fronteiriça, a qual sinaliza a diferença «e leva a elucidar qual a parte está indicada quando se diz estar em uma parte, e por onde se deve começar ao se buscar proceder a novas operações».[62]

Finalmente, pode-se considerar a «sustentabilidade» como um sistema, continuando com a concepção luhmanniana, o qual só pode ser compreendido por, justamente, se fazer a diferença entre o meio e o sistema, operando-se, dessa forma, uma análise dinâmica.[63] Fato é que a «sustentabilidade» tem capacidade de se identificar enquanto tal (distingue-se do meio em que está inserida) e reproduzir-se (autopoiésis)

---

[58] Emprega-se aqui o termo «fonte» no sentido de princípio, origem, causa. É, nos dizeres de DU PASQUIER. Claude.; In: Introduction à la théorie générale es à la philosophie du droit, Paris: Delachaux et Niestlé, 1978, p. 47, uma «metáfora muito justa, pois remontar à fonte de um rio é procurar o lugar onde suas águas brotam da terra; do mesmo modo pelo qual ela saiu das profundezas da vida social para aparecer à superfície do Direito». *Cf. Apud.* MATA MACHADO, Edgar da.; Elementos de Teoria Geral do Direito, Belo Horizonte: Editora UFMG, 4ª Ed., 1995, p. 236. Por óbvio, não se trata do emprego técnico da expressão de «fonte do direito», de cunho nitidamente jusfilosófico que pode ser melhor analisado em ASCENSÃO, José de Oliveira.; O Direito, Introdução e Parte Geral, 13ª Ed. Refundida, Coimbra: Almedina, 2005, págs. 51 e segs.; KAUFMANN, Arthur.; Rechtsphilosophie, Verlag C. H. Beck oHG, Müchen, 1997 (v. ver. ut.); LARENZ, Karl.; Methodenlehre Der Rechtswissenschaft, Springer-Verlag, Berlim, 1991 (v. ver. ut.); CASTANHEIRA NEVES, António.; A Crise Actual da Filosofia do Direito no Contexto da Crise Global da Filosofia – tópicos para a possibilidade de uma reflexiva realidade, Stvdia Ivridica – 72, Boletim da Faculdade de Direito, Coimbra: Coimbra Editora, 2003, dentre tantos outros.

[59] Vide Relatório *Our Common Future* desenvolvido pela Comissão Brundtland, publicado em 1987.

[60] TELES OLIVEIRA, Analuisa.; Por que o nó borromeo de três rodelas? .., págs. 182/191.

[61] LUHMANN, Niklas.; Introducción a la Teoría de Sistemas (v. ver. ut.).

[62] LUHMANN, Niklas.; *Ob. Cit.*, p. 86

[63] LUHMANN, Niklas.; *Ob. Cit.*, p. 80.

contaminando (ou acoplando) inclusive em outros sistemas completamente – a primeira vista – díspares, tais – citam-se apenas como exemplos – o previdenciário,[64] o fiscal,[65] o orçamento público,[66] a paisagem e o cultural,[67] o turismo,[68] a produção,[69] o cooperativismo,[70] o contábil,[71] o trabalho infantil,[72] e até mesmo como fator de análise (e comprometimento) da bolsa de valores [pode-se destacar, em termos globais, mas mais acentuado nos Estados Unidos da América, o *Dow Jones Sustainability Index (DJSI)*[73] (Índice de Sustentabilidade Dow Jones), criado em 1999 e, no Brasil, Índice de Sustentabilidade Empresarial (ISE),[74] lançado pela Bolsa de Valores do Brasil (BM&FBOVESPA) em 2005, indicador composto de ações emitidas por empresas que apresentam alto grau de comprometimento com os lucros, mas também com a responsabilidade social e ambiental,[75] dentre outros].

A construção (ou percepção) desse (novíssimo) sistema tem o seu nascimento com vários movimentos que serão analisados. Mas fato é que o Estado Democrático de Direito modificou a sua estrutura, na busca (interna) de se automanter, transmudando-se para o Estado Sustentável, induzindo os seus próprios observadores (intérpretes e membros: legisladores, juízes, doutrinadores, executores e sociedade como um todo)[76] a já assentarem que o antigo Estado (sem a sustentabilidade) possuía estruturas inoperantes diante das emergentes mudanças sociais, bem como pela imposição operada pelo outrora «meio» ambiente.

---

[64] GITTER, Wolfgang.; Nachhaltigkeit und Sozialversicherung, In:KAHL, Wolfgang. [org.]; Nachhaltigkeit als Verbundbegriff, Tübingen, 2008.

[65] CASALTA NABAIS, José.; SILVA, Suzana Tavares da.[orgs]; Sustentabilidade Fiscal em Tempos de Crise, Coimbra: Almedina, 2011.

[66] PEREIRA, Romilson Rodrigues.; Orçamento Público e os paradigmas do desenvolvimento sustentável, Revista do Tribunal de Conta da União, nº 112, Maio/Ago., 2008, págs. 89/96.

[67] CASTRIOTA, Leonardo Barci. [org.]; Paisagem Cultural e Sustentabilidade, Belo Horizonte: IEDS, UFMG, 2009.

[68] CORRÊA, Maria Laetitia.; PIMENTA, Solange Maria.; ARNDT, Jorge Renato Lacerda. [orgs.]; Turismo, Sustentabilidade e Meio Ambiente, Contradições e Convergências, Belo Horizonte: Autêntica Editora, 2009. Aqui o tema é quase infindável: *V. tb.* MALTA, Paula Alexandra.; EUSÉBIO, Celeste.; COSTA, Carlos.; Onde a Terra se Acaba e o Mar Começa: territórios de Turismo e [In]Sustentabilidade, Revista Cedoua, nº 23, Ano XII, 2009, págs. 75-105.

[69] AMATO NETO, João. [org.]; Sustentabilidade & Produção, SP: Atlas, 2011.

[70] BRAGA FILHO, Edson de Oliveira. [org.]; Sustentabilidade e Cooperativismo, uma filosofia para o amanhã – anais do I Congresso Internacional do Instituto Brasileiro de Pesquisas e Estudos Ambientais e Cooperativos, Belo Horizonte: Fórum.

[71] KRAEMER, Maria Elisabeth Pereira.; A contabilidade rumo à pós-modernidade: um futuro sustentável, responsável e transparente, IX Convenção de Contabilidade do Rio Grande do Sul, 13 a 15 de agosto de 2003 – Gramado – RS, disp. Revista do Conselho Regional de Contabilidade do Rio Grande do Sul, Dezembro, 2004. *V. Tb.* GRAY, R.; Responsabilidade, sustentabilidade e contabilidade social e ambiental: o setor corporativo pode se pronunciar?, (end. e dat. disp.).; TINOCO, João Eduardo Prudêncio.; ROBLES, Léo Tadeu.; A contabilidade da gestão ambiental e sua dimensão para a transparência empresarial: estudo de caso de quatro empresas brasileiras com atuação global, Rev. Adm. Pública, vol. 40, nº 6, Rio de Janeiro, Nov./Dec., 2006.

[72] KOROMA, Abdul.; O Trabalho Forçado e o Trabalho Infantil: Ameaças ao Desenvolvimento Sustentável, Revista do TST, Brasília, vol. 76, nº 4, Out/Dez., 2010, págs. 121/129. Porém, observa-se que, apesar de sua menção, o trabalho infantil não pode ser considerado como um «sistema» em si.

[73] Sobre o tema, ver em Dow Jones Sustainability World Index Guide, Version 12.1, 4 April, 2013, (end. e dat. disp.).

[74] MARCONDES, Adalberto Wodianer.; BACARJI, Celso Dobes.; ISE – Sustentabilidade no Mercado de Capitais, SP: Report Editora, 2010.

[75] MACHADO, Márcia Reis.; MACHADO, Márcio André Veras.; CORRAR, Luiz João.; Desempenho do Índice de Sustentabilidade Empresarial (ISE) da Bolsa de Valores de SP, Revista Universo Contábil, ISSN 1809-3337, FURB, v. 5, n. 2, p. 24-38, abr./jun., 2009, (end. e dat. disp.).

[76] Em aproximação a HÄBERLE, Peter., Die offene Gesellschaft der Verfassungsinterpreten. Ein Beitrag zur pluralistischen und "prozessualen" Verfassungsinterpretation. (v. ver. ut.), p. 13.

Há de se ressaltar que a expressão «meio» é aqui empregada como distinção do sistema. Por muito, defendeu-se que o «meio ambiente» é, fundamentalmente, (somente) meio.[77] Contudo, há que se observar que a «ecologia» tornou-se não só uma base filosófica, mas também um sistema (um *subsistema* que faz parte do macrossistema social), posto se reconhecer e autorreferenciar. Esse foi o primeiro salto. Contudo, o acoplamento estrutural entre o sistema ambiental, o (já estabelecido, mas longe de ser consenso) sistema econômico e o social (precariamente estabelecido, mas vetustamente evocado) produziu um novíssimo (sub)sistema social, qual seja, o Estado Sustentável. Assim, o próprio Estado, em um (verdadeiro) movimento *autopoiético*, decidiu por si próprio, no curso de sua história (a quarta dimensão, na representação da passagem do tempo como ação), que suas estruturas mudaram tanto que o Estado não é (era) o mesmo.[78] Agora, além de ser um Estado Ambiental, é um Estado Democrático Sustentável de Direito (deu-se aqui o segundo salto).

Dessa maneira, o exordial (fruto da hipermodernidade) sistema (novamente em termos luhmanniano) «sustentabilidade» teve a sua *gênesis* com o acoplamento estrutural não de dois outros sistemas, mas de três. Assim, o Estado Sustentável (já) é um sistema – posto ser capaz de se auto-observar, (auto)definir, autorreferenciar e, principalmente, se autorreproduzir (*autopoiético*).[79] Um Estado atual somente terá a possibilidade de ser Estado *autopoiético* se for sustentável. E não só o «cosmos público» encampado pela figura *Estatal*, mas também o universo privado, dirigido pelas empresas, devem buscar a sua (eterna, enquanto possível) dimensão estrutural na Sustentabilidade, sob pena de não se tornarem viáveis enquanto seres.

Com efeito, pode-se (a hipótese teórica aqui defendida) definir a sustentabilidade como um matema constituído por um sistema de um nó feito de três círculos (ou sistemas), onde os três registros entrelaçam-se e coexistem, em relação de dependência direta entre si, ou seja, um não pode existir sem o outro. E, dessa maneira, os três círculos (sistemas) que se entrelaçam são a proteção ambiental, o desenvolvimento econômico e a equidade social. Por efeito, como já salientado, não é o Direito Ambiental, «fonte exordial e exclusiva» da sustentabilidade; todavia, a sustentabilidade só pôde ser concebida após a relevância, o aparecimento, do Direito Ambiental para formar aquele sistema completo e complexo, como o último elo a chegar e integralizar o sistema.

De fato, verifica-se que a construção jusfilosófica (conceitual e abrangência) do Direito Sustentável, não propriamente originário do também neófito[xix] Direito Ambiental, como já dito, porém fruto justamente do referido enodamento estruturante com o mundo econômico e a busca da equidade social [ou pelo menos de um *standard* mínimo de padrões sociais], defronta-se inicialmente com a dificuldade da própria definição do «elo» (ou sistema) ecológico-ambiental [e correlato «Direito Ambiental», afinal, o Direito Ambiental sofre uma «pilotagem ecológica da norma»],[80] posto não ser, como quase tudo que é jovem,[81] bem solidificado e, ainda, (longe) de ser consensual.

---

[77] LUHMANN, Niklas.; *Ob. Cit.*

[78] LUHMANN, Niklas.; *Ob. Cit.*, p. 38.

[79] Como referência, ver a obra LUHMANN, Niklas.; *Ob. Cit.*, 2010.

[80] OST, François.; La Nature hors la Loi, Éditions La Découverte, 1995. (v. ver. ut.). Expressão também empregada por SOUZA ARAGÃO, Maria Alexandra de.; O Princípio do Nível Elevado ..., p. 67.

[81] Expressão encontrada em COLAÇO ANTUNES, Luís Filipe.; Direito Público do Ambiente. Diagnose e prognose da tutela processual da paisagem, Coimbra: Almedina, 2008, p. 53. *Tb*. AMADO GOMES, Carla.; Ambiente (Direito do). In: Textos Dispersos de Direito do Ambiente, Lisboa: AAFDL, 2005, p. 73 (texto *tb* encontrado no II Suplemento do Dic. Jurídico da Administração Pública, 1998, págs. 9-29).

Afinal, se o próprio Estado Ambiental é novo e, por isso, carecedor das bases históricas (necessárias), o que se dirá do (novíssimo) Estado Sustentável.

Nesse contexto pré-textual, exsurge a necessidade de uma abordagem (histórica) do Direito Ambiental, justamente por ter sido o último elo a se formar (para se *acoplar*[xx]/ *enodar*[xxi] aos demais). Buscar-se-á, também, a colmatação internacional, através dos Tratados e Convenções, do «desenvolvimento sustentável».

Afinal, somente a partir da construção do «sistema ambiental» é que se pode induzir o surgimento do (outro) sistema a que se pretende chegar, qual seja, a sustentabilidade.

Ainda, verifica-se que a linguística pode ser – e muitas vezes é – utilizada como barreira de compreensão da problemática;[82] ou igualmente, em outro sentido, ser indevidamente (propositadamente ou não) apropriada por outros discursos.[83] Dessa forma, observam-se partidos políticos e empresas[84] – geralmente as mais poluentes, degradadoras do meio ambiente, socialmente inadequadas e/ou que não respeitam o *standard* mínimo[85] da dignidade do trabalhador[86] – utilizarem indiscriminada e excessivamente, em verdadeira taquifemia ecológica, expressões com forte apelo *ecomidiático* (tais como "ecológicos", "amigos do ambiente", "social", "desenvolvimento sustentável", "economia verde"), sem a devida correspondência factual, isto é, sem serem verdadeiramente ecológicos ou promoverem o desenvolvimento sustentável.[87] [xxii]

Assim, notadamente quando se cruzam os caminhos ecológicos, pode-se ouvir o discurso *ecobable*,[88] ou melhor definindo, "eco baboseiras";[89] ou as eficientes e lucrativas publicidades agregadoras dos «produtos verdes», ou «eco-labeling»,[90] quando não em *ecofalse*,[91] ou seja, ecologia falsa. Apenas como exemplo, citam-se (por ora) os casos das transnacionais da indústria têxtil esportiva Nike e Adidas, que, apesar de pregarem em suas campanhas publicitárias práticas sustentáveis, (já) praticavam(aram) *dumping's*

---

[82] SCHOPENHAUER, Arthur.; Eristische Dialektik oder die Kunst, Recht zu behalten, In: 38 Kunstgriffen dargestellt, 1830.

[83] SCHOPENHAUER, Arthur.; *Ob. Cit.*

[84] GUSMÃO, Ronaldo.; Cidadania corporativa: Há incoerência entre o discurso e o que as empresas fazem na prática, In: Jornal Estado de Minas, 9.10.2008.

[85] Dentre tantos, destaca-se (somente) na literatura brasileira: BARROSO, Luís Roberto.; A Dignidade da Pessoa Humana no Direito Constitucional Contemporâneo, A construção de um conceito jurídico à luz da jurisprudência mundial, Belo Horizonte: Fórum, 2ª Ed., 2013; MOLINARO, Carlos Alberto.; MEDEIROS, Fernanda Luiza Fontoura de.; SARLET, Ingo Wolfgang.; FENSTERSEIFER, Tiago.; A Dignidade da Vida e os Direitos Fundamentais para além dos Direitos Humanos, Uma discussão necessária, Belo Horizonte: Fórum, 2008; BITENCOURT NETO, Eurico.; O Direito ao Mínimo para uma Existência Digna, Porto Alegre: Livraria do Advogado, 2010.

[86] STLIGLITZ, Joseph E.; Making Globalization Work. W. W. Norton, 2006, (v. ver. ut.), p. 255. *V. Tb.*, dentre tantos, SENA, Adriana Goulart de.; DELGADO, Gabriela Neves.; NUNES, Raquel Portugal.; Dignidade Humana e Inclusão Social, caminhos para a Efetividade do Direito do Trabalho no Brasil, SP: LTr, 2010.

[87] ALEXANDRA DIAS SOARES, Cláudia.; O Imposto Ecológico – Contributo para o Estudo dos Instrumentos Económicos de Defesa do Ambiente, Boletim da Faculdade de Direito, Universidade de Coimbra, Stvdia Ivridica 58, Coimbra Editora, 1999, p. 18; AMADO GOMES, Carla.; Risco e Modificação do Acto Autorizativo Concretizador de Deveres de Protecção do Ambiente, Coimbra Editora, 2007, págs. 36-37.

[88] GOLDEN, Jay.; Sustainability Consortium, Electronics Sector Meeting, August 11-12, Dallas, Texas, 2009, (end. e dat. disp.).

[89] *V.* melhor em Chichorro FERREIRA, Adelaide.; Léxico e Estilo do «Desenvolvimento Sustentável» (Alemão/ Português). *In.*, Cadernos do Cieg – Centro Interuniversitário de estudos germanísticos, nº 13, Coimbra, 2005.

[90] ARAUJO, Fernando.; Introdução à Economia, Coimbra: Almedina, 6ª Ed., 2006, p. 542.

[91] DICK, Bruce.; REINGOLD, Barry.; DEJONG, Eric.; COIE, Perkins.; Green Policies: Understanding and Addressing Compliance Risks, Bloomberg Finance L.P In:the Vol. 2, No. 11 edition of the Bloomberg Law Reports—Risk & Compliance. (end. e dat. disp.).

de interesses coletivos, entendidos aqui como práticas *nefastas* e anticoncorrenciais em questões ambientais, sociais, culturais, trabalhistas e até mesmo tributárias.[92]

Outro efeito colateral dessa vulgarização – e excessos – de certas expressões e termos é a banalização[93] do assunto, que acaba esvaziando o interesse (do ouvinte, ou seja, do cidadão comum, bem como do juiz, do legislador e do governante...), tornando-o *lugar-comum*, corriqueiro e sem o devido relevo e importância. Dessa forma, notícias de aquecimento global, catástrofes ambientais, furacões no hemisfério sul,[xxiii] salinização do solo, chuvas ácidas, doenças provocadas pela poluição, extinção das espécies, deflo-restação, trabalhos análogos à condição de escravidão, exploração laborativa infantil, insalubridades e periculosidades laborais, fome, miséria, mortalidade infantil e desigual-dades econômica e social extremas convivem, nos noticiários nacionais e internacionais, ao lado de fatos corriqueiros, na *"mesma linearidade enfática"*,[94] tornando-os vulgares e, consequentemente, sem causar estranheza, espanto ou irritação[xxiv] (e nem reflexão) por parte de quem é, sistematicamente, bombardeado com tais informações.[95] São as palavras de desabafo de James Lovelock "As expressões «desenvolvimento sustentável» e «ener-gia renovável» entraram no jargão da política, sendo empregadas pelos políticos para mostrar sua preocupação com o meio ambiente e suas credenciais verdes. Não sei se a dra. Gro Halem Bruntland,[xxv] introdutora do conceito de desenvolvimento sustentável, chegou a imaginar que suas boas intenções seriam tão mal-entendidas. Pergunto-me se ela sente o que senti quando, no Japão, dois anos atrás, vi um carro chamado «Gaia». Nem ao menos era um veículo híbrido projetado para poupar energia".[96]

Assim, torna-se necessário ao menos uma tentativa da conceituação, definição e delimitação da abrangência do "tal" novo ramo jurídico:[97] Direito Sustentável, mesmo ciente de não se chegar – talvez nem perto – a consenso.[xxvi] E essa busca – do conceito de Direito Sustentável – deve-se pautar não somente por uma questão de purismo do léxico; mas, sobretudo, para compreender ao máximo (possível) a sua natureza (jurí-dica), tendo em vista que várias são as questões, conforme visto, que se lastreiam no – ao – Direito Sustentável, notadamente influenciado pelos paradigmas e princípios do Direito Ambiental, do Estado Social e do Desenvolvimento Econômico.

Sem os alarmismos extremistas,[98] acredita-se que só haverá um Estado *continuum* e *ad futurum* com projeção às futuras gerações se este mesmo Estado for Democraticamente Sustentável de Direito, por ter em seu núcleo duro o Direito Sustentável como um direito fundamental. Neste contexto, vislumbra-se que o sistema ambiental é um dos

---

[92] TEUBNER, Gunther.; Sociedad Global – Justicia Fragmentada. Sobre la violación de los Derechos Humanos por actores transnacionales "privados". (tradução do alemão para o espanhol por Modesto Saavedra). In: Anales de la Cátedra Francisco Suárez, 39 (2005), págs. 551/573. Ver também; MICKLETHWAIT, John.; & WOOLDRIDGE, Adrian.; The Company, 2003, (v. ver. ut.), p. 205; BARADARAN, Shima.; BARCLAY, Stephanie.; Fair Trade and Child Labor, Columbia Human Rights Law Review [43:1], 2011.

[93] Sobre os riscos de banalização através de uma multiplicação desnecessária (*in casu*, no Direito Fundamental a cultura, mas os ensinamentos servem também para o Direito Fundamental Ambiental): PEREIRA DA SILVA, Vasco.; A cultura a que tenho direito, Direitos Fundamentais e Cultura, Coimbra: Almedina, 2008, p. 87.

[94] In: Soller de MATTOS, Francisco José.; Ecologia e arte: breves considerações. In: Âmbito Jurídico, Rio Grande, 24, 31.12.2005, (end. e dat. disp.).

[95] SCHOPENHAUER, Arthur.; *Ob. Cit.*

[96] LOVELOCK, James.; The Revenge of Gaia: Why the Earth is Fighting Back – and How we Can Still Save Humanity (v. ver. ut.), p. 82.

[97] O termo "Desenvolvimento Sustentável" enfrenta sérias críticas doutrinárias por seu fraco poder conceitual. Cf. Chichorro FERREIRA, Adelaide.; Léxico e Estilo do «Desenvolvimento Sustentável» (Alemão/Português), In: Cad. Centro Interuniversitário de estudos germanísticos, nº 13. Coimbra, 2005.

[98] V. melhor em MADDOX, John.; The Doomsday Syndrome, 1974 (v. ver. ut.).

elos, conforme já alertado, que, inclusive, (deve) promover a interligação entre os dois outros sistemas, aparentemente (e historicamente) tratados como antagônicos entre si, quais sejam, o Estado Social e o capitalismo econômico.[99] Mas, como aqui defendido, essa ligação pode ser representada – para uma melhor compreensão – como um sistema topológico borromeado, no qual transcende a simples noção do *triple bottom line* (*TBL*), em que são sobrepostos o progresso social, o crescimento econômico e a preservação ambiental, para formar um novo e autêntico sistema autônomo dos demais, qual seja, o desenvolvimento sustentável. Por isso, a harmonia entre o (liberalismo) econômico capitalista e as questões sociais necessariamente operacionaliza-se pelo enodamento (sustentável) com o Direito Ambiental (que é a transposição do universo ecológico para a constelação jurídica).

O modelo que aqui se apresenta, portanto, é de ordem estrutural topológico-matemática, em que pese todos os riscos inerentes a essa afirmação quando se tem como estudo questões de ordem social.[100] É, já se (re)afirma, *apenas* um modelo em forma de metáfora para melhor explicar ou compreender o sistema sustentável, nada mais. Afinal, admite-se que o modelo das ciências exatas (ou ciências naturais) [justamente os percursos da matemática] seja impróprio (e portanto, inadequado) para explicar, como estrutura, as ciências sociais. De fato, não pode a matemática desempenhar o mesmo papel (fundante e estruturante) de ciências como a física ou a própria matemática (como um sistema autorreferencial e autopropagador, ou seja, autopoiético) do que nas ciências de fenômenos sociais, tais como política e governo, direito, educação, religião, produção, distribuição e consumo de bens e serviços, estrutura de classes, organização de burocracia, guerra e revolução, relações étnicas e geográficas, família, semelhanças e diferenças entre sociedades e dentro de sociedades (*inter/intra*) (contemporâneas ou históricas).[101] A matemática pura – onde o estudo é motivado por si mesmo e não por algo mais[102] (divergente da matemática aplicada) – é essencialmente metafísica, «trabalho quase inteiramente cerebral»,[103] sem nenhuma conexão direta com coisa alguma no mundo físico.[104] Porém, apesar da ausência da interconexão do mundo físico (quando se fala em matemática moderna abstrata pura), os modelos matemáticos podem (e devem) ser utilizados como uma «ciência dos padrões»,[105] isto é, muito mais do que simplesmente *fazer* cálculos aritméticos envolvendo números, mas (e principalmente) formular (ou descobrir...) e compreender conceitos abstratos e relações (um deslocamento de ênfase do *fazer* para o *entender*).[106]

Por isso, não se invalida o uso dos modelos matemáticos para uma abordagem para além dos modelos puramente idiográficos, os quais também se mostram insuficientes para explicar os contornos sociais.[107] Contudo, a união, com parcimônia e racionalidade, dos contornos idiográficos com os modelos matemáticos deve ser a tônica do

---

[99] Min. Celso de Mello na ADI 3.540-MC/DF do STF, D.J. 03.02.2006, nº 2219-3, pub. 1.9.2005.

[100] Por todos, GIDDENS, Anthony.; TURNER, Jonathan.; [org.] Social Theory Today, Polity Press, Cambridge, 1987 (v. ver. ut.).

[101] WILSON, Thomas P.; Sociology and the Mathematical Method, In: GIDDENS, Anthony.; TURNER, Jonathan.; [org.] Social Theory Today, Polity Press, 1987

[102] DEVLIN, Keith.; The Millennium Problems, 2002 (v. ver. ut.), p. 35.

[103] DEVLIN, Keith.; *Ob. Cit.*, p. 24.

[104] DEVLIN, Keith.; *Ob. Cit.*, p. 24.

[105] DEVLIN, Keith.; *Ob. Cit.*, p. 24.

[106] DEVLIN, Keith.; *Ob. Cit.*, p. 37.

[107] WILSON, Thomas P.; *Ob. Cit.*, p. 36.

presente trabalho, para a elaboração de um (novo) modelo social, construído através do Estado Democrático Sustentável de Direito.

Assim, como indelével aos Estados contemporâneos, o escopo e meta da preservação ambiental, bem como o fomento ao progresso social e com o objetivo do crescimento econômico, fazem nitidamente a sua constituição (evolutiva) como um Estado Democrático Socialmente Sustentável de Direito, sem o qual se poderia ter uma dificuldade quase intransponível de manutenção do seu próprio sistema, isto é, a garantia de um Estado *continuum* e intergeracional.

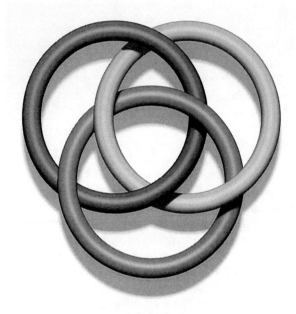

Nó borromeu

---

i. Utiliza-se o termo «alomorfia» por entender que há uma alteração de passagens, metamorfose, mas a essência do ser humano (direitos humanos) bem como a necessidade do «ser social» continuam as mesmas.

ii. O termo ciência aqui empregado é compreendido como o conhecimento humano, obtido ou justificado de forma racional, no qual pode ser, ainda, em qualquer forma ou medida (isto é, com grau máximo) de garantia da própria validade. Cf. Apud. ABBAGNANO, Nicola.; Dizionario di Filosofia, Torino, 1971. (V. ver. ut.), pág. 136.

iii. Paradoxalmente, considera-se justamente o «início da ciência moderna» através das ideias introduzidas por René Descartes, no seu clássico Discours de la méthode pour bien conduire sa raison, et chercher la verité dans les sciences de 1637, no qual o ponto central é justamente a «dúvida metódica». Cf. Apud. REALE, Giovanni.; e ANTISERI, Dario.; Il pensiero occidentale dalle origini ad oggi. Editrice La Scuola, Bréscia, 8ª ed, 1986. (V. ver. ut.), pág. 348 e segs.

iv. Em processo social para além da *Lei de Moore*, no qual se previa a duplicação dos componentes de hardware a cada 18 meses. Cf. BOWDEN, Murrae J.; Moore's Law and the Technology S-Curve, Current Issues In:Technology Management, Winter 2004, Issue 1, Vol. 8.

v. "A notícia também pode ser sinônimo de informação, perdeu o seu sentido original de servir como ilustração e alerta. Atualmente, a notícia é tida como produto, objeto de compra e venda", assim, conclui que "o grande interesse dos meios de comunicação em face da questão ecológica, sobretudo porque é um assunto que gera consumo". Cf. Apud. In: SOLLER DE MATTOS, Francisco José.; Ecologia e arte: breves considerações, In: Âmbito Jurídico, Rio Grande, 24, 31.12.2005, (end. e dat. disp.).

vi. "Esta crise (ambiental) é simultaneamente a crise do vínculo e a crise do limite: uma crise de paradigma, sem dúvida. Crise do vínculo: já não conseguimos discernir o que nos liga ao animal, ao que tem vida, à natureza;

> A BUSCA DA *GÊNESIS* ESTADO DEMOCRÁTICO SUSTENTÁVEL DE DIREITO

crise do limite; já não conseguimos discernir o que deles nos distingue", In: OST, François., La Nature hors la Loi, 1995. (v. ver. ut.).

viii. Não nos compete fazer uma abordagem completa sobre a expressão e o seu significado. Apenas se faz menção que o termo é polémico e, acredita-se, o debate ainda não se esgotou. *In suma capita*, a expressão pós-modernidade emergiu na década de 30 do século passado. Contudo, ganhou força sobretudo com LYOTARD, Jean-François.; em seu trabalho La Condition Postmoderne, datado de 1979, no qual considerou a chegada da pós-modernidade ligada ao surgimento de uma sociedade pós-industrial, na qual o conhecimento tornara-se a principal força econômica da produção, tratando a pós-modernidade como uma mudança geral na condição humana.

Para Jünger Habermas ("Die Moderne – eine unvollendetes Projekt (1980), tradução: Modernidade: um projeto incompleto") e Fredric Jameson (1982) – o termo "pós-modernidade" remete ao fenômeno atual que expressa uma cultura de globalização e da sua ideologia neoliberal. Dessa forma, a base material da pós-modernidade é a globalização econômica, com todas as suas implicações. (Cf. THOMÉ, Nilson.; Considerações sobre Modernidade, Pós-modernidade e Globalização nos Fundamentos Históricos da Educação no Contesado, In: Achegas, nº 14, 2003, (end. e dat. disp.).

O professor da Universidade de Yale (Yale Law School), Jack M. BALKIN, defende que "a era pós-moderna é um período de práticas industriais e de mecanismos de organização e de produção de massa aplicados não apenas a objetos materiais, mas também a produtos do espírito – arte e música, conhecimento e informação, contabilidade e outras indústrias de serviços". What is a Postmodern Constitutionalism? In: Michigan Law Review, 1992, págs. 1 e segs. (end. e dat. disp.).

viii. Conforme pode-se observar, o artigo 16 da Declaração dos Direitos do Homem e do Cidadão, de 1789, é claro ao anunciar que «toute société dans laquelle la garantie des droits n'est pas assurée, ni la separation des pouvoirs déterminée n'a point de Constitution». Ou seja, pelo menos do ponto de vista da doutrina oitocentista, a constituição aspirava a ser o corpo jurídico da sociedade. V. melhor em GOMES CANOTILHO, José Joaquim.; Ob. Cit., pág. 88.

ix. A origem do nome Borromeo vem do brasão heráldico da família do mesmo nome, originária do norte da Itália, no séc. XV. Assim, o entrelaçamento dos anéis representa a união da família Borromeo com as famílias que governavam o norte da Itália, os Visconti e os Medici. *Cf. Apud.* PONT, Federico Manuel.; Sistemas de pocos cuerpos en un entorno del umbral del continuo: estados ligados, resonancias, estados Borromeanos y de Efimov, Presentado ante la Facultad de Matemática, Astronomía y Física como parte de los requerimientos para la obtención del grado de Doctor en Física de la Universidad Nacional de Córdoba, Marzo de 2010, (end. e dat. disp.).

x. Com a dimensão temporal proposta pelo físico Albert Einstein, na qual propõe que nosso Universo é um *continuum* espaço-temporal, pode-se dizer, inclusive, que o «desenvolvimento sustentável» transpassa a terceira dimensão e é, portanto, um modelo quadridimensional. Cf. PATY, Michel.; Campo Contínuo e Quanta: as duas abordagens teóricas da matéria segundo Einstein – A relação da teoria com seu objeto, Ciência & Ambiente (Santa Maria, RG, Brasil), nº 30, jan./jun. 2005: Einstein, 35-50, (end. e dat. disp.).

xi. No caso da informática, operam-se, dentre outros, dois fenômenos linguísticos de relevo: além da construção de novos termos, visualiza-se o surgimento de uma nova linguagem praticada pela "juventude" para se comunicar. Mas, às vezes, quase inteligível para quem não está familiarizado.

xii. Muito já se discutiu sobre a globalização. Não se fará aqui, portanto, uma exaustiva análise sobre o tema. Mas, *in suma per capita*, pode-se afirmar que a globalização é a forma moderna, contemporânea, da luta do ser humano para uma unificação planetária. Diz-se moderna porque em outras épocas também ocorreu o mesmo processo de mundialização. De fato, conforme analisa Defarges existiram três importantes e principais referências históricas que se impõem no processo de mundialização, quais sejam, (*i*) as grandes descobertas do século XV ao século XX; (*ii*) a revolução industrial e (*iii*) o aparecimento de um mercado planetário nos séculos XIX e XX. Importante observar que o referido autor também afirma que a globalização é fruto de um mercado planetário e não da tecnologia que possibilita a circulação desse mercado. Em todos esses períodos busca-se, conforme o referido autor, o sonho universalista, "na qual os homens se descobrem, se reconhecem, na sua radical e infinita pluralidade". Portanto, o processo de mundialização não pode ser considerado como um fator novo, isto porque o movimento de mundialização teria começado há três ou quatro milhões de anos atrás quando Lucy – nosso mais antigo antepassado descoberto – tornou-se *Homo sapiens* e começou a andar sobre dois pés e "aprende(u) a olhar para longe". *Cf. Apud.*, DEFARGES, Philippe Moreau.; La Mondialisation, PUF, collection "Que sais-je?" nº 1687 (v. ver. ut.), págs. 13 e segs.).

Porém, a agilidade que a ciência e a tecnologia impuseram na alvorada do século XXI é algo surpreendente até mesmo para o mundo contemporâneo. Assim, percebe-se que a globalização é a ruptura da antiga forma de relação transfronteiriça, observada nas últimas décadas, através de uma intensificação dramática das inter-relações transnacionais, [SANTOS, Boaventura de Sousa. [org.]; Globalização fatalidade ou utopia? Porto, Edições Afrontamento, 2ª Edição, 2001, pág. 31. Utiliza-se aqui o termo *"transnacional"* por entender ser mais rigoroso tecnicamente do que usualmente utilizado *multinacional*. V., PEREIRA, André Gonçalves.; e QUADROS, Fausto de.; Manual de Direito Internacional Público, Coimbra, 3ª Edição, Almedina, 2005, pág. 399], que se caracteriza, sobretudo, pela "explosão e pela aceleração de fluxos de toda ordem: mercadorias, serviços, informações, imagens, moda, ideias, valores, numa palavra, tudo aquilo que o homem inventa e produz [DEFARGES, Philippe Moreau.; *ob. cit.*, pág. 41]. Contemporaneamente, a circulação de tudo aquilo que o homem pensa e faz atinge uma densidade, uma velocidade sem precedentes". [DEFARGES, Philippe Moreau.; *ob. cit.*, pág. 42]

Com efeito, o termo "globalização" é atualmente designado para identificar o fenômeno extraordinário e profundo das interações transnacionais a que alguns autores veem como ruptura em relação às anteriores formas de interações transfronteiriças [SANTOS, Boaventura de Sousa. [org.]; ..., pág. 31.].

Entretanto, percebe-se que se confundem os efeitos (éticos, morais) da globalização com o seu próprio processo. Neste ponto, pode-se afirmar: a globalização não é boa nem ruim; é um fato, ou melhor, é uma ferramenta-acontecimento (assim como foi o desenvolvimento da escrita ou da internet). Da mesma forma que uma tecnologia pode ser empregada para fins úteis e considerados bons, sem querer discutir filosoficamente o que seja bom e ruim, também pode ser empregada para fins ruins. A energia nuclear é um bom exemplo da utilização de uma tecnologia nos dois sentidos.

xiii. Emprega-se aqui a expressão "estressada" no sentido do *medo-coletivo* de catástrofes (antropogênicos ou não) que poderiam pôr em risco a sadia qualidade de vida do homem na Terra, quiçá a própria existência do homem na Terra. Sobre o tema, *v.* MADDOX, John.; The Doomsday Syndrome, Maddox Editorial Limited, 1972 (v. ver. ut.); BECK, Ulrich.; Risikogesellschaft: auf dem Weg in eine andere Moderne, Frankfurt: Suhrkamp Verlag, 1986. (v. ver. ut.); LOVELOCK, James.; The Revenge of Gaia: Why the Earth is Fighting Back – and How We Can Still Save Humanity, Santa Barbara (California): Allen Lane, 2006; AL GORE.; An Inconvenient Truth: The Planetary Emergency of Global Warming and What We Can Do About It, Rodale Press in Emmaus, Pennsylvania, in the United States, 2006. Nesse sentido, também é o (angariado com o prêmio Pulitzer pela obra Guns, Germs, and Steel: The Fates of Human Societies, USA: W.W. Norton, 1997) DIAMOND, Jared.; Collapse: How Societies Choose to Fail or Succeed, USA: Viking Press, 2005.

Pela importância e complexidade sobre o tema ainda se comentará em capítulo próprio. Afinal, há que se fazer algumas considerações sobre a *Síndrome do Juízo Final* (por exp. pág. 278).

xiv. *V.* melhor em CHICHORRO FERREIRA, Adelaide.; Léxico e Estilo do «Desenvolvimento Sustentável» (Alemão/Português). In: Cadernos do Cieg – Centro Interuniversitário de estudos germanísticos, nº 13, Coimbra, 2005.

Ademais, os exemplos de apropriação indébita do termo são constantes. Somente a título ilustrativo pode-se citar alguns *cases*: no Brasil, utiliza-se a expressão "couro ecológico" para designar um produto sintético sem definição técnica específica, geralmente feito de PVC (derivado do petróleo) que imita o couro natural, ou seja, derivado do animal.

A Igreja Católica Apostólica Romana, através do Jornal do Vaticano, *L'Osservatore Romano* (disponível em: <http://www.vatican.va/news_services/or/home_por.html>) na edição de 03 de Janeiro de 2009, afirmou que a pílula contraceptiva "tem efeitos devastadores sobre o meio ambiente" e é parcialmente responsável pela "infertilidade masculina". Assim, a pílula "tem há anos efeitos devastadores sobre o meio ambiente, liberando toneladas de hormônios na natureza" através da urina das mulheres que recorrem a este método contraceptivo.

xv. O Poder Constituinte Originário é, inicialmente, desconstituinte do antigo Estado, conforme a doutrina de SIEYÈS, Emmanuel Joseph.; Qu'est-ce que le tiers état?, panfleto publicado em Paris, 1798. Após a desconstituição do antigo Estado, constrói – constitui – um novo Estado, no qual unifica e confere validade às suas (próprias) normas jurídicas, as quais, em razão e a partir dela, se organizam e/ou se estruturam em sistema. Cf. Apud. MENDES, Gilmar Ferreira.; e outros, Curso de Direito Constitucional, ..., pág. 1.

xvi. A diferença consiste que em Portugal se privilegia a ordem cronológica: primeiro o Estado constituiu-se em Estado de Direito e depois a democracia, solidificou-se em Estado de Direito Democrático. Já no Brasil segue-se de perto a estrutura semântica: tanto o Estado quanto a democracia estão vinculados ao Direito, por isso, privilegia-se a expressão Estado Democrático de Direito. *V. Tb.* GOMES CANOTILHO, José Joaquim.; Direito Constitucional e Teoria da Constituição, ..., pág. 65 e segs.

xvii. Para alguns, como o sociólogo Talcott Edgar Frederick Parsons, o equilíbrio é o ponto de adaptação em que as ações de orientam; porém, modernamente, defende-se que os sistemas somente adquirem a sua «estabilidade» através do desequilíbrio. *Cf.*, LUHMANN, Niklas.; Introducción a la Teoría de Sistemas (v. ver. ut.). , pág. 61.

xviii. O nó borromeano é muito utilizado na psicanálise lacaniana para designar a estrutura o real, simbólico e imaginário. Entretanto, desde já adverte-se que, apesar de utilizar textos em referência à psicologia (psicanálise) de Lacan, tendo em vista o farto material sobre o Nó Borromeo, em nada se confunde a tese aqui apresentada com as referidas teses psicanalíticas. O que se utiliza é apenas o mesmo modelo matemático para ilustrar um sistema interligado.

xix. As normas de cunho de proteção do ambiente são remotas. Com efeito, no semoto Código de Lipit-Ishtar datado de 1870 a.C. – considerado o segundo corpo jurídico mais antigo já encontrado, em que provém o seu nome do seu autor/legislador, o rei Lipit-Ihstar, que governou entre os anos 1934-1924 a.C. na cidade de Isin, hoje localizada em Ishan Bahriyah (Iraque) – , determina que:

"(2). Se um homem cortar a árvore do jardim de outro homem, ele pagará meia mina de prata".

O mesmo texto jurídico faz referência àquele que causar dano a um boi, no qual se deve pagar uma indenização pecuniária. Assim, pode-se, somente a título de referência, verificar em seu contexto referências à proteção ambiental (em se considerando a proteção animal como um direito ambiental):

6. Se um homem alugou um boi e danificou o seu olho, ele vai pagar metade do seu preço.

7. Se um homem alugou um boi e quebrou a carne do seu nariz, ele irá pagar um terço do seu preço.

8. Se um homem alugou um boi e quebrou a seu chifre, ele deverá pagar um quarto do seu preço.

9. Se um homem alugou um boi e danificou sua cauda, ele vai pagar um quarto do seu preço.

Por óbvio, a proteção ambiental dos vetustos textos jurídicos de outrora não se limita aos narrados. Até mesmo o Código de Hammurabi, considerado o documento jurídico mais importante do mundo antigo antes da Grécia Clássica, que foi encontrado na cidade de Susa, em 1902, e atualmente encontra-se no museu do Louvre, em Paris (bloco monolítico – estela – de pedra com 2,5 m de altura, 1,60 metro de circunferência na parte superior e 1,90 na base), no qual tem uma legislação abrangente [46 colunas contêm 281 leis em 3.600 linhas, tudo em escrita cuneiforme, com numeração que vai até 282 (mas a cláusula 13 foi excluída por superstições da época), com matéria da alçada dos nossos códigos comercial, penal e civil] encontram-se normas de proteção ambiental , como se pode observar no parágrafo 55, dentre outros, *in verbis*:

Se um awilum abriu seu canal para a irrigação, foi negligente e as águas carregaram o campo de seu vizinho: ele medirá o grão correspondente ao de seu vizinho.

Ainda, caso um *awilum* cortasse, sem permissão, a árvore de outro *awilum*, aquele deveria lhe pagar uma quantia em *mina de prata*. (Parágrafo 59 do Código de Hammurabi).

[A sociedade da Mesopotâmia antiga era composta em três classes sociais: (i) todos os homens livres, chamados de awilum – desde os funcionários públicos, escritas, sacerdotes até os comerciantes, camponeses e grande parte dos soldados; tinham como característica principal serem livres e detinham todos os seus direitos de cidadão; (ii) uma classe intermediária entre os escravos e os homens livres – awilum – denominados de muskenum; e, finalmente, tinha os (iii) escravos].

A crueldade com os animais também era tratada sob o enfoque da propriedade e indenização: se os maus tratos ou a agressão causasse a morte de um boi alugado, o *awilum* que o alugou deveria indenizar com um boi equivalente ao proprietário (Parágrafo 245 combinado com os parágrafos 263, 264 e 265 do Código de Hammurabi).

Porém, se a causa da morte fora um infortúnio, como p.ex., ser morto por um leão, nada deveria ser pago ao dono do animal (Parágrafo 266).

Todos os exemplos citados podem ser verificados na tradução do Código de Hammurabi encontrado em BOUZON, Emanuel.; O Código de Hammurabi, editora Vozes, Petrópolis, 1976. *V. Tb.* ALBERGARIA, Bruno.; Histórias do Direito, ..., pág. 17 e segs.

Obviamente que, em uma sociedade agrícola, os recursos naturais – animais e plantação – deveriam ser protegidos juridicamente, muito mais por questão econômica do que em função de «proteção ambiental», mas de qualquer forma, fica o registro.

Por isso mesmo, considera-se que a mudança de paradigma do antropocentrismo exacerbado para um ecocentrismo, com a devida contaminação ao universo jurídico, deu-se notadamente após a década de 60 do século passado.

xx.   Em termos luhmannianos.

xxi.   Em linguagem borromeana.

xxii. Contudo, apesar das críticas referidas, de acordo com o relatório Brundtland (1987), da Comissão Mundial de Meio Ambiente e Desenvolvimento, desenvolvimento sustentável é o que "satisfaz as necessidades presentes, sem comprometer a capacidade das gerações futuras de suprir suas próprias necessidades". Ou seja, é o desenvolvimento econômico, social, científico e cultural das sociedades garantindo mais saúde, conforto e conhecimento, sem exaurir os recursos naturais do planeta.

xxiii. Conforme Sirvinskas, sustentabilidade, sob o prisma empresarial (ou seja, econômico), comporta quatro características essenciais, quais sejam, a) eficiência econômica, b) equilíbrio ambiental, c) justiça social e d) governança corporativa. SIRVINSKAS, Luís Paulo.; Manual de Direito Ambiental, São Paulo: Saraiva, 6ª Edição, 2008, pág. 34. Vieira define o *desenvolvimento sustentável através de metas e objetivos básicos, quais sejam: a taxa de consumo de recursos renováveis não deve ultrapassar a sua capacidade de renovação; a quantidade de rejeitos produzidos não deve ultrapassar a capacidade de absorção dos ecossistemas; recursos não-renováveis devem ser utilizados somente na medida em que podem ser substituídos por um recurso renovável.* VIEIRA, André Luís.; Desenvolvimento sustentável: variações sobre o tema, Fórum de Direito Urbano e Ambiental – FDUA, Belo Horizonte, n. 39, maio/jun. 2008, págs. 11 a 21.

xxiv. É cediço que não há furacões no hemisfério sul. Contudo, no Brasil o «Fenômeno Catarina», como apontado pelos meteorologistas, teve todas as características de Furacão. Com efeito, alguns pesquisadores vinculados ao IPCC, apesar das críticas em contrário, têm apontado este fenômeno com uma possível manifestação das mudanças climáticas globais provocadas pelo homem. Cf. Apud. HAAS, Reinaldo.; Mudanças Climáticas Antropogênicas no Sudeste da América do Sul, In: Simpósio Brasileiro de Desastres Naturais, 1, 2004, Anais, Florianópolis: GEDN/UFSC, 2004, p. 710-718 (CD-ROM).

xxv.   Em termos luhmannianos, ou seja, irritação como perturbação, estimulação que se desenvolve dentro do próprio sistema como processamento de informação que pode resultar em aceitação ou rejeição. Cf. LUHMANN, Niklas.; Introducción a la Teoría de Sistemas (v. ver. ut.), pág. 139.

xxvi. Em referência à primeira-ministra da Noruega, Gro Harlem Brundtland, que chefiou a Comissão Mundial sobre o Meio Ambiente e Desenvolvimento da ONU, no início da década de 1980.

xxvii. Mesmo porque, além de perceber que a unanimidade (em qualquer assunto) é quase impossível, acredita-se, parafraseando o dramaturgo brasileiro Nelson Rodrigues, que "toda unanimidade é burra".

CAPÍTULO 1

O ENODAMENTO INICIAL: O «SISTEMA» DO *HOMO ECONOMICUS* E O SISTEMA SOCIAL: UM PRELÚDIO DO NÓ BORROMEU

1.1 A economia e o meio ambiente: inter-relações *nodais*

Em que pese a defesa do enodamento exordial entre o sistema econômico e o social, o qual poderá ser tido como um prelúdio da formação sistêmica (do macrocontexto social) em forma (e matema) do nó borromeu quando da chegada do sistema ambiental (singular), capaz de entrelaçar os outros sistemas formando um uno sistema – sustentável – no qual evoca-se o Estado Sustentável, exclusivo sob o enfoque da viabilidade, isto é, do *continuum,* mister se faz – para uma melhor compreensão de toda a floresta sobre a qual irá se debruçar – uma análise preambular entre as (inter)relações, diretas e indiretas, entre as teorias econômicas e a interconexão com o meio ambiente.

Por mais cambiante que seja a força da argumentação de cada corrente teórica, como se verá, não há como, em análise empírica, discordar de Aristóteles, o qual defende que a medida justa entre dois extremos está no meio.[1] O homem deve encontrar o meio-termo, o justo meio. De fato, o ambiente, e seus recursos, constituiu fator de influência na economia. Todavia, negar as ações antrópicas como fator superlativo da economia não é, do mesmo modo, verossímil. Há, neste compasso, uma intrínseca verdade, para a qual se pode utilizar, como matema comparativo da estrutura topológica (o que se fará mais de uma vez) da *Banda de Moebius*, o qual tem como característica e propriedades matemáticas típicas, quais sejam, unilátera, um bordo, uma margem, pontos não orientáveis e a propriedade de transformar-se em uma superfície bilátera quando seccionada.[2] Assim, tanto a relação entre o ambiente e a economia pode ser/estar, ao mesmo tempo, em um lado quanto ao outro. Ou seja, pode ser influente e não influente ao mesmo tempo (e dentro do mesmo espaço). Ademais, frisa-se, não é apenas uma questão humana ou, muito menos, uma questão (meramente) geoclimática.

---

[1] ARISTÓTELES, Ética a Nicómaco (v. ver. ut.).

[2] VILARINHO, Ricardo Francisco Nogueira.; The Internal/External Within Linguistic Theories And The Moebius Strip, ENTRELETRAS, Araguaína, TO, v. 3, n. 1, p. 185-194, jan./jul., 2012, (end. e dat. disp.).

A economia é uma dinâmica *em movimento*, que, ao se deslocar pelos seus caminhos, necessariamente atravessa de um lado para o outro (fator humano/ambiente), sem que haja uma ruptura, ou negativa, de um ou de outro. Definitivamente não é uma verdade binária: ambiente/não ambiente; ação antrópica/não antrópica. A conexão entre os vários fatores é dinâmica espacial, como se vê claramente na *Banda de Moebius*, por isso, a sua utilização como metáfora de um matema.

Assim, independentemente da aproximação teorética,[i] as questões ambientais hodiernas, tais como as mudanças climáticas, poluição, perda de biodiversidade e degradação do meio ambiente evocam novos paradigmas para as ciências econômicas.[3] Sem embargos dos *modelos smithinianos*, os quais defendem a independência da qualidade do «solo, o clima e a extensão do território de uma nação»[4] para se acumular riqueza, com a defesa da «perícia, destreza e bom senso»[5] dos cidadãos como fator preponderante, bem como a especialização da atividade produtiva, para se obter o crescimento da produtividade, há, de fato, uma (profunda) correlação entre a economia e o ambiente.

Contudo, o entrelaçamento nodal entre a economia e o meio ambiente (natureza) não é irrestrito e absoluto. Assim, em vários exemplos empíricos, com embasamentos teoréticos, como se averiguará, refuta-se a interdependência direta, absoluta e rematada entre os dois sistemas. O que se percebe é que não há como fazer a distinção entre interferência/não interferência (do ambiente na economia). Ademais, assim como na *Banda de Moebius*, um está contido no outro, passam a se encontrar em continuidade,[6] impossibilitando inclusive fixar os limites da interferência – e não interferência – das questões ambientais na economia e vice-versa.

1.1.1 A não conexão entre natureza e economia

A riqueza natural (ou o contrário: a falta de recursos naturais) de um Estado, ou lugar, não é fator absoluto e único, como já dito, para indicar possíveis mazelas econômicas, sociais e políticas.[7] Mesmo no setor primário da economia,[8] isto é, atividades como a agricultura, a mineração, a pesca, a pecuária, o extrativismo vegetal e a caça, cada vez estão mais vinculadas a uma tecnologia de ponta que exsurge um redimensionamento entre essas atividades e a natureza *bruta*.[9] É por demais óbvio que o agronegócio está diretamente vinculado não só aos fatores ambientais, mas também às questões sociais e econômicas.[10] O enodamento sistêmico dos três elos em um sistema autônomo sustentável, único com viés do *continuum*, chega a ser de uma evidência intuitiva.[11]

---

[3] ANDRADE, Daniel Caixeta.; Economia e meio ambiente: aspectos teóricos e metodológicos nas visões neoclássica e da economia ecológica, Leituras de Ec. Política, Campinas, (14): 1-31, ago./dez. 2008.

[4] SMITH, Adam.; Na Inquiry Into the Nature ..., 1776. (v. ver. ut.), p. 69.

[5] SMITH, Adam.; *Ob. cit.*, p. 69.

[6] VILARINHO, Ricardo Francisco Nogueira.; *Ob. cit.*

[7] HAMMOND, John L.; The Resource Curse and Oil Revenues in Angola and Venezuela, Science & Society, Vol. 75, Nº 3, July 2011, 348-378.

[8] MURBACH, Franz.; AMSTUTZ, Theres.; GIULIANI, Silvano.; Economic accounts for the primary sector: methods, An introduction to the theory and practice, Office fédéral de la statistique (OFS), Neuchâtel, 2009.

[9] KNEAFSEY, Moya.; The region in food-important or irrelevant? Cambridge Journal of Regions, Economy and Society, 3 (2): 171-175, 2010.

[10] KNEAFSEY, Moya.; *Ob. cit.*

[11] SANTOS, Boaventura de Souza.; Um discurso sobre as Ciências, Coimbra: Ed. Afront., 7ª Edição, 1995. *V. Tb.* SANTOS, Boaventura de Souza.; A crítica da razão indolente ..., SP: Cortez Ed., 2000.

De fato, se outrora, a dependência do ser humano com o ambiente (ou seja, com o *habitat*) era praticamente absoluta e irrestrita,[12] hodiernamente verifica-se uma crescente emancipação (ou domínio) do homem sobre o ambiente e suas divícias. Assim, não há como negar que as ações antrópicas, notadamente as ações volitivas, isto é, aquelas referentes à natureza empreendedora do ser humano (em oposição às ações humanas estritamente vegetativas que se referem, *sine qua non*, apenas à sobrevivência do ser humano), causam impacto direto e proporcional de suas complexidades – positiva ou negativamente – no meio ambiente. Neste aspecto, o «retorno» dessas ações antrópicas no meio ambiente é sentido também nas questões sociais, bem como nas questões econômicas. De fato, verifica-se nesse enodamento que em toda ação antrópica (no meio ambiente, no contexto social ou econômico) há sempre uma reação oposta e de igual intensidade pelos outros dois sistemas, a fim de se manter um padrão homeostático. Mas, em não assim sendo, a ruptura do sistema torna-se inevitável. Só há a sustentabilidade, inclusive do Estado (e também do «cosmos privado»), se houver o referido enodamento – em forma borromeana – dos três sistemas, em equilíbrio.

As comprovações empíricas são ilimitadas.

Hoje em dia, se fazem plantações até mesmo nos desertos mais inóspitos e secos, como o caso do vale de Arav em Israel,[13] atribuído o sucesso da agricultura (apesar de reconhecer o atual momento de crise provocado justamente por ser uma agricultura não sustentável)[14] a fatores tais como (*i*) o compromisso com a segurança alimentar para a população de Israel; (*ii*) o fomento de uma política hídrica com os projetos estatais vinculados a uma política de subsídio, bem como incentivo ao processo de dessanilização e, ainda, ao reaproveitamento/reciclagem da água; (*iii*) o fomento ao desenvolvimento tecnológico inovador; (*iv*) o aumento constante da força de trabalho disponível; (*v*) o nítido propósito de assentamento agrícola também por parte do Estado de Israel; (*vi*) o apoio político e econômico de forma incondicional e, finalmente, (*vii*) a disponibilidade crescente de mercados de exportação.[15]

O mesmo fenômeno do progresso de uma economia agrícola em locais praticamente sem água ocorre no Nordeste semiárido do Brasil. A região é caracterizada pela pobreza em volume de escoamento de água dos rios, passíveis inclusive de desertificação, que, de acordo com a Convenção das Nações Unidas para o Combate à Desertificação (*United Nations Convention to Combat Desertification* – UNCCD),[ii] pode ser caracterizado como o processo de degradação das terras em regiões áridas, semiáridas e subúmidas secas, em decorrência de fatores como a ação antropogênica e as mudanças climáticas,[16] [iii] que provocam a degradação do solo, isto é, a perda ou redução da produtividade econômica ou biológica dos ecossistemas, causada pela seca ou erosão do solo, deterioração dos recursos hídricos e perda da vegetação natural.[17]

Outrossim, com projetos socioeconômicos, o governo brasileiro, através principalmente da implementação da irrigação como meta prioritária, por meio do

---

[12] History of Man the Last Two Million Years, Reader's Digest, sem autor, 1973.

[13] TAL, Alon.; To Make a Desert Bloom: Seeking Sustainability for the Israeli Agricultural Adventure, The Blaustein Institute for Desert Studies, Ben Gurion University, Sdeh Boqer, Israel. (end. e dat. disp.).

[14] TAL, Alon.; *Ob. cit.*

[15] TAL, Alon.; *Ob. cit.*

[16] Art. 1º da Convenção das Nações Unidas para o Combate à Desertificação (UNCCD).

[17] CIRILO, José Almir.; MONTENEGRO, Suzana M.G.L.; CAMPOS, José Nilson B.; A Questão da Água no Semiárido Brasileiro, Capítulo 5, págs. 79/91. (end. e dat. disp.).

estabelecimento do Programa Nacional de Irrigação (PRONI)[18] notadamente para as regiões Sul, Sudeste, Centro-Oeste e Norte, com a criação do Programa de Irrigação do Nordeste (PROINE),[19] tem-se integralizado ao processo produtivo dessas regiões com resultados positivos, através principalmente do estabelecimento de polos de desenvolvimento, que se dedicam à ampliação da oferta de alimentos para o mercado interno e à produção de frutas e hortaliças, em níveis competitivos, para o mercado internacional.[20] Com efeito, onde outrora predominavam atividades econômicas de baixíssima produtividade, por se tratar de uma agricultura atrasada tecnologicamente e um clima desfavorável, característico de agricultura familiar e de subsistência e consequentemente indutora de redutos de miserabilidade e pobreza, e de reduzidos encadeamentos econômicos[21] (sem desconsiderar, contudo, a importância socioeconômica do modo particular da produção para o autoconsumo familiar),[22] hoje ocorre a viabilização da agroindústria nessas áreas,[23] o que promove inclusive o incremento da qualidade de vida da população local.

Ademais, pela dimensão e abrangência que representa, o setor econômico agrícola é de fundamental importância para o Brasil. De fato, o agronegócio representa mais de 22% do Produto Interno Bruto (PIB) brasileiro.[iv] Não só em termos de números financeiros, sob o prisma da macroeconomia, mas também na geração de empregos (social). De fato, em números diretos, a produção agrícola propriamente dita (em termos, utiliza-se a expressão «*dentro da porteira*») empregou cerca de 16,7 milhões de pessoas em 1997, o que representa 22,3% da População Economicamente Ativa (PEA) do Brasil,[24] conforme já dito. Porém, o número torna-se bem mais significativo quando se analisam os empregos indiretos («*fora da porteira*»), o que representa algo em torno de 33,4 milhões de empregos gerados, correspondendo a 44,6% da PEA brasileira.[25] Ademais, em incremento à tese do enodamento entre os sistemas econômicos e sociais (e logo após o fechamento do sistema borromeano, com o entrelaçamento do sistema ambiental), é de se destacar que a modernização da agropecuária possibilitou profundas transformações no campo brasileiro, especialmente entre os anos 60 e 80, tanto na base técnica quanto nas relações sociais de trabalho. Não é só uma questão de produção de alimentos ou de produtos relacionados à agricultura não alimentar, como, por exemplo, as fibras têxteis (como, por amostra, o algodão). Mas, sobretudo, é uma questão social.

Com efeito, principalmente após os anos 50 e 60, a reflexão econômica sobre o meio rural organizou-se em torno de dois eixos temáticos, quais sejam, «a questão

---

[18] DOLABELLA, Rodrigo.; Agricultura Irrigada e Desenvolvimento Sustentável, Bibl. Digital da Câmara dos Deputados, Centro de Documentação e Informação, Coordenação de Biblioteca, (end. e dat. disp.).

[19] HEINZE, Braulio Cezar Lassance Britto.; A Importância da Agricultura Irrigada para o Desenvolvimento da Região Nordeste do Brasil, Monografia apresentada ao curso MBA em Gestão Sustentável da Agricultura Irrigada da ECOBUSINESS SCHOOL/FGV., Brasília, Distrito Federal, 2002.

[20] ABIB, Osvaldo Ari.; Uma Estratégia de Desenvolvimento Sustentável para o Nordeste, Secretaria de Planejamento, Orçamento e Coord. da Presidência da República, 711. 2: 63: 504 (213. 504), V. 4 N. 7.

[21] BUAINAIN, Antônio Márcio.; ROMEIRO, Ademar R.; GUANZIROLI, Carlos.; agricultura familiar e o novo mundo rural, Revista de Economia e Sociologia Rural, nº 10, Porto Alegre, 2003, p. 312/347.

[22] GRISA, Catia; GAZOLLA, Marcio.; SCHNEIDER, Sergio.; A "Produção Invisível" na Agricultura Familiar: Autoconsumo, Segurança Alimentar e Políticas Públicas de Desenvolvimento Rural, Universidad de los Andes, Facultad de Ciencias Económicas y Sociales, FACES, Núcleo La Liria, Mérida, Venezuela, v. 16, n. 31, Jul., Agroalimentaria, 2010.

[23] ABIB, Osvaldo Ari.; *Ob. cit.*

[24] Cf. HEINZE, Braulio Cezar Lassance Britto.; *Ob. cit.*

[25] Cf. HEINZE, Braulio Cezar Lassance Britto.; *Ob. cit.*

CAPÍTULO 1
O ENODAMENTO INICIAL: O «SISTEMA» DO *HOMO ECONOMICUS* E O SISTEMA SOCIAL: UM PRELÚDIO DO NÓ BORROMEU | 47

agrária, propriamente dita» e a «industrialização e o papel da agricultura no modelo da estrutura social brasileira».[26] É, assim, uma questão socioeconômica. Os dois sistemas – econômico e social – estão, indelevelmente, intercomunicados no (micro)cosmos do *agrobusiness*.

Contudo, em retorno ao tema da interconexão entre os recursos naturais e o progresso econômico, até mesmo em termos históricos, também, não se pode desconsiderar as ocorrências macroeconômicas verificadas desde o século XVII. Nesse período, marco do início do capitalismo mercantil, a Holanda, praticamente sem recursos naturais, suplantou a economia espanhola, que se fartava da superabundância de ouro e prata oriundos das colônias ultramarinas.[27]

Situação essa verificada também em relação a Portugal e à Inglaterra no período de XVIII, em que, através da *Carta Régia*,[v] promulgada pelo Príncipe-regente de Portugal, Dom João de Bragança, em 28 de Janeiro de 1808, na cidade de Salvador, denominado Decreto de Abertura dos Portos às Nações Amigas, autorizou-se a abertura dos portos brasileiros para os produtos de origem da coroa britânica (nações amigas). Com efeito, a economia do Reino Unido ultrapassou a economia lusitana. Assim, a Inglaterra, favorecida pelo monopólio do comércio com a colônia brasileira, auferiu *superávit* na balança comercial, com forte lucro.

De fato, evidenciou-se nitidamente a sujeição dos lusíadas às disposições comerciais inglesas através dos acordos comerciais firmados entre Portugal e Inglaterra. Apesar de terem início em 1642, 1654 e 1661, o mais relevante foi o Tratado de Methuen, estabelecido em 27 de dezembro de 1703, na cidade de Lisboa.[28] A hegemonia inglesa sobre Portugal deslocou os efeitos benéficos, sob o foco econômico, isto é, acumulação de riquezas mediante o lucro, da economia colonial (leia-se *Brasil*) quase que integralmente para a Inglaterra.[29] Assim, os portos de Portugal foram abertos aos navios ingleses, que, por consequência, passaram a controlar as importações e exportações.[30] Também pelos acordos subscritos os comerciantes ingleses residentes em Portugal angariavam privilégios fiscais, civis e judiciais.[31] Há que se considerar inclusive que os ingleses não eram afetados pela jurisdição portuguesa, tendo em vista que eram julgados por juízo especial. E, além de ser obrigatória a compra dos navios ingleses por parte da Coroa Portuguesa, os comerciantes ingleses ainda obtiveram o direito de exportar para as colônias os seus produtos, com exceção do vinho, do bacalhau, do azeite e da farinha, que continuavam monopólio lusitano.[32]

Apesar do Tratado de Methuen comprometer a Inglaterra a adquirir os vinhos de Portugal, pagando estes dois terços dos direitos impostos aos vinhos franceses, os ingleses passaram a controlar a produção na região do Alto Douro, submetendo os

---

[26] DELGADO, G. C.; Expansão e modernização do setor agropecuário no pós-guerra: um estudo da reflexão agrária. Estudos Avançados, vol. 15, n. 43, São Paulo, Set./Dez., 2001. (end. e dat. disp.).

[27] BRAUDEL, Fernand.; Civilisation matérielle, économie et capitalisme, XVe-XVIIIe siècle, Paris: Armand Colin, 1993.

[28] Sobre o tema, SILVA, Abilio Diniz.; D. Luís da Cunha e o Tratado de Methuen, Revista da Faculdade de Letras, História, Porto, III Série, Vol. 4, 2003, págs. 059-084.

[29] MENEZE, Sezinando Luiz.; COSTA, Célio Juvenal da.; Considerações em torno da origem de uma verdade historiográfica: o Tratado de Methuen (1703), a destruição da produção manufatureira em Portugal, e o ouro do Brasil, Acta Scientiarum. Education, vol. 2, núm. 34, julio-diciembre, 2012, Universidade Estadual de Maringá, Paraná, Brasil, págs. 199-209.

[30] MENEZE, Sezinando Luiz.; COSTA, Célio Juvenal da.; *Ob. cit.*

[31] BELATTO, Luiz Fernando B.; O Tratado de Methuen: interpr. e desmistificações (end. e dat. disp.).

[32] BELATTO, Luiz Fernando B..; *Ob. cit.*

agricultores a preços predeterminados.[33] Assim, até mesmo o que deveria ser lucrativo para a Coroa Portuguesa foi dominado pelos comerciantes ingleses, muito mais aptos ao sistema capitalista do que os povos de Portugal, ainda vinculados a uma mentalidade (quase) feudal.[34] Essa situação foi considerada, inclusive, um dos fatores responsáveis pela Revolução Industrial na Inglaterra,[35] tendo em vista o excesso de acúmulo de capital, principalmente dos metais preciosos, tais como ouro e prata, originários das minas brasileiras.[36] E por outro lado, as manufaturas portuguesas não resistiram à concorrência com os produtos ingleses, que foi possibilitada pelo tratado comercial.[37] Em analogia econômica, pode-se dizer que o que o ouro brasileiro foi para Portugal no século XVIII, o petróleo foi para a economia da Holanda em 1960 e para a Venezuela na década de 60 do século passado.

Outras situações fáticas, já no século XIX, podem ser citadas também em termos de macroeconomia internacional, como no caso de países como a Suíça e o Japão, os quais são caracterizados por serem Estados com escassos recursos naturais, mas que superaram economicamente muitos países ricos em minérios e de vasta extensão territorial, como a Rússia e o Brasil.[38]

Várias são as teorias sobre a capacidade de alguns povos, em determinadas épocas, emergirem economicamente sobre outros povos com mais recursos naturais à disposição. Assim, como ilustração, cita-se Jean Bodin, o qual afirmava que a riqueza fácil tende a induzir uma «preguiça» ao homem (*in verbis*, «os homens de um solo fértil e rico são mais comumente afeminados e covardes, enquanto que, pelo contrário, o país de solo estéril torna os homens temperados pela necessidade e, por consequência, mais cuidadosos, vigilantes e trabalhadores»).[39]

Contudo, a questão é mais complexa do que transparece o filósofo inglês, como se verá.

1.1.1.2 O chocolate suíço, a champanhe francesa: um doce exemplo contraditório

Indubitavelmente que em algumas áreas do *agrobusiness* a interconexão entre o resultado final e o ambiente é substancial.[40] Torna-se evidente que inferir a idiossincrasia climática de determinado *locus* – características geoclimáticas – é um processo profícuo e necessário para a obtenção de melhores proveitos na produção agrícola. Aliás, a agricultura é um dos setores da economia mais afetados pelas condições climáticas.[41]

---

[33] SILVA, Abilio Diniz.; *Ob. cit.*

[34] BELATTO, Luiz Fernando B..; *Ob. cit.*

[35] RICUPERO, Rubens., O Problema da Abertura dos Portos, Instituto Fernand Braudel de Economia Mundial, Higienópolis, São Paulo, (end. e dat. disp.).

[36] MENEZE, Sezinando Luiz.; COSTA, Célio Juvenal da.; *Ob. cit.*

[37] MENEZE, Sezinando Luiz.; COSTA, Célio Juvenal da.; *Ob. cit.*

[38] SACHS, Jeffrey D.; WARNER, Andrew M.; Natural Resource Abundance and Economic Growth, ...

[39] HOLMES [1995, p. 109] from Bodin, [transl. Knolles, ed. McRae [1962]], Cf. Apud. SACHS, Jeffrey D.; WARNER, Andrew M.; Natural Resource Abundance and Economic Growth, ..., p. 4.

[40] KNEAFSEY, Moya.; The region in food-important or irrelevant? Cambridge Journal of Regions, Economy and Society, 3 (2): 171-175, 2010.

[41] PAULINO, José Alberto Neto.; Agricultura e Alterações Climáticas, Estratégias de mitigação e adaptação para Portugal no contexto comunitário e no âmbito das negociações para o acordo global pós-2012, Instituto Nacional de Administração, Outubro de 2009. (end. e dat. disp.).

Afinal, a sua relação direta com o clima, solo, altitude, latitude, precipitação pluviométrica e vários outros fatores climáticos se estabelece desde a fase do plantio, passando pelas diversas etapas do desenvolvimento da planta, chegando até a fase da colheita, do benefício, do transporte e, inclusive, do armazenamento e da comercialização.[42] De fato, as características geográficas são fundamentais para a produção de vinho[43] e do café, citados aqui como exemplos fractais.

Além dos fatores humanos, é cediço que, no plano mundial, a diversidade macroclimática que está presente nas diferentes regiões vitícolas é responsável por uma grande parte da diversidade encontrada em termos de produtos vitícolas, de qualidade e de tipicidade.[44]

Geralmente, essa interconexão – principalmente com uma qualidade distintiva – é atribuída aos pequenos produtores,[45] os quais querem atribuir uma conotação diferenciada aos seus produtos vinculados a uma região, como acontece, por exemplo, com o vinho *Champanhe*, de uma pequena localidade na França, e com o azulado queijo Stilton[46] inglês, especialmente dos condados de Derbyshire, Leicestershire e Nottinghamshire. De fato, alguns economistas[47] atribuem ao sucesso econômico da indústria do vinho *Champagne* um modelo particular de gestão interprofissional, notadamente através do *Comité Interprofessionnel du Vin de Champagne (CIVC)*[vi] e da Denominação de Origem Controlada (*AOC – Appellation d'Origine Contrôlée*),[48] em que se tem o sítio (restrito) controlado e protegido por lei. Tem-se, assim, uma valorização máxima de uma região, à qual se confere um valor econômico agregado ao produto lá produzido. A França, um dos países que mais se preocupa com a *Appellation d'Origine Contrôlée*, estabelece no seu Código do Consumidor – *Code de la Consommation* – no artigo L.115-1 que, *ipsis literis*, «*Constitue une appellation d'origine la dénomination d'un pays, d'une région ou d'une localité servant à désigner un produit qui en est originaire et dont la qualité ou les caractères sont dus au milieu géographique, comprenant des facteurs naturels et des facteurs humains*».[vii] Há de se observar, ainda, coadunando com um modelo sistêmico no qual se evoca uma hermenêutica jurídica lógica, mediante uma conexão entre vários textos legais para se extrair o resultado mais adequado,[49] os artigos L.641 e seguintes do Código Rural – *L'article L.641 du Code Rural* – os quais também fazem referência à Denominação de Origem Controlada e também a vincula a fatores humanos.

---

[42] SILVA, Renato Emanuel.; SILVA, Giliander Allan da.; A Importância do Clima na Instalação e Produção Cafeeira no Cerrado Mineiro: o Caso de Patrocínio no Alto Paranaíba (MG), Revista Geonorte, Edição Especial 2, V.2, nº 5, págs. 840-852 , 2012.

[43] TONIETTO, Jorge.; CARBONEAU, A.; Análise mundial do clima das regiões vitícolas e de sua influência sobre a tipicidade dos vinhos: a posição da viticultura brasileira comparada a 100 regiões em 30 países. In: IX Congresso Brasileiro de Viticultura e Enologia, 1999, Bento Gonçalves. Anais. Bento Gonçalves: Embrapa Uva, Vinho, 1999, p. 75-90.

[44] TONIETTO, Jorge.; CARBONEAU, A.; *Ob. cit.*

[45] CIDELL, Julie L.; ALBERTS, Heike C.; Constructing quality: The multinational histories of chocolate, Received 1 March 2005; received in revised form 13 February 2006, Geoforum 37 (2006) 999-1007, (end. e dat. disp.).

[46] PARROTT, Nicholas.; WILSON, Natasha.; MURDOCH, Jonathan.; Spatializing Quality: Regional Protection and the Alternative Geography of Food. European Urban and Regional Studies 9, 241–261 2002.

[47] DELUZE, Aurélie.; What Future For The Champagne Industry?, American Association Of Wine Economists, Aawe Working Paper, nº 64, Business, July, 2010.

[48] *V.* em Ministère de l'Agriculture, de l'Agroalimentaire, de la Forêt et de la Pêche de la France e l'Institut National des Appellations d'Origine Contrôlée. (end. e dat. disp.).

[49] ALBERGARIA, Bruno.; Instituições de Direito, para cursos de Administração, Ciências Contábeis, Economia, Comércio Exterior e Ciências Sociais, São Paulo: Atlas, 2008, p. 24.

Assim, não há como desassociar o *locus* aos produtos, mesmo que somente o fator geográfico não seja o único. Novamente se reporta aos enodamentos sociais e econômicos para se proceder à correta avaliação de toda a cadeia sustentável da *Champanhe* ou de qualquer outro produto que tenha a Denominação de Origem Controlada. De igual modo, Portugal foi um dos primeiros Estados do mundo a criar uma distinção de origem do produto.[50]

Como exemplo, a região demarcada do Douro, criada em 1756 pelo Marquês de Pombal para assegurar a qualidade do Vinho do Porto.[51] Desse modo, nasceu o conceito jurídico de "região demarcada", delimitação de uma zona de lavoura estanque, abrangida por legislação especial, com o objetivo de defesa e promoção da produção vinícola inconfundível de cada uma.[viii] Após a adesão à União Europeia, em 1986, Portugal adotou o sistema denominado *Vinho de Qualidade Produzido em Região Determinada – VQPRD*, idêntico aos congêneres francês, italiano e espanhol, que actualmente preside as regiões demarcadas.[52] Assim, deverão constar obrigatoriamente para o ingresso na denominação do VQPRD[53] não somente a delimitação geográfica da área, bem como a natureza do solo, mas também as práticas culturais, designadamente formas de condução e os métodos de vinificação e as práticas enológicas.[54] A verificação do sistema econômico está presente no quesito (g) quando se perquire acerca dos rendimentos por hectare.[55]

No Brasil, compete ao Instituto Nacional de Propriedade Industrial – INPI estabelecer as condições de registro das indicações geográficas.[56] De sorte, as Denominações de Origem – DOs, junto com as Indicações de Procedência – IPs, compõem as duas modalidades de Indicações Geográficas. Assim, atribui-se à posição geográfica a indicação de procedência ou a denominação de origem,[57] bem como se considera indicação de procedência o nome geográfico do país, cidade, região ou localidade de seu território que se tenha tornado conhecido como centro de extração, produção ou fabricação de determinado produto ou de prestação de determinado serviço.[58]

De fato, o dispositivo legal brasileiro, em consonância com os tratados internacionais notadamente da OMC, considera denominação de origem o nome geográfico do país, cidade, região ou localidade de seu território que designe produto ou serviço cujas qualidades ou características se devam exclusiva ou essencialmente ao meio geográfico, incluídos fatores naturais e humanos.[59] Com acerto, o uso da indicação geográfica é restrito aos produtores e prestadores de serviços estabelecidos no local, exigindo-se, ainda, em relação às denominações de origem, o atendimento de requisitos de qualidade.[60] Com isso, os elementos socioculturais e econômicos também são preservados na lei brasileira.

---

[50] ANTUNES, Filipe Miguel Carvalho Pereira.; A Importância dos Cavalheiros da Indústria na Internacionalização do Douro, Dissertação de Mestrado d Universidade do Minho, Escola de Economia e Gestão, 2010. (end. e dat. disp.).

[51] ANTUNES, Filipe Miguel Carvalho Pereira.; *Ob. cit.*

[52] *Vide* Lei nº 8/85, de 4 de Junho (Portugal).

[53] Art. 4º da Lei nº 8/85, de 4 de Junho (Portugal).

[54] Art. 4º da Lei nº 8/85, de 4 de Junho (Portugal).

[55] Art. 4º da Lei nº 8/85, de 4 de Junho (Portugal).

[56] Art. 182, Parágrafo único da Lei nº 9.279/96 (Brasil).

[57] Art. 176, Parágrafo único da Lei nº 9.279/96 (Brasil).

[58] Art. 177, Parágrafo único da Lei nº 9.279/96 (Brasil).

[59] Art. 178, Parágrafo único da Lei nº 9.279/96 (Brasil).

[60] Art. 182, Parágrafo único da Lei nº 9.279/96 (Brasil).

CAPÍTULO 1

O ENODAMENTO INICIAL: O «SISTEMA» DO *HOMO ECONOMICUS* E O SISTEMA SOCIAL: UM PRELÚDIO DO NÓ BORROMEU

Com efeito, nas DOs brasileiras, o nome geográfico designa produto ou serviço que tenha qualidades ou características que se devem exclusiva ou essencialmente ao meio geográfico, incluídos aí fatores como os naturais e os humanos.[61] Nas IPs leva-se em consideração o nome geográfico de um país, cidade da região ou localidade do seu território que tenha se tornado reconhecido como centro de extração, produção ou fabricação de determinado produto ou prestação de serviço.[62]

Somente a título de referência histórica, o Instituto Nacional de Propriedade Industrial (INPI) concedeu à Associação dos Produtores de Arroz do Litoral Norte (APROARROZ) do Rio Grande do Sul a primeira Denominação de Origem brasileira (DO), qual seja, o arroz do Litoral Norte Gaúcho.[63] Além da do arroz do Litoral Norte Gaúcho, já foram oficialmente reconhecidos as IPs Vale dos Vinhedos e Pinto Bandeira, o que sedimenta e vocaciona a região serrana do Rio Grande do Sul como produtora de vinhos finos tintos, brancos e espumantes com uma característica superior de qualidade. Há ainda o Pampa Gaúcho da Campanha Meridional para a carne bovina e derivados e o Vale dos Sinos para o couro acabado.[64] As outras IPs brasileiras já concedidas pelo INPI são a região do Cerrado Mineiro para o café, em Minas Gerais; Paraty, para aguardentes tipo cachaça e aguardente composta azulada, no Rio de Janeiro; e Vale do Submédio São Francisco para uvas de mesa e mangas, a primeira das IGs que engloba dois Estados: Bahia e Pernambuco.[65]

Pela análise econômica percebe-se um valor agregado aos produtos que obtêm o certificado de origem e, ainda, um aumento substancial do valor dos imóveis circunscritos a essas áreas.[66] Evidente que *a question* das Denominações de Origem não é apenas uma questão geográfica (meio ambiente), mas igualmente social e econômica, o que reforça a hipótese do enodamento topológico entre os três sistemas formando um novo e único sistema complexo, qual seja, a sustentabilidade.

1.1.1.3 Café: o ouro negro

Não sem razão, o café, também conhecido como *o irmão mais novo do vinho*,[67] é a segunda *commodity* mais comercializada no mundo. De fato, a comercialização internacional do café fica atrás somente do setor petrolífero,[68] pois é a segunda bebida mais consumida no mundo. Perde somente para a água.[69]

Atualmente, a *viagem* de um grão de café das áreas de produção até o consumidor final envolve vários acordos internacionais, *traders*, grandes corporações e protecionismo

---

[61] SOUZA, Maria Célia Martins de.; Primeira D.O. Brasileira é Concedida ao Arroz do Litoral Norte Gaúcho, IPEA, análise e Indicadores do Agronegócio, SP, V. 5, nº 9, Set. de 2010.

[62] SOUZA, Maria Célia Martins de.; *Ob. cit.*

[63] Instituto Nacional de Propriedade Industrial – INPI. INPI concede primeira denominação de origem para brasileiros. Rio de Janeiro, 2010. (end. e dat. disp.).

[64] SOUZA, Maria Célia Martins de.; *Ob. cit.*

[65] SOUZA, Maria Célia Martins de.; *Ob. cit.*

[66] SOUZA, Maria Célia Martins de.; *Ob. cit.*

[67] LEITE, Maurício Miranda.; Produção de Cafés Especiais: as Potencialidades do Estado do Espírito Santo, Mon. Depart. de Economia da Universidade Federal do Espírito Santo, Bacharel em Ciências Econômicas, Vitória, 2009.

[68] SOUZA, Maria Célia Martins.; *Ob. cit.*

[69] SOUZA, Maria Célia Martins.; Cafés Sustentáveis e Denominação de Origem: a Certificação de qualidade na Diferenciação de Cafés Orgânicos, Sombreados e Solidários, Programa de Pós Graduação em Ciência Ambiental, Universidade de São Paulo, São Paulo, 2006.

de países produtores, com inúmeras evidências de destruição e opressão nas áreas de produção.[70] Da mesma forma que o vinho, o café também tem a sua característica influenciada pela origem do produto. Com efeito, a qualidade do café pode assumir uma ampla gama de conceitos, sendo os mais tradicionais relacionados a fatores geoclimáticos, tais como o solo, clima, altitude, bem como às interferências antropogênicas, tais como o sistema de produção e beneficiamento.[71]

Como registro, deve-se observar que novos paradigmas também estão sendo cotados para diferenciar os vários tipos (e, logicamente, preços) dos cafés, denominados especiais (*specialty* ou *gourmet*), os quais apresentam um leque muito grande tanto de dimensões materiais, que podem incorporar atributos de natureza física e sensorial, e geralmente se traduzem na qualidade superior da bebida (assim como nos vinhos), como no caso dos cafés finos, quanto de dimensões simbólicas, relacionadas a uma nova ética associada a características ambientais e sociais da produção, como no caso dos cafés orgânicos (isto é, aqueles produzidos sem o uso de insumos químicos, como pesticidas e fertilizantes solúveis), sombreados (cultivados na sombra de florestas) e do comércio solitário (comprados diretamente de cooperativas de agricultores familiares, com o estabelecimento de preços mínimos garantidos por contratos previamente estabelecidos antes da colheita), considerados pelo mercado como cafés sustentáveis que agregam um valor especial no preço final do produto.[72]

O que se percebe, mesmo nos dois casos citados (vinho e café), em que há uma relação direta entre os produtos e o meio ambiente no qual foram produzidos, é que as ações antrópicas não são excludentes dos resultados finais. Quanto mais elaborado – *know-how* –, maior valor agregado terá o produto, inclusive no que tange aos paradigmas da sustentabilidade. A própria definição de qualidade na *agroindústria* está diretamente intercalada com os fatores sociais, econômicos e ambientais.[73]

Outrossim, enquanto para alguns setores do *agrobusiness* as características geoclimáticas são preponderantes (mas jamais excludentes da interface humana), para outros setores da indústria da alimentação, o que mais importa não são as características do solo ou do clima, mas as técnicas utilizadas pela indústria manufatureira.[74]

A par desta interconexão entre a economia e o ambiente, em entrelaçamento nodal, não deixa de ser emblemática, por exemplo, a indústria do chocolate da Suíça (*l'industrie suisse du chocolat*),[ix] considerada uma das melhores do mundo, sem que haja sequer um único pé de cacau – matéria-prima básica da fabricação do chocolate – em território suíço.[75] Ademais, o cacaueiro (*Theobroma cacao*), planta típica do trópico úmido, só cresce à latitude 20º com precipitação abundante por todo o ano (entre 1.800 e 2.500 mm ao ano) e, ainda, necessita da presença de insetos para a polinização.[76]

---

[70] SOUZA, Maria Célia Martins.; Cafés Sustentáveis e Denominação de Origem ....

[71] SOUZA, Maria Célia Martins.; Cafés Sustentáveis e Denominação de Origem ....

[72] SOUZA, Maria Célia Martins.; Cafés Sustentáveis e Denominação de Origem ....

[73] FOLD, N., A matter of good taste? Quality and the construction of standards for chocolate products in the European Union, Cahiers d'économie et sociologie rurales, 55-56, 91-110, 2000.

[74] CIDELL, Julie L.; ALBERTS, Heike C.; *Ob. cit.*

[75] STRAUMANN, Tobias St.; Pourquoi la Suisse est-elle riche? L'histoire économique nous répond, Thème du mois, 4 La Vie économique Revue de politique économique 1/2-2010, (end. e dat. disp.).

[76] CACAU: Projeto Potencialidades Regionais, Estudo de Viabilidade Econômica, Ministério do Desenvolvimento, Indústria e Comércio Exterior; Superintendência da Zona Franca de Manaus SUFRAMA, Superintendência Adjunta de Planejamento e Desenvolvimento Regional, Coordenação de Identificação de Oportunidades de Investimentos, Coordenação Geral de Comunicação Social, 2003.

CAPÍTULO 1

O ENODAMENTO INICIAL: O «SISTEMA» DO *HOMO ECONOMICUS* E O SISTEMA SOCIAL: UM PRELÚDIO DO NÓ BORROMEU | 53

Em contrapartida, a Suíça é um país de dimensões, consideradas em termos mundiais, reduzidas, com área aproximada de 41,285 km[ii].[77] Tem, ainda, limitações geográficas. De fato, 25% do território é improdutivo, por constituir-se de lagos, rios, vegetação arbustiva, pântanos, terrenos rochosos, encostas, geleiras e neves perpétuas; 23,9% constituem os Alpes; 31% constituem florestas e bosques e 7% aglomerações urbanas. Assim, somente 13% são utilizados para a agricultura.[78] E o clima não é favorável à agricultura, especialmente da *Theobroma cacao*. Mas mesmo assim o setor do *agribusiness* é considerado um dos mais fortes do mundo. A maior empresa mundial do setor é a Suíça Nestlé (*numéro 1 mondial de l'industrie agroalimentaire*),[79] que tem o chocolate como um dos produtos «carro-chefe» que movimenta grandes recursos econômicos e sociais em toda sua cadeia produtiva e de consumo.[80] Somente para se ter uma ideia da dimensão do setor, a Nestlé tem um faturamento anual de 30 bilhões de francos suíços e emprega cerca de 60 mil funcionários.[81]

O que se observa, *in casu*, é a superação humana no desenvolvimento de um setor da economia no qual presumivelmente ter-se-ia a vinculação com os fatores geoclimáticos.

1.1.1.4 O Japão: *the ring of fire*

Outro exemplo de aspecto macroeconômico que pode ser evocado em arrimo à tese ora ventilada – relação e não relação, ou melhor, relação, mas não determinação, entre o sistema econômico, ambiental e os fatores antrópicos – é o Japão. Estado considerado também de dimensões reduzidas[x] e, ainda, com disputas internacionais,[82] apresenta um relevo impróprio para as grandes atividades do *agribusiness*.[83] De fato, mais de 70% da área total do país é formada por montanhas, florestas e ilhas, o que reduz significativamente a área disponível para a agricultura.[84] Além da dificuldade do relevo impróprio para o cultivo em larga escala, o seu território está localizado em uma das regiões mais suscetíveis a tragédias naturais – *the ring of fire* –,[85] passível de

---

[77] Cf. Swiss Agriculture, Federal Statistical Office (FSO), Neuchâtel, Switzerland, Pocket Statistics, 2012.

[78] Cf. Swiss Agriculture, Federal Statistical Office (FSO), Neuchâtel, Switzerland, Pocket Statistics, 2012.

[79] L'industrie Agroalimentaire dans l'UEMOA, Panorama, Problématiques, Enjeux et Perspectives, Publication PMC, Juillet 2008. (end. e dat. disp.).

[80] CIDELL, Julie L.; ALBERTS, Heike C.; Constructing quality: The multinational histories of chocolate. Geoforum. Nova York. Nº 37, 2006, p. 999-1007.

[81] Switzerland Global Enterprise, Communiqué Forum Food, Zurich, 20.06.2013. (end. e dat. disp.).

[82] GAENS, Bart.; Japan's territorial disputes remain unresolved: the entangled history of the three distinct island disputes complicates finding a solution to any of them, FIIA Comment, The Finnish Institute of International Affairs, March, 2013. (end. e dat. disp.). Ver também KENICHI, Ito.; The Point in Dispute between Japan and Russia, JFIR Commentary, May 7, 2005. (end. e dat. disp.), dentre tantos outros sobre o assunto.

[83] ROSSI, Paula.; KAGATSUME, Masaru.; Economic Impact of Japan's Food and Agricultural FDI on Worldwide Recipient Countries, Division of Natural Resource Economics, School of Agriculture, Kyoto University, Japan. (end. e dat. disp.).

[84] VALE, Gláucia Maria Vasconcellos.; Japão – Milagre Econômico e Sacrifício Social, Rev. de Admin. de Empresas, EAESP I FGV, São Paulo, Brasil, Abril/Junho, 1992, P. 44/57. (end. e dat. disp.).

[85] PETRY, Anne K.; Geography of Japan, National Clearinghouse for United States-Japan Studies...

terremotos,[86] furacões, maremotos, vulcões e tsunamis.[87] Por todos esses fatores da natureza, considerados como «conjecturas hostis»,[88] o Japão é denominado pelos seus próprios habitantes como «*small, resource-poor island country*».[89]

Além das dificuldades impostas diretamente pela natureza, o Japão sofreu um duro golpe em sua economia, com a derrota da Segunda Guerra Mundial, que deixou o seu parque industrial praticamente destruído.[90] E, ainda, como fator agravante, foi o único país a ser atingido, em guerra, por duas bombas atômicas, que destruíram completamente duas grandes cidades: Hiroshima e Nagasaki.

Porém, apesar de todas as dificuldades impostas pela natureza bem como pelas próprias ações antrópicas externas, o Japão, mesmo atravessando quatro momentos históricos de dificuldades econômicas cruciais do pós-guerra (nos anos 50/60, com o desafio do atraso do parque industrial; anos 1973/1979, com as elevações do preço do petróleo; ano de 1980, com o aumento da taxa de juros norte-americana; e, finalmente, no ano de 1985, com a expressiva valorização do iene frente ao dólar)[91] e, ademais, com a crise interna desde 1999,[92] tem uma das economias mais prósperas do mundo. Apesar de ter um setor agrícola incapaz de atender a demanda interna de cereais, carne, legumes ou oleaginosas, o Japão detém um parque industrial de transformação agroalimentar desenvolvido e considerado como um dos setores econômicos fortes e concentrados em relação ao resto do mundo.[93]

De fato, o Japão, após a Segunda Guerra Mundial, desenvolveu um modelo de organização do processo de produção industrial, articulado com fatores sociais do contexto macrossocial japonês, que fez surgir um novo paradigma de organização, produção e trabalho, o qual acabou por difundir praticamente em todo o mundo capitalista a partir da década de 70 do século passado, tendo em vista o seu sucesso.[94] Esse modelo recebeu diversas denominações, dentre outras, foi designado por Toyotismo, Ohnismo[95] ou produção enxuta e flexível. O rápido sucesso da gestão *toyotista* é, inclusive, atribuído como alternativa ao (esgotado) modelo norte-americano Taylorista-fordista.[96]

---

[86] Mais de 1.500 tremores mensuráveis por ano, o que representa cerca de 20% dos tremores no mundo inteiro, acontecem no Japão. Cf. NIYAMA, Sussumu.; Lições da Recente Tragédia no Japão, Coluna do Conselho Editorial, Revista Fundações. (end. e dat. disp.).

[87] GIMENES, Daniel.; O Impacto Social Causado pelo Grande Terremoto de Tohoku na Comunidade Brasileira no Japão e os Efeitos da Crise Nuclear, 46 Ciência Geográfica – Bauru – XVI – Vol. XVI – (1): Janeiro/Dezembro – 2012. (end. e dat. disp.).

[88] EGLER, Claudio Antonio G.; As Escalas da Economia, Uma introdução à Dimensão Territorial da Crise, Revista Brasileira Geografia, Rio de Janeiro, 53(3), 229-245, Jul./Set., 1991. (end. e dat. disp.).

[89] BERNSON, Mary Hammond.; MASALSKI, Kathleen Woods.; PARISI, Lynn S.; WOJTAN, Linda S.; Snapshots from Japan: The Lives of Seven Japanese High School Students, Japan Foundation Center for Global Partnership, 2004. (end. e dat. disp.).

[90] TORRES FILHO, Ernani Teixeira.; A crise da economia japonesa nos anos 90: impactos da bolha especulativa, Revista de Economia Política, vol. 17, nº 1 (65), janeiro-março/97. (end. e dat. disp.).

[91] TORRES FILHO, Ernani Teixeira.; *Ob. cit.*

[92] CANUTO, Otaviano.; A Crise Financeira Japonesa, Texto do apresentado no evento "Dissonâncias Sino-Japonesas Diante da Crise Financeira Asiática", realizado no IEA em 1999. (end. e dat. disp.).

[93] CARVALHO, Cícero Péricles de.; Regulação do Sistema Agroalimentar japonês, Estudos Sociedade e agricultura, UFAL, 13, Outubro 1999, págs. 93-118. (end. e dat. disp.).

[94] TONUCCI, João.; O Paradigma Japonês De Organização industrial: outras perspectivas, Revista Multiface, Belo Horizonte, v. 1, n. 2, p. 7-14, julho-dezembro 2007

[95] FERRO, José Roberto.; Aprendendo com o "Ohnoísmo" (Produção Flexível em Massa): Lições para o Brasil, Revista de Administração de Empresas São Paulo, 30 (3) 57-68 Jul./Set., 1990.

[96] SOUZA DEITOS, Maria Lúcia Melo de.; A reestruturação produtiva e as suas implicações na formação dos profissionais de Ciências Contábeis, artigo apresentado no VI Seminário do Centro de Ciências Sociais Aplicadas de Cascavel, Junho de 2007. (end. e dat. disp.).

De fato, o modelo japonês, em relação ao norte-americano, é considerado mais moderno justamente por fazer o enodamento entre o sistema econômico (busca de uma gestão mais eficiente) e o bem-estar dos trabalhadores.[97] Em contrapartida, o sistema fordista notabilizou-se pela ótica do homem como *simples apêndice da máquina,*[98] em que o «operário padrão fordista» não poderia sequer conhecer a estrutura da linha de produção. Outrossim, a divisão entre a concepção e a execução, por meio da padronização e desqualificação, é considerada a tônica do fordismo/taylorismo.[99] Por isso, é considerado um sistema em que o trabalhador é massificado,[100] ignorante do seu próprio trabalho, existente somente como operador de uma linha de montagem, alheio e excluído, não somente do sistema de produção, que aliena a natureza do homem e o homem em si mesmo.[101] As críticas sociais, não sem razão, alertam para um *homem-máquina-alienado,*[102] críticas estas imortalizadas na personagem operária de Charles Chaplin.[103]

Em contrapartida, o sistema nipônico toyotista[104] desenvolveu-se com o escopo de integralizar o homem ao sistema de produção, evocando novamente o operário como ator participante no sistema de concepção e produção.[105] É evidente o enodamento entre o social e o econômico no sistema econômico nipônico de produção, apesar das inúmeras críticas que também se possa fazer ao sistema toyotista de produção.[106]

Com efeito, como visto, apesar dos parcos recursos naturais e extensas listas de catástrofes, o Japão é a terceira[107] economia mundial.[xi]

1.1.1.5 A (indústria) do hidrocarboneto: o ouro preto ou a maldição negra?

Uma das mais emblemáticas inversões (utiliza-se aqui esse termo por intercorrer justamente em sentido contrário àquele considerado normal) entre o sucesso econômico e bens disponíveis (facilmente) na natureza é o petróleo. Haja vista, inclusive, a «maldição

---

[97] PERES, Marcos Augusto de Castro.; Do Taylorismo/fordismo à Acumulação Flexível Toyotista: novos paradigmas e velhos dilemas, (end. e dat. disp.).

[98] PERES, Marcos Augusto de Castro.; *Ob. cit.*

[99] VIDAL, Matt.; Manufacturing empowerment? 'Employee involvement' in the labour process after Fordism, Department of Sociology, Univ. of Wisconsin-Madison, Madison, USA, (end. e dat. disp.).

[100] CLARKE, Simon.; The Crisis of Fordism and the Crisis of Capitalism, Department of Sociology, University of Warwick, (end. e dat. disp.).

[101] CLARKE, *Ob. cit.*

[102] KARL MARX, Ökonomisch-philosophische Manuskripte aus dem Jahre, 1844. (v. ver. ut.).

[103] Referência ao filme *Modern Times*, dirigido, produzido, interpretado Charlie Chaplin, em 1936.

[104] FUJIMOTO, Takahiro.; TIDD, Joe.; The Uk & Japanese Automobile Industries: Adoption & Adaptation of Fordism, Actes du GERPISA nº 11, pgs. 69, (end. e dat. disp.).

[105] RAMIREZ RIGHI, Carlos Antonio.; SANTOS, Neri dos.; A Política de Ergonomia nas Empresas em Transição para o Sistema de Produção Puxada, Departamento de Expressão Gráfica Universidade Federal de Santa Catarina, (end. e dat. disp.).

[106] BATISTA, João Bosco.; MUNIZ, Jorge.; BATISTA JUNIOR, Edgar Dias.; Análise do Sistema Toyota de Produção: Estudo Exploratório em Empresas Brasileiras do Grupo Toyota, XXVIII Encontro Nacional de Engenharia de Produção – A integração de cadeias produtivas com a abordagem da manufatura sustentável. Rio de Janeiro, RJ, Brasil, 13 a 16 de outubro de 2008.

[107] Cf. Apud. World Bank – Gross national income 2010. Texto disponível em: <http://www.worldbank.org/>.

do petróleo»,[108] em que se verifica um verdadeiro «paradoxo da abundância».[109] Apesar do alegado mito moderno do *Rei Midas*[110] em relação aos hidrocarbonetos – no qual tudo em que se põe a mão transforma em ouro – há quem faça uma associação negativa entre a intensidade de recursos naturais de um Estado com o baixo crescimento econômico.[111] Para alguns economistas, esse paradoxo denomina-se *"natural resource curse".*[112] De fato, o ex-ministro do Petróleo da Venezuela e cofundador da OPEP, Juan Pablo Pérez Alfonzo, na década de 70 do século passado, em relação ao petróleo, por apresentar uma característica dúbia (... *situación de ventaja y, al mismo tiempo de desventaja...*),[113] porém, ao final, inexoravelmente, prevaleceria o *«oil curse»*,[114] teria dito que, notadamente em relação ao atrelamento da economia da Venezuela à renda externa do petróleo,[115] *«nos estamos hundiendo en el excremento del diablo».*[116] Assim, não sem razão, já se verificou que, hodiernamente, surpreendentemente, as economias abundantes em recursos naturais tendem a crescer mais lentamente do que as economias sem recursos naturais.[117]

O mesmo fenômeno foi verificado na Holanda, quando se percebeu o processo de dependência econômica da indústria petroquímica que o país sofreu após a descoberta do gás no Mar do Norte, chamado *«Dutch Disease»*,[118] com o enfraquecimento dos outros setores da economia. Esse processo de desaquecimento dos outros setores da economia foi batizado de desindustrialização.[119]

Com efeito, verifica-se que a indústria extrativista do petróleo tende a dominar por completo a economia local. Engendra, assim, uma desindustrialização, bem como uma dependência direta nessas *commodities*, em detrimento dos demais setores da economia.

Dentre as várias correntes teoréticas, uma das explicações mais plausíveis e aceitas foi elaborada pelo economista Sanchs.[120] A direta relação entre riqueza natural e baixo rendimento econômico pode ser explicada pelo súbito fluxo de dólares na economia quando da descoberta e extração dos respectivos recursos naturais e, consequentemente,

---

[108] BURGIERMAN, Denis Russo.; Ouro Negro – A maldição do petróleo., Revista Superinteressante, 07 de 2008, (end. e dat. disp.).

[109] KARL, Terry Lynn.; The Paradox of Plenty: Oil Booms and Petro-States, University of California Press, Berkeley and Los Angeles, California, 1997. Ver também The Paradox of Plenty, The curse of oil, The Economist, Dec 20th 2005, (end. e dat. disp.).

[110] KARL, Terry Lynn.; *Ob. cit.*

[111] SACHS, Jeffrey D.; WARNER, Andrew M., Natural Resource Abundance and Economic Growth, Center of International Development and Harvard Institute for International Development, Harvard University, Cambridge MA, November, 1997, JEL Classification: 04, Q0, F43.

[112] USEEM, Jerry.; The Devil's Excrement, Fortune Magazine, retrieved 2009-11-06, (end. e dat. disp.).

[113] FAGIOLO, Mario.; La Influencia de la Renta Petrolera en el Desarrollo de la Economía Social en Venezuela, 1998 – 2009, Cayapa, Revista Venezolana de Economía Social, Año 9, Nº 18, Julio – Diciembre 2009, Universidad de Los Andes (ULA) NURR-Trujillo. CIRIEC-Venezuela.

[114] HAMMOND, John L.; The Resource Curse and Oil Revenues in Angola and Venezuela, Science & Society, Vol. 75, Nº 3, July 2011, 348-378, (end. e dat. disp.).

[115] ROJAS, Pedro Rodríguez.; Petroleo y Tercermundismo, Compendium Revista de Investigación Científica, Decanato de Administración y Contaduría, Universidad Centroccidental Lisandro Alvarado, Barquisimeto, Estado Lara, Venezuela, Nro. 12, Año 6, Julio 2004, págs. 59/70. (end. e dat. disp.).

[116] FAGIOLO, Mario.; *Ob. cit.*, V. Tb. STRAKA,Tomás.; Los obispos y el excremento del diablo. La cuestión petrolera en los documentos del episcopado venezolano, Espacio Abierto, vol. 12, núm. 3, julio-septiembre, 2003, pp. 349-376, Universidad del Zulia, Venezuela; USEEM, Jerry., The Devil's Excrement, Fortune Magazine, ...

[117] SACHS, Jeffrey D.; WARNER, Andrew M.; Natural Resource Abundance and Economic Growth, ...

[118] ISMAIL, Kareem.; The Structural Manifestation of the "Dutch Disease": the Case of Oil Exporting Countries, IMF Working Paper, Strategy, Policy, and Review Department, April, 2010. (end. e dat. disp.).

[119] KARL, Terry Lynn.; The Paradox of Plenty: Oil Booms and Petro-States, ...

[120] SACHS, Jeffrey D.; WARNER, Andrew M.; Natural Resource Abundance and Economic Growth, ...

exportação, o qual provoca uma valorização acentuada na moeda nacional do país produtor/exportador, diante do volume exacerbado de entrada de recursos financeiros estrangeiros (geralmente, dólares e/ou euros).

Tal situação tende a estrangular os demais setores da economia que não estão atrelados à indústria petrolífera, tais como a agricultura e o de fabricações menores, pela rápida elevação da moeda nacional face às demais, que torna os produtos internos menos competitivos no mercado internacional (e até mesmo no mercado interno, via importações).

Também é de se verificar os malefícios que o diamante provocou em países como a República do Congo (ex-Zaire), a Nigéria e a Serra Leoa, os quais sofreram com a corrupção e a formação de uma elite privilegiada e se envolveram *em lutas intestinais pelo controlo da riqueza nacional.*[121]

1.1.2 A inevitável conexão entre economia e ambiente

Todavia, a par de tais exemplos, as relações entre o ambiente e a economia são, de fato, por demais intrincadas. Por hora, pode-se invocar, a título de (mais um) exemplo, a relação direta entre «*as minas de carvão*» da Inglaterra como condição *sine qua non* para propiciar o início da Revolução Industrial nesse país.[122]

De outra sorte, fenômenos da natureza também estão diretamente relacionados com a economia. Não obstante os Estados Unidos da América serem, ainda, a primeira economia mundial,[xii] o efeito do furacão *Katrina*,[xiii] que causou enormes devastações, notadamente em New Orleans, no ano de 2005, reverteu a economia do turismo, operações portuárias e, até mesmo, serviços educacionais, com prejuízos estimados em cerca de 200 bilhões de dólares, interferindo, inclusive, na relação da média salarial da região.[123] Em 2012, o furacão *Sandy*, apesar de não ter sido um furacão extremamente forte em relação à escala na *Saffir-Simpson*,[124] chegando à categoria 2, devido ao seu enorme diâmetro, causou grandes prejuízos financeiros estimados somente nos Estados Unidos em algo em torno de 50 bilhões de dólares.[125] Por isso, é considerado o segundo ciclone mais caro da história do país.

No mesmo sentido, é de se considerar o *tsunami* que praticamente destruiu o nordeste do Japão em 2011. De fato, originário de um terremoto com epicentro a 373 quilômetros de Tóquio, que resultou em um tsunami de ondas de até 10 metros de altura, atingiu a usina nuclear de Fukushima Daiichi, provocando explosões em quatro, de um total de seis, reatores nucleares. Calculam-se mais de quatorze mil mortos e cerca de doze mil desaparecidos. Conforme previsão do Banco Mundial (BM), os prejuízos

---

[121] STIGLLITZ, Joseph E.; Globalization and its Discontents, W.W. Norton & Company, Inc. Nova Iorque, 2002 (v. ver. ut.), p. 76.

[122] HOBSBAWM, Erikc.; The Age of Revolution 1789-1848, Vintage Book, USA: New York, 1996.

[123] DOLFMAN, Michael.; FORTIER, Wasser.; BERGMAN, Bruce., The Effects of Hurricane Katrina on the New Orleans economy, Monthly Labor Review, June 2007.

[124] A escala Saffir-Simpson para medir furacão é uma escala de um a cinco, baseado na intensidade dos ventos. Cf. Apud. SCHOTT, Timothy.; LANDSEA, Chris.; HAFELE, Gene.; LORENS, Jeffrey; TAYLLOR, Arthur.; THURM, Harvey.; WARD, Bill.; WILLIS, Mark.; ZALESKI, Walt.; The Saffir-Simpson Hurricane Wind Scale, Updated 1 February 2012 to reflect minor changes to Category 3/4 and 4/5 boundaries, (end. e dat. disp.).

[125] BLAKE, Eric S. Blake.; KIMBERLAIN, Todd B.; BERG, Robert J.; CANGIALOSI, John P.; BEVEN II, John L.; Tropical Cyclone Report – Hurricane Sandy, (AL182012), 22 – 29 October 2012, National Hurricane Center, 12 February 2013, (end. e dat. disp.).

podem ter chegado à soma de duzentos e trinta e cinco bilhões a trezentos e nove bilhões de dólares.[126] A projeção de crescimento do Japão, por causa do tsunami, foi reduzida em meio ponto percentual para o ano de 2011, de acordo com o Banco Mundial.[xiv] Com efeito, a bolsa de Tóquio, no primeiro pregão pós-terremoto, verificou uma queda de 6,2%, apesar do governo japonês, através do seu Banco Central, ter injetado mais de 183 milhões de dólares no mercado.[127] O efeito econômico do tsunami japonês de 2011 foi sentido em todo o mundo.[128]

Ainda, é fato notório entre os economistas – e aplicadores no mercado financeiro – a influência climática na safra agrícola e a sua consequência nas bolsas de valores, interferindo diretamente no preço das ações negociadas.[129] As grandes secas afetam a agricultura. Por isso, são fatores diretamente relacionados à fome e à desnutrição.[130] Aliás, as mudanças climáticas afetam não só o mercado agrícola, mas toda a economia e o mercado mundial.[131] De acordo com a ONU, entre os anos de 2002 e 2011, registrou-se aproximadamente 4.130 desastres naturais em todo o mundo, os quais acarretaram a morte de mais de 1,117 milhão de pessoas.[xv] Como consequência direta desses desastres, foi contabilizado em perdas financeiras mais de 1,19 trilhão de dólares.[xvi]

Ademais, a proposta do Congresso Norte-Americano para modificar a legislação dos encargos regulatórios, em relação às mudanças climáticas, foi orçada como um custo adicional para as empresas em mais de 100 bilhões de dólares por ano em 2009.[132] Em compensação, do ponto de vista dos benefícios, o mercado «verde» irá gerar novos empregos com incremento substancial na economia.[133]

Por todo o exposto, não há como desconsiderar que a economia está interligada com o ambiente. Outrossim, o universo econômico gravita nos modelos de escassez de bens, bem como na concepção de excedente (dos bens) e na liberdade de escolhas. É o que se verá adiante.

---

[126] NANTO, Dick K.; COOPER, WILLIAM H.; DONNELLY, J. Michael.; Japan's 2011 Earthquake and Tsunami: Economic Effects and Implications for the United States, Congressional Research Service, March 25, 2011. (end. e dat. disp.).

[127] BITTENCOURT, Rafael.; RODRIGUES, Rúbia., Desastres no Japão e a repercussão internacional da questão nuclear, Texto Informativo, Ásia, 07 de Maio de 2011, (end. e dat. disp.).

[128] NANTO, Dick K.; COOPER, WILLIAM H.; DONNELLY, J. Michael.; Japan's 2011 Earthquake and Tsunami: Economic Effects and Implications for the United States, Congressional Research Service, March 25, 2011. (end. e dat. disp.).

[129] GRIFO, Francesca.; GOLDMAN, Gretchen.; GUTMAN, Ben.; FREEMAN, Jennifer.; ROGERSON, Paul.; VEYSEY, Drew.; A Climate of Corporate Control How Corporations Have Influenced the U.S. Dialogue on Climate Science and Policy, The Scientific Integrity Program of the Union of Concerned Scientists, May, 2012.

[130] PATZ, J. A.; OLSON, S. H.; Climate change and health: global to local influences on disease risk, Center for Sustainability and the Global Environment (SAGE), the Nelson Institute and Department of Population Health Sciences, University of Wisconsin, 1710 University Avenue, Madison, U.S.A., 27, Annals of Tropical Medicine & Parasitology, Vol. 100, Nos. 5 and 6, 535-549 (2006). (end. e dat. disp.).

[131] ABRÃO, Marta Vieira.; Mudanças Climáticas e Riscos Empresariais: posicionamento corporativo e relacionamento com o desempenho financeiro nas empresas líderes em sustentabilidade no mercado brasileiro, Programa de Pós-Graduação em Administração, Instituto COPPEAD de Administração, Universidade Federal do Rio de Janeiro, Rio de Janeiro, Agosto de 2011. (end. e dat. disp.).

[132] Americana Clean Energy and Security Act, comumente referido como Waxman-Markey. As fontes para as estimativas de custo são originárias do Congressional Budget Office. Os custos estimados para as famílias das disposições Cap-and-trade de HR 2454 de 19 de junho de 2009. Cf. Apud. BEATTY, Timothy K.M.; SHIMSHACK, Jay P.; The Impact of Climate Change Information: New Evidence from the Stock Market, Forthcoming with minor revisions in Contributions to Economic Analysis and Policy: The Berkeley Electronic Journals of Economic Analysis and Policy, September 2010.

[133] BEATTY, Timothy K.M.; SHIMSHACK, Jay P.; *Ob. cit.*

1.1.2.1 Exordiais considerações sobre a ciência econômica

O modelo de «escassez» e «excedente»[134] e «liberdade de escolhas»[135] permeia o núcleo central das ciências econômicas. É de se observar que os bens (*mais*) desejados são os mais escassos. Apesar de sua busca *moisética*,[xvii] a indústria transformadora tenta preencher o (eterno) vazio dos consumidores com a constante e sucessiva transformação dos bens *in natura* para os manufaturados. É a arte primária do homem em conseguir transformar os insumos em bens objeto de desejos. Porém, há de se destacar que o *desejo* é inesgotável.

De fato, pelo modelo da Teoria de Maslow,[136] as pessoas têm um conjunto de cinco categorias de necessidades, organizadas em prioridades e hierarquias, nas quais obedecem a uma escalonagem de um nível ao outro, à medida de sua satisfação, quais sejam, as fisiológicas, as de segurança, as sociais, as de estima e as de realização pessoal.[137] Assim, Maslow aduz que, quando um nível de necessidades é satisfeito, passa-se automaticamente ao próximo. Neste aspecto, os dois níveis primários de necessidades – fisiológicas e de segurança – são possíveis de esgotamento em relação ao desejo. Já as necessidades secundárias – afetivas, *status* e estima, autorrealização – são praticamente «impreenchíveis»,[138] posto serem os desejos relacionados à *psiqué*, em detrimento dos desejos fisiológicos, uma falta constitutiva do próprio ser humano.[139]

De fato, o *Homo sapiens* se assemelha, sob o ponto de vista biológico, fisicamente a outros animais. Ao se comparar partes dos genomas humano e do chimpanzé, presumiu-se identidade em cerca de 98,77% dos genomas. Por outro lado, algumas comparações publicadas anteriormente relativas à parte dos genomas humano e dos chimpanzés haviam diminuído essa estimativa para 95%.[140] De qualquer forma, há uma similitude muito grande entre os dois, em termos genéticos. Contudo, o progresso atingido por ele no vestuário, na habitação, nas ferramentas, na linguagem, na religião, no direito e na estética faz com que haja uma diferenciação grande em relação aos demais animais. Ao que tudo indica, somente o homem parece ter a capacidade e o desejo de praticar aquelas formas extrabiológicas de comportamento.[141]

Com efeito, o (maior) prazer do ser humano é desejar.[142] Justamente por isso, o ciclo do desejo metafísico torna-se jamais satisfeito. Assim, «o capitalismo e a sociedade de consumo sabem muito bem proporcionar este prazer: lançando novos produtos no

---

[134] Por todos, ver MANKIW, N. Gregory.; Principles of Economics – Second Edition, The Dryden Press, Harcourt Brace College Publishers, 2001, (v. ver. ut.).

[135] Para os economistas neoclássicos, o tema central de estudo da Economia reporta-se às *decisões individuais e coletivas tomadas em ambiente de escassez, colocando especial ênfase no grau de liberdade do agente. Apud.* ARAUJO, Fernando.; Introdução à Economia, Coimbra: Almedina, 6ª Ed., 2006, p. 21.

[136] Como referência, ver o estudo de DICK, Bob Dick.; Maslow revis(it)ed: Maslow's hierarchy of needs examined and reformulated, A discussion paper originally written in the 1980s, revised 1990, 1993. This version 2001. (end. e dat. disp.).

[137] GOUVEIA, Carla.; BAPTISTA, Martinho.; Teorias sobre a Motivação Teorias de Conteúdo, Instituto Politécnico de Coimbra, Instituto Superior de Engenharia de Coimbra, Departamento de Engenharia Civil, Maio de 2007. (end. e dat. disp.).

[138] MANTELLO, Paulo Francisco.; Motivação para o consumo: O desejo e suas implicações na contemporaneidade. (end. e dat. disp.).

[139] LACAN, Jacques.; Le séminaire t.5: les formations de l'inconscient, 1999, (v. ver. ut.).

[140] STANDISH, Timothy G.; São os chimpanzés 99,4% idênticos aos seres humanos? Geoscience Research Institute (Inst. de Pesquisas em Geociências), nº 13, 1º Semestre de 2007. (end. e dat. disp.).

[141] TITIEV, Mischa.; Introduction to Cultural Anthropology, New York: Henry Holt and Co., 1959 (v. ver. ut.), p. 7.

[142] LACAN, Jacques.; *Ob. cit.*, p. 322, 325, 331.

mercado de maneira vertiginosa, potencializando a capacidade humana de desinteressar-se pelo bem adquirido para sair em busca de um novo, de novas sensações».[143]

E, nesse aspecto, inexoravelmente a economia está diretamente vinculada ao ambiente, como já visto. É da natureza que se extraem os insumos não anelados[xviii] para posterior transformação em bens de consumo, objetos do desejo. Todavia, é nela que se devolvem os resíduos e detritos indesejados.[144] Por mais que se propague uma vida «restrita de luxo e desprovida de bens»,[145] é fato que a qualidade de vida humana e a coesão das sociedades estão, profunda e irremediavelmente, dependentes dos bens e serviços providos diretamente pela natureza e/ou manufaturados pelo homem.

De fato, o homem sempre foi interventor da natureza.[146] Todavia, o que diferencia o atual estágio industrial é a incapacidade do ambiente (natureza) de conseguir se autorrecompor – ou a consciência do homem dessa limitação do ambiente por ações antropogênicas. São exemplos da preocupação real da atualidade os excessos dos resíduos, das poluições, que podem afetar a temperatura da Terra;[xix] a tecnologia inserida em uma produção de massa, *vide* p. ex., dos alimentos geneticamente modificados, sobre os quais não se sabem os efetivos resultados que podem acarretar ao homem;[xx] e, ainda, as inserções científicas no mundo da biotecnologia, biogenética e toda a gama de novas descobertas, que podem alterar irreversivelmente o rumo da história humana.[xxi]

Com efeito, torna-se fundamental que se faça uma interconexão entre o sistema econômico e os impactos que as atividades humanas podem ter sobre os sistemas naturais, que têm reflexo intercomunicativo, na qualidade de vida humana.[147]

Apesar de se referenciar como uma *question* pós Revolução Industrial,[148] os estudos sobre economia e os elementos da natureza sempre estiveram intercomunicados. Os gregos clássicos abordavam a temática «econômica» como uma «administração da casa», em clara referência etimológica da palavra.[149] Como mera ilustração histórica, cita-se o *case* de Tales de Mileto.[xxii] Considerado o primeiro filósofo grego,[xxiii] Tales de Mileto, após ser *criticado* por olhar atenta, embevecida e demoradamente para o céu, ocasionando-lhe pilhérias da própria escrava ao cair por não perceber os buracos no chão,[xxiv] resolveu provar que a filosofia pode ter resultados práticos e, consequentemente, ser importante. Assim, utilizando-se dos estudos contemplativos dos astros, usou os preceitos filosófico-astronômicos para tornar-se um homem rico, *apesar de não ser esse o seu escopo*.[150] Para tal empreitada, adquiriu todos os instrumentos usados para processar azeitona no inverno, pagando baixo preço pelo maquinário, após fazer uma previsão meteorológica de uma colheita abundante. Com efeito, por ser o único possuidor dos

---

[143] MANTELLO, Paulo Francisco.; *Ob. cit.*

[144] Por todos, ver em SOUSA ARAGÃO, Maria Alexandra.; O Princípio do Nível Elevado de Protecção e a Renovação Ecológica do Direito do Ambiente e dos Resíduos, Col. Teses, Coimbra: Almedina, 2006.

[145] Por todos, THOREAU, Henry David.; WALDEN; or, Life in the Woods, 1854, no qual narra a possibilidade de uma vida simples, sem luxo e em contato permanente com a natureza, muito antes dos movimentos ecológicos começarem a surgir.

[146] TITIEV, Mischa.; *Ob. cit.*.

[147] SACHS, Ignacy.; Rumo à ecossocioeconomia: teoria e prática do desenv., SP: Cortez, 2007, p. 351-352.

[148] AVELÃS NUNES, António José.; Uma Volta ao Mundo das Ideias Económicas. Será a Economia uma Ciência?, Coimbra: Almedina, 2008, p. 49.

[149] AVELÃS NUNES, António José.; *Ob. cit.*, p. 49.

[150] KIRK, G.S.; RAVEN, J.E.; SCHOFIELD, M.; The Presocratic Philosophers, 1983 (v. ver. ut.), p. 78.

CAPÍTULO 1
O ENODAMENTO INICIAL: O «SISTEMA» DO *HOMO ECONOMICUS* E O SISTEMA SOCIAL: UM PRELÚDIO DO NÓ BORROMEU | 61

equipamentos, subarrendou-os por alto preço, tendo em vista a demanda aquecida pela excessiva safra – lei da oferta e da demanda[151] – obtendo grande margem de lucro.[152]

Nesse aspecto, a dupla passagem de Tales de Mileto pode ser utilizada para retratar os paradoxos entre a filosofia, a economia e a vida prática. É de se notar que esses problemas *inter-comunicantes*, apesar de já terem sido percebidos desde a antiguidade clássica, continuam como problemas *atualíssimos*.

Compreende-se, *ipso facto*, um enodamento visível nas duas palavras – ecologia e economia – até mesmo sob o foco etimológico. De fato, os dois vocábulos conjugam a mesma matriz, qual seja, o prefixo *eco*[xxv] (do grego οικος),[153] que designa «casa».[154] Assim, a ecologia é o estudo-razão da casa e economia, o governo da casa, ou «*aquele que administra o lar (patrimônio)*».[155] [156] A economia, como já analisado, tem como objeto *central o estudo das decisões individuais e coletivas tomadas em ambiente de escassez*.[157] Destarte, tendo em vista que os recursos são escassos, ou seja, limitados, a sociedade tem que escolher, isto é, administrar, de uma forma ou de outra, como os produtos serão produzidos, distribuídos e consumidos.[158] Pela definição do economista nobel[159] Paul Samuelson, a «economia é o estudo de como as pessoas e a sociedade decidem empregar recursos escassos que podem ter utilizações alternativas, para produzir bens variados e para os distribuir para consumo, agora ou no futuro, entre as várias pessoas e grupos da sociedade».[160]

Modernamente, com o sistema ambiental introduzido na economia, a produção, distribuição e consumo devem ser fatores de estudo e regulamentação, para que não haja – em nenhum momento do ciclo econômico – um esgotamento dos recursos na natureza, visando o *continuum* intergeracional. Há de se verificar, ainda, que não ocorra poluição (em qualquer de suas formas) e nem *dumping* social.

A economia – sem fazer aqui distinção entre «economia científica» e «economia política»[xxvi] –, mesmo que (ainda) não revelada de forma racional,[161] sempre esteve presente no pensamento do homem ocidental, como visto até mesmo pela passagem de Tales de Mileto, conforme identificado. Evoca-se, neste ponto, a separação de uma moral dos preceitos eminentemente econômicos. Com efeito, a escola clássica econômica

---

[151] Considera-se a expressão «oferta e demanda» as palavras que os economistas utilizam com mais frequência, justamente porque julgam que "são as forças que movem as economias de mercado". Cf. Apud. MARKIN, N. Gregory, Principles of Economics, Second Edition, 2001 (v. ver. ut.), p. 63.

[152] DÍAZ GÓMEZ, José Luis.; Tales de Mileto, Apuntes de Historia de las Matemáticas, ...

[153] NEVES DA CUNHA, Eldis Camargo.; Desafios jurídicos na gestão dos recursos hídricos em face dos instrumentos da política nacional: Papel da Agência Nacional de Águas, Rev. da Escola Superior do M. P. da União — Meio Ambiente, Brasília, v. 1, série: grandes eventos, p. 211-226, 2004, p. 225.

[154] ARAUJO, Fernando.; Introdução à Economia, Coimbra: Almedina, 6ª edição, 2006, p. 18.

[155] Como observa Avelãs Nunes "a expressão *economia política*, se atendermos à sua raiz grega significa *administração do património da cidade* (do património do estado, do património público): oikonomia (*oikos* – casa, património; *nomos* – ordem, lei, administração); *política* (relativa à *polis*, a cidade-estado dos gregos). In: AVELÃS NUNES, António José.; Uma Volta ao Mundo das Ideias Económicas. Será a Economia uma Ciência?, Coimbra: Almedina, 2008, p. 9.

[156] MANKIW, N. Gregory.; Principles of Economics – Second Edition, The Dryden Press, Harcourt Brace College Publishers, 2001, (v. ver. ut.), p. 3

[157] ARAUJO, Fernando.; Introdução à Economia, Coimbra: Almedina, 6ª edição, 2006, p. 21.

[158] MANKIW, N. Gregory.; *Ob. cit.*, p. 3

[159] Ganhou o prêmio Nobel da Economia em 1970.

[160] SAMUELSON, Paul.; NORDHAUS, William.; Economics, 12ª Ed., McGraw-Hill, Lisboa, 1988, p. 6. Cf. Apud. AVELÃS NUNES, António José.; Uma Volta ao Mundo das Ideias Económicas, ..., p. 35.

[161] Cf. Apud. BACKHOUSE, Roger.; The Penguin history of economics, Penguin Books Ltd, Reino Unido, 2002 (v. ver. ut.), págs. 137 e seguintes.

do século XVIII, influenciada pelos ideais iluministas, pode ser considerada como um marco nesse sentido.[162] A título de ilustração, registra-se que a expressão «economia política» teve a sua primeira transcrição por Antoine de Montchrestien, na obra *Traité d'Économie Politique*, de 1615, que versava sobre a produção e distribuição de riquezas à escala de um Estado.[163]

Entretanto, por óbvio, eclode com força científico-racional com o fim da Idade Média e com a entrada da Modernidade.[164] De fato, o discurso de uma ciência econômica emerge da transição do feudalismo para o capitalismo e acaba por se emancipar com a Revolução Industrial,[165] com a escola clássica da economia.[xxvii] Mas a evolução (histórica) entre os discursos (e a práxis) dos modelos econômicos e sociais é, notadamente entre o capitalismo-liberal e o social-interventor, praticamente, a tônica do pós 2ª Guerra Mundial.[166]

Nesse diapasão, o liberalismo (econômico), capitaneado pelos Estados Unidos da América, e o socialismo, defendido pela antiga União Soviética, praticamente monopolizaram o discurso político-jurídico do período da Guerra Fria.[167] Assim, um contrabalançava o outro, agiam como um sistema bilateral e dialético. Nem o Estado Liberal,[168] capitalista, poderia se esquecer de preceitos básicos humanos – definidos por direitos humanos fundamentais –, nem o comunismo poderia se esquecer de preceitos básicos do desenvolvimento – promoção por mérito, incentivo de crescimento profissional, possibilidade de expansão.[169]

De outra sorte, a «economia política internacional» – em que se combinam os estudos dos fatores econômicos com os *inputs* políticos – somente teve relevância acadêmica, isto é, começou a ser objeto de estudos, aproximadamente a partir do fim da Guerra Fria, mais precisamente na década de 70 do século XX.[170] Não por acaso, a política internacional voltou-se para *novos* assuntos, com a queda do muro de Berlim, deixando de lado (só um pouco) a temática bélica (estudos estratégico-militares). Por isso, a agenda internacional teve uma abertura, não só para os assuntos ambientais (década de inauguração do Direito Ambiental), mas, também, na seara das investigações

---

[162] BACKHOUSE, Roger.; *Ob. cit.*

[163] FERNANDES, José Pedro Teixeira.; Elementos de Economia Política Internacional, Coimbra: Coimbra, 2005, p. 10.

[164] AVELÃS NUNES, António José.; *Ob. cit.*, p. 9.

[165] Para uma melhor análise, ver em AVELÃS NUNES, António José.; *Ob. cit.*, págs. 9-25. Também, CALVÃO DA SILVA, João Nuno.; Mercado e Estado – Serviços de Interesse Econômico Geral, Coimbra: Almedina, 2008.

[166] Como afirmado, a bibliografia sobre o assunto é vasta. Por hora, cita-se BONAVIDES, Paulo.; Do Estado Liberal ao Estado Social, São Paulo: Malheiros Editora, 6ª Edição, 1996; CANOTILHO, José Joaquim Gomes.; Constituição Dirigente e Vinculação do Legislador. Coimbra: Coimbra Editora, 2001; RITTER, Gerhard A.; Der Socialstaat. Entstehung und Entwicklung im internationalen Vergleich, 1989 (v. ver. ut.).

[167] ALBERGARIA, Bruno.; A (muito) antiga discussão sobre a atuação econômica do Estado. Uma Visão da Constelação do Direito e suas Contribuições para o Mundo da Economia, In: Sociedade e Consumo – Múltiplas Dimensões na Contemporaneidade, PIMENTA, Solange Maria.; CORRÊA, Maria Laetitia.; DADALTO, Maria Cristina.; VELOSO, Henrique Maia.; (Orgs.), Curitiba: Juruá, 2010. A mesma afirmação pode ser encontrada, dentre tantos outros manuais de economia, em MANKIW, N. Gregory.; Principles of ...,

[168] SILVA, João Nuno Calvão da.; Mercado e Estado – Serviços de Interesse Econômico Geral, Coimbra: Almedina, 2008.

[169] ALBERGARIA, Bruno.; Estado Falido, In: Estado de Minas Gerais, em 18 de fevereiro de 2008 (end. e dat. disp.).

[170] FERNANDES, José Pedro Teixeira.; Elementos de Economia Política Internacional, Coimbra: Coimbra, 2005, p. 19.

de uma economia política internacional, em que se tem como objeto central as relações entre riqueza e poder na perspectiva internacional.[171]

Todavia, como se verá, o entrelaçamento nodal entre a economia, o ambiental e o social, de forma sistêmica, pode ser apurado até mesmo em uma análise exordial da teoria de *Malthus*.[xxviii]

1.1.2.1.1 O enodamento malthusiano

Muito antes do relatório Brundtland,[xxix] *mutatis mutandis*, Malthus[xxx] havia decifrado a intercambiante relação entre o progressivo desenvolvimento econômico, a escassez dos recursos naturais e os problemas sociais. Outrossim, desenvolveu uma teoria conjugando os aspectos demográficos e financeiros, bem como sobre as condições econômicas e sociais da Inglaterra entre os séculos XVIII e XIX.[172] De fato, foi considerado o primeiro economista moderno a prever os limites de crescimento causados pela escassez de recursos naturais.[173]

Com efeito, na Inglaterra pré-revolucionária,[xxxi] sobreveio um deslocamento das populações rurais para as cidades.[174] Esse êxodo do campo para as cidades ocorreu principalmente por causa da política do *enclosures*.[175] Por conseguinte, o Estado inglês promulgou a *Bills for enclosures of commons*[176] (leis para o cercamento da terra comunal), que estipulava a transformação das terras que eram comuns, tanto dos senhores feudais quanto dos servos, originários das antigas relações feudais (senhores feudais e vassalos), em pastos para as ovelhas, visando a produção de lã.[177] Dessa forma, a Inglaterra teria o terceiro produto necessário para a expansão industrial: a lã, para fazer os tecidos e desenvolver a indústria têxtil, a primeira do gênero do sistema capitalista.[178] Contudo, os antigos agricultores, em sua grande maioria servos, sem mais possuírem terras para conseguirem seu sustento, migraram para as zonas urbanas em busca de trabalho.[179] Como consequência, ocorreu um êxodo rural para as cidades de forma insustável. De fato, em 1658, Manchester possuía algo em torno de 6.000 pessoas;[xxxii] em 1760, entre 30.000 e 45.000.[180] No ano de 1801, contava com uma população de 72.275 e, em 1851,

---

[171] FERNANDES, José Pedro Teixeira.; Elementos de Economia Política Internacional..., p. 19/20.

[172] RODRIGUES, Francisco Xavier Freire.; população e meio ambiente: uma análise das abordagens malthusiana, marxiana e cornucopiana, (end. e dat. disp.).

[173] BORGES, Fernando Hagihara.; TACHIBANA, Wilson Kendy.; A evolução da preocupação ambiental e seus reflexos no ambiente dos negócios: uma abordagem histórica, In: XXV Encontro Nac. de Eng. de Produção – Porto Alegre, RS, Brasil, 29 out a 01 de Nov. de 2005, (end. e dat. disp.).

[174] MUMFORD, Lewis.; The City in History – It's Origins, It's Transformations and It's Prospects, 1961 (v. ver. ut.).

[175] Sobre o tema, STEAD, David.; An Arduous And Unprofitable Undertaking: The Enclosure Of Stanton Harcourt, Oxfordshire, Nuffield College, University of Oxford, Number 26, Nov. 1998.

[176] POPESCU, Gheorghe.; David Ricardo: economistul genial, Editura Risoprint, 2007, (end. e dat. disp.).

[177] STEAD, David.; An Arduous and Unprofitable Undertaking: the Enclosure of Stanton Harcourt, Oxfordshire, University of Oxford, Discussion Papers in Economic and Social History, N. 26, Nov. 1998.

[178] STEAD, David.; *Ob. cit.*

[179] GOOSE, Nigel.; Poverty, old age and gender in nineteenth-century England: the case of Hertfordshire, Continuity and Change 20 (3), 351-384. f 2005, Cambridge University Press, Printed in the U. K., 2005.

[180] MUMFORD, Lewis.; *Ob. cit.*, p. 492.

atingiu 303.383 habitantes.[181] Nesse período, Londres cresceu de 800.000 habitantes em 1780 para mais de 5 milhões em 1880.[182]

Porém, o excesso de trabalhadores que migraram do campo para os centros urbanos fomentou uma diminuição do valor dos salários.[183] Assim, como havia muitos trabalhadores disponíveis, os salários diminuíam, ao invés de aumentarem.[184]

Consequentemente, na Inglaterra revolucionária (Revolução Industrial), surgiu um grande número de desempregados.[185] Mesmo aqueles que se encontravam empregados nas emergentes fábricas e indústrias auferiam baixos salários, incapazes de proverem uma vida digna.[186] A mortalidade infantil foi agravada por causa das precárias condições de higiene e pela alimentação pobre em nutrientes básicos.[187] Para Engels, desde a Lei da Reforma de 1832 (*Reform Act of 1832*), o mais grave e importante problema social da Inglaterra fora justamente a condição socioeconômica da classe trabalhadora, que formara a grande maioria da população da Inglaterra. Em advertência à insustentabilidade do sistema social à época, o economista alemão, em franca manifestação ideológica, advertia que dessa generalizada pobreza *de milhões de despossuídos que consomem hoje o que ganharam ontem, cujas invenções e trabalho fizeram a grandeza da Inglaterra*[188] provinha *a profunda cólera de toda a classe operária, de Glasgow a Londres, contra os ricos que a exploram sistematicamente e que em seguida a abandonam à própria sorte, cólera que em breve – quase o podemos calcular – deverá explodir numa revolução diante da qual a primeira Revolução Francesa e a de 1794 serão uma brincadeira de crianças*.[189]

Com efeito, para tentar sanar o problema da incipiente classe operária desprovida de recursos, inclusive de moradia, foi promulgado a *New Poor Law* de 1834[190] (a nova Lei dos Pobres). Pela referida lei, oficiais das paróquias e magistrados deveriam recolher as pessoas desempregadas e de baixa condição financeira e abrigá-las em casas de trabalho, as *Workhouse*.[191] Todavia, a promiscuidade e os baixos níveis de higiene e saneamento básico nas moradias facilitavam enormemente o aparecimento de *epidemias, como as de cólera e tifo; miséria; morte em grande escala*.[192]

Nesse sentido, Thomas Malthus, com um típico fatalismo-pessimismo[xxxiii] decorrente das dificuldades vivenciadas no mundo inglês à época, começou a se preocupar com *o excedente da oferta sobre a demanda agregada*, o que poderia acarretar um *declínio*

---

[181] MUMFORD, Lewis.; *Ob. cit.*, p. 492.

[182] Sobre esse período, ver em FLOUD, Roderick.; & McCLOSKEY.; The Economic History of Britain since 1700, Cambridge University Press, 1981.

[183] GOOSE, Nigel.; *Ob. cit.*

[184] ALBERGARIA, Bruno.; Histórias do Direito...

[185] HARTWELL, R.M.; The Rising Standard of Living in England, 1800-1850, The Economic History Review, New Series, Volume 13, Issue 3 (1961), 397-416.

[186] ALLEN, Robert C.; Engel's Pause: A Pessimist's Guides to the British Industrial Revolution, Department of Economics Discussion Paper Series, Manor Road Building, Oxford, Number 315, April 2007, (end. e dat. disp.).

[187] NEWELL, Andrew.; GAZELEY, Ian.; The declines in infant mortality and fertility: Evidence from British cities in demographic transition, Department of Economics, University of Sussex, Falmer, Brighton, (end. e dat. disp.).

[188] ENGELS, Friedrich.; Die Lage der Arbeitenden Klasse in England, 1845 (v. ver. ut.), p. 60.

[189] ENGELS, Friedrich.; *Ob. cit.*, p. 62.

[190] CHARLESWORTH, Lorie.; Welfare's forgotten past: a socio-legal history of the poor law, In: Amicus Curiae, Issue, 81, Spring, 2010, págs. 16-20.

[191] MALTHUS, Thomas Robert.; Principles of Political Economy Considered with a View to Their Practical Aplication – An Essay on the Principle of Population. 1820. (v. ver. ut.).

[192] MALTHUS, Thomas Robert.; 1798. An Essay on the Principle of Population as it Affects the Future Improvement of Society, with Remarks on the peculation of Mr. Godwin, Mr. Condorcet, and Other Writers. (v. ver. ut.).

das atividades econômicas.[193] Dessa forma, Thomas Malthus demonstrou certo ceticismo à felicidade humana ao indagar *se doravante o homem se lançará para frente, com velocidade acelerada, em direção a um aperfeiçoamento ilimitado e até agora inimaginável, ou se será condenado a uma permanente oscilação entre a prosperidade e a miséria*.[194] Para Malthus, constatando os dois postulados de sua teoria, quais sejam, (*i*) que o homem necessita de alimento para a sua existência e, (*ii*) que a paixão entre os sexos é necessária, chegou à (pessimista) tese de que o poder de crescimento da população é indefinidamente maior do que o poder que tem a terra de produzir meios de subsistência para o homem.[195] Assim, *a população, quando não controlada, cresce numa progressão geométrica enquanto os meios de subsistência crescem apenas numa progressão aritmética*.[196] O gráfico que demonstra a teoria de Malthus é muito utilizado pelos economistas:[xxxiv]

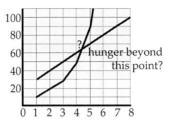

Population Increase
- Geometric or exponential growth
Food Supply
- Arithmetic growth

Com efeito, a conclusão de Tomas Malthus é, indubitavelmente, cética e pessimista[197] em relação à felicidade humana:

> Por todo o reino animal e vegetal a natureza espalhou largamente as sementes da vida, com a mão a mais generosa e pródiga. Ela foi relativamente parcimoniosa quanto ao espaço e à alimentação necessários para criá-los. As células vitais contidas nesta parte da terra, com bastante alimento e espaço para se expandir, preencherão milhões de mundos no decurso de uns poucos milhares de anos. A miséria que despoticamente permeia toda a lei da natureza limita estes mundos mediante determinadas restrições. Os reinos vegetal e animal se reduzem sob esta grande lei limitadora. E a espécie humana não pode, por simples esforços racionais, escapar dela. Entre as plantas e os animais suas consequências são a perda do sêmen, a doença e a morte prematura. Na espécie humana, a miséria e o vício. O primeiro, a miséria, é uma conseqüência absolutamente necessária da lei. O vício é uma conseqüência altamente provável e, por essa razão, o vemos predominar largamente, mas não pode, talvez, ser chamado de conseqüência absolutamente necessária. A provação da virtude é resistir a toda tentação do mal.

---

[193] MALTHUS, Thomas Robert.; Principles of Political Economy ....
[194] MALTHUS, Thomas Robert.; Population: The First Essay. Ann Arbor Paperbacks, The University of Michigan Press, 1959 (v. ver. ut.), p. 5.
[195] MALTHUS, Thomas Robert.; Population: The First Essay. ..., p. 7.
[196] MALTHUS, Thomas Robert.; Population: The First Essay. ..., p. 7.
[197] BRANDER, James A.; Viewpoint: Sustainability: Malthus revisited?, Canadian Journal of Economics, Revue canadienne d'Economique, Vol. 40, No. 1, February / février 2007, (end. e dat. disp.).

Essa desigualdade natural dos dois poderes, da população e da produção da terra, e essa grande lei da nossa natureza que deve manter constantemente uniformes suas consequências constituem a grande dificuldade, que a mim me parece insuperável no caminho da perfectibilidade da sociedade. Todos os outros argumentos são de importância pequena e secundária em comparação com este. Não vejo nenhuma forma pela qual o homem possa escapar da influência desta lei que impregna toda a natureza viva.[198]

Dessa forma, a fome, a miséria, as doenças e as guerras, indefectíveis a qualquer sociedade, seriam os obstáculos positivos naturais ao crescimento da população;[199] enquanto o controle preventivo da natalidade, tais como o aborto, a prostituição, o adiamento do casamento e até mesmo o celibato poderiam ser considerados obstáculos negativos do controle populacional. Por isso, Malthus aduz que as leis dos pobres da Inglaterra tenderiam a aumentar a população, principalmente dos menos favorecidos economicamente, sem o respectivo aumento de alimento para sustentá-los.

Outro efeito secundário aventado por Malthus seria a quantidade de provisões consumida em albergues por uma parcela da sociedade que não poderia, em geral, ser considerada a mais importante. Ademais, com o consumo de bens necessários à sobrevivência por parte dessa classe social, improdutiva, as cotas dos insumos de consumo que caberiam aos elementos mais operosos e mais dignos ficariam mais restritas. Com a percepção, por parte dos indivíduos, de que as cotas, por lei, deveriam ser destinadas às classes não produtivas, muitos trabalhadores, a fim de obterem essas cotas, deixariam os postos de trabalho para se tornarem dependentes.[200]

Com efeito, se os pobres dos albergues fossem viver melhor do que vivem hoje, essa nova distribuição de dinheiro da sociedade tenderia mais evidentemente a rebaixar a condição daqueles que não estão nos albergues, por ocasionar uma elevação do preço das provisões.[201] É, nos dizeres de Malthus, a *fome o último e mais pavoroso método pelo qual a natureza reprime o excesso da população.*[202]

Por isso, no pensamento malthusiano, qualquer lei que visasse a ajudar os pobres – apesar dos pontos positivos individualmente – certamente causaria mais efeitos maléficos, por mais benevolente que fosse sua clara intenção, à sociedade no geral.[203] Advogando um controle de natalidade baseado na condição financeira, Malthus prescrevia que *um trabalhador que casa sem estar em condições de sustentar uma família pode, em alguns aspectos, ser considerado um inimigo de todos os seus companheiros trabalhadores.*[204]

Como se pode observar, há um enodamento intrínseco entre os sistemas ambientais e econômicos no discurso de Malthus. Contudo, o sistema social fora excluído, o que, indubitavelmente, expurga a sustentabilidade da sua tese, tornando-a, por assim dizer, incapaz de se *sustentar*. Ademais, com a crescente tecnologia no setor de alimentos, o problema da produção de alimentos para todos foi superado. Aliás, há hoje um relevante problema também no excesso de alimento (obesidade). Porém, a fome – apesar

---

[198] MALTHUS, Thomas Robert.; Population: The First Essay. ... P. 8. Os mesmos argumentos são encontrados em Essay on the Principles of Population, 1st Ed, Chapters I-III, London: J. Johnson, in St. Paul's Church-Yard, 1798.

[199] MALTHUS, Thomas Robert.; Population: The First Essay. ..., p. 18.

[200] MALTHUS, Thomas Robert.; Population: The First Essay. ..., p. 19.

[201] MALTHUS, Thomas Robert.; Population: The First Essay. ..., p. 19.

[202] MALTHUS, Thomas Robert.; Population: The First Essay. ..., p. 19.

[203] MALTHUS, Thomas Robert.; Population: The First Essay. ..., p. 19.

[204] MALTHUS, Thomas Robert.; Population: The First Essay. ..., p. 27.

da capacidade de produção de alimentos atual – ainda não foi superada. Acredita-se ser, o problema da fome, mais uma questão econômica, política e logística do que decorrente da capacidade de produção.[205]

1.1.2.1.2 O enodamento de Kuznets

Desde a publicação dos trabalhos de Malthus, a questão da (in)finitude dos recursos naturais como fator impeditivo do crescimento econômico e da qualidade de vida do homem na terra eclodiu de forma indelével no universo acadêmico.[206] Assim, influenciado pelos trabalhos de Malthus, o economista ucraniano Kuznets[xxxv] ganhou o Prêmio Nobel (da economia, em 1971)[207] por desenvolver um paralelo entre crescimento econômico e distribuição da renda pessoal.[208] De sorte, observando os dados empíricos dos Estados Unidos da América, da Grã-Bretanha e da Alemanha, fundamentados essencialmente no diferencial de rendimentos na transição de uma economia agrícola para uma economia industrial,[209] utilizou a sua curva, em forma de «U invertido» para explicar a correlação entre o crescimento econômico e desigualdade de renda.[210] [211]

Assim, pela teoria de Kuznets, ao analisar a relação entre a distribuição de renda e o desenvolvimento econômico, defende-se que a desigualdade econômica seria crescente nos primeiros estágios do crescimento econômico até um *turning-point*, a partir do qual, esta passa a decrescer com o avanço do desenvolvimento. Neste ponto, assevera que *a relação se configura no formato de "U invertido", ou seja, a desigualdade de renda é crescente nos estágios iniciais da acumulação de capital, mas a partir de certo ponto, se torna decrescente enquanto o produto continua a subir*. Esse gráfico não linear (barabólico ou U-Invertido) descrito por Kuznets é conhecido por *curva de Kuznets*:

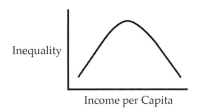

---

[205] Por todos, ver Food And Agriculture Organization Of The United Nations – FAO, disponível em <http://www.fao.org/>.
[206] DIAMANTOUDI, Erosyni.; FILIPPIADIS, Eleftherios.; The Environmental Kuznets Curve in a Multicountry Setting (Preliminary Version), Department of Economics, Concordia University, March 28, 2012, (end. e dat. disp.).
[207] SYRQUIN, Moshe.; Kuznets and Modern Economic Growth Fifty Years Later, To be presented at the WIDER conference: Thinking Ahead: The Future of Development Economics, Helsinki, June 2005, (end. e dat. disp.).
[208] MEILINK, H. A.; The population factor in economie growth theory, Krototek van Afrika, 1974.
[209] ARRAES, Ronaldo A.; DINIZ, Marcelo B.; DINIZ, Márcia J. T.; Curva ambiental de *Kuznets* e desenvolvimento econômico sustentável, RER, Rio de Janeiro, vol. 44, nº 03, p. 525-547, jul./set. 2006 – Impressa em setembro 2006, (end. e dat. disp.).
[210] KUZNETS, Simon.; Economic Growth and Income Inequality, The American Economic Review, Vol. 45, No. 1, (Mar., 1955), pp. 1-28. (end. e dat. disp.).
[211] ABDUL, Shaban.; Environment kuznets curve: Theoretical and empirical issues. IASSI Quarterly. 2005. Volume : 23, Issue : 4. (end. e dat. disp.).
Obviamente, não é uma tese unânime. Contra, pode-se destacar: FIELDS, G.S. 2001. Distribution and Development: a new look at the developing world. MIT Press. Cambridge, England. 2001.

Porém, a partir da década de 1990, foram postas evidências empíricas em antítese às teses previstas por Kuznets.[212] Todavia, apesar das contradições teóricas e das controvérsias acadêmicas, ainda nos anos 90 do século passado, a curva de Kuznets passou a ser utilizada para explicar a relação de como a poluição ambiental em suas várias formas evolui em razão do crescimento econômico.[213] O formato da curva poderia ser explicado, conforme os ambientalistas, através de dois argumentos, quais sejam, (*i*) a porção ascendente reflete o progresso natural do desenvolvimento econômico, passando-se de uma economia agrária "limpa" para uma economia industrial "poluída" e para uma economia de serviços "limpos"; (*ii*) enquanto a porção descendente seria o mecanismo das economias desenvolvidas exportarem processos de produção intensivos em poluição para economias menos desenvolvidas.[214] Com efeito, pode-se conferir o "U invertido", nas questões ambientais através da representação gráfica conhecida como *Environmental Kuznets Curve (EKC)*:

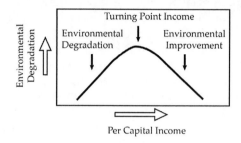

Com efeito, alguns autores defendem que, para se atingir uma qualidade ambiental desejável, mister que os países atinjam um crescimento econômico satisfatório para que possam, de acordo com a curva de *Kuznets*, suplantar o pico máximo de degradação ambiental e, com isso, deslocar-se para uma faixa descendente.[215]

1.1.2.1.3 A influência de Malthus e Kuznets: *a Declaração de Cocoyok* à Cairo – 94

Fato é que no ano de 1974, no México, a Conferência das Nações Unidas sobre Comércio e Desenvolvimento – UNCTAD e o Programa de Meio Ambiente das Nações Unidas – UNEP elaboraram conjuntamente a *Declaração de Cocoyok*,[xxxvi] a qual aponta que a degradação ambiental e a pressão crescente sobre recursos naturais para além *dos "limites externos"* do planeta (de recursos finitos) estariam colocando em risco a própria integridade física da Terra. Destaca, como primeiro ponto a ser ponderado, o fracasso

---

[212] LAKSHMI, T. Subba.; SAHU, Naresh Chandra.; Validity of environmental kuznets curve: Some review findings, E3 Journal of Environmental Research and Management, Vol. 3(6). pp. 0108-0113, July, 2012, School of Humanities, Social Sciences and Management (HSSM) Indian Institute of Technology Bhubaneswar, SamantaPuri, Bhubaneswar-751013, Odisha, Accepted 4 July, 2012, (end. e dat. disp.).

[213] Cf. Apud. SHAFIK, N.; Economic Development and Environmental Quality: An Econometric Analysis, Oxford Economic Papers, New Series, Vol. 46, Special Issue on Environmental Economics (Oct., 1994), pp. 757–773.

[214] ARRAES, Ronaldo A.; DINIZ, Marcelo B.; DINIZ, Márcia J. T.; Curva ambiental de *Kuznets* e desenvolvimento econômico sustentável, RER, Rio de Janeiro, vol. 44, nº 03, p. 525-547, jul./set. 2006 – Impressa em setembro 2006, (end. e dat. disp.).

[215] ARRAES, Ronaldo A.; DINIZ, Marcelo B.; DINIZ, Márcia J. T.; *Ob. cit.*

da sociedade mundial em fornecer uma «vida segura e feliz» para todos, não pela falta de recursos naturais (escassez absoluta dos bens naturais), mas por causa da má distribuição dos alimentos produzidos bem como pelo uso indevido. Ou seja, incapacidade de promover um desenvolvimento econômico e social dentro e entre os países (... *o grão existe, mas ele está sendo comido em outro lugar por pessoas muito bem alimentadas...*).[216] O texto da Declaração destaca, ainda, a pobreza como um dos fatores principais que causam a explosão demográfica mundial. A referida Declaração parametrizava a pobreza também como geradora de destruição dos recursos naturais. Finalmente, conclui que os países industrializados engendram os problemas do subdesenvolvimento pelo nível exagerado de consumo interno.[217]

No ano seguinte, ou seja, em 1975, sob o patrocínio da Fundação Dag-Hammarskjöld,[xxxvii] com a colaboração de 48 países, o Programa de Meio Ambiente das Nações Unidas e outras 13 organizações da ONU aprofundou as conclusões da Declaração de Cocoyok. Concentrando-se na questão do poder e sua relação com a degradação ambiental, afirmava o referido documento que as potências coloniais concentraram as melhores terras das colônias nas mãos de uma minoria, forçando as populações de poucos recursos financeiros a usarem solos marginais, com grande probabilidade de provocar erosões e mau uso das terras, promovendo a devastação ambiental. Ainda, atribui o papel de um novo desenvolvimento, baseado na mobilização das forças capazes de mudar as estruturas dos sistemas vigentes.[218]

1.1.2.1.4 A Conferência do Cairo – 94[38]

Conforme alguns autores, a Conferência Internacional sobre População e Desenvolvimento (CIPD), mais conhecida como Conferência do Cairo, realizada em setembro de 1994, foi o maior evento de porte internacional sobre temas populacionais jamais realizados.[219] A Conferência do Cairo contou com delegações de 182 países, cerca de 2 mil ONGs no fórum paralelo de organizações não governamentais e grande afluência de jornalistas de todo o mundo. Congregou, ao todo, cerca de 20 mil pessoas de nacionalidades diversas – o dobro da Conferência de Viena sobre Direitos Humanos de 1993.[220]

O objetivo principal da Cimeira do Cairo de 1994, assim como as conferências anteriores, de Bucareste e do México, consistia na discussão, em termos mundiais, sobre a redução das taxas de crescimento populacional e a estabilização da população mundial em níveis compatíveis com os recursos do planeta. Os alarmantes índices – como se verá adiante – do crescimento populacional, destacados no preâmbulo do Programa de Ação, fizeram com que a comunidade internacional pretendesse, via uma Cimeira Internacional, implementar recomendações do Programa de Ação, que se dirigem

---

[216] Cocoyoc Declaration, México, 23 de Outubro de 1974.

[217] MARTINS, Rúbia.; O debate internacional sobre desenvolvimento sustentável: aspectos e possibilidades, Revista dos Discentes do Programa de Pós-Graduação em Ciências Sociais da Unesp-Marília, Número 1, Dezembro de 2007, págs. 112-127

[218] BELLEN, Hans Michael.; Indicadores de Sustentabilidade: uma análise comparativa, Universidade Federal de Santa Catarina, Centro Tecnológico, Curso de Pós-Graduação em Engenharia de Produção, Florianópolis, Novembro de 2001.

[219] PATRIOTA, Tania.; Apresentação, In: Relatório da Conferência Internacional sobre População e Desenvolvimento – Plataforma do Cairo, 1994.

[220] ALVES, J.A. Lindgren.; A Conferência Do Cairo Sobre População. (end. e dat. disp.).

a desafios nas áreas de população, saúde, educação e desenvolvimento enfrentados por toda a comunidade global, que deveria resultar em um crescimento populacional inferior às projeções estimadas.[221]

Porém, a Cimeira do Cairo tinha como diferença fundamental com relação às anteriores o enfoque adotado, qual seja, enquanto as Conferências de Bucareste e do México encaravam a população no contexto dos interesses estratégicos e geopolíticos dos Estados, supervalorizando sua capacidade de controle e atribuindo aos governos o poder de decidir se a população de um país deveria aumentar ou diminuir conforme suas conveniências, *a abordagem do Cairo se baseia, acima de tudo, nos direitos humanos e no conceito de desenvolvimento sustentável.*[222] Ademais, a experiência chinesa em relação ao controle massivo de natalidade, através do programa de filho único, era um paradigma, no contexto internacional, a não ser seguido, tendo em vista o desrespeito aos princípios basilares dos direitos humanos individuais e a própria autodeterminação da pessoa humana.

Todavia, ocorreu um forte dissenso liderado pela delegação da Santa Sé, acompanhada esta por alguns países latino-americanos, apesar da pretérita aceitação às ideias principais do projeto de documento final, no chamado Consenso Latino-Americano e do Caribe sobre População e Desenvolvimento, alcançado na Conferência Regional Preparatória do México em abril de 1993.[223] Os debates iniciais da Cimeira foram préagendados, tendo como escopos principais os projetos referentes à definição de planejamento familiar, saúde e direitos reprodutivos, maternidade segura, necessidades sexuais e reprodutivas dos adolescentes, bem como os recursos financeiros necessários à implementação do Plano.

Em sintonia com as suas doutrinas teológicas, a Santa Sé advogava no sentido de rejeitar a ideia de controles não naturais da fecundidade, do aborto em qualquer circunstância e da adoção de práticas que pudessem de alguma forma coonestar relações extramatrimoniais ou a sexualidade dos adolescentes. Entendia ainda a Santa Sé que o espírito do projeto era demasiado individualista.[224] Por isso, os grandes dissensos estavam acima das diferenças entre Oriente e Ocidente e entre formas de organizações sociais coletivistas e individualistas, da contraposição política entre autoritarismo e democracia, bem como das (eternas) disputas socioeconômicas entre países ricos e países pobres.[225] Na verdade, o que se esboçou no Cairo não foi um conflito de civilizações, mas sim outro paradigma de antagonismo internacional, contrapondo fé e realidade social, religião e secularismo, teocracia e Estado civil.[226]

O mais surpreendente é que os improváveis consensos e dissensos colocavam de um mesmo lado a Santa Sé e o Irã, a Argentina e a Líbia, Malta e Iêmen, Honduras e Kuwait.[227] No extremo oposto situavam-se a União Europeia e os Estados Unidos, com alguns apoios afro-asiáticos. O meio-termo, que logrou servir de ponte entre os

---

[221] Parágrafo 1.4 do Relatório da Conferência Internacional sobre População e Desenvolvimento – Plataforma do Cairo – de 1994 (doravante denominado simplesmente por RCIPD-94).

[222] ALVES, J.A. Lindgren.; *Ob. cit.*

[223] ALVES, J.A. Lindgren.; *Ob. cit.*

[224] ALVES, J.A. Lindgren.; *Ob. cit.*

[225] ALVES, J.A. Lindgren.; *Ob. cit.*

[226] ALVES, J.A. Lindgren.; *Ob. cit.*

[227] ALVES, J.A. Lindgren.; *Ob. cit.*

dois polos opostos, foi oferecido por países de culturas e civilizações variadas, como o Brasil, o Paquistão, o México e a Namíbia.[228]

Fato é que o planejamento familiar, apesar das resistências religiosas, foi o enredo principal entabulado no palco da Cimeira do Cairo. Assim, o individualismo – e seus basilares direitos fundamentais como a liberdade de escolha[229] – foi ressaltado e sedimentado na Conferência do Cairo (… O princípio da livre escolha consciente é essencial ao sucesso em longo prazo de programas de planejamento familiar. Não há lugar para qualquer forma de coerção…),[230] apesar do reconhecimento das dificuldades decorrentes de um possível superpovoamento do mundo.[231] Por isso, estabeleceu-se, no texto final, que uma das finalidades e medidas propostas no Programa de Ação é justamente "ajudar os casais e indivíduos a alcançarem seus objetivos de procriação e oferecer-lhes todas as oportunidades de exercer seu direito de ter filhos por escolha".[232] Foram notadamente difíceis as negociações sobre as menções aos objetivos de procriação "dos casais e indivíduos", pois, para algumas delegações, a referência a indivíduos, e não apenas a casais matrimoniais, nesse contexto, soava profana e promíscua.

A Conferência do Cairo também reconheceu que a pobreza generalizada e persistente e graves injustiças sociais e em razão do sexo têm significativa influência em parâmetros demográficos como crescimento, estrutura e distribuição da população e, por sua vez, são por eles influenciadas.[233]

Quanto aos direitos reprodutivos, foram estipulados que, levando em conta a definição sobre a saúde reprodutiva, "os direitos reprodutivos englobam certos direitos humanos já reconhecidos em leis nacionais, documentos internacionais de direitos humanos e outros documentos consensuais das Nações Unidas. Tais direitos se baseiam no reconhecimento do direito fundamental de todos os casais e indivíduos de decidir livre e responsavelmente o número, o espaçamento e a época de seus filhos, e de ter informação e meios de fazê-lo, assim como o direito de atingir o nível mais elevado de saúde sexual e reprodutiva [...]".[234]

Assim, os principais objetivos em matéria de planejamento familiar, do texto final da Cimeira do Cairo, foram definidos como: a) assegurar que informação completa e concreta e toda uma série de serviços de assistência à saúde reprodutiva, inclusive o planejamento familiar, fossem acessíveis, permissíveis, aceitáveis e convenientes a todo usuário; b) possibilitar e apoiar decisões voluntárias responsáveis sobre gravidez e métodos de planejamento familiar de sua escolha, assim como outros métodos de sua escolha para o controle da fecundidade, que não contrariem a lei, proporcionando a informação, educação e meios de o fazer; c) atender às diferentes necessidades de saúde reprodutiva durante o ciclo de vida e assim o fazer de uma maneira sensível à diversidade de circunstâncias de comunidades locais.[235]

Em brevíssimo apartado, poder-se-ia dizer que o "espírito do Cairo" encamparia o seguinte raciocínio: «a experiência dos últimos 30 anos comprova que, fora dos Estados

---

[228] ALVES, J. A. Lindgren.; *Ob. cit.*
[229] Ver, inclusive, o Princípio 1 da RCIPD-94.
[230] Capítulo VII – 7.12, RCIPD-94.
[231] Capítulo III – 3.2, RCIPD-94.
[232] Capítulo III – 3.2, RCIPD-94.
[233] Capítulo III – 3.1, RCIPD-94.
[234] Capítulo VII – 7.3, RCIPD-94.
[235] Capítulo VII – 7.5, RCIPD-94.

totalitários, o controle do crescimento populacional é tendência natural e volitiva dos casais, e particularmente das mulheres, no pleno exercício de seus direitos. Ao Estado incumbe a realização das prestações positivas essenciais ao gozo de tais direitos, particularmente os relativos às liberdades fundamentais, à saúde, à educação, ao trabalho, à não discriminação e, no caso das mulheres, ao controle da própria fecundidade. Para que isso se concretize em escala universal, é imprescindível a determinação nesse sentido dos governos e sociedades. Mas é também essencial a cooperação internacional».[236]

Nas palavras do Departamento de Informação Pública da ONU, o Programa de Ação do Cairo constitui "[...] uma estratégia para estabilizar o crescimento da população mundial e para alcançar o desenvolvimento sustentável através de ações dirigidas às necessidades da saúde reprodutiva, e dos direitos e responsabilidades dos indivíduos".[237]

1.1.2.1.5 O superpovoamento chinês

Em que pese a antítese malthusiana[238] típica da teoria comunista, influenciadora do período pós-revolucionário da Revolução Comunista Chinesa iniciada em 1946 e definitivamente instaurada em 1950, a qual, na opinião de Mao Zedong,[xxxix] pode ser expressa pelas palavras do antigo líder revolucionário chinês, *verbis*: "É uma sorte que a China é densamente povoada. Mesmo com uma população aumentada várias vezes, o povo chinês é bem capaz de encontrar uma solução, esta solução é a produção [...] de todos os bens do mundo, o homem é o bem mais precioso ...",[xl] a República Popular da China, no início da década de 80 do século passado, quando a população chinesa já ultrapassava o número de um bilhão de habitantes – apesar das dificuldades em se obter dados precisos e seguros do governo chinês[239] –, lançou, através do Comitê Central do Partido Comunista Chinês – PCC, o "Documento nº 1",[240] com o objetivo de planificar os nascimentos através de um conjunto de medidas jurídicas coercitivas e vinculadoras para limitar a um único filho por casal.

Em verdade, desde os problemas da fome provocados pelo colapso da política agrícola de Mao-Tsé, na década de 50, já se articulava, pelo Partido Comunista Chinês – PCC, uma política de controle de natalidade.[241] Porém, as ações até então eram meramente educativas, isto é, não tinham força coercitiva. Assim, desde o período do dirigente Deng Xiaoping[xli] o governo tentou instituir uma «política de planejamento familiar», com o escopo de evitar os problemas sociais, econômicos e ambientais na China.[242] Indubitavelmente, os trabalhos do Clube de Roma influenciaram o Partido Comunista Chinês.[243] Na Conferência Mundial de População, realizada em Bucareste, no ano de 1974, o governo chinês defendeu a posição de «um não é pouco, dois é bom e três é

---

[236] ALVES, J. A. Lindgren.; *Ob. cit.*

[237] Department of Public Information(ONU), Press Release POP/CAI/241, 13.9.94, p. 1.

[238] BRACKETT, J. W.; The Evolution of marxist theories of population: marxism recognizes the Population problem, 1968, Population Association of America, pg. 159; Attané I., Une Chine sans femmes?, 2005, Paris, pg. 180; GIMENEZ, M. E.; The population issue: Marx VS. Malthus, déc. 1973, Journal of the institute for development research.

[239] SILVA, Pascal Rocha da.;. La politique de l'enfant unique en République Populaire de Chine, Département d'Histoire Economique et Sociale, Faculté SES, Université de Genève, Août, 2006, p. 22-28.

[240] GREENHALGH S.; Missile science, population science: the origins of China's one-child policy, juin, 2005, p. 260.

[241] SILVA, Pascal Rocha da.; *Ob. cit.*

[242] SILVA, Pascal Rocha da.; *Ob. cit.*

[243] GREENHALGH S.; *Ob. cit.*

demais».[244] A esterilização das mulheres, após o segundo filho, foi então amplamente praticada neste período.[245]

No período anterior a 1980, a «política do filho único» consistia em uma série de vantagens para quem se limitasse a um único filho e de multas e restrições civis para quem tivesse mais de um filho.[246] Porém, após 1983, o Comitê Central do Partido Comunista instituiu um programa de controle de natalidade através de medidas coercitivas, em que consistia em, dentre outras medidas, a) inserções de dispositivos intrauterinos – DIU para mulheres com uma criança, b) esterilização dos pais, de um cônjuge sobre uma criança e c) o aborto das gravidezes consideradas ilegais.[247]

Tendo em vista a não aceitação da população,[248] o Partido Comunista entendeu por bem flexibilizar (um pouco) as restrições às políticas do filho único, permitindo, desde 1983, com o "Documento nº 7", em alguns casos, notadamente na zona rural, o nascimento do segundo filho, se ambos os pais fossem filhos únicos.[249]

Apesar de não ser o objetivo direto da política do único filho, ocorreu um efeito colateral indesejado no Estado chinês. Tendo em vista que os casais não poderiam ter mais de um filho, todos aqueles com deficiências congêneres, tais como síndrome de Down, eram mortos ou abandonados. Conforme os preceitos confucianos, o menino excepcional, não podendo cumprir seus deveres filiais, é considerado inútil. Assim, justamente por não poder ter outro filho, os *indesejados* acabam sendo abandonados em orfanatos oficiais ou mortos pelos próprios pais.

As crianças do sexo feminino também sofrem rejeição, tendo em vista o fator cultural do povo chinês em preferir um filho do sexo masculino. Dessa forma, constata-se que, entre os chineses, há uma difícil contradição ética e cultural, qual seja, se ficar com a criança do sexo feminino, não pode mais ter o filho homem. A triste realidade é normalmente a morte ou o abandono da menina recém-nascida. Com efeito, a taxa de natalidade masculina é muito maior do que a feminina, ocasionando uma desigualdade de gênero na população chinesa.

1.1.2.1.6 Para além da China: o mundo superpovoado

De acordo com o Fundo de População das Nações Unidas (UNFPA), a população mundial, no ano de 2013, gravita em torno de 7 bilhões de indivíduos.[xlii] Calcula-se que, na era agrícola, há cerca de 8.000 a.C., a população mundial não ultrapassava a faixa de 5 milhões. Estima-se que entre o período de 8.000 anos a.C. até o século primeiro, a população tenha crescido para 200 milhões, com uma taxa de crescimento menor que 0,05% ao ano.[250] Porém, após a Revolução Industrial, ocorreu uma significativa alteração no adensamento populacional. De fato, enquanto a população mundial somente

---

[244] SILVA, Pascal Rocha da.; *Ob. cit.*

[245] ZHANG, W.; Implementation of state family planning programs in a northern chinese village, 1999, The China quarterly, p. 210.

[246] SILVA, Pascal Rocha da.; *Ob. cit.*

[247] SILVA, Pascal Rocha da.; *Ob. cit.*

[248] BANISTER J. (éd.); Fertility policy and implementation in China, 1986-88, juin. 1988, China quarterly (The), p. 18.

[249] SILVA, Pascal Rocha da.; *Ob. cit.*

[250] United Nations, 1999, The World at Six Billion Off Site, Table 1, "World Population From", Year 0 to Stabilization, p. 5. Ver tb. United States Census Bureau, U.S. Department of Commerce, dados disponíveis em: <http://www.census.gov/population/international/data/worldpop/table_history.php>, extraídos em 18.9.2013.

chegou até a marca de um bilhão de pessoas até por volta de 1800, o segundo bilhão foi alcançado em apenas 130 anos (1930), o terceiro bilhão em menos de 30 anos (1959), o quarto bilhão em 15 anos (1974) e o quinto bilhão em apenas 13 anos (1987).[251] Com efeito, percebe-se que, durante o século XX, a população do mundo cresceu de 1.650 a 6.000 milhões. Em 1970, havia cerca de metade do número de pessoas no mundo como há agora.

Nesse contexto, autores como Alan Weisman[252] e James Ephraim Lovelock[253] aduzem que os riscos da superpopulação mundial são graves e iminentes para a própria sobrevivência do homem na Terra. Para Alan Weisman, a cada quatro dias e meio, nasce mais 1 milhão de pessoas no mundo, e esse fato não é sustentável,[254] tanto em termos econômicos (emprego) quanto do ponto de vista ambiental (extração dos insumos da natureza). De sorte, caso o homem queira manter um padrão mínimo de qualidade de vida e evitar (ou diminuir) o impacto ambiental – principalmente com as emissões de carbono que tendem a continuar aumentando, inevitável com a superpopulação vindoura, mesmo que sejam utilizadas fontes abundantes de energia limpa, com emissões de carbono próximas do zero, não há como aumentar a quantidade de terra disponível para produzir alimentos para todos.[255] Assim, todos os programas de controle de natalidade, vinculados aos planejamentos familiares, são emergentes e necessários. Articula que em países considerados desenvolvidos, os índices de natalidade já estão em níveis aceitáveis; porém, em certos países da África, as pessoas continuam tendo filhos atrás de filhos porque muitos bebês acabam morrendo.[256]

Relembra que o problema da natalidade perpassa, também, por uma questão religiosa, como foi o presenciado na Cimeira do Cairo de 1994. De fato, no livro do Gênesis, um dos mandamentos divinos induz ao homem que «*Crescei e multiplicai-vos, enchei e dominai a terra*».[257] Assim, as religiões em que se têm como base a Bíblia têm uma resistência a qualquer tipo de método contraceptivo.[258] Mas, Alan Weisman evoca, ainda, a história de José, um dos 12 filhos do patriarca israelita Jacó,[xliii] o qual é considerado o mais antigo ecologista.[259] De fato, José observou os sinais de que a região do Egito na qual vivia estava na proximidade de sofrer por um ciclo de escassez. Assim, aconselhou o faraó e sua família israelita a não ter muitos filhos. Por isso, o próprio José decidiu ter uma única esposa e apenas dois filhos. O Egito passou, logo em seguida, por um longo período de escassez agrícola, porém, segundo as escrituras bíblicas, não houve fome, justamente por causa do controle da natalidade.

Nesse contexto, se para Lovelock praticamente não há mais retorno (… daí ser tarde demais para o desenvolvimento sustentável; precisamos é de uma retirada sustentável…),[260] ou seja, a fome e a miséria provocadas pela superabundância populacional

---

[251] United Nations, 1999, The World at Six Billion Off Site, Table 1, ….

[252] WEISMAN, Alan.; Countdown: Our Last, Best Hope for a Future on Earth?, New York, Boston, London: Little, Brown And Company, 2013.

[253] Um dos fundadores da Hipótese de Gaia, como se verá mais adiante.

[254] WEISMAN, Alan.; A World Without Us, New York: St. Martin's Thomas Dunne Books, 2007.

[255] WEISMAN, Alan.; Countdown: Our Last, Best Hope for a Future on Earth? ….

[256] WEISMAN, Alan.; Countdown: Our Last, Best Hope for a Future on Earth? ….

[257] Bíblia Sagrada, Gênesis, 1, 28.

[258] WEISMAN, Alan.; Countdown: Our Last, Best Hope for a Future on Earth? ….

[259] WEISMAN, Alan.; Countdown: Our Last, Best Hope for a Future on Earth? ….

[260] LOVELOCK, James.; The Revenge of Gaia: why the earth is fighting back , and how we can still save humanity, 2006. (v. ver. ut.), p. 20.

já são inevitáveis; ou em outras palavras, no atual estágio em que a humanidade se encontra, a "vingança de Gaia é inexorável"; para Weisman, ainda haveria uma esperança, apesar da advertência no sentido de que, se os índices de crescimento populacional continuarem na trajetória de ascensão desenfreada, será uma receita para o desastre.[261] Mesmo com a Revolução Verde, que afastou (por um breve período) o fantasma da fome, há que se ressaltar que os tipos de plantio que ela preconiza não estão mais sendo suficientes em lugares como a Índia.[262]

1.1.2.1.7 No Brasil

No Brasil, a Constituição Federal de 1988 garante que o planejamento familiar é livre decisão do casal.[263] Porém, tendo sido a família, como base da sociedade, com especial proteção do Estado,[264] fundada nos princípios da dignidade da pessoa humana e da paternidade responsável, compete ao Estado propiciar recursos educacionais e científicos para o exercício desse direito, vedada qualquer forma coercitiva por parte de instituições oficiais ou privadas.[265]

Em dispositivo infraconstitucional, o planejamento familiar, considerado como o conjunto de ações de regulação da fecundidade que garanta direitos iguais de constituição, limitação ou aumento da prole pela mulher, pelo homem ou pelo casal,[266] é direito de todo cidadão.[267] Porém, é vedada a utilização de qualquer ação ou programa para qualquer tipo de controle demográfico.[268]

Assim, o planejamento familiar deve ser considerado como parte integrante do conjunto de ações de atenção à mulher, ao homem ou ao casal, dentro de uma visão de atendimento global e integral à saúde.[269] Nesse sentido, no Brasil, o planejamento familiar orienta-se por ações preventivas e educativas e pela garantia de acesso igualitário a informações, meios, métodos e técnicas disponíveis para a regulação da fecundidade.[270] Compete ao Estado promover condições e recursos informativos, educacionais, técnicos e científicos que assegurem o livre exercício do planejamento familiar.[271]

A liberdade de opção para o exercício do direito ao planejamento familiar é, também, garantida por lei. Com efeito, devem ser oferecidos pelo Estado todos os métodos e técnicas de concepção e contracepção cientificamente aceitos e que não coloquem em risco a vida e a saúde das pessoas.[272]

Somente é permitida a esterilização voluntária no Brasil nas seguintes situações: I – em homens e mulheres com capacidade civil plena e maiores de vinte e cinco anos de idade ou, pelo menos, com dois filhos vivos, desde que observado o prazo mínimo de sessenta dias entre a manifestação da vontade e o ato cirúrgico, período no qual será

---

[261] WEISMAN, Alan.; Countdown: Our Last, Best Hope for a Future on Earth? ....

[262] WEISMAN, Alan.; Countdown: Our Last, Best Hope for a Future on Earth? ....

[263] Artigo 226, §7º da CRFB/88.

[264] Artigo 226, *caput*, da CRFB/88.

[265] Artigo 226, §7º da CRFB/88.

[266] Artigo 2º da Lei nº 9.263, de 12 de Janeiro de 1996. (Brasil)

[267] Artigo 1º da Lei nº 9.263, de 12 de Janeiro de 1996. (Brasil)

[268] Parágrafo Único do Artigo 2º da Lei nº 9.263, de 12 de Janeiro de 1996. (Brasil)

[269] Artigo 3º da Lei nº 9.263, de 12 de Janeiro de 1996. (Brasil)

[270] Artigo 4º da Lei nº 9.263, de 12 de Janeiro de 1996. (Brasil)

[271] Artigo 5º da Lei nº 9.263, de 12 de Janeiro de 1996. (Brasil)

[272] Artigo 9º da Lei nº 9.263, de 12 de Janeiro de 1996. (Brasil)

propiciado à pessoa interessada acesso a serviço de regulação da fecundidade, incluindo aconselhamento por equipe multidisciplinar, visando desencorajar a esterilização precoce; II – risco à vida ou à saúde da mulher ou do futuro concepto, testemunhado em relatório escrito e assinado por dois médicos.[273]

Porém, é condição para que se realize a esterilização o registro de expressa manifestação da vontade em documento escrito e firmado, após a informação a respeito dos riscos da cirurgia, possíveis efeitos colaterais, dificuldades de sua reversão e opções de contracepção reversíveis existentes,[274] sendo que a esterilização cirúrgica como método contraceptivo somente será executada através da laqueadura tubária, vasectomia ou de outro método cientificamente aceito, sendo vedada através da histerectomia[xliv] e ooforectomia.[xlv][275]

Por ser uma opção do casal – e não somente de um dos cônjuges – na vigência de sociedade conjugal, a esterilização depende do consentimento expresso de ambos os cônjuges.[276] Ressaltando, ainda, que a esterilização cirúrgica em pessoas absolutamente incapazes somente poderá ocorrer mediante autorização judicial.[277] Constitui, inclusive, crime induzir ou instigar dolosamente a prática de esterilização cirúrgica.[278] Se o crime for cometido contra a coletividade, caracteriza-se como genocídio.[279]

1.1.2.1.8 Em Portugal

De acordo com o Programa de Acção da Conferência Internacional sobre População (Cairo – 1994),[xlvi] o conceito de saúde reprodutiva implica que os indivíduos possam ter uma vida sexual satisfatória e segura e decidir se, quando e com que frequência têm filhos.[280] Neste aspecto, o objetivo nuclear das ações públicas em relação ao planeamento familiar garante o direito de cada indivíduo a ser informado e a ter acesso a métodos de planeamento familiar da sua escolha que sejam seguros, eficazes e aceitáveis e, ainda, a serviços de saúde adequados, que permitam às mulheres ter uma gravidez e um parto em segurança e ofereçam aos casais as melhores oportunidades de ter crianças saudáveis.[281] Abrange, também, o direito à saúde sexual, entendida como potenciadora da vida e das relações interpessoais. Em momento algum há restrições ou vedações no sentido de planejamento demográfico.

Com efeito, em sede constitucional, o prisma da *question* densidade populacional está sob a ótica da liberdade individual. Assim, o artigo 67º da RCP considera a família como elemento fundamental da sociedade, com direito à proteção da sociedade e do Estado e à efetivação de todas as condições que permitam a realização pessoal dos seus membros,[282] incumbindo ao Estado – para a proteção da família – garantir, no respeito da liberdade individual, o direito ao planeamento familiar, promovendo a informação

---

[273] Artigo 10º da Lei nº 9.263, de 12 de Janeiro de 1996. (Brasil)

[274] §1º, Artigo 10º da Lei nº 9.263, de 12 de Janeiro de 1996. (Brasil)

[275] §4º, Artigo 10º da Lei nº 9.263, de 12 de Janeiro de 1996. (Brasil)

[276] §5º, Artigo 10º da Lei nº 9.263, de 12 de Janeiro de 1996. (Brasil)

[277] §6º, Artigo 10º da Lei nº 9.263, de 12 de Janeiro de 1996. (Brasil)

[278] Art. 17 da Lei nº 9.263, de 12 de Janeiro de 1996. (Brasil), com pena de reclusão de um a dois anos.

[279] Parágrafo Único do Art. 17 da Lei nº 9.263, de 12 de Janeiro de 1996. (Brasil).

[280] Cf. Programa Nacional de Saúde Reprodutiva, Orientações, Direcção-Geral da Saúde. Texto disponível em: <http://www.spdc.pt/files/publicacoes/11230_2.pdf>, extraído em 18.9.2013.

[281] Cf. Programa Nacional de Saúde Reprodutiva, *Ob. cit.*

[282] Artigo 67º, 1 da CRP.

e o acesso aos métodos e aos meios que o assegurem, e organizar as estruturas jurídicas e técnicas que permitam o exercício de uma maternidade e paternidade conscientes.[283]

Em relação à legislação infraconstitucional, o enfoque teleológico da norma é no sentido de reforçar as garantias do direito à saúde reprodutiva (e jamais ao controle da natalidade), a fim de que garantam a promoção a uma vida sexual e reprodutiva saudável, mais gratificante e responsável, consagrando medidas no âmbito da educação sexual, do reforço do acesso ao planejamento familiar e aos métodos contraceptivos, tendo em vista, nomeadamente, a prevenção de gravidezes indesejadas e o combate às doenças sexualmente transmissíveis.[284]

Com nítido viés educacional,[285] determina-se que, nos estabelecimentos de ensino básico e secundário, deve-se implementar programa para a promoção da saúde e da sexualidade humana,[286] que terá como escopo principal proporcionar adequada informação sobre a sexualidade humana, o aparelho reprodutivo e a fisiologia da reprodução, sida (aids) e outras doenças sexualmente transmissíveis, os métodos contraceptivos e o planejamento da família, as relações interpessoais, a partilha de responsabilidades e a igualdade entre os gêneros.[287]

O planeamento familiar, em Portugal, foca campanhas educativas de divulgação destinadas aos jovens.[288] Ademais, deve ser assegurado aos jovens o atendimento em qualquer consulta de planeamento familiar, ainda que em centro de saúde ou serviço hospitalar que não seja da área da sua residência.[289] Sempre que existam serviços de saúde dos estabelecimentos do ensino superior poderão ser criadas, por solicitação da escola e das associações de estudantes, consultas de planeamento familiar para o atendimento dos estudantes do respectivo estabelecimento, onde será assegurado apoio técnico para a utilização dos meios contraceptivos e, se necessário, o encaminhamento para o centro de saúde da área de influência da escola.[290]

Em relação aos trabalhadores, também são garantidas as consultas de planeamento familiar nos locais de trabalho, para atendimento dos trabalhadores em serviço, no respectivo estabelecimento,[291] bem como deve ser fornecido às puérperas, nas maternidades, informação sobre contracepção, em consulta de planeamento familiar.[292]

1.1.3 Estado Liberal *versus* Estado Social

1.1.3.1 A defesa do Estado Liberal: Adam Smith

Como visto, os então modelos econômicos, mesmo que de forma incipiente, transitavam entre os sistemas puramente econômicos, sociais e, de forma secundária, com os recursos naturais. Entretanto, dentre as teorias econômicas de maior relevo

---

[283] Artigo 67º, 2. Alínea d da CRP.

[284] Artigo 1º da Lei nº 120/99, de 12 de Agosto (Portugal).

[285] Artigo 2º, 3 da Lei nº 120/99, de 12 de Agosto (Portugal).

[286] Artigo 2º, 1 da Lei nº 120/99, de 12 de Agosto (Portugal).

[287] Artigo 2º, 1 da Lei nº 120/99, de 12 de Agosto (Portugal).

[288] Artigo 4º da Lei nº 120/99, de 12 de Agosto (Portugal).

[289] Artigo 5º da Lei nº 120/99, de 12 de Agosto (Portugal).

[290] Artigo 6º da Lei nº 120/99, de 12 de Agosto (Portugal).

[291] Artigo 7º da Lei nº 120/99, de 12 de Agosto (Portugal).

[292] Artigo 8º da Lei nº 120/99, de 12 de Agosto (Portugal).

insurgentes da nova ordem mundial, estava o liberalismo, orientado para os direitos individuais,[293] privilegiando o *self interest* de cada indivíduo.[xlvii]

De fato, tendo em vista que os recursos são escassos, ou seja, limitados, a sociedade tem que escolher, isto é, administrar, de uma forma ou de outra, como os produtos serão produzidos, distribuídos e consumidos.[294] Geralmente apregoa-se ao iluminista escocês Adam Smith (1723-1790), autor da célebre obra *Inquiry into the Nature and Causes of the wealth of nations*, de 1776 – ou simplesmente A Riqueza das Nações –, a paternidade do liberalismo econômico.[295]

Há que se ressaltar que o liberalismo não foi somente um movimento econômico. Os fundamentos do liberalismo irradiaram-se também nos universos políticos e jurídicos. É, *prima facie*, uma resposta de uma classe social – a burguesia, visualizada como um *Tiers État*[xlviii] – ao Estado Absolutista, ineficaz em seus anseios. De fato, a resistência ao poder absoluto imposto por uma monarquia, da classe dominada (burguesia), fez com que os movimentos revolucionários liberais, sedimentados pela teoria da separação de poderes, dogma do constitucionalismo da primeira fase revolucionária, em que se tinha como base Locke e Monstesquieu, bem como pelos princípios das liberdades individuais fortemente defendidos não só pelas escolas europeias, mas também pelos pensadores norte-americanos, eclodissem nas principais revoluções liberais, quais sejam, a Revolução de Independência dos Estados Unidos da América e a Revolução Francesa de 1789.[296]

Mas em retorno ao modelo econômico, para Adam Smith, o estudo econômico deve privilegiar a produção, ou aquilo que (pode ser) é adquirido mediante ela. Assim, uma nação será rica (ou pobre) mediante a capacidade de fornecer a todos os bens necessários à vida e ao conforto que estaria em condições de consumir.[297] E a «descoberta» de uma ordem econômica, via processo racional – como uma lei natural tão rigorosa como as leis da física – que assegura os melhores resultados para a comunidade, tornou-se um dos escopos principais dos economistas clássicos.[298]

Por todos, Adam Smith, via filosofia racional da lei natural, tentou desvendar os princípios universais das ações e administrações dos homens, capazes de enriquecer uma nação.[299] Por isso, apregoa-se ao iluminista escocês, como já ressaltado, Adam Smith a paternidade do liberalismo econômico,[300] o qual entendia que o mais eficiente dos mundos seria aquele em que o Estado fosse (muito) rico. E a receita universal para a riqueza das nações seria o mercado (mundial) regulado pela *"invisible hand"* protagonizado pela

---

[293] SANDEL, Michael J.; Liberalism and the Limits of Justice (2ª edition), Cambridge University Press, 1982, 1998 (v. ver. ut.), p. 9.

[294] MANKIW, N. Gregory.; Principles of ..., p. 3.

[295] A afirmação pode se encontrada em MARKIN, N. Gregory.; Principles of Economics, Second Edition, 2001, dentre tantos outros manuais de Economia.

[296] Para uma visão histórico-política do Estado Liberal, ver BONAVIDES, Paulo.; Do Estado Liberal ao Estado Social, 6ª Edição, São Paulo: Malheiros Editores, dentre tantos outros.

[297] SMITH, Adam. ; Na Inquiry into the Nature and Cause of The Wealth of Nations, 1776 (v. ver. ut.), p. 69.

[298] AVELÃS NUNES, António José.; Uma Volta ao Mundo das Ideias Econômicas. ..., p. 14-15.

[299] SMITH, Adam.; *Ob. cit.* Ver essa afirmativa também em AVELÃS NUNES, António José., Uma Volta ao Mundo das Ideias Econômicas. ..., p. 15

[300] ALBERGARIA, Bruno.; A (muito) antiga discussão sobre a Atuação Econômica do Estado. Uma Visão da Constelação do Direito e suas Contribuições para o Mundo da Economia, In: Sociedade e Consumo – Múltiplas Dimensões na Contemporaneidade, PIMENTA, Solange Maria.; CORRÊA, Maria Laetitia.; DADALTO, Maria Cristina.; VELOSO, Henrique Maia.; (Orgs.), Curitiba: Juruá, 2010. A mesma afirmação pode ser encontrada, dentre tantos outros manuais de economia, em MANKIW, N. Gregory.; Principles of ...,

"*self interest*" da burguesia, sedenta cada vez por mais de lucros. Com efeito, o agir do homem racional, ciente das informações do mercado e centrado em si próprio, fomenta um ser que deseja riqueza, evita trabalho desnecessário e tem a capacidade de decidir de forma a atingir esses objectivos. Mas, por óbvio, o agir do homem não é sempre racional; as informações do mercado não são precisas; as variáveis do jogo econômico não são todas conhecidas. E, ademais, o homem não age sempre no intuito único e absoluto de sempre ganhar, acumular e gastar riquezas. Sobre o comportamento nem sempre racional e preciso do *Homo aeconomicus* a teoria «*Behavioral Finance*» ou Finanças Comportamentais tem se dedicado a seu estudo, inclusive nos efeitos desses comportamentos anormais dentro do próprio mercado de ações – *locus* por excelência para se tentar ganhar dinheiro – para explicar como os vieses de julgamento dos investidores podem produzir reação exagerada a alguns eventos e hipor-reflexia, para os outros.[301]

Contudo, é o «*Homo aeconomicus*» – abstrato, atemporal e onipresente[302] – que tem como escopo ganhar e acumular (o máximo) dinheiro, com o menor esforço possível. ("*Toda pessoa deseja maximizar sua riqueza com o menor sacrifício possível*").[303] O discurso "neutro" da economia que propaga que não é um fim, mas os meios, não procede: o seu objetivo é acumular riquezas, assim como definiu Adam Smith no próprio título do seu livro. Com efeito, o sistema capitalista necessariamente identifica-se com "a busca do lucro, do lucro sempre renovado por meio da empresa permanente, capitalista e racional. Pois assim deve ser: uma ordem completamente capitalista da sociedade, uma empresa individual que não tirasse vantagem das oportunidades de obter lucros estaria condenada à extinção".[304]

A fórmula – simples e lógica – determina que o mercado é regido pelos interesses individuais de cada um (tipo de uma "mão invisível" autorregulatória), seja "*padeiro, açougueiro ou do cervejeiro*",[305] os quais, agindo por interesses próprios de ficarem ricos (produzir e/ou comercializar), acabariam por gerar, em conjunto, uma sociedade abastada financeiramente. Pela ótica do liberalismo, a sociedade é formada, por assim dizer, pelo reducionista conceito de «poeira atômica de indivíduos».[306]

Para a máxima eficiência do modelo econômico capitalista, considerado por muitos como o sistema perfeito e acabado em termos históricos,[307] implica a defesa dos princípios «*laissez-faire, laissez-passer, le monde va de lui-même*»,[308] o Estado não poderia interferir no mercado. Deveria ser um Estado mínimo, garantidor apenas que os contratos

---

[301] FAMA, Eugene F.; Market efficiency, long-term returns, and behavioral finance, Elsevier Science S.A., Journal of Financial Economics, 49 (1998) 283-306.

[302] NOGUEIRA DA COSTA Fernando.; Comportamentos dos investidores: do *homo economicus* ao *homo pragmaticus*, Texto para Discussão. IE/UNICAMP, n. 165, ago. 2009.

[303] Frase atribuída ao economista inglês Nassau William Senior (1790-1864). Cf. Apud. NOGUEIRA DA COSTA Fernando.; Comportamentos dos investidores: do *homo economicus* ao *homo pragmaticus*, texto para discussão, IE/UNICAMP, n. 165, ago., 2009.

[304] WEBER, Max.; Die Protestantsche Ethik Und Der Geistz des Kapitalismuns. In: Archiv fur Sozialwissenschaft und Sozialpolitik. Tubinger, 1904/5. Vols. XX e XXI (v. ver. ut.).

[305] Seguem-se de perto os mesmos exemplos de Adam Smith.

[306] BONAVIDES, Paulo.; Do Estado Liberal ao Estado Social, 6ª Edição, São Paulo: Malheiros, 1996, p. 40.

[307] FUKUYAMA, Francis.; The end of History. In: The National Interest, vol. 16, 1989. Ver também The End of History and the last man. 1992.

[308] Frase atribuída ao economista liberal francês François Quesnay. Tradução livre: "deixe fazer, deixe passar, o mundo caminha por si mesmo". Cf. Apud. LIMA NASCIMENTO, Floriano de.; Uma breve história da economia ocidental: do mercantilismo aos dias atuais, Revista da Fundação Brasileira de Direito Econômico, vol. 3, nº 1, Ano 2011.

fossem cumpridos.[309] É o denominado Estado-guardião (État-*Gendarme*), Estado Guarda Noturno,[310] Estado Vigia, Estado Polícia ou Estado Segurança.[311] Qualquer tipo de interferência do Estado na Economia, segundo o liberalismo smithiniano, seria prejudicial para a natural lei invisível reguladora do mercado. O intervencionismo, mesmo com boas intenções, produziria distorções no mercado que certamente induziria a mercados imperfeitos.

Em um sistema de livre comércio (puro), a tendência é a especialização, inclusive em termos de Estado. Assim, cada Estado tenderia a fomentar o seu capital e a sua mão de obra (trabalho) para as atividades que lhe são mais afetas, ou seja, que lhe são mais rendosas, e abandonaria as outras atividades. Desse modo, a indústria de cada Estado (ou lugar específico) seria estimulada a investir, cada vez mais, no que sabe fazer, aumentando o grau de eficiência e, consequentemente, incrementando o lucro. De outra sorte, as atividades menos afetas seriam, aos poucos, abandonadas, deixadas para aqueles que detêm o seu domínio. Essa ação em busca da excelência estimularia o bem-estar universal, promovendo uma natural distribuição dos trabalhos, de acordo com a economia local, com um aumento da produção total, ligando todas as nações do mundo civilizado em prol de um interesse comum e através do intercâmbio mercantil.[312] A lei dos custos comparativos[313] fora estabelecida, pela primeira vez, pela obra de David Ricardo.[314]

De fato, pela Teoria das Vantagens Absolutas, desenvolvida exordialmente por Adam Smith, o livre comércio internacional favoreceria todos os países ou regiões com os quais se comercializa. Assim, o comércio faria sair do país, via exportação, o excedente da produção, para o qual não existiria demanda interna e traria, em troca, via importação, outra mercadoria não produzida internamente, mas para a qual haveria necessidade. Pela teoria da vantagem absoluta, sintetizada pelo binômio *especialização-troca*, nenhum país deveria tentar produzir o que lhe custaria mais para produzir do que para importar (comprar), tendo em vista que um país (ou região) pode ser mais eficiente na produção de algumas mercadorias e menos eficiente na produção de outras, em comparação a outros países. David Ricardo, ao analisar a teoria de Adam Smith, concluiu que a Teoria das Vantagens Absolutas era uma espécie do princípio da Vantagem Comparativa. Com efeito, para David Ricardo, o comércio internacional é mutuamente vantajoso quando os países se especializam na produção dos bens em que têm uma vantagem relativa maior, *por sua situação, seu clima e por outras vantagens naturais ou artificiais*. Desse modo, cada país produz e exporta o que sabe fazer de melhor e importa os demais, ao invés de tentar produzi-los por um alto custo. Pode-se dizer que ainda hoje é a base da teoria do comércio internacional.

---

[309] SMITH, Adam.; Na Inquiry Into the Nature and Cause of The Wealth of Nations....

[310] Utilizam-se as expressões «Estado Gendarme» de Kant e «Estado Guarda-Noturno» de Lasalle. Cf. Apud. BONAVIDES, Paulo.; Do Estado Liberal ao Estado Social, 6ª Edição, São Paulo: Malheiros, 1996, p. 40.

[311] KOZIKOSKI JUNIOR, Antonio Claudio.; O Efeito Vinculante no Controle Difuso de Constitucionalidade realizado pelo Supremo Tribunal Federal: Consequências Jurídicas e Sociais, Dissertação de mestrado apresentada ao Programa de Pós-Graduação *Stricto Sensu* em Direito da Pontifícia Universidade Católica do Paraná Curitiba, 2008, (end. e dat. disp.).

[312] RICARDO, David.; Principles of Political Economy and Taxation, 1817 (v. ver. ut.).

[313] OÑORO ACOSTA, Liliana Margarita.; Análises das Relações Comerciais Colômbia – Brasil No Contexto Latino-americano, Departamento de Administração da Escola de Administração da Universidade Federal da Bahia – UFBA, Salvador, 2003.

[314] FERNANDES, José Pedro Teixeira.; Elementos de Economia Política Internacional, Coimbra: Coimbra, 2005, p. 33.

Para as empresas obterem o máximo de lucro, sem que haja a interferência do Estado, a gestão de recursos é fundamental. Assim, quanto mais barata for a matéria-prima e a mão de obra, bem como a estrutura gerencial, e mais cara for a venda final do produto, mais lucro obterá a empresa. Contudo, a concorrência (*perfeita*, em caso hipotético)[315] nos mercados competitivos faz com que o preço mantenha-se sempre no ponto de equilíbrio, regulando a escassez e o excesso de produção (e/ou distribuição), através da oferta e da demanda.[316] De fato, se um produtor desejasse aumentar demasiadamente o seu produto, o comprador iria escolher outro produtor/vendedor, obrigando consequentemente o vendedor a reduzir o seu preço, pela necessidade de garantir a venda. E, ainda, se fosse o único produtor, a promessa de lucros altos fomentaria outras pessoas a também produzirem o mesmo produto, o que aumentaria a oferta, acarretando novamente um excedente da produção com a baixa do preço.

Assim, o próprio Adam Smith já aduzia que, independentemente do solo, clima ou extensão territorial de uma determinada nação, a abundância ou escassez de bens que essa irá dispor depende de duas circunstâncias: habilidade, destreza e bom senso com que o trabalho é executado e a proporção entre os que executam o trabalho útil e os que não o executam.[317]

Fato é que no final dos anos 70, selou-se o paradigma do mercado eficiente[318] – *The efficient market paradigm*[319] – no qual (acreditava-se que) o próprio mercado financeiro, notadamente o setor bancário, alocaria de forma eficiente as poupanças para os mais promissores e seguros projetos de investimentos, com a maximização dos lucros e máxima redução dos riscos. Os investidores – cientes de todas as informações sobre o ativo (*bit*) –, tenderiam a parametrizar os preços de cada ativo, evitando-se assim as grandes distorções que ocasionam as bolhas financeiras.

Justamente por essas premissas, os preços dos ativos tenderiam a refletir os fundamentos subjacentes,[320] evadindo-se, dessa forma, das possíveis falhas de mercado, que se autorregulariam automaticamente, como se o mercado financeiro comportasse um «ser (*vivo*) racional».[321]

1.1.3.2 A defesa da liberdade econômica de Amartya Sen

Apesar de reconhecer que, hodiernamente, se vive em um mundo de opulência sem precedentes, inimaginável outrora, bem como a instituição de governos democráticos e participativos, a sedimentação dos direitos fundamentais com a liberdade política, o prognóstico e o aumento da expectativa de vida e, ainda, com a interação entre as diversas áreas do planeta, também se reconhece que hodiernamente existe um mundo paralelo, de privações, destituição, desigualdade social, com um hiato gigantesco

---

[315] Por «concorrência perfeita» entende-se que preenchem as características de (*i*) os bens oferecidos são todos iguais (*commodities*), e (*ii*) os compradores e vendedores são tão numerosos que nenhum único comprador ou vendedor pode influir no preço de mercado. Cf. Apud. MANKIW, N. Gregory.; Principles of ..., p. 66.

[316] Apud. MANKIW, N. Gregory.; Principles of ..., p. 78 e segs.

[317] SMITH, Adam.; Na Inquiry Into the Nature and Cause of The Wealth of Nations..., p.

[318] DE GRAUWE, Paul.; The Banking Crisis: Causes, Consequences And Remedies, University of Leuven and CESifo, 2008, (end. e dat. disp.).

[319] YALÇÍN, Kadir.; Can Market Rationality: Efficient Market Hypothesis versus Market Anomalies, European Journal of Economic and Political Studies, Ejeps – 3 (2), 2010.

[320] DE GRAUWE, Paul.; *Ob. cit.*

[321] YALÇÍN, Kadir.; *Ob. cit.*

entre a pobreza e a riqueza, ameaças ao ambiente e, por via indutora, insustentáveis do ponto de vista econômico, social e ambiental, inigualáveis em qualquer outra época da humanidade.[322]

De fato, a desigualdade opera-se não somente entre os países, notadamente no eixo norte-sul, mas também internamente, dentro dos países, isto é, de pessoas a pessoas (igualmente, nos países considerados ricos e países considerados pobres ou em desenvolvimento).

Com efeito, a atual ordem econômica, em que se convive ao mesmo tempo, de um lado, a abundância e opulência e, de outro lado, a pobreza absoluta, evoca uma nova estrutura social e econômica. Insta salientar que, para a teoria clássica da economia, o crescimento econômico, ou seja, a acumulação de riquezas, constitui o paradigma nuclear do desenvolvimento de um país. Porém, Amartya Sen introduz a possibilidade de uma ótica do desenvolvimento consubstanciado na liberdade, oportunidades econômicas, liberdades políticas, facilidades sociais, garantias de transparência e segurança protetora.[323] Para Sen, o objetivo do crescimento econômico deve ser pautado na superação desses problemas para se garantir um Estado sustentável, no sentido de superação dos seus problemas intrínsecos, como já apontados.

Consequentemente, somente se poderia alcançar o almejado desenvolvimento se as fontes de privação de liberdades, tais como a pobreza e tirania, carência de oportunidades econômicas e destituição social sistemática, negligência dos serviços públicos e intolerância ou interferência excessiva do Estado,[324] fossem, gradativa e definitivamente, eliminadas do contexto social.

Com efeito, a ruptura proposta por Sen, o qual enxerga o crescimento econômico para além do sistema eminentemente estruturado no viés econômico, qual seja, acumulador de riquezas, por um modelo que fomenta um «desenvolvimento como liberdade», oferece um contraste com as lições das escolas tradicionais da economia que fundamentavam o lucro como paradigma único de desenvolvimento.

Assim, Amartya Sen defende que o "desenvolvimento pode ser visto como um processo de expansão das liberdades reais".[325] De fato, reafirma os efeitos positivos não só no campo econômico, mas também no social. Ademais, mesmo que houvesse o desenvolvimento econômico, porém sem o aumento de liberdade – Estados tirânicos e não democráticos –, a liberdade, que seria o fim primordial do desenvolvimento, não seria repartida a todos da sociedade. Outrossim, a riqueza – *meio* – somente pode ser considerada útil se puder realizar outras coisas – em referência a Aristóteles[326] – consideradas *fim*. Ou seja, o dinheiro não deveria ser o fim em si mesmo, mas o meio para se atingir um padrão de vida melhor. Igualmente, para Amartya Sen, caso a riqueza fosse utilizada como instrumento de opressão da liberdade, em nada seria útil para a sociedade.

Dessa forma, em primeiras linhas, advoga que a liberdade exordial é justamente a liberdade de troca e transações (inclusive a força de trabalho, como destacado por Karl

---

[322] SEN, Amartya.; Development as freedom, 1999. (v. ver. ut.), p. 9.

[323] SEN, Amartya.; *Ob. cit.* p. 11.

[324] SEN, Amartya.; *Ob. cit.* p. 16.

[325] SEN, Amartya.; *Ob. cit.* p. 17.

[326] ARISTÓTELES, Ética a Nicômaco, *verbis:* "a riqueza evidentemente não é o bem que estamos buscando, sendo ela meramente útil e em proveito de alguma coisa". In: SEN, Amartya.; *Ob. cit.*, p. 28.

Marx, em contradição à escravidão).[327] Por isso, o acesso livre ao mercado de trabalho – como empreendedor ou empregado – é o primeiro passo para o desenvolvimento. Afinal, a liberdade de participar do intercâmbio econômico tem um papel fundamental na construção da vida em sociedade.

Neste aspecto, o crescimento econômico (sustentável) está mais diretamente relacionado com um sistema livre – liberdades individuais e coletivas – do que com um sistema rígido, externo, unipartidário, militar, seja ele de esquerda ou de direita.[328] O fim do desenvolvimento econômico é propiciar, assim, a liberdade, que jamais poderá ser «financiadora» de qualquer sistema opressor.

Outrossim, o papel do Estado é basilar na construção de uma sociedade livre, justa e que possa, de fato, experimentar um crescimento econômico sustentável. Ademais, somente através do Estado liberal se poderá observar uma prestação de serviços adequados (no campo econômico liberal) e a efetiva proteção dos direitos individuais (na seara social). Redunda-se, dessa forma, entre uma ligação da liberdade individual com condições adequadas de saúde, educação básica, incentivo e aperfeiçoamento de iniciativas,[329] que irá fomentar, conjuntamente (novamente a visão do enodamento), o desenvolvimento econômico e social.

Para mais, conforme sedimenta Amartya Sen, o processo integrado de expansão de liberdades é, *ipso facto*, substantivo interligado,[330] isto é, a privação de qualquer tipo de liberdade individual acarreta uma diminuição no exercício de outras liberdades, o que, invariavelmente, contamina o desenvolvimento. Em palavras luhmannianas, é um sistema autopoiético, tendo em vista que, além de reflexivo, tem características autorreprodutoras. Em adaptação aristotélica, a liberdade seria uma virtude, a qual deveria ser cultuada constantemente, mas a opressão e a falta de liberdade poderiam ser consideradas como um vício.

Destarte, justifica-se a existência de "liberdades instrumentais", que são aquelas que "não são apenas os fins primordiais do desenvolvimento, mas também os meios principais".[331] Para Sen, poder-se-ia classificar as liberdades instrumentais em "(i) *liberdades políticas*, (ii) *facilidades econômicas*, (iii) *oportunidades sociais*, (iv) *garantias de transparência* e (v) *segurança protetora*".[332] O enodamento entre as liberdades instrumentais fomentaria o desenvolvimento social. Contudo, se ocorrer a privação de (apenas) uma dessas referidas liberdades, o sistema, como um todo, entra em colapso. De fato, as liberdades elencadas por Sen se encontram inter-relacionadas e eventual privação de qualquer delas causaria um déficit na capacidade total do ser enquanto indivíduo e da coletividade, na seara social.

Assim, como exemplo, o desemprego e a consequente pobreza devem ser considerados como um desagregador (ruptura social) porque têm como efeito a exclusão social, com a perda de autonomia do indivíduo, de autoconfiança e também da saúde física e psicológica.[333] De outro lado, as oportunidades sociais adequadas permitem ao

---

[327] SEN, Amartya.; *Ob. cit.* p. 21.
[328] SEN, Amartya.; *Ob. cit.*, p. 31
[329] SEN, Amartya.; *Ob. cit.*, p. 19.
[330] SEN, Amartya.; *Ob. cit.*, p. 23.
[331] SEN, Amartya.; *Ob. cit.*, p. 25.
[332] SEN, Amartya.; *Ob. cit.*, p. 25.
[333] SEN, Amartya.; *Ob. cit.*, p. 37.

indivíduo "efetivamente moldar seu próprio destino e ajudar uns aos outros",[334] evitando que sejam "vistos sobretudo como beneficiários passivos de engenhosos programas de desenvolvimento".[335] Contudo, as políticas públicas devem ser transparentes e, acima de tudo, contar com a participação popular, o que constitui a liberdade política. A oportunidade que a liberdade política oferece aos cidadãos de participar do debate sobre os valores na escolha das prioridades constitui também um processo autorreflexivo tendente a fortalecer o tecido social.[336] Ademais, a participação do indivíduo, somente possível com a liberdade política, fomenta o debate sobre a tradição, cultura e riqueza. Melhor explicando, muito se argumenta que «é melhor ser rico e feliz do que pobre e tradicional»,[337] porém, para Amartya Sen, os próprios indivíduos envolvidos que participam da sociedade devem ser ouvidos sobre a questão.[xlix]

Ainda, cabe ressaltar que para esta teoria, a riqueza é importante na medida em que permite a obtenção de liberdades substantivas. No entanto, esta relação não é exclusiva nem uniforme.[338] O que leva Amartya Sen a defender que "o crescimento econômico não pode sensatamente ser considerado um fim em si mesmo. O desenvolvimento tem que estar relacionado sobretudo com a melhora da vida que levamos e das liberdades que desfrutamos".[339] Afinal, a liberdade influencia o potencial das pessoas para cuidar de si mesmas, o que é uma das questões centrais do desenvolvimento.[340]

De fato, a busca do desenvolvimento não deve ser feita pelo Estado de forma indutora, impositiva. Os Estados, ao fomentarem programas de desenvolvimento, devem estar em articulação direta com os envolvidos, afinal, os papéis tanto do Estado quanto da sociedade "são papéis de sustentação, e não de entrega sob encomenda"[341] daquilo que almejam, mas de fortalecimento das capacidades, propiciando ao indivíduo que, com o próprio esforço, busque a satisfação de suas necessidades e faça as próprias escolhas.

Por isso, para Sen, o desenvolvimento necessariamente deveria estar focado no aumento das liberdades individuais, o que acarretaria a possibilidade de escolha por cada um daqueles caminhos que correspondam ao que têm razão em valorizar. No que tange à motivação que fundamenta a teoria do desenvolvimento como liberdade, Sen afirma que "não consiste em ordenar todos os estados – ou todos os cenários alternativos – em uma 'ordenação completa', e sim em chamar atenção para aspectos importantes do processo de desenvolvimento".[342] A democracia,[343] consequentemente, é um dos pilares fundamentais da construção de um desenvolvimento eficaz e que atua como fator de bem-estar, último fim da constituição social. Por isso, mesmo nos Estados com crescimento econômico considerável, se não estiver estruturado em democracia, não deve, necessariamente, resultar em qualidade de vida para os seus cidadãos.

Assim, pela estrutura apresentada por Amartya Sen, as ditas liberdades transpassam o fim primordial do desenvolvimento, contam-se também entre os meios principais. De fato, as liberdades políticas fomentam a segurança econômica. As oportunidades

---

[334] SEN, Amartya.; *Ob. cit.*, p. 25.
[335] SEN, Amartya.; *Ob. cit.*, p. 25
[336] SEN, Amartya.; *Ob. cit.*, p. 48.
[337] SEN, Amartya.; *Ob. cit.*, p. 49.
[338] SEN, Amartya.; *Ob. cit.*, p. 28
[339] SEN, Amartya.; *Ob. cit.*, p. 29.
[340] SEN, Amartya.; *Ob. cit.*, p. 33.
[341] SEN, Amartya.; *Ob. cit.*, p. 71.
[342] SEN, Amartya.; *Ob. cit.*, p. 49.
[343] SEN, Amartya.; *Ob. cit.*, p. 193 e segs.

sociais, notadamente os serviços de educação e saúde, agem de forma a facilitar a participação econômica. Ademais, os dispositivos econômicos podem ajudar a gerar tanto a riqueza pessoal como os recursos públicos destinados a serviços sociais. Finalmente, aduz que as diferentes espécies de liberdade reforçam-se mutualmente.

Nesse sentido, poder-se-ia concluir que o *thelos* do Estado não é, por si só, o desenvolvimento econômico, mas a construção de uma sociedade libertária.

1.1.3.3 Mercado econômico autopoiético: como uma estrutura unicelular

Em termos da *Teoria dos Sistemas Luhmanniana*,[344] um sistema (com referência aos trabalhos de Maturana e Varela com seres unicelulares,[1] o qual buscava uma reconsideração da distinção entre matéria viva e matéria inanimada) pode ser considerado *«vivo»* quando são identificadas as propriedades de autorreferência e autoprodução, a qual denominaram de «autopoieses». Assim, o capitalismo liberal, capaz de se autorreferenciar e se autorreproduzir, pode ser considerado como um sistema autopoiético. Com efeito, ao se considerar a natureza do sistema econômico capitalista evolutivo e homeostático, percebe-se que, uma vez atingido certo grau de desenvolvimento, o seu mecanismo de regulação é internalizado, ou seja, funciona de forma automática para possibilitar as adaptações do sistema às mudanças de quaisquer de suas circunstâncias (meio) com vistas à sua (auto)preservação. Por isso, é entendido como a continuidade de sua organização. E só assim poder-se-á garantir o *continuum* da economia.

Com efeito, na teoria econômica autopoiética, verifica-se o código binário sobre o qual se assenta o sistema econômico, qual seja, o dinheiro/não dinheiro (lucro/não lucro; ganhar/não ganhar; acumular riqueza/não acumular riqueza) – entendido como meio simbólico da comunicação,[345] que é o que permite constituir o sentido dos momentos do subsistema.[346]

Assim, o mundo econômico só consegue perceber ou identificar o dinheiro (lucro). Todo o resto não é identificado. Nesse aspecto, o subsistema autorreferente comunica-se internamente por meio do dinheiro. Essa é a mediação universal de comunicação no subsistema fechado da economia. E, ainda, como existe escassez de bens e recursos financeiros, eclodem dois mecanismos, quais sejam, o mercado e a competição.[347] Ainda, o mercado *livre*, sem interferências para provocar qualquer tipo de ruído, autorregula-se e se autorreferencia graças ao mecanismo da mão invisível que atua diretamente nos preços. Por isso, a teoria de Luhmann considera que a livre competição no mercado não é (apenas) um momento discursivo ou autoconsciente; mas, (e principalmente) uma forma de evitar toda interação direta (de possíveis sujeitos). O liberalismo econômico – *e somente ele* – seria um mecanismo autopoiético, com garantias do seu *continuum*. A intervenção econômica (do Estado), indutora artificial dos mecanismos de autorreferenciamento, provocaria ruídos, os quais impediriam o sistema econômico de se autorreferenciar e autorregular para se manter (sempre) vivo, isto é, *autopoi*ético.

---

[344] Segue a expressão utilizada em LUHMANN, Niklas.; Introducción a la Teoría de Sistemas (v. ver. ut.), p. 11.

[345] LUHMANN, Niklas.; *Ob. cit.*, p. 52.

[346] MISOCZKY, Maria Ceci A.; Da abordagem de sistemas abertos à complexidade: algumas reflexões sobre seus limites para compreender processos de interação social, Cadernos EBAPE, Fundação Getúlio Vargas, Volume I, Número 1, Agosto 2003, (end. e dat. disp.).

[347] MISOCZKY, Maria Ceci A.; *Ob. cit.*

Com efeito, o subsistema econômico (como todo o sistema) não depende de outros subsistemas (como o político, o social, o ecológico ou até mesmo o religioso), que são mutuamente autônomos.[348] Neste aspecto, qualquer tipo de interferência – seja ética, moral, jurídica, política e/ou ecológica –, principalmente se fosse realizada via Estado, provocaria uma contaminação capaz de provocar a ruptura e o *descontinuum* sistêmico do mundo econômico, tal como sucedeu no colapso da União Soviética.[349]

De fato, a outrora superpotência militar, econômica, científica e política do Estado da União Soviética foi, praticamente, desintegrada[350] no final da década de 80 do século passado justamente por questões de crise estrutural do estatismo[351] – este aqui entendido como o sistema social organizado de forma a estabelecer metas e formas de produção, distribuição e consumo, bem como em apropriação do excedente econômico produzido na sociedade pelos detentores do poder no aparelho de Estado; ao contrário do capitalismo, no qual a produção, distribuição e consumo, e ainda, o excedente são apropriados pelos detentores do controle das organizações econômicas.[352] Por isso, a interferência estrutural do modelo econômico soviético pelo sistema político (o qual somente «enxerga» poder/não poder) induz o sistema econômico a, transversalmente, preocupar-se com a maximização do poder, isto é, ampliar a capacidade militar e ideológica do Estado.[353] E, exatamente por essa contaminação dos dois sistemas – econômico e político, estrutural e inerente ao «sistema comunista» – o Estado soviético entrou em crise estrutural instransponível, justamente por ter em seu "DNA" contradições insustentáveis com a economia planeada. Assim, não poderia ser outro o caminho da economia soviética em criar «uma segunda economia»,[354] ou seja, um mercado paralelo (*underground, parallel, hidden, submerged, black, informal*),[355] corrupto, porém, mais eficiente para abastecer o povo russo. A segunda economia russa seria a prova empírica do fracasso estrutural do modelo de intervenção (absoluta) do Estado na economia, com a dialética «vitória» da estrutura econômica liberal.

1.1.4 *Colapso* da União Soviética

À primeira vista, o sistema comunista implantado na Ex-União Soviética, em 1917, tinha como fator fundamental (pelo menos no campo ideológico) o privilégio das questões igualitárias sociais, principalmente no que se refere à produção e distribuição dos bens (riquezas). No auge do sistema comunista soviético, com força gravitacional centrípeta em relação aos demais estados comunistas considerados «satélites», situados ao leste do continente europeu, a URSS foi uma das maiores potências político-militares, bem como econômicas, do mundo polarizado.[356] Impôs força dialética com os Estados Unidos, protagonizando uma divisão dos palcos internacionais em primeiro e segundo

---

[348] MISOCZKY, Maria Ceci A.; *Ob. cit.*

[349] CASTELLS, Manuel.; End of Millennium, Blackwell Publishers Ltd., 1998 (v. ver. ut.).

[350] CASTELLS, Manuel.; *Ob. cit.*, p. 2 e segs.

[351] CASTELLS, Manuel.; *Ob. cit.*, p. 4.

[352] CASTELLS, Manuel.; *Ob. cit.*, p. 5.

[353] CASTELLS, Manuel.; *Ob. cit.*, p. 5.

[354] GROSSMAN, Gregory.; The Second Economy of the USSR, Problems of Communism, 1977.

[355] GROSSMAN, Gregory.; *Ob. cit.*

[356] IVANOV, Youri.; & KHOMENKO, Tatiana.; A Retrospective Analysis Of The Economic Development Of Countries Of The Commonwealth Of Independent States, Russian Research Center The Institute Of Economic Research Hitotsubashi University, Kunitachi, Tokyo, Japan, Junho, 2009. (end. e dat. disp.).

mundo. Os outros países, considerados atores secundários na geopolítica internacional, tinham como marco referencial ou o modelo capitalista estadunidense ou o modelo comunista soviético, praticamente nada mais.

Porém, o sistema soviético ruiu como se fosse um castelo de areia em plena tempestade. Do início, com a vitória dos bolcheviques, em 1922, e com a unificação da Rússia, a Ucrânia, a Bielorrússia e a Transcaucásia formaram a União das Repúblicas Socialistas Soviéticas URSS até o final, com a queda (renúncia) do último líder, Mikhail Sergeyevich Gorbachev, em 1991, ocasião em que as doze últimas repúblicas dissolveram o antigo Estado Soviético e tornaram-se países pós-soviéticos independentes, transcorreram-se quase setenta anos de uma história de grandiosidade à falência do sistema, como poucas vezes se viu no cenário internacional.

Porém, não foi um processo empírico histórico sem antecedentes jusfilosóficos, principalmente para a (tentativa) de implementação de um sistema eminentemente voltado para as questões sociais.

1.1.4.1 Comunismo utópico: um «sonho» antigo

Desde a Grécia clássica, a cultura do mundo ocidental busca um modelo universal básico para a construção de um Estado que seria perfeito. Platão tentou fazê-lo através d'*A República*,[357] o qual idealizou uma *polis* em que dirigentes e guardiães representam a encarnação da pura racionalidade. Apesar de reconhecer que a cidade-estado perfeita seria inatingível ao homem – mundo platônico – uma das ideias centrais do pensamento de Platão era o combate à propriedade.[358] Com efeito, para Platão, nesse idealizado Estado perfeito todos os bens pertenceriam ao próprio Estado.[359]

No período medieval, o inglês e cientista político, Thomas More (1478-1535), descreveu o que entendia por «Sociedade-Estado Perfeito». Apesar de sua escrita ser datada do ano de 1516 e ter sido realizada em forma de romance, teve nítido caráter político (por isso, inclusive, que este período é compreendido por «socialismo utópico»).[360] O próprio nome da obra já revelaria quase todo o pensamento de Thomas More, qual seja, *De Optimo Reipublicae Statu deque Nova Insula Utopia*, que em tradução do latim para o português seria *Sobre o melhor Estado de uma república e sobre a nova ilha Utopia*, ou simplesmente *Utopia*. Em *suma capita*, a cidade de Utopia, na qual se desenvolve o enredo do livro, fica em uma ilha, ou seja, praticamente isolada do resto do mundo. O nome da cidade revelava a sua essência: o prefixo "u" vem do grego "ou" que significa partícula negativa ou "não"; tópia, também originário do grego τόπος, significa "lugar". Ou seja, u-topia seria, literalmente, o "lugar nenhum" ou ainda o "lugar que não existe".[361] O romance narra uma sociedade – *utopia* – em que não havia propriedade privada, considerada pelo autor como o grande mal das civilizações europeias.[362] Afinal, a extensa maioria dos crimes, tais como furtos e roubos, eram praticados justamente por

---

[357] PLATÃO, A República (v. ver. ut.).

[358] PENEDOS, Álvaro José dos.; Gregos em Busca da Igualdade – sobre a comunidade de bens na "República" de Platão. Antecedentes históricos e teóricos, Revista da Faculdade de Letras, Série de Filosofia, nº 5-6, 2ª Série, Porto, 1988/1989.

[359] PLATÃO, A República ....

[360] ENGELS, Friedrich.; Die Entwicklung des Sozialismus von der Utopie zur Wissenschaft, 1877, (v. ver. ut.).

[361] ALBERGARIA, Bruno.; Histórias do Direito ..., p. 189.

[362] MORE, Thomas, De Optimo Reipublicae Statu deque Nova Insula Utopia, 1518 (v. ver. ut.).

constituir uma tentativa de apropriação de bens.[363] Portanto, se não há nenhuma forma de apropriação dos bens da natureza por parte dos homens, não se pode furtar nem roubar.[364] Por isso, Thomas More atribuía os males do mundo ocidental como sendo originários do poder de apropriação dos bens, ou seja, do direito garantido pelo Estado de se obter a propriedade privada.[365] Assim, ao se eliminar o direito de propriedade, o mundo tornar-se-ia muito melhor.[366] Em que pese a sua formação religiosa, Thomas More afirmava que os habitantes de Utopia eram pagãos, mas isso não os fazia menores ou inferiores aos europeus-cristãos. Afinal, a sociedade de Utopia não conhecia privilégios sociais e nem desigualdade entre seus cidadãos.[367]

Nesse aspecto, como já dito, o fim do sistema feudal e a entrada para o mundo capitalista, a Revolução Francesa foi uma das principais vitórias da classe burguesa emergente sobre o antigo Estado burocrático absolutista.[368] Em seguida, com o surgimento (e fortalecimento) do sistema capitalista na Grã-Bretanha, por volta de 1700, com a Revolução Industrial, verificou-se um forte desnível socioeconômico com o surgimento de classes trabalhadoras mal remuneradas e de donos de indústrias ricos, conforme já visto.[369]

Importante observar que a Europa vivenciava os preceitos da Revolução Francesa, que apregoava o princípio da liberdade plena de vontade. A vontade individual era soberana e o Estado deveria interferir o menos possível nas manifestações de vontade. É a vertente filosófica do liberalismo (como também já ressaltado, em francês *laissez-faire*). De fato, conforme a tese do liberalismo econômico, ninguém agiria para ajudar o próximo, por ser apenas benevolente; mas, sim, na tentativa de proveito próprio, na expectativa de se obter lucro. Dessa forma, todos os atores do mercado seriam egoístas, por desejaram obter o máximo de lucro; e para obterem o lucro, fazem a economia se expandir, criando um sistema econômico próspero e dinâmico, em que todos lucram e se enriquecem.

Há que se ressaltar, novamente, que a política do *enclosures*, a qual provocou o êxodo rural para as cidades, acarretou um excesso de oferta de mão de obra assalariada nas cidades e nos entornos das indústrias. O que, conforme a própria teoria do liberalismo econômico de Adam Smith, provocou uma redução do valor dos salários dos trabalhadores. Assim, os operários aceitavam jornadas de trabalho desumanas (80 horas por semana) para obterem salários de subsistência. Mulheres e crianças também laboravam, recebendo salários ainda menores.[370] Os acidentes trabalhistas eram constantes. Os pobres da sociedade inglesa encontravam-se em estado pré-revolucionário.[371] Vários foram os movimentos insurgentes ingleses.[372] Assim, uma nova opção exsurgia como força antagônica ao liberalismo político e econômico.

---

[363] MORE, Thomas.; *Ob. cit.*
[364] MORE, Thomas.; *Ob. cit.*
[365] MORE, Thomas.; *Ob. cit.*
[366] MORE, Thomas.; *Ob. cit.*
[367] MORE, Thomas.; *Ob. cit.*
[368] HOBSBAWM, Erikc.; The Age of Revolution 1789-1848, Vintage Book, USA: New York, 1996.
[369] HOBSBAWM, Erikc.; *Ob. cit.*
[370] HOBSBAWM, Erikc.; *Ob. cit.* vide supra.
[371] HOBSBAWM, Erikc.; *Ob. cit.*
[372] ALBERGARIA, Bruno.; Histórias do Direito ..., págs. 191 e segs.

1.1.4.2 A opção do (máximo) intervencionismo pelo Estado na Economia

Não há que se fazer aqui uma minuciosa análise da teoria econômica marxista. Mesmo porque, nos meios acadêmicos, notadamente de ciências político-econômicas, o tema encontra-se por demais refletido (mesmo que não se chegue a um consenso, tendo em vista que o debate é, muitas vezes, fruto do *cosmos* ideológico, apesar das tentativas de cientificação).[li] Porém, necessárias se fazem algumas breves considerações preliminares. Assim, pela teoria econômica de Marx,[373] ao elaborar tese social baseada na produção e apropriação dos bens de consumo, o lucro dos donos das indústrias (capital) seria constituído pela apropriação do trabalho dos operários. Outrossim, a diferença entre o valor final da mercadoria produzida e a soma do valor dos meios de produção e do valor do trabalho (salário) constituiria a base do sistema capitalista, isto é, o lucro. De sorte, Marx nomeou esse lucro dos donos de capital como *mais-valia* (*Mehrwerts - surplus value*).[374] E, com efeito, a apropriação da mais-valia por parte do capitalista seria representada pela exploração dos trabalhadores assalariados envolvidos diretamente na produção.[375] Essa apropriação da mais-valia pode ser absoluta (*absoluten Mehrwert*) ou relativa (*relativen Mehrwert*). Por *absoluten Mehrwert*, entende-se, pela teoria marxista, a forma de incrementar a produção do excedente a ser apropriado pelo capitalista. Assim, estriba-se na intensificação do ritmo de trabalho, através de uma gama de controles exercidos aos operários, os quais incluiriam a mais severa vigilância em todos os atos na unidade produtiva até a cronometragem e padronização dos movimentos necessários à realização das tarefas necessárias à produção, maximizando a máxima potência o trabalho do operário.[376] O objetivo seria impor ao trabalhador um ritmo de trabalho de uma forma tal que, sem alterar a duração da jornada, produziriam-se mais mercadorias e, com isso, aumentariam a mais-valia.

Já a *relativen Mehrwert* seria aquela que resulta do encurtamento do tempo de trabalho necessário e de correspondente modificação na relação de magnitude de ambas as partes componentes do dia de trabalho.[377] Ou seja, é a forma de aumentar a mais-valia através da modernização do parque industrial, em que elevaria a produção sem necessariamente o alongamento da jornada de trabalho do assalariado. Com isso, Marx descreve o que entende por valor individual e valor social. Diferentes empresas produtoras de mercadorias homogêneas – mesmo produto –, se trabalham com a mesma tecnologia, por óbvio, produzem a mesma quantidade de produto com a mesma quantidade de trabalho socialmente necessário.[378] Assim, caso todas as empresas se apropriassem do mesmo lucro, o preço do produto seria o mesmo. Porém, é fato que existem diferentes produtividades de trabalho nas diversas empresas, determinando, assim, valores individuais diferentes. Nesse caso, o valor social atribuído será obtido pela média aritmética ponderada.[379] Mas, no caso de uma empresa associar-se a uma tecnologia inovadora, irá reduzir o valor individual e, como consequência, proporcionalmente

---

[373] MARX, Karl.; Das Kapital ...
[374] MARX, Karl.; Das Kapital ...
[375] MARX, Karl.; Das Kapital ...
[376] MARX, Karl.; Das Kapital ...
[377] MARX, Karl.; Das Kapital ...
[378] MARX, Karl.; Das Kapital ...
[379] MARX, Karl.; Das Kapital ...

ao seu peso relativo, reduzir-se-á o valor social do produto. Todavia, nas empresas sem a inovação tecnológica, a mais-valia será, consequentemente, inferior à anterior. Assim, a mais-valia extra (*Extramehrwerts*)[380] corresponde a uma redução da mais-valia nos capitais não inovadores, de forma tal que a magnitude da mais-valia total produzida no setor não se altera, se o volume total de trabalho no ramo permanecer igual e se as demais circunstâncias não se modificarem. Porém, o fluxo da *Extramehrwerts* é cíclico. De fato, haverá a mais-valia extra enquanto não for disseminada a nova tecnologia às outras empresas.[381] Mas sempre haverá *alguém* a propor e introduzir nova tecnologia no processo de produção, o que faz com que seja um ciclo recorrente e, por que não dizer, autorreflexivo, em um modelo expansivo e acomodativo, sucessivamente de forma ininterrupta.

Fato é que a obra de Marx teve uma influência muito grande para o pensamento filosófico do mundo europeu à época. Com uma visão econômica da estrutura da sociedade, Marx defendia que a história da humanidade caminhava em uma crescente evolução, tendo a economia como pano de fundo para a análise desse desenvolvimento.

Dessa forma, do mesmo modo que catalogava o modo de produção e distribuição dos bens encontrados na natureza pelo homem até o sistema capitalista, passando pelo sistema feudal, tentou prever o futuro, mais evoluído, no qual a sociedade seria formada através de um sistema socialista.[382] Assim, defendia a ideologia da evolução natural do capitalismo até o comunismo, este como um sistema econômico e social mais desenvolvido e justo. Nas sociedades europeias, onde o capitalismo fosse mais avançado, os trabalhadores braçais, verdadeiros donos da força motriz da economia, "acordariam" e tomariam as "ferramentas de trabalho" dos donos de capitais.[383] Com isso, promoveriam uma verdadeira revolução comunista.

Com efeito, pela teoria marxista, o Direito e o Estado foram criados para a proteção da propriedade. Contudo, após a revolução comunista, o Estado deveria ser intervencionista, voltado para o social e não para o individual. Dir-se-ia, então, a construção do Estado Social.[384] Porém, após a "assimilação" em nível mundial do comunismo, os Estados perderiam a razão de ser, tendo em vista que teriam sido "criados" pelo homem justamente para assegurarem o direito de propriedade. Assim, no sistema comunista mundial não haveria mais Estado e nem Direito.[385]

O que antes era apenas *literatura utópica*,[386] após os trabalhos de Marx e Engels, tornou-se uma opção como modelo de sociedade, notadamente para os trabalhadores (sejam camponeses ou fabris), através de uma estrutura metodológica científica, inaugurando o que se entende por comunismo científico. Como consequências diretas do comunismo científico, podem ser citadas, em primeiro plano, a Revolução Mexicana Zapatista (que culminou na Constituição Socialista Mexicana de 1917); a Revolução Comunista da União Soviética, antiga URSS, de 1917 e, também, a Constituição de Weimar da Alemanha, de 1919.[387]

---

[380] MARX, Karl.; Das Kapital ...

[381] MARX, Karl.; Das Kapital ...

[382] MARX, Karl.; Das Kapital ...

[383] MARX, Karl.; Das Kapital ...

[384] MARX, Karl.; Das Kapital ...

[385] MARX, Karl.; Das Kapital ...

[386] ENGELS, Friedrich.; *Ob. cit.*

[387] ALBERGARIA, Bruno.; Histórias ...

1.1.4.3 Os fatores do Colapso da União Soviética: o desfecho de um «sonho»

Os motivos do fracasso da antiga União Soviética também já foram analisados pelos meios acadêmicos.[388] O que se pretende aqui é (apenas) lançar um olhar dessa derrocada, através da ótica do «sistema da sustentabilidade», designadamente sob a tese do «enodamento», como proposto na hipótese exordial do trabalho: o Estado (ou empresa) não sustentável (em enodamento borromeano dos três sistemas, quais sejam, econômico, social e ambiental) não tem viabilidade existencial.

Assim, afirma-se que não houve, por parte da ex-União Soviética, ao implementar o *sistema social*, a preocupação do econômico (visto aqui como um sistema puro, isto é, que enxerga somente o lucro) e nem do ambiental (proteção), o que invariavelmente (por mais forte que seja a afirmativa) teria induzido a ruptura sistêmica, sem que houvesse o *continuum* (para as futuras gerações). Verifica-se, dessa forma, a não interconexão nodal topológica em forma (e matema) do nó borromeu, nos termos da tese ora proposta.

As palavras de Stalin podem evocar como um prelúdio da própria derrocada do marxismo, quais sejam, (…) *as leis da ciência — quer se trate das leis das ciências naturais, quer das leis da economia política — como o reflexo de processos objectivos que ocorrem independentemente da vontade das pessoas. As pessoas podem descobrir, conhecer, estudar, ter em conta estas leis nos seus actos, utilizá-las no interesse da sociedade, mas não podem modificá-las nem aboli-las. Muito menos podem formar ou criar novas leis da ciência.*[389]

Vários fatores contribuíram para aumentar e agravar a incapacidade estrutural do estatismo e da versão soviética do industrialismo. De fato, a incapacidade do sistema de controle absoluto do Estado, em tentar monitorar e dirigir a economia *in totum*, gerou, ao longo dos anos, um esgotamento do modelo extensivo de crescimento econômico da União Soviética.[390]

Apesar de manter certo progresso científico em grau de excelência, em áreas como a matemática, a física, a química; em manter um certo equilíbrio na taxa de crescimento econômico; em fornecer divisas em moeda forte, as quais eram utilizadas sempre que necessário em importações de emergência através das exportações de energia e matérias-primas; e, ainda, em presenciar um relativo marasmo internacional, o Estado criado por Stalin[391] perdeu o controle (interno) político a ponto de ter de recorrer a um golpe desesperado, articulado à pressa, que acabou por precipitar a sua derrocada.[392]

---

[388] V. por todos, CASTELLS, Manuel.; End of Millennium : The Information Age: Economy, Society, and Culture Volume III, Cambridge, MA; Oxford, UK, 1998 (v. ver. ut.).

[389] STÁLINE, Экономические Проблемы Социализма, В СССР, I.V., Obras, t. 16, ed. Pissátel, Moscovo, 1997, pp. 154-223. (Observações sobre as questões económicas relacionadas com a discussão de Novembro de 1951), (end. e dat. disp.).

[390] CASTELLS, Manuel.; *Ob. cit.*

[391] CASTELLS, Manuel.; *Ob. cit.*, p. 4.

[392] CASTELLS, Manuel.; *Ob. cit.*, p. 5.

A hipótese aqui lançada não se resume (apenas) às incapacidades do próprio sistema (estrutura) soviético, notadamente a variante soviética do industrialismo, isto é, «o sistema social organizado em torno da apropriação do excedente econômico produzido na sociedade pelos detentores do poder do aparelho de Estado, ao contrário do capitalismo, no qual o excedente é apropriado pelos detentores dos controles das organizações econômicas»,[393] em assegurar a passagem para a sociedade de informação, como pretende Castells,[394] mas – e principalmente –, por não entrelaçar o mundo ambiental com o econômico e o social.

De fato, o Estado Soviético não conseguiu assegurar a transposição para a sociedade da informação porque, na União Soviética, essa transição exigia medidas que abalavam os interesses da máquina burocrática do Estado e da *nomenklatura* do partido.[395] Mas a informação em rede foi (apenas) o meio, a forma, para se propagar a ideia do liberalismo, seja ele político ou econômico.

Assim, o mais importante – sob o enfoque do estrangulamento sistêmico – é a noção de liberdade, seja econômica e, em decorrência, política. A concepção dessa hipótese é, por assim dizer, simples de compreensão. No comunismo soviético, tem-se como escopo basilar o controle maximizado do poder do Estado, tanto da acumulação do capital (econômico) quanto do controle social (político).[396] É induvidoso que ao se tentar planear por completo as estruturas da economia, via uma única voz central (Estado), o sistema não é alimentado [no sentido de "informar", ou seja, de (não) perceber os *inputs*] com todos os dados essenciais para uma melhor resposta (*outputs*) necessária aos anseios da sociedade.

O resultado é um sistema falho duplamente. Inoperante (estruturalmente) quando não recebe os desejos dos cidadãos e, portanto, incapaz de realizar esses mesmos desejos (de consumo). Pode-se afirmar que o sistema comunista não conseguiu «enxergar» os desejos individuais, o que induziu a uma insatisfação individual. E, por consequência, a insatisfação, quando operacionalizada na grande parte dos indivíduos, tornou-se uma insatisfação social, afinal, o social não deixa de ser a soma dos indivíduos. Para se evitar a insurgência provocada pelas falhas estruturais no campo da economia, teve que ser opressor no campo político, para impedir qualquer tipo de manifestação das insatisfações. É o Estado ideológico, no qual, obrigatoriamente, teve que exercer um rigoroso controle social, a fim de «anular» o individualismo, em prol da dita coletividade. Porém, como já explicitado, o que faz um tecido social são os indivíduos. Não há como ignorar os desejos de cada um, sob pena de ter que construir um Estado forte e opressor.

Neste sentido, a informação – divulgada individualmente – foi, conforme afirma Castells, o ponto referencial para a ruptura da opressão do Estado e a busca da liberdade.[397] Não adianta um forte crescimento do PIB, como aconteceu no Estado Soviético, sobretudo na década de 50 do século passado,[398] mas quais *bens* (de consumo) eram produzidos pelo Estado, a sua escolha (sem observar os desejos – *inputs* – sociais). Apesar da ruptura após o processo revolucionário de 1917, com a implementação de um Estado comunista, de um país relativamente pobre conseguiu tornar-se, em pouco

---

[393] CASTELLS, Manuel.; *Ob. cit.*, Vol. I.
[394] CASTELLS, Manuel.; *Ob. cit.*, Vol. III, p. 5.
[395] CASTELLS, Manuel.; *Ob. cit.*, Vol. III, p. 5.
[396] CASTELLS, Manuel.; *Ob. cit.*, Vol. III, p. 7.
[397] CASTELLS, Manuel.; *Ob. cit.*, Vol. III, p. 9.
[398] CASTELLS, Manuel.; *Ob. cit.*, Vol. III, p. 9.

tempo, uma potência econômica e militar, não ocorreu, na ex-URSS, a satisfação dos bens de consumo individuais. Com efeito, a existência de um complexo militar-industrial operacionalizou-se como um «buraco negro»[399] no sistema econômico soviético, com o que absorveu em parte força criativa (e produtiva) da sociedade com um orçamento insustentável para defesa. Assim, a indústria pesada do país fora alocada para a produção industrial militar, em detrimento da indústria dos bens de consumo (individual).[400] E essa necessidade do aparelhamento militar se deu devido não somente aos fatores externos (principalmente face à Guerra Fria); mas, também, como força opressora interna, como próprio mecanismo de controle social interno, para se evitar a ruptura social imediata.

Ademais, com o controle total dos meios de produção – decididos por atos administrativos verticais entre as instituições estatais responsáveis pelo planeamento e os ministérios executivos e entre os ministérios e as unidades de produção[401] –, sem a percepção correta dos *inputs* e *outputs* próprios do mercado, a relação «oferta» e «procura» tornou-se irreal. Com efeito, os preços das mercadorias não correspondiam à (lei) da demanda e procura. Assim, a economia (oficial), sedimentada em preceitos Estatais burocráticos, reempossou-se artificialmente, o que se tornou *insustentável*. De sorte, em termos luhmannianos, o sistema inflexivo, sem a capacidade de se autorreconhecer – e, neste caso, o sistema econômico como lucro/acumulação de riqueza – é, por excelência, não autopoiético; ou seja, não se presta a sua própria manutenção, ao seu *continuum* (sistema *insustentável*).

Neste contexto, por causa do engessamento do sistema, a estrutura de todos os meios de produção sofreu desajustes crônicos. De fato, a produção – por não compreender os desejos e necessidades individuais – estrangulou-se a ponto de conduzir à escassez quase que completa.[402] No final do período soviético, o Estado simplesmente não sabia mais o que produzir e como produzir, afinal, os preços, por serem artificiais, desestimulavam a produção.

Justamente pela inoperância do Estado em lidar com o sistema de produção, o mercado paralelo – e as práticas ilícitas[403] –, embora não totalmente respeitáveis e aceitáveis, funcionou como uma válvula de escape do sistema produtivo/distributivo e de consumo. Indiretamente, mantinha o sistema social intacto, isto é, reconhecia as deficiências estatais no comando da economia e criava mecanismos próprios para apaziguar os desejos (e necessidades) de consumo da população. A disseminação do mercado paralelo, de certa forma, ajudou a máquina burocrática. Assim, a tolerância pública, através inclusive do afrouxamento dos controles do sistema,[404] da prática privada do mercado, ficou associada ao reconhecimento da sua (in)eficácia econômica num contexto de escassez.[405]

O anacronismo estrutural dos meios de produção influenciou negativamente, também, nas exportações soviéticas. Com a incapacidade de produzir para o mercado interno, sem concorrência, os meios de produção soviéticos começaram a entrar em

---

[399] CASTELLS, Manuel.; *Ob. cit.*, Vol. III, p. 22.

[400] CASTELLS, Manuel.; *Ob. cit.*, Vol. III, p. 13.

[401] CASTELLS, Manuel.; *Ob. cit.*, Vol. III, p. 13.

[402] CASTELLS, Manuel.; *Ob. cit.*, Vol. III, p. 20.

[403] MARQUES, Rafael.; Reciprocidade e Confiança em Contextos de Escassez: O Caso do Blat, Revista de Sociologia da Faculdade de Letras da Universidade do Porto, Vol. XVI, 2006, págs. 117-145.

[404] CASTELLS, Manuel.; *Ob. cit.*, Vol. III, p. 20.

[405] MARQUES, Rafael.; *Ob. cit.*

uma fase de decadência tecnológica. No plano externo, em um mercado cada vez mais competitivo, os problemas estruturais tecnológicos da produção soviéticos se agravaram. De sorte, a impossibilidade de competição, em uma economia mundial, cada vez mais globalizada e interdependente,[406] foi elevada à última instância pela inabilidade de se formalizar um real preço às suas mercadorias. Ademais, o sistema soviético não suportou os diversos tipos de assédio externo, senão através de recursos extraeconômicos, compensatórios de uma inferioridade produtiva básica, bastante evidente.[407] Com efeito, com os meios de produção estagnados, a União Soviética recorreu à exportação de matérias-primas e metais preciosos, tais como gás natural e petróleo, o que representou, na década de 80 do século passado, quase 90% (noventa por cento) das exportações soviéticas.[408]

Assim, percebe-se que a falta de um verdadeiro sistema econômico de mercado livre, único reflexivo e, por isso, autopoiético fez com que o modelo estatizante soviético entrasse em completo e irreversível colapso.

Apesar do fracasso do processo produtivo, o sistema ambiental (ou a falta de um sistema de proteção ambiental) contribuiu ainda mais para a derrocada soviética. Explicar-se-á melhor a seguir.

A União Soviética, apesar de todos os problemas de produção/distribuição e consumo, conforme já visto, gabava-se de ter uma tecnologia de ponta. Afinal, despontava com uma potência militar, aeroespacial e, ainda, ostentava ser a terceira maior economia mundial.[lii]

1.1.4.3.1 Problemas ambientais *comunistas*

O modelo de produção do comunismo não foi sensível aos problemas ambientais. As degradações ambientais, no período e nos *locus* de influência do Estado Soviético, foram devastadoras em termos ecológicos. Praticamente duas das maiores interferências antropogênicas ao meio ambiente, quais sejam, a desertificação do Mar de Arral e o acidente nuclear de Chernobyll, demonstraram (e comprovam) a inoperância real do Estado em resolver os problemas ambientais.

Salienta-se, ainda, que, nesse tópico, se verá a inoperância do sistema comunista em soldar os problemas de produção e distribuição de alimentos, apesar de, *in casu*, não se utilizar de um exemplo soviético, mas chinês, o que, contudo, não descaracteriza a análise, tendo em vista ser o modelo chinês também interventor (absoluto) da economia.

1.1.4.3.1.1 O (ex)Mar de Aral

O denominado *Mar de Aral* é, efetivamente, um lago terminal situado no interior da Ásia, compartilhado entre os países do Cazaquistão (ao norte) e Uzbequistão (ao sul), alimentado por dois rios principais, quais sejam, o Sirdária no Norte e o Amudária no Sul. Em verdade, a bacia do Mar de Aral compreende o Uzbequistão, o Tajiquistão,

---

[406] CASTELLS, Manuel.; *Ob. cit.*, Vol. III, p. 21.

[407] MEYER, Victor.; Determinações Históricas da Crise da Economia Soviética, Salvador: EDUFBA, 1995.

[408] CASTELLS, Manuel.; *Ob. cit.*, Vol. III, p. 21.

O ENODAMENTO INICIAL: O «SISTEMA» DO *HOMO ECONOMICUS* E O SISTEMA SOCIAL: UM PRELÚDIO DO NÓ BORROMEU

e partes do Cazaquistão, Quirguistão e Turcomenistão.[409] Até o ano de 1960 era considerado o quarto maior lago do mundo, cobrindo uma área de 66 mil km² com um volume de água estimado de mais de 1.000 km³. Esses dois rios têm suas nascentes nas altas montanhas que fazem parte da Cordilheira do Himalaia e distam cerca de 1.000 km de sua foz.[410]

Outrora, a região do Mar de Aral era considerada um verdadeiro oásis, tendo em vista que se encontra localizado em uma região desértica.[411] A economia local, além de ser um importante canal marítimo de ligação entre a Europa e Ásia, como parte da Grande Rota da Seda,[liii] [412] baseava-se essencialmente na pesca, agricultura, comércio, artesanato e caça.[413] O povoamento da região é, praticamente, milenar.[414]

Com o incremento da Revolução Russa, fortaleceu-se, pelo comando central, o interesse na irrigação artificial, para o desenvolvimento da agricultura, dos territórios da Ásia central, considerados países satélites comunistas. Ainda sob o comando de Stalin, na década de trinta do século passado, o Ministério das Águas Soviético fomentou um projeto de desvio das águas do Mar de Aral com o escopo de irrigar as estepes do Uzbequistão, Kasaquistão e Turkmenistão a fim de prepará-los para o plantio de algodão (denominado de «ouro branco» ou белое золото).[415] Dentre as metas dos planos quinquenais elaborados por Stalin tinha-se a previsão de que a União Soviética tornar-se-ia autossuficiente na produção de algodão.[416] Assim, foi necessária a elaboração de um plano para que as metas fossem cumpridas. O primeiro grande projeto de irrigação iniciou-se, no ano de 1939, com a construção do canal que rodeava o vale de Ferghana no Uzbequistão.[417] Para aumentar a produção de algodão, a região praticamente adotou a monocultura e, ainda, foram utilizadas grandes quantidades de pesticidas, incluindo os organoclorados diclorodifenil-trichloroethans (DDT), compostos hexachloro-ciclo-hexano (HCH, lindano) e toxafeno.[418] Esses organoclorados são bioacumuláveis na cadeia alimentar. Por isso, podem contaminar as pessoas através de várias rotas, tais como na ingestão de alimentos e água potável contaminada, bem como através das tempestades contaminadas por poeira gerada a partir do antigo fundo do mar. Os leitos dos rios que abasteciam o Mar de Aral foram modificados e grandes canais de irrigação foram construídos. Enfim, a drenagem da água não foi sustentável.

Em termos meramente imediatista e econômico, o sistema de irrigação através das águas do Mar de Aral foi esplendoroso. Esse sistema de cultivo tornou, em pouco

---

[409] WHISH-WILSON, Phillip.; The Aral Sea environmental health crisis, Journal of Rural and Remote Environmental Health 1(2): 29-34 (2002). (end. e dat. disp.).

[410] TEIXEIRA, Simone Schmidt.; CORRÊA, Luciara Bilhalva.; Mar De Aral: Um Exemplo De Que Os Recursos Hídricos Podem Se Tornar Insustentáveis, XVI Cong. de Iniciação Científica – CIC, Pesquisa e Responsabilidade Ambiental, Facul. de Agron. Eliseu Maciel, 27 a 29 de Nov., 2007. (end. e dat. disp.).

[411] WHISH-WILSON, Phillip.; *Ob. cit.*

[412] BAIPAKOV, Karl.; The Great Silk Road, (end. e dat. disp.).

[413] WHISH-WILSON, Phillip.; *Ob. cit.*

[414] BAIPAKOV, Karl.; *Ob. cit.*

[415] OMAPOBA, H.K..; (tradução livre: A situação ambiental na República do Cazaquistão, e 40 Ecologia e saúde da nação. Para ajudar os curadores de grupos de estudantes. 6 Livro, Ed. Acad. RK NAS AM Gazalieva, 2ª ed., revista, Karaganda, Ed. da Univ. Técnica Estadual Karaganda, 2011-96.), (end. e dat. disp.).

[416] WHISH-WILSON, Phillip.; *Ob. Cit*

[417] TEIXEIRA, Simone Schmidt.; CORRÊA, Luciara Bilhalva.; *Ob. cit.*

[418] WHISH-WILSON, Phillip.; *Ob. cit.*

tempo, o Uzbequistão o quarto maior produtor e o segundo maior exportador mundial de algodão.[419]

Contudo, esse (aparente e efêmero) sucesso econômico provocou um dos maiores desastres ambientais da história. De fato, a destruição do mar e seus ecossistemas constitui um dos maiores feitos pelo homem em termos de desastres ambientais.[420] Em 1980, o fluxo de água dos rios Amudária e Sirdária era apenas de 10% daquele que foi registrado antes da irrigação e, desde a segunda metade da década de 90, nenhuma gota das águas dos rios tem chegado ao Aral, baixando seu nível 90 cm ao ano, sendo que seu litoral recuou aproximadamente 80 km.[421] A diminuição do leito d'água do Mar de Aral provocou, ainda, o aumento da salinidade da água. Isso bem como os poluentes industriais mataram a maioria dos peixes do Mar de Aral. Com efeito, a pesca comercial decresceu de 43.430 toneladas em 1960 para 17.460 toneladas métricas em 1970 para inexistente em 1980.[422] A salinização danificou mais de 6 mil hectares de terra. Consequentemente, a forração vegetal diminuiu em termos de qualidade e quantidade, o que acarretou a direta redução do número de animais domésticos.[423]

Hodiernamente, calcula-se que mais de um quarto do território da República do Cazaquistão não é mais adequado para a vida.[424] Os solos foram perdidos devido à desertificação que ocupa quase metade das pastagens.[425] Em algumas áreas a esperança média de vida foi reduzida em 15-20 anos em comparação com países desenvolvidos.[426]

Assim, não somente o desastre ambiental deve ser enfatizado, mas também o humano, do ponto de vista que a catástrofe se aliou à decadência econômica e social da região. Milhares de pessoas tiveram que migrar para outras regiões, pois a água, além de escassa, tornou-se imprópria para o consumo devido aos metais pesados usados nos agrotóxicos em plantações. Os vegetais que eram consumidos pela população foram contaminados por pesticidas que visavam combater as pragas nos algodoais, bem como os peixes que alimentavam e geravam fonte de renda para cerca de 70 mil pessoas.[427] Em consequência disso, nos últimos 20 anos, houve um aumento de doenças dos rins (relacionadas diretamente à salinidade da água), bronquite crônica, câncer de garganta dentre outros. As taxas de mortalidade maternal e infantil são, ainda, altíssimas.[428]

Há que se destacar, ainda, que o Cazaquistão foi palco de diversas deflagrações nucleares – testes nucleares – na era do regime comunista nos territórios de Semipalatinsk e regiões adjacentes do aterro de Pavlodar, o que acarretou danos irreparáveis à saúde humana e ao meio ambiente, causando também um aumento total da morbidade e mortalidade. Consequentemente, não se podem considerar as ações antropogênicas na região somente como infelicidade ambiental, mas verdadeira catástrofe[429] ambiental, social e econômica, cujos efeitos podem-se citar: a desertificação, a degradação do solo, o esgotamento e poluição das águas, a poluição do ar, a redução do número de florestas,

---

[419] TEIXEIRA, Simone Schmidt.; CORRÊA, Luciara Bilhalva.; *Ob. cit.*

[420] WHISH-WILSON, Phillip.; *Ob. cit.*

[421] OMAPOBA, H.K..; *Ob. cit.*

[422] WHISH-WILSON, Phillip.; *Ob. cit.*

[423] WHISH-WILSON, Phillip.; *Ob. cit.*

[424] WHISH-WILSON, Phillip.; *Ob. cit.*

[425] OMAPOBA, H.K..; *Ob. cit.*

[426] OMAPOBA, H.K..; *Ob. cit.*

[427] TEIXEIRA, Simone Schmidt.; CORRÊA, Luciara Bilhalva.; *Ob. cit.*

[428] TEIXEIRA, Simone Schmidt.; CORRÊA, Luciara Bilhalva.; *Ob. cit.*

[429] OMAPOBA, H.K..; *Ob. cit.*

a perda irreversível da biodiversidade e a destruição do material genético, a ativação do risco de vida, os acidentes de trabalho, a contaminação radioativa, o acúmulo de resíduos perigosos e os resíduos tóxicos.[430]

Com efeito, o declínio da região do Mar de Aral tem sido associado à perda de milhares de postos de trabalho, especialmente na pesca e atividades relacionadas. Os fatores negativos econômicos e sociais foram agravados, também, pela perda de apoio da ex-União Soviética. Enfim, a economia local foi praticamente aniquilada.[431]

1.1.4.3.1.2 Chernobyl

No território da ex-República Socialista Soviética da Ucrânia, próximo à cidade de Pripyat, sob o domínio da antiga União Soviética, na noite de 26 de abril de 1986, a quarta Central Nuclear de Chernobyl, literalmente, explodiu. Foi um dos maiores acidentes nucleares da história da humanidade.[432] As circunstâncias exatas da explosão ainda não foram devidamente clarificadas. A explosão teria causado a morte de 31 pessoas diretamente. Todavia, não se tem registro preciso de quantas mortes sucederam por causa do acidente nuclear. Mas calcula-se que faleceram de centenas a cem mil pessoas em decorrência da radioatividade somente no ano seguinte. De acordo com um relatório da ONU, mais de 12 milhões de pessoas foram afetadas diretamente pela radiação, sendo que mais de 4 milhões eram crianças.[433] Além disso, uma grande parte da Europa recebeu a contaminação radioativa. Até mesmo na China e nos Estados Unidos detectou-se aumento dos níveis de radiação. Os efeitos radioativos são sentidos até hoje.

A catástrofe de Chernobyl não teve (apenas) consequências ambientais.[434] Os seus reflexos – como uma radiação que contamina tudo – são sentidos em várias áreas. Um desses «efeitos colaterais»[435] foi justamente o questionamento da cega fé no progresso tecnológico. Um «suposto poder» do homem na sua capacidade de, através da técnica, dominar todos os elementos e variáveis da natureza foi posto em xeque. Nesse sentido, Ulrich Beck denomina a «era da incerteza» ou a «sociedade do risco» (*Risikogesellschaft*).[436] Assim, sentencia que o homem, hodiernamente, para manter o seu *status* de vida, corre riscos inerentes à era tecnológica. Nas próprias palavras de Ulrich Beck, Chernobyl foi o «choque antropológico».[437] O novo «reino das trevas», *comparável com os deuses e demônios da Idade Média que se ocultavam por trás do mundo visível e ameaçavam a vida humana, reside – hoje em dia – nos «teores tóxicos» (até mesmo dos alimentos) e no medo do* «holocausto *nuclear»*.[438]

---

[430] OMAPOBA, H.K..; *Ob. cit.*

[431] OMAPOBA, H.K..; *Ob. cit.*

[432] Cf. International Atomic Energy Agency – IAEA. *V.* em <http://www.iaea.org/>.

[433] Рой Александрович Медведев (MEDVEDEV, Roy.); A União Soviética, RA Medvedev, Os últimos anos de sua vida, O fim do império soviético, Moscou, 2010, (tradução livre). (end. e dat. disp.).

[434] Мелани Арндт (ARNDT, Melanie.;).; Chernobyl. As consequências do acidente no reator nuclear, A República Federal da Alemanha e o alemão República Democrática, Tradução – PhD Inga Levit, Centro de Educação Política da Turíngia, Regierungsstraße 73, 99084 Erfurt, 2012, (trad. livre), (end. e dat. disp.).

[435] BECK, Ulrich.; Risikogesellschaft: auf dem Weg in eine andere Moderne, Suhrkamp, Frankfurt a.M. 1986, (v. ver. ut.), p. 73

[436] BECK, Ulrich.; *Ob. cit.*

[437] BECK, Ulrich.; *Ob. cit.*, p. 89.

[438] BECK, Ulrich.; *Ob. cit.*, p. 89.

Outro legado insidioso de Chernobyl operou-se no campo psicológico.[439] De sorte, milhares (se não milhões) de pessoas tiveram que fugir de suas casas por causa da contaminação radioativa.[440] Porém, outros milhões de indivíduos continuam a viver em terras contaminadas. Assim, o medo da contaminação é constante até mesmo nos dias de hoje.[441] Ademais, justamente por causa da política de «não informação»[442] da antiga União Soviética, não se sabe ao certo, até hoje, o alcance e os impactos da radiação de Chernobyl, o que causa um efeito psicológico devastador na vida de milhares de pessoas.[443] De fato, o medo do *"Chernobyl – em todos os lugares"*[444] sedimentou-se inclusive na política. Há que se lembrar o fortalecimento dos *Partidos Verdes* após o acidente, notadamente na Europa.[445] Com efeito, no ano de 1983, o Partido Verde da Alemanha, *Die Grünen*, que nascera de associações por iniciativa dos cidadãos, chegou ao Parlamento, desbancando muitos partidos tradicionais, com o slogan *"Wir sind nicht rechts und nicht links, sondern vorn"*,[liv] e tinha como plataforma política a ecologia, responsabilidade social, democracia de base e não violência.[446]

Outro fator de influência do acidente de Chernobyl foi a possibilidade de retrocesso tecnológico.[447] Outrossim, movimentos políticos e sociais insurgiram após o acidente com o objetivo de impedir a utilização da energia nuclear, mesmo para fins pacíficos.[448] Há de se ressaltar que esse movimento foi aumentado ainda mais após o acidente nuclear de Fukushima. [O acidente nuclear na Central de Fukushima Daiichi ocorrido em março de 2011 no nordeste do Japão, o qual foi atingido por um terremoto de 9 graus na escala Richter e posteriormente por uma onda gigante (tsunami), em que apesar de ter acontecido em um Estado democrático e desenvolvido, cuja cultura e tecnologia se adaptaram para tornar esse risco aceitável, superou toda capacidade de resposta desenvolvida ao longo de séculos pelo Japão com a elevação ao *status* de grave acidente nuclear, com perda total dos quatro reatores envolvidos, devido ao derretimento dos seus núcleos e com liberação de radioatividade para o meio ambiente após explosões de hidrogênio, porém sem vítimas devido ao acidente nuclear].[449]

Mas o efeito colateral que aqui se assinala foram justamente as reações políticas e sociais que colaboraram para o fim do Estado Soviético, ou o «Colapso da URSS» («распад СССР»).[450] De fato, o acidente nuclear contribuiu para a percepção externa e interna da incapacidade do sistema comunista em lidar com as graves consequências da radiação. Logo após o acidente, apesar das consequências mundiais, a União Soviética

---

[439] Мелани Арндт, *Ob. cit.*

[440] Рой Александрович Медведев, *Ob. cit.*

[441] Мелани Арндт, *Ob. cit.*

[442] Мелани Арндт, *Ob. cit.*

[443] Мелани Арндт, *Ob. cit.*

[444] Мелани Арндт, *Ob. cit.*

[445] ANDREIS, Sergio., Haben wir ein „ Monster" geschaffen?, Aufstieg und Fall der Grünen in Italien, Grüne Identität In: Einem Sich Wandelnden Europa, Herausgeber: EU-Regionalbüro Brüssel, Brüssel, Oktober 2008. (end. e dat. disp.).

[446] FERREIRA, Ana Raquel Pinto Guedes.; História do Movimento Ambientalista: a sua Trajetória no Piauí, Universidade Federal do Piauí (UFPI), Programa Regional de Pós-Graduação em Desenvolvimento e Meio Ambiente (PRODEMA), Núcleo de Referência em Ciências Ambientais do Trópico Ecotonal do Nordeste (TROPEN), Mestrado em Desenvolvimento e Meio Ambiente (MDMA), TERESINA, 2008.

[447] Мелани Арндт, *Ob. cit.*

[448] Мелани Арндт, *Ob. cit.*

[449] Cf. Dados fornecidos pela Eletrobras Eletronuclear. (end. e dat. disp.).

[450] Борис Дубин, Символы возврата вместо символов перемен, Pro et Contra, сентябрь – октябрь 7, 2011

decidiu não divulgar as informações imediatamente. O acidente foi, inclusive, negado pelas autoridades governamentais até o possível.[451] Somente foi aceito pelas autoridades russas quando as agências internacionais detectaram a enorme nuvem de material radioativo espalhado por toda a região da Europa.

Porém, da dispersão do material radioativo ao momento da primeira manifestação da União Soviética, ocorreu um hiato temporal bastante prejudicial ao combate dos efeitos da radiação. Assim, primeiramente a nuvem radioativa atingiu o Belarus, a Ucrânia e a Rússia. Logo em seguida, o fluxo de partículas radioativas foi detectado nos territórios da Polônia, Escandinávia, Países Bálticos, Suíça, norte da França, no sul da Inglaterra e no sul da Alemanha. Dois dias após o acidente, ou seja, em 28 de abril, detectaram-se na Suécia níveis elevados de radioatividade no ambiente e nas roupas de trabalho dos empregados de uma fábrica. A primeira hipótese foi a indústria de energia sueca, porém, logo nos primeiros testes essa hipótese foi excluída. Somente com a percepção pela comunidade internacional do elevado nível de radiação proveniente da região de Chernobyl, a ex-URSS admitiu o acidente. Ou seja, mais de duas semanas mais tarde, em 14 de maio de 1986, o então líder da União Soviética, Mikhail Gorbachev, fez um breve discurso na frente das câmeras de televisão em que, pela primeira vez, reconheceu o acidente. *Verbis: Boa tarde, meus camaradas. Todos vocês sabem que houve um inacreditável erro – o acidente na usina nuclear de Chernobyl. Ele afetou duramente o povo soviético e chocou a comunidade internacional. Pela primeira vez, nós confrontamos a força real da energia nuclear, fora de controle"*. No mesmo discurso, já antevendo o uso político do acidente, Gorbachev declarava que Chernobyl estava sendo utilizado pelos governos, figuras políticas e os meios de comunicação de certos países da OTAN, especialmente os Estados Unidos e da República Federal da Alemanha, para fortalecerem a «campanha anti-soviética». Todavia, no discurso as verdadeiras extensões do desastre não foram anunciadas. As informações completas sobre o acidente e suas consequências e as medidas tomadas para proteger as pessoas também não foram explicitadas. Em vez disso, o Secretário-Geral acusou o governo e os meios de comunicação dos países da OTAN de disseminação de calúnias e mentiras, a fim de distrair atenção de seus próprios problemas, bem como sobre as iniciativas da União Soviética sobre o desarmamento nuclear. Fato é que, somente no final dos anos 80 do século passado, principalmente com as ações da Agência Internacional de Energia Atômica – AIEA, começou-se a receber mais informações, pelos governos locais, sobre a explosão no reator.

Assim, na primeira semana, não foi possível coordenar as atividades, ou, pelo menos, estabelecer troca de informações precisas entre o governo federal e o local para minimizar os danos. Houve acusações mútuas entre os governantes. O presidente do Conselho Municipal da Cidade de Düsseldorf Gerd Hegener descreveu a dependência do país em decisões dos governos federal e estadual como um obstáculo para gerir as consequências do acidente de Chernobyl.[452]

Com efeito, a incapacidade do governo soviético em lidar com a situação tornou-se para os cidadãos bastante óbvia. O sistema *comunista*, que já se encontrava com outros graves problemas (econômicos e sociais), começou a enfrentar também protestos por causa da catástrofe atômica. Assim, a primeira grande manifestação, com a presença de mais de 20.000 pessoas, foi realizada em setembro de 1989 em Belarus, o país mais

---

[451] Мелани Арндт, *Ob. cit.*
[452] Мелани Арндт, *Ob. cit.*

afetado pela precipitação.[453] Desde então, "Chernobyl March" (originalmente *cortejo fúnebre*") tornou-se obrigatório evento em cada aniversário do desastre. Os manifestantes exigiram mudanças na política de reassentamento das áreas contaminadas e a publicação do programa de reassentamento. Eles também exigiram levar à justiça os responsáveis pela política de ocultação das informações sobre o acidente dentro de três anos.[454] Como formulado pelo escritor Adamovich, os perpetradores deveriam ser levados a um «Nuremberg ecológico»[455] (em nítida referência ao célebre Julgamento de Nuremberg dos principais criminosos de guerra nazistas, realizado em 1945-1946) e ser considerados legalmente responsáveis.

Além disso, os manifestantes exigiam a democratização do sistema. Acima de tudo, os protestos têm-se centrado em questões sociais.[456] Em maior ou menor grau, o acidente de Chernobyl identificou a premente necessidade de mudanças econômicas e reformas sociais nos Estados sob a influência do sistema comunista soviético.[457] A União Soviética, desde o início dos anos 1970, já passava por grande fragilidade, evidenciada pela queda da produtividade dos trabalhadores e da expectativa de vida e, finalmente, o acidente nuclear de Chernobyl em 1986 veio culminar na deficiência pela qual a URSS passava.[458] Novamente, nota-se o enodamento borromeano entre os sistemas ambientais, sociais e econômicos, em confirmação à hipótese ora proposta.

O Estado soviético, tardiamente, tentou esboçar uma reação à estagnação econômica e operacional. Como cediço, o ex-governante Mikhail Gorbachov implementou a *Perestroika* e a *Glasnost*. Os passos mais importantes no caminho da introdução consciente do capitalismo na União Soviética, durante o governo de Gorbachov, foram o fim do monopólio do comércio exterior pelo Estado e as medidas que puseram fim à planificação da economia.[459] Todavia, o sistema já se encontrava em um colapso irreversível.

Assim, o insucesso das reformas econômicas com a *Perestroika* e da abertura política através da *Glasnost* deu vazão à pressão incontida das identidades nacionais distorcidas, reprimidas e manipuladas durante o comunismo soviético.[460] Se, em última análise, o sistema comunista (tentava) proteger o *cosmos* social, foi justamente a falta do enodamento entre os sistemas social, econômico e ambiental que o fez entrar em bancarrota (hipótese). A busca de identidades distintas da ideologia comunista provocou o enfraquecimento do Estado soviético de forma decisiva. O nacionalismo tornou-se a expressão máxima dos conflitos entre o Estado e a sociedade, sendo o fator político imediato que culminou no processo de desintegração da ex-União Soviética.

O Partido Comunista Soviético não estava em condições de lançar mão de mecanismos repressivos porque fora dividido, desconcertado e desarticulado pelas manobras de Gorbachev e pela infiltração em suas fileiras dos valores e projetos de uma sociedade reavivada.

---

[453] Мелани Арндт, *Ob. cit.*

[454] Мелани Арндт, *Ob. cit.*

[455] Мелани Арндт, *Ob. cit.*

[456] Мелани Арндт, *Ob. cit.*

[457] Мелани Арндт, *Ob. cit.*

[458] SHPUY, Oxana.; O Sistema Político Russo: Da Transição a uma Democracia Dirigida?, Universidade Fernando Pessoa, Porto, 2013. (end. e dat. disp.).

[459] CERDEIRA, Bernardo.; A natureza social da ex-União Soviética. Atualidade de uma polêmica, Revista Outubro, (end. e dat. disp.).

[460] BOETTKE, Peter J.; Why perestroika failed: the politics and economics of socialist transformation, Taylor & Francis e-Library, 2003.

CAPÍTULO 1
O ENODAMENTO INICIAL: O «SISTEMA» DO *HOMO ECONOMICUS* E O SISTEMA SOCIAL: UM PRELÚDIO DO NÓ BORROMEU | 101

O estatismo soviético não entrou em colapso sob o ataque de movimentos sociais nascidos das contradições entre o Estado e a sociedade civil. A experiência soviética demonstra que sistemas sociais podem desaparecer como vítima de suas próprias armadilhas, sem serem atacados de forma irreversível por agentes sociais mobilizados de forma consciente.

Quando o comunismo soviético se desintegrou, a ausência de um projeto coletivo alternativo, que fosse além do fato de ser "ex", disseminou o caos político e estimulou uma competição selvagem na corrida pela sobrevivência individual.

1.1.4.3.1.3 A contribuição da China de Mao Tsé-Tung: um grande salto para trás

Conforme já advertido, o exemplo ora proposto não se relaciona com a queda da ex-URSS. Na verdade, situa-se na geopolítica chinesa da era de Mao Tsé-Tung. Entretanto, está inserido no universo dos Estados controladores da economia. Assim, pode-se perceber que, na China comunista, também ocorreram problemas ambientais, sociais e econômicos.

De fato, como consequência da política na China intitulada «Grande Salto para a Frente»,[461] comandada por Mao Tsé-Tung,[lv] no final da década de 1950 e início dos anos 60, a China enfrentou uma grave crise, econômica e social, que causou a morte de milhões de pessoas.[462] Em seu programa de política econômica, Mao Tsé-Tung tentou implementar um programa de irrigação, sem contudo observar as características ambientais locais. Para atingir um nível de desenvolvimento industrial superior ao da Inglaterra, promoveu a construção de represas e reservatórios. Ao todo, em 1960, 3 represas de grande porte, 6 de porte médio e 223 pequenas foram construídas. A política econômica ainda consistia em convocar os cidadãos, que na maioria das vezes eram oriundos do campo, a produzirem aço, praticamente no fundo do quintal. Com efeito, a produção agrícola do outono de 1958 apodreceu nos campos, posto nem haver trabalhadores suficientes para fazer a colheita.[463]

Em setembro de 1958, 40 milhões de trabalhadores estavam operando 500 mil fornalhas.[464] O número de trabalhadores logo subiu para 90 milhões. O excedente da produção de ferro acarretou uma superoferta, sem o correlativo consumo. Com efeito, o excedente teve que ser «jogado fora».[465] Ainda como parte da política do Grande Salto, o governo chinês deflagrou uma Campanha das Quatro Pestes,[466] com o objetivo

---

[461] MEDEIROS, Carlos Aguiar.; Economia e Política do Desenvolvimento Recente na China, Revista de Economia Política, vol. 19, nº 3 (75), Julho-Setembro, 1999.

[462] ROUX, Alain.; 1968 na China: ano de todos os perigos, tradução: Gilberto Correia Silva, Revista Espaço Acadêmico, nº 84, maio de 2008, (end. e dat. disp.).

[463] SANTOS LOPES, Helena Ferreira.; O grande salto no abismo, Recensão do livro Frank Dikötter Mao's Great Famine: The History of China's Most Devastating Catastrophe, 1958-62, Londres, Bloomsbury, 2010, 420 páginas, In. Instituto Português de Relações Internacionais da Universidade Nova de Lisboa (IPRI-UNL), Revista de Relações Internacionais, Junho, 2012, 34, pp. 133-137.

[464] CARDOSO, Eliana.; A Fome que Matou 45 Milhões de Chineses, Valor Econômico, 18.3.2011.

[465] CARDOSO, Eliana.; A Fome que Matou 45 Milhões de Chineses, …

[466] KAPP, William J.; Environmental Policies and Development Planning in Contemporary China and Other Essays, Mouton, Paris, The Hague, 1974.

de eliminar as «quatro pragas»:[467] os ratos, pardais, moscas e mosquitos, considerados inimigos públicos por consumir alimentos, que deveriam ser destinados aos homens.[468]

Após uma grande campanha publicitária de ordem pública, o governo chinês incentivou as crianças a quebrarem os ovos, mantarem os filhotes e atirarem (mediante estilingue) nos pássaros. Com efeito, os pardais praticamente foram eliminados, notadamente na província de Shandong (com a morte de mais de dois milhões de aves).[469]

Contudo, após a matança dos pardais, os gafanhotos se multiplicaram. Afinal, os pardais não comiam somente arroz, mas tinham uma dieta principalmente de gafanhotos. Assim, os insetos, por não terem mais predadores naturais, reproduziram-se de forma desordenada. Com efeito, com o desequilíbrio do ecossistema, os gafanhotos arruinaram as plantações. Fato é que a política desencadeou um dos períodos de maior miséria e fome da história moderna da China.[470] No ano de 1959, a produção de arroz foi menor do que a do ano anterior, o que provocou a fome de mais de trinta milhões de chineses.[471]

1.1.5 Críticas ao modelo estrutural liberal da economia

Assim como acontece na *constelação* jurídica, as críticas aos modelos estruturais econômicos são grandes. Não sem razão, ao fomentar uma concepção (meramente) formalista da economia capitalista (autorreferencial), as (mesmo que mínimas e basilares) necessidades da vida e do indivíduo não são consideradas, permanecendo um «mero entorno», no qual a "teoria econômica se vê obrigada (de outra maneira não seria útil) a manter sangue-frio diante da diferença rico/pobre. As almas simples tentam fazer oposição ao anterior recorrendo à ética".[472]

Com efeito, na primeira crítica ao sistema (jurídico) pela teoria de Luhmann, na qual um sistema jurídico é (apenas) uma norma que se consegue estabelecer enquanto norma, de conteúdo neutro, a ser seguida, abstraindo-se completamente de qualquer valor ou conteúdo material e valorativo, pode-se emergir (novamente) um sistema jurídico com normas e imperativos (autopoiético), porém completamente injusto, como aconteceu, aliás, no sistema jurídico-constitucional (sob o ponto de vista exclusivamente da forma) nazista.[473]

Em uma visão global, pode-se questionar ainda que "a abordagem tecnicista que prioriza o crescimento econômico como caminho para erradicar a pobreza é que ela

---

[467] PALESE, Adriana.; The Great Leap Forward (1958-1961), Historical events and causes of one of the biggest tragedies in People's Republic of China's history, Språk- Och Litteraturcentrum, Kandidatuppsats, KINK01, Höstterminen 2009. (end. e dat. disp.).

[468] PONSETI, Marta.; LÓPEZ-PUJOL, Jordi.; The Three Gorges Dam Project in China: history and consequences, Universitat Autònoma de Barcelona, Departament d'Història Moderna i Contemporània, Revista HMiC, Orientats, número IV, 2006, (end. e dat. disp.).

[469] CHAN, Alfred L.; The Campaign for Agricultural Development in the Great Leap Forward: A Study of Policy-Making and Implementation in Liaoning, The China Quarterly, No. 129 (Mar., 1992), pp. 52-71 Published by: Cambridge University Press on behalf of the School of Oriental and African Studies Stable, (end. e dat. disp.).

[470] LI, Wei.; YANG, Dennis Tao.; The Great Leap Forward: Anatomy of a Central Planning Disaster, The University of Chicago, Journal of Political Economy, 2005, vol. 113, no. 4, (end. e dat. disp.).

[471] SALVADOR, Alexandre.; Invasores Mortais, In Revista Veja, Edição nº 2234, ano 44, nº 37, 14 de Setembro, 2011, p. 104.

[472] DUSSEL, E.; Ética da libertação: na idade da globalização e da exclusão, 2. ed., Petrópolis: Vozes, 2002, *Cf. Apud.* MISOCZKY, Maria Ceci A.; *Ob. cit.*

[473] KAUFMANN, Arthur. Rechtsphilosophie,; Verlag C. H. Beck oHG, München, 1997. (v. ver. ut.), p. 300.

trata a fome, a habitação e a saúde como necessidades e não como direitos humanos fundamentais".[474] Afinal, ao se manter o olhar somente sob o ponto de vista econômico (lucro/não lucro), os direitos humanos, principalmente na questão da dignidade da pessoa humana, podem ficar por deveras reduzidos, com a exclusão de dimensões importantes.

O próprio conceito de pobreza – na ótica dos direitos humanos – tem que se expandir do mero conceito econômico. De fato, os direitos humanos enxergam a pobreza como a negação de escolhas e, principalmente, de oportunidades. Assim, para os direitos humanos, a pobreza significa a ausência de capacidades básicas para participar efetivamente na sociedade. Significa, ainda, insegurança, falta de poder, exclusão de indivíduos, domicílios e comunidades. Também significa suscetibilidade à violência e frequentemente implica viver em ambientes marginais e frágeis, sem acesso à água ou ao saneamento básico.[475] No mesmo sentido, já adverte Kant que, «no reino dos fins, tudo tem um preço ou uma dignidade. Quando uma coisa tem preço, pode ser substituída por algo equivalente; por outro lado, a coisa que se acha acima de todo o preço, e por isso não admite qualquer equivalência, compreende uma dignidade».[476]

Do mesmo modo, um sistema econômico o qual «enxerga» somente o lucro (dinheiro/não dinheiro) não encontra óbice na escravidão ou nas mazelas dos trabalhos infantis, na degradação ambiental (muitas vezes irreversíveis), na miserabilidade e pobreza absoluta, na favelização, na ascensão das enormes disparidades sociais, no desemprego, bem como na extinção de valores (minimamente) humanos. Também não encontra dificuldade argumentativa no tráfico de pessoas, de órgãos, de seres vivos e de substâncias entorpecentes e drogas ilícitas. As discrepâncias sociais provocadas por um sistema econômico completamente excludente não têm o condão da sustentabilidade.

Do mesmo modo, um direito que não seja autorreflexivo, mas heterovinculado aos anseios sociais e ambientais, como os problemas citados, apático à noção de certo ou errado, instrumentalista, sem matéria de fundo, incapaz de distinguir entre ações justas ou injustas (por mais abstrato que possa invocar os conceitos de justiça), perde a sua qualidade mais humana, qual seja, a capacidade de se autoquestionar: é um direito sem consciência de seu próprio papel enquanto fomentador de uma sociedade mais humana (no sentido *lato* da palavra). De fato, o direito enquanto mera forma abre margem para o colapso social, seja em sistemas nazistas, seja pela escravidão ou em destruição ambiental.

Absolutamente, não é meramente uma «defesa» dos ditos valores dos direitos humanos dentro do «sistema jurídico» ou do «sistema econômico», o que se verá mais adiante, mas uma reflexão sobre a inviabilidade do próprio Estado enquanto «*ser*» autopoiético; isto é, capaz de se autorregulamentar através da auto-observação com o fito de se reproduzir (manutenção). O que se pretende comprovar nessa tese é a defesa na qual somente há Estado passível de *continuum* existencial se se garantir um (mínimo) de liberdade econômica fomentadora do desenvolvimento econômico *enodado* com os sistemas (de proteção) ambientais e os sistemas sociais, os quais também estão *enodados* entre si, constituindo, assim, um novo sistema, dito sustentável.

---

[474] ABEYSEKERA, S.; Development and Human Rights. Nova York, Women's International Coalition for Economic Justice (Wicej), 2003. (end. e dat. disp.).

[475] ROBINSON, M.; Mobilizing People to Claim Rights. New York, Wicej, 2003. (end. e dat. disp.).

[476] KANT, Immanuel.; Die Metaphysik der Sitten, 1785, (v. ver. ut.).

Assim, «*como em um passe de mágica*» o desatamento de qualquer um desses sistemas citados (desenvolvimento econômico, proteção ambiental e igualdade social) implica o esfacelamento do próprio Estado (e também de qualquer empresa).

1.1.5.1 Na constelação empírica: percurso histórico da interferência do Estado nas relações de produção, distribuição e consumo

Com a global crise econômica de 2008, incipiente justamente no sistema bancário dos Estados Unidos – até então considerado o mercado mais estável –, que se alastrou rapidamente para a Europa e para o resto do mundo capitalista, através da bolha do *subprime*,[477] o universo econômico viu-se novamente no ciclo repetitivo de uma anatomia de crises – em termos históricos – do *boom*, da euforia, das manias (*bubbles*),[lvi] do pânico e do *crash*,[478] o que rememora os discursos intervencionistas.

Afinal, há *Estado* sem intervenção na economia, seja como regulador ou produtor?

Pela análise histórica dos vetustos textos jurídicos,[479] percebe-se que a regulação dos mercados pelos governantes é mais antiga do que se propaga. Assim, mister se faz estabelecer um percurso histórico sobre as interferências governamentais sobre a economia, notadamente do ponto de vista jurídico.

De fato, no prelúdio da história[lvii] da humanidade, as *leis de Eshunna*[lviii] (1930 a.C.) já determinavam, justamente nos seus primeiros artigos, a interferência do poder real no domínio econômico, a fim de coibir altas dos preços de alimentos, na tentativa de estabilizar o custo de vida dos antigos povos da Babilônia. A garantia de pagamento mínimo por trabalho realizado, para cada profissão, também era contemplada pela legislação (estipulação de um salário mínimo).[lix]

Quase trezentos anos depois, o Código de Hammurabi (1726 e 1686 a.C.),[lx] a legislação mais conhecida da antiga Mesopotâmia, também não era indiferente às interferências governamentais na economia, que entendia serem necessárias *para trazer a justiça na terra, (…), para que os fortes não ferissem os fracos (…), e trouxesse esclarecimento à terra,* (bem como) *para assegurar o bem-estar da humanidade (…).*[480] Dever-se-ia estabelecer, a exemplo das *Leis de Eshunna*, uma forte regulamentação de preços e salários.[481] Só assim, Hammurabi, se autorreferenciando, afirma que *deu a eles* (o povo) *um pouco da paz babilônica.*[482] Dessa forma, no entendimento do legislador babilônico "… *para que o forte não prejudique o mais fraco, a fim de proteger as viúvas e os órfãos, (…) (bem como) para falar de justiça a toda a terra, para resolver todas as disputas e sanar todos os ferimentos (…)*[483] era necessária uma intervenção – nem que fosse regulatória – da economia.

O teocrático sistema jurídico hebreu, que se inicia praticamente com o Rei Davi (aproximadamente em 1050 a.C.), sucessor de Saul, e teve o seu apogeu – milenar – com o direito canônico da Idade Média, enxertado o *Novum Testamentum* e as ideias cristãs,

---

[477] Sobre o assunto há inúmeros artigos. Por todos, BIANCO, Katalina M.; The Subprime Lending Crisis: Causes and Effects of the Mortgage Meltdown, CCH Mortgage Compliance Guide and Bank Digest, 2008, (end. e dat. disp.).

[478] KINDLEBERGER, C. P.; Manias, Panics and Crashes. New York: Basic Books, 1978.

[479] Para ter acesso aos referidos textos, ver em ALBERGARIA, Bruno.; Histórias do Direito….

[480] Preâmbulo do Código de Hammurabi

[481] Artigos 241 a 277 do Código de Hammurabi.

[482] Preâmbulo do Código de Hammurabi.

[483] Epílogo do Código de Hammurabi.

O ENODAMENTO INICIAL: O «SISTEMA» DO *HOMO ECONOMICUS* E O SISTEMA SOCIAL: UM PRELÚDIO DO NÓ BORROMEU

também tinha as suas normas jurídicas intervencionistas da economia. Assim, no Antigo Testamento, por exemplo, o princípio jurídico da proibição da usura é expresso: "A teu irmão não emprestarás com juros, nem dinheiro, nem comida, nem qualquer coisa que se empreste com juros".[484] Porém, em ruptura com a noção moderna de universalidade da norma (princípio da igualdade), o diploma legal hebraico-católico-cristão determina que "Ao estranho emprestarás com juros, porém a teu irmão não emprestarás com juros; para que o SENHOR teu Deus te abençoe em tudo que puseres a tua mão, na terra a qual vais possuir".[485]

Não completamente destituído de fundamento, Max Weber propôs que o capitalismo não é, por si só, causador exclusivo da forte acumulação de renda verificada em algumas culturas ocidentais, mas que as religiões estruturadas no antigo testamento (aludia o doutrinador ao protestantismo e ao calvinismo) contêm em seu *ethos* o germe da riqueza.[486]

No período medievo, a economia encontrou um período de "escassez endêmica",[487] caracterizado pela baixa produtividade agrícola e artesanal. Como efeito colateral da redução da produção, houve uma retração do consumo, bem como do comércio. De fato, a economia monetária involuiu em termos gerais na Idade Média, inclusive aos níveis primitivos de troca direta e ruralismo.[488] Nesses termos, com a economia estruturada na agricultura, o predomínio político, econômico e, principalmente, ideológico[489] concentrou-se na igreja Católica Apostólica Romana,[lxi] a qual detinha a propriedade da maioria das terras cultiváveis, em forma de feudos. Outrossim, mesmo com o domínio da Igreja, algumas grandes propriedades rurícolas pertenciam às coroas e aos mais poderosos nobres. Todavia, enquanto os domínios daqueles se fracionavam gerações após gerações, por meio de guerras, doações e partilhas sucessórias, os domínios eclesiásticos mantiveram-se indivisos, por força do celibato imposto aos clérigos.[490] Aliás, a concentração de terras por parte da Igreja ao longo do período medievo fora acentuado. Assim, a interferência era não só regulatória, mas, também, direta como agente produtor dos bens de consumo. Nota-se, nessa altura, uma verdadeira *simbiose* entre os interesses públicos e privados, sem, às vezes, conseguir sequer identificar um *e* outro.

A formação dos Estados (europeus) modernos não se deu do dia para a noite. Foi um processo não somente de transição política, mas também cultural, religiosa, científica e, também, econômica.[lxii] A transição do sistema teocrático feudal, característico da Idade Média, para os Estados Modernos operou-se por vários fatores.[491] Algumas descobertas tecnocientíficas foram determinantes para o surgimento de uma nova forma de pensar (filosofia) e de construir novas normas de conduta (Direito) para o mundo

---

[484] Deuteronômio 23:19.

[485] Deuteronômio 23:20.

[486] WEBER, Max.; Die Protestantsche Ethik Und Der Geistz des Kapitalismuns. In: Archiv fur Sozialwissenschaft und Sozialpolitik. Tubinger, 1904/5. Vols. XX e XXI (v. ver. ut.).

[487] FRANCO JÚNIOR, Hilário.; A Idade Média: nascimento do Ocidente, 2ª ed. rev. e ampl., São Paulo: Brasiliense, 2001, p. 39.

[488] BURNS, Edward McNall.; Western Civilizations, Their History and Their Culture, W.W. Norton & Co. Inc. New York, 1949 (v. ver. ut.), p. 256.

[489] HOFFMANN, Mauro da Silva.; O Domínio Ideológico da Igreja Durante a Alta Idade Média Ocidental, Revista Historiador Especial, História Antiga e Medieval, Número 01, Ano 03, Julho de 2010, págs. 105-112.

[490] FRANCO JÚNIOR, Hilário.; A Idade Média: nascimento do Ocidente, 2ª ed. rev. e ampl., São Paulo: Brasiliense, 2001., p. 41

[491] Sobre o tema, ver melhor em ALBERGARIA, Bruno.; Histórias do Direito...

ocidental.[492] O deslocamento econômico feudal para o mercantilismo-burguês, através do aumento do fluxo comercial na Europa Ocidental, que fomentou o renascimento dos *burgos*, incrementando a economia monetária e creditícia, enfraqueceu o sistema feudal e sedimentou as monarquias, operando uma verdadeira «recentralização do poder».[493]

Até mesmo o surgimento de *novas* religiões – em contraposição ao monopólio absoluto da igreja Católica Apostólica Romana, a qual defendia a «usura como prática pecaminosa» no auge da Idade Média – como, por exemplo, o protestantismo, fora fator de mudanças econômicas.[494] De fato, para a religião de Calvino, invocando São Paulo, em que "Tudo é para os eleitos", a riqueza era sinal de «bem-aventurado» de Deus; isto é, um sinal divino da predileção divina.[495] Uma nova ética econômica despontou na Europa, alcançável até mesmo para os não protestantes. Para Weber, o protestantismo constituiu-se num instrumento de vigoroso estímulo ao capitalismo.[496] De fato, por causa de sua crença, o religioso protestante, com o objetivo legítimo de acumular riqueza (como sinal de ser o escolhido por Deus), empenhava-se ao máximo para prosperar na sua atividade econômica, bem como evitava o desperdício de suas riquezas, com gastos desnecessários.[497]

Ao término das guerras religiosas que assolavam o território europeu,[lxiii] a paz foi reestabelecida com o jus-racional Tratado de Westfália (1648), considerado como a «certidão de nascimento»[498] dos Estados Modernos.[499] Dessa feita, a filosofia jurídica da época, sedimentada em nomes como de *Niccolò Machiavelli* (1469-1527), *Jean Bodin* (1529-1596) e *Hugo Grotius* (1583-1645), tendia a construir Estados fortes e centralizadores (Estados Absolutistas), laicos e soberanos.[lxiv] Não será aqui objeto de estudo e análise da história econômica. Por isso, não se pretende desenvolver todo o ciclo capitalista, com as suas várias fases, tais como o mercantilismo e a industrialização. O escopo é (apenas) caracterizar a interferência do governo na economia, através de uma leitura histórica, para se concluir (e comprovar) que a interferência, seja direta (como agente produtor, distribuidor ou até mesmo no consumo) ou indireta (reguladora) sempre existiu.

Apesar de não se fazer uma prospecção mais acurada no sistema mercantilista, fato é que foram justamente «os primeiros a dar-se conta da importância da intervenção do estado na vida econômica e a compreender a dinâmica do desenvolvimento econômico».[500] Essa percepção por parte dos mercantilistas se dá pela imposição dos

---

[492] Para uma análise histórica, ver em ALBERGARIA, Bruno., A Construção histórica dos Estados modernos (absolutistas) no mundo ocidental, Meritum, BH, vol. 7, n. 1, p. 81-109, jan./jun., 2012.

[493] FRANCA FILHO, Marcílio Toscano.; História e razão do Paradigma Vestefaliano, Anuario de Derecho Constitucional Latinoamericano, 2006, Bibl. jurídica Virtual del Instituto de Investigaciones Jurídicas de la UNAM, p. 1445-1465, (end. e dat. disp.). V.*tb*, ALBERGARIA, Bruno. Histórias do Direito....

[494] WEBER, Max,; Die Protestantsche Ethik Und Der Geistz des Kapitalismuns. ...

[495] AVELÃS NUNES, António José.; Uma Volta ao Mundo das Ideias Económicas. Será a Economia uma Ciência?, Coimbra: Almedina, 2008, p. 55.

[496] WEBER, Max.; Die Protestantsche Ethik Und Der Geistz des Kapitalismuns. ...

[497] CUNHA, Jonas Araujo da.; A Ética Econômica Calvinista Segundo Calvino, ANPUH – XXV SIMPÓSIO NACIONAL DE HISTÓRIA – Fortaleza, 2009, (end. e dat. disp.).

[498] Expressão encontrada em FRANCA FILHO, Marcílio Toscano.; História e razão do Paradigma Vestefaliano, ... Ver também, ALBERGARIA, Bruno. Histórias do Direito....

[499] Afirmativa encontrada, dentre tantos outros, em CANOTILHO, J. J. Gomes.; Direito Constitucional e Teoria da Constituição, Coimbra: Almedina, 7ª edição, 2004.

[500] AVELÃS NUNES, António José.; Uma Volta ao Mundo das Ideias Económicas, ..., p. 72.

Estados na proteção do mercado interno, bem como no financiamento das grandes navegações por parte do poder público.[501]

Ainda no início do surgimento dos Estados modernos ocidentais, também se verificou o aparecimento das primeiras grandes corporações com características nítidas de transnacionais. Assim, cita-se, como primórdio dessas relações *umbilicais* entre a iniciativa privada – praticada por empresas – e o Poder Público – muitas das vezes, exercido por reis e rainhas –, a empresa *Staple of London*, que, em 1357, obteve o direito de receber uma taxa sobre o valor das exportações de lã em troca do financiamento das guerras de Eduardo III, da França. Outro exemplo do *mundo da economia* foi o Banco *Medici*, fundado por Giovanni di Bicci de Medici, em 1397. Chegou a financiar quatro Papas e duas Rainhas da França. Com efeito, teve grande influência na vida política da Itália e de outros países. Provavelmente, como algumas das maiores transnacionais de todos os tempos, enumeram-se as companhias *majestáticas* – que combinavam os esforços de governos e de mercadores para atingirem lucro, poder e riquezas como nunca visto.

Assim, apesar do primeiro registro histórico desse tipo de sociedade – em que é atribuído algum monopólio de comércio por parte do rei (licença real) – ser a Companhia Russa, de 1555, as duas grandes companhias, dentre tantas outras, foram a inglesa *Company of Merchants of London Trading to the East Indies*,[502] que, através de uma determinação real da Rainha Elizabeth, detivera o monopólio do comércio com as Índias Orientais (colônias inglesas), notadamente do chá, por mais de quinze anos,[lxv] que, direta e profundamente, exerceu enorme influência na política da Índia,[503] e a empresa rival Companhia Holandesa da Índia Oriental, *Vereenigde Oost-Indische Compagnie*, ou vulgarmente *VOC*, que no auge do seu "império" chegou a ter um exército de 10 mil soldados, mais de 40 mil funcionários, fundou a cidade do Cabo, colonizou boa parte dos Estados Unidos da América (a baía de Hudson foi batizada pela *VOC*) e tinha como norma fundante "atacar os espanhóis e os portugueses onde quer que os encontrem".[504]

Enfim, a *summa divisio romana* entre atos públicos e privados,[505] definitivamente, não fora barreira para o crescimento do poder econômico, militar e político dessas companhias, muito antes pelo contrário. De fato, contavam com as benesses públicas (monopólios) para atingirem seus objetivos. Há de se ressaltar, também, o fomento e financiamento da prática da pirataria por parte dos Reinos Unidos, pelos navios ingleses, contra os navios portugueses e espanhóis, em que os interesses dos Estados se confundiam com os interesses privados.

Fato é que a simbiose dos interesses entre as empresas transnacionais (mundo privado) e os Estados (cosmos público) de origem não é, de forma alguma, fato recente e nem excludente da atualidade. Neste contexto, há quem defenda – *apesar dos exageros* – "os governantes das nações dos planetas como vassalos modernos, a serviço do capital internacional e prestando vários serviços para engordar o lucro dos nobres milionários, renunciando à soberania dos próprios países, privatizando o patrimônio público e institucionalizando o roubo das riquezas naturais".[506]

---

[501] BURNS, Edward McNall.; *Ob. cit.*, p. 449 e segs.

[502] O Conselho Supremo da Companhia incluía todos os acionistas com direito a voto e constituía-se, na sua grande maioria, de políticos do Parlamento inglês e membros dos Tribunais. *Cf. Apud*. MICKLETHWAIT, John., & WOOLDRIDGE, Adrian., The Company, ..., p. 42.

[503] Cf. Apud. MICKLETHWAIT, John.; & WOOLDRIDGE, Adrian.; *Ob. cit.*, p. 45.

[504] Cf. Apud. MICKLETHWAIT, John.; & WOOLDRIDGE, Adrian.; *Ob. cit.*, p. 39.

[505] Institutas, título I, §4º.

[506] SELLA, Adriano.; Globalização neoliberal e exclusão social, ..., p. 24.

Assim, novamente em incursão pela história da formação das empresas transnacionais, cita-se o surgimento das empresas de *trustes*, por volta de 1880, justamente com a constituição dos primeiros grandes impérios do ramo petrolífero, cujos exemplos são as empresas *Royal-Dutch-Shell* e *Standart Oil*. No setor minerário, surgiram as *Asturiana das Minas*, a *International Nickel* e, ainda, a *Rio Tinto Zinc*. Também faz-se referência aos grupos industriais *Singer* (1888), *Corn Products* (1892), *Siemens* (1892), *Nestlé*[lxvi] (1893), *Schneider* (1887). Quase todas essas empresas tiveram – ou ainda têm – certa simbiose com os Estados de origem.

Sempre na tentativa de fortalecer a riqueza interna de cada nação, a tendência dos governantes no período mercantilista fora a proteção, mediante ações interventivas diretas, das suas riquezas. Enquanto os espanhóis tentaram conservar dentro do território uma maior quantidade de ouro e prata – provenientes das lucrativas colônias ultramar – na esperança de conseguirem preservar a riqueza interna, os venezianos proibiram até mesmo a saída de pessoas da ilha de Murano no intuito de manterem o monopólio da fabricação de vidros.[lxvii]

Também visando promover a (re)estruturação do Estado Francês, *Jean-Baptiste Colbert* (1619-1683), ministro das finanças do rei Louis XIV, tentou controlar a balança comercial francesa, impondo restrições às importações. Para o economista, a exportação deveria ser maior do que a importação. Com efeito, a economia (poupança) do Estado francês seria positiva. Há que se lembrar que, no Estado Absolutista, o rei não tinha, praticamente, opositores políticos legítimos. Assim, a política intervencionista *absoluta*, seja jurídica, econômica ou política, não encontrava maiores óbices. Afinal, nem o próprio rei sabia onde terminava a sua figura e começava a do próprio Estado.[lxviii] Ficou famosa a frase *"L'État c'est moi"*,[507] ápice máximo da intervenção do Estado, em qualquer assunto e de qualquer forma.

Com efeito, para os governantes franceses da época, a política econômica deveria centrar-se no fomento das exportações, principalmente dos produtos de luxo. Pode-se aduzir, inclusive, que as questões alusivas à intervenção na economia constituíram uma das principias preocupações das políticas governamentais.[508] Qualquer tentativa da nova classe burguesa, ávida em acumular capital através dos seus negócios de importação e exportação, era veementemente obstacularizada pela via burocrática, estatizante e protecionista. Digno de nota, o bordão atribuído ao comerciante burguês *Legendre*,[509] ao reclamar, nos balcões alfandegários burocráticos franceses, quando Colbert lhe perguntou o que o Estado poderia fazer para ajudá-lo,[lxix] deu a resposta que entrou para a história: *"laissez faire, laissez aller, laissez passer. Le Monde va de lui même"*.[lxx]

Porém, os governantes sucessores de Louis XIV eram menos habilidosos, tanto na política quanto na administração da coisa pública bem como da economia. Assim, o *déficit público* induziu o Estado Francês a novas crises econômicas. Outrossim, o economista Quesnay (1694-1774) defendia a agricultura como a atividade produtiva por excelência, enquanto que todas as demais seriam estéreis.[510] Com efeito, Quesnay tentou

---

[507] ROWEN, Herbert H.; L'État c'est moi: Louis XIV and the State, Duke University Press and Society for French Historical Studies are collaborating with JSTOR to digitize, preserve and extend access to French Historical Studies, Source: French Historical Studies, Vol. 2, No. 1 (Spring, 1961), pp. 83-98, (end. e dat. disp.).

[508] AVELÃS NUNES, António José.; Uma Volta ao Mundo das Ideias Económicas, ..., p. 72.

[509] KEYNES, John Maynard.; The End of Laissez-Faire, 1926, p. 11

[510] COSTA, Márcia Bittencourt da.; Contabilidade Governamental x Contabilidade Nacional: a mensuração do investimento público no Brasil Monografia – Curso de Especialização em Orçamento Público – Tribunal de Contas da União, Câmara dos Deputados, Senado Federal – 2º, Semestre de 2008.

vincular a economia francesa a bases do primeiro setor em detrimento dos demais, a ponto de incomodar os insurgentes iluministas-burgueses. Em verdade, tinha características liberais. A par dessa discussão, é considerado um dos maiores expoentes da chamada Escola Fisiocrática, segundo a qual o funcionamento da economia resultava de uma ordem natural.[lxxi]

De fato, no ano de 1758, Quesnay elaborou um modelo econômico o qual acreditava ser uma representação fiel do funcionamento da economia como um todo, denominado de *"Tableau* Économique".[511] Tinha como escopo representar o fluxo circular de produção, circulação e distribuição da riqueza numa economia ideal e livremente competitiva. Por isso pode ser considerado como um liberal, afinal, entendia que a sociedade era semelhante ao organismo físico (a circulação de riqueza e bens na economia era comparada à circulação do sangue no corpo). Nesse modelo, tudo deveria funcionar de uma forma simples e lógica (natural), sem interferências externas. Contudo, paradoxalmente, Quesnay defendia que o Estado deveria fomentar a agricultura, em detrimento dos outros setores da economia. Fato é que o *Tableau* constituiu-se, à época, na mais profunda e ousada obra do pensamento econômico, podendo ser considerado um distante e rudimentar precursor da análise de equilíbrio geral.[512]

A Grã-Bretanha[513] *explodiu*[514] o mundo com a máquina a vapor de James Watt, de 1765. Os (vários) fatores que favorecerem a Revolução Industrial[515] geralmente são enumerados como: o acúmulo de capital originário do mercantilismo favorável;[516] abundância de carvão e ferro; mão de obra barata (originária do campo).[517] Contudo, os fatores que induziram o início da Revolução Industrial na Grã-Bretanha são mais complexos do que os já descritos. Alguns autores defendem, inclusive, como elemento preponderante, o surgimento de uma literatura econômica eminentemente liberal.[518]

De certo, para a mudança do paradigma econômico, ou seja, do feudalismo para o capitalismo, muitos fatores foram importantes. Não basta que haja pessoas e que estas vivam em cidades, é necessário, ainda, que se incremente a produtividade através de novas técnicas e que, principalmente, a força social de trabalho seja redistribuída, alterando o trabalho humano, inicialmente agrícola, para a industrial, com o intuito de massificar a produção e especificar o trabalho. Com efeito, o trabalhador, por ser operário, não consegue mais produzir todos os produtos que consome, inclusive os produtos alimentícios. Necessita, assim, de «comprar» os bens que não produz, mas demanda. E só conseguirá comprar mediante o pagamento de um «salário», por menor que seja. A sociedade inglesa, através de um processo histórico, foi, aos poucos, construindo as bases para a modificação do modo de produção e, da mesma forma,

---

[511] Sobre o tema, ver em AVELÃS NUNES, António José.; *Ob. cit.*

[512] COSTA, Márcia Bittencourt da.; *Ob. cit.*

[513] O'ROURKE, Kevin H.; The worldwide economic impact of the French Revolutionary and Napoleonic Wars, 1793-1815, Journal of Global History 1, London School of Economics and Political Science, 2006, págs. 123-149.

[514] Expressão utilizada por HOBSBAWM, Erikc.; The Age of Revolution 1789-1848, Vintage Book, USA: New York, 1996.

[515] Por todos, HOBSBAWM, Erikc.; *Ob. cit.*

[516] FALCON, Francisco José Calazans.; O império luso-brasileiro e a questão da dependência inglesa – um estudo de caso: a política mercantilista durante a Época Pombalina, e a sombra do Tratado de Methuen, nova Economia, Belo Horizonte, 15 (2), maio-agosto de 2005, págs. 11-34.

[517] HOBSBAWM, Erikc.; *Ob. cit.*, p. 67.

[518] V. melhor em HOBSBAWM, Erikc.; *Ob. cit.*. Ainda, DUDLEY, Leonard.; Mothers of Innovation: How Expanding Social Networks Gave Birth to the Industrial Revolution, Cambridge Scholars Publishing, 12 Back Chapman Street, Newcastle upon Tyne, NE6 2XX, UK, 2012.

criando um potencial mercado consumidor para os produtos que mais tarde seriam produzidos em massa.[519]

Neste contexto, o escocês Adam Smith repudia a conta aritmética do francês Colbert, nega a horta de Quesnay, fortalece a teoria do *laissez faire, laissez passer*. Porém, solidifica o seu modelo econômico estruturado nas modernas ideias iluministas da liberdade (plena de contratualização) e igualdade.[520] Todos os homens (e mulheres e crianças também) seriam iguais e, por isso, teriam a total liberdade de contratualizarem conforme bem entenderem. Na ótica de Marx, a liberdade de contratualização, sedimentada pelo princípio da igualdade, atingiu a sociedade (trabalhadora) inglesa: os ex-camponeses cediam a força de trabalho nas indústrias, através de um contrato (de trabalho), de acordo com a (livre) negociação. Afinal, todos eram considerados livres e iguais, de forma absoluta.

Sendo assim, o sistema feudal foi, paulatinamente, substituído pela força produtiva, assalariada, com o acúmulo de capital pela burguesia, uma vez que comandava o comércio e concentrava o capital, oriundo dos lucros obtidos com o comércio e, também, com a indústria da época.[521] No âmbito social, ganhavam importância as cidades, as quais funcionavam como entrepostos comerciais e, ainda, onde se baseavam as indústrias, além de funcionarem como centro das atividades intelectuais.[522]

Os cidadãos descontentes da Grã-Bretanha foram para o novo mundo, objetivando construir uma nova sociedade baseada nos preceitos liberais (políticos e econômicos), antagônicos à monarquia, ávidos pela possibilidade de acumulação de capital, em uma terra fértil de metais e propícia à agricultura. Contudo, com a tentativa de interferências econômicas da Coroa Britânica, o «povo» norte-americano insurgiu-se contra a Metrópole. Após os conflitos (1775-1783), declarou a independência das Treze Colônias e, sucessivamente, promulgou um Texto Constitucional sintético, mas garantidor das liberdades individuais.[lxxii]

Paralelamente, outra revolução liberal, de cunho filosófico (apesar dos atos violentos), era verificada na França, capitaneada pelos novos detentores do capital: a burguesia ascendente, contudo, descontente com a política monárquica absolutista. Esse movimento culminou com a promulgação da *Déclaration des Droits de l'Homme et du Citoyen*.

As bases jusfilosóficas, econômicas e políticas do «Estado Liberal» foram constituídas e sedimentadas a partir, notadamente, das Revoluções Norte-Americana e Francesa. Os Textos Constitucionais, também fruto dessas revoluções, constituem a base jurídica *fundamental* do Estado liberal, consagrando princípios nucleares do indivíduo (e do Estado), tais como a legalidade e a liberdade, garantindo aos cidadãos do direito a não interferência do Estado nas relações individuais (direitos humanos de primeira

---

[519] HOBSBAWN, Eric J.; The General Crisis of the European Economy in the 17th Century: I, London: Routledge & Kegan Paul, 1965. (v. ver. ut.), p. 86.

[520] ALBERGARIA, Bruno., A (muito) antiga discussão sobre a Atuação Econômica do Estado. Uma Visão da Constelação do Direito e suas Contribuições para o Mundo da Economia, In: Sociedade e Consumo – Múltiplas Dimensões na Contemporaneidade, PIMENTA, Solange Maria.; CORRÊA, Maria Laetitia.; DADALTO, Maria Cristina.; VELOSO, Henrique Maia.; (Orgs.), Curitiba: Juruá, 2010.

[521] MIRANDA, Fernando Silveira Melo Plentz.; A Mudança do Paradigma Econômico, a Revolução Industrial e a Positivação do Direito do Trabalho, Revista Eletrônica Direito, Justiça e Cidadania, Volume 3, nº 1, 2012. (end. e dat. disp.).

[522] MUMFORD, Lewis.; The City in History: Its Origins, Its Transformations, and Its Prospects, 1961 (v. ver. ut.), p. 375 e segs.

geração, por serem considerados como os primeiros D.F. a serem inseridos em um Texto Normativo Constitucional).

Com efeito, o liberalismo político, ou seja, a garantia da não intervenção do Estado (tanto na economia quanto na individualidade pessoal), foi consagrado, dessa forma, nas Constituições liberais, garantindo-se, inclusive, o direito de resistência ou de oposição, oponível contra o próprio Estado. Assim, a base teorética das Revoluções liberais foi positivada na Declaração Universal dos Direitos do Homem, que consagrou os princípios da soberania e da formação da nação, embasada no pensamento liberal de que "Os homens nascem e são livres e iguais em direitos. As destinações sociais só podem fundamentar-se na utilidade comum",[523] bem como "na finalidade de toda associação política é a conservação dos direitos naturais e imprescritíveis do homem. Esses direitos são a liberdade, a propriedade, a segurança e a resistência à opressão".[524]

Respaldado pelo liberalismo político e pelo princípio da legalidade, consubstanciado na criação normativa que protegia a propriedade e os contratos, o liberalismo econômico desenvolveu-se.[525] Desta maneira, o liberalismo econômico e o liberalismo político intrincam-se e se complementam,[526] auxiliando-se mutuamente na formação e sedimentação da sociedade urbana industrial europeia e norte-americana, que se desenvolveram desde então, sem cessar, após as Revoluções Liberais, com imensos avanços tecnológicos e produtivos demonstrados nos últimos dois séculos, com reflexos mundiais. A par desse desenvolvimento que insculpiu os séculos XIX e XX, outros *modus vivendi* surgiram, como uma contracultura ao *American Way of Life*.[lxxiii]

Desde então, os países centrais europeus e os Estados Unidos da América vêm solidificando o sistema político liberal, com o fortalecimento de uma economia também liberal. O apogeu econômico, notadamente do pós-Segunda Guerra Mundial e com a queda do muro de Berlim,[527] vivenciado principalmente pelos Estados Unidos, sedimentou um ciclo de prosperidade não só econômica, mas principalmente filosófica como a única alternativa possível ao capitalismo liberal como sistema econômico.

O resto do mundo ocidental, todavia, vivenciava um período de pobreza e miserabilidade, principalmente na África e América Latina.

1.1.6 A Teoria do Desenvolvimento Econômico para os países pobres: *the big push*

Prima facie, acreditou-se que todos os Estado, desde que tendo a paz preservada, poderiam alcançar um suficiente grau de desenvolvimento.[528] Tal pensamento não foi efetivamente observado. Basta apontar, sumariamente, o continente africano bem como a América Latina.

Assim, em uma tentativa de promover o desenvolvimento não apenas dos Estados centrais do poder econômico (leia-se, novamente, a Europa e os Estados Unidos da América), tentou-se articular, nas décadas de 40 e 50 do século passado, uma teoria

---

[523] Artigo 1º da Declaração dos Direitos do Homem e do Cidadão, de 26 de Agosto de 1789.

[524] Artigo 2º da Declaração dos Direitos do Homem e do Cidadão, de 26 de Agosto de 1789.

[525] MIRANDA, Fernando Silveira Melo Plentz.; *Ob. cit.*

[526] MIRANDA, Fernando Silveira Melo Plentz.; *Ob. cit.*

[527] AVILA, Carlos Federico Domínguez.; A Queda Do Muro De Berlim: Um Estudo Com Fontes Brasileiras, Rev. Sociol. Polít., Curitiba, v. 18, n. 37, págs. 93-110, Out., 2010. (end. e dat. disp.).

[528] LUHMANN, Niklas.; Introducción a la Teoría de Sistemas (v. ver. ut.), p. 39.

econômica – *para além da paz* – com o escopo de fomentar também o progresso econômico dos países periféricos, com nítido retardo em praticamente quase todas as áreas sociais (políticas, econômicas, sociais, jurídicas, *etc.*).

Em verdade, um dos primeiros economistas teóricos dessa corrente, Rosenstein-Rodan, em 1943, apontou que o Estado deveria assumir o papel central de estimular e coordenar investimentos complementares, e, desse modo, o bem-estar social também seria favorecido.[529] Em verdade, até mesmo nas economias "ricas", verificou-se que o crescimento econômico não era linear, mas cíclico (nas palavras de George Soros, «*boom-bust*»,[530] tendo em vista que os mercados financeiros estão longe da perfeição, que acabam por dar origem a processos de autodestruição de expansão-contração). Assim, competiria aos Estados estabelecer uma política anticíclica, ou seja, adotar e promover um conjunto de medidas que induzissem à concretização daquele montante de inversões, o que levaria à estabilidade econômica.[531] Seria uma força constante que deveria ser exercida pelo Estado, tendo em vista que o mercado opera reflexivamente. Contudo, o centro econômico mundial – Estados Unidos da América – repudiava qualquer teoria econômica que não fosse a mais ortodoxa (defensora do livre comércio como a melhor forma de fomentar o desenvolvimento econômico e, vias de consequência, a melhoria social).

Porém, o foco da teoria do desenvolvimento residiu nos países pobres. Em termos aristotélicos, pode-se aduzir que alguns Estados, centrais, encontravam-se em ciclos virtuosos sociais, enquanto outros, periféricos, em ciclos econômicos viciosos de pobreza.[532] O objetivo dessa corrente econômica era promover uma reestruturação social, com a transformação dos coeficientes técnicos das funções de produção e da matriz insumo-produto de um Estado,[533] a fim de incrementar o fluxo econômico, em direção ao desenvolvimento e prosperidade autorreflexiva.

Em aproximação à terminologia das ciências sociais, denominar-se-iam os ciclos virtuosos como *homeostase virtuosa* em detrimento da *homeostase viciosa*. Com efeito, há certa razão nessa terminologia. De fato, pela (simples) denominação *homeostase*, que provém do grego *homeo* (o mesmo) e *stasis* (ficar), verifica-se uma caracterização pela constante busca do equilíbrio, através do comportamento racional econômico, em forma estática (apesar de se reconhecer que o estático é impossível – ou que nas situações reflexivas não tendem necessariamente para o equilíbrio,[534] graças às ações de entropia e alopoieses exercidas do meio).[535] Assim, em uma economia homeostática, poder-se-ia induzir a uma economia estagnada a qual, apesar de não ser o mesmo que recessão, prejudica o ciclo econômico. Todavia, ao se utilizar a homeostase (virtuosa ou viciosa), estar-se-ia privilegiando um movimento (ação) constante e contínuo, a fim

---

[529] FONTENAY, Catherine de.; Market Power and the Failure of the Big Push: Evidence and Theory, Department of Economics, University of New South Wales, Sydney, NSW Australia, September, 1999. (end. e dat. disp.).

[530] SOROS, George.; The Age of Fallibility Consequences of the War on Terror, 2006 (v. ver. ut.), p. 326.

[531] FURTADO, Celso.; Formação de Capital e Desenvolvimento Econômico, Rev. Brasileira de Economia", Dezembro, 1951.

[532] NURKSE, Ragnar.; Problems of Capital Formation in Underdeveloped Countries. Oxford: Oxford, University Press, 1953.

[533] REIS, Cristina Fróes de Borja.; Os Efeitos do Investimento Público sobre o Desenvolvimento Econômico: análise aplicada para a economia brasileira entre 1950 e 2006, Finanças Públicas, XIII Prêmio Tesouro Nacional, 2008. (end. e dat. disp.).

[534] SOROS, George.; *Ob. cit.*, p.

[535] LUHMANN, Niklas.; *Ob. cit.*, p. 40.

de se manter o sistema em movimento uniforme em uma linha reta (ou em direção ao virtuoso ou em direção ao estado vicioso), *a menos que seja forçado a mudar aquele estado por forças aplicadas sobre ele.*[lxxiv]

O problema, então, consiste em «descobrir» como fazer o *big push* sem interferir (gravemente) no mercado. Para Nurkse, em uma economia pequena (países de pequenas dimensões ou pouco habitados) nem haveria possibilidade do seu desenvolvimento econômico, em relação ao mercado interno, tendo em vista a pouca demanda para qualquer produto. De fato, algumas máquinas poderiam produzir em poucas horas a demanda de um ano. Assim, não haveria interesse (incentivo) para a implementação dessas indústrias nesses sítios, o que, em caso de desejo (demanda) do seu consumo, estar-se-ia vinculado à importação.[536] Para se evitar a dependência do investimento ao regrado mercado interno, dever-se-ia visar o mercado externo, o qual não tem o problema da restrição numérica dos consumidores.[537]

Outrossim, um ramo da economia se propôs a «empurrar», ou seja, ser a força motriz do sistema econômico, capaz não só de parar a homeostase viciosa, mas imprimir uma reação, em sentido contrário, para a homeostase virtuosa. O objetivo era mostrar como as economias mais pobres do mundo também poderiam se desenvolver,[538] quebrando o ciclo ruim e redirecionando-se para um bom ciclo.[539] Este "empurrão" (*big push*) era visto como um impulso necessário, ou complexo ativado, no investimento inicial de um Estado, a fim de que a economia pudesse, por ela mesma, desenvolver-se. Através dessa teoria, reconhece-se que o desenvolvimento econômico, nos países pobres ou subdesenvolvidos, em condições de livre comércio, seria invariavelmente impossível de acontecer, a menos que houvesse uma «energia de ativação» para superar a barreira inercial da economia, que tenderia a se manter em estado homeostático.

Como primado básico, o Estado deveria investir em infraestrutura e nas questões sociais, bem como incentivar o capital privado estrangeiro e a ajuda dos governos dos países desenvolvidos.[540]

Com efeito, a doutrina do *big push* divergia da teoria econômica clássica pela rejeição dos dogmas dos benefícios comerciais sistemáticos e das virtudes do livre mercado, e, ainda, também discordava da economia keynesiana por meio de sua crítica à inadequação da análise keynesiana de desemprego e crescimento de curto prazo, na análise dos problemas estruturais enfrentados pelos países em desenvolvimento.[541]

De qualquer forma, em princípio, pela ótica dos economistas que defendem o *big push*, o principal fator, ou a energia cinética, para viabilizar o desenvolvimento econômico é a industrialização.[542] De fato, uma empresa gera fluxo de caixa positivo no futuro, o que aumenta a demanda para a produção em outros setores, mesmo que o investimento primeiro (da primeira indústria) tenha um valor presente líquido negativo.[543] O objetivo principal ao promover a industrialização é introduzir os trabalhadores, inicialmente

---

[536] Cf. FURTADO, Celso.; *Ob. cit.*

[537] Cf. FURTADO, Celso.; *Ob. cit.*

[538] HERRERA, Rémy.; The Neoliberal 'Rebirth' of Development Economics, Monthly Review Foundation, New York, NY, Volume 58, Issue 01 (May), 2006. (end. e dat. disp.).

[539] MURPHY, Kevin M.; SHLEIFER, Andrei.; VISHNY, Robert.; Industrialization And The Big Push, National Bureau Of Economic Research, 1050 Massachusetts Avenue, Cambridge, MA 02138, September, 1988.

[540] HERRERA, Rémy.; *Ob. cit.*

[541] HERRERA, Rémy.; *Ob. cit.*

[542] MURPHY, Kevin M.; SHLEIFER, Andrei.; VISHNY, Robert.; *Ob. cit.*

[543] MURPHY, Kevin M.; SHLEIFER, Andrei.; VISHNY, Robert.; *Ob. cit.*

inativos, no mercado de consumo; isto é, introduzi-los no sistema econômico. Assim, outras indústrias irão se implementar para aproveitar os primeiros empregados, ávidos por consumo, gerando, assim, um fluxo contínuo econômico. Nessa situação, verifica-se a hipótese da presente tese, no plano econômico.

Mutatis mutandis, guardada as devidas proporções, essa teoria poderia ser atestada pelo exemplo do modelo escravocrata brasileiro. De fato, diz-se que a Inglaterra era contra o sistema de escravidão brasileiro (que também se estruturava em uma exigência ética, incompatível com o princípio da liberdade), justamente porque a «classe» escravizada não poderia consumir, porque não eram assalariados. Em havendo o fim da escravidão, o trabalho deveria ser pago e, portanto, esses trabalhadores estariam inseridos no mercado, fomentando o consumo com o consequente aumento da produção dos referidos produtos.[544]

Por isso, mediante uma visão macroeconômica, o efeito de dar (ou aumentar) a renda atual para a renda futura, através da implementação de uma indústria, tem benefícios diretos na economia, porque o investimento inicial é compensado por um longo período de tempo ao inserir cada indivíduo no sistema econômico. Contudo, não basta somente a implementação de uma indústria, mas de todo um parque industrial. Afinal, uma vez que uma empresa de investimento gera um fluxo de caixa positivo no futuro, ele aumenta a demanda para a produção em outros setores (mesmo que individualmente o valor presente seja negativo).[545] O importante é fazer a economia começar a operar em homeostase virtuosa, mesmo que para isso tenha que, em um primeiro momento, operar com balança negativa.

No Brasil, um dos maiores economistas representante da «corrente do desenvolvimento econômico via o investimento», que foi influenciado diretamente por Ragnar Nurkse, foi Celso Furtado. Com o apoio político do então presidente brasileiro Juscelino Kubitschek, fundou a Superintendência do Desenvolvimento do Nordeste – SUDENE,[lxxv] em 1959,[546] ao perceber que as (eternas) obras emergenciais e de cunho assistencialista, materializadas nos períodos de seca pelo governo brasileiro, precisavam ser substituídas por um conjunto de medidas que fossem capazes de estimular investimentos e atividades conjugadas com as especificidades da região. O nítido viés desenvolvimentista pode ser depreendido pela própria finalidade da SUDENE que, dentre outros, compreendia (*i*) estudar e propor diretrizes para o desenvolvimento do Nordeste; (*ii*) supervisionar, coordenar e controlar a elaboração e execução de projetos a cargo de órgãos federais na região e que se relacionem especificamente com o seu desenvolvimento; (*iii*) executar, diretamente ou mediante convênio, acordo ou contrato, os projetos relativos ao desenvolvimento do Nordeste que lhe forem atribuídos; (*iv*) coordenar programas de assistência técnica, nacional ou estrangeira, ao Nordeste.[547] Fato é que verificou-se um crescimento excepcional alcançado pela economia brasileira no período de 1960/1980, devido, em grande parte, à integração do Nordeste no processo de desenvolvimento nacional, em consequência do êxito extraordinário dos trabalhos realizados pela SUDENE a partir de 1960, no contexto da região.[lxxvi]

---

[544] COSENTINO, DANIEL DO VAL.; A Transição do Trabalho Escravo para o Trabalho Livre e as Raízes das Desigualdades Sociais no Brasil. (end. e dat. disp.).

[545] MURPHY, Kevin M.; SHLEIFER, Andrei.; VISHNY, Robert.; *Ob. cit.*

[546] Lei nº 3.692, de 15 de dezembro de 1959.

[547] Art. 2º da Lei nº 3.692/59.

Contudo, as fortes críticas a essa versão da teoria econômica, justamente por não empregar em suas explicações modelos formais e nem utilizar estruturação matemática complexa para a comprovação de suas teses, fizeram com que caísse em desuso empírico-acadêmico.[548] Afinal, os economistas mais ortodoxos não aceitavam o que não fosse rigorosamente matemático.[549] [550] As críticas à teoria da economia do desenvolvimento não se restringem à ausência matemática ou metodológica para a sustentabilidade de suas teses. Alguns problemas foram, ao longo dos anos, percebidos faticamente após a sua implementação em alguns países.

De sorte, para se fomentar o desenvolvimento inicial, haveria, segundo a teoria econômica do *big push*, a necessidade de investimentos. Esses investimentos poderiam ter origem (*i*) pública ou (*ii*) privada. Com efeito, para um Estado subdesenvolvido ter verbas para os financiamentos públicos, seria necessário obter esses recursos externamente, através de empréstimos internacionais. Assim, em um primeiro momento, o Estado carente de recursos, tornar-se-ia devedor dos países ricos, o que somente aumentaria a sua dependência a estes, problema esse enfrentado pelos países subdesenvolvidos ou em desenvolvimento, com o aumento exacerbado de suas dívidas públicas externas, praticamente impagáveis.

De outra sorte, como esses Estados são escassos em recursos financeiros, para investimento em grande escala, poderiam – caso queiram abrir mão dos investimentos oriundos do poder público – abrir o seu mercado para as empresas transnacionais (setor privado), através de filiais. Contudo, os problemas originários desses empreendimentos também são grandes. A submissão ao capital estrangeiro acarreta, outrossim, uma dependência econômica a essas empresas transnacionais. Muitas vezes, para atrair o investidor externo, os países pobres se sujeitam a condições precárias, denominadas de *dumping* ambiental, social, tributário. Ademais, há que se verificar, ainda, que o lucro do empreendimento é transferido ao Estado de origem da matriz da empresa.

Em todo caso, quando se verifica uma crise global, como, por exemplo, a de 2008, os países endividados geralmente são os que mais sentem os efeitos nefastos da crise econômica. O fato é simples: em havendo crise, tanto os Estados credores quanto as empresas transnacionais tendem a recolher todo o dinheiro para concentrar suas economias próximas, ou seja, de origem. Assim, o fluxo monetário tende a se concentrar novamente nos polos ricos, deixando os periféricos com menos aporte financeiro. Nas metafóricas palavras de George Soros, ao comparar uma crise econômica internacional com uma vara, elucida que, quando é balançada, as pontas tendem a oscilar mais do que o centro. Assim, as economias fracas tendem a sofrer os efeitos negativos das crises econômicas mundiais de uma forma muito mais intensa do que os países ricos (mesmo que essa crise tenha origem *no* sistema econômico do país rico).

---

[548] HERRERA, Rémy.; *Ob. cit.*

[549] O mesmo problema da resistência de uma tese econômica sem grandes embasamentos na matemática relata LEVITT no best-seller FREAKONOMICS. V. m. em LEVITT, Steven D.; DUBNER, Steven J.; FREAKONOMICS, 2005 (v. ver. ut.). E por demais, não é menos importante ressaltar que a própria obra de Adam Smith também não contém nenhuma fórmula matemática quase inteligível aos não matemáticos.

[550] KLEIN, Herbert S.; O Comércio Atlântico de Escravos – Quatro séculos de comércio escravagista, Lisboa: Editora Replicação, 2002.

1.1.7 Investimento: ato necessário para o desenvolvimento

O investimento, notadamente no capital fixo (aquele que aumenta a eficiência operacional, via inovações de processos, a satisfação e a diversificação da clientela, via inovação de produtos, assim como os investimentos que expandem a capacidade produtiva, por meio do uso de novas máquinas e equipamentos ou da construção civil),[551] é uma variável-chave (apesar de não ser a única) para a dinâmica do crescimento e de mudança estrutural, em uma economia capitalista.[552] Ademais, os fatores do desenvolvimento econômico são representados pelos lucros retidos das empresas (ou a capacidade de autofinanciamento), pelos ajustes conjunturais dos lucros brutos e dos estoques de capital líquido, induzidos pela demanda.[553] Porém, podem-se perceber, ainda, alguns fatores exógenos às atividades empresariais diretas, como, por exemplo, o crescimento populacional, as taxas de juros de longo prazo, as inovações e o investimento público.[554]

Assim, há um consenso entre os economistas de que a aceleração da Formação Bruta de Capital Fixo – FBCF, ou seja, a operação do Sistema de Contas Nacionais (SCN), que registra a ampliação da capacidade produtiva futura de uma economia por meio de investimentos correntes em ativos fixos, ou seja, bens produzidos factíveis de utilização repetida e contínua em outros processos produtivos por tempo superior a um ano sem, no entanto, serem efetivamente consumidos por eles,[555] frente ao PIB, é um dos elementos-chave para que a economia possa alcançar taxas mais elevadas de crescimento.[556]

Com efeito, a ingestão de fluxo do capital, através de investimentos (públicos ou privados), em uma economia, pode fomentar um sistema autopoiético, isto é, homeostático virtuoso. Em termos teóricos, a cadeia econômica se expressa por produção, ganho ou capacidade de compra e, finalmente, o consumo. A produção industrial garante o ganho, tanto dos investidores quanto dos trabalhadores, aumentando, consequentemente, a capacidade de compra e, finalmente, o consumo. Com o consumo aquecido, a produção tende a aumentar, para preencher a demanda cada vez maior e, assim, prossegue-se sucessivamente. O financiamento pode ser, portanto, tanto para a produção quanto para o consumo. Porém, antes da implementação do parque industrial interno, se aduz ser melhor o financiamento para a produção, tendo em vista que o financiamento direto para o consumo só tende a aumentar a dívida de cada cidadão, assim como fomenta o ingresso dos bens via importação, o que em nada adianta para o fortalecimento econômico interno.

Ademais, o Poder Público deveria fomentar a exportação e inverter o excedente em atividades industriais mais capital-intensivas, bem como estabelecer uma política

---

[551] BIELSCHOWSKY, R. (Org.).; Investimento e reformas no Brasil. Indústria e infraestrutura nos anos 1990, Brasília: Ipea/Cepal, 2002.

[552] REIS, Cristina Fróes de Borja.; Os Efeitos do Investimento Público sobre o Desenvolvimento Econômico: análise aplicada para a economia brasileira entre 1950 e 2006, Finanças Públicas, XIII Prêmio Tesouro Nacional, 2008. (end. e dat. disp.).

[553] REIS, Cristina Fróes de Borja.; *Ob. cit.*

[554] REIS, Cristina Fróes de Borja.; *Ob. cit.*

[555] Cf. Instituto Brasileiro de Geografia e Estatística – IBGE, Diretoria de Pesquisas – DPE Coordenação de Contas Nacionais – Conac, Sistema de Contas Nacionais – Brasil, Referência 2000, Nota metodológica nº 19, Formação Bruta de Capital Fixo.

[556] TORRES FILHO, Ernani Teixeira.; PUGA, Fernando Pimentel.; Investimento na Economia Brasileira: A Caminho do Crescimento Sustentado, Investimento e Crescimento, Revista do BNDES, 2006. (end. e dat. disp.).

de importações em benefícios dos bens que tornasse exequível a industrialização, para que se reduzisse progressivamente o coeficiente dos produtos importados.[557]

Assim, uma das (inúmeras) competências do Poder Público reside em manter o fluxo de financiamento para que as empresas possam – em um processo *continuum* – ampliar a capacidade produtiva, mesmo que não tenham recursos próprios diretos para investimentos nesses ativos fixos. Mesmo porque, em uma economia aquecida, o retorno financeiro do Poder Público é direto, mediante o pagamento do próprio financiamento e, ainda, indireto, mediante o crescimento do PIB com o consequente aumento da receita tributária. Nesse sentido, a partir do investimento inicial, verificar-se-ia o efeito de retroalimentação, qual seja, quando a economia está em processo ascendente, o Poder Público tem condições de investir quantias maiores, em decorrência do aumento da arrecadação, que sustenta a continuidade do ciclo de crescimento.[558]

O ganho social também é visível quando se estende a oferta e a qualidade do emprego. É o sistema socioeconômico do *win-win-win*, no qual o Estado, o trabalhador e a iniciativa privada saem vitoriosos, tendo em vista que implica a existência de sinergias que se traduzem em ganhos conjuntos, em benefícios mútuos, em que todas as partes saem ganhadoras.[559]

Contudo, adverte-se que os investimentos públicos são aceitáveis (sob a ótica do FMI)[lxxvii] apenas em casos de «falhas de mercado» e de condições de financiamento que não prejudicam os «fundamentos fiscais»;[560] isto é, em circunstâncias que os retornos fiscais ultrapassem os custos do empréstimo.[561]

Mas há que se destacar, ainda, que a função das políticas públicas, na questão do crescimento econômico (sustentado), é, de uma parte, manter e aumentar o índice de demanda efetiva com os investimentos públicos e, de outra parte, fomentar investimento produtivo nas áreas estratégicas para o desenvolvimento, com o escopo de implementar um parque industrial, induzindo, ainda, alterações estruturais na direção do avanço tecnológico. De fato, após a implementação de novas tecnologias ao parque industrial, aumentar-se-ia a produtividade e, consequentemente, os salários reais.[562]

1.1.7.1 Banco Nacional de Desenvolvimento Econômico e Social – BNDES: um *case* de sucesso

A economia brasileira, até basicamente a década de trinta do século passado, era essencialmente agrária.[563] A crise econômica dos Estados Unidos, de 1929, teve consequências mundiais, afetando, inclusive, o Brasil. De fato, o Estado brasileiro sofreu uma forte contração nas importações, em face à redução dos preços, principalmente do café,

---

[557] REIS, Cristina Fróes de Borja.; *Ob. cit.*

[558] REIS, Cristina Fróes de Borja.; *Ob. cit.*

[559] ARAÚJO, Filipa Alexandra da Costa.; Os Media Sociais no Corporate Social Marketing, Universidade Católica Portuguesa, Faculdade de Economia e Gestão, Porto, Setembro de 2012. (end. e dat. disp.).

[560] REIS, Cristina Fróes de Borja.; *Ob. cit.*

[561] MEDEIROS, C. Regime macroeconômico, crescimento e inovações no Brasil, 2007a, *Cf. Apud.* REIS, Cristina Fróes de Borja.; *Ob. cit.*

[562] REIS, Cristina Fróes de Borja.; *Ob. cit.*

[563] FONSECA, Pedro Cezar Dutra.; A Revolução de 1930 e a Economia Brasileira, XXXVIII Encontro Nacional de Economia da ANPEC, em Salvador, em 10.12.2010, intitulada "80 Anos da Revolução de 1930: Seu Significado para a Economia Brasileira", Economia, Brasília(DF), v. 13, n. 3b, p. 843-866, set/dez, 2012.

no cenário internacional.[564] Porém, com uma política eminentemente intervencionista do Poder Público, o qual atuou artificialmente na economia, através da desvalorização cambial, na expansão da oferta monetária, na retenção e queima de estoques de café, obteve-se, como resultado, a sustentação do nível de renda nominal e do produto[565] em plena Grande Depressão de 1929.

De fato, a referida intervenção econômica não só operou o efeito desejado (conseguiu articular uma desvinculação à crise norte-americana), como também incitou uma transformação estrutural na economia brasileira. Com efeito, ao deslocar o «centro dinâmico», outrora agrícola, para a indústria e para o mercado interno, com o investimento privado e os gastos governamentais, substituindo as exportações como variáveis determinantes da demanda agregada,[566] operou-se a transição de um modelo essencialmente agroexportador para o processo de substituição de importações.[567]

Ademais, com o escopo de acelerar a mudança estrutural da economia, Getúlio Vargas aproximou-se dos Estados Unidos da América. O alinhamento político-militar – apesar de ser mais adepto das ideias fascistas de Mussolini[568] – com os EUA teve nítido objetivo de compelir àquele Estado a uma cooperação no processo de industrialização do Brasil. Nesse sentido, vários acordos de cooperação militar foram firmados entre os Estados Unidos e o Brasil.[569] Como contrapartida, os norte-americanos financiariam o projeto siderúrgico brasileiro. Os acordos bilaterais, denominados de Acordos de Washington, garantiram ao Brasil empréstimos de 100 milhões de dólares para a modernização e implantação do projeto siderúrgico brasileiro, além da aquisição de material bélico, no valor de 200 milhões de dólares, para as Forças Armadas brasileiras.[570] Esses acordos foram decisivos para a implementação do parque industrial brasileiro, com a viabilidade da criação da Companhia Siderúrgica Nacional[571] e da Companhia Vale do Rio Doce.[572]

Porém, o parque industrial brasileiro necessitava de mais investimentos diretos. O financiamento norte-americano, com o fim da Segunda Guerra Mundial, voltou-se para a Europa, com o Plano Marshall. Ademais, os Estados Unidos inviabilizaram qualquer tipo de possibilidade de investimento em represália à criação, por parte do governo brasileiro, de uma empresa de economia mista petrolífera nacional – a Petrobras – à qual foi concedido o monopólio estatal na pesquisa, lavra, refinamento e transporte do petróleo.[573]

Outrossim, com a decisão do governo brasileiro de restringir a remessa de lucros e o retorno de capitais, assim como o endurecimento das agências multilaterais de crédito,

---

[564] HIRST, Monica Ellen Seabra.; As Relações Brasil-Estados Unidos desde uma Perspectiva Multidimensional: evolução contemporânea, complexidades atuais e perspectivas para o século XXI, Tese de doutorado em Estudos Estratégicos Internacionais, Universidade Federal do Rio Grande do Sul, Faculdade de Ciências Econômicas, programa de Pós Graduação em Estudos Estratégicos Internacionais, Porto Alegre, 2011.

[565] FONSECA, Pedro Cezar Dutra.; *Ob. cit.*

[566] FONSECA, Pedro Cezar Dutra.; *Ob. cit.*

[567] FONSECA, Pedro Cezar Dutra.; *Ob. cit.*

[568] CABRAL, Gustavo César Machado.; Federalismo, autoridade e desenvolvimento no Estado Novo, Revista de Informação Legislativa, Brasília, a. 48, n. 189, jan./mar., 2011. (end. e dat. disp.).

[569] Vide o Acordo de Assistência Militar entre a República dos Estados Unidos do Brasil e os Estados Unidos da América, de 15 de Março de 1952.

[570] HIRST, Monica Ellen Seabra.; *Ob. cit.*

[571] Decreto-lei nº 3.002, de 30 de Janeiro de 1941.

[572] Decreto-lei nº 4.352, de 1º de Junho de 1942.

[573] Lei nº 2.004/53.

notadamente o Banco Mundial, submeteu-se ao Congresso brasileiro a criação de um Banco Nacional de Desenvolvimento Econômico, em fevereiro de 1952.

Com o escopo de privilegiar a atuação direita na economia pelo Estado brasileiro, em 1952, o governo fundou o Banco Nacional de Desenvolvimento Econômico (BNDE),[574] empresa pública dotada de personalidade jurídica de direito privado e patrimônio próprio.[575] Hoje em dia, o BNDES é o principal instrumento de execução da política de investimento do Governo Federal brasileiro[576], financiando a realização de projetos em praticamente todos os segmentos da economia (destaca-se no apoio à agricultura, indústria, infraestrutura, comércio, serviços, saúde, agricultura familiar, saneamento básico e transporte urbano), com uma política que inclui as dimensões social, regional e ambiental.[lxxviii]

Com efeito, o BNDES tem por objetivo primordial apoiar programas, projetos, obras e serviços que se relacionem com o desenvolvimento econômico e social do País.[577] Assim, visa estimular a iniciativa privada, sem prejuízo de apoio a empreendimentos de interesse nacional, a cargo do setor público.[578]

O apoio do BNDES opera-se por atividades bancárias e realiza operações financeiras de qualquer gênero, por meio de financiamentos a projetos de investimentos, aquisição de equipamentos e exportação de bens e serviços.[579] Além disso, o Banco de Desenvolvimento atua diretamente no fortalecimento da estrutura de capital das empresas privadas.

Novamente, visualiza-se a comprovação da hipótese do enodamento dos sistemas econômicos, sociais e ambientais, em forma borromeana. Afinal, mesmo com a intervenção do Estado na economia, as ações do BNDES são consideradas benéficas para o desenvolvimento econômico.

1.1.7.2 Operações de financiamento não reembolsáveis: ações sociais

Não somente as questões de ordem meramente econômicas (crescimento da economia, via o lucro direto) formam o objeto do Banco Nacional de Desenvolvimento Econômico – BNDE. Com efeito, ao se perceber a necessidade de inclusão de questões sociais, o próprio nome do Banco foi alterado para Banco Nacional de Desenvolvimento Econômico e Social – BNDES.[580]

Em ato conexo à mudança nominal, foi instituído o Fundo de Investimento Social – Finsocial,[581] vinculado ao BNDES, destinado a dar apoio financeiro a programas e projetos de caráter assistencial, relacionados com alimentação, habitação popular, saúde, educação e amparo ao pequeno agricultor.[582] Assim, para dar cumprimento ao dispositivo legal, implementou-se, no Brasil, uma contribuição social, destinada justamente a

---

[574] A Lei nº 1.628, de 20 de Junho de 1952.

[575] Artigo 1º do Decreto nº 4.418, de 11 de Outubro de 2002. (Estatuto do BNDES).

[576] Artigo 3º do Decreto nº 4.418, de 11 de Outubro de 2002. (Estatuto do BNDES).

[577] Artigo 3º do Decreto nº 4.418, de 11 de Outubro de 2002. (Estatuto do BNDES).

[578] Artigo 4º do Decreto nº 4.418, de 11 de Outubro de 2002. (Estatuto do BNDES).

[579] Artigo 8º do Decreto nº 4.418, de 11 de Outubro de 2002. (Estatuto do BNDES).

[580] Vide artigo 5º do Decreto-Lei nº 1.940/82: O Banco Nacional do Desenvolvimento Econômico (BNDE) passa a denominar-se Banco Nacional de Desenvolvimento Econômico e Social (BNDES).

[581] Decreto-Lei nº 1.940 de 25 de Maio de 1982.

[582] Art. 3º do Decreto-Lei nº 1.940/82.

custear investimentos de caráter assistencial, nas suas áreas mencionadas.[583] Com efeito, as linhas de concessão de crédito ou de financiamento não reembolsáveis evidenciam as prioridades para concessão de apoio financeiro do setor público para o setor privado. *Ipso facto*, é uma concretização do próprio texto da Constituição Federal.[584] [lxxix]

Prima facie, revelam que o foco do BNDES, inicialmente voltado especialmente para atenção social, ao público eleito como prioritário (crianças e jovens em situação de risco social), deslocou-se para o apoio a projetos de geração de trabalho e renda, visando à redução da desigualdade social e econômica.[585] A percepção da necessidade de integração entre as ações sociais com os modelos de eficiência econômica foi preponderante para as mudanças dos programas públicos do BNDES. Mais uma vez, salienta-se a importância do enodamento entre o social e o econômico, o que corrobora com a tese aqui ventilada.

Portanto, em importante ação socioeconômica, o BNDES efetua aplicações não reembolsáveis em: (*i*) projetos ou programas de ensino e pesquisa, de natureza científica ou tecnológica, inclusive mediante doação de equipamentos técnicos ou científicos e de publicações técnicas a instituições que se dediquem à realização dos referidos projetos ou programas ou tenham dele recebido colaboração financeira com essa finalidade específica;[586] (*ii*) efetuar aplicações não reembolsáveis, destinadas especificamente a apoiar projetos, investimentos de caráter social, nas áreas de geração de emprego e renda, serviços urbanos, saúde, educação e desportos, justiça, alimentação, habitação, meio ambiente, recursos hídricos, desenvolvimento rural e outras atividades vinculadas ao desenvolvimento regional e social, bem como projetos de natureza cultural;[587] (*iii*) contratar estudos técnicos e prestar apoio técnico e financeiro para a estruturação de projetos que promovam o desenvolvimento econômico e social do Brasil ou sua integração à América Latina.[588] Finalmente, é de se ressaltar que, para a concessão de colaboração financeira, o BNDES deve proceder ao exame técnico e econômico-financeiro de empreendimento, projeto ou plano de negócio, incluindo a avaliação de suas implicações sociais e ambientais.[589]

Assim, atualmente, conforme se observa, a missão do BNDES destaca-se por "promover o desenvolvimento sustentável e competitivo da economia brasileira, com geração de emprego e redução das desigualdades sociais e regionais".[lxxx] Com efeito, foram eleitos três «temas transversais», que permeiam a organização, incorporando-se definitivamente à sua cultura, quais sejam, (*i*) a *inovação*; (*ii*) o *desenvolvimento local e regional*, fomentando investimentos integrados em diferentes escalas territoriais e diferentes institucionalidades, apoiando políticas integradas de desenvolvimento urbano e priorizando regiões menos desenvolvidas; (*iii*) o *desenvolvimento socioambiental*, com o apoio de projetos que primem pelo desenvolvimento sustentável (crescimento

---

[583] Art. 1º do Decreto-Lei nº 1.940/82.

[584] Vide artigo 227 da CRFB/88.

[585] NEVES, Roberto Oliveira das.; LEAL, Rodrigo Mendes.; Investimento social não reembolsável do BNDES: a trajetória do Fundo Social até 2008, BNDES Setorial 33, p. 225-260. (end. e dat. disp.).

[586] Inciso IV do Artigo 9º do Decreto nº 4.418, de 11 de Outubro de 2002. (Estatuto do BNDES).

[587] Inciso V do Artigo 9º do Decreto nº 4.418, de 11 de Outubro de 2002, com Redação dada pelo Decreto nº 6.322, de 21.12.2007.

[588] Inciso VI do Artigo 9º do Decreto nº 4.418, de 11 de Outubro de 2002, com Redação dada pelo Decreto nº 6.322, de 21.12.2007.

[589] Artigo 10, inciso I do Decreto nº 4.418, de 11 de Outubro de 2002, com Redação dada pelo Decreto nº 6.322, de 21.12.2007.

O ENODAMENTO INICIAL: O «SISTEMA» DO *HOMO ECONOMICUS* E O SISTEMA SOCIAL: UM PRELÚDIO DO NÓ BORROMEU

econômico, bem-estar social e preservação do meio ambiente), investimentos em energias renováveis e eficiência energética, em recuperação de passivos ambientais e em desenvolvimento de tecnologias e serviços ambientais.

1.1.7.3 Financiamentos não retornáveis: uma questão constitucional

A questão do financiamento, por parte do Poder Público, diretamente à iniciativa privada, para fins de produção rurícola, principalmente com o escopo de fixação do homem à terra e na zona rural, mesmo ciente do investimento «não retornável», tornou-se determinação constitucional brasileira. A obrigatoriedade de se conceder financiamento para o produtor rural, que exerce a atividade praticamente de subsistência, no âmbito familiar, está assegurada pela Constituição brasileira. Ademais, também se protege, constitucionalmente, a permanência da propriedade vinculada à família, com o instituto jurídico da impenhorabilidade.

Assim, determina o artigo 5º da CRFB/88, inciso XXVI: «*a pequena propriedade rural, assim definida em lei, desde que trabalhada pela família, não será objeto de penhora para pagamento de débitos decorrentes de sua atividade produtiva, dispondo a lei sobre os meios de financiar o seu desenvolvimento*».

Nesse contexto, há que se reconhecer que a impenhorabilidade da pequena propriedade rural é assegurada pelo ordenamento jurídico brasileiro,[590] com escopo de assegurar uma garantia às famílias, buscando respeitar, principalmente, o direito à propriedade do rurícola, mais afeta às instabilidades, devido tanto às crises econômicas e financeiras do país quanto às condições geoclimáticas.[591] De fato, as imprevisibilidades das atividades rurais, notadamente daquelas de poucos recursos tecnológicos, característicos das classes econômicas menos favorecidas, estão também diretamente relacionadas aos fatores climáticos. De sorte, para se evitar o êxodo rural, tendo em vista que essas famílias, desprovidas do acesso a terra, não teriam outra opção senão buscar «abrigo» na cidade. É, com certeza, um instituto jurídico de extrema relevância para a fixação do campesino no meio rural. Não deixa de ser a consagração do princípio constitucional da *função social da propriedade*, previsto de forma genérica[592] no texto constitucional nos incisos XXIII do artigo 5º e III do artigo 170, ambos da Constituição da República Federativa do Brasil.

Assim, também em relação aos imóveis rurais, foi delineado, pelo Constituinte Originário de 1988, justamente o elo nodal entre os três sistemas (econômicos, sociais e ambientais),[lxxxi] que foram acompanhados de perto pelo legislador infraconstitucional,[lxxxii] o que, mais uma vez, vem ao encontro da tese exposta.

A jurisprudência do Supremo Tribunal Federal (Brasil) confirma a eficácia direta da norma constitucional. Em recente julgado, o STF determinou, inclusive, que a impenhorabilidade da pequena propriedade rural de exploração familiar, com respaldo do art. 5º, XXVI da CRFB/88, tem aplicação imediata, isto é, não faz parte das normas

---

[590] A Lei nº 11.382/2006, no artigo 649 do CPC.

[591] GARCIA, Bruno Souza.; SARAIVA, Bruno Cozza.; CAMPOS BENITO, Kelen.; A impenhorabilidade de propriedade rural e o bem de família a Lei 8.009/1990. In: Âmbito Jurídico, Rio Grande, XIV, n. 87, abr. 2011. (end. e dat. disp.).

[592] JÚNIOR, Edson José de Souza.; A Centralidade do Princípio da Função Social da Propriedade no Direito Agrário Brasileiro, Revista Científica FacMais, Volume. I, Número I. Ano 2012/1º Semestre.

constitucionais programáticas que necessitam de legislação ordinária para evocar a sua eficácia.[593]

Nesse quadro jurídico-constitucional e econômico, importando na sustentabilidade do complexo jurídico (em arrimo à hipótese inicial), o enodamento dos três sistemas (econômico, social e ambiental) está mais do que presente nesses dispositivos jurídicos.

1.1.7.4 *European Recovery Program*

Não se presta aqui a fazer uma análise eminentemente geopolítica principalmente dos objetivos da política norte-americana através do Plano Marshall. O que aqui pretende são (apenas) – e na medida do necessário à comprovação da hipótese defendida – as questões socioeconômicas (enodamento entre os sistemas econômicos e sociais) do programa *European Recovery Program*,[lxxxiii] implementado após a Segunda Guerra Mundial de 1945.

Assim, feitas essas ressalvas iniciais, é cediço que, no final da Segunda Grande Guerra, a Europa estava com o seu parque industrial praticamente destruído. Palco de uma das guerras mais destruidoras, o conflito praticamente fulminou a economia europeia. Para o bloco capitalista, centralizado nas ações dos Estados Unidos, o liberalismo econômico – comércio livre – tornou-se uma questão primordial para estabelecer uma muralha contra o comunismo que se alastrava pela influência (militar ou não) da ex-União Soviética. Se, em um primeiro momento, ocorreu a aliança entre o liberalismo e o comunismo, principalmente entre os anos de 1941 e 1945, para a autodefesa e, depois, para a destruição do nazifascismo,[594] depois da Segunda Guerra gerou-se uma disputa geopolítica entre os dois blocos, qual seja, de um lado, o capitalismo liberal liderado pelos Estados Unidos e, de outro lado, o comunismo da ex-União Soviética. A ex-União Soviética começou o projeto de expansão territorial com a anexação de vários países europeus, denominados de bloco comunista ou Europa oriental.

Receosos, os Estados Unidos entendiam que a crise pós-guerra seria aproveitada pela União Soviética para aumentar as inconstâncias sociais na Europa ocidental e para preparar um golpe comunista. Diante disso, o bloco capitalista tabulou um programa de reconstrução (econômica) Europeia. Os Estados Unidos apoiariam a reconstrução da Europa ocidental, através de um programa que integraria auxílios e que deveria contribuir para o afastamento das barreiras nacionais. Em um primeiro momento, a intervenção econômica internacional foi para se evitar a fome e miserabilidade em que se encontrava a Europa. Depois, o projeto teve como escopo uma reconstrução socioeconômica da Europa ocidental (em detrimento da Europa oriental, comunista).[595]

Esta decisão americana, que se desenvolveu durante a administração do presidente Truman, no início de 1947, tinha dois objetivos. De um lado, a sobrecarga na economia dos países da Europa ocidental revelou-se maior do que as expectativas. Verificava-se uma falta de alimentos e de bens diversos para o suprimento das necessidades da população. Se a intenção fosse a manutenção dos parceiros comerciais longe

---

[593] RE 136.753, Rel. Min. Sepúlveda Pertence, julgamento em 13.2.1997, Plenário, DJ de 25.4.1997.

[594] ALCOFORADO, Fernando Antonio Gonçalves.; Os Condicionantes do desenvolvimento do Estado da Bahia, Universitat de Barcelona. Departament de Geografia Física i Anàlisi Geogràfica Regional, 2003, p. 41. (end. e dat. disp.).

[595] BALDISSERA, Felippe.; A História da Integração Europeia do Pós-Guerra a Maastricht – Tratados e Instituições, Ciências Jurídicas e Sociais pela Pontifícia Universidade Católica do Rio Grande do Sul. (end. e dat. disp.).

de uma crise crônica, um auxílio maior da parte dos Estados Unidos, além dos onze bilhões de dólares que já concederam, seria necessário. De outro lado, as empresas norte-americanas poderiam participar da reconstrução da Europa, gerando, assim, um forte superávit na balança comercial norte-americana. De fato, um dos fatores essenciais para um progresso crescente da economia é a demanda, o que foi incrementado pela destruição causada pela guerra.

De fato, a reconstrução da economia do continente europeu, a um turno, serviria como política de contenção dos avanços das pretensões da União Soviética. Em contrapartida, o Velho Mundo tornou-se, assim, o objetivo principal da política de contenções dos Estados Unidos. De outro lado, o lucro, notadamente das empresas norte-americanas, que participaram da reconstrução do continente europeu, favoreceu o virtuoso crescimento daquela economia.

Assim, percebe-se nitidamente que o público (Estado) e o privado (empresas) estão em contínuo ato simbiótico, na qual as ações de um favorecem o outro e vice-versa; sem que haja, inclusive, uma nítida distinção – no plano macro – entre um e outro.

A interferência estatal na economia também se deu na principal economia europeia moderna, como se verá adiante.

1.1.7.5 Plano de Unificação Econômica da Alemanha

Como consequência direta da derrota da Segunda Grande Guerra, a Alemanha foi dividida em dois Estados.[596] A Alemanha capitalista passou-se a denominar República Federal da Alemanha – RFA (*Bundesrepublik Deutschland – BRD*). De outra sorte, a República Democrática da Alemanha – RDA (*Deutsche Demokratische Republik – DDR*) ficou vinculada ao sistema comunista, influenciado econômica e politicamente pela União Soviética.

A economia da DDR foi construída sob um sistema de gerenciamento central socialista no qual as medidas adotadas eram organizadas por meio dos Planos Quinquenais pelo Partido e pelo Estado. Ademais, grande parte das empresas era nacionalizada.[597] Porém, a falta de liberdade política fez com que grande parte da população da DDR tentasse migrar para a RFA. A «insistência» dos habitantes do bloco comunista para ingressar na Alemanha capitalista fez com que o regime da RDA construísse um muro na fronteira de Berlim e adjacências, em 1961. A separação de Berlim não era apenas do sistema econômico, mas também física.

Com o fim do bloco comunista, simbolizado justamente pela queda do Muro de Berlim («*Die Wende*» – a virada),[598] em 1989, ocorreu a (re)unificação da Alemanha. O Tratado de Unificação foi firmado por representantes da RFA e da RDA em 31 de Agosto de 1990 (*Einigungsvertrag*).[599] O processo de unificação finalizou-se por meio do *Treaty on the Final Settlement with Respect to Germany*[lxxxiv] celebrado em Moscou em 12

---

[596] PAECH, Von Norman.; Das Potsdamer Abkommen von 1945 oder das Ende einer völkerrechtlichen Epoche, Blätter für deutsche und internationale Politik, Heft 7/2005, S. 864 ff. (end. e dat. disp.).

[597] SCHUBERT, Klaus.; KLEIN, Martina.; Das Politiklexiko, n. 5., aktual. Aufl. Bonn: Dietz, 2011.

[598] PIRZKALL, Heike Pintor.; A Nova Alemanha: Acertos e Erros, Rio de Janeiro, Intellector, Ano III, Vol. III, nº 6, Janeiro/Junho, 2007. (end. e dat. disp.).

[599] PIRZKALL, Heike Pintor.; *Ob. cit.*

de setembro de 1990, o qual permitiu a reunificação da Alemanha em 3 de outubro de 1990, com a recuperação de sua soberania.[600]

Contudo, na época, verificou-se que, economicamente, a RDA encontrava-se praticamente em ruínas.[601] A sua economia estava estagnada e a diferença do parque industrial e tecnológico, em relação à Alemanha Ocidental, era enorme. Com efeito, para uma adequada integração das duas Alemanhas em um único Estado, foi instituído o modelo capitalista alemão, que muito contribuiu para a recuperação econômica durante a reunificação política.[602]

A percepção das enormes desigualdades econômicas exigiu do novo governo da Alemanha uma ação direta na economia em forma paradoxal e inovadora. Isto é, se de um lado (justamente do lado comunista), implementou-se uma economia de mercado livre, de outra sorte, foi necessário um investimento direto e forte no setor produtivo por parte do governo. Em um primeiro momento, o governo instituiu um programa que consistia em três ações diretas, quais sejam, (i) programas de aposentadoria antecipada, (ii) treinamento da mão de obra para requalificação e (iii) intensivo esforço de realização de obras públicas nas áreas mais afetadas pelo fenômeno.[603]

Segundo as primeiras estimativas, a reunificação (no plano econômico) custaria, inicialmente, o montante de DM 10 bilhões a 125 bilhões. Contudo, em 1991, o governo já tinha investido algo em torno de 140 bilhões DM e cerca de DM 100 bilhões por ano, subsequentemente, até 1996 ou 1999.[lxxxv]

As medidas adotadas passariam por vários campos como a equalização dos salários em 10 anos através de uma política trabalhista. O marco alemão seria equiparado. O Estado também daria apoio financeiro às empresas da RDA.

O modelo de organização (e econômico) alemão do pós-guerra possui algumas particularidades institucionais que muito se diferenciam do modelo base do capitalismo liberal norte-americano, predominantemente regulado pelo mercado e por hierarquias.[604] As relações econômicas do alemão possuem diversificadas formas de interação e são reguladas via *network*, isto é, por associações empresariais e sindicatos principalmente, em detrimento da regulação do modelo liberal. É designado por[605] capitalismo organizado (*organisierter Kapitalismus*),[606] capitalismo cooperativo (*kooperativer Kapitalismus*),[607] economias de mercado coordenadas (*koordinierte Marktwirtschaft*).[608]

---

[600] PAECH, Von Norman.; *Ob. cit.*

[601] MARINHO, Amanda Zacarias.; Alemanha Reunificada: Seu Desenvolvimento Econômico, Relações Internacionais do Centro Universitário de Belo Horizonte, 2010. (end. e dat. disp.).

[602] MARINHO, Amanda Zacarias.; *Ob. cit.*

[603] GIAMBIAGI, Fabio.; BARENBOIM, Igor.; A Unificação Monetária Alemã: Lições para uma Possível Moeda Comum entre Brasil e Argentina, Ensaios BNDES, 15, Rio de Janeiro, setembro – 2002. (end. e dat. disp.).

[604] GUIMARÃES, Alexandre Queiroz.; O Capitalismo Coordenado Alemão: do Boom do Pós-Guerra à Agenda 2010, Lua Nova, São Paulo, 66: 23-56, 2006.

[605] KNADE, Sophia.; Finanzmärkte und der deutsche Kapitalismus, Journal für Wirtschafts –, Arbeits – und Organisationssoziologie, WAO Soziologie, Jg. 1, Heft 1/2011, p. 204/213, (end. e dat. disp.).

[606] HÖPNER, Martin.; 2004: Der organisierte Kapitalismus in Deutschland und sein Niedergang, in: Roland Czada/Reinhard Zintl (Hrsg.): Politik und Markt, PVS-Sonderheft 34, 300-324. *Cf. Apud.* KNADE, Sophia.; *Ob. cit.*

[607] BEYER, Jürgen.; 2006: Vom „kooperativen Kapitalismus" zum Finanzmarktkapitalismus – eine Ursachenanalyse, in: Brinkmann, Ulrich; Krenn, Karoline und Sebastian Schief, (Hrsg.): Endspiel des Kooperativen Kapitalismus? Wiesbaden: VS, Verlag, 35-57. *Cf. Apud.* KNADE, Sophia.; *Ob. cit.*

[608] SOSKICE, David.; 1999: Globalisierung und institutionelle Divergenz. Die USA und Deutschland im Vergleich, in: Geschichte und Gesellschaft 25, 201-225. Cf. Apud. KNADE, Sophia.; *Ob. cit.*

De fato, a versão do capitalismo na atual Alemanha consiste em vários mecanismos de regulação via *networks*, em que associações empresariais e sindicatos desempenham papel fundamental no processo econômico.[609] O enodamento entre os sistemas de livre mercado e o sistema social manteve-se como forma de tornar a Alemanha um Estado socialmente responsável, principalmente como forma de corrigir os erros históricos do modelo nazista.[610] Assim, para efetivar o enodamento bissistêmico, as decisões das empresas obrigatoriamente eram compartilhadas pelos trabalhadores, bancos, bem como qualquer outro *stakeholder*, os quais mantinham canais de participação e influência nas decisões.[611] No processo de transferência de tecnologia, as colaborações entre as firmas, arbitradas pelas associações, desempenham um papel fundamental na produção de qualquer produto alemão, alcançado, assim, uma vantagem competitiva importante dentro do cenário internacional.[612] Com efeito, além do estímulo à colaboração entre as empresas, as associações são essenciais para reduzir a falta de confiança em relação ao governo, fomentando ambos os setores a engajarem-se em programas conjuntos em áreas de treinamento, pesquisa e transferência de tecnologia.[613] Ademais, o que se verifica é uma forte regulamentação do sistema econômico (e social), com a garantia de altos salários por parte daqueles que detêm um conhecimento privilegiado academicamente. Esse sistema de enodamento entre o social e o econômico depende, contudo, da capacidade de se manter competitivo em nichos de alta qualidade e alto valor agregado.[614]

A simbiose – ou em verdadeiro mutualismo[lxxxvi] entre o setor público e o privado – é instigada a uma máxima interdependência positiva (verdadeiro *enodamento* entre o sistema econômico e o social). Até mesmo os trabalhadores de baixas habilidades acadêmicas recebem qualificações mínimas para garantir acesso a oportunidades de emprego, contribuindo de forma significativa em termos sociais e distributivos – no que difere do modelo (absoluto) liberal norte-americano – em que a baixa qualificação, quando não mesmo o qualificado em tempos de crise, fica exposta a empregos inferiores e salários indignos.[615]

O modelo econômico da Alemanha pode ser considerado um sucesso, mesmo nos dias atuais, apesar da economia encontrar-se no terceiro paradigma tecnológico, qual seja, a tecnologia da informação [os dois paradigmas anteriores foram centrados em (*i*) vapor-siderurgia e depois (*ii*) energia (eletricidade-petróleo) e automóvel]. Salienta-se que, nas economias da era tecnológica, basicamente marcada por novas oportunidades de investimentos, muitas inovações e fortes alterações nos preços relativos, os países

---

[609] GUIMARÃES, Alexandre Queiroz.; *Ob. cit.*

[610] GUIMARÃES, Alexandre Queiroz.; *Ob. cit.*

[611] STREECK, Wolfgang.; "German capitalism: does it exist? Can it survive?" In: CROUNCH, Colin e STREECK, Wolfgang (Eds).; Political economy of modern capitalism. London: Sage Publications, p. 33-54, 1997. Cf. Apud. Guimarães, Alexandre Queiroz.; *Ob. cit.*

[612] SOSKICE, David.; "Divergent production regimes: Coordinated and uncoordinated market economies in the 1980s and 1990s". In: KITSCHELT, Herbert.; LANGE, Peter.; MARKS, Gary.; e STEPHENS, John (Eds).; Continuity and change in contemporary capitalism. Cambridge: Cambridge University Press, p. 101-134, 1999. *Cf. Apud.* GUIMARÃES, Alexandre Queiroz.; *Ob. cit.*

[613] GUIMARÃES, Alexandre Queiroz.; *Ob. cit.*

[614] GUIMARÃES, Alexandre Queiroz.; *Ob. cit.*

[615] ESTEVEZ-ABE, Margarita.; IVERSEN, Torben.; e SOSKICE, David.; "Social protection and the formation of skills: A reinterpretation of the Welfare State". In: HALL, Peter.; e SOSKICE, David (Eds).; Varieties of capitalism – the institutional foundations of comparative advantage. Oxford: Oxford University Press, p. 145-183, 2001. *Cf. Apud.* GUIMARÃES, Alexandre Queiroz.; Ob. cit.

com diminuta regulamentação, alta capacidade de implementar mudanças radicais e agilidade em obter capital de investimento são considerados os mais competitivos e atrativos ao capital investidor, ou seja, justamente o inverso daqueles países com alta regulamentação e baixa capacidade de resposta, como o modelo da Alemanha.[616]

Apesar das crises enfrentadas desde a década de 70 do século passado,[617] como resultado empírico positivo do capitalismo atípico germânico, fato é que a Alemanha, após o processo de unificação, tornou-se um dos maiores países exportadores do mundo. É praticamente a locomotiva da economia europeia. Porém, os resultados positivos da economia não são indicadores isolados. De fato, os indicadores sociais também são muito positivos, tendo em vista os salários elevados, a melhor distribuição de renda, as baixas taxas de pobreza e de criminalidade; enfim, um abrangente *Welfare State* – *Sozialstaat* – e desemprego praticamente nulo.[618]

O que se percebe na Alemanha atual é uma incessante busca para a solidificação de um Estado Sustentável, no qual os três sistemas (econômico-liberal, social-interventor e ambiental) estão em um sistema complexo de enodamento borromeano. Essa sistematização, porém, é um processo dinâmico e não estático, no qual o Estado, e os atores privados, têm que operacionar reflexivamente, em constante estado de ação.

1.1.7.6 A crise financeira de 1929

Com a crise do sistema financeiro, em escala mundial, desencadeada em 2007/8, impôs-se a (necessidade de) atuação direta dos governos no mercado econômico. Assim, algumas das teorias jurídico-econômicas "acordaram" de uma hibernação de algumas décadas.[619] De tal sorte, alega-se que nos últimos decêndios, notadamente após a quebra da bolsa de Nova York em 1929,[620] há, no meio acadêmico e político, a *nova quaestio* sobre a interferência – direta ou indireta – do Estado na economia, via atuação ou regulação.

O cosmos econômico dividiu-se, findo o conflito mundial de 1945, em total interferência (comunismo) ou total liberalismo (capitalismo).[lxxxvii] Competiam aos dois principais atores internacionais, os EUA e a URSS, (primeiro mundo e segundo mundo, respectivamente) a defesa, inclusive por força bélica, dos seus paradigmas ideológicos, de como se deveria estruturar a geopolítica em escala mundial. Uma ordem mundial, bipolar entre os blocos soviético e norte-americano, não apenas militar (baseada na força), mas também política e, sobretudo, econômica.[621] Enfim, trava-se, em escala mundial, a defesa do certo e o ataque ao errado, sob o prisma de cada um.

---

[616] YAMAMURA, Kozo.; "Germany and Japan in a new phase of capitalism: Confronting the past and the future." In: YAMAMURA, Kozo.; e STREECK, Wolfgang (Eds).; The end of diversity? Prospects for German and Japanese capitalism. Ithaca e Londres: Cornell University Press, p. 115-146, 2000. *Cf. Apud.* GUIMARÃES, Alexandre Queiroz.; Ob. cit.

[617] GUIMARÃES, Alexandre Queiroz.; Ob. cit.

[618] GUIMARÃES, Alexandre Queiroz.; Ob. cit.

[619] ALBERGARIA, Bruno.; A (muito) antiga discussão sobre a Atuação Econômica do Estado. Uma Visão da Constelação do Direito e Suas Contribuições para o Mundo da Economia, In: Sociedade e Consumo – Múltiplas Dimensões na Contemporaneidade, PIMENTA, Solange Maria.; CORRÊA, Maria Laetitia.; DADALTO, Maria Cristina.; VELOSO, Henrique Maia.; (Orgs.), Curitiba: Juruá, 2010.

[620] CARVALHO, David Ferreira.; CARVALHO, André Cutrim.; Crise Financeira, Recessão e Risco de Depressão no Capitalismo Globalizado do Século XXI: Impactos nos EUA, Zona do Euro e Brasil, (end. e dat. disp.).

[621] GOMES, Henrique Manuel Candeias Rosa.; A Nova Ordem Mundial – Do fim do mundo bipolar à emergência de novos actores internacionais, (end. e dat. disp.).

Ao resto do planeta competia ser – *apenas* – o terceiro mundo, com papel secundário, agravando, ainda mais, o (eterno) desequilíbrio entre o «Norte» e o «Sul».[622] Porém, com o fim do regime comunista, o (neo)liberalismo econômico reinou por mais de uma década, sem que ninguém (ousasse) contestá-lo. *O fim da história*, com a vitória inconteste do capitalismo aliado à democracia, estava anunciado; nada mais moderno poderia ser inventado ou criado.[623]

De fato, na década de 1960, a partir do estabelecimento neoliberal de Washington,[624] verificou-se que o núcleo econômico seria representado pelos EUA, a sua periferia seria a Europa e o Japão. Um dos fatores basilares para esse cenário mundial foi a adoção do padrão dólar para o atrelamento das moedas mundiais, em detrimento do padrão ouro.[625] Com efeito, os Estados Unidos se tornaram praticamente o «banqueiro do mundo».[626] Ásia e América do Sul somente podem ser considerados «atores» nesse cenário com a globalização.

Os princípios de uma engenharia social, econômica e política do acordo de *Bretton Woods*, entabulados para uma reordenação das relações econômicas internacionais são, *in per suma capita*, (*i*) não intervenção – ou intervenção mínima – tais como privatização, (*ii*) autonomia do Banco Central, (*iii*) criação de Agências Reguladoras e (*iv*) disciplina fiscal com o fito do superávit primário, (*vi*) aplicação do dinheiro (público) em obras de infraestrutura e (*vii*) pagamento (dos juros) das dívidas internacionais.

Ademais, a solução da paz como fator de prosperidade econômica e social não se tinha concretizado, como se verificou com as duas guerras de escala mundial. Assim, os percalços tanto da Primeira como da Segunda Guerra Mundial fizerem com que a comunidade internacional tivesse como escopo, ao final do conflito, estipular regras comuns de comportamento para os países participantes dessa nova ordem, que poderiam contribuir para que todos os países pudessem atingir níveis sustentáveis de prosperidade econômica como nunca havia sido possível antes.

Assim, em New Hampshire, na cidade de Bretton Woods, no dia 1º de Julho de 1944, a convite do presidente Roosevelt, dos Estados Unidos, 44 (quarenta e quatro) representantes de governo aceitaram o convite para, conjuntamente, proporem uma promoção internacional de estabilização econômica (leia-se: instituição da economia livre em escala mundial). Na cerimônia de abertura da Conferência, o secretário do Tesouro dos Estados Unidos, Henry Morgenthau, discursou sobre a "(...) criação de uma economia mundial dinâmica, na qual os povos de cada nação terão a possibilidade de realizar suas potencialidades em paz e de gozar mais dos frutos do progresso material, numa Terra benzida por riquezas naturais infinitas (...)".[lxxxviii]

Porém, o novo arranjo internacional exigiria, em contrapartida, que os Estados abdicassem de, pelo menos, parte da sua soberania na tomada de decisões sobre políticas domésticas, subordinando-as ao objetivo comum de conquista da estabilidade macroeconômica em termos globais. Por óbvio, com o fim do sistema comunista, o único

---

[622] GAVA, Rodrigo.; Ricos & Mendazes – O Dilema das Cláusulas Sociais nas Relações Multilaterais de Comércio Internacional, Coimbra: Almedina, 2008, p. 19.

[623] Referência direta à obra de FUKUYAMA, Francis.; The End of History and the Last Man, 1992.

[624] EICHENGREEN, Barry.; Global Imbalances And The Lessons Of Bretton Woods, National Bureau Of Economic Research, USA, Cambridge, May 2004, (end. e dat. disp.).

[625] MELTZER, Allan H.; U.S. Policy in the Bretton Woods Era, Federal Reserve Bank of St. Louis, USA, MAY/JUNE, 1991, p. 54/83.

[626] DELLAS, Harris.; and TAVLAS, George S.; The Revived Bretton Woods System, Liquidity Creation, and Asset Price Bubbles, Cato Journal, Vol. 31, No. 3 (Fall 2011).

modelo de engenharia social *sobrevivente* foi o estipulado através, dentre outros – mas que também promulgava o liberalismo econômico –,[627] do "Sistema Breton Woods".[628]

Todavia, enquanto quem sofria pelo panfleto de *Bretton Woods* eram os países pobres da África negra – ou subsaariana –, produtora de desigualdades sociais nunca vistas e também de diamantes, também nunca vistos, sedentos em aumentar os empréstimos do FMI e do Banco Mundial, bem como em aumentar o coeficiente do índice da corrupção, nada sensibilizava o *mundo civilizado* de Washington, com raras exceções.[lxxxix] A cartilha deveria ser seguida à risca, tendo em vista a certeza de seus idealizadores quanto à verdade e correção de seu conteúdo dogmático.

Contudo, com as crises financeiras de escala global, de 2007/8, o excesso do liberalismo teve que ser revisto. De fato, o epicentro da crise capitalista ocorreu justamente nos EUA.[xc] Atualmente, argumenta-se que o mote das turbulências foi efetivamente a falta de intervenção/regulação do Estado na economia norte-americana. Fato é que, na tentativa de salvar o sistema capitalista, quase todos os "pacotes econômicos" propostos foram justamente no sentido de intervenção direta dos governos na iniciativa privada. Calcula-se na casa dos trilhões de dólares[xci] a ação *"vital para ajudar que a economia americana supere a tempestade financeira".*[xcii] A lista das empresas norte-americanas com problemas financeiros, que sofreram interferências diretas (gestão e financeiro) governamentais, tais como os bancos *Bear Stearns, Wachovia, IndyMac, Lehman Brothers, Morgan Stanley, Washington Mutual (WaMu)*, a seguradora *AIG*, as automobilísticas *General Motors, Ford, Chrysler* dentre tantas outras. O então presidente norte-americano, Barak Obama, anunciou, ao nacionalizar a General Motors com a compra de 60% do seu capital, com recursos tributários (leia-se novamente com o dinheiro do povo) americano e canadense, que pretende vendê-la – ou seja, privatizá-la – assim que estiverem sanadas as suas dívidas.

O investimento governamental público – ou estatização – em empresas seculares, e motrizes da economia norte-americana[xciii] (com o objetivo de salvá-las), abalou não somente *Wall Street* e *Washington*,[xciv] mas também *Harvard, Stanford, Boston* e tantas outras universidades. Assim, em que pese o «esquecimento» acadêmico das teorias intervencionistas de Keynes,[xcv] o modelo de atuação do Estado na economia, para se evitar o estrangulamento (insustentabilidade sistêmica) ressurge, notadamente após os referidos períodos de crises sistêmicas do capitalismo, como se fosse novamente o salvador do (próprio) capitalismo.[629] Há de se ressaltar que, inicialmente, Keynes foi injustamente acusado de ser contra o capitalismo quando defendeu a intervenção estatal nos casos de "falha do mercado". Em resposta, Keynes foi categórico, com as *venias*, para a transcrição:

> Nevertheless, a time may be coming when we shall get clearer than at present as to when we are talking about capitalism as an efficient or inefficient technique, and when we are

---

[627] Cita-se, ainda, Dumbart Oaks (1944), Ialta (1945), São Francisco (1945), Potsdam (1945). In: DI SENA Jr., Roberto.; A Cláusula Social na OMC, Curitiba: Juruá, 2005, p. 41.

[628] Vários autores insurgem-se contra a *história oficial*, delatando outros objetivos impostos por Bretton Woods, dentre os quais se pode citar CHOMSKY, Noam.; What Uncle Sam Really Wants, Berkeley, CA: Odonian Press, 1992 (v. ver. ut.); CHOMSKY, Noam.; Profit over People: Neoliberalism and Global Order, New York: Seven Stories Press, 1999 (v. ver. ut.); BOURDIEU, Pierre. La esencia del neoliberalismo. (end. e dat. disp.); BOURDIEU, Pierre. A demissão do Estado. In: BOURDIEU, Pierre. (coord.) A Miséria do Mundo. 4. ed. Petrópolis: Vozes, 1997. Até mesmo o ex-presidente do Banco Mundial e prémio Nobel Joseph Stiglitz faz severas críticas ao "Sistema Bretton Woods" In: STIGLITZ, Joseph. Globalization and Discontents, 2002 (v. ver. ut.).

[629] KEYNES, John Maynard.; The End of laissez-faire, 1926.

CAPÍTULO 1
O ENODAMENTO INICIAL: O «SISTEMA» DO *HOMO ECONOMICUS* E O SISTEMA SOCIAL: UM PRELÚDIO DO NÓ BORROMEU | 129

talking about it as desirable or objectionable in itself. For my part I think that capitalism, wisely managed, can probably be made more efficient for attaining economic ends than any alternative system yet in sight, but that in itself it is in many ways extremely objectionable. Our problem is to work out a social organisation which shall be as efficient as possible without offending our notions of a satisfactory way of life. [630] [xcvi]

1.2 O enodamento entre o sistema econômico e o social é inevitável

Desde que o homem estabeleceu-se em *civitas* organizada insurge a (des)necessidade da interferência (do Estado) na esfera econômica. O que se deve analisar, hoje em dia, não é, *s.m.j.*, se se deve ou não fazer a interferência do Estado na economia. Aliás, não existe um Estado puro liberal, somente "guarda noturno", cuja única e exclusiva missão seja apenas assegurar *a ordem* da urbe. O *progresso* também é objeto, quer queira quer não, dos fins estatais. Quando se deseja controlar a inflação, fomentar uma região, atrair novos investimentos, impedir uma crise por meio de políticas públicas, se está, direta ou indiretamente, interferindo na economia. Ademais, o Estado ainda é o maior financiador de grandes empreendimentos em qualquer região. Portanto, o que se deve discutir não é a interferência; mas, qual é a interferência necessária para a melhor economia e para a sociedade em geral, bem como de que forma e quando ela deve ser realizada.

Por maiores que sejam as críticas ao Estado Providência, fornecedor de um mínimo de dignidade humana e/ou intervencionista nas relações econômicas, ou as críticas ao Estado liberal, a tendência é para que seja instaurado um sistema equilibrado e dual, no qual a sociedade civil e o Estado partilhem, conjuntamente, mais responsabilidades sociais e econômicas[631] (para não dizer, *ainda*, as responsabilidades ambientais).

1.2.1 O enodamento econômico e ambiental: o princípio do Equador

Como já visto,[xcvii] o financiamento pode ser um instrumento importante de proteção ao meio ambiente.[632] Com efeito, as instituições financeiras, sejam elas públicas ou privadas, nacionais ou internacionais, podem contribuir de forma significativa para o desenvolvimento sustentável, através da inclusão da variável ambiental nas políticas de concessão de crédito.[633] De fato, o sistema financeiro detém uma forte capacidade de influir nas atividades econômicas, com a vinculação de políticas metaeconômicas para a análise das operações de crédito. Na concepção ambiental, os próprios bancos vêm tomando consciência de uma nova concepção de ética negocial, em que o lucro não deve ser considerado como o único objetivo das empresas.[634] Afinal, as empresas

---

[630] KEYNES, John Maynard.; The End of laissez-faire, 1926.

[631] HESPANHA, Pedro.; MONTEIRO, Alcina.; RODRIGUES, A. Cardoso Ferreira Fernandes.; NUNES, M. Helena.; MADEIRA, J. José Hespanha Rosa.; HOVEN, Rudy van den.; PORTUGAL, Sílvia; Entre o Estado e o Mercado – as fragilidades das instituições de protecção social em Portugal, Coimbra: Quarteto, 2000.

[632] Preâmbulo da Declaração dos Princípios do Equador.

[633] SOUZA, Paula Bagrichevsky de.; As instituições Financeiras e a Proteção ao Meio Ambiente, Revista do BNDES, RJ., V. 12, N. 23, P. 267-300, JUN. 2005. *V. tb.* o preâmbulo do Princípio do Equador.

[634] CARVALHO, Maria de Lourdes.; A Empresa Contemporânea – sua função social em face das pessoas com deficiência, Belo Horizonte: Del Rey, 2012. *V. tb.* ALMEIDA, Gustavo Henrique de, Os novos desafios do Empresário

não devem, apenas, satisfazer os interesses dos sócios, mas também de terceiros ou até mesmo da coletividade em geral.[635] Ademais, hodiernamente, entende-se que o cumprimento das funções sociais das empresas não se restringe ao cumprimento das obrigações legais, próprias do empresário ou da sociedade empresarial, mas constitui verdadeira atuação a favor da coletividade, na medida em que as ações empresariais devem, também, conduzir-se para as realizações dos interesses coletivos.[636] Além do mais, as atividades empresariais corroboram com o desenvolvimento econômico nacional, considerado inclusive como um dos objetivos constitucionais fundamentais dos Estados.[xcviii] Pode-se considerar que as atividades empresariais, não obstante tenham um cunho individual, caracterizado como um trabalho humano em benefício de suas próprias metas, compreende, ainda, importante papel na sociedade.[637] De fato, hoje em dia não há como conceber uma empresa voltada exclusivamente para o seu lucro, sem que seja administrada para atender também aos interesses dos colaboradores, consumidores, fornecedores, enfim, de toda a sociedade. Afinal, a companhia representa o grande agente ativo e impulsionador da civilização contemporânea.[638]

No direito positivo brasileiro, a Lei das Sociedades Anônimas[639] estabelece, em seu artigo 116,[640] [xcix] a responsabilidade dos sócios administradores em relação a terceiros. Ainda pela ótica da Lei das S.A., o artigo 154[cx] determina que o administrador deve exercer as atribuições institucionais, mas que os seus atos empresariais cumpram as exigências do bem público e da função social da empresa.

Pela legislação portuguesa, o Código das Sociedades Comerciais,[641] no artigo 64, estabelece que os gerentes ou administradores das sociedades devam, além dos deveres inerentes à sociedade (lealdade social), atender, ainda, aos interesses de longo prazo da sociedade, *ponderando os interesses dos outros sujeitos relevantes para a sustentabilidade da sociedade, tais como os seus trabalhadores, clientes e credores.*[ci]

Com esse viés social e ambiental, portanto, as instituições financeiras, mesmo as privadas, assumiram um importante papel social. Afinal, as empresas modernas – e as financeiras também se enquadram na definição de empresa – se inserem de forma indelével no tecido social, de forma reflexiva, quando se observa que as empresas interagem com as instituições, com os cidadãos e com os seus representantes.[642] Mesmo porque, há um interesse da coletividade na existência e no exercício das faculdades privadas.[643] As próprias empresas financeiras acreditam que a adoção e a aplicação

---

no Mundo Contemporâneo: Mercado, Globalização e Função Socioambiental da Empresa, In. JUNIOR, Walter Santos (org.).; Temas de Direito Sustentável, Belo Horizonte: Editora Legal Ltda, 2010, págs. 320/348, dentre outros.

[635] VIVANTE, Cesare.; Istituzioni di Diritto Commerciale, Milano, U. Hoepli, 1915, (v. ver. ut.), p. 29)

[636] COMPARATO, Fábio Konder.; A Reforma da empresa, Revista de Direito Mercantil, Industrial, Econômico e Financeiro, São Paulo, v. 50, nº 21, págs. 57/74, abr./jun., 1983. *V. Tb.* FILHO, Hélio Capel.; A Função Social da Empresa: Adequação às Exigências do Mercado ou Filantropia? Rev. Magister de Direito Empresarial, Concorrencial e do Consumidor, Porto Alegre, nº 5, p. 66/74, abr./maio, 2005.

[637] MAMEDE, Gladson.; Empresa e Atuação Empresarial, São Paulo: Atlas, 7ª ed., 2013, p. 48.

[638] TOMAZETTE, Marlon.; Curso de Direito Empresarial, Teoria Geral e Direito Societário, vol. 1, São Paulo: Atlas, 4ª Ed., 2012, p. 479.

[639] Lei nº 6.404 de 15 de Dezembro de 1976.

[640] Parágrafo único do art. 116 da Lei nº 6.404/76

[641] Decreto-Lei nº 262/86 (Parte 1), de 2 de Setembro, (Republicado pelo artigo 62º do Decreto Lei nº 76-A/2006, de 29 de Março).

[642] DIAS, Reinaldo.; Responsabilidade Social – Fundamentos e Gestão, SP: Atlas, 2012, p. 1.

[643] MAMEDE, Gladson.; Empresa e Atuação Empresarial, SP: Atlas, 7ª ed., 2013, p. 47.

desses princípios ofereçam benefícios significativos para elas mesmas, bem como para os seus clientes e para outras partes envolvidas.[644]

Outrossim, os recursos econômicos que financiam a produção e o consumo devem ficar atrelados à moralidade e à legalidade dessa produção e desse consumo.[645] Afinal, a destinação do dinheiro não é, evidentemente, neutra ou destituída de *coloração* ética.[646] A vinculação da destinação final dos recursos financiados não é recente. Ademais, como há a própria restrição internacional do comércio de bens ilícitos, como os entorpecentes, nem o dinheiro privado nem o dinheiro público podem financiar o crime, em qualquer de suas feições, e, portanto, não podem financiar a poluição e a degradação da natureza.[647] Com efeito, as instituições bancárias, através de exigências sociais e ambientais, ao conceder o crédito, estão cumprindo, também, com as suas responsabilidades empresariais.[648]

Nesse contexto, através do incentivo do Programa das Nações Unidas para o Meio Ambiente (Pnuma), foi assinada em Maio de 1992, na cidade de Nova York, a Declaração dos Bancos para o Meio Ambiente e o Desenvolvimento Sustentável,[649] por mais de 30 bancos comerciais de 23 países, que se comprometeram, pela primeira vez, a observar a questão ambiental na análise e na concessão de crédito.[650]

Sucessivamente, o Brasil promulgou a Lei nº 8.974, de 5 de Janeiro de 1995, com o escopo de regulamentar os incisos II e V do parágrafo 1º do artigo 225 da Constituição da República.[651] Assim, o referido dispositivo legal estabeleceu normas para o uso das técnicas de engenharia genética e para a liberação de organismos geneticamente modificados no meio ambiente. No seu artigo 2º, parágrafo 3º, foi instituída a responsabilidade solidária das instituições financeiras, caso não exigissem o Certificado de Qualidade em Biossegurança em relação a projetos que envolvessem organismos geneticamente modificados (OGM) e que acarretassem danos ao meio ambiente.[cii]

Contudo, um dos principais dispositivos normativos internacionais, apesar do caráter não vinculatório obrigatório dos bancos, afinal, as instituições financeiras devem adotar os princípios de forma voluntária e independente que visa a regulação sustentável do financiamento,[652] seja público ou privado, foi a adoção do Princípio do Equador,[ciii] elaborado exordialmente pela Internacional Finance Corporation (IFC),[civ] braço financeiro do Banco Mundial, objetivando a observância de critérios mínimos ambientais e de responsabilidade social para a concessão de crédito, pelas instituições financeiras privadas, para projetos com um custo total de US$ 50 milhões ou mais.[653] [cv]

Pelo acordo, as instituições financeiras se comprometeram a, antes da concessão do crédito, fazerem uma avaliação primária e minuciosa dos projetos quanto aos seus procedimentos em relação às questões sociais e, principalmente, ambientais. Ao se observar que o projeto não assegura as melhores práticas de sustentabilidade, o crédito deverá ser rejeitado pela instituição financeira.

---

[644] Preâmbulo do Princípio do Equador.

[645] MACHADO, Paulo Affonso Leme.; Direito ambiental brasileiro, 9ª ed.; SP: Malheiros, 2001, p. 301.

[646] MACHADO, Paulo Affonso Leme.; *Ob. cit.*

[647] MACHADO, Paulo Affonso Leme.; *Ob. cit.*

[648] Novamente o Preâmbulo do Princípio do Equador.

[649] Statement by Financial Institutions on the Environment and Sustainable Development.

[650] SOUZA, Paula Bagrichevsky de.; *Ob. cit.*

[651] A Lei nº 8.974, de 5 de Janeiro de 1995 foi revogada pela Lei nº 11.105, de 24 de Março de 2005.

[652] Declaração de Princípios do Equador.

[653] Item 9 da Declaração de Princípios do Equador.

O processo de análise ambiental não é, como pode parecer à primeira vista, um ato altruísta ou benemérito dos bancos, enquanto instituição financeira. A questão envolve diretamente os mais basilares princípios econômicos. De fato, quando um banco concede empréstimo, tem como objetivo obter lucro mediante o recebimento dos juros e encargos da transação mobiliária. A fidúcia, característica dos negócios de empréstimo, caracteriza-se pela garantia (ou pelo menos, a esperança) de receber novamente o capital emprestado, acrescido os juros. Caso a empresa tomadora do empréstimo não consega saldar as dívidas, incluindo aquelas relativas ao empréstimo, o banco não receberá sequer o seu capital investido. Afinal, toda atividade empresarial envolve risco e o risco das financeiras é justamente não receber o valor emprestado com o lucro embutido. Assim, em última análise, o desempenho econômico das empresas financeiras depende, direta ou indiretamente, do gerenciamento de todos os riscos. O controle desses riscos, por parte das financeiras, advém da análise de risco das empresas que recebem o dinheiro emprestado.

Compreende-se que o risco está presente em qualquer atividade econômica. Aliás, é inerente à atividade empresarial o risco. Nesse contexto, pode-se conceituar o risco de uma forma "multidimensional", isto é, cobre quatro grandes grupos, quais sejam, (*i*) o risco de mercado, (*ii*) o risco operacional, (*iii*) o risco de crédito e (*iv*) o risco legal.[654]

Tendo em vista a responsabilidade civil das empresas no âmbito do dano ambiental,[655] as questões relativas ao meio ambiente estão, cada vez mais, inseridas nestes quatros macrorriscos. Assim, torna-se cada vez mais importante para as instituições financeiras analisar os riscos ambientais das empresas captadoras de recursos financeiros. De fato, caso ocorra uma indenização vultosa, seja administrativa ou judicial, por algum tipo de dano ambiental, a empresa devedora poderá ter a sua capacidade de saldar dívidas comprometida. Há que se ressaltar, também, a possibilidade de imputação criminal aos diretores das empresas no caso de dano ambiental, pela lei brasileira.[656] Em relação aos financiamentos públicos, o artigo 12 da Lei nº 6.938, de 31 de Agosto de 1981, dispõe sobre a Política Nacional do Meio Ambiente, seus fins e mecanismos de formulação e aplicação,[cvi] condiciona a concessão de créditos governamentais à aprovação de projetos habilitados a esses benefícios ao licenciamento ambiental.

Por isso, hoje em dia, os riscos ambientais não podem ser ignorados. Somente a título de exemplo, dentre tantos outros, pode-se citar a catástrofe ambiental provocada pela explosão da plataforma de petróleo DeepWater, no Golfo do México, no dia 21 de Abril de 2010, de propriedade da empresa British Petroleum – BP. As ações da referida empresa caíram 15% (quinze por cento), o que equivaleu a sessenta bilhões de dólares. Em reunião com o então presidente dos Estados Unidos, Barack Obama, os representantes da empresa aceitaram criar um fundo no valor de US$ 20 bilhões de dólares para o pagamento das indenizações às vítimas do vazamento e suspensão dos pagamentos de dividendos dos acionistas. Até o fim de 2011, a BP já havia gastado

---

[654] DUARTE JÚNIOR, A. M.; Uma introdução ao gerenciamento de risco corporativo. São Paulo: São Paulo: USP/ FEA, 2002. (Curso MBA em Economia do Setor Financeiro). *Cf. Apud.* DIAS, Marco Antonio.; MACHADO, Eduardo Luiz.; *Ob. cit.*

[655] Por todos, ALBERGARIA, Bruno.; Direito Ambiental e a Responsabilidade Civil Empresarial, Belo Horizonte: Fórum, 2ª Ed., 2009.

[656] Lei nº 9.605, de 12 de Fevereiro de 1998, em que dispõe sobre as sanções penais e administrativas derivadas de condutas e atividades lesivas ao meio ambiente.

mais de U$ 14 bilhões em atividades de resposta.[cvii] Em pouco tempo após o acidente a empresa reduziu cerca de U$ 70 bilhões de dólares em valores de mercado.[657]

Os prejuízos econômicos não se restringiram *apenas* a British Petroleum. Todos os acionistas, empresas de seguro e, inclusive, financiadoras sentiram o efeito devastador em seus balanços patrimoniais do vazamento de petróleo no Golfo do México.

De outro lado, a Environmental Bankers Association – EBA,[cviii] empresa vinculada ao sistema financeiro, afirma que atentar para o meio ambiente não é importante apenas sob o aspecto de gerenciamento de risco. Pode representar, também, uma oportunidade de negócio e, portanto, constituir em uma vantagem competitiva tanto para as empresas quanto para as instituições financeiras.[658]

Depreende-se, portanto, que, para obter um bom desempenho econômico, a empresa precisa, também, de um bom sistema de gerenciamento ambiental. Assim, o questionamento atual não se vincula mais a se os bancos devem se dirigir aos aspectos de sustentabilidade do desenvolvimento das atividades que financiam, mas, também, como devem fazê-lo, que padrões substantivos devem seguir e aplicar, como devem executá-lo, e por fim, como devem assegurar o seu devido controle.[659]

1.2.2 O Pacto Global da Organização das Nações Unidas (ONU)

Apesar de não ter vinculação jurídica,[cix] a ONU vem promovendo ações, através de convites efetuados ao sector privado, para, conjuntamente com outros organismos e atores internacionais, aderirem e poderem contribuir para a prática da *Responsabilidade Social Empresarial*.[cx]

De fato, o Pacto Global da Organização das Nações Unidas – PGONU[cxi cxii] pretende ser uma iniciativa institucionalizada com o fito de alinhar as principais empresas transnacionais em adotar, nas suas operações e gestões estratégicas, práticas sustentáveis; isto é, alinhadas com princípios universalmente aceitos nas áreas de direitos humanos, trabalho, meio ambiente e combate à corrupção. Assim, as corporações transnacionais, atores influentes internacionalmente, podem ajudar a garantir que organizações de mercado, comércio, tecnologia e finanças progridam de maneira a beneficiar as economias e sociedades em todos os lugares.

Conforme dados divulgados pela ONU, o Pacto Global da ONU é a maior iniciativa de responsabilidade corporativa voluntária do mundo, com aderência de mais de doze mil empresas participantes e partes interessadas – *stakeholders* –, presentes em mais de cento e quarenta e cinco países.[cxiii]

De fato, o que se pretende, através das interações da ONU e demais entidades envolvidas, é uma superação dos dispositivos legais, notadamente em relação às condições de trabalho e proteção do ambiente. Fomenta-se a aderência voluntária em que as empresas devem ir além dos dispositivos legais em matéria laboral, ambiental e social, que contribuam para o desenvolvimento da sociedade através da educação, cultura e melhoria das condições de vida.

Assim, o Pacto Global constitui-se de uma estrutura para o desenvolvimento, implementação e divulgação de políticas e práticas de sustentabilidade, oferecendo aos

---

[657] GOLEMI, Michael A..; BALART, L. Etienne.; Indemnity in Deep Water: Indemnity Agreements Offshore and the Deepwater Horizon, (end. e dat. disp.).

[658] DIAS, Marco Antonio.; MACHADO, Eduardo Luiz.; *Ob. cit.*

[659] DIAS, Marco Antonio.; MACHADO, Eduardo Luiz.; *Ob. cit.*

participantes um amplo espectro de gestão de práticas administrativas com o objetivo de melhorar os modelos empresariais sustentáveis.

Nesse contexto, o Pacto Global da ONU solicita às empresas que adotem valores fundamentais nas áreas de direitos humanos, normas de trabalho, meio ambiente e combate à corrupção. Em relação aos direitos humanos, as empresas devem apoiar e respeitar a proteção dos direitos humanos reconhecidos internacionalmente;[660] e certificar-se de que não são cúmplices de abusos dos direitos humanos.[661] Em relação às atitudes trabalhistas, as empresas devem apoiar a liberdade de associação e o reconhecimento efetivo do direito à negociação coletiva de trabalho,[662] a eliminação de todas as formas de trabalho forçado ou compulsório;[663] a abolição efetiva do trabalho infantil;[664] e a eliminação da discriminação em matéria de emprego e ocupação.[665]

No que tange ao ambiente, as empresas devem apoiar uma abordagem preventiva aos desafios ambientais;[666] desenvolver iniciativas para promover maior responsabilidade ambiental[667] e incentivar o desenvolvimento e a difusão de tecnologias ambientalmente.[668]

Finalmente, o princípio anticorrupção determina que as empresas devem combater a corrupção em todas as suas formas, inclusive extorsão e propina.[669]

1.2.3 Outra percepção do enodamento econômico e ambiental: o índice de sustentabilidade das bolsas de valores

Como outrora já visto, diz-se que um dos principais fatores que desempenham papel relevante na elevação da taxa de crescimento econômico é o desenvolvimento do sistema financeiro, incluindo aí o mercado mobiliário. De certo, o mercado financeiro é integrado pelo mercado de capitais, que, por sua vez, integra os valores mobiliários.[670] Têm uma dupla função econômica: se, de um lado, constitui um forte instrumento para a captação de recursos por parte das empresas de capital aberto, por outro lado, assegura aos investidores uma alternativa viável de compor uma fonte de patrimônio e renda.

De fato, por ser capaz de mobilizar e direcionar recursos a projetos produtivos, viabilizando tanto o investimento quanto o aumento de produtividade, o mercado mobiliário age como um captador de recursos, a custo mais baixo do que o mercado financeiro de juros. Por parte dos investidores, pode proporcionar aos «acionistas» uma fonte de renda, mediante o pagamento de dividendos, e, ainda, assegurar o patrimônio individual, por meio da propriedade das ações de uma empresa. Tal investimento pode ser extremamente rentável, apesar dos inerentes riscos que envolvem toda atividade de investimento, seja pela participação nos lucros, com os pagamentos de dividendos

---

[660] Princípio 1 do *UN Global Compact.*
[661] Princípio 2 do *UN Global Compact.*
[662] Princípio 3 do *UN Global Compact.*
[663] Princípio 4 do *UN Global Compact.*
[664] Princípio 5 do *UN Global Compact.*
[665] Princípio 6 do *UN Global Compact.*
[666] Princípio 7 do *UN Global Compact.*
[667] Princípio 8 do *UN Global Compact.*
[668] Princípio 9 do *UN Global Compact.*
[669] Princípio 10 do *UN Global Compact.*
[670] TOMAZETTE, Marlon.; Curso de Direito Empresarial ..., vol. 1, SP: Atlas, 4ª Ed., 2012, p. 396.

O ENODAMENTO INICIAL: O «SISTEMA» DO *HOMO ECONOMICUS* E O SISTEMA SOCIAL: UM PRELÚDIO DO NÓ BORROMEU

e juros, ou pela possibilidade de valorização dos papéis nas bolsas de valores.[671] Por isso, podem se tornar atrativos, tanto para o pequeno poupador quanto para o grande investidor.

Exordialmente, a finalidade primordial da bolsa de valores é manter um local adequado para a negociação de valores mobiliários,[cxiv] no mercado secundário; isto é, para a venda de títulos, pelos atuais proprietários, e não para a subscrição de ações emitidas pelas sociedades anônimas abertas, onde se realizam os pregões.[672]

Porém, pelas prementes necessidades hodiernas, as bolsas de valores têm ampliado as suas finalidades. Com efeito, o mercado financeiro também está atento ao desenvolvimento sustentável. O enodamento do sistema financeiro ao sistema social e ambiental existe desde 1999, através do *Dow Jones Sustainability World Index (DJSI World)*.[cxv] De fato, o *DJSI World* é um índice criado para aferir o grau de sustentabilidade das empresas, composto por ações de empresas de reconhecida responsabilidade corporativa, capazes de criar um valor agregado para os acionistas, a longo prazo, por conseguirem aproveitar as oportunidades e gerenciar os riscos associados a fatores econômicos, ambientais e sociais. Esse novo indicador econômico passou a oferecer aos investidores informações mais precisas sobre o modelo de gestão das empresas e seu comprometimento com fatores éticos, ambientais e sociais.[673]

Da mesma maneira, conforme já visto, os bancos devem evitar investir em empresas com alto grau de risco ambiental. Assim, as bolsas de valores, através da governança corporativa,[cxvi] também informam ao mercado quais as empresas que valorizam as boas práticas de governança corporativa. São estratégias que visam alcançar o valor de longo prazo para os acionistas, orientando as estratégias e gestão para aproveitar o potencial do mercado para produtos e serviços vinculados às ações sustentáveis, o que constitui uma *mais-valia* para as empresas e para os investidores.

Além da governança corporativa, o desenvolvimento sustentável também veio como um paradigma inovador às empresas, que outrora tinham como único foco o lucro.[674] Todavia, hodiernamente, não se deve mais inferir o grau de sucesso de uma empresa apenas com a análise das medidas financeiras tradicionais. De fato, a exigência do mercado atual reclama às empresas uma gestão ética, com responsabilidade social, e desempenho ambiental.[675]

No ano de 2005, a Bolsa de Valores de São Paulo – Bovespa lançou o Índice de Sustentabilidade Empresarial (ISE),[cxvii] indicador composto de ações emitidas por empresas que apresentam alto grau de comprometimento com sustentabilidade e responsabilidade social. O objetivo do ISE é "refletir o retorno de uma carteira composta por ações de empresas com reconhecido comprometimento com a responsabilidade social e a sustentabilidade empresarial, e também atuar como promotor das boas práticas no meio empresarial brasileiro".[cxviii]

O ISE foi desenvolvido com base no conceito de *"Triple Bottom Line"*, que envolve a avaliação de elementos ambientais, sociais e econômico-financeiros de forma integrada

---

[671] TOMAZETTE, Marlon.; *Ob. cit.*, p. 397.

[672] TOMAZETTE, Marlon.; *Ob. cit.*, p. 399.

[673] MARCONDES, Adalberto Wodianer.; BACARJ, Celso Dobes.; ISE : sustentabilidade no mercado de capitais, SP: Report Ed., 2010.

[674] FRIEDMAN, Milton.; The Social Responsibility of Business is to Increase its Profits, The New York Times Magazine, New York, Setembro 1970.

[675] ELKINGTON, John.; Cannibals with Forks: The Triple Bottom Line of 21st Century Business, Capstone Publishing, Oxford, 1997.

(enodamento borromeano). Em verdade, John Elkington estabeleceu sete dimensões para um futuro sustentável, visto pelo autor como um mundo em 7D. Assim, conforme a sua teoria econômica, para que o capitalismo possa se estabilizar, isto é, garantir o seu *continuum*, as empresas deverão contribuir para ocorrer as mudanças de mercados de submissão para concorrência, nos valores (de rígidos para flexíveis), na transparência (de fechado para aberto), na tecnologia do ciclo de vida (de produto para função), nas parcerias (de desunião para simbiose), no tempo (de mais intenso para mais longo) e na governança (de excludente para inclusiva).[676]

Além dos princípios do *Triple Bottom Line*, foram incluídos, ainda, mais três indicadores no Índice de Sustentabilidade Empresarial (ISE), quais sejam, a governança corporativa, as características gerais e a natureza do produto.[677]

O ISE também tem como escopo estimular as empresas a incorporar questões ambientais, sociais e de governança aos processos de decisão sobre investimentos, tornando o mercado mais atrativo para os investidores em geral e, em particular, para os gestores comprometidos com o investimento socialmente responsável, por se tornar um *benchmark*[cxix] para investidores que querem acompanhar o retorno de empresas, preocupadas com sustentabilidade.[678]

Na verdade, observa-se que os investidores, ao procurar a bolsa de valores, estão, cada vez mais, atentos não só ao lucro que a empresa possa lhe auferir, mas também às práticas gerenciais adotadas. Não sem motivo, quando uma empresa é flagrada com práticas ilícitas, tais como a utilização de mão de obra análoga à escravidão, as suas ações negociadas nas bolsas de valores sofrem forte redução de valor.[cxx] Outro fator determinante da evolução dos índices de sustentabilidade foram as crises sucessivas decorrentes do estouro de bolhas acionárias e de colapsos de grupos econômicos, como a Enron, a Union Carbide, a WorldCom e a Tyco, que plantaram entre os investidores a semente da desconfiança sobre a gestão corporativa voltada unicamente para resultados financeiros imediatos.[679]

Assim, com o advento do ISE, foi transferida para as empresas e para as bolsas de valores a responsabilidade de se adequarem aos novos paradigmas e valores dos investidores acionistas. Na prática, constitui, por parte das empresas e das bolsas de valores, a aderência aos compromissos éticos vislumbrados pelos novos acionistas, preocupados não só com o lucro, mas também com a sociedade e com as gerações futuras. O ISE fomenta que as empresas tenham como escopo – além do lucro – (*i*) eficiência no uso de recursos naturais e produção mais limpa; (*ii*) modelos de negócio caracterizados pelas melhores práticas de governança corporativa e excelência no relacionamento de empresas com governos e *stakeholders*, tais quais consumidores, público interno, fornecedores, comunidades do entorno de fábricas e outras instalações e organizações da sociedade civil; (*iii*) inovações radicais (ou disruptivas) para diminuir ou eliminar o impacto do homem no planeta, que podem resultar em reposicionamento da atuação

---

[676] ELKINGTON, John.; *Ob. cit.*

[677] MACHADO, Márcia Reis.; MACHADO, Márcio André Veras.; CORRAR, Luiz João.; Desempenho do Índice de Sustentabilidade Empresarial-(ISE) da Bolsa de Valores de São Paulo, Revista Universo Contábil, Vol. 5, nº 2, 2009.

[678] MARCONDES, Adalberto Wodianer.; BACARJ, Celso Dobes.; ISE : sustentabilidade no mercado de capitais, SP: Report Ed., 2010.

[679] MARCONDES, Adalberto Wodianer.; BACARJ, Celso Dobes.; ISE : sustentabilidade no mercado de capitais, , São Paulo: Report Ed., 2010.

O ENODAMENTO INICIAL: O «SISTEMA» DO *HOMO ECONOMICUS* E O SISTEMA SOCIAL: UM PRELÚDIO DO NÓ BORROMEU

da organização; e (*iv*) produtos, serviços e modelos de negócio para a população de baixa renda que levem em consideração seus impactos ambientais.[680]

1.2.4 A intervenção (pública) na economia brasileira: um caso constitucional

No Brasil, o presidente Getúlio Vargas, já no primeiro mandato (1930-1934),[cxxi] promoveu o Poder Constituinte e promulgou, em 1934, a primeira Constituição social brasileira, de nítido caráter intervencionista nas relações trabalhistas.[cxxii] A ordem econômica (e social) era prevista no Título IV, nos artigos 115 ao 143, da referida Carta. Própria dos regimes sociais, a intervenção estatal era fundamentada *nos princípios da Justiça* para que *garantisse a todos existência digna*, assegurando-se a liberdade econômica.[681] Contudo, por motivo de interesse público, a União poderia monopolizar determinada indústria ou atividade econômica.[682] Ainda, a prática da usura deveria ser punida por lei,[683] devendo o legislador infraconstitucional legislar no sentido de promover o fomento da economia popular, bem como promover o desenvolvimento do crédito e a nacionalização progressiva dos bancos de depósito. Igualmente, deveria legislar sobre a nacionalização das empresas de seguros em todas as suas modalidades; devendo constituir-se em sociedades brasileiras as estrangeiras que operavam no País.[684]

Em relação às interferências públicas nas atividades laborais, a Constituição de 1934 garantia a liberdade sindical, e as associações profissionais deveriam ser reconhecidas de conformidade com a lei.[685] O Estado também deveria promover o amparo da produção e estabelecer as condições do trabalho, na cidade e nos campos, tendo em vista a proteção social do trabalhador e os interesses econômicos do País.[686] Institucionalizou-se a Justiça do Trabalho para dirimir questões entre empregadores e empregados.[687] Em 1937, Getúlio Vargas outorgou nova carta constitucional, mantendo os preceitos intervencionistas.

Juscelino Kubitschek de Oliveira (1901-1976), quando Presidente da República (1956-1961), promoveu o slogan *"50 anos em 5"*, com o plano de metas desenvolvimentista (da economia). No ano de 1946 promulgou outro Texto Constitucional, de caráter democrático. No Título V – da Ordem Econômica e Social –, o artigo 145 determinava ao Estado a obrigação de organizar uma ordem econômica *conforme os princípios da justiça social, conciliando a liberdade de iniciativa com a valorização do trabalho humano*. A lei infraconstitucional teve a incumbência de criar estabelecimentos de crédito especializado de amparo à lavoura e à pecuária,[688] além da concretização, via constitucionalização, dos direitos trabalhistas e da previdência social.[689] A União detinha o poder de intervir no domínio econômico e monopolizar determinada indústria ou atividade. A intervenção

---

[680] MARCONDES, Adalberto Wodianer.; BACARJ, Celso Dobes.; *Ob. cit.*
[681] Artigo 115 da Constituição de 1934.
[682] Artigo 116 da Constituição de 1934.
[683] Parágrafo único do artigo 117 da Constituição de 1934.
[684] Artigo 117 da Constituição de 1934.
[685] Artigo 120 da Constituição de 1934.
[686] Artigo 121 da Constituição de 1934.
[687] Artigo 122 da Constituição de 1934.
[688] Artigo 150 da Constituição de 1946.
[689] Artigo 157 da Constituição de 1946.

deveria ter por base o interesse público e por limite os direitos fundamentais.[690] Os cartéis e monopólios que tivessem por fim dominar os mercados, através da eliminação da concorrência, aumentando arbitrariamente os lucros, deveriam ser reprimidos por lei, evitando-se, dessa forma, o abuso do poder econômico.[691] A prática da usura também era vedada constitucionalmente.[692]

Após a renúncia de Jânio Quadros em 1961, o Estado brasileiro mergulhou em um período obscuro de direita-conservadora; porém, paradoxalmente, intervencionista na economia. Os melhores empregos eram justamente os públicos, estabelecidos nas inúmeras Estatais. Encontravam-se, nessa época, sob a égide da Constituição de 1967 e da EC nº 1/69, Atos Institucionais, nitidamente opressores em termos políticos. Os direitos individuais foram, praticamente, suspensos. O Estado garantiu constitucionalmente o monopólio das principais atividades econômicas, tais como a lavra, beneficiamento e venda do petróleo e de seus derivados, setor energia elétrica, comunicação, dentre tantos outros.

Na (re)democratização da década de 80 do século passado, o Brasil foi influenciado pelas constituições europeias (e muito especialmente pela Constituição portuguesa de 1974). A Constituição brasileira foi promulgada em 1988, na qual estabeleceu como objetivos fundamentais da República Federativa do Brasil[693] a construção – por parte do Estado – de uma sociedade livre, justa e solidária; garantir o desenvolvimento nacional e erradicar a pobreza, a marginalização e reduzir as desigualdades sociais e regionais.[694] Finalmente, é ainda um objetivo constitucional do Estado promover o bem de todos, sem preconceitos de origem, raça, sexo, cor, idade e quaisquer outras formas de discriminação.[695]

Assim, vários dispositivos constitucionais – institucionalização dos princípios superiores do ordenamento jurídico pátrio – foram inseridos com o claro discurso intervencionista-social, dentro do Título VII – Da Ordem Econômica e Financeira, a saber: valorização do trabalho humano e da livre-iniciativa,[696] a qual tem por fim assegurar a todos a existência digna (*caput*); a sedimentação do princípio da função social da propriedade;[697] defesa do consumidor;[698] defesa do meio ambiente;[699] redução das desigualdades regionais e sociais;[700] busca do pleno emprego;[701] tratamento diferenciado para as pequenas e microempresas nacionais.[702]

De forma clara e expressa (e ainda não revogada), a Carta de 1988 determina ser o Estado *um agente normativo e regulador da atividade econômica*, na qual deve exercer

---

[690] Artigo 146 da Constituição de 1946.

[691] Artigo 148 da Constituição de 1946.

[692] Artigo 154 da Constituição de 1946.

[693] Artigo 3º, inciso I.

[694] Artigo 3º, incisos II e III.

[695] Artigo 3º, inciso IV.

[696] *Caput* do Artigo 170.

[697] Artigo 170, inciso III. Notar, ainda, a política agrícola e fundiária e da reforma agrária, prevista no Capítulo III, no qual estabelece, no artigo 184, a competência da União para desapropriar, por interesse social, para fins de reforma agrária, o imóvel rural que não esteja cumprindo a sua função social.

[698] Inciso V, do artigo 170.

[699] Inciso VI, do artigo 170.

[700] Inciso VII, do artigo 170.

[701] Inciso VIII, artigo 170.

[702] Inciso IX, do artigo 170 e artigo 179.

as funções de fiscalização, incentivo e planejamento, sendo determinante para o setor público e indicativo para o setor privado.[703]

Contudo, o Constituinte de 1988 limitou a atuação do Estado na exploração direta de atividade econômica somente quando necessária aos imperativos da segurança nacional ou a relevante interesse coletivo.[704] E, mesmo com esses limites constitucionais, prevê o monopólio estatal nas pesquisas e lavras das jazidas de petróleo e gás natural e outros hidrocarbonetos líquidos;[705] a refinação do petróleo nacional ou estrangeiro;[706] a importação e exportação dos produtos e derivados básicos, resultantes das atividades previstas nos incisos I e II (do artigo 177);[707] o transporte marítimo do petróleo bruto de origem nacional ou de derivados básicos de petróleo produzidos no país;[708] e, finalmente, a lavra, o enriquecimento, o reprocessamento, a industrialização e o comércio de minérios e minerais nucleares e seus derivados.[709]

Já a limitação dos juros a 12% ao ano, prevista no artigo 192 foi, conforme visto, revogada pela EC nº 29/2003.

1.2.5 Uma intervenção *necessária* do Estado

Por determinação da Constituição Federal de 1988, o Estado deve intervir na economia. A própria bandeira nacional faz alusão a respeito: ordem e progresso (econômico). A *quaestio* é: como deve ser essa intervenção? De forma direta, como agente econômico [produtor, distribuidor (e/ou consumidor)] ou, de forma indireta, como regulador, fiscalizador, incentivador, conforme determinam, de forma genérica, os artigos 176 e 173? Ainda, ressurge a pergunta, notadamente após a última crise econômica mundial de 2007: pode haver, por parte do governo, ações intervencionistas para salvar bancos, ou seja, não visando interesses sociais (diretos), mas sim (e quase que exclusivamente) interesses privados individualistas?[cxxiii cxxiv]

De qualquer forma, pela análise feita, sempre houve interferência, tanto direta quanto indireta, desde os arcaicos tempos da Mesopotâmia até os dias de hoje (com ou sem crise). Aos Constituintes da década de 80, fiéis aos preceitos da Constituição Dirigente, diga-se, mais interventor da economia, restou uma certa frustração do inacabado. Posteriormente, a *práxis* foi justificada pelas (mais modernas) teorias sistêmicas sociais, ao estilo de Luhmann,[710] o qual adverte que a lei não tem forças para ir *contra a maré* social.[711]

O Estado tem inúmeras formas de atuar dentro (e fora) da economia. Uma norma constitucional que limita os juros bancários em patamares irreais é, pela teoria *autopoiética*, para além de ineficaz, simplesmente «muda» e impraticável.

---

[703] Artigo 174, *caput*.

[704] Artigo 173.

[705] Inciso I, do artigo 177.

[706] Inciso II, do artigo 177.

[707] Inciso III, do artigo 177.

[708] Inciso IV, do artigo 177.

[709] Inciso V, do Artigo 177.

[710] Para melhor compreensão do tema, ver ABERGARIA, Bruno.; De Luhmann a Aristóteles, evolução ou involução?. Pub. Caderno Direito e Justiça, Jornal Estado de Minas, 1º de Dez., Belo Horizonte, 2008.

[711] Ver melhor em: Canotilho e a Constituição Dirigente. Organizado por Jacinto Nelson de Miranda Coutinho, Editora Renovar, Rio de Janeiro, São Paulo, 2002.

Ao reverso, fomentar a economia via tributação e incentivos fiscais é factível. Os tributaristas, desde os tempos de Nefertiti, já sabiam que há tributos fiscais e tributos extrafiscais. Os primeiros têm como único e exclusivo objetivo a arrecadação de recursos – dinheiro – para o caixa do Estado. Aos segundos, tais como os brasileiros Imposto de Produtos Industrializados – IPI; Imposto de Importação e Exportação, etc.[cxxv] –, competem fomentar ou desestimular determinada atividade econômica. Assim, têm por efeito básico, não a arrecadação simples, mas a própria manipulação da economia. Quando o Estado, percebendo uma certa dificuldade em um setor da economia, tendo em vista uma crise, por exemplo, pode reduzir a alíquota dos Impostos de Produtos Industrializados – IPI.[cxxvi] Quando quer fomentar um setor, interna e economicamente frágil, desestimula-se a importação (do produto e de seus similares) com o aumento da alíquota do Imposto de Exportação. Quando se quer reduzir o consumo de um determinado produto, eleva-se a alíquota do IPI e do Imposto de Importação e assim por diante.

As zonas aduaneiras também são outra forma de incrementar a economia em determinadas regiões. A exemplo da Zona Franca de Manaus (Brasil), que, via isenção tributária, praticamente "criou" a cidade de Manaus. As políticas (públicas) de crédito também são fortes aliadas do Poder Público como interventoras da economia; *vide*, no Brasil atual, os Programas de Aceleração do Crescimento – PACs.

Dessa forma, o Estado deve agir reflexivamente na esfera econômica: como operador e regulador do mercado – percebendo os *inputs* e fornecendo os *outputs* –; contudo, operador de uma posição privilegiada, tendo em vista *ser* o Poder Público, com todas as suas benesses operacionais legais.

Enfim, o que se viu com a última crise econômica, de efeito global, foi um renascer acadêmico do (antigo) discurso da escola de *Keynes*. Entretanto, o Poder Público nunca deixou (e, na verdade, jamais deixará) de intervir na economia, pela sua própria estrutura arrecadatória e, via de consequência, de aplicar os recursos. É *condicio sine qua non* do Estado; elemento intrínseco de sua natureza, o seu *thelos*.

Ao estipular, através de suas políticas, quando, onde e como arrecadar e gastar, já está operando reflexivamente no mercado. E assim deve ser. A mão invisível, com exclusivo objetivo de lucros, conduz, por vezes, à extração de recursos por parte dos mais fragilizados: trabalhadores, consumidores e hipossuficientes. Dessa forma, compete ao Estado (tentar) atuar com equidade e promover a justiça no – ainda – melhor sistema econômico já *inventado*: o capitalismo.

Para Aristóteles,[712] cada pessoa deveria buscar o máximo da felicidade – *eudaimonia* – possível, sem logicamente infringir a felicidade de outrem – princípio *neminem laedere* (não prejudicar a ninguém). Assim, para o filósofo grego, a finalidade última – *thélos* – da vida humana seria, portanto, a felicidade. Todos, invariavelmente, já nascem com este objetivo.[713] Por isso, no campo da ética e da busca do homem, a felicidade, mais que qualquer outro bem, é considerada o bem supremo – *summum bonum*. De fato, como observa Aristóteles, nós escolhemos sempre a felicidade por causa dela mesma, e nunca em vista de outro fim para além dela.[714] Contudo, na análise da justiça distributiva, a encargo da administração da *pólis*, o justo é o proporcional e o injusto é o que viola a proporcionalidade.[715] Neste aspecto, acontece o injusto quando um quinhão se torna

---

[712] ARISTÓTELES, Ética a Nicómaco, (v. ver. ut.).

[713] ARISTÓTELES, *Ob. cit.*, p. 22 (1095 a 20).

[714] ARISTÓTELES, *Ob. cit.*, p. 28 (1097 b 1).

[715] ARISTÓTELES, *Ob. cit.*, p. 112 (1131 a 10-25).

muito grande em detrimento de outro que se torna muito pequeno, o que efetivamente se verifica na vida real, quando não há nenhuma regulação por parte do governante. De fato, quando alguém age injustamente retém uma parcela do que é bom enquanto a pessoa tratada injustamente fica com uma parcela (bem) inferior do bem, o que deve ser evitado.[716]

Ainda pelo pensamento do estagira, a ideia de justiça distributiva configura-se na acepção de igualdade na devida proporção.[717] Com efeito, a justiça distributiva regula as ações da sociedade política (Estado) com seus membros e tem por escopo a justa distribuição dos bens públicos (segundo o filósofo, as honras, as riquezas, os encargos sociais e as obrigações). Assim, a distribuição desses bens públicos não poderia ser embasada na igualdade absoluta, matemática e rígida, mas deveria ser pautada na distribuição geométrica ou proporcional. Assim, dever-se-ia dar, a cada um, o que lhe é devido. Por isso, dever-se-ia, antes, verificar os dotes naturais de cada cidadão, sua dignidade, o nível de suas funções, sua formação e posição na hierarquia organizacional da *polis*. Com efeito, o princípio de igualdade evocado não é irrestrito e absoluto, mas proporcional, tendo em vista que o tratamento deve ser desigual na medida e proporção da desigualdade de cada um.[718]

Em livre analogia e guardadas as devidas proporções, o mercado e o Estado devem se comportar com o mesmo pensamento. Explicar-se-á melhor. O mercado tem que ser capitalista liberal, com garantia da livre concorrência. É a busca – em termos econômicos – da «máxima felicidade» vista pelo «sistema econômico», ou seja, o lucro. Esse é o fundamento e o objetivo das empresas.

Mas o Estado (sociedade política) tem de ser, na medida do possível e do ponderável (proporcional), social e interventor. O Estado deve guiar-se pela construção social do mercado. Não há como negar que "dentre todas as características das sociedades nas quais a ordem econômica está «imersa», a mais importante, para as sociedades contemporâneas, é a forma e a força de sua tradição estadista".[719] Assim, o Estado como agente interveniente do mercado cumpre o seu papel regulador da economia, no qual atua não só para evitar as possíveis falhas de mercado; mas, principalmente, para tornar o mercado mais eficiente e equitativo.[720] Isto está implícito à *thelos* pública. Nesse sentido, o Estado deve atuar na manutenção da ordem e da própria confiança no mercado econômico (não há como negar a ausência de marco regulatório e fiscalizador do Estado norte-americano como um dos fatores insurgentes da crise do *subprime* de 2008, que se alastrou praticamente por toda a economia mundial); na contribuição para a construção da oferta e da demanda e regulação dos mercados (notadamente para se evitar o monopólio); bem como, até mesmo, no controle das atividades empresariais.

Não suficiente, a *mão invisível* não garante que todos tenham moradias e roupas decentes e, principalmente, comida suficiente e adequada assistência médica.[721] Os fatos históricos já arrimam essa constatação. Enfim, o modelo *smithiano* não garante que a

---

[716] ARISTÓTELES, *Ob. cit.*, p. 113 (1131 a 10-25).

[717] ARISTÓTELES, *Ob. cit.*, p. 113 (1131 25-30).

[718] ARISTÓTELES, *Ob. cit.*, p. 113-114 (1131 b 1-20).

[719] BOURDIEU, P.; Les structures sociales de l'économie, Paris: Seuil, 2000, p. 24.

[720] MANKIW, N. Gregory.; Principles of Economics – Second Edition, The Dryden Press, Harcourt Brace College Publishers, 2001, (v. ver. ut.), p. 11.

[721] MANKIW, N. Gregory.; *Ob. cit.*, p. 11.

prosperidade econômica seja distribuída de uma forma justa.[722] Deve, portanto, nestas questões, o Estado garantir o mínimo existencial a todos para uma existência digna.[723]

As externalidades – consideradas como o impacto das ações de alguém sobre o bem-estar dos que estão em torno[724] – provocadas pelas falhas de mercado, isto é, aquelas situações em que o livre mercado, por si só, não consegue alocar os recursos da forma mais eficiente[725] e adequada, reclamam do Estado uma atuação firme, eficaz e também socialmente comprometida.

A (absoluta) livre-concorrência tende a fomentar a concentração do poder econômico (poder de mercado),[726] por exemplo, como a formação de cartéis e aglutinação de empresas concorrentes (domínio de mercado). Compete ao Estado evitar tais falhas e promover o bem-estar social. Desse modo, o Estado pode participar na construção da demanda por meio da produção dos sistemas de preferências individuais e da atribuição dos recursos necessários (por exemplo, orientação do crédito, ajudas fiscais, etc.).

Há uma força dialética constante entre o *indivíduo liberal* (mercado) e o *Estado social*. A *thelos* do *Homo economicus* o conduz a ações especialmente voltadas para o lucro e à acumulação de riquezas (a qual ele enxerga como o único meio de obter a sua felicidade) enquanto a *thelos* do Estado implica garantir a distribuição – em proporção distributiva do mérito de cada um, registra-se – desses mesmos recursos (bens). Para tal empreitada, o Estado deve ser interventor (na medida do possível e do ponderável).

Esse movimento dialético é contínuo e pode ser melhor visualizado pelo matema topológico da *Banda de Moebius*, no qual um caminho leva ao outro, sem se perceber precisamente onde começa um e termina o outro, justamente por seu constante estado de ação e movimento (tempo). O que exige, tanto do mercado como das ações públicas, uma constante observação desses *inputs* (econômicos e sociais) para uma melhor intervenção dos *outputs* (lucro e distribuição). Neste caso, a *homeostase virtuosa* social só é alcançada quando os dois sistemas – o «econômico» e o «social» – se entrelaçam de modo a formarem um único macrossistema. Mas para isso, como se verá, será necessário outro entrelaçamento: o ambiental.

1.3 Teses iniciais

1. O ambiente (e seus recursos) constitui fator relevante de interferência na economia de cada país;
2. Porém, a economia não é somente influenciada pelos fatores naturais (recursos *in natura*), mas também por fatores antrópicos;
3. A (inter)relação entre a economia e o meio ambiente pode ser visualizada analogicamente através da Banda de Moebius, como metáfora de um matema;
4. Assim, não há limites entre as interferências ambientais na economia (e vice versa): o melhor modelo visual, no qual a ação entre um e outro faz com que haja uma contínua mudança de lado, repousa, como já dito, na Banda de Moebius;

---

[722] MANKIW, N. Gregory.; *Ob. cit.,* p. 11.

[723] BITENCOURT NETO, Eurico.; O Direito ao Mínimo para uma Existência Digna, Porto Alegre: Livraria do Advogado, 2010, dentre tantos outros.

[724] MANKIW, N. Gregory.; *Ob. cit.,* p. 11.

[725] MANKIW, N. Gregory.; *Ob. cit.,* p. 11.

[726] MANKIW, N. Gregory.; *Ob. cit.,* p. 11.

CAPÍTULO 1
O ENODAMENTO INICIAL: O «SISTEMA» DO *HOMO ECONOMICUS* E O SISTEMA SOCIAL: UM PRELÚDIO DO NÓ BORROMEU | 143

5. No mesmo sentido, as correlações entre os sistemas ambientais, sociais e econômicos podem ser analogicamente comparadas com o matema do nó borromeu;
6. O nó borromeu é um sistema *ex novo*, originário do enodamento de três outros sistemas;
7. Somente se constitui esse *ex novo* sistema se houver o enodamento dos demais sistemas. Caso contrário, ocorrerá a ruptura sistêmica (insustentabilidade);
8. O ambiente (Terra) pode não suportar o número de pessoas no mundo. Notadamente se houver uma continuidade exponencial do crescimento demográfico;
9. Contudo, pelo princípio da liberdade, os governos (democráticos) não impõem medidas impositivas de controle de natalidade;
10. No sistema econômico propala-se a liberdade plena, sem interferências do Estado na economia;
11. No sistema social, defende-se a atuação do Estado nos setores de produção, distribuição e consumo;
12. Historicamete, o sistema social entrou em colapso (URSS e China);
13. Atribuem-se a esse colapso fatores eminentemente econômicos;
14. Defende-se aqui que, na verdade, os colapsos da URSS e da China foram, também, originários pela não observância do «sistema» ambiental;
15. O «sistema» econômico (liberal) também já entrou em colapso estrutural (USA, 1929 e o mundo em 2006);
16. Somente a paz não é garantia de desenvolvimento econômico;
17. Também se defende, portanto, que os Estados invistam e atuem na economia (*the big push*) para que se possa haver o desenvolvimento econômico;
18. Assim, o enodamento entre os «sistemas» econômico e social é inevitável para que os Estados sejam sustentáveis, isto é, que tenham um *continuum*;
19. Contudo, para que haja o enodamento entre o econômico e o social, é necessária a chegada do sistema ambiental, que (e somente ele) poderá fazer o completo enodamento em forma e matema do nó borromeu.

---

i. Notadamente refere-se às teorias liberais e intervencionistas, sob o prisma da política econômica do Estado.
ii. Para mais informações ver em: <http://www.unccd.int/en>.
iii. Pode ser acessado em: <http://www.unccd.int/>.
iv. Cf. o site oficial: <http://www.brasil.gov.br/sobre/economia/setores-da-economia/agronegocio/print>, extraído em 1.9.2013.
v. Texto original disponível em: <http://www.planalto.gov.br/ccivil_03/revista/Rev_17/CartaRegia.htm>, extraído em 28.5.2013.
vi. Para mais informações, visitar <http://www.champagne.fr/fr/comite-champagne/qui/le-comite-champagne>.
vii. Tradução livre: «Constitui uma denominação de origem o nome de um país, região ou localidade que serve para designar um produto dele originário cuja qualidade ou características se devem ao meio geográfico, incluídos fatores naturais e fatores humanos».
viii. Em que pese a afirmação de que foi Portugal o primeiro país a legislar sobre uma distinção de origem do produto, há registros que em 1716, Cosimo III de Medici, Grão Duque da Tuscania, publicou um edital determinando que somente os produtores de vinho das aldeias de Gaiole, Castellina e Radda (Liga do *Chianti*), mais os de Greve e os de uma colina perto de Spedaluzza, poderiam oficialmente designar os seus vinhos de Chianti, Cf. GASPERETTI, Mario.; Il Sommelier, Enologia, (end. e dat. disp.).
ix. Quando se pensa em chocolate, pensa-se em Suchard, Nestlé, Lindt e, naturalmente, Theodor Tobler, com o seu famoso «Toblerone». Todas essas fábricas são suíças. Cf. Apud. GAMSRIEGLER, Angela, Le chocolate «La fève de cacao est un phénomène que la nature n'a pas répété. On n'a jamais trouvé autant de qualités réunies dans un si petit fruit», 2002, (end. e dat. disp.).
x. O Japão é um arquipélago formado por quatro ilhas principais (Honshu, Shikoku, Kyusyu e Hokkaido) e mais de três mil e quinhentas ilhas menores. A área territorial é de aproximadamente 378.000 km². Cf. Apud. <http://

www.himeji-du.ac.jp/faculty/dp_lang/shakaika-aid/chiri-pt.pdf>, extraído em 2.6.2013. Ver também, PETRY, Anne K.; Geography of Japan, National Clearinghouse for United States-Japan Studies, Indiana University, July, 2003. (end. e dat. disp.).

xi. O Produto Interno Bruto (PIB) do Japão estava estimado, no ano de 2012, em 5.984 trilhões de dólares. Cf. Apud. <https://www.cia.gov/library/publications/the-world-factbook/fields/2195.html>, extraído em 2.5.2013.

xii. Dados coletados do World Bank, relativos ao ano de 2011, disponíveis em: <http://data.worldbank.org/>, extraído em 7.5.2013.

xiii. «Katrina» foi um furacão que atacou o Sul da Flórida, nos Estados Unidos em 2005. Chegou a atingir a intensidade nº 5 na escala de furacão Saffir-Simpson. Além de causar mortes – calcula-se que foram mais de 1.800 vítimas fatais – deixou um rastro de danos catastróficos, com efeitos devastadores que se estenderam em Panhandle da Flórida, Geórgia e Alabama. O furacão Katrina é considerado até hoje como um dos desastres naturais mais devastadoras da história dos Estados Unidos. Cf. apud. KNABB, Richard D.; RHOME, Jamie R.; BROWN, Daniel P. Brown.; Tropical Cyclone Report – Hurricane Katrina, 23-30 August 2005, National Hurricane Center, 20 December 2005, Updated 14 September 2011 to include damage estimates from the National Flood Insurance Program and to revise the total damage estimate, Updated 10 August 2006 for tropical wave history, storm surge, tornadoes, surface observations, fatalities, and damage cost estimates, texto disponível em: <http://www.nhc.noaa.gov/pdf/TCR-AL122005_Katrina.pdf>, extraído em 30.5.2013.

xiv. Informações podem ser acessadas no sítio do *World Bank* em: <http://www.worldbank.org/>.

xv. Dados produzidos pelo Departamento de Informação Pública das Nações Unidas em junho de 2012. Disponíveis em: <http://www.onu.org.br/rio20/desastres.pdf>, extraídos em 7.6.2013.

xvi. Dados produzidos pelo Departamento de Informação Pública das Nações Unidas em junho de 2012. Disponíveis em: <http://www.onu.org.br/rio20/desastres.pdf>, extraídos em 7.6.2013.

xvii. Admite-se, aqui, uma tentativa de construção de um neologismo inspirado na bíblica passagem de Moisés, que após quarenta anos peregrinando pelo deserto morre logo depois de avistar a terra prometida (Canaã). Do ponto de vista mitológico, extrai-se a eterna busca do homem ao paraíso perdido, que, quando o avista, morre. Cf. Apud. Bíblia Sagrada, Livro do Êxodo.

xviii. Há de se notar que mesmo os bens primários, isto é, ainda não manufaturados – *commodities* –, também são precificados, o que os torna, consequentemente, desejados.

xix. Apesar das críticas dos cépticos que alegam a impossibilidade da ação do homem alterar o clima, faz-se essa afirmativa baseada nos relatórios do Painel Intergovernamental de Mudanças Climáticas – IPCC, divulgado em abril de 2007.

xx. Vide a talidomida (C13H10N2O4), por exemplo. Inserida no mercado pela Alemanha, foi utilizada em mulheres grávidas para combater enjoos. Contudo, após a utilização em larga escala, por mais de 40 países, verificou-se que produzia malformação nos fetos – focomielia –, acarretando deformações congênitas nos seres humanos. Pela enorme quantidade de fetos nascidos com a focomelia provocada pela talidomida, diz-se que são "bebês talidomida" ou "geração talidomida".

xxi. Francis Fukuyama, que ficou famoso com a frase "a humanidade com o capitalismo e o liberalismo chegou ao fim da história", prevê no seu livro "Nosso Futuro Pós-Humano", que com as possibilidades da biotecnologia o fim da história pode ser outro que aquele imaginado.

xxii. Tales de Mileto (624 a.C. – 556 a.C.), além de filósofo, era um homem «prático», tendo em vista que também foi comerciante, matemático, astrônomo e engenheiro. Cf. Apud. DÍAZ GÓMEZ, José Luis.; Tales de Mileto, Apuntes de Historia de las Matemáticas, Vol. 1, nº 1, Enero 2002, (end. e dat. disp.).

xxiii. O pensamento exordial, paradigmático, o qual se pode dizer inaugural da filosofia, foi a ruptura dos mitos para explicar os fenômenos da natureza. Assim, Tales de Mileto foi um dos primeiros a buscar a razão para tentar desvendar o mundo. De fato, para o filósofo o princípio originário da totalidade do universo seria a água e não as lendas mitológicas da antiga Grécia. Cf. Apud. FERNANDES, Cláudia Alves.; FERNANDES JUNIOR., Ricardo de Oliveira., A História da Filosofia Antiga e a Formação do Pensamento Ocidental, Centro de Pesquisas Estratégicas Paulino Soares de Souza, Universidade Federal de Juiz de Fora, (end. e dat. disp.).

xxiv. PLATÃO, Teeteto, *verbis*: "Sócrates – Foi o caso de Tales, Teodoro, quando observava os astros; porque olhava para o céu, caiu num poço. Contam que uma decidida e espirituosa rapariga da Trácia zombou dele, com dizer-lhe que ele procurava conhecer o que se passava no céu, mas não via o que estava junto dos próprios pés. Essa pilhéria se aplica a todos os que vivem para a filosofia". (V. ver. ut.).

xxv. Pela mitologia grega, a ninfa Eco, extrovertida e falante, foi penalizada por Hera, que lhe tirou o poder do Logos (palavras com razão). Assim, somente poderia repetir os finais das palavras dos outros. Apesar de se apaixonar por Narciso, este a rejeitou, afinal Narciso jamais se conhecera e por isso não poderia conhecer o outro. Com isso, Eco definhou e morreu, transformando-se em uma caverna de pedra – um grande vazio – que repetia os finais de cada palavra que os outros gritavam em sua entrada. Dessa forma, poder-se-ia dizer que *ecologia* é um retorno do logos a Eco.

xxvi. Segundo Bresser-Pereira, por *Economia Política* entende-se «a ciência social que estuda o comportamento do homem no processo de produção, circulação e distribuição de bens escassos. Sua preocupação está em saber como se produz um excedente econômico e como essa produção que excede o consumo de subsistência é apropriada e dividida pelos diversos grupos sociais». Por economia científica entender-se-ia os modelos matemáticos (e físicos) passíveis de se utilizar para uma análise meramente lógico-formal, sem os «encantos e desencantos ideológicos». In: BRESSER-PEREIRA, Luiz Carlos., Da Macroeconomia Clássica à Keynesiana, Versão corrigida em 1974 de apostila publicada originalmente em 1968. EC-MACRO-L-1968 (E-73). São Paulo, abril de 1968. Revisado em maio de 1976. Sobre o tema ver, ainda, em AVELÃS NUNES, António José., Uma Volta ao Mundo das Ideias Económicas, Coimbra: Almedina, 2008.

xxvii. Por escola clássica, mesmo compreendendo ser um conceito vago, entendem-se aqui os primeiros pensadores eminentemente «econômicos», isto é, escritores como Adam Smith, Jean-Baptiste Say, Thomas Malthus, David Ricardo, John Stuart Mill, Johann Heinrich von Thünen e Anne Robert Jacques Turgot, dentre tantos outros da mesma época. Cf. Apud. FONSECA, Pedro Cezar Dutra., Clássicos, Neoclássicos e Keynesianos: uma tentativa de sistematização, In: Perspectiva Econômica, Ano XVI, Vol. II, nº 30, 1981, p. 35-64.

xxviii. Desde já se adverte que a teoria de Malthus, como desenvolvida, não se verificou empiricamente, tendo em vista o vertiginoso progresso tecnológico para a produção de alimentos. Pelo contrário, o que se vê hodiernamente é o problema da obesidade justamente pelo excesso de alimentos. Mas, paradoxalmente, pela fome mundial, vê-se que – apesar do problema não ser a capacidade de produção dos alimentos, mas de logística – ainda é um dos grandes problemas a serem resolvidos pela nova ordem mundial. Cf. Apud. ABRAMOVAY, Ricardo.; Alimentos versus população: está ressurgindo o fantasma malthusiano? Revista Ciência e Cultura, vol. 62, n. 4, São Paulo, Oct. 2010.

xxix. O Relatório Brandtland é um documento elaborado pela Comissão Mundial sobre Meio Ambiente e Desenvolvimento intitulado Nosso Futuro Comum (Our Common Future), publicado em 1987. Consta, pela primeira vez, a noção do desenvolvimento sustentável, tendo em vista uma possível incompatibilidade entre o modelo de produção e consumo até então praticado (e fomentado) e os limites dos recursos naturais. Cf. apud. <http://www.onu.org.br/a-onu-em-acao/a-onu-e-o-meio-ambiente/>, extraído em 19.5.2013.

xxx. Thomas Robert Malthus nasceu na Inglaterra em 1766 e faleceu em 1834.

xxxi. Refere-se aqui à Revolução Industrial.

xxxii. O êxodo rural para as cidades, por ter uma consequência socioeconômica profunda, também é referência nos trabalhos de Engels. Vide, ENGELS, Friedrich., Die Lage der Arbeitenden Klasse in England, 1845 (V. ver. ut.).

xxxiii. O pessimismo de Malthus o «transformou» em adjetivo. Assim, a expressão "malthusiano" geralmente é designada para indicar as pessoas pessimistas em relação ao futuro devido ao descompasso entre recursos e necessidades e à dificuldade de conter o crescimento populacional. Cf. Apud. BORGES, Fernando Hagihara.; TACHIBANA, Wilson Kendy., A evolução da preocupação ambiental e seus reflexos no ambiente dos negócios …

xxxiv. Cf. Apud. In: <http://feedothers.org/about.html>, extraído em 24.5.2010.

xxxv. Simon Smith Kuznets, ucraniano naturalizado estadunidense, nasceu em 1901 e faleceu em 1985.

xxxvi. Texto original em: <http://helsinki.at/projekte/cocoyoc/COCOYOC_DECLARATION_1974.pdf>, acessado em 22.5.2013.

xxxvii. Para mais informações, ver em <http://www.dhf.uu.se/>.

xxxviii. Como já advertido, o presente trabalho segue o percurso nodal borromeano. Assim, o entrelaçamento da Conferência do Cairo-94 também será objeto de análise – como se fosse mais um nodamento – no Capítulo III.

xxxix. Transliteração do líder comunista revolucionário Mao Tse-tung (1893/1976).

xl. Citado por Blayo Y., Des politiques démographiques en Chine, 1997, Paris, pág. 139.

xli. Foi Secretário-geral do Partido Comunista Chinês (PCC), sendo, portanto, o líder político da República Popular da China entre 1978 e 1992.

xlii. Dados disponíveis em: <http://www.unfpa.org.br>. Extraído em 17.9.2013.

xliii. Bíblia Sagrada, Gênesis 41:45; 44:5:15; 40:1:22; 41:42; 41:46; 50:22.

xliv. A histerectomia é um procedimento cirúrgico realizado sob anestesia, o qual consiste na retirada total ou parcial do útero e anexos.

xlv. Ooforectomia ou ovariectomia é a remoção cirúrgica de um ou ambos os ovários.

xlvi. Vide mais detalhadamente sobre a Conferência Internacional sobre População – Cairo/94.

xlvii. Na célebre frase de Adam Smith, «It is not from the benevolence of the butcher, or the brewer, or the baker, that we expect our dinner, but from their regard to their own self-interest. We address ourselves, not to their humanity but to their self-love, and never talk to them of our own neccessities but of their advantages». SMITH, Adam.; Na Inquiry Into the Nature and Cause of The Wealth of Nations, 1776.

xlviii. Fica a lição de Emmanuel-Joseph Sieyès, ao defender os interesses do Terceiro Estado: (i) qu'est-ce que le tiers état ? Tout ; (ii) qu'a-t-il été jusqu'à présent dans l'ordre politique ? Rien ; (iii) que demande-t-il ? à être quelque chose. Assim, através do seu «folhetim revolucionário» Sieyès deixa claro que a pretensão da burguesia era o Poder Político. Apud. SIEYES, Emmanuel-Joseph., Qu'est-ce que le Tiers-Etat?, Paris, 1789.

xlix. Como exemplo, pode-se fazer referência à construção da usina hidrelétrica de Belo Monte, no Estado do Pará, localizada no norte do Brasil. Vários processos judiciais foram interpostos pelo Ministério Público Federal brasileiro (vide <http://www.prpa.mpf.mp.br/news/2013/processos-judiciais-do-caso-belo-monte-sao-publicados-na-integra-pelo-mpf>, extraído em.5.2014) com ênfase nas questões ambientais e sociais causadas pelo projeto. Contudo, aqui se faz referência à Ação Civil Pública, processo nº 28944-98.2011.4.01.0900, na qual faz parte como Requerente o Ministério Público Federal e como requerido a empresa Norte Energia S.A., responsável pelo projeto, tendo como objeto principal a falta de consulta prévia às populações indígenas direta ou indiretamente atingidas pela construção de Belo Monte. Ademais, conforme consta na referida Ação, «a morte de parte considerável da biodiversidade que compõe o ecossistema conhecido como Volta Grande do Xingu (...) causará radical intervenção no modo de vida dos povos que a habitam, especialmente os povos indígenas, que serão removidos de seu território» (ACP, nº 28944-98.2011.4.01.0900, pág. 14). Apesar da Constituição Federal assegurar aos indígenas o direito à manutenção e preservação de suas culturas milenares – vide art. 231. São reconhecidos aos índios sua organização social, costumes, línguas, crenças e tradições, e os direitos originários sobre as terras que tradicionalmente ocupam, competindo à União demarcá-las, proteger e fazer respeitar todos os seus bens. – sequer houve essa consulta por parte da empresa, o que, segundo as ONGs, implicaria "violações ao direito à vida, à integridade pessoal e à saúde de indígenas e ribeirinhos, em função dos deslocamentos forçados de cerca de 40 mil famílias" que habitam as margens do Rio Xingu. Cf. Apud. Ação Civil Pública, processo nº 28944-98.2011.4.01.0900, Requerente: Ministério Público Federal; Requerido: Norte Energia S.A. (processo ainda em fase de julgamento).

l. Pertencentes ao filo protozoa, da classe do sarcodina, da ordem das Amoebina.

li. Em que pesem as divergências doutrinárias, o próprio Esboço de Engels «focalizou as obras desses economistas como expressão da ideologia burguesa da propriedade privada, da concorrência e do enriquecimento ilimitado. Ao enfatizar o caráter ideológico da Economia Política, negou-lhe significação científica», Apud. GORENDER, Jacob.; Apresentação, In: Os Economistas, Karl Marx, O Capital, Crítica da Economia Política, Volume I, Livro primeiro, O Processo de Produção do Capital, Tomo 1, (Prefácios e Capítulos I A XII), Apresentação de Jacob Gorender Coordenação e revisão de Paul Singer, Tradução de Regis Barbosa e Flávio R. Kothe, São Paulo: Editora Nova Cultural Ltda., 1996, pág. 8.

lii. Dados obtidos em "L'état du monde 1988: Annuaire économique et géopolitique mondial"; La découverte, Paris, e em "World Economic Report", 1988, The World Bank-Oxford University Press.

liii. Tradução livre: Fórum sobre a Terceira Conferência Internacional sobre Taiwan Central Ásia.

liv. Tradução livre: «Nem Direita, nem Esquerda, mas para frente».

lv. Mao Tsé-Tung nasceu na China em 1893 e faleceu em 1976. Foi o líder comunista que liderou a Revolução Chinesa e implementou a República Popular da China em 1949.

lvi. Também referenciados por *speculative bubble, a market bubble, a price bubble, a financial bubble, a speculative mania ou a balloon* (bolha especulativa, bolha de mercado, bolha de preços, bolha financeira, mania especulativa ou balão).

lvii. Utiliza-se o termo «história» justamente para caracterizar o período temporal em que o homem domina a escrita. Antes, há que se falar em «pré-história».

lviii. O que se entende por *leis de Eshunna* é uma compilação jurídica a partir de duas placas de argila, duplicadas, que contêm praticamente o mesmo texto com cerca de 60 artigos-parágrafos, encontradas em *Tell Abu Harmal*, sul de Bagdá no Iraque, em 1945 e em 1947.

lix. *Ex vi*, como exemplo, transcrevem-se os "Art. 7: 1 sat de cevada (é) o salário de um ceifador. Se (o pagamento for em) prata: 12 SE é o seu salário.
Art. 8: 1 sut de cevada (é) o salário de um joeireiro".

lx. O Código de Hammurabi é um bloco monolítico – estela – de pedra com 2,5 m de altura, 1,60 m de circunferência na parte superior e 1,90 m na base. A legislação é abrangente: as 46 colunas contêm 281 leis em 3.600 linhas, tudo em escrita cuneiforme, com numeração que vai até 282 (mas a cláusula 13 foi excluída por superstições da época), com matéria da alçada dos nossos códigos comercial, penal e civil. Foi encontrado na cidade de Susa, no Iraque, em 1902 e atualmente pode ser visto no museu do Louvre, em Paris. Cf. Apud. ALBERGARIA, Bruno.; Histórias do Direito, evolução das leis, fatos e pensamentos, São Paulo: Atlas, 2ª Ed., 2011, p. 27 e segs.

lxi. Ver a classificação das leis de Santo Tomáz de Aquino (1225-1274) na *Summa Theologiae*, na qual estabelecia a (i) *Lei Natural, revelada por* Deus ao homem, através da concessão de sua inteligência, o que deve e o que não se deve fazer. Tem como principal fonte as palavras (oficiais) de Deus: os Dez Mandamentos (antigo testamento), novo testamento, as interpretações da Bíblia (monopólio da Igreja) bem como as leis oriundas da Igreja (Direito Canônico); e, (ii) a *Lei Positiva*, feita pelos homens (nobreza e senhores feudais).

lxii. É de se destacar as palavras de António José Avelãs Nunes: «a economia política clássica foi, assumidamente, um instrumento ao serviço da transformação da realidade social, contribuindo poderosamente para acelerar a derrocada da velha sociedade». AVELÃS NUNES, António José., Uma Volta ao Mundo das Ideias Económicas, será a Economia uma ciência?, Coimbra: Coimbra, 2008, p. 18.

lxiii. Notadamente a Guerra dos Trinta Anos (1618-1648).

lxiv. Para registro, tem-se como unificação da Inglaterra com Henrique VII, em 1485-1509; a França com Louis XI em 1461-1483; a Espanha com o casamento de Fernando de Aragão e Isabel de Castela em 1469 e, mais tardiamente, na segunda metade do século XIX, a Alemanha e a Itália. Cf. Apud. AVELÃS NUNES, António José., Uma Volta ao Mundo das Ideias Económicas, ..., p. 56.

lxv. A própria independência dos Estados Unidos da América foi fruto da revolta dos colonos americanos ao monopólio do comércio do chá concedido pela Inglaterra à referida companhia, revolta que ficou famosa como *Boston Tea Party*.

lxvi. No caso da Nestlé, deve-se salientar que a prática desta transnacional nos países subdesenvolvidos, através de campanhas de propaganda, fomentou as mães a pararem de amamentar os seus filhos para inserir na alimentação dos bebês, o quanto antes, o leite em pó, ver melhor em STLIGLITZ, Joseph E., Making Globalization Work. W. W. Norton ..., p. 240 e seg.

CAPÍTULO 1
O ENODAMENTO INICIAL: O «SISTEMA» DO *HOMO ECONOMICUS* E O SISTEMA SOCIAL: UM PRELÚDIO DO NÓ BORROMEU | **147**

lxvii. No caso em particular dos vidros, famosa é a atuação do ministro das finanças de Louis XIV, Golbert, que, em 1662, para quebrar o monopólio dos venezianos na fabricação de vidro, fundou uma empresa estatal para produção de vidros e espelhos. Para a viabilidade do empreendimento, o governo francês prometeu grandes somas em dinheiro para aqueles que fugissem da ilha de Murano e se deslocassem para Paris. É de se notar que os Tribunais venezianos eram bastante rígidos contra desertores, especialmente com aqueles que tinham o domínio da técnica que gerava tantos lucros. Fato é que vários artesãos aceitaram a oferta e, na madrugada de 1665, conseguiram chegar a Paris. Cf. RUGGI, Lennita., Reflexões sobre Espelhos, ANPUH – XXIII Simpósio Nacional de História, Londrina, 2005, (end. e dat. disp.).

lxviii. É comumente creditada a Luís XIV a referida frase, porém sem comprovação histórica.

lxix. *Que faut-il faire pour vous aider?*

lxx. *Tradução livre:* "deixai fazer, deixai ir, deixar passar". A frase é atribuída contra a política econômica colbertista. Porém, a burguesia francesa queria comprar e vender livremente.

lxxi. A expressão fisiocracia tem sua construção na fusão entre os radicais *«fisio»*, isto é, igual a *«natureza»*, e *«cracia»*, igual a *«governo»*, ou seja, um governo da natureza.

lxxii. Vide o Preâmbulo da Constituição Norte-Americana de 1797, *verbis:* a fim de formar uma união mais perfeita, estabelecer a Justiça, assegurar a tranquilidade interna, prover a defesa comum, promover o bem-estar geral e garantir para o povo norte-americano e para os seus descendentes os benefícios da liberdade.

lxxiii. O movimento da «contra cultura norte-americana» será objeto de análise mais adiante.

lxxiv. Não deixa de ser uma analogia à Primeira Lei de Newton.

lxxv. <http://www.sudene.gov.br>.

lxxvi. V. em <http://www.sudene.gov.br/sudene#instituicao>, extraído em 4.9.2013.

lxxvii. *V. m.* em Fundo Monetário Internacional (FMI). International Financial Statistics (IFS). Série de juros. Disponível em: <www.imf.com>.

lxxviii. V. melhor em: <www.bndes.gov.br>.

lxxix. A Constituição brasileira de 1988 dispôs, em seu artigo 227: "É dever da família, da sociedade e do Estado assegurar à criança e ao adolescente, com absoluta prioridade, o direito à vida, à saúde, à alimentação, à educação, ao lazer, à profissionalização, à cultura, à dignidade, ao respeito, à liberdade e à convivência familiar e comunitária, além de colocá-los a salvo de toda forma de negligência, discriminação, exploração, violência, crueldade e opressão".

lxxx. *Vide* <http://www.bndes.gov.br/SiteBNDES/bndes/bndes_pt/Institucional/O_BNDES/A_Empresa/>. Texto acessado em 9.9.2013.

lxxxi. Vide Art. 186. da CRFB/88, *verbis*:
«A função social é cumprida quando a propriedade rural atende, simultaneamente, segundo critérios e graus de exigência estabelecidos em lei, aos seguintes requisitos:
I – aproveitamento racional e adequado;
II – utilização adequada dos recursos naturais disponíveis e preservação do meio ambiente;
III – observância das disposições que regulam as relações de trabalho;
IV – exploração que favoreça o bem-estar dos proprietários e dos trabalhadores.»

lxxxii. Vide art. 9º da Lei nº 8.629, de 1993.
Ver também o Código Civil brasileiro de 2002, no qual determina, *verbis*:
Art. 1.228. O proprietário tem a faculdade de usar, gozar e dispor da coisa, e o direito de reavê-la do poder de quem quer que injustamente a possua ou detenha.
§1º O direito de propriedade deve ser exercido em consonância com as suas finalidades econômicas e sociais e de modo que sejam preservados, de conformidade com o estabelecido em lei especial, a flora, a fauna, as belezas naturais, o equilíbrio ecológico e o patrimônio histórico e artístico, bem como evitada a poluição do ar e das águas.

lxxxiii. O European Recovery Program – ERP é conhecido, também, como o Plano Marshall em referência, ao Secretário do Estado dos Estados Unidos, George Catlett Marshall, Jr. (1880-1959).

lxxxiv. O Tratado pode ser visto em: <http://chnm.gmu.edu/1989/archive/files/germany-final-settlement_e0189c0884.pdf>, extraído em 22.9.2013.

lxxxv. BANCO MUNDIAL, 2010. Disponível em: <http://databank.worldbank.org>. Acesso em Setembro de 2013. Banco de dados.

lxxxvi. Nas áreas biológicas, entende-se por «Interações Interespecíficas» a Competição, a Predação, o Parasitismo, a Herbivoria, o Parasitoidismo e o Mutualismo. Assim, o único que é favorável a todos os envolvidos é o mutualismo. Em termos econômicos pode-se dizer que as mutualidades são agentes económico-sociais que têm capacidade em «integrar a função económica e a função social», podendo criar riqueza com eficiência económica e distribuí-la equitativamente. As mutualidades, por assim dizer, devem comportar uma dupla dimensão. Na dimensão económica (sistema privado-empresarial), como produtoras de bens e serviços, e na dimensão sociopolítica (componente associativa), como associações de pessoas, promotoras de actividades formativas, culturais e cívicas, cujo funcionamento assenta na participação democrática dos seus membros. Cf. PITACAS, José Alberto Pereira.; Utilidade Social e Eficiência no Mutualismo, Universidade Técnica de Lisboa, Instituto Superior de Economia e Gestão, Mestrado em Economia e Política Social. (end. e dat. disp.).

lxxxvii. Em verdade, as origens do liberalismo e o advento do Estado Social são muito mais remotos. Contudo, faz-se um corte epistemológico da Segunda Guerra Mundial (1945), tendo em vista a construção empírica entre a dicotomia Estado Liberal e Estado Social, operou-se notadamente após o referido conflito. Para uma análise histórica, ver melhor em BONAVIDES, Paulo., Do Estado Liberal ao Estado Social, 6ª Edição, São Paulo: Malheiros, 1996, dentre tantos outros autores.

lxxxviii. *Ipsis literis*: "We are to concern ourselves here with essential steps in the creation of a dynamic world economy in which the people of every nation will be able to realize their potentialities in peace; will be able, through their industry, their inventiveness, their thrift, to raise their own standards of living and enjoy, increasingly, the fruits of material progress on an earth infinitely blessed with natural riches. This is the indispensable cornerstone of freedom and security. All else must be built upon this. For freedom of opportunity is the foundation for all other freedoms". Discurso inaugural proferido por Henry Morgenthau Jr. da Seção do Plenário, em 1º de Julho de 1944.

lxxxix. Ilustrativos são os relatos do *Nobel* e economista principal do Banco Mundial, STIGLITZ, Joseph E. In: Globalization and its Discontents, 2002.

xc. Em referência à crise do subprime com epicentro nos Estados Unidos da América, em 2007, que contaminou praticamente todos os mercados internacionais. Sobre o assunto, ACHARYA, Viral V.; Understanding Financial Crises: Theory and Evidence from the Crisis of 2007-08, NYU Stern School of Business, CEPR and NBER, 3 March 2013, (end. e dat. disp.).

xci. A quantia certa paga pelos governos (leia-se, tributos pagos pelos contribuintes) para *se evitar um mal maior* não pode ser precisada até o momento. Porém, alguns números são conhecidos: o Banco Central dos EUA, o Federal Reserve, nacionalizou a seguradora AIG ao comprar 79,9% de seu capita por um crédito de US$ 85 bilhões; O Tesouro dos EUA anunciou a criação de um plano de cerca de US$ 700 bilhões para comprar os títulos hipotecários que ameaçavam os bancos em crise, apesar da negativa do Senado em aprovar o pacote; O FED injetou 20 bilhões de dólares no sistema financeiro para aumentar a liquidez no começo da crise, porém, logo após, percebendo que a quantia era ínfima, anunciou o valor de 450 bilhões de dólares.

xcii. Palavras de George W. Bush, presidente dos Estados Unidos, ao sancionar a lei que permitia colocar o seu plano salvador em vigor.

xciii. São as palavras, *ipsis literis*, do discurso do presidente norte-americano Barak Obama, em 1º de Junho de 2009, para justificar as intervenções estatais na General Motors: "I recognize that today's news carries a particular importance because it's not just any company we're talking about – it's GM. It's a company that's not only been a source of income, but a source of pride for generations of autoworkers and generations of Americans".

xciv. Sobre as implicações políticas, ver melhor o artigo "Courting Bankruptcy: Why Obama's GM-Chrysler plan is making conservatives so happy", da lavra de Christopher Beam, de 30 de Março de 2009, na Slate Magazine.

xcv. John Maynard Keynes nasceu em 1883 e faleceu em 1946. Contudo, a referência da morte de *Keynes* utilizada neste artigo refere-se ao ostracismo ideológico da escola keynesiana, vivenciado na década de 90 do século passado tendo em vista que a economia nas urbes globais metropolitanas nem queriam ouvir falar no seu dirigismo estatal.

xcvi. Tradução livre: "No entanto, uma hora pode estar chegando quando vamos ficar mais claros do que no presente, como quando estamos a falar de capitalismo como uma técnica eficiente ou ineficiente, e quando estamos falando sobre isso como desejável ou censurável em si. De minha parte, acho que o capitalismo, sabiamente gerido, pode, provavelmente, ser mais eficiente para alcançar fins econômicos que qualquer sistema alternativo ainda à vista, mas que em si é em muitos aspectos extremamente desagradável. Nosso problema é trabalhar para fora de uma organização social que deve ser o mais eficiente possível, sem ofender nossas noções de forma satisfatória da vida".

xcvii. Vide o tópico BNDES: um *case* de sucesso.

xcviii. No Brasil, o direito positivo constitucional estabelece, no seu artigo 3º, *verbis*: Constituem objetivos fundamentais da República Federativa do Brasil:
I – construir uma sociedade livre, justa e solidária;
II – garantir o desenvolvimento nacional.
Em Portugal, o Artigo 9º, intitulado *Tarefas fundamentais do Estado*, determina as tarefas fundamentais do Estado, quais sejam: a) Garantir a independência nacional e criar as condições políticas, económicas, sociais e culturais que a promovam; b) Garantir os direitos e liberdades fundamentais e o respeito pelos princípios do Estado de Direito Democrático; c) Defender a democracia política, assegurar e incentivar a participação democrática dos cidadãos na resolução dos problemas nacionais; d) Promover o bem-estar e a qualidade de vida do povo e a igualdade real entre os portugueses, bem como a efectivação dos direitos económicos, sociais, culturais e ambientais, mediante a transformação e modernização das estruturas económicas e sociais; e) Proteger e valorizar o património cultural do povo português, defender a natureza e o ambiente, preservar os recursos naturais e assegurar um correcto ordenamento do território; f) Assegurar o ensino e a valorização permanente, defender o uso e promover a difusão internacional da língua portuguesa; g) Promover o desenvolvimento harmonioso de todo o território nacional, tendo em conta, designadamente, o carácter ultraperiférico dos arquipélagos dos Açores e da Madeira; h) Promover a igualdade entre homens e mulheres.

xcix. *Verbis*, O acionista controlador deve usar o poder com o fim de fazer a companhia realizar o seu objeto e cumprir sua função social, e têm deveres e responsabilidades para com os demais acionistas da empresa os que nela trabalham e para com a comunidade em que atua, cujos direitos e interesses devem lealmente respeitar e atender.

CAPÍTULO 1

O ENODAMENTO INICIAL: O «SISTEMA» DO *HOMO ECONOMICUS* E O SISTEMA SOCIAL: UM PRELÚDIO DO NÓ BORROMEU

149

c. Vide: Art. 154. O administrador deve exercer as atribuições que a lei e o estatuto lhe conferem para lograr os fins e no interesse da companhia, satisfeitas as exigências do bem público e da função social da empresa.

ci. Capítulo V – Administração e Fiscalização:
Artigo 64º – (Deveres fundamentais)
1 – Os gerentes ou administradores da sociedade devem observar:
(...)
b) Deveres de lealdade, no interesse da sociedade, atendendo aos interesses de longo prazo dos sócios e ponderando os interesses dos outros sujeitos relevantes para a sustentabilidade da sociedade, tais como os seus trabalhadores, clientes e credores.

cii. *Verbis:* Art. 2º As atividades e projetos, inclusive os de ensino, pesquisa científica, desenvolvimento tecnológico e de produção industrial que envolvam OGM no território brasileiro, ficam restritos ao âmbito de entidades de direito público ou privado, que serão tidos como responsáveis pela obediência aos preceitos desta Lei e de sua regulamentação, bem como pelos eventuais efeitos ou conseqüências advindas de seu descumprimento.
(...)
§3º As organizações públicas e privadas, nacionais, estrangeiras ou internacionais, financiadoras ou patrocinadoras de atividades ou de projetos referidos neste artigo, deverão certificar-se da idoneidade técnico-científica e da plena adesão dos entes financiados, patrocinados, conveniados ou contratados às normas e mecanismos de salvaguarda previstos nesta Lei, para o que deverão exigir a apresentação do Certificado de Qualidade em Biossegurança de que trata o art. 6º, inciso XIX, sob pena de se tornarem co-responsáveis pelos eventuais efeitos advindos de seu descumprimento.

ciii. Após duas reuniões, em maio de 2003, uma terceira reunião foi realizada na cidade de *Dusseldorf* na Alemanha, celebrou-se um Acordo de Intenções entre as instituições financeiras *ABN Amro, Barclays, Citigroup* e *WestLB,* Crédit Lyonnais, Crédit Suisse, HypoVereinsbank (HVB), Rabobank, Royal Bank of Scotland e Westpac (juntas representam mais de setenta por cento de todo o capital investido no mundo, denominado por "Princípios do Equador". O nome faz alusão uma divisão mais clara entre os países do "Norte" e do "Sul". Cf. Apud. MACHADO, Eduardo Luiz.; Princípio do Equador: Sustentabilidade e Impactos na Conduta Ambiental dos Bancos Signatários Brasileiros, In: Revista de Economia & Relações Internacionais, Fundação Armando Alvares Penteado, São Paulo, vol. 9, nº 17, Julho, 2010, págs. 58/78.

civ. Ver melhor em: <http://www.ifc.org/>.

cv. Pela atualização do Princípio do Equador, em 2006, o valor foi reajustado para todo o financiamento de projeto com custo de capital superior a US$ 10 milhões.

cvi. *Verbis*: Art. 12 – As entidades e órgãos de financiamento e incentivos governamentais condicionarão a aprovação de projetos habilitados a esses benefícios ao licenciamento, na forma desta Lei, e ao cumprimento das normas, dos critérios e dos padrões expedidos pelo CONAMA.

cvii. Por atividades de respostas consideram-se aquelas destinadas a cuidar da saúde, segurança e bem-estar dos moradores atingidos, muitos deles pescadores, e a recuperação econômica do turismo da Costa do Golfo e as indústrias de frutos do mar prejudicadas pelo vazamento.

cviii. <http://www.envirobank.org/>.

cix. A Comissão das Comunidades Europeias caracteriza a responsabilidade social empresarial como «a integração voluntária de preocupações sociais e ambientais por parte das empresas nas suas operações e na sua interação com outras partes interessadas». Cf. Apud. Livro Verde da Comunidade Europeia para a Promoção da Responsabilidade Social Empresarial, 2001.

cx. Em inglês *Global Reporting Initiative – GRI.*

cxi. Em inglês *UN Global Compact.*

cxii. Ver melhor em <http://unglobalcompact.org/Languages/portuguese/>, extraído em 3.3.2014.

cxiii. Dados obtidos no sítio da ONU: <www.un.org>, extraído em 3.3.2014.

cxiv. Em verdade, atualmente, não se realizam mais pregões de «viva voz»: todas as negociações são realizadas mediante pregão eletrônico.

cxv. V. melhor em <http://www.sustainability-indices.com/>.

cxvi. Segundo Wald, a expressão «governança corporativa» foi traduzida erroneamente do inglês «corporate governance», que deveria ser «governo das empresas». Contudo, pela consagração da expressão, utiliza-se aqui a originária, qual seja, «governança corporativa». Ver melhor em WALD, Arnoldo, O Governo das Empresas, Revista de Direito Bancário, do Mercado de Capitais e da Arbitragem, São Paulo, ano 5, nº 15, jan./mar., 2002, pág. 53.

cxvii. O ISE brasileiro foi o quarto índice de ações no mundo criado com o objetivo de mostrar o desempenho de mercado de uma carteira formada por empresas que adotam os princípios de gestão sustentável. O primeiro deles foi o Dow Jones Sustainability Indexes (DJSI), criado em 1999, em Nova Iorque; o segundo foi o FTSE4Good, de Londres, criado em 2001; e o terceiro, lançado em 2003, foi o JSE, de Joanesburgo, África do Sul. Cf. Apud. MARCONDES, Adalberto Wodianer.; BACARJ, Celso Dobes.; *Ob. Cit.*

cxviii. ISE – Metodologia Completa, 2007

cxix. Por *benchmarking* compreende-se o processo de comparação de produtos, serviços e práticas empresariais. Por isso, é considerado um importante instrumento de gestão das empresas. O *benchmarking* é realizado através de pesquisas para comparar as ações de cada empresa.

cxx. Os exemplos são contundentes. Assim, a espanhola Inditex, proprietária da marca Zara e de outras marcas de roupas, registra forte desvalorização das ações negociadas em Madrid, em 2011, em meio a denúncias de utilização de mão de obra escrava, por um fornecedor da companhia, em oficinas clandestinas no estado de São Paulo (Brasil). No mesmo sentido, as ações da Le Lis Blanc (LLIS3) chegaram a cair 6,44%, ao se anunciar que a empresa Restoque, dona da grife Le Lis Blanc, enfrentava uma acusação de manter funcionários em condições degradantes de trabalho, análogas à escravidão. Igualmente, a MRV (MRVE3) viu suas ações serem penalizadas após entrar na lista suja do trabalho escravo, mantida pelo Ministério do Trabalho, em parceria com a Secretaria de Direitos Humanos no ano de 2011. Cf. Apud. Central Globo de Comunicação e Participações S.A, 19.8.2011.

cxxi. Getúlio Vargas voltou a ocupar o cargo de Presidente da República em 1951 a 1954.

cxxii. Como nota, a Consolidação das Leis Trabalhistas – CLT foi promulgada por Getúlio Vargas em 1943.

cxxiii. A justificativa para se gastar dinheiro na recuperação de bancos passa, utilizando a nomenclatura do representante da Escola de Frankfurt, *Jürgen Habermas*, pelo discurso estratégico do desemprego.

cxxiv. Não sem razão, o representante do Executivo brasileiro, em discurso, ao perceber que a verba pública para financiamento de casas populares era de valor muito aquém do necessário [O valor do financiamento, em 2009, era de R$ 7.000,00 (sete mil reais) para se construir uma casa], disse, *ipsis literis:* "O pessoal lá de cima sempre acha que dinheiro para pobre é gasto e para rico é investimento". In: Matéria publicada no Jornal O Globo, em 22.6.2009.

cxxv. A lista dos tributos extrafiscais pode ser encontrada em ALBERGARIA, Bruno. Instituições de Direito. Editora Altas, 2008. (*in suma*: Imposto de Importação, Imposto de Exportação, Imposto sobre Produtos Industrializados, Imposto sobre Operações de Crédito, Câmbio e Seguro e sobre Operações Relativas a Títulos e Valores Imobiliários; Imposto sobre a Propriedade Territorial Rural; Imposto sobre as Grandes Fortunas (apesar de nunca ter sido instituído).

cxxvi. É cediça a ação governamental, tendo em vista a crise econômica e para incentivar a venda dos produtos industrializados, da redução da alíquota do IPI em 2008/2009 para veículos automotores, produtos da linha branca (geladeiras, fogões, máquinas de lavar, etc.), bem como os produtos da construção civil.

CAPÍTULO 2

A SUSTENTABILIDADE COMO O ELO ESTRUTURANTE DO ESTADO: A CONTRIBUIÇÃO DA PROTEÇÃO AMBIENTAL, DO ESTADO SOCIAL E DO CAPITALISMO PARA A FORMAÇÃO ESTRUTURAL DO ESTADO SUSTENTÁVEL

2.1 Uma falsa noção: o sistema ambiental como fonte da sustentabilidade

A evolução (histórica) entre os discursos dos modelos econômicos e sociais é, praticamente, a tônica do pós Segunda Guerra Mundial,[1] conforme já visto. De fato, «ainda vivemos determinados pelas controvérsias do século XIX».[2] Ademais, o discurso de uma ciência econômica – sem recordar aqui a distinção entre a «economia científica» e a «economia política»[i] – emerge da transição entre o feudalismo e o capitalismo e acaba por se emancipar com a Revolução Industrial,[3] com a escola clássica da economia.[ii] Nesse diapasão, o liberalismo (econômico), capitaneado pelos Estados Unidos da América, e o socialismo, defendido pela antiga União Soviética, praticamente monopolizaram o discurso político-jurídico do período da Guerra Fria. De fato, um contrabalançava o outro, agiam como um sistema bilateral e dialético. Nem o Estado Liberal,[4] capitalista, poderia se esquecer de preceitos básicos humanos – definidos por direitos humanos fundamentais –, nem o comunismo poderia se esquecer de preceitos

---

[1] A bibliografia sobre o assunto é vasta. Por hora, cita-se BONAVIDES, Paulo.; Do Estado Liberal ao Estado Social, São Paulo: Malheiros Editora, 6ª Ed., 1996; GOMES CANOTILHO, José Joaquim.; Constituição Dirigente e Vinculação do Legislador. Coimbra: Coimbra Editora, 2001; RITTER, Gerhard A..; Der Socialstaat. Entstehung und Entwicklung im internationalen Vergleich, 1989 (v. ver. ut.).

[2] LUHMANN, Niklas.; Introducción a la Teoría de Sistemas (v. ver. ut.)., p. 33.

[3] Para uma melhor análise, ver em AVELÃS NUNES, António José.; Uma Volta ao Mundo das Ideias Económicas, ..., p. 9-25. Também, CALVÃO DA SILVA, João Nuno.; Mercado e Estado – Serviços de Interesse Econômico Geral, Coimbra: Almedina, 2008;

[4] SILVA, João Nuno Calvão da.; Mercado e Estado – Serviços de Interesse Económico Geral, Coimbra: Almedina, 2008.

básicos do desenvolvimento – promoção por mérito, incentivo de crescimento profissional, possibilidade de expansão.[5]

A incursão do mundo econômico, com os ideais políticos, para o mundo jurídico, como projeto das sociedades pós-modernas, se deu através do texto jurídico máximo, ou seja, a Constituição. Ademais, lugar cimeiro mais legítimo não há para conformação dos interesses econômicos e sociais.[6] Especificamente em Portugal, com a *constituição dirigente*[7] de 1976, impregnada de «fórmulas emancipatórias» de um Estado Social,[8] tornaram-se cláusulas natimortas.[iii] Assim, na revisão constitucional, o legislador português eliminou o «caminho dirigido» para a "transição para o socialismo", bem como o "exercício democrático do poder pelas classes trabalhadoras" e, ainda, o "desenvolvimento pacífico do processo revolucionário".

Obviamente, no Brasil não foi diferente. Fruto da influência direta do constitucionalismo português, na tentativa de construção de um Estado Democrático Social de Direito, erigiu-se um (programático, isto é, de viés *futuro*) Estado Social através de sua Constituição Cidadã em 1988.[iv][9] Contudo, foi na década seguinte, com a política neoliberal, exercida pelo poder constituinte de reforma, que a Constituição transmudou-se, via as inúmeras emendas, em um Estado (neo)Liberal, sem inclusive a perseguição dos trilhos do Estado Social. De fato, o também natimorto artigo 192 do Texto Constitucional da República Federativa brasileira foi revogado[10] antes mesmo de sua implementação.[11] O que se percebe, nesse sentido, é um movimento pendular entre o liberal e o social, no qual, em um Estado Democrático de Direito, assentam-se os vários momentos histórico-dialéticos no Texto Constitucional originário e suas emendas.

Todavia, somente a partir da década de setenta – apesar de haver normas de cunho de proteção ambiental pretéritas – que verdadeiros problemas ambientais, de proporções globais, fomentaram ações conjuntas internacionais para (tentar) equacionar essas novas questões. Dessa forma, inicialmente, far-se-á uma análise preambular do insurgente direito originário da ecologia. Insta, pela própria divergência da grafia desse novo ramo do Direito, uma força ideológica entre o verdadeiro lugar do ambiente e o do homem. É, por assim dizer, um discurso *metagráfico* do *locus* em que se encontra o Homem e a natureza. Posicionamento este de manifesto apelo jusfilosófico, o qual não se refutará de análise histórico-evolutiva, até se chegar aos princípios e conteúdo da sustentabilidade[12] e consequentemente do (autônomo, como aqui defendido) Direito Sustentável.

---

[5] ALBERGARIA, Bruno.; Estado Falido, In: Estado de Minas Gerais, em 18 de Fevereiro de 2008.

[6] GOMES CANOTILHO, J. J.; Constituição Dirigente e Vinculação do Legislador – contributo para a compreensão das Normas Constitucionais Programáticas, Coimbra: Coimbra Ed., 2ª Ed., 2001, p. 50.

[7] GOMES CANOTILHO, José Joaquim.; Constituição Dirigente ..., p. 50.

[8] GOMES CANOTILHO, J. J.; Constituição Dirigente ..., p. XIX.

[9] PELUSO, Cezar.; Constituição, Direitos Fundamentais E Democracia: O Papel das Supremas Cortes, Revista de Direito Bancário e do Mercado de Capitais, v. 14, n. 54, p. 325-331, out./dez. 2011.

[10] Foi expressamente revogado pela Emenda Constitucional nº 40, de 2003.

[11] GOMES, Ana Claudia Nascimento.; Emendar e Emendar: Enclausurando a Constituição? ... In: Ciências Jurídicas – Civilísticas; Comparatísticas; Comunitárias; Criminais; Econômicas; Empresariais; Filosóficas; Históricas; Políticas; Processuais, Apresentação: professor Catedrático Doutor Castanheira Neves, Organização: Gonçalo Sopas de Melo Bandeira; Rogério Magnus Varela Gonçalves; Frederico Viana Rodrigues, Coimbra: Coimbra Editores, 2005, p. 23/54.

[12] Ver melhor em Chichorro FERREIRA, Adelaide.; Léxico e Estilo do «Desenvolvimento Sustentável» (Alemão/Português). In: Cadernos do Cieg – Centro Interuniversitário de estudos germanísticos, nº 13. Coimbra. 2005.

2.1.1 Pelos discursos (*ocultos*) da grafia

Toda ciência moderna reclama uma claridade analítico-conceitual como condição elementar da racionalidade.[13] Assim, sem se perder no "emaranhado" de interesses e conflitos – até mesmo presente no meio acadêmico –, não deixa de (re)velar uma forma de imposição que, apesar de ser sutil, mostra-se eficaz.[14] De fato, percebe-se, com o surgimento e fortalecimento da ecologia, que *«fez uma pilotagem ecológica da norma»*[15] novas unidades léxicas, palavras ou até mesmo sintagmas, cuja forma significante, bem com a relação significante e significado, não estava realizada nos estágios anteriores do sistema linguístico[16] jurídico (quiçá do cotidiano das pessoas). Entretanto, justamente por causa dessa *enxurrada* de novas expressões, deve-se «separar o joio do trigo» (e que tanto o joio quanto o trigo sejam orgânicos...). Outrossim, conforme já se observou, "qualquer análise mais atenta de um problema, seja ele jurídico ou não, palavras camaleônicas são um risco tanto para a clareza de pensamento quanto para a lucidez da expressão".[17]

Porém, como ponto de partida, percebe-se, em análise perfunctória, que até o termo para designar aquele novo ramo do Direito – Direito Ambiental – também já se encontra eivado de indefinição lexical, no qual há diversas designações por parte dos autores. Conforme já analisado,[18] alguns se referem ao *Direito Ambiental,*[19] outros ao *Direito do Ambiente,*[20] e, ainda, ao *Direito do Meio Ambiente*[21] [22] ou ainda a Direito Ecológico.[23]

---

[13] ALEXY. Robert.; Theorie der Grundrechte. Suhrkamp-Verlag. 1986. ..., p. 39.

[14] Sobre o assunto – utilização semântica para o convencimento, ou seja, a «erística» – ver, por todos, SCHOPENHAUER, Arthur.; Eristische Dialektik oder die Kunst, Recht zu behalten. 1864 (v. ver. ut.). Também, nesse sentido, Habermas adverte a possibilidade do «discurso estratégico».

[15] SOUSA ARAGÃO, Maria Alexandra de.; O Princípio do Nível Elevado de Protecção e a Renovação Ecológica do Direito do Ambiente e dos Resíduos. Coleção Teses. Coimbra: Almedina. 2006, p. 67. (faz essa assertiva em referência a OST, François, La nature ... p. 17).

[16] ALVES, Ieda Maria.; A Integração dos Neologismos por Empréstimo ao Léxico Português, Alfa, SP, 28(supl.):l 19-126, 1984.

[17] HOFELD, Wesley N.; Some fundamental legal conceptions as applied in judicial reasoning, in Fundamental Legal Concepts as Applied in Judicial Reasoning and Other Legal Essays, New Haven: Yale University Press, 1923, p. 35, *Cf. Apud*. In: ALEXY, Robert.; Theorie der Grundrechte. ... p. 45. Ainda, SCHOPENHAUER, Arthur.; Eristische Dialektik oder die Kunst, Recht zu behalten. ...

[18] ALBERGARIA, Bruno.; Direito Ambiental e a Responsabilidade Civil..., p. 37.

[19] Denominação adotada, dentre outros, por MACHADO, Paulo A. L.; Direito Ambiental Brasileiro, 9ª ed., SP: Malheiros, 2001.; FREIRE, Willian.; Direito Ambiental Brasileiro, 2ª ed., RJ: Aide, 2000.; SEGUIN, Elida.; O Direito Ambiental: Nossa Casa Planetária, RJ: Forense, 2000.; Bessa ANTUNES, Paulo de.; Direito Ambiental, 6ª ed., RJ: Lumen Juris, 2002.; CARNEIRO, Ricardo.; Direito Ambiental: Uma abordagem econômica, RJ: Forense, 2001. E, ainda, SILVA, José Afonso da.; Direito Ambiental Constitucional, 2ª ed., SP: Malheiros, 1995.

[20] MILARÉ, Édis.; Direito do Ambiente, 2ª ed., SP: Revista dos Tribunais, 2001. Ver também, GOMES CANOTILHO, J. J. (coord.), Introdução ao Direito do Ambiente, Lisboa: Universidade Aberta, 1998.

[21] SILVA SOARES, Guido Fernando.; Direito Internacional do Meio Ambiente, SP: Atlas, 2001.

[22] ALBERGARIA, Bruno.; Direito Ambiental e a Responsabilidade Civil..., p. 37.

[23] *Tb* nesse sentido, MOREIRA NETO, D. de F.; Introdução ao Direito Ecológico e Urbanístico, Rio de Janeiro: Forense, 1977. Nota-se que a utilização do termo Direito Ecológico por Moreira Neto não tem o rigor técnico da definição feito por Alexandra Aragão, em que lhe atribui, diferentemente do Direito Ambiental, a densificação máxima do seu conteúdo, definindo-o como "um conjunto de normas e princípios jurídicos provenientes de fontes diversas (de fonte legal, desde logo, mas também muito jurisprudencial e doutrinal) e de proveniências variadas (de origem nacional, internacional e comunitária) que regem os comportamentos ecologicamente relevantes dos homens na perspectiva da continuidade ou sustentabilidade ecológica." In: SOUSA ARAGÃO, Maria Alexandra de.; O Princípio do Nível Elevado de Protecção e a Renovação Ecológica do Direito do Ambiente e dos Resíduos, Coleção Teses, Coimbra: Almedina, 2006, p. 31.

Nesse ínterim, já se faz a crítica ao termo meio ambiente,[24] posto que "a própria expressão meio ambiente já é um pleonasmo, tendo em vista que as palavras são sinônimas".[25] Assim é que a definição do termo "ambiente" significa "1. Que cerca ou envolve os seres vivos ou as coisas, por todos os lados; envolvente. 2. Aquilo que cerca ou envolve os seres ou as coisas (...)".[26] Afinal, a expressão "meio" determina o "ambiente ou lugar onde habitualmente vive o indivíduo (...)".[27] Portanto, "tanto a expressão ambiente como meio indicam a esfera, o círculo, o âmbito que nos cerca, o lugar em que vivemos".[28] Apesar de "encontrar-se difundida na cultura do nosso dia a dia e ser amplamente utilizada no texto constitucional (Brasileiro), bem como nas legislações infraconstitucionais",[29] não merece prevalecer no domínio científico-acadêmico por razões já apontadas. Contudo, deve-se registrar que até mesmo em algumas línguas estrangeiras percebe-se o emprego (pleonástico) da expressão, tal como no espanhol (*medio ambiente*).[v] Registra-se, contudo, que em outros vernáculos, como o francês – *environment*[vi] – o inglês – *environment*[vii] – ou o alemão – *Umwelt*[viii] – bem como o italiano – ambiente,[ix] o mesmo fato não procede.

Contudo, em indução à nomenclatura «direito ambiental» *vs.* «direito do ambiente» já se demonstra até mesmo um discurso estratégico no emprego desta ou daquela expressão.[30] De fato, o direito *do* ambiente, como sugere a contração da preposição *de* mais o artigo definido *o* que resulta no *do* como partícula invariável (preposição contrativa), através do qual liga o primeiro elemento da oração (Direito, termo regente) ao segundo (ambiente, termo regido), subordina este àquele, com a conclusão (mesmo que sublimada) para o mundo jurídico: o ambiente tem direito; logo, é (seria) sujeito de direito.

Apesar de na primeira análise, e pela teoria ortodoxa antropocêntrica,[31] comum ao Direito clássico,[x] parecer ser um «absurdo jurídico» promover a natureza com um valor jurídico em que deve ser tutelado por si mesmo – independentemente dos interesses

---

[24] Conforme PRIEUR (Michel P.; Droit de l'environnemet. 3ª ed. Paris: Dalloz, 1996, p. 1), presume-se que o termo meio ambiente «milieu ambiant» foi cunhado pela primeira vez pelo naturalista francês Geoffroy de Saint-Hilaire, na Obra Édudes progressives d'un naturaliste, em 1835. *Cf. Apud*. In: MILARÉ, Édis.; Direito do Ambiente, 2ª ed., SP: Revista dos Tribunais, 2001, p. 63.

[25] ALBERGARIA, Bruno.; Direito Ambiental e a Responsabilidade Civil ..., p. 38.

[26] FERREIRA, A. B. de H.; Novo Dicionário Aurélio da Língua Portuguesa, SP: Nova Fronteira, p. 101.

[27] Dicionário Brasileiro da Língua Portuguesa, Encyclopaedia Britannica do Brasil, 7ª Ed., 1982, p. 1119.

[28] ALBERGARIA, Bruno.; Direito Ambiental e a Responsabilidade Civil.., p. 38. Nesse sentido: SIRVINSKAS, Luís Paulo.; Manual de Direito Ambiental, SP: Saraiva, 6ª Ed., 2008, p. 36/37; SILVA SOARES, Guido Fernando.; Direito Internacional do Meio Ambiente..., SP: Atlas, 2001, p. 21.

[29] ALBERGARIA, Bruno.; Direito Ambiental e a Responsabilidade Civil ..., p. 38. Apesar do reconhecimento da redundância, ou do pleonasmo, mas em defesa à expressão, posto já estar difundido no mundo jurídico: SIRVINSKAS, Luís Paulo.; Manual de Direito Ambiental, SP: Saraiva, 6ª Ed., 2008, p. 36/37; MILARÉ, Édis.; Direito do Ambiente, Doutrina, prática, jurisprudência, glossário, SP: Rev. dos Tribunais, 2ª ed., 2001, p. 63/64; FONTOURA DE MEDEIROS, Fernanda Luiza.; Meio Ambiente Direito e Dever Fundamental, Porto Alegre: Livraria do Advogado, 2004, p. 28.

[30] Novamente é bom recordar SCHOPENHAUER, Arthur.; Eristische Dialektik oder die Kunst, Recht zu behalten. 1864...

[31] Critica feita por SOUSA ARAGÃO, Maria Alexandra de.; O Princípio do Nível Elevado de Protecção e a Renovação Ecológica do Direito do Ambiente e dos Resíduos, Coleção Teses, Coimbra: Almedina, 2006, p. 65.

CAPÍTULO 2
A SUSTENTABILIDADE COMO O ELO ESTRUTURANTE DO ESTADO... | 155

humanos[32] que podem até ser vistos como um macrobem[33] –, as correntes ecocêntricas[xi] ou biocêntricas[xii] começam a ganhar espaço no mundo jusfilosófico.[34]

Exsurge, assim, antes do *continuum* da análise rumo ao *Direito Sustentável* um debate preliminar, qual seja, qual o lugar do homem na natureza em que vive. Em outras palavras, uma viagem do teocentrismo ao homocentrismo e desde o ecocentrismo. Nesse complexo discurso – em que, obviamente, só se ouve a voz humana –, vislumbra-se descobrir qual o lugar da natureza entre esses dois mundos, notadamente no universo jurídico.

2.1.2 As plantas, os animais: sujeito passivo, sujeito ativo ou objeto do direito?

A (difícil) relação «simbólica ou não» entre o Homem, os (demais) animais (irracionais), bem como até mesmo com objetos inanimados, ou seja, com a natureza que o cerca, não é fato novo no pensamento (e sentimento) humano. E, consequentemente a inter-relação entre *seres vivos* (de um lado) e o Homem (de outro lado) no sistema legal-judicial também não é fruto (exclusivo) da modernidade.[35] De fato, os animais «não humanos» consistiam numa parte importante da legislação processual medieval.[36] Nessa época, as leis germânicas reconheciam a competência de certos animais como possíveis testemunhas (apesar de «ser testemunha» não lhe confere o *status* de «ser sujeito de direito», mas há uma aproximação, uma alteridade, legal entre os homens em relação aos *outros* animais) nos casos, por exemplo, quando o furto fosse cometido à noite, sem testemunhas humanas.[37] Ademais, ao dono da casa era permitido fazer a denúncia perante o Tribunal carregando em seus braços cachorro, gato ou galo e em suas mãos três canudos retirados do telhado como símbolo e personificação de sua casa.[38]

Outrossim, percebe-se através das análises dos julgamentos penais medievos que os seres *irracionais*, inclusive as plantas, detinham responsabilidade penal passiva, baseado principalmente na fundamentação das assertivas bíblicas. Assim, até mesmo uma árvore poderia ser passível de julgamento[39] no universo eclesiástico. De fato, toda

---

[32] GOMES CANOTILHO, J. J. (coord.); Introdução ao Direito do Ambiente, Lisboa: Universidade Aberta, 1998, p. 21. Sobre o tema, ver ainda, SILVA, José Robson da.; Paradigma Biocêntrico: do Patrimônio Privado ao Patrimônio Ambiental, RJ & SP: Renovar, 2002. *V. tb.* LEFF, Enrique.; Racionalidad ambiental: la reapropiación social de la naturaleza (v. ver. ut.).

[33] LEITE, José Rubens Morato.; Dano Ambiental: do Indivíduo ao Coletivo Extrapatrimonial, São Paulo: Revista dos Tribunais, 2000. Ainda, sobre a tese do macrobem, LEITE, José Rubens Morato.; AYALA, Patrick de Araújo.; Direito Ambiental na Sociedade de Risco, RJ: Forense Universitária, 2002.

[34] Sobre o assunto: BACHELET, Michel.; L'Ingérence Écologique, Éditions Frison, Roche, 1995 (v. ver. ut.)., p. 129 e seguintes; ARAUJO, Fernando.; A Hora dos Direitos dos Animais, Coimbra: Almedina, 2003; LEVAI, Laerte Fernando.; Direito dos Animais, O direito deles e o nosso direito sobre eles, Campos do Jordão: Editora Mantiqueira, 2004; LOURENÇO, Daniel Braga.; Direito dos Animais, Editora Fabris; REGAN, Tom.; The Case for Animal Rights (1983); FRANKLIN, Julian H.; Animal Rights and Moral Philosophy (2005); SINGER, Peter.; Libertação Animal, Editora Lugano, 2004. Ainda, ALMEIDA SILVA, Tagore Trajano de.; Direito animal e hermenêutica jurídica da mudança: Animais como novos sujeitos de direito, (end. e dat. disp.).

[35] FERRY, Luc.; Le nouvel ordre écologique, Grasset & Fasquelle, 1992, (v. ver. ut.).

[36] EVANS, Edward Payson.; The Criminal Prosecution and Capital Punishment of Animals, London: William Heinemann, 1906, p. 11.

[37] EVANS, Edward Payson, *Ob. cit.*, p. 11.

[38] EVANS, Edward Payson.; *Ob. cit.*, p. 11.

[39] EVANS, Edward Payson.; *Ob. cit.*, p. 25.

árvore que não desse bons frutos deveria ser cortada e jogada ao fogo;[40] a figueira que não frutificasse deveria ser punida com o corte, porque estaria ocupando terreno fértil sem produzir nada.[41] Importante ressaltar que, nos casos das árvores frutíferas, quando não frutificam, tornam-se inúteis aos homens, o que corrobora a visão antropocêntrica do texto sagrado. Dessa forma, a base do julgamento – *rations* – é a sua utilidade ou inutilidade para o homem, visível como um utilitarismo pragmático. A árvore, em si, não tem importância. A *inocência* da árvore e, portanto, condição da própria existência, estaria condicionada a sua utilidade ao homem. Com efeito, novamente se percebe que, mesmo vivenciando um mundo justificado em bases teocêntricas, o antropocentrismo é observado nas interpretações dos textos sagrados.[42] Doravante, em retorno às passagens bíblicas nas quais fortalecem os argumentos dos julgamentos das plantas no período medievo:

> Pode acontecer que vocês fiquem cercando uma cidade muito tempo e que demorem a conquistá-la. Nesse caso, não derrubem as árvores frutíferas que houver ali. Comam dos frutos, mas não cortem as árvores; será que elas são seus inimigos, para que vocês as destruam? Mas podem derrubar as outras árvores, as que não são frutíferas; e usem os troncos no cerco da cidade até que seja conquistada.[43]

A ideia de dominação do homem perante os demais seres vivos na Terra também pode ser observada no Gênesis, "1:26) Agora vamos fazer os seres humanos, que serão como nós, que se parecerão conosco. Eles terão poder sobre os peixes, sobre as aves, sobre os animais domésticos e selvagens e sobre os animais que se arrastam pelo chão". (... após a criação do homem e da mulher:) "28) Tenham muito e muito filhos; espalhem-se por toda a terra e a dominem. E tenham poder sobre os peixes do mar, sobre as aves que voam no ar e sobre os animais que se arrastam pelo chão. 29) Para vocês se alimentarem, eu lhes dou todas as plantas que produzem sementes e todas as árvores que dão frutas. 30) Mas, para todos os animais selvagens, para as aves e para os animais que se arrastam pelo chão, dou capim e verduras como alimento".[44]

Em uma espécie de taxonomia, o texto bíblico do Antigo Testamento ainda faz a diferenciação entre animais puros e impuros, determinando os animais que podem ser comidos e os que não podem ser comidos.[45] [xiii] Até mesmo o sacrifício de um carneiro, oferecido a Deus, ao invés do filho de Abraão, é uma demonstração da submissão/inferioridade dos animais perante os homens.[46] [xiv]

Não menos importante como relato histórico-doutrinário, a preocupação em destruir – mas preservar a continuidade – a diversidade da fauna, nas passagens do Gêneses no livro 6, em que Deus ordena a Moisés a confecção da arca.[xv] [47]

---

[40] Novo Testamento, Mateus, 3:10.

[41] Novo Testamento, Lucas, 13:6.

[42] THOMAS, Keith.; Man and the natural world..., p. 22/23.

[43] Antigo Testamento, Deuteronômio 20:19.

[44] In: A Bíblia Sagrada. Ed. Pastoral. São Paulo: Paulus, 1991.

[45] Levítico 11. 1-47 e Deuteronômio 14.3-20.

[46] Gênesis, 22:13.

[47] In: A Bíblia Sagrada. Ed. Pastoral. São Paulo: Paulus, 1991.

CAPÍTULO 2
A SUSTENTABILIDADE COMO O ELO ESTRUTURANTE DO ESTADO...

157

Nesta passagem do antigo testamento, fica caracterizado que a maior preocupação divina é com o *continuum* das espécies, isto é, evitar a extinção, e não com o extermínio por afogamento (dilúvio) da maioria da fauna e flora existentes.

Todavia, percebe-se que não somente as espécies do reino vegetal foram julgadas pelo homem. Os animais – irracionais – também sentaram nos bancos dos réus conforme se observa nos processos da Idade das Trevas.[48] Assim, os animais que poderiam ficar sob a custódia de um carcereiro, ou seja, presos, e consequentemente condenados à pena de morte eram julgados pelos tribunais seculares.[49] Com efeito, nos tribunais civis, os grandes animais, tais como suínos, vacas, cavalos e qualquer outro animal doméstico eram geralmente julgados como indivíduos ou em grupos, para os casos concretos de mau comportamento.[xvi] Dessa forma, caso um cão, ou qualquer outro animal doméstico,[xvii] mordesse o seu dono poderia ser julgado por um tribunal – Trierstrafen.[50] [51] Após o julgamento, que deveria constar de todos os preceitos do *due process* legal, inclusive com a presença de advogados de defesa, [in ecclesiastical tribunals, large communities of smaller animals (rats, mice, bugs, etc.) were tried symbolically; the sentences (curses, excommunication, anathemas) were obviously designed not to penalize particular animals but to symbolically call down divine retributions upon entire classes of creatures], e, caso fossem condenados, geralmente tinham que vestir roupas como se fossem humanos e sofrerem as mesmas penas capitais: forca, queimados ou enterrados vivos.

Contudo, aqueles animais que não poderiam ser controlados, apreendidos ou presos pelas autoridades civis eram julgados pela Igreja Católica, através dos tribunais eclesiásticos. Com efeito, nos tribunais eclesiásticos – *Thierprocesse*[52] –, grandes comunidades de pequenos animais, tais como os ratos, os insetos, os gafanhotos, os besouros, as toupeiras, os camundongos, as sanguessugas, e qualquer parasita que prejudicasse os interesses humanos, eram julgados, simbolicamente, com sentenças metafísicas de maldições, excomunhão e anátemas, apesar de considerar que os «animais não tinham alma».[53]

Os processos dos tribunais eclesiásticos também deveriam respeitar os princípios básicos do *due process legal*.[xviii] [xix] Porém, tinham como objetivo principal e "sobrenatural", utilizando métodos "metafísicos",[54] impedir que esses animais devorassem as culturas e pomares. Era, dessa forma, objetivo das condenações eclesiásticas a expulsão desses animais predadores dos pomares, vinhas e campos cultivados por meio de exorcismo e excomunhão.[55] Assim, os tribunais eclesiásticos julgava-os instigados e manipulados por Satã, *instigante sathana, per maleficium diabolicum*.[56] Portanto, os processos judiciais contra os animais que resultavam em excomunhão por parte da Igreja e/ou execução

---

[48] FERRY, Luc.; Le nouvel ordre écologique, Grasset & Fasquelle, 1992 ....

[49] EVANS, Edward Payson.; *Ob. cit.*, p. 3.

[50] EVANS, Edward Payson.; *Ob. cit.*, p. 2.

[51] TEIXEIRA, João de Fernandes.; A Filosofia da Mente e os Direitos dos Animais, In: Filosofia Ciência & Vida, nº 42, Ano 2009, SP.

[52] EVANS, Edward Payson.; *Ob. cit.*, p. 2.

[53] FERNANDES LUÍS, Maria dos Anjos dos Santos.; Vivências religiosas e comportamentos sociais: Visitas Pastorais ao concelho da Lourinhã no século XVII, Dissertação de Mestrado em História Regional e Local, Universidade de Lisboa Faculdade de Letras Departamento de História, 2009, (end. e dat. disp.).

[54] EVANS, Edward Payson.; *Ob. cit.*, p. 3.

[55] EVANS, Edward Payson.; *Ob. cit.*, p. 2.

[56] EVANS, Edward Payson.; *Ob. cit.*, p. 4.

pela mão humana foram originados pela superstição medieval de que os animais também poderiam cometer bruxarias.[57]

Registra-se que o primeiro julgamento eclesiástico de animais nos *Annales Eclesiastici Francorum* ocorreu no ano de 824, quando as toupeiras do Vale de Aosta, noroeste da Itália, foram excomungadas por destruírem as lavouras.[58] O simbolismo, e o desejo de se fazer justiça até mesmo contra os animais irracionais, levou, no ano de 864, o Conselho de Worms a decretar que as abelhas, as quais causaram a morte de uma pessoa por picada, fossem sufocadas em sua própria colmeia. No julgamento, toda a colmeia fora considerada contaminada pelo demônio, o qual tornaria impróprio ao consumo humano até mesmo o mel. Em 1906, um cachorro foi julgado em Délémont, na Suíça; este é considerado o último julgamento de um animal no mundo ocidental.[59]

Indubitavelmente, essas questões sobre a evolução jurisprudencial do processo penal, no qual figuravam os animais, demonstram a organização social e religiosa e as noções de culpa e castigo da sociedade da época. São questões jurídicas que demonstram o posicionamento filosófico em que se pode fazer um levantamento sobre o lugar do homem dentro da ordem natural[60] no mundo medieval – e como esses paradigmas chegaram até os tempos atuais.

2.1.3 *Et creavit Deus hominem ad imaginem suam*[61]

Assim, é certo que, pelos enxertos jusfilosóficos teocráticos medievais, «Deus» privilegiava, como já dito, o homem.[xx] Colocava-o acima das demais criaturas; somente o homem é a imagem e semelhança do Criador[62] [63] [xxi] [64] e, ainda, determinava que "ele (o Homem) domine sobre os peixes do mar, as aves do céu, os animais domésticos, todas as feras e todos os répteis que rastejam sobre a Terra".[65] Dessa forma, todos os animais silvestres, bem como os pássaros e até mesmo os peixes, eram um dom divino para os homens, que deveriam considerá-los como sua propriedade.[66]

Ademais, para o homem medieval a fé serviria, inclusive, para entender[67] as outras coisas. De fato, para *Santo* Agostinho, por ser o homem a imagem e semelhança de Deus,[68] estaria no "vértice do mundo sensível".[69] Contudo, como todos os seres são

---

[57] EVANS, Edward Payson.; *Ob. cit.*, p. 12.

[58] EVANS, Edward Payson.; *Ob. cit.*, p. 313.

[59] EVANS, Edward Payson.; The Criminal Prosecution And Capital Punishment of Animals. ...., p. 313. Ver *tb.* SANCHEZ, Giovana.; Animais eram julgados e até executados na Idade Média. G1 conta a História. (end. e dat. disp.).

[60] KASTNER, Jeffrey.; Animals on Trial, Issue 4 Animals Fall 2001, (end. e dat. disp.).

[61] Texto Bíblico, Gênesis, 2, 27.

[62] Gênesis 5:1.

[63] Não completamente sem razão, afirmar-se que "é comportamento típico de quem desenhou Deus a sua imagem e semelhança, valendo-se da retórica para afirmar justamente o contrário." Moraes de GODOY, Arnaldo Sampaio.; Fundamentos Filosóficos de Direito Ambiental. (end. e dat. disp.).

[64] KIRK, G.S.; RAVEN, J.E.; SCHOFIELD, M.; The Presocratic Philosophers, 1983 (v. ver. ut.), p. 173.

[65] Gênesis 1:26.

[66] THOMPSON, Edward Palmer.; Whigs and Hunters: The Origin of the Black Act, London: Allen Lane, 1975, p. 162.

[67] Isaias 7:9, segundo a Bíblia dos Setenta. Ver ainda, BARROS CAMPOS, Sávio Laet de.; Santo Agostinho: "Intellige ut Credar, Crede ut Intelligas", (end. e dat. disp.).

[68] Gênesis 1, 26-27. Ver tb. AGOSTINHO, Confissões, (v. ver. ut.).

[69] Cf. REALE, Giovanni.; e ANTISERI, Dario.;; Il pensiero occidentale dalle origini ..., p. 453.

CAPÍTULO 2
A SUSTENTABILIDADE COMO O ELO ESTRUTURANTE DO ESTADO... | 159

criaturas de Deus – o mal é justamente a ausência/deficiência de Deus[70] – até mesmo a existência dos animais considerados "nocivos" deveriam ser considerados bons na razão e no sentido do seu ser. Portanto, constitui algo positivo quando medido pelo todo. Dessa forma, *Santo* Agostinho aduziu que:

> cada uma das criaturas separadamente era boa. Porém, consideradas em conjunto, eram não só «boas», mas até «muito boas». Isto mesmo o afirma também a beleza de qualquer ser orgânico. Um corpo, formado de membros todos belos, é muito mais belo que cada um dos seus membros, de cuja conexão harmoniosíssima se forma o conjunto, posto que também cada membro separadamente tenha uma beleza peculiar.[71]

Assim, cada ser vivente (ser orgânico) somente pode ser ruim mediante a nossa utilidade.[72] Com efeito, todo animal fora concebido por Deus para algum propósito humano, de acordo com as suas necessidades. Portanto, de acordo com os preceitos teocêntricos típico da Idade Média, Deus projetara e distribuíra cuidadosamente todos os bichos de forma a satisfazer o único ser feito a sua imagem e semelhança, qual seja, o homem. Se a criação de cada animal não tinha uma utilidade prática, deveria ter, no mínimo, uma não prática, isto é, pelo menos moral ou estética.[73] Com efeito, Santo Tomás de Aquino defendia, na *Summa Theologiae*, que não se deveria aplicar o mandamento basilar do Texto Sagrado "não matarás", tendo em vista que este preceito estaria restrito à espécie humana e jamais aos outros animais. Ademais, a *ordem natural* das coisas estaria na construção filosófica estruturada na vontade divina de colocar o mais perfeito ao serviço do menos perfeito – ou mais imperfeito: assim, o homem – ser mais perfeito, imagem e semelhança de Deus – poderia escravizar (defesa da escravidão natural) todo e qualquer animal encontrado na natureza.[74]

Dessa forma, baseado nessa filosofia antropocêntrica[75] e «ilusão finalista»,[76] [xxii] até mesmo o piolho[xxiii] era defendido pelo reverendo Willian Kirby,[77] posto que defendia poderoso incentivo aos hábitos de higiene, ou ainda, como a explicação do médico George Cheyne, em 1703, que o Criador fez o excremento dos cavalos com aroma agradável *porque sabia que os homens estariam sempre na vizinhança deles.*[78] A domesticação dos animais fora considerada benéfica (a eles) tendo em vista que estavam servindo ao homem. Ademais, se todos os animais foram criados para o simples deleite do homem, até mesmo com o *Juízo Final* do homem, com a consequente aniquilação de toda

---

[70] AGOSTINHO, *Ob. cit.*, p. 133 e segs.

[71] AGOSTINHO. *Ob. cit.*, p. 366/367.

[72] AGOSTINHO. *Ob. cit.*, p. 350 e segs.

[73] THOMAS, Keith.; Man and the natural world: changing attitudes in England, 1500-1800, Harmondsworth: Penguin Book Ltd. 1983 (v. ver. ut.), p. 25.

[74] *Summa Theologiae. Secunda Secundae Partis. Quaestio 64, art. 1, ad. 3.* Santo Tomás de Aquino retorna à questão da superioridade humana e da escravidão natural em *Summa Contra Gentiles, Livro 3, Cap. CXII. Cf.* ARAUJO, Fernando.; A Hora dos Direitos dos Animais. Coimbra: Almedina, 2003, p. 55.

[75] Um dos ativistas ecológicos do século passado, o professor e historiador americano Lynn White Jr., defendia que o cristianismo, especialmente na sua forma ocidental, era a religião mais antropocêntrica que o mundo já viu. *Cf.* WHITE JR, Lynn.; The Historical Roots of Our Ecologic Crisis, Science in Christian Perspective, JASA 21 (June 1969): 42-47.

[76] BARATAY, Éric.; L'Anthropocentrisme du Christianisme Occidental, In: Cyrulnik, B (org.), Si les lions pouvaient parler, Paris, Gallimard, «Quarto», 1998, p 1442.

[77] THOMAS, Keith.; *Ob. cit.* p. 24.

[78] THOMAS, Keith.; *Ob. cit.* p. 22/23.

a espécie humana, não haveria também razão de ser a existência dos outros animais.[79] Por isso, não poderia haver injustiça quando o homem matasse um gado para comer, ou ainda, até mesmo quando matasse por simples prazer.[80]

Mas havia, apesar de poucas, vozes discordantes. Com efeito, apesar de ser o homem o único ser religioso, escolhido por «Deus» para ser a sua imagem e semelhança, não era completamente despicienda a ideia de que os outros animais também poderiam ter uma alma imortal,[81] baseado inclusive em texto bíblico.[82] Com efeito, a salvação final dos últimos dias poderia libertar a felicidade suprema dos animais. Porém, essa *manumissão animal* não era identificada isoladamente, em cada ser, mas no conjunto das espécies. Assim, haveria no Paraíso, após o juízo final, um exemplar de cada espécie animal,[83] o que já demonstrava a preocupação da biodiversidade da época. Porém, o tratamento degradante ainda era uma constante aos animais, tais como açulamentos, touradas e rinhas de galo, notadamente nos países latinos do sul da Europa, tendo em vista que *neles vigoravam as antigas doutrinas católicas sobre a inexistência de alma nos animais.*[xxiv][84]

Assim, percebe-se que, para o homem medieval, a natureza estava organizada como se fosse um conjunto hierárquico, que subia do homem aos anjos e descia dele como se fossem graus inferiores de hierarquia.[85] Com efeito, a construção imaginária se dava num arranjo monárquico com o leão, a águia e a baleia (terra, ar e água) colocados no topo de cada uma das ordens de seres; parecia mais uma forma de se justificar, ou invocar, as desigualdades sociais no seio da espécie humana.[86]

De sorte, é de se considerar que, para o homem medieval, os animais considerados de estimação, tais com bois, porcos, cavalos, ovelhas e aves domésticas, não eram criados por simples razões sentimentais, mas para fornecer força de trabalho ou alimentos.[87] Assim, não rara era a convivência quase conjunta dos homens e animais, conforme já vista a existência das *Long-House*.[xxv] Talvez por isso a relação entre o homem medieval do campo e os animais domésticos, que se entende aqui por não selvagens, por ser tão próxima fisicamente, tendo em vista habitarem praticamente a mesma residência, era muito íntima. Com efeito, era hábito a conversa entre os homens e os animais, que geralmente tinham nome. Acreditavam-se ser compreendidos.[88][xxvi] Apesar da narrativa romanesca ter a sua publicação em 1872 na França, evoca-se, a título ilustrativo, tendo em vista que a ação é datada de 1162 nas florestas de Sherwood, a passagem de Alexandre Dumas, em *Robin Hood – Le Prince des Voleurs:*[xxvii]

> – Le danger n'est pas imminent, puisque l'instinct de mon cheval ne le pressent pas. Au contraire, il demeure là tranquille comme dans son écurie, et allonge le col vers la feuillée comme vers son râtelier. Mais s'il reste ici, il indiquera à celui qui me poursuit l'endroit où je me cache. Holà ! poney, au trot !

---

[79] THOMAS, Keith.; *Ob. cit.* p. 24.

[80] THOMAS, Keith.; *Ob. cit.* p. 23.

[81] MORE, Henry,. An antidote against atheism or, an appeal to the naturall faculties of the minde of man 1st ed. London : J. Flesher for W. Morden, 1655. (v. ver. ut.).

[82] Salmo 148.

[83] HORTON, Thomas.; Forty-six Sermons upon the whole Eighth Chapter of the Epistle to the Romans, 1674, p. 368-370.

[84] THOMAS, Keith.; *Ob. cit.*, p. 203.

[85] *Cf.* LOVEJOY Arthur O.; The Great Chain of Being: A Study of the History of an Idea, Cambridge, Massachusetts: Harvard University. First published 1936. *Apud.* THOMAS, Keith. *Ob. cit.*, p. 84.

[86] THOMAS, Keith.; *Ob. cit.*, p. 84-85, bem como as p. 89-90.

[87] THOMAS, Keith.; Man and the natural world…, p. 84-85, bem como às p. 130.

[88] THOMAS, Keith. ;*Ob. cit.*, p. 135.

Ce commandement fut donné par un coup de sifflet en sourdine, et le docile animal, habitué depuis longtemps à cette manœuvre de chasseur qui veut s'isoler en embuscade, dressa ses oreilles, roula de grands yeux flamboyants vers l'arbre qui protégeait son maître, lui répondit par un petit hennissement et s'éloigna au trot.[xxviii]

De outra sorte, tendo em vista a aproximação entre os homens e os animais domésticos, reforçou-se a ideia de que homens e bichos estavam situados na mesma constelação moral e que termos de louvor ou reprovação podiam ser aplicados de maneira intercambiável a qualquer deles.[89]

Mas, apesar da predominância da filosofia antropocêntrica e «ilusão finalista», conforme já salientado, a aproximação física entre o homem medieval e os animais resultou, em alguns casos, em forte laço emotivo. Os cavalos e cachorros eram considerados espécies privilegiadas[90] em relação aos demais bichos. Até mesmo dentre as raças de cães e equinos se fazia a distinção, inclusive segundo as qualificações dos donos, conforme se pode constatar do provérbio medieval: *For every mortal that is prone to/keep a dog, will pick out one/ Whose qualities are like his own.*[xxix]

A relação jusfilosófica entre os homens e os animais, com viés econômico, também era sentida no mundo medieval. Com efeito, é cediço que as aves criadas em gaiolas também eram comercializadas em Londres, constituindo uma fonte de renda aos comerciantes dos mercados, principalmente dos pássaros canoros. Ademais, quando da descoberta dos países tropicais, o tráfico dos animais considerados exóticos foi intensamente fomentado, tendo em vista a possibilidade de venda nos centros europeus,[91] após serem capturados nos países longínquos, com alta margem de lucro. Assim, pode-se afirmar que, à medida que alguns animais domésticos tornaram-se *algo mais* do que simplesmente animais de tração – força de trabalho – ou alimento, os paradigmas jurídicos inglês modificaram-se em relação à possibilidade de constituir propriedade desses animais em função de algum valor sentimental.[92]

Por outro lado, o Renascentismo iluminista[xxx] pode ser destacado pela retomada do homem europeu nas questões prático-filosóficas racionais como elemento central de investigação, relegando os preceitos da fé como dogma a outro plano. Com efeito, outras áreas, que não somente a religião, entraram na ordem do dia, em oposição à norma estabelecida pela religião, qualidade distintiva fundamental da Idade Média. Dessa forma, características como antropocentrismo, hedonismo, racionalismo, otimismo e individualismo marcam a nova etapa da caminhada do homem sobre a terra.

De fato, pode-se aduzir que o homem "saiu" do claustro em que se encontrava, onde contemplava somente a «Deus», e se redescobre "fazendo", agindo, modificando e interagindo com o mundo que o cercava, isto é, justamente com o meio ambiente, o seu *hábitat* natural. Pode-se, inclusive, fazer uma alusão à metáfora do mito da Caverna de Platão.[93]

---

[89] THOMAS, Keith.; *Ob. cit.*, p. 139.

[90] THOMAS, Keith.; *Ob. cit.*, p. 150.

[91] TURNER, William.; Turner on Birds: a short and succinct history of the principal birds noticed by Pliny and Aristotle first published by Doctor Willian Turner, Arthur Humble Evans, 1544, University press, 1903, p. 195.

[92] Observar que o mais usual era a caracterização apenas da posse e jamais da propriedade sobre os animais de estimação. *Cf.* THOMAS, Keith.; *Ob. cit.*, p. 158.

[93] PLATÃO, Livro VII, A República.

Assim, no início do Renascimento,[xxxi] a valorização do homem sobre as outras criaturas pode ser representada pelos dizeres de Leon Battista Alberti:[xxxii] "cada coisa nasceu para servir ao homem e o homem para conservar a companhia e a amizade entre os homens",[94] bem como na obra apesar de eclesiástica, mas cujo título já denota a transição do objeto, publicada em 1448, *De dignitate et excellentia hominis* de Ginozzo Manetti.[xxxiii] Dessa forma, o teocentrismo começou a ceder espaço para o antropocentrismo.[xxxiv] Seguem essa linha os grandes pensadores da época, tais como Marsílio Ficino,[xxxv] Pico della Mirandola,[xxxvi] Giordano Bruno,[xxxvii] Tomás Campanella[xxxviii] (1568/1639), dentre tantos outros.[95]

Corroborando o pensamento da época, Pico della Mirandola asseverou que o homem é o grande milagre «*Miraculum est homo*»,[96] no qual

> Cui datum id habere quod optat, id esse quod velit. Bruta simul atque nascuntur id secum afferunt, ut ait Lucilius, e bulga matris quod possessura sunt. Supremi spiritus aut ab initio aut Paulo mox id fuerunt, quod sunt future in perpetuas aeternitates. Nascenti homini omnifaria semina et omnigenae vitae germina indidit Pater; quae quisque excoluerit illa adolescent, et fructus suos ferent in illo.[xxxix]

Assim, poder-se-ia segundo as palavras do filósofo italiano, concluir que o homem seria a única criatura, no mundo físico, capaz de se autoconstruir – "artífice de si mesmo" –, diferentemente dos outros seres, que são "ontologicamente determinados a serem o que são e não outra coisa".[97] Portanto, somente ao homem, segundo Mirandola, seria facultado o poder de compreender e mudar a sua própria natureza (bem como a natureza externa). Destarte, ao escrever a sua obra-prima *Oratio de Hominis Dignitale*, Mirandola colocou o homem em um lugar central no universo, que o tornaria ponto de referência de toda a realidade. Concebeu-se, aí também, cada vez mais a instauração e sedimentação do antropocentrismo.[98] A nenhum outro ser «Deus» tinha conferido essa capacidade. E, para o homem renascentista, a sua dignidade residia na capacidade de agir – *o operari* – ou seja, a capacidade superior do homem em conseguir modificar/transformar o mundo em que se encontrava.[99]

Ademais, conforme Pedro Pomponazzi,[xl] somente "a alma intelectiva do homem é capaz de conhecer o universo e o supra-sensível, diferentemente da alma sensitiva dos animais".[100] Mas, para constatar as coisas, a alma humana deveria valer-se do corpo em forma de matéria física. Com isso, o próprio corpo humano tornou-se condição *sine qua non* para a percepção do mundo.[101]

Todavia, quando Copérnico deslocou a Terra do centro do universo, também retirou o homem do seu milenar estado de repouso, no centro do mundo.[xli] [xlii] Indubitavelmente, as consequências em relação ao homem – e o meio ambiente em que está inserido – são grandes. Transborda-se de uma questão meramente astrofísica e perpassa para o universo filosófico. De fato, não completamente despiciendo de razão,

---

[94] *Cf. Apub.* REALE, Giovanni.; e ANTISERI, Dario.; *Ob. cit.*, p. 51.

[95] *Cf. Apud.* MONDOLFO, Rodolfo.; Il pensiero politico nel Risorgimento italiano, Nuova accademia, 1959. (v. ver. ut.).

[96] MIRANDOLA, Giovanni Pico Della.; *Oratio de Hominis Dignitale.* (v. ver. ut.), p. 53.

[97] MIRANDOLA, Giovanni Pico Della.; *Oratio de Hominis Dignitale* ...., p. XXI.

[98] MIRANDOLA, Giovanni Pico Della.; *Oratio de Hominis Dignitale.* ...

[99] *Cf. Apud.* LIMAS VAZ, Henrique Cláudio de.; Antropologia Filosófica. SP: Ed. Loyola, 2004, p. 69.

[100] *Apub. Cf.* REALE, Giovanni.; e ANTISERI, Dario.; *Ob. cit.*, p. 88.

[101] *Cf.* REALE, Giovanni.; e ANTISERI, Dario. *Ob. cit.*, p. 88.

Sigmund Freud[xliii] conferiu ao *espanto* provocado na Humanidade pelas descobertas de Copérnico como o (primeiro) grande Golpe Narciso: o golpe cosmológico.[102]

Com efeito, corolário direto ou indireto dessa (nova) percepção, pode-se citar, (*i*) a desconfiança em todo o saber pré-constituído, inclusive a existência de Deus, com a necessidade premente de formular uma nova ciência; (*ii*) a redefinição do "lugar" que o homem ocupa no mundo (não só em termos geográfico e astrológico, mas também filosófico); (*iii*) despertar em um crescente desenvolvimento tecnológico; (*iiii*) aceleração técnico-científica como jamais vista em toda a história da humanidade.[103]

Com efeito, os trabalhos manuais, até os de grande porte, tais como construções de navios, prédios e pontes, bem como as artes mecânicas, eram relegados aos artesãos, sendo considerados como "conhecimentos inferiores". Com a nova acepção do mundo, os "engenheiros" obtiveram lugar de destaque. Pode-se inferir, consequentemente, que a instrumentalização da ciência com o intuito de auferir os resultados (prova) também se desenvolveu de forma prodigiosa. Assim, o caminho consistia em modificar o meio ambiente, no qual o (próprio) homem estava inserido, apesar da compreensão de que não era mais o centro do universo. Essa nova visão tornar-se-ia imperiosa para o incipiente homem *moderno*.

Reiniciou-se o ciclo de "dominar a natureza".[104] [xliv] De fato, quando Galileu[xlv] defendeu que "os nossos discursos devem ser um torno do mundo sensível e não sobre um mundo de papel",[105] em clara referência à separação da religião da "nova ciência", eclodiu de forma indefectível a nova visão que o homem tinha da natureza, bem como *a* sua utilidade, o que vai ser bem exposto com o pensamento do filósofo inglês Bacon,[xlvi] conforme se verá.

No ano da morte de Galileu, em 1642, nasceu Isaac Newton.[xlvii] Assim como Copérnico,[xlviii] Kepler,[xlix] Galileu e outros, Newton sedimentou os conceitos de ciência, distanciando-os cada vez mais dos preceitos dogmáticos religiosos até então vigentes. Para os "novos" físicos, principalmente Newton, "a natureza é simples e uniforme".[106] Competiria, via método, entendê-la (e modificá-la ao bel-prazer do homem). De fato, como nunca dantes se tivera pensado, o mundo passou a ser uma grande máquina na qual o homem deveria aprender, via indução conforme a regra IV dos princípios de Newton,[107] [1] a manuseá-la. Se, com os pensadores gregos clássicos, a tônica do conhecimento era o objetivo último do ser, para a nova ciência que surge – a física – o objeto de analise é meramente o fato, ou seja, "como acontece". Assim, se há um objetivo metafísico da queda da maçã, esse não é importante para a física; contudo, deve compreender a fórmula matemática que explica a força gravitacional.

Interessante observar que quando Copérnico, Kepler, Galileu e outros "olharam" para as estrelas, assim como Tales de Mileto[li] fizera milênio atrás, acabaram por mudar a face da terra.[lii] Dessa forma, a ruptura de dois paradigmas milenares, em um movimento, deixou perplexo o mundo europeu, quais sejam, (*i*) a perda da centralidade

---

[102] FREUD, Sigmund.; Eine Schwierigkeit Der Psychoanalyse, 1925, (v. ver. ut.), p. 169 e segs.

[103] Ver melhor em LONGO, Waldimir Pirró e.; Alguns impactos sociais do desenvolvimento científico e tecnológico, DataGramaZero- Rev. de Ciência da Informação –, vol. 8, nº 1, Fev./07, (end. e dat. disp.).

[104] *Apub. Cf.* REALE, Giovanni.; e ANTISERI, Dario.; *Ob. cit.*, p. 192.

[105] *Apub. Cf.* REALE, Giovanni.; e ANTISERI, Dario.; *Ob. cit.*, p. 278.

[106] *Apub. Cf.* REALE, Giovanni.; e ANTISERI, Dario.; *Ob. cit.*, p. 297.

[107] *Apub. Cf.* REALE, Giovanni.; e ANTISERI, Dario.; *Ob. cit.*, p. 298.

universal, e (*ii*) a perda da certeza absoluta da existência de uma única Igreja como "porta-voz" de Deus.

Nesse aspecto, Francis Bacon, conforme já ressaltado, via o lado positivo de toda e qualquer descoberta, porque dessa forma poderia tornar o homem conhecedor profundo da natureza, sendo o seu senhor e, portanto, "todo poderoso em relação a ela",[108] acreditando que saber é poder (absoluto). Afinal, como Descartes, o mundo seria como uma máquina de relógio, sincronizado e concatenado. Por isso, aprender o seu funcionamento, regido por leis simples e universais, é uma forma de poder controlá-lo e modificá-lo. Ainda, Francis Bacon advertia que os significados emblemáticos atribuídos às criaturas, conforme os paradigmas medievais, eram apenas invenções do homem.[109] Ademais, a nova ciência que se surgia era completamente hostil ao pensamento simbólico.[110]

A influência do pensamento de Bacon não se resumiu ao mundo filosófico. De fato, na sociedade inglesa a ascendência da obra de Bacon foi de tal ordem que um grupo de doze pessoas reuniu-se – *Invisible College* – em meados de 1640 para discutir sobre os temas científicos que poderiam despertar interesse para a sociedade, intitulados de *new science*. Assim, dando continuidade aos trabalhos desses doze cientistas, foi anunciada em 28 de Novembro de 1660, logo após uma exposição sobre astronomia por Christopher Wren, a criação de um "College for the Promoting of Physico-Mathematical Experimental Learning".[liii] Em 1662 o Rei Charles II assinou uma Carta Régia criando a The Royal Society of London for the Improvement of Natural Knowledge, ou simplesmente a Royal Society of London,[liv] que tinha como fito de *quorum studia applicanda sunt ad rerum naturalium artiumque utilium scientias experimentorum fide ulterius promovendas*.[lv]

De outra sorte, David Hume[lvi] defendia que os animais (irracionais) assim como os seres humanos seriam dotados da faculdade de raciocínio, isto é, pensamento e razão, bem como de sentimentos, tais como paixão, orgulho, humildade, amor e ódio.[111] Contudo, para tal conclusão, aduzia que as ações dos animais (irracionais) seriam de natureza ordinária, isto é, teriam como escopo – quase que unicamente – se autopreservarem e, também, conseguirem propagar a espécie.[112 113] Ainda, igualmente aos seres humanos, fundamentam os seus julgamentos pela memória e experiência. De fato, para Hume, a inferência da impressão presente (conclusões) se opera – tanto nos animais irracionais quanto nos humanos – através da construção que as experiências dos casos passados produzem em certos objetos.[114]

Contudo, somente os seres humanos, tendo em vista a sua inteligência e sagacidade superior, teriam a capacidade de, mediante argumentos, formarem conclusões de caráter geral, mesmo de objetos que jamais experimentaram.[115] Com efeito, os «assuntos morais», tais como a política, o direito, a moral, a psicologia, bem como a capacidade

---

[108] *Apud. Cf.* REALE, Giovanni.; e ANTISERI, Dario.; *Ob. cit.*, p. 340.

[109] *Cf.* THOMAS, Keith.; Man and the natural world...., p. 94.

[110] THOMAS, Keith.; Man and the natural world...., p. 94.

[111] Ver, sobretudo, a obra de HUME, David.; A Treatise of Human Nature, London, 1739 (v. ver. ut.).

[112] Em linguagem moderna utilizar-se-ia a expressão «*Continuum* das espécies». Ver melhor em LINHARES, José Manuel Aroso.; A ética do continuum das espécies e a resposta civilizacional do direito: breves reflexões / José Manuel Aroso Linhares In: Boletim da Faculdade de Direito da Universidade de Coimbra, -V. 79 (2003), p. 197-216.

[113] HUME, David.; A Treatise of Human Nature ... p. 211.

[114] HUME, David.; *Ob. cit.*, p. 211.

[115] HUME, David.; *Ob. cit.*, p. 211/212.

de fazer (e criticar) as artes, seriam atributos inerentes somente aos seres humanos,[116] o que, por isso, os distinguiria dos demais seres vivos.

Porém, sem perceber que "fala" do ponto de vista (exclusivamente) humano, Hume atribui nobreza a alguns animais sobre outros, sustentando argumentos até mesmo pelo «porte de andar» (como, por exemplo, um cisne, um peru ou um pavão), o que evidenciaria sentimentos de orgulho desses animais (notadamente pela beleza)[117] em relação a outros. Assim, as causas de orgulho dos animais irracionais – como não possuem características humanas, tais como senso de virtude (ou vício), perda rápida das relações de parentescos, bem como a incapacidade de estabelecerem relações jurídicas (direito) com vista à propriedade, tendo em vista que esses atributos são exclusivos da comparação argumentativa e da comunicação de sentimentos[118] – pautam-se somente nas suas características físicas, tais como beleza, força, rapidez ou, ainda, qualquer outra qualidade que lhes seja útil ou agradável.[119] Dessa forma, como não poderia ser diferente, conclui que pelo grau de abstração intelectual e pela capacidade de comunicar-se (e argumentar) os seres humanos seriam seres superiores.[120]

Neste contexto, o utilitarista[lvii] inglês Jeremy Bentham,[lviii] em nítida defesa dos animais e contra a sua vivificação, hoje até mesmo considerado como um hino pelos *naturalistas,* defendia que

> It may come one day to be recognized, that the number of the legs, the villosity of the skin, or the termination of the os sacrum, are reasons equally insufficient for abandoning a sensitive being to the same fate. What else is it that should trace the insuperable line? Is it the faculty of reason, or, perhaps, the faculty of discourse? But a full-grown horse or dog is beyond comparison a more rational, as well as a more conversable animal, than an infant of a day, or a week, or even a month, old. But suppose the case were otherwise, what would it avail? the question is not, Can they reason? nor, Can they talk? but, Can they suffer?[121] [lix]

Para diferenciar o campo da filosofia, Hobbes[lx] faz a divisão em (*i*) corpos inanimados, (*ii*) corpos animados, aqui inserido o homem e, finalmente, (*iii*) entes artificiais, tal como o Estado. Os avanços científicos, no campo dos seres animados e inanimados, influenciou Hobbes a tentar aplicar os mesmos fundamentos filosóficos na seara do saber artificial. Dessa forma, o pensamento humano e as relações sociais podem ser resumidos às mais simples operações aritméticas, quais sejam, adição e subtração,[122] a síntese máxima da matemática. Com efeito, os valores morais, como por exemplo, o bem e o mal, tema reincidente da filosofia, nada mais seriam do que convenções relativas e elaboradas pelo homem passíveis de variações de acordo com as pessoas, o local, a história (decurso de tempo na sociedade), bem como as circunstâncias.[123]

Apenas a vida, e sua conservação, seria o único bem universal e todos os demais, inclusive valores humanos, seriam relativos. Dessa forma, Hobbes refez o estudo social

---

[116] HUME, David.; *Ob. cit.,* p. 361.

[117] HUME, David.; *Ob. cit.,* p. 360.

[118] HUME, David.; *Ob. cit.,* p. 358.

[119] HUME, David.; *Ob. cit.,* p. 361.

[120] HUME, David.; *Ob. cit.,* p. 361.

[121] BENTHAM, Jeremy.; *Introduction to the Principles of Morals and Legislation,* 1823, Chapter VIII, §122, (em nota de rodapé).

[122] *Apub. Cf.* REALE, Giovanni.; e ANTISERI, Dario.; *Ob. cit.,* p. 492.

[123] *Apub. Cf.* REALE, Giovanni.; e ANTISERI, Dario.; *Ob. cit.,* p. 494.

como se fosse um sistema cartesiano: parte da vida como único valor absoluto e constrói uma sociedade – com seus valores – sempre baseada na sua própria conservação (o que vai de encontro com a necessidade de um *continuum* evolucionista). De fato, os valores seriam, portanto, implicações aos homens para se manterem enquanto "seres sociais" e, acima de tudo, "seres sociais vivos". Com efeito, a moral e a ética, para Hobbes, é o agir na direção da manutenção do ser vivo, individualmente. E, como forma de melhor sobrevivência, individual, à manutenção da sociedade coletiva, na acepção do Estado. Assim, para Hobbes o homem é, posto ter sido projetado pelo artífice, *a mais excelente obra da natureza*.[124] E o Estado – *aquele grande Leviatã*[125] (ser artificial) –, construído pelo homem através de sua racionalidade, também é (por ter sido criado pelo homem) *uma obra racional que é a mais excelsa da natureza*.[126] Porém, como os não humanos não faziam parte do «pactum subjectionis» (somente através do qual os humanos conseguiriam a tão almejada paz e se libertariam do *estado de natureza*), estes poderiam livremente matar humanos e serem mortos por eles sem que se verificasse qualquer injustiça,[127] notadamente por não haver valor de justiça no estado de natureza.[128]

Aos poucos, os paralelos simbólicos entre as ações e a moral relativos aos homens e aos animais foram se dissipando com a ciência emergente. Thomas Hobbes advertia que os humanos e as abelhas – ou as formigas – eram tão diferentes que não se poderia compará-los. Assim, qualquer *fábula* comparativa entre a organização social das abelhas seria irrelevante para as práticas políticas do homem,[129] em franca oposição à Fábula das Abelhas de Bernard de Mandeville.[lxi] Interessante observar que Mandeville utilizou, alguns anos antes, a metáfora do exemplo de uma colmeia, através do seu livro *The Grumbling Hive, or Knaves Turn'd Honest* – em português foi traduzido como *Fábula das Abelhas: vícios privados benefícios públicos*[130] –, publicado pela primeira vez em 1705, para descrever uma colmeia em que as abelhas eram imorais e viciosas, mas justamente por isso a colmeia era rica e florescente. Porém, quando as abelhas se tornaram morais e virtuosas, a colmeia empobreceu-se até a completa ruína. Os escritos em forma de fábulas de Mandeville influenciaram economistas tais como Adams Smith e Hayek,[lxii] o qual ficou conhecido com a tese do *individualismo egoísta*.[131] Pode-se perceber que a natureza – e a sua observação – foi utilizada simbolicamente pelo homem medieval como se o universo social humano pudesse ser explicado pelas mesmas leis sociais que governam os animais, tal como se existisse uma *"sociobiologia"*.[132]

Até mesmo a noção subjetiva de beleza ou feiura dos animais (e dos elementos da natureza) começou a ser combatida pelos novos cientistas, em um retorno às ideias socráticas.[133] Dessa forma, todos os elementos da natureza, inclusive os animais selvagens

---

[124] HOBBES, Thomas.; Leviatã, 1651 (v. ver. ut.). Parte introdutória.

[125] HOBBES, Thomas.; *Ob. cit.*

[126] HOBBES, Thomas.; *Ob. cit.*,

[127] ARAUJO, Fernando.; A Hora dos Direitos dos Animais, Coimbra: Almedina, 2003, p. 47

[128] *Cfr.* WISE, Steven M.; Rattling the Cage, Towar Legal Rights for Animals, London: Profile Books, 2001. *Apud.* In: ARAUJO, Fernando.; *Ob. cit.*, p. 47.

[129] Coadunavam com a mesma ideia de Hobbes o entomologista SAWAMMERDAM, RÉUMUR e o lorde KAMES, HARTLEY COLERIGE, Cf. THOMAS, Keith.; *Ob. cit.*, p. 95.

[130] Para uma análise mais detalhada da obra de Bernard de Mandeville, ver em REALE, Giovanni.; e ANTISERI, Dario.; *Ob. cit.*, pág 793 e segs.

[131] TORRES, Adelino.; A Economia como ciência social e moral (Algumas observações sobre as raízes do pensamento económico neoclássico: Adam Smith ou Mandeville?), (end. e dat. disp.).

[132] THOMAS, Keith.; *Ob. cit.* p. 84-85, bem como às p. 126.

[133] ARISTÓTELES, *De Part. An.*, 645.

e também os insetos venenosos deveriam ser considerados "belos em si mesmo", sendo que "uma esterqueira ou uma pilha de qualquer matéria vil ou ignóbil" bastava para mostrar a beleza do mundo natural".[134] A influência da "natureza bela" incipiente poderia ser sentida também nas artes. Com efeito, o conceituado pintor inglês George Stubbs[lxiii] tornou-se famoso na Inglaterra ao retratar animais em seu estado selvagem, sem qualquer presença humana em seus quadros, o que fez com que a natureza fosse vista de uma forma neutra e isenta de qualquer influência antropomórfica.[lxiv]

Assim, pode-se perceber uma gradativa deslocação da moral e ética do plano cristão para uma alternativa de construção solidária do agir humano. Com efeito, com as perspectivas ilimitadas dos "descobrimentos tecnológicos", o foco central começa a se assentar não mais em «Deus», mas nos avanços científicos. Contudo, mesmo à época, a teoria metodológica geométrica cartesiana sofria grandes embates quando se tratava das ciências humanas.

De sorte, conforme o matemático filósofo Blaise Pascal,[lxv] com a razão obter-se-ia, nas ciências exatas, progressos imensuráveis; contudo, nos famosos dizeres, referindo-se às outras ciências,[lxvi] *"le cœur a ses raisons que la raison ignore".*[135] [lxvii] Para tal, poder-se-ia constituir uma ferramenta hábil, para as "mentes vigilantes e atentas, não obnubilada por desejos e paixões",[136] qual seja, justamente a intuição,[137] que, ao invés da pura razão, tão útil às ciências exatas. Ademais, para o pensador francês, o universal, isto é, uma razão (científica) única para todas as coisas, proposta por Descartes, era algo irreal e inverossímil. Assim, pode-se destacar, conforme suas palavras, *verbis:*

> For, in fact, what is man in nature? A Nothing in comparison with the Infinite, an All in comparison with the Nothing, a mean between nothing and everything. Since he is infinitely removed from comprehending the extremes, the end of things and their beginning are hopelessly hidden from him in an impenetrable secret; he is equally incapable of seeing the Nothing from which he was made, and the Infinite in which he is swallowed up.[138] [lxviii]

No confronto entre homem e natureza (tanto os seres vivos irracionais quanto os seres não vivos), o homem teria a seu favor a grandeza – *sa grandeur* – que consiste *i)* em ser o único animal consciente de si mesmo (principalmente de sua miséria: *La grandeur de l'homme est grande en ce qu'il se connaît misérable; un arbre ne se connaît pas misérable.*[139] Por *misérable* Pascal refere a capacidade do homem em reconhecer a própria *sapiência/ existência*, mas, também, a ignorância: o que compara ao um rei destronado: «*misères d'un Roi dépossédé*»); *ii)* ter a razão e o "coração" (*La raison et le cœur*); *iii)* possuir o pensamento (*La pensée*. A ideia que Pascal utiliza com a terminologia *pensée* consiste justamente na capacidade única do ser humano em possuir a razão e o coração, notadamente para «abrir o coração: *d'ouvrir son cœur* à *Dieu*[140]» a Deus), o que o torna diferente – e especial – inclusive do próprio universo:

---

[134] SHAFTESBURY, Characteristicks, II, 388; The life, unpublished letters, and philosophical regimen of Anthony, earl of Shaftesbury, Benjamin Rand (org.1900). p. 121-122. Cf. THOMAS, Keith.; *Ob. cit.* p. 96.

[135] *Cf. Apud.* Blaise Pascal: o Homem e a Ciência. LACAZ-RUIZ, Rogério.; *et al.* (end. e dat. disp.).

[136] PASCAL, Blaise.; Pensées, 1661. (v. ver. ut.).

[137] O que Pascal atribuiu de *esprit de finesse* em distinção ao *esprit de geométrie*. *Cf. Apud.* PASCAL. Blaise.; In: Pensées, 1661.

[138] PASCAL, Blaise.; Pensées. 1661. (v. ver. ut.), p. 14.

[139] PASCAL, Blaise.; *Ob. cit.*, [171] XXIII.

[140] PASCAL, Blaise.; *Ob. cit.*

L'homme n'est qu'un roseau le plus faible de la nature; mais c'est un roseau pensant. Il ne faut pas que l'univers entier s'arme pour l'écraser. Une vapeur, une goutte d'eau suffit pour le tuer. Mais quand l'univers l'écraserait, l'homme serait encore plus noble que ce qui le tue; parce qu'il sait qu'il meurt; et l'avantage que l'univers a sur lui, l'univers n'en sait rien.[141] [lxix]

Contudo, por justamente se reconhecer como tal, o torna instável e incerto,[142] afinal "não é anjo, nem fera",[lxx] ou seja, "o homem não deve acreditar ser animal, mas também não deve presumir que é anjo".[143]

Todas essas questões vinculam-se, de uma forma ou de outra, a (re)discutir a relação *homem versus homem*, mesmo que essas relações tenham como primeiro plano o Estado e a(s) Igreja(s). As questões relativas ao meio ambiente continuavam fora da mídia, sob certo aspecto, ou melhor dizendo, dentro da Caverna sob o manto das sobras, talvez por não constituírem uma necessidade pressurosa de discussão à época.

De fato, a racionalização dos iluministas, principalmente com a inserção metodológica à própria ciência, bem como os novos valores que exsurgiram da possibilidade ilimitada (pela visão da época) que se poderia resultar para a apropriação humana, em seu benefício, resultou, como corolário, na era da industrialização e na evolução exponencial dos conhecimentos técnico-científicos.[144] Insurge-se dessa transformação, dentre inúmeras outras consequências, (*i*) a modificação do modo de produção; (*ii*) o crescimento do êxodo rural para as cidades;[lxxi] (*iii*) o aumento da produção; (*iv*) o aumento do comércio; (*v*) aumento do consumo; (*vi*) *o* aumento da poluição e do lixo (resíduos).

Essa nova vida europeia, em crescente aceleração *ao* – ou *pelo* – progresso marcado no séc. XVIII, levou Hegel a afirmar que a história seria um processo dialético rumo ao progresso constante.[lxxii] Assim, acreditava-se, mais do que nunca, nas palavras "proféticas" de Bacon, com as ciências, e a tecnologia, dominadas pelo homem (e isso poder-se-ia ser alcançado via o método racional), o mundo, indubitavelmente, rumaria para uma melhoria de qualidade de vida de todos.

Mas o homem *moderno* não se modificava apenas nas áreas científicas. De fato, a relação (afetiva) com os animais domésticos solidificava-se. Em 1873 fundou-se, na Inglaterra, o *Kennel Club*,[lxxiii] começando uma verdadeira obsessão com relação aos cachorros na Europa.[145] Inclusive na área literária, com o surgimento de vários poemas sentimentais sobre cachorros fiéis aos seus donos,[146] solidificava-se cada vez mais uma relação simbiótica e direta, não só do ponto de vista pragmático e funcional (força motriz), mas também no universo (e complexo) campo «sentimental». Na Inglaterra, por exemplo, uma série de Atos do Parlamento foi aprovado contra a crueldade de animais, tais como a crueldade contra cavalos e gado em 1822, a crueldade contra cachorros em 1839 e 1854, e os açulamentos e a rinha de galo em 1835 e 1849.[147]

Contudo, nada se compara às teorias evolucionistas de Charles Darwin.[lxxiv] Assim como Copérnico, Darwin deslocou (novamente) o pensamento europeu. A Teoria da Evolução, contrária ao criacionismo propagado pela Igreja desde os primórdios e

---

[141] PASCAL, Blaise.; *Ob. cit.*, [171] XXIII.
[142] PASCAL, Blaise.; *Ob. cit.*
[143] *Apud. Cf.* REALE, Giovanni.; e ANTISERI, Dario.; *Ob. cit.*, p. 615.
[144] ALBERGARIA, Bruno.; Histórias do Direito....
[145] THOMAS, Keith.; *Ob. cit.*, p. 153.
[146] THOMAS, Keith.; *Ob. cit.*, p. 153.
[147] Cf. THOMAS, Keith.; *Ob. cit.*, p. 210.

acentuadamente por Santo Agostinho,[148] não modificou apenas um ramo da ciência. Foi (des)estruturante para a sociedade europeia. O primado da "imagem e semelhança de Deus" em que o homem acreditava, e se via, transmudou-se para, quase da noite para o dia, "primo do macaco". Para o naturalista inglês, o homem não era filho (ideia criacionista) de Deus, como a Bíblia descreve,[149] [lxxv] descendente direto de Adão[150] [lxxvi] [151] [lxxvii] e Eva,[152] [lxxviii] mas fruto da evolução e seleção natural das espécies. Dessa forma, a diferença entre o homem e qualquer espécie animal, para a teoria evolucionista, nada mais é do que apenas graus na escala evolutiva; sendo que, poder-se-ia creditar ao homem, em relação aos "animais inferiores(,) o sentido moral ou consciência". Nos próprios dizeres de Darwin "*I FULLY subscribe to the judgment of those writers who maintain that of all the differences between man and the lower animals, the moral sense or conscience is by far the most important*".[lxxix]

Ressalta-se que, mesmo antes de Darwin, Hegel[lxxx] identificou na sua teoria denominada «luta pelo conhecimento» as necessidades biológicas naturais, inerentes a todos os animais – incluindo-se aí também os seres humanos –, tais como o desejo, a comida, a bebida, o abrigo, isto é, o que se pode atribuir como uma característica a todos os animais como instinto de sobrevivência, ou seja, da preservação do próprio corpo.

Contudo, o elemento caracterizador – e, portanto, diferenciador – dos seres humanos em relação aos demais animais (irracionais) constitui-se não somente nessas questões extrínsecas – *comida, bebida, abrigo* – mas «algo» além disso. Repousa-se (não somente na questão da racionalidade) no intrínseco desejo do ser humano em ser reconhecido como tal, ou seja, como ser humano, pelos outros seres humanos. Assim, deve-se buscar na sua própria *psiqué* (elemento intrínseco) através do olhar do outro o reconhecimento de sua condição de ser humano digno e com valor – em si e por si só. É o que se atribui, na linguagem de Hegel, como *luta do reconhecimento*.[153]

Nesse ponto, quando Darwin quebra o imaginário do homem como ser *divino – filho de Deus a sua imagem e semelhança –* e o coloca como primo ou parente próximo dos primatas, revela-o (ou na linguagem literária desnuda-o [*o rei está nu*]) como igual – sem diferenças biológicas significativas, retira-lhe o manto da dignidade enquanto ser (pretendente) humano, posto não haver (grandes) diferenças dele com o macaco.

Dessa forma, acusando o Segundo Golpe Narciso, Freud aduzia que foi este o segundo golpe biológico no narcisismo do homem.[154] Afinal, argumenta que *o homem não é um ser diferente dos animais, ou superiores a eles; ele próprio tem ascendência animal, relacionando-se mais estreitamente com algumas espécies, e mais distanciadamente com outras. As conquistas que realizou posteriormente não conseguiram apagar as evidências, tanto na sua estrutura física quanto nas suas aptidões mentais, da analogia do homem com os animais.*[155]

---

[148] *Apud. Cf.* REALE, Giovanni.; e ANTISERI, Dario.; *Ob. cit.*, p. 453.

[149] Bíblia Sagrada, Gênesis, 1:27.

[150] Bíblia Sagrada, Gênesis 2:7.

[151] Bíblia Sagrada, Gênesis 3:20.

[152] Bíblia Sagrada, Gênesis, 2:22.

[153] Sobre o tema, ver em FUKUYAMA, Francis.; Our Posthuman Future: consequence of the Biotechnology Revolution (New York: Farrar, Straus and Giroux, 2002), p. 18.

[154] FREUD, Sigmund.; Eine Schwierigkeit Der Psychoanalyse. 1925 (v. ver. ut.), p. 169 e segs.

[155] FREUD, Sigmund.; *Ob. cit.*, p. 169 e segs.

2.1.4 *Interspecies equity*

Contudo, pode-se considerar que houve uma verdadeira agitação filosófica provocada[156] por Tom Regan e Peter Singer, conforme se verá, cada qual com os seus paradigmas éticos e morais (Tom Regan com uma radicalidade mais visível posto defender inclusive uma igualdade absoluta dos homens com os demais animais e, por isso, o próprio consumo de carne já seria um crime «de canibalismo»), no cambiante e intenso liame entre a política, a ética, a moral, a afetividade e o direito (de um lado) e os animais não humanos.

De fato, com a viragem paradigmática fomentada pelos movimentos egocêntricos em detrimento do homocentrismo característico do mundo pós-renascentista-iluminismo, no ano de 1980 foi fundada, em Norfolk, no Estado da Virgínia, EUA, a Ethical Treatment of Animals, mais conhecida como PETA.[lxxxi] A organização internacional tem como principal escopo a defesa dos direitos dos animais, baseando-se nos princípios – básicos – de que os animais não são propriedade dos homens. Assim, evocando uma retirada da «periferia cambiante»[157] dos seres não humanos, e colocando-os igualitariamente (em relação aos *direitos* dos homens) na natureza, sentados na mesma mesa de discussão, aduzem (a teoria egocêntrica) que não se poderia comê-los, utilizá-los para se fazer vestuário (principalmente o couro), experimentos científicos como cobaias, tais como vivissecção,[lxxxii] ou, ainda, como simples diversão.[lxxxiii] Com uma atividade considerada extrema, tais como invadir (a força) laboratórios que utilizam animais e soltá-los;[lxxxiv] utilizar modelos nuas para fazer protestos; jogar tinta nos casacos de pele em plena rua ou, ainda, invadir desfiles de moda e atacar as modelos que utilizam couro nas passarelas.[lxxxv] Fato é que, segundo o *The Philadelphia Daily News*, a "PETA has done more to lessen animal suffering than nearly any other organization".[lxxxvi]

No início dos anos 90 do século passado, Tom Regan, autor de The Case for Animal Rights,[158] naturalista considerado menos radical que Peter Singer, sugere em sua obra[159] uma adequação do bem-estar dos animais, mesmo que seja em detrimento de alguns direitos dos homens.[160]

Dessa forma, "a crença na natureza como fonte inesgotável de utilidades desvanecia-se, dando lugar a uma preocupação crescente com a preservação dos bens ambientais, suporte essencial da vida no planeta".[161] Assim, observa-se que a crise ambiental é "simultaneamente a crise do vínculo e a crise do limite: uma crise de paradigma, sem dúvida".[162] [163] De fato, o que se questiona, hodiernamente, é a "nossa representação da natureza, a crise da nossa relação com a natureza".[164] Senão vejamos. Ost ilustra que, além de outros, no início da década de 70 do milênio passado, houve uma discussão no

---

[156] ARAUJO, Fernando.; A Hora dos Direitos dos Animais ..., p. 11.

[157] ARAUJO, Fernando.; A Hora dos Direitos dos Animais ..., p. 12.

[158] REGAN, Tom.; The Case for Animal Rights, Berkeley: University of California Press, 1983.

[159] SINGER, Peter.; Animal Liberation, New York: New York Review of Book, 1975.

[160] ARAUJO, Fernando.; A Hora dos Direitos dos Animais, Coimbra: Almedina, 2003, p. 9.

[161] AMADO GOMES, Carla.; Risco e Modificação do Acto Autorizativo Concretizador de Deveres de Protecção do Ambiente, Coimbra Editora, 2007, p. 25.

[162] OST, François.; La Nature hors la Loi, 1995. (v. ver. ut.), p. 9

[163] Para Ost a crise do limite opera-se por não se conseguir discernir o que o homem se distingue dos outros animais (o que aproxima e o que se distancia). In: OST, François.; *Ob. cit.*, p. 9. Corroborando com a tese de Ost: MEDEIROS, Fernanda Luiza Fontoura.; Meio Ambiente. Direito e Dever Fundamental, Porto Alegre: Livraria do Advogado, 2004.

[164] OST, François.; La Nature Hors La Loi. ..., p. 8.

interior[165] dos Estados Unidos da América sobre se o poder público deveria "plantar" novecentas árvores de plástico ou não nas principais avenidas da cidade. Os argumentos, de ambos os lados, foram fervorosos e o debate ganhou *status* de notícia nacional.[166]

De qualquer forma, em se tratando dos «seres viventes não humanos», mesmo daqueles que não sentem dor,[lxxxvii] por ser um conceito vago até mesmo na biologia,[167] a normatização internacional, com arrimo em Portugal e no Brasil, tende a proteger os animais não somente da extinção (direito de existência enquanto espécie),[168] mas também de qualquer desconforto existencial, conceito esse que transcende a atual classificação da dor.

2.1.5 Aspectos penais: inversão dos polos

No plano do Direito Penal, ocorreu (ou ocorre), inclusive, uma tentativa de inversão do polo do processo, notadamente nos polos processuais: do agente ativo ao agente passivo. De sorte, se na Idade Medieval os animais eram considerados agentes ofensores aos preceitos tutelados pela esfera jurídica, na atualidade ocorre o inverso. De fato, apesar do «insucesso da tese jurídica», (já) impetra-se[lxxxviii] inclusive *habeas corpus*[169] em favor de chimpanzés[lxxxix] sob a argumentação de que "a vida dos animais, mormente dos chimpanzés, que possui 99% do DNA humano, (e por isso) está acima das leis".[170] Assim, no referido processo houve o requerimento de que fosse aplicada a equidade entre os homens e os símios.

Contudo, os Tribunais Superiores do Brasil têm entendimento que, nos termos do art. 5º, inciso LXVIII, da Constituição da República, é incabível a impetração de *habeas corpus* em favor de animais.[171] De sorte, houve por bem o indeferimento à petição inicial e a extinção do processo, sem resolução do mérito, nos termos dos artigos 267, inciso IV,[xc] e 295, inciso I,[xci] ambos do Código de Processo Civil Brasileiro.[172] Porém, certo é que os Tribunais brasileiros não são inertes às práticas de tortura ou crueldade contra aos animais. Assim, a dita «*farra do boi*» fora severamente combatida pelo Supremo Tribunal Federal.[xcii] Em julgado semelhante, o Supremo Tribunal Federal também declarou a inconstitucionalidade de normas estaduais que regulamentavam a denominada «*briga de galo*»,[xciii] entendendo que essa prática violaria o dever estatal previsto no artigo 225, §1º, inc. VII, da CF/88.[xciv] A legislação infraconstitucional brasileira também tipifica penalmente o ato de praticar ato de abuso, maus tratos, ferir ou mutilar animais silvestres, domésticos ou domesticados, nativos ou exóticos.[173]

Em Portugal, a legislação relacionada com o bem-estar animal no abate, ou occisão, tanto na exploração, quando permitido, como no matadouro, ao manejo e regras é o Decreto-lei nº 28/96, de 2 de Abril, que transpõe a Directiva 93/119/CE do Conselho

---

[165] Conselho Municipal de Los Angeles, In: OST, François. *Ob. cit.*, p. 7.

[166] OST, François.; *Ob. cit.* Pág. 9.

[167] FEIN, Alan.; *Ob. cit.*

[168] LINHARES, José Manuel Aroso.; A ética do *continuum* das espécies e a resposta civilizacional do direito: breves reflexões, Boletim da Faculdade de Direito, Coimbra, v. 79 (2003), p. 197-216.

[169] *Habeas Corpus* impetrado no STJ (Brasil) nº 96.344 – SP (2007/0293646-1), Rel.: Min. Castro Meira, Impet.: Márcia Miyuki Oyama Matsubara e outro, Impetrado: TRF da 3ª região, Paciente: Rubens Forte.

[170] Voto do Ministro Relator do *Habeas Corpus* nº 96.344 – SP.

[171] Voto do Ministro Relator do *Habeas Corpus* nº 96.344 – SP.

[172] Voto do Ministro Relator do *Habeas Corpus* nº 96.344 – SP.

[173] Lei nº 9.605, de 12 de fevereiro de 1998, Art. 32.

de 22 de Dezembro, e a Convenção Europeia para a protecção dos animais no abate e occisão. Nesse sentido, a proteção e o bem-estar dos animais fazem referência, além do abate e occisão propriamente ditos, também ao transporte para abate, encaminhamento, estabulação nos matadouros, imobilização e atordoamento, em que tem como principal vetor e como paradigma fundante o bem-estar dos animais para que não ocorra a «crueldade» e nem sofrimento desnecessários, dileção ambiental.

Mas, com o viés do desenvolvimento sustentável, afinal, também faz alusão aos fatores ligados ao montante financeiro do investimento, à higiene e segurança no trabalho e às implicações na qualidade do produto final.[174] De fato, pode-se inclusive aduzir que não existe um conflito de interesses sobre esta matéria entre as normas de interesse de proteção ao bem-estar dos animais e os objetivos econômicos do lucro, visto que os escopos e interesses ligados ao bem-estar são geralmente também os que originam maiores níveis de rentabilidade e qualidade para a indústria da carne.[175]

Na República Federativa da Alemanha, a *Tierschutzes durch Gesetz* (TierSchG)[176] de 26 de Julho de 2002 regula sobre normas básicas para o bem-estar dos animais, notadamente no abate e pesquisa.[177] Tem como escopo exordial proteger a vida e o bem-estar dos animais.[178] Assim, não é permitido por lei a nenhuma pessoa causar, sem um razoável motivo, sofrimento, dor ou lesão a nenhum animal.[179] Com efeito, para se matar ou abater um animal vertebrado de sangue quente, somente se sob os efeitos de anestesia ou de outra forma que não cause dor ou sofrimento desnecessário, tais como caça ou para o controle de praga.[180] Contudo, tendo em vista os reclames dos costumes religiosos judaicos, há a possibilidade do abate e consumo de animais de sangue quente que não tenham sido previamente atordoados.[181]

Nesse entendimento, o Tribunal Federal Constitucional – Primeiro Senado –, ao discutir a possibilidade de abate de animais de sangue quente de acordo com os métodos muçulmanos, nos quais também não podem utilizar o atordoamento prévio, tendo em vista que no Islã o abate de animais para o consumo humano é de importância central como um dever absoluto religioso e que deve ser seguido de acordo com os rígidos rituais proferidos pelo Alcorão, decidiu pela manutenção cultural e, portanto, pela possibilidade do abate conforme os ditames religiosos.[182] Ademais, conforme o referido Tribunal, caso o açougueiro fosse obrigado a modificar as milenares práticas de abate muçulmanas, não haveria inclusive mais clientes, o que impediria de manter não só a sua religião (artigos 3, nº 1 da GG) mas também – e principalmente – a sua profissão, o que fere, ainda, os princípios da liberdade profissional.[183]

Como já referenciado, a União Europeia também dispõe, através notadamente da Diretiva nº 79/409/CEE, de Abril de 1979, em que faz referência à conservação dos

---

[174] Bem-Estar Animal, In: Confederação dos Agricultores de Portugal, (end. e dat. disp.).

[175] Bem-Estar Animal, In: Confederação dos Agricultores de Portugal. ....

[176] Tierschutzgesetz in der Fassung der Bekanntmachung vom 18. Mai 2006 (BGBl. I S. 1206, 1313), das zuletzt durch Artikel 20 des Gesetzes vom 9. Dezember 2010 (BGBl. I S. 1934) geändert worden ist.

[177] KNOPP, Lothar.; Allgemeines Umweltrecht, Das Zentrum für Rechts- und Verwaltungswissenschaften (ZfRV), (end. e dat. disp.).

[178] TierSchG – Erster Abschnitt, Grundsatz, §1.

[179] TierSchG – Erster Abschnitt, Grundsatz, §1.

[180] TierSchG – Dritter Abschnitt, Töten von Tieren, §4.

[181] TierSchG – Dritter Abschnitt, Töten von Tieren, §4ª, 2.

[182] BVerfG, 1 BvR 1783/99 de 15.1.2002, n (1-61).

[183] BVerfG, 1 BvR 1783/99 de 15.1.2002, n (1-61).

pássaros selvagens – *Directive Oiseaux* –, e da Diretiva 92/43/CE, de Maio de 1992, sobre a conservação dos hábitats naturais e sobre a fauna e flora selvagens – *Directive Hábitats*, modelos legislativos de preocupação com a conservação do ambiente da natureza.[184]

Nos Estados Unidos, o *leading case*[185] *Sierra Club* vs. *Morton*[186] insurgiu na *Supreme Court of the United States*,[xcv] o qual abriu o debate sobre a possibilidade da natureza – *inanimate object*[187] – figurar nos Tribunais como possível sujeito de direito[188] ou, em terminologia norte-americana, *"legal standing"*,[xcvi] isto é, não mais como sujeito ativo, ou seja, aquele que pratica a conduta ilícita (ação ou omissão), como acontecia na Idade Média, mas agora como sujeito passivo, entendido como o ofendido, ou vítima, o qual detém a titularidade do bem jurídico tutelado pela norma penal, que vem a ser ofendido pelo crime. De fato, o voto proferido pelo juiz da Suprema Corte dos Estados Unidos, Willian O. Douglas, em aproximação à teoria ética de Aldo Leopold,[xcvii] aduziu que objetos inanimados são, em alguns casos, partes em litígios. Assim, conforme proferido em voto, *in verbis*,

> Inanimate objects are sometimes parties in litigation. A ship has a legal personality, a fiction found useful for maritime purposes. The corporation sole – a creature of ecclesiastical law – is an acceptable adversary and large fortunes ride on its cases. The ordinary corporation is a "person" for purposes of the adjudicatory processes, whether it represents proprietary, spiritual, aesthetic, or charitable causes.

> So it should be as respects valleys, alpine meadows, rivers, lakes, estuaries, beaches, ridges, groves of trees, swampland, or even air that feels the destructive pressures of modern technology and modern life. The river, for example, is the living symbol of all the life it sustains or nourishes – fish, aquatic insects, water ouzels, otter, fisher, deer, elk, bear, and all other animals, including man, who are dependent on it or who enjoy it for its sight, its sound, or its life. The river as plaintiff speaks for the ecological unit of life that is part of it. Those people who have a meaningful relation to that body of water – whether it be a fisherman, a canoeist, a zoologist, or a logger – must be able to speak for the values which the river represents and which are threatened with destruction (...)

> Those inarticulate members of the ecological group cannot speak. But those people who have so frequented the place as to know its values and wonders will be able to speak for the entire ecological community.

> Ecology reflects the land ethic; and Aldo Leopold wrote in A Sand County Almanac 204 (1949), "The land ethic simply enlarges the boundaries of the community to include soils, waters, plants, and animals, or collectively: the land

> That, as I see it, is the issue of "standing" in the present case and controversy.[xcviii]

O que se nota, é uma jusfundamentação complexa em que os caminhos jurídicos perpassam pelas trilhas éticas e filosóficas que permeiam inclusive a percepção simbólica, como já dito, do homem em relação à natureza, que compreende os animais (irracionais ou ditos não humanos), bem como exemplares do reino vegetal e até mesmo com objetos inanimados e/ou metafísicos (uma paisagem, por exemplo).

---

[184] DIAS, Edna Cardozo.; A Tutela Jurídica dos Animais, Belo Horizonte: Mandamentos, 2000, p. 55.

[185] Sierra Club v. Morton.; *Cf. Apud*. DIAS, Edna Cardozo.; *Ob. cit.*, p. 84.

[186] Sierra Club v. Morton 405 EUA 727 (1972).

[187] Expressão encontrada em Sierra Club v. Morton 405 EUA 727 (1972).

[188] DIAS, Edna Cardozo.; *Ob. cit.*, p. 84.

Assim, mister se faz neste ponto um incurso nas várias correntes éticas, jurídicas e quiçá filosóficas nesta difícil e cambiante relação notadamente a partir da Segunda Guerra Mundial, em que fez o mundo temer, através dos efeitos destruidores da guerra nuclear, que o fim do mundo poderia ser mais real do que até então a humanidade já presenciara.

2.1.6 Debate entre os ambientalistas e os céticos: a contracultura

Surgiu após a Segunda Guerra Mundial[189] a crise moderna ambiental.[190] De fato, o século XIX[191] presenciou o surgimento das primeiras sociedades tecnológicas[192] capazes de fomentar um aumento exponencial de produção industrial[193] como jamais presenciado em outra época da história da humanidade.[194] Aliás, a Revolução Industrial exsurgiu já em meados de 1780,[xcix] quando os «grilhões do poder produtivo das sociedades humanas» foram substituídos por máquinas (inicialmente a vapor) capazes da multiplicação rápida e constante de homens, mercadorias e serviços.[195] Foi a explosão da economia (liberal) capitalista que, entre a mecanização juntamente com a produção em série, deu partida para o crescimento (quase) autossustentável,[196] em uma viagem praticamente sem limites. Assim, se em 1870 o epicentro da Revolução Industrial era a Inglaterra, até 1929 o modelo britânico, vitorioso economicamente, foi exportado praticamente para todo o mundo ocidental, notadamente os Estados Unidos da América.[197] Contudo, até a crise econômica de 1929,[198] apesar da crescente capacidade de produção industrial vivenciada desde o início do século passado, considerando que o *consumo* não havia se disseminado pelo grosso da população, não se infringiam grandes riscos capazes de provocar sensíveis danos ao ambiente.

Indiscutível que, em decorrência direta do excesso de produção, o acesso a bens de consumo da população, em termos globais, aumentou[199] – apesar de estar longe de um *standard* mínimo aceitável,[cx] tendo em vista ocorrer ainda bolsões de miserabilidade[ci]

---

[189] Nas palavras de Carla AMADO GOMES, relembrando A. Kiss ("La protection de l'environment en Europe", In: AE. XXX (1982), págs. 75-76): "A ideia de um "direito do ambiente" é fruto do "despertar ecológico" de finais da década de 60 do século XX". In: AMADO GOMES, Carla.; Risco e Modificação do Acto Autorizativo Concretizador de Deveres de Protecção do Ambiente, Coimbra Editora, 2007, p. 25.

[190] KRÜGER, Eduardo L.; Uma Abordagem Sistêmica da Atual Crise Ambiental, Revista Educação & Tecnologia, Periódico Técnico Científico dos Programas de Pós-Graduação em Tecnologia dos CEFETs-PR/MG/RJ, p. 66/77.

[191] PIRRÓ E LONGO, Waldimir.; Alguns impactos sociais do desenvolvimento científico e Tecnológico, EDU.TEC – Revista Científica Digital da Faetec, Ano I, v. 1, nº 1, 2008.

[192] FRANCO FERRAZ, Maria Cristina.; Sociedade Tecnológica: De Prometeu a Fausto, In: Contracampo, Vol. 4, Universidade Federal Fluminense, RJ, 2000.

[193] HANSEN, Xavier.; Back to the Future: The Origins and Return of Sociology as the Scientific Study of Societal Development, Paper presented at the annual meeting of the American Sociological Association, Hilton San Francisco & Renaissance Parc 55 Hotel, San Francisco, CA. (end. e dat. disp.). Ver também, POGGIO, Pier Paolo.; Tecnica e natura: la super ideologia del progresso, Fondazione Biblioteca Archivio Luigi Micheletti.

[194] CASTELLS, Manuel.; The Rise of The Network Society, Blackwell Publishers, 1996 (v. ver. ut.).

[195] HOSBSBAWM, Eric J.; The Age of revolution 1789-1848, Great Britain, Weidenfedl & Nicolson, 1977 (v. ver. ut.), p. 59.

[196] HOSBSBAWM, Eric J.; The Age of revolution ..., p. 59.

[197] HOSBSBAWM, Eric J.; The Age of revolution ..., p. 66.

[198] Por todos, GALBRAITH, John Kenneth.; The Great Crash – 1929 With a New Introduction by the Author, Boston-New York: A Mariner Book, Houghton Mifflin Company, 1997.

[199] *Cf. Apud.* LOMBORG, Bjørn.; The Skeptical Environmentalist, The Press Syndicate of the University of Cambridge, 1998.

absoluta, notadamente na África[200] subsaariana.[cii] De fato, apesar da resistente pobreza localizada[201] – problema mais de distribuição do que de produção –,[ciii] pode-se dizer que a vertiginosa produção de bens de consumo, fruto direto da economia capitalista e da sociedade tecnológica, democratizou o consumo,[202] não só em termos horizontais, ou seja, transfronteiriços, no (eterna e imaginária linha divisória dos hemisférios Norte e Sul) eixo Norte-Sul.[203] Obviamente que ainda existe uma enorme diferença entre os Estados localizados no hemisfério Norte e os Estados localizados no hemisfério Sul, mas as fronteiras estão cada vez menores,[204] haja vista inclusive o processo de globalização. Mas também se pode dizer que a democratização dos bens de consumo se deu em termos verticais, diminuindo as diferenças socioeconômicas[205] intrafronteiriças. De fato, como exemplo, citam-se os Estados Unidos da América, em que a diferença entre as classes econômicas foi reduzida na década de 60, com a então incipiente, todavia crescente e cada vez mais solidificada, classe média,[206] ou a *a classe do consumo de massa*.[207]

De sorte, do ponto de vista do capitalismo, o objeto da tecnologia é tornar a produção mais eficiente.[208] Isto é, produzir com o menor custo e em abundância maior,[209] capaz de atingir uma gama maior de consumidores, através do baixo custo, logística aprimorada e aumento da capacidade – e desejo – de compra (fomento ao consumo).[210] Porém, na primeira fase da Revolução Industrial[civ] não houve a devida preocupação com o consumo, mas somente com a produção. Os fatos precedentes à crise de 1929 acarretaram em um excedente de produção sem o correlato consumo (crise de superprodução e aumento dos *stocks*, dentre outros fatores,[cv] tais como deflação e especulação mobiliária),[211] transformando o excedente da produção industrial em, verdadeiramente, lixo.[cvi]

Para combater os problemas estruturais do capitalismo, que se diz *intrinsecamente instável*,[212] que desembocaram na crise de 29, ou seja, na falta de consumo dos

---

[200] CARVALHO, Carlos Costa.; Meio século de demografia da África subsaariana, Anuário de Relações Exteriores, JANUS, 2010, (end. e dat. disp.).

[201] SANTOS, Tania Steren dos.; Globalização e exclusão: a dialética da mundialização do capital, Sociologias, no. 6, Porto Alegre, July/Dec., 2001, (end. e dat. disp.).

[202] CASTELLS, Manuel.; The Rise of The Network Society…

[203] Por todos, STIGLITZ, Joseph E.; Globalizations and its Discontents, 2002, e, do mesmo autor, Making Globalization Work, 2006.

[204] Sobre o atual estágio da democratização do trabalho pelo mundo, com o fim das barreiras geográficas, ver (por todos) FRIEDMAN, Thomas L.; The World is Flat: a Brief History of the Twenty-first Century, 2005 (v. ver. ut.).

[205] COHEN, Lizabeth.; A consumers' republic: The politics of mass consumption in postwar America, Journal of Consumer Research, 2004, 31(1): 236-239. (end. e dat. disp.).

[206] Sobre o assunto, ver em KHARAS, Homi.; & GERTZ, Geoffrey.; The New Global Middle Class: A cross-Over from West to East, In: Wolfensohn Center for Development at Brookings, Draft version of Chapter 2, In: China's Emerging Middle Class: Beyond Economic Transformation", (Cheng Li, editor), Washington, DC: Brookings Institution Press, 2010 (forthcoming), (end. e dat. disp.).

[207] LANOUE, Guy.; Popular Media and Popular Culture, Université de Montréal, (end. e dat. disp.).

[208] TUPY, Oscar.; e YAMAGUCHI, Luis Carlos Takao.; Eficiência e Produtividade: conceitos e med., Agricultura em São Paulo, SP, 45(2):39-51, 1998.

[209] PAULA, João Antonio de.; CERQUEIRA, Hugo E. A. da Gama.; ALBUQUERQUE, Eduardo da Motta e.; Ciência e tecnologia na dinâmica capitalista: a elaboração neoschumpeteriana e a teoria do capital, Belo Horizonte: UFMG/Cedeplar, 2001.

[210] LIPIETZ, Alain.; L'audace ou l'enlisement. Sur les politiques économiques de la gauche, 1984 (v. ver. ut.).

[211] BRESSER-PEREIRA, Luiz Carlos.; A crise financeira global e depois: um novo capitalismo?, Novos Estudos, nº 86, Março, 2010, p. 51-72.

[212] BRESSER-PEREIRA, Luiz Carlos.; *Ob. cit.*, p. 51-72.

bens produzidos em massa, os Estados Unidos adotaram o modelo *keynesiano-fordista*.[213] Pela teoria clássica pré-keynesiana existiria uma relação direta, inequívoca e estreita, entre salários reais e o nível de emprego.[214] Assim, um declínio dos salários reais provocaria uma capacidade maior do empregador em alocar os mesmos recursos fixos para contratar mais empregadores, o que poderia aumentar inclusive a produção e, consequentemente, os lucros.[215] Nessa linha de pensamento, com o aumento dos lucros, o empregador, visando à expansão da produção, empregaria mais, em um crescente e virtuoso ciclo. Nesse sentido, na persistência do nível de desemprego, como o vivenciado na crise de 1929, a prescrição política recomendava a redução dos salários para fomentar a criação de novos empregos.

Entretanto, na visão macroeconômica de Keynes, se todas as empresas cortassem os salários e houvesse uma capacidade de expansão da produção, tendo em vista que os custos variáveis tornar-se-iam menores com os baixos salários, isso acarretaria um efeito inverso, posto que a taxa de dinheiro em circulação apto ao consumo cairia no todo, o que, em última análise – na cadeia econômica – acabaria por afetar a produção, afinal não haveria consumidor apto a comprar o produto final.[216] Com efeito, para Keynes, produção e emprego permaneceriam inalterados mesmo após o corte de salários. Outrossim, se houvesse um incentivo no ganho real dos salários, bem como no fomento ao emprego, a produção aumentaria não por causa da diminuição dos custos fixos, mas porque haveria consumidores finais ávidos e capazes de consumir.[217]

Nesse diapasão, ao adotar a política macroeconômica de Keynes, o processo industrial norte-americano proporcionou maior aumento de produtividade, mas – e talvez principalmente – ofereceu emprego e, além, maiores salários aos trabalhadores, tornando-os *consumidores*. Mesmo aqueles que não tinham empregos (leia-se salários para gastarem) foram contratados pelo Poder Público somente para cavar buracos e depois fechar os mesmos buracos (no original, «*To dig holes in the ground*»).[218] Contudo, a ideia central era inserir novamente a capacidade de consumo na população, o que diretamente contribuiria para o retorno das atividades industriais e, assim, poderiam contribuir com a retornada do crescimento econômico. Paralelamente, contribuiria para o grave problema social do desemprego, que atingira não só os Estados Unidos da América, mas praticamente todo o mundo ocidental como reflexo da crise.[219] Afinal, a Crise de 29 também foi uma crise social.[220] A sustentabilidade do sistema econômico capitalista deveria ser assegurada, assim, na manutenção do ciclo «produção e consumo» e, indiretamente, cooperariam para os desajustes sociais provocados pelo desemprego.

Com efeito, o êxito da política econômica de *Franklin Delano Roosevelt*[cvii] e de Keynes,[cviii] que à primeira vista combateu a Grande Depressão de 30 com sucesso,

---

[213] PAULO BALANCO, Paulo.; e COSTA PINTO, Eduardo.; Os anos dourados do capitalismo: uma tentativa de harmonização entre as classes, PESQUISA & DEBATE, SP, volume 18, número 1 (31) p. 27-47, 2007, (v. ver. ut.).

[214] APERGIS, Nicholas.; & THEODOSIOU, Ioannis.; The Employment – Wage Relationship: Was Keynes right after all? American Review of Political Economy, Vol. 6, No.1 (Pages 40-50), June 2008.

[215] APERGIS, Nicholas.; & THEODOSIOU, Ioannis.; The Employment ...

[216] KEYNES, John Maynard.; The General Theory of Employment, Interest and Money, Macmillan Cambridge University Press, for Royal Economic Society, 1936.

[217] KEYNES, John Maynard.; The General Theory of Employment, Interest and Money, ...

[218] KEYNES, John Maynard.; The General Theory of Employment, Interest and Money, ...

[219] OLSSON, Sven-Olof.; What can we learn from the economic crisis 1929-1933 when discussing and analyzing the present economic crisis?, To be presented at SNEE conference in Mölle, 18-21 May, 2010, (end. e dat. disp.).

[220] BRESSER-PEREIRA, Luiz Carlos.; A crise financeira global e depois: um novo capitalismo?...

desencadeou o *New Deal*.[cix] De sorte, o quarto de século do pós-guerra no mundo industrializado, caracterizado como a era de ouro do capitalismo («the *"golden age" of capitalism»*),[221] juntamente com o desenvolvimento tecnológico, como já mencionado, fez com que a taxa de desemprego sofresse uma redução drástica, principalmente se comparado ao período da Grande Depressão de 1930,[222] fomentando a capacidade de consumo da grande massa da população, o que acarretou a prosperidade econômica principalmente dos países industrializados avançados[223] e, consequentemente, o consumo (sem esquecer que, mesmo depois do consumo, invariavelmente vai-se ao lixo...). Com efeito, a produção e o consumo foram catapultados a sua quase potencialidade máxima permitida à época.

O regime de consumo não deixava de refletir a nova lógica do capital e tornou-se parte indissociável do paradigma de vida daquele período. A vida cotidiana do homem comum (principalmente do norte-americano) tinha como caminho a percorrer a (única e possível) direção do produzir e consumir. Enquanto na Idade Média o centro gravitacional europeu teve como temática única e exclusiva, ou seja, o monopólio, relativo à religião, notadamente católica (tais como literatura, arquitetura, direito, etc.), no universo pós-crise de 29, o consumo foi elevado quase à «santificação social». Assim, a arquitetura (*vide* o «nascimento» dos shopping centers), a arte, o design e o marketing foram elaborados naquela época com o escopo específico de atenderem a uma demanda de produção e de consumo.[224] De sorte, pode-se afirmar que a conjugação dos meios de produção, do incentivo ao consumo e dos meios de comunicação, tudo em escala superlativa, da qual são considerados (sub)produtos do capitalismo de massa, fruto direto do uso das tecnologias avançadas do pós-guerra, influenciou – *e foi influenciada* – também o universo das artes, por exemplo.

De fato, as artes surgiram (ou transformaram-se) com uma finalidade própria e específica: produzir, vender e, principalmente, (ajudar a) consumir. Pragmaticamente as artes serviram como meio de «promoção e técnica de marketing» para consolidar (e promover) o consumo de massa, fortalecendo diretamente o capitalismo, com o retorno do seu necessário ciclo de *desenvolvimento sustentável*.[cx] Mas a própria arte tornou-se objeto de consumo e de promoção do consumo («*suportes tradicionalmente utilizados para a veiculação das mensagens publicitárias como suporte para suas obras»*).[225] É a arte utilizada pragmaticamente inclusive para sedimentar o sentimento (vitorioso) do capitalismo consumista. Assim, para Adorno e Horkheimer,[226] a indústria cultural, quando exabunda o mercado com bens culturais industrializados, reproduzidos em

---

[221] MARGLIN, Stephen A.; SCHOR, Juliet B. Schor.; The Golden Age of Capitalism, USA: Oxford University Press, 1992.

[222] PHILLIPS-FEIN, Kim.; Unemployment, levels of, In: encyclopedia of the great depression, p. 999/1002.

[223] ASSIS, J. Carlos de.; O imperativo do pleno emprego no Brasil contemporâneo, Ciclo de seminários Fórum Social Brasileiro, Belo Horizonte, 7 e 8 de Novembro de 2003, (end. e dat. disp.).

[224] SNIKER, Tomas Guner.; O diálogo entre o design e a arte na sociedade de consumo: do uso ao valor de seleção, São Paulo, Departamento de Artes Plásticas, Escola de Comunicação e Artes, Universidade de São Paulo, 2009, (end. e dat. disp.).

[225] PEREIRA JÚNIOR, Lamounier Lucas.; No exterior do cubo branco: os veículos publicitários de mídia exterior como suporte para as intervenções artísticas no espaço urbano, Dissertação (mestrado) – Universidade Federal de Minas Gerais, Escola de Belas Artes, 2007.

[226] ADORNO, T. W.; e HORKHEIMER, M..; Kulturindustrie – Aufklärung als Massenbetrug, Frankfurt aM: Fischer Verlag 16, (v. ver. ut.).

larga escala mediante a técnica, induz as massas ao desejo do capitalismo.[227] E não é só. A própria arte, como produto moderno, deveria ser feita da mesma maneira que os demais produtos: com a utilização da nova tecnologia e para atingir o consumidor em escala de massa[228] (produção e reprodução), como um produto para ser usado e logo depois jogado fora como uma finalidade *descartável*.

Foi uma arte planejada, estrategicamente desenvolvida por fabricantes e comerciantes para impulsionar o consumo, parte fraca do sistema antes da Segunda Guerra Mundial, como uma ascendente espiral sem fim.[229] Por isso, pode-se dizer que no transcurso a arte vira objeto de si mesma, *autopoié*tica: torna-se o produto mercadológico. Verifica-se, assim, a arte de massa como um subproduto da época tecnológica e capitalista, como um sistema *continuum* sustentável e autorreferencial, no qual o seu intuito e escopo é a autopromoção e automanutenção.[230] Nesse contexto, um dos maiores nomes da *Pop Art* (ícone do movimento cultural da época), Andy Warhol,[cxi] afirmou que «*o que tornou a América Fabulosa foi que estabeleceu uma tradição em que os consumidores ricos compravam basicamente os mesmos produtos que os pobres. Poderíamos ver televisão e beber Coca-Cola sabendo que o presidente bebia Coca-Cola*».[231] [232] Obviamente que no mesmo processo de enjeitação característico dos bens de consumo de massa (produzir, consumir e «jogar fora»), a arte também se (com)fundiu com o lugar último dos desejos (ou seria *dejetos?*) humanos, onde se «*deita fora*» nos atos individuais:[233] os *mictórios*.[cxii]

2.1.6.1 A contracultura

Porém, todas essas transformações fomentaram a construção de uma sociedade do *ter*: o mito da felicidade[234] tornou-se mensurável pela capacidade de possuir (e consumir)[235] bens não só de consumo necessários e úteis,[236] mas também de objetos voluptuários, de luxo,[237] que representam o *status econômico*.[238] De fato, apesar da constatação do processo de democratização do consumo, o ciclo desencadeado pelo *New Deal* fez com que o consumo deixasse de ser uma amálgama entre necessidade e disponibilidade.[239] É a transição da «sociedade de consumo» para a «sociedade consumista»[240]

---

[227] CROCCO, Fábio Luiz Tezini.; Indústria Cultural: Ideologia, Consumo e Semiformação, Revista de Economía Política de las Tecnologías de la Información y Comunicación, vol. XI, n. 1, enero/abril 2009, (end. e dat. disp.).

[228] HARRISON, Sylvia.; Pop Art and the Origins os Post-Modernism, Cambridge University Press, United Kingdom, 2001.

[229] DORIS, Sara.; Pop Art and the Contest over American Culture, Cambridge University Press, 2007.

[230] HARRISON, Sylvia.; Pop Art and the Origins os Post-Modernism....

[231] HONNEF, Klaus.; Pop Art. Colônia, Alemanha: Taschen, 2004. *Cf. Apud*. NETO, Alber.; Marcas de luxo: sensação de poder e destaque social, 1º Seminário de Branding e Design Gráfico, (end. e dat. disp.).

[232] PEREIRA JÚNIOR, Lamounier Lucas.; No exterior do cubo branco: ....

[233] SOUSA ARAGÃO, Maria Alexandra de.; O Princípio do Nível Elevado de Protecção e a Renovação Ecológica do Direito do Ambiente e dos Resíduos, Coleção Teses, Coimbra: Almedina, 2006, p. 79.

[234] LIPOVETSKY, G.; Le bonheur paradoxal. Essai sur la société d'hyperconsommation, Paris, Gallimard, 2006.

[235] MILLER, Daniel.; Consumo como Cultura Material, Horizontes Antropológicos, Porto Alegre, ano 13, n. 28, p. 33-63, jul./dez. 2007.

[236] BAUDRILLARD, J.; A sociedade de consumo, Lisboa: Edições 70, 1995.

[237] NETO, Alber.; Marcas de luxo: sensação de poder e destaque social....

[238] LOW, Tiffany.; Sustainable luxury: a case of strange bedfellows? In: University of Bedfordshire, Institute for Tourism Research, (end. e dat. disp.).

[239] LIPOVETSKY, G.; CHARLES, S.; Reed: les temps hypermodernes, France: LGF, Biblio/Essais, 2005.

[240] SULZBACH, Carolina.; CARLOTTO, Mariana.; BORBA, Sophia.; Através da tecnologia, o marketing e a mídia incitam a sociedade capitalista a consumir, Revista Eletrônica do Colégio Mãe de Deus, (end. e dat. disp.).

ou «civilização do desejo».[241] De fato, há autores que afirmaram que hodiernamente vivemos em uma sociedade de hiperconsumo[242] «descartável»[243] e transitório, não só nas «prateleiras dos hipermercados»,[244] mas também nas relações sociais, provocando o (triste) efeito não só do enjeitamento dos objetos, mas também da «descartabilidade das pessoas».[245]

Todavia, é verdade que em oposição ao *American way of life*,[246] como um movimento histórico dialético,[247] surgiu a contracultura,[248] sedimentada pelos *hippies*[249] norte-americanos. De fato, agora com o epicentro nos Estados Unidos da América nos anos 60, cultuado pelo *single «all we need is love»*[cxiii] e entoado pelos refrãos «*Imagine no possessions; I wonder if you can no need for greed or hunger, a brotherhood os man. Imagine all the people sharing all the world*»[cxiv] (em referência aos Beatles[cxv] não apenas como conjunto musical, mas também como fenômeno cultural),[250] uma parcela significativa da população dos Estados Unidos se rebelou contra o sistema (im)posto («*anti-Establishment*»).[251]

Fato é que um dos motivos – dentre tantos outros – que fez eclodir o descontentamento político dos anos 60 foi, indubitavelmente, a Guerra do Vietnã.[cxvi] E um dos fatores determinantes – diferenciador das demais guerras – foi que, pela primeira vez, o combate tornou-se um evento (produto) midiático.[252] Assim, as cenas de horror da guerra, televisionadas para o mundo inteiro,[cxvii] causando indignação e protestos não só no mundo,[253] mas principalmente, dentro dos próprios Estados Unidos,[254] irromperam em vários atos de protestos contra a guerra e contra o sistema dominante.

De fato, como uma onda, o movimento contrário à Guerra do Vietnã, e dos seus ideais capitalistas, suscitou um movimento cultural e social em defesa da paz e também contrário ao modelo consumista capitalista (afinal, a guerra do Vietnã foi uma guerra ideológica entre o capitalismo e, de outro lado, o comunismo).[255] Assim, pode-se dizer

---

[241] MENEZES, Wellington Fontes.; A ilusão da felicidade: autofagia, angústia e barbárie na sociedade de hiperconsumo, VI Congresso Português de Sociologia, Mundos Sociais: Saberes e Práticas, Universidade Nova de Lisboa, Faculdade de Ciências Sociais e Humanas, 25 a 28 de Junho de 2008, (end. e dat. disp.).

[242] LIPOVETSKY, G.; CHARLES, S.; *Reed*: les temps hypermodernes...

[243] MENEZES, Wellington Fontes.; A ilusão da felicidade ....

[244] LIPOVETSKY, G.; Le bonheur paradoxal, Essai sur la société d'hyperconsommation, ...

[245] BAUMAN, Zygmunt.; Liquid love: on the frailty of human bonds, (end. e dat. disp.).

[246] PAULO BALANCO, Paulo.; e COSTA PINTO, Eduardo.; Os anos dourados do capitalismo: uma tentativa de harmonização entre as classes, PESQUISA & DEBATE, SP, volume 18, número 1 (31) p. 27-47, 2007, (end. e dat. disp.).

[247] SOUZA, André Peixoto de.; (orientador), et al. Para ler Hegel: aspectos introdutórios à Fenomenologia do Espírito e à teoria do reconhecimento, Linha de Pesquisa "Leitura dos Clássicos", FCJ/UTP, 2010.

[248] MCCANN, Ciara.; Counter Culture, (end. e dat. disp.).

[249] STONE, Skip.; Hippies From A to Z – Their Sex, Drugs, Music and Impact on Society from the Sixties to the Present, New Mexico: Published by Hip, Inc., 2008.

[250] HECL, Rudolf.; The Beatles and Their Influence on Culture, Faculty of Arts, Department of English and American Studies, Masaryk University, Brno, 2006.

[251] HOPKINS, Jerry.; The Hippie Papers Notes From The Underground Press, Publisher: New American Library, 1968.

[252] Sobre o poder da mídia na democracia moderna, notadamente no efeito da mídia na Guerra do Vietnam, CHOMSKY, Noam.; The Spectacular Achievements of Propaganda, New York: Seven Studies Press, 2002 (v. ver. ut.).

[253] MILLER, Bruna.; MOTA, Nathália.; e BELLAS, Leonardo.; Vietnã, todos nós estivemos lá: o impacto da guerra nos ex-combatentes e na sociedade como um todo, Departamento de História da Universidade Fluminense – RJ, (v. ver. ut.).

[254] PAYNE, John.; Rothbard's Time on The Left, Journal of Libertarian Studies, Volume 19, nº 1 (Winter, 2005): 7-24.

[255] RODRIGUES, Pauline Bitzer.; Uma Guerra pela Opinião: a propaganda político-ideológica estadunidense durante a Segunda Guerra Mundial, III Encontro Nacional de Estudos da Imagem, 03 a 06 de maio de 2011 – Londrina – PR, (end. e dat. disp.).

que o *jingle* «*Peace and Love*» acabou por preceder a expressão «*Ban the Bomb*»,[256] que mais tarde veio a estabelecer o cult *make love, no war*.[cxviii] Há de se ressaltar que a França também teve o seu *le mouvement de mai 68*,[257] característico da contracultura dominante à época. Por isso, chega-se a considerar que a década de 1960 foi marcada por profundas mudanças nas sociedades ocidentais.[258] Apesar do movimento hippie ter um discurso anarquista,[259] foram significativas as movimentações sociais (e políticas) que esse mesmo «novo estilo de vida»[260] desencadeou.

A aproximação dos hippies com a natureza primitiva, com ênfase nos trabalhos manuais – o artesanato, a agricultura familiar, –, e por cultuarem uma vida (neo)tribal, aproximava-os do discurso, também incipiente, dos ambientalistas,[261] que viam a agricultura industrial como fator de degradação ambiental por utilizar métodos de monocultura, fertilizantes e inseticidas em abundância, causando a morte da fauna e da flora,[262] com o empobrecimento da diversidade biológica.

Porém, com o fim da guerra do Vietnã,[263] o *continuum* da vontade de «fazer política» da geração *hippie dos anos 60*[264] fez com que migrassem – ou continuassem – do discurso contra a guerra e a favor da paz[cxix] (e outros tantos discursos correlatos, tais como antirracismo, luta pelos direitos feministas, igualdade e contra o capitalismo selvagem)[265] e fizessem coro mais alto junto dos ambientalistas, desencadeando um movimento político identificado como «*New Letf*»[266] com viés de ecologista reformista.[267] De fato, a geração «*flowers power*»[268] acabou por desenvolver uma visão da ecologia como uma força política per si.[269] Uma parcela significativa da população norte-americana migrou do *American's way of life* para o *Green lifestyle*.[270] O ícone do antropocentrismo

---

[256] WITTNER, Lawrence S.; How Disarmament Activists Saved the World from Nuclear War, International Physicians for Prevention of Nuclear War World Congress, Basel, Switzerland, August 27, 2010, (end. e dat. disp.).

[257] Sobre o movimento, por todos, MONCHABLON, Alain.; Les années 68: événements, cultures politiques et modes de vie, Lettre d'information n. 6, Séance du 20 mars 1995, (end. e dat. disp.).

[258] HOBSBAWM, Eric.; The Age of Extremes: The Short Twentieth Century, 1914-1991, Vintage Books, USA, 1994 (v. ver. ut.).

[259] SIMÃO, Azis.; The Anarchists: two distant generations. Tempo Social; Rev. Sociol., USP, S. Paulo, 1(1): 57-69, 1. sem., 1989.

[260] CIDREIRA, Renata Pitombo.; A moda nos anos 60/70 (comportamento, aparência e estilo), Revista do Centro de Artes, Humanidades e Letras, vol. 2 (1), 2008. (end. e dat. disp.).

[261] CIDREIRA, Renata Pitombo.; *Ob. cit.*

[262] Nesse aspecto, deve-se lembrar a influência do livro *Silent Spring* de Rachel L. Carson, de 1962.

[263] TAVOLARO, Sergio Barreira de Faria.; Movimento ambientalista e modernidade: sociabilidade, risco e moral, São Paulo: Annablume/Fapesp, 2001.

[264] SOUSA ARAGÃO, Maria Alexandra de.; O Princípio do Poluidor Pagador, Pedra Angular da Política Comunitária do Ambiente, Coleção Stvdia Ivridica, nº 23, De Natura et de Urbe, nº 1, Boletim da Faculdade de Direito, Universidade de Coimbra, Coimbra: Coimbra Editora, 1997.

[265] GIDDENS, Anthony.; California dreaming, In: 1968: liberty or its illusion? Prospect Magazine, Issue 146, May, 2008.

[266] DOBBIE, James.; Let's Get Together: Connections between the Counterculture and the New Left, 1967-1969, B.A., University of Lethbridge, 1989, Thesis Submitted in Partial Fulfillment of the Requirements for the Degree of Master of Arts, In: The Department of History, 1994.

[267] CARVALHO, Isabel Cristina Moura.; Ambientalismo e juventude: o sujeito ecológico e o horizonte da ação política contemporânea. In: Novaes, Regina e Vannuchi, Paulo (orgs). Juventude e Sociedade; trabalho, educação, cultura e participação, Fundação Perseu Abramo e Instituto da Cidadania, SP, 2004.

[268] ELLI H.; Flower Power and Rock 'n' Roll – The era of the hippies, Munich, GRIN Publishing GmbH, 2007.

[269] FERRY, Luc.; Le nouvel ordre écologique, Éditions Grasset & Fasquelle, 1992 (v. ver. ut.)..

[270] REITER, Andreas.; Eco-leadership and Green Lifestyle: Successful Strategy for a Growing Market Segment? Trends and Issues in Global Tourism, Roland Conrady Martin Buck Editors, 2011.

CAPÍTULO 2
A SUSTENTABILIDADE COMO O ELO ESTRUTURANTE DO ESTADO... | 181

foi, nesse sentido, migrando para uma filosofia ecocentrista, em que a natureza, por si só, teria valor.

Ademais, a constante e permanente atmosfera de perigo causado pela possibilidade de uma «terceira guerra mundial *atômica*», caracterizada pela Guerra Fria, elevada à máxima potência com a crise dos mísseis cubanos em 1962,[271] sacudiu a *psiqué* de segurança norte-americana e o seu estilo de vida progressista-econômico do pós-guerra.[272] De fato, os horrores da Segunda Guerra Mundial, que produziram, além do nazismo e do fascismo, a destruição de Hiroshima e Nagasaki, sedimentaram em cada indivíduo a força destruidora das bombas nucleares. Com efeito, o perigo da Terceira Guerra Mundial reacendeu o medo da destruição por ações antropogênicas, principalmente por uma catástrofe nuclear. Dessa forma, para alguns, a contracultura politizada, que inicialmente lutava contra a guerra e a favor da paz, aos poucos foi se aproximando do discurso dos ambientalistas.[273] Pode-se considerar, por isso, a década de 60 no milênio passado como o início da denominada *"era ecológica"*.[274] [cxx]

Porém, apesar do exordial movimento ambiental verificado neste período, o processo de urbanização da sociedade[cxxi] incitou na sociedade pós-guerra uma necessidade maior de consumo.[275] Dessarte, a concentração da população em cidades em detrimento da rural e a consequente mudança sociocultural dessas populações foram fomentadas também pela intercomunicabilidade, iniciada com as tecnologias de comunicação (rádio, televisão, telefone), e sedimentadas definitivamente com a implementação da *internet*, ligando praticamente todos os computadores em rede:[276] interconectada via informação e com disponibilidade *on-line* de comunicação. Isso provocou uma sensível alteração do padrão de consumo da insurgente «classe média emergente», que, ao fazer a estreita conexão entre consumo e *status* (social), desencadeou um crescente e exponencial processo consumista em praticamente todos os setores da economia. Para se ter um exemplo, pode-se evocar a mensagem especial que o então presidente John F. Kennedy[cxxii] enviou para o Congresso dos Estados Unidos em Março de 1962, em que afirmava que *o supermercado típico antes da Segunda Guerra Mundial era abastecido com cerca de 1.500 itens alimentares distintos*, o que segundo Kennedy seria *um número impressionante por qualquer padrão*.[cxxiii] Mas, ressaltou o presidente norte-americano, que em 1962 qualquer supermercado tinha mais de 6.000 itens de produtos alimentares.[277] Obviamente que o consumo não era apenas dos produtos necessários ou úteis, mas representava uma nova forma de vida. É, por assim dizer, a era do consumo emocional.[278]

Porém, o modelo expansionista do consumo concebia a extração dos recursos naturais como se fossem inesgotáveis.[279] É de se destacar as palavras do secretário

---

[271] PFIFFNER, James.; e GOSHKO, John M.., The Cuban Missile Crisis: Decision Making Under Pressure, In: Triumps and Tragedies of the Modern Presidency, p. 184/187.

[272] KUNKEL, Florian.; The Hippie Movement, (end. e dat. disp.).

[273] SARAIVA, Regina Coelly Fernandes.; Socioambientalismo e preservação ambiental no Brasil: contribuições a partir de uma visão regional, Anais do XXVI Simpósio Nacional de História – ANPUH • SP, julho 2011.

[274] KISS, Alexandre.; Droit International de L'Environnent, Pedone, Paris, 1989.

[275] BAUDRILLARD, J.; A sociedade de consumo. ….

[276] CASTELLS, Manuel.; The Rise of The Network Society, ….

[277] *Idem* susa.

[278] COLOMBO, L. O. R.; FAVOTO, T. B.; CARMO, S. N.; A evolução da sociedade de consumo, Akrópólis, Umuarama, v. 16, n. 3, p. 143-149, jul./set. 2008.

[279] WACKERNAGEL, Mathis.; GALLI, Alessandro Galli.; Recursos de um planeta finito, Revista Desafios do Desenvolvimento – SBS, Quadra 01, Edifício BNDES, sala 1515 – Brasília – IPEA, Ed. 60 – 28.05.2010.

do Tesouro dos Estados Unidos, Henry Morgenthau,[cxxiv] no discurso de abertura da Conferência do *Acordo de Bretton Woods*, em New Hampshire, em 1944, a convite do presidente dos Estados Unidos Franklin D. Roosevelt,[cxxv] diante de 44 (quarenta e quarto) representantes de governo, em que aceitaram o convite para, conjuntamente, proporem uma promoção internacional de estabilização econômica, *verbis* "(…) criação de uma economia mundial dinâmica, na qual os povos de cada nação terão a possibilidade de realizar suas potencialidades em paz e de gozar mais dos frutos do progresso material, *numa Terra benzida por riquezas naturais infinitas* (…)".[cxxvi] Nesses termos, a natureza era entendida como bem comum de todos a ser explorada ao máximo. Nessa categoria se encontram quase todos os recursos naturais, como água e ar, pois eram considerados bens de propriedade comum, aos quais todas as pessoas deveriam ter o livre acesso sem necessidade de pagamento pelo seu uso.[280] Porém, a desmensurada industrialização tecnológica foi capaz de provocar uma aproximação do exaurimento dos recursos naturais *in natura*,[281] e também, correlativamente, de provocar a extinção de espécies. Afinal, a exploração dos recursos naturais sem a menor preocupação ambiental acarretou a degradação e destruição do *hábitat*[cxxvii] de inúmeras espécies vivas.

2.1.6.2 O problema da desflorestação e degradação dos hábitats

Outrossim, fatores como o desenvolvimento industrial e urbano; o crescimento turístico e a construção de infraestruturas são apontados como as principais causas da desflorestação nos países desenvolvidos.[cxxviii] Apesar de, geralmente, os países tropicais em desenvolvimento possuírem um património florestal e faunístico rico e variado, são apontados alguns fatores que contribuem negativamente para o seu pleno desenvolvimento. Assim, são motivos de desflorestação e degradação desses *hábitats*, entre outros, nesses sítios, (*i*) as guerras (civis, como no caso de Angola, que perdurou por mais de 30 anos desde a luta pela independência); (*ii*) a pobreza; (*iii*) as limitadas capacidades institucionais; (*iv*) a falta da atualização do conhecimento do património florestal e faunístico existente; (*v*) o abandono das áreas de conservação, (*vi*) a falta de planos de gestão dos recursos naturais e (*vii*) a baixa participação do setor florestal e faunístico na economia desses países.[282] Com efeito, nos países em vias de desenvolvimento, a agricultura e a criação de gado; o crescimento populacional; e a obtenção de madeira e até mesmo as guerras civis são considerados como causadores principais do desmate das florestas.[cxxix] Com efeito, o declínio florestal, acarretado pelo desflorestamento, diminui a biodiversidade, pondo em perigo espécies e levando outras a desaparecer. Ademais, a desflorestação não está somente vinculada à questão da biodiversidade. De fato, de acordo com estimativas da *Food and Agriculture Organization of the United Nations – FAO*,[cxxx] a perda anual é estimada em cerca de 13 milhões de hectares de florestas. Por isso, a desflorestação é responsável por aproximadamente 20% das emissões

---

[280] NUNES BARROS, Fernanda Gene.; MIGUEL AMIN, Mario.; Os Recursos Naturais e o Pensamento Econômico, XLIV CONGRESSO DA SABER, "Questões Agrárias, Educação no Campo e Desenvolvimento", Fortaleza, 23 a 27 de Julho de 2006, Soc. Brasileira de Economia e Sociologia Rural.

[281] BONIFAZI, Alessandro.; Città e Ambiente, Ministero dell'Ambiente e della Tutela del Territorio, 2005, Relazione sullo Stato dell'Ambiente, 2005.

[282] Política Nacional de Florestas, Fauna Selvagem e Áreas de Conservação, República de Angola – Ministério da Agricultura e do Desenvolvimento Rural e Ministério do Urbanismo e Ambiente.

mundiais de dióxido de carbono,[283] valor superior ao total das emissões de gases de efeito estufa da EU.[284] Segundo o IPCC,[285] a agricultura, uma das causas antropogênicas da desflorestação, é a principal causadora do aumento da concentração de gás metano e de óxido nitroso – enquanto que o aumento global da concentração de dióxido de carbono ocorre principalmente devido ao uso de combustível fóssil e à mudança no uso do solo – dois fatores que vêm aumentando sensivelmente desde 1750 e que são considerados como causadores do chamando «efeito estufa».[286]

Ainda, a desflorestação é apontada como causa direta da perda da biodiversidade.[287] Como consequência, o tema da biodiversidade entra nos palcos dos debates internacionais. De fato, o crescimento econômico baseado num padrão tecnológico extrativista e intensivo de matérias-primas e energia não é sustentável a longo prazo.[288]

2.1.6.3 *Baby boom*

Há, ainda, que se destacar o vertiginoso crescimento populacional[289] causado pela elevada qualidade de vida proporcionada pelo crescimento industrial[290] pós-guerra, caracterizado pela expressão «*baby boom*».[291] Em verdade, a pressão econômica e ambiental por demanda alimentar não é fator recente. Porém, a primeira revolução da mídia mundial, como também já verificado, via transmissão de imagens *on-line* para a televisão dos lares norte-americanos e europeus, aproximou o «outro» que estava morrendo de fome na África (ou em qualquer outro país subdesenvolvido periférico).[292] Assim, a fome adentrou na sala de televisão dos milhares de lares, descortinando a miserabilidade e a morte (por fome) para uma classe até então alheia a esses problemas. E, se não bastasse o efeito psicológico humanizador da dor do «outro», o medo de a fome (e da miséria) «*pular para fora do aparelho de televisão e invadir a cozinha*» dos lares dos países industrializados foi realçado com as teorias neomalthusianas pessimistas e, por

---

[283] *Cf. Apud.* Intergovernmental Panel on Climate Change, Climate Change 2007: The Physical Science Basis – IPCC/2007, IPCC Secretariat, c/o WMO, 7bis, Avenue de la Paix, C.P. Nº 2300, 1211 Geneva 2, Switzerland.

[284] *Cf. Apud.* Enfrentar os desafios da desflorestação e da degradação florestal para combater as alterações climáticas e a perda de biodiversidade, Comunicação da Comissão ao Parlamento Europeu, ao Conselho, ao Comité Económico e Social Europeu e ao Comité das Regiões, Comissão das Comunidades Europeias, Bruxelas, 17.10.2008, COM (2008) 645 final.

[285] *Cf. Apud.* Intergovernmental Panel on Climate Change, Climate Change 2007: The Physical Science Basis – IPCC/2007, IPCC Secretariat, c/o WMO, 7bis, Avenue de la Paix, C.P. N° 2300, 1211 Geneva 2, Switzerland.

[286] Apesar – ou justamente por causa – do Relatório do IPCC/2007 o chamado «efeito estufa» é controverso. Sobre o tema, ver em XAVIER, Maria Emília Rehder.; SANSIGOLO KERR, Américo A. F.; o Efeito Estufa e as Mudanças Climáticas Globais, Instituto de Física da Universidade de São Paulo – IFUSP; Cidade Universitária, SP, (end. e dat. disp.).

[287] MARQUES, Bruno Pereira.; FERNANDES, Ricardo Correia.; A desflorestação da Amazónia: do "inferno verde" ao "deserto vermelho"? e-GEO – Centro de Estudos de Geografia e Planeamento Regional Faculdade de Ciências Sociais e Humanas da Universidade Nova de Lisboa, (end. e dat. disp.).

[288] DENARDIN, Anderson Antonio.; Economia Ecológica, Industrialização, Meio Ambiente, Inovação e Competitividade, (end. e dat. disp.).

[289] FLORE, Birgit.; *et al*, Ethik und ökologische Krise, In: Sustainum, Institut für Zukunftsfähiges Wirtschaften Berlin, 2000. (end. e dat. disp.).

[290] MATSUYAMA, Kiminori., The Rise of Mass Consumption Societies, London: DEDPS, 23, 2001, (end. e dat. disp.).

[291] MACUNOVICH, Diane J., The Baby Boomers, In. Macmillan Encyclopedia of Aging, edited by David Ekerdt, Macmillan, 2000. (end. e dat. disp.).

[292] CHOMSKY, Noam.; The Spectacular Achievements of Propaganda….

que não dizer, apocalípticas do estilo econômico do *American Way of Life*, incompatível com o então crescimento demográfico.

2.1.6.4 O lixo precoce

Ademais, a hipermodernidade[293] impõe, nas sociedades de consumo,[294] um «envelhecimento» precoce dos bens e também dos processos de produção, que são substituídos cada vez mais cedo.[cxxxi 295] Com efeito, as inserções de novas tecnologias, em sociedades de massa, também elevam o tom da crise. É o império da «*Moore's Law*»[296] não só no universo dos bits. Certo é que produzir bens de forma excessiva [e desnecessária] – porém típica, *necessária* e característica do modelo capitalista – acarreta, como um efeito colateral («*effetti collaterali*»),[297] a produção de (sub)produtos indesejados: os resíduos[298] e a poluição. Ressaltando a diferenciação entre poluição e resíduo, posto que "nem todos os resíduos são formas de poluição e nem todas as formas de poluição decorrem de resíduos".[299] Assim, os resíduos podem ser visualizados de uma forma *estática*, qual seja, "resíduos são objetos corpóreos, apropriáveis e que, por serem desinteressantes para o seu detentor, ele enjeitou",[300] e na perspectiva *dinâmica*, a qual estabelece – e adota[301] – o resíduo "como fluxo de materiais"[302] que remete o bem a uma escala gradual – do positivo ao negativo – de valores: do interesse (um positivo), passa pela indiferença (zero) e desinteresse (um negativo) e chega à enjeitação – ou aventação – (dois negativos).[303] Por poluição, entende-se *a adição ou o lançamento de qualquer substância, matéria ou forma de energia (luz, calor, som) ao meio ambiente em quantidades que resultem em concentrações maiores que as encontradas (causando a degradação da qualidade ambiental).*[304]

Fato é que, apesar de não ser única e exclusiva da nossa era, a produção de resíduos e poluição,[305] a excessiva produção, acarretou a exacerbada gestão de resíduos não desejáveis. Assim, somente os países da OCDE no ano de 1990 produziram 9 bilhões de toneladas de resíduos.[306] Em 1995, cada cidadão europeu produziu, em média, 460 kg somente de resíduos urbanos. E, de acordo com a Agência Europeia do

---

[293] LIPOVETSKY, Gilles.; e CHARLES, Sébastien.; Les Temps Hypermodernes, (v. ver. ut.).

[294] ORLAND, Barbara.; Haushalt, Konsum und Alltagsleben in der Technikgeschichte, Technikgeschichte, 65 (1998): 273-295. (end. e dat. disp.).

[295] In: NOVAK, William.; IACOCCA, Lee.; Iacocca: An Autobiography, Bantam Dell Pub, Group, 1984.

[296] CAVIN, Ralph K.; LUGLI, Paolo.; ZHIRNOV, Victor V.; Science and Engineering Beyond Moore's Law, In: Proceedings of the IEEE, Vol. 100, May 13th, 2012, p. 1720-1749. (end. e dat. disp.).

[297] LAINO, antonella.; I Codici Etici Come Soluzioni Alle Esternalita'negative, Munich Personal RePEc Archive: MPRA, Paper No. 35233, posted 06, December 2011 / 18:55. (end. e dat. disp.).

[298] SOUSA ARAGÃO, Maria Alexandra de.; O Princípio do Nível Elevado de Protecção e a Renovação Ecológica do Direito do Ambiente e dos Resíduos. Coleção Teses, Coimbra: Almedina, 2006.

[299] SOUSA ARAGÃO, Maria Alexandra de.; O Princípio do Nível Elevado de Protecção ...., p. 81.

[300] O termo técnico é *aventar*, que significa *"ter o vento como veículo de transporte..."* In: SOUSA ARAGÃO, Maria Alexandra de.; O Princípio do Nível Elevado de Protecção ...., p. 84. Pela definição do verbete extraído do Dicionário eletrônico Houaiss: verbo transitivo, designa *"expor e agitar ao vento"*.

[301] SOUSA ARAGÃO, Maria Alexandra de.; O Princípio do Nível Elevado de Protecção ...., p. 88.

[302] SOUSA ARAGÃO, Maria Alexandra de.; O Princípio do Nível Elevado de Protecção ...., p. 83.

[303] SOUSA ARAGÃO, Maria Alexandra de., O Princípio do Nível Elevado de Protecção ...., p. 83.

[304] MILARÉ, Édis.; Direito do Ambiente – doutrina, prática – jurisprudência – glossário, 2ª Ed., São Paulo: Revista dos Tribunais, 2001, p. 741.

[305] Ver o histórico em SOUSA ARAGÃO, Maria Alexandra de.; O Princípio do Nível Elevado de Protecção ...., p. 69 e seguintes.

[306] Europe's environment. The Dobøi Assessment, EEA, Copenhagem, 1995, p. 342.

Ambiente,[cxxxii] este valor aumentou para 520 kg por pessoa em 2004. Presume-se que ocorra um aumento para 680 kg por pessoa até 2020, o que corresponde a um aumento de aproximadamente 50% em um período de 25 anos.[307] [cxxxiii]

2.1.6.5 Novas tecnologias: além do bem e do mal

O mesmo mundo tecnológico, como já visto pela «era nuclear», foi capaz de também (e mais uma vez) colocar o debate ético da inserção de novas tecnologias, no qual os seus resultados e consequências a longo prazo são desconhecidos, notadamente na «era do consumo de massa».[308]

Não sem razão, no início da década de 70 do século passado já se falava que *a destruição contínua que o homem tem provocado com o auxílio de tecnologia é tão terrível, e parece tão irreparável, que o próprio homem pode se tornar uma vítima da tecnologia.*[309] *Afinal, o progresso tecnológico não é uma garantia. Ele pode se voltar contra nós a ponto de ameaçar a própria existência da humanidade.*[310] Assim alguns advertem que *o homem tornou-se, definitivamente, "senhor e possuidor da natureza", inclusive de sua própria, ao adquirir o poder de manipular o património genético. Mas, ao mesmo tempo, pela espantosa acumulação de poder tecnológico, jamais como na centúria passada o engenho humano foi capaz de provocar uma tal concentração de hecatombes e aviltamentos; nunca como hoje, a humanidade dividiu-se, tão fundamente, entre a minoria opulenta e a maioria indigente.*[311] [cxxxiv] [312] Nesse aspecto, conforme observa Hans Jonas,[cxxxv] nenhuma outra época se deparou com esse desafio.[313] Assim, as novas e emergentes inter-relações entre os homens, animais, organismos, espécies, ecossistema e a Terra,[314] principalmente nos anos seguintes a 1945, fizeram com que a consciência (ética) ambiental começasse a eclodir,[315] irradiando seus efeitos também para o universo jurídico.[316]

---

[307] Europe's environment. The Dobøi Assessment, EEA, Copenhagem, Briefing no 1/2008.

[308] GUGLINSKI, Vitor Vilela.; A Cultura de consumo de massas: Um desafio ao novo modelo de Estado Democrático de Direito, Portal Jurídico Investidura, Florianópolis/SC, 07 Out. 2008. (end. e dat. disp.).

[309] SCHUURMAN, Egbert.; "Between technocracy and revolution": "De kulturele spanning tussen technokratie en revolutie," (v. ver. ut.).

[310] COMTE-SPONVILLE., André.; Le capitalisme est-il moral?, Paris: Albin Michel, 2004 (v. ver. ut.).

[311] COMPARATO, Fábio Konder.; A Humanidade no Século XXI: a Grande Opção (end. e dat. disp.).

[312] In: JONAS, Hans., Das Prinzip Verantwortung: Versuch einer Ethik für die technologische Zivilisation, Frankfurt am Main: Insel-Verlag, 1979, (v. ver. ut.), p. 8.

[313] JONAS, Hans.; Das Prinzip Verantwortung: ...., p. 8.

[314] HOLMES ROLSTON, III.; Environmental Ethics, The Blackwell Companion to Philosophy, 2nd ed. Nicholas Bunnin and E. P. Tsui-James, eds., Oxford: Blackwell Publishing, 2003.

[315] LECALDANO,Eugenio.; Una nuova concezione dela responsabilità morale per affrontare le questioni dell'etica pratica del XXI secolo, Lo Sguardo, Rivista di Filosofia, n. 8, 2012 (I), Etica della Responsabilità: Applicazioni e Problemi, p. 31/46, (end. e dat. disp.).

[316] Nesse sentido, Albergaria descreve "Não é de agora que existem normas de cunho ambiental, tanto no nosso ordenamento (brasileiro) como no estrangeiro. Até mesmo na Bíblia há referências sobre a proteção ao meio ambiente. Só que as normas pretéritas englobam outros fins do que a exclusiva proteção ambiental. A noção de meio ambiente como patrimônio de todos e das futuras gerações é recente e, inclusive, elevou o status da disciplina direito ambiental à matéria autônoma, com princípios próprios". In: ALBERGARIA, Bruno.; Direito Ambiental e a Responsabilidade Civil das Empresas..., p. 10. E *tb* SIRVINSKAS, Luís Paulo.; Manual de Direito Ambiental, São Paulo: Saraiva, 6ª Ed., 2008, p. 33; FONTOURA DE MEDEIROS, Fernanda Luiza.; Meio Ambiente Direito e Dever Fundamental, Porto Alegre: Livraria do Advogado, 2005, p. 41, *passim*; MILARÉ, Édis.; Direito do Ambiente, São Paulo: Revista dos Tribunais, 2001, p. 89, *passim*; COLAÇO ANTUNES, Luís Filipe.; Direito Público do Ambiente, Diagnose e prognose da tutela processual da paisagem, Coimbra: Almedina, 2008, p. 53. *Tb*. AMADO GOMES, Carla. Ambiente.; (Direito do). In: Textos Dispersos de Direito do Ambiente, Lisboa:

Indubitavelmente os anos 60 foram um período político e culturalmente tumultuado para a sociedade norte-americana: sexo livre fruto da revolução sexual, advento e propagação das drogas, surgimento da música rock, o assassinato do Presidente dos Estados Unidos John F. Kennedy e do pacifista Martin Luther King Jr., a corrida espacial, o movimento dos direitos humanos e a igualdade civil, o surgimento dos hippies, os protestos da Guerra do Vietnã e o medo da (possível) guerra nuclear, a difusão dos meios de comunicação em massa (televisão e rádio), a massificação do uso de máquinas domésticas (eletrodomésticos, tais como máquinas de lavar roupa, louça, liquidificador, etc.), e também dos carros.[317] Dessa forma, as novas demandas pós-Segunda Guerra Mundial e principalmente após os anos 60 do século passado evocaram o surgimento (questionativo) do homem em relação ao meio em que vive.[318]

2.1.6.6 Breve relato histórico pós-Segunda Guerra Mundial do universo ambiental

Apesar da eclosão filosófica dos novos paradigmas ambientais invadir o universo jurídico notadamente após a década de 60 do milênio passado, mister se faz um (possível, *mas* pequeno e necessário) retrocesso histórico. Assim, somente a título ilustrativo, a viragem do milênio de 1900 foi modelar para a solidificação da era científica.[319] Com efeito, o homem cortou um continente para encurtar o comércio internacional – canal de Suez entre os anos de 1859 e 1869[320] – e ergueu a Torre Eiffel em Paris (1887-1889) com o intuito de desmontá-la logo em seguida, desbancando mais de 4.400 anos a grande Pirâmide de Gizé como a construção mais alta feita pelo homem,[321] para comemorar os cem anos da Revolução Francesa.[322] Ainda, na entrada do novo milênio o homem conseguiu levantar (novos) voos: ou através do oculto feito pelos Irmãos Write em 1903 ou pelos feitos de Alberto Santos Dumont em 1901, aplaudido por uma grande multidão e pela Comissão Científica do Aeroclube, com o seu *14-Bis*.[323]

Contudo, nos Estados Unidos, o bisão foi caçado principalmente por esporte: de uma população de mais de 90 milhões, chegou às beiras da extinção com uma população menor do que mil exemplares.[324] Calcula-se que mais de 80% (oitenta por cento)

AAFDL, 2005, p. 73 (esse texto também pode ser encontrado no II Suplemento do Dicionário Jurídico da Administração Pública, 1998, p. 9-29).

[317] MAILER, Norman.; THOMPSON, Hunter S.; WOLFE, Tom Wolfe.; Relocating the American Dream, The America of the 1960s as Portrayed by the New Journalists, Department of English University of Helsinki, 2009.

[318] Ver em OST, François.; La Nature hors la Loi, 1995, (v. ver. ut.); FERRY, Luc.; Le nouvel ordre écologique, Éditions Grasset & Fasquelle, 1992 (v. ver. ut.).

[319] ALBERGARIA, Bruno.; Histórias do Direito: …

[320] EL-BASTAWISY, Magdy M.; HELMY, Abd-Al-Whab.; ALI, Rania H.; Integrated Socio-economic Development for Accelerating the Regional Role of Port-Said in Tourism Development of Egypt, Integrated socio-economic development for accelerating regional role of Port-Said in tourism development of Egypt 42nd ISoCaRP Congress 2006, (end. e dat. disp.).

[321] ALBERGARIA, Bruno.; Histórias … , p.

[322] FACINI, Camille.; et JUNCA Emma.; (ed.), En quoi la Tour Eiffel est-elle un défi physique de son temps? Paris Mag, Janvier, 2011, (end. e dat. disp.).

[323] SANTO DUMONT, Alberto.; O que eu vi – o que nós veremos, Bauru: Taller Comunicação, 2009, p. 260.

[324] LUECK, Dean.; The Extermination and Conservation of the American Bison, Paper prepared for a Conference on The Evolution of Property Rights, Northwestern University Law School, April 20-22, 2001. (end. e dat. disp.).

das florestas primárias, em quase todo o mundo ocidental, foram desflorestadas[325] pela ação humana, principalmente após a Revolução Industrial,[326] ou por causas diretas, tais como o *agrobusiness* (notadamente a pecuária e a agricultura), a indústria da mineração e petróleo, exploração madeireira, bem como a implementação e o desenvolvimento de infraestrutura (estradas, rodovias, projetos de implementação de hidrelétricas), ou por causas indiretas, p. ex., as pressões do mercado e dos produtos florestais para obter o acesso à alimentação, à terra e regularização fundiária (terra arável limitada), as políticas de tributação e desenvolvimento, a subvalorização das florestas naturais e instituições fracas do governo (políticas e leis apropriadas).[327]

2.1.6.7 A era do petróleo

A crescente demanda do uso do petróleo e de seus derivados, a partir do século XX, caracteriza a modernidade como a «era do petróleo»,[cxxxvi][328] ou melhor, a *moderna era da indústria petrolífera*. De fato, tornou-se uma das principais fontes de energia[cxxxvii] e matéria-prima do mundo moderno.[cxxxviii] Todavia, também como cediço, é uma das maiores fontes de poluição ambiental não somente pela queima de seus produtos, tais como gasolina e óleo diesel, como também pela degradação ambiental provocada pelos resíduos sólidos de seus derivados.[cxxxix] Fato é que a Revolução Industrial imprimiu um ritmo acelerado na busca por combustíveis, nova forma motriz. Com efeito, "a queima de carvão, de combustíveis fósseis e os poluentes industriais lançam dióxido de enxofre e dióxido de nitrogênio na atmosfera. Esses gases combinam-se com o hidrogênio presente na atmosfera sob a forma de vapor de água, resultando em chuvas ácidas.[cxl] As águas da chuva, assim como a geada, neve e neblina, ficam carregadas de ácido sulfúrico ou ácido nítrico. Ao caírem na superfície, alteram a composição química do solo e das águas, atingem as cadeias alimentares, destroem florestas e lavouras, atacam estruturas metálicas, monumentos e edificações".[329]

Ademais, as duas primeiras grandes crises mundiais do petróleo, de 1956 e 1973, também contribuíram para a percepção da escassez do principal recurso não renovável motriz energético, possibilitador do crescimento econômico da era industrial.[330] Quando o carvão e o petróleo começaram a ser explorados para fins energéticos, o homem já tinha ciência de sua finitude. Assim, sempre foram catalogados como recursos naturais não renováveis. Porém, talvez pela abundância ou por uma "inércia perceptiva" – provavelmente por ambos e outros fatores – não se visualizava a possibilidade de seu fim

---

[325] DUBOIS, Frédéric.; La déforestation des forêts primaires dans le monde: états des lieux, risques connus, approches de solutions, Rapport bibliographique, 2005. (end. e dat. disp.).

[326] PETTENELLA, Davide.; La gestione delle risorse forestali. Un banco di prova del rapporto uomo-natura, Studi e ricerche, 2006, (end. e dat. disp.)

[327] DUBOIS, Frédéric.; La déforestation des forêts primaires dans le monde : ...

[328] *Cf. Apud.* ALEIXO, Luiz Alexandre Garcia.; TACHIBANA, Toshi-Ichi.; CASAGRANDE, Douglas.; Poluição por Óleo – Formas de introdução de petróleo e derivados no ambiente. In Revista Integração, Abril. Mai. Jun., 2007, Ano XIII, nº 49, p. 159-166.

[329] Redação Ambiente Brasil, (end. e dat. disp.).

[330] LOMBORG, Bjørn.; The Skeptical Environmentalist, The Press Syndicate of the University of Cambridge, 1998. Ver também, DEWAR, Elaine., Cloak of Green – The link Between Key Environmental Groups, Government and Big Business, 1995 (v. ver. ut.).

imediato. Por isso, as crises do petróleo provocaram um efeito cascata em relação aos outros bens não renováveis, que passaram a ser tratados com mais acuidade ambiental.[331]

2.1.6.8 As primeiras leis (modernas) de proteção atmosféricas

A energia obtida pela queima de carvão vegetal também produziu seus efeitos nocivos ao meio ambiente. Ademais, a forte demanda por madeira, tanto para a indústria quanto para a obtenção de carvão vegetal, também contribuiu para a desflorestação e consequente a perda da fauna não só no continente americano como no europeu. De fato, a Alemanha, fortemente prejudicada com a degradação ambiental principalmente com a "contaminação atmosférica do vale do Reno e seu impacto sobre as florestas",[332] ocorrido na década de 20 do século passado, despertou a «consciência ambiental» na sociedade[333] no início dos anos 70 do século passado[334] e, por parte do governo, a necessidade de buscar soluções urgentes. Antes, na Inglaterra,[335] no ano de 1876, o governo daquele país editou medidas de controle ambiental, tais como saúde pública provocada pelos danos ambientais. Logo após, no ano de 1863, o governo britânico criou o primeiro órgão público de controle de poluição – *National Public Pollution Control Agency Alkali Inspectorate*, objetivando o controle das emissões atmosféricas derivadas da indústria de soda cáustica. Em 1876, para tentar reduzir a contaminação das águas, foi aprovado o *Rivers Pollution Prevent Act*,[336] bem como os Atos de Planejamento das Cidades – *Town Planning Acts* em 1909 e 1947.

2.1.6.9 *Man and Nature*: os primeiros passos

Outro fator paradigmático em termos filosóficos ecológicos foi a publicação, em 1864, do livro *Man and Nature: Or, Physical Geography as Modified by Human Action*,[337] do autor George Perkins Marsh, considerado como o primeiro estudo abrangente sobre os impactos ambientais provocados pela ação do homem.[338] Com efeito, relaciona a ação do homem na natureza como atuante direto na crescente e potencial irreversibilidade da degradação ambiental no mundo ocidental ("todo o mundo", na concepção do autor). Assim, propôs um "movimento de preservação da natureza, que então se estruturava restrito a esferas comunitárias e nacionais, tinha por objetivo central a proteção da

---

[331] Ver melhor sobre a proteção dos bens ecológicos não renováveis em SOUSA ARAGÃO, Maria Alexandra de.; O Princípio do Nível Elevado de Protecção e a Renovação Ecológica do Direito do Ambiente e dos Resíduos; Coleção Teses; Coimbra: Almedina; 2006.

[332] ALVES CORRÊA, Leonilda Campos Gonçalves.; Comércio e Meio Ambiente: atuação diplomática brasileira em Relação ao Selo Verde, Coleção Curso de Altos Estudos do Rio Branco, Brasília: Instituto Rio Branco, 1998, p. 14.

[333] CHREBAH, Bouchra.; Umweltbewusstsein und Umweltverhalten – Ein Vergleich von deutschen und syrischen Studierenden, An der Fakultät für Mathematik und Naturwissenschaften der Carl von Ossietzky Universität Oldenburg zur Erlangung des Grades einer Doktorin der Philosophie (Dr. phil.) vorgelegte Dissertation, 2009, (end. e dat. disp.).

[334] DIAS, Edna Cardozo.; A Tutela Jurídica dos Animais, Belo Horizonte: Mandamentos, 2000, p. 55.

[335] McMANUS, Marcelle.; Global, EU and UK environmental targets and Policies, Institute for Sustainable Energy and the Environment, University of Bath, (end. e dat. disp.).

[336] ALVES CORRÊA, Leonilda Campos Gonçalves.; Comércio e Meio Ambiente...., p. 16.

[337] MARSH, George Perkins.; Man and Nature: Or, Physical Geography as Modified by Human Action, New York: C. Scribner & co., 1869, (v. ver. ut.).

[338] Sobre o assunto, LOWENTHAL David.; Nature and morality from George Perkins Marsh to the millennium, Journal of Historical Geography, 26, 1 (2000) 3–27, (end. e dat. disp.).

flora e da fauna, bem como a criação de parques florestais para a manutenção do há-bitat natural de espécies animais e vegetais".[339] De fato, fomenta uma nova revolução paradigmática na forma com que as pessoas concebem as suas relações com a Terra, sensibilizando o público que até então somente via os fatores positivos na atuação humana sobre o meio ambiente, afinal na visão geral da época *qualquer efeito ruim seria trivial e efêmero.*[340] Com efeito, o seu livro desencadeou movimentos governamentais, notadamente nos Estados Unidos, para a conservação de florestas, proteção de bacias hidrográficas e regulamentação dos rios.[341]

2.1.6.10 O surgimento dos parques ambientais e das primeiras leis

Assim, nos Estados Unidos, a preocupação com a conservação de ambientes *exóticos* (para os padrões da época) fez com que fossem criados os primeiros parques naturais, tais como o Yellowstone National Park em 1872,[cxli] as Cataratas do Niágara e o Yosemite National Park, ambos em 1885.[cxlii] De igual sorte, os britânicos criam o National Trust em 1895, desencadeando em quase toda a Europa a criação de modelos de parques naturais iguais.[342]

Porém, as medidas de proteção ambiental ainda eram restritas aos governos locais, dentro de suas competências territoriais, limitando-se, ainda, em áreas setoriais, tais como proteção dos animais, poluição do ar, poluição das águas, poluição dos solos e proteção de algumas espécies de plantas.[343] Contudo, percebeu-se que o combate à poluição deveria ser transfronteiriço. Dessa forma, a Suíça propôs, no ano de 1872, a criação de uma organização internacional "dedicada à proteção de aves migratórias". A Suíça também foi pioneira ao criar a *International Union for the Protection of Nature* (IUPN), que se transformou em *International Union for* the *Conservation* of Nature *and Natural Resources* (IUCN), em 1956. Assim, a IUCN, transnacional com estrutura or-ganizacional conjunta entre governo e organização não governamental, produziu o primeiro *Livro Vermelho* (*Red Data Book*) de espécies ameaçadas de extinção, que foi publicado em 1960, contendo uma lista de 135 mamíferos em extinção.[344] Mas, ainda no início do século passado, foram negociados alguns acordos ambientais internacionais: a Convenção para a Preservação de Animais, Pássaros e Peixes na África, assinada em Londres no ano de 1900 pelos países colonizadores europeus, que limitou o comércio de marfim, e a Convenção de Paris, no ano de 1902, para defender as aves úteis à agri-cultura.[345] Ainda, no ano de 1906, foi assinada a *International Convention Respecting the Use of White Phosphorus in the Manufacture of Matches*, "onde podem ser encontradas as origens da adoção de medidas comerciais, internacionalmente acordadas, relativas a processo de produção".[346]

---

[339] ALVES CORRÊA, Leonilda Campos Gonçalves.; Comércio e Meio Ambiente..., p. 11.

[340] LOWENTHAL David.; Nature and morality from George Perkins Marsh to the millennium....

[341] LOWENTHAL David.; Nature and morality from George Perkins Marsh to the millennium....

[342] *Cf. Apud.* DELÉAGE, Jean-Paul.; "As etapas da consciencialização"; In: Estado do Ambiente no Mundo; Direção de Michel e BEAUD, Calliope *et al*..., Lisboa: Instituto Piaget, 1995.

[343] MILARÉ, Edis.; Direito do Ambiente, doutrina, prática, jurisprudência, ..., 2ª Ed., SP: RT, 2001.

[344] CHARLOTTE, Epstein.; The Making of Global Environmental Norms: Endangered Species Protection, Global Environmental Politics, Vol. 6, N. 2, May 2006, pp. 32-54 (Article), Published by The MIT Press.

[345] MEDEIROS, Fernanda Luiza Fontoura.; Meio Ambiente. Direito e Dever Fundamental. Porto Alegre: Livraria do Advogado, 2004, p. 43.

[346] ALVES CORRÊA, Leonilda Campos Gonçalves.; Comércio e Meio Ambiente...., p. 17.

2.1.6.11 A contribuição de *Teddy*

É cediço que às vezes pequenos fatos também podem exercer influência na complexidade da *psiqué* coletiva, como forma de *ação comunicativa*.[cxliii] Convém destacar um acontecimento (paradigmático no sentido de mudança de paradigma social) no qual a visão do homem *versus* animais foi direta e indiretamente alterada. De fato, em 1902, o então Presidente dos Estados Unidos da América Theodore Roosevelt[cxliv] recusou-se a atirar em um filhote de urso encurralado em uma caçada da qual participara. Com isso, percebendo que a notícia havia se espalhado pelo mundo da mídia, uma fábrica de brinquedos da Alemanha lançou no mercado um produto inusitado: um ursinho de pelúcia que ganhou a alcunha de "teddy-bear".[cxlv] Indubitavelmente, como sucesso de venda no mundo inteiro, fez a nova geração enxergar o urso (bear) como animal passível de proteção e não de caça.[347] Com efeito, não é de se estranhar que um dos símbolos atuais da defesa do meio ambiente seja justamente o urso polar branco, que está ameaçado de extinção, tendo em vista o excesso de caça e, ainda, a degradação do seu hábitat provocado pelo derretimento do gelo do ártico.

2.1.6.12 Novamente, a questão nuclear

A Segunda Grande Guerra Mundial revelou ao mundo o poder da reação nuclear – geralmente por fissão e/ou fusão do átomo – bem como as consequências duradouras da radiação.[348] Calcula-se que mais de 300 mil pessoas morreram em Nagasaki e Hiroshima.[349] A corrida nuclear que se desencadeou após o fim da Segunda Guerra com o surgimento da Guerra Fria, provocou, de outro lado, uma crescente preocupação com as possibilidades destruidoras que a tecnologia poderia provocar. Estima-se que os Estados Unidos da América possuem, hoje em dia, mais de 30 mil armas nucleares.[350] A antiga União Soviética possuía 20 mil.[351] Pela primeira vez, a possibilidade de autoextermínio da humanidade «*Overkill*»[352] deixou de ser ficção e tornou-se uma (possível e triste) realidade, apesar de haver divergências entre os cientistas sobre a real capacidade bélica de extermínio da humanidade.[353] Contudo, fato é que definitivamente o «*medo coletivo global*»[cxlvi] pode ser expresso nas palavras do Nobel da Paz de 1971, Philip Noel-Baker: *"Both the US and the Soviet Union now possess nuclear stockpiles large enough to exterminate mankind three or four – some say ten – times over"*.[354]

---

[347] *Cf. Apud.* FISKESJO, Magnus.; The Thanksgiving Turkey Pardon, the Death of Teddy's Bear, and the Sovereign Exception of Guantánamo, In: Prickly Paradigm Press Chicago, 2003, (end. e dat. disp.).

[348] O poder da *fissão* nuclear não ficou restrito aos meios acadêmicos da física. As ciências filosóficas também foram fortemente influenciadas pela Teoria da Relatividade formulada por Einstein. Ver melhor em JASPERS, Karl.; Kleine Schule Des Philosophischen Denkens, 1965 (v. ver. ut.).

[349] MARTIN, Brian.; The global health effects of nuclear war, Published in Current Affairs Bulletin, Vol. 59, No. 7, December 1982, pp. 14-26, (end. e dat. disp.).

[350] MARTIN, Brian.; *Ob. cit.*

[351] MARTIN, Brian.; *Ob. cit.*

[352] Sobre o tema, inclusive o receio de ocorrência de «overkill» em outras épocas, ver melhor GRAYSON, Donald K.; MELTZER, David J.; A requiem for North American overkill, Journal of Archaeological Science 30 (2003) 585-593, (end. e dat. disp.).

[353] MARTIN, Brian.; Critique of nuclear extinction, Published in Journal of Peace Research, Vol. 19, No. 4, 1982, pp. 287-300, (end. e dat. disp.).

[354] COX, John.; Overkill: the story of modern weapons, Harmondsworth: Kestrel Books, 1977.

CAPÍTULO 2
A SUSTENTABILIDADE COMO O ELO ESTRUTURANTE DO ESTADO...

191

De fato, os testes nucleares foram acompanhados de perto pelos movimentos pacifistas e ambientalistas (em uma interação crescente entre ambos), o que culminou em uma série de Tratados sobre o tema. Neste aspecto é de se ressaltar que, logo após o período de 1945, algumas organizações internacionais[355] como a ONU, o BIRD, o FMI, o GATT e a OMC foram criadas com o intuito de solucionar ou amenizar as contradições do sistema internacional[356] (apesar de parte da doutrina admitir que alguns mecanismos de funcionamento dessas organizações atenderam aos interesses das grandes potências capitalistas).[357] Dessa forma, em 1963, mais de 120 países, dentre eles todos os estados nucleares – considerados aqueles que já tinham o domínio da tecnologia nuclear –, assinaram o Tratado de Interdição Parcial de Ensaios Nucleares,[358] fomentado pelas Nações Unidas,[359] no qual se comprometiam a não testarem armas nucleares na atmosfera, debaixo de água, ou no espaço exterior. Assim, os testes nucleares foram restringidos a nível subterrâneos. Porém, os países que já tinham a "bomba atômica" continuaram os testes a céu aberto. Como exemplo, a França continuou os seus testes atmosféricos até 1974.[360]

Em 1967, 14 países da América Latina assinaram o Tratado de Tlatelolco,[361] na cidade do México, para consolidar a região como zona desnuclearizada. Entrou em vigor em 1979 e foi assinado por todos os países do continente sul-americano e potências nucleares.[362] Em síntese, o preâmbulo do referido tratado identifica os seus anseios e pretensões, quais sejam, apresentar uma contribuição para o desarmamento nuclear; assegurar a não proliferação das armas nucleares mediante a autolimitação dos Estados em seus direitos soberanos; garantir o uso da energia nuclear somente para fins pacíficos e impedir a corrida armamentista nuclear regionalmente.[cxlvii]

Acredita-se que o último teste subterrâneo por parte dos Estados Unidos foi em 1992, por parte da União Soviética em 1990, Reino Unido em 1991, e França e China até 1996.[363] Após adoptarem o Tratado de Interdição Completa de Ensaios Nucleares em 1996, todos estes Estados se comprometeram a descontinuar todos os ensaios nucleares. Porém, inúmeros "paraísos ecológicos", tais como pradarias russas, ilhas do pacífico –

---

[355] DINH, Nguyen Quoc.; DAILLIER, Patric.; PELLET, Alain.; Droit International Public, 7ª Edition, Librairie Générale de Droit et de Jurisprudence, E.J.A, Paris, 2002 (v. ver. ut.).; VELASCO, Manuel Diez de.; Instituciones de Derecho Internacional Público, Madrid: Tecnos, 13ª edición, 2002; PEREIRA, André Gonçalves.; & QUADROS, Fausto de.; Manual de Direito Internacional Público, Lisboa: Almedina, 3ª Ed., 2005; BROWNLIE, Ian.; Principles of Public International Law, Oxford University Press, 1990 (v. ver. ut.).

[356] DIVARDIN, Danilo Henrique.; Cooperação Internacional e Meio Ambiente: os programas da USAID no Brasil, Dissertação de Mestrado apresentada ao Programa de Pós-Graduação em Ciências Sociais da Faculdade de Filosofia e Ciências – UNESP, Campus de Marília – SP, como requisito para obtenção do título de Mestre em Ciências Sociais, Marília, SP, 2008.

[357] STIGLITZ, Joseph E.; & CHARLTON, Andrew.; Fair Trade for All, Oxford University Press, 2005 (v. ver. ut.).

[358] Treaty Banning Nuclear Weapon Tests in the Atmosphere, Outer Space and Under Water, 480 UNTS 43, entered into force October 10 1963. (end. e dat. disp.).

[359] Conforme o Artigo III, 6º, referido Tratado foi registrado e depositado na Carta das Nações Unidas.

[360] Cf. Apud. RENAUD, Philippe.; Plus de 500 essais atmosphériques ont été pratiqués, essentiellement dans l'hémisphère nord., Les Essais Atmosphériques, fiche 2, (end. e dat. disp.).

[361] Sobre o tema, ver em CARREÑO, Edmundo Vargas.; El Tratado de Tlatelolco, el Desarme y la no-proliferación nuclear en América Latina y el Caribe, Seminario Internacional de Seguridad Hemisférica, 23 – 27 de septiembre de 2003, (end. e dat. disp.).

[362] MIREK, Holger.; El tratado de tlatelolco, Limitaciones y resultados, Nueva Sociedad, nº 84, julio-agosto, 1986, p. 16-27, (end. e dat. disp.).

[363] Cf. Apud. United States Nuclear Tests, July 1945 through September 1992, Prepared by the United States, Department of Energy, Nevada Operations Office, Las Vegas, Nevada, Date Published – December 2000, (end. e dat. disp.).

BRUNO ALBERGARIA
O ESTADO SUSTENTÁVEL DEMOCRÁTICO DE DIREITO PELA ÓTICA TOPOLÓGICA

atóis de Bikini, Mururoa e Fangadaufa e tantos outros –, foram destruídos somente para testes de bombas nucleares.[364] Albert Einstein uma vez declarou: "A poderosa desintegração do átomo veio modificar tudo, salvo o nosso modo de pensar, fazendo-nos assim deslizar para uma catástrofe nunca vista. A sobrevivência da humanidade exige uma nova maneira de pensar".[365] Há quem faça inclusive um paralelo entre os testes nucleares subterrâneos e o aumento dos tsunamis do mundo.[366]

2.1.6.13 Aldo Leopoldo: um novo paradigma ético

Nos Estados Unidos antes da década de 60, Aldo Leopoldo,[cxlviii] em obra póstuma, *A Sand Country Almanac*,[367] precisamente no capítulo final intitulado *The Land Ethic*, – que, para alguns, veio a fundar uma ética ecológica para o planeta terra, em oposição à clássica ética antropocêntrica –,[368] sugeria que "a conservação é um estado de harmonia entre os homens e a terra".[369] Antevendo a exata dificuldade entre a conservação e o mundo econômico, escreveu:

> One basic weakness in a conservation system based wholly on economic motives is that most members of the land community have no economic value. Wildflowers and songbirds are examples. Of the 22,000 higher plants and animals native to Wisconsin, it is doubtful whether more than 5 per cent can be sold, fed, eaten, or otherwise put to economic use. Yet these creatures are members of the biotic community, and if (as I believe) its stability depends on its integrity, they are entitled to continuance.[370]

Para Leopoldo, a «ética da terra», então, deveria refletir a existência de uma consciência ecológica, e esta, por sua vez, espelhar a convicção da responsabilidade individual para a saúde da Terra, que, conforme o autor, seria a capacidade da Terra para a autorrenovação.[371] E, no mesmo sentido, a conservação deveria ser considerada *o nosso esforço para compreender e preservar essa capacidade*.[372]

2.1.6.14 Rachel Carson: uma primavera (nada) silenciosa

Na mesma linha de pensamento a bióloga americana Rachel Louise Carson[cxlix] escreveu o livro *Silent Spring* em 1964. Em narrativa poética descrevia os efeitos prejudiciais dos primeiros inseticidas modernos empregados em larga escala à base de Dicloro-Difenil-Tricloroetano[cl] – DDT.[cli] O título do livro sugere, inclusive, uma *primavera*

---

[364] Study of the Radiological Situation at the Atolls of Mururoa and Fangataufa, International Atomic Energy Agency, General Conference gc(42)/inf/3, 14 august 1998, (end. e dat. disp.).

[365] *Cf. Apud.* GRINEVALD, Jacques.; "A Consciencialização. Os pioneiros da ecologia"; In: Estado do Ambiente no Mundo. Direção de Michel e BEAUD, Calliope *et al*…, Lisboa: Instituto Piaget, 1995.

[366] OLIVEIRA, Ruy Bruno Bacelar de.; O Tsunami Asiático: fenômeno natural ou desastre provocado pelo homem?, (end. e dat. disp.).

[367] LEOPOLD, Aldo.; A Sand County Almanac, USA: The Oxford University Press, 1949.

[368] HOLMES ROLSTON, III.; The land ethic at the turn of the millennium, Biodiversity and Conservation 9, Netherlands: Kluwer Academic Publishers, 2000, p. 1045-1058.

[369] LEOPOLD, Aldo.; A Sand County Almanac….

[370] LEOPOLD, Aldo.; *Ob. cit.*

[371] LEOPOLD, Aldo.; *Ob. cit.*

[372] LEOPOLD, Aldo.; *Ob. cit.*

silenciosa, no qual os pássaros extintos, por causa do excessivo uso do DDT nas plantações, *não cantariam mais nos campos*.

O livro de Rachel Carson causou grande comoção, principalmente por conter elementos poéticos e científicos, atingindo uma grande massa da população e modificando a opinião pública sobre a utilização do DDT.[373] Por causa dessa imagem, bem como pela descoberta do ciclo acumulativo e, ainda, após intensa movimentação política de conscientização ambiental,[374] o referido pesticida foi proibido em vários países.[clii] Dessa forma, a conscientização ambiental começou a *levantar voos*, colocando em cheque a milenar crença na supremacia humana como ser superior e absoluto, quase intocável pela natureza, base da filosofia antropocêntrica.

De sorte, os estudos científicos sobre o ciclo acumulativo do DDT, juntamente com outros estudos, tais como a análise da relação entre as chuvas ácidas e os excessos de poluições atmosféricas, contribuíram para uma percepção da inter-relação entre os *hábitats* e os seres vivos. De fato, desde a Revolução Industrial a incidência das chuvas ácidas[cliii] nos países desenvolvidos, principalmente na Europa[cliv] e nos Estados Unidos, fez com que os estudos desses novos problemas se orientassem no sentido da visão macro da Terra, não se restringindo ao conceito setorial e reducionista. É, dessa feita, o que se pode dizer com a construção teorética holística do ambiente, que, indubitavelmente *contaminou* em «verdadeira pilotagem ecológica da norma»[375] o Direito Ambiental, elevando-o a categoria de macrobem[376] passível de proteção jurídica.[377]

2.1.6.14.1 Pesticidas ou remédios?

Fato é que os agrotóxicos[clv] ou pesticidas[clvi] são utilizados em grande escala por vários setores produtivos do mundo inteiro. Porém, são encontrados mais intensamente no setor agropecuário. Assim, são ainda utilizados na construção e manutenção de estradas, tratamento de madeiras para construção, indústria moveleira, armazenamento de grãos e sementes, produção de flores, combate às endemias e epidemias, como domissanitários.[378] Também constituem um setor importante para a economia. De fato, presume-se que os gastos em escala mundial ultrapassaram a cifra de US$ 20 bilhões em 1983 e, ao longo da década de 90, girou em torno de US$ 34,1 bilhões.[379] O mercado brasileiro de agrotóxicos é um dos maiores do mundo,[clvii] devido não somente ao forte *agrobusiness* existente no país, mas também pela falta de controle por parte dos órgãos

---

[373] MOURA, Romero Marinho de.; Rachel Carson e os Agrotóxicos 45 anos após Primavera Silenciosa, Anais da Academia Pernambucana de Ciência Agronômica, Recife, vols. 5 e 6, p. 44-52, 2008-2009.

[374] LEITE FARIA, Paulo José; A Evolução da Consciência Antropocêntrica para a Ecocêntrica em Face do Tecnicismo Moderno, Portal Universo Jurídico, (end. e dat. disp.).

[375] SOUSA ARAGÃO, Maria Alexandra de.; O Princípio do Nível Elevado de Protecção e a Renovação Ecológica do Direito do Ambiente e dos Resíduos, Coleção Teses, Coimbra: Almedina, 2006, p. 64.

[376] ALBERGARIA, Bruno.; Responsabilidade Civil das Empresas no Dano Ambiental ....

[377] LEITE, José Rubens Morato.; Dano Ambiental: do individual ao coletivo extrapatrimonial. SP: Ed. RT, 2000. V. *tb*, dentre tantos outros, SEGUIN, Élida.; Direito Ambiental: nossa Casa Planetária, SP: Editora Forense, 3ª ed., 2005.

[378] SILVA, Jandira Maciel da.; FARIA, Horácio Pereira de.; SILVA, Eliane Novato Silva.; PINHEIRO, Tarcísio Márcio Magalhães.; Protocolo de Atenção à Saúde dos Trabalhadores Expostos a Agrotóxicos, Diretrizes para Atenção Integral à Saúde do Trabalhador de Complexidade Diferenciada, Ministério da Saúde Secretaria de Atenção à Saúde Departamento de Ações Programáticas Estratégicas Área Técnica de Saúde do Trabalhador, 2006, (end. e dat. disp.).

[379] SILVA, Jandira Maciel da.; *et al*.; Protocolo de Atenção à Saúde dos Trabalhadores Expostos a Agrotóxicos ....

governamentais. Nesse sentido, o Brasil é um dos países que mais utiliza produtos[clviii] já banidos nos Estados Unidos da América e na Europa.[380]

Apesar dos reclames dos ambientalistas – frise-se que a agricultura orgânica para alimentação de toda a humanidade (perto dos seus 7 bilhões de habitantes)[clix] ainda representa um «sonho utópico», longe de se tornar uma realidade –,[381] é fácil constatar que a humanidade já sofreu enormes perdas – humanas, sociais e econômicas – por causa das «pragas agrícolas». Até mesmo os relatos bíblicos descrevem grandes períodos de escassez causados por invasões de gafanhotos.[clx] Em quase todos os continentes os relatos da devastação das pragas são alarmantes. Assim, na Europa, somente a título de exemplo, pode-se citar o caso da Irlanda, que por volta de 1845 foi atingida pela requeimada-batata, doença que dizimou os batatais daquela região e causou a morte de milhares de pessoas de fome.[382] Na Índia, a fome foi causa da morte de inúmeras pessoas devido à doença causada por fungo que matou mais de 50% das lavouras de arroz.[383] Em 1870, no Ceilão, hoje Sri Lanka, a cultura de café foi devastada pela ferrugem e teve que ser substituída pela de chá.[384] O Brasil presenciou a devastação da cultura de cacau pela vassoura-de-bruxa na região de Itabuna e Ilhéus, na Bahia. As consequências não se restringiram somente à seara econômica. A devastação das plantações de cacau acarretou sérios problemas sociais, como o êxodo rural e o desemprego, e ecológicos, por causa da destruição de partes da Mata Atlântica.[385]

Assim, não é de se espantar que o cientista Paul Müller foi agraciado com o Prêmio Nobel em 1948 por causa da descoberta em 1938 da síntese química do DDT, ou 1,1,1-tricloro-2,2-bis(4-cloro-fenil)etano, bem como suas propriedades inseticidas nos laboratórios da Companhia Suíça J. R. Geigy, S.A., considerado o primeiro inseticida sintético clorado orgânico.[386]

Contudo, os agrotóxicos por suas características bioacumulativas nos organismos e por serem altamente solúveis em água,[387] o que indica grande potencial de poluição aquática em ecossistemas,[388] podem ser encontrados nos alimentos, na água, no solo, no ar, enfim, em todo o ecossistema. De fato, resíduos de pesticidas organoclorados são contaminantes persistentes que podem penetrar em todos os compartimentos do ecossistema global. Por isso, a investigação e o controle desses resíduos são de interesse

---

[380] WOLFART, Graziela.; JUNGES, Márcia.; Não existe uso seguro de agrotóxicos, Revista do Instituto Unisinos – IHU on-line, Universidade do Vale do Rio dos Sinos – Unisinos, São Leopoldo, RS, 04 DE JULHO DE 2011, ED. 368.

[381] MOURA, Romero Marinho de.; Agrotóxicos: Heróis ou Vilões? A face à questão que todos devem saber, Anais da Academia Pernambucana de Ciência Agronômica, Recife, vol. 4, p. 23-49, 2007, (end. e dat. disp.).

[382] FLORES, Araceli Verônica.; RIBEIRO, Joselito Nardy.; NEVES, Antonio Augusto.; QUEIROZ, Eliana Lopes Ribeiro de.; Organoclorados: um problema de saúde pública, Ambiente & Sociedade – Vol. VII, nº 2, jul./dez. 2004, (end. e dat. disp.).

[383] FLORES, Araceli Verônica.; RIBEIRO, Joselito Nardy.; NEVES, Antonio Augusto.; QUEIROZ, Eliana Lopes Ribeiro de.; Ob. cit.

[384] FLORES, Araceli Verônica.; RIBEIRO, Joselito Nardy.; NEVES, Antonio Augusto.; QUEIROZ, Eliana Lopes Ribeiro de.; Ob. cit.

[385] SÁNCHEZ, Saúl E. M.; Cacau e graviola: descrição e danos das principais pragas-de-insetos, Ilhéus: Editus, 2011.

[386] MELLO, Jaíza Lucena de.; Avaliação da contaminação por HCH e DDT, dos leites de vaca e humano, provenientes da Cidade dos Meninos, Duque de Caxias – RJ/ Jaíza Lucena de Mello. Rio de Janeiro: ENSP/ Fiocruz, 1998.

[387] SILVA, Mariana dos Santos.; COCENZA, Daniela Sgarbi.; ROSA, André Henrique.; FRACETO, Leonardo Fernandes.; Efeito da Associação do Herbicida Clomazone a Nanoesferas de Alginato/Quitosana na sorção em solos, Quim. Nova, Vol. 35, No. 1, 102-107, 2012.

[388] SILVA, Mariana dos Santos.; et al., Efeito da Associação do Herbicida ...

CAPÍTULO 2
A SUSTENTABILIDADE COMO O ELO ESTRUTURANTE DO ESTADO...

195

sanitário, ecológico, econômico e social, tendo em vista que são considerados biocidas e não são facilmente eliminados do meio ambiente; essas substâncias foram detectadas,[389] inclusive, no leite materno.[390] Além das intoxicações agudas, a exposição ocupacional e/ou ambiental também pode causar uma série de problemas de saúde, conhecidos como intoxicação crônica. Infelizmente, na grande maioria as causas das contaminações por pesticidas são (*i*) o uso de roupa ou equipamento desadequado, (*ii*) a escassa preparação e conhecimento da perniciosidade destes produtos, (*iii*) o incumprimento de normas correspondentes e a falta de uma supervisão no manejo e aplicação de pesticidas.[391] A contaminação pode se manifestar de várias formas, tais como: problemas ligados à fertilidade, indução de defeitos teratogênicos e genéticos, câncer. Também são relatados efeitos deletérios sobre os sistemas nervoso, respiratório, cardiovascular, genitourinário, gastrointestinal, pele, olhos, além de alterações hematológicas e reações alérgicas a estas substâncias.[392]

Assim, se por um lado o acesso a mercados de massa (nacionais e internacionais) tem como escopo e necessidade grande produtividade por causa de um mundo altamente competitivo, a incorporação tecnológica é quase um imperativo. Mas, por outro lado, está associada ao surgimento de novos gravames à saúde e à segurança daqueles que utilizam tais tecnologias.[393]

A par desses problemas, em 1985 a FAO elaborou o Código Internacional de Conduta sobre a Distribuição e Utilização de Pesticidas, que objetiva estabelecer mecanismos de cooperação entre países exportadores e importadores de pesticidas, e criou o Programa das Nações Unidas para o Meio Ambiente (PNUMA).[394]

Atualmente, no âmbito internacional a matéria é tratada pela Convention of the Prior Informed Consent Procedure for Certain Hazardous Chemicals and Pesticides in International Trade, ou Convenção PIC. O procedimento PIC tem funcionado numa base voluntária desde 1989 e é atualmente aplicado por cerca de 145 países.[395] Na Cúpula da Terra, realizada no Rio de Janeiro em 1992, os governos decidiram reforçar aquele procedimento, transformando-o em tratado internacional. As negociações foram conduzidas pela FAO e pelo PNUMA e em 1998 foi adotada a Convenção de Roterdã.[396] Trata-se de uma convenção-quadro, cujo aperfeiçoamento é deferido pelos Estados Partes a órgãos colegiados, que adotam decisões que passam a integrar o quadro normativo da própria convenção. Juntamente com a Convenção de Estocolmo sobre Poluentes Orgânicos Persistentes (POP) e com a Convenção de Basileia sobre Movimento Transfronteiriço de Resíduos Tóxicos, constitui o tripé das normas que regulam o campo de produção,

---

[389] WOLFART, Graziela.; JUNGES, Márcia.; Não existe uso seguro de agrotóxicos, Rev. do Inst. Unisinos – IHU on-line, Univ. do Vale do Rio dos Sinos, São Leopoldo, RS, 04.7.2011, Ed. 368.

[390] MELLO, Jaíza Lucena de.; *Ob. cit.*

[391] GONÇALVES DA SILVA, Pedro Alexandre.; Perfil Epidemiológico de Internamentos por Intoxicação Aguda Nos Huc: 2000-2007, Dissertação apresentada à Universidade de Aveiro para cumprimento dos requisitos necessários à obtenção do grau de Mestre em Toxicologia e Ecotoxicologia, Departamento de Biologia da Universidade de Aveiro, 2009, (end. e dat. disp.).

[392] PERES, Frederico.; ROZEMBERG Brani.; LUCCA, Sérgio Roberto de.; Percepção de riscos no trabalho rural em uma região agrícola do Estado do Rio de Janeiro, Brasil: agrotóxicos, saúde e ambiente, Cad. Saúde Pública, Rio de Janeiro, 21(6):1836-1844, nov./dez., 2005, pp. 1836-1844.

[393] PERES, Frederico.; ROZEMBERG Brani.; LUCCA, Sérgio Roberto de.; *Ob. cit.*

[394] SOARES, Guido.; Direito internacional do meio ambiente: emergência, obrigações e responsabilidades, 2ª ed., SP, Atlas, 2003, p. 282.

[395] SOARES, Guido.; *Ob. cit.*, p. 282.

[396] SOARES, Guido.; *Ob. cit.*, p. 282.

comércio e transporte internacional de certas substâncias químicas.[397] A Convenção de Roterdã alinha-se com as preocupações da Declaração do Rio sobre Meio Ambiente e Desenvolvimento e com o Capítulo 19 da Agenda 21, intitulado *Manejo Ecologicamente Saudável das Substâncias Tóxicas, Incluída a Prevenção do Tráfico Internacional Ilegal dos Produtos Tóxicos e Perigosos*. Dessa forma, percebe-se que o Preâmbulo da Convenção diz que não só as questões ambientais devem ser reguladas – e protegidas – mas também as *questions* sociais, ou seja, a saúde do ser humano, *verbis* "proteger a saúde das pessoas, principalmente dos consumidores e dos trabalhadores, assim como do meio ambiente, contra os efeitos nefastos que podem ser causados por certos produtos químicos e pesticidas perigosos que são objeto do comércio internacional".

A nível europeu, a Política de Redução dos Riscos dos Pesticidas na União Europeia definiu primeiramente as exigências toxicológicas e ecotoxicológicas, impositiva à indústria dos pesticidas, pela Directiva 91/414/CEE.[398] Atualmente, a Directiva 2009/128/Ce do Parlamento Europeu e do Conselho de 21 de Outubro de 2009 estabelece um quadro de acção a nível comunitário para uma utilização sustentável dos pesticidas. O paradigma estruturante da respectiva Diretiva fundamenta-se nos «princípios da precaução e da prevenção» em que evoca, ainda, a criação de «um quadro jurídico comum que possibilite uma utilização sustentável dos pesticidas».[399] Neste contexto, a referida Directiva não sublima a importância de que «os instrumentos económicos podem desempenhar um papel crucial na realização dos objectivos relacionados com a utilização sustentável dos pesticidas». De fato, a utilização dos pesticidas como importante instrumento dos agricultores para uma eficiência maior deste setor da economia, deve «ser incentivada»[400] dentro da UE.[401]

Contudo, apesar da inclusão de toda a informação relevante de natureza toxicológica e ecotoxicológica nos rótulos e nas fichas de dados de segurança, imposta ainda pela Directiva 1999/45/CE e pelo Decreto-Lei nº 82/2003, de 23 de Abril, ocorre em Portugal o mesmo problema vivenciado no Brasil, qual seja, uma precária comunicação do risco dos pesticidas de maior perigosidade.[402] Assim, os dados oficiais nem sempre correspondem à realidade factual. É de se ressaltar que as Regras Oficiais de Protecção Integrada em Portugal foram definidas entre 1995 e 1997 pelo Decreto-Lei nº 180/95, de 26 de Julho, e pela Portaria nº 65/97, de 28 de Janeiro.[403] Já em relação à qualidade da

---

[397] RAMINA, Larissa.; Análise da Convenção de Roterdã sobre o Procedimento de Consentimento Prévio Informado para o Comércio Internacional de Certas Substâncias Químicas e Agrotóxicos Perigosos: "Convenção Pic", Cadernos da Escola de Direito e Relações Internacionais da UniBrasil, Jul./Dez. 2003, pp. 105-117.

[398] AMARO, Pedro.; A Revisão das Regras de Autorização de Pesticidas em Protecção Integrada, Grafilipe – Soc. Artes gráficas, Ltda., 2008.

[399] Considerando 1 da Directiva 2009/128/Ce do Parlamento Europeu e do Conselho de 21 de Outubro de 2009.

[400] Considerando 5 da Directiva 2009/128/Ce do Parlamento Europeu e do Conselho de 21 de Outubro de 2009.

[401] Há de se ressaltar a Directiva 2000/24/CE da Comissão de 28 de Abril de 2000, que alterou os anexos das Directivas 76/895/CEE, 86/362/CEE, 86/363/CEE e 90/642/CEE relativas à fixação de teores máximos para os resíduos de pesticidas à superfície e no interior dos cereais, dos géneros alimentícios de origem animal e de determinados produtos de origem vegetal, incluindo frutas e produtos hortícolas, bem como a Directiva 2006/61/CE da Comissão de 7 de Julho de 2006, que altera os anexos das Directivas 86/362/CEE, 86/363/CEE e 90/642/CEE do Conselho, no que diz respeito aos limites máximos de resíduos de atrazina, azinfos-etilo, ciflutrina, etefão, fentião, metamidofos, metomil, paraquato e triazofos.

[402] AMARO, Pedro.; A Revisão Das Regras De Autorização De Pesticidas Em Protecção Integrada, Grafilipe – Soc. Artes gráficas, Ltda., 2008.

[403] AMARO, Pedro.; *Ob. cit.*

água destinada ao consumo humano em Portugal a legislação em vigor se dá através do Decreto-Lei nº 306/2007, de 27 de Agosto.[404]

Como alternativa promissora, tem-se (ao menos no Brasil) o mercado dos biopesticidas, tendo em vista que é menos danoso para o ambiente e também para a saúde humana.

2.1.6.15 No mundo da Lua

A relação entre o homem e a natureza passa também pela questão espacial, na qual o homem *tenta sair* da Terra – sua casa natural. A própria possibilidade de devastação do planeta Terra provocada pela degradação ambiental, pelas pestes ou, ainda, por causa de guerras, faz com que cientistas de renome mundial, tais como Stephen Hawking,[clxi] sejam ardorosos defensores da exploração e colonização do espaço,[405] com o escopo de «salvar a espécie humana» de um futuro inevitável. Fato é que, em Outubro de 1957, a antiga União Soviética inaugurou a era espacial ao lançar a espaçonave *Sputinik 1*.[406] Um mês depois foi a vez do primeiro animal vivo sair de órbita. Uma cadela de rua, *vira-lata*, de nome Laika, embarcou no *Sputinik 2* no dia 3 de Novembro de 1957.[407] Apesar das autoridades soviéticas negarem, afirmando que o objetivo era regressar a cadela com vida à Terra, sabia-se que seria uma missão impossível. Por isso, pretendia-se envenenar Laika se ela sobrevivesse por dez dias no espaço. De qualquer forma, Laika morreu entre cinco e sete horas após a decolagem.[408] A cápsula explodiu ao reentrar na atmosfera em 14 de abril de 1958. No mesmo ano, ou seja, em 1958, os Estados Unidos enviaram ao espaço um macaco-esquilo (chamado de Gordo), que, apesar de ter regressado com vida à Terra, morreu no fundo do mar porque a cápsula que o trazia afundou, impossibilitando o seu resgate.[clxii]

Alguns autores[409] alegam inclusive que a primeira foto tirada do espaço da Terra, pela nave espacial Apolo em 1968, mostrando um planeta azul na imensidão negra do espaço, foi também um dos fatores de influência para os movimentos ecológicos,[410] evocando um certo sentimentalismo diminuto do homem em relação à infinitude do espaço e à "fragilidade" do planeta azul. A Terra começou, sob a ótica dos ambientalistas, a

---

[404] TENDINHA, Cristina.; Monitorização de Pesticidas em Águas para Consumo Humano – Um desafio tecnológico para os laboratórios, Segurança e Qualidade Alimentar, N. 7, Dezembro 2009, p. 39-41.

[405] WILLIAMS, Lynda.; Irrational Dreams of Space Colonization Peace Review, a Journal of Social Justice The New Arms Race in Outer Space (22.1, Spring 2010), (end. e dat. disp.).

[406] TARABZOUNI, Mohamed Ahmed.; Establishing Space Policy, Riyadh, 11614, Saudi Arabia, 2011, (end. e dat. disp.).

[407] McCORRY, Wendy.; Sputnik's Fifty Year legacy, Armagh Planetarium, Astronotes, October, 2007, (end. e dat. disp.).

[408] McNICHOLL. Sinead.; 10 Animal Space Travellers, Human Exploration, October 14, 2011, (end. e dat. disp.).

[409] LEITE FARIA, Paulo José.; A Evolução da Consciência Antropocêntrica para a Ecocêntrica em face do Tecnicismo Moderno. Portal Universo Jurídico. (end. e dat. disp.).

[410] Assim, MANUEL PUREZA descreve: "quando a tripulação da Apolo XI fotografou o imponente *nascer-da-Terra* nos confins do horizonte lunar, estava certamente longe de supor a quantidade e a radicalidade dos efeitos que essa imagem haveria de transpor consigo. Através dela, os homens e mulheres deste final de pequenez, da vulnerabilidade e da finitude da *nave espacial Terra*". MANUEL PUREZA, José.; Um Estatuto Jurídico Internacional para o Ambiente: Património ou Preocupação Comum da Humanidade? In: Estado e Direito, Revista Semestral Luso-Espanhola de Direito Publico, nº 13, 1º Semestre, 1994, p. 83-102. Al Gore lembra, portanto, que dois anos depois da foto da Terra ser publicada começaram os movimentos ambientais modernos. In: AL GORE, An Inconvenient Truth (v. ver. ut.).

ser vista como uma «*Spaceship Earth*»[411] frágil, e com os recursos naturais limitados. De qualquer forma, afirma-se que a "escolha" da década de 1960, mais precisamente o ano de 1968,[clxiii] como data do nascimento da «era ecológica», é de lavra do Prof. Alexandre Kiss, em sua obra *Droit International de l'environment*, de 1989.[412] De fato, a partir da década de 60 do século passado, efeitos danosos ao ambiente foram provocados justamente pela inserção de novas tecnologias, demonstrando assim, a precariedade[clxiv] do conhecimento atingido.[413]

2.1.6.16 De Cartesius à *Deep Ecology*: *Ecce Homo*

Aqui, há que ressaltar o fortalecimento (ou radicalismo) de movimentos filosóficos contrários ao antropocentrismo científico cartesiano característico do mundo moderno. Com efeito, como resposta aos novos anseios por uma filosofia não só voltada ao antropocentrismo, novos paradigmas filosóficos eclodiram no mundo em crise, em que vieram promover o ecocentrismo[414] com traços do biocentrismo igualitário.[415] Com efeito, no ano de 1973, o movimento chamado *Deep Ecology* (Ecologia Profunda), tendo por principal expoente o filósofo norueguês Arne Naess,[clxv] despontou como uma proposta de alternativa para o então modelo de vida (e filosofia).

Porém, para compreender a mudança de paradigma ofertado pela *Deep Ecology*, mister se faz a incursão (histórica) do modelo proposto por René Descartes,[clxvi] bem como uma passagem (visionária) pelo mundo medievo. Assim, para o matemático e filósofo francês, após entender que a teologia, que à época estava em crise, deveria consistir (unicamente) o modo pelo qual o homem ganharia o Céu, a filosofia deveria preocupar-se com a maneira de falar com verossimilhança de todas as coisas.[416] Porém, as ciências do mundo ocidental necessitavam de um *méthode* no qual se poderia aprender a distinguir o verdadeiro do falso,[417] para ver claro (...) e caminhar com segurança na vida.[418] Dessa forma, aduziu que os sentidos podem, às vezes, enganar; porém, também alguns homens podem se enganar ao raciocinar.[419] Por isso, começou a questionar todo

---

[411] LEACH, Melissa.; MEARNS, Robin.; Environmental Change and Policy, 1996. In, Melissa Leach & Robin Mearns (eds), The Lie of the Land: Challenging Received Wisdom on the African Environment, Oxford: James Currey, p. 1-33, (end. e dat. disp.).

[412] Pode-se encontrar essa afirmativa em SOARES, Guido Fernando Silva.; Direito Internacional do Meio Ambiente. Emergência, Obrigações e Responsabilidades, São Paulo: Atlas, 2001, p. 45; AMADO GOMES, Carla.; Ambiente (Direito do). In: Textos Dispersos de Direito do Ambiente, Lisboa: AAFDL, 2005, p. 73 (esse texto também pode ser encontrado no II Suplemento do Dicionário Jurídico da Administração Pública, 1998, p. 9-29); MEDEIROS, Fernanda Luiza Fontoura.; Meio Ambiente. Direito e Dever Fundamental, Porto Alegre: Livraria do Advogado, 2004, p. 41.

[413] Nas palavras de Carla Amado Gomes, relembrando A. Kiss ("La protection de l'environment en Europe", In: AE. XXX (1982), págs. 75-76): "A ideia de um "direito do ambiente" é fruto do "despertar ecológico" de finais da década de 60 do século XX". In: AMADO GOMES, Carla.; Risco e Modificação do Acto Autorizativo Concretizador de Deveres de Protecção do Ambiente. Coimbra Editora. 2007, p. 25.

[414] Ver, por todos, FERRY, Luc.; Le nouvel ordre écologique, Éditions Grasset & Fasquelle, 1992 (v. ver. ut.).

[415] SANTOS RODRIGUES, Vera Mónica dos.; Deep Ecology: Princípios, Fundamentos e Fins – Dissertação de Mestrado em Ecologia Humana e Problemas Sociais Contemporâneos, Faculdade de Ciências Sociais e Humanas, Universidade Nova de Lisboa, 2012. (end. e dat. disp.).

[416] DESCARTES, René.; Discours de la méthode pour bien conduire sa raison, et chercher la verité dans les sciences. 1637. (v. ver. ut.), p. 8.

[417] Para Descartes, a verdade consistia em apenas uma versão. DESCARTES, René.; *Ob. cit.*, p. 26.

[418] DESCARTES, René.; *Ob. cit.*, p. 12.

[419] DESCARTES, René.; *Ob. cit.*, p. 39.

o pré-conhecimento – fundado na teocracia –, inclusive da própria existência. Porém, rompe com o questionamento em si mesmo, justamente por fazê-lo: *je pense, donc je suis*.[420]

Com efeito, após reafirmar seu *méthode*, no qual defendia a própria existência através da sustentabilidade do pensamento, concluiu que *para existir não se tem a necessidade de nenhum lugar nem depende de nenhuma coisa material*.[421] Ademais, *a natureza intelectual é distinta da corpórea*,[422] não podendo ser derivada da matéria.[423] Assim, o homem não necessitaria, filosoficamente, de nenhum elemento da natureza, nem do seu *hábitat* como elemento necessário a sua existência.

Em relação aos animais irracionais (e aqui é o ponto central para o nosso entendimento do mundo antropocêntrico científico), o homem se diferenciaria tendo em vista que *i*) os homens se comunicam através de palavras articuladas para exprimir aos outros os pensamentos e, *ii*) o homem é guiado pela razão. Ademais,

> il n'y en a point qui éloigne plutôt les esprits foibles du droit chemin de la vertu, que d'imaginer que l'âme des bêtes soit de même nature que la nôtre, et que par conséquent nous n'avons rien à craindre ni à espérer après cette vie, non plus que les mouches et les fourmis; au lieu que lorsqu'on sait combien elles différent, on comprend beaucoup mieux les raisons qui prouvent que la nôtre est d'une nature entièrement indépendante du corps, et par conséquent qu'elle n'est point sujette à mourir avec lui; puis, d'autant qu'on ne voit point d'autres causes qui la détruisent, on est naturellement porté à juger de là qu'elle est immortelle.[clxvii][424]

Se, portanto, o homem é completamente diferente (e superior) dos animais irracionais e de toda a natureza na qual está inserido, nada mais natural – e racional – concluir que

> est possible de parvenir à des connoissances qui soient fort utiles à la vie; et qu'au lieu de cette philosophie spéculative qu'on enseigne dans les écoles, on en peut trouver une pratique, par laquelle, connaissant la force et les actions du feu, de l'eau, de l'air, des astres, des cieux, et de tous les autres corps qui nous environnent, aussi distinctement que nous connaissons les divers métiers de nos artisans, nous les pourrions employer en même façon à tous les usages auxquels ils sont propres, et ainsi nous rendre comme maîtres et possesseurs de la nature.[clxviii][425]

Apesar de Descartes ter tentado modificar a sua filosofia anos depois da sua obra-prima – *Discours de la* méthode –, asseverando a possibilidade dos animais irracionais sentirem dor ou qualquer outra sensação, indubitavelmente, os ensinamentos de Descartes, com a sua doutrina cartesiana, produziram um efeito secundário de degradar a imagem dos bichos, em contraste com os seres humanos.[426] Com efeito,

---

[420] A frase ficou imortalizada em latim: *Cogito, ergo sum*. Porém, para ser fiel aos desejos do próprio Descartes (p. 89), mantém-se aqui o original em francês.

[421] DESCARTES, René; *Ob. cit.*, p. 40.

[422] DESCARTES, René; *Ob. cit.*, p. 44.

[423] DESCARTES, René; *Ob. cit.*, p. 67/68.

[424] DESCARTES, René; *Ob. cit.*, p. 70/71.

[425] DESCARTES, René; *Ob. cit.*, p. 73.

[426] THOMAS, Keith.; Man and the natural world: changing attitudes in England, 1500-1800. Harmondsworth: Penguin Book Ltda. 1983 (v. ver. ut.). Tradução de João Roberto Martins Filho; consultor Renato Janine Ribeiro;

muito se discutiu se os animais (e a natureza) eram máquinas-animais destituídas de sentimentos – dor ou alegria, por exemplo – a partir dos pensamentos de Descartes.[427]

2.1.6.17 *Deep Ecology*

Porém, a proposta dos princípios da *Ecologia Profunda* reside na ideia de que o homem é parte integrante – igualitária – do ambiente, e que, como consequência disso, as espécies não humanas e os ecossistemas deveriam assumir um *status* não de subordinação hierárquica inferior (para servir ao homem), mas como tendo um «valor em si».[428] Para o ecocentrismo profundo, o mundo não é um somatório de objetos isolados, mas uma rede de fenômenos que estão intrinsecamente interconectados e interdependentes entre si.[429] Com efeito, todos os seres humanos têm o mesmo valor na cadeia da vida da Terra, posto estarem – todos – conectados «como um fio particular»[430] na teia da vida. O homem insere-se no mesmo plano de todos os outros seres vivos.[431] Qualquer alteração do equilíbrio do sistema – do qual o homem faz parte, mas como ser dependente e não dominador – provocaria um desequilíbrio irremediável em todo o sistema vivo.[432] Para o físico austríaco Fritjof Capra,[clxix] a percepção da «ecologia profunda» é no sentido de reconhecer a interdependência de todos os seres vivos com o meio em que vivem como sendo fundamental de todos os fenômenos.[433] Assim, enquanto indivíduos e sociedades, todos os seres estão «encaixados nos processos cíclicos da natureza»[434] e que, em última análise, somos dependentes desses processos.[435] Neste aspecto, Lévinas, por exemplo, defende a tese de que a natureza deve ser concebida desde o parâmetro da alteridade, como relação e respeito à característica própria do outro, ou seja, que ela seja vista como *Outro* – esta seria a condição de uma relação eficaz e digna para com a natureza.[436]

---

consultor de termos zoológicos Márcio Martins. São Paulo: Companhia das Letras. 2010. p. 44. Ainda, coadunando com a tese de que a teoria de Descartes produziu um sentimento de descrédito e inferioridade aos animais *irracionais* em relação aos homens: ARAÚJO, Fernando.; A Hora dos Direitos dos Animais, Coimbra: Almedina, 2003, p. 89. Neste último caso, ainda argumenta que não menos nocivo, perene e terrífico é o legado cartesiano da dualidade «corpo-alma». *Cf. Ob. cit.*, p. 90.

[427] THOMAS, Keith.; Man and the natural world…., p. 46.

[428] SIQUEIRA-BATISTA, Rodrigo.; GOMES, Andréia Patrícia.; RÔÇAS, Giselle.; Ética para Todos os Seres e Ecologia Profunda: um preliminar diálogo com relevância para a saúde pública, Caderno de Saúde Coletiva, Rio de Janeiro, 17 (3), p. 559-574, 2009.

[429] NAESS, Arne.; The Shallow and the Deep, Long-Range Ecology Movement: A Summary, In: The Deep Ecology Movement, na Introductory Anthology, Edited by Alan Drengson & Yuichi Inoue, 1995; Ver também, NAESS, Arne.; Self-Realization: An Ecological Approach to Being in the Word, In: The Deep Ecology Movement, na Introductory Anthology, Edited by Alan Drengson & Yuichi Inoue, 1995.

[430] CAMPOS, Pedro Celso.; Ecologia Humana. O pressuposto da Ética na preservação do Meio Ambiente. Breve história sobre origens e conceitos do Movimento Ambientalista. (end. e dat. disp.).

[431] SANTOS RODRIGUES, Vera Mónica dos.; Deep Ecology: Princípios, Fundamentos e Fins – Dissertação de Mestrado em Ecologia Humana e Problemas Sociais Contemporâneos, Faculdade de Ciências Sociais e Humanas, Universidade Nova de Lisboa, 2012. (end. e dat. disp.).

[432] NAESS, Arne.; The Shallow and the Deep …; Também, NAESS, Arne.; Self-Realization: An Ecological Approach to Being in the Word ….

[433] CAPRA, Fritjof.; The Web of Life: A New Scientific Understanding of Living Syst, 1996, (v. ver. ut.).

[434] CAPRA, Fritjof.; *Ob. cit.*

[435] SIQUEIRA-BATISTA, Rodrigo.; GOMES, Andréia Patrícia.; RÔÇAS, Giselle.; Ética para Todos os Seres e Ecologia Profunda: …

[436] POSSAMAI, Fábio Valenti.; A posição do ser humano no mundo e a crise ambiental contemporânea, Revista Redbioética/UNESCO, Office Montevideo and Regional Bureau for Science in Latin America and the Caribbean, Montevideo, UNESCO Office Montevideo, 2010, p. 189-202, (end. e dat. disp.).

2.1.6.18 Um retorno ao antropocentrismo grego antigo

Os debates jusfilosóficos ambientais formadores de uma «nova ordem ecológica» chegam a propor uma nova ética ambiental,[437] (inclusive) inclusiva à natureza e aos animais[438] (que fazem parte da natureza). Todavia, por causa de um ritmo de crescimento econômico intensificado notadamente entre 1945 e 1970,[439] causando efeitos nocivos ao meio ambiente,[440] surgiram várias correntes científicas sobre a utilização e esgotamento desses recursos bem com – *e principalmente* – a relação homem e (*versus*) natureza. Em um retrospecto histórico, o teocentrismo medieval foi superado pelo antropocentrismo renascentista-iluminista.[441] Assim, na dialética evolução contínua da história, alguns advogam e defendem uma norma ordem ambiental, estruturada em um ecocentrismo (e suas variantes).[442]

Contudo, apesar de ser uma novíssima ecofilosofia, as bases repousam em pensamentos filosóficos mais antigos. Assim, somente como ponto ilustrativo pode-se evocar a base grega. De fato, o artifício de pensar e construir a verdade pelo pensamento abstrato, com a possibilidade de, através de uma base racional, o *lógos* (λόγος), ser repensada, reformulada e corrigir as teses propostas[443] com o objetivo de se chegar a um princípio universal, *arché* (pode-se grafar também como *arkhé*, do grego ἀρχή), marca o início do que se chama de filosofia grega pré-socrática.[444] Para alguns historiadores, Tales,[445] que

---

[437] Em referência, FERRY, Luc.; Le nouvel ordre écologique, Éditions Grasset & Fasquelle, 1992 (V. ver. ut.).; LEFF, Enrique., Racionalidad ambiental: la reapropiación social de la naturaleza, Mexico: Siglo XXI editores, 2004; OST, François.; La Nature hors la Loi, 1995. (v. ver. ut.).

[438] REGAN, Tom.; The Case for Animal Rights (1983); FRANKLIN, Julian H.; Animal Rights and Moral Philosophy (2005); SINGER, Peter.; Libertação Animal, Autor:, Editora Lugano, 2004; ARAUJO, Fernando.; A Hora dos Direitos dos Animais, Coimbra: Almedina, 2003; LEVAI, Laerte Fernando.; Direito dos Animais, O direito deles e o nosso direito sobre eles, Campos do Jordão: Editora Mantiqueira, 2004; LOURENÇO, Daniel Braga.; Direito dos Animais, Editora Fabris. Ainda, ALMEIDA SILVA Tagore Trajano de.; Direito animal e hermenêutica jurídica da mudança: Animais como novos sujeitos de direito, (end. e dat. disp.).

[439] YU, Chang Man.; Sequestro Florestal de Carbono no Brasil…, p. 101.

[440] ANDRADE, Daniel Caixeta.; Economia e meio ambiente: aspectos teóricos e metodológicos nas visões neoclássica e da economia ecológica, In: Leituras de Economia Política, Campinas, (14): 1-31, ago./dez. 2008, (end. e dat. disp.).

[441] Contra a terminologia "renascimento" e "iluminismo" em REALE, Giovanni.; e ANTISERI, Dario.; *Ob. cit.*, p. 51. Ver também: COMPARATO, Fábio Konder.; Ética. Direito, Moral e Religião no Mundo Moderno, SP: Companhia das Letras, 2006. Apesar da relativização do julgamento dos historiadores desse período histórico, como observa NAY, Olivier.; (Histoire des idées politiques …. p. 70 e segs), mantém-se aqui, até mesmo por coerência, os termos Renascimento-Iluminista. Ver também, MONDOLFO, Rodolfo.; Il pensiero politico nel Risorgimento italiano, Nuova accademia, 1959. (v. ver. ut.).

[442] Sobre o tema, pode citar ANDREOZZI, Mateo.; Dall'Antropocentrismo All'Ecocentrismo, Università Degli Studi di Milano, Facoltà di Lettere e Filosofia, Corso di Laurea Biennale. In: Scienze Filosofiche, Anno Accademico 2008/2009 (end. e dat. disp.); GOMES CANOTILHO, J. J.; Procedimento Administrativo e Defesa do Meio Ambiente, Revista de Legislação e Jurisprudência, ano 123º, 1991, nº 3799, p. 290; YU, Chang Man.; Sequestro Florestal de Carbono no Brasil….

[443] "Pré-Socráticos – Vida e Obra", Coleção Os pensadores, Editora Nova Cultura Ltda., 2000, p. 16.

[444] O pensamento pré-socrático foi marcado pela tentativa de desmitizar ou dessacralizar o mito em nome do *logos* (λόγος), da razão. Ver In: BRANDÃO, Junito de Souza.; Mitologia Grega, Vol. I, Editora Vozes, 13ª ed., p. 27.

[445] Ver melhor em KIRK, G.S.; RAVEN, J.E.; SCHOFIELD, M.; The Presocratic Philosophers, 1983 …, p. 73 e segs.

viveu na cidade de Mileto,[446] iniciou na Grécia Antiga a filosofia.[447][448] Assim, os primeiros filósofos gregos, chamados de pré-socráticos, pensavam que o ser humano, assim como todas as demais coisas, era originário de um único princípio, *arché*, no qual não havia diferenciação entre o físico e a alma: tudo deriva de um único elemento e, portanto, é fonte e origem, foz e termo último, sustentáculo permanente que mantém todas as coisas. Como define Diógenes de Apolónia[clxx] o "princípio" pode ser entendido como aquilo *do qual* provêm, aquilo *no qual* se concluem e aquilo *pelo qual* existem e subsistem todas as coisas.[449] Com efeito, os primeiros filósofos pré-socráticos são considerados "naturalistas" porque veem o divino, o seja, o princípio – *arché*, como algo do mundo, de sua essência natural.[450]

Neste ponto, não há que se falar em diferenciação entre o mundo natural, natureza, com a constituição dos dois elementos da composição do homem, corpo físico e alma. Contudo, a *arché*, o princípio e a origem, era, para cada corrente específica da filosofia grega pré-socrática, um elemento específico da natureza: terra, água,[clxxi][451] ar[452] e o fogo.[clxxii][453][clxxiii][454] Com efeito, em todas essas correntes filosóficas, em última análise, o homem era originário, *arché* – ἀρχή –, da natureza. Demócrito,[clxxiv] com o seu materialismo que indagava qual seria o final e irredutível componente das coisas, afirmava que nada existia a não serem átomos e espaços.[455]

Portanto, os primeiros filósofos gregos pré-socráticos eram naturalistas porque entendiam que o divino, o princípio, a essência, a *arché*, não era algo diferenciado do mundo natural, mas algo que faz parte dele.[456] Até mesmo a corrente filosófica iniciada por Pitágoras,[457] que entendia o número como *arché* de todas as coisas, identificava os números com os elementos da natureza.[458] Ademais, para filósofos como Empédocles, a morte e a vida (nascimento) nada mais eram do que uma mistura e uma dissolução de algumas substâncias que permanecem eternamente iguais e indestrutíveis. Assim, para

---

[446] Cita-se "Segundo uma tradição, que remonta aos próprios gregos antigos, o primeiro filósofo teria sido Tales de Mileto. As datas a respeito de sua vida são incertas, sabendo-se, porém, com segurança, que ele viveu no período compreendido entre o final do século II e meados do século VI a.c." In: "Pré-Socráticos – Vida e Obra", Coleção Os pensadores, Editora Nova Cultura Ltda., 2000, p. 15. Ver também, KIRK, G.S.; RAVEN, J.E.; SCHOFIELD, M.; The Presocratic Philosophers, 1983 ..., p. 73 e segs.; REALE, Giovanni.; e ANTISERI, Dario.; *Ob. cit.*

[447] Apesar de ser praticamente *lugar-comum* a designação da Grécia Clássica como o "berço" da filosofia e, portanto, da cultura ocidental, pode-se perceber uma aproximação e semelhança entre a mitologia grega e as culturas geograficamente próximas, tais como a babilônica, a egípcia e a hitita, notadamente no que se refere aos mitos teogônicos, o que induz, inclusive, a "esclarecer alguns pormenores das explicações dadas pelos Gregos até Tales, inclusive". KIRK, G.S.; RAVEN, J.E.; SCHOFIELD, M.; The Presocratic Philosophers, 1983 ..., p. 2.

[448] Deve-se observar, contudo, que a própria racionalidade do herói homérico Ulisses, o qual tinha a capacidade de "analisar situações complexas e de fazer escolhas racionais, como resultado dessa análise", já denotava um refinamento do homem grego não apenas do sentido lógico, mas também na seara psicológica. *Cf. Apud.* KIRK, G.S.; RAVEN, J.E.; SCHOFIELD, M.; The Presocratic Philosophers, 1983 ..., p. 69.

[449] Ver melhor em KIRK, G.S.; RAVEN, J.E.; SCHOFIELD, M.; The Presocratic Philosophers, 1983 ..., p. 459 e segs.

[450] REALE, Giovanni.; e ANTISERI, Dario.; *Ob. cit.*, p. 30.

[451] KIRK, G.S., RAVEN, J.E., SCHOFIELD, M. The Presocratic... p. 86-87.

[452] Anaxímenes e Diógenes, em Aristóteles *Met.* KIRK, G.S., RAVEN, J.E., SCHOFIELD, M. The Presocratic... p. 146/7. Acompanham essa afirmação: Cícero de natura deorum I, 10, 26; Écio I, 7, 13 e Agostinho de civ. Dei VIII, 2. Ob. cit. 152.

[453] KIRK, G.S., RAVEN, J.E., SCHOFIELD, M. The Presocratic... pág. 99 e segs.

[454] KIRK, G.S., RAVEN, J.E., SCHOFIELD, M. The Presocratic... pág. 205.

[455] DURANT, Will. The Story of Philosophy... pág. 31.

[456] REALE, Giovanni.; e ANTISERI, Dario.; *Ob. cit.* 32.

[457] Os pitagóricos. In: KIRK, G.S., RAVEN, J.E., SCHOFIELD, M. The Presocratic... p. 221 e segs.

[458] A terra era um cubo; o fogo uma pirâmide; o ar o octaedro e a água o icosaedro. In: REALE, Giovanni.; e ANTISERI, Dario.; *Ob. cit.*, p. 44.

Empédocles, as quatro substâncias encontradas no mundo, quais sejam, a água, o ar, a terra e o fogo eram originárias do *aither*[459] – Αὶθήρ – configurando, assim, as "raízes de todas as coisas". Com efeito, a percepção da essência do mundo, o éter *universal*, seja material ou imaterial, necessariamente, passava pelos elementos da natureza.

Porém, quanto mais o homem se enxergava como *Homo sapiens*, isto é, dotado de razão e capaz de controlar o mundo a sua volta, mais necessidade tinha de afirmar que não era animal – ou um animal diferenciado (melhor) dos demais – e, consequentemente, de querer controlar a natureza. O próprio Sócrates, nas palavras de Xenofonte, faz uma defesa *memorável* em nome da superioridade do ser humano perante os demais animais.[clxxv] [460]

Como se vê, as questões teoréticas filosóficas entre a natureza – o mundo vegetal, o mundo animal (irracional) e até mesmo os seres não viventes – e o universo humano não é fruto da modernidade. Porém, em retorno à atualidade, fato é que, de um lado, os *ecologistas pessimistas* acreditam que o processo de degradação do meio ambiente (já) entrou em uma dinâmica sem possível retorno,[461] no lado oposto, os cornucopianos[clxxvi] simplesmente negam qualquer crise ambiental. No meio do caminho, há várias outras correntes filosóficas, as quais podem ser agrupadas – embora haja ramificações internas[462] – entre (*i*) os ecologistas profundos «*deep ecology*», focados na natureza como valor em si, inclusive advogando que dever-se-ia parar por completo toda e qualquer atividade depredatória ao meio ambiente [alguns defendem até mesmo o extrativismo vegetal como a única forma ética de se alimentar]; (*ii*) os ambientalistas moderados, ou seja, aqueles que defendem o meio ambiente, sem o «alarido cataclítico», com a manutenção dos meios de produção, mas com uma responsabilidade ambiental; e (*iii*) aqueles que defendem o uso responsável da natureza enquanto meio para satisfazer as necessidades sociais bem como promover a justiça social.[463]

Independentemente da aproximação teorética, é fato que as questões ambientais modernas, como as mudanças climáticas, poluição, perda de biodiversidade, evocam novos paradigmas também para as ciências econômicas.[464] Ademais, com o modelo de «escassez» e «excedente» que permeia o núcleo central das ciências econômicas,[465] a qualidade de vida e a coesão das sociedades humanas são profunda e irremediavelmente dependentes dos bens e serviços providos diretamente pela natureza.[466] Com efeito, torna-se fundamental que a economia faça uma interconexão entre o sistema econômico e os impactos que as atividades humanas têm sobre os sistemas naturais, que têm como reflexo intercomunicativo, a qualidade de vida humana.[467]

---

[459] KIRK, G.S.; RAVEN, J.E.; SCHOFIELD, M.; *Ob. cit.*, p. 314.

[460] XENOFONTE.; Ditos e Feitos Memoráveis de Sócrates, Livro I, Capítulo IV.

[461] Por todos, ver LOVELOCK, James.; The Revenge of Gaia: Why the Earth is Fighting Back – and How we Can Still Save Humanity (v. ver. ut.).

[462] Segue de perto a classificação de YU, Chang Man.; Sequestro Florestal de Carbono no Brasil – Dimensões Políticas, Socioeconômicas e Ecológicas. São Paulo: Annablume, 2004

[463] PEPPER, David.; Eco-socialism from deep ecology to social justice, 1993 (v. ver. ut.).

[464] ANDRADE, Daniel Caixeta.; Economia e meio ambiente: ....

[465] Por todos, ver MANKIW, N. Gregory.; Principles of Economics – Second Edition, The Dryden Press, Harcourt Brace College Publishers, 2001, (v. ver. ut.).

[466] ANDRADE, Daniel Caixeta.; Economia e meio ambiente....

[467] SACHS, Ignacy.; Rumo à ecossocioeconomia: teoria e prática do desenvolvimento. São Paulo: Cortez, 2007. p. 351-352.

2.1.6.19 Para além de Malthus: o fim do mundo por ações antrópicas ambientais

Somente a título ilustrativo, isto é, sem vinculação a sua proposta, exorta-se, inicialmente, a Teoria de Gaia, do inglês James Lovelock.[468] Assim, aduz que a parte física, isto é, o invólucro esférico e proporcionalmente fino[469] (em relação à totalidade do globo terrestre), que cerca o interior incandescente da Terra, em conjunto com os organismos vivos (elementos orgânicos), denomina metaforicamente de Gaia, em alusão à mitológica deusa grega. Utiliza a expressão *Gaia* para evocar o instinto humano e poder explicar melhor todo o processo inter-relacional entre vivos e não vivos.[470] Com efeito, *Gaia* pode ser comparado a um sistema fisiológico: dinâmico, que se mantém apto para a vida há mais de 3 bilhões de anos.[471] Contudo, pela excessiva ação antrópica, as inter-relações que fazem de Gaia um ser vivente (biótico e abiótico) estariam em nítido processo (irreversível) de deterioração, o que acarretaria o fim do mundo (pelo menos aquele no qual estamos vivenciando).

2.1.6.20 Jared Diamond e o fim do mundo

Em defesa das possibilidades de extinção de uma sociedade, tendo em vista as depredações antrópicas ambientais, Jared Diamond[clxxvii] reporta-se à história e às sociedades antes prósperas, mas que sucumbiram ao desaparecimento.[472] Assim, "a ecologia – muito mais do que os reis, as guerras e os tratados – tem sido um dos maiores árbitros da ascensão e da decadência das civilizações ao longo da História".[473] Diamond cita, como exemplo, os povos que habitavam Páscoa, ilha isolada no Oceano Pacífico. Pelos estudos, calcula-se que a ilha, no auge da sua civilização, chegou a ter 20 mil habitantes, em um passado não tão remoto.[474] Contudo, a civilização foi extinta provavelmente no século XVIII, e a população da ilha foi reduzida a poucos habitantes.[475] Há a suspeita, inclusive, de canibalismo. Um dos factores articulados por Diamond para a extinção dos povos da ilha de Pascoa é a devastação ambiental.[476] Sustenta o autor que a ilha, na chegada dos primeiros habitantes, povos da polinésia, provavelmente há 1.400 anos, era fértil com uma espécie de palmeira, alta e robusta, da qual se extraía madeira para construção de embarcações, nozes para alimentação, fibra para se fazer corda e era utilizada, ainda, como fonte de energia (carvão).[477]

Assim, os clãs que dominavam a ilha entraram em uma espécie de competição para ver quem construía mais estátuas, o que ocasionou em um aumento acelerado da

---

[468] LOVELOCK, James.; The Revenge of Gaia: Why the Earth is Fighting Back – and How we Can Still Save Humanity (v. ver. ut.), p. 82.

[469] LOVELOCK, James.; The Revenge of Gaia…, p.. 27.

[470] LOVELOCK, James.; *Ob. cit.*, p. 134.

[471] LOVELOCK, James.; *Ob. cit.*, p. 27

[472] DIAMOND, Jared.; Collapse – how societies choose to fail or succeed, 2005 (v. ver. ut.).

[473] FERNANDEZ, Fernando.; Aprendendo a Lição de Chaco Canyon: do "Desenvolvimento Sustentável" a uma Vida Sustentável. In: São Paulo: Instituto Ethos Reflexão. Ano 6 – nº 15, Agosto de 2005.

[474] DIAMOND, Jared.; *Ob. cit.*

[475] DIAMOND, Jared.; *Ob. cit.*

[476] DIAMOND, Jared.; *Ob. cit.*

[477] DIAMOND, Jared.; *Ob. cit*

sua produção, que perdurou por 300 anos.[478] Com efeito, o excesso de exploração por parte dos *moais* – os habitantes antigos – das árvores nativas acarretou sua extinção. Assim, todo o sistema da ilha entrou em colapso: acabaram-se as nozes; não havia mais madeira para construir novas embarcações e com isso a pesca findou-se; as colheitas foram prejudicadas porque o solo não tinha mais a protecção das árvores e assim acentuou-se a erosão; com o hábitat devastado, as aves morreram e/ou foram embora.[479] Finalmente, os poucos habitantes remanescentes, não tendo outra alternativa, começaram a praticar o canibalismo.[480]

Corroborando a tese de Diamond, Fernandez disserta sobre o exemplo dos *pueblos* de Chaco Canyon.[481] Para o brasileiro, "a maior construção humana das Américas até o final do século XIX" eram os Anasazi, povos que habitavam o deserto do Novo México, por volta do ano 900.[482] Descreve essa antiga civilização como "uma maciça construção de cinco andares, 650 habitações e mais de 201 metros de comprimento por 95 de largura. Podia alojar cerca de 3 mil pessoas e consumiu em sua construção mais de 200 mil magníficos troncos de árvores de cinco metros cada um". Contudo, quando os espanhóis chegaram à civilização, já tinha se extinto, somente havendo relatos dos índios navajos.

De fato, após várias investigações científicas, as respostas que se obteve sobre o que levou os Anasazi a fazerem construções monumentais a "centenas de quilómetros de qualquer coisa, no meio do deserto, e depois abandoná-las"[483] é a mesma dos povos da ilha de Páscoa: não construíram algo grandioso do nada e depois foram embora; simplesmente habitavam um ambiente rico de recursos naturais, tais como árvores e campos férteis. Mas, para construírem os *magníficos monumentos*, utilizaram todo o recurso, destruindo a natureza que os cercava e, obviamente, depois sucumbiram por não haver mais nada.[484]

Ainda cita os casos dos Vikings na Groenlândia, bem como os Maias da América do Norte e os povos das ilhas de Henderson e Pitcain, no Pacífico.[485]

Todos esses povos tinham, no apogeu de sua história, um alto desenvolvimento tecnológico em relação a outros povos. Contudo, sucumbiram face ao próprio excesso de desenvolvimento que, indubitavelmente, não foi sustentável.[486] Portanto, segundo Diamond não só é possível o ecocídio, como já ocorreu com outros povos; e, ainda, pode ser repetido, se não forem observados os limites da natureza.[487]

---

[478] DIAMOND, Jared.; *Ob. cit.*

[479] DIAMOND, Jared.; *Ob. cit.*

[480] DIAMOND, Jared.; *Ob. cit.*

[481] FERNANDEZ, Fernando.; Aprendendo a Lição de Chaco Canyon: do "Desenvolvimento Sustentável" a uma Vida Sustentável. In: São Paulo: Instituto Ethos Reflexão, Ano 6 – nº 15. Agosto de 2005.

[482] FERNANDEZ, Fernando.; *Ob. cit.*

[483] FERNANDEZ, Fernando.; *Ob. cit.*

[484] FERNANDEZ, Fernando.; *Ob. cit.*

[485] FERNANDEZ, Fernando.; *Ob. cit.*

[486] FERNANDEZ, Fernando.; *Ob. cit.*

[487] DIAMOND, Jared.,; Collapse ...

2.1.6.21 Ambientalistas céticos

Outrossim, há autores[488] e cientistas que afirmam não haver efetivamente problemas na seara ambiental a ponto de colocar a vida humana em risco. Assim, Reisman[489] defende, de forma contundente, ser a "onda ecológica" apenas "uma cantilena conservacionista dos verdes e demais adversários do capitalismo e do progresso da humanidade".[490] Para Lomborg, a atual compreensão geral do meio ambiente é *"the Litany of our ever deteriorating environment"*.[clxxviii][491] Com efeito, na visão dos *ambientalistas céticos*,[492] o progresso científico-tecnológico não tem o poder de alterar o clima da Terra, por ser esse muito completo. Assim, as ações antropogênicas são irrelevantes para a modificação do clima. Com efeito, o aquecimento global bem como as mudanças climáticas são fenómenos intrínsecos da própria natureza, sem qualquer relação, por exemplo, com as emissões de dióxido de carbono (CO_2)[493] produzidas pelo homem. Dessa forma, sustentam que o crescimento da economia[494] não deve, portanto, se pautar em questões ambientais *catastrofistas alarmistas*.[495]

Ademais, conforme aduzem os céticos,[496] todos os recursos naturais são renováveis e, portanto, infinitos (tecnicamente pode-se considerá-los finitos, mas a capacidade humana não consegue acabar com eles, por isso, para efeitos práticos, pode-se considerá-los, sempre, infinitos). Assim, enquanto para os extremistas em relação às questões ambientais, uma sociedade sustentada não poderia explorar nem utilizar dos recursos não renováveis, uma vez que o seu consumo é, por natureza e definição, insustentável, para os céticos todos os elementos que compõem a natureza são elementos químicos e, por isso, não há que se falar em escassez de nenhum material. Nesse sentido, Reisman utiliza como exemplo a quantidade de ferro e níquel que compõe o centro da Terra. Argumenta, ainda, que até "mesmo as areias do Saara estão repletas de silício, carbono, oxigénio, hidrogénio, alumínio, ferro, etc., cada um deles trazendo consigo, quem sabe, utilidades potenciais que a ciência irá algum dia descobrir".[497]

Para Lomborg, os pessimistas que apostaram no esgotamento dos recursos naturais perderam.[498] Com efeito, aduzem que não só os preços das matérias-primas – recursos naturais – caíram nos últimos anos como as gerações futuras não precisam se preocupar com uma possível escassez.[499]

---

[488] Dentre os mais contundentes, cita-se LOMBORG, Bjørn.; The Skeptical Environmentalist, The Press Syndicate of the University of Cambridge, 1998. Ver também, DEWAR, Elaine.; Cloak of Green – The link Between Key Environmental Groups, Government and Big Business, 1995 (v. ver. ut.); CARRASCO, Lorenzo.; Máfia Verde: o ambientalismo a serviço do Governo Mundial, ed. EIR, 2001.

[489] REISMAN, George.; Capitalism. A complete and integrated understanding of the nature and value of human economic life. Jameson Book, 1996.

[490] *Cf. Apud*. MAUAD, João Luiz.; O Potencial ilimitado dos Recursos naturais, In: Mídia Sem Máscara, (end. e dat. disp.).

[491] *Cf. Apud*. LOMBORG, Bjørn.; The Skeptical Environmentalist…, p. 3.

[492] Expressão cunhada por LOMBORG, Bjørn.; *Ob. cit.*

[493] LOMBORG, Bjørn.; *Ob. cit.*, p. 311 e segs.

[494] LOMBORG, Bjørn.; *Ob. cit.*, p. 22 e segs.

[495] ZUBRESKI, Daniel.; A Falácia Catastrofista: O Ambientalista Cético, de Bjorn Lomborg e a Sociedade de Risco, In: Grupo de Pesquisa Direito e Risco (end. e dat. disp.).

[496] Por todos, LOMBORG, Bjørn.; *Ob. cit.*

[497] *Cf. Apud*. MAUAD, João Luiz.; O potencial ilimitado dos recursos naturais….

[498] LOMBORG, Bjørn.; *Ob. cit.*, p. 167.

[499] LOMBORG, Bjørn.; *Ob. cit.*, p. 179.

Ora, afirmam os ambientalistas céticos, se não há escassez de matéria-prima, o que dirá de energia. Em breve explanação histórica, Lomborg identifica que *já nos primórdios da história o homem tentou adquirir controle sobre mais energia*.[500] Inicialmente obtinha energia através do trabalho escravo e pelo emprego de animais. Depois, *pela destreza técnica*, passou a utilizar velas, moinho de vento e de água. Com a máquina a vapor, ícone da Revolução Industrial, o carvão vegetal foi o principal combustível, mas com o declínio das florestas inglesas, houve a substituição pelos combustíveis fósseis, tais como carvão mineral, gás natural e petróleo.[501] Para Lomborg, a questão não é a possibilidade infinita de produção e consumo deste recurso renovável, afinal, "mesmo que o mundo consumisse apenas um barril de petróleo ao ano, isso ainda implicaria que alguma geração futura restaria sem nenhum petróleo".[502] Porém, defende que haverá uma progressão, na exata proporção da relação custo/benefício, para outras formas de obtenção de energia, que serão utilizadas quando outras tecnologias de energia proporcionarem benefícios superiores.[503] Em analogia, argumenta, utilizando as palavras do xeique Yamani, ex-ministro do Petróleo da Arábia Saudita – e um dos mentores e fundadores da OPEP, que "a idade da pedra não terminou por falta de pedras, e a era do petróleo terminará, mas não por falta de petróleo".[504]

Com efeito, sustentam que o Sol é uma fonte de energia milhões de vezes maior do que a capacidade que o homem pode conceber em gastar; as descargas de energia em uma tempestade, em forma de raios, produzem energia eléctrica suficiente para toda a demanda da humanidade. Dessa forma, alegam que o problema não é, portanto, de finitude das matérias-primas, mas apenas de "usabilidade, acessibilidade e economia".[505] Assim, basta ao homem saber utilizar os recursos naturais que a natureza oferece para tirar o máximo potencial deles. Se, atualmente, não se consegue extrair "certos recursos", é por falta de recurso (capital) e ineficiência da atual tecnologia. Contudo, capital é uma questão mercadológica e, quanto ao conhecimento científico e tecnológico, um dia a humanidade atingirá o desenvolvimento suficiente para dispor dessa infinitude de matéria-prima. Para tanto, creem no desenvolvimento progressista da ciência como chave futura dos atuais problemas. Assim, os céticos afirmam que "não existem limites para os avanços tecnológicos futuros. O hidrogénio, elemento mais abundante do universo, pode converter-se, brevemente, em fonte de energia economicamente viável. Explosivos atómicos, raios laser, sistemas de detecção por satélites e mesmo as viagens espaciais abrem novas e ilimitadas possibilidades de incrementar a oferta de minerais economicamente utilizáveis".[506]

Dessa forma, compete ao homem, através da sua inteligência e vontade, transformar todos – infindáveis pela prática, ressalta-se – os recursos naturais em riqueza. Quanto ao domínio dos homens sobre os outros animais, incluindo aí toda e qualquer prática, tais como maus tratos, vivissecção, trabalhos excessivamente penosos, cobaias vivas (para remédios, produtos cosméticos, etc.), enfim, qualquer uso dos animais irracionais, justifica-se pela natural lei da selva, isto é, domina quem consegue; e, se consegue

---

[500] LOMBORG, Bjørn.; *Ob. cit.*, p. 144.
[501] LOMBORG, Bjørn.; *Ob. cit.*, p. 144.
[502] LOMBORG, Bjørn.; *Ob. cit.*, p. 146.
[503] LOMBORG, Bjørn.; *Ob. cit.*, p. 146.
[504] LOMBORG, Bjørn.; *Ob. cit.*, p. 146.
[505] *Cf. Apud.* MAUAD, João Luiz.; *Ob. cit.*
[506] *Cf. Apud.* MAUAD, João Luiz.; *Ob. cit.*

o homem, por causa de sua inteligência, dominar outras espécies, assim deve fazê-lo por ser o mais forte dentro da natureza (selecção natural das espécies). O próprio Adam Smith já aduzia que, independentemente do solo, clima ou extensão territorial de uma determinada nação, a abundância ou escassez de bens que essa irá dispor depende de duas circunstâncias: habilidade, destreza e bom senso com que o trabalho é executado e a proporção entre os que executam o trabalho útil e os que não o executam.[507]

Destarte, os céticos atribuem à existência do movimento ecológico as seguintes razões, a saber:

2.1.6.21.1 Ecologia melancia: verde por fora e vermelho por dentro[508]

Conforme já visto, após a queda do muro de Berlim, com a derrocada do comunismo, os partidários de um Estado Social, rumo ao Estado Comunista, perderam os seus paradigmas; por isso, resolveram albergar outra causa, qual seja, justamente a defesa do meio ambiente. Assim, com o declínio do comunismo seus "filhos ficaram órfãos", precisando de uma alternativa "para darem algum sentido às suas vidas".[509] Como não há mais opção além do capitalismo, restou combater via oblíqua o sistema vencedor. Dessa forma, alegam que o combate *pelo* ambientalismo é uma forma indirecta de combate *ao* capitalismo.[clxxix] As bandeiras vermelhas foram uma forma de dar continuidade através dos sonhos verdes.[510] Por isso, alguns dão aos ecologistas a alcunha pejorativa de "melancia": verde por fora e vermelho por dentro.[511] Os céticos que adoptam essa linha de pensamento aduzem que a campanha ideológica ecológica que se propagou no mundo nada mais é do que uma campanha para instalar, principalmente por indução sublimar, através de "manipulação psicológica e sociológica" nos sistemas de educação em todo o mundo, "uma nova civilização e uma nova religião que estarão a serviço de um socialismo absoluto e universal: o governo mundial".[512]

2.1.6.21.2 Pretexto para ganharem dinheiro

Etimologicamente as duas palavras – ecologia e economia – mantêm estreita correlação. De fácil percepção, os dois vocábulos conjugam a mesma matriz, qual seja, o prefixo *eco*[clxxx] (do grego οικος), que designa casa. Assim, ecologia é o estudo-razão

---

[507] SMITH, Adam.; An Inquiry into the Nature and Cause of The Wealth of Nations…

[508] Por todos, ver ADLER, Cy A.; Ecological Fantasies: Death from Falling Watermelons, USA: Green Eagle Pr (June 1978).

[509] *Cf. Apud.* MAUAD, João Luiz.; *Ob. cit.*

[510] DEWAR, Elaine., Cloak of Green – The link Between Key Environmental Groups, Government and Big Business … , pág. 1.

[511] *Cf. Apud.* MAUAD, João Luiz.; *Ob. cit.*

[512] In: Notas do Tradutor de O Império ecológico e o totalitarismo planetário – sobre o livro L'Empire écologique, de LAGRAVE, Chales.; Lecture Française, mars, 1999. Tradução de CARVALHO, Olavo de. In: Mídia Sem Máscara. (end. e dat. disp.).

CAPÍTULO 2
A SUSTENTABILIDADE COMO O ELO ESTRUTURANTE DO ESTADO... | 209

da casa, e economia o governo da casa, ou «*aquele que administra o lar (patrimônio)*».[513][514] A economia tem como objeto *central o estudo das decisões individuais e coletivas tomadas em ambiente de escassez*.[515] Assim, tendo em vista que os recursos são escassos, ou seja, limitados, a sociedade tem que escolher, isto é administrar, de uma forma ou de outra, como os produtos serão produzidos, distribuídos e consumidos.[516] Para Adam Smith, o estudo econômico deve privilegiar a produção, ou aquilo que (pode ser) é adquirido mediante ela. Assim, uma nação será rica (ou pobre) mediante a capacidade de fornecer a todos os bens necessários à vida e ao conforto que estaria em condições de consumir.[517] E a «descoberta» de uma ordem econômica, via processo racional – como uma lei natural tão rigorosa como as leis da física – em que se assegurem os melhores resultados para a comunidade, tornou-se um dos escopos principais dos economistas clássicos.[518] Por todos, Adam Smith, via filosofia racional da lei natural, tentou desvendar os princípios universais das ações e administrações dos homens, capazes de enriquecer uma nação.[519] Por isso, apregoa-se ao iluminista escocês Adam Smith a paternidade do liberalismo econômico,[520] no qual entendia que o mais eficiente dos mundos seria aquele em que o Estado fosse (muito) rico. E a receita universal para a riqueza das nações seria o mercado (mundial) regulado pela "*invisible hand*" protagonizado pela "*self interest*" da burguesia, sedenta cada vez mais de lucros. A fórmula é simplista (e lógica): o mercado é regido pelos interesses individuais de cada um (tipo de uma "mão invisível" autorregulatória), seja "padeiro, açougueiro ou do cervejeiro",[clxxxi] os quais, agindo por interesse próprio de ficarem ricos (produzir e/ou comercializar), acabariam por gerar, em conjunto, uma sociedade abastada financeiramente. Para a máxima eficiência do modelo econômico capitalista, considerado por muitos como o sistema perfeito e acabado em termos históricos,[521] a defesa dos princípios «*laissez faire, laissez passer, le monde va de lui-même*», o Estado não poderia interferir no mercado. Deveria ser um Estado mínimo, garantidor apenas que os contratos fossem cumpridos.[522] É o denominado Estado-guardião, ou guarda noturno. Qualquer tipo de interferência do Estado na economia, segundo o liberalismo smithiano, seria prejudicial para a natural lei invisível reguladora do mercado. Com efeito, para as empresas obterem o máximo

---

[513] Como observa Avelãs Nunes "a expressão *economia política*, se atendermos à sua raiz grega, significa *administração do património da cidade* (do património do estado, do património público): oikonomia (*oikos* – casa, património; *nomos* – ordem, lei, administração); *política* (relativa à *polis*, a cidade-estado dos gregos). In: AVELÃS NUNES, António José.; Uma Volta ao Mundo das Ideias Económicas, Será a Economia uma Ciência?, Coimbra: Almedina, 2008, p. 9.

[514] MANKIW, N. Gregory.; Principles of Economics – Second Edition, The Dryden Press, Harcourt Brace College Publishers, 2001, (v. ver. ut.), p. 3

[515] ARAUJO, Fernando.; Introdução à Economia, Coimbra: Almedina, 6ª Ed., 2006, p. 21.

[516] MANKIW, N. Gregory.; *Ob. cit.*, p. 3.

[517] SMITH, Adam.; An Inquiry into the Nature and ..., 1776 (v. ver. ut.), p. 69.

[518] AVELÃS NUNES, António José.; Uma Volta ao Mundo das Ideias Económicas. ..., p. 14-15.

[519] SMITH, Adam.; An Inquiry into the Nature and Cause of The... Ver essa afirmativa também em AVELÃS NUNES, António José.; Uma Volta ao Mundo das Ideias Económicas. ..., p. 15

[520] ALBERGARIA, Bruno.; A (muito) antiga discussão sobre a Atuação Econômica do Estado. Uma Visão da Constelação do Direito e suas Contribuições para o Mundo da Economia, In: Sociedade e Consumo – Múltiplas Dimensões na Contemporaneidade, PIMENTA, Solange Maria.; CORRÊA, Maria Laetitia.; DADALTO, Maria Cristina.; VELOSO, Henrique Maia.; (Orgs.), Curitiba: Juruá, 2010. A mesma afirmação pode ser encontrada, dentre tantos outros manuais de economia, em MANKIW, N. Gregory.; Principles of ...,

[521] FUKUYAMA, Francis.; The end of History, In: The National Interest, vol. 16, 1989. Ver também The End of History and the last man. 1992.

[522] SMITH, Adam.; An Inquiry into the Nature and Cause of The Wealth of Nations...

de lucro, sem que haja a interferência do Estado, a gestão de recursos é fundamental. Assim, quanto mais barata for a matéria-prima e a mão de obra, bem como a estrutura gerencial, e mais cara for a venda final do produto, mais lucro obterá a empresa. Contudo, a concorrência (*perfeita*, em caso hipotético)[523] nos mercados competitivos faz com que o preço mantenha-se sempre no ponto de equilíbrio, regulando a escassez e o excesso de produção (e/ou distribuição), através da oferta e da demanda.[524] Porém, no mundo cada vez globalizado, o lucro tende a ser menor, tendo em vista que os mercados estão cada vez mais acirrados e competitivos[525] – ou na terminologia dos economistas norte-americanos *Red Ocean*,[526] em analogia ao sangue capaz de tingir o oceano mediante as práticas cada vez mais acirradas das empresas. Assim, cada vez mais as empresas estão buscando uma lógica estratégica da inovação de valor, com o escopo de *criar novos mercados* e gerar, em um primeiro momento, ambientes não concorrenciais,[527] denominados de *Ocean Blue*.[528] De sorte, quando a economia encontra-se estagnada, nada melhor do que criar um novo mercado, capaz de (re)organizar os meios de produção e consumo. Assim, segundo alguns autores, foi o que aconteceu com a onda do mercado verde. De fato, os números do novo mercado verde não são desconsiderados em termos de economia mundial, praticamente inexistente antes da Segunda Grande Guerra. Foi, indubitavelmente, um *novo mercado* que despontou principalmente após a década de setenta do século passado.

Como exemplo direito, cita-se a criação de um «novo» mercado, qual seja, o de carbono, a partir da assinatura do Protocolo de Kyoto (PK), em 1997. Com efeito, passou a gerar uma oferta de créditos de carbono oriundos de países hospedeiros de projetos de redução de emissão de GEE e, por outro lado, desencadear uma demanda desses créditos provenientes de países obrigados pelo acordo no cumprimento das suas metas de emissões que passaram a utilizá-los.[529] Dessa forma, o Protocolo de Kyoto criou mecanismos que flexibilizam os cumprimentos das metas de redução de emissão, notadamente através do *International Emissions Trading* (ET), em que consiste um sistema de troca de emissões onde os países industrializados podem comprar e vender créditos de emissões entre si. Desde que cumpridas as metas estipuladas, estes países podem negociar o excedente de redução de emissões como créditos comercializáveis.[530]

Assim, as estimativas para o mercado de carbono, quando da entrada em vigor do Protocolo de Kyoto, são avaliadas aproximadamente entre US$ 3 bilhões e US$ 17 bilhões. Para se cumprir as metas de redução da emissão do dióxido de carbono, calculam-se

---

[523] Por «concorrência perfeita» entende-se que preenche as seguintes características: (*i*) os bens oferecidos são todos iguais (*commodities*) e (*ii*) os compradores e vendedores são tão numerosos que nenhum único comprador ou vendedor pode influir no preço de mercado. *Cf. Apud.* MANKIW, N. Gregory.; Principles of ..., p. 66.

[524] *Apud.* MANKIW, N. Gregory.; Principles of ..., p. 78 e segs.

[525] CARVALHO, Ricardo Monteiro de.; VANDOSKI, Isabele Cristine.; REIS, Dálcio Roberto dos.; FRANCISCO, Antonio Carlos de.; Inovação de Valor, instrumento para criação de novos mercados e gerar ambientes não concorrenciais, In: Revista ADMpg Gestão Estratégica, (end. e dat. disp.).

[526] KIM, W. Chan.; MAUBORGNE, Renée.; Blue Ocean Strategy: How to Create Uncontested Market Space and Make Competition Irrelevant , Publisher: Harvard Business Review Press, 2005.

[527] CARVALHO, Ricardo Monteiro de.; *et al*, Inovação de Valor, ...

[528] KIM, W. Chan.; MAUBORGNE, Renée., *Ob. cit.*

[529] Art. 12, parágrafo 3, alínea "b", do Protocolo de Kyoto.

[530] GOMES, Marco Paulo.; Protocolo de Kyoto: origem, Conjuntura Internacional, Pontifícia Universidade Católica de Minas Gerais, 2005. (end. e dat. disp.).

investimentos entre US$ 30 e US$ 100 bilhões anuais.[531] O custo do investimento para a entrada no mercado de carbono é, praticamente, um novo mercado.[532] Estima-se que os principais grupos ambientais, tais como *World Wildlife Fund*,[clxxxii] *Greenpeace*[clxxxiii] e os *Friends of the Earth*,[clxxxiv] tenham filiais em mais de cinquenta países, onze milhões de membros e receita anual de quatrocentos milhões de dólares.[533] Ainda, os Estados Unidos, a União Europeia e o Japão, juntos, exportaram US$ 20 bilhões em equipamentos de controle de poluição, beneficiados pela ampliação do mercado verde.[534]

2.1.6.21.3 Discurso de dominação de um país a outro

Para alguns,[535] a data escolhida para a Conferência das Nações Unidas sobre o Meio Ambiente e o Desenvolvimento, realizada no Rio de Janeiro, em 1992, foi escolhida justamente para celebrar os 500 anos da primeira viagem de Colombo à América. Contudo, para esses autores, a «roupagem ambientalista e indigenista», ocultam-se os verdadeiros objetivos «cruéis e arbitrários» de cada um dos itens da "agenda ambiental", que não tem nada a ver com qualquer preocupação legítima com a proteção do meio ambiente ou de populações indígenas.[536] Para tal empreendimento, os governos ditos imperialistas, tais como o Império Britânico e a Igreja da Inglaterra, utilizam-se, notadamente, da *World Wildlife Fund – WWF*, organização fundada pela Casa de Windsor – príncipe Philip da Inglaterra – e pelo príncipe Bernardo da Holanda em 1961[537] e que tem em sua composição de honra os principais representantes da nobreza europeia, tal como o Rei Juan Carlos da Espanha. Assim, juntamente com uma rede de organizações não governamentais (ONG) os governos imperialistas, sob o manto de defenderem causas de grande apelo popular, estão, *in vero*, agendando um novo governo mundial.[538]

Com efeito, no caso da Floresta Amazônica, já se aduziu que o fomento ao crescimento econômico é limitado, inclusive com barreira de certificados e patentes que impede a disseminação da biotecnologia de novos produtos cosméticos e farmacológicos por estarmos perante um novo instrumento de colonização do Sul pelo Norte.[539]

---

[531] Cf. YU, Chang Man.; Sequestro Florestal de Carbono no Brasil – Dimensões Políticas, Socioeconômicas e Ecológicas, São Paulo: Annablume. 2004.

[532] SOUZA, André Luis Rocha de.; RAMOS, Evandro José Santos.; JUNIOR, Antonio Costa Silva.; ANDRADE, José Célio Silveira.; Custos de Transação e Investimentos no Mercado de Carbono Regulado pelo Protocolo de Kyoto: estudo teórico sobre os custos de transação e investimentos associados ao mecanismo de desenvolvimento limpo (MDL), VIII Congresso Nacional de Excelência em Gestão, 8 e 9 de junho de 2012. (end. e dat. disp.).

[533] Cf. Apud. ALVES CORRÊA, Leonilda Beatriz Campos Gonçalves.; Comércio e Meio Ambiente: Atuação Diplomática Brasileira em Relação ao Selo Verde, Instituto Rio Branco, Fundação Alexandre de Gusmão, Centro de Estudos Estratégico, Coleção Curso de Altos Estudos do Instituto Rio Branco, Brasília, 1998, p. 14.

[534] Cf. Apud. ALVES CORRÊA, Leonilda Beatriz Campos Gonçalves.; Ob. cit., p. 16.

[535] CARRASCO, Lorenzo (Coordenador editorial).; Máfia Verde – O Ambientalismo a Serviço do Governo Mundial, Rio de Janeiro: Capax Dei, 11ª Ed., 2008.

[536] CARRASCO, Lorenzo (Coordenador editorial).; Ob. cit., p. 25.

[537] CARRASCO, Lorenzo (Coordenador editorial).; Ob. cit., p. 26.

[538] CARRASCO, Lorenzo (Coordenador editorial).; Ob. cit., p. 27.

[539] MARQUES, Bruno Pereira.; FERNANDES, Ricardo Correia.; A desflorestação da Amazônia: do "inferno verde" ao "deserto vermelho"? e-GEO – Centro de Estudos de Geografia e Planeamento Regional Faculdade de Ciências Sociais e Humanas da Universidade Nova de Lisboa, (end. e dat. disp.).

A Floresta Amazônica é considerada uma das maiores[540] – senão a maior – florestas tropicais do planeta[541] e, por isso, a principal fonte mundial[542] de biodiversidade,[543] apesar do ainda grande desconhecimento sobre o seu complexo ecossistema.[544] Afinal, estima-se que ainda não foram catalogadas todas as formas de vida existentes, avalia-se que um terço da biodiversidade mundial, que engloba várias espécies de vertebrados, invertebrados e flora de múltiplos grupos taxonômicos, situa-se dentro da Amazônia.[545]

Essa biodiversidade não se refere somente à variação de espécies, mas – e talvez principalmente – também pela variação em outros níveis taxonômicos, assim como a variação genética (por exemplo, dentro de uma população) e a variação em funções ecológicas, tais como aquelas de polinizadores e dispersores de sementes.[546] A fauna e a flora destacam-se entre os diversos ecossistemas da floresta. Com efeito, encontra-se vida não só no solo, mas também na copa das árvores e dentro das águas dos diversos rios que compõem o bioma da floresta.[547] Estima-se que existam mais de 50 mil espécies de plantas superiores e, no mínimo, o mesmo número de fungos.[548] Calcula-se que a floresta ainda abriga um quinto de todos os pássaros da Terra e, pelo menos, 3 mil espécies diferentes de peixes, o que equivale a dez vezes o número de peixes em todos os rios da Europa.[549] Os insetos e anfíbios são encontrados em uma quantia praticamente inestimável de espécies.[550] É uma diversidade genética, de espécies e, ainda, de ecossistemas na Floresta Amazônica, com uma alta taxa de endemismo.[551]

---

[540] A taiga russa, floresta boreal de coníferas, é considerada a maior cobertura florestal do planeta. *Cf. Apud.* RAVKIN, Yury S.; The Corncrake (*Crex crex*) in Russia (West Siberian Plain), SCHÄFFER, N. & MAMMEN, U.; (eds.) (1999): Proceedings International Corncrake Workshop 1998, Hilpoltstein/Germany, pp. 83-87.

[541] MOREIRA, Helena Margarido.; A importância da Amazônia na definição da posição brasileira no regime internacional de mudanças climáticas, Programa de Pós-Graduação em Relações Internacionais "San Tiago Dantas" (UNESOP, UNICAMP, PUC-SP), 2009, (end. e dat. disp.).

[542] MARQUES, Bruno Pereira.; FERNANDES, Ricardo Correia.; A desflorestação da Amazónia: do "inferno verde" ao "deserto vermelho"? e-GEO – Centro de Estudos de Geografia e Planeamento Regional Faculdade de Ciências Sociais e Humanas da Universidade Nova de Lisboa, texto disponível em , extraído em 16 de Setembro de 2012

[543] O Brasil é signatário da Convenção Sobre Diversidade Biológica (CBD) através do Decreto nº 2.519/98. O referido decreto foi assinada por 175 países durante a Eco-92, dos quais, até a data de Setembro de 2012, 168 a ratificaram.

[544] CASTRO, Antonio Alberto Jorge Farias.; CASTRO, Antonio Sérgio Farias.; FARIAS, Ruth Raquel Soares de.; SOUSA, Samara Raquel de.; CASTRO, Nívea Maria Farias.; SILVA, Cláudia Germana Barbosa da.; MENDES, Maura Rejane de Araújo.; BARROS, José Sidiney.; LOPES, Raimundo Nonato.; Diversidade de Espécies e de Ecossistemas da Vegetação Remanescente da Serra Vermelha, Área de Chapada, Municípios de Curimatá, Redenção do Gurguéia e Morro Cabeça no Tempo, Sudeste do Piauí, Publ. Avulsas Conserv. Ecossistemas, 23:1-72 (Maio 2009), (end. e dat. disp.).

[545] MARQUES, Bruno Pereira.; FERNANDES, Ricardo Correia.; A desflorestação da Amazônia: ...

[546] FEARNSIDE, Philip M.; Biodiversidade nas Florestas Amazônicas Brasileiras: riscos, valores e conservação, Inst. Nacional de Pesquisas da Amazônia (INPA), Rev. HOLOS (Ed. Especial): 35-59, 1999.

[547] SILVÉRIO, Marília Bordinassi.; Análise Econômica da Biodiversidade na Amazônia Brasileira, Univ. de Brasília, Dep. de Economia, Programa Especial de Treinamento – PET, 2004, (end. e dat. disp.).

[548] RODRIGUES, Hernani José Brazão.; SÁ, Leonardo Deane De Abreu.; RUIVO, Maria de Lourdes Pinheiro.; COSTA, Antônio Carlos Lôla da.; SILVA, Rommel Benicio da.; MOURA, Quêzia Leandro de.; MELLO, Ivan Fiuza de.; Variabilidade Quantitativa de População Microbiana Associada às Condições Microclimáticas Observadas em Solo de Floresta Tropical Úmida, Revista Brasileira de Meteorologia, v. 26, n. 4, p. 629-638, 2011.

[549] MENIN, Marcelo.; Amazônia: diversidade biológica e história geológica, Universidade Federal do Amazonas, Instituto de Ciências Biológicas Departamento de Biologia, Manaus – AM, (end. e dat. disp.).

[550] WINK, Charlote.; GUEDES, Jerson Vanderlei Carus.; FAGUNDES, Camila Kurzmann.; ROVEDDER, Ana Paula.; Insetos Edáficos como Indicadores da Qualidade Ambiental, Revista de Ciências Agroveterinárias, Lages, v. 4, n. 1, p. 60-71, 2005.

[551] Por endemismo compreendem-se espécies vivas que só ocorrem em determinadas regiões. *Cf. Apud.* In: MENIN, Marcelo.; Amazônia: diversidade biológica e história geológica, ...

Mas a Amazônia não fornece apenas a biodiversidade ao mundo, mas também a *etnobiodiversidade*,[552] ou seja, o conhecimento humano sobre a riqueza da natureza da qual também participa, nomeando-a, classificando-a e domesticando-a. Ou seja, as práticas e conhecimentos ecológicos dos povos nativos – em grande maioria ribeirinhos, seringueiros e povos indígenas que habitam a região da Amazônia brasileira – podem ser economicamente muito importantes, principalmente para a indústria de cosméticos, farmacológica e farmacêutica. Contudo, todo esse «etnobioconhecimento», que envolve o processo, as práticas e atividades tradicionais dos povos locais (da Amazônia), que geram a produção de conhecimento e inovações relacionados a espécies e ecossistemas, depende diretamente do *modus vivendi* dessas comunidades, que estão inseridas simbioticamente na floresta.[553] Com efeito, o *continuum* dessa «etnobiovivência» depende de condições que assegurem a sobrevivência física e cultural desses povos.[554] Indubitavelmente pode ser, por efeito, uma fonte primordial para o desenvolvimento técnico-científico, particularmente da biotecnologia.[555] Entretanto, o gigantesco potencial econômico de biodiversidade somado ao etnobioconhecimento acarreta a prática da *biopirataria*.

Como fator histórico, pode-se evocar a crise do ciclo da borracha que aconteceu na Amazônia. De fato, a seringueira, originária da floresta tropical brasileira, da qual se extrai a borracha, teve suas sementes levadas (sem a ciência e o consentimento do governo brasileiro) por Henry Wickham, em 1876.[556] Por isso, a seringueira tornou-se uma planta universal e a borracha teve o seu preço reduzido, fazendo com que a economia local, principalmente da cidade de Manaus, fosse à bancarrota.[557] Atualmente, calcula-se que o contrabando das riquezas da fauna e da flora constitui a terceira atividade ilícita internacional mais rentável, com um movimento mundial de US$ 20 bilhões por ano.[558] Porém, se outrora a biopirataria restringia-se somente à transferência de plantas e animais dos seus países de origem para outros, a biopirataria hoje é muito mais tecnológica do que propriamente *in natura*. Estima-se que até mesmo o material genético de populações indígenas (tribos Karitiana, Suruí, Kararaô e Cinta Larga) através de coleta de sangue foi biopirateado.[559]

---

[552] DIEGUES, Antônio Carlos e ARRUDA, Rinaldo. Saberes tradicionais e biodiversidade no Brasil. Brasília: Ministério do Meio Ambiente; SP: USP, 2001.

[553] SANTILLI, Juliana.; Conhecimentos Tradicionais Associados à Biodiversidade: elementos para a construção de um regime jurídico *sui generis* de proteção, II Encontro da ANPPAS, 26 a 29 de maio de 2004, Indaiatuba, São Paulo, (end. e dat. disp.).

[554] SANTILLI, Juliana.; Conhecimentos Tradicionais Associados à Biodiversidade: …

[555] BECKER, B.; e EGLER, C.; (1993) Brasil: Uma Nova Potência Regional na Economia – Mundo, Editora Bertrand Brasil, S.A., Rio de Janeiro. *Cf. Apud.* In: MARQUES, Bruno Pereira.; FERNANDES, Ricardo Correia.; A desflorestação da Amazónia: do "inferno verde" ao "deserto vermelho"? …

[556] TIZIANI, Valdenize.; BURSZTYN, Marcel.; O Sistema *ABS* (*Access and Benefit Sharing*) Brasileiro e a Inovação de Biofármacos, V Encontro Nacional da Anppas, Florianópolis, SC, 4/7 de outubro de 2010.

[557] HOMMA, Alfredo Kingo Oyama.; Biopirataria na Amazônia: como reduzir os riscos?, Amazônia: Ci. & Desenv., Belém, v. 1, n. 1, jul./dez. 2005, pp. 47-60.

[558] Biopirataria Desafia o Brasil a Tomar Conta da Amazônia, In: T&C Amazônia, Ano 1, no 3, Dez. 2003, (end. e dat. disp.).

[559] Sobre o assunto, ver em PEREIRA, Hilton.; Desafios do campo: Ética Médica e Biopirataria, Genoma Humano: aspectos éticos, jurídicos e científicos da pesquisa genética no contexto amazônico, Painel III - Genoma Humano e Biopirataria, p. 54-61. Ver também, SANTOS, Sidney dos.; Diversidade Genética das Populações Amazônicas, Genoma Humano: aspectos éticos, jurídicos e científicos da pesquisa genética no contexto amazônico, (end. e dat. disp.).

Assim, os conhecimentos tradicionais associados aos recursos naturais – inclusive genéticos – são constantemente suprimidos dos países do hemisfério Sul e transferidos para os países localizados no hemisfério Norte. E isso ocorre porque a matéria-prima da biotecnologia – a biodiversidade e o etnobioconhecimento – está nos países em desenvolvimento, localizados em sua grande maioria no hemisfério Sul, que, justamente por não terem degradado todo o seu ecossistema, ainda possuem enorme potencial para serem descobertos e explorados – o que já não mais ocorre no território europeu, por exemplo[560] – , e o domínio sobre a biotecnologia e sobre as patentes sobre produtos ou processos biotecnológicos está nos países desenvolvidos.[561]

Neste aspecto, apesar dos movimentos por parte dos atores internacionais a respeito, muito se questiona inclusive sobre a soberania dos Estados sobre seus recursos genéticos.[562]

Assim, com o objetivo de fortalecer e dar suporte à Convenção de Washington sobre o Comércio Internacional das Espécies da Flora e da Fauna Selvagens em Perigo de Extinção – CITES,[563] da qual o Brasil[564] e Portugal[565] são signatários, foi formulada durante a ECO-92 – a Conferência das Nações Unidas sobre Meio Ambiente e Desenvolvimento (CNUMAD), realizada no Rio de Janeiro em junho de 1992 – a Convenção sobre Diversidade Biológica (CDB),[566] também da Organização das Nações Unidas, considerada um tratado e um dos mais importantes instrumentos internacionais relacionados ao meio ambiente. Porém, sob o ponto de vista dos países em desenvolvimento, ainda são consideradas infrutíferas as iniciativas no plano internacional.[567] A dificuldade maior está no estabelecimento de novos parâmetros do Acordo sobre Aspectos dos Direitos de Propriedade Intelectual relacionados com o Comércio (TRIPS) capazes de assegurar os direitos de propriedade dos países originários, bem como a repartição justa e equitativa dos benefícios derivados de sua utilização[568] às populações originárias desses recursos.

Ainda reputada como um dos principais recursos naturais do mundo[569] e como um dos principais ativos econômicos do futuro,[570] a Floresta Amazônica abrange cerca

---

[560] KOCH, Eckart.; Umweltrecht. (end. e dat. disp.).

[561] SANTILLI, Juliana.; Conhecimentos Tradicionais Associados à Biodiversidade: ...

[562] BERTOLDI, Márcia Rodrigues.; Regulação internacional do Acesso aos Recursos Genéticos, que integram a Biodiversidade, Revista de Direito Ambiental. Vol. 39. Ano 10, julho-setembro de 2005, São Paulo: Revista dos Tribunais, 2005, pp. 127-146.

[563] A Convenção sobre o Comércio Internacional das Espécies da Fauna e Flora Selvagens Ameaçadas de Extinção foi assinada em Washington em 1972.

[564] Decreto Legislativo nº 54/75 e Decreto nº 76.623, de novembro de 1975.

[565] Conforme já analisado no Capítulo I, a CITES foi aprovada para ratificação por parte de Portugal pelo Decreto nº 50/80, de 23 de Julho.

[566] O Brasil assinou a CDB em 5 de junho de 1992, tornando-se parte desta Convenção por meio do depósito do instrumento de ratificação em 28 de Fevereiro de 1994, após sua aprovação interna pelo Decreto Legislativo nº 2 de 3 de Fevereiro de 1994. A CDB foi promulgada no Brasil pelo Decreto nº 2.519, de 16 de Março de 1998. Portugal rectificou a CDB através do Decreto-Lei nº 21/93. A implementação da convenção ficou assegurada pela Resolução de Ministros nº 41/99 de 17 de Maio.

[567] SANTILLI, Juliana.; Ob. cit.

[568] SANTILLI, Juliana.; Ob. cit.

[569] ROMA, Júlio César.; A Economia de Ecossistemas e da Biodiversidade no Brasil, Revista Desafios do Desenvolvimento – SBS, Quadra 01, BNDES, sala 1515 – Brasília – IPEA, Ed. 72 – 18.06.2012.

[570] SOUZA, Roberta Fernanda da Paz de.; A competitividade das empresas e a questão ambiental: a valoração econômica dos ativos ambientais, XIII SIMPEP – Bauru, SP, 6 a 8 de Novembro de 2006.

CAPÍTULO 2
A SUSTENTABILIDADE COMO O ELO ESTRUTURANTE DO ESTADO... | 215

de um quinto da disponibilidade da água[571] doce mundial.[572] Somente o rio Amazonas descarrega, em média, 175.000 m[iii]/segundo, o que corresponde a cerca de 20% da entrada de água doce nos oceanos do mundo.[573] O Projeto RADAM[clxxxv] estimou um potencial hidroelétrico mobilizável de 130 mil MW. Atualmente, estima-se um potencial de 107.143 MW, com um aproveitamento de 0,7%.[574] É, ainda, portadora de um patrimônio mineral vasto e não completamente mensurado.[575] Há, entre outras, inúmeras reservas de ferro, alumínio, cobre, ouro, diamante, nióbio e minerais energéticos, como urânio, níquel, estanho, cobre, manganês, zinco, potássio, além de petróleo e gás natural.[576]

Contudo, a enorme biodiversidade da Floresta Amazônica está em constante ameaça, que inclui ações antrópicas, tais como desmatamento,[577] exploração madeireira,[578] fogos,[579] fragmentação de *hábitat*,[580] extinção da fauna, invasão de espécies exóticas[581] e mudanças climáticas.[582] Nesse diapasão, com uma visão ecocêntrica, autores afirmam que a «Amazonia suscita la Amazonia no es un recurso utilitario sino que la naturaleza tropical con su biodiversidad tiene un valor intrínseco, es un valor en si. *Este cambio en el imaginario está siendo facilitado por el hecho de que muchos, sino todos, los proyectos modernizadores en la Amazonia no han alcanzado sus objetivos económicos, políticos y sociales, y han causado, además, un enorme daño ecológico».[583]*

De fato, com o *slogan* «Amazônia: o Pulmão do Planeta Terra»[clxxxvi] a floresta tropical é geralmente relacionada, juntamente com outros símbolos, tais como «salvar as baleias» ou ainda «o fim das touradas» e «o fim dos produtos cosméticos testados em

---

[571] FEARNSIDE, P.M. s/d. Água na Amazônia: Questões Ambientais e Sociais. Perci Coelho de Souza (ed.) O Grito Social das Águas do Atlântico Sul. Universidade de Brasília (UnB), Brasília, DF.

[572] Cf. O Instituto Brasileiro do Meio Ambiente e dos Recursos Naturais Renováveis – IBAMA, dados disponíveis em <www.ibama.org.br>, extraído em 16 de Setembro de 2012.

[573] SIOLI, H. 1991. Amazônia: fundamentos da ecologia da maior região de florestas tropicais. 3ª Ed. Petrópolis, Editora Vozes. *Cf. Apud.* In: MENIN, Marcelo.; Amazônia: diversidade biológica e história geológica, ….

[574] VALE, Raul Silva Telles do.; Hidrelétricas, Unidades de Conservação na Amazônia Brasileira, (end. e dat. disp.).

[575] MARINI, Onildo João.; Mineração e mapeamento das províncias minerais da Amazônia – 59ª Reunião Anual da SBPC – Amazônia: Desafio Nacional – GT.3 – Mapeamento das Províncias Minerais da Amazônia, Agência para o Desenvolvimento Tecnológico da Indústria Mineral Brasileira – ADIMB.

[576] CASTRO, Márcio Henrique Monteiro de.; Amazônia – soberania e desenvolvimento sustentável. – Brasília: Confea, 2007.

[577] O Assunto do desmatamento na Amazônia é praticamente inesgotável. Por todos, ver em REYDON, Bastiaan Philip.; O desmatamento da floresta amazônica: causas e Soluções, Economia Verde, Desafios e Oportunidades, nº 8, junho de 2011, pp. 143-155.

[578] FILHA, Irene Garrido.; Manejo florestal: questões econômico-financeiras e ambientais, Estudos Avançados, nº 16 (45), 2002 , pp. 91-106.

[579] BARBOSA, R.I.; and FEARNSIDE, P.M..; Incêndios na Amazônia brasileira: Estimativa da emissão de gases do efeito estufa pela queima de diferentes ecossistemas de Roraima na passagem do evento "El Niño" (1997/98), Acta Amazônica 29(4): 513-534, 1999.

[580] MAUÉS, Márcia Motta.; OLIVEIRA, Paulo Eugênio Alves Macedo de.; Consequências da Fragmentação do Hábitat na Ecologia Reprodutiva de Espécies Arbóreas em Florestas Tropicais, com Ênfase na Amazônia, Oecologia Australis, 14(1): 238-250, Março 2010, (end. e dat. disp.).

[581] XAVIER, Adriane.; Identificação Genética de Espécies Exóticas Invasoras do Filo Mollusca nos Rios Tapajós e Amazonas, Mesorregião do Baixo Amazonas, Estado do Pará, Universidade Federal do Pará – Ufpa, Instituto de Ciências Biológicas Programa de Pós-Graduação em Genética e Biologia Molecular, Santarém – PA, Agosto 2008, (end. e dat. disp.).

[582] CORREIA, Francis Wagner Silva.; ALVALÁ , Regina Célia dos Santos.; MANZI, Antonio Ocimar.; Impacto das Mudanças na Cobertura Vegetal Amazônica na Circulação Atmosférica e na Precipitação em Escalas Regional e Global: Um estudo com Modelo de Circulação Geral da Atmosfera (MCGA), INPE, 2006, (end. e dat. disp.).

[583] SEPPÄNEN, M.; Amazonía: radiografía de un contexto político, Módulo "Del Rio Grande a la Tierra del Fuego", Projecto AMELAT XXI, Madrid., *Cf. Apud.* In: MARQUES, Bruno Pereira.; FERNANDES, Ricardo Correia.; A desflorestação da Amazónia: do "inferno verde" ao "deserto vermelho"? …

animais», como a «*metáfora perfeita*» da batalha a favor da defesa e preservação do ambiente.[584] Nesse sentido, a lei brasileira,[585] que prevê a instituição do Sistema Nacional de Unidades de Conservação (SNUC) e a Floresta Nacional (Flona) ou Estadual (Flota), determina que as áreas com cobertura florestal de espécies predominantemente nativas *tenham como objetivo o uso múltiplo sustentável dos recursos florestais e a pesquisa científica, com ênfase para exploração sustentável de florestas nativas.*[586] A legislação brasileira ainda prescreve, em uma verdadeira interpretação autêntica da lei,[587] que a exploração econômica desses sistemas têm que obedecer ao uso sustentável, definido por *exploração do ambiente de maneira a garantir a perenidade dos recursos ambientais renováveis e dos processos ecológicos, mantendo a biodiversidade e os demais atributos ecológicos, de forma socialmente justa e economicamente viável.*[588]

Contudo, a floresta não está restrita a um único país. De fato, estende-se pela Bolívia, Brasil, Colômbia, Equador, Guiana, Peru, Suriname, Venezuela e Guiana Francesa, bem como tem uma fronteira marítima de mais de quatro mil milhas de extensão.[589] Porém, cerca de 65% da sua área está em solo brasileiro.[590] [clxxxvii] Com efeito, o governo brasileiro, por ser uma unidade federativa, e a floresta ocupar mais de um Estado-membro, criou, em 1953, o termo "Amazónia Legal"[591] brasileira, que compreende a localização da floresta nos Estados do Acre, Amapá, Amazonas, Mato Grosso, Pará, Rondônia, Roraima e Tocantins e, parcialmente, o Estado do Maranhão.[592] A região engloba uma superfície de aproximadamente 5.217.423 km², correspondente praticamente a 61% do território brasileiro.[593] De acordo com o censo demográfico realizado pelo Instituto Brasileiro – IBGE em 2000 foram contabilizadas em torno de 350 mil pessoas residindo nas terras indígenas, das quais 101 mil somente no Estado do Amazonas.[594] Assim, pode-se apurar que quase a metade – 56% – da população indígena brasileira reside na Amazônia.[595] Assim, não é difícil distinguir os aspectos

---

[584] MARQUES, Bruno Pereira.; FERNANDES, Ricardo Correia.; A desflorestação da Amazónia: do "inferno verde" ao "deserto vermelho"? ...

[585] Lei nº 9.985/2000.

[586] Lei nº 9.985 de 2000, artigo 17.

[587] ALBERGARIA, Bruno.; Instituições de Direito: para cursos de Administração, Ciências Contábeis, Economia, Comércio Exterior e Ciências Sociais, São Paulo: Atlas, 2008, p. 23.

[588] Lei nº 9.985 de 2000, artigo 2º, inciso IX.

[589] FORTUNA, Hernani G.; Amazônia: Uma Visão de Preservação e Desenvolvimento, C Prep Mauss – curso de admissão à Escola de Comando e Estado-Maior do Exército (ECEME), (end. e dat. disp.).

[590] Cf. O Instituto Brasileiro do Meio Ambiente e dos Recursos Naturais Renováveis – IBAMA.

[591] Lei nº 1.806, de 06 de janeiro de 1953, (criação da SPVEA), foram incorporados à Amazônia Brasileira, o Estado do Maranhão (oeste do meridiano 44º), o Estado de Goiás (norte do paralelo 13º de latitude sul atualmente Estado de Tocantins) e Mato Grosso (norte do paralelo 16º latitude Sul). No ano de 1966, através da Lei nº 5.173/1966 criou-se a SUDAM com a extinção da SPVEA. Pela Lei Complementar nº 31/77, a Amazônia Legal tem seus limites ainda mais estendidos.

[592] *Cf. Apud.* Superintendência do Desenvolvimento da Amazônia – SUDAM, (end. e dat. disp.).

[593] *Cf. Apud.* Instituto Nacional de Pesquisa Espacial – INPE. (end. e dat. disp.).

[594] PEREIRA, Nilza de Oliveira Martins.; FLORIDO, Antônio Carlos.; FERNANDES, Marcos Zurita Fernandes.; População Residente em Terras Indígenas: características básicas censitárias 1991 e 2000, trabalho apresentado no XIII Encontro da Associação Brasileira de Estudos Populacionais, realizado em Ouro Preto, Minas Gerais, Brasil de 4 a 8 de novembro de 2002. (end. e dat. disp.).

[595] PEREIRA, Nilza de Oliveira Martins.; FLORIDO, Antônio Carlos.; FERNANDES, Marcos Zurita Fernandes.; População Residente em Terras Indígenas: características básicas censitárias 1991 e 2000, ...

CAPÍTULO 2
A SUSTENTABILIDADE COMO O ELO ESTRUTURANTE DO ESTADO...

217

de natureza político-estratégica que a Amazônia pode apresentar para o desenvolvimento, e a segurança do território com a definitiva integração ao restante do território nacional brasileiro.[596]

Por isso, fortalecido pelo discurso de tentar fortalecer a soberania e a integração regional, durante o governo militar que perdurou no Brasil de 1964 a 1985, foi desenvolvido o projeto da construção da Estrada Transamazônica,[clxxxviii] força máxima do *Plano de Integração Nacional*.[597] Assim, juntamente com os grandes projetos de engenharia, tais como a construção da usina nuclear de Angra dos Reis no Estado do Rio de Janeiro e a Usina Hidrelétrica de Itaipu, a Transamazônica constituiu o símbolo do pensamento econômico dominante dos militares da época em que o "progresso da civilização" e o fortalecimento da unidade nacional eram vistos como algo totalmente positivo.[598] Porém, as obras da Transamazônica, decididas por altos e poucos funcionários, característico dos governos militares, sem o devido estudo de viabilidade econômica ou de impacto ambiental,[599] trouxeram enormes problemas. De fato, na época chuvosa – muito frequente na região – a estrada (BR-230) se torna intransitável.[600] E, doenças infectocontagiosas típicas das zonas tropicais, em especial a malária, acentuadas pela carência de hospitais, postos de saúde e de saneamento e, ainda, um baixo nível educacional da população e às dificuldades logísticas,[601] fizeram com que os projetos fossem considerados insustentáveis.[602]

Antes, porém, a economia da Amazônia tomou grande impulso graças às riquezas originárias do ciclo da exploração da borracha, notadamente a partir de 1880.[603] Contudo, o ciclo da borracha foi efêmero e apesar de fomentar um êxodo populacional com crescimento da população urbana,[604] a condição de vida da grande maioria da população não se modificou e, ainda, não houve diversificação das atividades econômicas, capaz de sustentar o crescimento quando ocorreu a crise da borracha no Brasil.[605]

Atualmente, a economia gravita em torno da agricultura, comércio, ecoturismo, extrativismo vegetal, garimpos (clandestinos e legais, tais como o Projeto Carajás), indústrias, madeira, pecuária, petróleo, pesca, transporte fluvial e a zona franca.[606] Entretanto, apesar de ser uma das regiões mais ricas em recursos naturais do Brasil,

---

[596] FORTUNA, Hernani G.; Amazônia: Uma Visão de Preservação e Desenvolvimento, C Prep Mauss – curso de admissão à Escola de Comando e Estado-Maior do Exército (ECEME), (end. e dat. disp.).

[597] Plano de Integração Nacional (PNI), instituído pelo Decreto-lei nº 1.106 em 16 de junho de 1970.

[598] LOUREIRO, Bernardo Pacheco.; O Plano de Integração Nacional de 1970 e as rodovias na Amazônia: o caso da região amazônica na política de integração do território nacional, Curso de Pós-Graduação Faculdade de Arquitetura e Urbanismo da Universidade de São Paulo – USP, 2010, (end. e dat. disp.).

[599] FEARNSIDE, P.M.; 2012. A tomada de decisão sobre grandes estradas amazônicas. pp. 59-75. In: A. Bager (Ed.) Ecologia de Estradas: Tendências e Pesquisas. Editora da Universidade Federal de Lavras, Lavras, Minas Gerais. 313 pp.

[600] FEARNSIDE, P.M.; 2012. A tomada de decisão sobre grandes estradas amazônicas. pp. 59-75. In: A. Bager (Ed.) Ecologia de Estradas: Tendências e Pesquisas. Editora da Universidade Federal de Lavras, Lavras, Minas Gerais. 313 pp.

[601] MINISTÉRIO DA SAÚDE. Saúde e saneamento na Transamazônica. Brasília, 1973. p. 74.

[602] SOUZA, César Augusto Martins de.; Saúde/doença na Construção/consolidação da Transamazônica (1970-1990), Universidade Federal Fluminense, (end. e dat. disp.).

[603] NASCIMENTO, Maria das Graças.; Migrações Nordestinas para a Amazônia, Revista de Educação, Cultura e Meio Ambiente. Dez. nº 12, Vol. II, 1998.

[604] NASCIMENTO, Maria das Graças.; *Ob. cit.*

[605] FAUSTO, B.; História do Brasil, EDUSP, São Paulo, 5ª Ed., 1997. *Cf. Apud.* MARQUES, Bruno Pereira.; FERNANDES, Ricardo Correia.; *Ob. cit.*

[606] CARVALHO, José da Silva Seráfico de Assis.; A Biodiversidade e a potencialidade econômica da Amazônica, Ministério do Desenvolvimento, Indústria e Comércio Exterior, (end. e dat. disp.).

tem, ao mesmo tempo, alguns dos piores indicativos sociais. Na região, vivem cerca de 25 milhões de pessoas, dos quais 38% vivem na linha da pobreza; 22% desse total têm apenas dois reais de renda por dia.[607] [clxxxix]

A exploração mineral é permitida dentro das Florestas Nacionais e Estaduais. Na Amazônia, duas grandes empresas exploram minério de dentro das Flonas, a Vale (ex Companhia Vale do Rio Doce), que explora minério de ferro na Flona de Carajás,[cxc] que abrange terras nos municípios de Parauapebas, Canaã dos Carajás e Água Azul do Norte no Estado do Pará, e a Mineração Rio do Norte, que explora bauxita na Flona Sacará-Taquera, localizada no distrito de Porto Trombetas, Oriximiná, no Pará.[608]

Juntamente com a extração da madeira,[609] muitas vezes ilegal,[610] as atividades agropastoris também podem ser apontadas como uma das principais causas dos desmatamentos da Amazônia legal.[611] De fato, pela alta dos preços das *commodities* agropastoris,[cxci] devido à inserção de novos mercados exportadores, tais como o Leste Europeu e a China, a procura por grandes áreas cultiváveis fez com que a agricultura e a pecuária viessem a se expandir rapidamente. Com efeito, áreas típicas e tradicionais do *agribusiness*, tais como o cerrado e a floresta atlântica, foram se esgotando e, com efeito, pressionando a expansão da fronteira agrícola para as regiões de florestas,[612] consubstanciada, ainda, pelo baixo custo da terra e as enormes extensões territoriais na floresta. Porém, a formação inicial de pastagens cultivadas é realizada, normalmente, pelo sistema tradicional de derruba e queima da floresta, seguido do semeio das forrageiras e, quase sempre, de apenas uma espécie de gramínea.[613] Tendo em vista que a derrubada da floresta ocorre, muitas vezes, com a utilização do fogo, via queimadas, percebe-se, com efeito, que o agricultor não deixa nenhuma árvore remanescente.[614]

Nesse sentido, não deixa de ser alarmante a desflorestação da Floresta Amazônica. E o problema do desmatamento não é recente. De fato, nos últimos 5.000 anos, através de ações antrópica, as florestas do planeta foram reduzidas a menos da metade da sua área original. Com efeito, antes da ação depredatória humana, perto de 50% da superfície do planeta era ocupada por florestas. Hoje em dia, calcula-se que essa extensão corresponda a apenas 20%.[615] Talvez por causa do desmatamento total das florestas primárias, houve uma estabilização da superfície ocupada pelas florestas nos países desenvolvidos, ocorrendo, inclusive um pequeno aumento conjuntural.[616] Contudo, o desmatamento tem continuado nos países em desenvolvimento. Assim, até o ano de 2007, calculava-se que aproximadamente 700 mil km[ii], ou seja, 17% do território da Amazônia brasileira,

---

[607] *Cf. Apud.* Instituto de Pesquisa Ambiental da Amazônia – IPAM.

[608] LEAL, Darley Calderaro.; Tese de defesa em mestrado de Botânica da UFRA/MPEG, (end. e dat. disp.).

[609] MARGULIS, Sergio.; Causas do Desmatamento da Amazônia Brasileira, Banco Mundial, Brasília, 2003.

[610] MOREIRA, Helena Margarido.; A importância da Amazônia na definição da posição brasileira no regime internacional de mudanças climáticas, Programa de Pós-Graduação em Relações Internacionais "San Tiago Dantas" (UNESOP, UNICAMP, PUC-SP), 2009, (end. e dat. disp.).

[611] HAYASHI, Sanae.; SOUZA JR., Carlos; SALES, Márcio.; VERÍSSIMO, Adalberto.; Boletim do Desmatamento (SAD) (Janeiro de 2012), Imazon – Instituto do Homem e Meio Ambiente da Amazônia, (end. e dat. disp.).

[612] MARGULIS, Sergio.; Causas do Desmatamento da Amazônia Brasileira.

[613] ANDRADE, Carlos Mauricio Soares de.; VALENTIM, Judson Ferreira.; CARNEIRO, Jailton da Costa.; Árvores de Baginha (Stryphnodendron guianense (Aubl.) Benth.) em Ecossistemas de Pastagens Cultivadas na Amazônia Ocidental, Revista Brasileira Zootecnia, v. 31, n. 2, p. 574-582, 2002.

[614] ANDRADE, Carlos Mauricio Soares de.; VALENTIM, Judson Ferreira.; CARNEIRO, Jailton da Costa.; *Ob. cit.*

[615] CESAR, Luis Felipe.; PINTO, Isabel de Andrade.; (Org.) Florestas do Mundo, Aliança por um Mundo Responsável, Plural e Solidário, 2003, (end. e dat. disp.).

[616] CESAR, Luis Felipe.; PINTO, Isabel de Andrade.; (Org.) Florestas do Mundo, ...

CAPÍTULO 2
A SUSTENTABILIDADE COMO O ELO ESTRUTURANTE DO ESTADO... | 219

já havia sido desmatado.[617] É uma área similar ao território da França.[618] E, obviamente, o problema do forte desmatamento da Floresta Amazônica não se restringe *ao locus*. De fato, de acordo com a Comunicação Nacional do Brasil de 2004, referente aos dados de emissões de 1994, o setor de mudança no uso da terra e florestas é o principal responsável pelas emissões brasileiras de CO_2,[619] dito o grande responsável pelo fenômeno do aquecimento global. Assim, a conversão de florestas em atividades de agricultura e pecuária, ou seja, o desflorestamento; alteração do conteúdo dos solos, causada pela conversão de florestas para uso agrícola e pastagens; e florestas plantadas no país, de uso industrial (emissões e remoções de CO_2), são elementos principais responsáveis palas emissões de CO_2 nesse setor (96%).[620] Conforme o Instituto de Pesquisa Ambiental da Amazônia – IPAM,[cxcii] baseado em análises promovidas pela Universidade Estadual Paulista (Unesp), cada quilômetro quadrado e queimado na Amazônia emite cerca de 20 mil toneladas de CO_2.[621] O Programa Cenários para a Amazônia, também do IPAM, realizou uma pesquisa que mostrou que, se a taxa de desmatamento atual da Amazônia for mantida, mais de 40% da Floresta Amazônica terá desaparecido e 36 bilhões de toneladas de carbono terão sido emitidas para a atmosfera, no ano de 2050.[622] Com efeito, cerca de 200 milhões de toneladas de carbono são emitidas para a atmosfera em função do desmatamento de 1,8 milhão de hectares de floresta a cada ano, o que corresponde a nada menos do que 75% das emissões brasileiras de CO_2. Por isso, o Brasil encontra-se como o quarto maior emissor mundial de CO_2.[cxciii]

Todavia, as consequências deste enorme desmatamento são perceptíveis não só nas questões ambientais, tais como a perda da biodiversidade e a emissão dos gases de efeito estufa, mas também em problemas sociais e econômicos, com graves impactos sociais negativos sobre as populações locais, como os índios, seringueiros e ribeirinhos.[623] Assim, pode-se afirmar que a excessiva ação de desmatamento da Amazônia brasileira produz perdas ambientais substanciais e pífios ganhos econômicos e sociais.[624] Por isso, ainda são muitas as vozes,[625] nos países industrializados, que gostariam de pôr a Amazônia numa redoma e transformá-la numa imensa reserva natural internacional.[626]

Apenas como exemplo, pode-se citar o presidente da França, em 1989, François Mitterand, que teria dito que *"O Brasil precisa aceitar uma soberania relativa sobre a Amazônia"*; Al Gore, senador e ex-vice-presidente dos Estados Unidos, 1989: *"Ao contrário*

---

[617] *Cf. Apud.* Instituto Nacional de Pesquisa Espacial – INPE. (end. e dat. disp.).

[618] HARGRAVE, Jorge.; Causas econômicas do desmatamento da Amazônia, Revista Desafios do Desenvolvimento – SBS, Quadra 01, Edifício BNDES, sala 1515 – Brasília – IPEA, Ed. 72 – 18.06.2012.

[619] BRASIL. Ministério da Ciência e Tecnologia. Coordenação-Geral de Mudanças Globais de Clima. Comunicação Nacional Inicial do Brasil à Convenção-Quadro das Nações Unidas sobre Mudança do Clima. Brasília: Ministério da Ciência e Tecnologia, 2004.

[620] BRASIL. Ministério da Ciência e Tecnologia. Coordenação-Geral de Mudanças Globais de Clima. Comunicação Nacional Inicial do Brasil à Convenção-Quadro das Nações Unidas sobre Mudança do Clima. Brasília: Ministério da Ciência e Tecnologia, 2004.

[621] MOREIRA, Helena Margarido.; A importância da Amazônia na definição da posição brasileira no regime internacional de mudanças climáticas, Programa de Pós-Graduação em Relações Internacionais "San Tiago Dantas" (UNESOP, UNICAMP, PUC-SP), 2009, (end. e dat. disp.).

[622] MOREIRA, Helena Margarido.; A importância da Amazônia na definição da posição brasileira no regime internacional de mudanças climáticas, ...

[623] HARGRAVE, Jorge.; Causas econômicas do desmatamento da Amazônia ....

[624] MARGULIS, Sergio.; Causas do Desmatamento da Amazônia Brasileira, ...

[625] *Cf. Apud.* CASTRO, Márcio Henrique Monteiro de.; Amazônia – soberania e desenvolvimento sustentável – Brasília: Confea, 2007.

[626] MARQUES, Bruno Pereira.; FERNANDES, Ricardo Correia.; *Ob. cit.*

do que os brasileiros pensam, a Amazônia não é deles mas de todos nós"; o Parlamento Italiano, em 1989, proferiu que *"A destruição da Amazônia seria a destruição do mundo"*; o presidente da então União Soviética, Mikhail Gorbachev, 1992, requereu que *"O Brasil deve delegar parte dos seus direitos sobre a Amazônia aos organismos internacionais competentes"*; e o Conselho Mundial de Igrejas Cristãs, em Genebra no ano de 1992, aduziu que *"A Amazônia é um patrimônio da humanidade. A posse dessa imensa área pelos países (amazônicos) é meramente circunstancial"*.[627] Contudo, o rol de declarações alegadas não chega perto daquelas ditas pela ex-primeira ministra da Inglaterra Margareth Tatcher, em 1983: *"Se os países subdesenvolvidos não conseguem pagar suas dívidas externas, que vendam suas riquezas, seus territórios e suas fábricas"*.[628]

Com efeito, com a justificativa (*aparente*) de que o Brasil não pode simplesmente dispor de tamanhos recursos, bem como pela sua ineficácia em proteger a floresta,[629] percebe-se que há um discurso pró-internacionalização da Amazônia capitaneado pelos países desenvolvidos,[630] com a relativização da soberania em prol de uma entidade supranacional;[631] por ser um bem pertencente à humanidade[632] é considerada como uma «presa em potencial» para os interesses internacionais[633] de uma nova relação imperialista *vs.* neocolonialismo, típica da geopolítica do séc. XXI.[634] Há de se considerar também que a posição geopolítica da Amazônia, no centro da América do Sul, lhe confere importância estratégica[cxciv] e, ainda, é um polo espacial.

O próprio Tratado de Cooperação Amazônica (TCA), firmado entre os países amazônicos, quais sejam, o Brasil, a Bolívia, a Colômbia, o Equador, a Guiana, o Peru, o Suriname e a Venezuela, transpassa claramente a preocupação desses países em relação à soberania de seus territórios.[cxcv]

É, neste aspecto, uma confluência entre o Direito Internacional ambiental e o Direito Internacional público.[635] Contudo, em que pesem as mais diversas formas de pressão por parte de nações influentes junto às forças hegemônicas internacionais,[636] a sedimentação dos princípios da soberania foi vivenciada nas Conferências das Nações Unidas sobre Meio Ambiente Humano de Estocolmo em 1972 e reiterada na Eco 92,[cxcvi] realizada na cidade do Rio de Janeiro em 1992. Porém, o «medo» continua; afinal, em se tratando de Direito Internacional Público e de soberania dos Estados, há quem faça um paralelo entre a invasão do Iraque por forças ocidentais lideradas pelos Estados Unidos sem autorização da ONU e uma possível invasão do território brasileiro.[637]

---

[627] *Cf. Apud.* CASTRO, Márcio Henrique Monteiro de.; *Ob. cit.*

[628] FREITAS, Marcílio de.; Amazônia e Desenvolvimento Sustentável: um diálogo que todos os brasileiros deveriam conhecer. Petrópolis, RJ: Vozes, 2004, pp. 129.

[629] CASTRO, Márcio Henrique Monteiro.; *Ob. cit.*

[630] HEINE FILHO, Pedro Augusto Bittencourt.; Possibilidade de Intervenção Ambiental na Amazônia Legal: uma Ameaça à Soberania do Estado Brasileiro, no Mundo Pós-Guerra Fria, Revista da Escola de Guerra Naval, Rio de Janeiro, no 16 (2010), p. 125-159.

[631] SOUZA, Danielle Costa de.; DIAS, Monica Nazaré Picanço.; A Soberania Nacional na Amazônia Legal sob a Ótica da Doutrina Internacionalista Pátria, VII Congresso Nacional de Excelência Em Gestão, 12 e 13 de agosto de 2011, (end. e dat. Disp.).

[632] SOUZA, Danielle Costa de.; DIAS, Monica Nazaré Picanço.; *Ob. cit.*

[633] CASTRO, Márcio Henrique Monteiro.; *Ob. cit.*

[634] RIVERO, Oswaldo de.; O mito do desenvolvimento: os países inviáveis do século XXI, Petrópolis, Vozes, 2000, *Cf. Apud.* CASTRO, Márcio Henrique Monteiro.; *Ob. cit.*

[635] PONTES FILHO, Raimundo P.; Soberania Na Amazônia Legal Sob O Enfoque Da Doutrina Jurídica Ambiental Brasileira, COMPEDI, Manaus, (end. e dat. disp.).

[636] PONTES FILHO, Raimundo P.; *Ob. cit.*

[637] PONTES FILHO, Raimundo P.; *Ob. cit.*

CAPÍTULO 2
A SUSTENTABILIDADE COMO O ELO ESTRUTURANTE DO ESTADO... | 221

Fato é que não contribuiu em nada para a «causa ambiental» a viagem realizada pelo Rei da Espanha Juan Carlos I, presidente de honra da organização ambiental *World Wildlife Fund – WWF*, para caçar elefantes, com a sua amante,[638] em Botswana – África. O fato ainda se agravou por causa do grave momento económico em que enfrenta não só a Europa, mas notadamente a Espanha. As críticas e dúvidas suscitadas após o ocorrido,[639] que somente foi divulgado pelas mídias porque o monarca acidentou-se e fraturou o quadril, no sentido de que na realidade não há a menor preocupação com o meio ambiente, fizeram com que o rei fizesse um pedido formal de desculpas e o *WWF* retirou o cargo honorífico do Rei, que o ocupava desde a sua fundação, em 1963.[cxcvii] Até mesmo os jornais espanhóis afirmaram em editorial que «foi uma viagem irresponsável, no pior momento possível" e que "a imagem de um monarca caçando elefantes na África num momento em que a crise econômica cria tantos problemas para os espanhóis é um exemplo muito ruim".[640]

Acrescenta-se, ainda, que os grandes desmatamentos no Brasil têm restringido a atuação do governo brasileiro no Protocolo de Kyoto, principalmente em não defender a inclusão de florestas nativas dentro dos mecanismos de redução das emissões, pois o país receia que o uso das florestas seja objeto de regulação internacional, o que levaria à perda do controle e da autonomia sobre a Amazônia.[641]

2.1.6.21.4 Subtracção do ideário ecológico para *a práxis* de reserva de mercado

Conforme já observado, apesar do «*livre comércio*» ser apregoado como o melhor sistema econômico do mundo ocidental, o que se observa, porém, na prática dos países, notadamente dos países desenvolvidos e também dos países em desenvolvimento, é a proteção dos mercados internos.[cxcviii] As práticas de reservas de mercado, sob o argumento indireto de proteção ambiental, não são desprezíveis.[642]

De fato, em Novembro de 2001 o governo canadense suspendeu a importação de carne brasileira. A Agência de Inspecção do Canadá alegou que a carne brasileira poderia estar contaminada com a doença da *vaca louca*.[cxcix] Os jornais brasileiros noticiaram que a medida adoptada pelo Canadá era uma retaliação à acirrada disputa entre os dois países na OMC sobre o mercado de aviões a jacto de pequeno porte, notadamente entre a empresa canadense Bombardier e a brasileira Embraer. O caso teve repercussões no Senado Federal do Brasil, onde o Senador Ademir Andrade, em aparte ao Senador Osmar Dias, proferiu uma forte irresignação da decisão do Canadá.[cc]

Um dos principais jornais da Austrália, *The Age*, publicou um artigo[cci] do jurista daquele país, Dr. Mirko Bagaric, em 14.06.2006, utilizando como metáfora-exemplo o caso das bananas, em que há superabundância de produção nos países subdesenvolvidos,

---

[638] Por todos, SETTI, Ricardo.; Encrenca para o Rei: aparece uma princesa – que não sua rainha – na história da caçada na África. Coluna na Revista Veja – Acervo Digital, 20.04.2012. (end. e dat. disp.).

[639] SETTI, Ricardo.; O Erro brutal de ir caçar elefantes na África faz o Rei da Espanha atravessar inédita avalanches de críticas. Vai ser difícil recuperar a sua imagem. Coluna na Revista Veja – Acervo Digital, 17.04.2012. (end. e dat. disp.).

[640] Ver, Jornal EL MUNDO.es, Agencias Madrid, Brigitte Bardot: "Matar elefantes es indigno de alguien de su rango", Arrecian las críticas al Rey por cazar elefantes en África, Actualizado lunes, (end. e dat. disp.).

[641] Cf. YU, Chang Man.; Sequestro Florestal de Carbono no Brasil – Dimensões Políticas, Socioeconômicas e Ecológicas, São Paulo: Annablume, 2004.

[642] ALVES CORRÊA, Leonilda Beatriz Campos Gonçalves.; *Ob. cit.*

mas que países ricos, como a Austrália, utilizam-se de subterfúgios sanitários – questões ambientais – para proteger o seu mercado interno. Alega, ainda, que o WTO serve apenas para favorecer os países ricos, tendo em vista que a produção das "vacas europeias", ao custo de US$ 2 por dia, somente é viável por causa do subsídio europeu, enquanto os trabalhadores da África recebem menos de US$ 1 por dia de trabalho.

Os exemplos são factuais. Percebe-se que, nos casos citados, há certa razão no discurso contra a atuação da WTO; utiliza-se a temática ecológica, mas, *in vero*, não passa de *pseudo*proteção ambiental. Assim, autores[643] aduzem que as barreiras impostas sob o manto de proteção ambiental são, muitas das vezes, entraves ao acesso de exportação aos «melhores» mercados internacionais (leia-se, EUA, Europa, Japão e, agora, China) para se proteger da concorrência externa, através dessas barreiras, ditas ambientais. Dessa forma, exigências ambientais, tais como os *"selos verdes"* e *"licenças ambientais"*,[ccii] podem constituir meios de onerar sobremaneira o produto – tanto na fase de produção quanto na fase de logística e consumo –, tendo em vista que a implementação de novas tecnologias exige tempo de financiamento, que torna inviável economicamente qualquer tentativa de alcançar o mercado internacional.[644] Assim, como mais um exemplo, pode-se citar a Dinamarca, a qual foi julgada pelo Tribunal de Justiça[645] por ter adotado medidas alegadamente discriminatórias, camufladas como medidas de proteção ambiental.[646] As medidas adotadas pela Dinamarca consistiam em (i) proibir a comercialização, no mercado interno dinamarquês, de bebidas em recipientes metálicos; (ii) condicionar o acesso de outros recipientes ao mercado, sujeitando os diferentes modelos de embalagens (máxime, garrafas) a uma aprovação prévia pelas autoridades dinamarquesas e exigindo a instituição de um sistema de depósito e retorno (relativamente fácil de cumprir para os produtores nacionais de bebidas, mas muito oneroso para os produtores de outros Estados Membros "– quiçá de outros Estados…"); (iii) fixar um limite máximo de venda no mercado dinamarquês em 3.000 hectolitros por produtor/ano de bebidas contidas em recipientes não aprovados. O Tribunal manifestou-se no sentido de considerar como infração ao Direito Comunitário o limite máximo previsto no ordenamento jurídico da Dinamarca.[647]

Até mesmo Lomborg admite, além da poluição atmosférica, apesar da diminuição dos últimos anos,[648] que um dos principais problemas globais, apesar dos avanços tecnológicos utilizados na produção de alimentos, continua a ser a fome e a pobreza.[649]

2.1.7 E a grafia?

Após o pequeno percurso nas teorias ambientais, bem como nas antíteses, faz-se necessário o retorno da contextualização da grafia do termo «meio ambiente». Assim,

---

[643] Somente a título ilustrativo, cita-se na doutrina brasileira Leonilda Beatriz Campos Gonçalves Alves Correia, Guido Soares, Bárbara da Costa Pinto Oliveira, Roberto di Sena Jr., Rodrigo Constantino, Geraldo Lino, Lorenzo Carrasco, Nilder Costa, Silvia Palacios, Chang Man Yu e tantos outros.

[644] STIGLITZ, Joseph E.; & CHARLTON, Andrew.; Fair Trade for All, Oxford University Press, 2005 (v. ver. ut.). Ver também, ALVES CORRÊA, Leonilda Campos Gonçalves.;. Comércio e Meio Ambiente: atuação diplomática brasileira em Relação ao Selo Verde….

[645] Processo C-302/86.

[646] *Cf. Apud.* SOUSA ARAGÃO, Maria Alexandra de.; *Ob. cit.,* p. 96.

[647] SOUSA ARAGÃO, Maria Alexandra de.; *Ob. cit.,* p. 96.

[648] LOMBORG, Bjørn.; *Ob. cit.,* p. 397.

[649] LOMBORG, Bjørn.; *Ob. cit.,* p. 393.

meio ambiente também é fortemente criticado pelos adeptos da corrente *deep ecology*, por ter uma conotação implícita antropocêntrica.[650] Afinal, o ambiente «o que rodeia», «o que cerca» tem como ponto de referência o homem,[cciii] o que caracteriza, nitidamente, uma visão antropocêntrica, cuja única referência é o homem e cuja ação tende a um domínio total da Terra.[651]

Todavia, mesmo sem superar a terminologia adotada para designar o ramo do Direito em *quaestio*,[cciv] mister se faz compreender o seu alcance. Com efeito, a filologia histórica pode fornecer alguns subsídios de investigação.[652] Portanto, iniciar-se-á a investigação pela terminologia "ecologia" como "fonte" do Direito Ambiental, assim entendido como meio de proteção ecológica, ou pelo menos seu originário: o direito *ao* ambiente ecologicamente equilibrado.[653]

Isto posto, depreende-se que a grafia *ecologia* foi cunhada pelo biólogo alemão Ernst Heinrich Haeckel[ccv] na sua obra intitulada *Morphologie der Organismen: Allgemeine Grundzüge der organischen Formen-Wissenschaft, mechanisch begründet durch die von Charles Darwin reformirte Descendenz-Theorie. Allgemeine Anatomie der Organisme*, em 1866.[654] O naturalista, discípulo de Charles Darwin, propôs, ao pesquisar a inter-relação dos organismos vivos com o meio físico e os recursos abióticos em que vivem (*hábitat*), o surgimento de nova disciplina e batizou-a de *ecologia*.[ccvi] A forja empregada por Haeckel tem origem no grego, no qual *oîkos* significa casa (no sentido de lar, família) e, *logia,* estudo. Dessa forma, ecologia é o *estudo da casa*. Interessante observar que dessa forma inicialmente não se associava ecologia com natureza e, sim, com o estudo da casa em que se vive.[655]

Porém, o objeto de estudo da ecologia, nesse primeiro estágio, excluía da análise o homem, restringindo-se "unicamente sobre os serem irracionais e seus hábitat".[656] Assim, o campo de estudo da ecologia, obviamente, influenciado pelos estudos biológicos de Charles Darwin e Haeckel, "limitava-se à natureza, biótica e abiótica, sem a ação nem a interação do ser humano".[657] Dessa forma, o objeto – a casa, por assim dizer – era constituído exclusivamente pelos "fatores físicos (abióticos) e biológicos (bióticos) desenvolvidos na natureza virgem: o ar atmosférico, a terra (solo e subsolo), as águas (mar, rios, bacias, etc.), a flora, a fauna; enfim, todos os elementos da natureza, mais a interação dos seres vivos irracionais com o seu ambiente físico '*hábitat*'".[658]

---

[650] SOUSA ARAGÃO, Maria Alexandra de.; O Princípio do Nível Elevado de Protecção e a Renovação Ecológica do Direito do Ambiente e dos Resíduos, Coleção Teses, Coimbra: Almedina, 2006, p. 65.

[651] Por todos, SOUSA ARAGÃO, Maria Alexandra de.; *Ob. cit.*, p. 65

[652] MÜLLER, Munniky.; Filologia e linguística: encontros e desencontros, SOLETRAS, Ano X, Nº 19, jan./jun. 2010. São Gonçalo: UERJ, 2010 – Suplemento 149.

[653] GOMES CANOTILHO, J. J.; (coord.), Introdução ao Direito do Ambiente, ..., p. 24.

[654] ALBERGARIA, Bruno.; Direito Ambiental e a Responsabilidade Civil.., p. 39. Ver *tb* SIRVINSKAS, Luís Paulo.; Manual de Direito Ambiental. São Paulo: Saraiva, 6ª Ed., 2008, p. 39; MILARÉ, Édis.; Direito do Ambiente, Doutrina, prática, jurisprudência, ..., SP: RT, 2ª Ed., 2001, p. 61.

[655] SOLLER DE MATTOS, Francisco José.; Ecologia e arte: breves considerações. In: Âmbito Jurídico, Rio Grande, 24, 31/12/2005 (end. e dat. disp.).

[656] ALBERGARIA, Bruno.; Direito Ambiental e a Responsabilidade Civil.., p. 39.

[657] ALBERGARIA, Bruno.; Direito Ambiental e a Responsabilidade Civil.., p. 39.

[658] ALBERGARIA, Bruno.; Direito Ambiental e a Responsabilidade Civil.., p. 39. Ver *tb* ALEXANDRA DIAS SOARES, Cláudia.; O Imposto Ecológico – Contributo para o Estudo dos Instrumentos Econômicos de Defesa do Ambiente, Boletim da Faculdade de Direito. Universidade de Coimbra, Stvdia Ivridica 58, Coimbra Editora, 1999, p. 15.

Não é outra a definição positivo-jurídica brasileira de *meio* ambiente, que advém da Lei de Política Nacional de Meio Ambiente, nº 6.938 de 31 de agosto de 1981, a qual determina no seu artigo 3º o seu conceito: "Entende-se por meio ambiente o conjunto de condições, leis, influências e interações de ordem física, química e biológica, que permite, obriga e rege a vida em todas as suas formas".

Porém, só no ato de isolar um ambiente para estudá-lo já ocorre interferência no objeto; ou ainda, como aduz a moderna teoria quântica,[ccvii] o mero ato de observar um objeto pode ser suficiente para modificá-lo estruturalmente. Portanto, pode-se concluir que "é praticamente impossível estudar o ambiente sem que haja uma relação de interação entre este e o ser humano, por menor que ela tenha sido".[659] Ademais, verificou-se que a exclusão do homem no ambiente restringe a própria ciência, posto ser ele – o homem – seu elemento intrínseco. Assim, gradualmente, o "homem foi (se) inserido no estudo da ecologia";[660] mas, de forma incipiente e a tentar restringir, ao máximo, a sua atuação no ambiente pesquisado. Desse modo, começa-se a reconhecer não só o ambiente completamente natural, virgem, intocado pelo homem, mas também a interação dele com o ser humano.

E, obviamente, essa (inter)relação foi-se estendendo e aprofundando no estudo ecológico como consectário do complexo interagir entre homem e ambiente. Dessa forma, os ambientes modificados pelo homem também – e, às vezes, somente – são a sua casa. As cidades, hoje em dia, abrigam mais pessoas do que o campo.[ccviii] Pode-se afirmar que as grandes metrópoles são ecossistemas por si só. As modificações do homem ao seu redor podem ser tão significativas que mudam *substancialmente* o seu *hábitat*. Esta ação não é exclusividade da contemporaneidade, tendo em vista que o homem sempre modificou o meio em que vive. Contudo, o meio artificial, modificado substancialmente, fruto de vários fatores exclusivos da modernidade, tais como globalização, urbanização, industrialização e crescimento demográfico, exige a premente necessidade fática da inserção de ações ecológicas nesses novos ambientes; afinal, são, como já se disse, às vezes a única casa conhecida do homem.[ccix]

Com isso, a própria noção de *natural* se estende: o que antes era um ambiente não natural, como p. ex., uma plantação, por ter tido a ação do homem no corte da floresta para a agricultura, agora, com o contraste do urbano, pode ser considerada natural essa mesma plantação; se antes, era artificial a cidade pequena, interiorana, em relação ao meio rural, agora, em contraste com a metrópole, pode ser considerada como natural (*respirar o "ar natural" da cidade pequena, não poluída…*) e assim sucessivamente. Para alguns, refletindo a realidade própria de países industrializados, em que há uma total interferência do homem no ambiente, chega-se a afirmar que não há, hoje em dia, ambiente sem a ação do homem.[661]

De qualquer forma, fica cada vez mais difícil distinguir o que seja (absolutamente) natural, ou seja, sem nenhuma atuação/intervenção humana, e artificial, com alguma alteração pelo homem. A *linha tênue* que separa os dois conceitos – artificial e natural – não é fixa e nem invariável: depende, cada vez mais, de aspectos temporais e locais; quando não do ponto de vista do observador. Ademais, em interessante analogia, já há vozes que advertem que no futuro (próximo) com o desenvolvimento exponencial da

---

[659] ALBERGARIA, Bruno.; Direito Ambiental e a Responsabilidade Civil ... , p. 39. Ver *tb* MEDEIROS, Fernanda Luiza Fontoura.; Meio Ambiente. Direito e Dever Fundamental. … , p. 43.

[660] ALBERGARIA, Bruno.; Direito Ambiental e a Responsabilidade Civil … , p. 39.

[661] KOCH, Eckart.; Umweltrecht. (end. e dat. disp.).

tecnologia genética, ter-se-ão dificuldades – jurídicas, filosóficas e, quiçá, até mesmo de cunho biológico – em identificar o que seja ser humano natural ou artificial.[662]

2.1.8 Um ambiente urbano

De qualquer forma, para se adequar a essa nova forma de interação do homem com o meio em que vive – leia-se cidade –, a ecologia[ccx] e, consequentemente, o Direito Ambiental se expandiram e interiorizaram nas cidades o seu (possível) campo de atuação. Não foi outro o entendimento do Poder Constituinte Originário, tanto brasileiro de 1988 quanto português de 1974. Assim, o texto constitucional lusitano estabelece que, no seu artigo 66º, direcionado à defesa do ambiente e da qualidade de vida, (2) "para assegurar o direito ao ambiente, no quadro de um desenvolvimento sustentável, incumbe ao Estado, por meio de organismos próprios e com o envolvimento e a participação dos cidadãos" (*b*) "ordenar e promover o ordenamento do território, tendo em vista uma correcta localização das actividades, um equilibrado desenvolvimento socioeconómico e a valorização da paisagem" e, ainda, (*e*) "promover, em colaboração com as autarquias locais, a qualidade ambiental das povoações e da vida urbana, designadamente no plano arquitectónico e da protecção das zonas históricas".

Como se pode observar, a menção simbiótica entre o Direito Ambiental e a contextualização urbana do texto português é expressa. A qualidade ambiental tem que ser observada nas povoações e também na vida urbana, através dos planos arquitetônicos, bem como – e aqui caminha para o elemento cultural do Direito Ambiental – das zonas históricas.

A metodologia da Constituição brasileira foi mais sutil, sem, contudo deixar de albergar a proteção do ambiente antropomorfizado. Nesse sentido, o meio ambiente urbano do trabalho é protegido;[ccxi][663] é de competência da *União instituir diretrizes para o desenvolvimento urbano, inclusive habitação, saneamento básico e transportes urbanos;*[664] já a competência *para a promover (...) adequado ordenamento territorial, mediante planejamento e controle do uso, do parcelamento e da ocupação do solo* urbano é do município;[665] e o texto brasileiro ainda determina que *a política de desenvolvimento urbano deve ser executada pelo Poder Público municipal, conforme diretrizes gerais fixadas em lei, tem por objetivo ordenar o pleno desenvolvimento das funções sociais da cidade e garantir o bem-estar de seus habitantes.*[666] Para isso, a constituição faculta ao Poder Público municipal, *mediante lei específica para área incluída no plano diretor, exigir, nos termos da lei federal, do proprietário do solo urbano não edificado, subutilizado ou não utilizado, que promova seu adequado aproveitamento.*[667] Tal qual o meio ambiente e cultura são protegidos pelo texto constitucional português, o ordenamento brasileiro determina que *constituem patrimônio cultural brasileiro os bens de natureza material e imaterial, tomados individualmente ou em conjunto, portadores de referência à identidade, à ação, à memória dos diferentes grupos formadores da sociedade brasileira, nos*

---

[662] FUKUYAMA, Francis.; Our Posthuman Future: consequence of the Biotechnology Revolution (New York: Farrar, Straus and Giroux, 2002. Ver também sobre o assunto, sem esgotar o tema, BISER, Ashley.; The "Unnatural Growth of the Natural": Reconsidering Arendt on nature and artifice in the context of biotechnology. Paper Presented to the Political Theory Colloquiun University of Minnesota, December 1, 2006. (end. e dat. disp.).

[663] Vide, Art. 7º da CRF/88.

[664] Art. 21, inciso XX da CRFB/88.

[665] Art. 30, inciso VIII da CRFB/88.

[666] Art. 182 da CRFB/88.

[667] Art. 182, parágrafo 4 da CRFB/88.

quais se incluem, dentre outros, os conjuntos urbanos e sítios de valor histórico, paisagístico, artístico, arqueológico, paleontológico, ecológico e científico.[668]

Talvez a «sutileza» esteja na consagração dos direitos ambientais notadamente no artigo 225 ao determinar que "todos têm direito ao meio ambiente ecologicamente equilibrado, bem de uso comum do povo e essencial à sadia qualidade de vida". Assim, obviamente que o Poder Constituinte Originário não se referiu apenas ao meio natural ou rural, posto estar o "povo" muito mais localizado em sede urbana. A interpretação teleológica da expressão «todos» e «povo», insertos no artigo supra, remete *inconteste* a qualquer ambiente onde resida alguém; induvidosa concentração populacional nas cidades e metrópoles, que também – diga-se se passagem – tem direito à sadia qualidade de vida. De outra sorte, não se poderia recorrer, *ad exemplum*, à poluição atmosférica das grandes cidades, problema tão premente e importante da atualidade, ao direito ambiental (ecologicamente equilibrado), muito menos à poluição sonora.[669] Neste contexto, observa-se que o conceito do Direito Ambiental não só transpassa pela questão social, mas aproxima-se ao Direito Sustentável, posto ter este mais vinculação ao contexto econômico e social.

Com efeito, conforme as constituições de ambos os países, não só o planeamento urbano e as suas características urbanísticas podem ser abrangidos pelo Direito Sustentável, mas também o "ordenamento urbano" –, com as devidas distinções observadas por Diogo Freitas do Amaral entre um e outro.[670] Isso não quer dizer que todo urbanismo, e nem todo o ordenamento urbano, seja relevante para o Direito Ambiental,[671] assim como nem todo ambiente rural ou natural *virgem* seja objeto de proteção das normas ambientais. Há de se reconhecer uma zona cinzenta, ou de (inter) comunicabilidade,[672] entre os dois ramos jurídicos,[673] o que não implica anulação, fusão ou incorporação de um face ao outro. De qualquer modo, porque presente a sua presença

---

[668] Art. 216, inciso V da CRFB/88.

[669] CARNEIRO, Waldir de Arruda Miranda.; Perturbações Sonoras nas Edificações Urbanas – ruídos em edifícios, direito de vizinhança, responsabilidade do construtor, indenizações, São Paulo: Revista dos Tribunais, 2001.

[670] Não se deve confundir "urbanismo" com "ordenamento do território". Conforme Freitas do Amaral "o 'ordenamento do território' só faz sentido, e só tem verdadeira utilidade, à escala nacional e regional, enquanto o 'urbanismo' se situa ao nível da urbe, isto é, da cidade, do aglomerado urbano. Isto para quem entenda, como nós, e como a grande maioria da doutrina, que o urbanismo é uma matéria essencialmente *local*: não há, em nosso entender, um urbanismo *regional* nem um urbanismo *nacional*" e continua "enquanto o primeiro (ordenamento do território) se preocupa com a manutenção ou a recuperação dos grandes equilíbrios regionais – entre a capital e a província, entre o litoral e o interior, entre regiões ricas e regiões pobres, entre zonas urbanas e zonas rurais –, o segundo (urbanismo) ocupa-se do ordenamento racional da cidade – seu planeamento, operações económico- -administrativas a que dá lugar, regras destinadas a garantir a segurança, a salubridade e a estética das edificações urbanas, etc." FREITAS DO AMARAL, Diogo.; In: Ordenamento do Território, urbanismo e ambiente: objecto, autonomia e distinções, Revista Jurídica do Urbanismo e do Ambiente, Nº 1. Junho, 1994, p. 11-22. Essa distinção é acompanhada por AMADO GOMES, conforme os ditos em AMADO GOMES, Carla.; Ambiente (Direito do). In: Textos Dispersos de Direito do Ambiente. Lisboa: AAFDL. 2005. p. 73 (esse texto também pode ser encontrado no II Suplemento do Dicionário Jurídico da Administração Pública, 1998, p. 9-29).

[671] Para o jurista lusitano Freitas do Amaral o conceito de ordenamento do território está diretamente vinculado com a questão económica, enquanto que o direito do ambiente (sic) restringe-se "com a protecção do ambiente". FREITAS DO AMARAL, Diogo.; In: Ordenamento do Território, urbanismo e ambiente: objecto, autonomia e distinções. Revista Jurídica do Urbanismo e do Ambiente, nº 1. Junho, 1994, p. 11-22.

[672] AMADO GOMES, Carla.; Ambiente (Direito do). In: Textos Dispersos de Direito do Ambiente. Lisboa: AAFDL, 2005, p. 73 (esse texto também pode ser encontrado no II Suplemento do Dicionário Jurídico da Administração Pública, 1998, p. 9-29).

[673] Assim, reconhece uma "zona de sobreposição: a fixação de uma *reserva agrícola nacional*, ditada por imperativos de *ordenamento do território*, tem um óbvio significado e uma forte relevância ambiental; assim como a criação de novos parques ou reservas naturais, decorrentes da aplicação da legislação do ambiente, tem imediatas implicações na política de ordenamento do território que incida sobre a zona em causa". FREITAS DO AMARAL,

(ambiente natural ou cultural), nem que seja em forma de *sombra*, não quer dizer que seja *in totum* Direito Sustentável, mas sim que o Direito Ambiental passou e deixou as suas pegadas; assim como ocorre na ingerência do Direito Ambiental em outros institutos jurídicos – *transversalidade*[674] – como o Direito Civil (propriedade, posse, bens, *et cetera*), o Direito Administrativo, o Direito Constitucional, o Direito Penal e outros ramos, não transmuta essas cadeiras em Direito Ambiental; mas, somente que esses (tradicionais) institutos jurídicos sofreram interferências e influências (das normas e princípios de proteção) ambientais, econômicas e sociais. Poder-se-ia fazer uma analogia da teoria dos direitos fundamentais: transbordam-se em vários ramos do Direito, impondo-se os seus princípios aos demais.

2.2 Um enodamento entre o «meio ambiente» e o sistema social: a cultura

A interface entre o Direito Ambiental e as questões sociais também é sentida. Com efeito, em uma visão até mesmo simplista – tendo em vista que a relação «ambiente» e «social» é muito mais complexa – quando há ambientes modificados pelo homem, ou seja, ambientes artificiais,[675] que através da uma atuação específica agregou-se um valor histórico,[676] paisagístico, turístico[677] e arqueológico,[678] enfim, um valor cultural.[679] É, parafraseando Marx, uma *mais-valia* cultural que agrega ao objeto (ou lugar) um valor a mais em sua formação. Dessa forma, nota-se que o *elemento cultural* confere um *plus* intrínseco ao bem, distinguindo-o dos demais, capaz de elevar o seu valor (inclusive econômico) em relação ao seu elemento primário, isto é, ao seu estado natural ou mesmo artificial;[680] o qual, contudo, não tenha a cultura como fator preponderante da sua constituição. Constrói-se, dessa forma, a evolução e sedimentação do conceito

---

Diogo. Ordenamento do Território, urbanismo e ambiente: objecto, autonomia e distinções. In: Revista Jurídica do Urbanismo e do Ambiente, nº 1, Junho, 1994, p. 11-22.

[674] AMADO GOMES, Carla.; O Ambiente como Objecto e os Objectos do Direito do Ambiente, In: Textos Dispersos de Direito do Ambiente, Lisboa: AAFDL, 2005, p. 28. No plano internacional, ver a transversalidade do Direito Ambiental em CANÇADO TRINDADE, Antonio Augusto.; Os Direitos Humanos e Meio Ambiente. In: SYMONIDES, Janusz (Org.).; Human Rigths: new dimensions and challenges, Paris: United Nation Educational, Scientific and Cultural Organization (UNESCO), 1998. (v. ver. ut.), p. 161-203.

[675] O artigo 17º, 3 da Lei de Bases do Ambiente de Portugal – LBA (Lei nº 11/87, de 7 de abril) relaciona os componentes ambientais humanos em: *a*) A paisagem; *b*) O património natural e construído; *c*) A poluição.

[676] MIRANDA, Marcos Paulo de Souza.; Patrimônio Ambiental Cultural e Usucapião de Bens Móveis Tombados: uma análise em busca da efetividade protetiva do Decreto-lei nº 25/1937, Revista de Direito Ambiental, RT, Coord. Antônio Herman V. Benjamin e Édis Milaré, Ano 11, janeiro-março de 2006, v. 41, p. 167-181.

[677] A literatura sobre o tema é das mais extensas atualmente. Assim, visualiza-se, entre tantos outros, CORRÊA, Maria Laetitia.; PIMENTA, Solange Maria.; ARNDT, Jorge Renato Lacerda.; (organizadores) Turismo, Sustentabilidade e Meio Ambiente – contradições e convergências, Belo Horizonte: Autêntica Editora, 2009. Ver, ainda, Empreendimentos Turísticos – Temas CEDOUA, Faculdade de Direito da Universidade de Coimbra, Coimbra: Almedina, 2010; BATISTA, Sidney Daniel.; A Relação entre as Políticas de Cultura, Meio Ambiente e Turismo em Diamantina/MG, Ministério da Educação Universidade Federal dos Vales do Jequitinhonha e Mucuri – UFVJM, Minas Gerais – Brasil Revista Vozes dos Vales: Publicações Acadêmicas, Brasil – Nº 01 – Ano I – 05/2012, dentre tantos outros.

[678] MORAIS, José Luiz de.; Arqueologia da Paisagem como Instrumento de Gestão no Licenciamento Ambiental de Atividades Portuárias, *e*Gesta, v. 3, n. 4, out./dez. 2007, p. 97-115. (end. e dat. disp.).

[679] Ver melhor em CASTRIOLA, Leornardo Barci (organizador).; Paisagem Cultural e Sustentabilidade, Editora UFMG, IEDS, Coleção Arquitetura e Cidade. Também, SILVA, Vasco Pereira.; A Cultura a que tenho Direito, Direitos Fundamentais e Cultura, Coimbra: Almedina, 2007.

[680] COPOLA, Gina.; O Meio Ambiente Artificial, Fórum de Direito Urbano e Ambiental – FDUA, Belo Horizonte, n. 15, maio/jun. 2004, p. 1649 a 1653.

socioambiental, uma das interligações entre o progresso social e a preservação ambiental. Assim, *ex vi*, uma construção com características singulares (*vide* o complexo arquitetônico da cidade Brasília-DF[ccxii] ou os casarões e igrejas de Ouro Preto-MG)[ccxiii] é um bem cultural, que, conforme o Direito brasileiro, também é albergado pelos princípios do Direito Ambiental.[681] O que se considera não é, logicamente, a construção em si (cimentos, tijolo, argamassas, etc.), mas os valores que ela representa na cultura do Brasil, quiçá do mundo. Doravante, ressalta-se que o atual conceito de sustentabilidade *socio*ambiental, um dos três pilares da sustentabilidade,[682] não se restringe a questões arquitetônicas ou urbanísticas.

Porém, até então o conceito "ecológico"[683] restringia-se ao *hábitat*, à casa (estudo da casa: interação entre os elementos bióticos e abióticos). Mesmo ao se analisar o ambiente holístico, isto é, como um ecossistema interligado vivo, em forma de teia, comunicativo e *autopoiético*, não deixava de ser uma representação restritiva do *locus*. Mas, ao agregar o valor cultural *na* casa, o ambiente (*lato senso*) deixa de ser somente *ambiente* (*stricto sensu*) e pode (*facultas*: pelo valor atribuído pelo homem) tornar-se outro bem, que não meramente "residencial", um *bem cultural ambiental*, específico e especial: desloca-se da sua condição física e material restrita ao *hábitat* e transpassa para qualquer – com as devidas condições – bem, qualificando-o e distinguindo-o dos seus "iguais".[ccxiv] Assim, como um "salto metafísico", desagrega-se do físico, material, para[684] poder ser um bem imaterial (*e o que não é a paisagem, seja ela natural ou edificada pelo homem?*).

Neste aspecto, percebe-se que o próprio Direito Ambiental está indelevelmente associado simbioticamente às questões sociais e culturais. De fato, os bens culturais formam o patrimônio cultural[685] – *Cultural Heritage*.[686] Certamente, o termo «cultura» é polissémico, não se aplica somente à reducionista ideia de belas artes produzidas por artistas famosos e prédios bonitos construídos por heróis nacionais em épocas remotas.[ccxv] É, ainda, algo mais diverso do que o *legado social, comum, que é depositário de memórias e de identidades coletivas*,[687] sendo certo "que os valores e os direitos culturais permitem ao homem moderno uma forma e capacidade de transcendência, ao mesmo tempo em

---

[681] Em defesa da cultura como «elemento» do Direito Ambiental brasileiro: MUKAI, Toshio.; A Degradação do Patrimônio Histórico e Cultural. Fórum de Direito Urbano e Ambiental – FDUA, Belo Horizonte, n. 12, nov./dez. 2003, pág. 1196 a 1201; DIAS, Edna Cardozo.; Patrimônio Cultural. Fórum de Direito Urbano e Ambiental – FDUA, Belo Horizonte, n. 12, nov./dez. 2003, pag. 1212 a 1216; COPOLA, Gina.; O Meio Ambiente Cultural e sua Proteção. Fórum de Direito Urbano e Ambiental – FDUA, Belo Horizonte, n. 14, mar./abr. 2004, pag. 1510 a 1518.

[682] Atualmente, o triple da sustentabilidade está estruturado no *triple botton line*. Ver melhor em ELKINGTON, John.; The Triple Botton Line – sustainability's Accountants, In Environmental management: readings and cases, Michael v. Russo, Editor, 2nd., 2008, p. 49.

[683] Em breve comentário sobre a relação entre ecologia e Direito Ambiental, ver em FARIAS, Talden.; Perspectiva Jurídica do Conceito de Meio Ambiente. Fórum de Direito Urbano e Ambiental – FDUA, Belo Horizonte, n. 23, set./out. 2005, pág. 2739 a 2744.

[684] Incipiente, os bens ambientais naturais, ou conforme a designação alemã, os *Naturgüter*, são, essencialmente, os elementos bióticos (fauna e flora) e abióticos (ar, água, solo e subsolo e a luz). Assim, para a Lei de Bases do Ambiente de Portugal – LBA (Lei nº 11/87, de 7 de abril) os componentes ambientais naturais são *a*) O ar; *b*) A luz; *c*) A água; *d*) O solo vivo e o subsolo; *e*) A flora; *f*) A fauna (Artigo 6º).

[685] GOMES CANOTILHO, J. J..; "Brancosos" e Interconstitucionalidade, Itinerários dos Discursos Sobre a Historicidade Constitucional, Coimbra: Almedina, 2006, p. 263 e segs.

[686] Ver, por todos, a defesa da ONU, através da UNESCO, da intangível (e frágil) *Cultural Heritage, em que* a importância do património cultural imaterial é não a manifestação cultural em si, mas a riqueza de conhecimentos e habilidades que é transmitida através dela a partir de uma geração para o seguinte. *Cf. Apud*. What is Intangible Cultural Heritage?, UNESCO, (end. e dat. disp.).

[687] VERGARA CERQUEIRA, Fábio.; Patrimônio Cultural, Escola, Cidadania e Desenvolvimento Sustentável. In. Diálogos, DHI/PPH/UEM, v. 9, n. 1, p. 91-109, 2005.

que desempenham um papel revigorante da identidade nacional".[688] Salienta-se que a cultura – apesar da consciência da sua inerente indefinição jurídico-conceitual –[689] distingue-se por ser *uma tarefa vã* a sua tentativa[690] – é não só passado, como normalmente é visto, mas também, presente e futuro: ato reflexivo e inflexivo. Justamente pela indefinição conceitual provocada até mesmo pela polissemia própria da palavra, mister se faz, neste ponto, uma análise mais precisa sobre qual a utilização do termo «*cultura*» que aqui se utiliza e ainda se utilizará no decurso do trabalho (já que o termo é praticamente indefinível!).[ccxvi] Indubitavelmente, presencia-se uma multiplicidade do uso do termo em diversas categorias do conhecimento; com isso, pode-se falar em cultura como agricultura: uma cultura de arroz, cultura de rosas[691] ou ainda na biologia: *cultivo de célula ou tecido vivo em uma solução contendo nutrientes adequados e em condições propícias à sobrevivência.*[692]

Diante dessa multiplicidade de ramos que a utiliza (biológico, agricultura, etc.), o percurso «cultural», far-se-á, ressalta-se, pelo caminho da antropologia. Dessa forma, inicialmente, sob o ponto de vista antropológico, pode-se conceituar cultura como "a capacidade e o desejo de praticar as formas extrabiológicas (não biológica ou extrassomática) de comportamento (progresso dado pelo homem ao vestuário, à habitação, às ferramentas, à linguagem, à religião, à ética, à estética, no que se diferencia dos outros animais) da humanidade" ou, ainda, como "as formas de vida de um determinado grupo de homens e mulheres".[693] Ou seja, são as ações humanas que, induzidas por um comportamento diferente do mero reflexo físico-biológico, caracterizam um ato ou ação diverso do esperado pelas leis estritamente naturais (sem o fator emocional/racional). Por isso, a cultura é própria e intrínseca do ser humano. Os demais seres viventes (irracionais) não têm cultura – no sentido antropológico –, porque agem mediante (somente) o instinto. Enquanto cultura e ensino estão umbilicalmente interligados, afinal, a educação aparece como processo de reconstrução da cultura de gerações e gerações[694] (e não está aí o princípio da sustentabilidade?), pode-se afirmar (como Kant) que «cultivam-se as plantas, os animais adestram-se, mas os homens educam-se".[695] Nesse sentido, mais *lato* possível, a cultura e a educação são obrigatoriamente necessárias para o próprio *continuum* da existência dos seres humanos enquanto tais.[696]

Feito o primeiro recorte – cultura como fator antropológico – salienta-se que a importância da precisão da determinação do termo (já dentro da perspectiva antropológica) traduz não só para o Direito enquanto *protetor do direito à cultura* – e se essa *cultura* é ou não elemento do Direito Sustentável –, mas também para outros ramos do Direito, notadamente o Direito Constitucional. Assim, bem evoca Canotilho[697] ao lembrar

---

[688] COLAÇO ANTUNES, Luís Filipe.; Direito Público do Ambiente. Diagnose e prognose da tutela processual da paisagem. ... , p. 72.

[689] COLAÇO ANTUNES, Luís Filipe.; Direito Público do Ambiente. Diagnose e prognose da tutela processual da paisagem. ... , p. 75. Também nesse sentido: PEREIRA DA SILVA, Vasco.; A cultura a que tenho Direito. Direitos Fundamentais e Cultura, Coimbra: Almedina, 2008, p. 8.

[690] PEREIRA DA SILVA, Vasco.; A cultura a que tenho Direito. ... , p. 8.

[691] Verbete extraído do Dicionário eletrônico Houaiss.

[692] Verbete extraído do Dicionário eletrônico Houaiss.

[693] Cf. TITIEV, Mischa.; Introduction to Cultural Anthropology, (v. ver. ut.), pag. 7 e segs.

[694] DELARI JUNIOR, Achilles.; O sujeito e a cultura como processo de significação, Programa de pós-graduação da Universidade Estadual de Campinas, SP, 1995, (end. e dat. disp.).

[695] DELARI JUNIOR, Achilles.; *Ob. cit.*

[696] DELARI JUNIOR, Achilles.; *Ob. cit.*

[697] GOMES CANOTILHO, J. J.; "Brancosos" e Interconstitucionalidade. ..., p. 272.

Peter Häberle,[698] o qual afirma que os Estados constitucionais *também* são definidos (ou sentidos) pela sua dimensão cultural,[699] ou ainda, um existencial *Estado de Cultura*.[700][701]

Assim, sempre com as devidas advertências sobre a impossibilidade de conceituação «fechada» do termo, Vasco Pereira da Silva[702] (que também busca a sua fonte em Häberle) entende que coexistem no espaço e no tempo três definições juridicamente relevantes: a) realidade intelectual e artística, a qual compreende o universo das "belas-artes" e das "belas-letras" – do passado, presente e futuro (acepção mais restrita); b) acepção intermédia: compreende apenas o domínio da criação e da fruição intelectual e artística, mas que procede também o respectivo relacionamento com os outros "direitos espirituais", nomeadamente os respeitos à ciência, ao ensino e à formação; c) uma concepção que identifica a cultura como uma realidade complexa, enraizada em grupos sociais, agregados populacionais ou comunidades políticas, que conjuga nomeadamente elementos de ordem histórica, filosófica, antropológica, sociológica, ou mesmo psicológica, aglutinados de acordo com os três vetores orientadores: *tradição, inovação e pluralismo*.[703]

Dessa forma, Peter Häberle trabalha o conceito de cultura em três dimensões. Assim, sob o aspecto tradicional, é (*i*) a mediação daquilo que «era/foi/aconteceu» num determinado momento; na perspectiva da dimensão inovadora, (*ii*) a cultura é sentida como desenvolvimento do que «era/foi/aconteceu» em determinado momento histórico, promovendo a transformação social; e na dimensão pluralista a cultura é vista como (*iii*) "superconceito" de várias manifestações culturais de um determinado grupo humano.[704]

O que se propõe para colação no presente trabalho é um percurso em termos *kantianos* da cultura, isto é, a sua percepção em duas (iniciais) dimensões: tempo e lugar.[ccxvii] De fato, cultura, sob o enfoque do *fator* tempo, pode ser compreendida nos três tempos conhecidos: passado, presente e futuro. No tempo pretérito (como algo que aconteceu/ foi criado) – sempre antropologicamente, ou seja, extrabiologicamente –, a cultura é a tradição, o que era: a história que informa (e às vezes forma a atualidade), o que o homem foi. Também pode ser compreendida, na acepção do tempo no presente e no futuro, ou seja, como *inovação* e *desenvolvimento*, isto é, a criação e fruição intelectual[705] e artística, que tende a promover o *continuum* da história humana. O homem atual é fruto (e usufruto) de sua cultura, extraem os seus elementos e a forma continuamente (na linguagem binária: *inputs/outputs*). A atual cultura ocidental, sob o foco temporal, pode ser dimensionada na clássica divisão: de uma sociedade primitivamente agrária, a

---

[698] HÄBERLE, Peter.; Verfassungslehre als Kulturwissenschaft, 2ª ed., 1996, (v. ver. ut.).

[699] COLAÇO ANTUNES, Luís Filipe.; Direito Público do Ambiente. Diagnose e prognose da tutela processual da paisagem. ... , p. 74-75.

[700] GOMES CANOTILHO, J. J.; e VITAL MOREIRA.; Constituição da República Portuguesa Anotada. 4ª Ed., Revista, Editora Coimbra, 2007, p. 887.

[701] Faz-se a mesma advertência de PEREIRA DA SILVA, Vasco.; no qual não se deve confundir Estado de Cultura e Cultura de Estado, pois num Estado Democrático de Direito não compete ao poder publico dirigir a cultura (manifestação de "gostos" estéticos ou "preferências" culturais...). In: A cultura a que tenho Direito, Direitos Fundamentais e Cultura, Coimbra: Almedina, 2008, p. 60.

[702] PEREIRA DA SILVA, Vasco.; A cultura a que tenho Direito. ..., p. 8-10.

[703] PEREIRA DA SILVA, Vasco.; A cultura a que tenho Direito. ..., p. 8-10.

[704] HÄBERLE, Peter.; Verfassungslehre als Kulturwissenschaft, 2ª ed., 1996, p. 1106, *Cf. Apud.* CANOTILHO, J. J. GOMES.; "Brancosos" e Interconstitucionalidade, Itinerários dos Discursos sobre a Historicidade Constitucional, Coimbra: Almedina, 2006, p. 272.

[705] MEDEIROS, Zulmira.; SANTOS VENTURA, Paulo Cezar.; O conceito Cultura Tecnológica e um estudo no meio educacional, In: Ensaios (Revista do Programa de Pós-Graduação da Faculdade de Educação da Universidade Federal de Minas Gerais), vol. 9, nº 2, ano 2007, (end. e dat. disp.).

qual baseava o seu modo de produção na agricultura de subsistência, passou-se para a helenização (cultura grega clássica); depois, vieram as culturas romanas, a Idade Média (com a forte característica da religiosidade católico-apostólico-romana), a Revolução Científica e Industrial e hoje se vê a *possibilidade* do pós-modernismo, o qual tem os seus valores «culturais» estruturados em uma (tentativa) de construção social universal[706] – baseado na racionalidade –, aberta, isto é, plural,[707] mas com vínculos indissociáveis aos direitos fundamentais, tecnológica (com forte viés para a sociedade da informação ou *em rede*),[ccxviii] [708] liberal e capitalista. E por que não juridicamente sustentável?

Porém, a cultura também pode ser sentida na sua dimensão espacial, isto é, associada a um espaço físico. Podem ser, assim, internacional, nacional (estadual), regional e local. A cultura internacional é sentida *lato sensu*, ou dimensão filosófica, na qual, atualmente, pode-se falar, sem que se pretenda ser exaustivo na lista descritiva, em uma cultura ocidental-europeia, que compreende não somente o espaço físico da Europa, mas de todos os continentes, países e lugares que comungam de seus valores originários, como em culturas orientais e, ainda, em culturas do médio-oriente. Ainda na perspectiva extraestadual, percebe-se, na modernidade, também uma construção de cultura de blocos,[ccxix] tais como a União Europeia, o Mercosul, o Nafta, que, apesar de serem vistos (mais) como blocos económicos, não deixam de ter também um caráter agregador de «culturas». Na ótica estadual, regional e local a cultura se revela principalmente pelo sentimento de pertença a uma nação, a uma região e a uma localidade. São os sentimentos, os hábitos e costumes que vinculam às pessoas a uma mesma língua, às artes (literatura, fonográfica, artesanato, lazer,[709] culinária, etc.). Uma cultura extraestadual não é aniquiladora de uma cultura local; é (ou deveria ser) complementadora. Melhor explicando, uma pessoa pode se sentir pertencente culturalmente ao grupo conimbrense, à cultura do país Portugal e à Cultura Europeia. Não se deve sobrepor uma dimensão à outra, pelo menos no campo doutrinário. O que não impede que se sinta uma certa *tensão* empírica em relação aos mesmos níveis físicos de culturas, vivificados em patriotismo, regionalismo e bairrismo. Ademais, como observou Confúcio, os hábitos (culturais) *tanto podem segregar grupos, cada um com suas próprias regras, costumes e mecanismo de controle, quanto pode ser o elo entre indivíduos de um mesmo grupo, mantendo sua coesão e cumplicidade.*[710]

Sob a perspectiva tempo/espaço, pode-se então concluir a concepção de qual cultura se deve proteger na dimensão do Direito (sustentável): toda manifestação simbólica ou não, intelectual (técnica) ou artística, a qual torna um conjunto complexo que, por suas características próprias atribuídas pela sociedade, atribui-se um valor. A manifestação de valor pode ser na técnica ou nas artes, tanto na dimensão temporal quanto na dimensão física. Apesar de ser uma abordagem *lata* (*recusa-se pela própria essência do ser –*

---

[706] A cultura europeia *se diz e quer ser universal*. Ver em AROSO LINHARES, José Manuel. O logos da juridicidade sob o fogo cruzado do ethos e do pathos: da convergência com a literatura (*law as literature, literature as law*) à analogia com uma poiêsis-technê de realização (*law as musical and dramatic performance*, Separata de: Boletim da Faculdade de Direito da Universidade de Coimbra, n. 80 (2004). O tema universalidade da cultura europeia será melhor tratado no Capítulo V, referente aos direitos fundamentais.

[707] Sobre as incertezas provocadas pela pluralidade (de linguagens, dentro da cultura europeia), ver em AROSO LINHARES, José Manuel.; O logos da juridicidade sob o fogo cruzado do ethos e do pathos....

[708] Ver em CASTELL, Manuel.; The rise of the network society (v. ver. ut.).

[709] BETTINE DE ALMEIDA, Gustavo Luis.; Subsídios Teóricos do Conceito Cultural para Entender o Lazer e Suas Políticas Públicas, In: Conexões (Revista da Faculdade de Educação Física da UNICAMP), v. 2, nº 1, 2004, (end. e dat. disp.).

[710] BARROS LARAIA, Roque de.; Cultura: um conceito antropológico, RJ: Jorge Zahar, 2001.

sein –, *quando se trata de direito subjetivo, em ser um "conceito-quadro" fechado*),[711] assim é necessário que se faça, para não se excluir nenhuma forma (ou meio) de propagação/difusão/percepção da cultura. Compete à própria sociedade subtrair o *seu* conceito de cultura, ou seja, *in ultima ratio,* cada cultura deve dizer qual é a sua cultura.

Com efeito, a superação do *direito do desenvolvimento sustentável* em relação ao Direito Ambiental é sensível: enquanto que para alguns o Direito Ambiental está restrito ao *locus* das intervenções administrativas[712] no (restrito) mundo ambiental, a sustentabilidade evoca, como força atrativa, não só o mundo econômico e a justiça social, mas também – e talvez como núcleo principal – a solidariedade intergeracional e interestadual.

Dessa forma, em Portugal a extensão do direito ao ambiente (... de vida humana, sadio e ecologicamente equilibrado...) na seara cultural se dá, a nível constitucional, pelo Artigo 66º (ver também 9, 11, 42, 43-2, 73, 76 e 78-2-e, 90, 101, 288), alínea "c", *in verbis:* "criar e desenvolver reservas e parques naturais e de recreio, bem como classificar e proteger paisagens e sítios, de modo a garantir a conservação da natureza e a preservação de valores culturais de interesse histórico ou artístico".[ccxx] Ao nível infraconstitucional, a Lei de Base do Ambiente, Lei nº 11/87, de 7 de Abril (alterada pela Lei nº 13/2002, de 19 de Fevereiro), define, no artigo 5º, II, *a,* o ambiente como "o conjunto dos sistemas físicos, químicos, biológicos e suas relações e dos factores económicos, sociais e culturais com efeito directo ou indirecto, mediato ou imediato, sobre os seres vivos e a qualidade de vida do homem" (sem grifo no original). Faz, ainda, expressamente a divisão entre bens naturais (Art. 6º) e componentes ambientais humanos (Art. 17º).[ccxxi] [713]

Em simetria, a Constituição Federal da República do Brasil, com forte influência da Constituição Portuguesa,[714] adota uma sistematização coerente com a extensão do conceito, ao determinar, no Título III, da Ordem Social, os preceitos notadamente culturais, Capítulo III, e ambientais, Capítulo VI; sem, contudo, distingui-los um do outro de forma contundente. Aliás, como se pode perceber do inciso IV do artigo 216, há, sim, uma inter-relação entre ambiente cultural e ambiente natural, *verbis:* "constituem patrimônio cultural brasileiro os bens de natureza material e imaterial, tomados individualmente ou em conjunto, portadores de referência à identidade, à ação, à memória dos diferentes grupos formadores da sociedade brasileira, nos quais se incluem: I – as formas de expressão; II – os modos de criar, fazer e viver; III – as criações científicas, artísticas e tecnológicas; IV – as obras, objetos, documentos, edificações e demais espaços destinados às manifestações artístico-culturais; V – os conjuntos urbanos e sítios de valor

---

[711] BAUER, Hartmut.; Geschichtliche Grundlage der Lehre vom subjektiven öffentlichen Rechte, Duncker & Humblot, Berlim, 1986, p. 174. *Cf. Apud.* PEREIRA DA SILVA, Vasco.; A cultura a que tenho Direito, Direitos Fundamentais e Cultura, Coimbra: Almedina, 2008, pág. 88.

[712] SOUSA ARAGÃO, Maria Alexandra de.; O Princípio do Nível Elevado de Protecção e a Renovação Ecológica do Direito do Ambiente e dos Resíduos, Coleção Teses, Coimbra: Almedina. 2006, p. 66.

[713] AMADO GOMES, Carla.; O Ambiente como Objecto e os Objectos do Direito do Ambiente. In: Textos Dispersos de Direito do Ambiente. Lisboa: AAFDL, 2005, p. 17.

[714] Como bem observa Carla Amado Gomes, ao discorrer sobre o Artigo 225 da CF/88, o Constituinte brasileiro adotou a dupla dimensão – subjetiva e objetiva – da proteção ao meio ambiente. Para a autora, é objetivo "enquanto tarefa do Estado e demais entidades, públicas e privadas, num esforço de cooperação que vai desde a promoção e assimilação dos valores de educação ambiental à adopção de condutas que efectivamente traduzam uma atitude de preservação activa dos bens ambientais naturais; e subjectiva – enquanto dever de cada pessoa, física e jurídica, de proteger a qualidade dos bens ambientais, numa lógica solidária, intra e intergeracional". In: AMADO GOMES, Carla.; O Direito ao Ambiente no Brasil: um olhar Português. In: Textos Dispersos de Direito do Ambiente. Lisboa: AAFDL, 2005, p. 273-291.

histórico, paisagístico, artístico, arqueológico, paleontológico, ecológico e científico", analisados, ainda, conjuntamente com o artigo 225[715] já referido, dentre tantos outros.[716]

Alicerçado nessa doutrina, a legislação infraconstitucional brasileira, em diversos comandos legais, define – ou induz – o seu conceito de forma abrangente. Igualmente, a Lei de Política Ambiental – Lei nº 6.938, de 31 de Agosto de 1981, atribui, no Artigo 3º, ao ambiente o simbólico conceito de "o conjunto de condições, leis, influências e interações de ordem física, química e biológica, que permite, abriga e rege a vida em todas as suas formas". Assim, a degradação da qualidade ambiental observa-se quando acontece "a alteração adversa das características do meio ambiente". Corroborando com a extensão conceitual, a Lei nº 9.605/98 (Brasil), que dispõe sobre as sanções penais e administrativas derivadas de condutas e atividades lesivas ao meio ambiente, passou a determinar como crimes ambientais – além dos crimes contra a fauna (Art. 29), flora (Art. 38) e poluição (Arts. 54 e segs.) – atos contra o Ordenamento Urbano e o Patrimônio Cultural.[ccxxii]

Reduz-se, assim, o "conceito-quadro" (ao menos nas culturas euro-ocidentais, vistas aos exemplos fractários da dimensão luso-brasileira) (do direito) da cultura na natureza de criação, fruição e participação (*direito subjetivo de relações jurídicas multilaterais de cultura*), bem como de autor, participação e de fruição do património cultural (*status culturalis: estatuto jurídico de cidadania cultural*); bem como de proteção (defesa) desses valores e patrimónios.[717] Tanto os valores quanto os patrimónios culturais são, destarte, objetos de proteção jurídica. «Quando» e «o quê» podem se tornar valores culturais e/ ou património cultural; é um «quadro-conceito» aberto e reflexivo.

Dessa forma, com um conceito antropologizado[718] também pode fazer parte do patrimônio cultural uma paisagem singular[719] ou sítios de interesse paleontológico, bem como fauna e flora específicas. O transbordamento do conceito ambiental-sustentável (e da sua proteção) remete à questão instigante: outras características culturais também podem induzir a essa transposição, como, p. ex., a gastronomia,[ccxxiii ccxxiv] a música ou até mesmo as expressões religiosas para dentro da seara (e proteção) do Direito Sustentável? Há a possibilidade de um Direito Sustentável *sem lugar*, isto é, sem um *locus natural* (do *hábitat* a outro *bem específico*: mas ainda assim protegido pelo Direito Ambiental)? Longe da árvore (como um fruto que se deixa cair da árvore, tornando-se outro ser) do Direito Ambiental? De qualquer forma, é de bom tom frisar que *poder* não caracteriza necessariamente *ser*.

---

[715] AMADO GOMES, Carla.; O Direito ao Ambiente no Brasil: um olhar Português, In: Textos Dispersos de Direito do Ambiente, Lisboa: AAFDL, 2005, p. 273-291.

[716] Ver melhor a positivação constitucional brasileira e a proteção ao ambiente em ALBERGARIA, Bruno.; In: Direito Ambiental e a Responsabilidade Civil das Empresas ..., p. 76-82; Ainda: FONTOURA DE MEDEIROS, Fernanda Luiza.; Meio Ambiente Direito e Dever Fundamental. Porto Alegre: Livraria do Advogado, 2004, p. 63; Bessa ANTUNES, Paulo de.; Dano Ambiental: uma abordagem conceitual, Rio de Janeiro: Lumen Juris, 2000, p. 38.

[717] PEREIRA DA SILVA, Vasco.; A cultura a que tenho direito. Direitos Fundamentais e Cultura, Coimbra: Almedina, 2008, p. 90-94, *passim*.

[718] VERGARA CERQUEIRA, Fábio.; Patrimônio Cultural, Escola, Cidadania e Desenvolvimento Sustentável. In: Diálogos, DHI/PPH/UEM, v. 9, n. 1, p. 91-109, 2005.

[719] Nos termos da alínea c) do nº 1 do artigo 197º da CP, o governo português aprovou a Convenção Europeia da Paisagem, feita em Florença em 20 de Outubro de 2000, através do Decreto nº 4/2005 de 14 de Fevereiro.

Isto posto, compreende-se o Direito Sustentável como multifacetado e poligonal, multi e interdisciplinar;[720] [721] se se exige para o balanço dos bens ambientais a presença de biológicos, museólogos, arqueólogos, paleontólogos e toda a gama de profissionais dessas áreas, reclama também, antropólogos para manejar o planeamento cultural[722] e – como ainda se verá –, profissionais interligados ao mundo econômico.

Se, outrora a dicotomia entre patrimônio cultural e patrimônio ambiental (para não falar entre o econômico ainda) fomentava discórdia entre um e outro, por defenderem posições aparentemente dicotômicas, hoje não se faz mais essa dissociação, o que induz uma política de proteção conjunta, que proporciona em eficiência maior: os ambientalistas (e afins) ajudam a proteger o patrimônio cultural, e os antropólogos (e afins) ajudam a proteger o patrimônio ambiental. Daí a compreensão, cada vez maior, da abrangência do conceito de ambiente-sustentável, principalmente para que cada *hábitat* do homem, seja na floresta, no campo, no sítio, na cidade, no trabalho, nas fábricas, etc., esteja protegido por normas jurídicas para a sua conservação e melhora e fruição de um *continuum* progressista.

Portanto, apesar de o sistema jurídico ambiental sustentável poder ser dividido em duas áreas de abrangência (dois valores teleológicos de proteção), a saber, (*i*) o bem natural (*Naturgüter*), que compreende a funcionalidade da biótica e abiótica e, (*ii*) o patrimônio cultural (no qual inclui-se a paisagem), em ambos os casos, (*i*) e (*ii*), visa-se garantir a todos – para as presentes e futuras gerações – um (único) direito sustentável a fins garantísticos do ambiente ecologicamente equilibrado e essencial à sadia qualidade de vida.[723] Assim, o certo é que o *meio* ambiente sustentável não precisa ser somente "o conjunto de condições, leis, influências e interações de ordem física, química e biológica, que permite, obriga e rege a vida em todas as suas formas"; mas, também, a interação do conjunto de elementos naturais, artificiais e culturais que propiciam o desenvolvimento equilibrado da vida em todas as suas formas. Esta integração busca assumir uma concepção unitária – *visão gianniniana*[724] – do ambiente, compreendidos os recursos naturais e culturais em um só conceito.[725]

Desse modo, parte da doutrina brasileira, como se observa em Fernando Brito, advoga que o ambiente cultural pode ser classificado em dois subgrupos, quais sejam: (*i*) concreto, ou seja, quando se apresenta em um objeto material, e (*ii*) abstrato, quando

---

[720] Parafraseando a expressão de GOMES CANOTILHO, J. J..; In: Relações Jurídicas Poligonais. Ponderação ecológica de bens e controlo judicial preventivo, Revista Jurídica do Urbanismo e do Ambiente, Nº 1, Junho, 1994, p. 55-66.

[721] Ver, ainda, COLAÇO ANTUNES, Luís Filipe.; Direito Público do Ambiente. Diagnose e prognose da tutela processual da paisagem, Coimbra: Almedina, 2008, *passim*; Ver também: GOMES CANOTILHO, J. J.; (Coordenador), Introdução ao Direito do Ambiente, Lisboa: Universidade Aberta, 1998, p. 20.

[722] VERGARA CERQUEIRA, Fábio.; Patrimônio Cultural, Escola, Cidadania e Desenvolvimento Sustentável. In: Diálogos, DHI/PPH/UEM, v. 9, n. 1, p. 91-109, 2005. Ver *tb* MORATO LEITE, José Rubens.; Sociedade de Risco e Estado, In: Direito Constitucional Ambiental Brasileiro, São Paulo: Saraiva, 2007, p. 131; SIRVINSKAS, Luís Paulo.; Manual de Direito Ambiental, São Paulo: Saraiva, 6ª Ed., 2008, p. 34/35. *Passim*; GOMES CANOTILHO, J. J.; (Coord.), Introdução ao Direito do Ambiente, Lisboa: Universidade Aberta, 1998, p. 20.

[723] Art. 225 da CFB/88.

[724] Expressão utilizada por Amado Gomes para se referir à teoria unitária Do Direito Ambiental desenvolvida pelo doutrinador italiano M. S. GIANNINI. AMADO GOMES, Carla.; Ambiente (Direito do). In: Textos Dispersos de Direito do Ambiente. Lisboa: AAFDL. 2005. P. 73 (texto *tb* encontrado no II Suplemento do Dicionário Jurídico da Administração Pública. 1998. P. 9-29). Essa expressão pode ser encontrada ainda em AMADO GOMES, Carla.; O Ambiente como Objecto e os Objectos do Direito do Ambiente. In: Textos Dispersos de Direito do Ambiente. Lisboa: AAFDL, 2005, p. 18.

[725] GIANNINI, M.S.; Difesa dell'ambiente e del patrimonio naturale e culturale, In: RTPD, 1971, p. 11122 e segs. Ver *tb*. SILVA, José Afonso da.; Direito Ambiental Constitucional, SP: Malheiros Ed., p. 2.

é a própria cultura em si mesma.[726] [727] Destarte, autores brasileiros incluem o ambiente natural, artificial e misto[728] na conceituação jurídica do meio ambiente e a abrangência do Direito Ambiental, entre as quais, com a *permissa venia* pela "lista telefônica", apresentamos algumas, a saber (brasileiros):

(i) Afonso da Silva[729] define o meio ambiente como a interação do conjunto de elementos naturais, artificiais e culturais que propiciem o desenvolvimento equilibrado da vida em todas as suas formas;

(ii) Valdir Gomes[730] define como "sistema integrado por normas, princípios, valores, poderes institucionais, circunstâncias fáticas e práticas procedimentais e operativas que se vinculam às condições da existência humana em sociedade, em suas relações com o meio ambiente";

(iii) Freire[731] alega que meio ambiente é o universo natural que, efetiva ou potencialmente, exerce influência sobre os seres vivos. Além disso, continua afirmando que "sob a ótica do Direito, pode ser conceituado como uma instituição jurídica, considerando-se que as normas ambientais nada mais fazem do que organizar a utilização dos bens ambientais pelo homem";

(iv) já Milaré[732] afirma que "a concepção ampla do direito ambiental vai além dos limites estreitos fixados pela ecologia tradicional, o meio ambiente abrange toda a natureza original (natural) e artificial, assim como os bens culturais correlatos. Temos aqui, então, um detalhamento do tema: de um lado o meio ambiente natural, ou físico, constituído pelo solo, pela água, pelo ar, pela energia, pela fauna e pela flora; e do outro, o meio ambiente artificial (ou humano), formado pelas edificações, equipamentos de natureza urbanística e demais construções. Em outras palavras se quer dizer que nem todos os ecossistemas são naturais, havendo mesmo quem se refira a 'ecossistemas naturais' e 'ecossistemas sociais'. Esta distinção está sendo, cada vez mais, pacificamente aceita, quer na teoria, quer na prática";

---

[726] ALVES BRITO, Fernando de Azevedo.; A hodierna classificação do meio ambiente, o seu remodelamento e a problemática sobre a existência ou a inexistência das classes do meio ambiente do trabalho e do meio ambiente misto. In: Âmbito Jurídico, Rio Grande, 36, 02.01.2007 (end. e dat. disp.).

[727] Autores como Giannini propõem uma abordagem tridimensional: a) cultural, que poderia ser a proteção de uma paisagem; b) sanitária, na qual se enquadra o combate à poluição e; c) urbanística, conhecida como o ordenamento do território. In: M. GIANNINI. Difesa dell'ambiente e del patrimonio naturale e culturale. In: RTDP, 1971/3, p. 1122 e segs. *Cf. Apud.* AMADO GOMES, Carla. Risco e Modificação do Acto Autorizativo Concretizador de Deveres de Protecção do Ambiente. Coimbra Editora. 2007. Pág. 70. Sirvinskas propõe uma divisão estruturada em quatro categorias: a) ambiente natural; b) ambiente cultural; c) ambiente artificial; c) ambiente do trabalho. In: SIRVINSKAS, Luís Paulo. Manual de Direito Ambiental. São Paulo: Saraiva. 6ª Ed. 2008. Pág. 38.

[728] Alguns autores incluem, ainda, um Direito do Ambiente do Trabalho (por todos, FARIAS, Talden.; Perspectiva Jurídica do Conceito de Meio Ambiente. Fórum de Direito Urbano e Ambiental – FDUA, Belo Horizonte, n. 23, set./out. 2005, pág. 2739 a 2744). Mas a crítica desenvolvida sobre o tema é relevante. O alegado Direito do Ambiente do Trabalho é um sub-ramo do Direito Ambiental misto, e como tal deve ser tratado, ou seja, dentro do Direito do Trabalho, com as devidas proteções trabalhistas. Ver melhor em ALVES BRITO, Fernando de Azevedo.; A hodierna classificação do meio ambiente, o seu remodelamento e a problemática sobre a existência ou a inexistência das classes do meio ambiente do trabalho e do meio ambiente misto. In: Âmbito Jurídico, Rio Grande, 36, 02.01.2007 (end. e dat. disp.).

[729] SILVA, José Afonso da.; Direito Ambiental Constitucional. São Paulo: Malheiros, 1995, p. 2.

[730] VALDIR GOMES, Sebastião.; Direito Ambiental Brasileiro. Porto Alegre: Síntese, 1999, p. 36.

[731] FREIRE, Willian.; Direito Ambiental Brasileiro. 2ª ed. Rio de Janeiro: Aide, 2000, p. 17.

[732] MILARÉ, Edis.; Direito do Ambiente. 2ª ed. São Paulo: Revista dos Tribunais, 2001, p. 64.

(v) Séguin com uma visão holística[733] "entende que o meio ambiente é um bem jurídico autônomo e unitário diverso do somatório dos itens que o compõem, posto que se trabalha a inter-relação entre eles";[734] e, ainda;

(vi) Machado mostra a dimensão da importância do Direito Ambiental ao justificar que ele "tem a tarefa de estabelecer normas que indiquem como verificar as necessidades de uso dos recursos ambientais. Não basta a vontade de usar esses bens ou a possibilidade dessa utilização, devendo-se quando a utilização não seja razoável ou necessária, negar o uso, mesmo que os bens não sejam atualmente escassos";[735]

(vii) Aguiar Coimbra ensina que o "meio ambiente [é] o conjunto dos elementos físico-químicos, ecossistemas naturais e sociais em que se insere o homem, individual e socialmente, num processo de interação que atenda ao desenvolvimento das atividades humanas, à preservação dos recursos naturais e das características essenciais do entorno, dentro de padrões de qualidade definidos".[736]

Apesar de ser "lugar-comum" na maioria das constituições europeias modernas[737] – consideradas como tais aquelas formuladas ou revistas após a década de 70 do século passado[738] – não há em nenhuma delas, conforme Kiss, uma definição precisa do seu conteúdo.[739] Contudo, mesmo quando não há a menção direta e abrangente do Direito Ambiental pela Constituição, pode-se encontrar sublimando a sua ideia; como, p. ex., na Itália, em que o artigo 44 exige, apesar de roupagem econômica (posto ter como objetivo a realização de uma exploração racional da terra rural), a recuperação do solo rurícola, bem como prevê medidas a favor das zonas de montanha.[740] Ademais, a jurisprudência, a lei infraconstitucional e a doutrina preencheram as lacunas, mesmo quando a Constituição era silente sobre o assunto.[741]

De outra sorte, corroborando com a ampla abrangência do conceito ambiental, a Convenção de Lugano, de 21 de junho de 1993, que dispõe sobre a Responsabilidade Civil pelos Danos Resultantes de Atividades Perigosas para o Meio Ambiente, dos Estados Membros do Conselho da Europa, define expressamente o ambiente no seu parágrafo segundo como, *verbis*: "*Au sens de la présente Convention :10. L'«environment» comprend: les ressources naturelles abiotiques et biotiques, telles que l'air, l'eau, le sol, la faune*

---

[733] BOFF, Leonardo.; Ética da Vida. Brasília: Letraviva, 1999, p. 34, entende que holismo *não significa a soma das partes, mas a captação da totalidade orgânica, una e diversa em suas partes, sempre articuladas entre si dentro da totalidade e constituindo essa totalidade.*

[734] SÉGUIN, Élida.; O Direito Ambiental: Nossa Casa Planetária, Rio de Janeiro: Forense, 2000, p. 9.

[735] LEME MACHADO, Paulo Afonso.; Direito Ambiental Brasileiro, SP: Malheiros, 2001.

[736] AGUIAR COIMBRA, José de Ávila.; O outro lado do meio ambiente, SP: Cetesb, 1985, p. 29.

[737] Assim, Canotilho defende ao caracterizar o Estado Português, após a constitucionalização do Direito Ambiental, como um Estado (constitucional) de direito ambiental e ecológico, com a ressalva de que "o Estado ambiental e ecológico só será Estado de direito se cumprir os deveres de juridicidade impostos à actuação dos poderes públicos". GOMES CANOTILHO. J. J.; Direito Constitucional Ambiental Brasileiro. Org. GOMES CANOTILHO, J. J.; e MORATO LEITE, José Rubens.; O Direito Constitucional Ambiental Português e da União Europeia, SP: Saraiva, 2007, p. 1-11.

[738] Aduz-se que a primeira Constituição moderna europeia ambiental foi a da Bulgária de 1971, onde previa, no seu artigo 31, uma "proteção, a salvaguarda da Natureza e das riquezas naturais da água, ar e solo (...) incumbe aos órgãos do Estado e é também dever de cada cidadão". DA SILVA, José Afonso.; Direito Ambiental Constitucional, SP: Malheiros, 1997, p. 24. Acompanha essa observação:

[739] KISS, Alexander.; Environment et développement ou environment et survie?. In: JDI, 1991-2, p. 267. *Cf. Apud.* AMADO GOMES, Carla.; *Ob. cit.* Pág. 66.

[740] Conforme salienta Amado Gomes, a Itália tem no seu texto constitucional somente uma *aproximação* ao direito do ambiente quando trata do direito à saúde e da tarefa do Estado de proteção da paisagem, previstos nos artigos 32 e 9 respectivamente. AMADO GOMES. Carla.; *Ob. cit.*, p. 69.

[741] *Vide* exemplo a Alemanha antes da reforma da *Grundgesetz* de 1994.

CAPÍTULO 2
A SUSTENTABILIDADE COMO O ELO ESTRUTURANTE DO ESTADO... | 237

et la flore, et l'interaction entre les mêmes facteurs; les biens que composent l'héritage culturel; et les aspects caractéristiques du paysage"[ccxxv] (sem grifo no original). A Convenção do Conselho da Europa também conceituou o ambiente de forma lata.

Contudo, essa indefinição, pelo inflacionamento do conceito de Direito Ambiental, resulta em uma série de críticas – não desprovidas de fundamentos, diga-se, que se encontram mais dentro do Direito Europeu do que do Direito Brasileiro, pois este alberga (ainda) a estrutura mais ampla.[742] De fato, a crítica que se faz, não sem fundamento, como já se salientou, sobre a dilatação do conceito (e abrangência) do Direito Ambiental, cinge-se à sua perda de centralidade; isto é, do seu foco principal, qual seja, o ambiente *em si* mesmo que não desassociado do homem. Assim, visualiza-se que o Direito Ambiental lentamente vai se afastando do ambiente.[743] Dessa forma, pode-se perder na imensidão – Direito Ambiental: do produtor, do consumidor, social, cultural, do trabalho, urbano, recreativo, paisagístico e toda a sorte que se possa introspectar *no* Direito Ambiental –, e, como já alertado, tornar-se tão utilizado que perde-se o seu conteúdo pela banalização.

Nota-se que hodiernamente no Direito Europeu (que já contêm um elevado nível de proteção do patrimônio cultural[ccxxvi] – e quiçá social – por outras vias que não o Direito Ambiental, determinados em grande parte por fatores históricos) uma incipiente insujeição doutrinária[744] para excluir do contexto ambiental os preceitos sociais ou antropomorfizados, restringindo o seu conteúdo à defesa dos recursos naturais. Assim, ocorre um verdadeiro "efeito sanfona" na abrangência do conceito do Direito Ambiental europeu; em um primeiro momento – talvez de euforia (ou pânico) – tudo era ambiental; mas, depois *post Festum* – ou da *ressaca* do pós-pânico –, quase tudo tende a deixar de ser *quaestio* ambiental. Atualmente, o que se visualiza é uma tendência da doutrina europeia para uma retração do conceito e limitação da abrangência do Direito Ambiental.

---

[742] O Supremo Tribunal Federal do Brasil em decisão de 2006 abrangeu o conceito de Direito Ambiental, v. Medida Cautelar na Ação Direta de Inconstitucionalidade nº 3.540, decisão de 01.09.2005, Relator Min. Celso de Mello, publicada no Diário de Justiça da União em 03.02.2006, na qual estabeleceu "... que traduz conceito amplo e abrangente das noções de meio ambiente natural, de meio ambiente cultural, de meio ambiente artificial (espaço urbano) e de meio ambiente laboral....".

[743] KRAMER, Ludwig.; Palestra proferida no Curso de Direito do Ordenamento do Urbanismo e do Ambiente no Âmbito do CEDOUA, realizado em Coimbra, em 7 de abril de 2008. *Cf. Apud.* In: SOUSA ARAGÃO, Maria Alexandra de.; O Princípio do Nível Elevado de Protecção e a Renovação Ecológica do Direito do Ambiente e dos Resíduos, Coleção Teses, Coimbra: Almedina, 2006, p. 65.

[744] A doutrina portuguesa inicial não vacilava em acolher o ambiente urbano e o patrimônio cultural, além dos recursos tipicamente naturais, dentro da seara do direito ambiental, tal como na conclusão lógica das palavras de CANOTILHO, *ipsis litteris*: "No Plano do direito ambiental a pergunta é, mais concretamente, a seguinte: como evitar através da adopção de meios de protecção jurídica expeditos e eficientes, a morte de peixes, a agressão do ambiente urbano, a destruição do patrimônio cultural?". GOMES CANOTILHO. J. J.; In: Relações Jurídicas Poligonais. Ponderação ecológica de bens e controlo judicial preventivo, Revista Jurídica do Urbanismo e do Ambiente, nº 1, Junho, 1994, p. 55-66. Ver *tb*: para Briganti, o meio ambiente é o conjunto em um dado momento, dos agentes físicos, químicos, biológicos e dos fatores sociais suscetíveis de terem um efeito direto ou indireto, imediato ou futuro, sobre os seres vivos e a atividade humana. BRIGANTI, E.; Danno Ambientale e Responsabilità Oggetiva, In: Rivista Giuridica dell'Ambiente – Atti del Convegno di Studio sul Tema Dano Ambientale e Tutela Giuridica, Padova, CEDAM, 1987, p. 75; já Jovillet e Pavé definem-no "como o conjunto dos meios naturais ou artificiais da ecosfera, onde o homem se instalou e que explora e administra, bem como o conjunto dos meios não submetidos à ação antrópica, e que são considerados necessários à sua sobrevivência". JOVILLET, M. e PAVÉ, A.; O meio ambiente: questões e perspectivas para a pesquisa. In: FREIRE VIEIRA, Paulo.; (org.). Gestão de recursos naturais renováveis e desenvolvimento: novos desafios para a pesquisa ambiental, SP: Cortez, 1996, p. 63.

2.2.1 Direito Ecológico: uma visão *post Festum*

Por isso, se propõe um Direito Ecológico[745] ou um Direito dos Recursos Naturais,[746] afastado de uma perspectiva antropológica (ou antropocêntrica, na qual o homem é o centro do *ambiente*) e prospecta numa dimensão mais ecológica, do qual o homem é um dos milhares de outros seres que também habitam a Terra (e por isso tem o direito de continuar a habitá-la juntamente com os outros seres). Tanto é que nas recentes *dissertações* e *teses lusitanas*, há quem defenda, apesar de se reconhecer que a noção de Direito Ambiental não é pacífica, "uma clara tendência para a redução do seu conteúdo operativo aos bens ambientais naturais",[747] ao retorno de um conceito do Direito Ambiental como, *ipsis litteris*, um "conjunto de normas que regulam as intervenções humanas sobre os bens ecológicos, de forma a promover a sua preservação, a impedir destruições irreversíveis para a subsistência equilibrada dos ecossistemas e a sancionar as condutas que os lesem na sua integridade e capacidade regenerativa".[748] [749]

Contudo, antes de se adotar a teoria reducionista do conceito do Direito Ambiental, há que se analisar a legislação – porque, mesmo não abarcando *in totum* a teoria positivista (dos iluministas franceses a Kelsen), acredita-se que não se pode ser mais realista do que o Rei... Assim, em Portugal, há uma lei específica para cada área: Lei do Ordenamento do Território e do Urbanismo (Lei nº 48/98, 11 de Agosto), Lei do Patrimônio Cultural (Lei nº 107/01, 8 de Setembro) e Lei de Base do Ambiente (Lei nº 11/87, 7 de Abril, com alterações pela Lei nº 13/02, 19 de Fevereiro), o que, em um primeiro plano, poder-se-ia induzir que o legislador separou os três institutos, tornando-os coisas diversas e *incomunicáveis*.

Mas, em uma análise até mesmo perfunctória dos referidos diplomas legais, percebe-se – apesar das opiniões contrárias – que a relação entre os elementos da natureza e os "elementos culturais" está intrínseca e indissociavelmente relacionada, que os seus conceitos ora se (com)fundem e ora se separam, pelo menos no mundo jurídico brasileiro e português.

---

[745] In: SOUSA ARAGÃO, Maria Alexandra de.; O Princípio do Nível Elevado de Protecção e a Renovação Ecológica do Direito do Ambiente e dos Resíduos, Coleção Teses, Coimbra: Almedina, 2006.

[746] AMADO GOMES, Carla.; O Ambiente como Objecto e os Objectos do Direito do Ambiente. In: Textos Dispersos de Direito do Ambiente, Lisboa: AAFDL, 2005, p. 31-32. Ver *tb* os textos da mesma autora: Ambiente (Direito do). In: Textos Dispersos de Direito do Ambiente, Lisboa: AAFDL, 2005, p. 73 (esse texto também pode ser encontrado no II Suplemento do Dicionário Jurídico da Administração Pública, 1998, p. 9-29); Direito do Patrimônio Cultural, Direito do Urbanismo, Direito do Ambiente: o que os une e o que os separa. In: Revista da Faculdade da Universidade de Lisboa, 2001/1, p. 353 e segs. (texto *tb* encontrado em Textos Dispersos de Direito do Ambiente, Lisboa: AAFDL, 2005, p. 127-139).

[747] AMADO GOMES, Carla.; Risco e Modificação do Acto Autorizativo Concretizador de Deveres de Protecção do Ambiente, Coimbra Editora, 2007, p. 111. Contra: COLAÇO ANTUNES, Luís Filipe.; Direito Público do Ambiente, Diagnose e prognose da tutela processual da paisagem, Coimbra: Almedina, 2008, no qual, à página 83, sustenta que "por ambiente devemos então entender o conjunto de bens naturais e culturais relevantes para a qualidade de vida *ecológica e existencial* da pessoa humana. Neste sentido, o ambiente-paisagem deve ser considerado um *bem imaterial*, na medida em que, como bem cultural, tem ínsita a noção de valor".

[748] AMADO GOMES, Carla.; Ambiente (Direito do). In: Textos Dispersos de Direito do Ambiente. Lisboa: AAFDL, 2005, p. 73 (esse texto também pode ser encontrado no II Suplemento do Dicionário Jurídico da Administração Pública, 1998, p. 9-29). Ver também o texto de lavra da mesma autora O Ambiente como Objecto e os Objectos do Direito do Ambiente. In: Textos Dispersos de Direito do Ambiente. Lisboa: AAFDL, 2005, p. 1-33.

[749] Assim, para Amado Gomes, "o Direito do Patrimônio Cultural tutela a memória de um povo, o passado, enquanto o Direito do Ambiente visa assegurar, de forma directa, a preservação da integridade dos bens ambientais e, de forma indirecta, a sobrevivência física dos membros de uma comunidade". AMADO GOMES, Carla.; Ambiente (Direito do) ...., p. 73 (... II Suplemento do Dicionário Jurídico da Administração Pública, 1998, p. 9-29).

Assim, iniciando a análise pela Lei nº 107/01, 8 de Setembro (Lei do Património Cultural), observa-se que no seu artigo 2º, que conceitua e estabelece o âmbito do património cultural, estabelece que é parte integrante do património cultural *aqueles bens imateriais que constituam parcelas estruturantes da identidade e da memória colectiva portuguesas*, sendo que *o interesse cultural relevante, designadamente histórico, paleonto-lógico, arqueológico, arquitectónico, linguístico, documental, artístico, etnográfico, científico, social, industrial ou técnico, dos bens que integram o património cultural reflectirá valores de memória, antiguidade, autenticidade, originalidade, raridade, singularidade ou exemplaridade.* Sendo que *a cultura tradicional popular ocupa uma posição de relevo na política do Estado e das Regiões Autónomas sobre a protecção e valorização do património cultural e constitui objecto de legislação própria.*

Continuando a análise legal, o artigo 6º, o qual define, dentre outros, os princípios gerais sobre a política do património cultural, estabelece, na sua letra "c", a *coordenação, articulando e compatibilizando o património cultural com as restantes políticas que se dirigem a idênticos ou conexos interesses públicos e privados, em especial as políticas de ordenamento do território*, de ambiente, *de educação e formação, de apoio à criação cultural e de turismo* (sem grifo no original).

O referido diploma legal estabelece, ainda, no seu artigo 12º, as finalidades da protecção e valorização do património cultural (1) *como tarefa fundamental do Estado e dever dos cidadãos, a protecção e a valorização do património cultural*, no qual deve *promover o aumento do* bem-estar social e económico *e o desenvolvimento regional e local* e defender a qualidade ambiental e paisagística.

Dessa forma, em síntese com o desejo de albergar os bens naturais em seu (com) texto, o artigo 14º (da Lei de Proteção Cultural, lembra-se), ao alencar os bens culturais (e das formas de proteção), determina que os princípios e disposições fundamentais da referida *lei são extensíveis, na medida do que for compatível com os respectivos regimes jurídicos,* aos bens naturais, ambientais, *paisagísticos ou paleontológicos.*

Finalmente, a Lei do Património Cultural prevê, no seu artigo 44º, quando trata da defesa da qualidade ambiental e paisagística, que dever-se-á definir por lei *outras formas para assegurar que o património cultural imóvel se torne um elemento potenciador da coerência dos monumentos, conjuntos e sítios que o integram,* e da qualidade ambiental *e paisagística.* Ainda, no mesmo artigo 44º, estabelece-se que *o Estado, as Regiões Autónomas e as autarquias locais promoverão, no âmbito das atribuições respectivas, a adopção de provi-dências tendentes a recuperar e valorizar zonas, centros históricos e outros conjuntos urbanos, aldeias históricas, paisagens, parques, jardins* e outros elementos naturais, *arquitectónicos ou industriais integrados na paisagem.*

Portanto, pela leitura do referido texto legal, não restam dúvidas da intricada e estreita relação entre bem naturais (para aqueles que defendem a ideia reducionista do Direito Ambiental) e elementos culturais.

Agora, ver-se-á a relação entre esses elementos (naturais e culturais) e a Lei do Ordenamento do Território e do Urbanismo (Lei nº 48/98, 11 de Agosto).

O artigo 1º da referida lei *estabelece as bases da política de ordenamento do território e de urbanismo,* o qual determina que *a política de ordenamento do território e de urbanismo* deve definir e integrar *as acções promovidas pela Administração Pública, visando assegurar uma adequada organização e utilização do território nacional, na perspectiva da sua valorização, designadamente no espaço europeu,* tendo como finalidade o desenvolvimento económico, social e cultural integrado, harmonioso e sustentável do País, *das diferentes regiões e aglomerados urbanos.*

Assim, o artigo 2º constitui como objeto e tendo como fim, dentre outros, (c) assegurar o aproveitamento racional dos recursos naturais, a preservação do equilíbrio ambiental, *a humanização das cidades e a funcionalidade dos espaços edificados, bem como (d) assegurar a defesa e valorização do património cultural* e natural; isto tudo sem deixar de prevalecer um dos seus objetivos principais, quais sejam *(a) reforçar a coesão nacional, organizando o território, corrigindo as assimetrias regionais e assegurando a igualdade de oportunidades dos cidadãos no acesso às infraestruturas, equipamentos, serviços e funções urbanas.*

Para se atingir tais objetivos, o artigo 5º determina que a *política de ordenamento do território e de urbanismo* deve obedecer, dentre outros, aos princípios (gerais de): (a) *sustentabilidade e solidariedade intergeracional, assegurando a transmissão* às gerações futuras (preocupações clássicas do Direito Ambiental!) *de um território e de espaços edificados correctamente ordenados; (b) economia, assegurando a utilização ponderada e parcimoniosa dos recursos naturais e culturais; (g) responsabilidade, garantindo a prévia ponderação das intervenções com impacte relevante no território e estabelecendo o dever de reposição ou compensação dos danos que ponham em causa a* qualidade ambiental; (sem grifos no original).

Ainda prosseguem os objetivos do ordenamento do território e do urbanismo, no artigo 6º, (1) no qual, *consoante a natureza da realidade territorial subjacente,* deve promover (a) a *melhoria das condições de vida e de trabalho das populações, no respeito pelos* valores culturais, ambientais e paisagísticos; (d) *a preservação e* defesa dos solos *com aptidão natural ou aproveitados para actividades agrícolas, pecuárias ou florestais, restringindo-se a sua afectação a outras utilizações aos casos em que tal for comprovadamente necessário;* (h) *a reabilitação e a revitalização dos centros históricos e dos elementos de património cultural classificados;* (i) a recuperação ou reconversão de áreas degradadas.

Assim, prossegue o referido texto legal, (3) *o ordenamento do território e o urbanismo devem assegurar a* salvaguarda dos valores naturais *essenciais, garantindo que: (a) As edificações, isoladas ou em conjunto se integram na paisagem, contribuindo para a valorização da envolvente; b)* os recursos hídricos, as zonas ribeirinhas, a orla costeira, as florestas *e outros locais com interesse particular para a conservação da natureza constituem objecto de protecção compatível com a normal fruição pelas populações das suas potencialidades específicas; c)* as paisagens *resultantes da actuação humana, caracterizadas pela diversidade, pela harmonia e pelos sistemas socioculturais que suportam, são protegidas e valorizadas; d)* os solos são utilizados por forma a impedir a sua contaminação ou erosão.

Em suma, em quase todo o texto legal da Lei do Ordenamento do Território e do Urbanismo – os exemplos poderiam se alongar até o final do texto legal[750] – presencia-se o ambiente (natural e cultural) como fator preponderante e intrinsecamente relacionado com a política do ordenamento do território e do urbanismo.

Ademais, no plano Europeu, conforme ressalta Alexandra Aragão,[751] somente a *diluída* expressão *aberta* inserta no preâmbulo do Tratado de Roma, o qual prevê a *melhoria das condições de vida e de trabalho dos povos,* já foi suficiente para o Tribunal Europeu julgar[752] que, apesar de ir contra os primados básicos e iniciais da formação da

---

[750] *En passant:* Artigo 9º, 1, a), b); Artigo 9º, 3; Artigo 14º; Artigo 15º; dentre outros.

[751] SOUSA ARAGÃO, Maria Alexandra.; Direito Constitucional do Ambiente da União Europeia. In: Direito Constitucional Ambiental Brasileiro. Organizadores GOMES CANOTILHO, José Joaquim.; e MORATO LEITE, José Rubens.; São Paulo: Saraiva, 2007, p. 11-55.

[752] Acórdão do Tribunal de Justiça de 7 de Fevereiro de 1985. Procurador contra a Associação de Defesa dos Incineradores de Óleos Usados (Association de défense des brûleurs d'huiles usagées – ADBHU). Decisão Prejudicial do Tribunal de Grande Instance de Créteil – France. Livre circulação de mercadorias – Óleos usados. Processo nº 240/83. Tribunal Europeu 1985 página 00531.

CAPÍTULO 2
A SUSTENTABILIDADE COMO O ELO ESTRUTURANTE DO ESTADO... | 241

Comunidade Econômica Europeia – CEE, quais sejam, os ditames econômicos, leia-se mercado comum europeu, também a proteção ambiental contra a poluição constituía um dos primados essenciais da comunidade. Assim, percebe-se facilmente que a *melhoria das condições de vida e de trabalho dos povos* está vinculada indissoluvelmente, para a União Europeia, às questões ambientais e econômicas.

Neste *lamaçal* ambiental conceitual torna-se inelutável, para uma gênese teorética, o empréstimo da lógica-discursiva de outras searas do Direito, como forma servir de norte-orientador, com as devidas *venias*, obviamente. Senão vejamos.

Utilizando a dogmática do Direito Constitucional como parâmetro – e instrumento de elucidação – apenas como pegada inicial, em uma perfunctória análise, pode-se concluir que, pela melhor teoria, há vários momentos e lugares constitucionais que formariam o que hoje se entende de teoria constitucional – ou constitucionalismo.[753] Assim, apesar de um Direito Constitucional – ou constitucionalismo –, esse *ser* foi-se constituindo de vários momentos (tempo e lugar) importantes, tais como a Revolução Francesa, a independência das treze colônias americanas, o constitucionalismo inglês. Portanto, poder-se-ia dizer que os vários *movimentos constitucionais* albergariam valores (teoria ideológica) emergidos em diferentes lugares e situações históricas, no qual, ao final, comporiam uma teoria normativa da política (democracia ou liberalismo),[754] com uma "complexa tessitura histórico-cultural".[755] Pois bem, o movimento ambiental (ecológico), conforme já visto, também é uma miríade de teorias (ideológicas), originárias de vários lugares e tempos; as quais, ao final, congregam um valor de proteção ambiental. Assim, estabelece-se um preambular paralelismo entre as duas cadeiras do Direito.

Continuando no *passeio* constitucional, há no constitucionalismo (ocidental) moderno uma dupla fundamentação estruturante – ou temas centrais –, quais sejam, "(1) ordenar, fundar e limitar o poder político; e (2) reconhecer e garantir os direitos e liberdades do indivíduo".[756] O que importa, por hora e para nós – mesmo porque já superada na sua origem, mas boa auxiliadora *in casu* –, é a localização de um *núcleo duro*[757] da Constituição; ou seja, pode-se afirmar que há uma constituição no sentido jurídico-material, cujo conteúdo representa normas de natureza própria da Constituição, mesmo não escritas no texto constitucional. Em outras palavras, a Constituição tem (pelo menos deveria ter) um *conteúdo normativo específico*.[758]

---

[753] GOMES CANOTILHO, J. J.; Direito Constitucional. Lisboa: Almedina, 7ª Ed., p. 51.

[754] GOMES CANOTILHO, J. J.; Direito Constitucional..., p. 51.

[755] GOMES CANOTILHO, J. J.; Direito Constitucional..., p. 51.

[756] GOMES CANOTILHO, J. J.; Direito Constitucional..., p. 54-55.

[757] DINIZ, Maria Helena.; Normas Constitucionais e seus efeitos. Saraiva. Ver *tb* SILVA, Jose Afonso da.; Aplicabilidade das normas constitucionais, Malheiros; RIBEIRO BASTOS, Celso.; & BRITTO, Carlos Ayres.; Interpretação e aplicabilidade das normas constitucionais, Saraiva; Gomes CANOTILHO, J. J.; Direito Constitucional, Lisboa: Almedina, 7ª Ed., p. 11140, *passim*.; RIBEIRO BASTOS, Celso.; Curso de Direito Constitucional, SP: Saraiva, 20ª Ed., p. 83-94; GONÇALVES CARVALHO, Kildare.; Direito Constitucional, BH: Del Rey, 10ª Ed., p. 204-210; MORAES, Alexandre de.; Direito Constitucional, Editora Atlas, 16ª Ed., p. 43-45; MACHADO HORTA, Raul.; Direito Constitucional, Editora Del Rey, 3ª Ed., p. 193-210; David ARAUJO, Luiz Alberto.; & JUNIOR, Vidal Serrano Nunes.; Curso de Direito Constitucional, Saraiva, 10ª ed., 2006, p. 19-24; CUNHA CHIMENTI, Ricardo.; & Outros. Curso de Direito Constitucional. Editora Saraiva, 2006, p. 28-30.

[758] GOMES CANOTILHO, J. J.; Direito Constitucional..., p. 1130. Ver *tb* SILVA, Jose Afonso da.; Curso de Direito Constitucional Positivo, SP: Malheiros, 21ª Ed., p. 37-46; RIBEIRO BASTOS, Celso.; Curso de Direito Constitucional, SP: Saraiva, 20ª Ed., p. 41-52; GONÇALVES CARVALHO, Kildare.; Direito Constitucional, BH: Del Rey, 10ª Ed., p. 187-204; MORAES, Alexandre de.; Direito Constitucional, Editora Atlas, 14ª Ed., p. 35/52; MACHADO HORTA, Raul.; Direito Constitucional, Editora Del Rey, 3ª Ed., p. 27/51; DAVID ARAUJO, Luiz Alberto.; & JUNIOR, Vidal Serrano Nunes.; Curso de Direito Constitucional, Saraiva, 10ª ed., 2006, p. 1-7; CUNHA CHIMENTI, Ricardo.; & Outros, Curso de Direito Constitucional, Editora Saraiva, 2006, p. 1-12.

Dessa forma, no retorno do passeio ao ambiente, constitui-se facilmente a figura metafórica emprestada – quase sensível – de um Direito Ambiental com um núcleo normativo duro centralizador,[759] o que, no caso do ambiente, compor-se-ia a *Naturgüter:* elementos bióticos (fauna e flora) e abióticos (solo, subsolo, ar, luminosidade, águas), bem como suas alterações prejudiciais provocadas pelo homem: a poluição.[ccxxvii] Por isso, a proposta que se faz, inicialmente, é a construção teorética de um Direito Ambiental material. O conceito de "poluição" (ou melhor dizendo, de "não poluir") integra o Direito Ambiental material, não como elemento deste; mas, sim, o seu sentido jurídico negativo, ou seja, um direito de cunho abstencionista de não ocorrência da "poluição". A poluição não é natural, no sentido de elemento da natureza – *Naturgüter* –, mas a sua inclusão no núcleo duro do conceito de Direito Ambiental é importante, porque este visa, em suma análise, evitá-lo. Se os elementos dos *Naturgüter* fossem sempre protegidos, não haveria a poluição; esta é uma consequência da ação predatória do homem no meio natural.

Assim, como o Direito Ambiental material visa justamente evitar a poluição – em quaisquer de suas formas – esta faz parte daquele, não como, frise-se, elemento; mas sim como consequência direta a ser evitada (direito negativo). Porém, coerente com a proposta apresentada, não é toda poluição que é parte integrante do Direito Ambiental material; mister que seja uma poluição dos *Naturgüter*. Assim, a poluição no contexto cultural (visual: paisagem, p. ex.,) não é poluição no sentido material, mas no sentido formal. Dessa forma, a poluição cultural não integradora do conceito de Direito Ambiental material será, e somente só, Direito Ambiental formal, dependente para a sua juridicização – e efetivação – por parte do legítimo Poder Público interno de cada país.

Mas, assim como acontece no contexto constitucional, muitas vezes o Poder Constituinte – originário ou derivado[760] –, nos casos de constituição escrita, enxerta na *Carta* outros elementos que por natureza (dentro da clássica Teoria da Constituição) não a integrariam (matérias que extrapolam a chamada "reserva de constituição"). Mas, por fazer parte integrante *formalmente* do Texto Constitucional, tornam esses "acréscimos" também, nos dizeres de Canotilho, *corpus*[ccxxviii][761] constitucional. Portanto, a Constituição – e o Direito Constitucional – não é apenas a constituição material, mas também o seu texto, denominado por Otto Bachof de constituição formal.[762] Contudo, deve-se fazer a ressalva dos que reduzem a definição do *corpus* Constitucional a "todo o conjunto de regras inseridas no documento-constituição e nada mais do que isso", conforme adverte Canotilho.[763] Para o *corpus* constitucional há vários candidatos; não se restringe ao seu conteúdo material, bem como também não é apenas o seu texto normativo. Ademais, mesmo a "essência constitucional" (ou o "texto duro" constitucional) pode navegar – com

---

[759] Ana Claudia Nascimento Gomes colaciona outros nomes para exprimir os limites materiais constitucionais, tais como: "cerne inalterável", "cerne imodificável", "núcleo irreformável", "cerne da constituição". NASCIMENTO GOMES, Ana Claudia.; Emendar e Emendar: Enclausurando a Constituição? Entre o Paradoxo da Democracia, a Capacidade Reflexiva da Constituição e a sua Força Normativa, Separata da obra "Ciências Jurídicas", Almedina, 2005.

[760] Sobre o tema, ver em GOMES CANOTILHO, J. J.; Direito Constitucional, Lisboa: Almedina, 7ª Ed., p. 65-82; SILVA, Jose Afonso da.; Curso de Direito Constitucional Positivo, SP: Malheiros, 21ª Ed., p. 61-68; BONAVIDES, Paulo.; Curso de Direito Constitucional, SP: Malheiros, 10ª Ed., p. 120-199; RIBEIRO BASTOS, Celso.; Curso de Direito Constitucional, SP: Saraiva, 20ª Ed., p. 20-40; GONÇALVES CARVALHO, Kildare.; Direito Constitucional, BH: Del Rey, 10ª Ed., p. 138-142.

[761] GOMES CANOTILHO, J. J.; Direito Constitucional ..., p. 1132.

[762] BACHOF, Otto. Verfassungswidrige Verfassungsnormen? Verlag J.C.B. Mohr, Tübingen, 1951 (v. ver. ut.).

[763] GOMES CANOTILHO, J. J.; Direito Constitucional ..., p. 1133.

uma boa quilha para não sair do rumo! – ao sabor histórico-cultural, sensível inclusive aos reclames do futuro, sem, contudo, negar os paradigmas antigos. É um direito – tal como os demais ramos jurídicos, acredita-se – em constante mudanças, que espera-se, já não com tanta certeza, serem evolutivas.

Dessa forma, nos ordenamentos jurídicos em que o Direito Ambiental tiver uma definição imprecisa, o mínimo respeitado é o seu núcleo duro, que então designamo-lo de Direito Ambiental material. Já nos ordenamentos jurídicos em que transpassa a mera noção do Direito Ambiental material e inclui no seu (com)texto os elementos humanos – paisagem, cultura, etc. – batizamo-lo de Direito Ambiental formal. Obviamente, assim como o Direito Constitucional, o *corpus ambiental* constitui todo o Direito Ambiental: material e formal, em colmatação com a ideia unitária. Por isso, uma vez integralizado no ordenamento jurídico como Direito Ambiental, mesmo que não seja materialmente falando, não se pode denominá-lo de «*segunda linha*»,[ccxxix][764] posto fazer parte do *corpus* ambiental por deliberação democrática do Poder Público.

Assim, como a Constituição é um «sistema aberto», que se "apresentam como conjuntos estruturantes/estruturados abertos à *evolução ou desenvolvimento*",[765] também é o sistema jurídico-ambiental, apenas com uma ressalva às palavras de Canotilho, não é uma questão de evolução ou desenvolvimento, mas sim de circunstâncias locais e temporais. Já na terminologia adotada, tanto o Direito Ambiental material quanto o Direito Ambiental formal podem variar no tempo e no espaço. A flexibilidade é sua característica intrínseca. Mas a sua "essência" ou o seu "núcleo duro" deve ser respeitado e *jamais* retroagido. Aqui importam ainda alguns esclarecimentos quanto ao princípio do não retrocesso ambiental. Primeiramente, importa salientar que o direito *ideal* humano não consegue, por razões diversas que não compete a sua análise no presente trabalho, ser instituído por completo imediatamente. É, assim, de cumprimento progressivo e às vezes até mesmo lento. O tempo é necessário para o homem: para reflexão, bem como para se acostumar às novas ideias e situações; quase tudo *leva tempo* a sedimentar-se. Bem se diz que a *pressa é inimiga da perfeição*. Dessa feita, sabe-se que o Direito é, por excelência, de cumprimento progressivo. Ciente dessa *progressividade* do Direito nas searas econômicas, culturais, sociais e também ambientais, instituiu-se o princípio pelo qual, no caminhar da evolução gradual, não pode haver retrocesso (do Direito) ambiental. Mas esse princípio não pode ser confundido com a norma. É de matriz teleológica. O que se exige é o cumprimento da *voluntas necessária* de não retroagir na defesa do ambiente e não em retroagir em (meras) normas ambientais.

Dito de outra forma. A norma ambiental pode variar – inclusive retroceder conforme o caso específico –, mas o princípio jamais. Assim, no caso, por exemplo, de uma proteção de espécie em extinção deve-se elaborar uma norma específica de sua proteção em alto grau de exigibilidade, com o princípio elevado de proteção ambiental (em detrimento de outros princípios, tais como o desenvolvimento econômico). Quando verificada a sua não mais necessidade (normalização ou até mesmo em uma superpopulação da espécie), poder-se-á retroceder na norma, o que não implica retroceder no princípio. Não é, como já se propôs,[766] uma espécie de cláusula *rebus sic*

---

[764] *Cf.* GOMES CANOTILHO, J. J.; (Coord.), Introdução ao Direito do Ambiente, Lisboa: Universidade Aberta, 1998, pág. 23

[765] GOMES CANOTILHO, J. J.; Direito Constitucional ..., p. 1140.

[766] SOUSA ARAGÃO, Maria Alexandra.; Direito Constitucional do Ambiente da União Europeia, In: Direito Constitucional Ambiental Brasileiro, Organizadores GOMES CANOTILHO, J. J.; e MORATO LEITE, José Rubens.; São Paulo: Saraiva, 2007, p. 11-55.

stantibus (contração da expressão em latim *contractus qui habent tractum sucessivum et dependentium de futuro rebus sic stantibus intelliguntur*); a referida cláusula (implícita nos contratos) de obrigações de fazer com condições e termos futuros reclama para a sua aplicabilidade mudanças factuais imprevisíveis. Por isso, na sua aplicação há que se verificar a imprevisão – teoria da imprevisão: imprevisto e imprevisível – posterior à celebração do contrato diferido ou de cumprimento sucessivo que implica uma tal alteração nas condições da sua execução que o torna excessivamente oneroso a uma (ou mais) das partes contratantes. Situação justamente inversa se apresenta para evocar o retrocesso da norma – e não do princípio – de proteção ambiental; assim, somente se retrocede na norma ao se verificar a exata pretensão teleológica do princípio ensejador da norma. Ou, em outras palavras, quando se verificar que o objetivo da norma foi alcançado, é que se poderá arguir a possibilidade do retrocesso da norma (e não do princípio). Assim, no retorno ao exemplo da espécie em extinção, o afastamento do perigo (ou ainda na superpopulação) da extinção, isto é, com a recuperação *ecológica*, em suma análise, o fim desejado e previsível da norma, poder-se-á falar em modificação ou revogação da norma. Tanto é que, verificada a não persecução do fim teleológico almejado pela norma, qual seja a proteção de um bem ecológico, também se poderá – ou melhor, deverá – modificá-la para melhor adequá-la.

De qualquer forma, salienta-se que o Direito Ambiental material, devido as suas circunstâncias intrinsecamente vinculatórias à teoria da sociedade do risco,[767] na qual, por utilizar os bens naturais de forma insustentável e ilimitadamente, bem como pelo excesso de resíduos – poluição – produzido tanto na fase anabólica quanto na fase catabólica, nos precisos termos de Alexandra Aragão,[768] expôs a sociedade atual a situações de periculosidade,[769] que podem, a curto espaço de tempo – senão por dizer: a qualquer momento –, colocar a sociedade atual em risco iminente de uma (ou várias) catástrofes ambientais.

Desse modo, é o Direito Ambiental material um direito fundamental independentemente de estar ou não constituído em algum *texto* legal internacional como tal. O mundo o qual conhecemos só existe dentro de um espaço e tempo. E este espaço, em um curto período de tempo, está se deteriorando em função da ação humana. Não se pode falar em vida, dignidade, liberdade, igualdade, segurança, propriedade, cidadania *et cetera* sem que haja um *mínimo* ambiente ecologicamente saudável. A obviedade salta aos olhos: não há vida, em um ambiente *degradado e doente*.[770] Assim, é por demais evidente a afirmativa que cataloga ao Direito Ambiental material como direito-dever fundamental.

---

[767] Ver melhor em BECK, Ulric.; Risikogesellschaft. Auf dem Weg in eine andere Moderne. (v. ver. ut.). Ver *tb* JONAS, Hans.; Das Prinzip Verantwortung. Insel Verlag. Francfort del meno. 1988. (v. ver. ut.). Como bem salienta Claudia Alexandra Dias Soares, a questão atual da sociedade de risco, "a ciência tem demonstrado que a escolha já não é entre «segurança» e «insegurança», mas entre «menos risco» e «mais risco»." In: ALEXANDRA DIAS SOARES, Cláudia.; O Imposto Ecológico – Contributo para o Estudo dos Instrumentos Económicos de Defesa do Ambiente, Boletim da Faculdade de Direito, Universidade de Coimbra, Stvdia Ivridica 58, Coimbra Editora, 1999, p. 18.

[768] SOUSA ARAGÃO, Maria Alexandra de.; O Princípio do Nível Elevado de Protecção e a Renovação Ecológica do Direito do Ambiente e dos Resíduos, Coleção Teses, Coimbra: Almedina, 2006. *passim.*

[769] MORATO LEITE, José Rubens.; Sociedade de Risco e Estado, In: Direito Constitucional Ambiental Brasileiro, SP: Saraiva, 2007, p. 131.

[770] FONTOURA DE MEDEIROS, Fernanda Luiza.; Meio Ambiente Direito e Dever Fundamental, Porto Alegre: Livraria do Advogado, 2004, p. 47.

CAPÍTULO 2
A SUSTENTABILIDADE COMO O ELO ESTRUTURANTE DO ESTADO... | 245

Contudo, em análise perfunctória da proposta doutrinária feita, pode-se admitir, inicialmente, uma dificuldade intelectiva no aspecto do patrimônio cultural da humanidade. De fato, ressoa a pergunta: no âmbito internacional, são ou não albergados pelo Direito Ambiental os ditos patrimônios culturais mundiais,[771] tendo em vista a exclusão do seu conceito (Direito Ambiental) os direitos ambientais formais (no âmbito internacional)? Explicitando para uma melhor compreensão, as Pirâmides do Egito, a Muralha da China, Machu Picchu (Peru), o Taj Mahal (Índia) ou o Coliseu em Roma e tanto outros exemplos, por constituírem elementos culturais, não fazem parte integrante do Direito Ambiental material e, portanto, impassíveis de proteção a nível internacional pelo Direito Ambiental? A resposta pode ser encontrada dentro da própria teoria proposta. Realmente, o elemento cultural não faz parte do Direito Ambiental material, o que, *in casu*, excluiria da apreciação a nível internacional os exemplos citados e tantos outros. Mas nada impede que, por vontade dos atores internacionais, o elemento cultural não possa fazer parte do *corpus* ambiental internacional. Assim, o elemento cultural não é Direito Ambiental material internacional; mas pode ser Direito Ambiental formal internacional e, consequentemente, ser Direito Ambiental internacional, passível de (toda) proteção.

Concluindo, pela *descoberta* de um Direito Ambiental, que pode ser compreendido dentro dos informes materiais e formais, observa-se perfeitamente que o ambiente (*environment, umwelt, environment, medio ambiente...*) é um bem público – com características transversais, pois serve também para o Direito Privado – passível de proteção jurídica.[772] Não se tem mais a concepção de *res nullius*, como o Direito Romano apregoava, suscetível de apropriação e utilização por todos, sem limites;[773] desloca-se mais para a concepção romana da *res communes omnium* e *res publico usui destinatae*. Assim, o Direito Ambiental não se limita a normatizar a relação homem *versus* natureza;[ccxxx] caminha, indubitavelmente, para *algo mais*. O *corpus* ambiental é, ao mesmo tempo, material e formal e, portanto, não há que se alegar que as relações homens *versus* homens ficam de fora dessa perspectiva jusfilosófica; fazem parte também da seara e proteção do Direito Ambiental. Mas o que se reveste de interesse na ordem internacional como fundamental é o Direito Ambiental material. Nada impede que a legislação – bem como a Constituição – de cada país absorva o Direito Ambiental formal como um direito fundamental, ou, ainda, ao nível internacional se estabeleça, por tratados, acordos ou convenções, um Direito Ambiental cultural; mas esse não é o seu tópico nuclear quando se analisa dentro do contexto internacional.

Assim, apesar de extremamente importante a multiplicidade de identidade cultural, não pode ser compreendida como um direito fundamental ambiental internacional cada característica cultural local. É dever-direito de cada país preservar a sua identidade – *soberania* – cultural. Mas não é dever-direito, na ordem internacional, a defesa de identidade cultural interna de cada país, salvo em especialíssimas circunstâncias, que não impendem aqui a sua análise. Ademais, a cada povo compete determinar

---

[771] Sobre o tema: PUREZA, José Manuel.; O Património Comum da Humanidade, Porto: Edições Afrontamento, 1998. Ainda: KISS, A.; La notion de patrimoine commun de l'humanité, In: Recueil des Cours de L'Academie de Droit International, v. 175, p. 103 e segs.

[772] AMADO GOMES, Carla.; Ambiente (Direito do). In: Textos Dispersos de Direito do Ambiente. Lisboa: AAFDL, 2005, p. 73 (II Suplemento do Dicionário Jurídico da Administração Pública. 1998. p. 9-29). Nesse sentido: ALBERGARIA, Bruno.; Direito Ambiental e a Responsabilidade ... , *passim*.

[773] In: ALBERGARIA, Bruno.; Direito Ambiental e a Responsabilidade ... , pág. 45.

qual seja a sua cultura – mesmo porque é um conceito jurídico indeterminado[774] –, mas os elementos que compõem o Direito Ambiental material são vistos e sentidos por todos, independentemente da cultura. Por isso, o Direito Ambiental material pode ser determinado apartadamente pelo grupo social a que pertence. O seu núcleo duro, a sua essência, é um ambiente ecologicamente saudável, do qual qualquer ser humano, independentemente de sexo, cor, raça, religião, cultura, não pode prescindir.

Ademais, no contexto ambiental internacional, os elementos do Direito Ambiental material transpassam fronteiras, não respeitam a soberania, não perguntam a cultura de cada povo: conjugam-se no plural indeterminado e atingem a todos, indiscriminadamente; são, por definição e natureza metaindividual, difusos[775] e, assim, dizem respeito aos interesses pluri-individuais: não se restringem à noção individualista nem mesmo coletiva.[776] O ar poluído sufoca qualquer pessoa que o respira; a água suja não mata a sede, mas sim de quem a bebe.[777] A destruição da camada de ozônio ou o aquecimento global são considerados *free riding*,[ccxxxi] isto é, atingem a todos, indiferentemente de quem produz o seu resultado.[778] Contudo, os efeitos da degradação ambiental material são mais sentidos, atualmente, nas localidades mais pobres. Mais por razões econômicas do que por razões naturais. Faz-se essa afirmativa, pois certo que o mundo-pobre-Sul, notadamente a África Subsaariana, sente os efeitos das devastações ambientais em maior escala que o mundo-Norte, uma vez que não tem recursos financeiros para mitigar os problemas advindos da degradação ambiental. Mesmo no mundo-rico-Norte, *vide* o

---

[774] COLAÇO ANTUNES, Luís Filipe.; Direito Público do Ambiente, Diagnose e prognose da tutela processual da paisagem, Coimbra: Almedina, 2008, p. 75.

[775] Sobre o tema, ver melhor em AMADO GOMES, Carla.; O Direito ao Ambiente no Brasil: um olhar Português, In: Textos Dispersos de Direito do Ambiente, Lisboa: AAFDL, 2005, p. 273-291.

[776] FONTOURA DE MEDEIROS, Fernanda Luiza,; Meio Ambiente Direito e Dever Fundamental. Porto Alegre: Livraria do Advogado, 2004, p. 55, 131 e segs., *passim*; Sobre o tema: COLAÇO ANTUNES, Luís Filipe.; A tutela dos interesses difusos no novo código do procedimento administrativo, In: Scientia Ivridica. – Tomo 42, N. 241/243 (Jan./Jun. 1993), p. 57-76; GUERRA, Isabela F.; Ação Civil Pública e Meio Ambiente, Rio de Janeiro: Forense, 2002; MANCUSO, Rodolfo de C.; Interesses Difusos, Conceito e Legitimação para Agir, São Paulo: Forense, 2000; *e outros*.

[777] Nas palavras de Soares "No que respeita aos aspectos do meio ambiente, a própria natureza dos fenômenos físicos, que não conhecem fronteiras entre Estados (a poluição, gerada num território bem definido, pode ultrapassar suas fronteiras e causar danos ao território de outros Estados, ou aos espaços internacionais comuns, como o alto-mar, o espaço sideral, a Antártica, ou, ainda, os animais migratórios protegidos, que não necessitam passaportes para movimentar-se pelo mundo), determina a mundialização das normas de proteção ao meio ambiente, seja local, regional, nacional, seja o transfronteiriço ou o internacional". SILVA SOARES, Guido Fernando.; Direito Internacional do Meio Ambiente. Emergência, Obrigações e Responsabilidades, SP: Atlas, 2001, p. 139. No mesmo sentido: KISS, A.; La Notion de Patrimoine Commun de L'humanité, Recueil des Cours de L'Academie de Droit International, Vol. 175, p. 103 e segs.; PUREZA, José Manuel,; Um Estatuto Jurídico Internacional para o Ambiente: património ou preocupação comum da humanidade? In: Estado e Direito, n. 13, 1994, p. 83-102; CABANILLAS, R. Rabbi-Baldi.; La defensa del ecossistema constituye un bien común internacional. Notas para una fundamentación del Derecho Ambiental. In: OD, 1996, I/II, pp. 45 e segs., 62. *Cf. Apud.* AMADO GOMES, Carla.; O Ambiente como Objecto e os Objectos do Direito do Ambiente. In: Textos Dispersos de Direito do Ambiente, Lisboa: AAFDL, 2005, p. 11, *passim*; ainda, AMADO GOMES, Carla.; A Protecção Internacional do Ambiente na Convenção de Montego Bay, In: Estudos em Homenagem à Professora Doutora Isabel Magalhães Collaço, II, Coimbra, 2002, p. 695 e segs. (Textos Dispersos de Direito do Ambiente. Lisboa: AAFDL, 2005, p. 187-221.); FONTOURA DE MEDEIROS, Fernanda Luiza,; Meio Ambiente Direito e Dever Fundamental, Porto Alegre: Livraria do Advogado, 2004, p. 45; SOUSA ARAGÃO, Maria Alexandra.; Direito Constitucional do Ambiente da União Europeia, In: Direito Constitucional Ambiental Brasileiro, Organizadores GOMES CANOTILHO, J. J.; e MORATO LEITE, José Rubens.; São Paulo: Saraiva, 2007, p. 11-55; ROBINSON-DORN, Michel J.; The Trail Smelter: Is what's past prologue? EPA Blazes a New Trail for CERCLA, In. New Your University Environmental Law Journal, vol. 14, 2006, (end. e dat. disp.).

[778] PINTO OLIVEIRA, Bárbara da Costa.; Meio Ambiente e Desenvolvimento na Organização Mundial do Comércio. Normas para um comércio internacional sustentável, SP: IOB Thomson, 2007, p. 66.

CAPÍTULO 2
A SUSTENTABILIDADE COMO O ELO ESTRUTURANTE DO ESTADO... | 247

furacão Katrina nos Estados Unidos e as fortes ondas de calor na Europa, também são sentidos em efeitos catastróficos. Por isso, a preocupação da preservação ambiental material pelo eixo-Norte é flagrante. Não pelo amor ao ambiente – nem aos pobres sulistas –, mas porque, pela primeira vez, os graves problemas do Sul podem afetar diretamente a (*boa*) vida no Norte. Assim, Malanczuk[779] relembra as palavras do historiador de Harvard, "*The environmental issue, like the threat of mass migration, means that – perhaps for the first time – what the South does can hurt the North*".[780] cxxxii

Dessa forma, em (possível) colisão das normas ambientais no contexto internacional, dever-se-á prevalecer o Direito Ambiental material, tendo em vista que dele depende a sobrevivência do homem na Terra. Não que uma ou outra medida vá determinar a manutenção de condições de existência humana; mas, os conjuntos de várias medidas de proteção ambiental material podem ser, ao final, determinantes. É, aqui, mais do que nunca, apropriada a visão fractária ambiental.

De qualquer sorte, a proteção ambiental internacional – bem como a nacional – tem que ser fragmentada para fins de efetividade; sem, contudo, perder o foco holístico.[781] Assim, a especialização exige que, no plano internacional, vários organismos e tratados sejam elaborados, cada qual dentro de sua área específica. Contudo, exige-se um ponto em comum no qual todos os atores internacionais almejem um «meio ambiente ecologicamente equilibrado como bem de uso comum do povo e essencial à sadia qualidade de vida». Não basta – *apenas* – para o Direito Internacional Ambiental o princípio da boa vizinhança (*das Prinzip der guten Nachbarschaft*); urge um princípio mais amplo: da boa (com)vivência global, e não apenas para com os vizinhos.cxxxiii

De fato, há quem diga, ainda, uma *sedimentação geológica*[782] subcategorizando os problemas ambientais internacionais em duas fases distintas[783] – ou gerações.[784] Contudo, compreende-se, tal qual na teorética dos direitos fundamentais, que a terminologia mais correta seja *dimensões*, posto não haver uma superação de uma sobre a outra[785] – como sugere a denominação fase ou geração – mas em acréscimo de conceitos.

---

[779] MALANCZUK, Peter.; "Die Konferenz der Vereinten Nationen uber Umwelt und Entwicklung (UNCED) und das internationale Umweltrecht", In: Festschrift fur R. Bernhardt, Berlim, 1998, p. 985 e segs. 988.

[780] KENNEDY, P.; Preparing for the Twenty-First Century, 1993, p. 96. *Cf. Apud*. MALANCZUK, Peter.; "Die Konferenz der Vereinten Nationen uber Umwelt und Entwicklung (UNCED) und das internationale Umweltrecht", In: Festschrift fur R. Bernhardt, Berlim, 1998, p. 985 e segs.

[781] A Resolução nº 44/228, de 1989 da Assembleia Geral da ONU, convocando a Conferência das Nações Unidas sobre Meio Ambiente e Desenvolvimento, realizada no Rio de Janeiro em 1992, reconhece o caráter global dos problemas ambientais, convocando a participação em todos os níveis: global, regional e nacional. *Cf.* CANÇADO TRINDADE, Antonio Augusto.; Os Direitos Humanos e Meio Ambiente. In: SYMONIDES, Janusz (Org.).; Human Rigths: new dimensions and challenges, Paris: United Nation Educational, Scientific and Cultural Organization (UNESCO), 1998. (v. ver. ut.), p. 161-203.

[782] Expressão emprestada de GOMES CANOTILHO J.J.; In: Direito Constitucional Ambiental Brasileiro. Org. GOMES CANOTILHO. J.J.; e MORATO LEITE, José Rubens.; O Direito Constitucional Ambiental Português e da União Europeia, SP: Saraiva, 2007, p. 1.

[783] No original «Phase». MALANCZUK, Peter.; "Die Konferenz der Vereinten Nationen uber Umwelt und Entwicklung (UNCED) und das internationale Umweltrecht", in Festschrift fur R. Bernhardt, Berlim, 1998, p. 985 e segs.

[784] Ao que parece o professor lusitano prefere a tradução do alemão «Phase» por «geração». GOMES CANOTILHO. J. J.; In: Direito Constitucional Ambiental Brasileiro. Org. GOMES CANOTILHO, José Joaquim.; e MORATO LEITE, José Rubens.; O Direito Constitucional Ambiental Português e da União Europeia, SP: Saraiva, 2007, p. 1.

[785] Internacionalmente, a resolução nº 39/145, de 1984, e nº 41/117, de 1989, da Assembleia Geral da ONU, reiteraram a inter-relação de todos os direitos humanos, evidenciando que a proteção de uma categoria (dimensão) não exime o dever de resguardar os demais. *Cf.* CANÇADO TRINDADE, Antonio Augusto.; Os Direitos Humanos e Meio Ambiente. In: SYMONIDES, Janusz (Org.).; Human Rigths: new dimensions and challenges, Paris: United Nation Educational, Scientific and Cultural Organization (UNESCO), 1998. (v. ver. ut.), p. 161-203.

Assim, desde o Congresso de Estocolmo, poder-se-ia classificar as preocupações ambientais internacionais em duas dimensões distintas, quais sejam, a primeira dimensão, notadamente logo após o Congresso em 1972, implementado pelo Programa Ambiental das Nações Unidas[786] através do Plano de Ação para o Ambiente Humano (*"Action Plan for the Human Environment"*), que visava lidar com a poluição da água, do ar e poluição do solo por atividade industrial e, ainda, lidar com a pobreza (sistema social). Já na segunda dimensão da problemática ambiental internacional, a preocupação não se restringe apenas a esses fatores, mas novos elementos são adicionados, tais como *as alterações climáticas (efeito estufa), a proteção da camada de ozônio, a preservação da biodiversidade e do problema do desmatamento e da desertificação, este último em particular na África.*[787] Dessa forma, quando se analisa sob o enfoque do Direito da Humanidade, é sensível nas dimensões individual, grupal, social, coletiva e intergeracional.[788]

Pode-se, ademais, em linguagem econômica, classificar os «insumos» ambientais dentro da perspectiva mercadológica. Assim, os elementos ambientais podem ser visto como *commodities*. Dessa forma, as *commodities ambientais são mercadorias originadas de recursos naturais em condições sustentáveis e são os insumos vitais para a manutenção da agricultura e da indústria. Ou seja, constituem um complexo produtivo que envolve sete matrizes: água, energia, minério, biodiversidade, madeira, reciclagem e controle de emissão de poluentes* (água, solo e ar).[789]

O que se depreende de tais análises é que o Direito Ambiental, como posto e reportando-se à metáfora geométrica, é um Direito poligonal polidimensional (*re*)flexivo. A sua abrangência não pode ser completamente definida em texto legal – quiçá em lugar nenhum –, mas deve ser *sentida* em seus vários lados poligonais polidimensionais não fixos. É, ao mesmo tempo, «horizontal», posto que corta transversalmente os outros ramos do Direito, e «vertical», porque em certos casos tem prevalência sobre eles, como norma-princípio fundamental. Ademais, percebe-se que se encontra em constante movimento: às vezes caminha em uma direção, sendo que no mesmo instante pode recuar em outra dimensão; às vezes vai além, outra retorna. É próprio do seu objeto a mutabilidade factual e sensível. Entra (com a sua feição vertical) na seara urbanística e do ordenamento, bem como na área cultural (sem se fundir completamente); bem como infiltra-se no Direito Civil, no Direito Administrativo, no Direito Comercial, no Direito Penal, no Direito Trabalhista, no Direito Tributário, no Direito Internacional, *etc.*[790] de forma não estanque, mas dinâmica, (re)flexível. Às vezes, quando necessário – ou requisitado –, é direito fundamental; noutras não. Tem como característica, dessa

---

[786] A Resolução nº 43/53, de 1988 da Assembleia Geral da ONU, reconhece ser a mudança climática um interesse comum da humanidade e determina a tomada de ação imediata para cuidar dos problemas dentro da estrutura global. CANÇADO TRINDADE, Antonio Augusto.; Os Direitos Humanos e Meio Ambiente. ..., p. 161-203.

[787] MALANCZUK, Peter.; "Die Konferenz der Vereinten Nationen uber Umwelt und Entwicklung (UNCED) und das internationale Umweltrecht", In: Festschrift fur R. Bernhardt, Berlim. 1998, p. 985 e segs.

[788] Ver sobre o assunto: Tratado sobre os Princípios Reguladores das Atividades dos Estados na Lua e Demais Corpos Celestes de 1979 (Artigo 11); Tratado sobre os Princípios Reguladores das Atividades dos Estados na Exploração e no Uso do Espaço Cósmico, Inclusive a Lua e Demais Corpos Celestes, de 1967 (Artigo 1º). CANÇADO TRINDADE, Antonio Augusto., Os Direitos Humanos e Meio Ambiente. ..., p. 161-203.

[789] KHALILI, Amyra El.; A importância das "commodities ambientais" para o exercício da responsabilidade socioambiental das empresas. Fórum de Direito Urbano e Ambiental – FDUA, Belo Horizonte, n. 27, maio/jun. 2006, p. 3302 a 3304.

[790] GOMES CANOTILHO, J. J.; (Coordenador), Introdução ao Direito do Ambiente, Lisboa: Universidade Aberta, 1998, p. 20.

forma, uma maleabilidade constante: pode ao mesmo tempo ser e não ser – ao variar conforme a visão do observador. Daí sua natureza polidimensional.

A visão polidimensional reporta, ainda, a sua essencialidade como direito fundamental, com exigência de um direito de dimensões (*i*) garantístico-defensiva, (*ii*) positivo-prestacional, (*iii*) irradiante para todo o ordenamento jurídico, (*iv*) jurídico-participativa.[791]

Mesmo o que seja considerado núcleo duro (*Naturgüter*) sofre interferências factuais e reflexivas: o que hoje está em vias de extinção ou esgotamento amanhã pode ser considerado peste (desequilíbrio ambiental) ou poluição; o que hoje é lixo, amanhã pode ser considerado um bem cultural ou um sítio arqueológico ou ainda uma nova matéria-prima, com valor econômico. Assim, deve o Direito acompanhar, sistemática e ininterruptamente, o seu contexto *vivo* para daí extrair os elementos informadores e, caso necessário – ou desejável –, operacionalizar a sua aplicação. Ademais, petrificá-lo como somente direito dos bens naturais ou ecológicos é negar não só o ordenamento jurídico luso-brasileiro, mas todo o caminhar do Direito Internacional Sustentável, bem como a própria natureza do Direito Sustentável. Não é, reconhece-se, o caminho mais fácil; mas é o mais coerente com todo o ordenamento do *corpus* «sustentabilidade».

De fato, se o Direito Ambiental *pode* percorrer o seu caminho em direção à proteção dos animais (fauna) não só em relação à sua extinção, mas também aos maus tratos, no controle da poluição (em sua ampla gama possível, inclusive visual e sonora, bem como a destruição da camada de ozônio, a questão da energia nuclear[792] ou até mesmo os efeitos da poluição através do aquecimento global, das chuvas ácidas e, sem deixar de mencionar, na problemática gestão do tráfego (internacional) de produtos e resíduos tóxicos e/ou perigosos), na criação dos parques nacionais, na defesa da biodiversidade e do patrimônio genético (fauna e flora), do patrimônio ambiental cultural (inclusive a paisagem) e (recurso) natural (hídricos, geológicos, minerais, solo), dos ecossistemas (inclusive com vinculação da função geoeconômica), zoneamento e planeamento (urbano e rural) ambiental, até mesmo os problemas levantados pela bioética[ccxxxiv] sem esquecer o atualíssimo problema (do lixo) espacial[793] (!); o direito sustentável evoca um inter-relacionamento topológico entre o ambiental, o social e o econômico, não só a nível interestadual, mas notadamente intergeracional, (dimensão espaço e tempo, inclusive o futuro.). Enfim, pode-se encontrar as *pegadas* do Direito Sustentável em todo lugar onde seja requisitada a sua presença, mesmo que esse lugar não seja propriamente um lugar físico, como às vezes é atribuído ao Direito Ambiental.

---

[791] GOMES CANOTILHO. J. J.; Direito Constitucional Ambiental Brasileiro. In: Org. GOMES CANOTILHO, José Joaquim.; e MORATO LEITE, José Rubens.; O Direito Constitucional Ambiental Português e da União Europeia, São Paulo: Saraiva, 2007, p. 1-11.

[792] CUSTÓDIO, Helita Barreira.; Atividades Nucleares e a Problemática Ambiental do Complexo Nuclear de Angra dos Reis. Fórum de Direito Urbano e Ambiental – FDUA, BH, n. 12, nov./dez. 2003, p. 1219 a 1236.

[793] Ver sobre o assunto: Tratado sobre os Princípios Reguladores das Atividades dos Estados na Lua e Demais Corpos Celestes de 1979 (Artigo 11); Tratado sobre os Princípios Reguladores das Atividades dos Estados na Exploração e no Uso do Espaço Cósmico, Inclusive a Lua e Demais Corpos Celestes, de 1967 (Artigo 1º). CANÇADO TRINDADE, Antonio Augusto.; Os Direitos Humanos e Meio Ambiente. ..., p. 161-203. Ver também: VEIGA, Paula.; Direito do Espaço Extra-Atmosférico: notas sobre uma nova área do Direito, Bol. da Faculdade de Direito da Universidade de Coimbra, nº LXXX, 2004, p. 403 e segs.

2.3 A (in)eficaz política exclusiva de proteção ambiental sem o enodamento econômico e social: o jacaré brasileiro: *um case de (in) sucesso*

2.3.1 Subtração do ideário ecológico para *a práxis* de reserva de mercado

Em que pese a defesa unitária do meio ambiente – como causa única e exclusiva da proteção das normas de cunho (protetivo) ambiental –, não há como negar a necessidade do entrelaçamento nodal entre o meio ambiente, o sistema econômico e o social. Ademais, há que se destacar que «esse enodamento» nunca fora por completo renegado. Assim, como exemplos fractais, pode-se citar o embargo econômico, través da suspensão da importação da carne brasileira, em Novembro de 2001 pelo governo canadense, como já analisado.[ccxxxv]

Em 2006, um dos principais jornais da Austrália, *The Age*, publicou um artigo[ccxxxvi] de um dos mais renomados juristas daquele país, Dr. Mirko Bagaric, em 14 de Junho, no qual utiliza como metáfora, e exemplo, as bananas.[ccxxxvii] Aduzia que havia superabundância de produção do fruto nos países subdesenvolvidos, mas que países desenvolvidos economicamente, tais como a própria Austrália, utilizam-se de subterfúgios sanitários – sob o novo paradigma ambiental, por conter um apelo midiático maior – para impedir a importação das bananas. Porém, o que se verificava era uma política de proteção do mercado interno desses países. O articulista australiano alegava, ainda, que a Organização Mundial do Comércio – OMC serviria apenas para favorecer os países ricos; desta forma, observa, por exemplo, que a produção das "vacas europeias", ao custo de US$ 2 por dia, somente é viável por causa do subsídio europeu, enquanto os trabalhadores da África recebem menos de US$ 1 por dia de trabalho.

Como já afirmado, os exemplos são factuais e ensejam maiores reflexões. Percebe-se que, nos casos citados, há certa razão no discurso contra a atuação protecionista ambiental internacional, notadamente dos organismos e organizações internacionais, tais como a CITES e a OMC. Utiliza-se em larga escala a temática ecológica; mas, *in vero*, não passa de *pseudo* protecção ambiental.[ccxxxviii]

Assim, alguns autores[794] alegam que as barreiras impostas sob o manto de proteção ambiental são, muitas vezes, entraves ao acesso aos «melhores» mercados internacionais (leia-se, EUA, Europa, Japão e, agora, China), que, dessa forma, se protegem da concorrência externa. De sorte, exigências ambientais, tais como *"selos verdes"* e *"licenças ambientais"*,[ccxxxix] podem constituir meios (indiretos) de onerar sobremaneira o produto – tanto na fase de produção quanto na fase logística e consumo –, tendo em vista que a implementação de novas tecnologias exige tempo e financiamento, o que pode tornar inviável economicamente qualquer tentativa de alcançar o mercado internacional. A prática do discurso estratégico – conforme bem define Habermas[795] – da utilização do apelo ambiental, mas com *práxis* (de protecção) mercadológica, não é exclusiva da relação entre países desenvolvidos e em desenvolvimento economicamente (definição

---

[794] Somente a título ilustrativo, cita-se na doutrina brasileira Leonilda Beatriz Campos Gonçalves Alves Correia, Guido Soares, Bárbara da Costa Pinto Oliveira, Roberto di Sena Jr., Rodrigo Constantino, Geraldo Lino, Lorenzo Carrasco, Nilder Costa, Silvia Palacios e tantos outros.

[795] Por todos, HABERMAS, Jürgen.; L'Éthique de la Discussion et la Question de la Vérité, Paris: Grasset & Fasquelle, 2003 (v. ver. ut.).

politicamente correcta de país rico e país pobre…). Mesmo no comércio entre os países europeus, a guerra de protecção da própria indústria é intensa. Vide a Dinamarca, que foi julgada pelo Tribunal de Justiça Europeu,[796] por ter adotado medidas alegadamente discriminatórias, camufladas como medidas de protecção ambiental.[ccxl]

Dessa forma, uma das principais armas de utilização – *indevida* – do discurso ambiental para o entrave de produtos no comércio internacional são as barreiras não tarifárias ambientais – BNTs. Isto, ressalve-se, sem mencionar a artilharia desferida sublimadamente pelos meios de comunicação, o que faz qualquer cidadão tremer de remorso ao pensar em utilizar peles de animais exóticos, mas se sente confortável ao utilizar um casaco de couro *normal*.

2.3.2 Só a defesa do ambiente (não) basta: o exemplo do jacaré brasileiro

Independentemente dos (falsos) discursos ambientais, o que se vê, mais uma vez, é a necessidade do entrelaçamento dos três sistemas (ambiental, social e econômico), em que forma-se um único (*ex novo*, exclusivo e *continuum*) sistema sustentável a fim de se obter, inclusive, o escopo da proteção ambiental. De fato, excluir os sistemas econômicos e sociais mesmo na busca da proteção ambiental é utópico e inoperante. Ao se negar a importância dos sistemas econômicos e sociais na proteção do ambiente, em nítida aproximação da *Deep Ecology*, não se operacionalizará, em regra, a defesa ambiental.

Assim, como «prova empírica» analisar-se-á o caso do jacaré brasileiro.

No decénio de 1960 surgiu o debate internacional sobre a regulamentação do comércio das vidas silvestres em favor da conservação era incipiente.[797] Contudo, principalmente pelo excessivo comércio do marfim e produtos oriundos da caça de animais africanos, considerados exóticos, essas espécies quase foram extintas.[ccxli]

Estima-se que anualmente o comércio de vida silvestre se eleva a bilhões de dólares e afeta centenas de milhões de animais e plantas.[ccxlii] É um comércio muito diversificado, que abrange desde animais e plantas vivas até produtos derivados, tais como *peles de animais exóticos*, produtos alimentares, remédios e instrumentos musicais fabricados com madeira especial.[ccxliii ccxliv]

Assim, a ONU, cognoscente de que o comércio de animais e plantas silvestres ultrapassa as fronteiras entre os países e que somente a cooperação entre os Estados, a nível internacional, poderia ajudar a proteger certas espécies da exploração[ccxlv] excessiva, promoveu um debate internacional, notadamente com os membros da IUCN – União Mundial para a Natureza, em inglês *International Union for Nature Conservation*,[ccxlvi] em 1963, que culminou com a elaboração da CITES – Convenção sobre o Comércio Internacional de Espécies Ameaçadas da Fauna e Flora Selvagem, sigla em inglês de *Convention on International Trade in Endangered Species of Wild Fauna and Flora*, na cidade de Washington DC, Estados Unidos da América, em 3 de Março de 1973.[798] Em 1º de Julho de 1975, a CITES passou a existir como um organismo internacional, com representantes

---

[796] Processo C-302/86.

[797] ALBERGARIA, Bruno.; Direito Ambiental e a Responsabilidade Civil das Empresas, BH: Fórum. 2ª Ed., 2009, p. 17 e segs.

[798] McNEELY, Jeffrey A.; Economics and Biological Diversity: developing and Using Economic Incentives to Conserve Biological Resources, International Union For Conservation of Nature And Natural Resources, Gland, Switzerland, 1988. (end. e dat. disp.).

de 80 países. Conforme a Convenção, um Estado que é parte da CITES poderá se retirar da Convenção a qualquer momento mediante um processo de denúncia.[ccxlvii] Contudo, até o ano de 2008, somente os Emirados Árabes, que aderiram à Convenção em 21 de Novembro de 1974, retiraram-se em 27 de Janeiro de 1988; mas tornaram-se membros da CITES novamente em Maio de 1990.[ccxlviii] Assim, mostra-se a força de adesão desta Convenção. Ademais, mesmo no comércio[ccxlix] entre um país não aderente com um Estado que seja signatário, a parte tem que adotar medidas similares às adotadas aos Estados-Partes.[ccl] Ou seja, em lugar das permissões de certificados exigidos convencionalmente pela Convenção, devem ser exigidos permissões e certificados comparáveis aos documentos previstos na CITES, o que, em última instância, resulta em uma quase totalidade de abrangência da Convenção.

Portanto, hoje representa um dos acordos internacionais mais importantes no campo da conservação das espécies.[799] De fato, tem por finalidade zelar para que o comércio internacional de espécimes de animais e plantas silvestres não constitua uma ameaça para a sobrevivência destas espécies.

Dessa forma, a ONU, através da CITES, mantém um programa de proibição da comercialização internacional de animais e plantas. Assim, somente se pode importar, exportar ou reexportar, dentre os países signatários, uma espécie de planta ou animal incluída nos Apêndices da CITES se for obtido documento apropriado que deve ser apresentado no despacho aduaneiro de entrada e saída de cada país.

Destarte, conforme a Convenção, as espécies amparadas estão incluídas em três Apêndices, segundo o grau de proteção que necessitam.[ccli] De fato, em alguns casos, a proibição da comercialização com fins meramente econômicos de um determinado produto é total, independentemente de se adotar um manejo sustentável. Dessa forma, no Apêndice I incluem todas as espécies em perigo de extinção, sendo que o comércio dessas espécies somente é permitido em circunstâncias excepcionais.[cclii] No Apêndice II, incluem-se espécies que não se encontram necessariamente em perigo de extinção, mas que o comércio deve ser controlado para que se evite uma utilização incompatível com sua sobrevivência.[ccliii] As espécies que se incluem no Apêndice III contêm menos protecção/restrição. Assim, as espécies devem estar protegidas em pelo menos um país, no qual solicita a assistência de outras partes da CITES para controlar o comércio.[ccliv]

À primeira vista, não se poderia fazer críticas à CITES, tendo em vista os objetivos (proteção da natureza silvestre, sem fins econômicos), bem como a constituição,

---

[799] O Brasil passou a ser signatário a partir do Decreto nº 76.623, de 17 de Novembro de 1975. No ano de 2000 (21 de Setembro) o Decreto nº 3.607 passou a Dispor sobre a implementação da Convenção sobre Comércio Internacional das Espécies da Flora e Fauna Selvagens em Perigo de Extinção – CITES.
Legislação em Portugal: Nacional: – Decreto nº 50/80 de 23 de Julho (Transposição para Portugal da Convenção de Washington); – Decreto-Lei nº 114/90 de 5 de Abril (Regulamenta a aplicação da Convenção em Portugal); – Portaria 236/91, de 22 de Março (Regulamenta a detenção, transporte, exposição com fins comerciais , a venda ou compra de pontas em bruto ou trabalhadas de rinoceronte – Rhinocerotidae e de marfim de elefante - Elephantidae.; – Portaria 359/92, de 19 de Novembro (Proíbe a importação por razões de ordem higiossanitária, de bem-estar animal e saúde pública, de todos os Primatas, Canídeos, Ursídeos, Felídeos, crocodilos e serpentes (jiboias, najas e víboras) anexados na CITES.
Comunitária:- Reg. (CE) nº 338/97 do Conselho, de 9 de Dezembro (Regulamento de transposição da CITES para a União Europeia); – Reg. (CE) nº 865/2006 da Comissão, de 4 de Maio (Estabelece normas de execução do Regulamento (CE) nº 338/97 do Conselho relativo à protecção de espécimes da fauna e da flora selvagens através do controlo do seu comércio); – Reg. (CE) nº 1332/2005 da Comissão, de 9 de Agosto (Anexos do regulamento – lista das espécies); – Reg. (CE) nº 1037/2007 da Comissão, de 29 de Agosto (Estabelece restrições à introdução na comunidade de espécimes de determinadas espécies da fauna e flora selvagem)
Em Março de 2008 contava com 172 países aderentes.

CAPÍTULO 2
A SUSTENTABILIDADE COMO O ELO ESTRUTURANTE DO ESTADO... | 253

aderência (ou não, através da renúncia) e as decisões, inclusive, democráticas (a CITES é um acordo internacional ao qual os Estados (países) aderem voluntariamente).

Porém, casos práticos revelam, segundo alguns autores,[800] situações em que essas barreiras são, na verdade, utilizadas com fins mercadológicos. É o que se pode auferir da maciça campanha articulada internacionalmente contra as peles *exóticas* dos jacarés brasileiros. Ademais, como aqui defendido, não basta somente a defesa única e exclusiva do ambiente, sem considerar os fatores econômicos e sociais. Por isso, o enodamento do entrelaçamento em forma (e matema) borromeana é imprescindível quando se tem como escopo a defesa ambiental. Vejamos.

2.3.3 Jacarés brasileiros: *um caso bem-sucedido*

No Brasil estima-se que a população de jacarés[cclv cclvi cclvii] seja maior do que 200 milhões de espécimes.[801] De fato, em certas regiões do Brasil, principalmente na Amazônia e no Pantanal, a relação entre homem e jacaré estava, em 2000, na proporção de quarenta jacarés por cada habitante, conforme dados da Embrapa – Empresa Brasileira de Pesquisa Agropecuária.[802] No Estado do Amazonas, a superpopulação dos répteis causa prejuízo na agricultura, que, após comerem quase todos os peixes das lagoas e rios (principais *hábitats*), chegam a invadir "os quintais das pequenas propriedades ribeirinhas devorando cachorros, porcos, gatos, cabritos, bodes, galos, galinhas e tudo o que veem pela frente".[803] Em alguns casos, os jacarés, que normalmente medem de 4 a 5 metros, e podem chegar a 6 metros, apresentam riscos diretos à vida dos seres humanos, tendo em vista a proximidade das comunidades ribeirinhas e o excesso populacional destes répteis.[cclviii] Muito se alegou que esses animais corriam o risco de extinção nas décadas de 70 e 80 por causa da caça excessiva,[cclix] mas pesquisadores afirmam que a divulgação desses *supostos* dados não passou de estratégia comercial.

De fato, entre 1956 e 1969,[804] o Brasil exportou 17,9 mil toneladas de peles de animais silvestres, o que gerou uma renda de US$ 26,7 milhões (valores actualizados para o ano-base de 1995).[805] Desse total, o couro do jacaré representou cerca de US$ 6,6 milhões/ano.[806] Na década seguinte, nos anos 70 do século passado, o Brasil assumiu liderança nas exportações no comércio internacional de peles de crocodilianos, com cálculos estimativos perto de um milhão de peles ao ano.[807] Já nos anos 90, as poucas

---

[800] Ver em VERDADE, Luciano M.; A Exploração da Fauna Silvestre no Brasil: jacarés, sistemas e Recursos Humanos. Revista Biota Neotropica v. 4 (n. 2).; VILELA, Ricardo.; Eles estão Sobrando na Amazônia e no Pantanal. Revista Veja, 23 de Fevereiro de 2000; MOURÃO, Guilherme de Miranda.; Utilização Econômica da Fauna Silvestre no Brasil: o Exemplo do Jacaré-do-pantanal. In: Revista Agroline. E Uso Comercial da fauna Silvestre no Pantanal: lições do passado. Anais do II Simpósio sobre Recursos Naturais e Socioeconômicos do Pantanal: Manejo e conservação, Embrapa, Corumbá, Pp. 39-45, 1999; ROSS, J.P.; Crocodilian skin production and trade estimates, Crocodile Specialist Group Newsletter 18, 3, P. 17-18, 1999.

[801] VILELA, Ricardo.; Eles estão Sobrando na Amazónia e no Pantanal, Rev. Veja, 23 de Fev. 2000.

[802] Cf. In: VILELA, Ricardo.; *Ob. cit.*

[803] PAIVA, Cláudio.; Globo mostra para o mundo a superpopulação de jacarés, O Estadão On-line, 13 de Setembro de 2005, (end. e dat. disp.).

[804] O anuário estatístico do IBGE – Instituto Brasileiro de Geografia e Estatística somente começou a informar sobre as estatísticas sobre o uso econômico das faunas silvestres no Brasil a partir de 1956. Cf. In: MOURÃO, Guilherme de Miranda.; Utilização Econômica da Fauna Silvestre no Brasil: o Exemplo do Jacaré-do-pantanal. In: Revista Agroline. (end. e dat. disp.).

[805] Cf. In: MOURÃO, Guilherme de Miranda.; *Ob. cit.*

[806] Cf. In: MOURÃO, Guilherme de Miranda.; *Ob. cit.*

[807] Cf. In: MOURÃO, Guilherme de Miranda.; *Ob. cit.*

empresas que prospectavam as atividades de manejo e exportação encontravam-se em situações de dificuldades financeiras.[cclx]

Finalmente, no ano de 2003, as cifras da Federação Internacional do Comércio de Peles chegaram a US$ 9,9 bilhões.[808] Inversamente do que foi na década de 70, no ano de 2005, o Brasil exportou somente US$ 42.000 (quarenta e dois mil dólares) em couro de répteis (não somente de jacarés, mas de todos os répteis), enquanto a França exportou US$ 35.981.000,00 (trinta e cinco milhões novecentos e oitenta e um mil dólares).[cclxi] Contas essas sem avaliar o comércio interno de cada país. Não se sabe qual é a população economicamente viável nativa de répteis na França; mas, indubitavelmente, é menor do que a brasileira.

O comércio internacional das espécies brasileiras de jacaré sofreu influências diretas com as políticas ambientais. Destarte, por causa de pressão internacional, o Brasil editou a Lei nº 5.197, em 03 de Janeiro de 1967, proibindo a caça de animais silvestres, dentre os quais figurava o jacaré (notadamente da família *Alligatoriae*). Em 1975, a comercialização foi proibida, tendo em vista a adesão do Brasil à CITES (p. ex., o jacaré-açu[cclxii] foi inserido no Apêndice I, sob protecção máxima).

A produção brasileira, baseada na caça (extrativismo) tendo em vista a abundância de espécies na natureza, tem custo de produção reduzido, o que ocasiona um produto com preço de custo baixo e, portanto, mais competitivo no mercado internacional. Com a expansão do interesse por parte de consumidores com alto poder aquisitivo por produtos exóticos, nos anos 80, o preço do couro de *aligator* alcançou valores significativos no mercado internacional.[cclxiii] Mas enquanto fazendas americanas[cclxiv] recebiam incentivos governamentais, no Brasil qualquer tipo de comercialização era repressiva por parte do governo.

Ainda, a *mídia* internacional, notadamente a partir dos anos 90, combateu fortemente a utilização de peles provenientes de caça, o que ocasionou um declínio mundial no preço. É importante observar que a forma de *harvest*[cclxv] pode-se constituir em um instrumento de protecção do meio ambiente. Dessa forma, ao aceitar o "discurso ambientalista" (proibição à caça; aceitação de que a o produto oriundo da caça é perverso ao meio ambiente; proibição ao comércio; inclusão das espécies brasileiras de jacarés no Apêndice I da CITES), o Brasil foi perdendo gradualmente a liderança no mercado mundial de couro de animais exóticos até chegar à situação em que se encontra atualmente, enquanto outros países, tais como a França, Itália, Reino Unido e os USA,[cclxvi] exportam milhões de dólares de peles de répteis por ano.[809]

No ano de 2005, a espécie *Melanosuchus niger* foi reclassificada pela IUCN – União Internacional para a Conservação da Natureza – como tendo "baixo risco" de extinção. Em 2007, o Brasil propôs o seu *"down list"* na CITES, ou seja, a retirada do Apêndice I para configurar no Apêndice II. Contudo, em um mercado mundial extremamente competitivo é muito difícil restabelecer o *status quo ante*. Internamente, como o comércio do couro é muito difícil pelas restrições impostas, o jacaré passou a ser caçado somente para alimentação humana.[cclxvii cclxviii] Geralmente a população ribeirinha é extremamente hipossuficiente em termos econômicos e, nas inundações, quando a pesca é dificultada, para obter fonte extra de renda, os pescadores caçam os animais, jogam as peles no rio – parte mais valiosa do animal – e trocam a carne por feijão e arroz.

---

[808] VALLELY, Paul. Jornal The Independent.; *Cf. Apub.* In: Guerra das Peles. (end. e dat. disp.).

[809] Ver as estatísticas das exportações de couro de répteis, no período compreendido entre 2001 e 2005, em International Trade Center/ UNCTAD-WTO. (end. e dat. disp.).

Outro fator a ser considerado é a quase extinção dos jacarés brasileiros na região centro-sul do país. Por não constituir fonte de renda e ainda representar um perigo às pessoas, o *hábitat* foi gradativamente destruído para a implementação da agricultura e pecuária. Assim, indiretamente o jacaré sofreu um processo de extinção nestas áreas em que o seu *hábitat* foi sendo manejado e destruído. A simples proibição da caça, criação e comércio não foi causa impeditiva, mas, ao contrário, fomentou a extinção das espécies nativas brasileiras, dentre elas o jacaré. De fato, quando o enodamento não existe, mesmo a proteção do sistema ambiental, como ato isolado, não é (suficiente) para a interrupção do processo degradativo. Assim, para uma eficaz ação de proteção ambiental, mister se faz a percepção sustentável, ou seja, o enodamento dos sistemas ambientais, econômicos e sociais em forma de matema do nó borromeano.

Agora, regiões inexploradas, tais como o Pantanal e a Amazônia – onde reside a superabundância populacional dos jacarés brasileiros – começam a ser atingidas pela produção de soja, cana e pecuária intensiva. Assim, certo é que se colocará em risco o *hábitat*, o que por vias indiretas afetará a fauna silvestre.

2.3.4 Conclusão

O sistema social, econômico e social deve ser analisado de forma equânime. Assim, não bastam ações impositivas legais protetivas do meio ambiente sem se perceber todo o contexto social e econômico. No caso do jacaré (brasileiro), em termos sociais, há que se perquirir se as medidas adotadas irão afetar a vida dos ribeirinhos e de qual modo a (simples) proibição da caça (extração primitiva) irá impedir o desequilíbrio ambiental. Em segundo lugar, deve-se indagar, no caso dos jacarés brasileiros: o que é afinal pele *exótica*? Conforme o *Dicionário Hostdime*[cclxix] exótico é um adjetivo que significa [ser] "proveniente de países estrangeiros: animais exóticos. / Fig. Esquisito, extravagante, estranho: indivíduo exótico". Porém, dentro desta perspectiva do *hábitat* natural, exótico para o Brasil é o boi, a vaca, o búfalo e jamais o jacaré. O conceito de pele exótica é, portanto, imposto por países centrais a tal ponto que o brasileiro realmente considera diferente o produto originário do seu próprio país, sem que se façam maiores elucubrações. O animal bovino, portanto, é hoje considerado natural nas pastagens brasileiras. Porém, foi introduzido no continente às custas da degradação do seu antigo *hábitat*; indubitavelmente, era esse o animal exótico. Os couros bovino e caprino podem, tendo em vista que foram manejados pelo europeu, ser comercializados, o jacaré brasileiro não. Causa estranheza perceber que mesmo as peles exóticas (*sic*), mas provenientes de países como a França, Reino Unido, Itália e os Estados Unidos, podem ser comercializadas, mas, quando oriundas dos países em desenvolvimento como Brasil, Índia ou qualquer país africano, a proibição opera-se internacionalmente. Portanto, o conceito de *animal exótico*, bem como pele exótica, deve ser revisto, tanto a nível nacional quanto a nível internacional.

Ainda, nada mais natural para o europeu e para o norte-americano do que a caça. Por toda a Europa calcula-se que mais de 7 milhões de caçadores trabalham em prol da conservação da natureza, em diversos níveis, dos quais cerca de 150 mil são portugueses.[cclxx] [810] Em toda a Europa a indústria vinculada ao tema gera milhares de empregos e milhões de dólares/euros. A preocupação do francês, quando o inverno é rigoroso,

---

[810] *Cf.* a Federação Portuguesa de Caça.

faz com que o caçador deixe alimento na floresta para o animal não perecer. Também dessa forma, o *hábitat* do animal silvestre é protegido; somente assim poder-se-á fazer uma efetiva proteção da fauna e flora local. No Brasil, país de diversidade ecológica por natura, não se pode caçar[811] sob a perspectiva errónea da proteção ambiental. Com isso, o hábitat natural é incentivado para que seja desmatado para a plantação de monocultura ou para a introdução de espécies completamente exógenas (neste ângulo, aí sim o boi, porco, ovelha, carneiro, etc. são exóticos), o que resulta, inexoravelmente, na extinção do animal originário que se pretendia proteger.

Assim, a caça – apesar de parecer um paradoxo: poder matar para preservar – pode ser um excelente meio de proteção animal. Contudo, o que causa um *mal-estar* é vincular a caça ao esporte, ao mero prazer de matar um animal por diversão. Não é isso que se deve defender, por questões óbvias. Mas o que se propõe é a caça – ou o manejo adequado – do animal para fins de melhoria de qualidade de populações que mais preservam o meio ambiente. De outra forma, essas populações irão desaparecer, bem como o *hábitat* natural, para dar lugar à monocultura e pecuária intensiva. Se não for observada, assim, a direta relação internodal entre os sistemas econômico e social, não há como fazer a efetiva proteção ambiental.

Internacionalmente não se discute a qualidade de vida de um animal criado para o abate, tal como as granjas, em que as aves já nascem em uma gaiola e nunca pisam sequer no chão, ou ainda, a criação através do confinamento em que, por falta de espaço físico ou para deixar a carne mais saborosa ao gosto humano, o animal passa a vida inteira dentro de uma gaiola, sem poder andar. Visto desse ângulo, é preferível deixar o animal "solto" na natureza e, ao momento do abate, desferir um tiro certeiro, sem que lhe impute dor ou sofrimento anterior, do que infringir-lhe grandes sofrimentos em toda a sua existência, ou *pseudo*vida cativa e destinada somente para o abate. Isso tudo sem mencionar o excesso de hormônios e todo tipo de drogas para aumentar a produtividade animal, quando são criados para o consumo humano, no que abreviam artificialmente a vida do animal para torná-los economicamente mais competitivos. Indubitavelmente melhor deixá-los viver em seu hábitat.

Porém, o Brasil deve se destituir da condição de submissão intelectiva e romper com os paradigmas de *país exótico* e fomentar o seu produto natural à primeira grandeza, lugar já ocupado e perdido somente por incompetência governamental e empresarial.

Dessa forma, quando o ribeirinho puder obter lucro com a venda de produtos oriundos de sua região, sem que com isso tenha que degradar o meio em que vive, o Pantanal e a Amazônia terão mais chances de preservação do que pela simples proibição da caça e do comércio de seus produtos. Indubitavelmente, a evocação da sustentabilidade nada mais é do que o enodamento borromeano dos sistemas ambientais, sociais e econômicos.

O princípio da sustentabilidade, seja jurídico ou metajurídico, extrapola os exordiais princípios ambientais, notadamente em relação ao direito internacional do ambiente, quais sejam, na concepção de Alexandre Kiss: (*i*) o dever de todos os Estados de conservar o meio ambiente para além dos limites da jurisdição interna;[812] (*ii*) dever de todos os Estados de conservar o meio ambiente e os recursos naturais;[813] (*iii*) cooperação

---

[811] Lei nº 9.605, de 12 de Fevereiro de 1998 (brasileira).
[812] KISS, Alexandre.; Droit International de L'Environment. Pedone, Paris, 1989, p. 141.
[813] KISS, Alexandre.; *Ob. cit.*, p. 143.

internacional para proteger o meio ambiente;[814] (*iv*) dever de informação sobre as atividades possivelmente degradadoras do meio ambiente no estrangeiro;[815] princípio da prevenção, com o Estudo Prévio das Atividades e acompanhamento constante do meio ambiente;[816] princípio da precaução;[817] cooperação em caso de situação crítica, no qual compreende, ainda, informações dos Estados sobre os possíveis efeitos, bem como a assistência em caso de situação crítica,[818] cooperação internacional e direito fundamental individual;[819] princípio do poluidor pagador.[820] De fato, pode-se extrair, ainda, na sustentabilidade, os princípios do *continuum*, seja ambiental como econômico e, também, do progresso social, bem como dos princípios da *intergenarations equity, intragenerations equity* e até mesmo, com as devidas restrições, do *interspecies equity*. Mas o fundamental ponto principiológico da sustentabilidade é justamente o internodamento, em forma e matema topológico, do nó borromeu, o qual ao se «desfazer» um dos sistemas, seja o ambiental, seja o social ou ainda o econômico, toda a «cadeia» se desfaz, desconstituindo (ou insustentando) a sustentabilidade.

2.4 Segundas teses

1. O direito (ainda) não vislumbra o «ambiente» (e seus compostos, como p. ex., os animais) como sujeitos de direito;
2. Por uma visão jus-historicista pode-se classificar os cursos épicos como cosmológico (pré-socrático), antropocentrismo (greco-romano), teocentrismo (Idade Média) e o retorno do antropocentrismo (com a modernidade).
3. Apesar dos apelos dos ecologistas (notadamente dos radicais) para o direcionamento filosófico de uma nova era, qual seja, *interspecie equity,* ou o ecocentrismo, não se pode sustentar, juridicamente, o Estado Ecológico Absolutista;
4. A cultura (capitalista: produção e consumo) e a contracultura (contra as guerras, em luta pela igualdade de raças e gêneros, ecológicos) elevou o debate dos problemas ambientais para o cosmos da ética, da filosofia e, também, para o universo jurídico;
5. Os problemas ambientais deixaram de ser meras questões «culturais» ou «ideológicas» com a hipermodernidade para se tornarem problemas reais com, inclusive, a possibilidade de extermínio da raça humana;
6. O medo coletivo do extermínio foi acentuado pelas mídias (neste ponto, muito acentuado pelo cinema e teorias apocalípticas);
7. Com efeito, surgiram as primeiras leis de proteção atmosférica, com novos paradigmas ético-ambientais;
8. Surge a *Deep Ecology*, com as suas variantes;
9. Como antítese, os céticos contra-argumentam alegando serem os ambientalistas originários dos comunistas (ecologia melancia); somente terem o

---

[814] KISS, Alexandre.; *Ob. cit.*, p. 146.
[815] KISS, Alexandre.; *Ob. cit.*, p. 149.
[816] KISS, Alexandre.; *Ob. cit.*, p. 152.
[817] KISS, Alexandre.; *Ob. cit.*, p. 156.
[818] KISS, Alexandre.; *Ob. cit.*, p. 158.
[819] KISS, Alexandre.; *Ob. cit.*, p. 162.
[820] KISS, Alexandre.; *Ob. cit.*, p. 164.

escopo de prospectarem um novo mercado (mercado verde); ou, ainda, para que houvesse a dominação de um país em relação ao outro, bem como a substração do ideário ecológico para a práxis da reserva de mercado;

10. O Direito Ambiental, fruto dos movimentos ecológicos, transpassa dos elementos naturais (meio ambiente) e torna-se (possível) metafísico na (intrincada) dimensão cultural;

11. Com efeito, defende-se a ideia do Direito Ambiental material (elementos bióticos e abióticos, e suas interações para que se tenha um meio ambiente ecologicamente equilibrado, sem poluição na sua vertente negativa) e o Direito Ambiental formal (aquele constitucionalmente – e quiçá infracons-titucionalmente – posto);

12. O princípio do não retrocesso ambiental é de matriz teleológica: o que se exige é o cumprimento da *voluntas* necessária de não retroagir da defesa do meio ambiente e não retroagir em (meras) regras ambientais;

13. Empiricamente, percebe-se (e também aqui se defende) que a exclusiva proteção de um dos sistemas (econômico, ambiental e social) sem a obser-vância do enodamento (ou entrelaçamento nodal) dos demais sistemas é insustentável.

---

i. Segundo BRESSER-PEREIRA, por *Economia Política* entende-se «a ciência social que estuda o comportamento do homem no processo de produção, circulação e distribuição de bens escassos. Sua preocupação está em saber como se produz um excedente econômico e como essa produção que excede o consumo de subsistência é apropriada e dividida pelos diversos grupos sociais». Por economia científica entender-se-ia os modelos matemáticos (e físicos) passíveis de se utilizar para uma análise meramente lógico-formal, sem os «encantos e desencantos ideológicos». In: BRESSER-PEREIRA, Luiz Carlos.; Da Macroeconomia Clássica à Keynesiana, versão corrigida em 1974 de apostila publicada originalmente em 1968, EC-MACRO-L-1968 (E-73), SP, abril de 1968. Revisado em maio de 1976. Sobre o tema ver, ainda, em AVELÃS NUNES, António José.; Uma Volta ao Mundo das Ideias Económicas, Coimbra: Almedina, 2008.

ii. Por escola clássica, mesmo compreendendo ser um conceito vago, entendem-se aqui como os primeiros pensadores eminentemente «econômicos», isto é, escritores como Adam Smith, Jean-Baptiste Say, Thomas Malthus, David Ricardo, John Stuart Mill, Johann Heinrich von Thünen e Anne Robert Jacques Turgot, dentre tantos outros da mesma época. *Cf. Apud.* FONSECA, Pedro Cezar Dutra.; Clássicos, Neoclássicos e Keynesianos: uma tentativa de sistematização, In: Perspectiva Econômica, Ano XVI, Vol. II, nº 30, 1981, págs. 35-64.

iii. A expressão emprestada do Direito Civil «natimorto» justifica-se porque são cláusulas que nasceram mortas. Antes de sua implementação no mundo jurídico, o constituinte derivado ou de reforma por bem enten-deu revogá-las, ao invés de regulamentá-las. Ademais, conforme se pode observar em Karl Lowewnstein, uma constituição pode ser comparada a um ser vivo. *Cf. Apud.* GOMES CANOTILHO, J. J.; Direito Constitucional..., 1999, p. 1154.

iv. Trata-se de discurso proferido em Washington em 12 de maio de 2011.

v. Toma-se como referência o *Artículo 45. 1. da* Constitución de 1978 da Espanha, verbis: *Todos tienen el derecho a disfrutar de un medio ambiente adecuado para el desarrollo de la persona, así como el deber de conservarlo.*

vi. Na França, ver o *Code de l'environment.*

vii. Nos Estados Unidos da América, U.S. Environmental Protection Agency (*www.epa.gov/*).

viii. Na Alemanha, Gesetz über ergänzende Vorschriften zu Rechtsbehelfen in Umweltangelegenheiten nach der EG-Richtlinie 2003/35/EG (Umwelt-Rechtsbehelfsgesetz – UmwRG)

ix. Na Itália, Codice dell'ambiente, Decreto legislativo 03.04.2006 nº 152 , pubblicato nella *Gazzetta Ufficiale* n. 88 del 14 aprile 2006 – Supplemento Ordinario n. 96.

x. Nesse diapasão, defende Caio Mario da Silva Pereira "Se a todo homem, e aos entes morais por ele criados, a ordem jurídica concede personalidade, não a confere, porém, a outros seres vivos. É certo que a lei protege as coisas inanimadas, porém em atenção ao homem que delas desfruta. Certo, também, que os animais são defendidos de maus tratos, que a lei proíbe, como interdiz também a caça na época da cria. Mas não são, por isso, portadores de personalidade, nem têm um direito a tal ou qual tratamento, o qual lhes é dispensado em razão de sua utilidade para o homem, e ainda como o propósito de amenizar os costumes e impedir as brutalidades inúteis". In: SILVA PEREIRA, Caio Mario da., Instituições de Direito Civil, Vol. I, 2ª edição, Rio de Janeiro: Forense, 1991, p. 156.

CAPÍTULO 2
A SUSTENTABILIDADE COMO O ELO ESTRUTURANTE DO ESTADO... | 259

xi.   O ecocentrismo, linha filosófica que adota a linha «deep ecology», isto é, defende que o homem é igual a todos os outros seres vivos, não havendo, portanto, nenhuma hierarquia (filosófica, moral ou ética) de um ser vivo sobre outro. Assim, o homem é (seria) apenas mais um ser vivo dentre todos os outros, não podendo quebrar o equilíbrio harmônico que existe na natureza. Causa inicialmente desenvolvida pelo Norueguês Arne Dekke Eide Næss e posteriormente defendida por Aldo Leopold, Peter Singer, dentre outros.

xii.   O biocentrismo defende a substituição do modelo antropocêntrico (que substituiu o teocentrismo medieval) para recolocar o homem não como o "centro de todas as coisas", mas juntamente com os outros elementos na natureza. Inúmeras são as obras que tratam sobre o assunto. Dentre tantas, pode-se citar SILVA, José Robson da., Paradigma Biocêntrico: do Patrimônio Privado ao Patrimônio Ambiental ...; YU, Chang Man., Sequestro florestal de carbono no Brasil – dimensões políticas, socioeconômicas e ecológicas, São Paulo: Annablume, EIB, 2004; MILARÉ, Edis., Direito do Ambiente – A gestão ambiental em foco. São Paulo: Revista dos Tribunais, 6ª edição, 2009.

xiii. A lista dos animais puros e impuros é extensa. Somente a título de informação, citam-se alguns:
Puros: qualquer animal que tem casco dividido e que rumina; vacas, carneiros, cabrito, veado, gazelas, corças, cabritos selvagens, antílopes, carneiro selvagem, gamos; peixes com barbatanas e escamas; gafanhotos e grilos.
Impuros: porco, camelos, coelhos selvagens ou lebres; animais que vivem na água e não tem barbatanas e escamas; águias, urubus, águias-marinhas; açores, falcões, corvos, avestruzes, corujas, gaivotas, mochos, corvos-marinhos, íbis, gralhas, pelicanos, abutres, cegonhas, garças e poupas, morcegos; insetos que voam; lagartos, lagartixas, ratos, toupeiras e camaleões; animais que se arrastam pelo chão.
Curioso observar que o simples ato de tocá-los pode tornar a pessoa impura.

xiv.   *Verbis*: "Abraão olhou em volta e viu um carneiro preso pelos chifres, no meio de uma moita. Abraão foi, pegou o carneiro e o ofereceu como sacrifício em lugar do seu filho". In: A Bíblia Sagrada. Edição Pastoral. São Paulo: Paulus, 1991.

xv.   *Verbis*: "6:17) Porque eis que eu trago um dilúvio de águas sobre a terra, para desfazer toda a carne em que há espírito de vida debaixo dos céus; tudo o que há na terra expirará. 6:18) Mas contigo estabelecerei a minha aliança; e entrarás na arca, tu e os teus filhos, tua mulher e as mulheres de teus filhos contigo. 6:19) E de tudo o que vive, de toda a carne, dois de cada espécie, farás entrar na arca, para os conservar vivos contigo; macho e fêmea serão. 6:20) Das aves conforme a sua espécie, e dos animais conforme a sua espécie, de todo o réptil da terra conforme a sua espécie, dois de cada espécie virão a ti, para os conservar em vida. 6:21) E leva contigo de toda a comida que se come e ajunta-a para ti; e te será para mantimento, a ti e a eles. 6:22) Assim fez Noé; conforme a tudo o que Deus lhe mandou, assim o fez".

xvi.   «Mau comportamento» obviamente sob o enfoque humano.

xvii. Interessante observar que o conceito de animal doméstico era diferente do atual: porco, cabrito, papagaio e até mesmo o macaco ou uma doninha eram considerados domésticos. Contudo, o gato não, tendo em vista que tinha a atribuição de trabalho: caçar os ratos. SANCHEZ, Giovana. Macacos, porcos e doninhas também eram pets na Idade Média. G1 conta a História. (end. e dat. Disp.). Contudo, a *question* dos gatos era mais complicada: *A Idade Média foi, de modo geral, hostil aos gatos, que eram associados às feiticeiras e feitiçarias e considerados criaturas diabólicas. Nesta época nasceu a maioria das superstições, das quais algumas chegaram até nossos dias.* FOLLAIN, Martha. Os gatos na Idade Média. Março de 2009. (end. e dat. disp.).

xviii. Geralmente as lides judiciais observavam os seguintes procedimentos: i) inicialmente, era formulado, via petição inicial, uma queixa junto ao juiz episcopal; ii) os fatos eram atentamente verificados; iii) os animais eram «intimados» a comparecerem em juízo, seguindo-se o rito romano, o qual era repetido por três vezes, acrescido de prazos precisos, por um guarda ou um oficial de justiça que lia para os animais em voz alta e inteligível; iv) um promotor era nomeado para fazer a defesa dos acusados. In: FERRY, Luc.; Le nouvel ordre écologique, Grasset & Fasquelle, 1992 ...., p. 15.

xix.   Não raras vezes, justamente por contarem com bons defensores, os animais eram vitoriosos nos julgados, em que mesmo os juízes eclesiásticos «consideravam (todos os animais) (...) eram criaturas de Deus, que tinham direito de viver, que seria injusto privá-los de subsistência, relegou-as (aos animais em julgamento) a uma região florestal e selvagem a fim de que, doravante, não tivesse pretexto para devastar as terras cultivadas». In: FERRY, , Luc.; Le nouvel ordre écologique, Grasset & Fasquelle, 1992 ...., p. 13.

xx.   Obviamente que havia exceções à regra geral que entendia o homem como um ser superior, filho e escolhido de Deus. Contudo, apesar de serem poucas as pessoas que consideravam os homens iguais aos animais na Idade Média, quando essas ideias se tornavam públicas, eram consideradas heresia. Talvez pela ruptura da Igreja Católica Apostólica Romana com a Inglaterra em 1534, por causa de Henrique VII, foram neste país as mais numerosas, mas ainda poucas, vozes defendendo a igualdade entre todos os seres vivos. Cf. THOMAS, Keith.; Man and the natural world: changing attitudes in England, 1500-1800. Harmondsworth: Penguin Book Ltd. 1983 (v. ver. ut.). Tradução de João Roberto Martins Filho; consultor Renato Janine Ribeiro; consultor de termos zoológicos Márcio Martins. São Paulo: Companhia das Letras. 2010). Págs. 176 e segs. Porém, uma das mais notáveis exceções foi o cético e humanista francês Michel Eyquem de Montaigne (1533-1592),que, em sua obra *Essais*, teceu o comentário: "Pela mesma razão eles (os animais) podem nos considerar tão animais quanto nós a eles", In: MONTAIGNE, Michel E. *Essais*. Trad. John Florio (1603; ed. 1893), II, 145, Apud. THOMAS, K.; *Ob. Cit.* p. 181

xxi. O filósofo pré-socrático Xenófanes (cerca de 430-355 ac.) teria dito:
"Homero e Hesíodo atribuíram aos deuses tudo quanto entre os homens é vergonhoso e censurável, roubos, adultérios e mentiras recíprocas. Mas os mortais imaginam que os deuses foram gerados e que têm vestuário e fala e corpos iguais aos seus. Os Etíopes dizem que os seus deuses são de nariz achatado e negros, os Trácios, que os seus têm os olhos claros e o cabelo ruivo.
Mas se os bois e os cavalos ou os leões tivessem mãos ou fossem capazes de, com elas, desenhar e produzir obras, como os homens, os cavalos desenhariam as formas dos deuses semelhantes à dos cavalos, e os bois à dos bois, e fariam os seus corpos tal como cada um deles o tem".

xxii. No qual adverte que a «ilusão finalista» reduz todo o universo em deleite do homem: as marés existem para proporcionar a entrada e saída dos navios dos portos, de que os papagaios e os touros só existem para nosso entretenimento, de que as árvores só existem para nos proporcionar sobra e frutos, de que os suínos só existem para nossa alimentação e os cavalos para nosso transporte, de que algumas raças humanas são inferiores e estão predispostas ao serviço das outras, de que as mulheres existem para servir os homens ou para agradar-lhes. Ver também os mesmos comentários em ARAUJO, Fernando.; A Hora dos Direitos dos Animais, Coimbra: Almedina, 2003, p. 53.

xxiii. Deve-se observar que nem todos os piolhos – ordem *Phthiraptera* – são parasitas humanos. Somente os da subordem *Anoplura*, que se alimentam de sangue mamífero, infestam os seres humanos.

xxiv. Apesar da "crítica" aos países latinos, é cediço que em toda a Europa era comum a prática de açulamentos, rinhas de galos, enfim, dos maus tratos aos animais.

xxv. As Long-house, ou casas longas, eram construções, notadamente na Inglaterra, que misturavam casa e concheira, em que os homens dormiam juntamente com o gado, em que se tinha uma mesma entrada tanto para os homens quanto para os animais. SHEPPARD, June A.; Vernacular Buildings in England and Wales: A Survey of Recent Work by Architects, Archaeologists and Social Historians, Transactions of the Institute of British Geographers, No. 40 (Dec., 1966), pp. 21-37. Published by: Blackwell Publishing on behalf of The Royal Geographical Society (with the Institute of British Geographers) Cf. ver também, THOMAS, Keith.; *Ob. Cit.*, págs. 133.

xxvi. A prática da comunicação entre os homens e animais é antiga. Talvez tenha início com a própria domesticação dos animais. E aqui se faz um relato pessoal (com as devidas *venias*): é muito comum nas fazendas do interior de Minas Gerais, Estado Federativo do Brasil, os "vaqueiros" conversarem com os animais. Uma vez, ao visitar um curral justamente na hora da ordenha manual, um capataz da fazenda chamou a vaca que se iria tirar o leite por um nome próprio e conversou algo *inaudível* ao seu ouvido. Ao ser inquirido do porquê da *conversa* foi-me informado que aquela vaca só dava leite se eles conversassem antes. O vaqueiro, à época, fez inclusive uma analogia da vaca com a própria mulher...

xxvii. Não se fará aqui o questionamento da existência ou não de Robin Hood. Tomar-se-á como base a obra literária de Alexandre Dumas. Publicada em 1872 com o nome de Le Prince des Voleurs e em 1873 como Robin Hood.

xxviii. Tradução livre:
"– O perigo não é iminente, porque o instinto do meu cavalo não o pressentiu. Pelo contrário, está tão sereno como na sua cocheira, e alonga o focinho para as ramarias como se fosse para a manjedoura. Mas se ficarmos aqui o meu perseguidor saberá onde me escondo. Vamos, cavalo, a trote!
Esta ordem foi dada por meio de um leve assobio em surdina, e o dócil animal, acostumado havia muito àquela manobra de caçador que desejava isolar-se em emboscada, ergueu as orelhas, volveu os grandes olhos coruscantes para a árvore que protegia o seu dono, respondeu-lhe com um rápido relincho e afastou-se a trote". DUMAS, Alexandre. Robin Hood – Le Prince des Voleurs, Chapitre II.

xxix. Tradução: "Pois todo mortal que se orgulhe/de ter um cão, escolherá aquele/Com as qualidades com as dele", Cf. THOMAS, Keith.; Man and the natural world..., págs. 150.

xxx. Contra a terminologia "renascimento" e "iluminismo" em REALE, Giovanni e ANTISERI, Dario. *Ob. Cit.*, p. 51. Ver também: COMPARATO, Fábio Konder.; Ética. Direito, Moral e Religião no Mundo Moderno, São Paulo: Companhia das Letras, 2006. Apesar da relativização do julgamento dos historiadores desse período histórico, como observa NAY, Olivier.; (Histoire des idées politiques .... P. 70 e segs) mesmo assim, como se manteve a terminologia *Idade das Trevas* pelos motivos já expostos, mantêm-se aqui, até mesmo por coerência, os termos Renascimento-Iluminista.

xxxi. Não se pretende marcar com uma data fixa o fim da Idade Média e a entrada do período Renascentista-iluminista, como geralmente se faz nos livros de história. Ademais, coaduna-se com a ideia de que a história é um processo dialético constante, às vezes lento, às vezes abrupto, mas sempre em *movimento*. Com efeito, a introdução de uma data específica, como um *marco regulatório*, faz denotar uma concepção *estanque* justamente naquilo que se compreende como sequência contínua de fatos ou ideias que apresentam certa unicidade contextual; enfim, um *seguimento, curso, decurso*. Assim, apenas registram-se alguns (grandes) acontecimentos que, em um período de cem anos, mudaram completamente a história do mundo ocidental, que podem marcar a transição de um período para o outro: *i*) a peste negra, que dizimou um terço da população europeia, entre 1347-1352; *ii*) a invasão de Constantinopla pelos turcos em 1453; *ii*) a descoberta do caminho marítimo entre o continente europeu e o americano por Cristóvão Colombo em 1492; *iii*) a abertura via navegação marítima entre a Europa e o Extremo Oriente por Vasco da Gama em 1498 ; *iv*) a quebra do monopólio religioso da Igreja Católica Apostólica Romana, com o surgimento dos movimentos de Lutero e Calvino, que imergiram a Europa em uma guerra centenária (Reforma Protestante, iniciada no início de 1500); e, finalmente, *v*) a viagem de circum-navegação do globo terrestre por Fernão de Magalhães em 1518-1522.

xxxii. Nasceu em Génova em 1404 e morreu em 1472.

xxxiii. Nasceu em Florença no ano de 1396 e morreu em 1459.

xxxiv. Novamente se faz a crítica ao termo teocentrismo. Contudo, reafirma-se a terminologia somente por ser identificadora do período medieval.

xxxv. Marsílio Ficino foi um filósofo italiano-florentino, 1433-1499.

xxxvi. Giovanni Pico della Mirandola, Florença, 1463-1494.

xxxvii. Giordano Bruno (Filippo Bruno) nasceu em Nola, perto de Nápoles, 1548-1600.

xxxviii. Giovanni Domenico Campanella nasceu em Stignano e faleceu em Paris, 1568-1639.

xxxix. Tradução: "ao qual é concebido obter o que deseja, ser aquilo que quer. As bestas, no momento em que nascem, trazem consigo do ventre materno, como diz Lucílio, tudo aquilo que depois terão. Os espíritos superiores ou desde o princípio, ou pouco depois, foram o que serão eternamente. Ao homem nascente o Pai conferiu sementes de toda a espécie e germes de toda a vida, e segundo a maneira de cada um os cultivar assim estes nele crescerão e darão seus frutos.". MIRANDOLA, Giovanni Pico della.; *Oratio de Hominis Dignitale*..., p. 57.

xl. Nasceu em 1462 e morreu em 1525.

xli. O sistema geocêntrico teve origens na Grécia Clássica, defendido, p. ex., por Niparco de Nicéia, no séc. II a.C., mas teve o seu grande articulador na figura de Ptolomeu, por volta do ano 200 d.C. . Esse sistema perdurou por toda a Idade Média.

xlii. Apesar da prevalência absoluta da teoria heliocêntrica, interessante observar as palavras do físico Ênio Candotti, "a questão da rotação da Terra é uma mera questão de escolha do ponto de referência, visto que não há movimento absoluto, mas sempre em relação a um ponto de referência pelo qual se opta. Não há pontos de referências fixos em si mesmos que possam decidir quem gira em torno de quem. A opção pelo ponto de referência do Sol era a que mais dava correção às ideias de Galileu e Newton. Se optarmos em restabelecer o ponto de referência na Terra ou transferirmo-lo para Marte, precisamos "apenas" criar uma nova mecânica e novas leis físicas que expliquem e deem previsibilidade à órbita dos planetas em torno da Terra ou de Marte". In: ABDALLA, Maurício.; O princípio da cooperação em busca de uma nova racionalidade. São Paulo: Paulus. 2ª edição. 2004.

xliii. Sigmund Schlomo Freud nasceu em 1856 e faleceu em 1939.

xliv. Não se quer aqui discutir sobre quem exerceu influência a quem: se o técnico ao cientista ou vice-versa. O fato é que houve uma aproximação da técnica com o saber filosófico, "entre o artesão e o intelectual." Ver melhor em: REALE, Giovanni.; e ANTISERI, Dario.; *Ob. Cit.*, p. 193.

xlv. Galileu Galilei nasceu em Pisa no ano de 1564 e faleceu em Florença em 1642.

xlvi. Francis Bacon nasceu na Inglaterra no ano 1561 e morreu em 1626.

xlvii. *Sir* Isaac Newton nasceu em Woolsthorpe em 1643 e faleceu no ano de 1727 em Londres.

xlviii. Nicolau Copérnico, no original em polaco, Mikołaj Kopernik, nasceu em Toruń em 1473 e faleceu em Frauenburgo no ano de 1543.

xlix. Johannes Kepler nasceu no ano de 1571 na cidade alemã de Weil der Stadt e faleceu em Ratisbona em 1630.

l. A referida Regra IV determina que, *verbis*: "Na filosofia experimental consideramos proposições inferidas através de dedução geral dos fenômenos tão precisamente ou muito aproximadamente verdadeiros, não opondo-se a quaisquer hipóteses contrárias que possam ser imaginadas, até o tempo em que outros fenômenos ocorram, através dos quais possam ser feitas mais precisas ou suscetíveis a exceções." "Esta regra devemos seguir, que o argumento da indução não deve ser desvencilhado pelas hipóteses".

li. Cita-se "Segundo uma tradição, que remonta aos próprios gregos antigos, o primeiro filósofo teria sido Tales de Mileto. As datas a respeito de sua vida são incertas, sabendo-se, porém, com segurança, que ele viveu no período compreendido entre o final do século II e meados do século VI a.c.". In: "Pré-Socráticos – Vida e Obra", Coleção Os pensadores, Editora Nova Cultura Ltda., 2000, p. 15. Ver também, KIRK, G.S.; RAVEN, J.E.; SCHOFIELD, M.; The Presocratic Philosophers, 1983 ..., pág. 73 e segs.; REALE, Giovanni.; e ANTISERI, Dario.; *Ob. Cit.*

lii. Segundo Platão, em Teeto, nos diálogos de Sócrates que precisou: "Foi o caso de Tales, Teodoro, quando observava os astros; porque olhava para o céu, caiu num poço. Contam que uma decidida e espirituosa rapariga da Trácia zombou dele, com dizer-lhe que ele procurava conhecer o que se passava no céu mas não via o que estava junto dos próprios pés. Essa pilhéria se aplica a todos os que vivem para a filosofia.". In: PLATÃO. Teeteto – Crátilo. In: Diálogos de Platão. Tradução do grego por Carlos Alberto Nunes. 3ª ed., Belém: Universidade Federal do Pará, 2001, p. 83.

liii. <http://royalsociety.org/>, visitado em 12 de Julho de 2010.

liv. <http://royalsociety.org/>, visitado em 12 de Julho de 2010.

lv. Tradução livre: "cujos estudos devem ser aplicados para uma maior promoção, através da autoridade dos experimentos (empirismo), das ciências das coisas naturais e das artes úteis". Charta Prima, The Charters of the Royal Society. Charles II. AD. MDCLXII.

lvi. David Hume nasceu na Escócia em 1771 e faleceu em 1776.

lvii. Em perfunctória análise o «utilitarismo» proposto por Bentham, bem como por seus defensores, tais como John Stuart Mill (1806-1873) e James Mill (1773-1836), questionava a ideia do «contrato social» como consectário do direito natural. Evocando o princípio aristotélico da busca «da maior felicidade possível», a obediência do cidadão comum ao Estado deveria ser pautada não pela teoria do contrato social originário, mas porque a obediência contribui para a felicidade geral. Com efeito, ao aceitar uma regra (jurídica, de moral, de educação, etc.), o indivíduo deve fazer uma análise se, ao se cumprir essa regra, estará contribuindo para o bem-estar da comunidade, em detrimento do desconforto do cumprimento da norma. Ver melhor (dentre tantos outros): SCHOFIELD, Philip., Jeremy Bentham, the principle of utility, and legal Positivism. Inaugural, 12 March, 2003, 1.

lviii. Jeremy Bentham nasceu na Inglaterra em 1748 e faleceu em 1832.

lix. Tradução livre: "Chegará o dia em que será reconhecido que o número de pernas, a pilosidade da pele, ou a terminação do osso sacro serão razões igualmente insuficientes para abandonar um ser sensível ao mesmo destino. Que mais é que deveria determinar a linha insuperável? Seria a faculdade da razão, ou, talvez, a faculdade do discurso? Mas um cavalo adulto ou um cachorro é incomparavelmente mais racional, assim como um animal mais fácil de comunicar-se, do que uma criança de um dia ou uma semana, ou mesmo um mês de idade. Mas suponhamos que o critério pudesse ser outro, qual ele seria? A questão não é se eles são capazes de raciocinar, e tampouco se eles são capazes de falar. A questão é se eles são capazes de sofrer".

lx. Thomas Hobbes nasceu na Inglaterra no ano 1588 e morreu em 1679.

lxi. Bernard de Mandeville nasceu no ano de 1670 em Roterdão e faleceu em 1733 em Hackney.

lxii. Dentre tantos outros que fazem essa afirmação: *PRADO*, Eleutério F. S. Fundamentos do (Neo) Liberalismo da Ordem Natural à Ordem Moral. (end. e dat. disp.).

lxiii. George Stubbs nasceu em Liverpool e faleceu em Londres, 1724-1806. Foi, inclusive, membro da Royal Academy.

lxiv. Stubbs ficou conhecido pelas pinturas de cavalos, mas também fez muitos quadros de paisagem do campo, de animais silvestres e exóticos. Cf. <http://www.nationalgallery.org.uk/artists/george-stubbs>.

lxv. Blaise Pascal nasceu na cidade francesa de Clermont-Ferrand em 1623. Morreu em Paris em 1662.

lxvi. Observar que para Blaise Pascal *as outras ciências* referiam-se justamente à espiritualidade cristã. Chegou ao ponto, inclusive, de defender a existência de Deus através do seu famoso teorema intitulado de "Aposta de Pascal", apresentado no livro Pensées, de 1660.

lxvii. Tradução livre: "o coração tem razões que a própria razão desconhece".

lxviii. Tradução livre: "Pois, na verdade, que é o homem na natureza? Um nada em comparação com o infinito, um todo em comparação com o Nada, a média entre tudo e nada. Desde que ele é infinitamente afastado de compreender os extremos, o fim das coisas e o seu começo são desesperadamente escondidos em um segredo impenetrável, igualmente ele é incapaz de ver o nada de onde foi feito, e o infinito no qual ele é engolido".

lxix. Tradução livre: O homem é um caniço de menor natureza, mas é um caniço pensante. Ele não deixou o mundo inteiro a se armar para esmagá-lo. Um vapor, uma gota de água é suficiente para matá-lo. Mas se o universo fosse para esmagá-lo, o homem seria ainda mais nobre do que o mata, porque ele sabe que morre e a vantagem que o universo tem sobre ele, o universo não conhece.

lxx. Aqui pascal faz uma referencia as palavras de Montaigne, *Essais*, iii, 13: *Man is neither angel nor brute*. PASCAL, Blaise.; In: Pensées, 1660, Section II, The Misery of man Without god. (358), p. 99.

lxxi. Segundo o relatório Situação da População Mundial de 2007 do Fundo das Nações Unidas para as Populações no ano de 2008 a população urbana mundial ultrapassou, pela primeira vez na história da humanidade, a população rural.

lxxii. De forma contrária, Arthur Schopenhauer (1788-1860) entendia a história como uma sucessão caótica de fatos e, ainda, que o progresso era mera ilusão. Também nesse sentido são as palavras de Friedrich Wilheml Nietzsche (1844-1900): "Pelo que aqui se entende como progresso, a humanidade certamente não representa uma evolução em direção a algo melhor, mais forte ou mais elevado. Este "progresso" é apenas uma ideia moderna, ou seja, uma ideia falsa. O europeu de hoje, em sua essência, possui muito menos valor que o Europeu da Renascença; o processo da evolução não significa necessariamente elevação, melhora, fortalecimento". In: Capítulo IV – O Anticristo. Ensaios de uma Crítica do Cristianismo (Trad. André Díspore Cancian), e, ainda, de forma também veemente *Sir Karl Popper (1902-1994)*.

lxxiii. Cf. <http://www.thekennelclub.org.uk/item/1772>, extraído em 05 de Junho de 2010.

lxxiv. Charles Darwin nasceu na Inglaterra em 1809 e morreu em 1889.

lxxv. *Verbis: E criou Deus o homem à sua imagem: à imagem de Deus o criou; homem e mulher os criou.*

lxxvi. *Verbis: E formou o SENHOR Deus o homem do pó da terra, e soprou em suas narinas o fôlego da vida; e o homem foi feito alma vivente.*

lxxvii. *Verbis: E chamou Adão o nome de sua mulher Eva; porquanto era a mãe de todos os viventes.*

lxxviii. *Verbis: E da costela que o SENHOR Deus tomou do homem, formou uma mulher, e trouxe-a a Adão.*

lxxix. Tradução: "Subscrevo inteiramente o julgamento daqueles escritores que afirmam que de todas as diferenças entre o homem e os animai inferiores, o sentido moral ou a consciência é, de longe, o mais importante". DARWIN, C. R. The descent of man, and selection in relation to sex . Chapter III. Comparison of the mental powers of man and the other lower animals. 1871. London: John Murray. Volume 1. 1st edition.

lxxx. Georg Wilhelm Friedrich Hegel, nascido em 1770 e falecido em 1831.

lxxxi. Para mais informações, ver em <http://www.peta.org/>.

lxxxii. No Brasil o corte de animais vivos para fins científicos ou didáticos é regulado pela Lei nº 9.605, de 12 de Fevereiro de 1998, Art. 32. *Verbis*: Praticar ato de abuso, maus tratos, ferir ou mutilar animais silvestres, domésticos ou domesticados, nativos ou exóticos:
Pena – detenção, de três meses a um ano, e multa.
1º Incorre nas mesmas penas quem realiza experiência dolorosa ou cruel em animal vivo, ainda que para fins didáticos ou científicos, quando existirem recursos alternativos.
§2º A pena é aumentada de um sexto a um terço, se ocorre morte do animal.

lxxxiii. Ver melhor em <http://www.peta.org/>.

lxxxiv. Um dos atos que colocou a organização na mídia foi justamente a invasão, em 1981, do Institute of Behavioral Research em Silver Spring, Maryland, soltando dezessete macacos que eram utilizados em experimentos científicos.

lxxxv. A Top Model brasileira Gisele Bündchen sofreu com a manifestação do grupo da PETA quando invadiram o desfile da Victoria's Secret em 2002. O ataque ao desfile pode ser visto em: <http://www.youtube.com/watch?v=9A97xsAYMYE>, extraído em 10 de Julho de 2010.

lxxxvi. <http://www.peta.org/>, extraído em 10 de Julho de 2010.

lxxxvii. A definição de dor é complexa em termos biológicos. Assim, pode-se definir a dor como «uma sensação desagradável, constituindo um dos componentes essenciais do sistema de defesa do organismo. Fornece um rápido aviso ao sistema nervoso para iniciar uma resposta motora e minimizar o prejuízo físico». In: FEIN, Alan.; Nociceptors: The Cells That Sense Pain, – (versão utilizada) Nociceptores: As células que sentem dor, Tradução Paulo Petrov, Ribeirão Preto – SP: Dor On Line; 2011. 106 p. (XXX)
De fato, até o século XX, ocorria um debate divergente entre os cientistas sobre a natureza da dor. Alguns defendiam que o estímulo sensorial que normalmente ativa os órgãos do sentido, tal como o tato, iria iniciar a dor através dos mesmos órgãos, se o estímulo fosse suficientemente forte. Outros autores defendiam que existia uma classe especializada de órgãos do sentido específicos para a dor. Por isso, aqueles seres vivos que não possuíssem esses órgãos sensoriais não poderiam sentir dor. No final do século passado, o debate foi definido e demonstrado conclusivamente que existem órgãos sensoriais especializados que detectam a dor. FEIN, Alan.; *Ob. Cit.*

lxxxviii. O primeiro *Habeas Corpus* impetrado no Brasil para a liberdade de um macaco ficou conhecido como o «caso Suíça» (nome do macaco), mas o animal morreu antes do julgamento do caso pelos Tribunais. Ver em LUCENA FILHO, Miguel.; Macaquice, habeas corpus para chimpanzé, In: Jus Navegandi. Texto disponível em <http://jus.com.br/revista/texto/7784/macaquice>, extraído em 27 de Julho de 2012.

lxxxix. Nome científico *Pan troglodytes*.

xc. *Art. 267. Extingue-se o processo, sem resolução de mérito: (Redação dada pela Lei nº 11.232, de 2005)*
…
IV – quando se verificar a ausência de pressupostos de constituição e de desenvolvimento válido e regular do processo;
…

xci. *Art. 295. A petição inicial será indeferida: (Redação dada pela Lei nº 5.925, de 1º.10.1973)*
I – quando for inepta; (Redação dada pela Lei nº 5.925, de 1º.10.1973)
…

xcii. Venia para transcrição da Ementa do Acórdão: "COSTUME – MANIFESTAÇÃO CULTURAL – ESTÍMULO – RAZOABILIDADE – PRESERVAÇÃO DA FAUNA E DA FLORA – ANIMAIS – CRUELDADE. A obrigação de o Estado garantir a todos o pleno exercício dos direitos culturais, incentivando a valorização e a difusão das manifestações, não prescinde da observância da norma do inc. VII do art. 225 da Constituição Federal, no que veda a prática que acabe por submeter os animais à crueldade. Procedimento discrepante da norma constitucional denominado 'farra do boi' (STF, RE 153541-1-SC, rel. p/ acórdão Min. Marco Aurélio)".
Veja-se trecho do voto do Min. Marco Aurélio, relator para o acórdão, que sintetiza o argumento vencedor:
"[...] é justamente a crueldade o que constatamos ano a ano, ao acontecer o que se aponta como folguedo sazonal. A manifestação cultural deve ser estimulada, mas não a prática cruel. Admitida a chamada 'farra do boi', em que uma turba ensandecida vai atrás do animal para procedimentos que estarrecem, como vimos, não há poder de polícia que consiga coibir esse procedimento. Não vejo como chegar-se à posição intermediária. A distorção alcançou tal ponto que somente uma medida que obstaculize terminantemente a prática pode evitar o que verificamos neste ano de 1997. O Jornal da Globo mostrou um animal ensanguentado e cortado invadindo uma residência e provocando ferimento em quem se encontrava no interior. Entendo que a prática chegou a um ponto a atrair, realmente, a incidência do disposto no inciso VII do artigo 225 da Constituição Federal. Não se trata, no caso, de uma manifestação cultural que mereça o agasalho da Carta da República. Como disse no início de meu voto, cuida-se de uma prática cuja crueldade é ímpar e decorre das circunstâncias de pessoas envolvidas por paixões condenáveis buscarem, a todo custo, o próprio sacrifício do animal". STF, RE 153541-1-SC, rel. p/ acórdão Min. Marco Aurélio.

xciii. CONSTITUCIONAL. MEIO-AMBIENTE. ANIMAIS: PROTEÇÃO: CRUELDADE. "BRIGA DE GALOS".

I. – A Lei 2.895, de 20.03.98, do Estado do Rio de Janeiro, ao autorizar e disciplinar a realização de competições entre "galos combatentes", autoriza e disciplina a submissão desses animais a tratamento cruel, o que a Constituição Federal não permite: C.F., art. 225, §1º, VII.

II. – Cautelar deferida, suspendendo-se a eficácia da Lei 2.895, de 20.03.98, do Estado do Rio de Janeiro (STF, ADI n. 1856/MC, Relator o Ministro Carlos Velloso, DJ de 22/09/2000).

xciv.   *Art. 225. Todos têm direito ao meio ambiente ecologicamente equilibrado, bem de uso comum do povo e essencial à sadia qualidade de vida, impondo-se ao Poder Público e à coletividade o dever de defendê-lo e preservá-lo para as presentes e futuras gerações.*

§1º – Para assegurar a efetividade desse direito, incumbe ao Poder Público:

...

VII – proteger a fauna e a flora, vedadas, na forma da lei, as práticas que coloquem em risco sua função ecológica, provoquem a extinção de espécies ou submetam os animais a crueldade.

xcv.   Pode ser visitado em <http://www.supremecourt.gov/>.

xcvi.   Traduz-se «legal standing» por «legitimidade processual».

xcvii.   Aldo Leopold nasceu nos Estados Unidos da América em 1887 e faleceu em 1948. Publicou em 1949 o livro A Sand County Almanac, USA pela The Oxford University Press. Como se verá, para alguns foi o fundador de uma ética ecológica em oposição à clássica ética antropocêntrica.

xcviii.   Tradução livre: "objetos inanimados são, por vezes, as partes em litígio. Um navio tem personalidade jurídica, (é) uma criação jurídica útil para fins de demandas marítimos. As empresas únicas (*corporation sole*) – (são) construções jurídicas do direito eclesiástico – bem como as grandes fortunas, são consideradas pessoas jurídicas para fins processuais. A empresa comum é uma "pessoa", com a finalidade de processos adjudicatórios, se ele representa proprietários, causas espirituais, estéticos, ou de caridade.

Assim deve ser no que concerne aos vales, prados alpinos, rios, lagos, estuários, praias, cordilheiras, bosques de árvores, Pantanal, ou mesmo ar que sente as pressões destrutivas da moderna tecnologia e da vida moderna. O rio, por exemplo, é o símbolo vivo de toda a vida que sustenta ou alimenta – peixes, insetos aquáticos, *watter ouzels* (espécime de pássaros de rios), lontra, pescador, veados, alces, ursos, e todos os outros animais, incluindo o homem, que são dependentes ou que os aprecia por sua visão, o seu som, ou a sua vida. O rio como autor fala em nome da unidade ecológica da vida, que é parte dela. Aquelas pessoas que têm uma relação significativa para a massa de água – seja um pescador, um canoísta, um zoólogo, ou um madeireiro – deve ser capaz de falar para os valores que o rio representa e que estão ameaçados de destruição (...).

Os membros desarticulados do grupo ecológico não podem falar. Mas as pessoas que frequentavam esses locais, que inferem os seus valores e maravilhas, poderão ser capazes de falar em nome de toda a comunidade ecológica.

Ecologia reflete a ética da terra, e Aldo Leopold escreveu em A Sand County Almanac 204 (1949), "A ética da terra simplesmente amplia as fronteiras da comunidade para incluir solos, águas, plantas e animais, ou coletivamente: a terra. Isso, a meu ver, é a questão de "legitimidade processual" no presente caso e controvérsia". In: Sierra Club v. Morton 405 EUA 727 (1972).

xcix.   Didaticamente, pode-se dividir a Revolução Industrial em três partes, apesar de não ser consenso entre os autores: (*i*) primeira (1780-1830) com a criação das máquinas a vapor; (*ii*) a segunda (1860-1945), também denominada da Revolução Tecnológica e, finalmente, (*iii*) a terceira (1970-) intitulada de Revolução Digital.

c.   Segundo a Organização Mundial de Saúde (OMS) a pobreza é a principal *causa mortis* do mundo. *Vide* FAO, Situação de Insegurança Alimentar no Mundo, Roma, 2005, dados disponíveis em <http://www.who.int/>.

ci.   Os dados sobre a pobreza e a miserabilidade mundial são divergentes. Mas calcula-se que 79% das pessoas que vivem no Sul são pobres; 1 bilhão encontra-se em estado de pobreza absoluta; 3 bilhões têm alimentação insuficiente; 60 milhões morrem de fome; e 14 milhões de jovens abaixo de 15 anos morrem anualmente em consequência das doenças da fome. Estima-se, ainda, que 800 milhões de pessoas passam fome todos os dias; 2 bilhões não possuem água potável e cerca de 1,4 bilhão ganha menos de um dólar por dia. Cf. Apud. DIAS, Eliotério Fachin., A fome, a pobreza e o direito humano à alimentação adequada, Revista Jurídica UNIGRAN, Dourados, MS, v. 11, n. 21, Jan./Jun. 2009.

cii.   Calcula-se que somente na África, no final da década de 90 do século passado, 581 milhões pessoas de uma população total de 767 milhões viviam na miséria e 277 milhões em "pobreza absoluta", ou seja, com menos de 1 dólar por dia. Cf. Apud. KASSÉ, Moustapha., Pourquoi l'Afrique ne rentre pas dans le temps mondial ? Que faire ? Article soumis à la Revue Critique Economique, Dakar, Juin-Juillet, 2008.

ciii.   É de se frisar que apenas quatro pessoas naturais (Bill Gates, Paul Allen, Warren Buffet e Larry Ellison), representadas pelas ações de suas empresas, detêm juntas, dinheiro equivalente ao PIB de 42 nações, de população de 600 milhões de pessoas, bem como somente 447 pessoas (através de suas ações de empresas transnacionais) possuem renda equivalente à metade da população mundial. Cf. Apud. SELLA, Adriano., Globalização neoliberal e exclusão social, São Paulo: Paulus, 2003, p. 18.

civ.   Pode-se considerar a primeira fase da Revolução Industrial como o período compreendido entre 1760-1860, em que teve o desenvolvimento do capitalismo industrial como principal fator, em detrimento da produção manufatureira, notadamente na Inglaterra. De fato, a invenção das máquinas a vapor (tanto as locomotivas quanto as máquinas da indústria têxtil) fomentou a produção e, mesmo que de forma incipiente, também a rápida e eficiente circulação das mercadorias. A segunda era da Revolução Industrial pode ser compreendida

CAPÍTULO 2
A SUSTENTABILIDADE COMO O ELO ESTRUTURANTE DO ESTADO... | 265

entre os períodos de 1850 até 1900, em que a difusão dos princípios de industrialização ocorreu principalmente na França, Alemanha, Itália, Bélgica, Holanda, Estados Unidos e Japão. A concorrência mundial começou a se expandir com a produção de bens modificada por um novo processo produtivo devido principalmente ao implemento de novas formas de energia, tais como a energia elétrica e os derivados do petróleo. Fator de extrema importância para a indústria e para o consumo de massa foi a descoberta dos materiais orgânicos poliméricos sintéticos (plásticos), em 1839 por Charles Goodyear, que desenvolveu o sistema de vulcanização, tornando a borracha bruta e natural mais resistente ao calor. Apesar dos polímeros já serem conhecidos há mais de 3.000 anos (a literatura mostra o registro inicial do uso formal de polímeros a partir da descoberta de um verniz extraído da seiva da árvore "Rhus vernicflua" há 3.000 anos pelos chineses), somente a partir da Revolução Industrial foi amplamente utilizado. A poliamida (Nylon) foi criada na década de 30 e, depois da Segunda Guerra Mundial, foram criados outros, como o dácron, o isopor, o poliestireno, o polietileno e o vinil. Calcula-se que hoje em dia mais de 100 milhões de toneladas de polímeros são produzidas anualmente, principalmente do petróleo. Sobre a Revolução Industrial ver em HOBSBAWM, Eric J., The Age of revolution 1789-1848, Great Britain, Weidenfedl & Nicolson, 1977 (versão utilizada: A era das Revoluções, 1789-1848, tradução Maria Tereza Teixeira e Marcos Penchel, São Paulo: Paz e Terra, 25ª edição, 2011); sobre a história dos poliméricos sintéticos, ver em PITT, Fernando Darci.; BOING, Denis.; BARROS, António André Chivanga.; Desenvolvimento histórico, científico e tecnológico de polímeros sintéticos e de fontes renováveis, Revista da Unifebe nº 9, Artigo Original, (V. ver. ut.).

cv. As causas da Crise de 29 são complexas, plurais e extensas. A ganância e o desejo de enriquecer da noite para o dia também são apontados como um dos causadores da Crise de 1929. De fato, boa parte dos poupadores investidores norte-americanos começou a investir todas as economias no mercado mobiliário (bolsa de valores). Pelo excesso de demanda dos papéis negociados, o preço de mercado sempre subia, *ad infinitum* como acreditam os americanos, o que não representava a verdadeira alta do valor patrimonial das empresas, que aliás, em sentido inverso, estavam com problemas de fluxo (escoamento) de mercadoria, justamente porque ninguém mais consumia (só os papéis da bolsa). De repente, ocorre o sentido inverso: todos tentam, a um só tempo, vender as ações, o que provoca o tão discutido crash da bolsa. Isso aconteceu na quinta-feira, dia 24 de outubro de 1929, dia em que ficou conhecido como "Quinta-feira Negra". Cf. Apud. MADUREIRA, Eduardo Miguel Prata., Da grande depressão ao *welfare state*: mudanças no conceito de desenvolvimento econômico. (V. ver. ut.).

cvi. No Brasil, a política do então presidente Getúlio Vargas promoveu a intervenção estatal de defesa do café. Consistia na compra do produto dos cafeicultores brasileiros para, simplesmente, queimá-lo ou jogá-lo no lixo, evitando-se assim os excedentes de produção e favorecendo o setor cafeeiro com o abrandamento da queda da renda do setor agrícola e evitando o declínio acentuado da demanda agregada. Cf. Apud. SAES, Flávio., NOZOE, Nelson., A indústria paulista da crise de 1929 ao plano de metas, trabalho apresentado no XXXIV Encontro Nacional de Economia da ANPEC, Dezembro de 2006, Salvador (Bahia). (V. ver. ut.).

cvii. Franklin Delano Roosevelt foi o 32º presidente dos Estados Unidos. Exerceu a presidência no período pós--crise de 1930 (1933-1945). Nasceu em 1882 e faleceu em 1945.

cviii. John Maynard Keynes, economista britânico, nasceu em 1883 e faleceu em 1946. Suas ideias ficaram conhecidas como a escola (ou teoria) keynesiana. Consiste, basicamente, na proposta da intervenção estatal na vida econômica com o objetivo de conduzir a um regime de pleno emprego.

cix. Provavelmente, dentro das teorias econômicas, uma das mais polêmicas, ou seja, não unânimes quanto aos efetivos resultados, são as teorias intervencionistas de Keynes, que resultaram no New Deal. Sobre o assunto, dentre tantos outros, ver BRINKLEY, Alan., The New Deal and the Idea of the State, In: Steve Fraser and Gary Gerstle, Eds., The Rise and Fall of the New Deal Order, 1930-1980, Princeton: Princeton Press, 1989.

cx. Utiliza-se aqui a expressão «desenvolvimento sustentável» para designar a manutenção do *continuum* capitalista, que reclama sistemicamente a acumulação de riquezas via produção; a manutenção da produção via consumo; o consumo via acumulação de riquezas. No caso da quebra do ciclo, o capitalismo entra em crise.

cxi. Andy Warhol, artista norte-americano, nasceu em 1928 e faleceu em 1987. Foi considerado um dos principais artistas no movimento *Pop Art*.

cxii. A referência, por óbvio, é a obra de arte O *Mictório*, de Marcel Duchamp (1882-1968).

cxiii. Em referência a música dos Beatles do mesmo nome, escrita por John Lennon em 1967.

cxiv. Em referência à música *Imagine*, de John Lennon, 1971. Tradução livre: "Imagine não existir posses; Me pergunto se você consegue; Sem necessidade de ganância ou fome; Uma irmandade humana; Imagine todas as pessoas; Compartilhando todo o mundo".

cxv. Apesar de, inicialmente, produzirem música que foi muito utilizada pelos hippies, é de se destacar, porém, que os Beatles não aderiram ao movimento hippie. Cf. Apud. CIDREIRA, Renata Pitombo., A moda nos anos 60/70 (comportamento, aparência e estilo), Revista do Centro de Artes, Humanidades e Letras, vol. 2 (1), 2008.

cxvi. A Guerra do Vietnã (1959-1975) teve uma natureza ideológica. Inicialmente foi um conflito do povo vietnamita para a libertação do colonialismo francês, mas que, com a entrada norte-americana – para impedir a implementação do regime comunista – o conflito tornou-se o epicentro da Guerra Fria. Pela primeira vez, o conflito foi televisionado e, diante das fortes cenas do conflito, vários movimentos pacifistas dentro da América provocaram um sentimento de repulsa na população norte-americana, exigindo o fim da guerra.

cxvii. Provavelmente uma das fotos mais divulgadas até hoje, que se tornou um dos símbolos da Guerra, foi tirada em 8 de junho de 1972 no vilarejo de Trang Bang (Vietnã). A cena retrata um pequeno grupo de crianças fugindo das explosões provocadas pelos bombardeiros de Napam na pequena vila em que viviam. Dentre essas crianças, ao centro, aparece uma menina nua (Kim Phuc) chorando de braços abertos, queimados pelas bombas, correndo pela rua tentando fugir dos ataques. Ao fundo, um grupo de soldados norte-americanos anda indiferente ao sofrimento das crianças.

cxviii. Em referência à música do mesmo nome de John Lennon, 1968.

cxix. Por todos, ver a música de Bob Marley, ícone da contracultura hippie, gravada em 1963:
"*Let me ask you one question*
Is your money that good
Will it buy you forgiveness
Do you think that it could
I think that it could
I think you will find
When your that it could
I think you will find
When your death takes its toll
All the money you made
Will never buy back your soul".
(Masters of war, de Bob Dylan, 1963)

cxx. *Verbis:* "Cet enchaînemet est d'autant plus inévitable que les problèmes d'environment deviennent de plus en plus fréquemment internationaux – et sont perçus comme tels. Dès les débuts de 1o. «ère écologique», un des premiers instruments internationaux relatifs à l'environment, la Charte européenne de l'eau, proclamée par le Conseil de L'Europe en mai 1968, a formulé un principe fondamental: l'eau ne connaît pas de frontière".

cxxi. Segundo a Agência Europeia do Meio Ambiente (AEA), pela primeira vez na história da humanidade, existem mais pessoas a viver nas áreas urbanas do que nas áreas rurais.

cxxii. John Fitzgerald Kennedy foi o 35º presidente dos Estados Unidos da América entre os períodos de 1961 a 1963. Nasceu em 1917 e faleceu em 1963.

cxxiii. O referido discurso pode ser visto em <http://www.presidency.ucsb.edu/ws/?pid=9108>, extraído em 16 de Setembro de 2012.

cxxiv. Henry Morgenthau Jr. nasceu em 1891 e faleceu em 1967.

cxxv. Franklin Delano Roosevelt foi o 32º presidente dos Estados Unidos da América entre os períodos de 1933 a 1945. Nasceu em 1882 e faleceu em 1945.

cxxvi. *Ipsis litteris: "We are to concern ourselves here with essential steps in the creation of a dynamic world economy in which the people of every nation will be able to realize their potentialities in peace; will be able, through their industry, their inventiveness, their thrift, to raise their own standards of living and enjoy, increasingly, the fruits of material progress on an earth infinitely blessed with natural riches. This is the indispensable cornerstone of freedom and security. All else must be built upon this. For freedom of opportunity is the foundation for all other freedoms".* Discurso inaugural proferido por Henry Morgenthau, Jr. da Seção do Plenário, em 1º de Julho de 1944.

cxxvii. A mais moderna e aceita teoria sobre extinção dos animais via acção do homem (extinção antrópica, isto é, aquela provocada pela acção do homem) prediz que o factor mais determinante para induzir à extinção de uma espécie é a destruição de seu hábitat – e não a caça. Actualmente esse processo – de destruição do hábitat – se dá principalmente pela agricultura, especialmente a monocultura, e uma silvicultura intensiva, o que desencadeia a destruição dos hábitats naturais. A urbanização, o turismo, a introdução de espécies exógenas e a poluição de componentes ambientais também são factores de destruição dos hábitats. Por isso, em uma perspectiva de preservação das espécies, a proibição da caça não é (muito) grave; pior é a destruição do hábitat, o que *in casu* aconteceu em larga escala no Brasil, para introduzir uma monocultura e/ou bovicultura, que, diga-se de passagem, é um animal exógeno. Cf. Apud. MOURÃO, Guilherme de Miranda. Utilização Económica da Fauna Silvestre no Brasil: o Exemplo do Jacaré-do-pantanal. In: Revista Agroline.

cxxviii. *Vide:* Enfrentar os desafios da desflorestação e da degradação florestal para combater as alterações climáticas e a perda de biodiversidade, Comunicação da Comissão ao Parlamento Europeu, ao Conselho, ao Comité Económico e Social Europeu e ao Comité das Regiões, Comissão das Comunidades Europeias, Bruxelas, 17.10.2008, COM(2008) 645 final.

cxxix. *Vide* Livestock, Environment and Development Initiative (LEAD), Animal Production and Health Division, FAO, 1999. Texto disponível em <www.fao.org./>.

cxxx. <http://www.fao.org/index_en.htm>.

cxxxi. O CEO da Ford Corporation entre as décadas de 1960 e 1970, uma das maiores empresas automobilísticas dos Estados Unidos, Lee Iacocca, afirmou que uma das principais «invenções» da indústria automobilística fora os «lançamentos anuais» dos modelos dos automóveis, fazendo assim com que o consumidor, mesmo sem precisar, desejasse ter um automóvel «do ano».

cxxxii. <http://www.eea.europa.eu/>.

cxxxiii. Dados disponíveis em <http://www.eea.europa.eu/>.

CAPÍTULO 2
A SUSTENTABILIDADE COMO O ELO ESTRUTURANTE DO ESTADO... | 267

cxxxiv. Nesse sentido, Hans Jones afirma que hoje, o homem, com sua técnica, pode acabar com a sua própria existência, "continuação da vida na Terra". Não somente acabar com a sua vida, mas alterá-la, "desfigurá-la" mediante "diversas manipulações".

cxxxv. Hans Jonas nasceu em 1903 e faleceu em 1993.

cxxxvi. O petróleo é um composto de complexas misturas de hidrocarbonetos, de diversos pesos moleculares e estruturas que variam de um gás leve (metano) até um sólido pesado, é constituído de hidrogénio e carbono, que são os elementos preponderantes.

cxxxvii. Calcula-se que o petróleo representa 34,4% da matriz energética do mundo no ano de 2006, conforme apurado na Agência Nacional de Energia Elétrica do Governo do Brasil, dados disponíveis em <http://www. aneel.gov.br/arquivos/PDF/atlas_par3_cap7.pdf>, extraído em 07 de Dezembro de 2010. As demais fontes de energia são o carvão (26%), o gás natural (20,5%), a biomassa (10,1%), a energia nuclear (6,2%), a hidrelétrica (2,25%) e outras que somente representam 0,6%.

cxxxviii. Somente para citar alguns produtos derivados do petróleo pode-se enumerar, dentre tantos outros, a gasolina, combustível mais usado do planeta; parafina, gás natural, produtos asfálticos, nafta petroquímica, querosene, solventes, óleos lubrificantes, óleo diesel, plásticos e isopor.

cxxxix. Ainda não há estudos estatísticos precisos sobre a total poluição provocada somente pelo plástico, subproduto do petróleo. Mas, somente no mundo oceânico, os cálculos são de que passa de 600 milhões de toneladas a quantidade de plástico nos mares e oceanos. Segundo o Programa das Nações Unidas para o Meio Ambiente (Pnuma), o plástico representa 70% de todos os detritos encontrados no mar, com 46 mil pedaços flutuando a cada 2,58 quilômetros quadrados de oceano. Há, inclusive, formação de verdadeiras "ilhas" plásticas flutuando nos oceanos. Cf. Apud. In: Plástico forma ilhas de poluição nos oceanos e ameaça fauna marinha. ANDA – Agencia de Notícias dos Direito dos Animais, (end. e dat. disp.).

cxl. O químico e climatologista inglês Robert Angus Smith, ao descrever a precipitação ácida que ocorreu sobre a cidade de Manchester no início da Revolução Industrial, utilizou, pela primeira vez, o termo chuva ácida, Redação Ambiente Brasil, (end. e dat. disp.).

cxli. Sobre o parque pode-se ver melhor em <http://www.yellowstonenationalpark.com>.

cxlii. Sobre o parque pode-se ver melhor em <http://www.yosemitepark.com>.

cxliii. Utiliza-se aqui a expressão (propositadamente) de Jünger Habermas (1981).

cxliv. Theodore "Teddy" Roosevelt Jr. Nasceu em 1858 e faleceu em 1919. Foi o 25º vice-presidente e o 26º presidente dos Estados Unidos, de 1901 a 1909.

cxlv. "Teddy" era o apelido do presidente Theodore Roosevelt. "Bear", como se sabe, é urso em inglês.

cxlvi. Apesar dos esforços mundiais para o desarmamento nuclear, Soros afirma que, juntamente com o aquecimento global, a proliferação de armas nucleares é um dos graves problemas da atualidade. In: SOROS, George.; A Era da Falibilidade. Consequências da guerra contra o terrorismo, Coimbra: Almedina. 2008. Págs. 240 e segs. A preocupação de uma guerra nuclear que pode levar o *nosso planeta a se tornar um imenso deserto* também é sentida em PÉREZ LUÑO, Antonio-Enrique.; La Tercera Generación de Derechos Humanos, Navarra: Aranzadi, 2006, p. 29.
KANT (Immanuel), em Ensaios Filosóficos sobre a Paz Perpétua (*Zum ewigen Frieden ein philosophischer Entwurf*), antes mesmo do surgimento da tecnologia nuclear (1795), já advertia que «uma guerra de extermínio, na qual se pode produzir o desaparecimento de ambas as partes e, por conseguinte, também de todo o direito, só possibilitaria a paz perpétua sobre o grande cemitério do gênero humano. Por conseguinte, não deve absolutamente permitir-se uma semelhante guerra nem também o uso dos meios que a ela levam» (V. ver. ut.), p. 59).
Muito se discute atualmente pela «doutrina jurídica da guerra» sobre a proliferação das armas nucleares a povos não civilizados (notadamente após o desmantelamento da antiga URSS). Contudo, *esquece-se* do perigo que pode representar ao *nuestro planeta* a possível dificuldade financeira (ou na busca desenfreada por recursos e energia) por países outrora ricos, mas que se encontrem em estado de transição financeira (para uma possível pobreza). Seguramente, um país rico com uma bomba nuclear é um perigo, mas um pobre que já fora rico, com um arsenal nuclear capaz de levar-nos a ser um *inmenso cementerio* – ainda mais que já tivera *coragem* para utilizá-lo em seres humanos – pode ser maior ainda.

cxlvii. Texto original disponível em: <http://www.opanal.org/TT/tt.html>, extraído em 05 de Agosto de 2012.

cxlviii. Aldo Leopold nasceu nos Estados Unidos da América em 1887 e faleceu em 1948.

cxlix. Rachel Louise Carson nasceu na Pennsylvania em 1907 e faleceu em Maryland em 1964.

cl. Em 1938, o cientista Paul Muller anunciou a síntese química do DDT, ou 1,1,1-tricloro-2,2-bis(4-cloro-fenil) etano. Ele foi agraciado com o Prêmio Nobel em 1948 por causa de sua descoberta. Cf. Apud.
GUIMARÃES, João Roberto Penna de Freitas.; Disruptores endócrinos no meio ambiente: um problema de saúde pública e ocupacional, Biblioteca Virtual em Saúde do Ministério da Saúde, Brasil, extraído em 24 de Setembro de 2012.

cli. Paul Muller recebeu o Prêmio Nobel de Medicina em 1948 por ter descoberto as propriedades inseticidas do DDT, que foi de grande eficiência no combate da malária e tifo.

clii. Atualmente é regulado pela Convenção de Estocolmo sobre os Poluentes Orgânicos Persistentes.

cliii. O efeito denominado "chuva ácida" ocorre quando o pH da água fica abaixo de 4,5. Uma das causas principais desse fenômeno é a queima dos combustíveis fósseis (carvão e derivados do petróleo) e pelo nitrogênio do ar, que se combinam com o oxigênio para formar dióxido de enxofre (SO_2) e dióxido de nitrogênio (NO_2). Estes se difundem pela atmosfera e reagem com a água para formar ácido sulfúrico (H_2SO_4) e ácido nítrico (HNO_3), que são solúveis em água.

cliv. De acordo com o WWF mais de 35% das florestas europeias já foram afetadas pelo fenômeno, sendo que somente na Alemanha o índice sobe para mais de 50%. (end. e dat. disp.).

clv. A terminologia adotada pela legislação brasileira – Lei Federal nº 7.802 de 1989 e o Decreto nº 4.074/01/2002 – para os grupos de substâncias químicas, cuja finalidade central é combater pragas e doenças presentes na agricultura e pecuária é «agrotóxico».

Assim, «agrotóxicos são produtos e agentes de processos físicos, químicos e biológicos, destinados ao uso nos setores da produção, armazenamento e beneficiamento de produtos agrícolas, nas pastagens, na proteção de florestas nativas ou implantadas, e de outros ecossistemas, e também de ambientes urbanos, hídricos e industriais, cuja finalidade seja alterar a composição da flora ou da fauna, a fim de preservá-las da ação danosa de seres vivos considerados nocivos». Art. 2º da Lei nº 7.802/89.

Pelo uso popular, encontram-se inclusive antagônicas, quais sejam, «remédios» ou «veneno». No meio do caminho, pode-se encontram ainda denominações tipo pesticidas, fungicidas, acaricidas, nematicidas, herbicida, praguicidas, biocidas, fitossanitários, agrotóxicos, defensivos agrícolas, dentre outros.

clvi. Em Portugal, a terminologia adotada é pesticida. Vide Art. 3º, 10, Directiva 2009/128/Ce do Parlamento Europeu e do Conselho de 21 de Outubro de 2009, *verbis*:
Definições
Para efeitos da presente directiva, entende-se por:
«Pesticida»:
a) Produto fitofarmacêutico na acepção do Regulamento (CE) nº 1107/2009;
b) Um produto biocida tal como definido na Directiva 98/8/CE do Parlamento Europeu e do Conselho, de 16 de Fevereiro de 1998, relativa à colocação no mercado de produtos biocidas (2).

clvii. Cf. o Sindicato Nacional (brasileiro) da Indústria de Produtos para a Defesa Agrícola (SINDAG), em 2001, o Brasil foi o oitavo país consumidor destes produtos, com 3,2 kg/ha de agrotóxicos. À sua frente estavam Holanda, Bélgica, Itália, Grécia, Alemanha, França e Reino Unido.
Já de acordo com a FAO em seu Relatório de 2002, o Brasil é o terceiro maior consumidor de agrotóxico do mundo, com o emprego anual de 1,5 kg de ingrediente ativo por hectare cultivado, com gastos anuais de 2,7 bilhões de dólares, nos dias de hoje cerca de 5,4 bilhões de reais. Cf. Apud. MOURA, Romero Marinho de.; Agrotóxicos: Heróis Ou Vilões? A Face da Questão que todos devem saber, Anais da Academia Pernambucana de Ciência Agronômica, Recife, vol. 4, p. 23-49, 2007 (end. e dat. disp.).

clviii. No Brasil, a primeira legislação aprovada para a proteção das plantas foi o Decreto-Lei nº 24.114, de 12 de abril de 1934, que estabeleceu o Regulamento de Defesa Sanitária Vegetal. Atualmente, a matéria é disciplinada pela Lei Federal nº 7.802 de 1989 e o Decreto 4.074/01/2002. O órgão responsável é a Agencia Nacional de Vigilância Sanitária – ANVISA, que pode ser visitada em <www.anvisa.org.br>.

clix. Dados atribuídos ao Fundo de Populações das Nações Unidas – UNFPA/ONU. Dados disponíveis em <http://www.unfpa.org.br/novo/index.php>, extraídos em 24 de Setembro de 2012.

clx. Ver: Êxodo, 10, 13: *Moisés estendeu a vara sobre o Egito, e o SENHOR fez soprar o vento oriental sobre o país durante o dia todo e a noite inteira. De manhã, o vento oriental tinha trazido os gafanhotos.* Êxodo, 10, 14: *Os gafanhotos invadiram todo o Egito, pousando sobre todo o território do Egito em tão grande quantidade como nunca havia acontecido antes, nem jamais acontecerá.*

clxi. *Sir* Stephen William Hawking nasceu em 1942. É doutor em física teórica e cosmologia.

clxii. Alega-se que o primeiro resgate com sucesso de cães enviados ao espaço foi de *Belka* e *Strelka*, lançados em agosto de 1960 a bordo do *Sputinik 5*. Um filhote de *Strelka*, batizado de Pushinka, foi dado de presente a Caroline Kennedy por Nikita Khruschev, em 1961. São conhecidos vários descendentes de Pushinka. Cf. LAS CASAS, Renato. Animais: os desbravadores espaciais. In: Olhar Longe (observatório de astronomia da UFMG). Seção Ciência e Tecnologia do Jornal Uai. (end. e dat. disp.).

clxiii. Apenas como curiosidade, importante ressaltar que justamente o ano de 1968 foi marcado por contestações sociais em Paris que culminou em confronto entre estudantes e policiais, conhecido por movimento de *maio de 68*.

clxiv. Utiliza-se a expressão *precariedade* por entender a insuficiência do conhecimento à época de todos os efeitos provocados pela inserção das novas tecnologias no mundo da *praxis*.

clxv. Arne Dekke Eide Næss nasceu em 1912 e faleceu em 2009.

clxvi. René Descartes, ou *Renatus Cartesius* (nome latim), nasceu na França no ano 1596 e morreu em 1650.

clxvii. Tradução: "não conheço outro que mais afaste os espíritos fracos do recto caminho da virtude que o supor que a alma dos animais é de natureza idêntica à nossa, donde resultaria que não teríamos a temer a esperar depois dessa vida, como acontece às moscas e às formigas. Ao passo que, sabendo quanto elas diferem, compreende-se as razões que provam que a nossa é por natureza inteiramente independente do corpo e que, por conseguinte, não está sujeita a morrer como ele; daí o ser-se naturalmente levado a pensar que ela é imortal, tanto mais que não se veem outras cousas que a destruam".

clxviii. Tradução: "é possível chegar a conhecimentos úteis à vida e que em vez dessa filosofia especulativa que se ensina nas escolas se pode encontrar uma outra prática, que, conhecendo o poder e as ações do fogo, da água,

CAPÍTULO 2
A SUSTENTABILIDADE COMO O ELO ESTRUTURANTE DO ESTADO... | 269

do ar, dos astros, dos céus e de todos os outros corpos que nos cercam, tão distintamente como conhecemos os diversos misteres dos nossos artífices, as poderíamos utilizar de igual modo em tudo aquilo para que nos servem, tornando-nos assim com que senhores e possuidores da natureza".

clxix. Fritjof Capra nasceu na Áustria em 1939. É físico teórico.

clxx. Filósofo grego pré-socrático. Viveu no séc. V a.C.

clxxi. "A Terra flutua na água, que é, de certo modo, a origem de todas as coisas": frase atribuída a Tales de Mileto, enxertada de Aristóteles. KIRK, G.S., RAVEN, J.E., SCHOFIELD, M. The Presocratic...p. 86/87.

clxxii. Aristóteles, na Física, aduzia que "... não há um só destes elementos (fogo, ar, água, terra) de que derivem todas as coisas; e não há certamente nenhuma outra coisa além destes". Porém, Anaxímenes de Mileto, discípulo de Tales de Mileto, aduzia que a origem, o princípio e elemento originário – ἀρχή – de todas as coisas é o Indefinido (*a-peíron*), sem distinguir o ar ou a água ou qualquer outra coisa... In: KIRK, G.S., RAVEN, J.E., SCHOFIELD, M. The Presocratic... pág. 99 e segs.

clxxiii. Em defesa do fogo como arquetípica da matéria, Heráclito de Éfeso, que defendia que "o raio governa todas as coisas". KIRK, G.S., RAVEN, J. E., SCHOFIELD, M. The Presocratic... pág. 205.

clxxiv. Demócrito de Abdera, nasceu na Trácia em 460 a.C. e faleceu em 370 a.C.

clxxv. *Vide*:

- Como! Julgá-lo que não, se, antes de mais nada, só ao homem, dentre tantos animais, concederam a faculdade de se manter de pé, postura que lhe permite ver mais longe, contemplar os objetos que lhe fica acima e melhor guardar-se dos perigos! Na cabeça colocaram-lhe os olhos, os ouvidos, a boca. E enquanto aos outros animais davam pés que só lhes permitem mudar de lugar, ao homem presentearam também com mãos, com o auxílio das quais realizamos a maior parte dos atos que nos tornam mais felizes que os brutos. Todos os animais têm línguas: a do homem é a única que, tocando as diversas partes da boca, articula sons e comunica aos outros tudo o que queremos exprimir. Deverei falar dos prazeres do amor, cuja faculdade restrita para todos os outros animais a uma estação do ano, para nós se estende ininterruptamente até a velhice? Nem se satisfez a divindade em ocupar-se do corpo do homem, mas, o que é o principal, deu-lhe a mais perfeita alma. Efetivamente, qual o outro animal cuja alma seja capaz de reconhecer a existência dos deuses, autores deste conjunto de corpos imensos e esplêndidos? Que outra espécie além da humana rende culto à divindade? Qual o animal capaz tanto quanto o homem de premunir-se contra a fome, a sede, o frio, o calor, curar as doenças, desenvolver as próprias forças para o exercício, trabalhar por adquirir a ciência, recordar-se do que viu, ouvir ou aprendeu? Não te parece evidente que os homens vivem como deuses entre os outros animais, superiores pela natureza do corpo como da alma? Com o corpo de um boi e a inteligência de um homem não se estaria em melhor condição que os serem apercebidos de mãos, mas desprovidos de inteligência. Tu, que reúnes essas duas vantagens tão preciosas, não crês que os deuses se carpem de ti? Que será preciso então que façam para convencer-te?".

clxxvi. O nome é em referência à mitologia grega. Com efeito, a cornucópia é caracterizada por um vaso, com forma de corno retorcido, em que sempre há frutas e flores, independentemente da quantidade em que se retira. Assim, os «cornucopianos» acreditam que a capacidade humana em retirar os insumos da Terra, seja através da técnica ou até mesmo da infinitude de riquezas, não tem o condão de esgotar os recursos naturais.

clxxvii. Jared Mason Diamond nasceu nos Estados Unidos da América em 1939, fisiologista, biogeógrafo. Vencedor do Prêmio Pulitzer pelo livro Guns, Germs, and Steel.

clxxviii. Tradução livre: "a ladainha da constante deterioração do meio ambiente".

clxxix. Nesse aspecto, um dos primeiros argumentadores a favor do respeito ao meio ambiente para se chegar a um respeito mínimo entre os homens foi Marcuse.

clxxx. Pela mitologia grega, a ninfa Eco, extrovertida e falante, foi penalizada por Hera que lhe tirou o poder do Logos (palavras com razão). Assim, somente poderia repetir os finais das palavras dos outros. Apesar de se apaixonar por Narciso este a rejeitou, afinal Narciso jamais se conhecera e por isso não poderia conhecer o outro. Com isso, Eco definhou e morreu, transformando-se em uma caverna de pedra – um grande vazio – que repetia os finais de cada palavra que os outros gritavam em sua entrada. Dessa forma, poder-se-ia dizer que *ecologia* é um retorno do logos a eco.

clxxxi. Seguem-se de perto os mesmos exemplos de Adam Smith.

clxxxii. <http://www.worldwildlife.org/>.

clxxxiii. <http://www.greenpeace.org/>.

clxxxiv. <http://www.foe.org/>.

clxxxv. O Projeto RADAM, ou Projeto RADAMBRASIL, foi responsável, nos anos 70 e 80, pelo levantamento dos recursos naturais de todo o território brasileiro, 8.514.215 km². A equipe que realizou este levantamento e todo o acervo técnico encontra-se, atualmente, incorporada ao Instituto Brasileiro de Geografia e Estatística – IBGE.

clxxxvi. Afirmações de que a Amazônia é o pulmão do mundo é mais um produto dos meios de comunicação, que tinham como escopo principal chamar a atenção para o crescente e alarmante nível de desmatamento na floresta. O oxigênio (O_2) que se respira não é obtido pelo processo de fotossíntese da vegetação da floresta, ao menos não na quantidade que existe, e é necessária a vida, que compõe a atmosfera. De fato, a maior parte do oxigênio disponível na atmosfera terrestre tem origem das algas que vivem nos oceanos. Assim, as algas marinhas vivem em uma área infinitamente maior do que a Amazônia, produzindo muito mais oxigênio do que consomem. Cf. Apud. SOUZA, Maria do Carmo Bianos de.; PAULA, Padja de Oliveira Campos.; Algas e suas Diversas Utilidades para o Meio Ambiente Universidade Federal do Rio Grande do Norte UFRN – PROCEEM, NATAL 2010. Ver também, CORDEIRO, Sidney Araujo.; SOUZA, Celso Coelho de Souza.; MENDOZA, Zaíra M.S.H.; Florestas Brasileiras e as Mudanças Climáticas, Revista Científica Eletrônica de Engenharia Florestal, Periodicidade Semestral – Edição Número 11 – Fevereiro de 2008, (end. e dat. disp.).

clxxxvii. Dados disponíveis em <www.ibama.org.br>, extraídos em 16 de Setembro de 2012.

clxxxviii. O projeto da transamazônica, desenvolvido em 1970, durante o mandato do presidente Médici, consistia em construir 15 mil quilômetros de rodovias na região amazônica, dos quais 3.300 km pertenceriam à BR-230, ou rodovia Transamazônica.

clxxxix. Dados disponíveis em www.ipam.gov.br, extraídos em 16 de Setembro de 2012.

cxc. Calcula-se que Carajás é a província de maior grau de polimerização do planeta, com 20 bilhões de toneladas de minério de ferro com teor de 60%; 1 bilhão de toneladas de cobre a 1%; 150 milhões de níquel a 1,5%; manganês, estanho, chumbo, zinco, molibdênio, tungstênio, cromo, prata, ouro, alumínio e amianto. Cf. Apud. FORTUNA, Hernani G.; Amazônia: Uma Visão de Preservação e Desenvolvimento...

cxci. O Desafio da Governança Climática Brasileira: o Dilema entre o Modelo de Desenvolvimento Agropecuário da Fronteira e a Ecologia do Clima na Amazônia Brasileira, 5º Encontro da ANPPAS – Associação Nacional de Pós-Graduação e Pesquisa em Ambiente e Sociedade, 2012 (end. e dat. disp.).

cxcii. Ver em <http://www.ipam.org.br/>.

cxciii. Dados obtidos em Clima em Revista, do IPAM, texto disponível em <http://www.climaedesmatamento.org.br/clima>, extraído em 19 de Setembro de 2012.

cxciv. O Exército Brasileiro na Defesa da Soberania na Amazônia, Ministério da Defesa Exército Brasileiro Comando Militar da Amazônia, Gabinete do Comando, Brasília, 2010, (end. e dat. disp.).

cxcv. Tratado de Cooperação Amazônica (TCA). Artigo IV – As Partes Contratantes proclamam que o uso e aproveitamento exclusivo dos recursos naturais em seus respectivos territórios é direito inerente à soberania do Estado e seu exercício não terá outras restrições senão as que resultem do Direito Internacional.

cxcvi. Nesse sentido, o Princípio 2, da Declaração do Rio, 1992, determina expressamente que "Os Estados, em conformidade com a Carta das Nações Unidas e os princípios da lei internacional, têm o direito soberano de explorar seus próprios recursos segundo suas próprias políticas ambientais e de desenvolvimento, e a responsabilidade de velar para que as atividades realizadas sob sua jurisdição ou sob seu controle não causem danos ao meio ambiente de outros Estados ou de zonas que estejam fora dos limites da jurisdição nacional".

cxcvii. O WWF espanhol com 226 votos a favor, 13 contra, 5 em branco e uma abstenção, retirou o título do monarca.

cxcviii. Vide as informações da Organização Mundial do Comércio (OMC), que estão disponíveis em <http://www.wto.org/>.

cxcix. Encefalopatia espongiforme bovina.

cc. Segue o Aparte: "Senador Osmar Dias, V. Ex.ª, os Senadores, os políticos, todos têm-se manifestado com clareza a respeito do assunto. Não há dúvida de que o posicionamento do Canadá é meramente de retaliação, é um posicionamento político. Os articulistas de todos os jornais do País falam a mesma coisa. É interessante que somente o Governo brasileiro, até agora, se coloque numa posição de dúvida, de ainda parar para pensar se isso foi feito com razão ou por uma questão política, como retaliação na briga dos subsídios, tanto na Bombardier quanto na Embraer. Essa é a globalização dos chamados países desenvolvidos do Primeiro Mundo: tudo é bom se for em proveito deles, mas quando o seu interesse é ferido, vem todo mundo contra. Espero, também, que o Governo brasileiro aja com presteza e rapidez, porque o Brasil não pode passar por um vexame dessa espécie. O Brasil é a oitava economia mundial e deve dar uma resposta à altura. O País, hoje, tem grande parte de sua economia comandada por empresas multinacionais. Imaginem se tivéssemos um Governo realmente independente e corajoso o que seríamos capazes de fazer em retaliação ao sistema multinacional que opera no território brasileiro, com o nosso sistema de telefonia, energético, com as nossas siderúrgicas e com os bancos. Hoje, os bancos estrangeiros já são maiores do que os próprios bancos nacionais. Imaginem se quiséssemos retaliá-los com perseguições! Parece que o Brasil está cumprindo o seu papel – somos contra isso – de se deixar ocupar pelo capital internacional. Mas passar por um vexame como esse é inaceitável. Exigimos uma ação rígida e forte, além de uma resposta contundente a esse ato absolutamente inconsequente do Governo do Canadá, que, infelizmente, conforme o acordo do Nafta, foi seguido pelos Estados Unidos e México" (end. e dat. disp.).

cci. "Monkey business over bananas", (end. e dat. disp.).

ccii. Atualmente, as empresas consideram as licenças ambientais como verdadeiras mais-valias às suas marcas e produtos, posto representarem vantagem competitiva em um mercado concorrencial e, ainda, privilegiadas na obtenção de financiamento para a modernização de seus estabelecimentos. Em Portugal, "a obtenção da licença ambiental passa a ter direito a uma «majoração ambiental» no apoio atribuído no âmbito do Plano Operacional da Economia 2000-2006 a ações destinadas à modernização da indústria portuguesa", o que, indubitavelmente, torna a empresa mais competitiva no plano internacional. Cf. In: SOUSA ARAGÃO, Maria Alexandra de.; O Princípio do Nível Elevado de Proteção e a Renovação Ecológica do Direito do Ambiente e dos Resíduos, Coleção Teses, Coimbra: Almedina, 2006 p. 159.

cciii. Dentro dessa perspectiva, uma das primeiras ecologistas, Raquel Carson, afirmou que *"The "control of nature" is a phrase conceived in arrogance, born of the Neanderthal age of biology and philosophy, when it was supposed*

CAPÍTULO 2
A SUSTENTABILIDADE COMO O ELO ESTRUTURANTE DO ESTADO... | 271

that nature exists for the convenience of man. The concepts and practices of applied entomology for the most part date from that Stone Age of science. It is our alarming misfortune that so primitive a science has armed itself with the most modern and terrible weapons, and that in turning them against the insects it has also turned them against the, In: CARSON, Raquel.; Silent Spring (1962).

cciv. Faz-se aqui um registro: outrora, no artigo O conceito (sustentável) de Direito Ambiental, publicado no livro Temas de Direito Sustentável, coordenado por SANTOS JÚNIOR, Walter., Belo Horizonte: Editora Legal Ltda., 2010, págs. 69-95, defendi a nomenclatura «direito ambiental», pelas razões já explicitadas.

ccv. Ernst Heinrich Philipp August Haeckel nasceu na Alemanha em 1834 e faleceu em 1919.

ccvi. Assim, Ernst Haeckel definiu como "economia biológica ou economia da natureza", ou ainda, "ciência dos costumes dos organismos, suas necessidades vitais e suas relações com outros organismos" e mais, como "o estudo das relações de um organismo com seu ambiente inorgânico e orgânico". Atualmente, a definição de ecologia (do grego *oikos* – casa) está mais restrita ao estudo das relações entre organismos e o meio, enquanto o termo etiologia (que para Haeckel era empregado como sinônimo de ecologia) se reserva ao estudo de costumes. *Cf.* <http://www. nossoambienteteonline. hpg.ig.com.br/e2.htm>. Em 06.05.2003.

ccvii. Para os físicos quânticos – que estudam o mundo micro físico – a diferença entre onda e matéria é sutil e, às vezes, inexistente. Pode variar (entre onda e matéria), inclusive, pela simples observação. Ver melhor em Fritjof Capra.

ccviii. Especialistas da ONU calculam que em Maio de 2007 a população urbana ultrapassou a população rural pela primeira vez na história e que em 2030 dois terços da população mundial viverão em centros urbanos. Informação disponível no site <www.un.org>.

ccix. Percebe-se claramente que o homem moderno se distancia cada vez mais do ambiente originariamente natural.

ccx. Termo utilizado com seu significado original: estudo da (nossa) casa.

ccxi. *Verbis: São direitos dos trabalhadores urbanos e rurais, além de outros que visem à melhoria de sua condição social.*

ccxii. Brasília recebeu o título de patrimônio histórico da humanidade pela Unesco em 1987. Cf. a UNESCO, que afirma: "*Brasilia, a capital created ex nihilo in the centre of the country in 1956, was a landmark in the history of town planning. Urban planner Lucio Costa and architect Oscar Niemeyer intended that every element – from the layout of the residential and administrative districts (often compared to the shape of a bird in flight) to the symmetry of the buildings themselves – should be in harmony with the city's overall design. The official buildings, in particular, are innovative and imaginative*" (*end. e dat. disp.*).

ccxiii. A primeira cidade brasileira a receber o título de patrimônio histórico da humanidade pela Unesco (1980), localizada a 95 quilômetros de Belo Horizonte (MG). Cf. a UNESCO "*Founded at the end of the 17th century, Ouro Preto (Black Gold) was the focal point of the gold rush and Brazil's golden age in the 18th century. With the exhaustion of the gold mines in the 19th century, the city's influence declined but many churches, bridges and fountains remain as a testimony to its past prosperity and the exceptional talent of the Baroque sculptor Aleijadinho*" (*end. e dat. disp.*).

ccxiv. Como, por exemplo, as esculturas de Antonio Francisco Lisboa, mais conhecido como Aleijadinho, nascido em Vila Rica, em 29 de Agosto de 1730, e morto em 18 de Novembro de 1814, foi um escultor, entalhador, desenhista e arquiteto brasileiro É considerado o maior expoente do estilo barroco nas Minas Gerais (barroco mineiro) e das artes plásticas no Brasil, não só à época, mas durante o período colonial. Cf. Apud. BAGOLIN, Luiz Armando.; "O Aleijadinho": monstro herói, estudos avançados 23 (65), 2009, pp. 353-358, (end. e dat. disp.).

ccxv. Essa era a definição de patrimônio cultural no Brasil, definido pelo Decreto-Lei nº 25, de 30 de Novembro de 1937: "Art. 1º Constitue o patrimônio histórico e artístico nacional o conjunto dos bens móveis e imóveis existentes no país e cuja conservação seja de interêsse público, quer por sua vinculação a fatos memoráveis da história do Brasil, quer por seu excepcional valor arqueológico ou etnográfico, bibliográfico ou artístico".

ccxvi. No mais lato sentido, «a experiência significativa, transformadora e conservadora, de toda a humanidade», Cf. Apud. DELARI JUNIOR, Achilles.; O sujeito e a cultura como processo de significação, Programa de pós-graduação da Universidade Estadual de Campinas, SP, 1995, texto disponível em <http://www.vigotski.net/sujeitocultura.pdf>, extraído em 20 de Setembro de 2012.

ccxvii. Em apertada síntese – posto inclusive não ser o lugar próprio para uma profunda e perfeita análise da obra de Kant –, pode-se dizer que até Kant a ciência se baseava no conhecimento do objeto. Dessa forma, se se desejava conhecer alguma coisa ou algum fenómeno, dever-se-ia estudá-los com uma metodologia cartesiana (tese, antítese e síntese). Contudo, Kant faz uma inversão desse ponto de vista: conforme sua teoria, deve-se perguntar, primeiro, quais as condições *a priori* para que o nosso conhecimento do mundo se possa concretizar. Ou melhor explicando, como funciona a forma de pensar do homem e suas limitações para, somente depois, analisar o objeto em si; em outras palavras, como o homem vê o objeto (ou o fenómeno dele). Muitos consideram essa inversão do ponto de vista como se fosse uma viragem filosófica tal como Copérnico fez no mundo das ciências astronómicas (mudou o foco da terra para o sol). Assim, Kant mudou o foco do objeto para o próprio observador, qual seja, o homem. Com efeito, o mundo conhecido sempre seria perceptível dentro de duas características imutáveis: espaço e tempo. Esses dois elementos, tempo e espaço, limitavam toda a condição de compreensão do homem. Afinal, todo o conhecimento do homem, necessariamente, estaria compreendido em um espaço e em um tempo. Poder-se-ia afirmar, na teoria kantiana, que a mente humana seria incapaz de conhecer algo que não fosse "localizado" em um espaço e dimensionado em um tempo.

Com isso, o tempo e o espaço são os limites do conhecimento da natureza para o humano. O próprio Kant afirmou que "pode-se pensar em um espaço sem coisas, mas não coisas sem espaço". Portanto, o homem, após observar um objeto, somente o distingue inserido em um espaço e compreendido no tempo. Porém, a sua observação desse objeto nunca é completa. Afinal, afirmava Kant, "nessa relação os dados objetivos não são captados por nossa mente tais quais são (a coisa em si), mas configurados pelo modo com que a sensibilidade e o entendimento os apreendem. Assim, a coisa em si, o 'número', o absoluto, é incognoscível. Só apreendemos o ser das coisas na medida em que se nos aparecem, isto é, enquanto fenômeno". Traduzindo, o conhecimento é a relação ou relacionamento do sujeito com o objeto: não se pode conhecer o objeto em si, mas "para nós". Com isso, o conhecimento total e completo da "coisa em si" (*das Ding an sich*) é impossível porque somente é possível ao homem conhecer a coisa enquanto ela se manifesta ou aparece.

Para Kant, a percepção da coisa pelo homem é justamente o que ele denomina de "fenômeno". O que o sujeito conhece do objeto está submetido a ele, em seu espaço e ao seu tempo; isto é a "coisa no sujeito" modificada pela experiência. A isso, repita-se, Kant define como "fenômeno". Já a "coisa em si", absoluta, incapaz de ser completamente compreendida pela razão humana (por isso, Kant utiliza a expressão Critica em seus estudo, afinal, faz uma crítica dos limites da razão, até onde chega as suas possibilidades), chama de "*noumeno*".

Com isso, diz-se que o pensamento kantiano determina que "o objeto só se torna cognoscível (conhecido) na medida em que o sujeito cognoscente o reveste das condições de cognoscibilidade". Com efeito, no pensamento kantiano, o mundo da ciência pode ser dividido em dois: o mundo das ciências analíticas, qual seja, aquele que independente do sujeito bem como de sua experiência. É o mundo *a priori*, universal; como exemplo, pode-se citar, a afirmativa: o quadrado tem quatro lados (todo quadrado tem, necessariamente, quatro lados, independentemente de quem faz essa afirmativa).

Já o mundo sintético seria aquele *a posteriori*, ou seja, aqueles conceitos construídos pela experiência do sujeito. Portanto, para a sua afirmativa, o foco de análise não pode ser baseado somente no objeto, mas também no sujeito; se a água é fria, é porque há um sujeito que a diz (e não propriamente a água seja fria, universalmente) baseado em suas experiências empíricas. (Cf. Apud. ALBERGARIA, Bruno. Histórias do Direito...).

ccxviii. Para Castell a cultura em rede (cultura virtual) é uma negatória de uma cultura «agregadora», posto ser, por essência, efémera e multifacetada.

ccxix. A formação cultural é um movimento dinâmico por excelência. Às vezes, para a sua construção é necessária a desconstrução. Assim, empiricamente os blocos extraestaduais podem ser construídos e desconstruídos (o que não implica destruição); o movimento de independência das (antigas) colônias não deixa de ter um viés de tentativa de desconstruir – ou desligar – de uma cultura para se emancipar e construir uma nova cultura. No Brasil, a Semana da Arte Moderna de 1922 é tida como uma forma de se construir uma cultura genuinamente brasileira. Mas, obviamente, a formação cultural remanesce em termos macro (sensíveis no direito, na língua, e na maioria dos hábitos e costumes). Atualmente, o que se vê, mediante a *crise* da globalização e dispersão cultural ("os riscos de uma fragmentação e de esoterismo que ameaça a nossa condição presente"). AROSO LINHARES, José Manuel.; O Logos da Juridicidade sobre o Fogo Cruzado do Ethos e do Pathos – Da Convergência com a Literatura (Law as Literature) à Analogia com uma Poiêsis-Technê de Realização ("Law as Musical and Dramatic Performance"), In: Boletim da Faculdade de Direito da Universidade de Coimbra, volume LXXX, Coimbra, 2004, página 90) uma tentativa de reaproximação – para se fortificar – das culturas entre as colónias e da metrópole, vide os acordos ortográficos (no caso da língua portuguesa) e da reciprocidade de direitos garantidos na esfera constitucional.

ccxx. Sem esquecer, obviamente, o Capítulo III – Direitos e Deveres Culturais. Artigo 73 (Educação, cultura e ciência). Numeração essa de acordo com a LC nº 1/82. Originariamente era o Capítulo IV.

ccxxi. O Artigo 17, 3 da referida Lei prescreve componentes ambientais humanos em a) A paisagem; b) O património natural e construído; c) A poluição. Apesar de reconhecer uma primeira abordagem por parte da legislação portuguesa em uma visão ampla do conceito de ambiente, há na doutrina quem aduza que o Artigo 66º (da CRP) gera novas contradições (para uma visão reducionista). Em conclusão, pode-se argumentar que a Revisão Constitucional de 1997, ao fazer referência ao *princípio da solidariedade intergeracional*, faz uma "viragem legislativa" ao encontro de uma "terceira via" (*extended stewardship ideology*) no qual encontra um meio termo entre a "visão utilitarista e a visão ecocêntrica pura".

ccxxii. *Venia* para transcrição *in verbis*:
Art. 62. Destruir, inutilizar ou deteriorar:
I – bem especialmente protegido por lei, ato administrativo ou decisão judicial;
II – arquivo, registro, museu, biblioteca, pinacoteca, instalação científica ou similar protegido por lei, ato administrativo ou decisão judicial:
Art. 63. Alterar o aspecto ou estrutura de edificação ou local especialmente protegido por lei, ato administrativo ou decisão judicial, em razão de seu valor paisagístico, ecológico, turístico, artístico, histórico, cultural, religioso, arqueológico, etnográfico ou monumental, sem autorização da autoridade competente ou em desacordo com a concedida:
Art. 64. Promover construção em solo não edificável, ou no seu entorno, assim considerado em razão de seu valor paisagístico, ecológico, artístico, turístico, histórico, cultural, religioso, arqueológico, etnográfico ou monumental, sem autorização da autoridade competente ou em desacordo com a concedida:

CAPÍTULO 2
A SUSTENTABILIDADE COMO O ELO ESTRUTURANTE DO ESTADO... | **273**

Art. 65. Pichar, grafitar ou por outro meio conspurcar edificação ou monumento urbano:
Parágrafo único. Se o ato for realizado em monumento ou coisa tombada em virtude do seu valor artístico, arqueológico ou histórico, a pena é de seis meses a um ano de detenção, e multa.

ccxxiii. A Lei de Património Cultural de Portugal (Lei nº 209/01, 8 de Setembro) estabelece, no Artigo 91º, especial proteção às *expressões orais de transmissão cultural e os modos tradicionais de fazer, nomeadamente as técnicas tradicionais de construção e de fabrico e os modos de preparar os alimentos.*

ccxxiv. De fato, assim o pão de queijo mineiro e a feijoada (Brasil), a chanfana, o vinho (do Porto) e o bacalhau (Portugal), o sushi e o saquê (Japão) e o chucrute (Alemanha) podem ser considerados bens do património cultural de cada respectivo país.

ccxxv. Tradução livre: *Artigo 2 – Para esta presente convenção: 10. O meio ambiente compreende: os recursos naturais abióticos e bióticos, tais como o ar, a água, o solo, a fauna e a flora, e a interação entre estes mesmos fatores; os bens que compõem a herança cultural; e os aspectos característicos da paisagem.*

ccxxvi. Assim, na esteira de outros países europeus os quais têm um código dos Bens Culturais e da Paisagem e outro do Ambiente – p. ex. Itália e França –, Portugal promulgou a Lei nº 209/01, de 8 de Setembro, sobre o Património Cultural.

ccxxvii. Conforme lei brasileira (Lei nº 6.938, de 31 de Agosto de 1981) Artigo 3º, inciso III, entende-se por *poluição a degradação da qualidade ambiental resultante de atividades que direta ou indiretamente a) prejudiquem a saúde, a segurança e o bem-estar da população; b) criem condições adversas às atividades sociais e econômicas; c) afetem desfavoravelmente a biota; d) afetem as condições estéticas ou sanitárias do meio ambiente; e) lancem matérias ou energia em desacordo com os padrões ambientais estabelecidos; IV – poluidor, a pessoa física ou jurídica, de direito público ou privado, responsável, direta ou indiretamente, por atividade causadora de degradação ambiental; V – recursos ambientais, a atmosfera, as águas interiores, superficiais e subterrâneas, os estuários, o mar territorial, o solo, o subsolo e os elementos da biosfera.*
A Lei nº 9.605, de 12 de Fevereiro de 2008, tipifica qualquer ação que possa *"causar poluição de qualquer natureza em níveis tais que resultem ou possam resultar em danos à saúde humana, ou que provoquem a mortandade de animais ou a destruição significativa da flora: I – tornar uma área, urbana ou rural, imprópria para a ocupação humana; II – causar poluição atmosférica que provoque a retirada, ainda que momentânea, dos habitantes das áreas afetadas, ou que cause danos diretos à saúde da população; III – causar poluição hídrica que torne necessária a interrupção do abastecimento público de água de uma comunidade; IV – dificultar ou impedir o uso público das praias; V – ocorrer por lançamento de resíduos sólidos, líquidos ou gasosos, ou detritos, óleos ou substâncias oleosas, em desacordo com as exigências estabelecidas em leis ou regulamentos. Ainda, no Artigo 61, também tipifica o ato de disseminar doença ou praga ou espécies que possam causar dano à agricultura, à pecuária, à fauna, à flora ou aos ecossistemas.*
Em Portugal, o artigo 21 da Lei de Base Ambiental (Lei nº 11/87, de 7 de Abril) define como poluição e fatores de degradação do território *todas as acções e actividades que afectam negativamente a saúde, o bem-estar e as diferentes formas de vida, o equilíbrio e a perenidade dos ecossistemas naturais e transformados, assim como a estabilidade física e biológica do território.* Estabelece, ainda, que são causas de poluição do ambiente todas as substâncias e radiações lançadas no ar, na água, no solo e no subsolo que alterem, temporária ou irreversivelmente, a sua qualidade ou interfiram na sua normal conservação ou evolução.
Porém, com uma visão (r)estritamente económica, – do qual não comungamos, afinal nem tudo é *comprável* –, Cláudia Alexandra Dias Soares defende que "uma componente ambiental está contaminada sempre que os custos da sua recuperação forem superiores ao valor que a mesma tem livre das substâncias poluentes". AMADO GOMES, Carla.; Risco e Modificação do Acto Autorizativo Concretizador de Deveres de Protecção do Ambiente, Coimbra Editora, 2007, p. 17.

ccxxviii. Para o Professor Catedrático de Coimbra, o *corpus* constitucional representa um sistema aberto no qual os seus *candidatos* estão em processo evolutivo ou em desenvolvimento, não sendo, portanto, petrificados ou estagnados.

ccxxix. Às vezes, a doutrina reconhece os direitos ambientais humanos, tais como património artístico, cultural e económico-social, como de «segunda linha».

ccxxx. Não se quer, com essa assertiva, fazer uma pura e simples crítica da possibilidade de se operar um corte sistêmico e "trabalhar" somente com uma – ou outra – vertente (cultura, *locus*, homem x homem, homem x natureza, natureza, Direito do Ambiente do Trabalho, Direito do Ambiente da Informação, etc.); mas, é importante ressaltar o alcance do Direito Ambiental.

ccxxxi. Tradução livre de «carona».

ccxxxii. Tradução livre : "A questão ambiental, como a ameaça da migração maciça, significa que – talvez pela primeira vez – o Sul pode ferir a Norte".

ccxxxiii. O Direito Ambiental Internacional de boa vizinhança (that one nation may not use its territory to cause substantial harm to another nation (tradução livre: uma nação não pode usar do seu território para causar substancial prejuízo a outra nação). Ou ainda, transboundary ('do no harm' principle) fora consagrado pela primeira vez em uma disputa entre o Canadá e os Estados Unidos (*Trail Smelter Case, (U.S. v. Can.), 3 R.I.A.A. 1905 (1937-1941).*). No referido *case*, considerado como um dos casos históricos mais famosos do Direito Internacional Ambiental (*vide*, por todos, ROBINSON-DORN, Michel J.), os Estados Unidos alegaram perante um Tribunal Arbitral (Trail Smelter Arb. Trib., 1938, composto por um representante do Canadá, um dos Estados Unidos e um da Bélgica) que o Canadá, ao permitir que uma planta industrial (uma das maiores complexos industriais de fundição de Zinco) localizada em British Columbia, região distante de aproximadamente dez milhas da fronteira dos Estados Unidos, a qual emitia poluentes no ar (fumes) capazes de afetar propriedades dos Estados Unidos (*transboundary pollution*), encontrava-se em violação do Direito Internacional (*transboundary harm in international law*). Na decisão do Tribunal, a causa foi em prol do ambiente em detrimento do princípio da soberania. A decisão do Tribunal é considerada exemplar dentro do Direito Internacional Ambiental: "*under the principles of international law . . . no State has the right to use or permit the use of its territory in such a manner as to cause injury by fumes in or to the territory of another or the properties or persons therein, when the case is of serious consequence and the injury is established by clear and convincing evidence*" (tradução livre: "Sob os princípios do direito internacional... nenhum Estado tem o direito de usar ou permitir que se use o seu território, de tal forma que possa causar lesões por emanações em território de outro país ou nas propriedades particulares estrangeiras, quando for o caso de graves consequências e que o prejuízo é estabelecido por provas claras e convincentes). Apud. Gibney, Mark.; Tomaševski, Katarina.; Vedsted-Hansen, Jens.; Transnational State Responsibility for Violations of Human Rights, In: Harvard Human Rights Journal, vol. 12, 1999, (end. e dat. disp.). Ver também Bratspies, Rebecca.; e Miller, Russell.; Transboundary Harm in International Law: Lessons from the Trail Smelter Arbitration. Cambridge University Press, 2006; ROBINSON-DORN, Michel J.; The Trail Smelter: Is what's past prologue? EPA Blazes a New Trail for CERCLA, In: New Your University Environmental Law Journal, vol. 14, 2006, (end. e dat. disp.).

ccxxxiv. O termo bioética (*bioethics*) foi cunhado por Van Renssaler Potter no livro *Biothics: bridge to the future*, editado em 1971. Utiliza-se aqui a proposta por Bellino, a qual determina que "o objeto material da bioética é comum a todas as ciências que estudam a vida (biologia, genética, ecologia, medicina, sociologia, zoologia, etc.). Essas ciências se distinguem ulteriormente entre si pelo ponto de vista formal através do qual cada uma estuda seu objeto. A bioética estuda, epistemologicamente, o seu objeto sob o ponto de vista ético." BELLINO, Francesco.; Fundamentos da Bioética. Bauru: Edusc, 1997 34-35. Cf. Apud. In: FONTOURA DE MEDEIROS, Fernanda Luiza.; Meio Ambiente Direito e Dever Fundamental. Porto Alegre: Livraria do Advogado. 2004. P. 192.

ccxxxv. Vide nota *ccvii* (subtração do ideário ecológico para a práxis de reserva de mercado).

ccxxxvi. "Monkey business over bananas", <www.theage.com.au>, extraído em 14 de Junho de 2006.

ccxxxvii. Nome científico *Musa spp.*

ccxxxviii. No Capítulo III o tema será melhor debatido.

ccxxxix. Atualmente, as empresas consideram as licenças ambientais como verdadeiras mais-valias às suas marcas e produtos, posto representarem vantagem competitiva em um mercado concorrencial e, ainda, privilegiadas na obtenção de financiamento para a modernização de seus estabelecimentos. Em Portugal, "a obtenção da licença ambiental passa a ter direito a uma «majoração ambiental» no apoio atribuído no âmbito do Plano Operacional da Economia 2000-2006 a ações destinadas à modernização da indústria portuguesa", o que, indubitavelmente, torna a empresa mais competitiva no plano internacional. Cf. In: O Princípio do Nível Elevado de Protecção e a Renovação Ecológica do Direito do Ambiente e dos Resíduos. SOUSA ARAGÃO, Maria Alexandra de. Coleção Teses. Coimbra: Almedina. 2006. Pág. 159.

ccxl. As medidas adotadas pela Dinamarca consistiam em (*i*) proibir a comercialização, no mercado interno dinamarquês, de bebidas em recipientes metálicos; (*ii*) condicionar o acesso de outros recipientes ao mercado, sujeitando os diferentes modelos de embalagens (maxime, garrafas) a uma aprovação prévia pelas autoridades dinamarquesas e exigindo a instituição de um sistema de depósito e retorno (relativamente fácil de cumprir para os produtores nacionais de bebidas, mas muito oneroso para os produtores de outros Estados Membros "– quiçá de outros Estados..."); (*iii*) fixar um limite máximo de venda no mercado dinamarquês em 3.000 hectolitros por produtor/ano de bebidas contidas em recipientes não aprovados. O Tribunal manifestou-se no sentido de considerar como infração ao Direito Comunitário o limite máximo previsto no ordenamento jurídico da Dinamarca. In: O Princípio do Nível Elevado de Protecção e a Renovação Ecológica do Direito do Ambiente e dos Resíduos. SOUSA ARAGÃO, Maria Alexandra de. Coleção Teses. Coimbra: Almedina. 2006. pág. 96.

ccxli. Vários animais exóticos foram ameaçados de extinção pela acção do homem, tais como o tigre, rinoceronte, leão, elefante, hipopótamo, etc.

ccxlii. *Cf.* CITES: <www.cites.org>.

ccxliii. *Cf.* CITES: <www.cites.org>.

ccxliv. O pau-brasil é considerado a matéria-prima ideal – portanto, a mais utilizada – para confeccionar arcos de instrumentos de corda, como o violino e o violoncelo.

ccxlv. A explotação é um termo técnico usado para a retirada, extração ou obtenção de recursos naturais, geralmente não renováveis, para fins de aproveitamento econômico, Cf. Apud. Dicionário Houaiss, verbete "explotar".

ccxlvi. *V.* melhor em <http://www.iucn.org/>.

ccxlvii. Artigo XXIV: Denúncia. Qualquer Parte pode denunciar a presente Convenção mediante notificação por escrito ao Governo Depositário a qualquer momento. A denúncia surtirá efeito doze meses depois de que o Governo Depositário receber a notificação.

ccxlviii. *Cf.* CITES: <www.cites.org>.

ccxlix. *Importação, exportação e reexportação.*

ccl. Artigo X: Comércio com Estados que não são Partes da Convenção. Nos casos de importações, de exportações e reexportações a Estados que não são Partes da presente Convenção, os Estados Partes podem aceitar, no lugar das permissões e certificações mencionados na presente Convenção, documentos compatíveis que conformem substancialmente os requisitos da presente Convenção para tais permissões e certificados, sempre que hajam sido emitidos por autoridades governamentais competentes do Estado não Parte na presente Convenção.

ccli. *Cf.* CITES: <www.cites.org>.

cclii. Espécimes de espécies incluídas no Apêndice I
Requer-se uma permissão de importação expedida por Autoridade Administrativa do Estado de importação. Essa permissão só pode ser expedida se a espécie não for utilizada com fins primordialmente comerciais e se a importação não for prejudicial para a sobrevivência da espécie. Nos casos de espécimes vivas de animais ou plantas, a Autoridade Científica deve verificar que quem se propõe a recebê-lo poderá albergá-lo e cuidá-lo adequadamente.
Requer-se uma permissão de exportação ou um certificado de reexportação expedido pela Autoridade Administrativa do Estado de exportação ou reexportação.

ccliii. Espécimes de espécies incluídas no Apêndice II
Requer-se uma permissão de exportação ou um certificado de reexportação expedido pela Autoridade Administrativa do Estado de exportação ou reexportação.
Somente poderá expedir uma permissão de exportação se a espécime foi legalmente obtida e se a exportação não for prejudicial para a sobrevivência da espécie. Só pode ser expedido um certificado de reexportação se a espécime foi importada conforme o estabelecido nesta Convenção.
Nos casos de espécimes vivas de animais ou plantas, devem ser condicionados e transportados de maneira que se reduza ao mínimo possível o risco de feridas, deterioração da saúde e maus tratos.
Não se requer uma permissão de importação excepto se assim se especifica na legislação nacional.

ccliv. Espécimes de espécies incluídas no Apêndice III
No caos de comércio com um Estado que tenha incluído uma espécie no Apêndice III, se requer uma permissão de exportação expedido pela Autoridade Administrativa deste Estado. Só se expedirá a permissão se a espécime for obtida legalmente e, em casos de espécimes vivos de animais ou plantas devem ser condicionados em condicionados e transportados de maneira que se reduza ao mínimo possível o risco de feridas, deterioração da saúde e maus.
Nos casos de exportação de qualquer outro Estado, se requer um certificado de origem expedido pela Autoridade Administrativa.
Nos casos de reexportação, requer-se um certificado de reexportação expedido pelo Estado de reexportação.

cclv. Os jacarés e os aligatores são répteis, membros da ordem dos *Crocodilia*, mais especificamente da família *Alligatoridae*. Essa ordem é composta por 23 espécies diferentes, nos gêneros *Alligator*, *Caiman*, *Melanosuchus* e *Paleosuchus*. Enquanto os aligatores (gênero *Alligator*) são mais comuns na América do Norte, os jacarés, que incluem os demais géneros, são mais comuns na América do Sul. Já os crocodilos pertencem à família *Crocodylidae*, e predominam na África, Ásia e Oceania.
Assim, Classe: *Reptilia*. Ordem: *Crocodylia*. Família: *Alligatoridae*. Espécie: *sp.*

cclvi. Não existem aligatores e crocodilos no Brasil. Os únicos crocodilianos encontrados em nosso território são os jacarés – que são em muitas espécies e tamanhos. O maior e mais perigoso deles é o jacaré-açu (*Melanosuchus niger*), encontrado na Bacia Amazónica e que pode atingir até 5 metros de comprimento e 500 kg. Outras espécies bastante comuns são o jacaré-do-Pantanal (*Caiman crocodilus yacare*), presente em toda a Bacia do Rio Paraguai, e o jacaré-de-papo-amarelo (*Caiman latirostris*), encontrado do Rio Grande do Norte ao Rio Grande do Sul, ambos menores (end. e dat. disp.).

cclvii. Dentre os répteis, o couro de jacaré é o mais viável economicamente, representando o maior comércio internacional. Cf. In: CITES, <www.cites.org>.

cclviii. Fato muito divulgado na imprensa brasileira foi a morte do menor F.R.A, filho de Hamilton Rodrigues Araújo, 45 anos. O menor brincava em uma prancha no rio Madeira e, enquanto sua mãe lavava roupas às margens do rio, um jacaré emergiu das águas, agarrou a criança arrastando-a para dentro do rio. Mesmo após várias buscas, nunca se conseguiu localizar nem partes do corpo do garoto, que foi completamente devorado pelos jacarés. In: PAIVA, Cláudio.; Globo Mostra para o Mundo a Superpopulação de jacarés. O Estadão On-line. 13 de Setembro de 2005. (end. e dat. disp.).

cclix. A mais moderna e aceita teoria sobre extinção dos animais via acção do homem (extinção antrópica, isto é, aquela provocada pela acção do homem) prediz que o factor mais determinante para induzir a extinção de uma espécie é a destruição de seu hábitat – e não a caça. Actualmente esse processo – de destruição do hábitat – se dá principalmente pela agricultura, principalmente a monocultura, e uma silvicultura intensiva, o que obriga a destruição dos hábitats naturais. A urbanização, o turismo, a introdução de espécies exógenas e as poluições de componentes ambientais também são factores de destruição dos hábitats.
Por isso, em uma perspectiva de preservação das espécies, a proibição da caça não é (muito) grave; pior é a destruição do hábitat, o que *in casu* aconteceu em larga escala no Brasil, para introduzir uma monocultura e/ou bovicultura, que, diga-se de passagem, é um animal exógeno (pelo menos, no início da "colonização" e, ainda mais se comparado ao jacaré).

ccix. Assim, *"Em todo o Pantanal, os principais criadouros paralisaram ou reduziram suas atividades. No Pantanal norte, as cooperativas de Cárceres e de Ponconé não coletam ovos desde 1995. Até 1996, a TecnoCaiman tinha cerca de 30 mil peles cruas e 10 mil peles curtidas estocadas no Brasil, além de quase 50 mil peles curtidas "encalhadas" no Panamá, à espera de compradores". Apud.* In: MOURÃO, Guilherme de Miranda. Utilização Económica da Fauna Silvestre no Brasil: o Exemplo do Jacaré-do-pantanal. In: Revista Agroline. (end. e dat. disp.).

ccixi. Fonte: International Trade Center/ UNCTAD-WTO. (end. e dat. disp.).

ccixii. *Melanosuchus niger.*

ccixiii. O couro de jacaré é utilizado para a confecção de bolsas, cintos, calçados e até revestimento de mobília de iate de luxo.

ccixiv. O Estado da Louisiana garante aos criadores de aligator uma série de subsídios e benefícios fiscais. Cf. Apud. In: VERDADE, Luciano M.; A Exploração da Fauna Silvestre no Brasil: jacarés, sistemas e Recursos Humanos. In: Biota Neotropica v. 4 (n. 2). (end. e dat. disp.).

ccixv. A literatura especializada identifica três tipos de manejo de aligator, quais sejam, *(i) harvest,* em que consiste na retirada (explotação) de indivíduos de uma população sem que ela entre em declínio, no hábitat natural; *(ii) farming,* que baseia-se na produção e reprodução de uma espécie em cativeiro, com o ciclo fechado e, *(iii) ranching,* que configura-se na colecta de ovos na natureza e subsequente engorda de filhotes em cativeiro. Em termos económicos, o sistema *harvest* é o mais viável, posto que a alimentação é o elemento que mais onera a criação. Além disso, apesar do senso comum dizer o contrário, especialistas identificam que o *harvest* é a forma mais indicada para a conservação do ecossistema. Isso se dá porque quanto maior for o manejo (do intensivo ao extensivo) maior é a área natural exigida. Assim, o *harvest* (sistema extractivista) exige uma área maior de manutenção do hábitat natural dos animais – o que faz com que espécies não comerciais se beneficiam desse manejo –, enquanto no sistema *farming* (criação intensiva), exige-se pouca área. Dessa forma, no sistema intensivo, o hábitat pode ser utilizado para outras culturas, o que influi em todo o ecossistema, podendo colocar em risco outros espécimes de animais e plantas. É bem de ver que até o presente mais espécies foram extintas em decorrência de alterações antrópicas de seus hábitats causadas pela expansão da agricultura e do urbanismo, do que propriamente pela utilização humana directa através da caça. *Cf.* In: VERDADE, Luciano M., A Exploração da Fauna Silvestre no Brasil: jacarés, sistemas e Recursos Humanos. In: Biota Neotropica v. 4 (n. 2). (end. e dat. disp.).

ccixvi. Dessa forma, com a reserva de mercado assegurado nos EUA através do *US Endangered Species Act,* mesmo com o declínio do preço mundial das peles de répteis, o manejo de harvest e ranching do aligator americano ampliou-se, na década de 90, indo de 25 mil anuais para mais de 200 mil peles. Cf. Apud. In: VERDADE, Luciano M.; A Exploração da Fauna Silvestre no Brasil: jacarés, sistemas e Recursos Humanos. In: Biota Neotropica v. 4 (n. 2). (end. e dat. disp.).

ccixvii. Quando a fiscalização pública faz apreensão da carne, a lei determina a sua incineração.

ccixviii. Há registo também de caça por *"políticos locais e empresários ricos".* Cf. COLITT, Raymond.; Massacre de centenas de jacarés é descoberto na Amazônia. REUTERS notícias. 01 de abril de 2008. (end. dat. e disp.).

ccixix. Disponível em <www.hostdime.com.br/dicionario/exotico.html>, extraído em 26 de Maio de 2008.

ccixx. Dados disponíveis em <http://pagina.fencaca.pt/>, extraído em 7 de Outubro de 2013.

CAPÍTULO III

(FINALMENTE) O FECHAMENTO DO SISTEMA *SUSTENTÁVEL* ATRAVÉS DO ENODAMENTO – EM FORMA E MATEMA BORROMEANO – DOS TRÊS ELOS (OU SUBSISTEMAS EXORDIAIS)

3.1 Um exordial problema internacional

O fechamento do sistema sustentável, através do enodamento – em forma e matema de nó borromeano –, no qual os três sistemas exordiais (elos) se interligam –, foi, *prima facie*, concebido (ou percebido) nos palcos internacionais. Afinal, os problemas ambientais não podem ser resolvidos apenas internamente, em termos estatais, – são, por excelência, *questions* eminentemente globais. São exigidas, por parte da Comunidade Internacional, respostas globalizadas e articuladas. Depende-se, assim, em alguma medida, não só de uma abordagem teorética universal – do tipo *ius cogens* –; mas de instituições internacionais para a resolução de problemas coletivos ou (transestatais), os quais só podem ser abordados em escala global ou numa escala supranacional.[1]

Outrossim, o fator *cultural (Direito Ambiental Formal)*, passível de contra-argumentos, e questionáveis sob o ponto de vista dos direitos humanos ocidentais, não pode ser evocado, por exemplo, em se tratando de temas relacionados ao aquecimento global ou ao aumento do nível do mar; muito menos quando se trata da perda da biodiversidade da Terra ou da excessiva poluição, notadamente marítima e atmosférica *(Direito Ambiental Material)*. O elo ambiental apresenta-se, desse modo, como um «*imperativo categórico*» globalizante à estrutura do desenvolvimento sustentável. Em nossa concepção, trata-se de um «*ius cogens*» na acepção clássica de um Direito das Gentes, não importando a cidadania ou nacionalidade do(s) sujeito(s). Impera-se a necessidade de uma normatização internacional como (única possível) solução para os problemas sociais, econômicos e ambientais, tipos e caracterizadores de um «desenvolvimento sustentável». Ademais, a interdependência crescente dos Estados e dos povos, nos

---

[1] SLAUGHTER, Anne-Marie.; A New World Order, Princeton: Princeton University Press, 2004, p. 8. *Cf. Apud.* ROCHA, Mariana Machado.; Organização Mundial do Comércio e Sociedade Civil: O Caso *Amicus Curiae,* Rev. Ius Gentium: Teoria e Comércio no Direito Internacional, nº 1, jul. 2008, p. 137, (end. e dat. disp.).

mais diversos domínios das atividades humanas,[2] conclama uma ação conjunta, em termos universais.[3] Reputa-se tratar-se de uma das próprias missões institucionais da ONU, a qual tem como objetivo manter a paz e a segurança internacional, bem como desenvolver as relações entre as nações e promover a cooperação internacional para resolver os problemas internacionais de caráter econômico, social, cultural ou humanitário, além de promover e estimular o respeito aos direitos humanos e às liberdades fundamentais para todos.[4] [i] Não é outro também o escopo apontado na Declaração do Milênio das Nações Unidas, de 8.9.2000 (Nova York), ressaltando que os propósitos e princípios da Carta Magna da ONU, aprovada sem limitação temporal e com intuito universal, têm aumentado a sua relevância em termos internacionais. É, ademais, fonte inspiradora para nações e povos que, a cada dia, estão se interconectando e se tornando interdependentes.[5]

O desenvolvimento sustentável apresenta-se, desse modo, como um fenômeno e uma imposição que exige uma resposta universal ou, ainda, supranacional. Ademais, deve operar-se tanto na esfera pública quanto na iniciativa privada internacionalizada.

De fato, alguns dos resultados da globalização foram a dinamização e a volatilidade das empresas. Em um espaço curto de tempo, as empresas transnacionais deslocam-se para Estados economicamente mais favoráveis em relação à legislação e/ou fiscalização dos direitos sociais (trabalhistas, econômicos e ambientais) e dos deveres administrativo-tributários. Práticas questionáveis do ponto de vista ético-concorrencial são largamente empregadas por força das leis de mercado.[ii] [6] Ora, se o objetivo da empresa é a maximização do lucro, ou seja, elevar o lucro à potência máxima, a empresa que não entrar no 'jogo' mercadológico[7] logo será eliminada: ou é vendida ou entra em processo falimentar.[8] Assim, as interações estratégicas das empresas implicam uma interdependência de suas ações e decisões em relação às outras, sempre com o objetivo da maior rentabilidade econômica.[9] Nesse complexo sistema, afigura-se válida a chamada "teoria dos jogos",[iii] com o clássico caso do "conflito dos prisioneiros".[iv] Dentro dessa imposição mercadológica, uma forma básica para se elevar o lucro é a redução dos gastos e dos insumos. As empresas têm de objetivar, desse modo, a minimização dos gastos operacionais. Por outro lado, o aumento dos preços dos produtos e serviços, em um mundo altamente competitivo, é cada vez mais improvável, porque o consumidor tem a tendência de preferir o de menor preço.[v]

Assim, para minimizar os custos de produção, as grandes empresas transnacionais acabam deslocando-se para mercados e sítios mais vantajosos. Por mercados mais vantajosos entenda-se, muitas vezes, Estados que não oferecem (ou oferecem de

---

[2]   CAMPOS, João Mota de Carvalho. (coord.); Organizações Internacionais, Teoria Geral, Estudos Monográficos das Principais Organizações Internacionais de que Portugal é Membro, Lisboa: Fundação Calouste Gulbenkian, 3ª ed., 2008, p. 33.

[3]   CAMPOS, João Mota de Carvalho. (coord.); *Ob. cit.*, p.s. 33 e segs.

[4]   V. Carta das Nações Unidas – ONU.

[5]   V. Declaração do Milênio das Nações Unidas, I – Valores e Princípios, nº 1.

[6]   CAUBET, Christian Guy.; A irresistível ascensão do Comércio Internacional: o meio ambiente fora da lei? In: Rev. do Centro de Estudos de Direito, do Urbanismo e do Ambiente – RevCEDOUA, 1. 2001, p. 31.

[7]   V. FIANI, Ronaldo.; Teoria dos Jogos – com aplicações em Economia, Administração e Ciências Sociais, 2ª Ed., RJ: Elsevier, 2006.

[8]   Emblemático problema é o débito ambiental na seara pública, nos casos de falência e de insolvência de empresas. V. GOMES CANOTILHO, J. J.; Procurem-se cooperações reforçadas no direito do ambiente. In: Rev. do Centro de Estudos de Direito, do Urbanismo e do Ambiente – RevCEDOUA, 2.2003, p. 89.

[9]   FIANI, Ronaldo.; *Ob. cit.*, p. 2.

CAPÍTULO III | 279

forma diminuta) proteção trabalhista e/ou ambiental conforme os padrões aceitos – e desejados – internacionalmente.[vi][10] Em suma, em locais onde o custo social tende a ser praticamente zerado, tornando-os empresarialmente atraentes. Ademais, a tecnologia atual, fator importante para e na globalização, tem viabilizado uma rápida e cada vez menos onerosa alternância dos locais de produção, como já ressaltado, posto que são "processos de produção flexíveis e multilocais".[11] Outro fator para a facilitação do deslocamento dos locais de produção é a terceirização de partes do processo produtivo. Pode-se dizer aqui que há um *LULU*[vii] internacional aos países mais pobres.

É necessário, portanto, para a sobrevivência e o desenvolvimento econômico das empresas, centrarem-se no *locus* mais favorável para obterem o menor custo de produção.[viii] Trata-se de uma "imposição fática" do sistema capitalista. Mesmo querendo ser "morais",[12] não podem, porque devem seguir o objetivo do lucro.

Importante observar também que as forças econômicas dessas grandes empresas transnacionais acabam impondo aos Estados de economia fraca[13] prescrições quase ou praticamente inviáveis:[14] "ou se reduzem as barreiras legais e fiscais ou preferir-se-á investir-se em outros Estados". Nos próprios dizeres de Valle Muniz: "Este monopólio estatal de la acción internacional en materia de protección ambiental se ha visto mostrado en general más proclives a defender los intereses de los grupos de presión poderosos (en especial los de los sectores industriales públicos o privados)".[15]

As empresas ou se valem ou acabam por contribuir para a criação de "lugares sem lei";[16] verdadeiros "oásis econômicos" para instalarem os seus empreendimentos. Desse modo, pode-se dizer que ocorre uma verdadeira privatização do lucro e uma socialização do prejuízo.[17] Como muito bem destaca Perez, ao comentar Teubner:

> The prevalent indifference to the institutional diversity of this global legal network has generated two main deliberative neglects. The first is a widespread disregard of the role that is played by private legal systems in the governance of the global economy. The fact that parallel processes of legal formation, with similar aspirations for global control, are taking place outside the realm of inter-state politics is commonly overlooked. These systems of a-national law are a product of multitude law-making processes, in various sector of the civil society – representing a new "global law without a state.[18]

---

[10] GOMES CANOTILHO, J. J.; Constituição e "Tempo Ambiental", In: Rev. do Centro de Estudos de Direito, do Urbanismo e do Ambiente – RevCEDOUA, 2.9, p. 9.

[11] SANTOS, Boaventura de Sousa [org.].; Globalização fatalidade ou utopia? Edições Afrontamento, Porto, 2ª Edição, 2001, p. 34.

[12] Terminologia adotada por COMTE-SPONVILLE, André.; O capitalismo é moral? Ed. Martins Fontes, SP, 2005.

[13] Boaventura verifica que "embora o sistema mundial moderno tenha sido sempre estruturado por um sistema de classes, uma classe capitalista transnacional está hoje a emergir cujo campo de reprodução social é o globo enquanto tal e que facilmente ultrapassa as organizações nacionais de trabalhadores, bem como os Estados externamente fracos da periferia e da semiperiferia do sistema mundial". In: SANTOS, Boaventura de Sousa. [org.].; Globalização fatalidade ou utopia? ..., p. 37.

[14] VALLE MUNIZ, José Manuel.; La Protección Jurídica del Medio Ambiente, Aranzadi Editorial, Pamplona, 1997, p. 24.

[15] *Ibidem*, p. 24.

[16] VALLE MUNIZ, José Manuel.; *Ob. cit.*, p. 23.

[17] CAUBET, Christian Guy.; A irresistível ascensão do Comércio Internacional: o meio ambiente fora da lei? In: Rev. do Centro de Estudos de Direito, do Urbanismo e do Ambiente – RevCEDOUA, 1, 2001, p. 35.

[18] OREN, Perez.; Ecological Sensitivity and Global Legal Pluralism, Hart Publishing, Oxford and Portland Oregon, 2004, p. 8.

Percebe-se, assim, que a ação unitária estatal não se torna hábil e eficaz para atribuir limites às empresas transnacionais, tendo em vista as características intrínsecas concorrenciais do comércio internacional. O que se vê são inúmeras empresas com dificuldades competitivas em relação aos produtos provenientes desses sítios, nos quais se tem o *dumping social, ambiental e econômico*. Se não houver uma ação conjunta, planetária/supraestatal e geral, sempre haverá a possibilidade de deslocamento dos meios de produção para Estados remanescentes. Por isso, quando um Estado, dentre tantos outros, impõe interna e isoladamente restrições, no sentido de robustecer a proteção ambiental, a do trabalhador ou, ainda, a carga administrativo-tributária, o resultado fatalmente é ineficaz, além de contraproducente, tendo em vista a possibilidade de instalação e produção em outro *locus*, menos oneroso e mais benéfico aos interesses da empresa.

Os Estados, notadamente os periféricos e semiperiféricos,[19] arcaram (para não dizer que ainda *arcam*), em últimos termos, com o ônus do desenvolvimento insustentável. Isso porque, geralmente fracos internacionalmente, não têm força política para conter e fiscalizar o fluxo das grandes transnacionais. Tem-se, assim, praticamente um *"bis in idem negativo"* prejudicial aos Estados receptores das transnacionais: sofrem pelo impacto destrutivo do meio ambiente; perdem em termos sociais, pois a população é explorada economicamente, mediante o pagamento de baixos salários; prejudicam a sua soberania porque lhe são impostas condições completamente desfavoráveis para conseguirem investimentos internacionais; e, por último, são ainda condenados em nível internacional, porque não cumpriram normas básicas ambientais internacionalmente válidas. A imposição internacional quanto aos *standards* mínimos da sustentabilidade representa, na verdade, não uma ingerência na soberania interna; mas sim uma proteção que a comunidade internacional pode estabelecer justamente em prol dos países menos influentes internacionalmente.

Não suficiente, o meio ambiente tem adquirido, nos tempos atuais, *status* de patrimônio coletivo ou, até mesmo, de bem público de uso comum internacional,[20] condição que afeta diretamente toda a humanidade.[21] Para tanto, o Direito Internacional tem sido visto como o palco natural e próprio para viabilizar a proteção do ambiente,[22] bem como das questões sociais e econômicas; as quais estão indelevelmente intercomunicadas, como temos afirmado. Nesse sentido, portanto, imperiosa uma análise da problemática sob a ótica internacional. Ademais, há que se observar a atuação direta da ONU e, ainda, de suas agências especializadas, notadamente do BIRD e do FMI. Também serão analisadas as Conferências Ministeriais da Organização Mundial do Comércio no que se refere à temática, bem como os principais julgados sobre o meio ambiente dentro da OMC.

3.2 O fechamento do sistema sustentável a partir do Relatório de Roma – 1968

A Conferência Internacional de Teerã (1968) foi a Primeira Conferência Mundial de Direitos Humanos que contou com a participação de Estados, organismos internacionais

---

[19] Nomenclatura utilizada por SANTOS, Boaventura de Sousa [org].; Globalização fatalidade ou utopia? ..., p. 37.

[20] GOMES CANOTILHO, J. J.; Estado Constitucional Ecológico e Democracia Sustentada, ..., p. 11.

[21] VALLE MUNIZ, José Manuel.; La Protección Jurídica del Medio Ambiente, Aranzadi Editorial, Pamplona, 1997, p. 30.

[22] VALLE MUNIZ, José Manuel.; *Ob. cit.*, p. 22.

e organizações não governamentais (ONGs).[23] A Proclamação de Teerã representou uma gradual transição do que se tem entendido por "fase legislativa" (como exemplo, citam-se a Declaração dos Direitos do Homem, de 1948, e os dois Pactos de Direitos Humanos das Nações Unidas de 1966) para a "fase de (tentativa) de implementação desses direitos".[24]

De fato, a própria Proclamação de Teerã reconhece que, desde que foi aprovada pela Declaração Universal de Direitos Humanos, as Nações Unidas conseguiram progressos substanciais na definição das normas para o gozo e a proteção dos direitos humanos e as liberdades fundamentais em nível internacional. Assim, durante o período de 1948 a 1968, foram aprovados muitos instrumentos internacionais de inegável importância; assentando o seu reconhecimento. Por outro lado, assenta também aquela Proclamação que ainda resta muito por ser feito na esfera da aplicação e efetiva observância desses mesmos direitos e liberdades.[25]

Por isso, o Relatório Final da Proclamação de Teerã, ao afirmar os problemas relacionados com as atividades das Nações Unidas, a fim de promover e incentivar o respeito aos direitos humanos e às liberdades fundamentais,[26] fixou que todas as nações devem aceitar o Pacto Internacional de Direitos Humanos Civis e Políticos; o Pacto Internacional de Direitos Econômicos, Sociais e Culturais; a Declaração sobre a Concessão da Independência aos Países e Povos Coloniais; a Convenção Internacional sobre a Eliminação de todas as Formas de Discriminação Racial, assim como outras convenções e declarações em matéria de direitos humanos, aprovadas sob os ideais das Nações Unidas, os organismos especializados e as organizações não governamentais regionais.[27] O Relatório Final registrou, ainda, que os Estados carecem de reafirmar o firme propósito de aplicar, de modo efetivo, os princípios consagrados na Carta das Nações Unidas e em outros instrumentos internacionais em relação aos direitos humanos e às liberdades fundamentais (Proclamação de Teerã/68, nº 5). Ademais, com o nítido viés social e econômico, reconheceu a Proclamação que a disparidade entre os países economicamente desenvolvidos e os países em desenvolvimento impede a realização dos direitos humanos na comunidade internacional (Proclamação de Teerã/68, nº 12).

O artigo 13 da Proclamação de Teerã ratifica a indivisibilidade dos direitos humanos e das liberdades fundamentais. Desse modo, a realização dos direitos civis e políticos sem o gozo efetivo dos direitos econômicos, sociais e culturais, representa meta impossível (Proclamação de Teerã/68, nº 13). Porém, apesar da Proclamação ter sido fundamental para a evolução da temática da proteção dos direitos humanos, pela "asserção de uma nova visão, global e integrada, de todos os diretos humanos",[28] ainda

---

[23] ABREU, Camila Ramos Pérola de.; BATALHONE, Ana Patrícia.; MODELLI, Fernando dos Santos.; CÉSAR, Paula Macedo.; Conferência Mundial de Direitos Humanos – Viena, 1993 Tópico: A inter-relação entre democracia, desenvolvimento e Direitos Humanos, In: Construindo Juntos o Nosso Futuro Comum, Simulação das Nações Unidas para Secundaristas, Sinus, 2009.

[24] TRINDADE, Antônio Augusto Cançado.; A Consolidação da Capacidade Processual dos Indivíduos na Evolução da Proteção Internacional dos Direitos Humanos: Quadro Atual e Perspectivas na Passagem do Século, In: Direitos Humanos no Século XXI, Paulo Sérgio Pinheiro & Samuel Pinheiro Guimarães (org), Instituto de Pesquisa de Relações Internacionais, Fundação Alexandre de Gusmão, Seminários Direitos Humanos no Século XXI, Rio de Janeiro, 10 e 11 de Setembro de 1998, (end. e dat. disp.)

[25] Proclamação de Teerã, Ato Final da Conferência Internacional dos Direitos Humanos (de 22.4 a 13.5.1968), U. N. Doc. A/CONF. 32/41 at 3 (1968), nº 4. Doravante denominado de Proclamação de Teerã/68.

[26] Preâmbulo da Proclamação de Teerã/68.

[27] Proclamação de Teerã/68, nº 3.

[28] ABREU, Camila Ramos Pérola de.; & tal, *Ob. Cit.*

não tinha, em seu núcleo, o internodal entrelaçamento do sistema ambiental. Pelo olhar mais arguto, nota-se a ausência da proteção ambiental, sem a qual – conforme aqui se defende – não há como aperfeiçoar-se o sistema sustentável (o que conduzirá, por outro lado, à consequente eclosão de um sistema insustentável).

Mesmo concordando com o fato de que um progresso duradouro na aplicação e na efetividade dos direitos humanos depende de boas e eficientes políticas internacionais de desenvolvimento econômico e social, conforme a Proclamação de Teerã, esta falhou – e, por isso, não se pôde verificar a existência de um sistema tendente ao *continuum*, sustentável – tendo em vista que as questões ambientais não foram inseridas nesse texto, tendo como pano de fundo o contexto dos direitos humanos.

De fato, ainda não fazia parte da agenda internacional, por ocasião da Proclamação de Teerã, a inclusão do tratamento das questões ambientais de forma holística e transversal, quiçá pela carência, ou melhor, pela não percepção da própria comunidade internacional dos então incipientes problemas ambientais.

Porém, como consectários da primeira crise do petróleo[29] – principalmente com a implementação da ideia de escassez dos recursos naturais –, o *top manager* do grupo empresarial italiano *Fiat* e diretor da *Italconsult*, Aurelio Peccei, e o cientista escocês Alexander King, preocupados com as dificuldades relacionadas à economia e ao ambiente, constituíram em 1968 o Clube de Roma. Mediante donativos recebidos de empresas do porte da própria *Fiat* (Peccei convenceu a Fundação *Fiat* a patrocinar um encontro de 30 economistas e cientistas europeus), *Volkswagen, Ford, Olivetti* e outras, fundou-se o referido Clube, o qual tinha por objetivo discutir e analisar os possíveis limites do crescimento econômico estruturado no uso indiscriminado e crescente dos recursos naturais.

Assim, em 1972, em colaboração com o *Massachusetts Institute of Technology – MIT,* o Clube de Roma (então integrado por cientistas, políticos, formadores de opinião; enfim, pessoas consideradas ilustres no cenário internacional) elaborou um relatório, sob a coordenação de Dennis L. Meadows, publicado no mesmo ano com o título *The Limits to Growth* (*Os Limites do crescimento*, editado pela Universe Books, New York). Provavelmente foi um dos livros mais vendidos da história da ecologia, ultrapassando os trinta milhões de exemplares em vários países do mundo; fato que conduziu o debate científico para o público leigo e fez com que o resultado das pesquisas extravasasse os fóruns acadêmicos.[30]

No relatório, a equipe de Meadows fez um estudo do crescimento econômico e populacional, então com projeção temporal para cem anos. Concluiu-se que, para atingir a estabilidade social e econômica, dever-se-ia respeitar a finitude dos recursos naturais. Para tanto, seria necessário um controle demográfico global, além de se estancar o crescimento econômico baseado na extração de recursos naturais, sem o que a humanidade caminharia, inexoravelmente, para o colapso global. As ideias centrais do relatório de Meadows retornavam à discussão proposta por Malthus acerca dos perigos do crescimento (descontrolado) da população mundial. O referido relatório ainda advertia que todos os "cinco elementos básicos" – população; produção de alimentos; industrialização; poluição e consumo de riquezas naturais não renováveis – estão em

---

[29] V. melhor no Capítulo II.

[30] CORAZZA, Rosana Icassatti.; Tecnologia e Meio Ambiente no Debate sobre os Limites do Crescimento: Notas à Luz de Contribuições Selecionadas de Georgescu-Roegen, Economia, Brasília(DF), v. 6, n. 2, p.s. 435-461, Jul./Dez. 2005.

CAPÍTULO III
(FINALMENTE) O FECHAMENTO DO SISTEMA *SUSTENTÁVEL* ATRAVÉS DO ENODAMENTO... | 283

crescente demanda, em padrão matemático de crescimento exponencial (conforme o próprio relatório se autodenomina, como modelo formal e matemático),[31] o que invariavelmente acarretaria, no futuro, o colapso ambiental, econômico e social.[32] Apesar da ausência da utilização da *metáfora* ao matema borromeano, desenha-se nitidamente, no relatório, o internodamento entre os três sistemas.

Entretanto, os críticos do relatório observaram que, assim como Malthus, os avanços tecnológicos não estavam incluídos na projeção elaborada pela equipe de Meadows. O americano Robert Solow, ganhador de Nobel em Economia, criticou severamente os prognósticos catastróficos do Relatório de Roma.

De toda forma, a incipiente necessidade de proteção de regiões transfronteiriças, notadamente sobre o ar e a água, além da premente forma de resolução de conflito de vizinhança, também resultante do processo poluidor, fomentou o Conselho da Europa a aprovar, em 1968, alguns documentos importantes relativos à matéria. Pode-se destacar a Declaração de Princípios sobre a Luta contra a Poluição do Ar, e a da Água, respectivamente, de março e maio; e o Acordo Europeu sobre a Redução da Utilização de Detergentes não Biodegradáveis, de setembro.[33] Também o continente africano elaborou, nesse mesmo ano, em 15 de setembro, a Convenção Africana sobre a conservação da natureza e dos recursos naturais. Em suma, o relatório Meadows exerceu forte influência sobre os debates ambientais da ONU, da Europa e de outros continentes.

Apesar dos referidos tratados (ainda com uma visão setorial e lateral do Direito Ambiental), conforme Kiss, o início do Direito Internacional do Ambiente deu-se no final dos anos sessenta.[34] A necessidade de tratamento transversal e intergeracional, decorrente de problemas ambientais com "notas planetárias" (*problèmes planétaires*)[35] – frise-se: a poluição dos oceanos e a diminuição de seus recursos biológicos; a rarefação da camada de ozônio; a premência da alteração climática global, susceptível de interferir na vida de bilhões de seres vivos; a inquietante diminuição da biodiversidade; a desflorestação e a consequente desertificação, dentre outros –, foi o fator que desencadeou, como única resposta eficiente, a cooperação internacional[36], sem distinção entre grandes e pequenos países, ricos ou pobres.[37] E, ato reflexo, para a efetividade dessas normas (de Direito Internacional Ambiental), requereu-se, por parte da Comunidade Internacional, uma colaboração para a instituição, monitoramento e implementação,[38] na qual as condições econômicas (e, consequentemente, sociais) deveriam ser levadas em consideração, para uma gradativa e eficiente política ambiental.[39] As palavras de Alexandre Kiss são elucidativas em relação ao enodamento sistêmico dos três elos formadores do desenvolvimento sustentável (em forma e matema de nó borromeu):

---

[31] MEADOWS, Donella H.; MEADOWS, Dennis L.; RANDERS, Jørgen.; BEHRENS III, William W.; The Limits to Growth, 1972, (v. ver. ut), p. 23.

[32] MEADOWS.; *& Tal* , *Ob. cit.*, p.23

[33] AMADO GOMES, Carla.; Risco e Modificação do Acto Autorizativo Concretizador de Deveres de Protecção do Ambiente, Coimbra Editora, 2007, p. 27.

[34] KISS, Alexandre.; et BEURIER, Jean-Pierre.; Droit International de L'Environment, Paris: Editions A. Pedone, Édition: 3e éd., (1 octobre 2004).

[35] KISS, Alexandre.; et BEURIER, Jean-Pierre.; *Ob. Cit.*

[36] KISS, Alexandre.; et BEURIER, Jean-Pierre.; *Ob. Cit.*

[37] KISS, Alexandre.; et BEURIER, Jean-Pierre.; *Ob. Cit.*

[38] KISS, Alexandre.; et BEURIER, Jean-Pierre.; *Ob. Cit.*

[39] KISS, Alexandre.; et BEURIER, Jean-Pierre.; *Ob. Cit.*

L'émergence du concept de développement durable, fondé sur les trois piliers – l'économie, le social et l'environment – peut aider à établir *un* équilibre à *cet* égard.[40]

3.3 Declaração de Estocolmo de 1972

A ONU convocou em 1968, para o ano de 1972, uma Conferência sobre o Meio Ambiente Humano,[41] reunida em Estocolmo/Suécia, entre 5 e 16 de junho,[42] a qual contou com a participação de 114 países (daí ser conhecida como a Conferência de Estocolmo). Em 1970 foi decretado o *Ano de Proteção da Natureza* pelo Conselho da Europa. A doutrina considera ser essa conferência *"o primeiro* (significativo) *alerta em relação* à *necessidade de proteção efetiva do meio ambiente"*.[43 ix 44 45] Os movimentos ecológicos antienergia nuclear, alarmados com os resultados nefastos e prolongados da radioatividade das bombas de Hiroshima e Nagasaki, também influenciaram nos trabalhos da Conferência.[46] Os países considerados desenvolvidos economicamente defenderam a tese do congelamento econômico, de acordo com o relatório do Clube de Roma e, os países em desenvolvimento, defenderam, por sua vez, a tese do crescimento econômico a qualquer custo. De fato, os países em desenvolvimento aduziram que os países desenvolvidos já haviam degradado o ambiente, fomentando a sua indústria, e agora pretendiam estagnar o crescimento dos países periféricos. Assim, sob a argumentação de que a permanência da pobreza era também um problema relacionado ao ambiente, a Conferência prolatou a Declaração de Estocolmo sobre o Meio Ambiente Humano, com forte apelo dos problemas ambientais e sociais no âmbito internacional.

De fato, as vertentes do meio ambiente humano (o natural e o artificial) foram consideradas essenciais para o bem-estar do homem e para o gozo dos seus direitos humanos fundamentais, inclusive do próprio direito à vida.[47] A Conferência de Estocolmo, 1972, percebe (e pressupõe) que a proteção e o melhoramento do meio ambiente humano é uma questão fundamental, a qual afeta indistintamente os povos e o desenvolvimento econômico mundial (Estocolmo, 1972, nº 2), reconhecendo ainda que a pobreza ocasiona grande parte dos problemas ambientais nos países em desenvolvimento (Estocolmo, 1972, nº 4).

Por isso, como um texto jurídico composto de normas programáticas internacionais, a referida Conferência de 1972 informa que os países em desenvolvimento devem dirigir os seus esforços para atingir o desenvolvimento, tendo presentes as suas prioridades e a necessidade de salvaguardar e melhorar o meio ambiente (Estocolmo, 1972, nº 4). Com o mesmo fim, os países industrializados devem esforçar-se para reduzir as

---

[40] KISS, Alexandre.; et BEURIER, Jean-Pierre.; *Ob. cit.*, p. 21.

[41] Resolução 2398 [XXIII], de 3.12.1968.

[42] Nesse sentido, ver MARTINS, José Pedro Soares.; Sustentabilidade 1968 e o Clube de Roma, Associação Campineira de Imprensa, (end. e dat. disp.).

[43] ALBERGARIA, Bruno.; Direito Ambiental e a Responsabilidade Civil das Empresas, Belo Horizonte: Fórum, 2005, p. 32. Nesse sentido, AMADO GOMES, Carla.; Risco e Modificação do Acto Autorizativo Concretizador de Deveres de Protecção do Ambiente, Coimbra Editora, 2007.

[44] *Cf. Apud.* ALBERGARIA, Bruno, *Ob. cit.*, p. 32.

[45] Nesse sentido, ver MARTINS, José Pedro Soares.; Sustentabilidade 1968 e o Clube de Roma, Associação Campineira de Imprensa, (end. e dat. disp.).

[46] V. artigo 26 da Declaração de Estocolmo Sobre o Meio Ambiente Humano.

[47] Conferência das Nações Unidas sobre o Meio Ambiente Humano, Estocolmo, 1972, nº 1. Doravante denominada apenas de Estocolmo, 1972.

distâncias (econômicas, ambientais e sociais) que os separam dos países em desenvolvimento (Estocolmo, 1972, nº 4).

Com nítido viés antropocêntrico – apesar do contexto da normatização da defesa do ambiente –, Estocolmo, 1972 reconhece que são os próprios seres humanos os mais valiosos bens (Estocolmo, 1972, nº 5), afinal, é por ação deles que se promove o progresso da sociedade, cria-se riqueza e desenvolvem-se a ciência e a tecnologia, transformando continuamente o meio ambiente humano (Estocolmo, 1972, nº 5). O enodamento ambiental social e econômico é pressuposto ao assentar que, através do progresso social e dos avanços da produção, da ciência e da tecnologia, eleva-se continuamente a capacidade do homem de melhorar o meio ambiente (Estocolmo, 1972, nº 5). De outra sorte, evocando os ideais ecocêntricos, a Conferência de Estocolmo afirmou que para que o homem possa chegar à plenitude de liberdade dentro dos limites da natureza e, em harmonia com ela, ele deve aplicar os seus conhecimentos para criar um meio ambiente melhor (Estocolmo, 1972, nº 6).

Não é outro o princípio I de Estocolmo, 1972: "o homem tem um direito fundamental à liberdade, à igualdade e às condições de vida satisfatórias, num ambiente cuja qualidade lhe permita viver com dignidade e bem-estar, cabendo-lhe o dever solene de proteger e promover o ambiente em prol das gerações atuais e vindouras".[48] Associou, assim, os problemas sociais aos ambientais, no que acaba por justificar, de certa maneira, a larga abrangência do conceito de "Direito Ambiental" dos países em desenvolvimento (conceito este que promove a sua aderência à *qualidade de vida*, em detrimento da contrarreação dos países desenvolvidos, em que tem prevalecido o conceito estrito: "conjunto de normas relativas à gestão racional dos bens ambientais naturais").[49] E, assim como se mantêm as metas fundamentais, tais como a paz e do desenvolvimento econômico e social, a defesa ambiental também deve ser perseguida, ao mesmo tempo e em conformidade com o crescimento econômico e a equidade social (Estocolmo, 1972, nº 7). Mais uma vez clareia-se o entrelaçamento nodal entre o social, o econômico e o ambiental, viabilizando o estabelecimento de um sistema sustentável.

A preocupação com a chamada justiça intergeracional, através da proteção e do melhoramento do meio ambiente humano para as gerações presentes e futuras, foi convertida em meta a ser observada por toda a humanidade (Estocolmo, 1972, nº 7). Com efeito, o Princípio II de Estocolmo, 1972 estabelece que os recursos naturais da Terra (incluídos o ar, a água, a terra, a flora e a fauna; e, especialmente, amostras representativas dos ecossistemas naturais) devem ser preservados em benefício das gerações presentes e futuras, mediante uma cuidadosa planificação ou ordenamento (Estocolmo, 1972, Princípio II). Para isso, os recursos não renováveis da Terra devem ser empregados de forma que se evite o seu futuro esgotamento, assegurando-se que toda a humanidade compartilhe dos benefícios de sua utilização (Estocolmo, 1972, Princípio V). Aos recursos renováveis deve ser salvaguardada a sua capacidade de reconstituição e/ou recomposição (Estocolmo, 1972, Princípios II e III).

Conforme Kiss,[50] os princípios 8 a 25 de Estocolmo, 1972 prendem-se com a prática da proteção do ambiente e mencionam os instrumentos da política ambiental:

---

[48] V. ainda os Princípios 9, 10, 11, 12, 20 e 23 da referida Declaração.

[49] AMADO GOMES, Carla.; Risco e Modificação do Acto Autorizativo Concretizador de Deveres de Protecção do Ambiente, Coimbra Editora, 2007, p. 25.

[50] KISS, Alexandre.; et BEURIER, Jean-Pierre.; *Ob. Cit.*

a planificação e a gestão por parte de instituições nacionais; o recurso à ciência e à tecnologia; a troca de informações e a cooperação internacional.

Considerado como um dos fundamentos do Direito Internacional do Ambiente,[51] o princípio XXI da Declaração de Estocolmo reconhece aos Estados o direito soberano de explorar os seus próprios recursos, de acordo com a sua política ambiental interna (Estocolmo, 1972, Princípio XXI). Por outro lado, os Estados têm o dever de impedir que as atividades exercidas nos limites de sua soberania, ou sob o seu controle, causem danos ao ambiente de outros Estados ou em regiões que não sejam de nenhuma jurisdição nacional (Estocolmo, 1972, Princípio XXI).

3.4 Uma resposta da ONU para os problemas ambientais: sistema PNUMA

No mesmo ano de 1972, "aproveitando a energia gerada pela Conferência de Estocolmo",[x] a Assembleia Geral da ONU implementou, em dezembro, nos quadros do seu sistema,[52] ou na chamada «*constelação onusiana*»,[53] uma agência responsável por catalisar a ação internacional e nacional para a proteção do meio ambiente no contexto do desenvolvimento sustentável, denominada de Programa das Nações Unidas para o Meio Ambiente – PNUMA. Não suficiente, também em outubro desse ano, no âmbito europeu, foi elaborada a Declaração de Paris, na qual se determinou expressamente "uma política do ambiente (...) (com) o objectivo (de) melhorar a qualidade e o enquadramento de vida, o meio ambiente e *as condições de vida* dos povos de que fazem parte".[54]

Dentre os principais objetivos do PNUMA, destacam-se: manter o estado do meio ambiente global sob contínuo monitoramento, bem como alertar povos e nações sobre problemas e ameaças ao meio ambiente e recomendar medidas para melhorar a qualidade de vida da população sem comprometer os recursos e serviços ambientais das gerações futuras.[xi] E, dentre as principais áreas temáticas de atuação do PNUMA, situam-se: mudanças climáticas; gestão de ecossistemas e da biodiversidade; uso eficiente de recursos; consumo e produção sustentáveis e governança ambiental.[55]

Com fundamento no princípio democrático, o PNUMA propicia diálogos entre gestores públicos, atores da sociedade civil, do setor privado e acadêmico, abordando variados temas, tais como:[56] *(i)* compilação e análise integrada de informações sobre o estado do meio ambiente e os impactos de processos de desenvolvimento sobre os recursos naturais, com objetivo de produzir subsídios para tomadores de decisão e apoiar a elaboração de políticas ambientais; *(ii)* identificação e desenvolvimento de alternativas para minimizar impactos negativos ao meio ambiente causados por padrões insustentáveis de produção e consumo, enfocando, principalmente, na eficiência de recursos; *(iii)* assistência ao desenvolvimento de capacidade, de conhecimento científico

---

[51] KISS, Alexandre.; et BEURIER, Jean-Pierre.; *Ob. Cit.*

[52] Sobre os quadros da ONU, ver melhor em CAMPOS, João Mota de Carvalho (coord.).; Organizações Internacionais, Teoria Geral, Estudos Monográficos das Principais Organizações Internacionais de que Portugal é Membro, Lisboa: Fundação Calouste Gulbenkian, 3ª ed., 2008.

[53] CAMPOS, João Mota de Carvalho (coord.).; *Ob. cit.*, p. 31.

[54] Cf. AMADO GOMES, a Declaração de Paris foi o "ponto de partida da política comunitária de ambiente". In: AMADO GOMES, Carla.; Risco e Modificação do Acto Autorizativo Concretizador de Deveres de Protecção do Ambiente, Coimbra Editora, 2007, p. 52.

[55] Ver melhor nos relatório da PNUMA, (end. e dat. disp.).

[56] V. *Idem.*

e transferência de tecnologias para fortalecer a implementação de acordos ambientais multilaterais; *(iv)* implementação de ações integradas e de cooperação sul-sul entre países em desenvolvimento no âmbito de blocos regionais e sub-regionais; *(v)* promoção de parcerias para integrar o setor privado em uma nova cultura de responsabilidade ambiental e criação de espaços para a preparação e participação da sociedade civil e setores acadêmicos em projetos de gestão ambiental e desenvolvimento sustentável.[57]

Uma contribuição fundamental do PNUMA para a comunidade internacional foi a criação, conjuntamente com a Organização Meteorológica Mundial – OMM, do Painel Intergovernamental para as Mudanças Climáticas – IPCC, em 1988, o qual se tornou a fonte proeminente para informações científicas relacionadas às mudanças climáticas.[58] O principal instrumento internacional neste assunto, a Convenção Quadro das Nações Unidas sobre Mudanças Climáticas – UNFCCC, foi adotado em 1992.[59]

3.5 Um movimento internacional em prol do ambiente

Entretanto, conforme já aduzimos em parte antecedente deste trabalho, na década de 70, o movimento ambientalista ainda andava bastante associado ao mundo *hippie*.[60] Aliás, em 1971, um "grupo *hippie*" de norte-americanos migrou para o Canadá e aí fundou uma combativa organização em prol do meio ambiente: o *Greenpeace*.[xii]

Em 1975, Peter Singer lançou a obra *Animal Liberation – Liberação dos Animais*, na qual defendia a proibição antrópica do uso de animais irracionais, sob qualquer pretexto. Para esse filósofo e professor de bioética na Universidade de Princeton, as criações bovinas, suínas, de aves ou de outros animais para o consumo humano e/ou utilização deles em laboratórios caracterizam-se como uma espécie de tirania aos seres vivos. Apregoa o autor a construção de (nova e sua) ética na máxima: "A vida humana não tem mais valor que a dos outros animais". Com essa perspectiva, tenta romper com a milenar tradição de "sobrevalor humano" relativamente aos demais seres vivos. O movimento desencadeado por Peter Singer, portanto, imprescinde de uma postura vegetariana e de cunho ecocentrista.

Não suficiente, catástrofes ambientais de escalas transfronteiriças também contribuíram para que importantes mudanças jurídicas ocorressem na ordem internacional (recorde-se: Seveso/1976,[xiii] Bhopal/1984[xiv] e Chernobil/1986).

Ainda, em 1977, pela primeira vez, um grupo de cientistas britânicos alertou o mundo para o problema da diminuição da camada de Ozônio – O3 – que envolve a atmosfera da Terra, denominada de ozonosfera.[xv] Segundo os cientistas, o que estaria provocando o desaparecimento do gás na estratosfera seria a excessiva liberação do CFC (Clorofluorcarbonos), à época, muito utilizado como propelentes em aerossóis, como isolantes em equipamentos de refrigeração e na produção de materiais plásticos. A diminuição da camada de Ozônio (e os efeitos prejudiciais desse fenômeno[xvi]) ocasionou uma mobilização mundial, na tentativa de se evitar a utilização dos CFC; tanto mediante a substituição desse produto quanto pela conscientização dos consumidores em não adquirir equipamentos que liberassem os CFC.

---

[57] V. *Ibidem.*

[58] V. *Ibidem.*

[59] V. *Ibidem.*

[60] MELO E SOUZA, Rosemeri.; Visões de natureza x vertentes ideológicas do ambientalismo: contribuição ao debate sobre sustentabilidade no Brasil, (end. e dat. disp.).

Conjuntamente a esse movimento, abriu-se para adesão, em 16.9.1987, o Protocolo de Montreal sobre Substâncias que Empobrecem a Camada de Ozônio na ONU.[xvii] Em janeiro de 1989, com a adesão de mais de 150 países, o referido Protocolo entrou em vigor. Justamente pela sua ampla aceitação internacional, o então Presidente da ONU, Kofi Annan, afirmou que "perhaps the single most successful international environmental agreement to date".[61] Conforme dados divulgados pela Agência Espacial Norte-Americana – a NASA –, a camada de Ozônio vem se recuperando desde 1997, com previsão de recuperação total para 2050.[xviii]

Um dado que caracteriza as primeiras atividades normativas internacionais de proteção ao ambiente é o fato de visarem setores ambientalmente específicos e isolados, tais como a protecção do mar contra a poluição, das águas continentais e da atmosfera, e a preservação da fauna e da flora selvagens. Já no final dos anos 70 e início dos anos 80, contudo, o "método transversal" passa a se sobressair, caracterizando uma segunda etapa na evolução do direito internacional do ambiente.[62]

3.6 Relatório Brundtland

Celebrados 10 anos da Convenção de Estocolmo, sob a coordenação da PNUMA, em 1982, em Nairóbi, estipulou-se a criação de uma Comissão Mundial para o Meio Ambiente e Desenvolvimento, implementada no ano seguinte. Sob os auspícios da primeira-ministra da Noruega e então presidente da comissão Gro Harlem Brundtland, foi apresentado o "Relatório Nosso Futuro Comum" (*Our common future*) em 1987. Uma de suas principais recomendações era a realização de uma conferência mundial direcionada aos assuntos relativos ao meio ambiente e ao desenvolvimento econômico; retomando (e religando) as questões sociais à temática ambiental.[63] O *Considerando 4* desse relatório foi claro ao afirmar que a maior parte dos problemas da degradação ambiental era provocada pelo subdesenvolvimento.

Uma das maiores contribuições do *Relatório Brundtland*, como ficou conhecido, foi a introdução da definição de "desenvolvimento sustentável", caracterizado como o "desenvolvimento que atende às necessidades das gerações atuais sem comprometer a capacidade de as futuras gerações terem suas próprias necessidades atendidas".

O Relatório Brundtland é contemporâneo de grandes acidentes ambientais, o que alargou o debate internacional. O tema da proteção ambiental, então, ganha a atenção da mídia internacional, seja pela gravidade dos efeitos daqueles acidentes, quanto pelo aumento do interesse do expectador/leitor comum. No apagar da década de 80, em 1989, o navio petroleiro Exxon Valdez, da empresa petrolífera ExxonMobil, encalhou num recife do Alaska, despejando milhões de litros de petróleo no mar, precisamente em um dos santuários ecológicos virgens daquele estado americano. As cenas de milhares de animais morrendo – aves, peixes e mamíferos – foram mundialmente transmitidas, culminando para uma espécie de comoção internacional para os problemas decorrentes da poluição ambiental.

---

[61] *Apud.* Key Achievements of the Montreal Protocol to Date, (end. e dat. disp.).

[62] KISS, Alexandre.; et BEURIER, Jean-Pierre.; *Ob. Cit.*

[63] Conforme salienta Carla Amado Gomes, "é plausível, (…) a constatação de que a *noção de desenvolvimento sustentado*, emergente dos trabalhos da Comissão Brundtland (…), tem o seu embrião na Declaração de Estocolmo". In: AMADO GOMES, Carla.; Risco e Modificação do Acto Autorizativo Concretizador de Deveres de Protecção do Ambiente, Coimbra Editora, 2007, p. 31.

3.7 A Cimeira do Rio 92: o fortalecimento do desenvolvimento sustentável

Diante daqueles importantes fatos ambientais internacionais, em 1990 a ONU decidiu convocar uma Conferência das Nações Unidas sobre Meio Ambiente e Desenvolvimento, realizada no Rio de Janeiro em 1992. A escolha desse local pela ONU foi motivada por um forte fator político. É que, até então, o Brasil (e a maior parte dos países em desenvolvimento) oferecia resistência aos assuntos ambientais, sendo também mundialmente conhecido pela potência natural da Amazônia. Por isso, o Brasil passou a sofrer sistematicamente críticas nacionais e internacionais de ambientalistas; críticas robustecidas por causa de eventos que também ganharam repercussão internacional (a desflorestação da Amazônia e de áreas fronteiriças do Cerrado e, ainda, o assassinato do sindicalista e ambientalista Chico Mendes, em 22.12.1988).[64]

Assim, com o objetivo de "mudança de estratégia"[65] no cenário internacional, o Brasil ofereceu-se para sediar a Conferência sobre o Meio Ambiente da ONU, o qual também foi favorecido pela nova ordem constitucional interna. Relevam na matéria as Resoluções nº 43/143 e nº 44/228 da Assembleia Geral, esta definindo a data da Conferência para junho de 1992 e confirmando o Rio de Janeiro como local do evento.

Essa conferência é considerada, até então, o maior de todos os eventos já realizados pela ONU, caracterizando-se, dentre outros fatores, pela multiplicidade de *vozes* presentes (atores internacionais ou não, estes seguramente classificados *stakeholders*[xix]), uma vez que a cúpula da ONU era bipolarizada pelo discurso do capitalismo (EUA e Europa Ocidental) *versus* comunismo (União Soviética e Leste Europeu). Pelo fato da conferência ter ocorrido pouco depois da queda do muro de Berlim, as economias emergentes (ou não) viram a oportunidade e a necessidade de se manifestarem internacionalmente. Essa Conferência também chegou a ser conhecida como Cúpula da Terra; Conferência do Rio; Rio-92 ou, simplesmente, Eco-92.

Foram os principais documentos confeccionados pela Conferência: *(i)* a Agenda 21, um programa de ação global, em 40 capítulos; *(ii)* a Declaração do Rio, um conjunto de 27 princípios pelos quais deveria ser conduzida a interação dos seres humanos com o planeta; *(iii)* a Declaração de Princípios sobre Florestas; *(iv)* a Convenção sobre Diversidade Biológica; e *(v)* a Convenção-Quadro sobre Mudanças Climáticas.

(i) A Agenda 21 (tentou) vinculou(ar), de forma inexorável, as questões ambientais às questões econômicas, notadamente com a miserabilidade e a pobreza, tendo em vista que a "proteção dos recursos naturais deve considerar devidamente aqueles que dependem dos recursos para sua sobrevivência" (Seção I – Dimensões sociais e econômicas. Capítulo 3 da Agenda 21).[xx] Portanto, predisse que as ações relativas ao meio ambiente deveriam, necessariamente, percorrer paralelamente uma práxis que visasse "elevar o nível da vida de todos" (Preâmbulo da Agenda 21), a fim de que se possa "obter ecossistemas melhor protegidos e gerenciados" (Preâmbulo da Agenda 21). Assim, o texto da Agenda 21 identificou a disparidade social vivenciada entre os povos, tanto entre as nações quanto no interior delas (Seção I – Dimensões sociais e econômicas. Capítulo 3 da Agenda 21). Com efeito, asseverou-se que o agravamento da

---

[64] LIMA, Rodrigo Torres de Araújo.; A Participação da Sociedade Civil Organizada na Formulação da Política Externa Brasileira: as Conferências Sociais da ONU da Década de 1990, Dissertação de Mestrado em Relações Internacionais do Programa de Pós-Graduação em Relações Internacionais da Universidade de Brasília, Brasília, 2009, (end. e dat. disp.).

[65] LIMA, Rodrigo Torres de Araújo.; *Ob. Cit.*

pobreza (Preâmbulo da Agenda 21), da fome, das doenças e até mesmo do analfabetismo exacerbavam a deterioração contínua dos ecossistemas, o que interferia no bem-estar de todos (Preâmbulo da Agenda 21). Ademais, a pobreza é encarada como um "problema complexo e multidimensional", o qual deveria ser combatido conjuntamente com a ajuda de todos os países (Seção I – Dimensões sociais e econômicas. Capítulo 3 da Agenda 21).

Do mesmo modo, a Agenda 21 salientou que o desenvolvimento sustentável só poderia ser almejado, enquanto meta harmônica global, em uma associação mundial, já "que nação alguma pode atingir sozinha" (Preâmbulo da Agenda 21). Assim, uma "cooperação internacional para acelerar o desenvolvimento sustentável dos países em desenvolvimento" (Seção I – Dimensões sociais e econômicas. Capítulo 2 da Agenda 21) consistira em uma nova ordem de parceria mundial, onde o desenvolvimento sustentável tornar-se-ia um "item prioritário na agenda da comunidade internacional" (Seção I – Dimensões sociais e econômicas. Capítulo 2 da Agenda 21). Identificou a Agenda 21 que a ausência de cooperação internacional para se erradicar a pobreza (com a efetiva colaboração de todos os países para a reativação e a aceleração do desenvolvimento com um ambiente internacional dinâmico e propício aos países emergentes) resultaria "em fracasso ao desenvolvimento sustentável" (Seção I – Dimensões sociais e econômicas. Capítulo 2 da Agenda 21).

O texto da Agenda 21 defende a liberalização do comércio, estabelecendo um apoio recíproco entre comércio e meio ambiente (Seção I – Dimensões sociais e econômicas. Capítulo 2 da Agenda 21), e a necessidade de "oferta de recursos financeiros suficientes aos países em desenvolvimento", tal como iniciativas concretas diante dos problemas da dívida internacional, e "o estímulo a políticas macroeconômicas favoráveis ao meio ambiente e ao desenvolvimento".[66]

Para a Agenda 21, só se poderá alcançar um nível compatível de proteção ambiental se a humanidade, por meio de estímulos e programas governamentais, modificar os seus padrões de produção e consumo (Seção I – Dimensões sociais e econômicas. Capítulo 4 e 5 da Agenda 21), especialmente no que se refere à energia, transporte e resíduos. Assim, a Agenda 21 propôs que os países desenvolvidos fizessem "um exame dos padrões insustentáveis de produção e consumo" (Seção I – Dimensões sociais e econômicas. Capítulo 4 da Agenda 21), tendo em vista que tais padrões provocam "o agravamento da pobreza e dos desequilíbrios" (Seção I – Dimensões sociais e econômicas. Capítulo 4 da Agenda 21). Ora, "o crescimento da população mundial e da produção, associados a padrões não sustentáveis de consumo, aplica uma pressão cada vez mais intensa sobre as condições que tem o planeta de sustentar a vida" (Seção I – Dimensões sociais e econômicas. Capítulo 5 da Agenda 21), promovendo uma relação sinérgica – processos interativos – que afetam "o uso da terra, da água, do ar, da energia e outros recursos" (Seção I – Dimensões sociais e econômicas. Capítulo 5 da Agenda 21). Outrossim, conforme o texto estudado, saúde e desenvolvimento também estão intimamente ligados, na medida em que, "tanto um desenvolvimento insuficiente que conduza à pobreza, como um desenvolvimento inadequado que resulte em consumo excessivo, associados a uma população mundial em expansão, podem resultar em sérios problemas para a saúde relacionados ao meio ambiente" (Seção I – Dimensões sociais e econômicas. Capítulo 6 da Agenda 21).

---

[66] *Ibidem*. Ver também o Preâmbulo.

Por isso, defende a Agenda 21 que os governos deveriam efetivar a promoção do desenvolvimento sustentável dos "assentamentos humanos" (Seção I – Dimensões sociais e econômicas. Capítulo 7 da Agenda 21), bem como *a integração do entre o meio ambiente e o desenvolvimento na tomada de decisões* (Seção I – Dimensões sociais e econômicas. Capítulo 8 da Agenda 21).

Na Seção II da Agenda 21, intitulada de "Conservação e gerenciamento dos recursos para desenvolvimento", recomendava-se aos governos e a outros organismos que se esforçassem para proteger o meio ambiente, especialmente em relação a esses pontos: *(i)* a proteção da atmosfera (Seção II – Conservação e gerenciamento dos recursos para desenvolvimento. Capítulo 9); *(ii)* abordagem integrada do planejamento e do gerenciamento dos recursos terrestres (*Idem*. Capítulo 10); *(iii)* combate ao desflorestamento (*Idem*. Capítulo 11); *(iv)* manejo de ecossistemas frágeis – tais como *(iv, 1)* a luta contra a desertificação (*Idem*. Capítulo 12) e *(iv, 2)* o desenvolvimento sustentável das montanhas (*Idem*. Capítulo 13); *(v)* a promoção do desenvolvimento rural e agrícola sustentável (*Idem*. Capítulo 14); *(vi)* a conservação da diversidade biológica (*Idem*. Capítulo 15); *(vii)* o manejo ambientalmente saudável da biotecnologia (*Idem*. Capítulo 16); *(viii)* a proteção dos oceanos, de todos os tipos de mares – inclusive de mares fechados e semifechados – e das zonas costeiras, e a proteção, uso racional e desenvolvimento de seus recursos vivos (*Idem*. Capítulo 17); *(ix)* a proteção da qualidade e do abastecimento dos recursos hídricos, com aplicação de critérios integrados no desenvolvimento, manejo e uso dos recursos hídricos (*Idem*. Capítulo 18); *(x)* o manejo ecologicamente saudável das substâncias químicas tóxicas, incluída a prevenção do tráfico internacional ilegal dos produtos tóxicos (*Idem*. Capítulo 19); *(xi)* o manejo ambientalmente saudável dos resíduos perigosos, incluindo a prevenção do tráfico internacional ilícito de resíduos perigosos (*Idem*. Capítulo 20); *(xii)* o manejo ambientalmente saudável dos resíduos sólidos e de outras questões relacionadas aos esgotos (*Idem*. Capítulo 21); *(xiii)* o manejo seguro e ambientalmente saudável dos resíduos radioativos (*Idem*. Capítulo 22).

Ao conclamar e estimular a necessidade de ampla participação pública, através do compromisso e da integração concreta de todos os grupos sociais nas tomadas de decisão (Seção III – Fortalecimento do Papel dos Grupos Principais. Capítulo 23 – Preâmbulo da Agenda 21), a Seção III – intitulada *"Fortalecimento do Papel dos Grupos Principais"* – definiu os seguintes temas para ações institucionais: *(i)* ação mundial pela mulher, com vistas a um desenvolvimento sustentável e equitativo (Idem. Capítulo 24); *(ii)* a infância e a juventude no desenvolvimento sustentável (*Ibidem*. Capítulo 25); *(iii)* o reconhecimento e fortalecimento do papel das populações indígenas e suas comunidades (*Ibidem*. Capítulo 26); *(iv)* o fortalecimento do papel das organizações não governamentais como parceiros para um desenvolvimento sustentável (*Ibidem*. Capítulo 27); *(v)* iniciativas das autoridades locais em apoio à Agenda 21 (*Ibidem*. Capítulo 28); *(vi)* o fortalecimento do papel dos trabalhadores e de seus sindicatos (*Ibidem*. Capítulo 29); *(vii)* o fortalecimento do papel do comércio e da indústria (*Ibidem*. Capítulo 30); *(viii)* a comunidade científica e tecnológica (*Ibidem*. Capítulo 31); *(ix)* o fortalecimento do papel dos agricultores (*Ibidem*. Capítulo 32).

Finalizou o texto da Agenda 21 com a Seção IV – *Meios de implementação, in verbis*: *(i)* os recursos e os mecanismos de financiamento (Seção IV – Meios de Implementação. Capítulo 33); *(ii)* transferência de tecnologia ambientalmente saudável, cooperação e fortalecimento institucional (*Idem*. Capítulo 34); *(iii)* a ciência para o desenvolvimento sustentável (*Ibidem*. Capítulo 35); *(iv)* a promoção do ensino, da conscientização e do treinamento (*Ibidem*. Capítulo 36); *(v)* mecanismos nacionais e de cooperação internacional para o fortalecimento institucional nos países em desenvolvimento (*Ibidem*. Capítulo 37); *(vi)* arranjos institucionais internacionais (*Ibidem*. Capítulo 38); *(vii)* instrumentos e mecanismos jurídicos internacionais (*Ibidem*. Capítulo 39); *(viii)* informação para a tomada de decisões (*Ibidem*. Capítulo 40).

(ii) A Declaração do Rio de Janeiro sobre o Meio Ambiente e Desenvolvimento (doravante, Declaração) reafirma os princípios básicos da Declaração da Conferência das Nações Unidas sobre o Meio Ambiente (Estocolmo, 1972) e acrescenta que a guerra é inimiga do desenvolvimento sustentável (Princípio 24) e que "o desenvolvimento e a proteção do meio ambiente são interdependentes e inseparáveis" (Princípio 25).

Esse texto teve com uma de suas preocupações centrais a proteção às gerações presentes e futuras (Princípio 3).[67] Para tal intento, a Declaração fomentou que se estabelecesse "uma aliança mundial" – através, principalmente, de consenso internacional (Princípio 12) e da solução pacífica dos conflitos (Princípio 26) – "nova e equitativa, mediante a criação de novos níveis de cooperação entre os Estados, os setores-chave das sociedades e as pessoas" (Princípio 26). Assim, têm relevo acordos internacionais, fomentando-se previamente a participação popular (Princípio 10) e, posteriormente, a introdução no sistema normativo de cada Estado (respeitadas as singularidades específicas de cada povo[68] e país (Princípio 11), com uma visão holística do problema ambiental (Princípio 4) ao reconhecer *a natureza* com algo *integral e interdependente da Terra*, na qual constitui o *nosso lugar*. Os interesses de todos devem ser respeitados, protegendo-se a "integridade do sistema ambiental e de desenvolvimento mundial".

Ademais, com uma abordagem antropocêntrica, a Declaração reafirma que "os seres humanos constituem o centro das preocupações relacionadas com o desenvolvimento sustentável" (Princípio 1). Porém, reconhece que, para o ser humano ter uma vida saudável e produtiva, deve viver "em harmonia com a natureza" (Princípio 1).

Em harmonia com princípio da soberania dos Estados (e de sua autodeterminação interna), a Declaração partilha do direito de cada um deles de "explorar seus próprios recursos segundo suas próprias políticas ambientais e de desenvolvimento" (Princípio 2); assentando, entretanto, "a responsabilidade de velar para que as atividades realizadas dentro de sua jurisdição ou sob seu controle não causem danos ao meio ambiente de outros Estados ou de zonas que estejam fora dos limites da jurisdição nacional" (Princípio 2). Aos Estados competirá, nos termos da Declaração, promover um sistema normativo de responsabilização e indenização em prol de vítimas da contaminação do ambiente e de outros danos ambientais (Princípio 13). A partir de então, dever-se-á "desestimular ou evitar o deslocamento e a transferência a outros Estados de quaisquer atividades e substâncias que causem degradação ambiental grave ou se considerem nocivas à saúde humana" (Princípio 14).

A Declaração, em harmonia com o assentado na Agenda 21, assume a correlação da questão ambiental aos problemas socioeconômicos, ao dispor, notadamente em seu Princípio 5, que "todos os Estados e todas as pessoas deverão cooperar na tarefa essencial de erradicar a pobreza como requisito indispensável do desenvolvimento sustentável". Justifica, nessa linha, a possibilidade de tratamento especial aos países "menos adiantados e os mais vulneráveis do ponto de vista ambiental" (Princípio 6).

---

[67] Através do Princípio 21, conclama-se o "valor dos jovens do mundo para forjar uma aliança mundial orientada para obter o desenvolvimento sustentável e assegurar um futuro melhor para todos".

[68] Até mesmo os índios são considerados atores importantes no processo de desenvolvimento sustentável, conforme o Princípio 22 da Declaração.

A Declaração assenta que os Estados "deverão cooperar com o espírito de solidariedade mundial para conservar, proteger e restabelecer a saúde e a integridade do ecossistema da Terra" (Princípio 7), com observância do princípio da precaução (Princípio 15), inclusive mediante avaliação do impacto ambiental (Princípio 17). Além disso, aos Estados também é imposto o dever de "proporcionar a informação pertinente e notificar previamente e de forma oportuna os Estados que possam se ver afetados por atividades passíveis de ter consideráveis efeitos ambientais nocivos transfronteiriços" (Princípio 19). A Declaração atribui uma responsabilidade comum, porém diferenciada, aos países desenvolvidos pelo fato de terem "contribuído notadamente para a degradação do meio ambiente mundial". Demais disso, a Declaração reconhece a responsabilidade internacional do poluidor-pagador (Princípio 16).

A fim de alcançar o almejado desenvolvimento sustentável, conforme a Declaração, os "Estados deveriam reduzir e eliminar os sistemas de produção e consumo não sustentados e fomentar políticas demográficas apropriadas" (Princípio 8). Dever-se-ia, ademais, fomentar "o intercâmbio de conhecimentos científicos e tecnológicos, intensificando o desenvolvimento, a adaptação, a difusão e a transferência de tecnologias, entre estas, tecnologias novas e inovadoras" (Princípio 9). Ainda dentro desse "espírito" de cooperação e solidariedade internacional dos Estados, devem eles, nos termos da Declaração, "cooperar para promover um sistema econômico internacional favorável, aberto (Princípio 12) e transparente";[69] observando-se, todavia, que "as medidas de política comercial para fins ambientais não deveriam constituir um meio de discriminação arbitrária ou injustificável nem um restrição velada do comércio internacional" (Princípio 13), uma vez que o princípio da boa-fé dever rege as relações no âmbito do Direito Internacional (Princípio 27).

3.8 Cimeira de Viena – 1993

Com a perspectiva de assentar e fortalecer a interdependência e complementariedade entre desenvolvimento econômico e direitos humanos, além de postular a democracia como condição essencial para a afirmação de Estados de Direito, a Assembleia Geral da ONU decidiu convocar uma nova Conferência Mundial sobre Direitos Humanos, em novembro de 1990 (Resolução 45/155).[70][71] Assim, logo após a Cimeira do Rio, realizou-se em Viena a II Conferência Internacional de Direitos Humanos (1993).

Isso porque o que foi sendo verificado à época, notadamente depois das cimeiras internacionais relativas às condições climáticas, foi a existência de uma tensão entre o discurso internacional da universalidade dos direitos e o confronto de especificidades culturais de cada Estado. De sorte, a implementação dos dispositivos legais internacionais (encarados, em regra, nos moldes de um *Soft Law* e, por isso, mesmo, de densificação jurídica interna dependente da vontade interna de cada Estado) encontrou, em

---

[69] O Princípio 18 da Declaração fomenta a cooperação internacional nos casos de acidentes ambientais com o preceito de notificar imediatamente os outros Estados sobre os desastres naturais e outras situações de emergência que possam produzir efeitos nocivos súbitos no meio ambiente desses Estados.

[70] UNITED NATIONS, General Assembly, A/RES/45/155, (v. ver. ut).

[71] ABREU, Camila Ramos Pérola de.; BATALHONE, Ana Patrícia.; MODELLI, Fernando dos Santos.; CÉSAR, Paula Macedo.; Conferência Mundial de Direitos Humanos – Viena, 1993 Tópico: A inter-relação entre democracia, desenvolvimento e direitos humanos, In: Construindo juntos o nosso futuro comum, Simulação das Nações Unidas para Secundaristas, Sinus, 2009.

diversos momentos e lugares, "resistência cultural" (e não só), amparada pela soberania nacional interna.

Assim, o conflito entre as leis internacionais e as nacionais (e a delonga na ratificação daquelas e a sua consequente implementação interna) evocou, por parte da ONU, a realização de uma cimeira, com o escopo de superar essas barreiras jurídicas e culturais.[72]

Aliás, em que pese o próprio artigo 1º da Carta das Nações Unidas tenha assentado que um dos propósitos da organização é a manutenção da paz e da segurança internacional, reprimindo atos de agressão ou outra qualquer ruptura da paz (além de viabilizar, por meios pacíficos e em conformidade com os princípios da justiça e do Direito Internacional, um ajustamento ou solução das controvérsias ou situações internacionais que possam levar a uma perturbação da paz), proclama, por outro lado, que as Nações Unidas deverão desenvolver relações amistosas entre as nações, baseadas no respeito ao princípio de igualdade de direitos e de autodeterminação dos povos (...).[73] Em suma, essa Carta assegura e respeita a soberania nacional de cada um de seus Estados-membros.[xxi]

Sendo assim, a Cimeira de Viena tentou superar o aparente conflito entre os princípios dos direitos humanos, considerados universais, e a sua implementação interna em cada país, sem que houvesse uma ruptura cultural ou interferência direta na soberania de cada Estado.[74]

Diante desse contexto, na Cimeira de Viena foi internacional e definitivamente legitimada a noção de indivisibilidade dos direitos humanos, cujos preceitos deveriam ser efetivados, quer quanto aos direitos civis e políticos, quer quanto aos direitos econômicos, sociais e culturais. A Declaração de Viena também enfatiza os direitos de solidariedade; o direito à paz; o direito ao desenvolvimento e os direitos ambientais. Mais uma vez, desenha-se o enodamento sistêmico entre o (âmbito) econômico, o social e o ambiental; o que é visível pelos princípios enunciados pela Declaração de Viena e no Programa de Ação de Viena, e pelo pleno reconhecimento de que os direitos humanos são universais, indivisíveis, interdependentes e inter-relacionados.[75]

Assim, a Cimeira de Viena de 1993 tentou superar a clássica polêmica entre as teorias monista e dualista (de validade jurídica do Direito Internacional). De fato, o que se verificou pela referida Cimeira foi uma interação dinâmica entre o Direito Internacional e o Direito Interno, pela qual tem primazia a norma mais favorável aos seres humanos, seja norma de Direito Internacional ou de Direito Interno, diante do escopo de proteção jurídica da pessoa humana.[76] Por isso, um dos temas centrais da Cimeira de Viena foi justamente o da diversidade, a qual pode(ria) tornar as normas

---

[72] PINHEIRO, Paulo Sérgio.; "Prefácio". In: LINDGREN ALVES, J. A.; Relações Internacionais e Temas Sociais: a década das conferências, Brasília: IBRI, 2001, p. 15.

[73] Artigo 1º, 2 da Carta das Nações Unidas de 1945.

[74] PINHEIRO, Paulo Sérgio.; A genealogia e o legado de Viena, A Conferência Mundial sobre Direitos Humanos recomenda que cada Estado pondere a oportunidade da elaboração de um plano de ação nacional que identifique os passos por meio dos quais esse Estado poderia melhorar a promoção e a proteção dos Direitos Humanos, In: Rev. de Direitos Humanos, Especial PNDH-3, 05, Esplanada dos Ministérios, Bloco T, Edifício Sede, sala 424, 70.064-900 Brasília – DF, Abril de 2010.

[75] OLIVEIRA, Silvia Menicucci.; Barreiras não Tarifárias no Comércio Internacional e Direito ao Desenvolvimento, Rio de Janeiro: Renovar, 2005, p. 23.

[76] TRINDADE, Antônio Augusto Cançado.; A Consolidação da Capacidade Processual dos Indivíduos na Evolução da Proteção Internacional dos Direitos Humanos: Quadro Atual e Perspectivas na Passagem do Século, In: Direitos Humanos no Século XXI, Paulo Sérgio Pinheiro & Samuel Pinheiro Guimarães (org), Instituto de

internacionais de direitos humanos não aplicáveis ou relativas, segundo os diferentes padrões culturais e religiosos.[77]

Porém, mesmo com o reconhecimento das diversidades culturais ("... se deva ter sempre presente o significado das especificidades nacionais e regionais e os diversos antecedentes históricos, culturais e religiosos..."),[78] reafirmou-se em Viena que todos os direitos humanos decorrem da dignidade e do valor inerentes à pessoa humana,[79] sendo, por isso, universais, indivisíveis, interdependentes e inter-relacionados (Artigo I, §5º). Assim, estabeleceu a correlativa Declaração que a pessoa humana é sujeito central dos direitos humanos e das liberdades fundamentais e que, consequentemente, deve ser o seu principal beneficiário e participar ativamente na realização desses direitos e liberdades. Por isso, apesar das resistências flagrantes à noção de universalidade dos direitos humanos, o primeiro artigo da Declaração de Viena assume, à partida, como inquestionável (e indiscutível) a natureza universal desses direitos e liberdades (Artigo I, §1º). Permanece, pois, a imprescindibilidade da cooperação internacional no domínio dos direitos humanos para a plena realização dos objetivos das Nações Unidas (Artigo I, §1º). A Declaração considera que os direitos humanos e as liberdades fundamentais são, portanto, inerentes aos seres humanos e a sua proteção e promoção devem constituir a responsabilidade primeira dos governos dos Estados (Artigo I, §1º), independentemente de seus respectivos sistemas políticos, econômicos e culturais (Artigo I, §5º); tudo isto a despeito do reconhecido direito dos povos à sua autodeterminação (Artigo I, §2º). Por isso, a Declaração de Viena assevera que todos os Estados devem oferecer um quadro efetivo de soluções para reparar injustiças ou violações dos direitos humanos (Artigo I, §27). Além disso, a Declaração reafirma a vinculação dos Estados, conforme antes previsto na DUDH (Declaração Universal dos Direitos do Homem), no PIDESC (Pacto Internacional sobre os Direitos Econômicos, Sociais e Culturais) e em outros instrumentos internacionais de direitos humanos, devendo eles garantir que a educação se destine a reforçar o respeito pelos direitos humanos e liberdades fundamentais (Artigo I, §33). Como instrumentos ou garantias fundamentais para a implementação e concretização desses direitos e liberdades no âmbito interno e, portanto, necessários no processo democrático e de desenvolvimento sustentável, a Declaração reforça a importância de estruturas centrais do Estado de Direito: a administração da justiça, incluindo os departamentos policiais e de ação penal e, especialmente, um poder judicial independente e um estatuto das profissões forenses em conformidade com as normas aplicáveis constantes de instrumentos internacionais em matéria de direitos humanos (Artigo I, §27).

De todo modo, o *modus* da realização dos direitos humanos (reditos direitos inalienáveis) no âmbito interno depende das livres opções de cada Estado, consagrado em seu estatuto político próprio, perseguindo-se o (seu) desenvolvimento econômico, social e cultural (Artigo I, §2º). Afinal, a Cimeira de Viena também promulga pelas escolhas democráticas, tendo em vista o reconhecimento de que a democracia, o desenvolvimento e o respeito pelos direitos humanos e pelas liberdades fundamentais são interdependentes e reforçam-se mutuamente (Artigo I, §8º).

Pesquisa de Relações Internacionais, Fundação Alexandre de Gusmão, Seminários Direitos Humanos no Século XXI, Rio de Janeiro, 10 e 11 de Setembro de 1998, (end. e dat. disp.).

[77] PINHEIRO, Paulo Sérgio.; A genealogia e o legado de Viena... .

[78] Artigo I, §5º Declaração e Programa de Ação de Viena – 1993, doravante apenas Declaração.

[79] Declaração, Conferência Mundial sobre Direitos Humanos, Viena, 14-25/6/1993.

Por isso, a Declaração, apercebendo-se (da imprescindibilidade) do enodamento entre os sistemas econômico, social e ambiental, afirma a própria natureza jusfundamental do direito ao desenvolvimento (Artigo I, §10), em que eleva a pessoa humana como o sujeito central do desenvolvimento (Artigo I, §10), afinal, o desenvolvimento facilita o gozo de todos os direitos humanos (Artigo I, §10).

Novamente, vendo ser sedimentada a noção interdimensional, em matema análogo ao nó borromeo, enquanto sistema autopoiético, a Declaração de Viena proclama que o desenvolvimento deverá ser realizado de modo a satisfazer, de forma equitativa, as necessidades de desenvolvimento e ambientais das gerações presentes e vindouras (Artigo I, §11), assentando que todos têm o direito a usufruir dos benefícios decorrentes do progresso científico e das suas aplicações práticas (Artigo I, §11). Por isso, a Declaração exorta a comunidade internacional a envidar os esforços necessários para aliviar o peso da dívida externa dos países em vias de desenvolvimento, de forma a complementar os empenhos dos governos desses Estados na plena realização dos direitos econômicos, sociais e culturais de sua população (Artigo I, §12); perfilhando da constatação de que a pobreza extrema e generalizada obsta o gozo pleno e efetivo dos direitos humanos (Artigo I, §14). Não suficiente, nos termos da Declaração de Viena, a pobreza extrema e a exclusão social constituem violação da dignidade humana e, por isso, devem ser adotadas medidas urgentes relativamente àquelas e as suas causas, incluindo as relacionadas ao problema do desenvolvimento, com vista a promover os direitos humanos dos mais pobres, a pôr fim aos fatos que impedem o gozo dos frutos do progresso social (Artigo I, §25).

A Conferência Mundial sobre Direitos Humanos de Viena legitimou os direitos das mulheres (Artigo I, §18); das crianças (Artigo I, §21); das pessoas com deficiência (Artigo I, §22), além de ter feito reconhecimento expresso da dignidade inerente e do contributo dos povos indígenas para o desenvolvimento e o pluralismo da sociedade; sempre redizendo o empenho da comunidade internacional em prol do bem-estar econômico, social e cultural dos povos e no gozo dos frutos do desenvolvimento sustentável (Artigo I, §20).

Todas essas temáticas ressurgirão nas Cimeiras do Cairo, Copenhague e Beijing. Entretanto, a definição de 1993 dos direitos humanos permanecerá como referência inegociável nesses novos contextos de debate e de negociação internacional.

3.9 Cimeira Mundial do Cairo – 1994[80]

Conforme já antecipamos,[81] a Conferência Internacional sobre População e Desenvolvimento (CIPD), realizada no Cairo, em 1994, é considerada como uma das maiores cimeiras mundiais, tendo como foco principal as questões relativas ao crescimento populacional, bem como a sua vinculação com os direitos das mulheres (direitos sexuais e direitos reprodutivos),[82] econômicos e sociais.

Segundo o próprio Preâmbulo da Conferência Internacional sobre População e Desenvolvimento, realizada num momento decisivo na história da cooperação

---

[80] V. *Tb*. Capítulo I.

[81] V. Capítulo I. In: Nota: PATRIOTA, Tânia.; Apresentação, In: Relatório da Conferência Internacional sobre população e Desenvolvimento – Plataforma de Cairo, 1994.

[82] FREIRE, Nilcéa.; Apresentação, In: Rumos para Cairo mais 20, Compromissos do Governo Brasileiro com a Plataforma da Conferência Internacional Sobre População e Desenvolvimento, Brasília, 2009.

internacional, as políticas de macroeconomia e socioeconômicas deveriam ter como escopo promover o crescimento econômico sustentado, no contexto geral de um desenvolvimento sustentável, a fim de mobilizar recursos financeiros e humanos para a solução global de problemas; isto diante do crescente reconhecimento da população global, desenvolvimento e interdependência ambiental.[83]

O RCIPD-94 assenta especificamente que os países em desenvolvimento (a despeito de não ignorar que se trata de um problema enfrentado por praticamente todos os países) debruçam-se com crescentes dificuldades para melhorar a qualidade de vida de sua população de maneira sustentável, pois, usualmente, tais Estados arrostam graves obstáculos ao desenvolvimento (entre os quais estão os relacionados com a persistência de desequilíbrios comerciais; com a recessão na economia mundial; com a persistência do problema do serviço da dívida e com a necessidade de tecnologias e de ajuda externa) (Capítulo III – 3.2, RCIPD-94). Segundo o RCIPD-94, a realização de um desenvolvimento sustentável e a erradicação da pobreza devem ser sustentadas por políticas macroeconômicas, com vista a um adequado ambiente econômico internacional, assim como por bom gerenciamento, políticas efetivas e eficientes das instituições nacionais (Capítulo III – 3.2, RCIPD-94). A introdução do conceito jurídico de *good governance* adentrava o cenário internacional.

A Conferência Internacional sobre População e Desenvolvimento não fora evento realizado num "vácuo" internacional quanto ao tema. O seu Programa de Ação baseou-se em amplo consenso internacional, o qual fora anteriormente desenvolvido (a partir da Conferência Mundial da População, em Bucareste/1974, e da Conferência Internacional sobre População, na Cidade do México/1984) sobre os grandes problemas demográficos e as inter-relações entre população, crescimento econômico sustentado e desenvolvimento sustentável, e os progressos na educação, situação econômica e emancipação da mulher (Capítulo 1 – Preâmbulo, 1.5, RCIPD-94).

De acordo com o RCIPD-94, admitia a Comunidade Internacional que nunca antes tinha havido à disposição tantos recursos, conhecimento e tecnologias, os quais, acaso devidamente redirecionados, poderiam favorecer o crescimento econômico em níveis nacional e internacional (Preâmbulo, RCIPD-94). A despeito do reconhecimento dessa disponibilidade, a utilização desses recursos era igualmente afirmada como limitada e socialmente injusta (Capítulo 1 – Preâmbulo, 1.1). Nesse sentido, apesar do significativo progresso nas áreas sociais, o RCIPD-94 rediz que os países em desenvolvimento ainda enfrentavam sérias dificuldades econômicas, além de um ambiente econômico internacional desfavorável ao seu desenvolvimento sustentável; fatores estes que fomentaram um aumento significativo da quantidade de pessoas no mundo em estado de pobreza absoluta (Capítulo 1 – Preâmbulo, 1.2).

Ademais, o RCIPD-94 ainda enuncia que muitos dos recursos básicos para o bem-estar das gerações futuras estavam sendo genericamente exauridos, intensificando a degradação ambiental, levada a efeito por sistemas não sustentáveis de produção e consumo; por um crescimento demográfico sem precedente; pela pobreza generalizada e persistente e, ainda, pela desigualdade social e econômica (Capítulo 1 – Preâmbulo, 1.2). Assim, fato é que aos problemas ecológicos (como a mudança global do clima, em grande parte produzida por sistemas não sustentáveis de produção e consumo) somam-se as ameaças ao bem-estar das futuras gerações (Capítulo 1 – Preâmbulo, 1.2).

---

[83] Capítulo 1 – Preâmbulo, 1.1, Relatório da Conferência Internacional sobre População e Desenvolvimento – Plataforma de Cairo – de 1994 (doravante denominado simplesmente por RCIPD-94).

Por isso mesmo, a Conferência do Cairo identificou a necessidade de viabilizar um consenso global e aumentar a cooperação internacional no que tange ao crescimento da população no contexto de um desenvolvimento sustentável, para o qual a Agenda 21 deveria oferecer uma estrutura mais eficaz em relação às desigualdades socioeconômicas e também ambientais (Capítulo 1 – Preâmbulo, 1.2).

Em franca percepção do sistema interligado (frise-se, em forma e matema de nó borromeu), para se atingir uma sustentabilidade sistêmica, a Conferência de 1994 recebeu explicitamente um mandato mais amplo sobre as questões que envolvem o desenvolvimento. Assim, reflete-se, no palco internacional, a crescente tomada de consciência de que a população (e seu crescimento), pobreza, sistemas de produção e de consumo e o meio ambiente estão intimamente relacionados e interconectados, sendo que nenhuma dessas variáveis poderia ser analisada isoladamente (Capítulo 1 – Preâmbulo, 1.8). Com efeito, os esforços (nacionais e internacional) devem ser direcionados para diminuir o crescimento demográfico, amortizar a pobreza, alcançar o progresso econômico, melhorar a proteção ambiental e reduzir sistemas insustentáveis de consumo e de produção (Capítulo III – 3.14).

Dessa forma, embora se identifiquem avanços sociais, econômicos e, até mesmo, ambientais nas últimas duas décadas de 1990, o RCIPD-94 aceitou que restava ainda muito a ser feito (Capítulo 1 – Preâmbulo, 1.8). O RCIPD-94 identificou uma tendência particularmente encorajadora no sentido de fortalecimento do compromisso político de muitos governos com políticas demográficas e com programas de planejamento familiar, a despeito de proclamar ser direito da mulher e da entidade familiar (Capítulo II – Princípio 4) a decisão sobre o planejamento da prole (Capítulo 1 – Preâmbulo, 1.8). Os *efeitos da teria de Malthus* ressurgiram quando o Relatório da ONU reafirmou que um crescimento econômico sustentado, no contexto de um desenvolvimento sustentável, ressaltará a capacidade de países de resistir às pressões de um esperado crescimento populacional (Capítulo 1 – Preâmbulo, 1.8). Somente assim, segundo o RCIPD-94, haverá transição demográfica em países onde se verifica desequilíbrio entre os indicadores demográficos e as metas sociais, econômicas e ambientais, permitindo o equilíbrio e a integração da dimensão demográfica em outras políticas relacionadas com o desenvolvimento (Capítulo 1 – Preâmbulo, 1.8).

O RCIPD-94 ainda identificou a mudança das populações rurais para as áreas urbanas, assim como constantes e elevados níveis de migração entre os países (Capítulo 1 – Preâmbulo, 1.10), fatos que são indubitavelmente parte relevante das transformações econômicas que ocorrem e que colocam outros novos e sérios desafios (Capítulo 1 – Preâmbulo, 1.10).

Destarte, o Programa de Ação proposto pelo RCIPD-94 aborda todos esses problemas e outros mais, numa estrutura global e integrada, com vista à melhoria da qualidade de vida da atual população mundial e das futuras gerações (Capítulo 1 – Preâmbulo, 1.11). Porém, o RCIPD-94 não ignora a sua "sensibilidade jurídica", em termos de efetividade (mesmo porque a Conferência Internacional sobre População e Desenvolvimento não inovou absolutamente em termos de um novo direito humano internacional (Capítulo 1 – Preâmbulo, 1.15), assentando que as recomendações de ação estavam sendo firmadas num espírito de consenso e de cooperação internacional. O RCIPD-94 também redisse que a formulação e a implementação de políticas ligadas à população eram da responsabilidade de cada Estado e deveriam levar em conta a concreta realidade econômica, social e ambiental, com respeito aos diferentes valores religiosos e éticos, às raízes culturais e às convicções filosóficas específicas de cada povo, assim como a responsabilidade geral, embora diferenciada, de todos os povos do mundo por um futuro comum (Capítulo 1 – Preâmbulo, 1.11).

Diante da necessidade de aportes financeiros para a realização do Programa de Ação recomendado pelo RCIPD-94, em nível nacional e internacional, eles deveriam ser obtidos mediante a reordenação de prioridades (estaduais e internacionais), podendo ser comparados aos gastos com desenvolvimento global e aqueles dispendidos com programas militares (Capítulo I – Preâmbulo, 1.13). Porém, algumas medidas sugeridas pelo RCIPD-94 prescindem de elevadas somas financeiras, pelo fato de envolver mudanças de estilo de vida das pessoas, em normas sociais ou em políticas governamentais; o que poderia ser amplamente reproduzido e sustentado basicamente por meio de uma maior ação de cidadania e de liderança política (Capítulo I – Preâmbulo, 1.13).

Nesse contexto, o RCIPD-94 perfilha (e sintoniza com outros diplomas internacionais já mencionados) do entendimento de que o cumprimento das recomendações contidas no Programa de Ação é considerado um direito soberano de cada Estado, de conformidade com as leis nacionais e as suas próprias prioridades de desenvolvimento, com o pleno respeito aos diferentes valores religiosos e éticos e à formação cultural de seu povo e de acordo com os direitos humanos internacionais universalmente reconhecidos (Capítulo II – Princípios).

Mais uma vez o RCIPD-94 desenha (de modo sublimar, porém perceptível) o enodamento entre os sistemas econômico, social e ambiental ao estabelecer que as inter-relações entre população, crescimento econômico sustentado e desenvolvimento sustentável e em suas deliberações deverão obedecer aos princípios da proteção à vida, liberdade, igualdade, dignidade e direitos (Capítulo II – Princípio 1). Com concepção antropocêntrica, atenuada pelo claro objetivo ecológico, o RCIPD-94 reafirma que os seres humanos estão no centro das questões de desenvolvimento sustentável e têm direito à vida saudável e produtiva, em harmonia com a natureza (Capítulo II – Princípio 2). Afinal, o Relatório de Cairo faz a ressalva de que as pessoas são o recurso mais importante e valioso de toda nação (Capítulo II – Princípio 2). Por isso mesmo, todo homem tem direito a um adequado padrão de vida para si e sua família, inclusive quanto à alimentação, vestiário, habitação, água e saneamento (Capítulo II – Princípio 2).

O RCIPD-94 reitera que o direito ao desenvolvimento é um direito universal e inalienável e integra os direitos humanos fundamentais, e da pessoa humana, sujeito central do desenvolvimento (Capítulo II – Princípio 3), devendo ser cumprido de modo a atender equitativamente às necessidades da população, de desenvolvimento econômico e de meio ambiente das gerações presentes e futuras (Capítulo II – Princípio 3). Por isso, o RCIPD-94 evoca que as metas políticas relacionadas com a população são parte integral do desenvolvimento cultural, econômico e social, cujo principal objetivo é melhorar a qualidade de vida de todos os povos (Capítulo II – Princípio 5). No princípio 6 do RCIPD-94, o enodamento torna-se patente mediante a consideração de que o desenvolvimento sustentável (como meio de assegurar o bem-estar humano, equitativamente partilhado por todos os povos, hoje e no futuro) exige que as inter-relações entre as variáveis – população, recursos, meio ambiente e desenvolvimento – sejam plenamente reconhecidas, convenientemente administradas e estabelecidas num equilíbrio harmonioso e dinâmico (Capítulo II – Princípio 6). Afinal, a pobreza está proporcional e diretamente relacionada a uma inadequada distribuição espacial da população, ao uso insustentável e a uma distribuição desigual de recursos naturais (tais como terra e água) e à séria degradação ambiental (Capítulo III – 3.13). O RCIPD-94 estabelece, dessa forma, que fatores demográficos, combinados, em algumas áreas, com a pobreza e a falta de acesso a recursos; e, em outras, com sistemas de consumo excessivo e de produção com desperdício, causam ou agravam problemas de degradação ambiental e de esgotamento de recursos naturais, inibindo assim o desenvolvimento sustentável (Capítulo III – 3.25).

Todavia, para uma melhor (e quiçá plena) eficácia na concretização do desenvolvimento sustentável, o RCIPD-94 afirma que todos os Estados e povos devem cooperar na tarefa essencial de erradicar a pobreza, com vista à redução das disparidades de padrões de vida e o melhor atendimento das necessidades da maioria das pessoas (Capítulo II – Princípio 7). Por isso, os países de economia em transição (tal como os demais) precisam ser plenamente integrados na economia mundial (Capítulo II – Princípio 7), eis que as pessoas têm reconhecido o direito ao gozo do mais alto padrão possível de saúde física e mental (Capítulo II – Princípio 8).

Finalmente, o Princípio 15 RCIPD-94 estabeleceu que o crescimento econômico sustentado (no contexto de um desenvolvimento sustentável) e o progresso social requerem que o crescimento se dê em base geral, oferecendo à partida iguais oportunidades para todas as pessoas.[84] Para lograr os objetivos, em escala mundial, determina que todos os países devem reconhecer as suas próprias responsabilidades comuns, mas diferenciadas.[85] Assim, pelo RCIPD-94, os países desenvolvidos assumem a sua responsabilidade pelo intento internacional de desenvolvimento sustentável e devem continuar a intensificar os seus esforços para promover o crescimento econômico sustentado e reduzir os desequilíbrios, de uma maneira que possam beneficiar todos os países, principalmente aqueles em estágio de desenvolvimento.[86] Finalmente, o RCIPD-94 recomenda aos governos a criação de mecanismos institucionais internos e condições para viabilizar que os fatores populacionais sejam devidamente incluídos nos processos administrativos e de tomadas de decisão dos órgãos estatais responsáveis por políticas e programas econômicos, ambientais e sociais.[87]

3.10 A Cúpula Mundial realizada em Copenhague (1995)

O conceito de «desenvolvimento social» não constava originalmente da Carta das Nações Unidas.[88] Assim, a convite dessa organização, Chefes de Estado e de Governo reuniram-se a fim de reconhecer a importância do desenvolvimento social e do bem-estar humano e conferir a esses objetivos a mais alta prioridade, a partir daquele ano (1995), no século XXI.[89] Diferentemente das demais conferências da agenda social da ONU da década de 90, a cúpula realizada em Copenhague foi o primeiro grande encontro internacional sobre o tema do desenvolvimento social.[90]

A Cimeira de Copenhague assentou a realização do desenvolvimento social através de atuação direta do Estado, a despeito da resistência mais contundente dos países

---

[84] Capítulo II – Princípio 15, RCIPD-94.

[85] Idem.

[86] Capítulo II – Princípio 15, RCIPD-94.

[87] Capítulo III – 3.7, RCIPD-94.

[88] ALVES, J. A. Lindgren.; A Cúpula Mundial sobre o Desenvolvimento Social e os paradoxos de Copenhague, Rev. bras. polít. int. vol. 40, n. 1 Brasília Jan./June 1997.

[89] Cf. Conforme o 1º parágrafo preambular da declaração político-programática adotada na ocasião, pelos governantes.

[90] ALVES, J. A. Lindgren.; *Ob. Cit.*

em desenvolvimento do que dos países desenvolvidos.[91] E, assim, mesmo diante da hegemônica política econômica neoliberal, declarada como ("única") alternativa "eficiente", em resposta ao Estado-Providência; e, nessa medida, existindo um verdadeiro «culto do mercado livre» como fator de regulação "natural" da convivência social.[92]

De fato, as propostas nitidamente de caráter liberal – notadamente no comércio internacional – dos países ricos (notadamente do G7 – EUA, Inglaterra, França, Alemanha, Itália, Canadá e Japão) ocasionaram receio aos representantes de países em desenvolvimento, no sentido de que a conferência se transformasse num foro de repreensão Norte-Sul, no qual aqueles viessem a impor novos tipos de condicionalidades à assistência e à cooperação internacionais.[93] Nesse contexto, realizou-se a 15ª Conferência da Convenção-Quadro das Nações Unidas sobre Mudança do Clima – UNCCC: a *United Nations Climate Change Conference* ou simplesmente COP15.

A razão da COP15 focava nos esforços internacionais para combater as alterações climáticas e a viabilidade de se chegar a um resultado positivo, mediante acordo sobre as mudanças climáticas (a seguir à primeira fase do Protocolo de Kyoto, com expiração em 2012). Apesar da ciência das dificuldades para se alcançar um acordo considerado «excelente», a COP15 pretendeu fornecer clareza quanto a quatro questões fundamentais, quais sejam: *(i)* metas ambiciosas de redução de emissões para os países desenvolvidos; *(ii)* ações de mitigação nacionalmente apropriadas de países em desenvolvimento; *(iii)* intensificação do apoio financeiro e tecnológico, tanto para adaptação e mitigação e; *(iv)* um quadro institucional eficaz com estruturas de governança para atender às necessidades dos países em desenvolvimento.[94]

Todavia, a Cimeira de Copenhague foi (tida como) "uma grande desilusão",[95] "decepcionante",[96] um verdadeiro "fracasso".[97] Talvez a maior crítica operou-se pela constatação de que não há uma ordem mundial fiável, capaz de se sobrepor aos interesses nacionais "egoístas das grandes potências tradicionais e emergentes",[98] tendo produzido, ao final, um acordo mínimo e voluntário, ou seja, além de não obrigatório e vinculante, insuficiente e, para alguns, mesmo ridículo.[99] O próprio texto da COP15 explicita essa decepção generalizada, expressamente lamentando a debilidade do acordo obtido. Segundo registrado, o acordo não se aproxima de um pacto global e abrangente pós-2012 e não fixou objetivos de reduções globais a médio ou a longo prazo; também não anunciou o momento em que as emissões globais deveriam alcançar o seu nível máximo. Toma nota, ademais, da decepção da opinião pública no tocante a essa impossibilidade de alcançar um acordo mais significativo.[100]

---

[91] ALVES, J. A. Lindgren.; *Ob. Cit.*

[92] ALVES, J. A. Lindgren.; *Ob. Cit.*

[93] ALVES, J. A. Lindgren.; *Ob. Cit.*

[94] Cf. United Nations Framework Convention on Climate Change, (end. e dat. disp.).

[95] JACINTO, Vânia.; Cimeira de Copenhaga: o Fracasso do poder negocial da EU e da ONU, Boletim da Ordem dos Advogados, Mensal, nº 62, Janeiro de 2010, (end. e dat. disp.).

[96] Resultados da cimeira de Copenhaga sobre as Alterações Climáticas, P7_TA (2010)0019, Resolução do Parlamento Europeu, de 10 de Fevereiro de 2010, sobre os resultados da Conferência de Copenhaga sobre as Alterações Climáticas (COP15), (2010/C 341 E/06).

[97] Idem.

[98] SOARES, Mário.; O Fracasso de Copenhaga, Arquivo & Biblioteca Fundação Mário Soares, Textos Mário Soares, Lisboa, 22.12.2009, (end. e dat. disp.).

[99] SOARES, Mário.; *Ob. Cit.*

[100] Resultados da Cimeira de Copenhaga sobre as Alterações Climáticas, P7_TA (2010)0019, Resolução do Parlamento Europeu, de 10.2.2010, sobre os resultados da Conferência de Copenhaga sobre as Alterações Climáticas (COP15), (2010/C 341 E/06) , H.1.

3.11 The Battle of Seattle (1999): o (des)nodamento dos sistemas

Realizou-se em 1998, em Genebra, uma conferência ministerial da OMC, a qual se limitou a reiterar os compromissos em favor da liberalização comercial, bem como comemorar os 50 anos da criação do GATT, confirmando, na oportunidade, outra conferência para o ano seguinte, com o propósito de iniciar nova rodada de negociações comerciais.[101]

Assim, entre 30.11.1999 e 3.12.1999, em Seattle, a OMC realizou a sua Terceira Conferência Ministerial. As principais propostas dessa conferência versavam sobre as seguintes questões: agricultura; serviços; práticas *antidumping*; acordos sobre subvenções; salvaguardas; medidas sanitárias e fitossanitárias; obstáculos técnicos ao comércio internacional; comércio têxtil; transferências de tecnologia, medidas em matéria de inversões; aspectos dos direitos de propriedade intelectual; valoração em aduana; inspeção prévia a expedição; normas de origem dos productos; acordos regionais; empresas comerciais do Estado.[102]

Especificamente sobre os produtos agrícolas, discutiu-se se os produtos agrícolas deveriam ser tratados da mesma forma que os produtos industriais, além das formas de redução dos subsídios e de proteção da agricultura interna. Ademais, também havia a proposta de debate sobre a "multifuncionalidade" da agricultura; ou seja, como se poderia lidar com os objetivos não comerciais da atividade, tais como a proteção ambiental e a segurança alimentar.[103]

Uma das situações (embaraçosas) enfrentadas pelos atores internacionais foi a existência da denominada *Green room* (em função da cor da sala na sede da OMC), na qual apenas restritos países foram convidados a se reunir com o diretor-geral da instituição para negociar acordos; fato que acabava por excluir grande parte dos demais presentes.[104]

O descontentamento da população civil, bem como da maioria dos participantes, agravou-se. De fato, a excessiva política neoliberal global – notadamente após a queda do muro de Berlim –; o declínio do crescimento econômico mundial; o aumento do desemprego e da informalidade; a crise do *Welfare State*; a elevação da pobreza e de sua visibilidade; as questões ambientais e, finalmente, as crises financeiras asiática, russa e brasileira entre 1997-1998 impuseram fortes críticas sobre as consideradas benesses do liberalismo econômico,[105] motivando fortes protestos em Seattle.[106]

Nesse contexto, Seattle representa um marco na história dos movimentos sociais, demarcando um período caracterizado por lutas genéricas (e globais) contra o neoliberalismo. Na ocasião, milhares de militantes (entre 50 mil, de 144 países) bloquearam o acesso dos delegados ao encontro da OMC, causando o cancelamento da "Rodada do Milênio";[107] fato que passou a ser conhecido como "o movimento dos movimentos"

---

[101] JAKOBSEN, Kjeld.; Comércio internacional e desenvolvimento do GATT à OMC – discurso e prática, São Paulo: Editora Fundação Perseu Abramo, 2005, p. 78.

[102] Preparativos para a Conferência Ministerial de 1999 – JOB(99)/4797/Rev.3, (6986), 18.11.1999.

[103] Ministers start negotiating Seattle Declaration – COMMITTEE OF THE WHOLE 1, (end. e dat. disp.).

[104] JAKOBSEN, Kjeld.; *Ob. cit.*, p. 79

[105] JAKOBSEN, Kjeld.; *Ob. cit.*, p. 98.

[106] PEREZ, Oren.; Ecological Sensitivity and Global Legal Pluralism, Hart Publishing, Oxford and Portland Oregon, 2004.

[107] SODRÉ, Francisco.; A agenda global dos movimentos sociais, Ciência & Saúde Coletiva, 16(3):1781-1791, 2011, (end. e dat. disp.).

ou a "Batalha de Seattle". Tratava-se de representantes advindos de vários setores reivindicativos, dentre os quais: ambientalistas, sindicalistas, feministas, pacifistas, campesinos e indigenistas, religiosos e militantes dos direitos humanos. Essa ocupação de Seattle ocasionou inclusivamente estado de emergência e toque de recolher na cidade; resultando no fracasso da Terceira Rodada.

3.12 A Cúpula do Milênio das Nações Unidas: *The Millennium Development Goals* (MDGs)

Problemas ambientais, extrema pobreza, doenças endêmicas, violações aos direitos humanos e desigualdades sociais – e também de gênero – constituem problemas crônicos mundiais. Como aqui se defende ser a sustentabilidade um sistema formado pelo enodamento de três sistemas originários (ambiental, social e ambiental) – reitere-se, em forma e matema do topológico nó borromeu –, cada um desses específicos problemas só obterá efetiva (e contínua) solução se esta estiver interligada e conectada aos outros sistemas (ou melhor, se a solução pressupuser e pensar na existência de seus reflexos nos outros dois sistemas e neles também amoldar-se).[108]

Com o objetivo de viabilizar soluções globais, a ONU promoveu em 2000 uma Cúpula Internacional para debater sobre as principais dificuldades que afetariam o mundo no novo milênio. A "Cúpula do Milênio" foi realizada em Nova York, entre 6 e 8 de Setembro. Conforme o seu Relatório Final, tratou-se de uma assentada sem precedentes, diante do quantitativo de autoridades presentes (100 Chefes de Estado, 47 Chefes de Governos, 3 Príncipes, 5 Vice-Presidentes, 3 Primeiros-Ministros, 8.000 Delegados e 5.500 jornalistas).[109] Foram lá fixadas oito metas para viabilizar um "mundo mais justo": (*i*) erradicar a extrema pobreza e a fome; (*ii*) atingir o ensino básico universal; (*iii*) promover a igualdade entre os sexos e a autonomia das mulheres; (*iv*) reduzir a mortalidade infantil; (*v*) melhorar a saúde maternal; (*vi*) combater o HIV/aids, a malária e outras doenças; (*vii*) garantir a sustentabilidade ambiental; (*viii*) estabelecer uma parceria mundial para o desenvolvimento.

O texto final da Cúpula do Milênio assevera o intento de estabelecer uma paz justa e duradoura (isto é, sustentável; princípio do *continuum*) no mundo. Para tanto, a Comunidade Internacional deve, através do «sistema ONU»: empenhar todos os esforços na manutenção da igualdade prevalecente de todos os Estados; respeitar a sua integridade territorial e independência política; resolver disputas por meios pacíficos e em conformidade com princípios de justiça e legislação internacional; respeitar o direito à autodeterminação dos povos que ainda se encontram sob dominação colonial e ocupação estrangeira; abster-se de interferir nos negócios internos dos Estados; respeitar os direitos humanos e liberdades fundamentais; respeitar os direitos iguais de todos sem distinção de raça, sexo, língua ou religião; e cooperar na resolução de problemas internacionais de caráter econômico, social, cultural ou humanitário.[110] A Declaração (a "Declaração do Milênio das Nações Unidas") não deixa, entretanto, de reconhecer

---

[108] AYALA, Luci. (redação).; NADAI, Mariana (pesquisa), Objetivos de Desenvolvimento do Milênio (ODM), São Paulo: Instituto Ethos de Empesas e Responsabilidade Social, 2006.

[109] Declaração do Milênio das Nações Unidas 8.9.2000, (end. e dat. disp.).

[110] Declaração do Milênio das Nações Unidas – I, nº 3 e 4.

que o desafio central enfrentado pelo mundo é assegurar que a globalização se torne uma força positiva para todos os povos (DMNU – I, nº 5).

Houve a expressa afirmação de que países em desenvolvimento e com economias em transição se deparam com dificuldades agravadas no atendimento daquele desafio central gerado pela globalização, notadamente em âmbitos sociais e ambientais (DMNU – I, nº 5). Nesse sentido, a Cúpula (mais uma vez, como já verificamos em outras cimeiras internacionais) (re)admite que, somente através de empenhos firmes e sustentados na criação de um futuro compartilhado pode a globalização tornar-se inclusiva e justa (DMNU – I, nº 5). Foram considerados valores fundamentais e imprescindíveis às relações internacionais pela Declaração: liberdade; igualdade; solidariedade; tolerância; respeito pela natureza e responsabilidades compartilhadas (DMNU – I, nº 5).

Não obstante o reforço da Cúpula na observância e cumprimento da lei, tanto em assuntos nacionais como internacionais (DMNU – I, nº 6) (sendo, aliás, as Metas de Desenvolvimento do Milênio – MDMs hoje eixo central para debates e investimentos das Nações Unidas),[111] observa-se uma nítida falta de entusiasmo dos atores internacionais em relação a essas MDMs, diante da resistência de parte dos governos mundiais em implementá-las;[112] fato que acarreta um forte sentimento de "frustração" internacional.[113]

De qualquer forma, o texto final da Cúpula tenta assegurar a implantação, por todos os Estados envolvidos, de acordos em áreas diversas (tais como controle de armas e desarmamento) e de uma legislação humanitária internacional e leis de direitos humanos, além de convocar todos os Estados que considerem a assinatura e a ratificação do Estatuto de Roma da Corte Criminal Internacional (DMNU – I, nº 6).

De toda forma, as ações da Declaração situam-se como uma "carta de compromisso" aos Estados, não se determinando para a erradicação da pobreza e desenvolvimento um ato concreto; mas apenas *"não medir esforços"* (DMNU – III, nº 11) para tanto, sem força vinculativa obrigatória. A Declaração aceita que o sucesso das MDMs depende, dentre outros fatores, da boa governança entre os países (DMNU – III, nº 13) e em nível internacional, além da transparência nos sistemas financeiros, monetários e de troca (DMNU – III, nº 13). Com efeito, as possíveis ações emergenciais esbarram, quase sempre, em "comprometimentos" (e, quase nunca, em efetividade) com um sistema financeiro aberto, justo, baseado em regras claras, multilateral e não discriminatório (DMNU – III, nº 15); fato que é corroborado quando a Declaração determina (aos países ricos) a tratar *compreensiva* e efetivamente os problemas de dívidas de baixa e média renda dos países em desenvolvimento, através de medidas intentadas a tornar estas suportáveis a longo prazo (DMNU – III, nº 16).

Na Cúpula foram reafirmados os princípios do desenvolvimento sustentável, para o que não se deveria medir esforços a fim de libertar a humanidade da ameaça de vida em um planeta irrecuperavelmente prejudicado pelas atividades humanas e cujos recursos não sejam mais suficientes às necessidades das pessoas (DMNU – IV, nº 21). Nesse desiderato, a ONU deverá: *(i)* intensificar nossos esforços coletivos para o gerenciamento, conservação e desenvolvimento sustentável de todos os tipos de florestas; *(ii)* pressionar pela completa implementação da Convenção na Diversidade Biológica e a Convenção no Combate à Diversificação em Países Experienciando Severas Secas e/

---

[111] CORRÊA, Sonia.; ALVES, José Eustáquio Diniz.; As Metas de Desenvolvimento do Milênio: grandes limites, oportunidades estreitas?, R. bras. Est. Pop., Campinas, v. 22, n. 1, p.s. 177-189, jan./jun. 2005.

[112] CORRÊA, Sonia.; ALVES, José Eustáquio Diniz.; *Ob. Cit.*

[113] CORRÊA, Sonia.; ALVES, José Eustáquio Diniz.; *Ob. Cit.*

ou Desertificação, particularmente na África; (iii) cessar a insustentável exploração de recursos hídricos, desenvolvendo estratégias de gerenciamento hídrico a níveis regional, nacional e local, que promovem ambos acesso justo e suprimentos adequados; (iv) intensificar a cooperação para reduzir o número de efeitos dos desastres provocados pelo homem; (v) assegurar acesso livre à informação no genoma sequencial humano; (vi) direitos iguais, democracia e boa governança (DMNU – IV, nº 23).

Ao perfilhar da dependência da efetividade das MDMs à existência de um Organismo Internacional forte e eficaz, reforçou (o papel) das Nações Unidas na questão do desenvolvimento, na medida em que foi colocado também como um instrumento mais efetivo para o alcance de prioridades, tais como a luta pelo desenvolvimento de todos os países do mundo, a luta contra a pobreza, ignorância e doença; a luta contra a injustiça; a luta contra a violência, terror e crime; e a luta contra a degradação e destruição dos nossos lares comuns (DMNU – IV, nº 29). Além disso, há que se assegurar uma política de coerência e melhorar a cooperação (interna) da ONU e suas agências, das instituições Breton Woods e a OMC, assim como de outras entidades multilaterais (DMNU – IV, nº 2); dada a relevância da existência de coerência (de ações, condutas, etc.) no sistema ONU.

3.13 Conferência de Joanesburgo (2002) – (Rio+10)

A Conferência de Joanesburgo – Cimeira Mundial do Desenvolvimento Sustentável – aconteceu como consectário da Rio-92 e da Conferência de Estocolmo-72,[114] o que inclusive também justificou a escolha de sua realização (dez anos após aquela). A Conferência contou com uma eclética representação: governos de mais de 150 países; grandes empresas; associações setoriais; organizações não governamentais; e cidadãos, além de delegações e jornalistas do mundo.[115]

As propostas (consideradas) radicais (ou irreais) de desenvolvimento sustentável, prescritas na Agenda 21, implicavam alterações substanciais (ou, realmente inexequíveis) nos sistemas de valores e nos processos institucionais internacionais vigentes;[116] mudanças essas de inviável execução prática em curto espaço de tempo, notadamente em relação à equidade social e ao combate à pobreza em termos mundiais.[117] Nesse sentido, o objetivo desta Conferência foi (novamente) estabelecer um plano de ação factível em termos globais.[118] Não se elaborando um projeto inovador;[119] mas, reafirmando o compromisso internacional com o desenvolvimento sustentável,[120] assumiu-se na Declaração de Joanesburgo (outra vez) o pacto em prol de uma sociedade global humanitária, equitativa e solidária, ciente das necessidades da dignidade humana (Artigo 2).

É perceptível nesses compromissos internacionais a noção do enodamento entre os três sistemas (econômico, social e ambiental; a despeito de suas dificuldades de

---

[114] DINIZ, Eliezer Martins.; Os Resultados Da *Rio +10*, Faculdade de Economia, Administração e Contabilidade de Ribeirão Preto, USP, Ribeirão Preto, Rev. do Departamento de Geografia, 15 (2002) 31-35.

[115] SEQUINEL Maria Carmen Mattana.; Cúpula mundial sobre desenvolvimento sustentável – Joanesburgo: entre o sonho e o possível, Análise Conjuntural, v. 24, n. 11-12, p. 12, Nov./Dez. 2002, (end. e dat. Disp.).

[116] SEQUINEL Maria Carmen Mattana.; *Ob. Cit.*

[117] SEQUINEL Maria Carmen Mattana.; *Ob. Cit.*

[118] DINIZ, Eliezer Martins.; *Ob. Cit.*

[119] DINIZ, Eliezer Martins.; *Ob. Cit.*

[120] Declaração de Joanesburgo sobre Desenvolvimento Sustentável, Artigo 1.

realização prática, por fatores diversos), tanto que a comunidade internacional reafirma a responsabilidade coletiva de fazer avançar e fortalecer os pilares interdependentes e mutuamente apoiados do desenvolvimento sustentável – desenvolvimento econômico, desenvolvimento social e proteção ambiental –; nos âmbitos local, nacional, regional e global (Artigo 5).

Mais uma vez, a Declaração ratifica a necessidade de revisão quanto aos índices da pobreza excessiva e de consumo e produção, reforçando ainda a proteção e o manejo dos recursos naturais; tudo para se estabelecer, em termos globais, o desenvolvimento sustentável (Artigo 11). Ademais, a Declaração reitera que o abismo que divide a sociedade entre ricos e pobres, corroborado pela crescente distância entre os mundos desenvolvidos e em desenvolvimento, representa uma ameaça importante à prosperidade, à segurança e à estabilidade, em termos globais (Artigo 12).

Entretanto, sob a liderança dos EUA, alguns atores internacionais defenderam de forma intransigente seus próprios interesses,[121] como o Bloco denominado Juscanz (EUA, Japão, Canadá, Austrália e Nova Zelândia), e, com o apoio incondicional dos países árabes (grandes produtores de petróleo). boicotaram-se, entre outras, propostas do Brasil e da União Europeia sobre energia.[122] E isto a despeito da própria Declaração reconhecer (novamente) a importância de instituições multilaterais mais eficazes, democráticas e responsáveis para o desenvolvimento sustentável.[123]

Em vista dos resultados práticos alcançados em Joanesburgo poderem ser considerados parcos, mais uma vez restou alguma frustação nos atores internacionais integrantes da conferência.[124] No encerramento de sua participação, o então presidente da República (do Brasil), Fernando Henrique Cardoso, enfatizou:

> O Encontro Mundial não avançou no caminho do nosso sonho, mas em outra direção, para percebermos que cada país tem que fazer a sua parte. Se formos esperar que os ricos venham fazer as coisas por nós, vamos esperar muito tempo e eles não farão nada. Nós é que temos que cuidar da nossa megadiversidade e fazer com que o nosso exemplo possa ser seguido.[125]

3.14 O *Soft Law* – A imprescindibilidade de um Direito Internacional eficaz e imperativo

Pela singular característica das normas jurídicas, há uma conexão com as funções das normas e os conceitos de dever e Direito.[126] As normas (jurídicas) impõem aos sujeitos condutas,[127] com a possibilidade de haver sanção realizável pelo Estado.[128]

---

[121] SEQUINEL Maria Carmen Mattana.; *Ob. Cit.*

[122] SEQUINEL Maria Carmen Mattana.; *Ob. Cit.*

[123] Declaração de Joanesburgo sobre Desenvolvimento Sustentável, Artigo 31.

[124] SEQUINEL Maria Carmen Mattana.; *Ob. Cit.*

[125] *Cf. Apud.* SEQUINEL Maria Carmen Mattana.; *Ob. Cit.*

[126] Em que pese, inclusive, a ambiguidade e polissemia terminológica da expressão «direito». V. Melhor em OTERO, Paulo.; Lições, I.1, 1.3. *V. Tb.* ALBERGARIA, Bruno.; Instituições … , p. 5 e segs. dentre tantos outros.

[127] KELSEN, Hans.; Allgemeine Theorie der Normen, Manzsche Verlag, und Universitätsbuchhandklung, Wien, 1979 (v. ver. ut), p. 170.

[128] Em sentido contrário, no qual não vincula a noção de Direito à de Estado e sim de que «o Direito é o que está na sociedade, não o que é produzido pelo Estado», ver melhor em ASCENSÃO, José de Oliveira.; O Direito, Introdução e Teoria Geral, Coimbra: Almedina, 13ª Edição Refundida, p. 59/60.

CAPÍTULO III | 307

Assim, na concepção kelseniana, uma conduta mediante a qual se «realiza» o dever é a conduta que cumpre a norma (jurídica), com a qual se obedece à norma, aquela que lhe corresponde.[129] Para a norma jurídica ter eficácia social, o Estado deve, na aplicação da sanção, retirar, inclusive à força, em sendo necessário, bens jurídicos dos sujeitos (tais como, a vida, a liberdade, bens econômicos e outros).[130] Consequentemente, o direito natural como direito da razão não deixa de ser "meramente norma pensada".[131] Por isso, o direito objetivo é a norma determinante da norma individual, e o que ordena a sanção num caso concreto, dependentemente de ação ilícita de uma determinada pessoa (inclusive de Direito Internacional). O direito objetivo autoriza a aplicação de uma sanção num caso concreto.[132] De fato, um dos critérios para a própria identificação de uma norma jurídica reside na constatação da característica intrínseca da sua obrigatoriedade e coercibilidade – imposta pelo Estado –, a qual passou a equivaler ao próprio critério de identificação do Direito (objetivo).[133]

A ordem jurídica é encarada, desse modo, como uma ordem imperativa; isto é, não é apenas uma espécie de *conselho* posto; intenciona em absoluto realizar-se.[134] Com efeito, a imperatividade da norma jurídica opera-se através da força física, se necessária for,[135] na qual a sanção representa uma consequência desfavorável normativamente prevista para o caso de violação da regra e pela qual se reforça reflexamente a sua imperatividade.[136] E a Constituição – no lugar cimeiro do ordenamento jurídico (pelo menos, interno), não bastando um mero «estado de Direito», mas se evocando em verdadeiro "Estado de Constituição"[137] –, é a ordem jurídica fundamental do Estado.[138]

Por outro lado, especialmente no âmbito do Direito Internacional Público, algumas resoluções, tratados[139] e diplomas normativos carecem da força impositiva própria do Direito, operacional e sancionatória. Para essas normas/acordos internacionais, a doutrina os intitula – em que pese as contradições do léxico[140] – como *Soft law, droit*

---

[129] KELSEN, Hans.; *Ob. cit.,* p. 170.

[130] KELSEN, Hans.; *Ob. cit.,* p. 172. Registra-se que não se defende aqui a norma jurídica de «retirar a vida», ou seja, a «pena de morte». Simplesmente estamos sendo fiéis às palavras de Kelsen.

[131] KELSEN, Hans.; *Ob. cit.,* p. 9.

[132] KELSEN, Hans.; Allgemeine Theorie der Normen, Manzsche Verlag, und Universitätsbuchhandklung, Wien, 1979 (v. ver. ut), p. 170.

[133] BOBBIO, Norberto.; Teoria dell'ordinamento giuridico, Torino, 1960 (v. ver. ut).

[134] ASCENSÃO, José de Oliveira.; *Ob. cit.,* p. 43.

[135] ALBERGARIA, Bruno.; Instituições …, p. 7.

[136] ASCENSÃO, José de Oliveira.; *Ob. cit.,* p. 62.

[137] NEVES, António Castanheira.; Digestas, Escritos acerca do Direito, do Pensamento Jurídico, da sua Metodologia e Outros, Volume 2º, Coimbra: Coimbra Editores, 1995, p. 406.

[138] GOMES CANOTILHO, J. J.; Direito Constitucional e Teoria da Constituição, 7ª Edição, Coimbra: Almedina, 2003, p. 1435.

[139] Para Kdhir, o termo *soft law* designa os engajamentos, informais, não obrigatórios entre Estados, com base nesta definição os tratados não poderiam ser taxados de *soft law*. KDHIR, Moncef.; Dictionnaire juridique de la CIJ. Bruxelas: Bruylant, 1997. *Cf. Apud.* OLIVEIRA, Liziane Paixão Silva.; BERTOLDI, Márcia Rodrigues.; *Ob. Cit.* Em posição contrária, no qual advogam que os tratados são instrumentos jurídicos obrigatórios, entretanto isso não impede que este possa ser considerado um *soft law*, OLIVEIRA, Liziane Paixão Silva.; BERTOLDI, Márcia Rodrigues.; A Importância do Soft Law na Evolução Do Direito Internacional, *RIDB*, Ano 1 (2012), nº 10, 6265-6289, (end. e dat. disp.).

[140] OLIVEIRA, Liziane Paixão Silva.; BERTOLDI, Márcia Rodrigues.; *Ob. Cit.*

doux,[141] *direito flexível*,[142] *pré-direito*[143] ou *soft norm*[144] em oposição ao (tradicional) *Hard law*. Por alguns, trata-se de normas metalegais[145] e pós-modernas.[146] O surgimento da expressão *Soft law* não tem um registro histórico preciso; porém, atribui-se a sua primeira utilização a McNair, em 1930, para designar os princípios abstratos em oposição ao Direito Internacional Público.[147] Assim, os acordos menos impositivos e "mais sutis" – principalmente ambientais, caracterizados também como «selos verdes» ou «programas de rotulagem ambiental» – tiveram a sua validade reconhecida, notadamente após a Agenda 21.[148]

O chamado *Soft law* também pode ser produzido por entidades privadas, entidades autorreguladoras que, mesmo não tendo personalidade jurídica de direito internacional, têm sido atores influentes no palco internacional.[149] Cita-se, por exemplo, a atuação do Greenpeace contra a Shell,[150] criando normas para evitar danos ambientais por poluição de petróleo; ou, ainda, as normas de padronização proferidas pela Organização Internacional para Padronização, também conhecida por ISSO.[151] Esta foi fundada em fevereiro de 1947, em Genebra, com o fito de aprovar normas internacionais em todos os campos técnicos.[xxii]

Com efeito, entende-se que o Direito Internacional Público é integrado por um conjunto de normas jurídicas que regulam as relações entre os Estados e outros sujeitos de Direito Internacional.[152] Por fim, a juridicidade não pode se subordinar à sanção, uma vez que existem normas em Direito Internacional[153] e Constitucional, as quais, mesmo sem impor consequente sanção, continuam sendo normas jurídicas. Todavia, as determinações de Direito Internacional[154] somente terão eficácia efetiva, principalmente

---

[141] A expressão não é unanime na doutrina, como se pode inferir das palavras de Salmon, *verbis:* "Ce concept n'a pas que des adeptes. Certains auteurs en ont dénoncé le caractère imprécis, inconsistant et, en fin de compte inutile". Tradução livre: «Esse conceito não tem somente adeptos. Certos autores denunciaram o caráter impreciso, inconstante e ao final inútil». SALMON, Jean.; Dictionnaire de droit international public, Bruxelas : Bruylant, 2001, p. 1039.

[142] HUERTA, Maurício Iván del Toro.; el Fenómeno del Soft Law y las Nuevas Perspectivas del Derecho Internacional, Anuario Mexicano de Derecho Internacional, vol. VI, 2006, p.s. 513-549, (end. e dat. disp.).

[143] HUERTA, Maurício Iván del Toro.; *Ob. Cit.*

[144] ORCHARD, Phil.; Protection of internally displaced persons: soft law as a norm-generating mechanism, Review of International Studies, British International Studies Association (2010), 36, 281-303, (end. e dat. disp.).

[145] THIBIERGE, Catherine.; Le droit souple: réflexion sur les textures du droit, *RTD Civ.*, 2003.

[146] CHEVALLIER, Ver Un droit post-moderne, In: CLAM, Jean.; MARTIN, Gilles.; (dir), Les Transformations de la régulation juridique, Paris: L.G.D.J., Collection Droit et Société, 5, 1998, p.s. 21-46. *Cf. Apud.* MAGET, Antoinette.; Collectionnisme Public et Conscience Patrimoniale, Les Collections d'antiquités, Droit du Patrimoine Culturel et Naturel, Paris: L'Harmattan, 2009.

[147] McNAIR, Arnold.; The funtions and deffering legal character of treaties. British Year Book of International Law, 1930. p. 100 , *Cf. Apud.* OLIVEIRA, Liziane Paixão Silva.; BERTOLDI, Márcia Rodrigues.; *Ob. Cit.;* HUERTA, Maurício Iván del Toro.; *Ob. Cit.*

[148] CORRÊA, Leonilda Beatriz Campos Gonçalves Alves.; Comércio e Meio Ambiente: Atuação Diplomática Brasileira em Relação ao Selo Verde, Brasília: Instituto Rio Branco, Fundação Alexandre de Gusmão, Centro de Estudos Estratégicos, 1988, p. 7.

[149] BARROS-PLATIAU, Ana Flávia.; Novos Atores, Governança Global E O Direito Internacional Ambiental, Série Grande Eventos – Meio Ambiente, (end. e dat. disp.).

[150] SPIRO; New global potentates: nongovernmental organizations and the 'unregulated market place'. Cardozo Law Review, 18, p. 957-958, 1996. *Cf. Apud.* BARROS-PLATIAU, Ana Flávia.; *Ob. Cit.*

[151] International Organization for Standardization; em francês: L'Organisation Internationale de Normalization.

[152] GUGGENHEIM, Paul.; Traité de droit international public, 2 ed. Genéve: Georg, 1967, p. 1.

[153] DAILLIER, Patrick.; PELLET, Alain.; Droit international public, 7 ed., Paris: LGDJ, 2002, p. 90-91.

[154] Até mesmo o conceito de direito internacional público pode ser extraído pelo critério da forma de produção da norma internacional, como preleciona André Gonçalves Pereira Fausto de Quadros, *verbis:* "o Direito

CAPÍTULO III | 309
(FINALMENTE) O FECHAMENTO DO SISTEMA *SUSTENTÁVEL* ATRAVÉS DO ENODAMENTO...

em matéria ambiental, se forem transpostas para o Direito Interno dos Estados; o que deve ser fomentado mormente através da conversão dos convênios e tratados[155] em Direito Interno. Ademais, mesmo os tratados internacionais devem ser analisados à luz do Artigo 103 da Carta das Nações Unidas,[xxiii] do qual decorre a necessidade imperiosa de uma relação de compatibilidade entre as obrigações estipuladas internacionalmente e o Direito Interno.[156]

Aliás, é vetusta a divergência – ou querela[157] – entre a Teoria Monista e Teoria Dualista do Direito Internacional, a despeito do que consta na Convenção de Viena sobre o Direito dos Tratados: "Uma Parte não pode invocar as disposições do seu direito interno para justificar o incumprimento de um tratado".[158]

Apesar de não haver um consenso sobre a precisa definição de *Soft law*,[159] pode-se albergar a noção de Thibierge,[160] pela qual os instrumentos do *Soft law* são compostos, simultaneamente ou não, por três facetas, quais sejam: *mou*[161] (mole), *flou* (fluido) ou *doux* (doce). Dessa forma, quando o "Direito" é composto por premissas vagas, imprecisas, será tido como um direito fluido; quando não for obrigatório, será tido como doce; e, finalmente, se não prever sanções, será mole. Logo, um instrumento jurídico pode ser triplamente *Soft* quanto ao seu conteúdo, sua obrigatoriedade e seus efeitos.

De fato, como uma norma programática, mesmo os tratados podem invocar, para o seu efetivo cumprimento, compostos por normas flexíveis, da boa disposição das partes, pois evitam utilizar palavras ou expressões – tais como aos verbos promover, fomentar, procurar, facilitar – que manifestem uma obrigação de resultado,[162] composto mais de recomendações e compromissos que de obrigações impositivas (e com carácter sancionatório).[163] É, nesse aspecto, um Direito constituído por regras de competência e de cooperação funcional, para as quais têm mais efetividade os meios diplomáticos, bem como a resolução negociada, do que o recurso aos tribunais.[164]

Sendo assim, podem ser consideradas como *Soft law* as Declarações das conferências intergovernamentais; as Resoluções da Assembleia das Nações Unidas; as recomendações das organizações internacionais, as convenções não ratificadas, os *gentlemen's agréments*; as opiniões individuais e dissidentes dos juízes da CIJ; assim como os códigos

---

Internacional (pode ser definido) como o conjunto de normas jurídicas criadas pelos processos de produção jurídica próprios da Comunidade Internacional, e que transcendem o âmbito estadual". Cf. QUADROS, André Gonçalves Pereira Fausto de.; Manual de Direito Internacional Público, Coimbra: Almedina, 3ª Edição, 2005, p. 31

[155] VELASCO, Manuel Diez de.; Instituciones de Derecho Internacional Público, Madrid: Tecnos, 13ª Edição, 2002, p. 641

[156] OLIVEIRA, Silvia Menicucci.; Barreiras Não Tarifárias no Comércio Internacional e Direito ao Desenvolvimento, Rio de Janeiro: Renovar, 2005, p. 87.

[157] QUADROS, André Gonçalves Pereira Fausto de.; Manual de Direito Internacional Público, Coimbra: Almedina, 3ª Edição, 2005, p. 82.

[158] Convenção de Viena sobre o Direito dos Tratados, assinada em 23.5.1969. Transposto para o direito português através da Resolução da Assembleia da República nº 67/2003.

[159] HUERTA, Maurício Iván del Toro.; El Fenómeno del Soft Law y las Nuevas Perspectivas del Derecho Internacional, Anuario Mexicano de Derecho Internacional, vol. VI, 2006, p.s. 513-549, (end. e dat. disp.).

[160] THIBIERGE, Catherine.; *Ob. Cit.*

[161] TAVERNIER, Paul.; La Cour Européenne des Droits de l'Homme et la Mise en Oeuvre du Droit International de l'Environment , Actualité et Droit International, Revue d'analyse juridique de l'actualité internationale, (end. e dat. disp.).

[162] OLIVEIRA, Liziane Paixão Silva.; BERTOLDI, Márcia Rodrigues.; *Ob. Cit.*

[163] OLIVEIRA, Liziane Paixão Silva.; BERTOLDI, Márcia Rodrigues.; *Ob. Cit.*

[164] BROWNLIE, Ian.; Principles of Public International Law, Oxford University Press, 4th edition, 1990 (v. ver. ut), p. 533.

de conduta.[165] Em verdade, até mesmo o próprio Direito Internacional Público é posto em questão quando analisado sob a ótica da (clássica Teoria da) norma jurídica,[166] tendo em vista inexistir um aparelho coercitivo para a sua imposição e, portanto, também não é dotado, no palco internacional, de um "Parlamento Mundial", de um "Governo Mundial" e/ou de uma "Polícia Mundial".[167]

Dessa forma, não deixa de ter alguma razão a irônica frase de Carnelutti, quando compara que as sanções do Direito Internacional Público são como uma espingarda apontada para o infrator, ainda que descarregada; apesar de, mesmo assim, ela inspirar sempre um certo temor, o qual acaba evitando, em alguma medida, o alvejamento.[168] Outra robusta crítica – e, talvez, com maior razão – (à efetividade de) ao Direito Internacional refere-se à sua parca coercibilidade em relação aos Estados (considerados) fortes (econômica ou militarmente).[169]

Entretanto, o (atual estágio do) Direito Internacional Público não deixa de representar, de qualquer forma, uma etapa exordial para a construção de um Direito (mais) *Hard*,[170] inclusive mediante a participação de vários outros "atores internacionais" que não sejam necessariamente sujeitos de Direito Internacional (como por exemplo, as ONGs e outras instituições não governamentais).[171] Mesmo assim não há como negar algum "ceticismo" em relação à efetividade do *Soft law*, notadamente em relação aos direitos econômicos, sociais e ambientais, principalmente pelos juristas (considerados mais) positivistas.[172]

Porém, a debilidade desse *Soft law* é precisamente mais sentida quando não há a receptividade pelo Direito Interno nas normas assentadas internacionalmente. Afinal, cada Estado, em nome e com a defesa de sua própria soberania, pode adotar uma determinada forma de integração dessas normas internacionais.

Nesse contexto, pode-se dizer que há três sistemas de vigência do Direito Internacional Público na ordem interna, quais sejam: *(i)* recusa absoluta – pura e simplesmente – de qualquer ingerência internacional na ordem interna; *(ii)* reconhecimento de vigência plena e absoluta do Direito Internacional Público por parte do Estado, na sua própria ordem interna; e *(iii)* um sistema misto, em que o Estado somente reconhece a vigência do Direito Internacional Público sob certas matérias e independentemente de transformação (sistema da cláusula geral da recepção semiplena).[173]

Tem sido, entretanto, comum nos países democráticos a existência de prévia autorização do respectivo parlamento como pressuposto constitucional *sine qua non* do assentimento desse Estado à norma de Direito Internacional Público, ao menos

---

[165] OLIVEIRA, Liziane Paixão Silva.; BERTOLDI, Márcia Rodrigues.; *Ob. Cit.*

[166] QUADROS, André Gonçalves Pereira Fausto de.; Manual de Direito Internacional Público, Coimbra: Almedina, 3ª Edição, 2005, p. 46.

[167] QUADROS, André Gonçalves Pereira Fausto de.; *Ob. cit.,* p. 47.

[168] *Cf. Apud*. QUADROS, André Gonçalves Pereira Fausto de.; *Ob. cit.,* p. 56.

[169] QUADROS, André Gonçalves Pereira Fausto de.; *Ob. cit.,* p. 54. Também nesse sentido, OLIVEIRA, Bárbara da Costa Pinto.; Meio Ambiente e Desenvolvimento na Organização Mundial do Comércio – normas para um comércio internacional sustentável, São Paulo: Thompson IOB, 2007.

[170] ORCHARD, Phil.; Protection of internally displaced persons: soft law as a norm-generating mechanism, Review of International Studies, British International Studies Association (2010), 36, 281-303, (end. e dat. disp.).

[171] ORCHARD, Phil.; *Ob. Cit.*

[172] TAVERNIER, Paul.; *Ob. Cit.*

[173] QUADROS, André Gonçalves Pereira Fausto de.; *Ob. cit.,* p. 95.

CAPÍTULO III
(FINALMENTE) O FECHAMENTO DO SISTEMA *SUSTENTÁVEL* ATRAVÉS DO ENODAMENTO... | 311

relativamente para certas categorias de tratados internacionais.[174] Ressalta-se "certas categorias de Tratados" porque há que se fazer a distinção entre a natureza normativa das normas que protegem e formalizam as várias classes de interesses.[175] Assim, as normas de direito dispositivo – *ius dispositivum*[176] – podem, mediante interesse e prévio acordo de dois ou mais Estados, excluir sua aplicação ou estabelecer alguma modificação do seu conteúdo de suas relações mútuas.[177] Há, nesse ponto, uma obrigação de um Estado *vis-a-vis* de outro.[178]

3.14.1 A sustentabilidade como um Direito *ius cogens*

De outro lado, as normas peremptórias ou imperativas – *ius cogens* – não admitem a exclusão ou modificação do seu conteúdo e, consequentemente, qualquer ato contrário aos seus dispositivos é considerado nulo.[179] Independentemente da nomenclatura,[180] são regras que não comportam derrogabilidade; isto é, não podem ser afastadas por tratados ou aquiescência ulterior.[181] Conferem obrigações para com a Comunidade Internacional como um todo.[182] Aliás, o Tribunal Internacional de Justiça (TIJ), na Segunda Fase do *case* Barcelona Traction, assentou que "tais obrigações derivam, no Direito Internacional (DI) contemporâneo, por exemplo, da proibição de atos de agressão e genocídio, como também dos princípios e regras respeitantes aos direitos fundamentais da pessoa humana, incluindo a proteção contra a escravatura e a discriminação racial".[183] xxiv

Assim, deve-se considerar, igualmente, como *ius cogens* as regras que proíbem a contaminação atmosférica e dos mares;[184] e mesmo assim apesar do princípio da soberania sobre os recursos naturais também constarem no rol dos *ius cogens*.[185] A título de nota, também pode ser considerado, no plano internacional, como normas de *ius cogens*, o princípio da autodeterminação,[186] bem como a regra que proíbe o estabelecimento e a manutenção, mediante a força, de uma dominação colonial.[187] Também de forma exemplificativa (e não taxativa) pode-se citar como norma *ius cogens* a proibição do emprego de força em contrariedade aos princípios da Carta de Viena, a proibição da pirataria e as regras de proteção da situação dos indivíduos.[188]

---

[174] GABSCH, Rodrigo d'Araujo.; Aprovação de Tratados Internacionais pelo Brasil, Possíveis opções para acelerar o seu processo, Ministério das Relações Exteriores, Fundação Alexandre Gusmão, Brasília, 2010, (end. e dat. disp.).

[175] VELASCO, Manuel Diez de.; Instituciones de Derecho Internacional Público, Madrid: Tecnos, 13ª Edição, 2002 , p. 74/73.

[176] VELASCO, Manuel Diez de.; *Ob. cit.*, , p. 74/73.

[177] VELASCO, Manuel Diez de.; *Ob. cit.*, p. 74/73.

[178] BROWNLIE, Ian.; *Ob. cit.*, p. 537.

[179] VELASCO, Manuel Diez de.; *Ob. cit.*, p. 74/73.

[180] V. em BROWNLIE, Ian.; *Ob. cit.*, p. 536.

[181] BROWNLIE, Ian.; *Ob. cit.*, p. 537.

[182] BROWNLIE, Ian.; *Ob. cit.*, p. 537.

[183] Barcelona Traction, Light and Power Company, Limited, arrêt, C.I.J., Recueil 1970, p. 3.

[184] VELASCO, Manuel Diez de.; *Ob. cit.*, p. 73.

[185] BROWNLIE, Ian.; *Ob. cit.*, p. 537.

[186] Novamente o caso Barcelona Traction, Light and Power Company, Limited, arrêt, C.I.J., Recueil 1970, mais precisamente o pronunciamento do juiz Ammoun.

[187] VELASCO, Manuel Diez de.; *Ob. cit.*, p. 73.

[188] PELLET, Alain.; DAILIER, Patrick.; & DINH, Nguyen Quoc.; Droit International Public, France: Librairie Générale de Droit et de Jurisprudence, E.J.A., 2002 (v. ver. ut), p. 208.

A própria Convenção de Viena sobre o Direito dos Tratados dispõe, em seu artigo 53, ser nulo todo o tratado que, no momento da sua conclusão, for incompatível com uma norma imperativa de Direito Internacional Geral – *ius cogens*.[xxv] Para os efeitos da referida Convenção, será considerada uma norma imperativa de Direito Internacional Geral aquela aceita e reconhecida pela Comunidade Internacional no seu todo como norma cuja derrogação não é permitida e que só pode ser modificada por uma nova norma de Direito Internacional Geral com a mesma natureza.[xxvi] Em que pese a característica tautológica da norma,[189] pode-se afirmar que o próprio fundamento do Direito Internacional Geral reside na obediência a esse dispositivo, cuja ofensa o coloca, portanto, em causa.[190]

De igual modo, defende-se aqui a sustentabilidade como uma norma *ius cogens*. A defesa dessa tese baseia-se na necessidade do enlaçamento dos três sistemas – ambiental, social e econômico (frise-se, sempre em forma e matema de nó borromeu) para que o *continuum* sistêmico possa ser, não só garantido (manutenção), mas também autopoiético; isto é, se autorreproduzir. De fato, se se fixar que somente aqueles sistemas, de forma isolada e unitária, sejam normas *ius cogens*, não se garante o todo de forma permanente ou, pelo menos, duradoura.

Diz-se, assim, que, para garantir cada um desses sistemas, tais como a vedação à escravidão, por exemplo (social e econômico), não basta a atuação individual, por si só; necessitando que haja, ainda, a defesa dos recursos ambientais (não apenas sob o aspecto da soberania desses recursos, mas – e principalmente – da não poluição e nem do esgotamento dos recursos naturais, sejam de natureza renovável ou não) para que todos os demais possam garantir-se.

Percebe-se que somente a *interseção* dos três sistemas (econômico, social e ambiental), como proposto inicialmente pelo *triple bottom*, não é suficiente para a proteção da sustentabilidade (em si). De fato, se os elementos (ou sistemas) fossem somente interpostos, em maneira de interseção, ao se retirar – ou mesmo se privilegiar – um dos elementos (ou um desses subsistemas), ainda se teria a garantia dos demais.

Todavia, não é isto o que acontece. Só haverá a (proteção da) sustentabilidade (esta só será efetivamente obtida) se for verificado o perfeito entrelaçamento de todos os seus elementos ou subsistemas. Apenas um (ou até mesmo dois) dos subsistemas, como um microbem[191] jurídico a ser protegido, não será suficiente para garantir a própria manutenção desse sistema (sustentável). A sustentabilidade deve ser comtemplada como um macrobem ou macrossistema. A sustentabilidade reclama a proteção não dos sistemas econômico, social e ambiental como um macrossistema complexo e interdependente; isto é, um sistema novo e autônomo em relação aos demais originários, viável apenas pelo internodamento destes. Ressai, disso, que a sustentabilidade não pode ser assim representada pelos três sistemas – ambiental, social e econômico – como interseção de conjunto (na modelagem do *triple bottom*); mas, efetiva e exclusivamente, através do enodamento borromeano, posto que deste resulta um novo sistema (a própria sustentabilidade).

Com efeito, uma norma (de Direito Internacional) de *ius cogens* deve ter durabilidade e resistência sistêmica. Deve ser, dessa forma, capaz de se "prolongar" e, inclusive,

---

[189] PELLET, Alain.; DAILIER, Patrick.; & DINH, Nguyen Quoc.; *Ob. cit.*, p. 207.

[190] PELLET, Alain.; DAILIER, Patrick.; & DINH, Nguyen Quoc.; *Ob. cit.*, p. 206.

[191] LEITE, José Rubens Morato.; Dano Ambiental: do individual ao coletivo extrapatrimonial, São Paulo: Rev. dos Tribunais, 2000, p. 81 e segs.

CAPÍTULO III
(FINALMENTE) O FECHAMENTO DO SISTEMA *SUSTENTÁVEL* ATRAVÉS DO ENODAMENTO... | 313

irradiar os seus efeitos jurídicos para não só todos os membros da comunidade internacional e demais organismos internacionais; mas, também, no plano interno de cada Estado. Aliás, defende-se, ainda, uma irradiação plena de seus princípios; isto é, não só no plano dos sujeitos de Direito Público, mas também com alcance – e talvez principalmente, com maioria de razão – no universo privado. Ora, mormente as empresas (usualmente sujeitos de direito privado) devem estar vinculadas à sustentabilidade.

Por isso, a irradiação e a vinculação das normas (de Direito Internacional) de *ius cogens*, notadamente relativas à sustentabilidade, devem ser verificadas em todos os níveis e esferas necessárias à sua efetividade, seja no plano internacional ou no direito interno.

3.14.2 A recepção das normas internacionais ambientais em Portugal e no Brasil

A Constituição da República Portuguesa determina que as normas e os princípios de Direito Internacional Geral ou comum fazem parte integrante do Direito Português,[192] superando, dessa forma, aquela vetusta dicotomia entre a Teoria Monista e a Dualista, com a adoção constitucional da doutrina da recepção automática[193] daquelas normas. Assim, pelo Direito Português, a norma internacional (geral ou comum) não necessita de qualquer formalização interna ou transformação para poder ser considerada incorporada ao ordenando jurídico interno; e, ainda, é considerada em vigência no território português ao mesmo tempo em que adquire vigência na ordem internacional.[194]

No Brasil, os tratados internacionais são firmados sob a reserva de ratificação.[195] Assim, nem mesmo a assinatura pelos agentes diplomáticos ou, até mesmo, pelo Poder Executivo vincula juridicamente o Estado brasileiro. Necessária, para tanto, a inserção no Ordenamento Jurídico da ratificação pelo Congresso Nacional. De fato, a constituição brasileira outorga ao Chefe de Estado a competência para celebrar acordos; mas, desde a implementação da República, a assunção de obrigações convencionais internacionais é condicionada, em princípio, ao abono do Parlamento. Com efeito, a expressão do consentimento definitivo do Estado brasileiro depende, em geral, do concurso das vontades dos Poderes Executivo e Legislativo. Assim, compete ao Executivo,[xxvii] discricionariamente, negociar, assinar e decidir pelo envio do texto convencional ao Congresso Nacional e, somente após a devida autorização por este, ratificar o tratado. De outro lado, compete ao Poder Legislativo aprovar o tratado ou rejeitá-lo.[xxviii]

Deve-se ressaltar que, de acordo com o artigo 3º dos ADCT, realizou-se um processo de revisão do texto constitucional em 1993 e 1994, quando foi apreciada uma proposta de emenda constitucional que acrescentaria dois parágrafos ao artigo 4º da CR/88, autorizando a incorporação (automática ou irrestrita) de normas de Direito Internacional na ordem jurídica interna.[196] A referida proposta estipulava que as normas gerais ou comuns de Direito Internacional Público fariam parte integrante do ordenamento jurídico brasileiro (parágrafo 1º); e, ainda, que as normas emanadas pelos órgãos

---

[192] Cf. Artigo 8º/1 da CRP.

[193] GOMES CANOTILHO, J. J.; Direito Constitucional e Teoria da Constituição, 7ª Edição, Coimbra: Almedina, 2003, p. 820.

[194] GOMES CANOTILHO, J. J.; *Ob. cit.*, p. 820.

[195] GABSCH, Rodrigo D'Araujo.; *Ob. Cit.*

[196] GABSCH, Rodrigo D'Araujo.; *Ob. cit.*, p. 39.

competentes das organizações internacionais de que o Brasil fosse parte vigorariam na ordem interna, desde que expressamente estabelecidas nos respectivos tratados constitutivos (parágrafo segundo).[197] A despeito dessa proposta ter a finalidade de reforçar/facilitar a natureza vinculante das normas de Direito Internacional, foi rejeitada pelo Poder Constituinte reformador.

Entretanto, no plano internacional, surge a indagação: as normas de Direito Internacional, notadamente as de *ius cogens*, têm força e efeito vinculante em todos os órgãos internacionais judicantes? A resposta aponta em sentido positivo.

Senão vejamos.

3.15 O Sistema *Bretton Woods*

Com o término da I Guerra Mundial e os problemas advindos da crise econômica de 1929, os EUA, numa tentativa de solucionar as suas dificuldades internas, adotaram a política denominada *beggar-thy*-neighbour,[xxix] ao estabelecer, em junho de 1930, a *"Smoot-Hawley Tariff"*,[198] elevando significativamente o nível dos tributos aduaneiros, com o específico fito de reduzir as importações;[199] e, dessa forma, produzir um superávit na balança comercial internacional. Porém, o resultado, em termos mundiais, foi a eclosão de uma *corrida* interna de cada país para proteger igualmente o seu mercado interno, antes que o outro o fizesse, desestimulando o comércio internacional; e, consequentemente, agravando ainda mais a já enfraquecida economia internacional da época.[xxx] Alguns estudiosos afirmam, inclusive, que a "semente do segundo conflito mundial, no Extremo Oriente e na Europa, foi semeada pela assinatura da Pauta-Hawley por Hoover".[200]

Dessa forma, percebe-se que quando os desnivelamentos das barreiras alfandegárias deslocaram-se para a relação norte-norte – isto é, Estados Unidos e Europa – as reações entre os atores internacionais provocaram consequências imediatas e drásticas.[201] [xxxi]

Contudo, nos anos finais da II Guerra Mundial, os países que atingiam a supremacia bélica (notadamente França, Inglaterra, URSS e EUA) desenvolveram políticas de reconstrução da Europa e do Japão, bem como tentaram construir um modelo global de comércio para evitar o surgimento de novos conflitos armados, os quais tivessem como causa justamente as barreiras comerciais internacionais. Exsurgia, nessa oportunidade, a construção de um novo modelo internacional para o comércio entre os países, cujo marco teórico principal residia na "eliminação de todas as formas de tratamento discriminatório no comércio internacional, a redução das tarifas aduaneiras e demais barreiras comerciais".[202] Assim, o escopo principal desse novo modelo consistia em definir um sistema de regras e procedimentos para regulamentar a política econômica

---

[197] GABSCH, Rodrigo D'Araujo.; *Ob. cit.*, p. 39.

[198] In: DI SENA JR., Roberto.; A Cláusula Social na OMC. Curitiba: Juruá. 2005. p. 39.

[199] MOTA, Pedro Infante.; O Sistema GATT/OMC, introdução histórica e princípios fundamentais, Coimbra: Almedina, 2005, p. 17.

[200] COOPER, Richard N.; Trade Policy as Foreign Policy, In: U.S. Trade Policies in a Changing World Economy, Robert M. Stern., Ed., The Massachusetts Institute of Technology Press, 1988, P.s. 291-292, *Cf. Apud.* MOTA, Pedro Infante. *Ob. cit.*, p. 18.

[201] *Cf.* MOTA, Pedro Infante. *Ob. cit.*, p. 18. *V. tb.* DI SENA JR., Roberto.; A Cláusula Social na OMC, Curitiba: Juruá. 2005, p. 40.

[202] Acordo anglo-americano de auxílio mútuo, de 23/2/1942, Art. VII, Cf. MOTA, Pedro Infante.; *Ob. cit.*, p. 19.

CAPÍTULO III
(FINALMENTE) O FECHAMENTO DO SISTEMA *SUSTENTÁVEL* ATRAVÉS DO ENODAMENTO... | 315

internacional, pautada então na livre concorrência internacional (ideal de liberalização do comércio).

Diante desse novo foco do comércio internacional,[203] várias conferências, sob a chancela da ONU, foram realizadas. Destaca-se, como já analisado,[204] a Conferência de Breton Woods.[205] A ordem econômica mundial, depois da Segunda Guerra Mundial, estava em verdadeiro colapso. Aliás, praticamente todos os "elos" da sustentabilidade (econômico, social e ambiental) estavam dissolvidos e corrompidos. Os horrores do Holocausto chocaram o mundo. Além disso, ainda havia: instabilidade monetária e financeira, através da volatilidade nas taxas de câmbio; incontrolável fluxo de capitais; dívidas externas e elevadas taxas reais de juros.[206] Na Europa, os campos agriculturáveis estavam destruídos. As detonações nucleares de Hiroshima e Nagasaki retratavam o poderio bélico capaz de destruir a humanidade.

Assim, no universo econômico internacional, foi estipulado o designado "Sistema Bretton Woods". Dentre as principais medidas, compreendeu inicialmente o *dolar shortage*; isto é, a moeda norte-americana passou a substituir o "padrão ouro" como fonte de reserva internacional convertível.[207] De fato, o denominado "padrão ouro",[xxxii] teoricamente, determinava regras de criação e circulação monetária em nível nacional e internacional, de modo que a emissão de dinheiro por parte de cada Estado deveria estar lastreada no estoque de ouro interno; e, consequentemente, deveria ter a livre conversão da moeda papel para o metal, enquanto os pagamentos internacionais seriam feitos em ouro e as taxas de câmbio entre as moedas seriam proporcionais ao seu lastro a esse metal.[208]

As outras moedas mundiais deveriam se alinhar ao dólar, tornando as taxas de câmbio relativamente fixas em relação ao dólar e, não mais, ao ouro. Com efeito, a moeda norte-americana tornou-se praticamente uma moeda universal entre os países ocidentais e, por isso, a liquidez internacional ficou atrelada a essa moeda.[209] Porém, incialmente, teve-se que enfrentar o problema de garantir liquidez internacional em dólares, notadamente para a reconstrução da Europa (a qual estava sem condições de realizar exportações substanciais). Com esse propósito, em um primeiro momento, estabeleceu-se o Banco Internacional para a Reconstrução e Desenvolvimento – *International Bank for Reconstruction and Development*, ou BIRD –, o qual foi subdividido, posteriormente, no Banco Mundial e no Fundo Monetário Internacional (FMI).

Assim, originariamente, *Bretton Woods* delimitou as funções dos novos organismos multilaterais, estabelecendo que ao FMI competia assegurar precipuamente a estabilidade das taxas de câmbio e prover socorro temporário a seus membros em caso de desequilíbrios na balança de pagamentos; ao passo que o Banco Mundial detinha

---

[203] V. nota 628 do Cap. I.

[204] V. Capítulo I.

[205] Cita-se, ainda, Dumbart Oaks (1944), Ialta (1945), São Francisco (1945), Potsdam (1945). In: DI SENA JR., Roberto.; A Cláusula Social na OMC, Curitiba: Juruá, 2005, p. 41.

[206] KILSZTAJN, Samuel.; O Acordo de Bretton Woods e a evidência histórica. O sistema financeiro internacional no pós-guerra, Rev. de Economia Política, vol. 9, nº 4, outubro-dezembro/1989, (end. e dat. disp.).

[207] KILSZTAJN, Samuel.; *Ob. Cit.*

[208] DATHEIN, Ricardo.; Sistema Monetário Internacional e Globalização Financeira nos Sessenta Anos de Bretton Woods, REV. Soc. bras. Economia Política. Rio de Janeiro, nº 16, p. 51-73, junho 2005, (end. e dat. disp.).

[209] DATHEIN, Ricardo.; *Ob. Cit.*

a missão de auxiliar na reconstrução dos países devastados pela guerra e financiar projetos específicos destinados ao desenvolvimento econômico de países atrasados.[210]

Na ocasião, foi ainda debatida a criação de uma terceira organização internacional, a Organização Internacional do Comércio – OIC, destinada a tratar das relações comerciais entre os Estados.[211] Assim, à Organização do Comércio Internacional (OIC) incumbiu-se promover acordos internacionais com a finalidade de reduzir barreiras alfandegárias e medidas protecionistas impeditivas do livre comércio.[212]

Porém, o que se vê atualmente é a "contaminação" de outros temas nessas originárias instituições. Em sendo a sustentabilidade encarada como *ius cogens*, não só é requerida a positivação no direito interno de Estado; mas, também, é vinculativa nas próprias instituições internacionais (em que pese a inicial resistência interna de cada instituição em aceitar essa nova temática, a qual, todavia, perpassa por todos os demais temas primários).

Com a "falência" do sistema de Bretton Woods em relação ao cambio fixo – o chamado "Golpe de Washington",[213] xxxiii – diversas críticas são apresentadas à manutenção dos organismos multilaterais criados por esse mesmo sistema. Outrossim, o Fundo Monetário Internacional – FMI e o Banco Mundial (bem como a Organização Mundial do Comércio – OMC) sofreram, gradativamente, com o passar dos anos, algumas desvirtuadas, não só se afastando de seus correlativos projetos originais, mas ainda absorvendo elementos do desenvolvimento sustentável em seus sistemas e propósitos internos. Todavia, para nós, a inserção em suas agendas de programas vinculados à sustentabilidade garantiu o próprio *continuum* dessas instituições.

É o que se verá adiante.

3.15.1 International Bank for Reconstruction and Development – BIRD

O Banco Mundial,[214] como já salientado, foi implementado a partir da criação do BIRD, junto com o FMI e o Acordo Geral de Tarifas e Comércio (GATT). Os objetivos exordiais do Banco Mundial (até então somente o BIRD) consistiam em financiar a reconstrução dos países devastados pela II Guerra Mundial, relembre-se. Com o tempo (e diante de novas demandas), a missão do banco englobou o financiamento do desenvolvimento dos países mais pobres e o auxílio financeiro. Assim, também, foram inseridas em seu Estatuto,[215] para fins de sua atuação, as catástrofes naturais, as emergências humanitárias, as reabilitações pós-conflitos e necessidades que afetam o desenvolvimento das economias principalmente emergentes.

De fato, o Banco Mundial ajudou a reconstruir a Europa após a 2ª Grande Guerra. Para tal, o seu primeiro empréstimo foi de U$ 250 milhões para a França em 1947. O *staff* constituía de equipes de economistas e analistas financeiros, regendo e regidos, por uma quase homogênea política. Atualmente, entretanto, após várias crises institucionais

---

[210] SOUZA, Vinicius Menandro Evangelista de.; A Influência das Políticas Neoliberais do FMI ao Novo Regime de Insolvência Empresarial Brasileiro, Faculdade de Direito da Universidade Federal de Santa Catarina (UFSC), Florianópolis, 2007.

[211] FERRACIOLI, Paulo.; Do GATT à OMC: a Regulação do Comércio Internacional, (end. e dat. disp.).

[212] SOUZA, Vinicius Menandro Evangelista de.; *Ob. Cit.*

[213] *Idem.*

[214] Dados extraídos do sítio: <www.woldbank.org>, em 25.4.2008.

[215] *Idem.*

internas, ocorridas notadamente nas décadas de 80 e 90, o Banco reorientou os seus objetivos globais para a redução da pobreza mundial, bem como também para problemas ambientais e agora, diferentemente do FMI, somente os países em desenvolvimento podem recorrer ao banco.

Hodiernamente, o banco comporta uma equipe multidisciplinar e diversificada, incluindo economistas, especialistas de política pública, peritos setoriais e cientistas sociais.[216] Para descentralizar a administração, bem como aproximar as políticas adotadas às necessidades de cada Estado, 40% de seus funcionários estão lotados nos escritórios dos membros filiados.[xxxiv]

O próprio banco é hoje maior, mais amplo e muito mais complexo do que fora no passado. Tornou-se, na realidade, um grupo financeiro, englobando cinco instituições, a saber: o Banco Internacional para Reconstrução e Desenvolvimento (BIRD); a Associação Internacional de Desenvolvimento (IDA); o *International Finance Corporation* (IFC); a Agência Multilateral de Garantia de Investimentos (MIGA) e o Centro Internacional de Resolução de Disputas de Investimento (ICSID). Por isso, tem sido atualmente denominado de "Grupo do Banco Mundial – GBM".

Em relação ao meio ambiente, o seu *site* oficial afirma: "hoje, o Banco Mundial (GBM) é um dos principais promotores e financiadores de reabilitação ambiental no mundo em desenvolvimento".[217] Isso porque, em 2001, o Conselho de Administração do grupo "aprovou uma estratégia para orientar as ações do Banco na área do ambiente, especialmente ao longo dos próximos cinco anos". Tal estratégia sublinhou 3 objetivos centrais: (*i*) melhoria da qualidade de vida; (*ii*) melhora da qualidade do crescimento; (*iii*) proteger a qualidade da parceria regional e global. Dessa forma, o GBM oficial e expressamente "reconhece que o desenvolvimento sustentável é fator preponderante para o equilíbrio do desenvolvimento econômico, (assim como) a coesão social e a proteção do ambiente são fundamentais para o objetivo central da redução da pobreza (de forma) duradoura".[218]

Em 21.3.2008, o GBM apresentou relatório intitulado "Com Vistas a um Contexto Estratégico sobre Mudanças Climáticas e Desenvolvimento para o Grupo do Banco Mundial. Nota Conceptual e de Exposição de Problemas. Minutas para Consulta", no qual afirma: "O GBM é um organismo executor do Mecanismo Global para o Ambiente (MAG), que provê grande volume de recursos para financiar projetos de energia renovável e eficiência energética (ER/EE), pioneiro no mercado do carbono e promotor de reformas no setor da energia, oferecendo incentivos para eficiência, poupança de energia e melhores práticas ambientais". Além disso, assenta: "O GBM procura certificar-se de que todas as suas operações de empréstimo (inclusive as pertinentes a adaptação e mitigação) levam em consideração salvaguardas fiduciárias, ambientais e sociais. O Banco já está trabalhando na abordagem de questões de mudança climática, nas avaliações ambientais de recursos hídricos, na agricultura e em outros setores-chave, bem como nas Análises Ambientais de País".[xxxv]

Pode-se, desse modo, estabelecer uma associação entre o Protocolo de Montreal (1987) e a Convenção sobre Mudança Climática (1992), além de outros diplomas internacionais na seara da proteção ambiental, os quais estabelecem mecanismos de compensação e de auxílio financeiro para cobrir certos custos de implementação de novas

---

[216] *Ibidem.*

[217] *Idem.*

[218] *Ibidem.*

tecnologias; fato que conduziu à criação do Global Environmental Facility (GEF), além de outros arranjos do GBM.[219]

Portanto, as questões sociais também são foco importante – aliás, o mais importante – nas políticas do GBM. A (re)construção de Estados continua a ser uma finalidade relevante do banco. Contudo, no atual estatuto da instituição, é a redução da pobreza, através de uma globalização inclusiva e sustentável, o seu objetivo principal.[xxxvi] Aliás, com o escopo de prevenir e mitigar impactos negativos sobre pessoas e seus ambientes no processo de desenvolvimento, o banco opera com uma série de políticas de salvaguarda.[220] Para a implementação dessas políticas, ele tem se utilizado da Avaliação Ambiental (*Environmental Assessment*) – uma das dez modalidades de políticas de salvaguarda utilizadas pelo Banco –, visando identificar, evitar e mitigar potenciais impactos ambientais negativos, associados a operações de empréstimo do banco.[221]

Pode-se afirmar, destarte, que as questões da sustentabilidade – proteção econômica, social e ambiental – refletem a atual filosofia do GBM. Nesse sentido, o banco tem reforçado o *"mainstreaming"* do tema ambiental em empréstimos setoriais, por meio do estímulo a abordagens transversais e intersetoriais das questões relativas ao ambiente.[xxxvii]

3.15.2 O Fundo Monetário Internacional (FMI) – ou *International Monetary Fund – IMF*

Também fruto do Acordo de Bretton Woods, o FMI foi instituído em 1945, contando atualmente com mais de 180 países integrantes. Tem sede em Washington e é hoje uma instituição central do sistema monetário internacional. Possui como meta oficial contribuir para o bom funcionamento da economia mundial.[xxxviii] Por ter como finalidade evitar as crises no sistema econômico internacional, o FMI compreende ainda um fundo, para o qual os países membros podem socorrer em tempos de dificuldades financeiras.[xxxix]

O FMI é integrado por membros fundadores e membros eleitos. Na conformidade com o seu ato constitutivo (Artigo II, seções I e II), membros fundadores são todos os países que participaram da Conferência Monetária das Nações Unidas de 1944 e que firmaram a Convenção Constitutiva.[xl] Por sua vez, os membros eleitos são todos aqueles cujo ingresso se efetivou posteriormente, uma vez obedecidas as condições estabelecidas pela Junta de Governadores.[222] Com efeito, todo e qualquer Estado pode fazer parte do FMI, conquanto propenso a acatar todas as obrigações prescritas em seu estatuto.[223]

Nesse sentido, o Estado que necessita contrair empréstimo junto ao FMI tem que aceitar as suas imposições – os chamados *Stand-by Arrangements* ou acordos de confirmação. Nestes estão usualmente embutidas as "condicionalidades", consistentes na demonstração do tomador de empréstimo da sua intenção de promover o equilíbrio

---

[219] OLIVEIRA, Bárbara da Costa Pinto.; Meio Ambiente e Desenvolvimento na Organização Mundial do Comércio – normas para um comércio internacional sustentável, São Paulo: Thomson-IOB, 2007, p. 75.

[220] Worldbank, Políticas de Salvaguarda, (end. e dat. disp.).

[221] Manual de Obras Públicas Sustentáveis, Secretaria de Estado (Minas Gerais) de Meio Ambiente e Desenvolvimento Sustentável, Belo Horizonte, Minas Gerais, 2008, (end. e dat. disp.).

[222] MAZZUOLI, Valério de Oliveira.; Natureza jurídica dos *Acordos Stand-by* com o FMI, São Paulo: Rev. dos Tribunais, 2005, p. 76.

[223] International Monetary Fund. About the IMF, (end. e dat. disp.).

de suas finanças, mediante a implementação de ajustes estruturais, os quais devem se propagar na economia, instituições e legislação internas.[224]

Dessa forma, as regras do FMI são obrigatoriamente vinculantes para os países "mutuários". Com efeito, aquelas "obrigações" operam-se como forte fonte normativa de políticas internacionais, não só para condicionantes de fatores estritamente econômicos; mas, também, de imposição de políticas em outros campos, como, por exemplo, no meio ambiente e em questões sociais.

Assim, as dificuldades encontradas pelo *Soft law*, como já antecipado, também podem ser objeto de instrumento, através das ações do FMI. O convênio constitutivo do FMI assemelha-se a um código de conduta, o qual tenta imprimir aos países um espírito de solidariedade e de cooperação internacional para o harmonioso equilíbrio do sistema financeiro internacional, buscando, sobretudo, a expansão do comércio mundial e aumento da oferta de emprego.[225]

Além desse "código de conduta internacional", compete ao FMI regular o funcionamento do sistema monetário internacional e reflexamente das economias nacionais dos Estados-membros, detendo assim uma função quase legiferante, posto que ele mesmo quem define as regras de observância cogente para esses Estados.[226] Exerce, ainda, uma função praticamente judiciária (ratificada pelos Acordos da Jamaica, de 8.1.1976); uma vez que, desde então, o Fundo foi investido de um poder de fiscalização sobre as políticas cambiais dos Estados-membros.[227]

Em que pese a existência do discurso democrático, o processo de tomada de decisão na esfera do FMI é vinculado à questão eminentemente financeira, com um forte predomínio dos EUA e de seus aliados. Explicar-se-á melhor a seguir.

O poder de voto dos Estados-membros é conferido de acordo com a sua cota na instituição. A cota-parte não se dá *per capita* (por exemplo, como previsto pelo Tratado de Wesftália de 1648, ou seja, por cada país, independente de sua força bélica ou financeira). Corresponde no FMI à contribuição que cada Estado-membro faz ao fundo no momento de sua adesão. Nessa medida, a contribuição de cada membro, vinculada ao seu exercício de voto, é verificada nos termos dos SDRs (*Special Drawing Rights*), espécie de moeda própria do FMI, instituída para permitir ao organismo a manutenção de reservas desvinculadas do ouro e do dólar.[228] Ademais, as cotas de cada Estado-membro só podem ser revistas a cada cinco anos, no máximo, exceto se algum membro solicitar antecipadamente a revisão de sua cota, dependendo a revisão de aprovação de 85% dos votos na Junta de Governadores.

Tal mecanismo de votação do FMI acarreta um forte desiquilíbrio entre os países-membros, tendo em vista que as decisões mais importantes são decididas pelos membros detentores da maioria das cotas (colocando, obviamente, os EUA, o Reino Unido, a França, o Japão e a Alemanha como força preponderante de imposição volitiva nas

---

[224] SOUZA, Vinicius Menandro Evangelista de.; A Influência das Políticas Neoliberais do FMI ao Novo Regime de Insolvência Empresarial Brasileiro, Universidade Federal de Santa Catarina, Centro de Ciências Jurídicas, Curso de Pós-Graduação em Direito, Universidade Federal do Acre, Programa de Mestrado Interinstitucional UFSC-UFAC, Florianópolis, 2007, (end. e dat. disp.).

[225] LENAIN, Patrick.; O Fundo Monetário Internacional. Tradução de Armando Braio, São Paulo: Manole, 2004, p. 31. *Cf. Apud*. SOUZA, Vinicius Menandro Evangelista de.; *Ob. Cit.*

[226] SOUZA, Vinicius Menandro Evangelista de.; *Ob. Cit.*

[227] *Idem*.

[228] SOUZA, Vinicius Menandro Evangelista de.; *Ob. Cit.*

demais deliberações resolúveis por maioria simples).[229] Não suficiente, a própria norma interna do FMI, exigindo quórum qualificado (ou seja, 85% do *quórum*) para aprovação, impede, na prática, qualquer mudança substancial em sua estrutura e funcionamento.

A par dessas questões, pelo originário Estatuto do FMI (Artigo 1º), a sua preocupação basilar deveria ater-se à estabilidade do sistema financeiro internacional e, em segundo plano, à ajuda aos países com dificuldades temporárias em suas balanças de pagamento. Todavia, com o fim do sistema da paridade do sistema cambial, o FMI reformulou-se e manteve-se atuante no cenário internacional, com o escopo de manter e implementar, em todos os países membros, políticas econômicas neoliberais, principalmente em relação aos países subdesenvolvidos.[230] Essa atuação dá-se de forma vigilante e condicionante, com imposição de políticas fiscais e monetárias internas, a ponto de se questionar, inclusive, a própria permanência da soberania econômico-financeira estatal.

Até mesmo a política de privatizações foi capitaneada pelo FMI, sob a argumentação da ineficácia administrativa do Estado-Administração para gerir as empresas do setor produtivo, as quais deveriam ser transferidas para iniciativa privada, mais apta e com maior capacidade gerencial. E, assim, muito especialmente, diante do novo cenário macroeconômico internacional; fato que fomentou a criação de muitas transnacionais.[231]

Com efeito, a partir da década de 70, muito em virtude de ações (diretas e indiretas) do FMI, fortaleceu-se o processo oligopolístico de empresas transnacionais; e isto mesmo, como já aduzido, em detrimento da soberania estatal e dos direitos sociais fundamentais.[232] Conforme explica Jorge Beinstein, a ideia de obsolescência e fragmentação do Estado-nação desencadeou o processo, em termos mundiais, da expansão global das transnacionais, além do crescente endividamento público dos países subdesenvolvidos, sujeitando, assim, estes aos mercados financeiros e, como consequência direta disso, verificou-se o aumento do desemprego e da miserabilidade de sua própria população, com a concentração de renda e outras circunstâncias que determinaram o fim do *Welfare State*.[233]

Neste contexto, conforme também afirma Boaventura de Sousa Santos, a implementação da política neoliberal mundial, notadamente pelos órgãos instituídos pelo sistema Bretton Woods, provocou "resultados desastrosos nos países do Sul que, além de perderem definitivamente a pouca soberania que lhes restavam, ficaram mais e mais sujeitos aos programas de ajustamento estrutural do Banco Mundial e do FMI, sem esquecer as crises manifestadas na conturbação interna, na violência urbana, nos motins dos esfomeados, na má nutrição; e finalmente na degradação do ambiente".[234]

Diante da tese aqui encampada, (a defesa e a proteção exclusiva de) o sistema meramente econômico (isto é, com o único e "cego" objetivo do lucro) não se afigura sustentável (duradouro, contínuo). A implementação da sustentabilidade implica,

---

[229] *Idem.*

[230] BACHA, E. L.; MENDOZA, M. R.; (Orgs)., Recessão ou crescimento: o FMI e o Banco Mundial na América Latina, Rio de Janeiro: Paz e Terra, 1986, p. 31. *Cf. Apud.* SOUZA, Vinicius Menandro Evangelista de.; *Ob. Cit.*

[231] ALCOFORADO, Fernando.; Globalização e desenvolvimento, São Paulo: Nobel, 2006, p.s. 41-46. *Cf. Apud.* SOUZA, Vinicius Menandro Evangelista de.; *Ob. Cit.*

[232] BEINSTEIN, Jorge.; Capitalismo senil: a grande crise da economia global. Tradução de Ryta Vinagre. Rio de Janeiro: Record, 2001, p. 68-69. *Cf. Apud.* SOUZA, Vinicius Menandro Evangelista de.; *Ob. Cit.*

[233] BEINSTEIN, Jorge.; *Ob. Cit.. Cf. Apud.* SOUZA, Vinicius Menandro Evangelista de.; *Ob. Cit.*

[234] SOUSA SANTOS, Boaventura de.; Pela mão de Alice: O social e o político na pós-modernidade, 10ª ed., São Paulo: Cortez, 2005, p. 293.

reafirma-se, o enodamento (perfeito e harmonioso) dos sistemas econômico, social e ambiental.

Não é outra a razão pela qual o FMI iniciou sua reestruturação, mesmo que lenta e gradual (inclusive, em prol de sua própria permanência enquanto instituição internacional). De fato, um novo Guia de Condicionalidades (à concessão de empréstimos) foi aprovado em 25.9.2002,[235] bem como ocorrera a sua revisão, em 3.5.2005, com o nítido objetivo de "tentar dissipar a desconfiança permanente de parcela da opinião pública (em relação ao FMI)", estabelecendo-se que, doravante, os Acordos *Stand-by* não seriam vinculantes e obrigatórios; isto é, passíveis de execução obrigatória pelas partes (Estados-membros e o próprio FMI), conferindo-lhe um *status* menos impositivo e mais democrático e, portanto, outorgando aos países "mutuários" maior flexibilidade na condução de sua política econômico-financeira.

De todo modo, independentemente da *práxis*, o (atual) discurso do FMI sedimenta-se na teoria que o desenvolvimento econômico, alcançável através do mercado liberal, fundamental para a eliminação da pobreza ao elevar os padrões de vida da população em geral. Contudo, reconhece o FMI que nenhuma regulamentação às práticas econômicas pode causar o nefasto efeito colateral, particularmente para o ambiente, o que acarreta, em última análise, custos potencialmente consideráveis para a macroeconomia.[236]

Conforme o próprio fundo aduz, o aumento do acúmulo de gases de efeito estufa na atmosfera pode aumentar substancialmente as temperaturas globais, fato que representa riscos (econômicos, sociais e ambientais) consideráveis. A má qualidade do ar é causa de vários problemas relacionados à saúde humana.[237]

Por isso, hodiernamente, o FMI tem direcionado a sua atuação ao fomento da "Economia Verde", a qual pode (e deve) desempenhar um papel central na promoção do crescimento sustentável, através – por exemplo – de instrumentos fiscais e parafiscais (tais como a imposição de impostos sobre emissões poluentes ou, mesmo, o subsídio para as fontes energéticas limpas).[238] Em verdade, o FMI, dentro de sua esfera, tenta promover, mediante reforma fiscal dos países "mutuários", a resolução reflexa de problemas ambientais. A título de exemplo, citam-se os trabalhos do FMI de análise sobre a concepção de política fiscal para reduzir gases de efeito estufa e de prestação de assistência técnica aos países membros interessados na confecção de uma reforma fiscal ambiental. Além disso, na qualidade de atividades "paralelas", o FMI promove apresentações regulares em conferências e em reuniões da ONU sobre o clima, além de copatrocinar eventos e institutos de pesquisa para a implementação da designada "Economia Verde".[239]

Destaca-se, inclusivamente, nessa "viragem" para a sustentabilidade do FMI, o discurso de sua da Diretora-Geral, Christine Lagarde, em 2013, na abertura da sessão plenária do Encontro Anual do FMI. Nesse discurso, fez-se (nefasta) previsão de um forte crescimento populacional (principalmente nos países emergentes), de um contínuo aumento da desigualdade social e de constantes desequilíbrios do meio ambiente; os quais, conjuntamente, projetam "um mundo com tons sombrios em 2030, com graves problemas econômicos em todos os continentes".[xli]

---

[235] Aprovado pelo Conselho Executivo do Fundo pela Decisão nº 12864 (02/102).

[236] The IMF and Environmental Policy, In: International Monetary Found, Dezembro, 2013, (end. e dat. disp.).

[237] *Idem.*

[238] *Idem.*

[239] *Ibidem.*

Denominadas por Lagarde como as "novas fronteiras de risco" (*The new frontiers of risk*), são apontados riscos iminentes a serem combatidos pelo FMI, os quais afetam o crescimento e a estabilidade. Dentre esses riscos, destaca Lagarde: (1) o crescimento demográfico desordenado (cujos custos a ele relacionados "afetarão de forma dramática a educação, a saúde pública, a poupança, as aposentadorias e os gastos públicos"[240]); (2) o crescimento contínuo das desigualdades sociais (porquanto, nas palavras da conferencista, a "distribuição de renda afetará o desenvolvimento e a estabilidade",[241] pois "a desigualdade chegou a um nível nunca visto desde que o Fundo foi criado. Em muitos países, isso levou a uma crescente frustração e a rachaduras na coesão social e política");[242] (3) (as alterações do) o meio ambiente (argumentando que "as temperaturas médias estão crescendo e, com isso, o risco de desastres naturais mais frequentes, maior instabilidade na produção agrícola e maior insegurança em relação aos alimentos e à água"). Alertou-se que, em muitos países, "particularmente os mais pobres", a degradação ambiental deverá piorar a sua já situação já fragilizada.[243]

Na verdade, a Diretora-Geral do FMI, implicitamente, compreende e concorda com a nossa visão sobre a imprescindibilidade do enodamento borromeano dos três subsistemas estruturais e exordiais da sustentabilidade: o econômico, o social e o ambiental.

3.15.3 A Organização Mundial do Comércio (OMC) – *ou The World Trade Organization (WTO)*

A história das tarifas e restrições alfandegárias escapa ao objetivo do presente trabalho. Aliás, essa história está permeada por conflitos e guerras (como mesmo demonstram os antigos acordos formulados entre Brasil, Portugal e Inglaterra,[xlii] além dos fatos que antecederam a independência dos EUA).[xliii]

De todo modo, para se chegar ao sistema GATT/OMC, vislumbrou-se, tal como inicialmente proposto por Adam Smith[xliv] e David Ricardo,[xlv] um desenvolvimento econômico através do comércio internacional livre; ou melhor, sem barreiras impositivas.

Posto isto, pode-se refletir que a história do homem europeu é marcada pela busca de novos mercados (para comprar, vender ou trocar).[244] Contudo, enquanto alguns Estados buscavam novos mercados; outros, em conduta contrária, adotavam a prática de impor medidas de salvaguarda de seus mercados internos (e suas balanças comerciais), notadamente mediante restrições comerciais.[xlvi] Em suma, observa-se que, ao longo da história, as barreiras comerciais foram continuamente causa de conflitos, armados ou não. Recorde-se, nesse aspecto, por exemplo, também os problemas decorrentes da implementação da política da denominada *beggar-thy-neighbour*.[245]

Assim, ainda no curso da Segunda Guerra (em 1942), ao perceber que as restrições aduaneiras elevadas acarretavam guerras comerciais (as quais geralmente conduziam a guerras militares),[246] os então Presidente dos EUA (Roosevelt) e Primeiro Ministro

---

[240] LAGARDE, C.; *Ob. Cit.*

[241] *Idem.*

[242] *Ibidem.*

[243] *Ibidem.*

[244] DI SENA JR., Roberto, A Cláusula Social na OMC, Curitiba: Juruá, 2005, p. 39.

[245] V. supra, notas 394 e 395.

[246] EVANS, Phillip.; WALSH, James.; The Economist Intelligence Unit guide to the new GATT, Londres, 1994, p. 8, *Cf. Apud.* MOTA, Pedro Infante.; p. 18.

CAPÍTULO III
(FINALMENTE) O FECHAMENTO DO SISTEMA *SUSTENTÁVEL* ATRAVÉS DO ENODAMENTO... | 323

britânico (Churchill) sinalizavam a intenção de que, pela Carta do Atlântico, todos os países (vencidos ou vencedores, grandes ou pequenos) deveriam ter igualdade de condições ao comércio internacional e ao acesso às matérias-primas necessárias à prosperidade econômica.[247] Apesar de não ter sido ratificada pelos Estados, a Carta do Atlântico constituiu um instrumento de considerável base teórica para a eliminação das barreiras do comércio internacional.

Em 1948, foi proposta a Carta de Havana. Esta fora assinada pelos 53 países presentes à Conferência convocada pelo Conselho Econômico e Social das Nações Unidas, porém, fracassou na tentativa de criação uma Organização Internacional do Comércio (os EUA não a ratificaram).[248] De todo modo, paralelamente àquelas negociações de criação de uma organização internacional do comércio, 23 países[249] trabalharam durante a Terceira Conferência (em Genebra) para uma forte redução das barreiras comerciais que vigiam até então. Dessas negociações, resultou o GATT[250] – ou seja, o Acordo Geral sobre Pautas Aduaneiras e Comércio.

Contudo, há que se registrar a importância da Carta de Havana como marco no fim de se estabelecer um comércio internacional livre, prestando-se, inclusive, como fonte (de consulta) para os membros do GATT.[251] Aliás, o próprio GATT estabelecera (no Artigo XXIX) que, quando a Carta de Havana entrasse definitivamente em vigor, a aplicação da parte que tratava dos aspectos mais substanciais da gestão do comércio internacional seria suspensa.

Conforme o Artigo XXVIII do GATT, os membros da OMC deveriam negociar e decidir sobre assuntos de interesse da organização e de seus membros, através das rodadas (ou rondas). Foram então promovidas pelo GATT 8 rodadas de negociações multilaterais sobre o comércio internacional. As 5 primeiras (a inaugural, em Genebra em 1947; a de Annecy em 1949; a de Torquay entre 1950 e 1951; a de Genebra entre 1955-1956; e, finalmente, a de Dillon, denominada de *Dillon Round*,[252] entre 1960 e 1961) trataram, quase que exclusivamente, de reduções tarifárias, com o objetivo de estimular o comércio internacional. A 5ª Conferência teve dois grandes fins específicos, quais sejam: (*i*) estudar a nova situação resultante da criação de uma união aduaneira (CEE), cuja área não poderia induzir à criação de prejuízos para outras partes contratantes; e, ainda, (*ii*) introduzir uma nova técnica de negociação, pelo método multilateral, que consistia em realizar o abaixamento de direitos aduaneiros linearmente.[253]

A sexta rodada de negociações, denominada Rodada Kennedy, também (Genebra, entre 1964 e 1967) deu início a uma nova etapa no âmbito do GATT. Como fator de destaque, os países da Comunidade Europeia participaram da negociação em "bloco", permitindo, assim, um novo equilíbrio nas negociações. Ainda marcante da Rodada

---

[247] MOTA, Pedro Infante.; p. 19.

[248] FERRACIOLI, Paulo.; Do GATT à OMC: a Regulação do Comércio Internacional, (end. e dat. disp.).

[249] Importante ressaltar que esses 23 países representavam 80% do comércio mundial à época. *Cf. Apud*. MOTA, Pedro Infante. *Ob. cit.*, p. 22.

[250] Em referência às iniciais do inglês de *General Agreement on Tariffs and Trade*.

[251] JAENICK, Günther.; Havana Charter, In: Encyclopedia of Public International Law, t. 8, Rudolf Bernhart ed., 1985, p.s 263-264, *Cf. Apud*. MOTA, Pedro Infante. *Ob. cit.*, p. 24.

[252] CAMPOS, João Mota de (coord.); PORTO, Manuel.; CAVETE, Victor.; FERNANDES, António José.; MEDEIROS, Eduardo Raposo de.; RIBEIRO, Manuel Almeida.; DUARTE, Maria Luísa.; CAMPOS, João Mota de.; Organizações Internacionais, Teoria Geral, Estudo Monográfico das principais Organizações Internacionais de que Portugal é Membro, Lisboa: Fundação Galouste Gulbenkian, 3ª Edição, 2008, p. 327.

[253] CAMPOS, João Mota de. (coord.); *Ob. cit.*, p. 327.

Kennedy foi o posicionamento dos países em desenvolvimento, através do qual demonstraram a sua insatisfação com o então modelo liberal, que não atendia aos seus interesses internos. Como resultado, introduziu-se a Quarta Parte do acordo, tratando exclusivamente dos interesses dos países emergentes. Os dispositivos da Quarta Parte foram negociados após o Grupo dos 77 ter conseguido criar a Conferência das Nações Unidas para o Comércio e o Desenvolvimento – UNCTAD, em 1964,[254] e pressionado um tratamento diferenciado e mais favorável.

A década de 70 é marcada por uma série de transformações na economia mundial, conforme já vimos: crise do petróleo; mudança no sistema de taxas de câmbio fixas para o sistema flutuante; crescente onda protecionista por parte dos países desenvolvidos e consolidação do Japão e da Comunidade Europeia como competidores diretos dos EUA no comércio internacional. Nesse contexto, ocorreu a Rodada Tóquio do GATT – a Sétima Rodada, entre 1973 e 1979. Com efeito, as temáticas sobre reduções tarifárias foram acompanhadas por uma série de acordos para reduzir a incidência das barreiras ditas não tarifárias, ponto focal dessa rodada. Essas barreiras haviam sido adotadas como forma de proteção das indústrias nacionais de diversos países.[255] A Rodada de Tóquio teve, então, cinco importantes conquistas, quais sejam: (*i*) a revisão do Código Antidumping;[xlvii] (*ii*) um acordo relativo à aplicação do artigo VII do GATT, referente ao Valor Aduaneiro; (*iii*) o Código Antissubvenção (ou Acordo Relativo à Interpretação e Aplicação dos Artigos VI e XVI do Acordo Geral); (*iv*) o Acordo Relativo aos Obstáculos Técnicos, ou Acordo de Normalização; e, finalmente, (*v*) o Acordo Relativo aos Mercados Públicos, impondo a não discriminação entre fornecedores nacionais e estrangeiros, com a fixação de procedimentos de publicidades para as compras de bens por parte das entidades públicas.[256]

Indubitavelmente, o "sistema" GATT, com o objetivo precípuo de fomentar o comércio internacional, alcançou parcialmente esse escopo. Porém, algumas críticas lhe foram fortemente dirigidas. Como uma das causas dessas críticas, pode-se citar a denominada "*Grandfather Clause*", mediante a qual se previa que as normas do GATT somente seriam aplicáveis se não contrariassem as legislações nacionais em vigor das partes contratantes. Com efeito, os EUA mantiveram (intencionalmente) legislações nacionais que conflitavam com artigos do GATT, como aquela relativa à aplicação de medidas *antidumping*.

Assim, ao perceber que – "não obstante o êxito alcançado"[257] – o GATT apresentava sinais de inoperância e esgotamento[258] para gerir o cada vez mais complexo sistema de relações comerciais internacionais, a agenda da Rodada do Uruguai foi preparada já em 1982 pela administração estadunidense de Ronald Reagan. Essa rodada foi realizada em setembro de 1986, na cidade uruguaia de Punta Del Este. Daí, iniciou-se, oficialmente, um ciclo de negociações. Depois de oito anos, foi assinada a Ata Final, através da qual se incorporou o acordo que institui a Organização Mundial

---

[254] KOCHER, Bernardo.; A Diplomacia Brasileira na UNCTAD I, In: IV Conferencia Internacional de História Econômica & VI Encontro de Pós-Graduação em História Econômica. (end. e dat. disp.).

[255] PEREIRA, Wesley Robert.; Histórico da OMC: construção e evolução do sistema multilateral de comércio, Belo Horizonte, PUC-Minas, Conjuntura Internacional, Especial Perfil, Setembro de 2005.

[256] CAMPOS, João Mota de. (coord.); *Ob. cit.*, p. 329.

[257] MOTA, Pedro Infante.; *Ob. cit.*, p. 27.

[258] Dentre as questões que o GATT não conseguiu gerir satisfatoriamente foram a redução de obstáculos e outras distorções no tocante ao comércio internacional de produtos agrícolas. Cf. MOTA, Pedro Infante. *Ob. cit.*, p. 37. *V. Tb.* CAMPOS, João Mota de (coord.); *Ob. cit.*, p. 329.

do Comércio – OMC, com data inaugural de 1º de Janeiro de 1995, bem como várias Declarações e Decisões Ministeriais.[259]

O acordo do GATT (1947) foi, assim, substituído, após uma transição de dois anos, por um conjunto de regras mais abrangente, aplicável a um rol ampliado de produtos e que seriam administrados por uma nova organização internacional.

Não suficiente, enquanto o GATT era um acordo entre países signatários, a OMC é uma organização dotada de personalidade internacional. Pedro Infante Mota afirma, nesse sentido, que "a Organização Mundial do Comércio e os diversos acordos comerciais passaram a constituir o fundamento institucional e jurídico do sistema comercial multilateral, consagrando não só os princípios que devem nortear a atividade dos governos em matéria de comércio internacional, mas também o quadro institucional ao abrigo do qual as relações comerciais entre os países evoluem, através de um processo colectivo de debate, de negociações e de decisões".[260]

Um dos pontos fundamentais do acordo que constituiu a OMC é o conceito do *single undertanking* em detrimento da fase à *la carte*; ou seja, os países aderentes não podem escolher os acordos que subscreverão ao se tornarem membros da OMC, devendo aderir ao sistema como um todo.[261] O Acordo que estabeleceu a OMC estipulou como suas funções basilares promover a implantação dos acordos e instrumentos jurídicos negociados no âmbito da Rodada do Uruguai; servir de foro para negociações entre os membros relacionadas ao comércio; administrar o entendimento sobre solução de controvérsias e administrar o mecanismo de exame das políticas comerciais.

A criação da OMC completou o "tripé" da institucionalidade concebida em Bretton Woods.[262] De fato, paralelamente, a OMC passou a cooperar com o FMI e o Banco Mundial, a fim de que seja obtida maior coerência na elaboração das políticas econômicas em escala mundial.[263]

Na rodada do Uruguai (1986-1994), as preocupações ambientais já tinham, portanto, avançado para dentro da OMC. O Relatório Brundtland (1987) trouxe à tona a expressão "desenvolvimento sustentável",[264] relembre-se, no qual, além de demonstrar preocupação com as futuras gerações, realiza o enodamento entre os sistemas econômico, social e ambiental. Dessa forma, o comércio internacional (através de seu maior expoente internacional, justamente a OMC, constituída como sujeito de Direito Internacional) não poderia mais ignorar as questões sociais e ambientais; como, de fato, não o fez. Como consequência direta dessa nova agenda internacional, o próprio preâmbulo do Acordo de Marrakesh refere-se expressamente sobre a importância do desenvolvimento sustentável:

> As partes reconheçam que as suas relações na área do comércio e das atividades econômicas devem ser conduzidas com vistas à melhoria dos padrões de vida, assegurando o pleno emprego e um crescimento amplo e estável do volume de renda real e demanda efetiva, e expandindo o uso ótimo dos recursos naturais de acordo com os objetivos do desenvolvimento sustentável, procurando proteger e preservar o ambiente e reforçar os

---

[259] MOTA, Pedro Infante.; *Ob. cit.,* p. 31.

[260] MOTA, Pedro Infante.; *Ob. cit.,* p. 31.

[261] FERRACIOLI, Paulo.; *Ob. Cit.*

[262] *Idem.*

[263] *Ibidem.*

[264] Sobre esse Relatório, V. *supra,* p. 18 e seg.

meios de fazê-lo, de maneira consistente com as suas necessidades nos diversos níveis de desenvolvimento econômico.[265]

Indubitável, portanto, a importância que os seus membros da OMC atribuem ao meio ambiente (e sua proteção), pois, logo no primeiro parágrafo do preâmbulo do referido Acordo, reconhecerem a necessidade de introduzir o desenvolvimento sustentável como parte integrante do sistema de comércio multilateral.

Ainda na Conferência de Marrakesh foi estabelecida a criação de um Comitê de Comércio e Meio Ambiente (*Committee on Trade and Environment – CTE*), a fim de velar para que não houvesse qualquer contradição entre as ações políticas de defesa e salvaguarda de um sistema comercial multilateral aberto, não discriminatório e equitativo, por um lado; e, as ações para a proteção do meio ambiente e a promoção do desenvolvimento sustentável, por outro. Em verdade, da forma como juridicamente prevista no preâmbulo do Acordo que instituiu a OMC, os três sistemas – econômico, social e ambiental – estão *enodados*; isto é, havendo uma interconexão intensa entre eles.

Atualmente, os principais objetivos do *Committee on Trade and Environment – CTE* centram-se em matérias como a diminuição da poluição nas águas e terras; a conservação de energia, plantas e florestas; as informações ao consumidor; a proteção das plantas e territórios de pestes e doenças.[xlviii]

3.15.3.1 O Comitê de Comércio e Meio Ambiente – CTE – da OMC

Em conformidade com o seu estatuto, as competências do CTE abrangem todas as áreas do comércio internacional (tais como: bens, serviços e propriedade intelectual). Tem como missão harmonizar as medidas relativas ao comércio e ao ambiente, podendo recomendar alterações que possam ser necessárias no acordo de comércio, com o fim de estreitar as políticas de meio ambiente, de comércio internacional e os princípios básicos da organização; focando sempre no desenvolvimento sustentável.

O CTE representa, ainda, um fórum disponível para o diálogo entre os membros da OMC a respeito de possíveis impactos de políticas de comércio no meio ambiente e vice-versa (reflexos das políticas de proteção ambiental no comércio internacional). O CTE tem se baseado em duas regras angulares, quais sejam: (1) analisa as questões ambientais somente quando causam um significativo impacto no comércio internacional, evitando que se transforme em um órgão internacional sobre questões ambientais; e (2) ainda elucida as questões em conformidade com os princípios de comércio internacional previstos pela OMC.

Atualmente, o CTE tem como âmbito principal os (temas relativos aos) efeitos das medidas relativas ao meio ambiente no acesso aos mercados; nas disposições relevantes no Acordo de Propriedade Intelectual; na biodiversidade; na rotulagem ambiental; em exigências por motivos ambientais e assistência técnica.

Hodiernamente, as principais negociações dentro do CTE concentram-se em quatro temáticas: *(i)* o desenvolvimento sustentável; *(ii)* exigências ambientais e acesso a mercados; *(iii)* rotulagem ambiental; e, *(iv)* exames das condições ambientais.

Dessa forma, através do CTE, a OMC analisa como as ações de proteção ambiental (e também as ações sociais) podem ser conjugadas com as práticas do comércio

---

[265] Acordo de Marrakesh. Acordo este que entrou em vigor, na ordem internacional, em 1º de Janeiro de 1995.

internacional e se tornarem, nessa medida, consistentes com as previsões do Acordo Geral. Para atingir o objetivo, o CTE deve levar em consideração as naturais limitações dos países em desenvolvimento e os objetivos legítimos do país importador.

Conforme se verá, a OMC, principalmente por meio do CTE, fomenta o intercâmbio técnico com outras organizações, como da Organização para o Desenvolvimento e Cooperação Econômica (OCDE) e da Conferência das Nações Unidas sobre Comércio e Desenvolvimento (*United Nations Conference on Trade and Development – UNCTAD*).

3.15.3.2 Rodada de Doha

Desde a instauração da OMC ocorreram cinco Conferências Ministeriais. Pela Conferência de Cingapura (dezembro de 1996), quatro temas foram introduzidos na agenda da OMC: *(i)* o comércio e investimento; *(ii)* comércio e competitividade; *(iii)* transparência nas aquisições governamentais e *(iv)* facilitação de comércio. Por sua vez, a Conferência de Genebra (1998) foi marcada principalmente pela celebração dos cinquenta anos de formação de um sistema multilateral de comércio.[266] A Conferência de Seattle, já analisada,[267] ficou caracterizada pelas fortes manifestações de vários segmentos sociais.

De fato, o que se sucedeu (mesmo antes do ocorrido em Seattle) foi a percepção, por parte da OMC, de que as questões e as ações ambientais e sociais não poderiam ser excluídas dos debates internacionais, em qualquer organismo internacional que fosse, mesmo que ele tivesse foco comercial (econômico), como é o caso da OMC.

Com efeito, conforme defendido, a força vinculante do *ius cogens* da sustentabilidade não é exclusivamente endereçada aos estados; mas a todos os sujeitos de Direito Internacional. Verifica-se, com essa vinculação e obrigatoriedade, o fechamento nodal dos três sistemas – econômico, social e ambiental – para formar-se um novo: o sistema (macro d)a sustentabilidade.

Nesse contexto internacional, foi arquitetada uma nova Conferencia Ministerial da OMC. A Quinta Conferência realizou-se em 2001, na cidade de Doha – conhecida como *Doha Development Agenda*. Temas novos tiveram importância inédita, diante do forte apelo social e ambiental envolvido: agricultura; serviços; acesso a mercados como nova etapa de redução tarifária para produtos industriais; aprofundamento das regras sobre antidumping; subsídios e acordos regionais e propriedade intelectual; novos temas para investimento; concorrência; transparência em compras governamentais; facilitação de comércio e comércio eletrônico; além do meio ambiente.[268]

Todavia, a Rodada de Doha ficou marcada pelo intenso debate de temas relativos aos produtos agropecuários, por ter um envolvimento muito nítido com as questões social e ambiental; fato que, à primeira vista, escaparia dos palcos da OMC. Assim, assuntos como o acesso a mercados; subsídios às exportações e suporte doméstico à produção; além de aspectos como tratamento especial e diferenciado para países menos desenvolvidos, foram aqueles mais difíceis de serem tratados.[269] O setor agropecuário,

---

[266] PEREIRA, Wesley Robert.; OMC: estrutural e institucional, Belo Horizonte, PUC-Minas, Conjuntura Internacional, Especial Perfil, Outubro de 2005.

[267] V., supra, p. 42 e seg.

[268] FERRACIOLI, Paulo.; *Ob. Cit.*

[269] GURGEL, Angelo Costa.; Impactos da Liberalização Comercial de Produtos do Agronegócio na Rodada de Doha, RBE Rio de Janeiro v. 60 n. 2, p. 133-151, Abr./Jun. 2006.

diferentemente do setor industrial, possui, em média, proteções tarifárias muito mais elevadas do que os demais setores, além de, institucionalmente, ainda serem permitidos subsídios às exportações.[270] Mas é fato que os Estados utilizam os subsídios à produção agropecuária como medida de proteção de seus mercados internos.

Essa Quinta Conferência representou uma tentativa de instaurar uma nova rodada de discussões a respeito do desenvolvimento, a qual teria seu término na Conferência de Cancun, marcada para setembro de 2003. Contudo, devido ao impasse gerado nas discussões a respeito do comércio agrícola, especialmente por parte dos países em desenvolvimento (representados pelo Grupo dos 20) com os EUA e a União Europeia, a finalização da rodada foi adiada para uma Sexta Conferência, realizada em Hong Kong, em dezembro de 2005.[271]

Sob o aspecto ambiental, a Rodada de Doha pode ser considerada como uma das primeiras negociações importantes sobre o comércio e o meio ambiente dentro do âmbito do GATT/OMC. Fixou a liberação do comércio de bens que implicam a proteção ambiental ("bens ambientais"), os quais incluem turbinas eólicas, tecnologias de capacitação e armazenamento de carbono e painéis solares. Em relação aos acordos sobre o meio ambiente, estipulou como meta melhorar a colaboração com as secretarias dos acordos multilaterais sobre o meio ambiente e lograr uma maior coerência entre as normas ambientais e comerciais.[272]

Ademais, conforme a própria OMC afirma, a eliminação ou redução dos obstáculos comerciais nesses produtos e serviços beneficiará o meio ambiente ao permitir que países possam obter mais facilmente os denominados "bens ambientais" de alta qualidade. Com efeito, ao se facilitar o acesso aos considerados "bens ambientais", através de quebra de entraves alfandegários e da redução dos custos, ocorrerá uma difusão maior dessas tecnologias, conduzindo benefícios ambientais, inclusive no que se refere às mudanças climáticas.[273]

Questão melindrosa e que sempre aparece nos discursos entre os ambientalistas e os defensores do livre comércio é saber se a OMC é a instituição correta para tal debate (Trade-Invironment).[274] Soares afirma que "não se discute que existem outros foros de exame da adimplência dos Estados, no que respeita às obrigações internacionais, com competência específica sobre assuntos do meio ambiente". Porém, continua o Professor, somente as restrições comerciais possuem "'garras e dentes' no que se refere aos mecanismos de verificação e de controle de sua aplicação pelos membros aos quais se destinam (por meio dos mecanismos de soluções de controvérsias da OMC e pela possibilidade de imposições de sanções quantitativas aos membros inadimplentes)".[275] Ademais, somente a responsabilidade estatal (e interna) para a proteção ao ambiente não está sendo suficiente,[xlix][276] mormente porque os Estados são responsabilizados juridicamente perante as organizações internacionais. Essas medidas *podem ser* injustas.[l]

---

[270] *Idem.*

[271] PEREIRA, Wesley Robert.; OMC: estrutural e institucional ...

[272] Notas informativas da OMC, (end. e dat. disp.).

[273] *Idem.*

[274] V. PEREZ, Oren.; Ecological Sensitivity and Global Legal Pluralism, Hart Publishing, Oxford and Portland Oregon, 2004, p. 43.

[275] SOARES, Guido Fernando Silva.; Direito Internacional do Meio Ambiente, Editora Atlas, São Paulo, 2004, p. 160.

[276] VALLE MUNIZ, José Manuel.; La Protección Jurídica del Medio Ambiente, Aranzadi Editorial, Pamplona, 1997, p. 23.

CAPÍTULO III
(FINALMENTE) O FECHAMENTO DO SISTEMA *SUSTENTÁVEL* ATRAVÉS DO ENODAMENTO... | 329

Além disso, as normas de proteção do ambiente têm adquirindo (cada vez mais) o caráter imperativo absoluto,[277] em detrimento inclusive da soberania dos Estados.[278] De fato, o dito *ius cogens* deve atingir e vincular a OMC, bem como qualquer outra organização – seja sujeito de Direito Internacional Público ou sujeito de Direito Privado – que ativa nos palcos internacionais.[279] Finalmente, em não sendo igualmente observadas as práticas ambientais (por todos e, à partida, em igual medida), estar-se-ia privilegiando os Estados com proteção ambiental menos rigorosa, o que poderia ser identificado (e conduzir ao), inclusive, por *ecodumping*.[280]

3.15.3.3 O artigo XX do GATT: o enodamento entre meio ambiente e direitos humanos

De início, registra-se que a OMC não tem competência legislativa para celebrar normas internacionais vinculativas (de caráter obrigatório) de cunho ambiental; ou, ainda, de estabelecer *standards* mínimos sociais, como, por exemplo, um determinado padrão para a legislação trabalhista.[281] Nesse sentido, toda matéria *ultra vires*, isto é, que extrapola a sua competência, não poderá ser acolhida pela OMC. Mas nada impede que se faça a ampliação de sua competência, mediante um novo acordo, com aprovação de todos os membros, em conformidade com o Artigo X.2 do GATT/94.

Entretanto, a despeito da *telos* básica da OMC ser o fomento ao livre comércio, com a quebra de barreiras internacionais, há a previsão, no seu artigo XX do antigo GATT/47,[282] da possibilidade de exceções gerais ao livre comércio acaso sejam invocadas uma das seguintes situações: *(a)* a necessária proteção da moral pública; *(b)* a necessária proteção da vida ou da saúde humana, animal ou vegetal; *(c)* a proteção de tesouros nacionais ou de valores artísticos, históricos ou arqueológicos; e *(d)* outros bens relacionados à conservação de recursos naturais não renováveis, se tais medidas forem tomadas, em conjugação com restrições à produção ou consumo nacionais.[283] Em verdade, o dispositivo do artigo XX do GATT dispõe que:

---

[277] VALLE MUNIZ, José Manuel.; La Protección Jurídica del Medio Ambiente, Aranzadi Editorial, Pamplona, 1997, p. 31. Também neste sentido SCOVAZZI, T.; *Considerazioni sulle internazionali, in materia di ambiente*, In: *Rivista di D.I.*, 1989, p. 605.

[278] A bibliografia atual sobre o tema da "crise da Soberania do Estado" é vastíssima. Para citar penas alguns: LEWANDOWSKI, Enrique Ricardo.; Globalização, Regionalização e Soberania, Editora Juarez de Oliveira, São Paulo, 2004; FERRAJOLI, Luigi.; La sovranità del mondo moderno (v. ver. ut). TEUBNER, Gunther., Global law without a state. Aldershot [etc.]: Dartmouth, 1997. ed. JOERGES, Christian.; SAND, Inger-Johanne.; TEUBNER, Gunther.; Transnational governance and constitutionalism, Oxford : Hart Publishing, 2004; RUNCIMAN, David.; Pluralism and the personality of the state, Cambridge: Cambridge University Press, 1997.

[279] MERRILLS, J.G.; Environmental Protection and Human Rights: conceptual Aspects. In: BOYLE, Alain.; ANDERSON, Michael.; Human Rights Approaches to Environmental Protection, Oxford: Clarendon Press, 1996, p.s. 43/70. *Cf. Apud.* OLIVEIRA, Bárbara da Costa Pinto.; Meio Ambiente e Desenvolvimento na Organização Mundial do Comércio, normas para um comércio internacional sustentável, São Paulo: Thomson-IOB, 2007, p. 83.

[280] OLIVEIRA, Bárbara da Costa Pinto.; *Ob. cit.*, p. 65.

[281] *Idem*, p. 92.

[282] SOARES, Guido Fernando Silva.; *Ob. cit.*, p. 151. V. Tb. MOTTA, Pedro Infante.; O Sistema GATT/OMC, Introdução Histórica e Princípios Fundamentais, Coimbra: Almedina, 2005, p. e segs. 421; OLIVEIRA, Bárbara da Costa Pinto.; Meio Ambiente e Desenvolvimento na Organização Mundial do Comércio, normas para um comércio internacional sustentável, São Paulo: Thomson-IOB, 2007, dentre tantos outros.

[283] A lista do Artigo XX do GATT/94 tem caráter taxativo e não exemplificativo. Cf. MOTTA, Pedro Infante.; *Ob. cit.*, p. 422.

Desde que essas medidas não sejam aplicadas de forma a constituir quer um meio de discriminação arbitrária, ou injustificada, entre os países onde existem as mesmas condições, quer uma restrição disfarçada ao comércio internacional, disposição alguma do presente Capítulo será interpretada como impedindo a adoção ou aplicação, por qualquer Parte Contratante, das medidas:

a) necessárias à proteção da moralidade pública;

b) necessárias à proteção da saúde e da vida das pessoas e dos animais e à preservação dos vegetais;

c) que se relacionem à exportação e à importação do ouro e da prata;

d) necessárias a assegurar a aplicação das leis e regulamentos que não sejam compatíveis com as disposições do presente acordo, tais como, por exemplo, as leis e regulamentos que dizem respeito à aplicação de medidas alfandegárias, à manutenção em vigor dos monopólios administrados na conformidade do parágrafo 4º do Artigo II e do Artigo XVII à proteção das patentes, marcas de fábricas e direitos de autoria e de reprodução, e a medidas próprias a impedir as práticas de natureza a induzir em erro;

e) relativas aos artigos fabricados nas prisões;

f) impostas para a proteção de tesouros nacionais de valor artístico, histórico ou arqueológico;

g) relativas à conservação dos recursos naturais esgotáveis, se tais medidas forem aplicadas conjuntamente com restrições à produção ou ao consumo nacionais;

h) tomadas em aplicação de compromissos contraídos em virtude de acordos intergovernamentais sobre produtos básicos, concluídos dentro dos princípios aprovados pelo Conselho Econômico Social das Nações Unidas, na sua resolução de 28 de Março de 1947, que instituiu uma Comissão Provisória de Coordenação para os acordos internacionais relativos aos produtos básicos;

i) que impliquem em restrições à exportação de matérias-primas produzidas no interior do país e necessárias para assegurar a uma indústria nacional de transformação as quantidades essenciais das referidas matérias-primas durante os períodos nos quais os preços nacionais seja mantido abaixo do preço mundial, em execução de um plano de governamental de estabilização; sob reserva de que essas restrições não tenham por efeito reforçar a exportação ou a proteção concedida à referida indústria nacional e não sejam contrárias às disposições do presente acordo relativo à não discriminação.

Ressalta-se que o Artigo XX contempla bens ou valores não comerciais; ou melhor, autoriza a adoção de políticas públicas para a proteção dos direitos humanos (sociais e ambientais), valores diversos daqueles diretamente relacionados à seara estritamente comercial (e à sua liberalização).[284] Porém, mantendo-se fiel aos seus históricos objetivos e diante das atuais regras da OMC, (o Estado interessado) não pode invocar as medidas de restrição comercial (ou aquelas exceções) com o escopo (explícito ou implícito) de penalizar outro Estado que não adota os seus *standards* ambientais ou sociais. Em suma, pelas regras da OMC é aceitável que sejam adotadas medidas de restrição comercial como um mecanismo para a implementação de padrões (desejáveis, razoáveis) internacionais em termos ambientais e sociais; porém, já não é viável ou legítimo impor medidas

---

[284] JUNIOR, Alberto do Amaral (Org. e Coautor).; SILVA, Elaini Cristina Gonzaga da.; KRAMER, Cynthia.; ARBIX, Daniel do Amaral.; O Artigo XX do Gatt, Meio Ambiente e Direitos Humanos, São Paulo: Aduaneiras, 2009, p. 28.

CAPÍTULO III
(FINALMENTE) O FECHAMENTO DO SISTEMA *SUSTENTÁVEL* ATRAVÉS DO ENODAMENTO... | 331

restritivas ao comércio como um instrumento de retaliação por descumprimento de normas ambientais (apesar de se reconhecer a dificuldade da linha fronteiriça entre uma situação e a outra).[285]

Como, aliás, já decidiu o Órgão de Recursos (*case United States – Standards for Reformulated and Conventional Gasoline*[286]), as disposições do Artigo XX não podem ter hermenêutica extremamente aberta ou que culmine em um alcance muito vasto; situações as quais importariam em risco, ou privado de sentido, as políticas e interesses que o Artigo XX encarna, bem como em infringência a uma interpretação mais teleológica e sistémica da própria OMC, ou seja, voltada mais para o liberalismo econômico.

Assim, para se apurar a melhor hermenêutica do dispositivo em comento (e, assim, verificar se uma determinada causa constitui uma exceção válida às normas gerais da OMC para a liberação do comércio), faz-se necessária a verificação de dois requisitos, quais sejam: (1) se a causa está prevista nas alíneas citadas (de "a" a "j"); (2) e, ainda, se a causa satisfaz as condições estabelecidas pelo *caput* do artigo XX, conforme se observou no caso *United States – Import Prohibition of Certain Shrimp and Shrimp Products*,[287] bem como nos casos *United States – Tuna Dolphin I*[288] e *II*.[289]

Veremos, dessa forma, que tem sido uma constante nos julgados da OMC uma utilização de interpretação (mais) restritiva das normas previstas no abordado Artigo XX.

3.15.4 Outros enodamentos (entre os sistemas ambiental e social) na OMC

Os anos 70 foram representados por uma governabilidade global, na qual os principais atores garantidores da gestão ambiental eram notadamente os Estados. Já na década de 80, observa-se uma transposição desse "papel" para a sociedade civil, mediante a multiplicação de ONGs e entidades afins; e, finalmente, nos anos 90 (o que avançou para o início do novo milênio), com a "supremacia" da ordem (liberal) econômica, a tal *responsabilidade* passou a recair, gradativamente, (em direção de) aos novos atores globais: o mercado e as empresas[290] (transnacionais) e as instituições internacionais, especialmente ao "organismo ONU".

Desse modo, apesar da mencionada resistência da OMC em acolher propósitos diversos do seu objetivo fundacional – a liberação do comércio internacional, hodiernamente a resiliência dessas questões encontra-se na ordem do dia. Assim, a colaboração e o intercâmbio de informações entre as secretarias da OMC e das AMUMA são permanentes. De fato, é mesmo essencial uma cooperação estreita entre as secretarias das AMUMA e os comitês da OMC, a fim de garantir um desenvolvimento sustentável e coerente entre o regime comercial e as normas ambientais e sociais.

---

[285] OLIVEIRA, Bárbara da Costa Pinto.; *Ob. cit.*, p. 82.

[286] Relatório do Órgão de Recursos o caso United States – Standards for Reformulated and Conventional Gasoline, 29.4,1996, p. 18. *Cf. Apud*. MOTTA, Pedro Infante.; *Ob. cit.*, p. 423.

[287] Relatório do Órgão de Recursos do caso United States – Import Prohibition on certain Shrimp and Shrimp Products, 12.10.1998, parágrafos 119-120. *Cf. Apud*. MOTTA, Pedro Infante.; *Ob. cit.*, p. 425.

[288] DISPUT ES 4, United States — Restrictions on Imports of Tuna, 1991.

[289] DISPUTE DS381, US — Tuna II (Mexico).

[290] YU, Chang Man.; Sequstro Florestal de Carbono no Brasil – Dimensões Políticas, Socioeconômicas e Ecológicas, São Paulo: Annablume, 2004.

Afinal, esse (para nós identificado como) *enodamento* – "pilares interdependentes que se refuerzan mutuamente"[291] – foi reconhecido em Joanesburgo (2002), no Plano de Aplicação do Acordo Mundial sobre o Desenvolvimento Sustentável, ao incentivar o esforço para promover a cooperação entre o comércio, o meio ambiente e o desenvolvimento, incluindo (a cooperação) no domínio da prestação de assistência técnica aos países em desenvolvimento entre as secretarias da OMC, da UNCTAD, da PNUD, da PNUMA, da OIT e de outras organizações internacionais e regionais pertinentes ao meio ambiente e ao desenvolvimento (PADAMDS, 91.c). Em relação direta quanto à aplicabilidade das demais diretrizes internacionais, de cunho ambiental e social, o PADAMDS também foi expresso ao prever que a comunidade internacional deve "promover o apoio mútuo entre os sistemas de comércio multilateral e os acordos multilaterais sobre o meio ambiente, de acordo com os objetivos de desenvolvimento sustentável, em apoio ao programa de trabalho" (PADAMDS, 92).

Assim, como não poderia deixar de ser, o Acordo de Aplicação ainda assenta que se deve fortalecer a cooperação entre os Programas das Nações Unidas para o Meio Ambiente e outros órgãos e organismos especializados da ONU, as instituições de Bretton Woods e a OMC (PADAMDS, 126; 136). Visualiza-se, desse modo, a manutenção de cada sistema autônomo – econômico, social e ambiental –; porém, erigindo deles um novo sistema: o da sustentabilidade.

Finalmente, informe-se que existem diversas formas de cooperação e intercâmbio de informações entre as secretarias da OMC e da AMUMA/PNUMA. Dentre elas, incluem: sessões de informações do Comitê do Comércio e Meio Ambiente da OMC para as Secretarias da AMUMA e a permuta de documentos entre ambas. O enodamento (na sua prática) é também concretizado através da colaboração entre esses organismos no fornecimento de assistência técnica aos países em desenvolvimento em assuntos relacionados ao comércio internacional e ao meio ambiente.[li]

3.15.4.1 Encontro de Bali da OMC

Desde a Rodada de Doha,[292] a OMC buscava fechar um acordo incluindo as metas do milênio. Em um encontro realizado em dezembro de 2013, em Bali, Indonésia, com a presença de ministros de 159 países, chegou-se a esse acordo, cujo objetivo maior consiste em impulsionar o comércio global, com base na desburocratização e na liberalização da economia. Esse primeiro acordo global da OMC finaliza simplificar os procedimentos para negócios internacionais.[293] Contudo, as questões sociais não foram totalmente ignoradas. A percepção por parte dos países em desenvolvimento (onde impera graves problemas alimentares) de que a simples liberação do comércio mundial poderia afetar a segurança alimentar (culminando na ausência do enodamento social) exigiu, por parte dos atores internacionais, a introdução de flexibilidades adicionais nas regras existentes para os subsídios agrícolas.[294] Nesse sentido, a Índia liderou uma campanha, através da qual insistiu que deveria poder continuar a subsidiar grãos, sob a égide da sua nova lei

---

[291] Plano de Aplicação das Decisões do Acordo Mundial sobre o Desenvolvimento Sustentável, Johannesburgo (Sudáfrica) – 26.8 a 4.9.2002, (end. e dat. Disp.), doravante denominado de PADAMDS.

[292] Declaração Ministerial de Bali, 7.12.2013, doravante denominada por WT/MIN(13)/DEC, nº 1.4.

[293] WALKER, Andrew.; OMC conclui primeiro acordo global depois de mais de 15 anos, BBC News (end. e dat. disp.).

[294] Decisão Ministerial WT/MIN(13)/38 – WT/L/913.

de segurança alimentar.[295] O acordo final das negociações da OMC em Bali inclui uma declaração ministerial na qual adota três pilares, quais sejam: facilitação do comércio, questões agrícolas e disposições específicas acerca do desenvolvimento.[296]

Ademais, pode-se afirmar que obteve uma "cláusula de paz" nas negociações da OMC. Com efeito, estabeleceu-se que os membros não poderiam iniciar disputas na OMC contra aqueles que desrespeitassem os limites de subsídio se estes subsídios (econômicos) fossem integrantes de uma política de segurança alimentar.[297] Em Janeiro de 2014, num discurso realizado perante um seminário diplomático em Lisboa, o Diretor Geral da OMC, Roberto Azevêdo, reconheceu: "o fortalecimento do sistema multilateral e o êxito do cumprimento da Agenda de Desenvolvimento de Doha serão uma tarefa difícil – mas não impossível. Muitos não acreditavam que pudéssemos entregar em Bali, e com razão. Mas nós fizemos – e que podemos fazer muito mais. Bali é apenas o começo".[298]

3.16 Terceiras teses

1. Os problemas ambientais (poluição, aquecimento global, aumento do nível do mar, perda da biodiversidade, camada de ozônio...) são, por excelência e natureza, eminentemente globais;
2. O Direito Ambiental (material) Internacional, por ter natureza (fática e teorética) universal, deve ser tratado como *ius cogens*;
3. A sustentabilidade – aqui defendida como o sistema *ex novo* e *continuum* formado a partir do enodamento dos sistemas econômicos, sociais e ambientais, em forma e matema de nó borromeu – opera-se tanto na iniciativa privada quanto na esfera pública;
4. Os *standards* internacionais em prol da sustentabilidade devem ser implementados por toda a sociedade internacional; inclusive para proteger os países menos influentes internacionalmente: e não representa ingerência na soberania interna de cada país;
5. Ciente desta problemática (ambiental, social e econômica) de cunho universal, a ONU vem promovendo, desde a década de 60, várias Conferências Internacionais. A primeira Conferência Mundial de Direitos Humanos que teve participação expressiva de vários atores internacionais (Estados, Organizações Internacionais e Organizações não governamentais – ONGs) foi a Conferência Internacional de Teerã, em 1698;
6. A preocupação com o enodamento social, econômico e ambiental, notadamente no plano internacional, foi acentuada pelo Relatório de Roma (1972), denominado *The Limits to Growth*;
7. O primeiro alerta significativo, em relação às necessidades de proteção efetiva do meio ambiente, promovido pela ONU, foi a Conferência sobre o Meio Ambiente, em Estocolmo (1972);

---

[295] WALKER, Andrew.; *Ob. Cit.*

[296] ALICIA, Sofia.; GUDDOY, Baliño Kiranne.; HEPBUM, Jonathan.; Acordo histórico em Bali dá novo impulso à OMC, Bridges Network, Pontes Boletim Diário, Notícias diárias sobre a 9ª Conferência Ministerial da OMC, Dezembro de 2013 (end. e dat. disp.).

[297] Decisão Ministerial WT/MIN(13)/38 – WT/L/913, conforme já ressaltado.

[298] WTO Notícias: Discursos — Dg Roberto Azevêdo, 6 de Janeiro de 2014, (end. e dat. disp.).

8. No mesmo ano (1972) foi criado o sistema PNUMA (Agência responsável para catalisar ações internacionais e nacionais para a proteção do meio ambiente);

9. O Relatório Brundtland (1982), ao definir o «Desenvolvimento Sustentável» como «desenvolvimento que atende às necessidades das gerações atuais, sem comprometer a capacidade de as futuras gerações terem as suas próprias necessidades atendidas», albergou, em seus princípios, o *continuum sistémico*, isto é, a ética intergeracional;

10. Com a Agenda 21, fruto da Cimeira-92, foi inexoravelmente reconhecida, por parte da ONU, a interconexão entre a miserabilidade e a pobreza, com os problemas ambientais;

11. As posteriores Cimeiras (notadamente Viena-93; Cairo-94 e Copenhague-95), apesar das resistências (e fracassos), tentaram adotar o modelo do Desenvolvimento Sustentável como «política internacional» a ser adotada pelos governos;

12. Em contrapartida, a OMC, na sua Terceira Conferência Ministerial (1999), não observou o «enodamento» do sistema econômico com os sistemas sociais e ambientais. Como consequência, ocorreu a chamada «Batalha de Seattle», com a quase insustentabilidade da OMC;

13. A identificada «fase legislativa» internacional, em matéria de Desenvolvimento Sustentável, solidificou-se com a Cúpula do Milênio (2002) e a Conferência de Joanesburgo (2002);

14. Contudo, percebe-se a nítida dificuldade em implementar (*sair do papel*) os *standards* mínimos do Desenvolvimento Sustentável, em nível nacional e internacional;

15. No que se refere ao desenvolvimento sustentável (assim como o Direito *Material* Ambiental Internacional), apesar da nítida matriz de *soft law*, é imprescindível que se tenha um Direito Internacional eficaz e imperativo; afinal, a sustentabilidade é um direito *ius cogens*;

16. Por ter natureza *ius cogens*, irradiam-se seus princípios a todos. Tem força vinculante em todos os órgãos internacionais, judicantes ou não;

17. Assim, até mesmo os organismos internacionais originários do Sistema Bretton Woods (leia-se, BIRD, FMI e GATT/OMC), de viés (exclusivamente), liberal-econômico, devem colmatar os fundamentos enodais ambientais e sociais, sob pena de tornarem-se, inclusive, insustentáveis enquanto instituições internacionais;

18. Apesar da resistência exordial em reconhecer a necessidade do enodamento do sistema econômico com os sistemas sociais e ambientais (*ainda tema «tabu»*) perante a OMC, seja na parte legislativa quanto na parte judicante, percebe-se uma gradual aceitação – até mesmo por sobrevivência – de temas ambientais e sociais.

---

i. Disponível em <http://www.un.org/>, em 28.9.2013.

ii. Nos termos de Caubet a "pressão sobre os recursos através da exploração das "vantagens comparativas"; transferência de recursos humanos e naturais; apropriação dos recursos por meios cada vez mais sofisticados (biopirataria; biogenética; patenteamento de substâncias de seres vivos); produção de mais-valias transferidas para outros países; exploração desenfreada de recursos naturais, renováveis ou não; contínua deterioração dos termos do intercâmbio; deslocalização de atividades e investimentos especulativos de capitais de alto risco, dentre outros".

CAPÍTULO III

(FINALMENTE) O FECHAMENTO DO SISTEMA *SUSTENTÁVEL* ATRAVÉS DO ENODAMENTO... | 335

iii. A Teoria dos Jogos é uma série de ensaios para entender a lógica da situação e as correlativas ações racionais, dentro da economia, política e até mesmo na guerra, ou seja, no campo social, que atua sobre expectativas e comportamentos em nível social e não obrigatoriamente individual. Sendo mais abrangente, trata da cooperação para entender, teoricamente, o processo de decisão de agentes que interagem entre si, a partir da compreensão lógica da situação, geralmente conflitante, em que os atores estão diretamente envolvidos. É uma análise matemática de situações que envolvam interesses em conflito a fim de indicar as melhores opções de atuação para que seja atingido o objetivo desejado. Sua origem está em jogos conhecidos, como o pôquer e o xadrez, por exemplo; mas, o foco é muito mais amplo, relacionando-se a temas da sociologia, economia, política e ciência militar. Cf. FIANI, Ronaldo.; *Ob. Cit.*

iv. O Dilema dos Prisioneiros – ou *conflito dos prisioneiros* – foi popularizado pelo matemático Albert W. Tucker, que elaborou a seguinte situação: dois cúmplices de um crime são presos e colocados em celas separadas e sem comunicação. O detetive lhes oferece um acordo: se apenas um deles confessar, estará livre e o outro pegará dez anos de cadeia. Se nenhum dos dois confessar nada, ambos ficarão por cinco anos na prisão. E, ainda, se os dois confessarem, cada um ficará preso por oito anos. O dilema desse caso reside no fato de que a melhor opção para um dos suspeitos (confessar o crime) pode ter consequências bem diferentes para os dois ao mesmo tempo. Já se mantiver o silêncio, o destino será desagradavelmente o mesmo para ambos.

Assim, dentro da Teoria dos Jogos, esse exemplo clássico apresenta-se como uma boa metáfora para o problema da cooperação entre as pessoas dentro das organizações e a ação coletiva. Como se pode prever em diversas ocasiões, a melhor decisão individual pode prejudicar o grupo em sua totalidade. A probabilidade de um "prisioneiro" confessar é proporcionalmente maior na medida em que se eleva a quantidade de pessoas envolvidas na situação. Cf. FIANI, Ronaldo.; *Ob. Cit.*

Assim, transportando para o caso das empresas multinacionais: sabendo que uma empresa poderá tentar o melhor lugar (leia-se: o mais barato) para instalar-se, mesmo que isso vá degradar o meio ambiente em algum sítio distante (LULUs internacionais), desenfreia-se o processo como se fosse um "jogo de dominó" em série.

v. Por isso, as empresas tentam inserir cada vez mais o conceito de valor agregado ao produto para que possa 'fugir' da competição do menor preço.

vi. Fator que também pode ser determinante na escolha de um sítio para a instalação de atividade industrial é a promessa de agilidade nos desembaraços burocráticos, por parte dos governantes, para aprovação ou concessão da licença, do processo administrativo em detrimento dos padrões básicos ecológicos exigidos por leis. Sobre o assunto, V. em GOMES CANOTILHO, J. J.; Constituição e "Tempo Ambiental", In: Revista do Centro de Estudos de Direito, do Urbanismo e do Ambiente – RevCEDOUA, 2.9, pág. 9.

vii. O termo LULU é uma referência às iniciais da designação anglicana *Locally Undesirable Land Usese*, que são quaisquer locais utilizados para os usos indesejados do solo. Os exemplos são muitos: a instalação de aterro sanitário, grandes fábricas poluidoras. Geralmente as populações diretamente afetadas sentem-se profundamente injustiçadas na distribuição desses encargos sociais (ARAGÃO, Maria Alexandra., ao comentar BENJAMIN DAVY, Essential injustice: when legal institutions cannot resolve environmental and land use disputes. Springer-verlag. Wien/New York, 1997, In: Revista do Centro de Estudos de Direito, do Urbanismo e do Ambiente – RevCEDOUA, 2.2000 pág. 125. Também GOMES CANOTILHO, J.J.; In: Revista do Centro de Estudos de Direito, do Urbanismo e do Ambiente – RevCEDOUA, 2.99. pág. 13, ponderando inclusive que os termos, bem como ADR *(Alternative Dispute Resolution)* e NIMBY *(Not in my back-yard)*, "parecem siglas de códigos secretos".

viii. Seria uma "LULU globalizada" ou, como já designado, uma LULU Internacional, a qual impõe aos países pobres a incumbência de abrigar as atividades indesejadas. Para melhor análise do tema, V. em DAVY, Benjamin.; Essential Injustice: when legal institutions cannot resolve environmental and land use disputes, Springer-Verlag, Wien/New York, 1997.

ix. Nessa conferência ocorreu uma cisma entre os países desenvolvidos e os países em desenvolvimento, que não aceitavam as imposições restritivas do desenvolvimento em prol da proteção ambiental. O Brasil foi um dos países que refutou a nova ordem mundial, sob o argumento de que "seria melhor o desenvolvimento a qualquer custo", mesmo que isso acarretasse a exploração do meio ambiente. O lema do Brasil ganhou os noticiários com a frase seguinte: "É preferível morrer aos cinquenta anos de câncer, do que aos cinco de fome".

x. V. <http://www.onu.org.br/a-onu-em-acao/a-onu-e-o-meio-ambiente/>.

xi. V. em <http://www.onu.org.br/onu-no-brasil/pnuma/>, extraído em 27 de Novembro de 2013.

xii. Dentre os principais fundadores, podem ser citados: Robert (Bob) Hunter (1941-2005); Paul Watson (1950 –), o qual, por divergências internas, desligou-se da organização em 1977 e fundou nesse ano a Sea Shepherd Conservation Society, dedicada à proteção dos oceanos; e Patrick Moore (1947 –), que também se desligou do grupo (1986), criando a empresa Greenspirit, em 1991, a qual atualmente presta consultoria ambiental à indústria madeireira, nuclear e de biotecnologia. V. <www.greanpeace.org>, em 10.7.2010.

xiii. O "desastre de Seveso" aconteceu em 10.7 nessa cidade italiana. Um vazamento de dioxina de uma filial do conglomerado químico suíço Hoffmann-La Roche liberou uma nuvem tóxica contendo TCDD (*2,3,7,8-tetraclorodibenzo-p-dioxina*). O vazamento contaminou uma área de 1.800 hectares de terra e 75 mil animais morreram ou tiveram que ser abatidos. O problema deflagrado pelo "sumiço" dos resíduos contaminados provocou fortes reações políticas na Europa. Até hoje os efeitos da contaminação são sentidos. Cf. B. DE MARCHI, S. FUNTOWICZ.; and J. RAVETZ.; Seveso: A paradoxical classic disaster, (end. e dat. disp.). e Moritz Kleine-Brockhoff.1976: Explosão de Seveso, In: Deutsche Welle, (end. e dat. disp.).

Por causa desse acidente, a Europa emitiu a Directiva 82/501/CEE, conhecida como *Directiva Seveso*. Before the Seveso Directive, manufacturers in different Member States were subject to obligations of varying stringency. Tem como principal objetivo harmonizar as regras entre os diferentes países, através do estabelecimento de requisitos mínimos dentro da CE, e permitir aos Estados-Membros impor regras mais severas, notadamente com preocupação de prevenção de "actividade industrial, fabricante de acidente grave, e às substâncias perigosas". It also makes reference to four annexes that identify types of production, operations, and storage activities that are subject to regulation, and dangers that are anticipated. Assim, estabelece o quadro legal comunitário em matéria de prevenção e controle dos perigos associados a acidentes graves que envolvem substâncias perigosas e limitação das suas consequências para o homem e ambiente. De fato, a Diretiva inovou no ordenamento jurídico ao prever, pela primeira vez na Europa, no artigo 8º, a segurança de todas as pessoas possivelmente atingíveis, e não somente os trabalhadores. Dessa forma, o direito do público de ser informado – essencial para se tomar as devidas medidas após um acidente de gravidade maior – foi reconhecido, em ambos os efeitos, pragmáticos e éticos. Posteriormente, foi alterada pelas Diretivas 88/610/CEE; 96/82/CE e pela Diretiva 2003/105/CE. A referida Diretiva foi transposta para o direito interno português através do Decreto-Lei nº 254/2007, de 12 de Julho. Ver ainda, KISS, Alexandre.; Droit International de L'Environment, Pedone, Paris, 1989; MEDEIROS, Fernanda Luiza Fontoura.; Meio Ambiente. Direito e Dever Fundamental, Porto Alegre: Livraria do Advogado, 2004.

xiv. A cidade indiana de Bhopal foi atingida pelo vazamento de 40 toneladas de gases tóxicos liberados da fábrica de pesticidas da empresa norte-americana Union Carbide. Calcula-se que mais de 500 mil pessoas tenham sido expostas aos gases, sendo que 150 mil tiveram consequências permanentes (aproximadamente 50 mil foram incapacitadas para o trabalho e pelo menos 27 mil morreram por causa direta do acidente). Cf. SCHEBERLE, Denise.; The Night of the Gas: Why Bhopal Matters; prepared for the 2012 Spring Workshop on Public Policy Process (WOPPR) series on "Digging Theories in Environmental Policy and Management", School of Public Affairs, University of Colorado-Denver, 4th of April 2012, (end. e dat. disp.).

xv. A camada de Ozônio é monitorada desde 1957. Cf. Apud. JUNIOR, Roberto C. P., A Camada de Ozônio, (end. e dat. disp.). A ozonosfera fica localizada na estratosfera, com cerca de 20 km de largura, à altitude de 16 a 20 km. Contém 90% do Ozônio da Terra.

xvi. A exposição à radiação ultravioleta pode ocasionar câncer (cancro) de pele, bem como pode afetar o sistema imunológico. Segundo pesquisas científicas, até mesmo as plantas e a vida marinha (plânctons) podem ser afetados pelo excesso da radiação ultravioleta.

xvii. A data – 16 de Janeiro – ficou marcada como o Dia Internacional de Proteção da Camada de Ozônio V. United Nations Environment Programme – Ozone Secretariat. V. http://ozone.unep.org.

xviii. Aliás, a NASA disponibiliza um *site* para o acompanhamento diário da camada de Ozônio: <http://ozonewatch.gsfc.nasa.gov>.

xix. A tradução do termo «stakeholder» pode ser «interessado» ou «parte afetada». O termo remonta ao ano de 1984, na obra de Edward Freeman: Strategic Management: a Stakeholder Approach (Clarkson, 1998, p. 2). Contudo, o seu significado pode ser polissêmico, tendo em vista as várias contribuições teoréticas dos diversos autores que tentam defini-lo. A sua definição (baseada no <http://www.businessdictionary.com>) caracteriza-se por todas as pessoas, grupos ou organizações que têm, direta ou indiretamente, participação em uma organização, porque podem afetá-la ou serem afetados pelas ações, objetivos ou políticas da respectiva organização. Os *stakeholder-chaves (Key stakeholders in a business organization include creditors, customers, directors, employees, government (and its agencies), owners (shareholders), suppliers, unions, and the community from which the business draws its resources* (ou principais interessados)) de uma organização incluem os seus credores, os clientes, os diretores, os empregados, o governo (e suas agências), os proprietários (acionistas), fornecedores, sindicatos e a comunidade a partir da qual a empresa extrai os seus recursos. Ou seja, todos aqueles que, direta ou indiretamente, exercem ou são atingidos pelas atividades empresariais. Em uma concepção *lata*, pode-se compreender os *stakeholders* como todos aqueles que se sintam «dentro do campo de atuação da empresa». São, geralmente, autolegitimandos (aqueles que se julgam interessados assim são de fato). Porém, nem todas as partes interessadas são iguais, e nem têm tratamentos igualitários. De fato, como exemplo de tratamento diferenciado pode-se citar os direitos dos acionistas em voto na Assembleia Geral Ordinária, vetado aos outros.

xx. In verbis: A pobreza e a degradação do meio ambiente estão estreitamente relacionadas (Capítulo 4).

xxi. Portugal foi admitido como membro das Nações Unidas em sessão especial da Assembleia Geral realizada em 14 de Dezembro de 1955, no âmbito de um acordo entre os EUA e a então União Soviética (resolução 995 (X) da Assembleia Geral). A declaração de aceitação por Portugal das obrigações constantes da Carta foi depositada junto do Secretário-Geral a 21 de Fevereiro de 1956 (registo nº 3155), estando publicada na United Nations Treaty Series, vol. 229, página 3, de 1958. O texto da Carta das Nações Unidas foi publicado no Diário da República I Série A, nº 117/91, mediante o aviso nº 66/91, de 22 de Maio de 1991.

No Brasil, a Carta das Nações Unidas foi inserida no ordenamento jurídico através do Decreto nº 19.841, de 22 de Outubro de 1945.

xxii. V. melhor em <http://www.iso.org/iso/home.html>.

CAPÍTULO III | 337
(FINALMENTE) O FECHAMENTO DO SISTEMA *SUSTENTÁVEL* ATRAVÉS DO ENODAMENTO...

xxiii. *Verbis:* "Artigo 103º. No caso de conflito entre as obrigações dos membros das Nações Unidas em virtude da presente Carta e as obrigações resultantes de qualquer outro acordo internacional, prevalecerão as obrigações assumidas em virtude da presente Carta".

xxiv. No original, Such obligations derive, for example, in contemporary inter-national law, from the outlawing of acts of aggression, and of genocide, as also from the principles and rules concerning the basic rights of the human person, including protection from slavery and racial discrimination. Some of the corresponding rights of protection have entered into the body of general international law (Reservations to the Convention on the Prevention and Punishment of the Crime of Genocide, Advisory Opinion, I.C.J. Reports 1951, p. 23); others are conferred by international instruments of a universal or quasi-universal character (end. e dat. disp.).

xxv. Artigo 53 da Convenção de Viena sobre o Direito dos Tratados, assinada em 23.5.1969. Transposto para o Direito português através da Resolução da Assembleia da República nº 67/2003, conforme já ressaltado. No Direito brasileiro foi transposta através do Decreto nº 7.030, de 14.12.2009 (com reserva aos Artigos 25 e 66).

xxvi. Artigo 53 da Convenção de Viena sobre o Direito dos Tratados.

xxvii. Art. 84 da CRFB/88, *verbis*: Compete privativamente ao Presidente da República:
VIII – celebrar tratados, convenções e atos internacionais, sujeitos a referendo do Congresso Nacional;

xxviii. Art. 49 da CRFB/88, *verbis*: É da competência exclusiva do Congresso Nacional:
I – resolver definitivamente sobre tratados, acordos ou atos internacionais que acarretem encargos ou compro-missos gravosos ao patrimônio nacional;

xxix. Em tradução literal "arruinar o vizinho". Assim, a expressão pode ser definida como: "Economic measures taken by one country to improve its domestic economic conditions (normally to reduce unemployment) which have adverse effects on other economies. A country may increase domestic employment by increasing ex-ports or reducing imports by, for example, devaluing its currency or applying tariffs, quotas, or export sub-sidies. The benefit which it attains is at the expense of some other country which experiences lower exports or increased imports and a consequent lower level of employment. Such a country may then be forced to retaliate with a similar measure". Gary L.Gastineau. First Edition. Swiss Bank Corporation. 1999. Apub. In: AmexDictionary, (end. e dat. disp.). Em tradução livre: "Medidas econômicas adotadas por um país para me-lhorar as suas condições econômicas internas (normalmente para reduzir o desemprego) e que tenham efeitos adversos sobre outras economias. Um país pode aumentar o emprego interno através do aumento ou redução das importações pelas exportações, por exemplo, desvalorizar a sua moeda ou aplicar tarifas, quotas, ou de subsídios à exportação. O benefício que se obtém é à custa de outro país que experimenta menores exporta-ções ou aumento das importações e consequente menor nível de emprego. Tal país pode, então, ser forçado a retaliar com uma medida similar".

xxx. O ato foi iniciado pelo senador Reed Smoot e Willis C. Hawley, daí o nome "Smoot-Hawley". Aliada aos agricultores norte-americanos que reclamavam da concorrência internacional, na qual "dificilmente os EUA poderiam competir em relação aos preços praticados por outros países", foi implementada uma política de aumento das tarifas alfandegárias em mais de 20 mil produtos. Apesar de ser associada ao agravamento da depressão económica (como p. ex. afirma Pedro Infante Mota), muito se discute se efetivamente causou ou não melhorias para os agricultores ou se agravou a crise interna, extrapolando-a para outros países. O certo é que desencadeou um processo global de aumento tarifário protecionista.
In: Anthony O'Brien, Lehigh University O'Brien, Anthony. "Smoot-Hawley Tariff". EH.Net Encyclopedia, edited by Robert Whaples, August 15, 2001 (end. e dat. disp.). *V. tb.* MOTA, Pedro Infante.; O Sistema GATT/OMC. Introdução Histórica e Princípios Fundamentais. Coimbra: Almedina. 2005. p. 17; DI SENA JR., Roberto.; A Cláusula Social na OMC, Curitiba: Juruá, 2005, pág. 39.

xxxi. Não se quer aqui fazer um reducionismo simplista – e incompleto – dos motivos da II Grande Guerra; mas fato é que motivos econômicos, agravados pelas políticas de proteção do mercado interno, via barreiras alfandegá-rias, foram fatores importantes que contribuíram para a eclosão da referida guerra.

xxxii. A Grã-Bretanha, em 1717, valendo-se de sua então condição hegemônica, adotou o sistema monetário padrão ouro, no desiderato de conferir certa estabilidade ao sistema monetário, estabelecendo a conversão do capital mediante a equitativa proporção de cada moeda nacional ao ouro, metal que passou a servir como indexador, de molde a possibilitar o relativo equilíbrio das taxas de câmbio e de juros, contribuindo para a liquidez fi-nanceira dos países. Cf. SOUZA, Vinicius Menandro Evangelista de.; A Influência das Políticas Neoliberais do FMI ao Novo Regime de Insolvência Empresarial Brasileiro, Faculdade de Direito da Universidade Federal de Santa Catarina (UFSC), Florianópolis, 2007, pág. 47.

xxxiii. Trata-se da destruição da paridade ouro-dólar, ocorrida em 1971, quando os EUA, liderados pelo Presidente Richard Nixon, unilateralmente, suspenderam a conversibilidade do dólar em ouro, a preço fixo.

xxxiv. V. melhor em <www.woldbank.org>.

xxxv. Disponível em <www.woldbank.org>, em 25.4.2008.

xxxvi. Disponível em <www.woldbank.org>.

xxxvii. Disponível em <www.woldbank.org>.

xxxviii. Disponível em <http://www.imf.org/>.

xxxix. Conforme o Artigo I do Estatuto do Fundo *in verbis:*
Os objetivos do Fundo Monetário Internacional são:

i) Promover a cooperação monetária internacional através de uma instituição permanente que constitua um mecanismo de consulta e colaboração no que respeita a problemas monetários internacionais;

ii) Facilitar a expansão e o crescimento equilibrado do comércio internacional e contribuir assim para o fomento e manutenção de elevados níveis de emprego e de rendimento real e para o desenvolvimento dos recursos produtivos de todos os membros, como objetivos primordiais de política económica;

iii) Promover a estabilidade dos câmbios, manter arranjos cambiais regulares entre os membros e evitar depreciações cambiais concorrenciais;

iv) Contribuir para a instituição de um sistema multilateral de pagamentos para as transações correntes entre os membros e para a eliminação das restrições cambiais que dificultam o crescimento do comércio mundial;

v) Incutir confiança aos membros, pondo temporariamente à sua disposição os recursos do Fundo, mediante garantias adequadas, dando-lhes assim possibilidade de corrigirem desequilíbrios da sua balança de pagamentos sem recorrerem a medidas prejudiciais à prosperidade nacional ou internacional;

vi) Em conformidade com o que precede, encurtar a duração e reduzir o grau de desequilíbrio das balanças de pagamentos internacionais dos membros.

xl. O convênio constitutivo do FMI contempla 31 artigos, que definem suas regras de funcionamento e objetivos, sendo modificados alguns dispositivos originais ao longo dos tempos por três emendas oriundas de Resoluções emanadas da Junta de Governadores, órgão máximo de deliberação daquela instituição, datadas de 28.7.1969 (Resolução 23-5), 1.4.1978 (Resolução 31-4) e 11.11.1992 (Resolução 45-3). Cf. International Monetary Fund. Convenio Constitutivo del Fondo Monetario Internacional, (end. e dat. disp.).

xli. Discurso disponível em <http://www.imf.org/external/np/fad/environ/>, em 4.12.2014.

xlii. V., por exemplo, o Tratado de Methuen ou tratado dos Panos e Vinhos (1703), através do qual Portugal se comprometia a consumir os tecidos da Inglaterra e esta a comprar os vinhos de Portugal. Apesar de favorecer a produção vinícola lusitana, teve como consequências o livre acesso ao ouro brasileiro – o qual foi utilizado para comprar os *panos ingleses* – e a paralisação da indústria portuguesa. Cf. Menezes, Sezinando Luiz; da Costa, Célio Juvenal Considerações em torno da origem de uma verdade historiográfica: o Tratado de Methuen (1703), a destruição da produção manufatureira em Portugal, e o ouro do Brasil, Universidade Estadual de Maringá, Paraná, Brasil, Acta Scientiarum. Education, vol. 2, núm. 34, julio-diciembre, 2012, pp. 199-209.

xliii. Sem maiores excursões ao tema, faz-se aqui referência às revoltas aos novos impostos e restrições comerciais, denominadas de «*Ato Townshend*», pelo qual a Inglaterra restringiu as treze colônias norte-americanas de negociarem com outros países que não fossem a Inglaterra. Assim, em 1773, colonos americanos disfarçados de índios se misturaram aos trabalhadores portuários em Boston e lançaram todo o carregamento de chá da Companhia das Índias (45 toneladas) ao mar. O manifesto dos norte-americanos ficou conhecido como *Boston Tea Party* "festa do chá de Boston". Esse boicote foi organizado pelo grupo pró-independência intitulado *Sons of Liberty*, "Os filhos da Liberdade". Após o boicote, o governo inglês puniu severamente os habitantes de Boston, fechando o porto da cidade e delegando aos militares o direito de ocupar casas de civis. Porém, as manifestações contrárias acabaram por eclodir, em 1776, na independência dos Estados Unidos.

xliv. Como já analisado, a teoria do liberalismo econômico teve como grande mentor Adam Smith (na obra *Natureza e as Causas da Riqueza das Nações, 1776*). Segundo esta, a riqueza da nação é determinada pela quantidade e qualidade de seus bens. Para tanto, todos deveriam ser livres para desenvolverem as suas melhores qualidades e poderem trocar livremente as mercadorias, sem restrição por parte dos Estados. Por essa teoria, promove-se a livre circulação de bens, o que acarreta o desenvolvimento de toda a sociedade. Trata-se da consagração do pensamento do *laissez-faire,* em que a lei da oferta e da procura age como "mão invisível", regulando as necessidades dos povos.
Importante ressaltar que mesmo Ricardo (famoso pelo modelo de "mais comércio é sempre melhor que menos comércio") assinalava que isso não implica necessariamente mercados completamente livres de barreiras. Cf. GONÇALVES e tal. A nova economia internacional. p. 16. *Apud*. In: DI SENA JR.; Roberto. A Cláusula Social na OMC, Curitiba: Juruá, 2005, pág. 37. Assim, apesar dos dois autores (Smith e Ricardo) comungarem da ideia do liberalismo comercial, distinguem-se as suas teorias quanto à adoção do modelo de liberdade absoluta (Smith) e das vantagens relativas (Ricardo).

xlv. Importante ressaltar que mesmo Ricardo (famoso pelo modelo de "mais comércio é sempre melhor que menos comércio") assinalava que isso não implica necessariamente em mercados completamente livres de barreiras. Cf. GONÇALVES e tal. A nova economia internacional. p. 16. *Apud*. In: DI SENA JR., Roberto, A Cláusula Social na OMC. Curitiba: Juruá, 2005, pág. 37. Assim, apesar dos dois autores (Smith e Ricardo) comungarem a ideia do liberalismo comercial, distinguem-se as suas teorias quanto a adoção do modelo de liberdade absoluta (Smith) e do das vantagens relativas (Ricardo).

xlvi. Não se pode falar propriamente em *comércio internacional* nessa altura, posto que em casos remotos ainda não se configuravam Estados na acepção moderna do termo. Contudo, utiliza-se a expressa aqui para enfatizar a necessidade da busca de bens fora do contexto local.

xlvii. Em verdade, a referida revisão do Antidumping ocorreu em 1968.

xlviii. Informações obtidas no *site* da Organização Mundial do Comércio, <www.wto.org>, em 22.1.2014.

xlix. Com esse tom Valle Muniz afirma que a "reducción del ámbito de protección de las normas ambientales a los espacios sometidos a la soberanía o jurisdicción de los Estados. Esta limitación espacial, secuela del estadio de evolución del propio derecho internacional, estaba llamada a produzir una triple consecuencia indeseable. En primer lugar, la protección internacional tendía a establecerse solamente con respecto a las intromisiones perniciosas en el medio ambiente de otros Estados y quebada reducida esencialmente a la prohibición de la contaminación transfronteiriza. En segundo lugar, los Estados quedaban inmunizados frente a la aplicación de las normas protectoras internacionales en su propio territorio, que aparecía configurado como un dommaine reservé ecológico. Y por último, como subrayara el profesor Kiss en su día, los espacios situados más allá de la jurisdicción nacional (alta mar, fondos marinos, atmosfera, espacio cósmico) quedaban insuficientemente protegidos por la reglamentación internacional". VALLE MUNIZ, José Manuel.; La Protección Jurídica del Medio Ambiente, Aranzadi Editorial, Pamplona, 1997, pág. 23.

i. Emprega-se aqui o termo de justiça o defendido por Karl Larenz como sinônimo de tratamento igual: "La exigencia de la justicia igualitaria significa que el comportamiento de todos debe ser juzgado con las mismas regras y que tiene que haber para todos el mismo rasero. Tras ello está la idea de que todos los hombres son <iguales ante la ley> y que ninguno puede reclamar ningún privilegio" (In: *Derecho Justo fundamentos de ética jurídica*. Traducción y presentación de Luis Diez-Picazo, editorial Civitas, S.A., Madrid, 1993. pág. 49).

ii. Vide o sítio da OMC: <http://www.wto.org/spanish/tratop_s/envir_s/envir_neg_mea_s.htm>, em 19.12.2013.

CAPÍTULO 4

O DIREITO SUSTENTÁVEL COMO DIREITO HUMANO FUNDAMENTAL: A PROTEÇÃO AMBIENTAL, O PROGRESSO ECONÔMICO E A *EQUIDADE* SOCIAL COMO ESTRUTURAS DO ESTADO

4.1 Afirmação que o direito sustentável é um direito humano fundamental

O princípio jurídico do desenvolvimento sustentável consagra um direito fundamental, com apanágios de direitos humanos, caracterizando-se, portanto, como um "direito humano fundamental".

De fato, o referido princípio (*sustentabilidade*), além de impregnado do *status* eminentemente constitucional, encontra ainda suporte legitimador em compromissos internacionais assumidos pelos Estados (inclusive, os brasileiro e português), representando fator de obtenção do justo equilíbrio entre as exigências da economia e as da ecologia. Contudo, tal princípio subordina-se à invocação desse postulado (de sua natureza jusfundamental) quando verificada uma situação de conflito entre valores constitucionais relevantes, cuja observância não comprometa, nem esvazie, o conteúdo essencial de um dos mais significativos direitos fundamentais: o direito à preservação do meio ambiente, o qual traduz bem de uso comum da generalidade das pessoas, a ser resguardado em favor das presentes e futuras gerações.[1] Aliás, o STF já se manifestou mesmo sobre a existência principiológica do desenvolvimento sustentável, da equidade e da (chamada) responsabilidade intergeracional.[2]

Entende-se aqui por direitos humanos aquela dimensão jusfilosófica do conjunto reconhecido dos direitos "naturais"; bem como, por direitos fundamentais, a dimensão

---

[1] V. STF, Medida Cautelar na ADI nº 3.540, Relator Ministro Celso de Mello, 01.09.2005.

[2] STF, ADPF nº 101, rel. Min. Cármen Lúcia, 11.3.2009, p. 72 (sobre a importação de pneus usados).

juspositiva destes.[3] Também há quem defenda que a distinção entre direitos fundamentais e direitos humanos reside no fato de que aqueles se encontram positivamente consagrados nos textos constitucionais nacionais e, estes, nos tratados e convenções internacionais, designadamente de "direitos humanos".[4] Assim, por "direitos humanos fundamentais" está-se a aludir (ou esboçar) uma concepção dual e complementar entre a vertente de "direito humano" e a de "direito fundamental" do direito ao desenvolvimento sustentável. Fato é que no atual estágio do discurso jurídico-político, o Estado é, indelevelmente, *constitucional democrático de direito*[i] e *ambientalmente sustentado* (*Umweltrechtsstaat*).[5] Há quem mesmo sustente ser a sustentabilidade a dimensão paradigmática fundante do século XXI, em sedimentação contínua (e evolutiva) da história jurídico-política ocidental (a qual presenciara o constitucionalismo no século XVIII; a *question* social no século XIX e o fortalecimento da democracia no século XX).[6] A sustentabilidade afigurar-se-ia, assim, como um elemento estrutural intrínseco ao hodierno Estado Constitucional.[7]

Tal assertiva, contudo, invoca necessária fundamentação. Em primeiro lugar, admoesta-se a aproximação teorética que entende que o Texto Constitucional, em seu sentido jurídico-material, é um diploma jurídico-político (máximo) contendo a(s) norma(s) fundamental(is) da estruturação do Estado (afinal, só se pode conceber um Estado nos tempos atuais como Estado Constitucional);[8] contendo, basicamente, a formação e divisão dos poderes públicos; a forma de governo e a explicitação do poder de governar; a distribuição de competências dos órgãos, em que deve ter uma aceitação social majoritária (democracia, isto é, legitimação pelo povo),[9] com direitos e garantias humanos fundamentais, mas que também serve como norteador de condutas futuras, inclusive legislativas.[10] Por isso, a utilização da expressão "reflexo-criativo": (*i*) *reflexo* como um espelho da sociedade; e (*ii*) *criador* como indutor desta mesma sociedade. É, em termos "sistêmicos", criador, objeto e observador (do Estado e da sociedade) ao mesmo tempo; constituído e constituidor. Inova-se aqui justamente na inserção da sustentabilidade como princípio e sistema informador desse (novíssimo) Estado que exsurge – e é convocado – nos tempos atuais, para que tenha a sua própria existência garantida em processo pós-histórico (futuras gerações).

De outra sorte, o princípio da sustentabilidade não é único e exclusivo do poder público – em analogia à clássica visão dos direitos fundamentais endereçados ao Estado –; mas irradia-se também para a iniciativa privada, verificando-se na aplicação horizontal desses direitos (*Drittwirkung*), incidentes, por assim dizer, também dentro de

---

[3]   Cf. PÉREZ LUÑO, Antonio Enrique.; Derechos Humanos, Estado de Derecho y Constitución, Madri: Tecnos, Novena Edición, p. 32-33. V. ANDRADE; José Carlos Vieira de.; Os Direitos Fundamentais na Constituição Portuguesa de 1976, Coimbra: Almedina, 2012.

[4]   GOMES CANOTILHO, J. J.; VITAL MOREIRA; CRP – Constituição da República Portuguesa Anotada, Artigos 1º a 107º, Vol. 1, Coimbra: Coimbra, 2007, p. 50.

[5]   V. GOMES CANOTILHO, J. J.; O princípio da sustentabilidade como princípio estruturante do Direito Constitucional, Revista de Estudos Politécnicos, 2010, Vol. VIII, nº 13, 007-018. Ainda, GOMES CANOTILHO, J. J.; O Estado de Direito, Cadernos Democráticos, Fundação Mário Soares, Lisboa: Edição Gradiva, 1999.

[6]   GOMES CANOTILHO, J. J.; O princípio da sustentabilidade ...

[7]   HÄBERLE, Peter.; "Nachhaltigkeit und Gemeineuropäisches Verfassungsrecht", In: WOLFGANG KAHL. (org.); Nachhaltigkeit als Verbundbegriff, Tübingen, 2008, p. 200.

[8]   GOMES CANOTILHO, J. J.; Direito Constitucional e Teoria da Constituição, ..., p. 92.

[9]   GOMES CANOTILHO, J. J.; Direito Constitucional e Teoria da Constituição..., p. 98.

[10] GOMES CANOTILHO, J. J.; Constituição Dirigente e Vinculação do Legislador – contributo para a compreensão das normas constitucionais programáticas, Coimbra: Coimbra, 2ª Edição, 2001.

CAPÍTULO 4
O DIREITO SUSTENTÁVEL COMO DIREITO HUMANO FUNDAMENTAL... | 343

organismos privados (empresas), aos quais, sem a sua observância – e obediência – não terão assegurados o próprio *continnum*.

Ademais – faz-se necessária a segunda advertência –, tal como o conceito de sustentabilidade é agregador e exerce uma força magnética atrativa, conforme já visto, pode-se verificar o mesmo processo atrativo e gravitacional nos direitos fundamentais, como se a sua aproximação fosse uma "mais-valia" que contém em sua presença um "valor agregado" (tanto para o Poder Público quanto para as empresas da iniciativa privada).

Porém, certo é que, justamente por essa força gravitacional – e com o efeito do toque de Midas –, atualmente, a aproximação aos "direitos humanos" ("direitos fundamentais") é (pre)texto retórico para a maioria das reivindicações modernas,[11] as quais tentam agregar para si uma motivação idealista universal, obtida graças aos *valores maxime* consensuais humanistas evocados pelos (reais) "direitos humanos". Verifica-se, nesse aspecto, parafraseando Bentham, uma confusão entre a realidade e o desejo.[12]

De fato, observa-se uma tendência para o uso alargado e inapropriado dos "direitos fundamentais" em vários e diversos discursos, apropriados por organizações não governamentais (ONGs), igrejas, políticos, Congressos, Tratados, etc., sem a devida compreensão do tema, como se exige, tornando-se assim como uma "panjusfundamentalização". Assim, às vezes, o tema (da sustentabilidade) é confundido (ou apropriado) como uma *bandeira de luta*[ii] reivindicatória das classes minoritárias e/ou desfavorecidas.[13] Quando não pela simples (mas eficiente) utilização semântica com o modelo erístico[14] – mercadológico (puro *marketing* comercial).

A sustentabilidade aqui chamada, baseada nos seus intrínsecos elementos que compõem o próprio conteúdo (quais sejam, a busca pela equidade social; o desenvolvimento econômico e a proteção ambiental), merece, em um primeiro plano, uma análise e visão fractal e fragmentada, em cada um de seus elementos constitutivos, para, ao final, compreender a total dimensão (do que se constitui) "de natureza análoga"[15] aos "direitos fundamentais". Assim também ocorreu no descortinamento do conceito de Direito Ambiental: dos específicos (ar, águas, solo, fauna, flora, poluição) para se alcançar o geral, o difuso.[16] Trata-se de uma visão sistêmica, unitária, de cada elo (o econômico, o social e o ambiental) integrante do macrossistema – da sustentabilidade – em forma e matema análogo ao topológico nó borromeu, como aqui se tem defendido.

---

[11] Sobre a tentativa de aproximação aos direitos fundamentais de outros ramos do direito ver em: IMBERT-MAGAND, Daniel.; Droit de l'homme: De la Déclaration de 1789 à la Charte européenne des droits fondamentaux, Maître de conférence – Université J. Monnet de St. Etienne, 2008, (end. e dat. disp.).

[12] *Cf. Apud.* PÉREZ LUÑO, Antonio Enrique.; Derechos Humanos, Estado de Derecho y Constitución, Madrid: Tecnos, 6ª Edición, 1999, p. 27, *passim.*

[13] PÉREZ LUÑO, Antonio Enrique.; Derechos Humanos, Estado de Derecho y Constitución, Madrid: Tecnos, 6ª Edición, 1999, p. 22, *passim.*

[14] Sobre o tema, ver melhor em SCHOPENHAUER, Arthur.; Eristische Dialektik oder die Kunst, Recht zu behalten" – in 38 Kunstgriffen dargestellt (v. ver. ut.).

[15] A expressão "direitos de natureza análoga aos direitos fundamentais" é encontrada na CRP. Porém, Canotilho adverte para a dificuldade em se estabelecer seus contornos precisos, In: GOMES CANOTILHO, J. J.; Direito Constitucional e Teoria da Constituição, Coimbra: Almedina, 7ª edição, p. 405.

[16] MORATO LEITE, José Rubens.; Dano Ambiental: do individual ao Coletivo extrapatrimonial, São Paulo: Editora Revista dos Tribunais, 2000. *V. Tb.* ALBERGARIA, Bruno.; Direito Ambiental e a Responsabilidade Civil das Empresas, Belo Horizonte: Fórum, 2ª Edição, 2009.

4.2 Características dos direitos humanos fundamentais

Neste pré-texto, exsurge então a pergunta: o que faz um direito ser considerado direito fundamental? Numa resposta preliminar, poder-se-ia dizer que os direitos fundamentais são os direitos humanos (dimensão jusfilosófica) positivados no texto constitucional (dimensão jurídico-institucional).[17] No aspecto jusfilosófico, ter-se-iam como fundamentos teorético-dogmáticos dos direitos humanos: (*i*) o jusnaturalismo (universal, inviolável e intemporal, por natureza);[18] (*ii*) a finalidade de proteção da dignidade da pessoa humana (natureza humana); e (*iii*) a construção por via da racionalidade (proposta da modernidade).

A concepção jurídico-institucional assenta-se na garantia de se constar, no texto constitucional, os direitos com todos os atributos jurídicos inerentes a essa condição (institucionalização e juridicidade de princípios – morais, éticos, sociais –; força vinculativa; eficácia *erga omnes*; possibilidade de aplicação de sanção por via da força estatal; monopólio estatal; controle de constitucionalidade, *etc.*). Ademais, sem a positivação constitucional, os direitos humanos podem se tornar mera retórica; apenas para "inglês ver".[iii] Não há, com efeito, que se falar em direitos humanos sem o devido comprometimento jurídico (notadamente do próprio Estado) que assegure a sua satisfação e proteção. De nada adiantaria um rol teorético-dogmático de direitos (basilares) do homem se os cidadãos não pudessem ter satisfeitas as suas pretensões de deles usufruir.[iv]

Com efeito, não basta apenas identificar racionalmente os universais elementos dignificantes do ser humano; é necessário que haja uma "*Carta*-texto normativa", a qual seja atuada, garantida, reintegrada e cumprida. É, dessa forma, pelo processo de positivação constitucional que se *faz cumprir uma promessa*.[19] Um diploma intencional, sem a possibilidade de garantia do seu cumprimento efetivo, seria uma "carta museu": serviria apenas para ser vista.[v] [20]

Pelo já analisado nos capítulos precedentes, na análise da construção e solidificação dos paradigmas do princípio da sustentabilidade, em termos do Direito Internacional (Público ou Privado), a grande dificuldade reside justamente em materializá-lo juridicamente, não só os seus preceitos fundamentais; mas, também, garantir a sua efetividade; isto é, dar força «coercitiva» ao *soft-law* internacional sem suplantar a ideia (e conquista) da soberania interna de cada Estado.

Assim, num primeiro ato, a positivação dos princípios aceitos internacionalmente – através dos acordos e dos tratados das várias Cimeiras realizadas – para o Direito Interno de cada Estado (e, muito especialmente, para o âmbito de seu diploma constitucional, por ser o ápice do ordenamento jurídico) afigura-se imprescindível para uma global eficácia desses preceitos relativos à sustentabilidade.

Por isso, no conceito jurídico-material do próprio texto constitucional, asseveram-se os direitos fundamentais como elementos integralizadores do Estado Democrático

---

[17] Por todos, ver MIRANDA, Jorge.; Manual de Direito Constitucional, Tomo IV – Direitos Fundamentais, 3ª Edição, Revista e Actualizada, Coimbra Editora, 2000.

[18] V. GOMES CANOTILHO, J. J.; Direito Constitucional..., p. 393.

[19] Calmon de PASSOS, J. J.; Instrumentalidade do processo e devido processo legal, Jus Navigandi, Teresina, ano 6, n. 58, ago. 2002, (end. e dat. disp.).

[20] GOMES CANOTILHO, J. J.; O Estado de Direito, Cadernos Democráticos, Fundação Mário Soares, Lisboa: Edição Gradiva, 1999, p. 57.

(Sustentável) de Direito.[21] Nesse sentido, vislumbra-se a necessidade *a priori* – e fundamental – da existência do Estado para se poder falar em direito fundamental, sem o qual não se pode, inclusive, teorizar sobre a sua existência no plano fático.[22]

Apesar da necessidade institucional da sua clarividência em direito positivo, pode-se verificar, contudo, a existência de direitos fundamentais em sentido material[23] e não somente em sentido formal.[24] [vi] O que se torna condição *sine qua non* dos direitos fundamentais é a existência estatal para reconhecer a sua dignidade e assegurar a sua aplicabilidade.

Com efeito, a cada direito substantivo fundamental do homem deve, obriga-toriamente, constituir uma garantia constitucional para a sua satisfação. E, portanto, essa garantia é, também, um direito fundamental (instrumental, nessa medida).[25] A identificação positiva (texto constitucional) dos direitos fundamentais é, inclusive, parte estruturante do próprio conceito de Estado, pelo menos na sua acepção moderna; isto é, democrática e de direito. Se há na estrutura da Constituição elementos de ordem fundamental (que fundamentam) – insculpidos como direitos fundamentais – é porque esses elementos estão no "DNA do Estado", constituindo-lhe princípios informadores designativos de sua própria origem e armação.

Neste contexto, afigura-se importante uma análise dos elementos identifica-dores do conceito (e estrutura) dos direitos humanos, já identificados, quais sejam: (*i*) jusnaturalismo; (*ii*) racionalidade (*iii*) dignidade da pessoa humana; para, ao final, identificar, nas várias constelações normativo-positivas, o Direito Sustentável como (ou na qualidade de) direito fundamental.

4.2.1 O *jusnaturalismo/universalidade*

A ideia de "universalidade",[26] "*aeternitatis*",[27] "*ius cogens*" (*que se diz e quer ser universal (...) em linguagem e forma de vida*[28]...), sempre consta como tema recorrente da

---

[21] MIRANDA, Jorge.; Manual de Direito Constitucional, Tomo IV – Direitos Fundamentais, 3ª Edição, Revista e Actualizada, Coimbra Editora, 2000.

[22] MIRANDA, Jorge.; Manual de Direito Constitucional, ...

[23] Nesse sentido, Art. 5, §2º da CRFB/88 e Art. 16, nº 1 da CRP.

[24] MIRANDA, Jorge.; Manual de Direito Constitucional, ...

[25] ANTUNES ROCHA, Cármen Lúcia.; O Constitucionalismo Contemporâneo e a Instrumentalização para a Eficácia dos Direitos Fundamentais, In: Revista CEJ, vol. 1, nº 3, set./dez. 1997.

[26] COMPARATO, Fabio Konder.; Afirmação Histórica dos Direitos Humanos, São Paulo: Saraiva, 5ª Edição, 2007, págs. 1 e segs. V. Tb.: MARK, Gibney.; International Human Rights Law, Returning to universal principles, Lanham: The Rowman & Littlefield Pub. Group., 2008; SERRANO MARÍN, Vicente.; ¿Es el Estado un Derecho Fundamental? Reflexión sobre el fundamento epistemológico de los Derechos Fundamentales, In: Revista del Centro de Estudios Constitucionales, Centro de Estudios Constitucionales, Enero-Abril, vol. 5, Madrid, 1990, p. 241-258; CANÇADO TRINDADE, Antônio Augusto.; Tratado de Direito Internacional dos Direitos Humanos, Vol. 1, 2ª Edição revista e atualizada, Porto Alegre: Fabris, 2003. p. 33 e seguintes; SYMONIDES, Janusz. (Org.).; Human Rigths: new dimensions and challenges, Paris: United Nation Educational, Scientific and Cultural Organization (UNESCO), 1998. (v. ver. ut.), p. 55 e segs.

[27] PÉREZ LUÑO, Antonio-Enrique.; La Tercera Generación de Derechos Humanos, Navarra: Aranzadi, 2006, p. 13.

[28] AROSO LINHARES, José Manuel.; O logos da juridicidade sob o fogo cruzado do ethos e do pathos: da con-vergência com a literatura (law as literature, literature as law) à analogia com uma poiêsis-technê de realização (law as musical and dramatic performance), Separata de: Boletim da Faculdade de Direito da Universidade de Coimbra, n. 80, (2004), p. 66-67.

cultura filosófica europeia.[29] [30] Ademais, propaga-se ser o sentido da universalidade própria e inerente à Filosofia.[31] Nesse aspecto, haveria uma superação da (influência histórica na) estruturação – última – do ser humano com a conclusão (final) do que seriam – ontologia – os direitos humanos. Como observou Taylor,

> In the first place, when a general Law can be inferred from a group of facts, the use of detailed history is very much superseded. When we see a magnet attract a piece of iron, having come by experience to the general Law that magnets attract iron, we do not take the trouble to go into the history of the particular magnet in question.[32] [vii]

Contudo, já contra-argumentando Taylor, Lévi-Strauss aduz que, mesmo quando não se queira fazer história, com avaliação somente do presente, estar-se-ia em "estado de ilusão", porquanto *"tudo ser história"*.[33] Consequentemente, ainda segundo esse autor, um pouco de história é melhor do que nenhuma história.[34] Ademais, conforme afirmação de Descartes,[35] conversar com a história de outros séculos é quase o mesmo que viajar. Naturalmente, é bom saber alguma coisa dos costumes dos povos, a fim de julgar melhor os nossos próprios hábitos. Mas, quando se dedica tempo demais a viajar, acaba-se tornando estrangeiro no próprio país (ou pior, no próprio tempo); de modo que, quem é muito curioso nas coisas do passado, na maioria das vezes, torna-se ignorante das coisas do presente. Pascal,[36] que coadunou com Descartes, afirmou que a História deve ser respeitada, mas não venerada.

Isto posto, mesmo – admitindo – ser apenas um pouco de história,[viii] mister se faz uma análise *histórica* da (eterna) busca do homem a uma (jus)filosofia verdadeira e universal [contudo, como se verá,[ix] a história faz parte da (concepção) da matéria e da natureza das coisas].

---

[29] Contra a relação – *génesis* – entre os direitos humanos e os direitos naturais, V. ARENDT, Hanna.; The origins of totalitarism, 1951. (v. ver. ut.). Ainda sobre o tema: PÉREZ LUÑO, Antonio Enrique., Derechos Humanos, Estado de Derecho y Constitución. Madrid: Tecnos. 6ª Edición, 1999., p. 30, *passim*; PIOSEVAN, Flávia. Concepção Contemporânea de Direitos Humanos: Desafios e Perspectivas. In: Direitos Humanos Desafios Humanitários Contemporâneos. Belo Horizonte: Del Rey, 2008, págs. 1/28. As palavras de Comparato são elucidativas na matéria: "a justificativa desse princípio encontra-se no postulado ontológico de que a essência do ser humano é uma só", COMPARATO, Fabio Konder.; Afirmação Histórica dos Direitos Humanos, São Paulo: Saraiva, 5ª edição, 2007, p. 68.

[30] Sobre a problemática do problema universal do Direito, V. CASTANHEIRA NEVES, A.; Coordenadas de Uma Reflexão Sobre o Problema Universal do Direito – Ou as Condições da Emergência do Direito como Direito, In: Estudos em Homenagem à Professora Doutora Izabel de Magalhães Collaço, Coimbra: Editora Almedina, 2002, Vol. II, págs. 837-871.

[31] REALE, Miguel.; Filosofia do Direito, São Paulo: Saraiva, 2009, p. 7.

[32] TAYLOR, Edward Burnett.; Researches into the Early History of Mankind and the Development of Civilisation, Londres, 1865, p. 3.

[33] LÉVI-STRAUSS, Claude.; Anthropologie Structurale, Paris: Librairie Plon, 1958, p. 17.

[34] Sobre o tema: ALBERGARIA, Bruno.; Histórias do Direito: evolução das leis, fatos e pensamentos. São Paulo: Atlas, 2ª Ed., 2012; GILISSEN, John.; Introduction Historique au Droit: esquisse d'une histoire universelle du droit. Les sources du droit. Les sources du droit depuis le XIII siècle, Élements d'histoire du droit privé, 1979 (v. ver. ut.); WIEACKER, Franz.; Privatrechtsgeschichte der Neuzeit Unter Besonderer Berücksichtigung Der Deutschen Entwicklung, Göttingen, 1967 (v. ver. ut.); KAUFMANN, A.; e HASSEMER, W. (org.).; Einführung In: Rechtsphilosophie Und Rechtstheorie Der Gegenwart (v. ver. ut.); GARDINER, Patrick.; Theories Of History, 5th printing August 1964, New York (v. ver. ut.).

[35] DESCARTES, René.; Discours de la méthode pour bien conduire sa raison, et chercher la verité dans les sciences, 1637.

[36] PASCAL, Blaise.; Penseé, 1660.

4.2.1.1 Histórico

O jusnaturalismo está indelevelmente associado ao nascimento da própria Filosofia.[37]

Conforme já explanado, os primeiros filósofos gregos pré-socráticos eram naturalistas: o objeto da filosofia pré-socrática era a busca da descoberta da essência formadora e constitutiva da natureza (e não o homem),[38] inclusive, em sua fase exordial, utilizando a cosmogonia e cosmologia mitológica.[x]

Também como já visto, a proposta de Pitágoras (o número como *arché* de todas as coisas) continha características universais.[xi 39] De fato, o objeto investigativo da filosofia pré-socrática era a busca da essência última e universal da natureza.

Porém, Sócrates revolucionou a Filosofia ao transferir a vocação questionadora da natureza física para a natureza humana, bem como para os seus valores, as suas verdades e os seus fundamentos. Até mesmo a corrente filosófica sofista,[xii 40] relativista,[41] apesar da desvalorização,[xiii] que ocorreu por muito tempo, principalmente pelo forte combate de Platão e Aristóteles,[42] também contribuiu para operacionalizar um verdadeiro deslocamento do "eixo da reflexão filosófica da *physis* e do cosmos para o homem e aquilo que concerne à vida do homem como membro de uma sociedade".[43] Dessa forma, pode-se afirmar que a transição do pensamento filosófico cosmológico para o antropocêntrico modificou enormemente o rumo do pensamento ocidental.[44 xiv]

Com efeito, não mais a fenomenologia e a cosmologia eram o palco principal do pensamento grego; mas, sim, com Sócrates (e até mesmo os sofistas,[45] conforme visto), a ética, a moral, a política, a retórica, a religião e o governo passaram a ser a tônica do pensamento humano, iniciando-se a fase *humanista* da filosofia antiga.

Assim, a ética grega clássica tornou-se antropocêntrica e, acima de tudo, imediata, isto é, voltada para a resolução dos problemas surgidos entre os homens (homem *versus* homem) no imediato momento em que o conflito surgia; não "era assunto de uma planificação de um futuro distante, mas voltada exclusivamente para o instante da relação".[46 xv 47] De certo, a influência da filosofia clássica grega na valorização do conhecimento e na elevação do homem (inteligência) constituiu aquisições irreversíveis e pontos constantes de referência para o mundo ocidental.[48]

Contudo, apesar da mesma viragem operacionalizada pelos sofistas e por Sócrates e seus discípulos (dentre os quais se destacam Platão e Aristóteles), caracterizada pela

---

[37] Ver sobre o tema, Capítulo II, no tópico «As principais correntes ambientalistas».

[38] REALE, Giovanni.; e ANTISERI, Dario.; Il pensiero occidentale dalle origini ad oggi …. 32.

[39] REALE, Giovanni.; e ANTISERI, Dario.; Il pensiero occidentale dalle origini ad oggi …, p. 44.

[40] REALE, Giovanni.; e ANTISERI, Dario.; Il pensiero occidentale dalle origini ad oggi …, p. 77.

[41] BAMBIRRA, Felipe Magalhães.; A inflexão antropológica da sofística nos albores da filosofia do direito e do estado, In: Meritum, Belo Horizonte, v. 5, n. 1, p. 77-108, jan./jun., 2010.

[42] KAUFMANN, Arthur.; Rechtsphilosophie, Verlag C. H. Beck oHG, München, 1997. (v. ver. ut.). V. tb., História da Filosofia: Antiguidade e Idade Média, vol. 1.

[43] REALE, Giovanni.; e ANTISERI, Dario.; Il pensiero occidentale dalle origini ad oggi …, p. 73.

[44] KAUFMANN, Arthur.; & HASSEMER, W. (org.).; Einführung in Rechtsphilosophie Und Rechtstheorie Der Gegenwart, Verlag, Heidelberg, 1994. (v. ver. ut.). Contra: REALE, Giovanni.; e ANTISERI, Dario.; Il pensiero occidentale dalle origini ad oggi …, p. 380.

[45] REALE, Giovanni.; e ANTISERI, Dario.; *Ob. cit.*, p. 74.

[46] In: JONAS, Hans.; Risikogesellschaft…, p. 29.

[47] JONAS, Hans.; Risikogesellschaft…, p. 30.

[48] REALE, Giovanni.; e ANTISERI, Dario.; Il pensiero occidentale dalle origini ad oggi…, p. 102.

mudança de paradigma do objeto de estudo (da natureza em direção ao homem), as semelhanças entre as duas correntes filosóficas findaram-se aí.

Afinal, os sofistas sedimentavam-se justamente na *negativa* da universalidade dos princípios éticos, morais, legais.[49] De fato, uma das frases mais famosas proferidas pelo sofista Protágoras[xvi] dá a essência dessa corrente filosófica: "o homem é a medida de todas as coisas, daquelas que são por aquilo que são e daquelas que não são por aquilo que não são". Isto é, é o homem que determina, através do seu pensamento, o que as coisas são (e não verdadeiramente o que elas realmente são).[50]

Isto posto, para os sofistas a verdade seria impossível de se obter, tendo em vista que cada pessoa pode defender um ponto de vista diferente, sem que os dois estivessem necessariamente errados. Assim, o que se compreenderia do mundo nada mais seria do que a visão individualizada do mundo. Como cada pessoa tem uma visão diferente, há várias opiniões e verdades diferentes, sem que uma necessariamente contradiga a outra.

Para a corrente filosófica sofista, portanto, a verdade não é o mais importante. O valor atribuído pelos homens é que se deve ter em conta. Dessa forma, não existe o bem e o mal universal. O que existem são valores atribuídos pelos homens, os quais determinam que um ato seja bom e outro ato seja considerado mal. Em uma democracia, conforme os sofistas, os discursos acabam por formar as opiniões dominantes. Dessas unanimidades, ou pelo menos, dessas maiorias, formar-se-iam os valores. Por isso, eram considerados como democráticos; porquanto, o que valia para uma sociedade seriam os valores da maioria e não uma verdade absoluta, una. Por não defenderem a verdade universal, mas o contrário (ou seja, que tudo era apenas um valor formulado pelo homem), os sofistas foram também considerados relativistas. Aliás, uma das principais características dos sofistas era o relativismo de toda e qualquer ideia. A verdade não importava; o que fazia "a diferença" para os sofistas seria o discurso, a capacidade de argumentação, de convencimento de que uma ideia se sobrepunha à outra.

Com isso, os sofistas começaram a estudar a dialética e a retórica.[51] O sofista que conseguia argumentar e convencer um "opositor" sobre um determinado ponto de vista, mesmo que depois ele defendesse justamente o contrário, seria considerado um bom profissional. Afinal, para a corrente filosófica sofista, o valor reside na capacidade de convencer por via debate.[xvii 52]

Conforme visto, por defenderem a relatividade das coisas, nem mesmo a moral ou a ética eram, para os sofistas, uma verdade absoluta. O sofista grego Górgias defendia uma indiferença completa entre o moralismo e o conceito de bondade. Em seus ensinamentos, focava unicamente a vitória do debate, fosse a causa justa ou injusta (ademais, o conceito de justiça/injustiça não era importante). Por isso, a moral para os sofistas era nada mais do que uma construção arbitrária, pura convenção do mais forte intelectualmente. Para o sofista Trasímaco, por exemplo, "a justiça não é outra coisa senão a conveniência do mais forte" ou ainda que "cada governo estabelece as leis de acordo com a sua conveniência".[53]

---

[49] Por todos, SIMMONS, George C.; The Humanism of the Sophists With Emphasis on Protagoras of Abdera, In: Educational Theory, Volume 19, Issue 1, pag. 29.39, January, 1969.

[50] Texto extraído de ALBERGARIA, Bruno.; Histórias do Direito..., p. 65-66.

[51] SANTOS, Luiz Roberto Alves dos.; Ética Sofística: o Papel Educativo da Relativização dos Valores, cadernos UFS – filosofia, Universidade Federal de Sergipe, (end. e dat. disp.).

[52] ALBERGARIA, Bruno.; Histórias do Direito ... p. 65.

[53] PLATÃO.; A República, (versão utilizada: São Paulo: Martin Claret, 2004), p. 25.

CAPÍTULO 4
O DIREITO SUSTENTÁVEL COMO DIREITO HUMANO FUNDAMENTAL... | 349

Dessa forma, defendiam que a justiça consistia em fazer o que era adequado para o mais poderoso.[54] Para o pensamento sofista, justamente para se evitar a utilização constante da força física, o homem deveria sobrepujar o outro através da sua capacidade de convencimento e argumentação. O resultado desse pensamento sofista conduzia, para eles, que a lei fosse sempre do mais forte intelectualmente (e não necessariamente do mais forte fisicamente).

Porém, o pensamento socrático, antagônico aos sofistas, defendia a ideia universal como uma verdade natural do ser humano. De fato, nos diálogos de Sócrates com Hípias, o sofista – narrados por Platão –, para o mais sábio de todos os homens, haveria *leis não escritas de caráter universal e que seriam de origem divina*.[55]

Platão, provavelmente ao presenciar o suicídio do seu mestre Sócrates, após ter sido condenado à morte, defendeu,[56] no Segundo Livro de *As Leis*, que mesmo as leis democráticas deveriam ser submetidas a um direito (natural).[57] Os fundamentos de uma lei, segundo o filósofo, deveriam estar assentados em enunciados éticos (supralegais).[58]

Para Aristóteles,[xviii] a realidade sensível é constituída de uma esfera em constante mutação, denominada de "sublunar", e uma esfera que nunca se altera, denominada "mundo supralunar" ou celeste.[xix] [59] O mundo sublunar, dessa forma, seria constituído pelos quatro elementos básicos: água, fogo, terra, ar. O "éter" de Aristóteles, ou "quinta essência", constituía o elemento do mundo celeste, incorruptível por natureza. Esse pensamento dual do mundo sensível não deixa de ser uma inserção metafísica no próprio mundo sensível, que mais tarde, na Idade Média, foi resgatado.[60]

De fato, ao abordar a Ética,[xx] [61] Aristóteles associou o Direito a uma natureza dúplice, em que uma parte constitutiva é decorrente da opinião dos homens, mas outra parte é decorrente de sua própria natureza e, portanto, universal e independente da opinião dos homens:

> A justiça política é de duas maneiras. Uma é natural; a outra é convencional. A justiça natural tem a mesma validade em cota a parte e ninguém está em condições de a aceitar ou rejeitar (...), porque o que é por natureza é imutável e tem o mesmo poder em toda a parte – por exemplo, o fogo que arde aqui e na Pérsia.[62]

Assim, na Grécia Clássica, o debate entre o relativismo e o universalismo – das coisas da natureza, notadamente na filosofia pré-socrática (atomistas,[63] por exemplo), quando transposto para a fase humanista, passando por Sócrates, Platão e Aristóteles,

---

[54] DIAS, Marcílio Coelho.; A Noção de Justiça segundo os Sofistas e Aristóteles, Revista Legis Augustus (Revista Jurídica), Vol. 3, n. 1, p. 83-92, Setembro 2010, pp. 83/93, (end. e dat. disp.).

[55] Cf. Apud. NADER, Paulo.; Filosofia do Direito, 6ª edição, Editora Forense, p. 105-106.

[56] Essa afirmativa pode se encontrada também em GICO JR., Ivo.; Introdução ao Direito e Economia, In: Direito e Economia no Brasil (Luciano Benetti Timm Org.), São Paulo: Atlas, 2012, p. 3. V. tb. BARÃO, Kendra Corrêa.; e SILVA, Edson Barbosa da.; Direito Natural e Positivo: sofistas, Platão e Aristóteles, In: Iniciação Científica CESUMAR, Jul./Dez. 2005, Vol. 07, nº 02, p. 111-126.

[57] PLATÃO, As leis – incluindo Epinomis. (v. ver. ut.).

[58] DORO, Tereza.; O Direito Processual Brasileiro e as Leis de Platão, São Paulo: Edicamp, 2003, p. 33.

[59] REALE, Giovanni.; e ANTISERI, Dario.; Il pensiero occidentale dalle origini ad oggi ..., p. 195.

[60] REALE, Giovanni.; e ANTISERI, Dario.; Il pensiero occidentale dalle origini ad oggi ..., p. 196.

[61] ARISTÓTELES.; Ética a Nicómaco, (v. ver. ut.).

[62] ARISTÓTELES.; Ética a Nicómaco, Livro V, capítulo VII (1134b18); (v. ver. ut.).

[63] OLIVEIRA, Sandra Verônica Vasque Carvalho de.; Filosofia epicurista: reflexos e inspirações, e-scrita Revista do Curso de Letras da UNIABEU, Nilópolis, v. I, Número 2, Maio/Ago. 2010, (end. e dat. disp.).

na busca da verdade absoluta ou na lei natural humana,[xxi] até o estoicismo,[xxii] [64] que também fortalecia a ideia do *Logos divino* ou *razão universal* –, a busca por uma verdade única atemporal, com fundamentação teorética *cosmopolita*,[xxiii] [65] foi objeto de embate por parte de correntes filosóficas relativistas, tais como os sofistas.

Compreende-se a frase de Diógenes, o Cínico, *"interrogatus cujas esset, Mundi civis, ait"*.[xxiv] [66] O jusfilósofo romano Cícero teria dito «*ration naturae quae est Lex divina et humana*».[67] Percebe-se que sempre foi temática presente do discurso argivo a busca do (homem) universal cosmopolita,[xxv] apesar de não se presenciar na *práxis* greco-romana – ou até mesmo na constelação jurídica – a implementação do princípio da igualdade (corolário direto do princípio dessa dita universalidade cosmopolita) na comunidade social[68] da época.

À luz dessas observações, novamente invocam-se as tragédias gregas, com a citação de Sófocles, em Antígona. Esse dramaturgo persegue na peça o conflito entre as leis divinas e as leis dos homens, em que a personagem Antígona, ao representar a lei divina na natureza (οἶκος), contrapõe-se a Creonte, que simboliza a lei dos homens na pólis (πολις), ao defender:

> ... nem eu creio que teu édito tenha força bastante para conferir a um mortal o poder de infringir as leis divinas, que nunca foram escritas, mas são irrevogáveis; são eternas sim! E ninguém sabe desde quando vigoram![69]

Porém, conforme se pode observar pelo desfecho da trama, tanto Antígona quanto Creonte são castigados justamente por serem intransigentes e radicais em suas convicções. Com efeito, defende-se que, assim, Sófocles pretendesse demonstrar que o caminho correto seria saber dosear as leis humanas com as leis universais.[xxvi] [70] Isto é, um ponto de equilíbrio – assim como defendia Sócrates – entre as duas partes, para harmonizar os seus desejos e interesses.[71] Novamente se invoca a figura matemática topológica da banda de *moebius*, onde o caminhar em um lado inexoravelmente transporta ao outro, sem se aperceber quando um termina e o outro começa.

Já para os romanos, o "outro" deveria ser conquistado ou ser aculturado – afinal, o "outro" era desconhecido ou ignorado.

Contudo, defendiam em um *ius gentium*[72] ou um direito comum a todos, mesmo que este não estivesse escrito. As *Institutas* do Imperador romano *Flavius Petrus Sabbatius Justinianus* (Justiniano), que compõem o *Corpus Iuris Civilis*, determinavam que "(o)

---

[64] ZANELLA, Diego Carlos.; DE SOUZA, Draiton Gonzaga.; O Cosmopolitismo estoico, IV Mostra de Pesquisa da Pós-Graduação PUCRS, (end. e dat. disp.).

[65] ZANELLA, Diego Carlos.; DE SOUZA, Draiton Gonzaga.; *Ob. cit.*

[66] ZANELLA, Diego Carlos.; DE SOUZA, Draiton Gonzaga.; *Ob. cit.*

[67] Citação e tradução encontrada em GOMES CANOTILHO (Direito Constitucional ... p. 375) "a lei verdadeira é a razão coincidente com a natureza na qual todos participam".

[68] GOMES CANOTILHO, J. J.; Direito Constitucional ... p. 375.

[69] SÓFOCLES.; Antígona, (v. ver. ut.), p. 30).

[70] In: BILLIER, Jean-Cassien.; MARYIOLI, Aglaé.; Histoire de la Philosophie du Droit, Armand Colin, 2001 (v. ver. ut.), p. 30-31. Conclusão também observada em CienteFico, Ano II, v. I, Salvador, Agosto-Dezembro, 2002. Antígona, Sófocles (end. e dat. disp.).

[71] Sobre o debate – atual – do tema, V. em LOPES PAROLA, Alexandre Guido.; A Ordem Injusta. Fundação Alexandre de Gusmão, Brasília, 2007 (dentre tantos outros).

[72] *Ius gentium est, quo gentes humanae utuntur* (O Direito das gentes é o que as gentes humanas usam) (Digesto, 1,1,1,4.) ou ainda no brocardo jus-romano *Ius gentium est quod naturalis ratio inter omnes homines constituit* (O direito das

CAPÍTULO 4
O DIREITO SUSTENTÁVEL COMO DIREITO HUMANO FUNDAMENTAL... 351

Nosso direito é escrito ou não escrito ou, no dizer dos gregos, *tón nomón men eggrafoi, oi d'agrafoi*. O direito escrito é a lei, os plebiscitos, os senatusconsultos, as constituições imperiais, os editos dos magistrados, as respostas dos prudentes".[73] Na explicação do Direito não escrito assevera-se que "O direito não escrito é aquele ao qual o uso conferiu comprovação. Com efeito, os costumes diuturnos comprovados graças ao consenso dos seus praticantes têm validade igual à da lei".[74]

Até mesmo em relação aos animais[75] haveria um "... direito natural (...) que a natureza ensinou a todos os animais, pois este direito não é próprio do gênero humano, mas diz respeito à totalidade dos animais que nascem no céu, na terra e no mar. Daqui provém a união do homem, e da mulher, que chamamos de matrimônio, daqui a procriação e a educação dos filhos; vemos que os outros animais também se consideram capazes desse direito". Outrossim, encontra-se também nas *Institutas* do *Corpus Iuris Civilis*, de *Flavius Petrus Sabbatius Justinianus* (Justiniano), no Livro Primeiro, título II, parágrafo segundo a seguinte análise: "... No que tange ao direito das gentes, é comum a todo o gênero humano pois, diante da exigência do uso e da premência das necessidades humanas, as gentes humanas constituíram certas instituições para si, pois a concorrência de guerras resultava em cativeiro e escravidão, e estes contrariavam o direito natural, porque de acordo com o direito natural todos os homens nasciam livres"; e, ainda, explica que: "... os direitos naturais, que são observados em quase todos os povos, permanecem sempre fixos e imutáveis, como se constituídos por uma providência divina, ao passo que as disposições constituídas por cada cidade para si, soem ser com frequência mudadas, seja pelo tácito consenso popular, seja por uma lei mais tarde promulgada".[76]

O mundo filosófico estoico, de origem grega, mas sedimentado para a jusfilosofia romana, foi bem explorado por Cícero:[xxvii] "... a lei não é invenção do engenho humano nem vontade dos povos, mas algo de eterno que deve reger o mundo inteiro pela sabedoria dos seus mandatos e proibições".[77] Percebe-se, dessa forma, claramente uma criação da Ciência Jurídica com vocação cosmopolita e universal.

O Cristianismo, e a concepção divino-monoteísta, imperou na Europa e marcou profundamente a filosofia e o modo de agir do ser humano.[78] A Bíblia e a palavra de Cristo mudaram o Ocidente, não só na concepção religiosa, mas também na seara da moral, da ética e, notadamente, da filosofia.[79] A doutrina da pregação cristã se tornou praticamente o único conhecimento erudito.[80] Mesmo para o não crente (só) restava, como termo dialético, a antítese da existência divina e as suas influências.[81] O monoteísmo

---

gentes é aquele que a razão natural estabeleceu entre todos os homens) Cf. CARRILHO, Fernanda.; Dicionário de Latim Jurídico. Coimbra: Almedina, 2006, p. 222.

[73] *Corpus Iuris Civilis, Institutas* do Imperador romano *Flavius Petrus Sabbatius Justinianus* (Justiniano), Livro Primeiro, título II, parágrafo 3º.

[74] *Idem*, Livro Primeiro, título II, parágrafo 9º.

[75] *Idem*, título II – *do Direito Natural, das Gentes e Civil*.

[76] *Idem*, Livro Primeiro, título II, parágrafo onze.

[77] Cf. Apud. In: ALBERGARIA, Bruno. Histórias do Direito.; ..., p. 94.

[78] NAY, Olivier.; Histoire des idées politiques (v. ver. ut.), p. 70 e segs.

[79] Cf. Apud. In: ALBERGARIA, Bruno.; Histórias do Direito ..., p. 105 e segs.

[80] NAY, Olivier.; Histoire des idées politiques ...., p. 73. No mesmo sentido, dentre tantos outros: ALBERGARIA, Bruno.; Histórias do Direito ...; REALE, Giovanni.; e ANTISERI, Dario.; Il pensiero occidentale dalle origini ad oggi ... .

[81] REALE, Giovanni.; e ANTISERI, Dario.; Il pensiero occidentale dalle origini ad oggi, Editrice La Scuola, Bréscia, 8ª ed., 1986. (v. ver. ut.), p. 377.

levou ao transcendente absoluto, distinguindo Deus de tudo e qualquer outro ser, sem jamais esquecer que o *homem era a sua imagem e semelhança*.[xxviii]

Assim, no início da transição entre o mundo romano e a Idade Média, filósofos como Alexandre de Afrodísia[xxix] utilizaram-se do pensamento aristotélico, mas fez-se a ruptura que acabou eclodindo na base de pensamento cristão. O *Motor Imóvel*, Pensamento do Pensamento, que em Aristóteles residia no homem (bem como era a resposta-chave do enigma da Esfinge), transferiu-se para Deus. O Deus-supremo, o Intelecto produtivo, poderia "entrar na alma humana", mas esse ser vinha de fora. A "resposta" deslocava-se do homem e caminhava para Deus.[82] Todavia, para colmatar essa transição, a obra de Aristóteles era incompleta.[83] Dever-se-ia buscar em Platão os substratos necessários, com a recuperação do mundo suprassensível, do imaterial e do transcendental.

Todavia, o monoteísmo ainda não se tinha firmado no medioplatonismo,[84] apesar da concepção do Uno-Bem de Plotino.[85] De fato, a data oficial do fim da filosofia pagã antiga pode ser considerada no ano de 529 d.C., com a proibição de Justiniano a qualquer um de ensinar pensamentos que não fossem cristãos.[86] Dessa forma, no início do Cristianismo, o caminho da salvação não era mais o saber, mas somente a fé.[xxx] Aquela não estava no homem, mas somente em Deus.[xxxi] Há de se ressaltar que a própria concepção de um único Deus – "eu sou o senhor e não há outro"[xxxii] – contribuiu para a solidificação, na Idade Média, de uma verdade única e absoluta.[87]

Orígenes[xxxiii] é considerado verdadeiramente o primeiro a tentar unir a fé com a filosofia de forma "grandiosa".[88] Defendia, no seu pensamento, que Deus criou todas as almas de forma igualitária e universal; contudo, algumas almas – por causa do livre arbítrio – foram se afastando de Deus, tornando-as, cada vez mais que se afastavam, em pecado (afinal, o pecado é a ausência de Deus nos conceitos de Orígenes). Assim, em termos abstratos, as almas completamente longe de Deus se tornam puro pecado. Porém, as almas que se afastaram parcialmente Deus as revestiram com o corpo. Portanto, concluía Orígenes, o corpo em si não seria pecado, mas fruto dele. Por isso, o corpo deveria ser instrumento e meio de expiação.[89] Neste aspecto, Orígenes estabeleceu a diferenciação das almas. Consequentemente, o homem deve sofrer para poder chegar novamente perto de Deus.

A necessidade de sustentar a fé em preceitos filosóficos – ou o inverso: sustentar a filosofia na fé[xxxiv] [90] – fez surgir o pensamento filosófico cristão ou medieval. Com o domínio em todas as searas da vida medieval, a partir do século XIII, a Igreja Católica Apostólica Romana fundou as faculdades.[91] Por isso, o saber humano ensinado nos

---

[82] REALE, Giovanni.; e ANTISERI, Dario.; *Ob. cit.*, p. 236.

[83] REALE, Giovanni.; e ANTISERI, Dario.; *Ob. cit.*, p. 237.

[84] Desenvolvido principalmente por Plotino (205-270 d.C). Cf. REALE, Giovanni.; e ANTISERI, Dario.; *Ob. cit.*, p. 334.

[85] *V.* melhor em REALE, Giovanni.; e ANTISERI, Dario.; *Ob. cit.*, p. 340.

[86] REALE, Giovanni.; e ANTISERI, Dario.; Il pensiero occidentale dalle origini ad oggi …, p. 355.

[87] ALBERGARIA, Bruno.; Histórias do Direito... pág. 142.

[88] AMARAL, Ronaldo.; Orígenes: um asceta condescendente com a matéria, A ambiguidade espiritual-material na existência bem-aventurada, Revista de História e Estudos Culturais, Vol. 6, Ano VI, nº 3, Julho/Agosto/ Setembro, 2009.

[89] AMARAL, Ronaldo.; *Ob. cit.*

[90] Cf. Apud. CAMPOS, Sávio Laet de Barros.; João Escoto Erígena: *"Nemo Intrat in Caelum Nisi per Philosophiam"* (end. e dat. disp.).

[91] ALBERGARIA, Bruno.; Histórias do Direito ..., p. 107.

CAPÍTULO 4
O DIREITO SUSTENTÁVEL COMO DIREITO HUMANO FUNDAMENTAL... | 353

centros acadêmicos estava ligado profundamente às questões cristãs.[xxxv][92] O pensamento científico reinante voltou-se quase que exclusivamente para "a conversão dos infiéis", mediante a perseguição a quem divergia dos dogmas católicos.[xxxvi]

Em um escalar crescente rumo à conciliação da filosofia com a fé, ou melhor, rumo à "filosofia cristã", *Santo* Aurélio Agostinho[xxxvii] amadureceu de forma angular o saber cristão.[xxxviii][93] Da negação ao raciocínio, como pretenderam os primeiros cristãos,[94] reafirmando que Deus estaria acima de tudo e que somente se chega a Ele após a morte, através de Cristo, reduziu – sem, contudo, negá-la – a filosofia como dialética.[95]

Ademais, para o homem medieval a fé, de caráter universal, serviria, inclusive, para entender[96] as outras coisas.[97] E a influência da doutrina dominante na Idade Média no mundo jurídico não poderia ser diversa. Assim, a construção doutrinária de um Direito Natural Divino, atemporal e universal, dominou todo o período medieval.

Como dito, na Idade das Trevas[xxxix] o ser único, verdadeiro e absoluto, sedimentou-se na figura divina monoteísta, em detrimento do politeísmo greco-romano. Para Santo Agostinho,[xl] o Estado não poderia ser completamente justo, afinal é feito e governado pelos homens, que são imperfeitos. Dessa forma, somente a Igreja, que é a representante na Terra de Deus, é que poderia ser justa em seus julgamentos.[98]

Ainda no mundo medieval, São Tomás de Aquino,[xli] com sua filosofia baseada em Aristóteles, notadamente na obra *Summa Theologiae*, defendia a união da fé com a razão, único meio de se chegar à verdade absoluta: Deus. Na análise da ética, chegou ao primeiro postulado da ordem moral universal, pelo qual o homem deveria *fazer o bem e evitar o mal*.[xlii] Assim, sedimentava a ideia da lei eterna, «*lex aeterna*», inatingível ao conhecimento do homem pela sua limitação racional, fundando a tese de que o universo compreendia um vasto conjunto orgânico, regulado por uma sabedoria universal.[99]

Entretanto, a ética e a moral, cognitivas aos homens justamente por serem racionais, deveriam ser o norte, princípio máximo e universal, «*lex naturalis*», posto – pelo próprio homem – na constelação jurídica, em forma de lei «*lex humana*» (direito).

Contudo, a Idade Média, assentada na dogmática eclesiástica, começou a entrar em colapso. Exsurgia uma premente necessidade de *explicar* fatos (como, por exemplo, a constatação empírica da teoria heliocêntrica, o controle das pestes, *etc.*), através de novos conceitos paradigmáticos. Pode-se aduzir que a Era Moderna da filosofia inicia-se com as propostas de Descartes.[100] Assim, no crepúsculo da modernidade, René Descartes[xliii] começou a questionar o absolutismo da teocracia.[xliv] Dessa forma, surgia o desejo de

---

[92] Cf. NAVES, Carmem Bobes.; Realidad y Conhecimento em El Quijote, Universidad de Oviedo Castilha, Estudios de Literatura, 2009, 48, p. 68.

[93] AGOSTINHO. Confissões.; (v. ver.. ut.).

[94] *Cf. Apud*. In: CAMPOS, Sávio Laet de Barros.; João Escoto Erígena: "*Nemo Intrat in Caelum Nisi per Philosophiam*", (end. e dat. disp.).

[95] REALE, Giovanni.; e ANTISERI, Dario.; *Ob. cit.*, p. 435.

[96] Isaías 7:9, segundo a Bíblia dos Setenta. V. ainda, BARROS CAMPOS, Sávio Laet de.; Santo Agostinho: "Intellige ut Credar, Crede ut Intelligas", (end. e dat. disp.).

[97] COCHO, Germinal.; GUTIÉRREZ, José Luis.; MIRAMONTES, Pedro.; Ciência e humanismo, capacidade criadora e alienação, In: SOUSA SANTO, Boaventura. (org.); Conhecimento Prudente para uma vida Descente, 2ª edição, São Paulo: Cortez, 2006, p. 191.

[98] SANTO AGOSTINHO.; *De Civitate Dei* (A Cidade de Deus. (413-426)).

[99] NAY, Olivier.; Histoire des idées politiques (v. ver. ut.), p. 109.

[100] *Cf.* SERRANO MARÍN, Vicente.; ¿Es El Estado Un Derecho Fundamental? Reflexión sobre el fundamento epistemológico de los Derechos Fundamentales, In: Revista del Centro de Estudios Constitucionales, Centro de Estudios Constitucionales, Enero-Abril, vol. 5, Madrid, 1990, p. 241-258.

construir uma nova "ordem", baseada na racionalidade; ou seja, na razão, através do pensamento lógico, cartesiano,[xlv] cético racionalista, o qual, segundo as próprias palavras de Descartes, seria "a ideia de um método universal para encontrar a verdade".[101] Com efeito, a proposta de Descartes consistia na "autoridade da razão" ao invés da "autoridade eclesiástica". Para tal empreitada, Descartes propôs a Dúvida Universal, pedra angular do seu método cético. Assim, dever-se-ia duvidar de tudo, e somente o que pode ser comprovado é que se poderia ser aceito como verdadeiro.[xlvi]

De fato, para Descartes, tudo tinha que ser provado, em suma, não bastaria (apenas) ser alegado. O (con)senso comum não poderia ser considerado verdadeiro se não pudesse ser comprovado. Ademais, o propósito da ciência é justamente remover a camada da aparência dos objetos para revelar a sua natureza subjacente. Aliás, se aparência e a essência fossem a mesma coisa, não haveria a necessidade da ciência.[102] Assim, ao elevar à última instância a sua linha de pensamento, ele chega à dúvida máxima do seu método: se tudo tem que ser provado, como faço para provar a própria existência (o que se considera na filosofia como *prova ontológica*)? A prova da própria existência se dá também pelo raciocínio cético. Ora, se alguma coisa questiona (existo ou não existo?) é porque essa coisa existe. Pelo menos no pensamento questionativo, porque o "nada" não questionaria. A frase é famosa: *Cogito ergo sum* ou *Penso, logo existo*.[xlvii] [103] Para Descartes, toda a ciência deveria ser estruturada no seu método cético. Uma *tese* só pode ser considerada como válida se for comprovada. A superação dos dogmas religiosos para a tese científica somente é transposta pela confrontação da antítese (tese, antítese e síntese).

Outrossim, as Ciências Exatas, com a precisão própria do mundo físico-matemático de Copérnico,[xlviii] Galileu Galilei e[xlix] Newton,[l] irradiaram os seus paradigmas de certeza absoluta para o mundo das Ciências Sociais,[104] onde integra o mundo jurídico-filosófico (ciências sociais aplicadas). Trata-se da sedimentação do Positivismo, que subordina a filosofia às ciências físico-matemáticas ou empírico-formais.[105]

Com efeito, pode-se afirmar que, com o fim da Idade Média, com a sua ciência escolástica, e a introdução do racionalismo do Renascimento, os físico-matemáticos tomaram a coroa para si e se autoproclamaram como "reis das ciências", com um modelo (universal) de estudo da natureza.[106] De fato, o Positivismo aproximou as ciências sociais, em método e escopo, das ciências exatas como se o mundo social fosse regulado matematicamente, perceptível (a sua fórmula) através de uma análise sistemática de todo o conjunto, tendo como regra – paradigma – dominante a racionalidade. Apesar das variantes internas, a racionalidade recusa a aceitar outras formas do conhecimento

---

[101] DESCARTES, René.; *Discours de la méthode pour bien conduire sa raison, et chercher la verité dans les sciences*, Quatrième partie, Paris, 1637.

[102] KAKU, Michio.; Hyperspace – A Scientific Odyssey Through Parallel Universes, Time Warps, and the 10th Dimension, Oxford University Press, 1994, (v. ver. ut.), p. 7.

[103] DESCARTES, René.; *Discours de la méthode pour bien conduire sa raison, ...*

[104] SOUSA SANTO, Boaventura.; Um discurso sobre as Ciências, 6ª edição, São Paulo: Cortez, 2009, p. 17. No mesmo sentido, COCHO, Germinal.; GUTIÉRREZ, José Luis.; MIRAMONTES, Pedro.; Ciência e humanismo, capacidade criadora e alienação, In: SOUSA SANTO, Boaventura. (org.); Conhecimento Prudente para uma vida Descente, 2ª edição, São Paulo: Cortez, 2006, p. 193.

[105] REALE, Miguel.; Filosofia do Direito, São Paulo: Saraiva, 2009, p. 25.

[106] Metáfora encontrada em COCHO, Germinal.; GUTIÉRREZ, José Luis.; MIRAMONTES, Pedro.; Ciência e humanismo, capacidade criadora e alienação, In: SOUSA SANTO, Boaventura. (org.); Conhecimento Prudente para uma vida Descente, 2ª edição, São Paulo: Cortez, 2006, p. 191.

(tais como «senso comum» ou «conhecimento vulgar»),[107] sendo o mundo representado por um *mundo-máquina*.[108]

O Jusnaturalismo, com a sua racionalidade emprestada de Descartes e influenciada pelos físicos e matemáticos – raciocínio lógico mediante a devida prova empírica – é iniciado[109] com *Hugo Grotius*, com a obra *De iure belli ac pacis*, na qual articulou alguns direitos básicos – universais – do homem (*v.g.*, a liberdade de pensamento; a propriedade e o matrimônio, dentre outros). Assim, substituiu gradativamente o dogma da fé pelo cosmos habitado pelo *logos*,[110] mas não deixou os preceitos e a pretensão de universalidade atemporal. Dessa forma, através do Iluminismo o mundo universal pode ser confirmado através das provas racionais.

Com efeito, na Alemanha, o jurista Samuel Pufendorf[li] defendia, na seara do Direito Internacional, que cada Estado (nação) tem em comum uma forte ligação supranacional, justamente por pressupor a humanidade. Com isso, constrói uma teoria de um direito natural supraestatal, constituindo o direito da humanidade enquanto um todo. Dessa forma, em alguns casos específicos, Pufendorf, assim como Hugo Grotius, defendia inclusive a guerra justa.[111] Por essa tese, poderia ser instaurada uma guerra quando um Estado infringisse certos direitos naturais (ou seja, praticasse "crimes contra a humanidade").

Assim, influenciado pelo método de Descartes, Pufendorf tentou, através de um método científico-matemático, fazer uma política arquitetônica do Direito, aplicando a *ars demonstrandi* às coisas morais. Outrossim, aduzia que cada parte componente é reconduzida a um axioma formulado matematicamente, no qual importaria reduzir a ciência dos costumes a um sistema tão bem ligado quanto os da geometria e da mecânica (*more geometrico*).[112] Em suma, tentou reduzir a Ciência Jurídica utilizando a dedução, a partir dos axiomas, e a indução, a partir da observação.[113] Nesse sentido, advogava que as leis que comandam as ações recíprocas dos homens deveriam estar arraigadas na natureza racional humana; e, portanto, seriam (ou deveriam ser) imutáveis e eternas.

Desse modo, (a lei universal) que representa o *modus vivendi* do homem é viver em sociedade, pacificamente. São as palavras desse jurista: "com estas premissas parece que a lei natural fundamental é a seguinte: cada homem deve cultivar e manter na medida do possível a sociabilidade".[114] Porém, ao aprofundar sobre a complexidade do *"ius naturae"*, Pufendorf posiciona-se de forma intermediária, com o nítido objetivo de superar a rígida alternativa entre uma aproximação em termos estritamente racionalistas, por um lado, e em termos voluntaristas, por outro.[115] Com isso, procurou conciliar

---

[107] Sobre o tema, ver em FUJIMURA, Joan H.; Como conferir autoridade ao conhecimento na ciência e na Antropologia, In: SOUSA SANTOS, Boaventura.(org.), Conhecimento Prudente para uma Vida Decente, SP: Cortez, 2006, p. 151-181.

[108] SOUSA SANTO, Boaventura.; Um discurso sobre as Ciências, 6ª edição, SP: Cortez, 2009, p. 31.

[109] Afirmação encontrada em PÉREZ LUÑO, Antonio Enrique.; Derechos Humanos, Estado de Derecho y Constitución. Madrid: Tecnos, 6ª Edición, 1999, p. 39.

[110] CASTANHEIRA NEVES.; A Revolução e o Direito. A Situação de Crise e o Sentido do Direito no Actual Processo Revolucionário, In: Separata da Revista da Ordem dos Advogados, Lisboa, 1976., p. 55.

[111] BARNABÉ, Gabriel Ribeiro.; Hugo Grotius e as relações internacionais: entre o direito e a guerra, Cadernos de Ética e Filosofia Política, 15, 2/2009, págs. 27/47, (end. e dat. disp.).

[112] SAHD, Luiz Felipe Netto de Andrade e Silva.; Teorias da Lei Natural: Pufendorf e Rousseau, Trans/Form/Ação, São Paulo, 30(2): 219-234, 2007, (end. e dat. disp.).

[113] SAHD, Luiz Felipe Netto de Andrade e Silva.; *Ob. cit.*

[114] PUFENDORF, 1998a, II, III, §15. Cf. Apud. SAHD, Luiz Felipe Netto de Andrade e Silva.; *Ob. cit.*

[115] PUFENDORF, 1998a, II, III, §§4-5. Cf. Apud. SAHD, Luiz Felipe Netto de Andrade e Silva.; *Ob. cit.*

o método sintético com o método analítico, bem como Galileu havia proposto para as ciências naturais.[116]

Por ter forte inclinação religiosa (Pufendorf era luterano), mas de aguçado senso científico, ele tornou-se ambíguo quanto à defesa do Direito Natural. Do mesmo modo que recusava aceitar um Direito Divino, conforme visto, também não aceitou a perspectiva do contratualismo hobbesiano, em que todas as decisões competiam somente aos homens. Por isso, defendeu que Deus, enquanto autor da lei natural, deveria também ser considerado como autor das sociedades políticas e, consequentemente, da soberania.

Por sua vez, Locke afirma que todo "homem já nasce com um direito à liberdade perfeita e ao gozo incontrolado de todos os diretos e de todos os privilégios da lei da natureza, em igualdade de circunstâncias com todos os outros homens ou grupos de homens".[117] Thomas Hobbes, na mesma linha jusfilosófica de um Direito Natural, afirma que as leis da natureza são imutáveis e eternas: *The laws of nature are immutable and eternal*.[lii][118] Montesquieu[liii] também aduzia que uma lei natural no seu sentido mais amplo "são relações necessárias que derivam da natureza das coisas e, nesse sentido, todos os seres têm suas leis: a divindade possui suas leis; o mundo material possui suas leis; as inteligências superiores ao homem possuem suas leis; os animais possuem suas leis; o homem possui suas leis".[119] Rousseau, apesar da incerteza quanto ao seu posicionamento em relação ao direito natural,[120] ao tratar sobre a escravidão, alega que a liberdade é uma condição (humana) irrenunciável, porque é implícita à própria condição humana.[liv][121]

Com efeito, chega-se até os postulados de Kant,[lv] com uma perspectiva jusnaturalista dos (universais) imperativos categóricos,[lvi][122] tendo em vista, objetivamente, uma sociedade cosmopolita, estruturada e desenvolvida para uma paz perpétua,[123] com uma tentativa de construção de um Direito Racional Humano. Em breve síntese, esquematizou que há duas condicionantes da conduta humana, ou imperativos: imperativos condicionantes e imperativos categóricos. Os imperativos condicionantes são todos aqueles os quais dependem, para a sua validade, de uma condição ou consequência. Se a consequência falhar, ou se cumprir, ou ainda se for invalidado, o imperativo condicionante perde o seu conteúdo. Já para os imperativos categóricos não há nenhuma condicionante. São válidos universalmente e não têm nenhuma condição de validade. Devem ser seguidos absolutamente e *a priori* de qualquer condição ou percepção. São, em suma, a essência da moral humana.

Kant chega, dessa forma, aos três imperativos categóricos, quais sejam: *i*) imperativo categórico da universalidade: "Age somente em concordância com aquela máxima através da qual você possa ao mesmo tempo querer que ela venha a se tornar uma lei universal"; *ii*) imperativo categórico da humanidade: "Age por forma a que a humanidade a use, quer na sua pessoa como de qualquer outra, sempre ao mesmo tempo como fim, nunca meramente como meio"; e, finalmente, *iii*) imperativo categórico da

---

[116] Cf. ALBERGARIA, Bruno.; Histórias do Direito... p. 147-148.

[117] LOCKE, John.; Two treatises of government ("Man being born, as has been proved, with a title to perfect freedom..." II, VII, nº 87), (v. ver. ut.), p. 106.

[118] HOBBES, Thomas.; Leviatã. 1651. (I, XV;).

[119] MONTESQUIEU.; L'Esprit des lois, 1748, Livro Primeiro, Cap. I.

[120] Cf. SAHD, Luiz Felipe Netto de Andrade e Silva.; *Ob. cit.*

[121] ROUSSEAU, Jean-Jacques.; Du Contrat Social, I, IV.

[122] KANT, Immanuel.; Grundlegung zur Metaphysik der Sitten, 1785. (v. ver. ut.).

[123] KANT, Immanuel.; Zum ewigen Frieden ein philosophischer Entwurf, 1795 (ver. ver. ut.).

autonomia: "Devemos agir por forma a que possamos pensar de nós próprios como leis universais legislativas através das nossas máximas. Podemos pensar em nós como tais legisladores autónomos apenas se seguirmos as nossas próprias leis". Finalmente, o mundo ocidental teria substrato para edificar uma teoria metodológica racional, universal, válida e fundamentada para as ciências sociais aplicadas (na forma jurídica): direitos fundamentais universais.

Atualmente, o universalismo dos direitos fundamentais ganha força até mesmo em culturas e religiões diversas.[lvii]

4.2.1.2 Os primeiros textos jurídicos modernos com pretensões universais

As revoluções liberais fomentaram a construção de ideias universais extraídas de um conteúdo próprio da racionalidade. Assim, a vida, a liberdade, a igualdade, a segurança e a propriedade formaram o centro gravitacional do direito natural racional, dito pelas revoluções iluministas, que dignificavam o ser humano.

Assim, a Constituição Americana (1776), impregnada pela acepção máxima de certeza universal, fez o "batismo" dos direitos humanos,[lviii] [124] com o reconhecimento de que: *todos os homens são por natureza igualmente livres e independentes (…) não podendo, por qualquer pacto, privar ou alienar (…), o gozo da vida e da liberdade, com os meios de adquirirem e possuírem propriedade e perseguir e obter a felicidade e segurança.*[lix] [125]

Sucessivamente, na Europa, foram declarados[126] *solenemente os direitos naturais, inalienáveis e sagrados do homem,*[127] sendo que *a sociedade em que não esteja assegurada a garantia dos direitos, nem estabelecida a separação dos poderes, não tem Constituição.*[128] Aliás, o próprio preâmbulo dessa Declaração é elucidativo quanto ao seu caráter universal,[lx] na medida em que determina que os direitos (fundamentais) não são (apenas) dos franceses; mas, sim, de todo e qualquer *homme et du citoyen: les droits naturels, inaliénables et sacrés de l'homme.*[129]

O desejo do novo burguês estruturava-se na possibilidade de acúmulo de patrimônio,[lxi] [130] sem interferência do Poder Público, seja pela tributação ou pela burocracia (*laissez-faire, laissez-aller, laissez-passer*). Por isso, essa pretensão de universidade tocava também o direito de propriedade, qualificado como "um direito inviolável e sagrado, ninguém dela pode ser privado, a não ser quando a necessidade pública legalmente comprovada o exigir e sob condição de justa e prévia indenização".[131] Aos poucos, a liberdade, a segurança e a propriedade[132] vão pragmaticamente suplantando a liberdade, igualdade e fraternidade. O Estado, dessa forma, não poderia mais invadir

---

[124] COMPARATO, Fabio Konder.; Afirmação Histórica dos Direitos Humanos, São Paulo: Saraiva, 5ª Edição, 2007, p. 50.

[125] COMPARATO, Fábio Konder.; *Ob. cit.*

[126] *Déclaration des droits de l'homme et du citoyen* (26 de Agosto de 1789).

[127] Preâmbulo da *Déclaration des droits de l'homme et du citoyen.*

[128] Art. 16º da *Déclaration des Droits de l'Homme et du Citoyen.*

[129] Preâmbulo da *Déclaration des Droits de l'Homme et du Citoyen.*

[130] VIEIRA DE ANDRADE, José Carlos.; Os Direitos Fundamentais na Constituição Portuguesa de 1976, 2ª Edição, Coimbra: Coimbra, 2001 ..., págs. 50.

[131] Art. 17º da *Déclaration des Droits de l'Homme et du Citoyen.*

[132] VIEIRA DE ANDRADE, José Carlos.; Os Direitos Fundamentais ..., págs. 51.

o *espaço* privado. Aos homens/cidadãos era garantido um mínimo de proteção contra os possíveis excessos dos governantes/Estados. A forma de instituí-los foi tomada da Inglaterra de João-sem-Terra (1215):[lxii 133] uma *Carta*, na qual foram assentadas as normas de proteção do indivíduo perante o Estado.[lxiii 134]

4.2.1.3 A CRFB/88 e a CRP como exemplos desses textos jurídicos (modernos) com pretensões universais

4.2.1.3.1 CRFB/88

A CRFB/88 é rica em afirmações e depreensões sobre a universalidade dos direitos fundamentais nela consagrados. O seu próprio texto preambular assegura "o exercício dos direitos sociais e individuais, a liberdade, a segurança, o bem-estar, o desenvolvimento, a igualdade e a justiça como valores supremos" de uma sociedade fraterna, pluralista e sem preconceitos, fundada na harmonia social e comprometida, na ordem interna e internacional, com a solução pacífica das controvérsias.

Com efeito, determina a CRFB/88, em seu artigo 4º, inciso II, que as relações internacionais regem-se, dentre outros princípios, pela prevalência dos direitos humanos. Por sua vez, o artigo 5º (inserido no título dos Direitos e Garantias Fundamentais) assenta que "todos são iguais perante a lei, sem distinção de qualquer natureza, garantindo-se aos brasileiros e aos estrangeiros residentes no País a inviolabilidade do direito à vida, à liberdade, à igualdade, à segurança e à propriedade". Não suficiente, de forma menos contundente, podem ser citados os arts. 127, *caput*, incumbindo ao Ministério Público (nacional) a defesa da ordem jurídica, do regime democrático e dos interesses sociais e individuais indisponíveis; e 170, que, ao definir sobre a ordem econômica, assegurou o fundamento da "valorização do trabalho humano e na livre-iniciativa", com o "fim assegurar a todos existência digna, conforme os ditames da justiça social". O art. 196, ademais, estabelece que a "saúde é direito de todos e dever do Estado"; pelo art. 205, a educação é um "direito de todos e dever do Estado e da família". Finalmente, como já se viu, em matéria ambiental, a CRFB/88 garante o ambiente (ecologicamente equilibrado) não somente como um direito de todos (presentes, existentes), mas, inclusive, das futuras gerações.

4.2.1.3.2 CRP

A Constituição portuguesa[135] foi ainda mais explícita quando trata de direitos fundamentais de caráter universal, os quais podem ser alegados por *todos*, independentemente de serem portugueses, europeus, estrangeiros ou, até mesmo, apátridas (artigo 15º). Com efeito, seu art. 16º-2 ("âmbito e sentido dos direitos fundamentais") assegura: "os preceitos constitucionais e legais relativos aos direitos fundamentais devem ser interpretados e integrados de harmonia com a Declaração Universal dos Direitos do Homem".

---

[133] Cf. VIEIRA DE ANDRADE, José Carlos.; Os Direitos Fundamentais ..., págs. 18.

[134] Cf. VIEIRA DE ANDRADE, José Carlos.; Os Direitos Fundamentais ..., págs. 21.

[135] Sobre o tema, ver em – dentre tantos outros –, MIRANDA, Jorge; Manual de Direito Constitucional.; Tomo IV – Direitos Fundamentais, 3ª Edição, Coimbra: Coimbra, 2000, p. 215.

A título de amostragem, pode-se citar o seu art. 1º, relativo aos direitos fundamentais, afirmando (e impondo) que a República Portuguesa tem como base principiológica a dignidade da pessoa humana e a vontade popular, devendo estar empenhada para a construção de uma sociedade livre, justa e solidária. Nas relações internacionais, disciplinadas notadamente no art. 7º, deve vigorar e ser observado, dentre outros, o princípio "do respeito dos direitos do homem, dos direitos dos povos, da igualdade entre os Estados, da solução pacífica dos conflitos internacionais, da não ingerência nos assuntos internos dos outros Estados e da cooperação com todos os outros povos para a emancipação e o progresso da humanidade".

Dentro do capítulo pertinente aos direitos e deveres fundamentais, têm-se o art. 12º, assegurando o princípio da universalidade;[lxiv] e o artigo 13º, fazendo referência ao princípio da igualdade. Por este, "Ninguém pode ser privilegiado, beneficiado, prejudicado, privado de qualquer direito ou isento de qualquer dever em razão de ascendência, sexo, raça, língua, território de origem, religião, convicções políticas ou ideológicas, instrução, situação económica, condição social ou orientação sexual".[136]

Ademais, a CRP assegura a todos o acesso ao direito e à tutela jurisdicional efectiva, conforme estabelece o art. 20º-1/2 e 4. O direito de resistência (de todos) contra quaisquer ordens que afetem os direitos, liberdades e garantias encontra-se disciplinado, por sua vez, no art. 21º. O art. 26º-1 disciplina que "a todos são reconhecidos os direitos à identidade pessoal, ao desenvolvimento da personalidade, à capacidade civil, à cidadania, ao bom nome e reputação, à imagem, à palavra, à reserva da intimidade da vida privada e familiar e à protecção legal contra quaisquer formas de discriminação". Ainda, o art. artigo 27º é explícito ao consagrar, também a todos, o "direito à liberdade e à segurança". Até mesmo o livre acesso às redes informáticas, de uso público, é garantido a todos (art. 35º-6).

E a característica da universalidade vai se repetindo ao longo do rol dos direitos, liberdades e garantias e também nos direitos econômicos, sociais e culturais. Por exemplo, no art. 63º-1, é garantido a todos o direito à segurança social, bem como o direito à protecção da saúde (art. 64º-1). Por sua vez, no art. 65º-1, assegura-se: "Todos têm direito, para si e para a sua família, a uma habitação de dimensão adequada, em condições de higiene e conforto e que preserve a intimidade pessoal e a privacidade familiar". E, como já ressaltado, a CRP ainda dispõe no art. 66º-1, que "Todos têm direito a um ambiente de vida humano, sadio e ecologicamente equilibrado e o dever de o defender". Avançando-se, de forma crescente, pelos demais dispositivos da CRP, ver-se-á que o caráter universal de seus direitos fundamentais ressai e permanece.

Pode-se também verificar a universalização dos direitos (fundamentais) na petrificação destes pela "cláusula da eternidade"[137] das constituições. A CRP, no art. 288º-d, "imortaliza" "os direitos, liberdades e garantias dos cidadãos", assim como o fez a *GG*

---

[136] Art. 13º da CRP.

[137] Expressão encontrada em FERREIRA MENDES, Gilmar.; Direitos Fundamentais: Eficácia das Garantias Constitucionais nas Relações Privadas – Análise da jurisprudência da Corte Constitucional alemã. O referido artigo teve como texto básico conferências proferidas no curso de Pós-Graduação da Faculdade de Direito da Universidade Federal do Rio Grande do Sul, Porto Alegre, em 20 de outubro de 1994 e no 5º Encontro Nacional de Direito Constitucional (Instituto Pimenta Bueno) – Tema: "Direitos Humanos Fundamentais", em 20.9.1996, USP/SP. Ver também FERREIRA MENDES, Gilmar.; Limites da revisão: cláusulas pétreas ou garantias de eternidade – possibilidade jurídica de sua superação, Cadernos de Direito Tributário e Finanças Públicas, a. 2, n. 6, jan./mar. 1994, São Paulo: RT, 1994.

(art. 79-3); a CRFB/88 (art. 60, §4). Conforme doutrina brasileira, trata-se das chamadas "cláusulas supereficazes".[138]

Finalmente, no âmbito internacional,[139] outra não é a posição da Comunidade Internacional quanto ao caráter universal dos "direitos humanos", na medida em que a Declaração de Viena (adotada em 25.6.1993) estabelecera, na sua Seção I, §5º, que: "Todos os direitos humanos são universais, indivisíveis, interdependentes e inter-relacionados".[140] Também faz referência a esse *status* de universalidade o preâmbulo da Carta dos Direitos Fundamentais da União Europeia,[141] o qual afirma: "consciente do seu patrimônio espiritual e moral, a União baseia-se nos valores indivisíveis e universais da dignidade do ser humano, da liberdade, da igualdade e da solidariedade (...)".

4.3 Fundamentação dogmático-racional do jusnaturalismo

Como visto nas pegadas históricas precedentes, a busca de uma verdade absoluta é recorrente nas ciências (exatas e humanas). Não poderia ser outro o caminho jusfilosófico. Aliada à racionalidade, a dignidade do ser humano é, portanto, a base da corrente jusnaturalista. Neste contexto – e aproximação de um jusnaturalismo – poder-se-ia afirmar que o direito não contém apenas um conteúdo nacional, positivo, determinado por um ordenamento jurídico (im)posto; mas, ainda, contém em seu núcleo também valores humanos naturais,[142] que devem ser fundamentados na racionalidade.[143] Assim, a própria experiência histórica demonstra que há constantes valorativas ou axiológicas, que após a sua elucidação – mesmo que não percebidas por um método intelectivo-científico –, já podem ser sentidas pela *práxis humana*.[144]

Contudo, até mesmo as ciências exatas – físico-matemáticas – encontram dificuldades em encontrar a verdade absoluta, notadamente após as teorias de Einstein. [lxv] [145] Ademais «*nada que é humano é absoluto*».[146] Mesmo os direitos humanos não podem ser considerados como verdades rigorosamente absolutas sem que o relativismo seja superado; o que, todavia, em nada prejudica a sua importância. Poder-se-á questionar se há algo certo, verossímil, universal e atemporal no mundo cético cartesiano.[147] Afinal, pode-se alegar alguma verdade (absoluta) do conhecimento ou será que o mundo cognoscitivo são apenas fatos (e versões)?[lxvi] [148] Ou, ainda, se a construção do saber ocidental volta-se hodiernamente para a dúvida das verdades universais, notadamente no dialético[lxvii] campo jurídico (principalmente, na constelação dos direitos humanos

---

[138] V. melhor em DINIZ, Maria Helena.; Normas constitucionais e seus efeitos, São Paulo: Saraiva, 1989.

[139] Afirmação encontrada em PIOSEVAN, Flávia.; Direitos Humanos e o Direito Constitucional Internacional, 11ª Edição, São Paulo: Saraiva, p. 156.

[140] Vienna Declaration, UNdoc A/CONF, 157/22, 6.7.1993, Séc. I, §5º.

[141] Publicado no Jornal Oficial das Comunidades Europeias, PT, em 18.12.2000, C 364/1.

[142] Dentre tantos, ver NADER, Paulo.; Introdução ao Estudo do Direito, Rio de Janeiro: Editora Florense, 2000, p. 366; REALE, Miguel.; Lições Preliminares de Direito, 27ª edição, São Paulo: Saraiva, 2009, pág. 310; ASCENSÃO, José de Oliveira.; O Direito, Introdução e Teoria Geral, 13ª Edição Refundida, Coimbra: Almedina, 2005, p. 213.

[143] Mesmo que o conteúdo do direito natural seja variável, conforme estabeleceu Rudolf Stammler. *V.* melhor em RADBRUCH, Gustav.; Rechtsphilosophie (v. ver. ut.), págs. 76 e segs.. *V.* ainda, REALE, Miguel.; Lições Preliminares de Direito, 27ª edição, São Paulo: Saraiva, 2009, p. 313.

[144] REALE, Miguel.; Lições Preliminares de Direito, 27ª edição, São Paulo: Saraiva, 2009, p. 313.

[145] *Cf. Apud.* MATSAS, George.; Relatividade Geral. Instituto Tecnológico de Aeronáutica – ITA. (end. e dat. disp.).

[146] KAUFMANN, Arthur.; Rechtsphilosophie, Verlag C.H.Beck, Munchen, 1997 (v. ver. ut.).

[147] DESCARTES, René.; *Discours de la méthode pour bien conduire ....*

[148] NIETZSCHE, Friedrich.; Nachgelassene Fragmente, 1886-1887, 7, (60).

CAPÍTULO 4
O DIREITO SUSTENTÁVEL COMO DIREITO HUMANO FUNDAMENTAL... | 361

universais),[lxviii] de algo que é apenas uma versão? Destarte, a própria concepção de verdade é, conforme visto, historicamente dialética, apesar de sua busca *mais ética*.[lxix]

Hodiernamente, até mesmo as ciências ditas exatas enfrentam dificuldades teoréticas para suportar – no sentido de sustentabilidade fática – uma única (e universal) verdade.[149] Assim, em apertada síntese, pode-se dizer que, até Kant, a ciência se baseava no conhecimento do objeto. Dessa forma, se se desejava conhecer alguma coisa ou algum fenômeno, dever-se-ia estudar o objeto com uma metodologia cartesiana (tese, antítese e síntese).[150] Contudo, Kant realiza uma inversão desse ponto de vista. Assim, conforme sua teoria, é necessário, primeiro, indagar quais as condições *a priori* para que o nosso conhecimento de mundo se possa concretizar. Para o filósofo, o mundo conhecido do homem sempre seria perceptível dentro de duas características imutáveis: espaço[151] e tempo.[152] Esses dois elementos limitavam toda a condição de compreensão do homem. Dessa forma, todo o conhecimento do homem estaria compreendido em um espaço e em um tempo:

> Se posso dizer *a priori*: todos os fenómenos exteriores são determinados a priori no espaço e segundo as relações do espaço, posso igualmente dizer com inteira generalidade, a partir do princípio do sentido interno, que todos os fenómenos em geral, isto é, todos os objetos dos sentidos, estão no tempo e necessariamente sujeitos às relações do tempo.[153]

Poder-se-ia ter por assente, pela teoria kantiana, que a mente humana seria incapaz de conhecer algo que não fosse "localizado" em um espaço e "dimensionado" em um tempo. Assim, o tempo e o espaço seriam os limites do conhecimento da natureza para o ser humano. Neste aspecto, o conhecimento (ou a prova) em Deus jamais será alcançado pelo homem, porque o divino estaria em outra dimensão, fora dos conceitos de tempo e espaço perceptíveis ao homem.[154]

Portanto, o homem, após observar um objeto, somente o distingue inserido em um espaço e compreendido num tempo. Porém, a sua observação desse objeto nunca é completa. Isso porque, afirmava Kant, os dados objetivos não poderiam ser captados pela mente humana, tais quais são (a coisa em si); mas, configurados pelo modo com que a sensibilidade e o entendimento os apreendem. Assim, a coisa em si, o 'número', o absoluto, seria incognoscível. Com efeito, o homem só poderia apreender o ser das coisas na medida em que lhe aparecem; isto é, enquanto fenômeno.[155]

O conhecimento seria, então, a relação ou relacionamento do sujeito com o objeto: não se pode conhecer o objeto em si, mas "para nós". Assim, o conhecimento total e completo da "coisa em si" (*das Ding an sich*) é impossível porque somente é possível ao homem conhecer a coisa enquanto ela se manifesta ou aparece.[156]

---

[149] Por todos, SOUSA SANTOS, Boaventura.; Um Discurso sobre as Ciências, Porto: Edições Afrontamento, Coleção Histórias e Ideias, 7ª Edição, 1995.

[150] Cf. *Apud.* ALBERGARIA, Bruno.; Histórias do Direito ... págs. 172 e segs.

[151] KANT, Immanuel.; Kritik der reinen Vernunft, Meiner Verlag, Hamburg 1998, (v. ver. ut.), p. 63.

[152] KANT, Immanuel.; *Ob. cit.*, p. 70.

[153] KANT, Immanuel.; *Ob. cit.*, p. 73.

[154] KANT, Immanuel.; *Ob. cit.*, p. 86.

[155] KANT, Immanuel.; *Ob. cit.*, p. 79.

[156] KANT, Immanuel.; *Ob. cit.*, p. 157.

Para Kant, a percepção da coisa pelo homem é justamente o que ele denomina de "fenómeno". O que o sujeito conhece do objeto está submetido a ele, em seu espaço e ao seu tempo; isto é, a "coisa no sujeito" modificada pela experiência. A isso, repita-se, Kant define como "fenômeno". Já à "coisa em si", absoluta, incapaz de ser completamente compreendida pela razão humana (por isso, Kant utiliza a expressão *crítica* em seus estudos, pois realiza uma crítica dos limites da razão, até onde chega as suas possibilidades), a denomina de "*noumeno*". Com isso, pode-se dizer que o pensamento kantiano determina que o objeto só se torna cognoscível (conhecido) na medida em que o sujeito cognoscente o reveste das condições de cognoscibilidade.[157]

Pelo pensamento kantiano, o mundo da ciência pode ser dividido em dois. Um deles seria o mundo das ciências analíticas (aquele que independe do sujeito, bem como de sua experiência). Trata-se do mundo *a priori*, universal. De outra banda, ter-se-ia o mundo sintético, aquele *a posteriori*, ou seja, aquele cujos conceitos são construídos pela experiência do sujeito. Daí, o foco de análise kantiana não poder ser baseado somente no objeto, mas também no sujeito. Verifica-se a *Ontognoseologia*; isto é, a ciência do conhecimento, que, ao mesmo tempo, tem como objeto o ser e a própria teoria do conhecimento.[158]

O escopo de Kant era construir um mundo moral – considerado por ele como algo sintético, isto é, perceptível pela experiência, mas que fosse algo *a priori*, ou seja, de valores universais. Assim, "se um sistema de conhecimento *a priori*, por puros conceitos, se chama metafísica, uma filosofia prática, que não tem por objeto a natureza, mas a liberdade do arbítrio, pressuporá e requererá uma metafísica dos costumes". Por esta razão, Kant escreveu a Crítica da Razão Pura, revelando os três pontos de sua investigação filosófica. Se, enquanto as ciências analíticas progrediam, por que as ciências morais não tinham o mesmo progresso? Enfim, Kant se pergunta: Que posso conhecer? Que devo fazer? E o que me é permitido esperar? (sempre com o foco na moral).[159] Conclui afirmando que a pergunta "*O que posso saber?*" competiria à Metafísica responder; que a questão "*O que posso esperar?*" seria incumbida à religião rebater; e, quanto ao "*O que devo fazer?*", ficaria a resposta imposta pela moral. A responder que a moral deveria ser o norte das condutas humanas, Kant dedicou então o seu estudo.

Contudo, após a destruidora (e desconcertante) teoria da relatividade de Albert Einstein, as verdades absolutas de Newton foram (re)pensadas,[160] como já destacado. Os próprios conceitos de tempo e de espaço absolutos, base do pensamento de Newton (físico) e Kant (filosófico), foram destruídos.[161] Não haveria, segundo o físico-matemático alemão, nenhuma verdade ou fórmula no mundo das ciências exatas (!) que pudesse ser considerada universalmente estabelecida. Sendo assim, todas as verdades até então deveriam ser consideradas relativas, *dependendo do ponto de vista do observador* (inclusive a noção de tempo e de espaço). Para Einstein, todas as verdades descritas pelas ciências estão indelevelmente associadas ao observador (ponto de referência), não podendo, portanto, existir *a priori*. Nem mesmo o tempo e o espaço seriam universalmente imutáveis. Somente haveria, no mundo das ciências exatas, uma única verdade imutável, independente do (ponto de vista do) observador: a velocidade da luz no vácuo. Dessa

---

[157] KANT, Immanuel.; *Ob. cit.*

[158] REALE, Miguel.; Filosofia do Direito, São Paulo: Saraiva, 2009, p. 31.

[159] KANT, Immanuel.; *Ob. cit.*, p. 639.

[160] VIEIRA, Cássio Leite.; Einstein, o reformulador do Universo, São Paulo: Odysseus, 2003, p. 63.

[161] VIEIRA, Cássio Leite.; *Ob. cit.*, p. 75.

forma, a relatividade das ciências exatas – no clássico chavão *"tudo é relativo"* – tornou-se o novo paradigma da ciência pós-Einstein.[162] Aliás, é interessante ressaltar que Einstein não ganhou o Prêmio Nobel pela teoria da relatividade porque a academia a considerou como pertencente ao campo da filosofia.[163]

Em verdade, Einstein propôs, inclusive, que o espaço e o tempo não são elementos distintos, mas indissociáveis, constituindo o que se denominou por *uno quadridimensional* (as três dimensões conhecidas – largura, altura e comprimento – agregadas à dimensão tempo). Entretanto, na concepção de Kant, como dito, a mente humana não consegue sequer imaginar uma figura com quatro dimensões. Pela teoria de Einstein, o tempo poderia ser "deformado" por uma massa muito densa. Assim, o que Newton teria chamando de gravidade ("as massas se atraem"), para Einstein esse fenômeno seria a influência de um corpo sobre o espaço-tempo. Assim, uma bola que cai na Terra segue apenas a trajetória mais curta no espaço deformado pela massa da Terra no tempo-espaço.[164]

Todavia, o próprio Einstein defendia a utilização das teorias de Newton.[lxx] Isto porque, no aspecto empírico e prático, para as respostas do dia a dia, a teoria de Newton (e suas fórmulas da física) até poderia ser utilizada com (absoluta) eficácia; mas, em outras situações (caráter universal), não poderia ser aplicada, por não corresponder aos fatos.

Diante disso, o próprio conceito de ciência (e das verdades!) teve que ser remodelado, a fim de se adequar às novas descobertas formuladas por Einstein. Até mesmo no plano do microcosmos, o próprio olhar do observador pode afetar a estrutura do objeto analisado.

Aliás, pelos estudos do físico Bohr,[lxxi] conhecido pelo "princípio da complementariedade" (1927), as entidades subatômicas comportam-se ora como partículas, ora como ondas, ou seja, dois "seres" ao mesmo tempo; e, ainda, que somente a observação (feita pelo ser humano, através de qualquer instrumento de medida do espaço e tempo – o *uno quadridimensional*) dessas partículas já interferiria nos resultados da experiência. Pela teoria da física moderna, pelo "princípio da complementariedade" de Bohr, algumas entidades subatômicas só existiam quando observadas e somente o ato de observá-las já induz a mudança de seu estado no espaço e tempo, operando-se, assim, um verdadeiro encontro de sinergias alternantes entre sujeito-objeto.[lxxii]

Pela Teoria dos Sistemas (de comunicação) ou sistêmica, nota-se a capacidade de se auto-observar (isto e não aquilo),[165] bem como de observar outros sistemas,[166] a observação não só vê o mundo como objeto, mas o constrói[167] e interfere diretamente no sistema.[168]

Assim, conforme a Teoria dos Sistemas (Luhmann),[169] observa-se para decidir que aspectos do sistema devem ser considerados e quais devem ser excluídos, as teorias

---

[162] VIEIRA, Cássio Leite.; *Ob. cit.*, p. 74.
[163] VIEIRA, Cássio Leite.; *Ob. cit.*, p. 166.
[164] VIEIRA, Cássio Leite.; *Ob. cit.*, p. 123.
[165] LUHMANN, Niklas.; Introducción a la Teoría de Sistemas (v. ver. ut.), p. 162.
[166] LUHMANN, Niklas.; *Ob. cit.*, p. 163.
[167] LUHMANN, Niklas.; *Ob. cit.*, p. 175.
[168] *Idem*, p. 176.
[169] *Ibidem*, p. 75.

analíticas e as concretas.[170] Aquelas, ou seja, as teorias analíticas, delegam ao observador externo a decisão de auferir o que é sistema, meio e os seus limites.[171] Já as teorias concretas inferem um sistema *a priori* do observador; isto é, os sistemas são pré-constituídos, e que a tarefa do teórico de sistemas consiste (apenas) em desvendá-los, tais como eles são.[172] A par da referida análise, Luhmann enfatiza que "ao observar os sistemas (...), o observador já está previamente condicionado por eles. (Afinal) Ele próprio faz parte do mundo que observa; isto é, necessita operar fisicamente, organicamente, dispor de preceitos de cognição, participar da ciência, da sociedade, comunicar-se segundo as restrições impostas pelos meios de comunicação (...)".[173] De fato, para o sociólogo, não existe uma diferença constitutiva entre sujeito e objeto, tendo em vista que ambos "participam de uma base comum operativa já determinada".[174]

Nesse aspecto, o sistema é, ao mesmo tempo, observador e observado, ou melhor, o objeto que observa a si mesmo. Assim, com o ato reflexivo, coloca operacionalmente em funcionamento as suas próprias estruturas.[175]

Também oriunda do mundo das ciências biológicas (e exatas), em contradição à ideia do determinismo físico-químico, Ilya Prigogine[lxxiii] formulou a teoria do componente histórico dentro dos sistemas abertos, em que a potencialidade dos sistemas que estão na margem da estabilidade – justamente para evitar o seu rompimento – induz para um novo estado de menor entropia (irreversível), via as situações de bifurcação não lineares e nem previsíveis. Defende, nessa medida, a historicidade (passagem temporal) para se analisar (qualquer) a matéria.[lxxiv] É de se verificar, destarte, que, mesmo nas ciências exatas, exsurge a necessidade de uma análise da história (tempo).

Assim, também é fundamental que se faça uma análise histórica das ciências sociais aplicadas, onde o Direito (e os direitos humanos fundamentais) se coloca(m).

Ressalta-se, ainda, a (possibilidade da) incompletude da prova, dentro de um dado sistema formal, da própria existência do sistema;[lxxv] o que inviabilizaria qualquer afirmativa conclusiva – final, absoluta e universal – de qualquer elemento do sistema.

Conforme Kurt Gödel,[lxxvi] a própria noção da verdade objetiva é um mito socialmente construído.[176] Com efeito, pela teoria inconsistente de Gödel, para "qualquer sistema formal adequado à teoria dos números existe uma fórmula indecidível – ou seja, uma fórmula que não pode ser provada e nem refutada".[lxxvii] [177] Com efeito, como corolário, pode-se concluir que: "um sistema formal adequado à teoria dos números não pode ser provado dentro de um sistema formal, supondo-se que o sistema seja consistente [considera-se um sistema consistente se ele não produzir alguma contradição lógica]".[lxxviii] [178] Dessa forma, o sistema formal é, necessariamente, inconsistente ou incompleto.[179]

---

[170] *Ibidem*, p. 75.

[171] *Ibidem*, p. 75.

[172] *Ibidem*, p. 75.

[173] *Ibidem*, p. 75.

[174] *Ibidem*, p. 76.

[175] *Ibidem*, p. 332.

[176] GOLDSTEIN, Rebecca.; Incompleteness – The proof and paradoxo of Kurt Gödel, 2005, Atlas Book, L.L.C./W.W, Norton & Company, Inc. (v. ver. ut.), p. 21.

[177] Cf. *Apud*. GOLDSTEIN.; *Ob. cit.*, p. 118.

[178] Cf. *Apud* GOLDSTEIN.; Rebecca., *Ob. cit.*, p. 20.

[179] GOLDSTEIN, Rebecca.; *Ob. cit.*, p. 142.

CAPÍTULO 4
O DIREITO SUSTENTÁVEL COMO DIREITO HUMANO FUNDAMENTAL... | 365

Notadamente depois das teorias de Einstein, Bohr, Heisenberg e Gödel, nos complexos sistemas da matemática e da física, jamais se conseguirá atingir a base absoluta; mesmo porque, *in vero*, não existe uma base absoluta, já que "a matemática não tem uma realidade autossubsistente independentemente da atividade humana realizada pelos matemáticos".[180] O mesmo pode ser dito sobre o Direito, afinal, não há um (*meta*) Direito autossubsistente, o qual não dependa da atividade criadora, legitimadora e concretizadora humana.

4.3.1 Teoria das verdades

Assim, o conceito da verdade, modernamente, não é absoluto. Invocam-se algumas teorias hodiernas acerca da verdade:[lxxix] (*i*) a teoria da correspondência; (*ii*) a teoria pragmática da verdade; (*iii*) a teoria da coerência; (*iv*) a teoria da eliminação.

4.3.1.1 A verdade como correspondência

Articula-se, modernamente, que há várias concepções do que seja a verdade. Porém, a ideia central, básica, da verdade estrutura-se na verdade como correspondência, donde a chamada teoria da correspondência. Esta foi a primeira teoria sobre a verdade.[181] [lxxx]

Exortando o início da era filosófica em Atenas, Platão evoca a verdade necessária e imutável, ou seja, a verdade como algo essencial das coisas, somente adquirida pela razão pura e para a qual a matemática serve de modelo. Aliás, "*Ageometrètos mèdeis eisito*" é a famosa advertência que se podia ler no portal da Academia de Platão.[lxxxi] [182] Com efeito, a certeza e rigor (científico) da matemática são capturáveis *a priori*, não se exigindo, para o matemático, a observação empírica para se chegar à verdade («*insights*» matemáticos); nem mesmo esses *insights* matemáticos, por si só, implicam observações empíricas. Assim, pelo platonismo matemático, não se cria uma preposição matemática verdadeira, somente "descobre-se" essa verdade.[183] Em última instância, uma vez provado um teorema matemático (chave para a compreensão do universo, segundo Platão), este se torna imune à revisão empírica.[184]

Para Aristóteles, a verdade é dizer daquilo que é o que é, e daquilo que não é o que não é. Dizer daquilo que é que não é; e daquilo que não é que é, é falsidade. Em resumo, a verdade é aquilo que é e a falsidade aquilo que não é. Percebe-se, nos dizeres do estagira, que a verdade, sob alguns pequenos aspectos, é uma correspondência. Correspondência entre aquilo que é dito e a coisa que está além da linguagem. Ao afirmar, por exemplo, que "a água ferve a cem graus", isto só é verdadeiro ou falso porque tem uma certa correspondência com o fato – o ponto de ebulição da água. Neste

---

[180] SCHILPP, Paul A.; Albert Einstein, philosopher-scientist, New York: Tudor, 1949, p. 5, Cf. Apud., GOLDSTEIN, Rebecca.; *Ob. cit.*, p. 14-15.

[181] ARISTÓTELES.; Da Interpretação, encontrado no livro Órganon.

[182] Cf. SAFFREY, Henry.; Ageômetrètos mèdeis eisitô: une inscription légendaire. Revue des Études Grecques, n. 81, p. 67-87, 1968. *Apud.* CORNELLI, Gabriele.; COELHO, Maria Cecília de Miranda N.; "Quem não é geômetra não entre! Geometria, Filosofia e Platonismo", In: Kriterion, vol. 48, nº 116, Belo Horizonte, July/Dec., 2007.

[183] GOLDSTEIN, Rebecca.; Incompleteness – The proof and paradoxo f Kurt Gödel, ..., p. 40.

[184] GOLDSTEIN, Rebecca.; Incompleteness – The proof and paradoxo f Kurt Gödel, ..., p. 21.

aspecto, a verdade não é uma criação do homem. Como já ressaltado, *o fogo arde aqui (na Grécia) quanto na Pérsia.*[185]

Pode-se descobrir a verdade como Colombo descobriu a América; a verdade está lá. A teoria da correspondência concebe a verdade como algo que existiria mesmo se não existisse nenhum ser humano. Independentemente da ação ou vontade do homem o fogo arde e a água, ao ferver, entra no estado gasoso. É a verdade *a priori* da vontade (ou da linguagem) do homem. Assim, a verdade, segundo Aristóteles, pela teoria clássica, que foi durante 2.000 anos a única teoria que se conhecia, é uma relação entre proposições e situações que ocorrem no mundo. Uma proposição, linguisticamente, é verdadeira ou falsa se corresponde ou não a determinada coisa que acontece na realidade.

Na Idade Média, por exemplo, alguns autores diziam que um pensamento era verdadeiro se ele se adequasse à realidade, se ele correspondesse à realidade. Pode-se pensar: "a neve é azul". Esta crença, esta proposição, é falsa porque não se adéqua, não corresponde a algo que ocorre na realidade.

Na década de 1930, Alfred Tarski[lxxxii] matematizou a teoria da correspondência. Tarski formulou o conceito de verdade como correspondência, causando na matemática uma das maiores revoluções de sua história. Quando na matemática fala-se que algo é verdadeiro ou falso significa que corresponde a uma determinada estrutura matemática. Tarski introduziu o conceito de modelo e, aí, conseguiu definir, de uma maneira sensata, o conceito de verdade segundo a correspondência, através de uma definição matemática precisa.

Por exemplo, a partir de certos princípios básicos, *axiomas*, a partir de uma lógica clássica, faz-se uma derivação e chega-se à preposição desejada por meio de uma demonstração. Assim, Tarski demonstrou um teorema surpreendente: os conceitos de demonstração de teorema e o conceito de proposição verdadeira em aritmética não coincidem; jamais podem coincidir. Sempre há proposições verdadeiras indemonstráveis. Logo, os conceitos de demonstrabilidade (que nada mais é do que a prova da alegação) e de verdade não coincidem. Isto foi uma das maiores realizações na matemática. E essa revolução matemática conceitual também refletiu nas ciências jurídicas. Apesar de todo o rigor científico da teoria da correspondência, em alguns aspectos ela é falha ou insuficiente para soluções de casos práticos, tanto nas ciências exatas quanto nas humanas.

Refere-se às ciências físicas, por exemplo. Einstein, através da teoria da relatividade, superou a mecânica clássica de Newton, fazendo prova que ela não reflete a realidade (não há a correspondência entre os fatos e a realidade). Até mesmo a teoria gravitacional de Newton, amplamente utilizada nos dias de hoje, não encontra suporte fático. Porém, quando se quer calcular a velocidade de um carro trafegando nas estradas, ou a velocidade de queda de um corpo ao chão, utiliza-se somente a teoria de Newton, mas não as teorias de Einstein e da física (moderna) *quântica*. Porém, para se calcular a velocidade de expansão dos astros no universo, ou do mundo *microcosmo* subatômico, a teoria de Newton já não é a mais adequada.

Como então dizer que a mecânica clássica é falsa se ela é permanentemente usada? Não será que ela, sob certos aspectos, não contém uma parcela de verdade? Afinal, ninguém utiliza a teoria de Einstein para calcular a velocidade de um veículo.

---

[185] ARISTÓTELES.; Ética a Nicómaco, Livro V, Capítulo VII (1134b18), (v. ver. ut.), p. 121.

4.3.1.2 Teoria pragmática da verdade

Charles Sanders Peirce, filósofo norte-americano, por volta de 1870,[lxxxiii] começou a desenvolver a concepção pragmática da verdade, sendo desenvolvida mais tarde por Willian James[lxxxiv] e J. Dewey,[lxxxv] também pensadores americanos da década de 20. Pela teoria pragmática da verdade, a crença ou certas proposições (como por exemplo, aquelas decorrentes da teoria de Newton), dentro de certos limites, passam-se como verdadeiras nesta acepção, por encontrar no mundo dogmático, bem como no campo empírico, afirmações e sustentações verificáveis e úteis.

Para pequenas velocidades, na superfície da terra, a teoria de Newton é mais do que suficiente. Trata-se, assim, da verdade no sentido pragmático. Existe um conceito de verdade para o qual as coisas se passam com se uma determinada proposição, uma determinada teoria, fosse verdadeira nessa acepção. Se isso ocorrer, diz-se que ela é pragmaticamente verdadeira. Não há a necessidade de se utilizar as complexas variáveis entre massa e velocidade, aceleração e força gravitacional, desenvolvidas por Einstein, para calcular a velocidade média de um carro na Terra.

4.3.1.3 Teoria da coerência

Esta teoria está mais ou menos implícita nos trabalhos de Hegel, a qual depois sofreu algumas modificações. Neurath[lxxxvi] afirma que a teoria da física (da relatividade) é aceita não porque haja uma correspondência; mas, sim, para falar da realidade, já há uma teorização sobre ela. Não há a comparação entre realidade e teoria. Só se chega à realidade pela teoria. Logo, não se pode comparar teoria e realidade. Ou seja, uma teoria só pode ser comparada com outras proposições com a própria teoria. Jamais se pode sair das crenças e da linguagem. Neurath afirma que "não podemos sair de nosso pensamento para compará-lo com a realidade. Isto é impossível, não posso sair de mim mesmo. Não posso saber o que são as coisas em si, como é a realidade. O que sei é como a realidade é para mim, como ela aparece".

Com efeito, pela teoria da coerência, não se pode comparar proposições com a realidade. Nesse contexto, as condições do conhecimento empírico não podem ser elas mesmas condições empíricas. Necessitam, conforme determina a teoria transcendental de Kant, de trabalhar com uma assimetria de base.[186]

Pode-se somente comparar proposições com outras proposições, as quais expressam como o mundo é para cada um de nós. O homem nasce com um grupo de crenças aceitas naturalmente como verdadeiras, e as novas proposições aceitas assim o são porque adquirem coerência, consistência e compatibilidade. Estas estão relacionadas de maneira sensata com aquelas outras já aceitas.

Por vezes se tem de alterar as antigas proposições, tal como a proposição de que a Terra era chata. Por esta teoria, que nega a realidade absoluta correspondente, estruturam-se todas as demais teorias, fundando a escola Formalista – num jogo puramente simbólico. O que (só) interessa é a coerência em si própria.

---

[186] LUHMANN, Niklas.; *Ob. cit.*, p. 158.

4.3.1.4 Teoria da eliminação

Para Ramsay,[lxxxvii] o conceito de verdade é desnecessário, pois só acarreta problemas e utilidade nenhuma. Quando se fala "a água entra em ebulição a cem graus" ou "2 + 2 = 4"; isto é verdadeiro. Afirma, inclusive, que a palavra "verdade" é pleonasmo. Muitos trabalham nesta teoria, procuram matematizá-la, mostrando que é possível construir linguagens extremamente potentes, eliminando o conceito de verdade.

Assim, como analisado, hoje em dia há várias vertentes teoréticas definidoras do próprio conceito de verdade. Com efeito, para se determinar o que seja até mesmo a verdade, há que se depender diretamente de qual teoria se aborda a própria conceituação de verdade. A norma jurídica pode inclusive dispor contrariamente da verdade correspondente e impor a verdade mais adequada à sociedade.

Portanto, para falar em provar alguma verdade, há que se ter em mente a seguinte pergunta: buscar qual tipo de verdade-universal? Em casos excepcionais, diante da impossibilidade ou dificuldade da verdade correspondente aos fatos, instituiu-se a verdade pragmática, a verdade coerente; e, pode-se afirmar, até mesmo, a teoria da eliminação.

4.3.2 Direito: uma verdade cambiante

Um bom exemplo sobre a verdade coerente/eliminação, aplicada ao mundo jurídico, encontra-se no princípio da equidade entre adotados e filhos verdadeiros. Pelo artigo 227,[lxxxviii] §6º, da CRFB/88, equiparam-se todos, em uma única verdade: são filhos. [lxxxix] Sequer pode-se distingui-los entre legítimos, ilegítimos, abastados ou adotados.

Com efeito, pela teoria da correspondência, uma pessoa adotada nunca poderia ser denominada de filho, mas pela teoria da verdade coerente, o que não pode acontecer é a designação discriminada relativa à filiação. Trata-se, inclusive, de matéria de Direito Substantivo (e não processual). Nestes casos, sequer há a prova em contrário. A verdade torna-se absoluta por força da norma. O fato não corresponde à realidade (a pessoa não é filha biológica); porém, assim será porque a sociedade assim quer e tem, através do argumento forte, a sustentação racional necessária para a sua aceitação.

Com efeito, pode-se afirmar que o escopo da filosofia (geral) é buscar as causas primeiras ou as razões últimas[187] (= jusfilosofia, a busca dos princípios jurídicos). Contudo, há de se admitir que essa busca trata-se mais de uma inclinação, «ou orientação», perene «para a verdade» última, do que o posse «da» verdade plena.[188] Há quem afirme que na filosofia a única coisa universal são as perguntas e não as respostas;[189] ou seja, a própria constituição de um sistema (jurídico, filosófico, econômico, matemático, físico, *etc*.) universal.[190] Assim, na invocação do mundo moderno, ter-se-ia que admitir que "não há um mundo inteligível que nos forneça a ideia pronta para o uso, de modo que só resta(ria) (a humanidade) a opção de inventar verdades práticas".[191]

---

[187] REALE, Miguel.; *Ob. cit.*, p. 6.

[188] REALE, Miguel.; *Ob. cit.*, p. 6.

[189] REALE, Miguel.; *Ob. cit.*, p. 7.

[190] HESSEN, Johannes.; Erkenntnistheorie, Berlin: Ferd. Dümmiers Verlag, 1926, (v. ver. ut.), p. 5.

[191] HABERMAS, Jürgen.; L'Éthique de la Discussion et la Question de la Vérité, Paris: Grasset & Fasquelle, 2003 (v. ver. ut.), p. 4.

CAPÍTULO 4
O DIREITO SUSTENTÁVEL COMO DIREITO HUMANO FUNDAMENTAL... | 369

Por isso, o direito – como qualquer outro sistema – tem que ter pretensão de legitimidade (preocupação contemporânea[192]) que não se sustenta na força (física), mas na argumentação forte, vivificados no princípio da convencionalidade (praticidade) e na verificabilidade das afirmativas, característicos do neopositivismo.[193] Não pode ser considerada verdade (mesmo que seja[194]) apenas por compor um universal «senso comum» (*e se o raciocínio e o senso comum divergirem, então... tanto pior para o senso comum! O que é, a longo prazo, o senso comum além de comum?*)[195] ou um «conhecimento vulgar»,[196] salvo se for pela via da cientificidade (verificabilidade) das suas preposições.

Com efeito, a certeza (absoluta) das ciências na dita (pós-hiper)modernidade é provisória, sujeita a sucessivas verificações, realçando o seu viés conjectural de acordo com a sua (inerente) refutabilidade.[197]

4.3.3 A imutabilidade jurídica: *ubi societas, ibi ius*

Neste contexto, poder-se-ia admitir que «a imutável velocidade da luz no vácuo» no Direito é justamente o *"direito ao direito",*[xc] ou, nos dizeres de Ulpiano[198] «*Ubi homo ibi societas, ubi societas ibi ius*».

Portanto, não se pode fazer uma avaliação *a priori* analítico-tautológica do direito sem o elemento humano (sujeito), posto ser uma ciência inerente ao próprio homem (só há direito se houver um agrupamento humano, mas ao haver agrupamento humano, necessariamente haverá o direito). Assim, não se pode atribuir *causa sui* ao direito – aquela que, para existir, não depende de ninguém –, afinal, para o direito, para que haja a sua existência (ontológica), necessariamente tem de haver não só um homem, mas uma sociedade.[xci 199]

Dessa forma, a ciência jurídica para ser analisada ontologicamente tem que ser realizada (pré)sinteticamente; isto é, na dimensão a partir do sujeito até o objeto – *uma visão de si e visão do objeto*[200] –, que ele próprio construiu (com a linguagem entre os dois mundos, sujeito e objeto: autorreflexivo,[xcii 201] variável até mesmo pelo próprio olhar do objeto pelo sujeito). Ademais, não se pode alegar um direito *a priori* do homem justamente por ser construído pelo próprio homem: em linguagem e objeto. Neste aspecto, enquanto observador do sistema jurídico, deve o homem aplicar a si mesmo tudo aquilo que descobre sobre o objeto observado (sistema jurídico, notadamente dos direitos humanos/fundamentais).

---

[192] STRECK, Lenio Luiz.; Verdade e Consenso: constituição, hermenêutica e teorias discursivas, São Paulo: Saraiva, 4ª Edição, 2011, p. 618.

[193] REALE, Miguel.; *Ob. cit.*, p. 21. Nesse sentido (validade universal e demonstrabilidade racional): HESSEN, Johannes.; Erkenntnistheorie, ..., p. 11.

[194] Sobre o tema, WALLERSTEIN, Immanuel.; As estruturas do conhecimento ou quantas formas temos nós de conhecer? In: SOUSA SANTO, Boaventura.; Conhecimento Prudente para uma Vida Descente, 6ª edição, São Paulo: Cortez, 2006, p. 123-129.

[195] GOLDSTEIN, Rebecca.; Incompleteness – The proof and paradoxo f Kurt Gödel ..., p. 18.

[196] SOUSA SANTO, Boaventura.; Um discurso sobre as Ciências, 6ª edição, São Paulo: Cortez, 2009, p. 24.

[197] REALE, Miguel.; *Ob. cit.*, p. 13.

[198] Para CASTANHEIRA NEVES a referida frase latina é de Cícero. V. em CASTANHEIRA NEVES, António.; O direito como alternativa humana, In: Digestas – Escritos acerca do Direito, do Pensamento Jurídico, da sua Metodologia e Outros, Volume 1º, Coimbra: Coimbra Editora, 1995, p. 287.

[199] Cf. *Apud*. LUHMANN, Niklas.; Introducción a la Teoría de Sistemas (v. ver. ut.), p. 15.

[200] HESSEN, Johannes.; Erkenntnistheorie, ..., p. 8.

[201] Ver melhor, em HESSEN, Johannes.; Erkenntnistheorie, ..., p. 9.

Assim, o sistema jurídico dos direitos humanos/fundamentais é autológico, ou seja, «o que é válido para os objetos também o é para o observador».[202] Outrossim, pode-se afirmar que há uma viragem linguística, hermenêutica e pragmática do conceito (filosófico) da (extrema e unitária) visão (e discurso) universal.[203]

Ainda é o direito (na concepção de direitos humanos), enquanto objeto, realizador e garantidor do homem, enquanto *concepção humana máxima* (e, portanto, libertadora, autônoma e, acima de tudo, garantidora) da estrutura do próprio homem. Mesmo que as "recentes ciências da complexidade neguem o determinismo (universal)",[204] pode o direito – como ciência social aplicada – unir os povos, através da criação de uma linguagem universal.

Decerto, não se pode considerar o Direito «apenas» com um ordenamento de regras obrigatórias a todos (*erga omnes*), emanado e imposto pelo Estado e, acaso não cumprido, poderá ser objeto de um processo; e, ao final, ser condenado/penalizado e, ao Estado, para dar cumprimento à sanção previamente estipulada, implica agir coercitivamente, utilizando-se, se necessário, da força física, como proposto por Hans Kelsen[205] (coerção estatal). Ou, ainda, muito menos, como um sistema que troca com o meio *input/output* de cunho *Recht/Unrecht* (passível de tradução por *lícito/ilícito* ou *direito/não direito*), como reclama a teoria de Luhmann.

O direito é, certamente, *algo* além disso. Qualquer norma jurídica impositiva que viole os fundamentos básicos da sua própria estrutura (ou sistema), que venha a impedir (ou dificultar) a sua *autopoiésis* – em linguagem luhmanniana – deve ser "expulsa" do sistema.

Assim, na visão *Recht/Unrecht*, podem ser configuradas como direito até mesmo as normas impositivas que vão materialmente contra o ser humano e a sociedade. Nessa condição, essas normas identificadas como jurídicas impediriam a *autopoiésis*; isto é, a capacidade de reprodução do sistema, através da morte do ser humano e/ou da sociedade. Historicamente, foi o que aconteceu com o sistema *Nazi* da Alemanha. Enfim, um sistema jurídico jamais pode ir contra si mesmo: ou contra o ser humano ou contra a sociedade que o instituiu (Estado). O núcleo duro dos direitos humanos protege ambos.

Ademais, como prova da impossibilidade da redução do sistema jurídico ao simplório *Recht/Unrecht*, que expurga elementos de índole material, tem-se a carência do direito das outras áreas do conhecimento (tal como a sociologia). Ora, se para o aprofundamento do estudo jurídico são necessários conhecimentos da sociologia (da política, da moral, da ética, da filosofia, *etc.*), é justamente porque o universo jurídico (o chamado sistema jurídico) não se basta; mas, antes, invoca – imprescindivelmente – a interdisciplinaridade com outras áreas.

---

[202] Cf. *Apud*. LUHMANN, Niklas.; Introducción a la Teoría de Sistemas ..., p. 77.

[203] COSTA, Regenaldo da.; Ética do Discurso e Verdade em Apel, Belo Horizonte: Del Rey, 2002, p. 405.

[204] PRIGOGINE, Ilya.; Lettres aux Générations Futures, UNESCO, (end. e dat. disp.). Texto também encontrado em Ciência, Razão e Paixão, Org. Edgar de Assis Carvalho e Maria da Conceição de Almeida, São Paulo: Livraria da Física, 2009, p. 13-12.

[205] KELSEN, Hans.; Reine Rechtslehre, Verlag Franz: Deuticke, Viena, 1960 (v. ver. ut.).

4.3.4 Direitos humanos: como pressuposto a existência do ser humano e da *societas*

Pode-se evidenciar que o direito humano destina-se, *prima facie*, à proteção da própria vida (em aproximação à linguagem ambiental, equivaleria à proteção de um determinado "microbem") e, simultaneamente, à proteção social (nessa mesma linguagem ambiental, equivaleria à visão de tutela de um "macrobem").

Um sistema jurídico para manter-se enquanto sistema – garantir a sua manutenção e autorreprodução (*autopoesis*) – tem de assegurar a vida do seu criador: o ser humano; seja enquanto indivíduo, seja socialmente (em termos linguísticos dessa dissertação, o seu *continuum*). Só assim o Estado terá a possibilidade do *continuum* se constituir dos elementos informadores da sustentabilidade (convertendo-se, então, em Estado Sustentável).

A vida da pessoa humana encontra-se garantida nos textos constitucionais modernos.

A (proteção) da «vida», em termos individuais, está sedimentada (como citações não taxativas, mas meramente ilustrativas) no *caput* do artigo 5º da CRFB/88;[xciii] no artigo 24º da CRP;[xciv] no artigo 2 da *GG*;[xcv] na Sección 1ª, Artículo 15 da Constituição Espanhola;[xcvi] dentre outras cartas. No Direito Comunitário, o Artigo 2º da Carta dos Direitos Fundamentais da União Europeia determina, por todos, *«o Direito à vida 1. Todas as pessoas têm direito à vida. 2. Ninguém pode ser condenado à pena de morte, nem executado».*[206] Finalmente, a título de referência, aponta-se a Declaração Universal dos Direitos dos Homens (DUDH, 1948), que, no seu Artigo III, determina que todo ser humano tem direito à vida, à liberdade e à segurança pessoal.

O Direito sustentável, do ponto de vista jusnaturalista, é um *objeto-ação* (sistema) criado pelo homem para garantir a (sua) própria existência enquanto ser individual e social, criador de todos os sistemas sociais. Assim, pode-se dizer, inclusive, que é autopoiético, no sentido que expressa a manutenção, ao mesmo tempo, do sistema e do observador;[207] o qual não só faz parte do Sistema, mas é ele integrante e criador deste mesmo sistema. Mas vai além: tem como escopo garantir às futuras gerações uma manutenção além do homem enquanto criador, mas do que virá a ser.

Com efeito, deve-se analisar os direitos fundamentais da sustentabilidade como produto humano, que garante a sua existência – *passado*,[xcvii] *presente e futuro* – grupal (local), inclusive multicultural (global). Neste momento, vincula-se à sua característica de salvaguarda da dignidade humana enquanto objeto utilizado com viés universal e, no primado coletivismo, quando o primado for considerado a coletividade.[208] Assim, verifica-se que a tensão entre os relativistas e os universalistas, notadamente sobre os direitos humanos, pode ser superada sob esse aspecto.

O direito humano fundamental é, *ipso facto*, uma ciência que se altera, inclusive, pela observação do sujeito; daí, o fortalecimento dos argumentos relativistas-culturais. Há, através da linguagem, uma constante alternância entre objeto e sujeito.[xcviii] Porém, em nada prejudica a sua característica universal, posto ser esta compreendida como um sistema jurídico que vai garantir o *continuum*; isto é, dar sustentabilidade ao sujeito

---

[206] Carta dos Direitos Fundamentais da União Europeia (2010/c 83/02).

[207] Cf. *Apud*. LUHMANN, Niklas.; Introducción a la Teoría de Sistemas ..., p. 78.

[208] PIOSEVAN, Flávia.; Direitos Humanos e o Direito Constitucional Internacional, São Paulo: Saraiva, 11ª Edição, 2010, p. 154.

(no plano individual, através da manutenção de sua dignidade) e à *comunitas* (no plano social, com a afirmação dos direitos sociais).

4.3.5 Medo do *descontinuum*, pela arte

A capacidade de destruição hodierna é mais eficiente, por ter a possibilidade inclusive de eliminar toda a população humana, mesmo os povos não envolvidos no conflito bélico. Pela primeira vez na história, o homem tem o domínio de seu destino de (in)existência. Portanto, a técnica possibilitou ao homem, inclusivamente, o poder de autodestruição.[209] [xcix]

A inquietude da destruição não envolve somente atos de guerra.

Apesar de não ser tema da presente tese, acredita-se que, na construção social, onde o Direito se insere, a arte pode ser um forte instrumento de interlocução entre os povos.[cx] [210] Assim, o cinema como manifestação cultural *de massa* do homem contemporâneo é, ao mesmo tempo, observador e construtor desse mesmo mundo[ci] [211] ou, em outras palavras, «*we must read law as a kind of literature, we must read literature as a kind of law*».[cii] [212]

Ademais, não se nega a influência da construção do chamado "*inconsciente coletivo*" pela mídia cinematográfica, notadamente por força das chamadas sublimadas, tão características do mundo hollywoodiano.[ciii] [213]

Inserindo a filmografia,[civ] não como elemento de rigor científico, mas ilustrativo da temática de interesse (e receio) atual, podem ser citados, dentre tantos outros:

---

[209] Dessa forma, MICHEL e Callipe BEAUD *et al*, afirmam "o que está em jogo (quando se trata de problemas ambientais) é o próprio homem". MICHEL e Callipe BEAUD *et al*. In: Estado do Ambiente no Mundo. Lisboa: Instituto Piaget. 1993.

[210] Não despiciendo de razão, observa-se atualmente uma acentuada (re)aproximação dos fenômenos jurídicos à metodologia científica interdisciplinar das artes (*Law as Literature, Law as music, Law as performative art*: direito como literatura, direito como música e direito como arte dramática), própria das correntes jusfilosóficas "Critical legal studies" (teoria crítica) ou *postmodern jurisprudence* (pós-moderna do direito). Dentro dessa perspectiva, o cinema não poderia ser deixado de fora da *retextualização* do (ensino) jurídico. Ver em AROSO LINHARES, José Manuel, entre a Reescrita Pós-Moderna da Juridicidade e o Tratamento Normativo da Diferença ou a Prova como Exercício de "Passagem" nos Limites da Juridicidade (Imagens e Reflexos Pré-Metodológicos deste Percurso), Boletim da Faculdade de Direito da Universidade de Coimbra – Studia Juridica, Coimbra, 2001, página 60; do mesmo autor: O Logos da Juridicidade sobre o Fogo Cruzado do Ethos e do Pathos – Da Convergência com a Literatura (Law as Literature) à Analogia com uma Poiêsis-Technê de Realização ("Law as Musical and Dramatic Performance"), In: Boletim da Faculdade de Direito da Universidade de Coimbra, volume LXXX, Coimbra, 2004, p. 59 e segs.; ainda: PEREIRA DA SILVA, Vasco., A cultura a que tenho Direito. Direitos Fundamentais e Cultura, Coimbra: Almedina, 2008, p. 14, *passim*.

[211] In: ARMANDO RIBEIRO, Fernando J., Direito e Cinema: uma interlocução necessária, Revista Del Rey Jurídica, Ano 9, nº 18, Agosto a Dezembro, 2007, p. 19. Vários são os exemplos utilizados por juristas da associação do cinema com o Direito, ver, por exemplo, a referência ao filme *Citizen Kane* (Cidadão Kane), produzido por Orson Welles em 1941, por GOMES CANOTILHO, J. J. In: Ter Cidadania/Ser Cidadão. Aproximação à historicidade da implantação cidadã. (texto apresentado nos Colóquios do IV Programa de Doutoramento da FDUC Direito, Justiça e Cidadania no Séc. XXI, realizado nos anos de 2005/2006); ver ainda, BAKIN, Jack M., e LEVINSON, Sanford., Law as Performance, (end. e dat. disp.); por indicação de PEREIRA DA SILVA, Vasco., (A cultura a que tenho Direito. Direitos Fundamentais e Cultura, Coimbra: Almedina, 2008, p. 19-20); PRESNO LINERA, Miguel Ángel.; e RIVAYA, Benjamin.; Una Introducción Cinematográfica al Derecho, Tirant lo Blanch, Valência, 2006. Ver, também, POSNER, Richard A.; Overcoming Law, Harvard University Press, Cambridge, USA, 2009 (v. ver. ut.).

[212] Boyd-White, James.; Heracle's Bow: Essays on the Rhetoric and Poetics of the Law (1985), págs. 122-123, Cf. *Apud*. AROSO LINHARES, José Manuel.; O Logos da Juridicidade ... In: Boletim da Faculdade de Direito da Universidade de Coimbra, volume LXXX, Coimbra, 2004, p. 75.

[213] Cf. *Apud*. ROSENBAUM, Jonathan.; Unified Theory, Contents in Metropolis – The Masters of Cinema Series.

Epidemia (Outbreak, 1994), *Doze Macacos* (Twelve Monkeys, 1995), *Extermínio* (28 Days Later, 2002), *O Dia depois de Amanhã* (The Day After Tomorrow, 2004), *O Fator Hades* (Cover One: The Hades Factor, 2006) e também *Eu Sou uma Lenda* (I am Legend, 2007). Nesse contexto, compreende-se por que Al Gore ganhou o Oscar pela produção do documentário *Uma Verdade Inconveniente* (An Inconvenient Truth, 2006).[cv][214]

4.3.6 *Intergenerations equity*

Retornando-se aos palcos jurídico-políticos, o medo do extermínio – seja econômico, social ou ambiental – reclama a inserção da jusfundamentabilidade nas atividades antropogênicas. O medo deixa de ser (mais) um elemento exotérico e transfigura-se numa realidade (não ficcional).

Assim, como preceito ético (deontológico), Edith Brown Weiss concebeu a "Teoria da equidade intergeracional", proclamando que cada geração humana recebe da anterior o meio ambiente natural e cultural com o direito de usufruto e o dever de conservá-lo nas mesmas condições para a geração seguinte, levando-se em consideração o interesse daqueles ainda por nascer.[215] Apesar de receber as glórias da forja da expressão, não foi a primeira teoria a demonstrar preocupação intergeracional.

Ao rememorar o pensamento kantiano, a lei moral ordenaria o cidadão a fazer do sumo bem, possível em um mundo, o fim último de toda a conduta humana.[216] Dessa forma, os homens vivem em sociedades imperfeitas, mas se esforçam para aprimorá-las, mesmo que não venham a usufruir dos resultados.[217] De sorte, todo e qualquer progresso moral, conforme Kant, conduzirá o homem (no plano individual) e, consequentemente, a humanidade (em termos globais), a esse sumo bem, princípio teleológico da natureza. Porém, se o homem individualmente, por si só, não lograr êxito na busca dessa perfeição (moral), no campo coletivo, ou seja, a espécie humana tem condições de alcançá-la.[218] Seria, para Kant, a construção de verdadeiros *cidadãos do mundo* (*vernünftige Weltbürger*)[219] na formação de entidades éticas intergeracionais.

Sinteticamente, pode-se afirmar, segundo a filosofia de Kant, que as futuras gerações se beneficiariam com o aprimoramento dos talentos realizado pelas gerações anteriores.[220] Ademais, o próprio título da obra *Zum ewigen Frieden* (A Paz Perpétua) já demonstra o caráter intergeracional proposto pela obra de Kant.

De outra banda, Thomas Hobbes, na clássica visão de um Estado garantístico da proteção individual, ressaltou ser finita a matéria de todas as formas de governo; ou seja, não só os monarcas perecem, mas assembleias inteiras também desaparecem. Com efeito, para a manutenção da paz entre os homens, é necessário que, do mesmo modo que para a criação de um homem artificial (a sucessão do monarca), também teriam de ser tomadas medidas para uma eternidade artificial da vida (a perpetuação

---

[214] Cf. Apud. In: Painel da ONU e Al Gore ganham Nobel da Paz. Folha de São Paulo, Edição de Sábado, 13 de Outubro de 2007.

[215] BRANDÃO, Luiz Carlos Kopes.; SOUZA, Carmo Antônio de.; O princípio da equidade intergeracional, Planeta Amazônia: Revista Internacional de Direito Ambiental e Políticas Públicas Macapá, n. 2, p. 163-175, 2010.

[216] KANT, Immanuel.; Kritik der reinen Vernunft, 1783, (v. ver. ut.)

[217] KANT, Immanuel.; Kritik der reinen Vernunft, ...

[218] KANT, Immanuel.; Grundlegung zur Metaphysik der Sitten, 1785 (v. ver. ut.).

[219] KANT, Immanuel. Idee zu einer allgemeinen Geschichte in weltbürgerlicher Absicht, 1784 (v. ver. ut.), p. 10.

[220] KANT, Immanuel.; Idee zu einer allgemeinen....

da estrutura do Estado).[221] Caso contrário, os homens governados por uma assembleia voltariam à condição de guerra em cada geração seguinte.

Igualmente, mas como substrato jusfilosófico de defesa da propriedade,[222] Locke apregoava o governo nas mãos de um só governante, para o bem público e a segurança.[223] Todavia, esse «contrato social» ter-se-ia estendido no tempo, submetendo-se a ele, tacitamente, as gerações seguintes.[224] Afinal, sem esse arranjo, as sociedades incipientes não poderiam ter subsistido.

4.3.6.1 *Intergenerations equity* em termos de jusfilosofia contemporânea

Hodiernamente, a teoria jurídica tem como parâmetro angular a teoria da personalidade jurídica. Novamente (pois quando se analisou a questão da personalidade jurídica em relação aos animais, o mesmo «problema» foi abordado[225]) esse discurso é pertinente. Afinal, como uma geração que ainda não nasceu (futuras gerações) pode ter os mesmos direitos que os (já) vivos? Como podem e devem pleitear, em termos jurídicos, aqueles que não nasceram ainda, eis que não têm (ainda) personalidade jurídica?

Ora, mesmo que não possam fazer parte dos processos decisórios (e nem dos processos poluidores), as futuras gerações suportarão os danos ambientais, muito deles certamente irreversíveis.

Daí, exsurge a imprescindibilidade de uma nova ética em prol do futuro. Afinal, em última análise, e até mesmo sob o ponto de vista jurídico, as futuras gerações estão impossibilitadas de promoverem a sua autodefesa (ou de escolherem alternativas diversas).[226] Mesmo com essas dificuldades pragmáticas e processuais, tem-se que o "Direito intergeracional" encontra-se fundado numa ética de visão alargada, para além das gerações presentes. Nesse diapasão, duas teorias justificadoras do interesse das futuras gerações[227] se apresentam: (*i*) a *da abordagem transtemporal*; e (*ii*) a do *observador ideal*, de John Rawls.[228]

Assim, ao se proceder em uma interpelação transtemporal (*cross-temporal argument*),[229] visualiza-se, analogicamente, a sociedade humana como uma corrente, em que cada geração constituiria um elo interligado ao outro próximo (outra geração).[230] As gerações pretéritas indubitavelmente se sacrificaram para permitir o bem-estar e a qualidade de vida das presentes gerações. Assim, lógica e consequentemente, a presente geração, em ato *continuum*, deve garantir às futuras gerações as mesmas condições

---

[221] HOBBES, Thomas.; Leviathan or The Matter, Forme and Power of a Common Wealth Ecclesiasticall and Civil, 1651(v. ver. ut.).

[222] BRANDÃO, Luiz Carlos Kopes.; SOUZA, Carmo Antônio de.; *Ob. cit.*

[223] LOCKE, John.; Two Treatises of Government: In the Former, The False Principles, and Foundation of Sir Robert Filmer, and His Followers, Are Detected and Overthrown. The Latter Is an Essay Concerning The True Original, Extent, and End of Civil Government, 1689 (v. ver. ut.).

[224] LOCKE, John.; *Ob. cit.*

[225] Ver melhor no Capítulo II.

[226] CARVALHO, Edson Ferreira de.; Meio Ambiente & Direitos Humanos, Curitiba: Juruá, 2009, p. 356.

[227] GILLESPIE, Alexander.; *Ob. cit., apud.* CARVALHO, Edson Ferreira de.; *Ob. cit.*

[228] RAWLS, John., A Theory of Justice, Harvard University Press, 1971.

[229] GILLESPIE, Alexander.; *Ob. cit., apud.* CARVALHO, Edson Ferreira de.; *Ob. cit.*

[230] CARVALHO, Edson Ferreira de.; *Ob. cit.*, p. 355.

CAPÍTULO 4
O DIREITO SUSTENTÁVEL COMO DIREITO HUMANO FUNDAMENTAL...

existenciais.[231] E, assim sucessivamente. Trata-se de uma tentativa de se evitar a "herança maldita" de uma geração, através de algum processo de retardo – ou degradação – econômico, social ou ambiental, provocado por ações humanas irreparáveis.

Todavia, para que se verifique essa "preocupação transtemporal", afigura-se importante que os componentes de uma geração possam se identificar com os das futuras gerações. Essa "alteridade transtemporal" denomina-se de *autotranscendência*.[232] De fato, a "alteridade transtemporal" (ou autotranscendência) advoga que o mais amplo bem-estar individual depende da extensão com que se possa identificar a si mesmo nos outros, sendo a identidade individual mais satisfatória aquela ajustada não só à comunidade no espaço, mas também no tempo, partindo do passado e projetando-se no futuro.[233]

Tem-se, ainda, como já salientado, a *Theory of Justice*, de J. Raws[234] (na qual se encontra a teoria do observador ideal). Afigura-se uma teoria (adaptada) do contrato social, na medida em que pode ser lida como a de um "contrato intergeracional".[235] Para Raws, o objeto do (atual) contrato não se estabelece mais, ou somente, nas questões da estruturação da sociedade ou do governo; mas também com os princípios de justiça. Afinal, em nítido processo de afirmação das igualdades, pressupunha-se, ao se estabelecer os contratos sociais, que o acordo de vontades partiria de uma posição de igualdade entre os contratantes. Porém, na nova realidade – no confronto de gerações – não há essa mesma igualdade.

De fato, o que se presencia é, na verdade, uma profunda desigualdade intergeracional.[236] Para ilustrar, Rawls utiliza a figura do «observador ideal» e do «véu de ignorância».[237] Assim, evoca-se que todos os contratantes originais devam vestir um *véu de ignorância* temporal; ou seja, todo espectador não pode ter informações sobre o seu verdadeiro papel na sociedade. A escolha seria orientada pela busca, sempre, de uma equidade social ou uma justiça distributiva. Ora, se uma pessoa não sabe se é o ditador ou o oprimido em uma sociedade, a tendência é que todos escolham a democracia, tendo em vista ser o sistema de governo em que a distribuição das ações políticas é mais equitativa.[238]

São as próprias palavras de Rawls: "em primeiro lugar, ninguém sabe qual é o seu lugar na sociedade, a sua posição de classe ou seu status social; além disso, ninguém conhece a sua sorte na distribuição dos dotes naturais e habilidades, sua inteligência e força, e assim por diante. Também ninguém conhece a sua concepção do bem, as particularidades de seu plano de vida racional, e nem mesmo os traços característicos de sua psicologia, como, por exemplo, sua aversão ao risco ou sua tendência ao otimismo ou ao pessimismo. Mais ainda, admito que as partes não conhecem as circunstâncias particulares de sua própria sociedade. Ou seja, elas não conhecem a posição econômica e política dessa sociedade, ou o nível de civilização e cultura que ela foi capaz de atingir.

---

[231] GILLESPIE, Alexander.; *Ob. cit. apud*. CARVALHO, Edson Ferreira de.; *Ob. cit.*

[232] Cf. CARVALHO, Edson Ferreira de.; *Ob. cit.*, p. 360.

[233] GILLESPIE, Alexander.; *Ob. cit. apud*. CARVALHO, Edson Ferreira de.; *Ob. cit.*

[234] RAWLS, John.; *Ob. cit.*

[235] RAWLS, John.; *Ob. cit.*

[236] RAWLS, John.; *Ob. cit.*

[237] RAWLS, John.; *Ob. cit.*

[238] RAWLS, John.; *Ob. cit.*

As pessoas na posição original não têm informação sobre a qual geração pertencem. Por outro lado, as pessoas nessa condição conhecem "os fatos genéricos sobre a sociedade humana. Elas entendem as relações políticas e os princípios da teoria econômica; conhecem a base da organização social e as leis que regem a psicologia humana".[239]

Em praticamente uma (outra) analogia à teoria (econômica) dos jogos,[cvi] o ator/observador – com o véu encobrindo a sua real situação – identifica-se com todo e qualquer membro da sociedade. Nessa condição, tenderia a escolher racionalmente princípios que pudessem beneficiar a todos ou, ao menos, que causassem o menor grau de prejuízo, propiciando direitos e deveres iguais, exatamente para evitar que pudesse ser atingido por arbitrariedades ou disparidades.[240] Assim, em termos de visão da mesma geração, muito provavelmente, ninguém acolheria como forma de governo a tirania, diante da maior possibilidade de ser o oprimido que o tirano, ou um sistema de privilégios para os dotados de maior renda, já que poderia encontrar-se na base da pirâmide econômica e não no topo.[241]

Em termos intergeracionais, o "método" de Rawls funciona do mesmo modo. Se uma «geração» não tem o privilégio de saber qual é a sua posição temporal, escolheria as suas ações pautadas em uma ética intergeracional.[242] Consequentemente, os princípios de justiça escolhidos teriam de mostrar-se igualitários, não só para as gerações presentes, como também para as futuras, em qualquer tempo.[243] Evidentemente, admite Rawls, o "contrato intergeracional" não pode ser operacionalizado em termos empíricos. Por isso, é uma teoria de justiça em busca de equidade, de força *deontológica*.[244]

4.3.6.2 *Intergenerations equity* em termos internacionais – na dimensão dos direitos humanos

Em que pesem as dificuldades de *sustentabilidade* teorética «sistêmica» não deôntica da *intergenararions equity*, a inserção nos Tratados Internacionais dos seus paradigmas se solidifica notadamente com as questões ambientais.

Por exemplo, como já avançado no capítulo precedente, a Conferência da ONU sobre o Ambiente Humano, de Estocolmo (1972), expressou, em sua Declaração,[245] o anseio de que "tanto as gerações presentes como as futuras tenham reconhecida como direito fundamental a vida num ambiente sadio e não degradado"; e declarou, em seu Princípio 17, ser o homem "portador solene da obrigação de proteger e melhorar o meio ambiente para as gerações presentes e futuras".[246]

Também foi criada pela ONU a Comissão Mundial sobre Meio Ambiente e Desenvolvimento (1983). A solidificação dos paradigmas da *intergenerations equity*[247] deu-se ainda por meio do Relatório *Brundtland*.

---

[239] RAWLS, John.; *Ob. cit.*, p. 148.

[240] RAWLS, John.,;*Ob. cit.*

[241] RAWLS, John.; *Ob. cit.*

[242] RAWLS, John.; *Ob. cit.*

[243] RAWLS, John.; *Ob. cit.*

[244] RAWLS, John.; *Ob. cit.*

[245] ALBERGARIA, Bruno.; Responsabilidade Civil ..., p. 31

[246] ONU, 1972. Ver melhor Capítulo III.

[247] BRANDÃO, Luiz Carlos Kopes.; SOUZA, Carmo Antônio de.; *Ob. cit.*

O referido Relatório adverte para a incompatibilidade entre desenvolvimento sustentável e os padrões (principalmente norte-americanos) de produção e consumo. De fato, faz o enodamento entre os três sistemas – ambiental, econômico e social. Assim, não defende a simples estagnação aos processos produtivos (e de consumo), mas sugere uma conciliação do *continuum* econômico com as questões ambientais e sociais.

Com efeito, estabeleceu-se no r. Relatório como conceito de *desenvolvimento sustentável* aquele que "atende às necessidades do presente sem comprometer a capacidade de as gerações futuras atenderem também às suas".[248] O Relatório destaca, também, que o desenvolvimento sustentável não é um processo em homeostase fixa, mas um estado de ação, isto é, em constante movimento, no qual "a exploração dos recursos, a orientação dos investimentos, os rumos do desenvolvimento tecnológico e a mudança institucional estão de acordo com as necessidades atuais e futuras".[cvii] [249]

Considerando-se o Direito Positivo Internacional, pode-se apontar o Art. 4º da Convenção para a Proteção do Patrimônio Mundial, Cultural e Natural, elaborada pela Conferência Geral da ONU para a Educação, Ciência e Cultura (Paris, 17/10 a 21.11.1972), estipulando que cada um dos Estados signatários "deverá reconhecer que a obrigação de assegurar a identificação, protecção, conservação, valorização e transmissão às gerações futuras do patrimônio cultural e natural referido nos artigos 1º[cviii] e 2º[cix] e situado no seu território constitui obrigação primordial. Para tal, deverá esforçar-se, quer por esforço próprio, utilizando no máximo os seus recursos disponíveis, quer, se necessário, mediante a assistência e a cooperação internacionais de que possa beneficiar, nomeadamente no plano financeiro, artístico, científico e técnico".

No mesmo sentido, o preâmbulo d'*A CARTA DA TERRA*[cx] dispõe: "Estamos diante de um momento crítico na história da Terra, numa época em que a humanidade deve escolher o seu futuro. À medida que o mundo torna-se cada vez mais interdependente e frágil, o futuro enfrenta, ao mesmo tempo, grandes perigos e grandes promessas. Para seguir adiante, devemos reconhecer que, no meio da uma magnífica diversidade de culturas e formas de vida, somos uma família humana e uma comunidade terrestre com um destino comum. Devemos somar forças para gerar uma sociedade sustentável global baseada no respeito pela natureza, nos direitos humanos universais, na justiça econômica e numa cultura da paz. Para chegar a este propósito, é imperativo que nós, os povos da Terra, declaremos nossa responsabilidade uns para com os outros, com a grande comunidade da vida, e com as futuras gerações".

4.3.6.3 *Intergenerations equity* em termos constitucionais – na dimensão dos direitos fundamentais

Tais inquietações quanto às futuras gerações não ficaram despercebidas pelos poderes constituintes originários hodiernos.

De fato, o art. 66º-*d* da CRP determina ao Estado: "Promover o aproveitamento racional dos recursos naturais, salvaguardando a sua capacidade de renovação e a estabilidade ecológica, com respeito pelo princípio da solidariedade entre gerações". A CRFB/88, em seu art. 225 dispõe: "Todos têm direito ao meio ambiente ecologicamente equilibrado, bem de uso comum do povo e essencial à sadia qualidade de vida,

---

[248] CNUMAD, 1991.
[249] CNUMAD, 1991:10.

impondo-se ao Poder Público e à coletividade o dever de defendê-lo e preservá-lo para as presentes e futuras gerações".

Na *Grundgesetz*, encontra-se consagrado no "Artigo 20a [Proteção dos recursos naturais vitais e dos animais]. Tendo em conta também a sua responsabilidade frente às gerações futuras, o Estado protege os recursos naturais vitais e os animais, dentro do âmbito da ordem constitucional, através da legislação e de acordo com a lei e o direito, por meio dos poderes executivo e judiciário".[cxi]

Com efeito, o Direito sustentável não é meramente vocacionado para impedir a destruição do mundo (*sic*), seja por guerras, aquecimento global ou qualquer outra ação antrópica. Trata-se de um princípio jurídico-internacional e, ainda, constitucional, que tem como escopo – com pretensões universais – assegurar às futuras gerações (visão do *continuum*, da sustentabilidade): (*i*) os mesmos recursos naturais; (*ii*) o desenvolvimento econômico; e (*iii*) a igualdade social.

Fato é que, atualmente, as principais Constituições ocidentais, implícita ou explicitamente, albergam o princípio do desenvolvimento sustentável.

4.4 Dignidade da pessoa humana

A dignidade da pessoa humana contém multifacetadas dimensões. Pode ser compreendida (ou analisada) por diversas frentes, tais como religião, filosofia, sociologia, antropologia e, ainda, pelo universo jurídico. De certo, o cosmos ora tratado será a dignidade da pessoa humana sob a ótica jurídico-constitucional da sustentabilidade.

Assim, em exordiais linhas, diz-se que hodiernamente[cxii] o conceito de «dignidade da pessoa humana» está atrelado a postulados modernos,[cxiii] renascentista-iluministas,[cxiv] liberais[cxv] e sociais[cxvi] (aliás, à primeira vista, pode-se vislumbrar que postulados liberais seriam antagônicos aos sociais; mas, em verdade, são complementares, como aqui defendido: devem estar *enodados*); edificados mediante a estruturação do Estado Sustentável Democrático de Direito: fundado na separação de poderes, respeito às normas jurídicas, supremacia da Constituição, alicerçado na participação popular, garantia dos direitos fundamentais,[250] – respeito às liberdades econômicas e provimento dos bens indispensáveis – e proteção ao meio ambiente ecologicamente equilibrado.

Em linguagem jurídica, para que possa atingir a dignidade da pessoa humana, o Estado deve reconhecer e confirmar a toda pessoa a condição (jurídica) de sujeito de direito, enquanto origem e fim do direito. Ou, desde as propostas de Pico della Mirandola, o indivíduo conformador de si próprio e de sua vida, segundo o seu próprio projeto espiritual.[251] Por isso, a dignidade da pessoa humana, base e fundamento da República (CR, Artigo 2º; CRFB/88, Artigo 1º, III), significa o reconhecimento do *homo noumenon*; isto é, do indivíduo como limite e fundamento do domínio político da República.[252]

A dignidade da pessoa humana (e, por reflexo, a sustentabilidade) não garante *apenas* posições jurídico-subjetivas ou constitui normas jurídicas objetivamente

---

[250] PINTO E NETTO, Luísa Cristina.; O Princípio de Proibição de Retrocesso Social, Porto Alegre: Livraria do Advogado, 2010, p. 25. Ver tb., NOVAIS, Jorge Reis.; Os princípios Constitucionais Estruturantes da República Portuguesa, págs. 17-20.

[251] MIRANDOLA, Giovanni Pico della.; De hominis dignitate oration, de 1480, (v. ver. ut.).

[252] GOMES CANOTILHO, J. J.; Direito Constitucional e Teoria da Constituição, Coimbra: Almedina, 7ª edição, 2004, p. 225.

CAPÍTULO 4
O DIREITO SUSTENTÁVEL COMO DIREITO HUMANO FUNDAMENTAL... | 379

vinculativas ao Estado – tarefa ou fim do Estado;[253] mas, por imposição constitucional, impõe ao Estado a busca da efetivação, mesmo que seja *em nível de proteção básica*[254] (tanto da proteção ambiental como da proteção à dignidade da pessoa humana: ademais, o meio ambiente ecologicamente equilibrado é imprescindível – e mesmo pressuposto – à própria dignidade da pessoa humana).

Não se pode, portanto, defender a dignidade da pessoa humana somente para alguns, enquanto outros são considerados objetos do direito, posto não haver o reconhecimento simultâneo *a todos* (*e de todos*) – *difusa, igual e simultaneamente*; inclusive considerando o sujeito relevante não apenas a pessoa individual ou um grupo de pessoas; mas, ainda, o «sujeito geração».[255] Por isso, não há a dignidade da pessoa humana no sistema de escravidão, quando trata o ser humano como objeto de direito. A *alteridade* é imperativa para se obter a dignidade, posto ser uma condição reflexiva: só se reconhece a dignidade do outro se o outro também reconhecer a minha dignidade (e vice-versa). Em brocardos jurídicos, afirma-se que o direito de um começa quando termina o direito do outro; ou, em termos hegelianos, «o imperativo do direito é este: sê pessoa e respeita os outros como pessoa».[256] Na nova dignidade da pessoa humana, deve-se ter como imperativo: «sê pessoa e respeita os outros como pessoa e o hábitat no qual vivem em equilíbrio».

Ocorre na dimensão do reconhecimento porque não há, sequer, que se falar em direito sem que o outro também seja considerado como pessoa (capaz de direitos e, consequentemente, de obrigações e responsabilidades). Nesse sentido, pode-se afirmar que o reconhecimento confere a dignidade da pessoa[257] humana. A confirmação se dá no plano da efetividade. De nada adianta (somente) reconhecer o outro, sem que se possa confirmar e evocar (juridicamente) esse reconhecimento. Assim, o reconhecimento pode ser entendido quando o Estado edita a norma (poder Legislativo); e, de outra sorte, a efetividade se opera no plano do Executivo e do Judiciário (sempre, como já salientado, no sentido jurídico da dignidade humana).

Porém, uma advertência deve ser feita: não se faz aqui a defesa do meio ambiente ecologicamente equilibrado como sujeito de direito. Mas sim como objeto a ser disponibilizado a todos, indistintamente de quem quer que seja. Nesse aspecto, deve-se reconhecer e confirmar a *todos* o direito ao meio ambiente ecologicamente equilibrado, posto ser indispensável à sadia qualidade da vida. Se alguns bens podem ser apropriados individualmente (reconhecido dentro da doutrina do Direito Ambiental como «microbem»);[258] o macrobem «ambiente sadio» tem que ser, por uma questão de dignidade da pessoa humana (como elemento informador dos direitos fundamentais – de igualdade e de justiça), disponibilizado a todos. O que realça, ainda mais, a sua intrínseca característica de universalidade.

Ademais, pelas próprias características inerentes do *ambiente*, não há como ter um ambiente ecologicamente equilibrado somente para alguns, com a exclusão de outros.

---

[253] GOMES CANOTILHO, J. J.; Estudos sobre Direitos Fundamentais, Coimbra: Coimbra Editora, 2004, p. 181.

[254] GOMES CANOTILHO, J. J.; Estudos sobre Direitos Fundamentais..., p. 182.

[255] GOMES CANOTILHO, J. J.; Estudos sobre Direitos Fundamentais..., p. 177.

[256] *Cf. Apud.* CASTANHEIRA NEVES, António.; O direito como alternativa humana, In: Digestas – Escritos acerca do Direito, do Pensamento Jurídico, da sua Metodologia e Outros, Volume 1º, Coimbra: Coimbra Editora, 1995, p. 299.

[257] CASTANHEIRA NEVES, António.; O direito como alternativa humana ..., p. 299.

[258] Por todos, ver em LEITE, José Rubens Morato.; Dano Ambiental: do individual ao coletivo extrapatrimonial, São Paulo: Editora Revista dos Tribunais, 2000.

A realidade natural-física (*condição mundanal*[259]) impõe que esse direito seja para todos, ou não será para ninguém. A característica reflexiva da dignidade ambiental volta-se, portanto, para o primeiro observador: se ele não reconhecer o outro com direito ao meio ambiente ecologicamente equilibrado, mais cedo ou mais tarde, ele também não terá essa condição. Nesse sentido, não é apenas reflexivo, mas também autorreflexivo. Exige, ainda, a universalidade: não é possível apenas para alguns. Ou todos adquirem a dignidade ambiental ou ninguém a terá.

Entende-se que esse tipo de Estado – Estado sustentável – possibilita, mais adequadamente, o crescente e ininterrupto desenvolvimento do ser humano enquanto pessoa individual e, também, enquanto ser introduzido no seu meio social. A dignidade da pessoa humana pressupõe, então, a concepção dos direitos da vida, liberdade, igualdade, propriedade, segurança jurídica (plano individual: sistema econômico); mas, também, o acesso à saúde, à educação, à habitação (dimensão social), ao saneamento básico, à cultura, à não poluição, à diversidade biológica (sistema ambiental).

Com efeito, verificou-se ser insuficiente a *liberdade da vida igualitária* – no sentido formal, diante da evidência de fatos históricos de aniquilação do ser humano.[260] É igualmente fundamental, no mundo contemporâneo, para poder falar-se em assentamento (do princípio) da dignidade da pessoa humana, que cada indivíduo possa efetivamente fazer parte da estrutura do Estado (e do Direito); que o Estado seja um Estado Democrático. Mediante a democracia (e o processo de democratização da democracia), o indivíduo pode ser tornar cidadão (digno) construtor e conformador de si próprio (de sua vida e do seu Estado), fazendo as escolhas da *comunitas*. A república democrática,[261] nesse contexto, é o meio político-jurídico que possibilita o projeto *moderno* do *homo noumenon*.[262]

Mas não é só. O indivíduo tem que ter, ainda, acesso, através do trabalho (digno), ao ambiente ecologicamente equilibrado, aos meios e produtos básicos. Só há que se falar em dignidade quando o *homo* torna-se *economicus*. O sentimento da propriedade (a despeito de extremistas contrários) é conatural ao ser humano; o desejo – e a necessidade (do mínimo existencial) confere dignidade ao ser humano. Decerto, a propriedade não é um valor (ou bem) absoluto. O sentido (e defesa) jurídico da propriedade (mundo econômico) orienta-se no sentido de sua utilidade social.

Pode-se, portanto, concluir que o meio ambiente (enquanto elo – *sistema* – ambiental) ecologicamente equilibrado deixa de ser apenas um *discurso metafísico* da *alteridade* (como pode acontecer no sistema econômico e social), como fundamento da dignidade da pessoa humana; e, agora, também em termos pragmáticos e empíricos (ou, em termos físico-práticos, para além do que se resta assentado nos diplomas normativos), impõe-se que essa alteridade seja efetivamente reconhecida (e concedida) a todos. Afinal, o ambiente degradado ou poluído, ou a perda da diversidade biológica, não faz distinção quanto aos seus efeitos.

---

[259] CASTANHEIRA NEVES, António.; *Ob. cit.*, p. 297.

[260] Expressão encontrada em GOMES CANOTILHO, J. J.; Direito Constitucional, Lisboa: Almedina, 7ª Edição, págs. 224.

[261] V. MIRANDA, Jorge.; Manual de Direito Constitucional, Tomo IV – Direitos Fundamentais, 3ª Edição, Revista e Actualizada, Coimbra Editora, 2000, págs. 180 e seguintes. Ainda, RAWLS, J.; Political Liberalism, New York: Columbia University Press, 1993.

[262] V. GOMES CANOTILHO, J. J.; Direito Constitucional, Lisboa: Almedina, 7ª edição, págs. 224.

4.5 Quartas teses

1. Defende-se que a sustentabilidade, como aqui proposta (enodamento em forma e matema do nó borromeu dos três sistemas: econômico, ambiental e social) é, no plano da jusfundamentalidade, um direito humano fundamental porque:

   1.1. Na dimensão internacional, enquanto direitos humanos, contém intrinsecamente os elementos da universalidade (jusnaturalismo);

   1.2. Tem uma fundamentação dogmático-racional por que reside justamente na existência da pessoa humana e da sociedade e tem como escopo o seu *continuum*, inclusivamente às futuras gerações (*intergenerations equity*);

   1.3. Reconhece que o ambiente ecologicamente equilibrado é condição *sine qua non* para se atingir um padrão mínimo de dignidade;

   1.4. O princípio da alteridade é um fator impositivo na questão ambiental;

2. Na dimensão constitucional, enquanto direitos fundamentais, as modernas constituições (como exemplos fractais, as Constituições brasileira e portuguesa), mesmo não fazendo expressa menção ao *Estado Sustentável*, inferem o seu teor ao enodar os sistemas econômicos, sociais e ambientais, em termos teleológicos.

---

i. A CRP preferiu a expressão Estado de Direito Democrático, em clara prevalência à construção histórica. De outra sorte, a CRFB/88 já adotou a expressão Estado Democrático de Direito por entender que a democracia também está adstrita aos reclames jurídicos (e não somente o Estado).

ii. Após a queda do muro de Berlim, com a derrocada do comunismo, os partidários de um Estado Social, rumo ao Estado Comunista, perderam muito dos seus paradigmas; por isso, resolveram albergar outra causa, qual seja, justamente a defesa do meio ambiente. Assim, com o declínio do comunismo seus "filhos ficaram órfãos" precisando de uma alternativa "para darem algum sentido às suas vidas" (Cf. MAUAD, João Luiz.; O Potencial ilimitado dos Recursos naturais. In: Mídia sem Máscara (end. e dat. disp.). Como não há mais opção além do capitalismo, restou combater, via oblíqua, o sistema vencedor. Dessa forma, alegam que o combate *pelo* ambientalismo é uma forma indirecta de combate *ao* capitalismo (Nesse aspecto, um dos primeiros argumentadores a favor do respeito ao meio ambiente para se chegar a um respeito mínimo entre os homens foi Marcuse). Por isso, alguns dão aos ecologistas a alcunha pejorativa de "melancia": verde por fora e vermelho por dentro (Cf. CONSTANTINO, Rodrigo.; A máfia verde e seu rebanho. In: Mídia sem Máscara (end. e dat. disp.). Os cépticos que adoptam essa linha de pensamento aduzem que a campanha ideológica ecológica que se propagou no mundo nada mais é do que uma campanha para instalar, principalmente por indução subliminar através de "manipulação psicológica e sociológica" nos sistemas de educação em todo o mundo, "uma nova civilização e numa nova religião que estarão a serviço de um socialismo absoluto e universal: o governo mundial" (In: Notas do Tradutor de O Império ecológico e o totalitarismo planetário – sobre o livro L'Empire écologique, de LAGRAVE, Chales.; Lecture Française, Mars, 1999. Tradução de CARVALHO, Olavo de.; In: Mídia sem Máscara (end. e dat. disp.).

iii. A expressão "*somente para inglês ver*", do universo linguístico-cultural brasileiro, provavelmente remonta a 1830, quando, ao ser pressionado pela Inglaterra, o Brasil começou a aprovar leis contra o tráfico de escravos. Porém, a população brasileira dominante, à época, não desejava vê-las cumpridas. Falava-se, então, que as leis eram apenas para "inglês ver", ou seja, somente para manter as aparências.

iv. O próprio ALEXY, Robert.; (Theorie der Grundrechte. .... pág. 28) admite que as questões de conteúdo jurídico-procedimental dos direitos fundamentais são recentes (e crescentes) na doutrina alemã.

v. Conhecidas como "constituições de fachada", "constituições simbólicas", "constituições álibi", "constituições semânticas", as quais "gastam muitas palavras na afirmação de direitos, mas pouco podem fazer quanto à sua efectiva garantia". *Cf.* GOMES CANOTILHO, José Joaquim.; O Estado de Direito. Cadernos Democráticos, Fundação Mário Soares, Lisboa: Edição Gradiva, 1999, pág. 57.

vi. Como se verá no Direito Constitucional alemão há uma abertura textual que alberga materialmente outros direitos fundamentais diversos daqueles formalmente positivados na *Grundgesetz*.

vii. Tradução livre: "Em primeiro lugar, uma vez que se pode inferir uma lei de um conjunto de fatos, o papel da história detalhada fica largamente superado. Se vemos um ímã atrair um pedaço de ferro, e se conseguimos extrair da experiência a lei geral de que ímãs atraem o ferro, não cabe nos esforçarmos para aprofundar a história do ímã em questão".

viii. *A question* sobre a historicidade humana não é pacífica. Conforme se verá, muito se discute no plano filosófico se o ser humano é um ser essencialmente – e somente – histórico ou não. Para alguns filósofos, a História é como se fosse uma linha reta, em direção ao desenvolvimento uniforme – mesmo que, às vezes, tenha alguns tropeços nessa evolução – rumo a um *estado* sempre mais perfeito. Em linguagem metafórica, poder-se-ia dizer o *trem da História*, como se a História andasse em um trilho imaginário rumo ao desenvolvimento. À primeira vista, fazendo uma análise das ciências exatas, pode-se deixar-se induzir por essa ideia. Afinal, ninguém duvida que o Homem está em franco desenvolvimento tecnológico científico: do domínio do fogo, a criação da roda, do carro, do avião, dos foguetes, dos voos espaciais, da chegada do Homem à Lua e do projeto de se ir a Marte; das ferramentas primitivas às mais novas tecnologias robóticas; das primeiras inscrições nas cavernas à *internet*, das fundições primitivas da idade dos metais às modernas mineradoras. Mas fica uma dúvida: será que as ciências sociais também acompanham esse desenvolvimento? Será que a humanidade, enquanto ser histórico-social, também se desenvolve em linha reta sempre em rumo ao desenvolvimento? Ou será que, às vezes, as evoluções sociais ficam estacionadas no *tempo, quiçá não retrocedem*? Frequentemente, os pensadores se debruçam sobre o tema, mas ainda não se tem uma resposta definitiva. Assim, Hegel e Marx (MARX, Karl. Das Kapital, 1867; (v. ver. ut.)) afirmavam que o progresso social é uma das características humanas. A História, cada qual dentro de sua perspectiva, seria um elemento no qual induziria o Homem ao seu desenvolvimento certo, como se fosse um plano racional a ser implementado aos poucos. Por essa visão, é comum inclusive falar em "infância, adolescência, fase adulta e velhice da História dos povos" (expressão encontrada, por exemplo, em SMITH, Adam.; (The Inquirity.... (v. ver. ut.)). Há pouco tempo, Francis Fukuyama chegou a proclamar, inclusive, que o "fim da História" tinha chegado. Defendia que o capitalismo e a democracia, juntos, formariam o sistema social mais perfeito que o Homem pode inventar. Por isso, nada mais de novo deveria acontecer na visão das ciências políticas (FUKUYAMA, Francis.; The end of History. In: The National Interest, vol. 16, 1989 e FUKUYAMA, Francis.; The End of History and the last man. 1992. (v. ver. ut.)). Contudo, para Schopenhauer (SCHOPENHAUER, Arthur, Die Welt als Wille und Vorstellung, 1918 (v. ver. ut.), a História não é linear. Ele aduz que a História apenas nos fala da vida dos povos e que só sabe nos contar sobre guerras, revoltas e sofrimento. Assim, Schopenhauer defende que a vida de todo indivíduo é uma contínua luta, não apenas uma luta metafísica, com a necessidade de se vencer o tédio (diário); mas, uma luta real com os outros indivíduos. A cada passo, encontra-se com o adversário, vive uma guerra contínua e, finalmente, morre. Dessa forma, a História seria um acaso cego, sem previsão. O progresso social seria, apenas, uma ilusão. Cf. Apud. ALBERGARIA, Bruno.; Histórias do Direito ..., págs. 1/5.

ix. Adianta-se que após as teorias (relativas) de Einstein (com a afirmativa de que tudo está em estado de movimento) e, notadamente, de Ilya Prigogine, o tempo (história) passa a ser fundamental para a compreensão da própria estrutura dos seres.

x. V., por ex., a Teogonia de Hesíodo, no qual descreve a criação do mundo através do Caos.

xi. A terra era um cubo; o fogo uma pirâmide; o ar o octaedro e a água o icosaedro. In: REALE, Giovanni.; e ANTISERI, Dario.; Il pensiero occidentale dalle origini ad oggi ..., pág. 44.

xii. O relativismo sofista chegou ao extremo ao desconstruir toda a teoria da verdade absoluta – *aletheia* – sobrando somente a *doxa*, ou a opinião [Como cediço, Sócrates, Platão e Aristóteles divergiam das ideias sofistas. Pode-se perceber, somente a título ilustrativo, os comentários de Platão em Fedro 261: "... Palamedes (autor sofista) argumenta com tal habilidade que as mesmas coisas se afiguram aos seus ouvintes ao mesmo tempo semelhantes, uma só e muitas, em repouso e movimento?". Porém, uma das obras mais contundentes contra os sofistas foi desenvolvida por Aristóteles, em *Refutação dos Sofistas*]. Até mesmo a ética foi relativizada com a teoria ética da situação: "os deveres variam segundo o momento, a idade, a característica social; uma mesma ação pode ser boa ou má dependendo do seu sujeito".

Porém, alguns sofísticos, como Hípias e Antifonte, afirmavam que até mesmo o relativismo deveria ser relativo, e, ao final, o que realmente deveria ser seguido era a natureza, que verdadeiramente une os homens. Desse modo, o homem ao elaborar as leis não poderia estar em confronto com a natureza das coisas. Por isso, sempre dever-se-ia observar a essência natural. Contudo, foi uma corrente minoritária dentro dos sofistas.

xiii. Os ensinamentos de Sócrates, Platão e Aristóteles foram no sentido de combater as ideias sofistas.

xiv. São as palavras de Reale: "o antropocentrismo não foi uma marca do pensamento grego, que, ao contrário, apresenta-se geralmente como fortemente cosmocêntrico: o homem e cosmos apresentam-se estreitamente conjugados e nunca radicalmente contrapostos, até porque, as mais das vezes, o cosmos é concebido como sendo dotado de alma e de vida como o homem. E, por maiores que possam ter sido os reconhecimentos da dignidade e da grandeza do homem pelos gregos, eles se inscrevem sempre em um horizonte cosmocêntrico global. Na visão helênica, o homem não é a realidade mais elevada do cosmos, como revela esse exemplar texto aristotélico: "Há muitas outras coisas que, por natureza, são mais divinas (= perfeitas) do que o homem, como, para ficar apenas nas mais visíveis, os astros de que se compõe o universo".

xv. Nesse sentido, complementa Hans Jonas, "a conduta reta tinha critérios imediatos e caso imediatamente cumprido". De fato, conclui o autor, ao comentar sobre a ética grega, "a ética tinha que haver com o aqui e agora, com as situações que se apresentavam aos homens, com as respectivas e típicas situações da vida pública e privada". In: El Principio de Responsabilidad: ensayo de una ética para la civilización tecnológica.

xvi. Πρωταγόρας, 480-411 a.C. Protágoras foi, inclusive, um dos fundadores da corrente filosófica sofista.

CAPÍTULO 4
O DIREITO SUSTENTÁVEL COMO DIREITO HUMANO FUNDAMENTAL... | 383

xvii. Dessa forma, na Grécia Clássica, promoveram-se, inclusive, debates públicos para apreciar a capacidade da oratória de cada filósofo. Aquele que conseguia maiores vitórias era considerado um bom professor para lecionar aos futuros políticos. Com efeito, os sofistas começaram a cobrar pelos ensinamentos da retórica e da oratória, o que não era comum. Assim, inauguraram as lições públicas pagas. Também, por terem uma capacidade de argumentação, eram contratados para fazerem defesas judiciais. Por isso, são considerados os primeiros advogados da história.

xviii. Nasceu em 384/383 a.C. em Estagira, fronteira da Macedônia, e morreu em 322 a.C. em Cálcis.

xix. O mundo celeste, para Aristóteles, é eterno porque nunca nasceu e, portanto, não pode morrer. Sempre foi visto pelos homens, em todas as épocas, igual ao que se via pelo homem grego; portanto, é também indestrutível.

xx. A principal obra sobre a ética de Aristóteles é, como cediço, Ética a Nicômaco, sem esquecer a obra Ética a Eudemo. Assim, para Aristóteles, ética é o estudo da conduta ou do fim supremo do homem como indivíduo – *summum bonum* –, pela qual o fim de toda ética é a felicidade de todos – *eudaimonia* (εὐδαιμονία), que não consiste na riqueza, nem nos prazeres, nem nas honras, mas em uma vida virtuosa (virtude: ἀρετή, *arete*), que se atinge através do fazer continuamente – *hábito* – bem feito cada coisa, nos pequenos atos.

xxi. Como cediço, o combate dos três principais pensadores gregos, Sócrates, Platão e Aristóteles, foi justamente contra a corrente filosófica sofista, tendente a relativizar todas as coisas.

xxii. Observar que o cosmopolismo estoico pode ser compreendido na versão positiva e negativa. Assim, o negativo (corrente grega) é o de rejeitar qualquer tipo de vinculação aos costumes locais, posto preferir uma filiação universal; já o positivo (encontrado mais na forma romana da corrente estoica) caracteriza-se pela negação dos sentimentos, ser apático, viver em conformidade com a natureza racional.

xxiii. Por cosmopolismo pode-se compreender a necessidade dos atores sociais de conceber uma entidade cultural e política, maior do que sua própria pátria, que, justamente por isso, engloba todos os seres humanos em escala universal/global.

xxiv. Tradução livre: "Interrogado sobre a sua pátria, respondeu: Eu Sou Cidadão do Mundo".

xxv. Pode-se afirmar, inclusive, que somente se compreende o surgimento dos sofistas, com o relativismo do discurso, quando se faz o contraponto dualista com o universalismo imutável.

xxvi. É a célebre a interpretação de Hegel (*Grundlinien der Philosophie des Rechts, 1820*): «no fim da tragédia, o equilíbrio das leis foi restabelecido, pois, depois de um morto ter sido subtraído à lei dos vivos, será um vivo subtraído ao mundo dos vivos e levado à morte».

xxvii. *Marcus Tullius Cicero*, 106-43 a.C.

xxviii. Bíblia Sagrada, Gênesis 5:1. "Este é o livro das gerações de Adão. No dia em que Deus criou o Homem, à semelhança de Deus o fez".

xxix. Pouco se sabe da vida de Alexandre de Afrodísia; contudo, tem-se no conhecimento que morou em Atenas entre os anos de 198 d.C. e 211 d.C.

xxx. Coríntios 1:19 "Porque está escrito: Destruirei a sabedoria dos sábios, E aniquilarei a inteligência dos inteligentes". Continua Paulo na pregação "Onde está o sábio? Onde está o escriba? Onde está o inquiridor deste século? Porventura não tornou Deus louca a sabedoria deste mundo? (Coríntios 1:20); Visto como na sabedoria de Deus o mundo não conheceu a Deus pela sua sabedoria, aprouve a Deus salvar os crentes pela loucura da pregação. (Coríntios 1:21); Porque os judeus pedem sinal, e os gregos buscam sabedoria (Coríntios 1:22); Mas nós pregamos a Cristo crucificado, que é escândalo para os judeus, e loucura para os gregos (Coríntios 1:23); Mas para os que são chamados, tanto judeus como gregos, lhes pregamos a Cristo, poder de Deus, e sabedoria de Deus (Coríntios 1:24); Porque a loucura de Deus é mais sábia do que os homens; e a fraqueza de Deus é mais forte do que os homens (Coríntios 1:25).

xxxi. Marcos 8:34 "Se alguém quiser vir após mim, negue-se a si mesmo, tome a sua cruz e siga-me. Pois aquele que quiser salvar a sua vida, perdê-la-á; mas o que perder a sua por causa de mim e do Evangelho, vai salvá-la".

xxxii. Isaías 37, 20 e 45, 18. Ver também Êxodo 20: "não adore outros deuses; adore somente a mim"; Deuteronômio 6,4 "o Senhor nosso Deus é o único Senhor".

xxxiii. Orígenes de Alexandria nasceu por volta do ano de 185 em Atenas e veio a falecer em Tiros, em 253 d.C.

xxxiv. Nas palavras de *Johannes Scotus Eriugena Quotes* (815-877) "*Nemo intrat in caelum nisi per philosophiam*". Tradução livre: "A verdadeira filosofia outra coisa senão é do que religião e, inversamente, a verdadeira religião outra coisa senão é do que a verdadeira filosofia". Essa anotação pode ser encontrada em *Annotationes in Marciam*, nº 64; translation from John Joseph O'Meara *Eriugena* (Oxford: Clarendon Press, 1988). pág. 30.

xxxv. Monopólio da Igreja Católica do conhecimento que deu origem ao denominado *teocentrismo cultural*.

xxxvi. O processo pelo qual a Igreja Católica Apostólica Romana perseguia os não crentes intitulou-se "Santa Inquisição" e foi oficializada pelo Papa Gregório IX em 1231 e, ao longo da Idade Média, utilizou métodos de tortura extremamente violentos. V. ALBERGARIA, Bruno.; Histórias do Direito ..., págs. 105 e segs.

xxxvii. Santo Agostinho nasceu na Tagasta, na África, em 354 d.C. e morreu em 430 d.C. em Hipona, na África.

xxxviii. Observar que *Santo* Agostinho, em confronto com a Bíblia (Job 12,13 e Cl 2, 8-9), onde aduz ser a filosofia uma ilusão – *Em Deus está, verdadeiramente a sabedoria* – , identifica-a como ideal da verdade de que o Homem desfruta no mundo.

xxxix. O termo "Idade das Trevas" é contestado por muitos historiadores, tais como LE GOFF, Jacques.; La Civilization de L'Occidente Medieval (v. ver. ut.), bem como FRANCO JUNIOR, Hilário.; In: Idade Média: nascimento do Ocidente. São Paulo: Brasiliense, 2001, com pejorativo e não condizente com o período. Porém, mantém-se aqui a título de recordação das inúmeras mortes produzidas pelas Cruzadas e pela *Santa* Inquisição. Também é de se observar que, apesar da forte mensagem de amor e humildade, o período dominado pelas ideias do cristianismo foi de medo, terror e morte. (Cf. Apud. ALBERGARIA, Bruno.; Histórias do Direito ..., pág. 112 e segs).

xl. Nasceu no norte da África, em 354 e morreu em 430.

xli. Nasceu no castelo de Roccasecca em 1225 e morreu no ano de 1274 em Fossanova.

xlii. Interessante à analogia d'As Leis de Platão, em que assevera "a maior penalidade dos que fazem o mal é (…) a assemelhança aos maus; ficando semelhantes a eles, os que praticam o mal se afastam da companhia dos bons, da qual são por fim cortados, só lhes restando comungar com os maus" (As Leis, 728 B).

xliii. René Descartes nasceu em 1596 e faleceu em 1650.

xliv. O que Descartes pôs em dúvida foi a tentativa de explicar o mundo via o texto sagrado – Bíblia e paradigmas da Igreja, jamais a existência de Deus.

xlv. Método que utiliza o modelo adotado por René Descartes (1596-1650). A sua principal obra foi O Discurso sobre o Método (*Discours de la méthode pour bien conduire sa raison, et chercher la verité dans les sciences*), publicado pela primeira vez na França, em 1637.

xlvi. Em *suma capita*, o seu método, para se chegar a uma verdade, consiste em: (*i*) obter a informação daquilo que se quer ter como verdadeiro. Não aceitar *a priori* a verdade, ou seja, partir do pressuposto que não é verdadeiro: cepticismo; (*ii*) análise: dividir o assunto em tantas partes quanto possível e necessário; (*iii*) síntese: após a divisão dos assuntos, começar a provar os mais fáceis e, a partir daí, elaborar as conclusões progressivamente de forma abrangente e ordenada. Ou seja, parte-se de objetos mais simples e fáceis até os mais complexos e difíceis. Dessa forma, Descartes desvenda como o cérebro humano processa a sua inteligência através da (*i*) indução, em que consiste em captar realidades mínimas; (*ii*) dedução, a qual se caracteriza em agrupar observações e inferir resultados; e, (*iii*) enumeração, ou seja, acompanhada da revisão e reelaboração de conceitos.

xlvii. Em verdade, Descartes escreveu no original em francês «*je pense, donc je suis*», porém, a frase *globalizou-se* na sua versão latina.

xlviii. Nicolau Copérnico, 1473-1543, astrônomo que desenvolveu a teoria heliocêntrica do sistema solar, baseado em fundamentos físico-matemáticos.

xlix. Galileu Galilei nasceu na Itália em 1564 e faleceu em 1642. Pode ser considerado físico, matemático, astrônomo e filósofo. Desenvolveu a teoria dos movimentos uniformes acelerados, o movimento do pêndulo, enunciou o princípio da inércia (percursos da mecânica newtoniana), bem como, dentre outras contribuições científicas, ainda contribuiu de forma significativa para a defesa da teoria heliocêntrica de Copérnico.

l. *Sir* Isaac Newton nasceu em Londres em 1643 e faleceu em 1727. Escreveu, em 1678, a obra *Philosophiae Naturalis Principia Mathematica*, considerada uma das mais influentes na história da ciência, onde descreve a lei da gravitação universal e as três leis de Newton (Lei I: Todo corpo continua em seu estado de repouso ou de movimento uniforme em uma linha reta, a menos que seja forçado a mudar aquele estado por forças imprimidas sobre ele; Lei II: A mudança de movimento é proporcional à força motora imprimida, e é produzida na direção da linha reta na qual aquela força é impressa; Lei III: A toda ação há sempre oposta uma reação igual, ou, as ações mútuas de dois corpos um sobre o outro são sempre iguais e dirigidas a partes opostas), que fundamentaram a mecânica clássica. Dessa forma, pode-se afirmar que as contribuições de Newton não foram adstritas somente no plano físico, matemático e astronômico. Foram, também, na seara da filosofia. Com efeito, ao comprovar que os corpos celestes são governados pelo mesmo conjunto de leis naturais, defendeu que a investigação racional pode revelar o funcionamento mais intrínseco de todas as coisas da natureza.

li. Samuel von Pufendorf, 1632-1694.

lii. Tradução livre: as leis da natureza são imutáveis e eternas.

liii. Charles-Louis de Secondat, *1689-1755*.

liv. "*Renoncer à sa liberté c'est renoncer à sa qualité d'homme, aux droits de l'humanité*, même à ses devoirs. Il n'y a nul *dédommagement possible pour quiconque renonce à tout*".

lv. Immanuel Kant nasceu na cidade de Königsberg, atual Kaliningrado, que pertencia à Prússia, em Abril de 1724. Veio a falecer na mesma cidade, em 1804.

lvi. A ideia de lei universal pode ser encontrada no imperativo categórico kantiano, segundo o qual se deve "agir unicamente segundo a máxima, pelo qual tu possas querer, ou mesmo tempo, que ela se transforme em lei geral".

lvii. Como se pode perceber no discurso do Dalai Lama do Tibet, Tenzin Gyatso, em Reunião de Paris da UNESCO: não ser preciso muitos estudos e *nem ler complicados tratados filosóficos* para entender que *os direitos humanos são de interesse universal, porque ansiar pela liberdade, igualdade e dignidade é inerente à natureza dos seres humanos e todos têm direito a essas qualidades*. Assim, o budista salientou que, em qualquer cultura, povo ou nação, os valores ocidentais dos direitos humanos devem ser observados porque *os princípios da Declaração Universal dos Direitos Humanos constituem uma espécie de lei natural que deveria ser seguida por todos os povos e governos*. Texto disponível em <www.unesco.org>.

lviii. Os textos constitucionais pretéritos à Declaração de Independência das Treze Colônias – tais como a Carta Magna de João sem Terra (1215) e o próprio Bill of Rights (1689) – são considerados precursores da Constituição da Virgínia de 1776, que, verdadeiramente, albergou e positivou os fundamentos dos direitos humanos.

lix. Seção I da Constituição da Virgínia, de Junho de 1776.

CAPÍTULO 4
O DIREITO SUSTENTÁVEL COMO DIREITO HUMANO FUNDAMENTAL...

lx.	Interessante observar que cada ramo do Direito evoca para si um condão da universalidade. Assim, os constitucionalistas têm *a pretensão da universalidade* da fórmula alemã do «Estado de Direito» como paradigma para o mundo. GOMES CANOTILHO, José Joaquim.; O Estado de Direito. Cadernos Democráticos. Fundação Mário Soares. Lisboa: Edição Gradiva, 1999. pág. 20; já os civilistas arguem a «família» como uma *Instituição Universal*. DIAS PEREIRA, André Gonçalo.; A Proteção Jurídica da Família Migrante, In: Direitos Humanos, Estrangeiros, Comunidades Migrantes e Minorias, Coord. GOMES CANOTILHO, José Joaquim.; Oeiras: Celta, 2000, págs. 81/100; e assim *passim*.
lxi.	Dessa forma, os revolucionários burgueses combatem as corporações de ofício, a ignorância e privilegiam os cidadãos "ilustrados" que não se corromperiam por "necessidades materiais", que já estariam ricos por «*beati possidentes*»; assim, a propriedade entra para o rol dos direitos fundamentais.
lxii.	Não se considera ser a Carta de João Sem Terra o marco dos direitos fundamentais (apesar da proteção das liberdades e garantias por ela asseguradas) por ainda pressupor privilégios de estamentos sociais e não fundamentar-se no direito da igualdade dos homens.
lxiii.	Observa-se que, na França, os direitos fundamentais constam apenas no preâmbulo da Constituição e em declarações autônomas. Vieira de Andrade aduz que os franceses, com esse ato, desejavam sublimar o caráter filosófico-abstrato, com a superioridade moral dos direitos.
lxiv.	Há de se destacar que esse artigo faz menção *a todos os cidadãos*.
lxv.	Albert Einstein nasceu em Ulm em 1879 e faleceu em Princeton, 1955. Físico que desenvolveu a teoria da relatividade. Segundo a Teoria da Relatividade Geral, todos os postulados podem ter variáveis conforme o observador, inclusive a noção de tempo-espaço. A única invariável – verdade absoluta – seria a velocidade da luz no vácuo: "A velocidade da luz no vácuo é a mesma para todos os observadores em referenciais inerciais e não depende da velocidade da fonte que está emitindo a luz nem tampouco do observador que a está medindo".
lxvi.	Friedrich Nietzsche já teria dito que "contra o positivismo, que se detém no fenômeno [de que], 'há apenas fatos', eu diria: não, são justamente os fatos que não existem, mas tão somente interpretações. [...] Se a palavra 'conhecimento' tem algum sentido, o mundo é cognoscível; na verdade, entretanto, ele é diversamente interpretável, não tem um sentido por trás de si, mas inúmeros sentidos – 'perspectivismo'. São as nossas necessidades que interpretam o mundo: nossas pulsões e os seus prós e contras. Cada pulsão é uma forma de domínio, cada um tem a sua perspectiva, que gostaria de impor como norma a todas as outras pulsões" (NIETZSCHE, Friedrich.; Nachgelassene Fragmente 1886-1887 7 [60]).
lxvii.	Para Aristóteles, o direito constitui-se de teses e hipóteses, o que lhe dá o carácter de ciência, apesar de não serem necessariamente verdadeiras as suas conclusões, porque varia principalmente pela aprovação da maioria, o que lhe confere o estatuto de ciência dialética.
lxviii.	O tema aqui é vasto, assim como a bibliografia a respeito. Contudo, por questão de métrica, refere-se *apenas* ao preâmbulo da Declaração Universal dos Direitos do Homem, um dos principais documentos jurídicos produzidos pela Revolução Francesa em 1789, no qual estabelece *os direitos naturais, inalienáveis e sagrados do homem*, (…) *sempre presente em todos os membros do corpo social*.
lxix.	Admite-se, aqui, uma tentativa de construção de um neologismo inspirado em Moisés, que após quarenta anos peregrinando pelo deserto morre logo após avistar a terra prometida (Canaã). Do ponto de vista mitológico, extrai-se a eterna busca do homem ao paraíso perdido, que, quando avista-o, morre.
lxx.	A teoria de Newton pode ser aplicada nas situações em que as velocidades calculadas estão abaixo de 300 mil km/s (velocidade da luz no vácuo).
lxxi.	Niels Henrick David Bohr ganhou o Prêmio Nobel da Física em 1922. Nasceu na Dinamarca em 1885 e faleceu em 1962.
lxxii.	Sobre o assunto, ver os estudos de Heisenberg e Bohr.
lxxiii.	Ilya Prigogine ganhou o Prêmio Nobel de Química em 1977. Nasceu na Rússia em 1917 e faleceu em Bruxelas em 2003.
lxxiv.	Dentre os trabalhos de PRIGOGINE, Ilya.; cita-se: "Time, Dynamics and Chaos: Integrating Poincare's 'Non-Integrable Systems'"; "Time, Irreversibility and Randomness"; "The End of Certainty", dentre outros.
lxxv.	Sobre o assunto, ver o Teorema de Gödel.
lxxvi.	Kurt Friedrich Gödel nasceu na Áustria-Hungria em 1906 e faleceu nos Estados Unidos da América em 1978.
lxxvii.	Essa afirmação é considerada o primeiro teorema de Gödel.
lxxviii.	Segundo teorema de Gödel.
lxxix.	De plano, adverte-se que não são taxativas as teorias expostas.
lxxx.	Em grego Περὶ ἑρμηνείας, em latim *De Interpretatione*.
lxxxi.	Tradução: "Que não entre aqui quem não é geômetra". A referência é datada posteriormente, nos escritos de João Filopono e de Olympiodoro, neoplatônicos, que viveram no século VI d. C.; e por João Tzetzes, autor bizantino do século XII (*Chiliades*, 8, 972).
lxxxii.	Alfred Tarski é considerado um dos maiores matemáticos e lógicos do século passado. Nasceu em Varsóvia, em 1901 (Império Russo), e morreu nos EUA em 1983.
lxxxiii.	Há de se destacar que Albert Einstein nasceu em 1879 (faleceu em 1955), sendo que publicou a sua teoria da relatividade em 1905.
lxxxiv.	Nasceu nos Estados Unidos da América em 1842 e faleceu em 1910.
lxxxv.	John Dewey foi discípulo de William James. Nasceu em 1859 e faleceu em 1952.

lxxxvi. Otto Neurath (1882-1945), membro do círculo de Viena.

lxxxvii. Lógico-matemático inglês, Frank P. Ramsay, da década de 20.

lxxxviii. Art. 227. É dever da família, da sociedade e do Estado assegurar à criança e ao adolescente, com absoluta prioridade, o direito à vida, à saúde, à alimentação, à educação, ao lazer, à profissionalização, à cultura, à dignidade, ao respeito, à liberdade e à convivência familiar e comunitária, além de colocá-los a salvo de toda forma de negligência, discriminação, exploração, violência, crueldade e opressão.
... Parágrafo Sexto. Os filhos, havidos ou não da relação do casamento, ou por adoção, terão os mesmos direitos e qualificações, proibidas quaisquer designações discriminatórias relativas à filiação. ...

lxxxix. Segue de perto com o Art. 36 da CRP.

xc. Expressão cunhada por Hannah Arendt.

xci. Ademais, conforme Spinoza, o topo do sistema *causa sui* só pode ser Deus, em que tudo deve ser deduzido, incluindo o homem.

xcii. Sobre todas as possíveis definições de filosofia, pode-se aceitar (sem excluir outras) *a* (eterna) *tentativa do ser humano em atingir uma visão do mundo, mediante a autorreflexão sobre suas funções valorativas teoréticas e práticas.*

xciii. Art. 5º Todos são iguais perante a lei, sem distinção de qualquer natureza, garantindo-se aos brasileiros e aos estrangeiros residentes no País a inviolabilidade do direito à vida, à liberdade, à igualdade, à segurança e à propriedade, nos termos seguintes: (…).

xciv. Artigo 24º. Direito à vida. 1. A vida humana é inviolável. 2. Em caso algum haverá pena de morte.

xcv. Artikel 2 [Persönliche Freiheitsrechte] (1) Jeder hat das Recht auf die freie Entfaltung seiner Persönlichkeit, soweit er nicht die Rechte anderer verletzt und nicht gegen die verfassungsmäßige Ordnung oder das Sittengesetz verstößt. (2) Jeder hat das Recht auf Leben und körperliche Unversehrtheit. Die Freiheit der Person ist unverletzlich. In diese Rechte darf nur auf Grund eines Gesetzes eingegriffen werden. (tradução livre: Artigo 2 [Direitos de liberdade] (1) Todos têm o direito ao livre desenvolvimento da sua personalidade, desde que não violem os direitos de outros e não atentem contra a ordem constitucional ou a lei moral. (2) Todos têm o direito à vida e à integridade física. A liberdade da pessoa é inviolável. Estes direitos só podem ser restringidos em virtude de lei).

xcvi. SECCIÓN 1ª. De los derechos fundamentales y de las libertades públicas. Artículo 15. Todos tienen derecho a la vida y a la integridad física y moral, sin que, en ningún caso, puedan ser sometidos a tortura ni a penas o tratos inhumanos o degradantes. Queda abolida la pena de muerte, salvo lo que puedan disponer las leyes penales militares para tiempos de guerra.

xcvii. O passado pode ser tratado como elemento histórico-cultural.

xcviii. Este fenômeno também é encontrado nas ciências exatas, como por exemplo, o «efeito Doppler». Por efeito doppler entende-se o fenômeno da alteração da frequência observado pelo sujeito (ponto de referência) em virtude do movimento relativo de aproximação ou afastamento entre uma fonte de ondas e o observador. É comumente associado ao efeito das ondas sonoras. Contudo, através das observações astronômicas do efeito doppler (movimento dos astros), pôde-se concluir que o universo está em constante expansão.

xcix. A preocupação com a possibilidade de extermínio da humanidade, depois dos horrores da Segunda Guerra Mundial, também pode ser sentida através das palavras de Freud:
A questão fatídica para a espécie humana parece-me ser saber se, e até que ponto, seu desenvolvimento cultural conseguirá dominar a perturbação de sua vida comunal causada pelo instinto humano de agressão e autodestruição. Talvez, precisamente com relação a isso, a época atual mereça um interesse especial. Os homens adquiriram sobre as forças da natureza um tal controle, que, com sua ajuda, não teriam dificuldades em se exterminarem uns aos outros, *até o último homem.*
Sabem disso, e é daí que provém grande parte de sua atual inquietação, de sua infelicidade e de sua ansiedade. Agora só nos resta esperar que o outro dos dois "Poderes Celestes", o eterno Eros, desdobre suas forças para se afirmar na luta com seu não menos imortal adversário. Mas quem pode prever com que sucesso e com que resultado? (FREUD, Sigmund.; Das Unbehagen in der Kultur, Viena: 1929/30 (v. ver. ut.)).

c. A linha de pensamento coaduna-se com a de Peter Häberle (Die offene Gesellschaft der Verfassungsinterpreten. Ein Beitrag zur pluralistischen und "prozessualen" Verfassungsinterpretation. (v. ver. ut.); e, Die Verfassung des Pluralismus. Studien zur Verfassungstheorie der offenen Gesellschaft, Athenäum TB-Rechtswissenchaft, Könistein/Ts, 1980 (v. ver. ut.). Para este, o Direito não seria apenas o dito e redito pelo Poder Judiciário (notadamente, o Direito Constitucional pelo Tribunal Constitucional) ou pelo exposto pelo mundo jurídico (*Law on the book*), mas por toda a sociedade enquanto intérprete da norma (*the social practive of Law*). Faz-se essa interpretação no dia a dia, reflexivamente, com os *inputs* que a própria sociedade emite.

ci. Nas palavras de Armando Ribeiro, ao comentar a interlocução entre Direito e cinema: "é inegável a influência que a projeção cinematográfica teve, tem e certamente continuará a ter na formação do homem contemporâneo" e continua "Além das clássicas temáticas há muito explicitadas em filmes de nítida abordagem jurídica, o Direito, na ampla acepção do vocábulo, faz-se presente até mesmo em obras que inicialmente pareceriam mais despretensiosas ou até mesmo infensas a ele. Trata-se, em última instância, de uma abertura para as múltiplas possibilidades de olhar, de pensar e argumentar sobre e a partir do Direito".

cii. Tradução livre: «é preciso ler o direito como uma forma de literatura, é preciso ler a literatura como uma forma de direito».

CAPÍTULO 4
O DIREITO SUSTENTÁVEL COMO DIREITO HUMANO FUNDAMENTAL... | 387

ciii. Assim, é que o cineasta alemão Fritz Lang, já em 1926, profetizava, *"The internationalism of filmic language will became the strongest instrument available for the mutual understanding of peoples, who otherwise have such difficulty understanding each other in all too many languages. To bestow upon film the double gift of ideas and soul is the task that lies before us. We will realize it"*. Em tradução livre "A linguagem internacional dos filmes tornar-se-á um dos mais fortes instrumentos disponíveis para a compreensão mútua dos povos, sem a qual, de outra forma, tem-se uma grande dificuldade de compreensão recíproca em todas as demais línguas. Dessa forma, o filme agracia-se com o duplo dom de ideias e alma é a tarefa que temos perante nós. Vamos realizá-la".

civ. Ou, ainda, finalizando a defesa da arte, evoca-se as palavras de Wagner (parafraseando Hipócrates – HIPÓCRATES, *Aforismos*, Primeira Secção (séc. IV/V a. C.): *"ars longa, vita brevis"*-) : *"Ach Gott! die Kunst ist lang! Und kurz ist unser Leben* (Tradução: *Deus me acuda! A arte é longa, a (nossa) vida é breve*) (GOETHE, Johann Wolfgang von. Faust. Eine Tragödie. (1806). (v. ver. ut.), pág. 58.). No contexto de uma linguagem cinéfila, a ficção científica sobressai-se porque apresenta um forte potencial para a reflexão; é "una reflexión orientada a la comprensión de nuestra realidad (cómo es le mundo) y al replanteamiento de nuestros ideales (cómo deve ser el mundo)".

cv. Ao conceder o Prêmio Nobel da Paz ao IPPC e a Al Gore, o Comitê Norueguês do Nobel justificou a premiação devido aos "seus esforços de ampliar e disseminar um conhecimento amplo sobre as mudanças climáticas provocadas pelo homem e por estabelecer as bases para reverter tais mudanças".

cvi. Refere-se aqui a «teoria econômica dos jogos», inicialmente desenvolvidas por John Nash (1950) e John von Neumann (1947).

cvii. Não se fará uma análise mais acurada do tema, tendo em vista que já foi devidamente tratado no Capítulo 3.

cviii. Art. 1º. Para fins da presente Convenção serão considerados como patrimônio cultural:
Os monumentos – Obras arquitetônicas, de escultura ou de pintura monumentais, elementos de estruturas de carácter arqueológico, inscrições, grutas e grupos de elementos com valor universal excepcional do ponto de vista da história, da arte ou da ciência;
Os conjuntos – Grupos de construções isoladas ou reunidos que, em virtude da sua arquitetura, unidade ou integração na paisagem, têm valor universal excepcional do ponto de vista da história, da arte ou da ciência;
Os locais de interesse – Obras do homem, ou obras conjugadas do homem e da natureza, e as zonas, incluindo os locais de interesse arqueológico, com um valor universal excepcional do ponto de vista histórico, estético, etnológico ou antropológico.

cix. Art. 2º. Para fins da presente Convenção serão considerados como patrimônio natural:
Os monumentos naturais constituídos por formações físicas e biológicas ou por grupos de tais formações com valor universal excepcional do ponto de vista estético ou científico;
As formações geológicas e fisiográficas e as zonas estritamente delimitadas que constituem *habitat* de espécies animais e vegetais ameaçadas, com valor universal excepcional do ponto de vista da ciência ou da conservação;
Os locais de interesse naturais ou zonas naturais estritamente delimitadas, com valor universal excepcional do ponto de vista a ciência, conservação ou beleza natural.

cx. Carta da Terra é uma declaração de princípios fundamentais para a construção de uma sociedade global no século XXI. A versão final da Carta foi aprovada pela Comissão na reunião celebrada na sede da UNESCO, em Paris, em Março de 2000.

cxi. No original: art. 20: "[Umweltschutz]: Der Staat schützt auch in Verantwortung für die künftigen Generationen die natürlichen Lebensgrundlagen und die Tiere im Rahmen der verfassungsmäßigen Ordnung durch die Gesetzgebung und nach Maßgabe von Gesetz und Recht durch die vollziehende Gewalt und die Rechtsprechung".

cxii. Faz referência a «hodierno» por entender que o próprio conceito de «dignidade da pessoa humana» é noção em permanente mudança (por alguns como «evolução»), podendo-se destacar, inclusive, na dimensão histórico cultural da dignidade. V. melhor em BITENCOURT NETO, Eurico.; O direito Ao Mínimo para uma Existência Digna, Porto Alegre: livraria do Advogado, 2010, pág. 67. Como destacado, também é uma posição do Tribunal Constitucional português, *vide* Acórdão nº 90-105-2, de 29/3/1990.

cxiii. Aqui por moderno entende-se o *laico*; isto é, fundamentado na racionalidade argumentativa, mas não em preceitos dogmático-religiosos.

cxiv. A concepção renascentista-iluminista baseia-se numa visão antropocêntrica, ao invés da concepção teocêntrica medieval.

cxv. A referência liberal diz respeito aos postulados das Revoluções Liberais, consagrando os chamados direitos fundamentais de 1ª geração/dimensão.

cxvi. Por sociais, compreendem-se aqui os direitos fundamentais de 2ª geração/dimensão.

CONCLUSÃO

Do estudo realizado, que agora se encerra, compreende-se que outrora, notadamente, depois da década de setenta, a ligação entre o meio ambiente (e as questões sociais) e o comércio internacional tornou-se praticamente um tema *bipolar*. Se, por um lado, ocorreu a proliferação de leis e acordos internacionais com o objetivo de proteção principalmente ambiental, mas também social; por outro lado, verificou-se uma rápida e virtuosa expansão do comércio mundial, alicerçado nos cânones do liberalismo.

Por isso, aos que defendiam a expansão do comércio mundial através da quebra de qualquer barreira comercial entendiam que qualquer tipo de norma restritiva, tais como (justamente) as de cunho ambiental e social, resultaria em retrocesso à livre-iniciativa e, consequentemente, ao comércio ambiental. Aos «ambientalistas» competia o discurso de que o livre comércio fomentava a produção, a circulação, o consumo; o que, indubitavelmente, induziria a degradação ambiental (mais resíduos).

In suma, o debate internacional reduziu a complexa relação entre o comércio/economia e o meio ambiente à simplista lógica de que medidas ambientais constituiriam obstáculos ao livre comércio (= desenvolvimento econômico), enquanto, ao reverso, o aumento do comércio (internacional) promoveria a degradação ambiental.

Porém, defende-se que para o *continuum* de qualquer um dos três sistemas (econômico, social e ambiental), torna-se necessário *vislumbrar* o «enodamento» de um deles aos outros dois, o que forma e constitui justamente a sustentabilidade. Mas o que se quis dizer com isto? Não é mera expressão de difícil retórica.

De fato, a sustentabilidade (e, via de consequência, a análise dos embates que perpassam aqueles três sistemas exordiais) deve ser pressuposta e obtida na medida em que se tenha como ponto assentado (como um imperativo categórico) que todos os três «elos» – ou sistemas iniciais – estão interconectados entre si e se implicam mutuamente. E assim precisam se manter, em estado de equilíbrio, para a perenidade, para a continuidade de todos eles *ad futurum* (e, portanto, desse próprio sistema *ex novo*: a *sustentabilidade*).

Obtém-se, assim, que a melhor metáfora (para fins visuais e didáticos) reside na estrutura matemática do nó borromeu, em que três elos se enodam, formando uma estrutura topológica estável (sustentável), sem que nenhum elo esteja ligado em qualquer outro. Dessa forma, ao se remover qualquer elo, o sistema se desfaz; nenhum outro elo fica atado. Disto resulta a necessidade do sistema de três elos enodados.

Afinal, o desatamento (em corretas palavras, o «desenodamento») comina (mesmo em termos físicos) na separação dos sistemas iniciais (ou seja, no isolamento de cada um deles frente ao outro) e, por conseguinte, numa situação de *insustentabilidade* (justamente pelo rompimento da possibilidade da introjeção dos impactos dos problemas de um sistema no outro).

O que se pretende é que a retórica do «enodamento» – ou seja, da *sustentabilidade* – seja assim apreendida e executada pelo Estado e pela sociedade. Quanto ao Estado, encarando-se a sustentabilidade como algo fundamental – um digno direito fundamental, já que possui estreita conexão com a dignidade da pessoa humana e com a proteção da vida e da qualidade de vida –, tornar-se-á Estado Sustentável, tendo, então, capacidade para desenvolver-se e sustentar aquelas três vertentes iniciais: econômica, social e ambiental. É o que aqui se propõe.

Finalmente, esta "parte pragmática" do «enodamento» – isto é, da *sustentabilidade* na *práxis* – carece agora de ser testada. Sendo assim, o nosso "dado final" poderá ser, quiçá, o "início" de outras e novas pesquisas jurídicas, tais como a decisão judicial (e o princípio do dispositivo) frente às questões da sustentabilidade; o Poder Legislativo (e sua representação) e os temas da sustentabilidade relacionados às gerações vindouras; a contratação sustentável administrativa; os limites imanentes dos direitos fundamentais decorrentes da sustentabilidade, *etc*. Enfim, problemas jurídicos que mais cedo ou mais tarde se colocarão e, de certa forma, poderão impactar na estruturação do Estado de Direito, a fim de tomar a sério e profundamente a "retórica" da *sustentabilidade*.

Se às vezes digo que as flores sorriem

Se às vezes digo que as flores sorriem
E se eu disser que os rios cantam,
Não é porque eu julgue que há sorrisos nas flores
E cantos no correr dos rios...
É porque assim faço mais sentir aos homens falsos
A existência verdadeiramente real das flores e dos rios.
Porque escrevo para eles me lerem sacrifico-me às vezes
À sua estupidez de sentidos...
Não concordo comigo mas absolvo-me,
Porque só sou essa cousa séria, um intérprete da Natureza,
Porque há homens que não percebem a sua linguagem,
Por ela não ser linguagem nenhuma.

O Guardador de Rebanhos
Alberto Caeiro (heterônimo de Fernando Pessoa)

REFERÊNCIAS

"L'état du monde 1988: Annuaire économique et géopolitique mondial"; La découverte, Paris, e em "World Economic Report", 1988, *The World Bank-Oxford University Press*.

ABBAGNANO, Nicola.; *Dizionario di Filosofia*, Torino, 1971 (versão utilizada: *Dicionário de Filosofia*, tradução de Alfredo Bosi, São Paulo: Martins Fontes, 2003).

ABDALLA, Maurício.; *O princípio da cooperação em busca de uma nova racionalidade*. São Paulo: Paulus, 2ª edição, 2004.

ABDUL, Shaban.; Environment kuznets curve: Theoretical and empirical issues. *IASSI Quarterly*, 2005, Volume: 23, Issue: 4. Disponível em: <http://www.indianjournals.com/ijor.aspx?target=ijor:iassi&volume=23&issue=4&article=003>, extraído em 25 de Maio de 2010.

ABEYSEKERA, S.; Development and Human Rights, Nova York, *Women's International Coalition for Economic Justice* (Wicej), 2003. Disponível em: <www.wicej.addr.com/mdg/SEC_02.pdf>.

ABIB, Osvaldo Ari.; Uma Estratégia de Desenvolvimento Sustentável para o Nordeste, Secretaria de Planejamento, Orçamento e Coordenação da Presidência da República, 711. 2: 63: 504 (213. 504), V. 4, N. 7.

ABRAMOVAY, Ricardo.; Alimentos versus população: está ressurgindo o fantasma malthusiano? Revista Ciência e Cultura, vol. 62, nº 4, São Paulo, Oct., 2010.

ABRÃO, Marta Vieira.; Mudanças Climáticas e Riscos Empresariais: posicionamento corporativo e relacionamento com o desempenho financeiro nas empresas líderes em sustentabilidade no mercado brasileiro, Programa de Pós-Graduação em Administração, Instituto COPPEAD de Administração, Universidade Federal do Rio de Janeiro, Rio de Janeiro, Agosto de 2011. Texto disponível em: <http://www.coppead.ufrj.br/upload/publicacoes/Marta_Abrao.pdf>, extraído em 30 de Maio de 2013.

ABREU, Camila Ramos Pérola de.; BATALHONE, Ana Patrícia.; MODELLI, Fernando dos Santos.; CÉSAR, Paula Macedo.; Conferência Mundial de Direitos Humanos – Viena, 1993 Tópico: A inter-relação entre democracia, desenvolvimento e Direitos Humanos, In: *Construindo Juntos o Nosso Futuro Comum, Simulação das Nações Unidas para Secundaristas*, Sinus, 2009.

ACCIOLY, Hildebrando.; *Manual de Direito Internacional Público*, São Paulo: Saraiva, 11ª edição, 1993.

ACHARYA, Viral V..; Understanding Financial Crises: Theory and Evidence from the Crisis of 2007-08, NYU Stern School of Business, CEPR and NBER, 3 March 2013, texto disponível em: <http://pages.stern.nyu.edu/~sternfin/vacharya/public_html/pdfs/NBER%20Reporter%20-%20Summary%20of%20Crisis%20Research%20-%20V%20V%20Acharya%20-%203%20Mar%202013.pdf>, extraído em 13 de Maio de 2013.

Ackermann, Martin; STECHERr, Babel.; FREEDd, Nikki E.; SONGHET, Pascal.; HARDT, Wofl-Dietrikch.; DOEBELI, Michael.; Self-destructive cooperation mediated by phenotypic noise Nature (2008). In: ETH Zurich D-UWIS *Theoretical Biology Publications*. Esse artigo encontra-se também na *Nature 454*, 987-990, de 21 de agosto de 2008.

ADLER, Cy A.; *Ecological Fantasies*: Death from Falling Watermelons, USA: Green Eagle Pr (June 1978).

ADORNO, T. W.; e HORKHEIMER, M..; *Kulturindustrie* – Aufklärung als Massenbetrug, Frankfurt am: Fischer Verlag 16, (versão utilizada: A Indústria Cultural: o esclarecimento como mistificação das massas. Dialética do Esclarecimento fragmentos filosóficos, Tradução: Guido Antônio de Almeida. Rio: Zahar, 1985).

AGOSTINHO. *Confissões*, Edição utilizada: 13ª edição, Braga: Livraria Apostolado da Imprensa, Notadamente no Livro Sétimo: A Caminho de Deus.

Agronegócio e meio ambiente, Belo Horizonte: Editorial do Jornal Estado de Minas, edição de 9/9/2008.

AGUIAR COIMBRA, José de Ávila.; *O outro lado do meio ambiente*, São Paulo: Cetesb, 1985, pág. 29.

AL GORE, *An Inconvenient Truth*: The Planetary Emergency of Global Warming and What We Can Do About It, Rodale Press in Emmaus, Pennsylvania, in the United States, 2006.

ALBERGARIA, Bruno.; A (muito) antiga discussão sobre a Atuação Econômica do Estado. Uma Visão da Constelação do Direito e suas Contribuições para o Mundo da Economia, In: *Sociedade e Consumo* – Múltiplas Dimensões na Contemporaneidade, PIMENTA, Solange Maria.; CORRÊA, Maria Laetitia.; DADALTO, Maria Cristina.; VELOSO, Henrique Maia.; (Orgs.), Curitiba: Juruá, 2010.

ALBERGARIA, Bruno.; A Busca da Verdade da Prova, Revista Jurídica *Verba Volant Scripta Manent*. Faculdade Integrada de Patos – Paraíba, Ano V – nº 01 – Dezembro de 2009.

ALBERGARIA, Bruno.; *A Construção histórica dos Estados modernos (absolutistas) no mundo ocidental*, Meritum, Belo Horizonte, vol. 7, n. 1, p. 81-109, jan./jun., 2012.

ALBERGARIA, Bruno.; De Luhmann a Aristóteles, evolução ou involução?. Publicado no *Caderno Direito e Justiça*, Jornal Estado de Minas, 1º de Dezembro, Belo Horizonte, 2008.

ALBERGARIA, Bruno.; Direito Ambiental e a Responsabilidade Civil das Empresas, Belo Horizonte: Fórum, 2005.

ALBERGARIA, Bruno.; Estado Falido, In: *Estado de Minas Gerais*, em 18 de fevereiro de 2008, texto disponível em: <www.albergaria.com.br>.

ALBERGARIA, Bruno.; Histórias do Direito Evolução Das Leis, Fatos e Pensamentos, São Paulo: Atlas, 2ª Ed., 2012.

ALBERGARIA, Bruno.; Instituições de Direito, para cursos de Administração, Ciências Contábeis, Economia, Comercio Exterior e Ciências Sociais, São Paulo: Atlas, 2008.

ALBERGARIA, Bruno.; O Poder como Foco, In: *Jornal Estado de Minas*, Seção Opinião, p. 9-9, 07 ago. 2006.

ALCOFORADO, Fernando Antonio Gonçalves.; Os Condicionantes do desenvolvimento do Estado da Bahia, Universitat de Barcelona. Departament de Geografia Física i Anàlisi Geogràfica Regional, 2003, pág. 41. Texto disponível em: <http://www.tdx.cat/bitstream/handle/10803/1944/2.A_GLOBALICAO_DA_ECONOMIA_MUNDIAL.pdf;jsessionid=3C910619B672834028039A9CE6076AD5.tdx2?sequence=7>, extraído em 12 de Setembro de 2013.

ALCOFORADO, Fernando.; *Globalização e desenvolvimento*, São Paulo: Nobel, 2006.

ALEIXO, Luiz Alexandre Garcia.; TACHIBANA, Toshi-Ichi.; CASAGRANDE, Douglas.; Poluição por Óleo – Formas de introdução de petróleo e derivados no ambiente, In: *Revista Integração*, Abril. Mai. Jun., 2007, Ano XIII, nº 49, págs. 159-166.

ALEXANDER, J. C.; (1987). 'The Centrality of the Classics', In: A. Giddens and J. Turner. (eds.); Social Theory Today, Stanford, Calif.: *Stanford University Press*, 1987.

ALEXANDRA DIAS SOARES, Cláudia.; O Imposto Ecológico – Contributo para o Estudo dos Instrumentos Económicos de Defesa do Ambiente, *Boletim da Faculdade de Direito*, Universidade de Coimbra, Stvdia Ivridica 58, Coimbra Editora, 1999.

ALEXY, Robert.; *Theorie der Grundrechte*, Suhrkamp-Verlag, 2006 (versão utilizada: *Teoria dos Direitos Fundamentais*. Tradução: Virgílio Afonso da Silva, da 5ª edição alemã, São Paulo: Malheiros editores, 2008).

ALEXY, Robert.; Theorie der juristischen Argumentation, Die Theorie des rationalen Diskurses als Theorie der juristischen Begründung (1983), (versão utilizada: traduzido por Zilda Hutchinson Schild Silva sob o título de Teoria da Argumentação Jurídica: A Teoria do Discurso Racional como Teoria da Justificação Jurídica, editora Landy, 2008).

ALICIA, Sofia.; GUDDOY, Baliño, Kiranne.; HEPBUM, Jonathan.; Acordo histórico em Bali dá novo impulso a OMC, Bridges Network, *Pontes Boletim Diário*, Notícias diárias sobre a 9ª Conferencia Ministerial da OMC, Dezembro de 2013. Texto disponível em: <http://ictsd.org/downloads/2013/12/boletim-pontes-bali-6.pdf>, extraído em 15 de dezembro de 2013.

ALLEN, Robert C..; Engel's Pause: A Pessimist's Guides to the British Industrial Revolution, Department of Economics Discussion Paper Series, Manor Road Building, Oxford, Number 315, April 2007, texto disponível em: <http://economics.ouls.ox.ac.uk/12118/1/paper315.pdf>, extraído em 19 de Maio de 2013.

ALMEIDA SILVA Tagore Trajano de.; *Direito animal e hermenêutica jurídica da mudança*: Animais como novos sujeitos de direito, texto disponível em: <http://www.abolicionismoanimal.org.br/artigos/hermeneutica_5.pdf>, extraído em 27 de Julho de 2012.

REFERÊNCIAS | 393

ALMEIDA, Gustavo Henrique de.; Os novos desafios do Empresário no Mundo Contemporâneo: Mercado, Globalização e Função Socioambiental da Empresa, In. JUNIOR, Walter Santos (org.).; Temas de Direito Sustentável, Belo Horizonte: Editora Legal Ltda, 2010.

ALVES BRITO, Fernando de Azevedo.; A hodierna classificação do meio ambiente, o seu remodelamento e a problemática sobre a existência ou a inexistência das classes do meio ambiente do trabalho e do meio ambiente misto. In: Âmbito Jurídico, Rio Grande, 36, 02.01.2007. Disponível em: <http://www.ambitojuridico.com.br/site/index.php?n_link=revista_artigos_leitura&artigo_id=1606>, extraído em 27.03.2008.

ALVES CORRÊA, Leonilda Campos Gonçalves.; Comércio e Meio Ambiente: atuação diplomática brasileira em Relação ao Selo Verde, Coleção Curso de Altos Estudos do Rio Branco, Brasília: Instituto Rio Branco, 1998.

ALVES, J. A. Lindgren.; A Cúpula Mundial sobre o Desenvolvimento Social e os paradoxos de Copenhague, Rev. bras. polít. int., vol. 40, n. 1 Brasília, Jan./June, 1997.

ALVES, leda Maria.; A Integração dos Neologismos por Empréstimo ao Léxico Português, Alfa, São Paulo, 28(supl.):l 19-126, 1984.

ALVIM, Arruda Alvim.; Manual de Direito Processual Civil, 7ª ed., São Paulo: Revista dos Tribunais, 2000.

AMADO GOMES, Carla.; A Protecção Internacional do Ambiente na Convenção de Montego Bay. In: Estudos em Homenagem à Professora Doutora Isabel Magalhães Collaço, II, Coimbra, 2002, págs. 695 e segs. (esse texto pode ser encontrado também em Textos Dispersos de Direito do Ambiente, Lisboa: AAFDL, 2005, pág. 187-221).

AMADO GOMES, Carla.; Ambiente (Direito do). In: Textos Dispersos de Direito do Ambiente, Lisboa: AAFDL, 2005, pág. 73 (esse texto também pode ser encontrado no II Suplemento do Dicionário Jurídico da Administração Pública, 1998, págs. 9-29).

AMADO GOMES, Carla.; Direito do Património Cultural, Direito do Urbanismo, Direito do Ambiente: o que os une e o que os separa. In: *Revista da Faculdade da Universidade de Lisboa*, 2001/1, págs. 353 e segs. (esse texto também pode ser encontrado em *Textos Dispersos de Direito do Ambiente*, Lisboa: AAFDL, 2005, pág. 127-139).

AMADO GOMES, Carla.; O Ambiente como Objecto e os Objectos do Direito do Ambiente. In: *Textos Dispersos de Direito do Ambiente*, Lisboa: AAFDL, 2005.

AMADO GOMES, Carla. O Direito ao Ambiente no Brasil: um olhar Português. In: *Textos Dispersos de Direito do Ambiente*, Lisboa: AAFDL, 2005, pág. 273-291.

AMADO GOMES, Carla.; Risco e Modificação do Acto Autorizativo Concretizador de Deveres de Protecção do Ambiente, Coimbra Editora, 2007.

AMARAL SANTOS, Moacyr.; *Primeiras Linhas de Direito Processual Civil*. 15ª Edição – 1º Volume.

AMARAL, Ronaldo.; Orígenes: um asceta condescendente com a matéria. A ambiguidade espiritual-material na existência bem-aventurada, *Revista de História e Estudos Culturais*, Vol. 6, Ano VI, nº 3. Julho/Agosto/Setembro de 2009.

AMARO, Pedro.; A Revisão das Regras de Autorização de Pesticidas Em Protecção Integrada, Grafilipe – Soc. Artes gráficas, Lda., 2008.

AMATO NETO, João. [org.]; *Sustentabilidade & Produção*, São Paulo: Atlas, 2011.

ANDRADE, Carlos Mauricio Soares de.; VALENTIM, Judson Ferreira.; CARNEIRO, Jailton da Costa.; Árvores de Baginha (Stryphnodendron guianense (Aubl.) Benth.) em Ecossistemas de Pastagens Cultivadas na Amazônia Ocidental, *Revista Brasileira Zootecnia*, v. 31, n. 2, p. 574-582, 2002.

ANDRADE, Daniel Caixeta.; Economia e meio ambiente: aspectos teóricos e metodológicos nas visões neoclássica e da economia ecológica, In: Leituras de Economia Política, Campinas, (14): 1-31, ago./dez. 2008, texto disponível em: <http://www.eco.unicamp.br/docdownload/publicacoes/instituto/revistas/leituras-de-economia-politica/V11-F1-S14/1%20LEP14_Economia%20e%20Meio%20Ambiente.pdf>. Extraído em 01 de Agosto de 2012.

ANDRADE; José Carlos Vieira de.; Os Direitos Fundamentais na Constituição Portuguesa de 1976, Coimbra: Almedina, 2012.

ANDREIS, Sergio.; Haben wir ein Monster" geschaffen?, Aufstieg und Fall der Grünen in Italien, Grüne Identität In Einem Sich Wandelnden Europa, Herausgeber: EU-Regionalbüro Brüssel, Brüssel, Oktober 2008. Texto disponível em, extraído em 25 de Setembro de 2013.

ANDREOZZI, Mateo.; Dall'Antropocentrismo All'Ecocentrismo, Università Degli Studi di Milano, Facoltà di Lettere e Filosofia, Corso di Laurea Biennale in Scienze Filosofiche, Anno Accademico 2008/2009. Texto disponível em: <http://www.cartadellaterra.org/media/File/MATERIALI/Matteo%20Andreozzi%20-%20 Tesi%20LM.pdf>, extraído em 07 de Agosto de 2012.

ANTUNES DE LIMA, Marco.; Pós-Modernidade e Teoria da História. *In. Revista virtual de História*, Ano IV, nº 16, abril/maio, 2003, Disponível em: <http://www.klepsidra.net/>. Extraído em 16 de Setembro de 2008.

ANTUNES ROCHA, Cármen Lúcia.; O Constitucionalismo Contemporâneo e a Instrumentalização para a Eficácia dos Direitos Fundamentais. In: *Revista CEJ*, vol. 1, nº 3, set./dez. 1997.

ANTUNES ROCHA, Carmen Lúcia.; *O Direito Constitucional à Jurisdição* – As Garantias do Cidadão na Justiça, Saraiva, São Paulo/1993.

ANTUNES, Filipe Miguel Carvalho Pereira.; *A Importância dos Cavalheiros da Indústria na Internacionalização do Douro*, Dissertação de Mestrado d Universidade do Minho, Escola de Economia e Gestão, 2010. Texto disponível em: <http://repositorium.sdum.uminho.pt/bitstream/1822/12437/1/Filipe%20Miguel%20Carvalho%20 Pereira%20Antunes.pdf>, extraído em 13 de Setembro de 2013.

APERGIS, Nicholas.; & THEODOSIOU, Ioannis.; The Employment – Wage Relationship: Was Keynes right after all? *American Review of Political Economy*, Vol. 6, No.1 (Pages 40-50), June 2008.

ARAGÃO, Maria Alexandra de Sousa.; O Princípio do Nível Elevado de Proteção e a Renovação Ecológica do Direito do Ambiente e dos Resíduos, Coleção Tesis, Coimbra: Almedina, 2006.

ARAGÃO, Maria Alexandra Sousa.; Direito Constitucional do Ambiente da União Europeia. In: *Direito Constitucional Ambiental Brasileiro*. Organizadores GOMES CANOTILHO, José Joaquim.; e MORATO LEITE, José Rubens.; São Paulo: Saraiva, 2007, págs. 11-55.

ARAUJO, Fernando.; *A Hora dos Direitos dos Animais*, Coimbra: Almedina, 2003.

ARAUJO, Fernando.; *Introdução à Economia*, Coimbra: Almedina, 6ª edição, 2006.

ARAÚJO, Filipa Alexandra da Costa.; Os Media Sociais no Corporate Social Marketing, Universidade Católica Portuguesa, Faculdade de Economia e Gestão, Porto, Setembro de 2012. Texto disponível em: <http://repositorio.ucp.pt/bitstream/10400.14/10567/1/TFM-MscGest%C3%A3o-Filipa%20Ara%C3%BAjo.pdf>, extraído em 8 de Setembro de 2013.

ARAUJO, Luiz Alberto David.; & JUNIOR, Vidal Serrano Nunes.; Curso de Direito Constitucional, Saraiva, 10 edição, 2006.

ARENDT, Hanna.; The origins of totalitarism, 1951, (versão utilizada: Origem do Totalitarismo, São Paulo: Companhia das Letras, 1989).

ARENDT, Hannah.; Eichmann in Jerusalém: A Report on the Banality of Evil, New York, The Vinking Press, 1963.

ARISTÓTELES, Da Interpretação (em grego Περὶ ἑρμηνείας, em latim *De Interpretatione)*, encontrado no livro Órganon.

ARISTÓTELES, *De Part. An., 645*

ARISTÓTELES, Ética a Nicómaco, tradução do Grego e Notas de António C. Caeiro, Lisboa: Quetzal Editores, 2004.

ARMANDO RIBEIRO, Fernando J.; Direito e Cinema: uma interlocução necessária, Revista Del Rey Jurídica, ano 9, nº 18, Agosto a Dezembro, 2007.

AROSO LINHARES, José Manuel.; O Logos da Juridicidade sobre o Fogo Cruzado do Ethos e do Pathos – Da Convergência com a Literatura (Law as Literature) à Analogia com uma Poiêsis-Technê de Realização ("Law as Musical and Dramatic Performance"), In Boletim da Faculdade de Direito da Universidade de Coimbra, volume LXXX, Coimbra, 2004, página 90).

ARRAES, Ronaldo A.; DINIZ, Marcelo B.; DINIZ, Márcia J. T.; Curva ambiental de *Kuznets* e desenvolvimento econômico sustentável, RER, Rio de Janeiro, vol. 44, nº 03, p. 525-547, jul./set. 2006 – Impressa em setembro 2006, texto disponível em: <http://www.scielo.br/pdf/resr/v44n3/a08v44n3.pdf>, extraído em 18 de Agosto de 2012.

REFERÊNCIAS | 395

ARRAES, Ronaldo A.; DINIZ, Marcelo B.; DINIZ, Márcia J. T.; Curva ambiental de *Kuznets* e desenvolvimento econômico sustentável, RER, Rio de Janeiro, vol. 44, nº 03, p. 525-547, jul./set. 2006 – Impressa em setembro 2006, texto disponível em: <http://www.scielo.br/pdf/resr/v44n3/a08v44n3.pdf>, extraído em 18 de Agosto de 2012.

ASCENSÃO, José de Oliveira.; O Direito, Introdução e Parte Geral, 13ª Edição Refundida, Coimbra: Almedina, 2005.

ASSIS, J. Carlos de.; O imperativo do pleno emprego no Brasil contemporâneo, Ciclo de seminários Fórum Social Brasileiro, Belo Horizonte, 7 e 8 de novembro de 2003, texto disponível em: <http://www.ibase.br/userimages/j_carlos_assis_port.pdf>, extraído em 07 de Agosto de 2012.

ATTANÉ I.; Une Chine sans femmes?, 2005, Paris, pg. 180;

AVELÃS NUNES, António José.; Uma Volta ao Mundo das Ideias Económicas. Será a Economia uma Ciência?, Coimbra: Almedina, 2008.

AVILA, Carlos Federico Domínguez.; A Queda do Muro de Berlim: Um Estudo com Fontes Brasileiras, Rev. Sociol. Polít., Curitiba, v. 18, n. 37, págs. 93-110, Out., 2010. Texto disponível em: <http://www.scielo.br/pdf/rsocp/v18n37/07.pdf>, extraído em 1 de Setembro de 2013.

AYALA, Luci. (redação); NADAI, Mariana. (pesquisa); Objetivos de Desenvolvimento do Milênio (ODM), São Paulo: Instituto Ethos de Empesas e Responsabilidade Social, 2006.

B. DE MARCHI.; S. Funtowicz.; and J. Ravetz.; Seveso: A paradoxical classic disaster. Disponível em: <http://www.unu.edu/unupress/unupbooks/uu21le/uu21le09.htm> e Moritz Kleine-Brockhoff.1976: Explosão de Seveso, In: Deutsche Welle. Disponível em: <http://www.dw-world.de/dw/article/0,2144,871315,00.html>, ambos extraídos em 18 de abril de 08.

BACHELET, Michel.; L'Ingérence Écologique, Éditions Frison, Roche, 1995 (versão utilizada: A Ingerência Ecológica, Direito Ambiental em Questão, tradução de Fernanda Oliveira, Lisboa: Instituto Piaget, 1997).

BACHOF, Otto.; Verfassungswidrige Verfassungsnormen? Verlag J.C.B. Mohr, Tübingen, 1951. (versão utilizada: Normas Constitucionais Inconstitucionais? Tradução José Manoel M. Cardoso, Lisboa: Almedina, 1994).

BACIC OLIC, Nelson.; *A Guerra do Vietnã*, Moderna, 1991.

BACKHOUSE, Roger.; The Penguin history of economics, Penguin Books Ltd, Reino Unido, 2002 (versão utilizada: História da economia mundial, tradução Celso Mauro Paciornik, São Paulo: Estação Liberdade, 2007).

BAGOLIN, Luiz Armando.; "O Aleijadinho": monstro herói, estudos avançados 23 (65), 2009, pp. 353-358, texto disponível em: <http://www.scielo.br/pdf/ea/v23n65/a26v2365.pdf>, extraído em 20 de Setembro de 2012.

BAIPAKOV, Karl.; The Great Silk Road, 第三屆台灣與中亞論壇國際學術會議 3-ши Тайвань-Орталық Азия форумы (Fórum sobre a Terceira Conferência Internacional sobre Taiwan Central Ásia), texto disponível em: <http://w3.cyu.edu.tw/centralasia/chinese/sub/15.pdf>, extraído em 22 de Setembro de 2013.

BAKIN, Jack M.; e LEVINSON, Sanford.; Law as Performance, <http://www.yale.edu/lawweb/jbalkin/articles/london21.htm#N_1_>, extraído em 28 de Setembro de 2008.

BALDISSERA, Felippe.; A História da Integração Europeia do Pós-Guerra a Maastricht – Tratados e Instituições, Ciências Jurídicas e Sociais pela Pontifícia Universidade Católica do Rio Grande do Sul. Texto disponível em: <http://www3.pucrs.br/pucrs/files/uni/poa/direito/graduacao/tcc/tcc2/trabalhos2012_1/felippe_baldissera.pdf>, extraído em 12 de Setembro de 2013.

BALKIN, Jack M.; What is a Postmodern Constitutionalism? In: Michigan Law Review, 1992, págs. 1 e segs. Disponível em: <http://www.yale.edu/lawweb/jbalkin/articles/postmodernconstitutionalism.pdf>, extraído em 26/9/2008.

BAMBIRRA, Felipe Magalhães.; A inflexão antropológica da sofística nos albores da filosofia do direito e do estado, In: Meritum – Belo Horizonte, v. 5, n. 1, p. 77-108, jan./jun. 2010.

BANCO MUNDIAL, 2010. Disponível em: <http://databank.worldbank.org>. Acesso em Setembro de 2013. Banco de dados.

BANISTER J. (éd.); Fertility policy and implementation in China, 1986-88, juin. 1988, China quarterly (The).

BAPTISTA SILVA, Ovídio A.; Curso de Processo Civil, 4ª ed., São Paulo: Revista dos Tribunais, 1998.

BAPTISTA, Eduardo Correia.; Direito Internacional Público, Vol. II – Sujeitos e Responsabilidades, Coimbra: Almedina, 2004.

BARADARAN, Shima.; BARCLAY, Stephanie.; Fair Trade and Child Labor, Columbia Human Rights Law Review [43:1], 2011.

BARÃO, Kendra Corrêa.; e SILVA, Edson Barbosa da.; Direito Natural e Positivo: sofistas, Platão e Aristóteles, In: Iniciação Científica CESUMAR, Jul./Dez., 2005, Vol. 07, nº 02, pp. 111-126.

BARATAY, Éric.; L'Anthropocentrisme du Christianisme Occidental, In: Cyrulnik, B (org.), Si les lions pouvaient parler, Paris, Gallimard, « Quarto», 1998.

BARBOSA, R.I.; and FEARNSIDE, P.M..; Incêndios na Amazônia brasileira: Estimativa da emissão de gases do efeito estufa pela queima de diferentes ecossistemas de Roraima na passagem do evento "El Niño" (1997/98). Acta Amazónica 29(4): 513-534, 1999.

BARNABÉ, Gabriel Ribeiro.; Hugo Grotius e as relações internacionais: entre o direito e a guerra, Cadernos de Ética e Filosofia Política 15, 2/2009, págs. 27/47, texto disponível em: <http://www.fflch.usp.br/df/cefp/Cefp15/barnabe.pdf>, extraído em 21.7.2013.

BARRAL, Welber.; O Comércio Internacional, Belo Horizonte: Del Rey.

BARROS LARAIA, Roque de. Cultura: um conceito antropológico. Rio de Janeiro: Jorge Zahar, 2001.

BARROSO, Luís Roberto.; A Dignidade da Pessoa Humana no Direito Constitucional Contemporâneo, A construção de um conceito jurídico à luz da jurisprudência mundial, Belo Horizonte: Fórum, 2ª Ed., 2013.

BARROSO, Luís Roberto.; e BARCELLOS, Ana Paula de.; O Começo da História. A Nova Interpretação Constitucional e o Papel dos Princípios no Direito Brasileiro. Disponível em: <http://www.femparpr.org.br/userfiles/file/texto_principios_constitucionais_barroso.pdf>, extraído em 15 de Junho de 2011.

BARROS-PLATIAU, Ana Flávia.; Novos Atores, Governança Global E O Direito Internacional Ambiental, Série Grande Eventos, Meio Ambiente. Texto disponível em: <http://www.egov.ufsc.br/portal/sites/default/files/anexos/31997-37543-1-PB.pdf>, extraído em 15 de Outubro de 2013.

Base de Datos Políticos de las Américas. (2006) Derecho del ciudadano. Estudio Constitucional Comparativo. [Internet]. Centro de Estudios Latinoamericanos, Escuela de Servicio Exterior, Universidad de Georgetown. In: <http://pdba.georgetown.edu/Comp/Ambiente/derecho.html>. 14 de junio 2011.

BASTOS, Celso Ribeiro.; Curso de Direito Constitucional, 20ª Edição, São Paulo: Saraiva, 1999.

BATISTA, Ieda Hortêncio.; ALBUQUERQUE, Carlossandro Carvalho de.; Desenvolvimento Sustentável: novos rumos para a humanidade, Revista Eletrônica Aboré Publicação da Escola Superior de Artes e Turismo Edição 03/2007, texto disponível em: <http://www.revistas.uea.edu.br/old/abore/artigos/artigos_3/Ieda%20Hortencio%20Batista.pdf>, extraído em 31/8/2012.

BATISTA, João Bosco.; MUNIZ, Jorge.; BATISTA JUNIOR, Edgar Dias.; Análise Do Sistema Toyota De Produção: Estudo Exploratório Em Empresas Brasileiras Do Grupo Toyota, XXVIII Encontro Nacional de Engenharia de Produção. A integração de cadeias produtivas com a abordagem da manufatura sustentável, Rio de Janeiro, RJ, Brasil, 13 a 16 de outubro de 2008.

BATISTA, Sidney Daniel.; A Relação entre as Políticas de Cultura, Meio Ambiente e Turismo em Diamantina/MG, Ministério da Educação Universidade Federal dos Vales do Jequitinhonha e Mucuri, UFVJM, Minas Gerais, Brasil, Revista Vozes dos Vales: Publicações Acadêmicas, Brasil, Nº 01, Ano I, 05/2012.

BAUDRILLARD, Jean.; La société de consommation, ses mythes, ses structures, Paris, Éditions Denoël, 1970 (versão utilizada: A sociedade de consumo, Tradução de Artur Mourão, Lisboa: Edições 70, 1995).

BAUMAN, Zygmunt.; Liquid love: on the frailty of human bonds, (versão utilizada: Amor líquido: sobre a fragilidade dos laços humanos, Tradução: Carlos Alberto Medeiros, Rio de Janeiro: Jorge Zahar, Ed., 2004).

BEATTY, Timothy K.M.; SHIMSHACK, Jay P.; The Impact of Climate Change Information: New Evidence from the Stock Market, Forthcoming with minor revisions in Contributions to Economic Analysis and Policy: The Berkeley Electronic Journals of Economic Analysis and Policy, September 2010.

BECK, Ulrich.; Risikogesellschaft: auf dem Weg in eine andere Moderne, Suhrkamp, Frankfurt a.M. 1986, (versão utilizada: Sociedade de Risco – rumo a uma outra modernidade, tradução de Sebastião Nascimento, Rio de Janeiro: Editora 34, 2010).

REFERÊNCIAS | 397

BECKER, B.; e EGLER, C.; Brasil: Uma Nova Potência Regional na Economia Mundo, Editora Bertrand Brasil, S.A., Rio de Janeiro, 1993.

BEINSTEIN, Jorge.; Capitalismo senil: a grande crise da economia global. Tradução de Ryta Vinagre, Rio de Janeiro: Record, 2001.

BELATTO, Luiz Fernando B..; O Tratado de Methuen: interpretações e desmistificações, texto disponível em: <http://www.klepsidra.net/klepsidra4/methuen.html>, extraído em 4 de Setembro de 2013.

BELLEN, Hans Michael.; Indicadores de Sustentabilidade: uma análise comparativa, Universidade Federal de Santa Catarina, Centro Tecnológico, Curso de Pós-Graduação em Engenharia de Produção, Florianópolis, Novembro de 2001.

BENJAMIN, Davy.; Essential injustice: when legal institutions cannot resolve environmental and land use disputes. Springer-verlag. Wien/New York, 1997, In: Revista do Centro de Estudos de Direito, do Urbanismo e do Ambiente – RevCEDOUA., 2.2000, pág. 125.

BENTHAM, Jeremy., Introduction to the Principles of Morals and Legislation, 1823, Chapter VIII, §122.

BERNSON, Mary Hammond.; MASALSKI, Kathleen Woods.; PARISI, Lynn S.; WOJTAN, Linda S.; Snapshots from Japan: The Lives of Seven Japanese High School Students, Japan Foundation Center for Global Partnership, 2004. Texto disponível em: <http://www.cgp.org/pdf/DeAi_PDF/Snapshots_From_Japan.pdf>, extraído em 02 de Junho de 2013.

BERTOLDI, Márcia Rodrigues.; Regulação internacional do Acesso aos Recursos Genéticos, que integram a Biodiversidade, Revista de Direito Ambiental, Vol. 39, Ano 10, julho-setembro de 2005. São Paulo: Revista dos Tribunais, 2005, pp 127-146.

BESSA ANTUNES, Paulo de.; Dano Ambiental: uma abordagem conceitual. Rio de Janeiro: Lumen Juris, 2000.

BESSA ANTUNES, Paulo de.; Direito Ambiental, 6ª ed., Rio de Janeiro: Lumen Juris, 2002.

BETTINE DE ALMEIDA, Gustavo Luis.; Subsídios Teóricos do Conceito Cultural para Entender o Lazer e Suas Políticas Públicas, In: Conexões (Revista da Faculdade de Educação Física da UNICAMP), v. 2, nº 1, 2004, disponível em: <http://www.unicamp.br/fef/publicacoes/conexoes/v2n1/ArtigoMarcos.pdf>, extraído em 29 de Setembro de 2008.

BEYER, Jürgen.; 2006: Vom, kooperativen Kapitalismus" zum Finanzmarktkapitalismus – eine Ursachenanalyse, In: Brinkmann, Ulrich; Krenn, Karoline und Sebastian Schief, (Hrsg.): Endspiel des Kooperativen Kapitalismus? Wiesbaden: VS, Verlag, 35-57.

BIANCO, Katalina M.; The Subprime Lending Crisis: Causes and Effects of the Mortgage Meltdown, CCH Mortgage Compliance Guide and Bank Digest, 2008, texto disponível em: <http://www.business.cch.com/bankingfinance/focus/news/Subprime_WP_rev.pdf>, extraído em 21 de Maio de 2013.

BÍBLIA SAGRADA. Edição Pastoral. São Paulo: Paulus, 1991.

BIELSCHOWSKY, R. (Org.); Investimento e reformas no Brasil. Indústria e infraestrutura nos anos 1990, Brasília: Ipea/Cepal, 2002.

BILLIER, Jean-Cassien.; MARYIOLI, Aglaé.; Histoire de la Philosophie du Droit, Armand Colin, 2001 (versão utilizada: história da Filosofia do Direito, Instituto Piaget, Tradução: Pedro Henriques).

BISER, Ashley.; The "Unnatural Growth of the Natural": Reconsidering Arendt on nature and artifice in the context of biotechnology. Paper Presented to the Political Theory Colloquiun University of Minnesota, December 1, 2006. Disponível em: <http://www.polisci.umn.edu/centers/theory/pdf/BiserMPTC.pdf>, extraído em 14 de Julho de 2011.

BITENCOURT NETO, Eurico; O Direito ao Mínimo para uma Existência Digna, Porto Alegre: Livraria do Advogado, 2010.

BITTENCOURT, Rafael.; RODRIGUES, Rúbia.; Desastres no Japão e a repercussão internacional da questão nuclear, Texto Informativo, Ásia, 07 de Maio de 2011, www.pucminas.br/conjuntura, texto disponível em: <http://www.pucminas.br/imagedb/conjuntura/CNO_ARQ_NOTIC20110602153344.pdf>, extraído em 30 de Maio de 2013.

BLAKE, Eric S. Blake.; KIMBERLAIN, Todd B.; BERG, Robert J.; CANGIALOSI, John P.; BEVEN II, John L.; Tropical Cyclone Report Hurricane Sandy, (AL182012), 22 – 29 October 2012, National Hurricane Center,

12 February 2013, texto disponível em: <http://www.nhc.noaa.gov/data/tcr/AL182012_Sandy.pdf>, extraído em 30 de Maio de 2013.

BLAYO Y.; Des politiques démographiques en Chine, 1997, Paris.

BOAVENTURA DE SOUZA SANTOS; Uma concepção multicultural de direitos humanos, Revista Lua Nova, vol. 39, São Paulo, 1997, págs. 112 e seguintes.

BOBBIO, Norberto.; Teoria dell'ordinamento giuridico, Torino, 1960 (versão utilizada: Teoria do ordenamento jurídico, Trad. Maria Celeste Cordeiro Leite dos Santos, Brasília: UNB, 1999).

BODNAR, Zenildo.; O Poder Judiciário e a tutela do meio ambiente, Fórum de Direito Urbano e Ambiental FDUA, Belo Horizonte, n. 40, jul./ago. 2008, págs. 78 a 95.

BOECHAT, Cláudio.; e LAURIANO, Lucas Amaral.; Abordagens para a Sustentabilidade nas Organizações, Volume 1, Caderno de Ideias; CI1201, Nova Lima, MG: Fundação Dom Cabral, 2012, texto disponível em: <http://acervo.ci.fdc.org.br/AcervoDigital/Cadernos%20de%20Ideias/2012/CI1201%20(2).pdf>, extraído em 30.4.2013.

BOETTKE, Peter J.; Why perestroika failed: the politics and economics of socialist transformation, Taylor & Francis e-Library, 2003.

BOFF, Leonardo.; Ética da Vida, Brasília: Letraviva, 1999.

BONAVIDES, Paulo.; Curso de Direito Constitucional. 10 ed., São Paulo: Malheiros, 2000.

BONAVIDES, Paulo.; Do Estado Liberal ao Estado Social, São Paulo: Malheiros Editora, 6ª Edição, 1996.

BONIFAZI, Alessandro.; Città e Ambiente, Ministero dell'Ambiente e della Tutela del Territorio, 2005, Relazione sullo Stato dell'Ambiente 2005. Texto disponível em: <http://www.minambiente.it/index.php?id_sezione=688>, extraído em 04 de Agosto de 2012.

BORGES, Fernando Hagihara.; TACHIBANA, Wilson Kendy.; A evolução da preocupação ambiental e seus reflexos no ambiente dos negócios: uma abordagem histórica, In: XXV Encontro Nac. de Eng. de Produção – Porto Alegre, RS, Brasil, 29 out a 01 de nov. de 2005, disponível em: <http://www.abepro.org.br/biblioteca/ENEGEP2005_Enegep1005_1433.pdf>, extraído em 31 de Julho de 2012.

BOSSCHE, Peter van den.; Visão Geral, Organização Mundial do Comércio, Nações Unidas, Nova York e Genebra, 2003.

BOURDIEU, P.; Les structures sociales de l'économie, Paris: Seuil, 2000.

BOURDIEU, Pierre.; A demissão do Estado. In: BOURDIEU, Pierre. (coord.) A Miséria do Mundo, 4. ed., Petrópolis: Vozes, 1.

BOURDIEU, Pierre.; La esencia del neoliberalismo. Disponível em: <http://www.analitica.com.br/biblioteca/bourdieu/neoliberalismo.asp>.

BOWDEN, Murrae J.; Moore's Law and the Technology S-Curve, Current Issues in Technology Management, Winter 2004, Issue 1, Vol. 8.

Boyd-White, James.; Heracle's Bow: Essays on the Rhetoric and Poetics of the Law (1985).

BRACKETT J. W.; The Evolution of marxist theories of population: marxism recognizes the Population problem, 1968, Population Association of America, pg. 159.

BRAGA FILHO, Edson de Oliveira. [org.]; Sustentabilidade e Cooperativismo, uma filosofia para o amanhã – anais do I Congresso Internacional do Instituto Brasileiro de Pesquisas e Estudos Ambientais e Cooperativos, Belo Horizonte: Fórum.

BRANDÃO, Junito de Souza.; Mitologia Grega, Vol. I, Editora Vozes, 13 ed.

BRANDÃO, Luiz Carlos Kopes.; SOUZA, Carmo Antônio de.; O princípio da equidade intergeracional, Planeta Amazônia: Revista Internacional de Direito Ambiental e Políticas Públicas Macapá, n. 2, p. 163-175, 2010.

BRANDER, James A.; Viewpoint: Sustainability: Malthus revisited?, Canadian Journal of Economics, Revue canadienne d'Economique, Vol. 40, No. 1, February / f'evrier 2007, texto disponível em: <http://www.er.uqam.ca/nobel/r25314/cours/ECO8071/Articles/Brander07.pdf>, extraído em 18 de Agosto de 2012.

REFERÊNCIAS | 399

BRASIL. Ministério da Ciência e Tecnologia. Coordenação-Geral de Mudanças Globais de Clima. Comunicação Nacional Inicial do Brasil à Convenção-Quadro das Nações Unidas sobre Mudança do Clima. Brasília: Ministério da Ciência e Tecnologia, 2004.

BRATSPIES, Rebecca.; e Miller, Russell.; Transboundary Harm in International Law: Lessons from the Trail Smelter Arbitration, Cambridge University Press, 2006;

BRAUDEL, Fernand.; Civilisation matérielle, économie et capitalisme, XVe-XVIIIe siècle, Paris: Armand Colin, 1993.

BRESSER-PEREIRA, Luiz Carlos.; A crise financeira global e depois: um novo capitalismo?, Novos Estudos, nº 86, Março, 2010, págs. 51-72.

BRESSER-PEREIRA, Luiz Carlos.; Da Macroeconomia Clássica à Keynesiana, versão corrigida em 1974 de apostila publicada originalmente em 1968. EC-MACRO-L-1968 (E-73), São Paulo, abril de 1968, Revisado em Maio de 1976.

BRIGANTI, E.; Danno Ambientale e Responsabilità Oggetiva, In: Rivista Giuridica dell'Ambiente – Atti del Convegno di Studio sul Tema Dano Ambientale e Tutela Giuridica, Padova, CEDAM, 1987, p. 75.

BRINKLEY, Alan.; The New Deal and the Idea of the State, In. Steve Fraser and Gary Gerstle, Eds., The Rise and Fall of the New Deal Order, 1930-1980, Princeton: Princeton Press, 1989.

BRITO, Fernando de Azevedo.; A hodierna classificação do meio ambiente, o seu remodelamento e a problemática sobre a existência ou a inexistência das classes do meio ambiente do trabalho e do meio ambiente misto. In: Âmbito Jurídico, Rio Grande, 36, 02/01/2007 [Internet]. Disponível em: <http://www.ambitojuridico.com.br/site/index.php?n_link=revista_artigos_leitura&artigo_id=1606>. Extraído em 27.03.2008.

BROWNLIE, Ian.; Principles of Public International Law, Oxford University Press, 4th edition, 1990 (versão utilizada: Princípios de Direito Internacional Publico, tradução de Maria Manuela Farrajota, Maria João Santos, Victor Richard Stockinger, Patrícia Galvão Teles, Lisboa: Fundação Calouste Gulbenkian, 1997).

BUAINAIN, Antônio Márcio.; ROMEIRO, Ademar R.; GUANZIROLI, Carlos.; agricultura familiar e o novo mundo rural, *Revista de Economia e Sociologia Rural*, nº 10, Porto Alegre, 2003, p. 312/347.

BURGIERMAN, Denis Russo.; Ouro Negro – A maldição do petróleo., *Revista Superinteressante*, 07 de 2008, texto disponível em: <http://planetasustentavel.abril.com.br/noticia/desenvolvimento/conteudo_289106.shtml>, extraído em 28 de Maio de 2013.

BURNS, Edward McNall.; Western Civilizations, Their History and Their Culture, W.W. Norton & Co. Inc. New York, 1949 (versão utilizada: história da Civilização Ocidental, tradução de Lourival Gomes Machado, Lourdes Santos Machado e Leonel Vallandro, 23ª edição, Porto Alegre: Editora Globo, 1979).

CABRAL, Gustavo César Machado.; Federalismo, autoridade e desenvolvimento no Estado Novo, *Revista de Informação Legislativa*, Brasília, a. 48, n. 189, jan./mar., 2011. Texto disponível em: <http://www2.senado.leg.br/bdsf/bitstream/handle/id/242865/000910797.pdf?sequence=1>, extraído em 8 de Setembro de 2013.

CABRERA, Carlos Alarcón.; *Normas y Paradojas*. Madrid: Tecnos, 1993;

CACAU: Projeto Potencialidades Regionais, Estudo De Viabilidade Econômica, Ministério do Desenvolvimento, Indústria e Comércio Exterior; Superintendência da Zona Franca de Manaus SUFRAMA, Superintendência Adjunta de Planejamento e Desenvolvimento Regional, Coordenação de Identificação de Oportunidades de Investimentos, Coordenação Geral de Comunicação Social, 2003.

CALLIGARIS, Contardo.; Crise do mercado ou crise do sujeito? Jornal Folha de São Paulo, 8 de Agosto de 2002. Disponível em: <http://contardocalligaris.blogspot.com/2002/08/crise-do-mercado-ou-crise-do-sujeito.html>, extraído em 25 de Agosto de 2008.

Calmon de PASSOS, J. J.; Instrumentalidade do processo e devido processo legal. Jus Navigandi, Teresina, ano 6, n. 58, ago. 2002. Disponível em: <http://jus2.uol.com.br/doutrina/texto.asp?id=3062>, extraído em 27 ago. 2008.

CALVÃO DA SILVA, João Nuno.; Mercado e Estado – Serviços de Interesse Económico Geral, Coimbra: Almedina, 2008.

CAMPOS, João Mota de. (coord.); PORTO, Manuel.; CAVETE, Victor.; FERNANDES, António José.; MEDEIROS, Eduardo Raposo de.; RIBEIRO, Manuel Almeida.; DUARTE, Maria Luísa.; CAMPOS, João Mota de.; Organizações Internacionais, Teoria Geral, Estudo Monográfico das principais Organizações Internacionais de que Portugal é Membro, Lisboa: Fundação Galouste Gulbenkian, 3ª Edição, 2008.

CAMPOS, Pedro Celso.; Ecologia Humana. O pressuposto da Ética na preservação do Meio Ambiente Breve história sobre origens e conceitos do Movimento Ambientalista. Texto disponível em: <http://www.razonypalabra.org.mx/libros/libros/ecologiaetica.pdf>, extraído em 27 de Agosto de 2012.

CAMPOS, Sávio Laet de Barros.; João Escoto Erígena: *"Nemo Intrat in Caelum Nisi per Philosophiam"* disponível em: <http://www.filosofante.org/filosofante/not_arquivos/pdf/Joao_Escoto_Erigena.pdf>, extraído em 4/5/2010.

CANARIS, Claus-Wilhelm., Grundrechte und Privatrecht, Taschenbuch (versão utilizada: Direitos Fundamentais e Direito Privado, tradução de Ingo Wolfgang Sarlet e Paulo Mota Pinto, Coimbra: Almedina, 2003).

CANÇADO TRINDADE, Antonio Augusto., Os Direitos Humanos e Meio Ambiente. In: SYMONIDES, Janusz (Org.)., Human Rigths: new dimensions and challenges, Paris: United Nation Educational, Scientific and Cultural Organization (UNESCO), 1998. (Versão utilizada: Direitos Humanos, novas dimensões e desafios, Brasília: UNESCO no Brasil, 2003).

CANÇADO TRINDADE, Antônio Augusto.; Tratado de Direito Internacional dos Direitos Humanos, Vol. 1, 2ª edição revista e atualizada, Porto Alegre: Fabris, 2003.

CANELAS, André Luís de Souza.; evolução da importância econômica da indústria de petróleo e gás natural no brasil: contribuição a variáveis macroeconômicas. Dissertação de mestrado de Engenharia da Universidade Federal do Rio de Janeiro, 2007. Texto disponível em: <http://www.ppe.ufrj.br/ppe/production/tesis/mcanelasals.pdf>, extraído em 03 de Agosto de 2012.

CANOTILHO, José Joaquim Gomes, Direito Constitucional e Teoria da Constituição, Coimbra: Almedina, 7ª edição, 2004.

CANUTO, Otaviano.; A Crise Financeira Japonesa, Texto do apresentado no evento "Dissonâncias Sino-Japonesas Diante da Crise Financeira Asiática", realizado no IEA em 1999. Disponível em: <http://www.iea.usp.br/publicacoes/textos/canutocrisejaponesa.pdf>, extraído em 02 de Junho de 2013.

CAPPELLETTI, Mauro.; e GARTH, Brian.; Acesso à Justiça, Porto Alegre: Fabris, 1988.

CAPRA, Fritjof.; The Web of Life: A New Scientific Understanding of Living Syst, 1996, (versão utilizada: A teia da vida: uma nova compreensão científica dos sistemas vivos, 6. ed., São Paulo: Cultrix, 2001).

CARDOSO, Eliana.; A Fome que Matou 45 Milhões de Chineses, Valor Econômico, 18 de Março de 2011.

CARNEIRO, Ricardo.; Direito Ambiental: Uma abordagem econômica, Rio de Janeiro: Forense, 2001.

CARNEIRO, Waldir de Arruda Miranda.; Perturbações Sonoras nas Edificações Urbanas – ruídos em edifícios, direito de vizinhança, responsabilidade do construtor, indenizações, São Paulo: Revista dos Tribunais, 2001.

CARRASCO, Lorenzo. (Coordenador editorial); Máfia Verde – O Ambientalismo a Serviço do Governo Mundial, Rio de Janeiro: Capax Dei, 11ª Edição, 2008.

CARRASCO, Lorenzo.; Máfia Verde: o ambientalismo a serviço do Governo Mundial, ed. EIR, 2001.

CARREÑO, Edmundo Vargas.; El Tratado de Tlatelolco, el Desarme y la no-proliferación nuclear en América Latina y el Caribe, Seminario Internacional de Seguridad Hemisférica, 23 – 27 de septiembre de 2003, texto disponível em: <http://www.opanal.org/Docs/SGspeeches/EVC/EVC-disc19.pdf>, extraído em 12 de Agosto de 2012.

CARRILHO, Fernanda.; Dicionário de Latim Jurídico, Coimbra: Almedina, 2006.

CARSON, Raquel.; Silent Spring (1962).

CARVALHO ROCHA, João Carlos de Carvalho.; HENRIQUES FILHO, Tarcísio Humberto Parreiras.; CAZETTA, Ubiratan. (Coordenadores); Direitos Humanos Desafios Humanitários Contemporâneos, Belo Horizonte: Del Rey, 2008.

CARVALHO, Carlos Costa.; Meio século de demografia da África subsaariana, Anuário de Relações Exteriores, JANUS, 2010, texto disponível em: <http://www.janusonline.pt/popups2010/2010_3_5_1.pdf>, extraído em 06 de Agosto de 2012.

CARVALHO, Cícero Péricles de.; Regulação do Sistema Agroalimentar japonês, Estudos Sociedade e agricultura, Universidade Federal de Alagoas (UFAL), 13, Outubro 1999, págs. 93-118. Texto disponível em: <http://r1.ufrrj.br/esa/art/199910-093-118.pdf>, extraído em 02 de Junho de 2013.

CARVALHO, David Ferreira.; CARVALHO, André Cutrim.; Crise Financeira, Recessão e Risco de Depressão no Capitalismo Globalizado do Século XXI: Impactos nos EUA, Zona do Euro e Brasil, texto disponível em: <http://www.akb.org.br/upload/130820120856056306_David%20Carvalho.pdf>, extraído em 4 de Setembro de 2013.

CARVALHO, Edson Ferreira de.; Meio Ambiente & Direitos Humanos, Curitiba: Juruá, 2009.

CARVALHO, Edson Ferreira de.; Meio Ambiente & Direitos Humanos. Curitiba: Juruá, 2006.

CARVALHO, Isabel Cristina Moura., Ambientalismo e juventude: o sujeito ecológico e o horizonte da ação política contemporânea, In: Novaes, Regina e Vannuchi, Paulo (orgs). Juventude e Sociedade; trabalho, educação, cultura e participação. Fundação Perseu Abramo e Instituto da Cidadania, São Paulo, 2004.

CARVALHO, José da Silva Seráfico de Assis.; A Biodiversidade e a potencialidade econômica da Amazônica, Ministério do Desenvolvimento, Indústria e Comércio Exterior, texto disponível em: <http://www.desenvolvimento.gov.br/arquivo/secex/sti/indbrasopodesafios/revuniamazonas/art4Serafico.pdf>, extraído em 16 de Setembro de 2012.

CARVALHO, Maria de Lourdes.; A Empresa Contemporânea – sua função social em face das pessoas com deficiência, Belo Horizonte: Del Rey, 2012.

CARVALHO, Ricardo Monteiro de.; VANDOSKI, Isabele Cristine.; REIS, Dálcio Roberto dos.; FRANCISCO, Antonio Carlos de.; Inovação de Valor, instrumento para criação de novos mercados e gerar ambientes não concorrenciais, In Revista ADMpg Gestão Estratégica, Texto disponível em: <http://www.admpg.com.br/revista2011/artigos/3.pdf>, extraído em 30 de Julho de 2012.

CASALTA NABAIS, José., O dever fundamental de pagar impostos: contributo para a compreensão constitucional do estado fiscal contemporâneo, Coimbra: Almedina.

CASALTA NABAIS, José.; Por uma Liberdade com Responsabilidade, estudos sobre direitos fundamentais, Coimbra: Coimbra ed., 2007.

CASALTA NABAIS, José.; SILVA, Suzana Tavares da. [orgs]; Sustentabilidade Fiscal em Tempos de Crise, Coimbra: Almedina, 2011.

CASTANHEIRA NEVES, A.; Coordenadas de Uma Reflexão Sobre o Problema Universal do Direito – Ou as Condições da Emergência do Direito como Direito. In: Estudos em Homenagem à Professora Doutora Izabel de Magalhães Collaço. Coimbra: Editora Almedina, 2002, Vol. II, págs. 837-871.

CASTANHEIRA NEVES, António.; A crise Actual da Filosofia do Direito no Contexto da Crise Global da Filosofia – tópicos para a possibilidade de uma reflexiva reabilitação, Stvdia Ivridica – 72, Boletim da Faculdade de Direito, Coimbra: Coimbra Editora, 2003.

CASTANHEIRA NEVES, António.; Digestas, Escritos a Cerca do Direito, do Pensamento Jurídico, da sua Metodologia e Outros, Volume 2º, Coimbra: Coimbra Editores, 1995.

CASTANHEIRA NEVES, António.; Metodologia Jurídica – Problemas fundamentais, Boletim da Faculdade de Direito, Stvdia Ivridica, nº 1, Universidade de Coimbra, Coimbra: Coimbra Editora, 1993.

CASTANHEIRA NEVES, António.; O direito como alternativa humana, In: Digestas – Escritos acerca do Direito, do Pensamento Jurídico, da sua Metodologia e Outros, Volume 1º, Coimbra: Coimbra Editora, 1995.

CASTANHEIRA NEVES. António.; A Revolução e o Direito. A Situação de Crise e o Sentido do Direito no Actual Processo Revolucionário, In: Separata da Revista da Ordem dos Advogados, Lisboa, 1976.

CASTELLS, Manuel.; End of Millennium: The Information Age: Economy, Society, and Culture Volume III, Cambridge, MA; Oxford, UK, 1998 (versão utilizada: O fim do milênio. A era da informação: economia, sociedade e cultura, tradução de Alexandra Figueiredo Rita Espanha, Lisboa: Fundação Calouste Gulbenkian, 2003).

CASTELLS, Manuel.; The Power of Identity, Blackwell Publishers Ltd., 1998 (versão utilizada: O Poder da Identidade, Vol. II, Lisboa: Fundação Calouste Gulbenkian, 2003).

CASTELLS, Manuel.; The Rise of The Network Society, Blackwell Publishers, 1996 (versão utilizada: A Sociedade em Rede, tradução de Alexandra Lemos Catarina Lorga e Tânia Soares, Lisboa: Fundação Calouste Gulbenkian, vol. I, II e III, 2002).

CASTANHEIRA NEVES, António.; O Direito Hoje e com que Sentido? O problema actual da autonomia do direito, Lisboa: Instituto Piaget, 2002.

CASTRIOLA, Leornardo Barci. (organizador).; Paisagem Cultural e Sustentabilidade, Editora UFMG, IEDS, Coleção Arquitetura e Cidade.

CASTRO, Antonio Alberto Jorge Farias.; CASTRO, Antonio Sérgio Farias.; FARIAS, Ruth Raquel Soares de.; SOUSA, Samara Raquel de.; CASTRO, Nívea Maria Farias.; SILVA, Cláudia Germana Barbosa da.; MENDES, Maura Rejane de Araújo.; BARROS, José Sidiney.; LOPES, Raimundo Nonato.; Diversidade de Espécies e de Ecossistemas da Vegetação Remanescente da Serra Vermelha, Área de Chapada, Municípios de Curimatá, Redenção do Gurgueia e Morro Cabeça no Tempo, Sudeste do Piauí, Publ. Avulsas Conserv. Ecossistemas, 23:1-72 (Mai, 2009), texto disponível em: <http://www.bioten.bio.br/new/wp-content/uploads/2011/03/Artigo-FINAL_Serra-Vermelha_Versao-Final-com-RESUMO.pdf>, extraído em 16 de Setembro de 2012.

CASTRO, Márcio Henrique Monteiro de.; Amazônia soberania e desenvolvimento sustentável. – Brasília: Confea, 2007.

CAUBET, Christian Guy., A irresistível ascensão do Comércio Internacional: o meio ambiente fora da lei? In: Revista do Centro de Estudos de Direito, do Urbanismo e do Ambiente – RevCEDOUA, 1. 2001, pág. 31.

CAVIN, Ralph K.; LUGLI, Paolo.; ZHIRNOV, Victor V.; Science and Engineering Beyond Moore's Law, In: Proceedings of the IEEE, Vol. 100, May 13th, 2012, págs. 1720-1749. Texto disponível em: <http://ieeexplore. ieee.org/stamp/stamp.jsp?arnumber=06186749>, extraído em 02 de Agosto de 2012.

CERDEIRA, Bernardo.; A natureza social da ex-União Soviética. Atualidade de uma polêmica, Revista Outubro, texto disponível em: <http://www.revistaoutubro.com.br/edicoes/01/out01_07.pdf>, extraído em 16 de Setembro de 2013.

CESAR, Luis Felipe.; PINTO, Isabel de Andrade.; (Org.) Florestas do Mundo, Aliança por um Mundo Responsável, Plural e Solidário, 2003, texto disponível em: <http://www.alliance21.org/2003/IMG/pdf/final_forets_pt.pdf>, extraído em 19 de setembro de 2012.

CHAGNON, Jean.; Les Mémoires de Louis XIV dans l'historiographie: L'Absolutisme au fil de ses relec-tures, Universtié du Québec à Montréal, Novembre, 2010. Texto disponível em: <http://www.archipel.uqam. ca/3747/1/M11561.pdf>, extraído em 26 de Maio de 2013.

CHAN, Alfred L.; The Campaign for Agricultural Development in the Great Leap Forward: A Study of PolicyMaking and Implementation in Liaoning, The China Quarterly, No. 129 (Mar., 1992), pp. 52-71 Published by: Cambridge University Press on behalf of the School of Oriental and African Studies Stable, texto disponível em: URL: <http://www.jstor.org/stable/654597>, acessado em 01 de Setembro de 2012.

CHARLES, Sebastien.; LIPOVETSKY, Gilles.; Hypermodern Times, Polity Press, 2006.

CHARLESWORTH, Lorie.; Welfare's forgotten past: a socio-legal history of the poor law, In: Amicus Curiae, Issue, 81, Spring, 2010, págs. 16-20.

CHARLOTTE, Epstein.; The Making of Global Environmental Norms: Endangered Species Protection, Global Environmental Politics, Volume 6, Number 2, May 2006, pp. 32-54 (Article), Published by The MIT Press.

CHEVALLIER, Ver un droit post-moderne, In: CLAM, Jean.; MARTIN, Gilles.; (dir), Les transformations de la régulation juridique, Paris: L.G.D.J., Collection Droit et Société, 5, 1998, págs. 21-46.

CHICHORRO FERREIRA, Adelaide.; Léxico e Estilo do «Desenvolvimento Sustentável» (Alemão/Português). In: Cadernos do Cieg – Centro Interuniversitário de estudos germanísticos, nº 13, Coimbra, 2005.

CHOMSKY, Noam.; Profit Over People: Neoliberalism and Global Order, Seven Stories Press, 1999. (versão utilizada: O lucro ou as pessoas? Neoliberalismo e ordem global, Rio de Janeiro: Bertrand Brasil, 2006).

CHOMSKY, Noam.; The Spectacular Achievements of Propaganda, New York: Seven Studies Press, 2002 (versão utilizada: A Manipulação dos Media. Os efeitos extraordinários da propaganda, tradução de Mário Matos e Lemos, Portugal: Editorial Inquérito, 2003).

REFERÊNCIAS | 403

CHOMSKY, Noam.; What Uncle Sam Really Wants (The Real Story Series) (versão utilizada: O Que Tio Sam realmente quer? 2. ed. Brasília: UNB, 1999).

CHREBAH, Bouchra.; Umweltbewusstsein und Umweltverhalten Ein Vergleich von deutschen und syrischen Studierenden, An der Fakultät für Mathematik und Naturwissenschaften der Carl von Ossietzky Universität Oldenburg zur Erlangung des Grades einer Doktorin der Philosophie (Dr. phil.) vorgelegte Dissertation, 2009, texto disponível em: <http://oops.uni-oldenburg.de/volltexte/2009/957/pdf/chrumw09.pdf>, extraído em 04 de Agosto de 2012.

CIDELL, Julie L.; ALBERTS, Heike C.; Constructing quality: The multinational histories of chocolate, Geoforum, Nova York, Nº 37, 2006, p. 999-1007.

CIDREIRA, Renata Pitombo.; A moda nos anos 60/70 (comportamento, aparência e estilo), Revista do Centro de Artes, Humanidades e Letras, vol. 2 (1), 2008. Texto disponível em: <http://www.ufrb.edu.br/reconcavos/edicoes/n02/pdf/Renata.pdf>, extraído em 16 de Agosto de 2012.

CIENTEFICO. Ano II, v. I, Salvador, Agosto-Dezembro, 2002. Antígona, Sófocles. Disponível em: <http://www.dhnet.org.br/direitos/anthist/marcos/hdh_sofocles_antigona.pdf>, extraído em 06 de Junho de 2011.

CINTRA, Antônio Carlos de Araújo.; GRINOVER, Ada Pellegrini.; Cândido R. Dinamarco.; Teoria Geral do Processo, 13 ed., São Paulo: Malheiros, 1997.

CIRILO, José Almir.; MONTENEGRO, Suzana M.G.L.; CAMPOS, José Nilson B.; A Questão da Água no Semiárido Brasileiro, Capítulo 5, págs. 79/91. Texto disponível em: <http://www.abc.org.br/IMG/pdf/doc-811.pdf>, extraído em 21 de Agosto de 2013.

CLARKE, Simon.; The Crisis of Fordism and the Crisis of Capitalism, Department of Sociology, University of Warwick, texto disponível em: <http://homepages.warwick.ac.uk/~syrbe/pubs/telos.pdf>, extraído em 18 de Junho de 2013.

COCHO, Germinal.; GUTIÉRREZ, José Luis.; MIRAMONTES, Pedro.; Ciência e humanismo, capacidade criadora e alienação, In: SOUSA SANTO, Boaventura. (org.); Conhecimento Prudente para uma vida Descente, 2ª edição, São Paulo: Cortez, 2006.

COHEN, Lizabeth.; A consumers' republic: The politics of mass consumption in postwar America, Journal of Consumer Research, 2004, 31(1): 236-239. Texto disponível em: <http://dash.harvard.edu/bitstream/handle/1/4699747/cohen_conrepublic.pdf?sequence=2, extraído em 11 de Agosto de 2012.

COLAÇO ANTUNES, Luís Filipe.; A tutela dos interesses difusos no novo código do procedimento administrativo. In: Scientia Ivridica. Tomo 42, N. 241/243 (Jan./Jun. 1993), p. 57-76.

COLAÇO ANTUNES, Luís Filipe.; Direito Público do Ambiente. Diagnose e prognose da tutela processual da paisagem, Coimbra: Almedina, 2008.

COLITT, Raymond.; Massacre de centenas de jacarés é descoberto na Amazônia. REUTERS notícias, 01 de abril de 2008. Disponível em: <http://www.estadao.com.br/geral/not_ger149369,0.htm., extraído em 02 de abril de 2008.

COLOMBO, L. O. R.; FAVOTO, T. B.; CARMO, S. N. A evolução da sociedade de consumo, Akrópolis, Umuarama, v. 16, n. 3, p. 143-149, jul./set. 2008.

COMPARATO, Fábio Konder. Ética. Direito, Moral e Religião no Mundo Moderno, São Paulo: Companhia das Letras, 2006.

COMPARATO, Fábio Konder.; A Humanidade no Século XXI: a Grande Opção, In: <http://www.hottopos.com/convenit2/compara.htm>, [extraído em 15.02.2006].

COMPARATO, Fábio Konder.; A Reforma da empresa, Revista de Direito Mercantil, Industrial, Econômico e Financeiro, São Paulo, v. 50, nº 21, págs. 57/74, abr./jun., 1983. FILHO, Hélio Capel.; A Função Social da Empresa: Adequação às Exigências do Mercado ou Filantropia? Revista Magister de Direito Empresarial, Concorrencial e do Consumidor, Porto Alegre, nº 5, págs. 66/74, abr./maio, 2005.

COMPARATO, Fabio Konder.; Afirmação Histórica dos Direitos Humanos, São Paulo: Saraiva, 5ª Edição, 2007.

COMTE-SPONVILLE, André.; Le capitalisme est-il moral?, Paris: Albin Michel, 2004 (versão utilizada: O capitalismo é moral?, tradução de Eduardo Brandão, São Paulo, Ed. Martins Fontes, 2005).

CONSTANTINO, Rodrigo.; A máfia verde e seu rebanho, In: Mídia Sem Máscara. Disponível em: www. midiasemmascara.com.br, extraído em 20/2/2008).

COPOLA, Gina.; O Meio Ambiente Artificial, Fórum de Direito Urbano e Ambiental FDUA, Belo Horizonte, n. 15, maio/jun. 2004, págs. 1649 a 1653.

COPOLA, Gina.; O Meio Ambiente Cultural e sua Proteção, FDUA – Fórum de Direito Urbano e Ambiental, Belo Horizonte, n. 14, mar./abr. 2004, pag. 1510 a 1518.

CORAZZA, Rosana Icassatti.; Tecnologia e Meio Ambiente no Debate sobre os Limites do Crescimento: Notas à Luz de Contribuições Selecionadas de Georgescu-Roegen, Economia, Brasília(DF), v. 6, n. 2, p. 435-461, Jul./Dez. 2005.

CORDEIRO, Sidney Araujo.; SOUZA, Celso Coelho de Souza.; MENDOZA, Zaíra M.S.H.; Florestas Brasileiras e as Mudanças Climáticas, Revista Científica Eletrônica de Engenharia Florestal, Periodicidade Semestral – Edição Número 11 – Fevereiro De 2008, texto disponível em: <http://www.revista.inf.br/florestal11/pages/artigos/ARTIGO01.pdf>, extraído em 18 de Setembro de 2012.

CORNELLI, Gabriele.; COELHO, Maria Cecília de Miranda N.; "Quem não é geômetra não entre!" Geometria, Filosofia e Platonismo", In: Kriterion, vol. 48, nº 116, Belo Horizonte, July/Dec., 2007.

CORPUS Iuris Civilis, Institutas do Imperador romano Flavius Petrus Sabbatius Justinianus (Justiniano), Livro Primeiro, título II, parágrafo 3º.

CORRÊA, Leonilda Beatriz Campos Gonçalves Alves.; Comércio e Meio Ambiente: Atuação Diplomática Brasileira em Relação ao Selo Verde, Brasília: Instituto Rio Branco, Fundação Alexandre de Gusmão, Centro de Estudos Estratégicos, 1988.

CORRÊA, Maria Laetitia.; PIMENTA, Solange Maria.; ARNDT, Jorge Renato Lacerda. [orgs.]; Turismo, Sustentabilidade e Meio Ambiente, Contradições e Convergências, Belo Horizonte: Autêntica Editora, 2009.

CORRÊA, Sonia.; ALVES, José Eustáquio Diniz.; As Metas de Desenvolvimento do Milênio: grandes limites, oportunidades estreitas?, R. bras. Est. Pop., Campinas, v. 22, n. 1, p. 177-189, jan./jun. 2005.

CORREIA, Francis Wagner Silva.; ALVALÁ, Regina Célia dos Santos.; MANZI, Antonio Ocimar.; Impacto das Mudanças na Cobertura Vegetal Amazônica na Circulação Atmosférica e na Precipitação em Escalas Regional e Global: Um Estudo com Modelo de Circulação Geral da Atmosfera (MCGA), INPE, 2006, texto disponível em: <http://mtc-m15.sid.inpe.br/col/sid.inpe.br/mtc-m15@80/2006/10.20.19.08/doc/FrancisWagner.Impacto.pdf>, extraído em 18 de Setembro de 2012.

COSENTINO, DANIEL DO VAL.; A Transição do Trabalho Escravo para o Trabalho Livre e as Raízes das Desigualdades Sociais no Brasil. Texto disponível em: <http://www.economia.unam.mx/cladhe/registro/ponencias/448_abstract.pdf>, extraído em 4 de Setembro de 2013.

COSTA, Márcia Bittencourt da.; Contabilidade Governamental x Contabilidade Nacional: a mensuração do investimento público no Brasil Monografia – Curso de Especialização em Orçamento Público – Tribunal de Contas da União, Câmara dos Deputados, Senado Federal – 2º, Semestre de 2008.

COSTA, Regenaldo da.; Ética do Discurso e Verdade em Apel, Belo Horizonte: Del Rey, 2002.

COURTIS, Christian.; Derechos sociales, ambientales y realaciones entre particulares – nuevos horizontes, Universidad de Deusto, Cuadernos Deusto de Derechos Humanos, núm. 42, Bilbao, 2007, pág. 79.

COX, John.; Overkill: the story of modern weapons, Harmondsworth: Kestrel Books, 1977.

CROCCO, Fábio Luiz Tezini.; Indústria Cultural: Ideologia, Consumo e Semiformação, Revista de Economía Política de las Tecnologías de la Información y Comunicación, <www.eptic.com.br>, vol. XI, n. 1, enero/abril 2009.

CROIRE, Benedita Ferreira da Silva.; A Vinculação dos Particulares aos Direitos Fundamentais, Coimbra: Almedina, 2005.

CUNHA CHIMENTI, Ricardo.; & Outros. Curso de Direito Constitucional. Editora Saraiva, 2006.

CUNHA, Jonas Araujo da.; A Ética Econômica Calvinista Segundo Calvino, ANPUH – XXV SIMPÓSIO NACIONAL DE HISTÓRIA – Fortaleza, 2009, texto disponível em: <http://anpuh.org/anais/wp-content/uploads/mp/pdf/ANPUH.S25.1236.pdf>, extraído em 26 de Maio de 2013.

REFERÊNCIAS | 405

CUSTÓDIO, Helita Barreira.; Atividades Nucleares e a Problemática Ambiental do Complexo Nuclear de Angra dos Reis, Fórum de Direito Urbano e Ambiental FDUA, Belo Horizonte, n. 12, nov./dez. 2003, pag. 1219 a 1236.

DAILLIER, Patrick.; PELLET, Alain.; Droit international public, 7 ed., Paris: LGDJ, 2002.

DARMON, MARC.; Essais sur la Topologie Lacanienne, 2004 (versão utilizada: Ensaios sobre a Topologia Lacaniana, tradução de Eliana A.N. do Valle, Porto Alegre: Artes Médicas, 1994).

DARWIN, C. R.; The descent of man, and selection in relation to sex. Chapter III. Comparison of the mental powers of man and the other lower animals, 1871, London: John Murray, Volume 1. 1st edition.

DAS, Dilip K.; Two Faces of Globalization: Munificent and Malevolent, UK: Edward Elgar Pub, 2009.

DATHEIN, Ricardo.; Sistema Monetário Internacional e Globalização Financeira nos Sessenta Anos de Bretten Woods, REVISTA Soc. bras. Economia Política. Rio de Janeiro, n° 16, p. 51-73, junho 2005. Texto disponível em: <http://www.ppge.ufrgs.br/ricardodathein/publicacoes/sbep-junho2005.pdf>, extraído em 23 de Outubro de 2013.

DAVID ARAUJO, Luiz Alberto.; & JUNIOR, Vidal Serrano Nunes.; Curso de Direito Constitucional, Saraiva, 10 edição, 2006.

DAVY, Benjamin.; Essential Injustice: when legal institutions cannot resolve environmental and land use disputes, Springer-Verlag., Wien/New York, 1997.

DE CASTRO CID, B.; Derechos humanos y Constitución. (Reflexiones sobre el Título I de la Constitución española de 1978, In: Revista de Estudios Políticos, n° 18, págs. 121-151).

DE GRAUWE, Paul.; The Banking Crisis: Causes, Consequences and Remedies, University of Leuven and CESifo, 2008, texto disponível em: <http://www.econ.kuleuven.be/ew/academic/intecon/Degrauwe/PDG-papers/Discussion_papers/Banking%20crisis-Causes%20consequences%20and%20remedies.pdf>, extraído em 21 de Maio de 2013.

DEFARGES, Philippe Moreau.; La Mondialisation, PUF, collection "Que sais-je ?" n° 1687 (versão utilizada: *A mundialização – o fim das fronteiras?* Tradução de Antônio Monteiro Neves, Lisboa, Instituto Piaget, 1993).

DELARI JUNIOR, Achilles.; O sujeito e a cultura como processo de significação, Programa de pós-graduação da Universidade Estadual de Campinas, SP, 1995, texto disponível em: <http://www.vigotski.net/sujeitocultura.pdf>, extraído em 20 de Setembro de 2012.

DELÉAGE, Jean-Paul.; "As etapas da consciencialização"; In: Estado do Ambiente no Mundo. Direção de Michel e BEAUD, Calliope *et al...*, Lisboa: Instituto Piaget. 1995.

DELGADO, G. C.; Expansão e modernização do setor agropecuário no pós guerra: um estudo da reflexão agrária. Estudos Avançados, vol. 15, n. 43, São Paulo, Set./Dez. 2001 Disponível em: <http://www.scielo.br/scielo.php?script=sci_arttext&pid=S0103-40142001000300013>, extraído em 25 de Agosto de 2013.

DELLA MIRANDOLA, Giovanni Pico.; *De hominis dignitate oration*, de 1480 (versão utilizada: De la dignité de l'homme. Tradução do latim para o francês e prefácio por Yves Hersant).

DELLAS, Harris.; and TAVLAS, George S.; The Revived Bretton Woods System, Liquidity Creation, and Asset Price Bubbles, Cato Journal, Vol. 31, No. 3 (Fall 2011).

DELUZE, Aurélie.; What Future For The Champagne Industry?, American Association Of Wine Economists, Aawe Working Paper, n° 64, Business, July, 2010.

DENARDIN, Anderson Antonio.; Economia Ecológica, Industrialização, Meio Ambiente, Inovação e Competitividade, texto disponível em: <http://ich.ufpel.edu.br/economia/professores/aadenardin/ECO%204.pdf>, extraído em 06 de Agosto de 2012.

DESCARTES, René.; Discours de la méthode pour bien conduire sa raison, et chercher la verité dans les sciences. 1637. (versão utilizada: Renato Descartes. Discurso do Método e Tratado das Paixões da Alma. Tradução, prefácio e notas Newton de Macedo. Lisboa: Livraria Sá da Costa, 3ª Edição, 1956).

DEVLIN, Keith.; The Millennium Problems, 2002 (versão utilizada: Os problemas do Milênio, tradução de Michelle Dysman, Rio de Janeiro: Record, 2004).

DEWAR, Elaine.; Cloak of Green – The link between Key Environmental Groups, Government and Big Business, 1995 (versão utilizada: Uma demão de Verde – os laços entre grupos ambientais, governos e grandes negócios, tradução de Yára Nogueira Muller, Gildo Magalhães e Geraldo Luís Lino, Rio de Janeiro: Capax Dei, 2007).

DEWAR, Elaine.; Cloak of Green – The link Between Key Environmental Groups, Government and Big Business, 1995 (versão utilizada: Uma demão de Verde – os laços entre grupos ambientais, governos e grandes negócios, tradução de Yára Nogueira Muller, Gildo Magalhães e Geraldo Luís Lino, Rio de Janeiro: Capax Dei, 2007).

DI SENA Jr., Roberto.; A Cláusula Social na OMC, Curitiba: Juruá, 2005.

DIAMANTOUDI, Erosyni.; FILIPPIADIS, Eleftherios.; The Environmental Kuznets Curve in a Multicountry Setting (Preliminary Version), Department of Economics, Concordia University, March 28, 2012, texto disponível em: <http://www.cireqmontreal.com/wp-content/uploads/2012/02/filippiadis.pdf>, extraído em 18 de Agosto de 2012.

DIAMOND, Jared.; Collapse how societies choose to fail or succeed, 2005 (versão utilizada: Colapso: Como as sociedades escolhem o fracasso ou o sucesso. Tradução de Alexandre Raposo, 5ª Edição, Rio de Janeiro: Record. 2007).

DIAMOND, Jared.; Guns, Germs, and Steel: The Fates of Human Societies, USA: W.W. Norton, 1997.

DIAS PEREIRA, André Gonçalo.; A Proteção Jurídica da Família Migrante, In: Direitos Humanos, Estrangeiros, Comunidades Migrantes e Minorias, Coord. GOMES CANOTILHO, J. J.; Oeiras: Celta, 2000, págs. 81/100.

DIAS, Edna Cardozo.; A Tutela Jurídica dos Animais, Belo Horizonte: Mandamentos, 2000.

DIAS, Edna Cardozo.; Patrimônio Cultural, Fórum de Direito Urbano e Ambiental FDUA, Belo Horizonte, n. 12, nov./dez. 2003, págs. 1212 a 1216;

DIAS, Eliotério Fachin.; A fome, a pobreza e o direito humano à alimentação adequada, Revista Jurídica UNIGRAN, Dourados, MS, v. 11, n. 21, Jan./Jun. 2009.

DIAS, Marcílio Coelho.; A noção de justiça segundo os sofistas e Aristóteles, Revista Legis Augustus (Revista Jurídica), Vol. 3, n. 1, p. 83-92, setembro 2010, pp. 83/93, texto disponível em, extraído em <http://www.unisuam.edu.br/legis_augustus/pdf/ed1/Artigo_8.pdf>, 29 de Outubro de 2012.

DIAS, Reinaldo.; Responsabilidade Social – Fundamentos e Gestão, São Paulo: Atlas, 2012.

DÍAZ GÓMEZ, José Luis.; Tales de Mileto, Apuntes de Historia de las Matemáticas, Vol. 1, nº 1, Enero 2002, texto disponível em: <http://www.mat.uson.mx/depto/publicaciones/apuntes/pdf/1-1-2-tales.pdf>, extraído em 11 de Maio de 2013.

DICIONÁRIO BRASILEIRO DA LÍNGUA PORTUGUESA, Encyclopaedia Britannica do Brasil, 7ª edição, 1982.

DICK, Bob Dick.; Maslow revis(it)ed: Maslow's hierarchy of needs examined and reformulated, A discussion paper originally written in the 1980s, revised 1990, 1993. This version 2001. Texto disponível em: <http://www.aral.com.au/DLitt/DLitt_P02masrev.pdf>, extraído em 07 de Junho de 2013.

DICK, Bruce.; REINGOLD, Barry.; DEJONG, Eric.; COIE, Perkins.; Green Policies: Understanding and Addressing Compliance Risks, Bloomberg Finance L.P in the Vol. 2, No. 11 edition of the Bloomberg Law Reports – Risk & Compliance. Texto disponível em: <http://www.perkinscoie.com/files/upload/EER_09-11_Bloomberg_Risk_Compliance.pdf>, extraído em 31.8.2012.

DIEGUES, Antônio Carlos.; e ARRUDA, Rinaldo.; Saberes tradicionais e biodiversidade no Brasil, Brasília: Ministério do Meio Ambiente; São Paulo: USP, 2001

DINH, Nguyen Quoc.; DAILLIER, Patric.; PELLET, Alain.; Droit International Public, 7ª Edition, Librairie Générale de Droit et de Jurisprudence, E.J.A, Paris, 2002 (versão utilizada: Direito Internacional Público. Tradução de Vítor Marques Coelho, Serviço de Educação Fundação Calouste Gulbenkian, 2ª Edição, 2003);

DINIZ, Eliezer Martins.; Os Resultados Da Rio +10, Faculdade de Economia, Administração e Contabilidade de Ribeirão Preto, USP, Ribeirão Preto, Revista do Departamento de Geografia, 15 (2002) 31-35.

DINIZ, Maria Helena.; Normas constitucionais e seus efeitos, São Paulo: Saraiva, 1989.

DIVARDIN, Danilo Henrique.; Cooperação Internacional e meio Ambiente: os programas da USAID no Brasil, Dissertação de Mestrado apresentada ao Programa de Pós-Graduação em Ciências Sociais da Faculdade de Filosofia e Ciências – UNESP, Campus de Marília – SP, como requisito para obtenção do título de Mestre em Ciências Sociais, Marília, SP, 2008, texto disponível em, extraído em 05 de Agosto de 2012.

DOBBIE, James.; Let's Get Together: Connections between the Counterculture and the New Left, 1967-1969, B.A., University of Lethbridge, 1989, Thesis Submitted in Partial Fulfillment of the Requirements for the Degree of Master of Arts, In: The Department of History, 1994.

DOLABELLA, Rodrigo.; Agricultura Irrigada e Desenvolvimento Sustentável, Biblioteca Digital da Câmara dos Deputados, Centro de Documentação e Informação, Coordenação de Biblioteca, texto disponível em: <http://bd.camara.gov.br/bd/bitstream/handle/bdcamara/6024/agricultura_irrigada_dolabella.pdf?sequence=1>, extraído em 22 de Agosto de 2013.

DOLFMAN, Michael.; FORTIER, Wasser.; BERGMAN, Bruce.; The Effects of Hurricane Katrina on the New Orleans economy, Monthly Labor Review, June 2007.

DORIS, Sara.; Pop Art and the Contest over American Culture, Cambridge University Press, 2007.

DORO, Tereza.; O Direito Processual Brasileiro e as Leis de Platão, São Paulo: Edicamp, 2003.

DU PASQUIER. Claude.; Introduction à la théorie générale es à la philosophie du droit, Paris: Delachaux et Niestlé, 1978.

DUARTE JÚNIOR, A. M.; Uma introdução ao gerenciamento de risco corporativo, São Paulo: USP/ FEA, 2002.

DUARTE, Marise Costa de Souza.; A Proteção dos Direitos Fundamentais e o Meio Ambiente, Fórum de Direito Urbano e Ambiental FDUA, Belo Horizonte, n. 8, mar./abr. 2003, págs. 757 a 763.

DUBOIS, Frédéric.; La déforestation des forêts primaires dans le monde: états des lieux, risques connus, approches de solutions, Rapport bibliographique, 2005. Texto disponível em: <http://enssibal.enssib.fr/bibliotheque/documents/dessride/rrbdubois.pdf>, extraído em 03 de Agosto de 2012.

DUDLEY, Leonard.; Mothers of Innovation: How Expanding Social Networks Gave Birth to the Industrial Revolution, Cambridge Scholars Publishing, 12 Back Chapman Street, Newcastle upon Tyne, NE6 2XX, UK, 2012.

DUFOUR, Geneviève.; OUELLET, Richard.; BREAULT, Pascale.; Organe de règlements de différends de l'Organisation Mondiale du Commerce (OMC), Revue Québécoise de Droit International, [Quebec], v. 20, p. 427-456, jan. 2007.

DUMAS, Alexandre.; Robin Hood Le Prince des Voleurs, Chapitre II.

DURANT, Will.; The Story of Philosophy: The Lives and Opinions of the World's Greatest Philosophers, New York: Pocket Books, 1991.

DUSSEL, E.; Ética da libertação: na idade da globalização e da exclusão, 2. ed., Petrópolis: Vozes, 2002.

DWORKIN, Ronald.; Taking Rights Seriously, 1977 (versão utilizada: Levando o Direito a Sério, São Paulo: Martins Fontes, 2002.)

EDUARDO MOTTA, Luiz.; Acesso à Justiça, Cidadania e Judicialização no Brasil. In: Achegas, nº 36, 2007, disponível em: <http://www.achegas.net/numero/36/eduardo_36.pdf>, extraído em 22 de Setembro de 2008.

EGLER, Claudio Antonio G.; As Escalas da Economia, Uma introdução à Dimensão Territorial da Crise, Revista Brasileira Geografia, Rio de Janeiro, 53(3), 229-245, Jul./Set., 1991. Texto disponível em: <http://www.egler.com.br/pdf/Egler_RBG%201991%20v53_n3.pdf>, extraído em 02 de Junho de 2013.

EICHENGREEN, Barry.; Global Imbalances And The Lessons of Bretton Woods, National Bureau Of Economic Research, USA,Cambridge, May 2004. Texto disponível em: <http://www.nber.org/papers/w10497>, extraído em 13 de Maio de 2013.

EINSTEIN, Albert.; Fundamental Ideas and Problems of the Theory of Relativity, Nobel Lectures, Physics 1901-1921, Amsterdam: Elsevier Publishing Company, archived from the original on 10 February 2007, retrieved 25 March 2007. Texto disponível em: <http://www.nobelprize.org/nobel_prizes/physics/laureates/1921/einstein-lecture.pdf>, extraído em 7.8.2013.

EL MUNDO.es, Agencias Madrid, Brigitte Bardot: "Matar elefantes es indigno de alguien de su rango", Arrecian las críticas al Rey por cazar elefantes en África, Actualizado lunes, texto disponível em: <http://www.elmundo.es/elmundo/2012/04/16/natura/1334598419.html>, extraído em 16 de Setembro de 2012.

EL-BASTAWISY, Magdy M.; HELMY, Abd-Al-Whab.; ALI, Rania H.; Integrated Socio-economic Development for Accelerating the Regional Role of Port-Said in Tourism Development of Egypt, Integrated socio-economic development for accelerating regional role of Port-Said in tourism development of Egypt 42nd ISoCaRP

Congress 2006, texto disponível em: <http://www.isocarp.net/Data/case_studies/909.pdf>, extraído em 18 de Agosto de 2012.

ELKINGTON, John.; Cannibals with Forks: The Triple Bottom Line of 21st Century Business, Capstone Publishing, Oxford, 1997.

ELKINGTON, John.; The Triple Botton Line – sustainability's Accountants, In Environmental management: readings and cases, Michael v. Russo, Editor, 2nd., 2008.

ELLI H.; Flower Power and Rock 'n' Roll – The era of the hippies, Munich, GRIN Publishing GmbH, 2007.

EMPREENDIMENTOS TURÍSTICOS – Temas CEDOUA, Faculdade de Direito da Universidade de Coimbra, Coimbra: Almedina, 2010.

ENGELS, Friedrich.; Die Entwicklung des Sozialismus von der Utopie zur Wissenschaft,1877, (versão utilizada: Do Socialismo Utópico ao Socialismo Cientifico, prefácio da tradução inglesa).

ENGELS, Friedrich.; Die Lage der Arbeitenden Klasse in England, 1845 (versão utilizada: A situação da classe trabalhadora na Inglaterra, tradução B. A. Schumann, edição José Paulo Netto, São Paulo: Boitempo, 2000).

ENGELS, Friedrich.; Die Lage der Arbeitenden Klasse in England, 1845 (versão utilizada: A situação da classe trabalhadora na Inglaterra, tradução B. A. Schumann, edição José Paulo Netto, São Paulo: Boitempo, 2000).

EPINEY, Astrid.; anotação do art. 20º em Mangoldt/Klein/Starck, Bonner Grundergesetz Kommentar, 4ª ed. Vol. 2º, München, 2000.

ÉSQUILO (525 – 456 ac) Prometeu Acorrentado. (versão utilizada: Tradução J.B. de Mello e Souza, eBooks-Brasil, Digitalização do livro em papel Clássicos Jackson, Vol. XXII, 2005).

ESTEVEZ-ABE, Margarita.; IVERSEN, Torben.; e SOSKICE, David.; "Social protection and the formation of skills: A reinterpretation of the Welfare State". In: HALL, Peter.; e SOSKICE, David. (Eds); Varieties of capitalism – the institutional foundations of comparative advantage, Oxford: Oxford University Press, p. 145-183, 2001.

EUROPE'S ENVIRONMENT. The Døbøí Assessment, EEA, Copenhagem, 1995.

Europe's environment. The Døbøí Assessment, EEA, Copenhagem, Briefing No 1/2008, dados disponíveis em <http://www.eea.europa.eu/>.

FACINI, Camille.; et JUNCA Emma. (ed.); En quoi la Tour Eiffel est-elle un défi physique de son temps? Paris Mag, Janvier, 2011, disponível em: <http://static.madmagz.com/styles/public/images/landing/slideshow/dossier-de-tpe/download/2474.pdf?v=34>, extraído em 18 de Agosto de 2012.

FAGAN, Alphonsus.; An Introduction to The Petroleum Industry, November, Government of Newfoundland and Labrador, Department of Mines and Energy, 1991, texto disponível em: <http://www.nr.gov.nl.ca/nr/publications/energy/intro.pdf>, extraído em 04 de Agosto de 2012

FAGIOLO, Mario.; La Influencia de la Renta Petrolera en el Desarrollo de la Economía Social en Venezuela, 1998-2009, Cayapa, Revista Venezolana de Economía Social, Año 9, Nº 18, Julio Diciembre 2009, Universidad de Los Andes (ULA) NURR-Trujillo, CIRIEC-Venezuela.

FALCON, Francisco José Calazans.; O império luso-brasileiro e a questão da dependência inglesa – um estudo de caso: a política mercantilista durante a Época Pombalina, e a sombra do Tratado de Methuen, nova Economia, Belo Horizonte, 15 (2), maio-agosto de 2005, págs. 11-34.

FAMA, Eugene F.; Market efficiency, long-term returns, and behavioral finance, Elsevier Science S.A., Journal of Financial Economics, 49 (1998) 283-306.

FARIAS, Talden.; Perspectiva Jurídica do Conceito de Meio Ambiente, Fórum de Direito Urbano e Ambiental FDUA, Belo Horizonte, n. 23, set./out. 2005, págs. 2739 a 2744.

FAUSTO, B.; História do Brasil, EDUSP, São Paulo, 5ª edição, 1997.

FEARNSIDE, P.M.; 2012. A tomada de decisão sobre grandes estradas amazônicas. pp. 59-75. In: A. Bager (Ed.) Ecologia de Estradas: Tendências e Pesquisas. Editora da Universidade Federal de Lavras, Lavras, Minas Gerais.

FEARNSIDE, P.M.; s/d. Água na Amazônia: Questões Ambientais e Sociais. Perci Coelho de Souza (ed.) O Grito Social das Águas do Atlântico Sul, Universidade de Brasília (UnB), Brasília, DF.

REFERÊNCIAS | 409

FEARNSIDE, Philip M.; Biodiversidade nas Florestas Amazônicas Brasileiras: riscos, valores e conservação, Instituto Nacional de Pesquisas da Amazônia (INPA), Revista HOLOS (Edição Especial): 35-59, 1999.

FEIN, Alan.; Nociceptors: The Cells That Sense Pain, (versão utilizada: Nociceptores: As células que sentem dor, Tradução Paulo Petrov, Ribeirão Preto – SP: Dor On Line; 2011. 106 p. Disponível em: <http://www.dol.inf.br/nociceptores>, extraído em 9 de Dezembro de 2013.

FERNANDES LUÍS, Maria dos Anjos dos Santos.; Vivências religiosas e comportamentos sociais: Visitas Pastorais ao concelho da Lourinhã no século XVII, Dissertação de Mestrado em História Regional e Local, Universidade De Lisboa Faculdade De Letras Departamento De História, 2009, texto disponível em: <http://repositorio.ul.pt/bitstream/10451/1702/1/21631_ulfl071895_tm.pdf>, extraído em 24 de Setembro de 2012.

FERNANDES, António Teixeira.; A Crise do Estado nas Sociedades Contemporâneas, Texto da Conferência Proferida em 12 de Novembro de 1993, Porto: Edição do Conselho Directivo, 1993.

FERNANDES, Cláudia Alves.; FERNANDES JUNIOR., Ricardo de Oliveira., A História da Filosofia Antiga e a Formação do Pensamento Ocidental, Centro de Pesquisas Estratégicas Paulino Soares de Souza, Universidade Federal de Juiz de Fora, texto disponível em: <http://www.ecsbdefesa.com.br/defesa/fts/HFAFPO.pdf>, extraído em 13 de Maio de 2013. Também,

FERNANDES, José Pedro Teixeira.; Elementos de Economia Política Internacional, Coimbra: Coimbra, 2005.

FERNANDEZ, Fernando.; Aprendendo a Lição de Chaco Canyon: do "Desenvolvimento Sustentável" a uma Vida Sustentável. In: São Paulo: Instituto Ethos Reflexão, Ano 6 – nº 15, Agosto de 2005.

FERRACIOLI, Paulo.; Do GATT à OMC: a Regulação do Comércio Internacional. Texto disponível em: <http://www.cepal.org/dmaah/noticias/paginas/9/28579/OMCna.pdf>, extraído em 15 de Dezembro de 2013.

FERRAJOLI, Luigi,. A Soberania no Mundo Moderno. Tradução de Carlo Coccioli e Márcio Lauria Filho, Martins Fontes, São Paulo, 2002.

FERREIRA LEÃO, Delfim.; Sólon Ética e Política, Fundação Calouste Gulbenkian, Lisboa, 2001.

FERREIRA MENDES, Gilmar.; COELHO, Inocêncio Mártires.; BRANCO, Paulo Gustavo Gonet.; Curso de Direito Constitucional, São Paulo: Saraiva, 4ª Edição, 2009.

FERREIRA MENDES, Gilmar.; Controle de Constitucionalidade: Repercussões na Atividade Econômica. Disponível em: <http://www.bcb.gov.br/htms/public/8encjur/04%20-gilmar%20ferreira%20mendes.pdf>, extraído em 22 de Setembro de 2008.

FERREIRA MENDES, Gilmar.; Direitos Fundamentais: Eficácia das Garantias Constitucionais nas Relações Privadas – Análise da jurisprudência da Corte Constitucional alemã. O referido artigo teve como texto básico conferências proferidas no curso de Pós-Graduação da Faculdade de Direito da Universidade Federal do Rio Grande do Sul, Porto Alegre, em 20 de outubro de 1994 e no 5º Encontro Nacional de Direito Constitucional (Instituto Pimenta Bueno) Tema: "Direitos Humanos Fundamentais", em 20 de setembro de 1996, USP/SP.

FERREIRA MENDES, Gilmar.; Limites da revisão: cláusulas pétreas ou garantias de eternidade possibilidade jurídica de sua superação. Cadernos de Direito Tributário e Finanças Públicas, a. 2, n. 6, jan./mar. 1994, São Paulo: RT, 1994.

FERREIRA, A. B. de H.; Novo Dicionário Aurélio da Língua Portuguesa, São Paulo: Nova Fronteira.

FERREIRA, Ana Raquel Pinto Guedes.; História do Movimento Ambientalista: a sua Trajetória no Piauí, Universidade Federal do Piauí (UFPI), Programa Regional de Pós-Graduação em Desenvolvimento e Meio Ambiente (PRODEMA), Núcleo de Referência em Ciências Ambientais do Trópico Ecotonal do Nordeste (TROPEN), Mestrado em Desenvolvimento e Meio Ambiente (MDMA), TERESINA, 2008.

FERRO, José Roberto.; Aprendendo com o "Ohnoísmo" (Produção Flexível em Massa): Lições para o Brasil, Revista de Administração de Empresas São Paulo, 30 (3) 57-68 Jul./Set. 1990.

FERRY, Luc.; Le nouvel ordre écologique, Grasset & Fasquelle, 1992, (versão utilizada: A nova ordem ecológica: a árvore, o animal e o homem, tradução Rejane Janowitzer, Rio de Janeiro: DIFEL, 2009).

FIANI, Ronaldo.; Teoria dos Jogos – com aplicações em Economia, Administrarâo e Ciências Sociais, 2ª Ed., Rio de Janeiro: Elsevier, 2006.

FIELDS, G.S.; 2001. Distribuition and Development: a new look at the developing world, MIT Press, Cambridge, England, 2001.

FISKESJO, Magnus.; The Thanksgiving Turkey Pardon, the Death of Teddy's Bear, and the Sovereign Exception of Guantánamo. In: Prickly Paradigm Press Chicago, 2003, disponível em: <http://www.prickly-paradigm. com/paradigm11.pdf>, extraído em 07 de Dezembro de 2010.

FLORE, Birgit.; *et al*, Ethik und ökologische Krise, In: Sustainum, Institut für Zukunftsfähiges Wirtschaften Berlin, 2000. Texto disponível em: <http://www.fhochx.de/download/ForumUmweltethik.pdf>, extraído em 03 de Agosto de 2012.

FLORES., Araceli Verônica.; RIBEIRO, Joselito Nardy.; NEVES, Antonio Augusto.; QUEIROZ, Eliana Lopes Ribeiro De.; Organoclorados: um problema de saúde pública, Ambiente & Sociedade – Vol. VII nº 2 jul./dez. 2004, texto disponível em: <http://www.scielo.br/pdf/asoc/v7n2/24690.pdf>, disponível em: 24 de Setembro de 2012.

FLOUD, Roderick.; & McCLOSKEY, The Economic History of Britain since 1700, Cambridge University Press, 1981.

FOLD, N.; A matter of good taste? Quality and the construction of standards for chocolate products in the European Union, Cahiers d'economie et sociologie rurales, 55-56, 91-110, 2000.

FOLLAIN, Martha.; Os gatos na Idade Média. Março de 2009. Disponível em: <http://www.anda.jor. br/?p=1026>, extraído em 05 de Maio de 2010.

FONSECA, Pedro Cezar Dutra.; A Revolução de 1930 e a Economia Brasileira, XXXVIII Encontro Nacional de Economia da ANPEC, em Salvador, em 10.12.2010, intitulada "80 Anos da Revolução de 1930: Seu Significado para a Economia Brasileira", Economia, Brasília (DF), v. 13, n. 3b, p. 843-866, set./dez. 2012.

FONSECA, Pedro Cezar Dutra.; Clássicos, Neoclássicos e Keynesianos: uma tentativa de sistematização, In: Perspectiva Econômica, Ano XVI, Vol. II, nº 30, 1981, p. 35-64.

FONTENAY, Catherine de.; Market Power and the Failure of the Big Push:Evidence and Theory, Department of Economics, University of New South Wales, Sydney, NSW Australia, September, 1999. Texto disponível em: <http://www.econometricsociety.org/meetings/wc00/pdf/1269.pdf>, extraído em 4 de Setembro de 2013.

FONTOURA DE MEDEIROS, Fernanda Luiza.; Meio Ambiente Direito e Dever Fundamental, Porto Alegre: Livraria do Advogado, 2005.

FORTUNA, Hernani G.; Amazônia: Uma Visão de Preservação e Desenvolvimento, C Prep Mauss – curso de admissão à Escola de Comando e Estado-Maior do Exército (ECEME), texto disponível em: <http://www. cprepmauss.com.br/documentos/amazonia_umavisaodepreservacaoedesenvolvimento3958.pdf>, extraído em 16 de Setembro de 2012.

FRANCA FILHO, Marcílio Toscano.; História e razão do Paradigma Vestefaliano, Anuario de Derecho Consitutional Latinoamericano, 2006, Biblioteca jurídica Virtual del Instituto de Investigaciones Jurídicas de la UNAM, pág. 1445-1465, texto disponível em: <http://www.juridicas.unam.mx/publica/librev/rev/dconstla/ cont/2006.2/pr/pr36.pdf>, extraído em 21 de Maio de 2013.

FRANCO FERRAZ, Maria Cristina.; Sociedade Tecnológica: De Prometeu a Fausto, In: Contracampo, Vol. 4, Universidade Federal Fluminense, Rio de Janeiro, 2000.

FRANCO JUNIOR, Hilário.; Idade Média: nascimento do Ocidente, São Paulo: Brasiliense, 2001.

FRANKLIN, Julian H.; Animal Rights and Moral Philosophy (2005).

FREIRE, Nilcéa.; Apresentação, In: Rumos para Cairo mais 20, Compromissos do Governo Brasileiro com a Plataforma da Conferência Internacional sobre População e Desenvolvimento, Brasília, 2009.

FREIRE, Willian.; Direito Ambiental Brasileiro, 2ª ed., Rio de Janeiro: Aide, 2000.

FREITAS DO AMARAL, Diogo.; In: Ordenamento do Território, urbanismo e ambiente: objecto, autonomia e distinções, Revista Jurídica do Urbanismo e do Ambiente, Nº 1, Junho, 1994, págs. 11-22.

FREITAS DO AMARAL, Diogo.; O Estado, In: Estudos de Direito Público e matérias afins, volume I, Almedina, Coimbra, 2004.

FREITAS, Marcílio de.; Amazônia e Desenvolvimento Sustentável: um diálogo que todos os brasileiros deveriam conhecer, Petrópolis, RJ: Vozes, 2004.

REFERÊNCIAS | 411

FREUD, Sigmund.; Eine Schwierigkeit Der Psychoanalyse. 1925. (versão utilizada: Uma dificuldade no Caminho da psicanálise. Com comentários e notas de James Strachey e Anna Freud. Tradução de Jayme Salomão, Edição Standard brasileira das Obras Completas de Sigmund Freud, Rio de Janeiro: Imago Editora Ltda.).

FREUD, Sigmund.; Jenseits des Lustprinzips (versão utilizada: Além do princípio do prazer, psicologia de grupo e outros trabalhos. *E.S.B.* Rio de Janeiro: Imago, 1976. v. XVIII).

FREUD, Sigmund.; Das Unbehagen in der Kultur, Viena: 1929/30 (versão utilizada O mal-estar na civilização. In: Obras psicológicas completas de Sigmund Freud: edição standard brasileira. Rio de Janeiro: Imago, 1996).

FRIEDMAN, Milton.; The Social Responsibility of Business is to Increase its Profits, The New York Times Magazine, New York, Setembro 1970.

FRIEDMAN, Thomas L.; The World is Flat: a Brief History of the Twenty-first Century, 2005 (versão utilizada: O mundo é plano. Uma breve história do século XXI, tradução de Cristina Serra S. Duarte, Rio de Janeiro: Objetiva, 2005).

FUJIMOTO, Takahiro.; TIDD, Joe.; The Uk & Japanese Automobile Industries: Adoption & Adaptation Of Fordism, Actes du GERPISA nº 11, pgs. 69, texto disponível em: <http://gerpisa.org/ancien-gerpisa/actes/11/11-4.pdf>, extraído em 18 de Junho de 2013.

FUJIMURA, Joan H.; Como conferir autoridade ao conhecimento na ciência e na Antropologia, In: SOUSA SANTOS, Boaventura (org.), Conhecimento Prudente para uma Vida Decente, São Paulo: Cortez, 2006, págs. 151-181.

FUKUYAMA, Francis.; Our Posthuman Future: consequence of the Biotechnology Revolution, New York: Farrar, Straus and Giroux, 2002.

FUKUYAMA, Francis.; The End of History and the last man, 1992.

FUKUYAMA, Francis.; The end of History, In: The National Interest, vol. 16, 1989.

FURTADO, Celso.; Formação de Capital e Desenvolvimento Econômico, Revista Brasileira de Economia, Dezembro, 1951.

G. OESTREICH.; Geschichte der Menschenreche und Grundfreiheiten im Umriss, Berlim, p. 10;

GABSCH, Rodrigo D'Araujo.; Aprovação de Tratados Internacionais pelo Brasil, Possíveis opções para acelerar o seu processo, Ministério das Relações Exteriores, Fundação Alexandre Gusmão, Brasília, 2010, texto disponível em: <http://www.funag.gov.br/biblioteca/dmdocuments/Aprovacao_interna_de_tratados_pelo_brasil.pdf>, extraído em 21 de Outubro de 2013.

GAENS, Bart.; Japan's territorial disputes remain unresolved, The entangled history of the three distinct island disputes complicates finding a solution to any of them, FIIA Comment, The Finnish Institute of International Affairs, March, 2013. Texto disponível em: <www.fiia.fi/assets/.../FIIA_Comment_07_2013.pdf>◉, extraído em 02 de Junho de 2013. Ver também KENICHI, Ito, The Point in Dispute between Japan and Russia, JFIR Commentary, May 7, 2005. Texto disponível em: <http://www.jfir.or.jp/e/commentary/050507.pdf>, extraído em 02 de Junho de 2013, dentre tantos outros sobre o assunto.

GALBRAITH, John Kenneth.; The Great Crash – 1929 With a New Introduction by the Author, Boston-New York: A Mariner Book, Houghton Mifflin Company, 1997.

GALLO, Alain.; & Fabienne de Gaulejac.; Qu'est-ce que la «Condition Animale»?, In: Cyrulnik, Boris (org.), Si les Lions Pouvaient Parler, Essais sur la Condition Animale, Paris, Gallimard, 1998.

GAMSRIEGLER, Angela.; Le chocolate «La fève de cacao est un phénomène que la nature n'a pas répété. On n'a jamais trouvé autant de qualités réunies dans un si petit fruit.», 2002, texto disponível em: <http://www.google.com.br/url?sa=t&rct=j&q=&esrc=s&frm=1&source=web&cd=1&ved=0CCwQFjAA&url=<http-p%3A%2F%2Fwww.factline.com%2FsDownload%2Fle%2520chocolat.pdf%3Fforumid%3D326%26v%3D1%26id%3D216821&ei=UZ-nUfPOG6eo0AGrvIDoDw&usg=AFQjCNG3hEU4hux2EwBQq1mmmrNoCPzcSg&bvm=bv.47244034,d.dmQ>, extraído em 30 de Maio de 2013.

GARCIA, Bruno Souza.; SARAIVA, Bruno Cozza.; CAMPOS BENITO, Kelen.; A impenhorabilidade de propriedade rural e o bem de família a Lei 8.009/1990. In: Âmbito Jurídico, Rio Grande, XIV, n. 87, abr. 2011. Disponível em: <http://www.ambitojuridico.com.br/site/?n_link=revista_artigos_leitura&artigo_id=9351&revista_caderno=21>. Acesso em set. 2013.

GARCIA, Maria da Glória F.P.D.; O Lugar do Direito na Proteção do Ambiente, Coimbra: Almedina, 2007.

GARDINER, Patrick.; Theories Of History, 5th printing August 1964, New York (versão utilizada: Teorias da História, Lisboa: Fundação Calouste Gulbenkian, tradução de Vítor Matos de Sá, 5ª Edição, 2004).

GARRIDO FILHA, Irene.; Manejo florestal: questões econômico-financeiras e ambientais, Estudos Avançados, nº 16 (45), 2002, pp. 91-106.

GASPERETTI, Mario.; Il Sommelier, Enologia, texto disponível em: <http://www.internazionaliditalia.eu/documents_it/ENOLOGIA.pdf>, extraído em 13 de Setembro de 2013.

GAVA, Rodrigo.; Ricos & Mendazes – O Dilema das Cláusulas Sociais nas Relações Multilaterais de Comércio Internacional, Coimbra: Almedina, 2008.

GIAMBIAGI, Fabio.; BARENBOIM, Igor.; A Unificação Monetária Alemã: Lições para uma Possível Moeda Comum entre Brasil e Argentina, Ensaios BNDES, 15, Rio de Janeiro, setembro – 2002. Texto disponível em: <http://www.bndes.gov.br/SiteBNDES/export/sites/default/bndes_pt/Galerias/Arquivos/conhecimento/ensaio/ensaio15.pdf>, extraído em 23 de Setembro de 2013.

GIANNINI, M.S.; Difesa dell'ambiente e del patrimonio naturale e culturale, In: RTPD, 1971, págs. 11122 e segs.

GIBNEY, Mark.; Tomaševski, Katarina.; Vedsted-Hansen, Jens.; Transnational State Responsibility for Violations of Human Rights, In. Harvard Human Rights Journal, vol. 12, 1999, disponível em: <http://www.law.harvard.edu/students/orgs/hrj/iss12/gibney.shtml#Heading65, extraído em 22 de Setembro de 2008.

GICO JR., Ivo.; Introdução ao Direito e Economia, In: Direito e Economia no Brasil (Luciano Benetti Timm Org.), São Paulo: Atlas, 2012.

GIDDENS, Anthony.; California dreaming, In: 1968: liberty or its illusion? Prospect Magazine, Issue 146, May, 2008.

GIDDENS, Anthony.; TURNER, Jonathan.; [org.] Social Theory Today, Polity Press, Cambridge, 1987 (versão utilizada, Teoria Social Hoje, tradução de Gilson César Cardoso de Sousa, São Paulo: Editora UNESP, 1999).

GILISSEN, John.; Introduction Historique Au Droit: esquisse d'une histoire universelle du droit. Les sources du droit. Les sources du droit depuis le XIII siècles. Élements d'histoire du droit privé, 1979 (versão utilizada: Introdução Histórica ao Direito, Lisboa: Fundação Calouste Gulbenkian, tradução de A.M. Hespanha e L. M. Macaísta Malheiros, 4ª Edição).

GILLESPIE, Alexander.; International environmental law, policy and ethics, New York: Oxford University Press Inc., 1977.

GIMENES, Daniel.; O Impacto Social Causado pelo Grande Terremoto de Tohoku na Comunidade Brasileira no Japão e os Efeitos da Crise Nuclear, 46 Ciência Geográfica Bauru XVI Vol. XVI (1): Janeiro/Dezembro – 2012. Texto disponível em: <http://www.agbbauru.org.br/publicacoes/revista/anoXVI_1/agb_xvi1_versao_internet/AGB_abr2012_07.pdf>, extraído em 02 de Junho de 2013.

GIMENEZ M. E.; The population issue: Marx VS. Malthus, déc. 1973, Journal of the institute for development research.

GITTER, Wolfgang, Nachhaltigkeit und Sozialversicherung, In: KAHL, Wolfgang.; [org.]; Nachhaltigkeit als Verbundbegriff, Tübingen, 2008.

GOETHE, Johann Wolfgang von.; Faust, Eine Tragödie (1806). (também foi utilizada, além do original em alemão, a versão traduzida: Fausto, traduzido por Antonio Feliciano de Castilho, eBooksBrasil, 2003, pág. 58).

GOLDEN, Jay.; Sustainability Consortium, Electronics Sector Meeting, August 11-12, Dallas, Texas, 2009, texto disponível em: <http://www.sustainabilityconsortium.org/wp-content/uploads/Austin_Day_1.pdf>, extraído em 31.8.2012.

GOLDSTEIN, Rebecca.; Incompleteness – The proof and paradoxo of Kurt Gödel, 2005, Atlas Book, L.L.C./W.W, Norton & Company, Inc. (versão utilizada: Incompletude. A prova e o paradoxo de Kurt Gödel, 2008, São Paulo: Companhia das Letras).

GOLEMI, Michael A..; BALART, L. Etienne.; Indemnity in Deep Water: Indemnity Agreements Offshore and the Deepwater Horizon, texto disponível em: <http://www.liskow.com/PublicationFiles/Indemnity%20in%20Deep%20Water.pdf>, extraído em 31 de Março de 2014.

REFERÊNCIAS | 413

GOMES CANOTILHO, José Joaquim.; (Coordenador Científico), Direitos Humanos, Estrangeiros, Comunidades Migrantes e Minorias. Oeiras: Celta, 2000.

GOMES CANOTILHO, José Joaquim.; (Coordenador), Introdução ao Direito do Ambiente, Lisboa: Universidade Aberta, 1998).

GOMES CANOTILHO, José Joaquim.; (coordenador), Introdução ao Direito do Ambiente, Lisboa: Universidade Aberta, 1998.

GOMES CANOTILHO, José Joaquim.; (coordenador), Introdução ao Direito do Ambiente, Lisboa: Universidade Aberta, 1998.

GOMES CANOTILHO, José Joaquim.; (Coordenador), Introdução ao Direito do Ambiente, Lisboa: Universidade Aberta, 1998.

GOMES CANOTILHO, José Joaquim.; "Brancosos" e Interconstitucionalidade. Itinerários dos Discursos sobre a Historicidade Constitucional, Coimbra: Almedina. 2006.

GOMES CANOTILHO, José Joaquim.; Compreensão Jurídico-Política da Carta. In: A Evolução da Protecção dos Direitos Fundamentais no Espaço Comunitário. In: Carta de Direitos Fundamentais da União Europeia, Coleção: Corpus Iuris Gentium Conimbrigae, Coimbra: Coimbra, 2001.

GOMES CANOTILHO, José Joaquim.; Constituição Dirigente e Vinculação do Legislador, Coimbra: Coimbra Editora, 2001.

GOMES CANOTILHO, José Joaquim.; Constituição e "Tempo Ambiental", In: Revista do Centro de Estudos de Direito, do Urbanismo e do Ambiente – RevCEDOUA, 2.9, pág. 9.

GOMES CANOTILHO, José Joaquim.; Direito Constitucional Ambiental Português e da União Europeia, In: GOMES CANOTILHO, José Joaquim.; MORATO LEITE, José Rubens. (org.); Direito Constitucional Brasileiro, São Paulo: Saraiva, 2007.

GOMES CANOTILHO, José Joaquim.; Direito Constitucional Ambiental Brasileiro. Org. GOMES CANOTILHO, José Joaquim.; e MORATO LEITE, José Rubens.; O Direito Constitucional Ambiental Português e da União Europeia, São Paulo: Saraiva, 2007, págs. 1-11.

GOMES CANOTILHO, José Joaquim.; e VITAL MOREIRA.; Constituição da Republica Portuguesa Anotada, 4ª Edição, Revista, Editora Coimbra, 2007.

GOMES CANOTILHO, José Joaquim.; Estado Constitucional Ecológico e Democracia Sustentada. In: GRAU, Eros Roberto; CUNHA, Sérgio Sérvulo (Coords.). Estudos de Direito Constitucional em

GOMES CANOTILHO, José Joaquim.; Estudos sobre Direitos Fundamentais, Coimbra: Coimbra Editora, 2004.

GOMES CANOTILHO, José Joaquim.; In: Constituição e "Tempo Ambiental", Revista Cedoua, 2. Ano II, 1999, págs. 9-14.

GOMES CANOTILHO, José Joaquim.; In: Relações Jurídicas Poligonais. Ponderação ecológica de bens e controlo judicial preventivo, Revista Jurídica do Urbanismo e do Ambiente, Nº 1, Junho, 1994, pág. 55-66.

GOMES CANOTILHO, José Joaquim.; In: Revista do Centro de Estudos de Direito, do Urbanismo e do Ambiente – RevCEDOUA, 2.99, pág. 13.

GOMES CANOTILHO, José Joaquim.; In: Ter Cidadania/Ser Cidadão. Aproximação à historicidade da implantação cidadã. (texto apresentado nos Colóquios do IV Programa de Doutoramento da FDUC Direito, Justiça e Cidadania no séc. XXI, realizado nos anos de 2005/2006).

GOMES CANOTILHO, José Joaquim.; Nova Ordem Mundial e Ingerência Humanitária (Claros-Escuros de um Novo Paradigma Internacional). In: Separata do Boletim da Faculdade de Direito da Universidade de Coimbra, vol. LXXI, Coimbra, 1995.

GOMES CANOTILHO, José Joaquim.; O Estado de Direito, Cadernos Democráticos, Fundação Mário Soares, Lisboa: Edição Gradiva, 1999.

GOMES CANOTILHO, José Joaquim.; O Estado de Direito, Cadernos Democráticos, Fundação Mário Soares, Lisboa: Edição Gradiva, 1999.

GOMES CANOTILHO, José Joaquim.; O princípio da sustentabilidade como princípio estruturante do Direito Constitucional, Revista de Estudos Politécnicos, Polytechnical Studies Review, 2010, Vol. VIII, nº 13, 007-018.

GOMES CANOTILHO, José Joaquim.; Procedimento Administrativo e Defesa do Meio Ambiente, Revista de Legislação e Jurisprudência, ano 123º, 1991, nº 3799, págs. 290.

GOMES CANOTILHO, José Joaquim.; Procedimento administrativo e defesa do ambiente, In: RLJ, nº 3802, 1991.

GOMES CANOTILHO, José Joaquim.; Procurem-se cooperações reforçadas no direito do ambiente, In: Revista do Centro de Estudos de Direito, do Urbanismo e do Ambiente – RevCEDOUA, 2.2003, pág. 89.

GOMES CANOTILHO, José Joaquim.; Tópicos de um Curso de Mestrado sobre Direitos Fundamentais, procedimento, processo e organização. In: Separata do vol. LXVI (1990) do Boletim da Faculdade de Direito da Universidade de Coimbra.

GOMES CANOTILHO, José Joaquim.; VITAL MOREIRA, CRP – Constituição da República Portuguesa Anotada, Artigos 1º a 107º, Vol. 1, Coimbra: Coimbra, 2007.

GOMES, Ana Claudia Nascimento.; Emendar e Emendar: Enclausurando a Constituição? ... In: Ciências Jurídicas – Civilísticas; Comparatísticas; Comunitárias; Criminais; Económicas; Empresariais; Filosóficas; Históricas; Políticas; Processuais, Apresentação: professor Catedrático Doutor Castanheira Neves, Organização: Gonçalo Sopas de Melo Bandeira; Rogério Magnus Varela Gonçalves; Frederico Viana Rodrigues, Coimbra: Coimbra Editores, 2005, págs. 23/54.

GOMES, Carla Amado.; Direito Administrativo do Ambiente, In: OTERO, Pedro.; GONÇALVES, Pedro. (org.); Tratado de Direito Administrativo Especial, Volume I, Coimbra: Almedina, 2013.

GOMES, Henrique Manuel Candeias Rosa.; A Nova Ordem Mundial – Do fim do mundo bipolar à emergência de novos actores internacionais, Texto disponível em: <https://repositorioaberto.uab.pt/bitstream/10400.2/2053/1/Tese%20de%20Mestrado%20Final.pdf>, extraído em 01 de Setembro de 2013.

GOMES, Marco Paulo.; Protocolo de Kyoto: origem, Conjuntura Internacional, Pontifícia Universidade Católica de Minas Gerais, 2005. Texto disponível em: <http://www.pucminas.br/imagedb/conjuntura/CNO_ARQ_NOTIC20050829120850.pdf?PHPSESSID=088890c8e499a3717fc85e2090b2e8a9>, extraído em 27 de Agosto de 2012.

GONÇALVES CARVALHO, Kildare.; Direito Constitucional, Belo Horizonte: Del Rey, 10ª Ed., 2012.

GONÇALVES DA SILVA, Pedro Alexandre.; Perfil epidemiológico de Internamentos por Intoxicação Aguda nos Huc: 2000-2007, Dissertação apresentada à Universidade de Aveiro.

GOOSE, Nigel.; Poverty, old age and gender in nineteenth-century England: the case of Hertfordshire, Continuity and Change 20 (3), 351-384. f 2005, Cambridge University Press, Printed in the United Kingdom, 2005.

GORENDER, Jacob.; Apresentação, In: Os Economistas, Karl Marx, O Capital, Crítica da Economia Política, Volume I, Livro primeiro, O Processo de Produção do Capital, Tomo 1, (Prefácios e Capítulos I A XII), Apresentação de Jacob Gorender Coordenação e revisão de Paul Singer, Tradução de Regis Barbosa e Flávio R. Kothe, São Paulo: Editora Nova Cultural Ltda., 1996.

GORJÃO-HENRIQUES, Miguel.; A Evolução da Protecção dos Direitos Fundamentais no Espaço Comunitário. In: Carta de Direitos Fundamentais da União Europeia. Coleção: Corpus Iuris Gentium Conimbrigae, Coimbra: Coimbra, 2001.

GOUVEIA, Carla.; BAPTISTA, Martinho.; Teorias Sobre A Motivação Teorias De Conteúdo, Instituto Politécnico De Coimbra, Instituto Superior De Engenharia De Coimbra, Departamento De Engenharia Civil, Maio de 2007. Texto disponível em: <http://prof.santana-e-silva.pt/gestao_de_empresas/trabalhos_06_07/word/Motiva%C3%A7%C3%A3o-Teorias%20de%20conte%C3%BAdo.pdf>, extraído em 07 de Junho de 2013.

GOUVEIA, Jorge Barcelar.; Manual de Direito Internacional Público, 2ª Edição, Coimbra: Almedina, 2004.

GRAY, R.; Responsabilidade, sustentabilidade e contabilidade social e ambiental: o setor corporativo pode se pronunciar?, texto disponível em: <http://www.gla.ac.uk/departments/accounting/csear/studentresources/index.html, extraído em 20.7.2013.

GRAYSON, Donald K.; MELTZER, David J.; A requiem for North American overkill, Journal of Archaeological Science 30 (2003) 585-593, texto disponível em: <http://faculty.washington.edu/grayson/jas30req.pdf>, extraído em 12 de Agosto de 2012.

GRECO FILHO, Vicente.; Manual de Processo Penal. 6. ed., São Paulo: Saraiva, 1999.

REFERÊNCIAS | 415

GREENHALGH S.; Missile science, population science: the origins of China's one-child policy, juin, 2005, pg. 260.

GRIFO, Francesca.; GOLDMAN, Gretchen.; GUTMAN, Ben.; FREEMAN, Jennifer.; ROGERSON, Paul.; VEYSEY, Drew.; A Climate of Corporate Control How Corporations Have Influenced the U.S. Dialogue on Climate Science and Policy, The Scientific Integrity Program of the Union of Concerned Scientists, May, 2012, texto extraído em 01 de Junho de 2013.

GRINEVALD, Jacques.; "A Consciencialização. Os pioneiros da ecologia"; In: Estado do Ambiente no Mundo. Direção de Michel e BEAUD, Calliope et al..., Lisboa: Instituto Piaget. 1995.

GRISA, Catia.; GAZOLLA, Marcio.; SCHNEIDER, Sergio.; A "Produção Invisível" na Agricultura Familiar: Autoconsumo, Segurança Alimentar e Políticas Públicas de Desenvolvimento Rural, Universidad de los Andes, Facultad de Ciencias Económicas y Sociales, FACES, Núcleo La Liria, Mérida, Venezuela, v. 16, n. 31, Jul., Agroalimentaria, 2010.

GUERRA, Isabela F.; Ação Civil Pública e Meio Ambiente, Rio de Janeiro: Forense, 2002.

GUGGENHEIM, Paul.; Traité de droit international public, 2. ed., Genéve: Georg, 1967.

GUGLINSKI, Vitor Vilela.; A Cultura de consumo de massas: Um desafio ao novo modelo de Estado Democrático de Direito, Portal Jurídico Investidura, Florianópolis/SC, 07 Out. 2008. Disponível em: <www.investidura.com.br/revista/98>. Acesso em: 15 Ago. 2012.

GUIMARÃES, Alexandre Queiroz.; O Capitalismo Coordenado Alemão: do Boom do Pós-Guerra à Agenda 2010, Lua Nova, São Paulo, 66: 23-56, 2006. Texto disponível em: <http://www.scielo.br/pdf/ln/n66/29083.pdf>, extraído em 23 de Setembro de 2013.

GUIMARÃES, João Roberto Penna de Freitas.; Disruptores endócrinos no meio ambiente: um problema de saúde pública e ocupacional, Biblioteca Virtual em Saúde do Ministério da Saúde, Brasil, texto disponível em, extraído em 24 de Setembro de 2012.

GURGEL, Angelo Costa.; Impactos da Liberalização Comercial de Produtos do Agronegócio na Rodada de Doha, RBE Rio de Janeiro v. 60 n. 2 / p. 133-151 Abr./Jun. 2006.

GUSMÃO, Ronaldo.; Cidadania corporativa: Há incoerência entre o discurso e o que as empresas fazem na prática, In: Jornal Estado de Minas, 9.10.2008.

HAAS, Reinaldo.; Mudanças Climáticas Antropogênicas no Sudeste da América do Sul, In: Simpósio Brasileiro de Desastres Naturais, 1, 2004, Florianópolis, Anais, Florianópolis: GEDN/UFSC, 2004, p. 710-718 (CD-ROM).

HÄBERLE, Peter.; "Nachhaltigkeit und Gemeineuropäisches Verfassungsrecht", In: WOLFGANG KAHL (org.), Nachhaltigkeit als Verbundbegriff, Tübingen, 2008.

HÄBERLE, Peter.; Die offene Gesellschaft der Verfassungsinterpreten. Ein Beitrag zur pluralistischen und "prozessualen" Verfassungsinterpretation. (versão utilizada: Hermenêutica constitucional: A sociedade aberta dos intérpretes da Constituição: contribuição para a interpretação pluralista e procedimental da Constituição. Tradução de Gilmar Ferreira Mendes, Porto Alegre: Sérgio Antônio Fabris Editor, 1997).

HÄBERLE, Peter.; Die offene Gesellschaft der Verfassungsinterpreten. Ein Beitrag zur pluralistischen und "prozessualen" Verfassungsinterpretation. (versão utilizada: Hermenêutica constitucional: A sociedade aberta dos interpretes da Constituição: contribuição para a interpretação pluralista e procedimental da Constituição. Tradução de Gilmar Ferreira Mendes, Porto Alegre: Sérgio Antônio Fabris Editor, 1997).

HÄBERLE, Peter.; Die Verfassung des Pluralismus. Studien zur Verfassungstheorie der offenen Gesellschaft, Athenäum TB-Rechtswissenchaft, Könistein/Ts, 1980 (versão utilizada Pluralismo y Constitución, Estudios de Teoría Constitucional de la sociedad abierta, tradução para o espanhol de Emilio Mikunda, Madrid: Tecnos, 2002).

HÄBERLE, Peter.; Verfassungslehre als Kulturwissenschaft, 2ª ed., 1996 (versão utilizada: Teoría de la Constitución como Ciencia de la Cultura, Madrid: Tecnos, 2000).

HABERMAS, Jürgen.; L'Éthique de la Discussion et la Question de la Vérité, Paris: Grasset & Fasquelle, 2003 (versão utilizada: A Ética do Discurso e a Versão da Verdade, tradução de Marcelo Brandão Cipolla, São Paulo: Martins Fontes, 2004).

HAMMOND, John L.; The Resource Curse and Oil Revenues in Angola and Venezuela, Science & Society, Vol. 75, Nº 3, July 2011, p. 348-378, texto disponível em: <http://www.eslpascaipb.net/downloads/61845346.pdf>, extraído em 30 de Maio de 2013.

HANSEN, Xavier.; Back to the Future: The Origins and Return of Sociology as the Scientific Study of Societal Development, Paper presented at the annual meeting of the American Sociological Association, Hilton San Francisco & Renaissance Parc 55 Hotel, San Francisco, CA. Texto disponível em: <http://www.allacademic.com/meta/p108265_index.html>, extraído em 03 de Agosto de 2012.

HARGRAVE, Jorge.; Causas econômicas do desmatamento da Amazônia, Revista Desafios do Desenvolvimento SBS, Quadra 01, Edifício BNDES, sala 1515 – Brasília – IPEA, Edição 72 18.06.2012.

HARRISON, Sylvia.; Pop Art and the Origins os Post-Modernism, Cambridge University Press, United Kingdom, 2001.

HARTWELL, R.M.; The Rising Standard of Living in England, 1800-1850, The Economic History Review, New Series, Volume 13, Issue 3 (1961), p. 397-416.

HARVEY, D.; The Condition of Postmodernity: an Enquiry into the Origins of Cultural Change (1989) (versão utilizada: Condição pós-moderna: uma pesquisa sobre as origens da mudança cultural. Tradução Adail Ubirajara Sobral e Maria Stela Gonçalves, 4. ed., Rio de Janeiro: Loyola, 1994).

HARVIE, Barbra. A.; The Shale-Oil Industry in Scotland 1858-1962, Oil Shale, Estonian Academy Publishers, 2010, Vol. 27, n. 4, p. 354-358.

HAYASHI, Sanae.; SOUZA JR.,Carlos; SALES, Márcio.; VERÍSSIMO, Adalberto.; Boletim do Desmatamento (SAD) (Janeiro de 2012), Imazon Instituto do Homem e Meio Ambiente da Amazônia, texto disponível em: <http://www.imazon.org.br/publicacoes/transparencia-florestal/transparencia-florestal-amazonia-legal/boletim-do-desmatamento-sad-janeiro-de-2012>, extraído em 16 de Setembro de 2012.

HECL, Rudolf.; The Beatles and Their Influence on Culture, Faculty of Arts, Department of English and American Studies, Masaryk University, Brno, 2006.

HEINE FILHO, Pedro Augusto Bittencourt.; Possibilidade de Intervenção Ambiental na Amazônia Legal: uma Ameaça à Soberania do Estado Brasileiro, no Mundo Pós-Guerra Fria, Revista da Escola de Guerra Naval, Rio de Janeiro, n. 16 (2010), p. 125-159.

HEINZE, Braulio Cezar Lassance Britto.; A Importância da Agricultura Irrigada para o Desenvolvimento da Região Nordeste do Brasil, Monografia apresentada ao curso MBA em Gestão Sustentável da Agricultura Irrigada da ECOBUSINESS SCHOOL/FGV., Brasília, Distrito Federal, 2002.

HERRERA, Rémy.; The Neoliberal 'Rebirth' of Development Economics, Monthly Review Foundation, New York, NY, Volume 58, Issue 01 (May), 2006. Texto disponível em: <http://monthlyreview.org/2006/05/01/the-neoliberal-rebirth-of-development-economics>, extraído em 4 de Setembro de 2013.

HESPANHA, Pedro.; MONTEIRO, Alcina.; RODRIGUES, A. Cardoso Ferreira Fernandes.; NUNES, M. Helena.; MADEIRA, J. José Hespanha Rosa.; HOVEN, Rudy van den.; PORTUGAL, Sílvia.; Entre o Estado e o Mercado – as fragilidades das instituições de protecção social em Portugal, Coimbra: Quarteto, 2000.

HESSEN, Johannes.; Erkenntnistheorie, Berlin: Ferd. Dümmiers Verlag, 1926, (versão utilizada: Teoria do Conhecimento, tradução de João Vergílio Gallerani Cuter, São Paulo: Martins Fontes, 2003).

HIPÓCRATES, Aforismos, Primeira Secção (séc. IV/V a. C.): "ars longa, vita brevis".

HIRST, Monica Ellen Seabra.; As Relações Brasil-Estados Unidos desde uma Perspectiva Multidimensional: evolução contemporânea, complexidades atuais e perspectivas para o século XXI, Tese de doutorado em Estudos Estratégicos Internacionais, Universidade Federal do Rio Grande do Sul, Faculdade de Ciências Econômicas, programa de Pós-Graduação em Estudos Estratégicos Internacionais, Porto Alegre, 2011.

History of Man the Last Two Million Years, Reader's Digest, sem autor, 1973.

HOBBES, Thomas.; Leviatã, 1651 (versão utilizada: Leviatã ou matéria forma e poder de um Estado Eclesiástico e Civil. Tradução de João Paulo Monteiro e Maria Beatriz Nizza da Silva).

HOBBES, Thomas.; Leviathan or The Matter, Forme and Power of a Common Wealth Ecclesiasticall and Civil, 1651(versão utilizada: Leviatã ou matéria, forma e poder de um Estado eclesiástico civil. São Paulo: Martin Claret, 2002).

REFERÊNCIAS | 417

HOBSBAWM, Eric J.; The Age of revolution 1789-1848, Great Britain, Weidenfedl & Nicolson, 1977 (versão utilizada: A era das Revoluções, 1789-1848, tradução Maria Tereza Teixeira e Marcos Penchel, São Paulo: Paz e Terra, 25ª edição, 2011).

HOBSBAWM, Eric.; The Age of Extremes: The Short Twentieth Century, 1914-1991, Vintage Books, USA, 1994 (versão utilizada: Era dos Extremos, tradução de Maria Tereza Teixeira e Marcos Penchel, São Paulo: Companhia das Letras, 2000).

HOBSBAWN, Eric J.; The General Crisis of the European Economy in the 17th Century: I, London: Routledge & Kegan Paul, 1965 (versão utilizada: A crise geral da economia europeia no século XVII. In: Do feudalismo ao capitalismo: uma discussão histórica, Theo Santiago (org.). Tradução de Celina Whately, 3. ed., São Paulo: Contexto, 1988).

HOFELD, Wesley N.; Some fundamental legal conceptions as applied in judicial reasoning, in Fundamental Legal Concepts as Applied in Judicial Reasoning and Other Legal Essays, New Haven: Yale University Press, 1923.

HOFFMANN, Mauro da Silva.; O Domínio Ideológico da Igreja Durante a Alta Idade Média Ocidental, Revista Historiador Especial, História Antiga e Medieval, Número 01. Ano 03, Julho de 2010, págs. 105-112.

HOLMES ROLSTON, III.; Environmental Ethics, The Blackwell Companion to Philosophy, 2nd ed. Nicholas Bunnin and E. P. Tsui-James, eds., Oxford: Blackwell Publishing, 2003.

HOLMES ROLSTON, III.; The land ethic at the turn of the millennium, Biodiversity and Conservation 9, Netherlands: Kluwer Academic Publishers, 2000.

HOMMA, Alfredo Kingo Oyama.; Biopirataria na Amazônia: como reduzir os riscos?, Amazônia: Cia. & Desenv., Belém, v. 1, n. 1, jul./dez. 2005, pp. 47-60.

HONNEF, Klaus.; Pop Art. Colônia, Alemanha: Taschen, 2004.

HOPKINS, Jerry.; The Hippie Papers Notes From The Underground Press, Publisher: New American Library, 1968.

HÖPNER, Martin.; 2004: Der organisierte Kapitalismus in Deutschland und sein Niedergang, In: Roland Czada/ Reinhard Zintl (Hrsg.): Politik und Markt, PVS-Sonderheft 34, 300-324.

HORTA, Raul Machado.; Direito Constitucional, 5ª Edição, Belo Horizonte: Del Rey, 2010.

HORTON, Thomas.; Forty-six Sermons upon the whole Eighth Chapter of the Epistle to the Romans, 1674.

HUERTA, Maurício Iván del Toro.; El Fenómeno del Soft Law y las Nuevas Perspectivas del Derecho Internacional, Anuario Mexicano de Derecho Internacional, vol. VI, 2006, págs. 513-549. Texto disponível em: <http://www.bibliojuridica.org/estrev/pdf/derint/cont/6/art/art12.pdf>, extraído em 15 de outubro de 2013.

HUME, David.; A Treatise of Human Nature, London, 1739 (versão utilizada: HUME, David., Tratado da Natureza Humana: uma tentativa de introduzir o método experimental de raciocínio os assuntos morais. Tradução de Déborah Danowski, São Paulo: Editora UNESP, Imprensa Oficial do Estado, 2001).

ÍAZ GÓMEZ, José Luis.; Tales de Mileto, Apuntes de Historia de las Matemáticas.

ILYA, Prigogine.; Ciência, Razão e Paixão, org. Edgar de Assis Carvalho e Maria da Conceição de Almeida, 2ª Edição, São Paulo: Editora Livraria da Física, 2009.

IMBERT-MAGAND, Daniel.; Droit de l'homme: De la Déclaration de 1789 à la Charte européenne des droits fondamentaux. Maître de conférence – Université J. Monnet de St. Etienne, 2008. Texto disponível em: <http://uva.forez.free.fr/DOC_PDF/DOC_UVA_Conf_progsocial_230108-droitsdelhomme.pdf>, extraído em 13.9.2008.

INSERM, París, 1999, p. 1. (Ci-aprés Synthèse Substitution). Cf. Apud. WT/DS 135/R, item 3.174.

INSERM, Synthèse Effets sur la santé des fibres de substitution à l'amiante, Expertise collective.

Instituto Nacional De Propriedade Industrial INPI. INPI concede primeira denominação de origem para brasileiros, Rio de Janeiro, 2010. Texto disponível em: <http://www.inpi.gov.br/noticias/inpi-concede-primeira-denominacao-de-origem-para-brasileiros>, extraído em 13 de Setembro de 2013.

ISMAIL, Kareem.; The Structural Manifestation of the "Dutch Disease": the Case of Oil Exporting Coutries, IMF Working Paper, Strategy, Policy, and Review Department, April, 2010. Texto disponível em: <http://dev.revenuewatch.org/rwiresources/sites/default/files/Dutch%20Disease%20(IMF)%20Newest%20Version.pdf>, extraído em 28 de Maio de 2013.

IVANOV, Youri.; & KHOMENKO, Tatiana.; A Retrospective Analysis Of The Economic Development of Countries of The Commonwealth of Independent States, Russian Research Center The Institute Of Economic Research Hitotsubashi University, Kunitachi, Tokyo, Japan, Junho, 2009. Texto disponível em: <http://www.ier.hit-u.ac.jp/rrc/RRC_WP_No17.pdf>, extraído em 22 de setembro de 2013.

J. WELZEL.; Derecho Natural y Justicia Material, Madrid, 1957.

JACINTO, Vânia.; Cimeira de Copenhaga: o Fracasso do poder negocial da EU e da ONU, Boletim da Ordem dos Advogados, Mensal, nº 62, Janeiro de 2010. Texto disponível em: <www.oa.pt>, extraído em 15 de Outubro de 2013.

JAKOBSEN, Kjeld.; Comércio internacional e desenvolvimento do GATT à OMC – discurso e prática, São Paulo: Editora Fundação Perseu Abramo, 2005.

JASPERS, Karl.; Kleine Schule Des Philosophischen Denkens, R. Piper & Co. Verlag, Munchen, 1965, 3ª edição (versão utilizada: Introdução ao Pensamento Filosófico, tradução de Leonidas Hegenberg e Octanny Silveira da Mota, São Paulo: Cultrix).

JONAS, Hans.; Das Prinzip Verantwortung: Versuch einer Ethik für die technologische Zivilisation, Frankfurt am Main: Insel-Verlag, 1979, (versão utilizada: El Principio de Responsabilidad: ensayo de una ética para la civilización tecnológica. Barcelona: Editorial Herder, 1995).

JOVILLET, M.; e PAVÉ, A.; O meio Ambiente: questões e perspectivas para a pesquisa. In: FREIRE VIEIRA, Paulo (org.). Gestão de recursos naturais renováveis e desenvolvimento: novos desafios para a pesquisa ambiental, São Paulo: Cortez, 1996.

JUDT, Tony.; Ill fares the Land, 2010 (versão utilizada: Um Tratado sobre os nossos dias actuais, descontentamentos, tradução Marcelo Félix, Edições 70, Lisboa, Portugal, 2012).

JUNIOR, Alberto do Amaral (Org. e Coautor).; SILVA, Elaini Cristina Gonzaga da.; KRAMER, Cynthia.; ARBIX, Daniel do Amaral.; O Artigo XX do Gatt, Meio Ambiente e Direitos Humanos, São Paulo: Aduaneiras, 2009.

JÚNIOR, Edson José de Souza.; A Centralidade do Princípio da Função Social da Propriedade no Direito Agrário Brasileiro, Revista Científica FacMais, Volume I, Número I. Ano 2012/1º Semestre.

JUNIOR, Roberto C. P.; A Camada de Ozônio. In: <www.library.com.br/Filosofia/acamada.htm>, extraído em 09 de Dezembro de 2010.

JUNIOR, Walter Santos. (org.).; Temas de Direito Sustentável, Belo Horizonte: Editora Legal Ltda, 2010.

KAKU, Michio.; Hyperspace – A Scientific Odyssey Through Parallel Universes, Time Warps, and the 10th Dimension, Oxford University Press, 1994 (versão utilizada Hiperespaço, Uma Odisseia Científica através de universos paralelos, empenamentos do tempo e a décima dimensão, tradução de Maria Luiza X. de A. Borges, Rio de Janeiro: Rocco, 2000).

KANT, Immanuel.; Idee zu einer allgemeinen Geschichte in weltbürgerlicher Absicht, 1784 (versão utilizada: Ideia de uma História Universal de um Ponto de Vista Cosmopolita, Editora Brasiliense, São Paulo. 1986).

KANT, Immanuel.; Die Metaphysik der Sitten, 1785 (versão utilizada: a metafísica dos costumes, tradução de José Lamego, Lisboa: Fundação Calouste Gulbenkian, 2005).

KANT, Immanuel.; Grundlegung zur Metaphysik der Sitten, 1785 (versão utilizada: A metafísica dos costumes, Lisboa, Fundação Calouste Gulbenkian, 2005).

KANT, Immanuel.; Kritik der reinen Vernunft, 1783 (versão utilizada: Crítica da razão prática, São Paulo: Gráfica e Editora Edigraf, 1966).

KANT, Immanuel.; Kritik der reinen Vernunft, Meiner Verlag, Hamburg 1998 (versão utilizada: Crítica da Razão Pura, Tradução de Manuela Pinto dos Santos e Alexandre Fradique Mourão, 5ª Edição, Lisboa: Fundação Calouste Gulbenkian, 2001).

KANT, Immanuel.; Zum ewigen Frieden ein philosophischer Entwurf, 1795 (versão utilizada: A Paz Perpétua e outros Opúsculos. Lisboa: Edições 70, s/d.).

REFERÊNCIAS | 419

KAPP, William.J.; Environmental Policies and Development Planning in Contemporary China and Other Essays, Mouton, Paris, The Hague, 1974.

KARL, Terry Lynn.; The Paradox of Plenty: Oil Booms and Petro-States, University of California Press, Berkeley and Los Angeles, California, 1997.

KASSÉ, Moustapha.; Pourquoi l'Afrique ne rentre pas dans le temps mondial ? Que faire ? Article soumis à la Revue Critique Economique, Dakar, Juin-Juillet, 2008.

KASTNER, Jeffrey.; Animals on Trial, Issue 4 Animals Fall 2001. Disponível em: <http://www.cabinetmagazine.org/issues/4/animalsontrial.php>, extraído em 05 de Junho de 2010.

KAUFMANN, Arthur.; & HASSEMER, W. (org.); Einführung in Rechtsphilosophie Und Rechtstheorie Der Gegenwart, Verlag, Heidelberg, 1994. (versão utilizada: Introdução à Filosofia do Direito e à Teoria do Direito Contemporânea, tradução de Marcos Keel e Manuel Seca de Oliviera, Fundação Galouste Gulbenkian: Lisboa. 2002).

KAUFMANN, Arthur.; Rechtsphilosophie, Verlag C. H. Beck oHG, München, 1997 (versão utilizada: Filosofia do Direito, tradução de António Ulisses Cortês, Fundação Calouste Gulbenkian: Lisboa. 2004).

KAUFMANN, Konrad.; Elementos de direito constitucional da RFA, Porto Alegre: Sérgio Antônio Fabris Editor, 1998.

KELSEN, Hans.; Allgemeine Theorie der Normen, Manzsche Verlag, und Universitätsbuchhandklung, Wien, 1979 (versão utilizada, Teoria Geral das Normas, tradução de José Florentino Duarte, Porto Alegre: Fabris, 1986).

KELSEN, Hans.; Reine Rechtslehre, 1. Aufl., Leipzig und Wien 1934 (2. Aufl.: Wien 1960) (versão utilizada: Teoria Pura do Direito. Tradução João Baptista Machado, 6ª ed., São Paulo : Martins Fontes, 1998).

KELSEN, Hans.; Reine Rechtslehre, 1. Aufl., Leipzig und Wien, 1934 (versão utilizada: A teoria Pura do Direito, tradução de João Baptista Machado, São Paulo: Martins Fontes, 1999).

KELSEN, Hans.; Reine Rechtslehre, Verlag Franz: Deuticke, Viena, 1960 (versão utilizada: Teoria Pura do Direito, tradução de João Baptista Machado, 6ª edição, 3ª Tiragem, São Paulo: Martins Fontes, 1999).

KENNEDY, P.; Preparing for the Twenty-First Century, 1993.

KEYNES, John Maynard.; The End of Laissez-Faire, 1926.

KEYNES, John Maynard.; The General Theory of Employment, Interest and Money, Macmillan Cambridge University Press, for Royal Economic Society, 1936.

KHALILI, Amyra El.; A importância das "commodities ambientais" para o exercício da responsabilidade socioambiental das empresas. Fórum de Direito Urbano e Ambiental FDUA, Belo Horizonte, n. 27, maio/jun. 2006, pag. 3302 a 3304.

KHALILI, Amyra El.; Mídias ambientais: por que financiá-las?, Fórum de Direito Urbano e Ambiental FDUA, Belo Horizonte, n. 26, mar./abr. 2006, pág. 3183 a 3184.

KHARAS, Homi.; & GERTZ, Geoffrey.; The New Global Middle Class: A cross-Over from West to East, In Wolfensohn Center for Development at Brookings, Draft version of Chapter 2, In: China's Emerging Middle Class: Beyond Economic Transformation, (Cheng Li, editor), Washington, DC: Brookings Institution Press, 2010 (forthcoming), texto disponível em: <http://www.brookings.edu/~/media/research/files/papers/2010/3/china%20middle%20class%20kharas/03_china_middle_class_kharas>, extraído em 12 de Agosto de 2012.

KILSZTAJN, Samuel.; O Acordo de Bretton Woods e a evidência histórica. O sistema financeiro internacional no pós-guerra, Revista de Economia Política, vol. 9, nº 4, outubro-dezembro/1989. Texto disponível em: <http://www.rep.org.br/pdf/36-6.pdf>, extraído em 23 de Outubro de 2013.

KIM, W. Chan.; MAUBORGNE, Renée.; Blue Ocean Strategy: How to Create Uncontested Market Space and Make Competition Irrelevant, Publisher: Harvard Business Review Press, 2005.

KINDLEBERGER, C. P.; Manias, Panics and Crashes, New York: Basic Books, 1978.

KIRK, G.S.; RAVEN, J.E.; SCHOFIELD, M.; The Presocratic Philosophers, 1983 (versão utilizada: Os filósofos Pré-Socráticos. História Crítica com Seleções de Textos, tradução de Carlos Alberto Louro Fonseca, Lisboa: Calouste Gulbenkian, 2008, 6ª Edição).

KISS, A.; La notion de patrimoine commun de l'humanité, In: Recueil dês Cours de L'Academie de Droit International, v. 175.

KISS, Alexandre.; Direito Internacional do Ambiente, Direito do Ambiente, Lisboa: INA, 1994.

KISS, Alexandre.; Droit International de L'Environnent, Pedone, Paris, 1989.

KISS, Alexandre.; Et BEURIER, Jean-Pierre.; Droit International de L'Environnement, Paris: Editions A. Pedone, Édition: 3e éd. (1 octobre 2004).

KISS, Alexandre.; La Notion de Patrimoine Commun de L'humanité. Recueil des Cours de L'Academie de Droit International, Vol. 175, págs. 103 e segs.

KLEIN, Herbert S.; O Comércio Atlântico de Escravos – Quatro séculos de comércio esclavagista, Lisboa: Editora Replicação, 2002.

KLEY, Andreas.; Drittwirkung der Grundrechte Der historische Weg zum Drittwirkungsartikel im Entwurf für eine neue Bundesverfassung. Forschung und Wissenschaft na der Universitat Bern, Uni Press, Nº 98, Oktober, 1998.

KLOR Adriana Dreyzin de.; et al. Solução de controvérsias: OMC, União Europeia e Mercosul, Rio de Janeiro: Konrad-Adenauer-Stiftung, 2004.

KNABB, Richard D.; RHOME, Jamie R.; BROWN, Daniel P. Brown.; Tropical Cyclone Report Hurricane Katrina, 23-30 August 2005, National Hurricane Center, 20 December 2005, Updated 14 September 2011 to include damage estimates from the National Flood Insurance Program and to revise the total damage estimate, Updated 10 August 2006 for tropical wave history, storm surge, tornadoes, surface observations, fatalities, and damage cost estimates, texto disponível em: <http://www.nhc.noaa.gov/pdf/TCR-AL122005_Katrina.pdf>, extraído em 30 de Maio de 2013.

KNADE, Sophia.; Finanzmärkte und der deutsche Kapitalismus, Online Journal für Wirtschafts -, Arbeits – und Organisationssoziologie, WAO Soziologie, Jg. 1, Heft 1/2011, págs. 204-213, texto disponível em: <https://www.wiso.uni-hamburg.de/uploads/media/WAO_Soziologie_Beitrag_Knade_2011.pdf>, extraído em 22 de Setembro de 2013.

KNEAFSEY, Moya.; The region in food-important or irrelevant? Cambridge Journal of Regions, Economy and Society, 3 (2): 171-175, 2010.

KNOPP, Lothar.; Allgemeines Umweltrecht, Das Zentrum für Rechtsund Verwaltungswissenschaften (ZfRV), texto disponível em: <http://www-docs.tu-cottbus.de/zfrv/public/files/Lehrmaterial/Umweltrecht_Skript.pdf>, extraído em 10 de Setembro de 2012.

KOCH, Eckart.; Umweltrecht. Disponível em: <http://www.tu-braunschweig.de/index.html>, extraído em 10 de Setembro de 2008.

KOCHER, Bernardo.; A Diplomacia Brasileira na UNCTAD I, In. IV Conferencia Internacional de História Econômica & VI Encontro de Pós-Graduação em História Econômica. Texto disponível em: <http://cihe.fflch.usp.br/sites/cihe.fflch.usp.br/files/Bernardo_Kocher.pdf>, extraído em 16 de Dezembro de 2013.

KOROMA, Abdul.; O Trabalho Forçado e o Trabalho Infantil: Ameaças ao Desenvolvimento Sustentável, Revista do TST, Brasília, vol. 76, nº 4, Out/Dez., 2010, págs. 121/129.

KOZIKOSKI JUNIOR, Antonio Claudio.; O Efeito Vinculante no Controle Difuso de Constitucionalidade Realizado pelo Supremo Tribunal Federal: Consequências Jurídicas e Sociais, Dissertação de mestrado apresentada ao Programa de Pós-Graduação Stricto Sensu em Direito da Pontifícia Universidade Católica do Paraná Curitiba, 2008, texto disponível em: <http://www.dominiopublico.gov.br/download/teste/arqs/cp088513.pdf>, extraído em 13 de Maio de 2013.

KRAEMER, Maria Elisabeth Pereira.; A contabilidade rumo à pos-modernidade: um futuro sustentável, responsável e transparente, Texto apresentado no IX Convenção de Contabilidade do Rio Grande do Sul, 13 a 15 de agosto de 2003 – Gramado – RS, disponível em: Revista do Conselho Regional de Contabilidade do Rio Grande do Sul, Dezembro, 2004.

KRAMER, Ludwig.; Palestra proferida no Curso de Direito do Ordenamento do Urbanismo e do Ambiente no Âmbito do CEDOUA, realizado em Coimbra, em 7 de abril de 2008.

KRIELE, Martin.; Einführung in die Staatslehre Die geschichtlichen Legitimitätsgrundlagen des demokratischen Verfassungsstaates (versão utilizada: Introdução à Teoria do Estado – os fundamentos históricos da legitimidade do Estado Constitucional Democrático, traduzido da 6ª Edição alemã, refeita e aumentada, de Urbano Carvelli, Sergio Antônio Fabris Editor, Porto Alegre, 2009).

KRÜGER, Eduardo L.; Uma Abordagem Sistêmica da Atual Crise Ambiental, Revista Educação & Tecnologia, Periódico Técnico Científico dos Programas de Pós-Graduação em Tecnologia dos CEFETs-PR/MG/RJ, págs. 66/77.

KUNKEL, Florian.; The Hippie Movement, texto disponível em: <http://www.florian-kunkel.de/fa.pdf>, extraído em 12 de Agosto de 2012.

KURZWEIL, Ray.; The Age of Spiritual Machines – When Computers Exceed Human Intelligence, 1999.

KURZWEIL, Raymond.; The Singularity Is Near: When Humans Transcend Biology, Viking Penguin, 2005.

KUZNETS, Simon.; Economic Growth and Income Inequality. The American Economic Review, Vol. 45, No. 1. (Mar., 1955), pp. 1-28. Disponível em: <http://links.jstor.org/sici?sici=0002-8282%28195503%2945%3A1%3 C1%3AEGAII%3E2.0.CO%3B2-Y>, extraído em 25 de Maio de 2010.

LACAN, Jacques.; 1972-73/1982, Le séminaire (versão utilizada: O Seminário, livro 20: Mais, ainda. Rio de Janeiro, Zahar).

LACAN, Jacques.; Le séminaire t.5: les formations de l'inconscient, 1999, (versão utilizada: O Seminário, livro 5: as formações do inconsciente, tradução de Vera Ribeiro, Versão final de Marcus André Vieira, Rio de Janeiro: Jorge Zahar), págs. 322, 325, 331.

LACAZ-RUIZ, Rogério.; et al. In: <http://www.hottopos.com.br/vidlib2/blaise_pascal2.htm>, extraído em 18 de Fevereiro de 2008.

LAGRAVE, Chales.; Lecture Française, mars 1999. Tradução de CARVALHO, Olavo de. In: Mídia Sem Máscara. Disponível em: <www.midiasemmascara.com.br>, extraído em 20 de fevereiro de 2008.

LAINO, antonella.; I Codici Etici come Soluzioni alle Esternalita'negative, Munich Personal RePEc Archive: MPRA, Paper No. 35233, posted 06. December 2011 / 18:55. Texto disponível em: <http://mpra.ub.uni-muenchen.de/35233/1/MPRA_paper_35233.pdf>, extraído em 04 de Agosto de 2012.

LAKSHMI, T. Subba.; SAHU, Naresh Chandra.; Validity of environmental kuznets curve: Some review findings, E3 Journal of Environmental Research and Management, Vol. 3(6). pp. 0108-0113, July, 2012, School of Humanities, Social Sciences and Management (HSSM) Indian Institute of Technology Bhubaneswar, SamantaPuri, Bhubaneswar-751013, Odisha, Accepted 4 July, 2012, texto disponível em: <http://www.e3journals.org/cms/articles/1343015358_Naresh.pdf>, extraído em 18 de Agosto de 2012.

LANOUE, Guy.; Popular Media and Popular Culture, Université de Montréal, texto disponível em: <http://www.mapageweb.umontreal.ca/lanoueg/LANOUE/website/lecons/popular%20media.pdf>, extraído em 18 de Agosto de 2012.

LARENZ, Karl.; Derecho Justo fundamentos de ética jurídica. Traducción y presentación de Luis Diez-Picazo, editorial Civitas, S.A., Madrid, 1993.

LARENZ, Karl.; Methodenlehre Der Rechtswissenschaft, Springer-Verlag, Berlim, 1991 (versão utilizada: Metodologia da Ciência do Direito, tradução de José Lamego, Fundação Calouste Gulbenkian, Lisboa, 3ª Edição, 1997).

LAS CASAS, Renato.; Animais: os desbravadores espaciais. In: Olhar Longe (observatório de astronomia da UFMG). Seção Ciência e Tecnologia do Jornal Uai, publicado em 18 de Abril de 2008. Disponível em: <http://www.observatorio.ufmg.br/index.html>, extraído em 26 de Julho de 2008.

LAURIOLA, Rosanna.; De eudaimonia à felicidade. Visão geral do conceito de felicidade na antiga cultura grega, com alguns vislumbres dos tempos modernos, Revista Espaço Acadêmico, nº 59, Abril de 2006, mensal, ano V. texto encontrado em <http://www.espacoacademico.com.br/059/59esp_lauriolapt.htm>, extraído em 19 de Janeiro de 2010.

LE GOFF, Jacques.; La Civilization de L'Occidente Medieval (versão utilizada: A civilização do Ocidente Medieval, Vol. I. Lisboa: Editorial Estampa, 1999).

LEACH, Melissa.; MEARNS, Robin.; Environmental Change and Policy, 1996, In: Melissa Leach & Robin Mearns (eds). The Lie of the Land: Challenging Received Wisdom on the African Environment. Oxford: James Currey, pp. 1-33, texto disponível em: <http://www.praxis-epress.org/CGR/27-Leach.pdf>, extraído em 02 de Setembro de 2012.

LEAL, Darley Calderaro.; Tese de defesa em mestrado de Botânica da UFRA/MPEG, texto disponível em: <http://www.posbot.ufra.edu.br/discentes/darley_calderaro.pdf>, extraído em 17 de Setembro de 2012.

LEBRETON, Gilles.; L'affaire du sang contaminé devant la Cour européenne des droits de l'Homme, In: Centre de Recherches et d'Etudes sur les Droits de l'homme et le Droit Humanitaire – CREDHO; La France et la Cour Europeenne des Droits de l'Homme, La jurisprudence de 1994 à 1996 (aprésentation, commentaires et débats), Universités de Rouen Faculté de Droit, 1997.

LECALDANO,Eugenio.; Una nuova concezione dela responsabilità morale per affrontare le questioni dell'etica pratica del XXI secolo, Lo Sguardo, Rivista di Filosofia, n 8, 2012 (I), Etica della Responsabilità: Applicazioni e Problemi, págs. 31/46, texto disponível em: <http://www.losguardo.net/public/archivio/num8/articoli/2012-08.%20Eugenio_Lecaldano_Una_nuova_concezione_della_responsabilita_morale.pdf>, extraído em 04 de Agosto de 2012.

LEFF, Enrique.; Racionalidad ambiental: la reapropiación social de la naturaleza (versão utilizada: Racionalidade Ambiental: a reapropriação social da natureza, tradução de Luís Carlos Cabral, Rio de Janeiro: Civilização Brasileira, 2006).

LEITE FARIA, Paulo José.; A Evolução da Consciência Antropocêntrica para a Ecocêntrica em Face do Tecnicismo Moderno. Portal Universo Jurídico. Disponível em: <http://www.uj.com.br/publicacoes/doutrinas/default.asp?action=doutrina&iddoutrina=1338>, extraído em 10 de Abril de 2008

LEITE SAMPAIO, José Adércio.; Direitos Fundamentais, Belo Horizonte: Del Rey, 2004.

LEITE, José Rubens Morato.; AYALA, Patrick de Araújo., Direito Ambiental na Sociedade de Risco, Rio de Janeiro: Forense Universitária, 2002.

LEITE, José Rubens Morato.; Dano Ambiental: do individual ao coletivo extrapatrimonial, São Paulo: Editora Revista dos Tribunais, 2000.

LEITE, Maurício Miranda.; Produção de Cafés Especiais: as Potencialidades Do Estado Do Espírito Santo, Monografia apresentada ao Departamento de Economia da Universidade Federal do Espírito Santo, como requisito parcial para obtenção do título de Bacharel em Ciências Econômicas, Vitória, 2009.

LEME MACHADO, Paulo Afonso.; Direito Ambiental Brasileiro, São Paulo: Malheiros, 2001.

LENAIN, Patrick.; O Fundo Monetário Internacional. Tradução de Armando Braio, São Paulo: Manole, 2004.

LENZA, Pedro., Direito Constitucional Esquematizado, São Paulo: Saraiva, 14ª edição.

LEOPOLD, Aldo.; A Sand County Almanac, USA: The Oxford University Press, 1949.

LEVAI, Laerte Fernando.; Direito dos Animais, O direito deles e o nosso direito sobre eles, Campos do Jordão: Editora Mantiqueira, 2004.

LÉVI-STRAUSS, Claude.; Anthropologie Structurale, Paris: Librairie Plon, 1958.

LEVITT, Steven D.; DUBNER, Steven J.; FREAKONOMICS, 2005 (versão utilizada Freakonomics – o lado oculto e inesperado de tudo que nos afeta, tradução de Regina Lyra, São Paulo: Campus Elsevier, 12ª Ed., 2005).

LEWANDOWSKI, Enrique Ricardo.; Globalização, Regionalização e Soberania, Editora Juarez de Oliveira, São Paulo, 2004.

LI, Wei.; YANG, Dennis Tao.; The Great Leap Forward: Anatomy of a Central Planning Disaster, The University of Chicago, Journal of Political Economy, 2005, vol. 113, no. 4, texto disponível em: <http://www.econ.washington.edu/user/thornj/WeiLiGreatLeapJPE.pdf>, extraído em 02 de Setembro de 2012.

LIMA NASCIMENTO, Floriano de.; Uma breve história da economia ocidental: do mercantilismo aos dias atuais, Revista da Fundação Brasileira de Direito Econômico, vol. 3, nº 1, Ano 2011.

LIMA, Rodrigo Torres de Araújo.; A Participação da Sociedade Civil Organizada na Formulação da Política Externa Brasileira: as Conferências Sociais da ONU da Década de 1990, Dissertação de Mestrado em Relações Internacionais do Programa de Pós-Graduação em Relações Internacionais da Universidade de Brasília, Brasília, 2009, texto disponível em: <http://repositorio.unb.br/bitstream/10482/8950/1/2009_RodrigoTorresdeAra%C3%BAjoLima.pdf>, extraído em 13 de Outubro de 2013.

LIMAS VAZ, Henrique Cláudio de.; Antropologia Filosófica, São Paulo: Edições Loyola, 2004.

REFERÊNCIAS | 423

LINHARES, José Manuel Aroso.; A ética do continuum das espécies e a resposta civilizacional do direito: breves reflexões / José Manuel Aroso Linhares, In: Boletim da Faculdade de Direito da Universidade de Coimbra. -V. 79 (2003), p. 197-216.

LIPIETZ, Alain.; L'audace ou l'enlisement. Sur les politiques économiques de la gauche, 1984 (versão utilizada: Audácia, uma alternativa para o século XXI, São Paulo, ed. Nobel, 1991).

LIPOVETSKY, G.; Le bonheur paradoxal. Essai sur la société d'hyperconsommation, Paris, Gallimard, 2006.

LIPOVETSKY, Gilles.; e CHARLES, Sébastien.; Les Temps Hypermodernes (versão utilizada: Os tempos hipermodernos, São Paulo: Barcarolla, 2004.)

LOCKE, John.; Two Treatises of Government: In the Former, The False Principles, and Foundation of Sir Robert Filmer, and His Followers, Are Detected and Overthrown. The Latter Is an Essay Concerning The True Original, Extent, and End of Civil Government, 1689 (versão utilizada: Segundo Tratado do Governo, Fundação Galouste Gulbenkian, 2007).

LOMBORG, Bjørn.; The Skeptical Environmentalist, The Press Syndicate of the University of Cambridge, 1998.

LONGO, Waldimir Pirró e.; Alguns impactos sociais do desenvolvimento científico e tecnológico. DataGramaZeroRevista de Ciência da Informação – vol. 8. nº 1. Fev./07. Disponível em: <http://www.dgz.org.br/fev07/Art_03.htm#R1>, extraído em 10 de Maio de 2010.

LOPES PAROLA, Alexandre Guido.; A Ordem Injusta, Fundação Alexandre de Gusmão, Brasília, 2007.

LOUREIRO, Bernardo Pacheco.; O Plano de Integração Nacional de 1970 e as rodovias na Amazônia: o caso da região amazônica na política de integração do território Nacional, Curso de Pós-Graduação Faculdade de Arquitetura e Urbanismo da Universidade de São Paulo – USP, 2010, texto disponível em: <http://www.usp.br/fau/cursos/graduacao/arq_urbanismo/disciplinas/aup0270/6t-alun/2010/m10/10-loureiro.pdf>, extraído em 16 de Setembro de 2012.

LOURENÇO, Daniel Braga.; Direito dos Animais, Editora Fabris.

LOVEJOY Arthur O.; The Great Chain of Being: A Study of the History of an Idea, Cambridge, Massachusetts: Harvard University, First published 1936.

LOVELOCK, James.; The Ages of Gaia: A Biography of Our Living Earth, New York: Norton, 1995.

LOVELOCK, James.; The Revenge of Gaia: why the earth is fighting back, and how we can still save humanity, 2006. (versão utilizada: A vingança de Gaia, tradução de Ivo Korytowski, Rio de Janeiro: intrínseca, 2006).

LOW, Tiffany.; Sustainable luxury: a case of strange bedfellows? In: University of Bedfordshire, Institute for Tourism Research, texto disponível em: <http://www.shannoncollege.com/wp-content/uploads/2009/12/THRIC-2010-Full-Paper-T.-Low.pdf>, extraído em 12 de Agosto de 2012.

LOWENTHAL David.; Nature and morality from George Perkins Marsh to the millennium, Journal of Historical Geography, 26, 1 (2000) 3-27, texto disponível em: <http://geography.fullerton.edu/taylor/ENST595T/Lowenthal_JHG.pdf>, extraído em 04 de Agosto de 2012.

LUCENA FILHO, Miguel.; Macaquice, habeas corpus para chimpanzé, In: Jus Navigandi. Texto disponível em: <http://jus.com.br/revista/texto/7784/macaquice>, extraído em 27 de Julho de 2012.

LUECK, dean.; The Extermination and Conservation of the American Bison, Paper prepared for a Conference on The Evolution of Property Rights, Northwestern University Law School, April 20-22, 2001. Texto Disponível em: <http://www.econ.washington.edu/user/barzelconference/papers/lueck.pdf>, extraído em 03 de Agosto de 2012.

LUHMANN, Niklas.; Introducción a la Teoría de Sistemas (versão utilizada: Introdução à Teoria dos Sistemas, aulas publicadas por Javier Torres Nafarrate, tradução de Ana Cristina Arantes Nasser, 2ª Edição, Petrópolis, RJ: Vozes, 2010).

LUPI, João Eduardo Pinto Basto.; LUPI, André Lipp Pinto Basto.; Os primórdios do Direito Internacional. De São Tomás de Aquino a Francisco de Vitória, Jus Navigandi, Teresina, ano 11, n. 1571, 20 out. 2007. Disponível em: <http://jus2.uol.com.br/doutrina/texto.asp?id=10543>. Acesso em: 02 set. 2008.

LYOTARD, Jean-François.; La Condition Postmoderne, 1979.

M. GIANNINI.; Difesa dell'ambiente e del patrimonio naturale e culturale, In: RTDP, 1971/3, págs. 1122 e segs.

MAC CRORIE, Benedita Ferreira da Silva.; A vinculação dos Particulares aos Direitos Fundamentais, Coimbra: Almedina, 2005.

MACHADO, Eduardo Luiz.; Princípio do Equador: Sustentabilidade e Impactos na Conduta Ambiental dos Bancos Signatários Brasileiros, In: Revista de Economia & Relações Internacionais, Fundação Armando Alvares Penteado, São Paulo, vol. 9, nº 17, Julho, 2010, págs. 58/78.

MACHADO, Jónatas.; Direito Internacional – do Paradigma clássico ao pós-11 de Setembro, 2ª Edição, Coimbra: Coimbra Editora, 2004.

MACHADO, Márcia Reis.; MACHADO, Márcio André Veras.; CORRAR, Luiz João.; Desempenho do Índice de Sustentabilidade Empresarial (ISE) da Bolsa de Valores de São Paulo, Revista Universo Contábil, Vol. 5, nº 2, 2009.

MACHADO, Márcia Reis.; MACHADO, Márcio André Veras.; CORRAR, Luiz João.; Desempenho do Índice de Sustentabilidade Empresarial (ISE) da Bolsa de Valores de São Paulo, Revista Universo Contábil, ISSN 1809-3337, FURB, v. 5, n. 2, p. 24-38, abr./jun., 2009, texto disponível em: <www.furb.br/universocontabil>, extraído em 20.7.2013.

MACHADO, Paulo Affonso Leme. Direito ambiental brasileiro. 9ª ed.; São Paulo: Malheiros, 2001.

MACINI, P.; and MESINI, E..; History of Petroleum And Petroleum Engineering, Petroleum Engineering – UPSTREAM, Encyclopedia of Life Support Systems (EOLSS), Texto disponível em: <http://www.eolss.net/Sample-Chapters/C08/E6-193-24.pdf>, extraído em 03 de Agosto de 2012.

MACUNOVICH, Diane J.; The Baby Boomers, In. Macmillan Encyclopedia of Aging, edited by David Ekerdt, Macmillan, 2000. Texto disponível em: <http://bulldog2.redlands.edu/fac/diane_macunovich/web/baby_boomers.pdf>, extraído em 02 de Agosto de 2012.

MADDOX, John.; The Doomsday Syndrome, Maddox Editorial Limited, 1972 (versão utilizada: El Sindrome del fin del Mundo, traducción de J.M. Álvarez Florez, Barcelona: Barral Editores, 1973).

MADUREIRA, Eduardo Miguel Prata.; Da grande depressão ao *welfare state*: mudanças no conceito de desenvolvimento econômico. Texto disponível em: <http://www.fag.edu.br/minhafag/php/arquivo/1322653402.pdf>, extraído em 16 de Agosto de 2012.

MAGALHÃES, Juraci Perez.; A Evolução do Direito Ambiental no Brasil, São Paulo: Juarez de Oliveira, 2ª Edição, 2002.

MAGET, Antoinette.; Collectionnisme Public et Conscience Patrimoniale, Les Collections d'antiquités, Droit du patrimoine culturel et naturel, Paris: L'Harmattan, 2009.

MAILER, Norman.; THOMPSON, Hunter S.; WOLFE, Tom Wolfe.; Relocating the American Dream. The America of the 1960s as Portrayed by the New Journalists, Department of English University of Helsinki, 2009.

MALANCZUK, Peter.; "Die Konferenz der Vereinten Nationen uber Umwelt und Entwicklung (UNCED) und das internationale Umweltrecht", In: Festschrift fur R. Bernhardt. Berlim. 1998. Págs. 985 e segs. 988.

MALTA, Paula Alexandra.; EUSÉBIO, Celeste.; COSTA, Carlos.; Onde a Terra se Acaba e o Mar Começa: territórios de Turismo e [In]Sustentabilidade, Revista Cedoua, nº 23, Ano XII, 2009, págs. 75-105.

MALTHUS, Thomas Robert.; 1798. An Essay on the Principle of Population as it Affects the Future Improvement of Society, with Remarks on the peculation of Mr. Godwin, Mr. Condorcet, and Other Writers (versão utilizada: O Ensaio sobre a População, Tradução de Antonio Alves Cury, São Paulo: Editora Nova Cultural Ltda. 1996).

MALTHUS, Thomas Robert.; Population: The First Essay. Ann Arbor Paperbacks, The University of Michigan Press, 1959 (versão utilizada Ensaio sobre a População. Tradução de Antonio Alves Cury).

MALTHUS, Thomas Robert.; Principles of Political Economy Considered with a View to Their Practical Aplication An Essay on the Principle of Population. 1820. (versão utilizada: Princípios de Economia Política e Considerações sobre sua Aplicação Prática Ensaio sobre a População. Apresentação de Ernane Galvêas. Traduções de Regis de Castro Andrade, Dinah de Abreu Azevedo e Antonio Alves Cury, São Paulo: Editora Nova Cultural Ltda., 1996).

MAMEDE, Gladson.; Empresa e Atuação Empresarial, São Paulo: Atlas, 7ª ed., 2013.

MANCUSO, Rodolfo de C.; Interesses Difusos, Conceito e Legitimação para Agir. São Paulo: Forense, 2000.

REFERÊNCIAS | 425

MANKIW, N. Gregory.; Principles of Economics – Second Edition, The Dryden Press, Harcourt Brace College Publishers, 2001, (Versão utilizada: Introdução à Economia. Princípios de Micro e Macroeconomia. Tradução da 2ª edição americana por Maria José Cyhlar Monteiro, Rio do Janeiro: Editora Campus, 2001).

MANTELLO, Paulo Francisco.; Motivação para o consumo: O desejo e suas implicações na contemporaneidade. Texto disponível em: <http://www.bocc.uff.br/pag/mantello-paulo-motivacao-para-consumo-desejo-implicacoes.pdf>, extraído em 07 de Junho de 2013.

Manual de Obras Públicas Sustentáveis, Secretaria de Estado (Minas Gerais) de Meio Ambiente e Desenvolvimento Sustentável, Belo Horizonte, Minas Gerais, 2008. Texto disponível em: <http://www.semad.mg.gov.br/images/stories/manuais/manual_obras_sustentaveis.pdf>, extraído em 15 de Dezembro de 2013.

MANUEL PUREZA, José.; Um Estatuto Jurídico Internacional Para o Ambiente: Património ou Preocupação Comum da Humanidade? In: Estado e Direito, Revista Semestral Luso-Espanhola de Direito Publico, nº 13, 1º Semestre, 1994. Págs. 83-102.

MARCONDES, Adalberto Wodianer.; BACARJI, Celso Dobes.; ISE – Sustentabilidade no Mercado de Capitais, São Paulo: Report Editora, 2010.

MARGLIN, Stephen A.; SCHOR, Juliet B. Schor, The Golden Age of Capitalism, USA: Oxford University Press, 1992.

MARGULIS, Sergio.; Causas do Desmatamento da Amazônia Brasileira, Banco Mundial, Brasília, 2003.

MARINHO, Amanda Zacarias.; Alemanha Reunificada: Seu Desenvolvimento Econômico, Relações Internacionais do Centro Universitário de Belo Horizonte, 2010. Texto disponível em: <http://unibhri.files.wordpress.com/2010/12/amanda-marinho-alemanha-reunificada-seu-desenvolvimento-econc3b4mico.pdf>, extraído em 23 de Setembro de 2013.

MARINI, Onildo João.; Mineração e mapeamento das províncias minerais da Amazônia 59ª Reunião Anual da SBPC – Amazônia: Desafio Nacional GT.3 – Mapeamento das Províncias Minerais da Amazônia, Agência para o Desenvolvimento Tecnológico da Indústria Mineral Brasileira – ADIMB.

MARK, Gibney.; International Human Rights Law. Returning to universal principles. Lanham: The Rowman & Littlefield Pub. Group., 2008.

MARKIN, N. Gregory.; Principles of Economics, Second Edition, 2001 (versão utilizada Introdução à Economia – Princípios de Micro e Macroeconomia, Tradução de Maria José Cyhlar Monteiro, Rio de Janeiro: Editora Campus, 2001).

MARMELSTEIN, George.; Curso de Direitos Fundamentais, São Paulo: Atlas, 2008.

MARQUES, Bruno Pereira.; FERNANDES, Ricardo Correia.; A desflorestação da Amazónia: do "inferno verde" ao "deserto vermelho"? e-GEO – Centro de Estudos de Geografia e Planeamento Regional Faculdade de Ciências Sociais e Humanas da Universidade Nova de Lisboa.

MARQUES, Bruno Pereira.; FERNANDES, Ricardo Correia.; A desflorestação da Amazónia: do "inferno verde" ao "deserto vermelho"?, In: GeoINova – Revista do Departamento de Geografia e Planeamento Regional nº 9 – 2004, pp. 81-100.

MARQUES, Rafael.; Reciprocidade e Confiança em Contextos de Escassez: O Caso do Blat, Revista de Sociologia da Faculdade de Letras da Universidade do Porto, Vol. XVI, 2006, págs. 117-145.

MARSH, George Perkins.; Man and Nature: Or, Physical Geography as Modified by Human Action, New York: C. Scribner & co., 1869, (versão utilizada: The Project Gutenberg Ebook, Release Date: November 9, 2011).

MARTIN, Brian.; Critique of nuclear extinction, Published in Journal of Peace Research, Vol. 19, No. 4, 1982, pp. 287-300, texto disponível em: <http://www.uow.edu.au/~bmartin/pubs/82jpr.html>, extraído em 05 de Agosto de 2012.

MARTIN, Brian.; The global health effects of nuclear war, Published in Current Affairs Bulletin, Vol. 59, No. 7, December 1982, pp. 14-26, texto disponível em: <http://www.bmartin.cc/pubs/82cab/index.html>, extraído em 05 de Agosto de 2012.

MARTINS DA SILVA, Luiz Fernando.; Amicus Curiae, Direito, Política e Ação Afirmativa. In: Achegas, nº 24, 2005, disponível em: <http://www.achegas.net/numero/vinteequatro/l_fernando_24.htm>, extraído em 22 de setembro de 2008).

MARTINS, José Pedro Soares.; Sustentabilidade 1968 e o Clube de Roma. Associação Campineira de Imprensa, disponível em: <http://www.acinet.org.br/mostra_noticia2.php?id=118>, extraído em 16 de Abril de 2008.

MARTINS, Rúbia.; O debate internacional sobre desenvolvimento sustentável: aspectos e possibilidades, Revista dos discentes do Programa de Pós-Graduação em Ciências Sociais da Unesp-Marília, Número 1, Dezembro de 2007, págs. 112-127.

MARX, Karl.; Das Kapital, 1867 (Versão utilizada O Capital, tradução de Paul Singer, coleção Os Economistas, São Paulo: Editora Abril Cultural, 1980).

MARX, Karl.; Ökonomisch-philosophische Manuskripte aus dem Jahre 1844 (versão utilizada: Manuscritos Econômico-Filosóficos, Primeiro Manuscrito, Trabalho alienado).

MATA MACHADO, Edgar da.; Elementos de Teoria Geral do Direito, Belo Horizonte: Editora UFMG, 4ª Edição, 1995.

MATSAS, George.; Relatividade Geral, Instituto Tecnologico de Aeronautica ITA. Disponível em: <http://www.ita.br/online/2005/eventos05/folderanofisica_arquivos/relatividadegeral.htm>, extraído em 19 de Março de 2012.

MATSUYAMA, Kiminori.; The Rise of Mass Consumption Societies, London: DEDPS, 23, 2001, Texto disponível em: <http://eprints.lse.ac.uk/6656/1/The_Rise_of_Mass_Consumption_Societies.pdf>, extraído em 02 de Agosto de 2012.

MAUAD, João Luiz.; O Potencial ilimitado dos Recursos naturais. In: Mídia sem Máscara. Disponível em: <www.midiasemmascara.com.br>, extraído em 20 de Fevereiro de 2008.

MAUÉS, Márcia Motta.; OLIVEIRA, Paulo Eugênio Alves Macedo de.; Consequências da Fragmentação do Habitat na Ecologia Reprodutiva de Espécies Arbóreas em Florestas Tropicais, com Ênfase na Amazônia, Oecologia Australis, 14(1): 238-250, Março 2010, texto disponível em: <http://www.museu-goeldi.br/download/pdf/outros/2012/Inct/Paper-MaueseOliveira-fragmentacao.pdf>, extraído em 18 de Setembro de 2012.

MAZZUOLI, Valério de Oliveira.; Natureza jurídica dos Acordos Stand-by com o FMI, São Paulo: Revista dos Tribunais, 2005.

MCCANN, Ciara.; Counter Culture, texto disponível em: <http://www.ridge.k12.wa.us/cms/lib01/WA01000666/Centricity/Domain/204//2012/mccann-ciara-paper.pdf>, extraído em 11 de Agosto de 2012.

McCORRY, Wendy.; Sputnik's Fifty Year legacy, Armagh Planetarium, Astronotes, October, 2007, texto disponível em: <http://www.armaghplanet.com/pdf/AstroTopics/Spacecraft/sputnik.pdf>, extraído em 06 de Setembro de 2012.

MCCULLOUGH, Dale R.; Of Paradigms And Philosophies: Aldo Leopold And The Search For A Sustainable Future, Ecosystem Sciences Division Department of Environmental Science, Policy, and Management, 151 Hilgard Hall, University of California, Berkeley, CA 947203110, texto disponível em: <http://www.myxyz.org/phmurphy/dog/Aldo%20Leopold%20Presentations.pdf>, extraído em 19 de Maio de 2014.

McMANUS, Marcelle.; Global, EU and UK environmental targets and Policies, Institute for Sustainable Energy and the Environment, University of Bath, texto disponível em: <http://www.bath.ac.uk/i-see/posters/Globalx_EU_and_UK_environmental_targets_and_policies_MM_ppp_ISEE_Website.pdf>, extraído em 04 de Agosto de 2012.

McNAIR, Arnold.; The funtions and deffering legal character of treaties. British Year Book of International Law, 1930.

McNEELY, Jeffrey A.; Economics and Biological Diversity: developing and Using Economic Incentives to Conserve Biological Resources, International Union for Conservation of Nature and Natural Resources, Gland, Switzerland, 1988. Texto disponível em: <http://data.iucn.org/dbtw-wpd/edocs/1988-MacN-001.pdf>, extraído em 7 de Outubro de 2013.

MEADOWS, Donella H.; MEADOWS, Dennis L.; RANDERS, Jørgen.; BEHRENS III.; William W.; The Limits to Growth, 1972, (versão utilizada: Limites do crescimento, SP: Editora Perspectiva AS, 1973).

MEDEIROS, C.; Regime macroeconômico, crescimento e inovações no Brasil, 2007.

MEDEIROS, Carlos Aguiar.; Economia e Política do Desenvolvimento Recente na China, Revista de Economia Política, vol. 19, nº 3 (75), Julho-Setembro, 1999.

REFERÊNCIAS | 427

MEDEIROS, Fernanda Luiza Fontoura.; Meio Ambiente, Direito e Dever Fundamental, Porto Alegre: Livraria do Advogado, 2004.

MEDEIROS, Zulmira.; SANTOS VENTURA, Paulo Cezar.; O conceito Cultura Tecnológica e um estudo no meio educacional, In: Ensaios (Revista do Programa de Pós-Graduação da Faculdade de Educação da Universidade Federal de Minas Gerais), vol. 9, nº 2, ano 2007, disponível em: <http://www.fae.ufmg.br/ensaio/v9_n2/07-o-conceito-cultura-tecnologica-e-um-estudo-no-meio-educacional-revisado.pdf>, extraído em 29 de Setembro de 2008.

MEILINK, H. A.; The population factor in economie growth theory, Krototek van Afrika, 1974.

MELLO, Jaíza Lucena de.; Avaliação da contaminação por HCH e DDT, dos leites de vaca e humano, provenientes da Cidade dos Meninos, Duque de Caxias – RJ/ Jaíza Lucena de Mello, Rio de Janeiro: ENSP/ Fiocruz, 1998.

MELO E SOUZA, Rosemeri.; Visões de natureza x vertentes ideológicas do ambientalismo: contribuição ao debate sobre sustentabilidade no brasil. Disponível em: <http://www.anppas.org.br/encontro_anual/encontro2/GT/GT01/rosemeri_souza.pdf>, extraído em 10 de Julho de 2010.

MELTZER, Allan H.; U.S. Policy in the Bretton Woods Era, Federal Reserve Bank of St. Louis, USA, MAY/JUNE, 1991, pág. 54/83.

MENESES, Jaldes Reis de.; Vinícius de Moraes, Espinosa e Nietzsche. 10 de Fevereiro de 2008, disponibilizado em <http://jaldes-campodeensaio.blogspot.com/2008/02/vincius-de-moraes-espinosa-e-nietzsche.html>, extraído em 27 de agosto de 2008.

MENEZE, Sezinando Luiz.; COSTA, Célio Juvenal da.; Considerações em torno da origem de uma verdade historiográfica: o Tratado de Methuen (1703), a destruição da produção manufatureira em Portugal, e o ouro do Brasil, Acta Scientiarum. Education, vol. 2, núm. 34, julio-diciembre, 2012, Universidade Estadual de Maringá, Paraná, Brasil, págs. 199-209.

MENEZES, Wellington Fontes.; A ilusão da felicidade: autofagia, angústia e barbárie na sociedade de hiperconsumo, VI Congresso Português de Sociologia, Mundos Sociais: Saberes e Práticas, Universidade Nova de Lisboa, Faculdade de Ciências Sociais e Humanas, 25 a 28 de Junho de 2008, texto disponível em: <http://www.aps.pt/vicongresso/pdfs/601.pdf>, extraído em 11 de Agosto de 2012.

MENIN, Marcelo.; Amazônia: diversidade biológica e história geológica, Universidade Federal do Amazonas (UFAM), Instituto de Ciências Biológicas Departamento de Biologia, Manaus – AM, texto disponível em: <http://www.zoologiaufam.xpg.com.br/Aulas%20Vertebrados%202012/HistoriaBiodiversiadeAmazonia.pdf>, extraído em 19 de Setembro de 2012.

MEYER, Victor.; Determinações Históricas da Crise da Economia Soviética, Salvador: EDUFBA, 1995.

MICHEL e Callipe BEAUD et al. In: Estado do Ambiente no Mundo, Lisboa: Instituto Piaget, 1993.

MICKLETHWAIT, John.; & WOOLDRIDGE, Adrian.; The Company, 2003, (versão utilizada A Empresa, tradução de Raquel Fidalgo, Paço de Arco: Revista Exame, 2006).

MIEKO MORIKAWA, Márcia.; Deslocados internos: entre a soberania do Estado e a proteção internacional dos direitos do Homem: uma crítica ao sistema internacional de protecção dos refugiados, (Studia Iuridica; 87), Coimbra: Coimbra, 2006.

MIEKO MORIKAWA, Márcia.; O «Verde» na Preocupação do Direito Internacional Humanitário. Entre «risco» e «necessidade militar»: reflexões sobre o «eco-humanitarismo» e o futuro da «paz verde». In: Revista Cedoua, 2, Ano 10, 2007. Págs. 87-103.

MILARÉ, Edis.; Direito do Ambiente A gestão ambiental em foco, São Paulo: Revista dos Tribunais, 6ª Edição, 2009.

MILARÉ, Édis.; Direito do Ambiente. Doutrina, prática, jurisprudência, glossário, São Paulo: Revista dos Tribunais, 2ª edição, 2001.

MILLER, Bruna.; MOTA, Nathália.; e BELLAS, Leonardo., Vietnã, todos nós estivemos lá: o impacto da guerra nos ex-combatentes e na sociedade como um todo, Departamento de História da Universidade Fluminense – RJ, texto disponível em: <http://www.historia.uff.br/nec/sites/default/files/vietnatodosnosestivemosla_oimpactodaguerranosexcombatentesenasociedadecomoumtodo.pdf>, extraído em 18 de Agosto de 2012.

MILLER, Daniel.; Consumo como Cultura Material, Horizontes Antropológicos, Porto Alegre, ano 13, n. 28, p. 33-63, jul./dez. 2007.

MIRANDA, Fernando Silveira Melo Plentz.; A Mudança do Paradigma Econômico, a Revolução Industrial e a Positivação do Direito do Trabalho, Revista Eletrônica Direito, Justiça e Cidadania, Volume 3, nº 1, 2012. Texto disponível em: <http://www.facsaoroque.br/novo/publicacoes/pdf/v3-n1-2012/Fer1.pdf>, extraído em 1 de Setembro de 2013.

MIRANDA, Jorge.; Manual de Direito Constitucional, Tomo I, 6ª Edição, Coimbra: Coimbra editora, 2010.

MIRANDA, Jorge.; Manual de Direito Constitucional, Tomo IV – Direitos Fundamentais, 3ª Edição, Revista e Actualizada, Coimbra Editora, 2000.

MIRANDA, Marcos Paulo de Souza.; Patrimônio Ambiental Cultural e Usucapião de Bens Móveis Tombados: uma análise em busca da efetividade protetiva do decreto-lei nº 25/1937, revista de Direito Ambiental RT, Coord. Antônio Herman V. Benjamin e Édis Milaré, Ano 11, janeiro-março de 2006, v. 41, p. 167-181.

MIRANDOLA, Giovanni Pico della.; *Oratio de Hominis Dignitale* (versão utilizada: Discurso sobre a Dignidade do Homem. Tradução de Maria de Lurdes Sirgado Ganho, Edição Bilíngue, Lisboa: Portugal, 2006).

MIR-BABAYEV, Mir Yusif.; Azerbaijan's Oil History A Chronology Leading up to the Soviet Era. In: Azerbaijan International, Summer 2002 (10.2), Pages 34-40.

MIREK, Holger.; El tratado de tlatelolco. Limitaciones y resultados, Nueva Sociedad, nº 84, julio-agosto, 1986, pp. 16-27, texto disponível em: <http://www.nuso.org/upload/articulos/1407_1.pdf>, extraído em 05 de Agosto de 2012.

MISOCZKY, Maria Ceci A.; Da abordagem de sistemas abertos à complexidade: algumas reflexões sobre seus limites para compreender processos de interação social, Cadernos EBAPE, Fundação Getúlio Vargas, Volume I, Número 1, Agosto 2003, texto disponível em: <http://www.scielo.br/pdf/cebape/v1n1/v1n1a02.pdf>, extraído em 19 de Agosto de 2013.

MOKYR, Joel.; The Lever of Riches Technological Creativity and Economic Progress, Oxford: Oxford University Press, 1990.

MOLINARO, Carlos Alberto.; MEDEIROS, Fernanda Luiza Fontoura de.; SARLET, Ingo Wolfgang.; FENSTERSEIFER, Tiago.; A Dignidade da Vida e os Direitos Fundamentais para Além dos Direitos Humanos, Uma discussão necessária, Belo Horizonte: Fórum, 2008.

MONCHABLON, Alain.; Les années 68: événements, cultures politiques et modes de vie, Lettre d'information nº 6, Séance du 20 mars 1995, texto disponível em: <http://irice.univ-paris1.fr/IMG/pdf_Lettre_6Monchablon.pdf>, extraído em 07 de Agosto de 2012.

MONDOLFO, Rodolfo.; Il pensiero politico nel Risorgimento italiano, Nuova accademia, 1959. (versão utilizada: figuras e ideias da Filosofia. Tradução do espanhol Figuras e ideas de la filosofía del renacimiento. Tradutor: Lycurgo Gomes da Motta. São Paulo: Mestre Jou, 1967).

MONTESQUIEU, Charles de.; ou barão de Montesquieu (Charles-Louis de Secondat, 1689-1755). L'Esprit des lois 1748. (O espírito das Leis). Livro Primeiro, Cap. I.

Moraes de GODOY, Arnaldo Sampaio.; Fundamentos Filosóficos de Direito Ambiental. Disponível em: <http://www.arnaldogodoy.adv.br>, extraído em 22 de Agosto de 2008.

MORAES, Alexandre de.; Direito Constitucional. Editora Atlas, 16ª Ed.

MORAES, Alexandre.; Constituição do Brasil Interpretada, 2ª ed., São Paulo: Atlas, 2003.

MORAES, Antonio Carlos de.; BARONE, Radamés.; O Desenvolvimento Sustentável e as Novas Articulações Econômica, Ambiental e Social, Pesquisa & Debate, SP, volume 12, n. 2(20), p. 119-140, 2001.

MORAIS, José Luiz de.; Arqueologia da Paisagem como Instrumento de Gestão no Licenciamento Ambiental de Atividades Portuárias, *e*Gesta, v. 3, n. 4, out./dez. 2007, p. 97-115. Texto disponível em: <http://www.uni-santos.br/mestrado/gestao/egesta/artigos/133.pdf>, extraído em 31 de Agosto de 2012.

MORATO LEITE, José Rubens.; Dano Ambiental: do individual ao Coletivo extrapatrimonial, São Paulo: Editora Revista dos Tribunais, 2000.

MORATO LEITE, José Rubens.; Sociedade de Risco e Estado, In: Direito Constitucional Ambiental Brasileiro, São Paulo: Saraiva, 2007.

MORE, Henry.; An antidote against atheism or, an appeal to the naturall faculties of the minde of man, 1st ed., London: J. Flesher for W. Morden, 1655. (Edição utilizada: with a new introduction by G. A. J. Rogers, published 1997 by Thoemmes in Bristol Facsim).

MORE, Thomas.; *De Optimo Reipublicae Statu deque Nova Insula Vtopia*, 1518 (versão utilizada: Vtopia. Estudos Introdutório à Utopia Moriana, por José V. de Pina Martins, Edição Fac-similada, Brasileira, Ioannes Froben, Novembro, 1518, Edição críticas, tradução e notas de comentários por Aires A. Nascimento, Fundação Calouste Gulbenkian).

MOREIRA NETO, D. de F.; Introdução ao Direito Ecológico e Urbanístico, Rio de Janeiro: Forense, 1977.

MOREIRA, Helena Margarido.; A importância da Amazônia na definição da posição brasileira no regime internacional de mudanças climáticas, Programa de Pós-Graduação em Relações Internacionais "San Tiago Dantas" (UNESOP, UNICAMP, PUC-SP), 2009, texto disponível em: <http://www.fclar.unesp.br/Home/Pesquisa/GruposdePesquisa/NPPA/C.E_Helena_MargaridoMoreiraHelena-LASA.pdf>, extraído em 19 de Setembro de 2012.

MOTTA, Pedro Infante.; O Sistema GATT/OMC, introdução histórica e princípios fundamentais, Coimbra: Almedina, 2005.

MOURA, Romero Marinho de.; Rachel Carson e os Agrotóxicos 45 anos após a Primavera Silenciosa, Anais da Academia Pernambucana de Ciência Agronômica, Recife, vols. 5 e 6, p. 44-52, 2008-2009.

MOURA, Romero Marinho de.; Agrotóxicos: Heróis ou Vilões? A Face da Questão que todos devem saber, Anais da Academia Pernambucana de Ciência Agronômica, Recife, vol. 4, p. 23-49, 2007, texto disponível em: <http://www.apcagronomica.org.br/cms/pdf/palavraRomeroMoura.pdf>, extraído em 24 de Setembro de 2012.

MOURÃO, Guilherme de Miranda.; Utilização Econômica da Fauna Silvestre no Brasil: o Exemplo do Jacaré-do-pantanal. In: Revista Agroline. E Uso Comercial da fauna Silvestre no Pantanal: lições do passado, Anais do II Simpósio sobre Recursos Naturais e Socioeconómicos do Pantanal: Manejo e conservação, Embrapa, Corumbá, p. 39-45, 1999.

MUKAI, Toshio.; A Degradação do Patrimônio Histórico e Cultural, Fórum de Direito Urbano e Ambiental – FDUA, Belo Horizonte, n. 12, nov./dez. 2003, pág. 1196 a 1201.

MÜLLER, Munniky.; Filologia e linguística: encontros e desencontros, SOLETRAS, Ano X, Nº 19, jan./jun., 2010, São Gonçalo: UERJ, 2010 – Suplemento 149.

MUMFORD, Lewis.; The City in History – It's Origins, It's Transformations and It's Prospects, 1961 (versão utilizada: A cidade na história: suas origens, transformações e perspectivas, tradução de Neil R. da Silva, 4ª edição, São Paulo: Martins Fontes, 1998).

MURBACH, Franz.; AMSTUTZ, Theres.; GIULIANI, Silvano.; Economic accounts for the primary sector: methods, An introduction to the theory and practice, Office fédéral de la statistique (OFS), Neuchâtel, 2009.

MURPHY, Kevin M.; SHLEIFER, Andrei.; VISHNY, Robert.; Industrialization and The Big Push, National Bureau of Economic Research, 1050 Massachusetts Avenue, Cambridge, MA 02138, September, 1988.

NADER, Paulo.; Filosofia do Direito, 6ª edição, Editora Forense.

NADER, Paulo.; Introdução ao Estudo do Direito, Rio de Janeiro: Editora Florense, 2000.

NAESS, Arne.; Self-Realization: An Ecological Approach to Being in the Word, In: The Deep Ecology Movement, an Introductory Anthology, Edited by Alan Drengson & Yuichi Inoue, 1995.

NAESS, Arne.; The Shallow and the Deep, Long-Range Ecology Movement: A Summary, In: The Deep Ecology Movement, Na Introductory Anthology, Edited by Alan Drengson & Yuichi Inoue, 1995.

NANTO, Dick K.; COOPER, WILLIAM H.; DONNELLY, J. Michael.; Japan's 2011 Earthquake and Tsunami: Economic Effects and Implications for the United States, Congressional Research Service, March 25, 2011. Texto disponível em: <http://fpc.state.gov/documents/organization/159785.pdf>, extraído em 30 de Maio de 2013.

Nascimento GOMES, Ana Cláudia.; Emendar e Emendar: Enclausurando a Constituição? Entre o Paradoxo da Democracia, a Capacidade Reflexiva da Constituição e a sua Força Normativa, Separata da obra "Ciências Jurídicas", Almedina, 2005.

NASCIMENTO GOMES, Ana Cláudia.; O Poder de Rejeição de Leis Inconstitucionais pela Autoridade Administrativa no Direito Português e no Direito Brasileiro, Porto Alegre: Fabris, 2002.

NASCIMENTO, Maria das Graças.; Migrações Nordestinas para a Amazônia, Revista de Educação, Cultura e Meio Ambiente, n. 12, Vol. II, desz. 1998.

NAVES, Carmem Bobes.; Realidad y Conocimiento en El Quijote, Universidad de Oviedo Castilha, Estudios de Literatura, 2009.

NAY, Olivier.; Histoire des idées politiques (versão utilizada: História das ideias políticas, Rio de Janeiro: Editora Vozes, 2007).

NETO, Alber.; Marcas de luxo: sensação de poder e destaque social, 1º Seminário de Branding e Design Gráfico, texto disponível em: <http://www.logo.ufsc.br/artigos/03%20-%20Marcas%20de%20luxo--sensa%C3%A7%C3%A3o%20de%20poder%20e%20destaque%20social.pdf>, extraído em 12 de Agosto de 2012.

NETO, Alber.; Marcas de luxo: sensação de poder e destaque social, 1º Seminário de Branding e Design Gráfico, 2010.

NEVES DA CUNHA, Eldis Camargo.; Desafios jurídicos na Gestão dos recursos Hídricos em face dos Instrumentos da política Nacional: Papel da agência nacional de águas, Revista da Escola Superior do Ministério Público da União – Meio Ambiente, Brasília, DF, v. 1, série: grandes eventos, p. 211-226, 2004.

NEVES, Marcelo.; Transconstitucionalismo, São Paulo: Martins Fontes, 2009.

NEVES, Roberto Oliveira das.; LEAL, Rodrigo Mendes.; Investimento social não reembolsável do BNDES: a trajetória do Fundo Social até 2008, BNDES Setorial 33, p. 225-260. Texto disponível em: <http://www.bndes.gov.br/SiteBNDES/export/sites/default/bndes_pt/Galerias/Arquivos/conhecimento/bnset/set3307.pdf>, extraído em 9 de Setembro de 2013.

NEWELL, Andrew.; GAZELEY, Ian.; The declines in infant mortality and fertility: Evidence from British cities in demographic transition, Department of Economics, University of Sussex, Falmer, Brighton, texto disponível em: <http://www.cliometrie.org/BetaWS/papers/2012/NEWELL-GAZELEY_8-BETAWS.pdf>, extraído em 06 de Setembro de 2012.

NICOLESCU, Basarab.; Um novo tipo de conhecimento – transdisciplinaridade, 1º Encontro Catalisador do CETRANS – Escola do Futuro – USP, Itatiba, São Paulo – Brasil: abril de 1999. Texto disponível em: <http://www.ufrrj.br/leptrans/arquivos/conhecimento.pdf>, extraído em 01 de Outubro de 2014.

NIETZSCHE, Friedrich.; Nachgelassene Fragmente 1886-1887 7 [60].

NIYAMA, Sussumu.; Lições da Recente Tragédia no Japão, Coluna do Conselho Editorial, Revista Fundações. Texto disponível em: <http://www.revistafundacoes.com.br/pdf/revista%2008/FOG8_coluna.pdf>, extraído em 02 de Junho de 2013.

NOGUEIRA DA COSTA Fernando.; Comportamentos dos investidores: do homo economicus ao homo pragmaticus, Texto para Discussão, IE/UNICAMP, n. 165, ago. 2009.

NOGUEIRA DE BRITO, Miguel.; A Constituição Constituinte, Ensaio sobre o Poder de Revisão da Constituição, Coimbra Editora, 2000.

NORONHA, Paulo Henrique de.; FMI prevê tempos difíceis para a economia até 2030, Brasil Econômico, publicado em 14.10.2013, disponível em: <http://economia.ig.com.br/criseeconomica/2013-10-14/fmi-preve-tempos-dificeis-para-a-economia-ate-2030.html>, extraído em 4 de Dezembro de 2014.

NOVAIS, Jorge Reis.; Os princípios Constitucionais estruturantes da República Portuguesa,, Coimbra Editora, 2004.

NOVAK, William.; IACOCCA, Lee.; Iacocca: An Autobiography, Bantam Dell Pub. Group, 1984.

NUNE, Cássia Regina Rodrigues.; NUNES, Amauri Porto.; Bioética, Revista Brasileira de Enfermagem, Brasília (DF) 2004 set./out.; 57(5): 615-616.

NUNES BARROS, Fernanda Gene.; MIGUEL AMIN, Mario.; Os Recursos Naturais e o Pensamento Econômico, XLIV CONGRESSO DA SABER, "Questões Agrárias, Educação no Campo e Desenvolvimento", Fortaleza, 23 a 27 de Julho de 2006, Sociedade Brasileira de Economia e Sociologia Rural.

NURKSE, Ragnar.; Problems of Capital Formation in Underdeveloped Countries, Oxford: Oxford, University Press, 1953.

REFERÊNCIAS | 431

O'ROURKE, Kevin H.; The worldwide economic impact of the French Revolutionary and Napoleonic Wars, 1793-1815, Journal of Global History 1, London School of Economics and Political Science, 2006, págs. 123-149.

O'BRIEN, Anthony.; "Smoot-Hawley Tariff", EH.Net Encyclopedia, edited by Robert Whaples, August 15, 2001. URL: <http://eh.net/encyclopedia/article/obrien.hawley-smoot.tariff>, extraído em 26 de Abril de 2008.

ODISSEIA, Homero versão utilizada: Tradução do grego para português, prefácios e notas PALMEIRA, E. Dias.; e ALVES CORREIA, M.; Lisboa: Livraria Sá da Costa, 6ª edição, 1994, 161 O-II XI.

OLIVEIRA, Bárbara da Costa Pinto.; Meio Ambiente e Desenvolvimento na Organização Mundial do Comércio, normas para um comercio internacional sustentável, São Paulo: Thomson-IOB, 2007.

OLIVEIRA, Leandro Dias de.; A Geopolítica do Desenvolvimento Sustentável em Questão: reflexões sobre a conferência do Rio de Janeiro (Eco-92), 1º Simpósio de Pós-Graduação em Geografia do Estado de São Paulo SIMPGEO/SP, Rio Claro, 2008, texto disponível em: <http://www.rc.unesp.br/igce/simpgeo/137-147leandro. pdf>, extraído em 31.8.2012.

OLIVEIRA, Liziane Paixão Silva.; BERTOLDI, Márcia Rodrigues.; A Importância Do Soft Law Na Evolução Do Direito Internacional, RIDB, Ano 1 (2012), nº 10, 6265-6289, Texto disponível em: <http://www.idb-fdul. com/uploaded/files/2012_10_6265_6289.pdf>, extraído em 15 de Outubro de 2013.

OLIVEIRA, Ruy Bruno Bacelar de.; O Tsunami Asiático: fenômeno natural ou desastre provocado pelo homem?, texto disponível em: <http://www.engeo.com.br/editora/TSUNAMI%20ASIATICO.pdf>, extraído em 5 de Agosto de 2012.

OLIVEIRA, Sandra Verônica Vasque Carvalho de.; Filosofia epicurista: reflexos e inspirações, e-scrita Revista do Curso de Letras da UNIABEU, Nilópolis, v. I, Número 2, Maio/Ago. 2010, texto disponível em: <http://www.uniabeu.edu.br/publica/index.php/RE/article/viewFile/25/pdf_20>, extraído em 29 de Outubro de 2012.

OLIVEIRA, Silvia Menicucci.; Barreiras Não Tarifárias no Comércio Internacional e Direito ao Desenvolvimento, Rio de Janeiro: Renovar, 2005.

OLSSON, Sven-Olof.; What can we learn from the economic crisis 1929-1933 when discussing and analyzing the present economic crisis?, To be presented at SNEE conference in Mölle, 18-21 May, 2010, texto disponível em: <http://www.snee.org/filer/papers/599.pdf>, extraído em 18 de Agosto de 2012.

OÑORO ACOSTA, Liliana Margarita.; Análises das Relações Comerciais Colômbia – Brasil no Contexto Latino-americano, Departamento de Administração da Escola de Administração da Universidade Federal da Bahia UFBA Salvador, 2003.

ORCHARD, Phil.; Protection of internally displaced persons: soft law as a norm-generating mechanism, Review of International Studies, British International Studies Association (2010), 36, 281-303. Texto disponível em: <http://www.politics.ubc.ca/fileadmin/user_upload/poli_sci/News/Orchard__2010__Protection_of_ Internally_Displaced_Persons-_Soft_Law_as_a_Norm-Generating_Mechanism.pdf>, extraído em 21 de Outubro de 2013.

OREN, Perez.; Ecological Sensitivity and Global Legal Pluralism, Hart Publishing, Oxford and Portland Oregon, 2004.

ORLAND, Barbara.; Haushalt, Konsum und Alltagsleben in der Technikgeschichte, Technikgeschichte, 65 (1998): 273-295. Texto disponível em: <http://www.tg.ethz.ch/dokumente/pdf_files/OrlandALLTAG.pdf>, extraído em 13 de Agosto de 2012.

ORTEGA Y GASSET, José.; En Torno A Galileo Esquema de las Crisis, 1933.

OST, François.; KERCHOVE, Michel van de.; Le Droit ou les Paradoxes du Jeu, Paris: Presses Universitaires de France, 1992.

OST, François.; La nature hors la loi, l'écologie à l'épreuve du droit, Éditions La Découverte, Paris, 1995.

OTERO, Paulo.; Lições de Introdução ao Estudo do Direito, Vol. 01, 1999.

PAECH, Von Norman.; Das Potsdamer Abkommen von 1945 oder das Ende einer völkerrechtlichen Epoche, Blätter für deutsche und internationale Politik, Heft 7/2005, S. 864 ff. texto disponível em: <http:// norman-paech.de/app/download/5791545287/Das+Potsdamer+Abkommen+von+1945.pdf>, extraído em 23 de Setembro de 2013.

PAIVA, Cláudio.; Globo Mostra para o Mundo a Superpopulação de Jacarés, O Estadão On-line, 13 de Setembro de 2005. Disponível em: <http://www.estadaodonorte.com.br/site/leitura.php?canal=26&id=840>. Extraído em 01 de Abril de 2008.

PAIVA, Polyana Washington de.; A Hospitalidade como Princípio Jurídico: Reflexões iniciais sobre a possibilidade do encontro entre a hospitalidade e o direito a partir de um diálogo com Jaques Derrida, Boletim da Faculdade de Direito, vol. LXXXII, Coimbra, 2006, pp. 805-838.

PALESE, Adriana.; The Great Leap Forward (1958-1961), Historical events and causes of one of the biggest tragedies in People's Republic of China's history, SpråkOch Litteraturcentrum, Kandidatuppsats, KINK01, Höstterminen 2009. Texto disponível em: <http://lup.lub.lu.se/luur/download?func=downloadFile&record OId=1671693&fileOId=1671694>, extraído em 01 de Setembro de 2012.

PARROTT, Nicholas.; WILSON, Natasha.; MURDOCH, Jonathan.; Spatializing Quality: Regional Protection and the Alternative Geography of Food, European Urban and Regional Studies 9, 241-261, 2002.

PASCAL. Blaise.; Pascal's Pensées. 1661. (versão utilizada: The Project Gutenberg book of Pascal's Pensées, by Blaise Pascal, Introduction by T.S. Eliot., Section II, The Misery of man Without god. (72)).

PATRIOTA, Tania.; Apresentação, In: Relatório da Conferência Internacional sobre População e Desenvolvimento Plataforma de Cairo, 1994.

PATY, Michel.; Campo Contínuo e Quanta: as duas abordagens teóricas da matéria segundo Einstein, A relação da teoria com seu objeto, Ciência & Ambiente (Santa Maria, RG, Brasil), nº 30, jan./junho 2005: Einstein, 35-50, texto disponível em: <http://www.scientiaestudia.org.br/associac/paty/pdf/Paty,M_2005e-CampContQEinst. pdf>, extraído em 18.7.2013.

PATZ, J. A.; OLSON, S. H.; Climate change and health: global to local influences on disease risk, Center for Sustainability and the Global Environment (SAGE), the Nelson Institute and Department of Population Health Sciences, University of Wisconsin, 1710 University Avenue, Madison, WI 53726, U.S.A., 27, Annals of Tropical Medicine & Parasitology, Vol. 100, Nos. 5 and 6, 535-549 (2006). Texto disponível em: <http://www. sage.wisc.edu/pubs/articles/m-z/patz/atmgh08.pdf>, extraído em 01 de Junho de 2013.

PAULA, João Antonio de.; CERQUEIRA, Hugo E. A. da Gama; ALBUQUERQUE, Eduardo da Motta e.; Ciência e tecnologia na dinâmica capitalista: a elaboração neoschumpeteriana e a teoria do capital, Belo Horizonte: UFMG/Cedeplar, 2001.

PAULINO, José Alberto Neto.; Agricultura e alterações climáticas, estratégias de mitigação e adaptação para Portugal no contexto comunitário e no âmbito das negociações para o acordo global pós-2012, Instituto Nacional de Administração, Outubro de 2009. Texto disponível em: <http://www.gpp.pt/ambiente/alter-acoes_climaticas/Trabalho_final_DEPA.pdf>, extraído em 27 de Agosto de 2013.

PAULO BALANCO, Paulo.; e COSTA PINTO, Eduardo.; Os anos dourados do capitalismo: uma tentativa de harmonização entre as classes, PESQUISA & DEBATE, SP, volume 18, número 1 (31) pp. 27-47, 2007, texto disponível em: <http://www.pucsp.br/pos/ecopol/downloads/edicoes/(31)paulo_balanco.pdf>, extraído em 16 de Agosto de 2012.

PAYNE, John.; Rothbard's Time on The Left, Journal of Libertarian Studies, Volume 19, nº 1 (Winter, 2005): 7-24.

PELLET, Alain.; DAILIER, Patrick.; & DINH, Nguyen Quoc.; Droit International Public, France: Librairie Générale de Droit et de Jurisprudence, E.J.A., 2002 (versão utilizada: Direito Internacional Público, tradução de Vítor Marques Coelho, Lisboa: Fundação Calouste Gulbenkian, 2ª Edição, 2003).

PELUSO, Cezar.; Constituição, Direitos Fundamentais e Democracia: o Papel das Supremas Cortes, Revista de Direito Bancário e do Mercado de Capitais, v. 14, n. 54, p. 325-331, out./dez. 2011. Trata-se de discurso proferido em Washington em 12 de maio de 2011.

PENEDOS, Alvaro José dos.; Gregos em Busca da Igualdade – sobre a comunidade de bens na "República" de Platão, Antecedentes históricos e teóricos, Revista da Faculdade de Letras, Série de Filosofia, nº 5-6, 2ª Série, Porto, 1988/1989.

PEPPER, David.; Eco-socialism from deep ecology to social justice, 1993 (versão utilizada: Socialismo Ecológico – da ecologia profunda à justiça social, tradução de Gonçalo Couceiro Feio, Lisboa: Instituto Piaget, 2000).

PEREIRA DA SILVA, Vasco.; A cultura a que tenho Direito, Direitos Fundamentais e Cultura, Coimbra: Almedina, 2008.

REFERÊNCIAS | 433

PEREIRA DA SILVA, Vasco.; O Contencioso Administrativo no Divã da Psicanálise, Ensaio sobre as Acções no Novo Processo Administrativo, Coimbra: Almedina, 2005.

PEREIRA JÚNIOR, Lamounier Lucas.; No exterior do cubo branco: os veículos publicitários de mídia exterior como suporte para as intervenções artísticas no espaço urbano, Dissertação (mestrado) Universidade Federal de Minas Gerais, Escola de Belas Artes, 2007.

PEREIRA, André Gonçalves.; e QUADROS, Fausto de.; Manual de Direito Internacional Público, Coimbra, 3ª Edição, Almedina, 2005.

PEREIRA, Hilton.; Desafios do campo: Ética Médica e Biopirataria, Genoma Humano: aspectos éticos, jurídicos e científicos da pesquisa genética no contexto amazônico, Painel III. Texto disponível em: <http://www.ghente.org/publicacoes/genoma_contexto_amazonico/etica_medica_biopirataria.pdf>, extraído em 01 de Janeiro de 2014.

PEREIRA, Nilza de Oliveira Martins.; FLORIDO, Antônio Carlos.; FERNANDES, Marcos Zurita Fernandes.; População Residente em Terras Indígenas: características básicas censitárias 1991 e 2000, trabalho apresentado no XIII Encontro da Associação Brasileira de Estudos Populacionais, realizado em Ouro Preto, Minas Gerais, Brasil de 4 a 8 de novembro de 2002. Texto disponível em: <http://www.abep.nepo.unicamp.br/docs/anais/pdf/2002/Com_IND_ST6_Pereira_texto.pdf>, extraído em 16 de Setembro de 2012.

PEREIRA, Romilson Rodrigues.: Orçamento Público e os paradigmas do desenvolvimento sustentável, Revista do Tribunal de Conta da União, nº 112, Maio/Ago., 2008, págs. 89/96.

PEREIRA, Wesley Robert.; Histórico da OMC: construção e evolução do sistema multilateral de comércio, Belo Horizonte, PUC-Minas, Conjuntura Internacional, Especial Perfil, Setembro de 2005.

PERES, Frederico.; ROZEMBERG Brani.; LUCCA, Sérgio Roberto de.; Percepção de riscos no trabalho rural em uma região agrícola do Estado do Rio de Janeiro, Brasil: agrotóxicos, saúde e ambiente, Cad. Saúde Pública, Rio de Janeiro, 21(6):1836-1844, nov./dez. 2005, pp. 1836-1844.

PERES, Marcos Augusto de Castro.; Do Taylorismo/fordismo à Acumulação Flexível Toyotista: novos paradigmas e velhos dilemas, texto disponível em: <http://docente.ifrn.edu.br/josesantos/disciplinas-2012.2/fundamentos-sociopoliticos-e-economicos-da-educacao-para-licqui2n/do-fordismo-taylorismo-a-acumulacao-flexivel/at_download/file>, extraído em 18 de Junho de 2013.

PÉREZ LUÑO, Antonio Enrique.; Derechos Humanos, Estado de Derecho y Constitución, Madrid: Tecnos, 2005.

PÉREZ LUÑO, Antonio-Enrique.; La Tercera Generación de Derechos Humanos, Navarra: Aranzadi, 2006.

PEREZ, Oren.; Ecological Sensitivity and Global Legal Pluralism, Hart Publishing. Oxford and Portland Oregon, 2004.

PETRY, Anne K.; Geography of Japan, National Clearinghouse for United States-Japan Studies, Indiana University, July, 2003. Texto disponível em: <http://iis-db.stanford.edu/docs/129/geo.pdf>, extraído em 2 de Junho de 2013

PETTENELLA, Davide.; La gestione delle risorse forestali Un banco di prova del rapporto uomo-natura, Studi e ricerche, 2006, texto disponível em: <http://www.tesaf.unipd.it/pettenella/Corsi/EconomiaEstimo/Mercato/PettenellaAS.pdf>, extraído em 04 de Agosto de 2012.

PFIFFNER, James.; e GOSHKO, John M..; The Cuban Missile Crisis: Decision Making Under Pressure, In: Triumps and Tragedies of the Modern Presidency, págs. 184/187.

PHILLIPS-FEIN, Kim.; Unemployment, levels of, In: encyclopedia of the great depression.

PINHEIRO, Paulo Sérgio.; "Prefácio", In: LINDGREN ALVES, J. A.; Relações Internacionais e Temas Sociais: a década das conferências, Brasília: IBRI, 2001.

PINHEIRO, Paulo Sérgio.; A genealogia e o legado de Viena, A Conferência Mundial sobre Direitos Humanos recomenda que cada Estado pondere a oportunidade da elaboração de um plano de ação nacional que identifique os passos por meio dos quais esse Estado poderia melhorar a promoção e a proteção dos Direitos Humanos, In: Revista de Direitos Humanos, Especial PNDH-3, 05, Esplanada dos Ministérios, Bloco T, Edifício Sede, sala 424, 70.064-900 Brasília – DF, Abril de 2010.

PINTO E NETTO, Luísa Cristina.; O Princípio de Proibição de Retrocesso Social, Porto Alegre: Livraria do Advogado, 2010.

PINTO OLIVEIRA, Bárbara da Costa.; Meio Ambiente e Desenvolvimento na Organização Mundial do Comércio, Normas para um comércio internacional sustentável, São Paulo: IOB Thomson, 2007.

PIOSEVAN, Flávia.; Concepção Contemporânea de Direitos Humanos: Desafios e Perspectivas, In: Direitos Humanos Desafios Humanitários Contemporâneos, Belo Horizonte: Del Rey, 2008.

PIOSEVAN, Flávia.; Direitos Humanos e o Direito Constitucional Internacional, São Paulo: Saraiva, 11ª Edição, 2010.

PIRRÓ E LONGO, Waldimir.; Alguns impactos sociais do desenvolvimento científico e Tecnológico, EDU. TEC Revista Científica Digital da Faetec, Ano I, v. 01, n. 1, 2008.

PIRZKALL, Heike Pintor.; A Nova Alemanha: Acertos e Erros, Rio de Jeneiro, Intellector, Ano III, Vol. III, nº 6, Janeiro/Junho, 2007. Texto disponível em: <http://www.revistaintellector.cenegri.org.br/ed2007-06/heikepiskal-2007.pdf>, extraído em 23 de Setembro de 2013.

PITACAS, José Alberto Pereira.; Utilidade Social e Eficiência no Mutualismo, Universidade Técnica de Lisboa, Instituto Superior de Economia e Gestão, Mestrado em Economia e Política Social. Texto disponível em: <https://www.repository.utl.pt/bitstream/10400.5/1580/1/JAP_TeseMestrado.pdf>, extraído em 23 de Setembro de 2013.

PITT, Fernando Darci.; BOING, Denis.; BARROS, António André Chivanga.; Desenvolvimento histórico, científico e tecnológico de polímeros sintéticos e de fontes renováveis, Revista da Unifebe nº 9, Artigo Original, texto disponível em: <http://www.unifebe.edu.br/revistadaunifebe/20112/artigo004.pdf>, extraído em 27 de Agosto de 2012.

PLATÃO, A República (versão utilizada A República, tradução de Enrico Corvisieri, Editora Nova Cultural Ltda., uma divisão do Círculo do Livro Ltda., 1997).

PLATÃO, As leis – incluindo Epinomis (versão utilizada: tradução de Eson Bíni, prefácio de Dalmo de Abreu Dalari, São Paulo: Edipro, 1999).

PLATÃO, Livro VII, A República.

PLATÃO, Teeteto (versão utilizada: Versão eletrônica do diálogo platônico "Teeteto", Tradução: Carlos Alberto Nunes, Créditos da digitalização: Membros do grupo de discussão Acrópolis (Filosofia), texto disponível em: <http://br.egroups.com/group/acropolis/>, extraído em 29 de Outubro de 2012.

PLATÃO. Teeteto Crátilo. In: Diálogos de Platão. (versão utilizada: Tradução do grego por Carlos Alberto Nunes. 3. ed., Belém: Universidade Federal do Pará, 2001).

POGGIO, Pier Paolo.; Tecnica e natura: la super ideologia del progresso, Fondazione Biblioteca Archivio Luigi Micheletti, texto disponível em: <http://www.fondazionemicheletti.it/altronovecento/allegati/1740_2011.2.11_Arc.Altronovecento.01.04.pdf>, extraído em 04 de Agosto de 2012.

PONSETI, Marta.; LÓPEZ-PUJOL, Jordi.; The Three Gorges Dam Project in China: history and consequences, Universitat Autònoma de Barcelona, Departament d'Història Moderna i Contemporània, Revista HMiC, Orientats, número IV, 2006, texto disponível em: <http://ddd.uab.cat/pub/hmic/16964403n4p151.pdf>, extraído em 2012.

PONT, Federico Manuel.; Sistemas de pocos cuerpos en un entorno del umbral del continuo: estados ligados, resonancias, estados Borromeanos y de Efimov, Presentado ante la Facultad de Matemática, Astronomía y Física como parte de los requerimientos para la obtención del grado de Doctor en Física de la Universidad Nacional de Córdoba, Marzo de 2010, c FaMAFUNC 2010, texto disponível em: <http://rdu.unc.edu.ar/bitstream/handle/11086/139/DFis140.pdf?sequence=1>, extraído em 1.8.2013.

PONTES FILHO, Raimundo P.; Soberania na Amazônia Legal sob o Enfoque da Doutrina Jurídica Ambiental Brasileira, COMPEDI, Manaus, texto disponível em: <http://www.conpedi.org.br/manaus/arquivos/anais/manaus/direito_ambiental_raimundo_p_pontes_filho.pdf>, extraído em 18 de Setembro de 2012.

POPESCU, Gheorghe., David Ricardo: economistul genial, Editura Risoprint, 2007, texto disponível em: <http://www.gpopescu.ro/ricardo.pdf>, extraído em 01 de Agosto de 2012.

POPESCU, Gheorghe., David Ricardo: economistul genial, Editura Risoprint, 2007, texto disponível em: <http://www.gpopescu.ro/ricardo.pdf>, extraído em 01 de Agosto de 2012.

POSNER, Richard A.; Overcoming Law, Harvard University Press, Cambridge, USA, 2009 (versão utilizada: Para além do Direito, tradução Evandro Pereira Silva, São Paulo: Martins Fontes, 2009).

REFERÊNCIAS | 435

POSSAMAI, Fábio Valenti., A posição do ser humano no mundo e a crise ambiental contemporânea, Revista Redbioética/UNESCO, UNESCO Office Montevideo and Regional Bureau for Science in Latin America and the Caribbean, Montevideo, UNESCO Office Montevideo, 2010, p. 189-202, texto disponível em: <http://www. unesco.org.uy/ci/fileadmin/shs/redbioetica/revista_1/Valenti.pdf>, extraído em 2012.

PRADO, Eleutério F. S.; Fundamentos do (Neo) Liberalismo da Ordem Natural à Ordem Moral. Disponível em: <http://www.usp.br/feaecon/incs/download.php?i=81&file=../media/livros/file_81.doc.>, extraído em 17 de Junho de 2010.

PRESNO LINERA, Miguel Ángel.; e RIVAYA, Benjamin.; Una Introducción Cinematográfica al Derecho, Tirant lo Blanch, Valência, 2006.

Pré-Socráticos – Vida e Obr", Coleção Os pensadores, Editora Nova Cultura Ltda., 2000.

PRIEUR, Michel P.; Droit de l'environnemet, 3ª ed., Paris: Dalloz, 1996.

PRIGOGINE, Ilya..; Time, Dynamics and Chaos: Integrating Poincare's 'Non-Integrable Systems'; Time, Irreversibility and Randomness; The End of Certainty.

PRIGOGINE, Ilya.; Lettres aux Générations Futures, UNESCO. Disponível em: <http://www.unesco.org/opi2/lettres/TextFrancais/PrigogineF.html> (Texto também encontrado em Ciência, Razão e Paixão, Org. Edgar de Assis Carvalho e Maria da Conceição de Almeida, São Paulo: Livraria da Física, 2009).

PUREZA, José Manuel.; O Património Comum da Humanidade, Porto: Edições Afrontamento, 1998.

PUREZA, José Manuel.; Um Estatuto Jurídico Internacional para o Ambiente: património ou preocupação comum da humanidade? In: Estado e Direito, n. 13, 1994, págs. 83-102.

QUADROS, André Gonçalves Pereira Fausto de.; Manual de Direito Internacional Público, Coimbra: Almedina, 3ª Edição, 2005.

RADBRUCH, Gustav.; Rechtsphilosophie (versão utilizada: Filosofia do Direito, tradução e prefácios de Cabral de Moncada, 5ª edição, Coimbra: Coimbra, 1974).

RAMINA, Larissa.; Análise da Convenção de Roterdã sobre o Procedimento de Consentimento Prévio Informado para o Comércio Internacional de Certas Substâncias Químicas e Agrotóxicos Perigosos: "Convenção Pic", Cadernos da Escola de Direito e Relações Internacionais da UniBrasil, Jul./Dez. 2003, pp. 105-117.

RAMIREZ RIGHI, Carlos Antonio.; SANTOS, Neri dos.; A Política de Ergonomia nas Empresas em Transição para o Sistema de Produção Puxada, Departamento de Expressão Gráfica Universidade Federal de Santa Catarina, texto disponível em: <http://www.carlosrighi.com.br/177///Ergonomia/Artigo%20 Pol%C3%ADticas%20de%20Ergonomia%20nas%20empresas%20-%20Righi%20e%20Santos.pdf>, extraído em 18 de Junho de 2013.

RAVKIN, Yury S.; The Corncrake (Crex crex) in Russia (West Siberian Plain), SCHÄFFER, N. & MAMMEN, U. (eds.) (1999): Proceedings International Corncrake Workshop 1998, Hilpoltstein/Germany, pp. 83-87.

RAWLS, John.; A Theory of Justice, Harvard University Press, 1971.

RAWLS, John.; Political Liberalism, New York: Columbia University Press, 1993.

REALE, Giovanni.; e ANTISERI, Dario.; Il pensiero occidentale dalle origini ad oggi, Editrice La Scuola, Bréscia, 8ª ed, 1986. (versão utilizada: História da Filosofia: Antiguidade e Idade Média, vol. I, II; III e IV. São Paulo: Paulus, 9. Edição, 2005).

REALE, Miguel.; Filosofia do Direito, São Paulo: Saraiva, 2009.

REALE, Miguel.; Lições Preliminares de Direito, 27ª edição, São Paulo: Saraiva, 2009.

REGAN, Tom.; The Case for Animal Rights, Berkeley: University of California Press, 1983.

REIS, Cristina Fróes de Borja.; Os Efeitos do Investimento Público sobre o Desenvolvimento Econômico: análise aplicada para a economia brasileira entre 1950 e 2006, Finanças Públicas, XIII Prêmio Tesouro Nacional, 2008. Texto disponível em: <http://www3.tesouro.fazenda.gov.br/Premio_TN/XIIIpremio/ qualidade/2qualidadeXIIIPTN/investimento_publico_desenvolvimentoeconomico_CR.pdf>, extraído em 8 de Setembro de 2013.

REISMAN, George.; Capitalism. A complete and integrated understanding of the nature and value of human economic life, Jameson Book, 1996.

REITER, Andreas.; Eco-leadership and Green Lifestyle: Successful Strategy for a Growing Market Segment? Trends and Issues in Global Tourism, Roland Conrady Martin Buck Editors, 2011.

RENAUD, Philippe.; Plus de 500 essais atmosphériques ont été pratiqués, essentiellement dans l'hémisphère nord., Les Essais Atmosphériques, fiche 2, texto disponível em <https://www.ac-aix-marseille.fr/pedagogie/upload/docs/application/pdf/2012-01/tirs-atmosph.pdf>, extraído em 07 de Agosto de 2012.

REYDON, Bastiaan Philip.; O desmatamento da floresta amazônica: causas e soluções, Economia Verde, Desafios e Oportunidades, nº 8, junho de 2011, pp. 143-155;

REZEK, Francisco.; Direito Internacional, São Paulo: Saraiva, 12ª Edição, 2010.

RIBEIRO BASTOS, Celso.; & BRITTO, Carlos Ayres.; Interpretação e aplicabilidade das normas constitucionais, Saraiva.

RIBEIRO BASTOS, Celso.; Curso de Direito Constitucional, São Paulo: Saraiva, 20ª Edição.

RIBEIRO TURA, Marco Antônio Ribeiro.; O lugar dos princípios em uma concepção do direito como sistema, Separata da Revista de Informação Legislativa, Senado Federal, Brasília, ano 41, nº 163, Julho/Setembro, 2004.

RICARDO, David.; Principles of Political Economy and Taxation, 1817 (versão utilizada: Princípios de Economia Política e Tributação, tradução de Paulo Henrique Ribeiro Sandroni, São Paulo: Editora Nova Cultural Ltda., 1996).

RICUPERO, Rubens.; O problema da Abertura dos Portos, Instituto Fernand Braudel de Economia Mundial, Higienópolis, São Paulo, texto disponível em: <http://pt.braudel.org.br/pesquisas/arquivos/downloads/o-problema-de-abertura-dos-portos.pdf>, extraído em 28 de Maio de 2013.

RIQUITO, Ana Luísa.; Os Direitos de Participação Política dos Estrangeiros. In: GOMES CANOTILHO, J. J. (Coordenador Científico), Direitos Humanos, Estrangeiros, Comunidades Migrantes e Minorias, Oeiras: Celta, 2000. Págs. 121-141.

RIQUITO, Ana Luísa; SAMPAIO VENTURA, Catarina.; VIEIRA DE ANDRADE, J.C.; GOMES CANOTILHO, J. J.; GORJÃO-HENRIQUES, Miguel.; MOURA RAMOS, R.M.; VITAL MOREIRA.; A Evolução da Protecção dos Direitos Fundamentais no Espaço Comunitário, In: Carta de Direitos Fundamentais da União Europeia. Coleção: Corpus Iuris Gentium Conimbrigae, Coimbra: Coimbra, 2001.

RITTER, Gerhard A..; Der Socialstaat. Entstehung und Entwicklung im internationalen Vergleich, 1989 (versão utilizada: El estado social, su origen y desarrollo en una comparación internacional, Madrid: Centro de Publicaciones Ministerio de Trabajo y Seguridad Social, traduzido por Joaquín Abellán, Coleccion Ediciones de La Revista de Trabajo núm. 31).

RIVERO, Oswaldo de.; O mito do desenvolvimento: os países inviáveis do século XXI, Petrópolis, Vozes, 2000.

ROBERTO GRAU, Eros.; A ordem Econômica na Constituição de 1988, São Paulo: Malheiros, 14ª Edição.

ROBINSON, M.; Mobilizing People to Claim Rights, New York, Wicej, 2003. Disponível em: <www.wicej.addr.com/mdg/SEC_02.pdf>.

ROBINSON-DORN, Michel J.; The Trail Smelter: Is what's past prologue? EPA Blazes a New Trail for CERCLA, In: New Your University Environmental Law Journal, vol. 14, 2006, disponível em: <http://www1.law.nyu.edu/journals/envtllaw/issues/vol14/2/v14_n2_Robinson-Dorn.pdf>, extraído em 22 de Setembro de 2008.

ROBINSON-DORN, Michel J.; The Trail Smelter: Is what's past prologue? EPA Blazes a New Trail for CERCLA, In: New Your University Environmental Law Journal, vol. 14, 2006, disponível em: <http://www1.law.nyu.edu/journals/envtllaw/issues/vol14/2/v14_n2_Robinson-Dorn.pdf>, extraído em 22 de Setembro de 2008.

ROCHA, Mariana Machado.; Organização Mundial do Comércio e Sociedade Civil: O Caso *Amicus Curiae*, Revista Ius Gentium: Teoria e Comércio no Direito Internacional, nº 1, jul. 2008, pág. 137. Texto disponível em: <http://www.iusgentium.ufsc.br/revista/artigo06.pdf>, extraído em 05 de Dezembro de 2013.

RODRIGUES, Francisco Xavier Freire.; População e meio ambiente: uma análise das abordagens malthusiana, marxiana e cornucopiana, texto disponível em: <http://www.cidehus.uevora.pt/investigacao/progcien/linv/l3/ics/capitulos/autores/textos/demografia/malthus_marx_boserup_txtfx.htm>, extraído em 01 de Agosto de 2012.

REFERÊNCIAS | 437

RODRIGUES, Hernani José Brazão.; SÁ, Leonardo Deane de Abreu.; RUIVO, Maria de Lourdes Pinheiro.; COSTA, Antônio Carlos Lôla da.; SILVA, Rommel Benicio Da.; MOURA, Quêzia Leandro de.; MELLO, Ivan Fiuza de.; Variabilidade Quantitativa de População Microbiana Associada às Condições Microclimáticas Observadas em Solo de Floresta Tropical Úmida, Revista Brasileira de Meteorologia, v. 26, n. 4, p. 629-638, 2011.

RODRIGUES, Pauline Bitzer.; Uma Guerra pela Opinião: a propaganda político-ideológica estadunidense durante a Segunda Guerra Mundial, III Encontro Nacional de Estudos da Imagem, 03 a 06 de maio de 2011, Londrina – PR, texto disponível em: <http://www.uel.br/eventos/eneimagem/anais2011/trabalhos/pdf/Pauline%20Bitzer%20Rodrigues.pdf>, extraído em 27 de Agosto de 2012.

ROJAS, Pedro Rodríguez.; Petroleo y Tercermundismo, Compendium Revista de Investigación Científica, Decanato de Administración y Contaduría, Universidad Centroccidental Lisandro Alvarado, Barquisimeto, Estado Lara, Venezuela, Nro. 12, Año 6, Julio 2004, págs. 59/70. Texto disponível em: <http://www.ucla.edu.ve/dac/compendium/Revista12/Ensayo%20Petroleo.pdf>, extraído em 07 de Junho de 2013.

ROMA, Júlio César.; A Economia de Ecossistemas e da Biodiversidade no Brasil, Revista Desafios do Desenvolvimento SBS, Quadra 01, Edifício BNDES, sala 1515 Brasília – IPEA, Edição 72 18.06.2012.

ROSENBAUM, Jonathan.; Unified Theory, Contents in Metropolis – The Masters of Cinema Series.

ROSS, J.P.; Crocodilian skin production and trade estimates, Crocodile Specialist Group Newsletter 18, 3. Pp. 17-18. 1999.

ROSSI, Paula.; KAGATSUME, Masaru.; Economic Impact of Japan's Food and Agricultural FDI on Worldwide Recipient Countries, Division of Natural Resource Economics, School of Agriculture, Kyoto University, Japan. Texto disponível em: <https://www.gtap.agecon.purdue.edu/resources/download/5027.pdf>, extraído em 02 de Junho de 2013.

ROUSSEAU, Jean-Jacques.; Du Contrat Social ("Renoncer à sa liberté c'est renoncer à sa qualité d'homme, aux droits de l'humanité, même à ses devoirs. Il n'y a nul dédommagement possible pour quiconque renonce à tout" I, IV).

ROUX, Alain.; 1968 na China: ano de todos os perigos, tradução: Gilberto Correia Silva, Revista Espaço Acadêmico, nº 84, maio de 2008, texto disponível em: <http://www.espacoacademico.com.br/084/84esp_rouxp.pdf>, extraído em 06 de Setembro de 2012.

ROWEN, Herbert H.; L'État c'est à moi: Louis XIV and the State, Duke University Press and Society for French Historical Studies are collaborating with JSTOR to digitize,preserve and extend access to French Historical Studies, Source: French Historical Studies, Vol. 2, No. 1 (Spring, 1961), pp. 83-98, texto disponível em: <http://cuwhist.files.wordpress.com/2011/12/letat-cest-a-moi-louis-xiv-and-the-state.pdf>, extraído em 26 de Maio de 2013.

RUGGI, Lennita.; Reflexões sobre Espelhos, ANPUH – XXIII Simpósio Nacional de História, Londrina, 2005, texto disponível em: <http://anpuh.org/anais/wp-content/uploads/mp/pdf/ANPUH.S23.1330.pdf>, extraído em 26 de Maio de 2013.

RUNCIMAN, David.; Pluralism and the personality of the state, Cambridge: Cambridge University Press, 1997.

SACHS, Ignacy.; Rumo à ecossocioeconomia: teoria e prática do desenvolvimento. São Paulo: Cortez, 2007.

SACHS, Jeffrey D.; WARNER, Andrew M.; Natural Resource Abundance and Economic Growth, Center of International Development and Harvard Institute for International Development, Harvard University, Cambridge MA, November, 1997, JEL Classification: 04, Q0, F43.

SAES, Flávio.; NOZOE, Nelson.; A indústria paulista da crise de 1929 ao plano de metas, trabalho apresentado no XXXIV Encontro Nacional de Economia da ANPEC, Dezembro de 2006, Salvador (Bahia). Texto disponível em: <http://www.anpec.org.br/encontro2006/artigos/A06A005.pdf>, extraído em 16 de Agosto de 2012.

SAFFREY, Henry.; Ageômetrètos mèdeis eisitô: une inscription légendaire. Revue des Études Grecques, n. 81, p. 67-87, 1968.

SAHD, Luiz Felipe Netto de Andrade e Silva.; Teorias da Lei Natural: Pufendorf e Rousseau, Trans/Form/Ação, São Paulo, 30(2): 219-234, 2007, texto disponível em: <http://www.scielo.br/pdf/trans/v30n2/a14v30n2.pdf>, extraído em 21.7.2013.

SALVADOR, Alexandre.; Invasores Mortais, In: Revista Veja, Edição nº 2234, ano 44, nº 37, 14 de Setembro, 2011, pág. 104.

SAMPAIO VENTURA, Catarina.; Contexto e Justificativa da Carta, In: A Evolução da Protecção dos Direitos Fundamentais no Espaço Comunitário. In: Carta de Direitos Fundamentais da União Europeia. Coleção: Corpus Iuris Gentium Conimbrigae. Coimbra: Coimbra, 2001.

SAMUELSON, Paul.; NORDHAUS, William.; Economics, 12ª Ed., McGraw-Hill, Lisboa, 1988.

SANCHEZ, Giovana.; Animais eram julgados e até executados na Idade Média, G1 conta a História. Disponível em: <http://g1.globo.com/Noticias/Mundo/0,,MUL752559-5602,00-ANIMAIS+ERAM+JULGADOS+E+ATE+EXECUTADOS+NA+IDADE+MEDIA.html>, extraído em 05 de Maio de 2010.

SANCHEZ, Giovana.; Macacos, porcos e doninhas também eram pets na Idade Média, G1 conta a História. Disponível em: <http://g1.globo.com/Sites/Especiais/Noticias/0,,MUL833174-16107,00-MACACOS+PORCO S+E+DONINHAS+TAMBEM+ERAM+PETS+NA+IDADE+MEDIA.html>, extraído em 05 de Maio de 2010.

SÁNCHEZ, Saúl E. M.; Cacau e graviola: descrição e danos das principais pragas-de-insetos, Ilhéus: Editus, 2011.

SANDEL, Michael J..; Liberalism and the Limits of Justice (2ª Edition), Cambrige University Press, 1982, 1998 (versão utilizada: O liberalismo e os Limites da Justiça, tradução de Carlos E. Pacheco do Amaral, Lisboa: Fundação Calouste Gulbenkian, 2005).

SANTILLI, Juliana.; Conhecimentos Tradicionais Associados à Biodiversidade: elementos para a construção de um regime jurídico sui generis de proteção, II Encontro da ANPPAS, 26 a 29 de maio de 2004, Indaiatuba, São Paulo, texto disponível em: <http://www.anppas.org.br/encontro_anual/encontro2/GT/GT08/juliana_santilli. pdf>, extraído em 18 de Setembro de 2012.

SANTO DUMONT, Alberto.; O que eu vi – o que nós veremos, Bauru: Taller Comunicação, 2009.

SANTOS LOPES, Helena Ferreira.; O grande salto no abismo, Recensão do livro Frank Dikötter Mao's Great Famine: The History of China's Most Devastating Catastrophe, 1958-62, Londres, Bloomsbury, 2010, 420 páginas, In. Instituto Português de Relações Internacionais da Universidade Nova de Lisboa (IPRI-UNL), Revista de Relações Internacionais, Junho, 2012, 34, pp. 133-137.

SANTOS PEIXOTO, Cássio.; Direito e Meio Ambiente: entendimento contemporâneo. In: Caderno Direito & Justiça, Belo Horizonte: Jornal do Estado de Minas, 8.9.2008.

SANTOS RODRIGUES, Vera Mónica dos.; Deep Ecology: Princípios, Fundamentos e Fins Dissertação de Mestrado em Ecologia Humana e Problemas Sociais Contemporâneos, Faculdade de Ciências Sociais e Humanas, Universidade Nova de Lisboa, 2012. Texto disponível em: <http://run.unl.pt/bitstream/10362/7622/1/ Tese%20Mestrado%20-%20Deep%20Ecology.pdf>, extraído em 27 de Agosto de 2012.

SANTOS, Boaventura de Sousa. [org.]; Globalização fatalidade ou utopia? Porto, Edições Afrontamento, 2. Edição, 2001.

SANTOS, Boaventura de Souza.; A crítica da razão indolente, contra o desperdício da experiência, São Paulo: Cortez Editora, 2000.

SANTOS, Lenir.; O poder regulamentador do Estado sobre as ações e os serviços de saúde. In: FLEURY, S. (Org.). Saúde e Democracia: a luta do CEBES, São Paulo: Lemes Editorial, 1997.

SANTOS, Luiz Roberto Alves dos.; Ética Sofística: o Papel Educativo da Relativização dos Valores, cadernos UFS – Filosofia, Universidade Federal de Sergipe, texto disponível em: <http://200.17.141.110/periodicos/ca-dernos_ufs_filosofia/revistas/ARQ_cadernos_5/betocepa.pdf>, extraído em 29 de Outubro de 2012, pp. 57/72.

SANTOS, Sidney dos.; Diversidade Genética das Populações Amazônicas, Genoma Humano: aspectos éticos, jurídicos e científicos da pesquisa genética no contexto amazônico, texto disponível em: <http://www.ghente. org/publicacoes/genoma_contexto_amazonico/diversidade_genetica.pdf>, extraído em 18 de Setembro de 2012.

SANTOS, Tania Steren dos.; Globalização e exclusão: a dialética da mundialização do capital, Sociologias, no. 6, Porto Alegre, July/Dec., 2001, texto disponível em: <http://www.scielo.br/scielo.php?script=sci_arttex t&pid=S1517-45222001000200008>, extraído em 12 de Agosto de 2012.

SARAIVA, Regina Coelly Fernandes.; Sociambientalismo e preservação ambiental no Brasil: contribuições a partir de uma visão regional, Anais do XXVI Simpósio Nacional de História – ANPUH, São Paulo, julho 2011.

SARLET, Ingo Wolfgang.; A Eficácia dos Direitos Fundamentais, 8ª edição, revista, atualizada e ampliada, Porto Alegre: Editora Livraria do Advogado, 2007.

REFERÊNCIAS | 439

SAVIO, Adriana Macena S.; O caso dos pneus perante a OMC e o MERCOSUL, SAVIO, Adriana Macena S.; Centro Universitário de Brasília, Universitas: Relações Internacionais, Doi: 10.5102/uri.v9i1.1361, texto disponível em: <http://www.publicacoesacademicas.uniceub.br/index.php/relacoesinternacionais/article/viewFile/1361/1343>, extraído em 10 de Março de 2014.

SCHEBERLE, Denise.; The Night of the Gas: Why Bhopal Matters; prepared for the 2012 Spring Workshop on Public Policy Process (WOPPR) series on "Digging Theories in Environmental Policy and Management", School of Public Affairs, University of Colorado-Denver, 4th of April 2012. Texto disponível em: <http://www.ucdenver.edu/academics/colleges/SPA/BuechnerInstitute/Centers/WOPPR/diggingblog/Documents/Scheberle%20WOPPR%20Blog.pdf>, extraído em 9 de Dezembro de 2014.

SCHILPP, Paul A.; Albert Einstein, philosopher-scientist, New York: Tudor, 1949.

SCHOFIELD, Philip.; Jeremy Bentham, the principle of utility, and legal Positivism, Inaugural, 12 March, 2003, 1, texto disponível em: <http://www.ucl.ac.uk/laws/academics/profiles/docs/schofield_inaug_060203.pdf>, extraído em 20 de Julho de 2011.

SCHOPENHAUER, Arthur.; Die Welt als Wille und Vorstellung, 1918 (versão utilizada O mundo como vontade e representação. Trad. Jair Barboza, São Paulo: Ed Unesp, 2005).

SCHOPENHAUER, Arthur.; Eristische Dialektik oder die Kunst, Recht zu behalten, 1864 (versão utilizada: Como vencer um debate sem precisar ter razão em 38 estratagemas (dialética erística), introdução, notas e comentários Olavo Carvalho. Tradução Daniela Caldas e Olavo Carvalho, Rio de Janeiro: Topbooks, 1997).

SCHOTT, Timothy.; LANDSEA, Chris.; HAFELE, Gene.; LORENS, Jeffrey; TAYLLOR, Arthur.; THURM, Harvey.; WARD, Bill.; WILLIS, Mark.; ZALESKI, Walt.; The Saffir-Simpson Hurricane Wind Scale, Updated 1 February 2012 to reflect minor changes to Category 3/4 and 4/5 boundaries, texto disponível em: <http://www.nhc.noaa.gov/pdf/sshws.pdf>, extraído em 30 de Maio de 2013

SCHUBERT, Klaus.; KLEIN, Martina.; Das Politiklexiko, n. 5., aktual., Aufl. Bonn: Dietz, 2011.

SCHUURMAN, Egbert.; "Between technocracy and revolution": "De kulturele spanning tussen technokratie en revolutie," (versão utilizada: Reflections on the Technological Society, translated by Harry Van Dyke, Canada: Wedge Publishing Foundation, First Printing: 1977, Second Printing 1983).

SCOVAZZI, T.; Considerazioni sulle internazionali in materia di ambiente. In: Rivista di D.I., 1989, pág. 605.

SÉGUIN, Élida.; Direito Ambiental: nossa Casa Planetária, São Paulo: Editora Forense, 3ª ed., 2005.

SELLA, Adriano.; Globalização neoliberal e exclusão social, São Paulo: Paulus, 2003.

SEN, Amartya.; Development as freedom, 1999. (texto utilizado: Desenvolvimento como Liberdade, tradução de Laura Teixeira Motta, Revisão Técnica Ricardo Doninelli Mendes, São Paulo: Companhia das letras, 2010).

SENA, Adriana Goulart de.; DELGADO, Gabriela Neves.; NUNES, Raquel Portugal.; Dignidade Humana e Inclusão Social, caminhos para a Efetividade do Direito do Trabalho no Brasil, São Paulo: LTr, 2010.

SEPPÄNEN, M.; Amazonía: radiografía de un contexto político, Módulo "Del Rió Grande a la Tierra del Fuego", Projecto AMELAT XXI, Madrid.

SEQUINEL Maria Carmen Mattana.; Cúpula mundial sobre desenvolvimento sustentável Joanesburgo: entre o sonho e o possível, Análise Conjuntural, v.24, n.11-12, p.12, nov./dez. 2002, texto disponível em: <http://www.ipardes.gov.br/biblioteca/docs/bol_24_6e.pdf>, extraído em 25 de Novembro de 2013.

SERRANO MARÍN, Vicente.; ¿ Es El Estado Un Derecho Fundamental? Reflexión sobre el fundamento epistemológico de los derechos fundamentales, In: Revista del Centro de Estudios Constitucionales, Centro de Estudios Constitucionales, Enero-Abril, vol. 5, Madrid, 1990, pág. 241-258.

SETTI, Ricardo.; Encrenca para o Rei: aparece uma princesa – que não sua rainha – na história da caçada na África, Coluna na Revista Veja – Acervo Digital, 20.04.2012. Texto disponível em: <http://veja.abril.com.br/blog/ricardo-setti/vasto-mundo/encrenca-para-o-rei-aparece-uma-princesa-que-nao-sua-rainha-na-historia-da-cacada-na-africa/>, extraído em 16 de Setembro de 2012.

SETTI, Ricardo.; O Erro brutal de ir caçar elefantes na África faz o Rei da Espanha atravessar inédita avalanches de críticas. Vai ser difícil recuperar a sua imagem, Coluna na Revista Veja – Acervo Digital, 17.04.2012. Texto disponível em: <http://veja.abril.com.br/blog/ricardo-setti/vasto-mundo/o-erro-brutal-de-ir-cacar-elefantes-na-africa-faz-o-rei-da-espanha-atravessar-inedita-avalanche-de-criticas-vai-ser-dificil-recuperar-sua-imagem/>, extraído em 16 de Setembro de 2012.

SHAFIK, N.; Economic Development and Environmental Quality: An Econometric Analysis, Oxford Economic Papers, New Series, Vol. 46, Special Issue on Environmental Economics (Oct., 1994), pp. 757-773.

SHAFTESBURY; Characteristicks, II, 388; The life, unpublished letters, and philosophical regimen of Anthony, earl of Shaftesbury, Benjamin Rand (org. 1900). Pág. 121-122.

SHAH, Sonia.; A História do Petróleo, L&P Editores: Porto Alegre, RS, 2007.

SHEPPARD, June A.; Vernacular Buildings in England and Wales: A Survey of Recent Work by Architects, Archaeologists and Social Historians. Transactions of the Institute of British Geographers, No. 40 (Dec., 1966), pp. 21-37. Published by: Blackwell Publishing on behalf of The Royal Geographical Society (with the Institute of British Geographers).

SHPUY, Oxana.; O Sistema Político Russo: da Transição a uma Democracia Dirigida?, Universidade Fernando Pessoa, Porto, 2013. Texto disponível em: <http://bdigital.ufp.pt/bitstream/10284/3663/1/Oxana%20Shpuy%20disserta%C3%A7%C3%A3o%20de%20mestrado.pdf>, extraído em 24 de Setembro de 2013.

SIEYES, Emmanuel-Joseph. ; Qu'est-ce que le Tiers-Etat?, Paris, 1789.

SILVA PEREIRA, Caio Mario da.; Instituições de Direito Civil, Vol. I, 2ª Edição, Rio de Janeiro: Forense, 1991.

SILVA SOARES, Guido Fernando.; Direito Internacional do Meio Ambiente. Emergência, Obrigações e Responsabilidades, São Paulo: Atlas, 2001.

SILVA, Abilio Diniz.; D. Luís da Cunha e o Tratado de Methuen, Revista da Faculdade de Letras, História, Porto, III Série, Vol. 4, 2003.

SILVA, Bruno Campos.; A Ação Civil Pública Ambiental e a Fauna Silvestre Aspectos Relevantes (1), Fórum de Direito Urbano e Ambiental – FDUA, Belo Horizonte, n. 20, mar./abr. 2005, pág. 2323-2331.

SILVA, Bruno Campos.; As Tutelas de Urgência no Âmbito da Ação Civil Pública Ambiental. Tutelas Antecipada e Cautelar, Fórum de Direito Urbano e Ambiental – FDUA, Belo Horizonte, n. 19, jan./fev. 2005, pág. 2212-2225.

SILVA, Jandira Maciel da.; FARIA, Horácio Pereira de.; SILVA, Eliane Novato Silva.; PINHEIRO, Tarcísio Márcio Magalhães.; Protocolo de Atenção à Saúde dos Trabalhadores Expostos a Agrotóxicos, Diretrizes para Atenção Integral à Saúde do Trabalhador de Complexidade Diferenciada, Ministério da Saúde, Secretaria de Atenção à Saúde, Departamento de Ações Programáticas Estratégicas, Área Técnica de Saúde do Trabalhador, 2006, texto disponível em: <http://bvsms.saude.gov.br/bvs/publicacoes/protocolo_atencao_saude_trab_exp_agro-toxicos.pdf>, extraído em 24 de Setembro de 2012.

SILVA, João Nuno Calvão da.; Mercado e Estado – Serviços de Interesse Económico Geral, Coimbra: Almedina, 2008.

SILVA, Jose Afonso da.; Aplicabilidade das normas constitucionais, São Paulo: Malheiros.

SILVA, José Afonso da.; Curso de Direito Constitucional Positivo, 21ª Edição, São Paulo: Malheiros, 2002.

SILVA, José Afonso da.; Direito Ambiental Constitucional, 2ª ed., São Paulo: Malheiros, 1995.

SILVA, José Robson da.; Paradigma Biocêntrico: do Patrimônio Privado ao Patrimônio Ambiental, Rio de Janeiro & São Paulo: Renovar, 2002.

SILVA, Mariana dos Santos.; COCENZA, Daniela Sgarbi.; ROSA, André Henrique.; FRACETO, Leonardo Fernandes.; Efeito da Associação do Herbicida Clomazone a Nanoesferas de Alginato/Quitosana na Sorção em Solos, Quim. Nova, Vol. 35, No. 1, 102-107, 2012.

SILVA, Pascal Rocha da.;. La politique de l'enfant unique en République Populaire de Chine, Département d'Histoire Economique et Sociale, Faculté SES, Université de Genève, Août, 2006, pp 22-28.

SILVA, Renato Emanuel.; SILVA, Giliander Allan da.; A Importância do Clima na Instalação e Produção Cafeeira no Cerrado Mineiro: o Caso de Patrocínio no Alto Paranaíba (MG), Revista Geonorte, Edição Especial 2, V. 2, nº 5, p. 840-852, 2012.

SILVA, Roberto Luiz.; Belo Horizonte: Inédita, 1999.

SILVA, Vasco Pereira.; A Cultura a que tenho Direito, Direitos Fundamentais e Cultura, Coimbra: Almedina, 2007.

REFERÊNCIAS | 441

SILVÉRIO, Marília Bordinassi.; Análise Econômica da Biodiversidade na Amazônia Brasileira, Universidade de Brasília – UnB, Departamento de Economia, Programa Especial de Treinamento – PET, 2004, texto disponível em: <http://vsites.unb.br/face/eco/peteco/dload/monos_022003/marilia.pdf>, extraído em 18 de Setembro de 2012.

SIMÃO, Azis.; The Anarchists: two distante generations, Tempo Social, Rev. Sociol., USP, S. Paulo, 1(1): 57-69, 1. sem., 1989.

SIMMONS, George C.; The Humanism of the Sophists With Emphasis on Protagoras of Abdera, In: Educational Theory, Volume 19, Issue 1, pages 29-39, January 1969.

SINGER, Peter.; Animal Liberation, New York: New York Review of Book, 1975. (versão utilizada: Libertação Animal, Editora Lugano, 2004).

SIQUEIRA-BATISTA, Rodrigo.; GOMES, Andreia Patrícia.; RÔÇAS, Giselle.; Ética para Todos os Seres e Ecologia Profunda: um preliminar diálogo com relevância para a saúde pública, Caderno de Saúde Coletiva, Rio de Janeiro, 17 (3), pp. 559 574, 2009.

SIRVINSKAS, Luís Paulo.; Manual de Direito Ambiental, São Paulo: Saraiva, 6ª Edição, 2008.

SMITH, Adam.; An Inquiry into the Nature and Cause of The Wealth of Nations, 1776 (versão utilizada: Riqueza das Nações, Prefácio de Hermes dos Santos, Traduzido (e notas) por Teodora Cardoso e Luís Cristóvão de Aguiar).

SNIKER, Tomas Guner.; O diálogo entre o design e a arte na sociedade de consumo: do uso ao valor de seleção, São Paulo, Departamento de Artes Plásticas, Escola de Comunicação e Artes, Universidade de São Paulo, 2009, texto disponível em: <www.teses.usp.br/teses/disponiveis/27/27159/tde.../5535378.pdf>, extraído em 18 de Agosto de 2012.

SOARES, Guido.; Direito internacional do meio ambiente: emergência, obrigações e responsabilidades, 2. ed., São Paulo, Atlas, 2003.

SOARES, Mário.; O Fracasso de Copenhaga, Arquivo & Biblioteca Fundação Mário Soares, Textos Mário Soares, Lisboa, 22 de Dezembro de 2009, disponível em: <http://www.fmsoares.pt/mario_soares/textos_ms/002/338.pdf>, extraído em 15 de Outubro de 2013.

SODRÉ, Francisco.; A agenda global dos movimentos sociais, Ciência & Saúde Coletiva, 16(3):1781-1791, 2011. Texto disponível em: <http://www.scielo.br/pdf/csc/v16n3/14.pdf>, extraído em 05 de Dezembro de 2013.

SÓFOCLES.; Antígona, Tradução J.B. de Mello e Souza, eBooksBrasil, Digitalização do livro em papel Clássicos Jackson, Vol. XXII, 2005.

SOLLER DE MATTOS, Francisco José.; Ecologia e arte: breves considerações. In: Âmbito Jurídico, Rio Grande, 24, 31.12.2005. Disponível em: <http://www.ambito-juridico.com.br/site/index.php?n_link=revista_artigos_leitura&artigo_id=1417>. Acesso em 25.3.2008.

SOROS, George.; The Age of Fallibility Consequences of the War on Terror, 2006 (versão utilizada: A era da Falibilidade, consequências da Guerra contra o Terrorismo, tradução de Pedro Elói Duarte, Coimbra: Almedina, 2008).

SOSKICE, David.; "Divergent production regimes: Coordinated and uncoordinated market economies in the 1980s and 1990s". In: KITSCHELT, Herbert; LANGE, Peter.; MARKS, Gary.; e STEPHENS, John. (Eds); Continuity and change in contemporary capitalism, Cambridge: Cambridge University Press, p. 101-134, 1999.

SOSKICE, David.; 1999: Globalisierung und institutionelle Divergenz. Die USA und Deutschland im Vergleich, In: Geschichte und Gesellschaft 25, 201-225.

SOUSA ARAGÃO, Maria Alexandra de.; O Princípio do Nível Elevado de Protecção e a Renovação Ecológica do Direito do Ambiente e dos Resíduos, Coleção Teses, Coimbra: Almedina. 2006.

SOUSA ARAGÃO, Maria Alexandra.; Direito Constitucional do Ambiente da União Europeia. In: Direito Constitucional Ambiental Brasileiro, Organizadores GOMES CANOTILHO, José Joaquim.; e MORATO LEITE, José Rubens.; São Paulo: Saraiva, 2007, Págs. 11-55.

SOUSA SANTOS, Boaventura.; Um discurso sobre as Ciências, 6ª edição, São Paulo: Cortez, 2009.

SOUSA SANTOS, Boaventura de.; A Crítica da Razão Indolente: contra o Desperdício da Experiência, Porto: Afrontamento, 2000 (2ª edição). Também publicado no Brasil, São Paulo: Editora Cortez, 2000 (7ª edição).

SOUSA SANTOS, Boaventura de.; Pela mão de Alice: O social e o político na pós-modernidade, 10ª ed., São Paulo: Cortez, 2005.

SOUSA SANTOS, Boaventura.; Um Discurso sobre as Ciências, Porto: Edições Afrontamento, Coleção Histórias e Ideias, 7ª Edição, 1995.

SOUZA DEITOS, Maria Lúcia Melo de.; A reestruturação produtiva e as suas implicações na formação dos profissionais de ciências contábeis, artigo apresentado no VI Seminário do Centro de Ciências Sociais Aplicadas de Cascavel, Junho de 2007. Texto disponível em: <http://www.unioeste.br/campi/cascavel/ccsa/VISeminario/Artigos%20apresentados%20em%20Comunica%E7%F5es/ART%2014%20-%20%20A%20reestrutura%E7%E3o%20produtiva%20e%20as%20suas%20implica%E7%F5es%20na%20forma%E7%E3o%20dos%20profissionais%20de%20C%20Con.pdf>, extraído em 02 de Junho de 2013.

SOUZA, André Luis Rocha de.; RAMOS, Evandro José Santos.; JUNIOR, Antonio Costa Silva.; ANDRADE, José Célio Silveira.; Custos de Transação e Investimentos no Mercado de Carbono Regulado pelo Protocolo de Kyoto: estudo teórico sobre os custos de transação e investimentos associados ao mecanismo de desenvolvimento limpo (MDL), VIII Congresso Nacional de Excelência em Gestão, 8 e 9 de junho de 2012. Texto disponível em: <http://www.excelenciaemgestao.org/Portals/2/documents/cneg8/anais/T12_0478_2830.pdf>, extraído em 27 de Agosto de 2012.

SOUZA, André Peixoto de. (orientador); et al. Para ler Hegel: aspectos introdutórios à Fenomenologia do Espírito e à teoria do reconhecimento, Linha de Pesquisa "Leitura dos Clássicos", FCJ/UTP, 2010.

SOUZA, César Augusto Martins de.; Saúde/doença na Construção/consolidação da Transamazônica (1970-1990), Universidade Federal Fluminense, texto disponível em: <http://www.coc.fiocruz.br/jornada/images/Anais_Eletronico/cesar_souza.pdf>, extraído em 17 de Setembro de 2012.

SOUZA, Danielle Costa de.; DIAS, Monica Nazaré Picanço.; A Soberania Nacional Na Amazônia Legal Sob A Ótica Da Doutrina Internacionalista Pátria, VII Congresso Nacional De Excelência Em Gestão, 12 e 13 de agosto de 2011. Texto disponível em: <http://www.excelenciaemgestao.org/Portals/2/documents/cneg7/anais/T11_0351_1846.pdf>, acessado em 18 de Setembro de 2012.

SOUZA, Maria Célia Martins de.; Primeira Denominação de Origem Brasileira é Concedida ao Arroz do Litoral Norte Gaúcho, IPEA, Instituto de Economia Agrícola, análise e Indicadores do Agronegócio, São Paulo, V. 5, nº 9, Setembro de 2010.

SOUZA, Maria Célia Martins.; Cafés Sustentáveis e Denominação de Origem: a Certificação de qualidade na Diferenciação de Cafés Orgânicos, Sombreados e Solidários, Programa de Pós Graduação em Ciência Ambiental, Universidade de São Paulo, São Paulo, 2006.

SOUZA, Maria do Carmo Bianos de.; PAULA, Padja de Oliveira Campos.; Algas e suas Diversas Utilidades para o Meio Ambiente Universidade Federal do Rio Grande do Norte UFRN – PROCEEM, NATAL 2010.

SOUZA, Paula Bagrichevsky de.; As instituições Financeiras e a Proteção ao Meio Ambiente, Revista do BNDES, Rio de Janeiro, V. 12, N. 23, P. 267-300, jun. 2005.

SOUZA, Roberta Fernanda da Paz de.; A competitividade das empresas e a questão ambiental: a valoração econômica dos ativos ambientais, XIII SIMPEP Bauru, SP, Brasil, 6 a 8 de Novembro de 2006.

SOUZA, Vinicius Menandro Evangelista de.; A Influência das Políticas Neoliberais do FMI ao Novo Regime de Insolvência Empresarial Brasileiro, Faculdade de Direito da Universidade Federal de Santa Catarina (UFSC), Florianópolis, 2007.

STÁLINE, Экономические Проблемы Социализма, B CCCP, I.V., Obras, t. 16, ed. Pissátel, Moscovo, 1997, pp. 154-223. (<http://grachev62.narod.ru/stalin/t16/>). Versão utilizada: Observações sobre as questões econômicas relacionadas com a discussão de novembro de 1951, texto disponível em: <http://www.hist-socialismo.com/docs/ProblemasEconomicosSocialismo.pdf>, extraído em 16 de Setembro de 2013.

STANDISH, Timothy G.; São os chimpanzés 99,4% idênticos aos seres humanos? Geoscience Research Institute (Instituto de Pesquisas em Geociências), nº 13, Primeiro Semestre de 2007. Texto disponível em: <http://www.scb.org.br/cienciadasorigens/13.pdf>, extraído em 1º de Setembro de 2013.

STEAD, David.; An Arduous and Unprofitable Undertaking: the Enclosure of Stanton Harcourt, Oxfordshire, University of Oxford, Discussion Papers in Economic and Social History, Number 26, Nov. 1998.

STEINMETZ, Wilson.; A Vinculação dos Particulares a Direitos Fundamentais, São Paulo: Malheiros, 2004.

STIGLITZ, Joseph E.; CHARTON, Andrew.; Fair Trade for All: How Trade Can Promote Development, Charlton, A.H.G. & Stiglitz, J.E., Oxford University Press, 2005 (versão utilizada: Livre Mercado para todos: como um comércio internacional livre e justo pode promover o desenvolvimento de todos os países, tradução Afonso Celso da Cunha Serra, Rio de Janeiro: Elsevier, 2007).

STIGLITZ, Joseph E.; Making Globalization Work, 2006.

STIGLLITZ, Joseph E.; Globalization and its Discontents, W.W. Norton & Company, Inc. Nova Yorque, 2002 (versão utilizada: Globalização a grande Desilusão, tradução de Maria Filomena Duarte, Lisboa: Terramar, 3ª Edição, 2004).

STONE, Skip.; Hippies From A to Z Their Sex, Drugs, Music and Impact on Society from the Sixties to the Present, New Mexico: Published by Hip, Inc., 2008.

STRAKA,Tomás.; Los obispos y el excremento del diablo. La cuestión petrolera en los documentos del episcopado venezolano, Espacio Abierto, vol. 12, n. 3, julio-septiembre, 2003, pp. 349-376, Universidad del Zulia, Venezuela.

STRAUMANN, Tobias St.; Pourquoi la Suisse est-elle riche? L'histoire économique nous répond, Thème du mois, 4 La Vie économique Revue de politique économique 1/2-2010, texto disponível em: <http://www.dievolkswirtschaft.ch/fr/editions/201001/pdf/Straumann.pdf>, extraído em 30 de Maio de 2013.

STRECK, Lenio Luiz.; Verdade e Consenso: constituição, hermenêutica e teorias discursivas, São Paulo: Saraiva, 4ª Edição, 2011.

STREECK, Wolfgang.; "German capitalism: does it exist? Can it survive?". In: CROUNCH, Colin.; e STREECK, Wolfgang. (Eds); Political economy of modern capitalism, London: Sage Publications, p. 33-54, 1997.

SULZBACH, Carolina.; CARLOTTO, Mariana.; BORBA, Sophia.; Através da tecnologia, o marketing e a mídia incitam a sociedade capitalista a consumir, Revista Eletrônica do Colégio Mãe de Deus. Texto disponível em: <http://www.colegiomaededeus.com.br/revistacmd/revistacmd_v12010/artigos/a3_remc_cmdset2010.pdf>, extraído em 07 de Agosto de 2012.

SYDNEY ADOUA, Aubrey.; La relativité des droit de l'homme: mythe ou réalité? Disponível em: <http://www.oboulo.com/relativite-droits-homme-mythe-realite-49892.html>, extraído em 12 de Setembro de 2008.

SYMONIDES, Janusz. (Org.); Human Rigths: new dimensions and challenges, Paris: United Nation Educational, Scientific and Cultural Organization (UNESCO), 1998. (Versão utilizada: Direitos Humanos, novas dimensões e desafios, Brasília: UNESCO no Brasil, 2003).

SYRQUIN, Moshe.; Kuznets and Modern Economic Growth Fifty Years Later, To be presented at the WIDER conference: Thinking Ahead: The Future of Development Economics, Helsinki, June 2005, texto disponível em: <http://www.rrojasdatabank.info/devplan/Syrquin.pdf>, extraído em 18 de Agosto de 2012

TAL, Alon.; To Make a Desert Bloom: Seeking Sustainability for the Israeli Agricultural Adventure, The Blaustein Institute for Desert Studies, Ben Gurion University, Sdeh Boqer, ISRAEL. Texto disponível em: <http://www.yale.edu/agrarianstudies/colloqpapers/01tal.pdf>, extraído em 21 de Agosto de 2013.

TARABZOUNI, Mohamed Ahmed.; Establishing Space Policy, Riyadh, 11614, Saudi Arabia, 2011, texto disponível em: <http://www.oosa.unvienna.org/pdf/sap/2011/UAE/Presentations/02bis.pdf>, extraído em 06 de Setembro de 2012.

TAVERNIER, Paul.; La Cour Européenne des Droits de l'homme et la Mise en Oeuvre du Droit International de l'Environnement, Actualité et Droit International, Revue d'analyse juridique de l'actualité internationale, <www.ridi.org/adi>, 1 juin 2003, extraído em 23 de Outubro de 2013.

TAVOLARO, Sergio Barreira de Faria.; Movimento ambientalista e modernidade: sociabilidade, risco e moral, São Paulo: Annablume/Fapesp, 2001.

TAYLOR, Edward Burnett.; Researches into the Early History of Mankind and the Development of Civilisation, Londres, 1865.

TEIXEIRA, João de Fernandes.; A Filosofia da Mente e os Direitos dos Animais, In: Filosofia Ciência & Vida, nº 42, Ano 2009, São Paulo.

TEIXEIRA, Simone Schmidt.; CORRÊA, Luciara Bilhalva.; Mar de Aral: um exemplo de que os recursos hídricos podem se tornar insustentáveis, XVI Congresso de Iniciação Científica – CIC, Pesquisa e Responsabilidade Ambiental, Faculdade de Agronomia Eliseu Maciel, 27 a 29 de Novembro, 2007. Texto disponível em: <http://www.ufpel.edu.br/cic/2007/cd/pdf/CH/CH_00331.pdf>, extraído em 22 de Setembro de 2013.

TELES OLIVEIRA, Analuisa.; Por que o nó borromeo de três rodelas? Escrever sobre o nó sob determinação do próprio nó, In: Cadernos de Escrita Jacques Lacan: Matemas, Esquemas, Grafo, A lógica e a topológica, Aleph – escola de psicanálise, Vol. 5, Belo Horizonte, 2010, págs. 182/191.

TENDINHA, Cristina.; Monitorização de pesticidas em águas para consumo humano um desafio tecnológico para os laboratórios, segurança e qualidade alimentar, N. 7, Dezembro 2009, pp. 39-41.

TEUBNER, Gunther.; Global law without a state, Aldershot [etc.]: Dartmouth, 1997. ed. JOERGES, Christian., SAND, Inger-Johanne.

TEUBNER, Gunther.; Recht Als Autopoietisches System, 1989 (versão utilizada: O Direito Como um Sistema Autopoético, tradução e prefácio de José Engrácia Antunes, Lisboa: Fundação Calouste Gulbenkian, 1989).

TEUBNER, Gunther.; Sociedad Global – Justicia Fragmentada. Sobre la violación de los derechos humanos por actores transnacionales "privados" (tradução do alemão para o espanhol por Modesto Saavedra). In: Anales de la Cátedra Francisco Suárez, 39 (2005), págs. 551/573.

TEUBNER, Gunther.; Transnational governance and constitutionalism, Oxford: Hart Publishing, 2004.

THEODORO JÚNIOR, Humberto.; Curso de Direito Processual Civil, 1º Volume, Forense, 14ª edição/1995.

THIBIERGE, Catherine.; Le droit souple: réflexion sur les textures du droit, RTD Civ., 2003.

THOMAS, Keith.; Man and the natural world: changing attitudes in England, 1500-1800, Harmondsworth: Penguin Book Ltd., 1983 (versão utilizada: O Homem e o Mundo natural: mudanças de atitude em relação às plantas e aos animais (1500-1800). Tradução de João Roberto Martins Filho; consultor Renato Janine Ribeiro; consultor de termos zoológicos Márcio Martins. São Paulo: Companhia das Letras. 2010).

THOMÉ, Nilson.; Considerações sobre Modernidade, Pós-modernidade e Globalização nos Fundamentos Históricos da Educação no Contestado, In: Achegas, nº 14, 2003, disponível em: <http://www.achegas.net/numero/quatorze/nilson_thome_14.htm>, extraído em 22 de Setembro de 2008.

THOMPSON, Edward Palmer.; Whigs and Hunters: The Origin of the Black Act, London: Allen Lane, 1975.

THOREAU, Henry David.; Walden; or, Life in the Woods, 1854.

THORSTENSEN, Vera.; A OMC – Organização Mundial do Comércio e as negociações sobre comércio, meio ambiente e padrões sociais, Rev. bras. polít. int., vol. 41, n. 2, Brasília, July/Dec. 1998. Texto disponível em: <http://dx.doi.org/10.1590/S0034-73291998000200003>, extraído em 11 de Janeiro de 2014.

TINOCO, João Eduardo Prudêncio.; ROBLES, Léo Tadeu.; A contabilidade da gestão ambiental e sua dimensão para a transparência empresarial: estudo de caso de quatro empresas brasileiras com atuação global, Revista de Administração Pública, Rev. Adm. Pública, vol. 40, nº 6, Rio de Janeiro, Nov./Dec. 2006.

TITIEV, Mischa.; Introduction to Cultural Anthropology, New York: Henry Holt and Co., 1959 (versão utilizada: Introdução à Antropologia Cultural, tradução de João Pereira Neto, Lisboa: Fundação Calouste Gulbenkian, 9ª edição, 2002).

TIZIANI, Valdenize.; BURSZTYN, Marcel.; O Sistema ABS (Access and Benefit Sharing) Brasileiro e a Inovação de Biofármacos, V Encontro Nacional da Anppas, Florianópolis, SC, Brasil, 4 a 7 de outubro de 2010.

TOMAZETTE, Marlon.; Curso de Direito Empresarial, Teoria Geral e Direito Societário, vol. 1, São Paulo: Atlas, 4ª Ed., 2012.

TONIETTO, Jorge.; CARBONEAU, A.; Análise mundial do clima das regiões vitícolas e de sua influência sobre a tipicidade dos vinhos: a posição da viticultura brasileira comparada a 100 regiões em 30 países. In: IX Congresso Brasileiro de Viticultura e Enologia, 1999, Bento Gonçalves, Anais. Bento Gonçalves: Embrapa Uva, Vinho, 1999, p. 75-90.

TONUCCI, João.; O Paradigma Japonês De Organização industrial: outras perspectivas, Revista Multiface, Belo Horizonte, v. 1, n. 2, p. 7-14, julho-dezembro 2007.

REFERÊNCIAS | 445

TORRES FILHO, Ernani Teixeira.; A crise da economia japonesa nos anos 90: impactos da bolha especulativa, Revista de Economia Política, vol. 17, nº 1 (65), janeiro-março/97. Texto disponível em: <http://www.rep.org. br/pdf/65-1.pdf>, extraído em 02 de Junho de 2013.

TORRES FILHO, Ernani Teixeira.; PUGA, Fernando Pimentel.; Investimento na Economia Brasileira: A Caminho do Crescimento Sustentado, Investimento e Crescimento, Revista do BNDES, 2006. Texto disponível em: <http://www.bndes.gov.br/SiteBNDES/export/sites/default/bndes_pt/Galerias/Arquivos/conhecimento/ liv_perspectivas/01.pdf>, extraído em 8 de Setembro de 2013.

TORRES, Adelino.; A Economia como ciência social e moral (Algumas observações sobre as raízes do pensamento económico neoclássico: Adam Smith ou Mandeville?), disponível em: <http://www.adelinotorres.com/ trabalhos/economia_ciencia_social_moral.pdf>, extraído em 18 de Junho de 2010.

TRINDADE, Antônio Augusto Cançado.; A Consolidação da Capacidade Processual dos Indivíduos na Evolução da Proteção Internacional dos Direitos Humanos: Quadro Atual e Perspectivas na Passagem do Século, In: Direitos Humanos no Século XXI, Paulo Sérgio Pinheiro & Samuel Pinheiro Guimarães (org.), Instituto de Pesquisa de Relações Internacionais, Fundação Alexandre de Gusmão, Seminários Direitos Humanos no Século XXI, Rio de Janeiro, 10 e 11 de Setembro de 1998. Texto disponível em: <http://www. funag.gov.br/biblioteca/dmdocuments/0253.pdf>, extraído em 09 de Outubro de 2013.

TUPY, Oscar.; e YAMAGUCHI, Luis Carlos Takao.; Eficiência e Produtividade: conceitos e medição, Agricultura em São Paulo, São Paulo, 45(2):39-51, 1998.

TURNER, William.; Turner on Birds: a short and succinct history of the principal birds noticed by Pliny and Aristotle first published by Doctor Willian Turner, Arthur Humble Evans, 1544, University press, 1903.

UNITED NATIONS Framework Convention on Climate Change. Disponível em: <http://unfccc.int/press/ fact_sheets/items/4975.php>, extraído em 15 de outubro de 2013.

UNITED NATIONS, 1999, The World at Six Billion Off Site, Table 1, "World Population From", Year 0 to Stabilization, p. 5.

UNITED NATIONS, General Assembly. A/RES/45/155, disponível em inglês em: <http://daccessdds.un.org/ doc/RESOLUTION/GEN/NR0/565/44/IMG/NR056544.pdf?OpenElement>.

UNITED STATES CENSUS BUREAU, U.S. Department of Commerce, dados disponíveis em <http://www. census.gov/population/international/data/worldpop/table_history.php>, extraído em 18 de Setembro de 2013.

USEEM, Jerry.; The Devil's Excrement, Fortune Magazine, retrieved 2009.11.06, texto disponível em: <http:// money.cnn.com/magazines/fortune/fortune_archive/2003/02/03/336434/>, extraído em 28 de Maio de 2013.

VALDIR GOMES, Sebastião.; Direito Ambiental Brasileiro, Porto Alegre: Síntese, 1999.

VALE, Gláucia Maria Vasconcellos.; Japão – Milagre Econômico e Sacrifício Social, Revista de Administração de Empresas, EAESP I FGV, São Paulo, Brasil, Abril/Junho, 1992, Pág. 44/57. Texto disponível em: <http://rae. fgv.br/sites/rae.fgv.br/files/artigos/10.1590_S0034-75901992000200006.pdf>, extraído em 02 de Junho de 2013.

VALE, Raul Silva Telles do.; Hidrelétricas, Unidades de Conservação na Amazônia Brasileira, texto disponível em: <http://uc.socioambiental.org/press%C3%B5es/hidrel%C3%A9tricas>, extraído em 18 de Setembro de 2012.

VALLE MUNIZ, José Manuel.; La Protección Jurídica del Medio Ambiente, Aranzadi Editorial, Pamplona.

VALLELY, Paul.; Jornal The Independent. In: Guerra das Peles. Disponível em: <http://www.herbario.com. br/atual04/2411guerrapelles.htm>, extraído em 28 de Março de 2008.

VANS, Edward Payson.; The Criminal Prosecution And Capital Punishment of Animals. London: William Heinemann, 1906.

VASAK, Karel.; The Internationl Dimensions of Human Rights, Unesco, 1979.

VELASCO, Manuel Diez de.; Instituciones de Derecho Internacional Público, Madrid: Tecnos, 13ª Edição, 2002.

VELASCO, Manuel Diez de.; VELASCO, Manuel Diez de.; Instituciones de Derecho Internacional Público, Madrid: Tecnos, 13ª edición, 2002.

VERDADE, Luciano M.; A Exploração da Fauna Silvestre no Brasil: jacarés, sistemas e Recursos Humanos, Revista Biota Neotropica, v. 4 (n2).

VERGARA CERQUEIRA, Fábio.; Patrimônio Cultural, Escola, Cidadania e Desenvolvimento Sustentável, In: Diálogos, DHI/PPH/UEM, v. 9, n. 1, p. 91-109, 2005.

VIDAL, Matt.; Manufacturing empowerment? 'Employee involvement' in the labour process after Fordism, Department of Sociology, University of Wisconsin-Madison, Madison, WI 53706, USA, texto disponível em: <http://www.kcl.ac.uk/sspp/departments/management/people/academic/VidalEmp.pdf>, extraído em 18 de Junho de 2013.

VIEIRA DE ANDRADE, José Carlos.; A Carta Europeia dos Direitos Fundamentais e as Constituições Nacionais, In: A Evolução da Protecção dos Direitos Fundamentais no Espaço Comunitário, In: Carta de Direitos Fundamentais da União Europeia, Coleção: Corpus Iuris Gentium Conimbrigae, Coimbra: Coimbra, 2001.

VIEIRA DE ANDRADE, José Carlos.; Os Direitos Fundamentais na Constituição Portuguesa de 1976, 2ª Edição, Coimbra: Coimbra, 2001.

VIEIRA, Cássio Leite.; Einstein, o reformulador do Universo, São Paulo: Odysseus, 2003.

VIEIRA, André Luís.; Desenvolvimento sustentável: variações sobre o tema. Fórum de Direito Urbano e Ambiental – FDUA, Belo Horizonte, n. 39, maio/jun. 2008, pág. 11-21.

VILARINHO, Ricardo Francisco Nogueira.; The Internal /External Within Linguistic Theories and The Moebius Strip, ENTRELETRAS, Araguaína/TO, v. 3, n. 1, p. 185-194, jan./jul. 2012, texto disponível em: <http://www.uft.edu.br/pgletras/revista/capitulos/(13_o_interno_externo_das_teorias_lingu%C3%ADsticas_e_a_banda_de_moebius).pdf>, extraído em 14 de Novembro de 2013.

VILELA, Ricardo.; Eles estão sobrando na Amazónia e no Pantanal, Revista Veja, 23 de Fevereiro de 2000.

VIVANTE, Cesare.; Istituzioni di Diritto Commerciale, Milano, U. Hoepli, 1915, (versão utilizada: Instituições de Direito Comercial, tradução de Ricardo Rodrigues Gama, São Paulo: LZN, 3ª Ed., 2003).

WACKERNAGEL, Mathis.; GALLI, Alessandro Galli.; Recursos de um planeta finito, Revista Desafios do Desenvolvimento SBS, Quadra 01, Edifício BNDES, sala 1515, Brasília, IPEA, Edição 60, 28.05.2010.

WAINER, Ann Helen.; Legislação Ambiental Brasileira, 2ª Ed., Rio de Janeiro: Forense, 1999.

WALD, Arnoldo.; O Governo das Empresas, Revista de Direito Bancário, do Mercado de Capitais e da Arbitragem, São Paulo, ano 5, nº 15, jan./mar., 2002, pág. 53.

WALLERSTEIN, Immanuel.; As estruturas do conhecimento ou quantas formas temos nós de conhecer? In: SOUSA SANTO, Boaventura., Conhecimento Prudente para uma Vida Descente, 6ª edição, São Paulo: Cortez, 2006, pág. 123-129.

WEBER, Max.; Die Protestantsche Ethik Und Der Geistz des Kapitalismuns, In: Archiv fur Sozialwissenschaft und Sozialpolitik, Tubinger, 1904/5, Vols. XX e XXI (versão utilizada: A Ética Protestante e o Espírito do Capitalismo).

WEISMAN, Alan.; A World Without Us, New York:St. Martin's Thomas Dunne Books, 2007.

WEISMAN, Alan.; Countdown: Our Last, Best Hope for a Future on Earth?, New York, Boston, London: Little, Brown And Company, 2013.

WHISH-WILSON, Phillip.; The Aral Sea environmental health crisis, Journal of Rural and Remote Environmental Health 1(2): 29-34 (2002). Texto disponível em: <http://www.jcu.edu.au/jrtph/vol/v01whish.pdf>, extraído em 22 de Setembro de 2013.

WHITE JR, Lynn.; The Historical Roots of Our Ecologic Crisis, Science in Christian Perspective, JASA 21 (June 1969): 42-47.

WIEACKER, Franz.; Privatrechtsgeschichte der Neuzeit Unter Besonderer Berücksichtigung Der Deutschen Entwicklung, Göttingen, 1967 (versão utilizada: História do Direito Privado Moderno, Lisboa: Fundação Calouste Gulbenkian, tradução de A.M. Botelho Hespanha, 3ª Edição).

WIEGANDT, Jan.; Internationale Rechtsordnung oder Machtordnung? Eine Anmerkung zum Verhältnis von Macht und Recht im Völkerrecht, ZaöRV 71 (2011), 31-76, texto disponível em: <http://www.zaoerv.de/71_2011/71_2011_1_a_31_76.pdf>, extraído em 7.5.2013.

WILLIAMS, Lynda.; Irrational Dreams of Space Colonization Peace Review, a Journal of Social Justice The New Arms Race in Outer Space (22.1, Spring 2010), texto disponível em: <http://www.scientainment.com/lwilliams_peacereview.pdf>, extraído em 02 de Setembro de 2012.

WILSON, Thomas P.; Sociology and the Mathematical Method, In: GIDDENS, Anthony.; TURNER, Jonathan.; [org.] Social Theory Today, Polity Press, 1987.

WINK, Charlote.; GUEDES, Jerson Vanderlei Carus.; FAGUNDES, Camila Kurzmann.; ROVEDDER, Ana Paula.; Insetos Edáficos como Indicadores da Qualidade Ambiental, Revista de Ciências Agroveterinárias, Lages, v. 4, n. 1, p. 60-71, 2005.

WITTNER, Lawrence S.; How Disarmament Activists Saved the World from Nuclear War, International Physicians for Prevention of Nuclear War World Congress, Basel, Switzerland, August 27, 2010, texto disponível em: <http://www.ippnw2010.org/fileadmin/user_upload/Plenary_presentations/Plen1_Wittner_How_Disarmament_Activists_Saved_the_World_from_Nuclear_War.pdf>, extraído em 06 de Agosto de 2012.

WOLFART, Graziela.; JUNGES, Márcia.; Não existe uso seguro de agrotóxicos, Revista do Instituto Unisions – IHUon-line, Universidade do Vale do Rio dos Sinos – Unisinos, São Leopoldo, RS, 04 de Julho, 2011, Edição 368.

XAVIER, Adriane.; Identificação Genética de Espécies Exóticas Invasoras do Filo Mollusca nos Rios Tapajós e Amazonas, Mesorregião do Baixo Amazonas, Estado do Pará, Universidade Federal do Pará – UFPA, Instituto de Ciências Biológicas Programa de Pós-Graduação em Genética e Biologia Molecular, Santarém – PA, Agosto 2008, texto disponível em: <http://www.iieb.org.br/enviados/publicador_pdf/trab_dissert_Adriane_Xavier_Hager.pdf>, extraído em 18 de Setembro de 2012.

XAVIER, Maria Emília Rehder.; SANSIGOLO KERR, Américo A. F.; o Efeito Estufa e as Mudanças Climáticas Globais, Instituto de Física da Universidade de São Paulo – IFUSP; Cidade Universitária, São Paulo.

XENOFONTE.; Ditos e Feitos Memoráveis de Sócrates, Livro I, Capítulo IV.

YALÇÍN, Kadir Can.; Market Rationality: Efficient Market Hypothesis versus Market Anomalies, European Journal of Economic and Political Studies, Ejeps – 3 (2), 2010.

YAMAMURA, Kozo.; "Germany and Japan in a new phase of capitalism: Confronting the past and the future.", In: YAMAMURA, Kozo.; e STREECK, Wolfgang. (Eds); The end of diversity? Prospects for German and Japanese capitalism. Ithaca e Londres: Cornell University Press, p. 115-146, 2000.

YU, Chang Man.; Sequestro Florestal de Carbono no Brasil – Dimensões Políticas, Socioeconômicas e Ecológicas, São Paulo: Annablume, 2004.

ZANELLA, Diego Carlos.; DE SOUZA, Draiton Gonzaga.; O Cosmopolitismo estoico, IV Mostra de Pesquisa da Pós-Graduação PUCRS. Texto encontrado em <http://www.pucrs.br/edipucrs/IVmostra/IV_MOSTRA_PDF/Filosofia/71646-DIEGO_CARLOS_ZANELLA.pdf>, extraído em 7.6.2011.

ZHANG W.; Implementation of state family planning programs in a northern chinese village, 1999, The China quarterly.

ZIPPELIUS, Reinhold.; Beck'sche Verlagsbuchhandlung, München, 1994 (versão utilizada: Teoria Geral do Estado, traduzida por Karin Preafke-Aires Coutinho, Coordenação de J. J. Gomes Canotilho, Fundação Calouste Gulbenkian, Lisboa, 1997).

ZUBRESKI, Daniel.; A Falácia Catastrofista: O Ambientalista Cético, de Bjorn Lomborg e a Sociedade de Risco, In: Grupo de Pesquisa Direito e Risco disponível em: <http://direitoerisco.com/site/artigos/A%20Fal%E1cia%20Catastrofista%20O%20Ambientalista%2C%E9tico,%20de%20Bjorn%20Lomborg%20e%20a%20Sociedade%20de%Risco%20-%20Daniel%20Zubreski.pdf>, extraído em 26 de Julho de 2012.

Борис Дубин, Символы возврата вместо символов перемен, Pro et Contra, сентябрь – октябрь 7, 2011.

Мелани Арндт, Чернобыль. Последствия аварии на атомном реакторе для Федеративной Республики Германии и Германской Демократической Республики. Перевод – к.ф.н. Инга Левит, Центр политического образования Тюрингии, Regierungsstraße 73, 99084 Erfurt, 2012 (Melanie Arndt, Chernobyl. As consequências do acidente no reator nuclear, A República Federal da Alemanha e o alemão República Democrática, Tradução PhD Inga Levit, Centro de Educação Política da Turíngia, Regierungsstraße 73, 99084 Erfurt, 2012. Texto disponível em: <http://www.lzt-thueringen.de/files/tschernobyl.pdf>, extraído em 25 de Setembro de 2013.

ОМАРОВА, Н.К..; Экологическая Ситуация В Республике Казахстан, Э 40 Экология И Здоровье Нации. В Помощь Кураторам Студенческих Групп. 6 Книга / Под Ред. Акад. НАН РК А.М. Газалиева. – 2-Е Издание, Перераб. И Доп. -Караганда: Изд-Во Карагандинского Государственного Технического Университета, 2011. – 96 С. (A situação Ambiental na República do Cazaquistão, e 40 Ecologia e saúde da nação. Para ajudar os curadores de grupos de estudantes. 6 Livro / Ed. Acad. RK NAS AM Gazalieva. 2ª edição, revista. e adicionar. Karaganda, Editora da Universidade Técnica Estadual Karaganda, 2011. 96.

Рой Александрович Медведев, Советский Союз. Последние годы жизни. Конец советской империи; Москва; 2010 (Roy Medvedev, a União Soviética. Os últimos anos de sua vida. O fim do império soviético, Moscou, 2010).

Esta obra foi composta em fonte Palatino Linotype, corpo
10 e impressa em papel Offset 75g (miolo) e Supremo
250g (capa) pela Gráfica e Editora Laser Plus em
Belo Horizonte/MG.